한국고중세사사전

구석기시대▷1860년

한국사사전편찬회 편

가람
기획

한국고중세사사전

초판 1쇄 펴낸 날 1995. 8. 27
개정판 1쇄 펴낸 날 2007. 3. 30

엮은이 한국사사전편찬회 · 김한종 · 양정현 · 강은경 · 조영옥
펴낸이 이광식 | 펴낸곳 도서출판 가람기획 | 등록 제13-241(1990. 3. 24)
주소 (121-130)서울시 마포구 구수동 68-8 진영빌딩 4층
전화 (02)3275-2915~7 | 전송 (02)3275-2918
홈페이지 www.garambooks.co.kr | 전자우편 garam815@chol.com

ISBN 978-89-85466-23-3 (93900)
ⓒ 한국사사전편찬회, 1995

서점에서 책을 살 수 없는 독자들을 위해 우편판매를 하고 있습니다.
수   협 093-62-112061 (예금주:이광식)
농   협 374-02-045616 (예금주:이광식)
국민은행 822-21-0090-623 (예금주:이광식)

간편하게 찾아볼 수 있는 한국사 사전이 전혀 없던 시절에 〈한국근현대사사전〉을 내놓았던 것이 지난 90년 연말께였다. 마치 마른 땅에 단비라도 되는 듯이, 2단조 600쪽의 꽤 두툼한 사전이 단박에 인문 베스트셀러에 올라, 사전으로서 베스트셀러가 된 드문 기록을 가지게 된 것은 전혀 예기치 못한 일이었다.

그 결과 한 달 만에 2쇄에 들어간 것으로 보아, 우리 역사 사전이 어느 쪽에서는 꽤나 요긴한 책이구나 하는 확신을 갖게 되었다.

이러한 믿음에 크게 힘을 얻어 그 책의 전편이랄 수 있는 〈한국고중세사사전〉의 발간에 매달리게 되었으나, 이런저런 곡절을 겪느라 집필에 착수한 지 3년 반 만에야 책의 발간을 눈앞에 보게 되었다. 우리 역사의 태동에서부터 19세기 중엽의 근대까지 2백자 원고 6천여 매, 1300여 항목으로 정리되었으나, 앞서 나온 〈한국근현대사사전〉과 나란히 세우면 우리 역사의 전 과정을 어설프게나마 아우를 수 있는 역사 사전이 된 셈이다.

이 〈한국고중세사사전〉 역시 집필이나 편집에서 앞의 책과 같은 맥락으로 이루어진만큼 쉽고 부담없이 읽거나 활용할 수 있을 것이다. 가나다 순의 〈찾아보기〉를 덧붙여 '읽는 사전'으로서뿐만 아니라 '찾아보는 사전'으로서의 몫을 하는 데 모자람 없게 한 것도 앞의 책과 마찬가지다.

그러나 사전 만들기란 워낙 까다로운 일인만큼 곳곳에서 잘못된 점이 적지 않으리라 본다. 충고나 도움말을 주시면 바로잡는 데 최선을 다할 것을 약속드리며, 이 사전이 우리 역사의 대중화에 한몫을 하도록 힘을 보태주기를 깊이 바란다.

1995. 2. 10
한국사사전편찬회
김한종 · 양정현 · 강은경 · 조영옥

차례

머리말
일러두기
찾아보기

일러두기

1. 이 사전은 우리 역사의 태동기에서 근대에 이르는 한국사 영역에서 학습·사회생활에 최저한도로 필요하다고 생각되는 기본적인 사항 1,300여 항목을 가려뽑아 시대순으로 배열한 것이다.
2. 시대구분은 구석기 시대부터 동학이 일어난 직전인 19세기 중엽의 근대까지를 여섯 매듭으로 나누고, 대체적으로 정치·사회, 경제, 문화의 순으로 항목을 베풀었다.
3. 항목을 베풂에 있어서는 역사의 흐름과 관련성을 고려하여 사건·인물·제도·문물·저작 등을 고리처럼 엮어 나란히 풀이했다. 이는 역사의 흐름과 시대상황을 보다 뚜렷이 줄거리잡음으로써 독자의 이해를 돕기 위함이다.
4. 목적항목을 찾아보기 쉽도록 하기 위해 가나다 순의 〈찾아보기〉를 〈차례〉 뒤에 곁들여 사전으로서 활용되는 데 모자람이 없도록 했다.
5. 각 시대 앞에는 〈시대개관〉을 붙여 그 시대의 성격과 전망을 쉽게 알아볼 수 있도록 했다.
6. 풀이글과 더불어 흥미와 이해를 돕기 위해 관련사진 150여 매를 같이 실었다.
7. 권말부록으로 〈한국고중세사연표〉를 덧붙였다.
8. 맞춤법은 1989년 3월 1일부터 시행된 〈한글맞춤법 규정〉에, 역사용어는 현행 교과서에 따랐다.

● 찾아보기

한국고중세사사전

● 개관

원시공동체사회는 인류가 나타난 때부터 국가와 권력이 형성되어 지배·피지배 계급이 나누어지는 사회단계로 접어들기 전까지를 말한다. 구체적으로는 구석기와 신석기로 구분된다. 구석기시대는 주로 뗀석기, 신석기시대는 간석기가 사용되었다. 물론 당시 사람들의 생활에서 석기뿐만 아니라 목기 등도 사용되었을 것이나, 땅 속에 묻혀 시간이 지나면서 부패되지 않은 석기만 남아 발굴되기 때문에 석기를 가지고 구분한 것이다.

지금까지 밝혀진 바에 의하면 한반도에 사람이 살았던 흔적으로 가장 오래된 것은 단양 금굴유적으로 약 70만 년 전의 것이다. 즉 구석기시대는 70만 년 전부터 시작되어 1만 년 전을 전후로 하여 막을 내리고 새로운 문화단계로 넘어간다. 이 시기는 몇 차례의 빙하기와 간빙기가 교차된다.

구석기시대는 석기를 다듬는 기술수준에 따라 전기·중기·후기의 3단계로 나누어진다. 이러한 시기구분의 구체적인 연대는 일치된 견해없이 학자에 따라 다양하다. 전기 구석기시기에 해당하는 유적은 연천 전곡리, 상원 검은모루 동굴 유적 등이다. 전곡리에서 발견된 주먹도끼는 이 유적이 전기 구석기 유적임을 증명하는 중요한 유물이다. 중기 구석기 유적은 웅기군 굴포리 1층, 평남 덕천 승리산 유적, 제주 빌레못 동굴 등이다. 승리산 유적에서는 인골(人骨)이 나오기도 했다. 이 시기는 찌르개, 긁개 등이 사용되었다. 후기 구석기 유적기에 해당하는 것은 공주 석장리 유적, 덕천 승리산 유적 등이다. 이 시기는 골각기가 사용되기도 했다. 공주 석장리 유적층은 전기 구석기에서 후기 구석기에 이르는 문화층이 형성되어 있는 것으로 보고되기도 했다.

구석기시대의 생활은 수렵과 어로, 채집 중심이었다. 그들은 농경과 목축을 알지 못했기 때문에 먹을 것을 찾아 무리지어 이동해 다니는 생활을 계속했다. 구석기 유적은 한반도 전지역에 분포하고 있다. 구석기시대인들은 약 1만 년 전 마지막 빙하기를 거치며 멸종되었거나 다른 곳으로 이동해간 것으로 추측된다. 따라서 구석기시대 사람들이 우리 민족의 직접적인 조상이라는 명확한 증거는 없다.

1만 년 전 빙하기(홍적세)가 끝나고 후빙기(충적세)가 되면서 구석기시대는 끝나고 신석기시대로 넘어간다. 구석기시대에서 신석기시대로 넘어가는 중간에 중석기시대가 존재한다. 중석기시대의 대표적인 유물은 세석기(細石器)인데 이는 한반도의 자연조건이 그 이전과는 달라지면서 당시의 생활조건에 맞는 도구로 만들어진 것이다.

신석기시대는 대체로 서기전 6천 년부터 시작된다. 신석기를 대표하는 유물은 간석기, 빗살무늬 토기 등이다. 특히 중요하게 다루어지는 것은 토기이다. 토기는 형태나 제작과정도 다양하며 지역에 따라 많은 차이를 보이기 때문에 토기의 이러한 특징에 따라 신석기시대 내의 문화권을 구분하거나 신석기시대의 편년을 정리하는 기준으로 삼기도 한다.

대동강이나 한강 유역이 중심이 되는 서해안 지역은 뾰쪽밑 빗살무늬 토기가 분포한다. 동해안 지역에서는 밑이 납작한 평저형 토기가 분포하며 남해안 지역에는 다양한 토기가 발굴되는데, 부산 동삼동 패총에서는 원시적인 형태의 무늬없는 토기와 융기문 토기가 발굴되었다.

신석기시대 유적은 주로 강가나 해안, 호숫가 등에 분포한다. 이러한 유적지 분포는 신석기시대 사람들이 주로 고기잡이로 살아갔음을 의미한다. 신석기시대 유적에서 자주 발굴되는 낚싯바늘이나 방추차 등과 같은 유물도 이들의 생활모습을 말해준다. 물론 전적으로 고기잡이에 의존하지는 않았고 수렵이나 채집도 계속 행해졌을 것이다.

신석기시대의 집터는 주로 물가의 평평한 지역에 위치하는데, 지표면 아래로 파고들어가 타원형 형태로 지은 움집이 일반적이다. 그리고 일정한 취락을 형성하고 있는 것으로 보아 신석기시대인들은 20~30여 명 단위의 씨족사회를 이루어 생활했다는 것을 알 수 있다.

이 시기의 생활에 큰 변화를 가져오게 한 것은 농경과 목축의 시작이다. 농경과 목축이 가능하게 되면서 생활조건과 사회구조상에 큰 변화가 일어났다. 농경이 행해지게 되었다는 것은 곧 자연상태에서 성장한 것을 채집하는 단계에서 노동을 통해 식량을 생산하는 단계로 넘어가게 되었음을 의미한다. 신석기시대 유물의 연대측정에 의하면 서기전 1천 년 전후에서 끝이 나는데, 서기전 1천 년 전 이후 신석기 문화는 다음 단계인 청동기 문화에 대부분 흡수되어 소멸한 것으로 보인다.

1. 구석기인의 생활

구석기시대 舊石器時代 인류의 출현 이후 신석기시대가 시작되기 전, 지금으로부터 약 1만 년 전까지의 시기. 인류는 진화과정에서 직립이 가능해짐에 따라 손을 사용할 수 있게 되자 돌을 깨 석기를 만들어서 사용하게 된다. 생산도구, 주로 석기를 만드는 기술이나 노동과정의 발달을 기준으로 하여 전기·중기·후기로 나누는데, 연구자들마다 약간씩 차이를 보이고 있다. 전기 구석기는 대략 70만 년~12만 년까지의 시기로 주먹도끼를 사용했다. 이 시기의 인류를 원인原人이라고 부른다. 평양시 상원군 검은모루 유적이 대표적이다. 중기 구석기시대는 석기를 만드는 기술이 한 단계 더 발달하여 돌을 깨어낸 격지(石片)를 다시 쪼아서 모양을 다듬어 더욱 유용한 모양으로 만들 수 있었던 단계이다. 이 시기는 약 12만 년 전에서 5만 년 전까지의 시기로 불을 사용할 수 있었으며, 전기 구석기의 원인보다 두뇌의 크기 및 골격구조가 더욱 발달했다. 굴포리 유적 제1기층이 중기 구석기시대의 유적에 해당한다. 후기 구석기시대는 약 5만 년 전에서 1만 년까지의 시기로 석기도 더욱 발달했고 골각기를 만들어 사용했다. 후기 구석기인은 현대인들과 똑같은 체격구조를 가졌다. 구석기시대는 지질시대상 홍적세에 해당하는 시기로 4차례의 빙하기와 그 사이의 간빙기를 거쳤다. 홍적세의 지질층에서 발견된 식물은 소나무나 측백나무류가 많다. 상원 검은모루 유적지에서는 쥐토끼·산림쥐·오소리·동굴곰·하이에나·호랑이·코뿔소·코끼리·물소·원숭이 등의 짐승뼈가 발견되었다. 이러한 동물화석은 대다수가 삼림지대에 서식하는 포유동물들이다. 따라서 당시의 자연조건은 지금보다는 덥고 습윤했으며, 강수량도 많았을 것으로 생각된다.

석기의 제작과정 石器-製作過程 인공이 가해진 석기는 그 제작방법에 따라 돌을 깨뜨리거나 떼어내서 도구를 만드는 타제석기(깬석기)와 돌을 갈아서 만든 마제석기(간석기)로 나누어진다. 타제석기는 석기의 종류나 형태, 가공기술의 특징에 따라 다시 여러 문화단계로 시대구분이 가능한데, 전기 구석기시대에는 석재가 되는 자갈돌을 망치돌로 한 면을 때려내어 만든 외날찍개를 사용하다가 두 면을 때려내어 보다 날카로운 쌍날찍개를 만들어 사용했다. 이렇게 때려내면 박편이 떨어져 나오게 되는데, 이 박편도 약간의 손질을 가해 긁개로 만들어 쓰는 단계로 발전한다. 전기의 석기 제작기술은 처음에는 석재를 대석臺石에 부딪혀 만드는 원시적인 방법이었으나 차츰 한 손에 석재를 쥐고 다른 손에 든 망치돌로 때려서 만드는 수법과, 대석에 석재를 올려놓고 망치돌로 때려서 만드는 방법이 사용되었다. 중기 구석기시대에 이르면 하나의 용도로만 사용하는 석기가 만들어진다. 특히 박편을 날카롭게 손질하여 찌르개·긁개 등을 만들며, 톱니날석기·뚜르개·새기개 등의 석기가 등장한다. 후기 구석기시대에는 대석에 올려놓은 석재를 뼈나 뿔 또는 단단한 나무로 된 끌을 가지고 망치돌로 대고 쳐서 석기를 만드는 간접타격법과, 박편을 소형의 단단한 뼈나 뿔로 눌러떼어 만드는 가압법이 개발되어 이 시기의 조각품이나 동굴벽화 등을 새기는 데 사용되는 새기개가 많이 제작되었다. 처음으로 석촉이 만들어지고 밀개·긁개·찌르개·뚜르개 등도 소형화되며 수량이 많아진다.

긁개 몸돌에서 떼어낸 박편이나 돌날

에 여러가지 잔손질을 하여 날이 직선, 볼록 또는 오목날이 되게 만든 석기로서 중기 구석기시대에 많이 사용된다. 주로 가죽에 붙은 살을 긁어낸다거나, 나무껍질 따위를 벗기는 데 사용되었으며, 날의 길이가 너비에 비해 더 길다.

밀개 돌날 또는 격지(石片)의 한쪽 끝을 잔손질하여 만든 석기로 일반적으로 날이 둥글며 날의 너비보다 길이가 더 길다.

자르개 일명 박편도끼로 주로 큰 격지를 사용하여 만드는데, 전체의 모양이 거의 장방형으로 날은 격지의 골 부분에 만들며 직선 또는 볼록날이 대부분이다. 특히 주먹도끼 전통문화인 아슐리안 시기에 발달된 연장이다.

골각기 骨角器 짐승이나 조류, 어류익 뼈 또는 치아 등으로 만든 기물의 총체를 말한다. 골각기가 인류사회에 출현하는 것은 코끼리와 같은 대형동물의 사지 뼈를 부기로 사용했을 가능성이 있는 구석기시대 이래로 생각되지만 후기 구석기시대부터 진정한 골각기 가공기술이 고안된 것으로 보인다. 후기 구

석기시대의 회화·조각 분야의 성과는 골각기의 세공에 큰 영향을 미쳤다.

동관진 유적 潼關眞遺跡 함경북도 종성군 동관리에서 발견된 구석기시대 유적으로 두만강 연안 연대봉 대지의 황토층에 위치하고 있으며, 우리나라에서 최초로 확인된 구석기 유적이다. 1933년 철도공사 도중에 발견되어, 1934년 일본인 모리(森爲三)에 의해 발굴되었다. 이곳에서는 포유류의 화석과 고인류古人類의 유물 2점이 출토되었다.

상원 검은모루 유적 祥原－遺跡 평양시 상원군 상원읍 서쪽 3km 지점. 동남에서 서북으로 흐르는 강폭 5~6m의 상원강 유역의 석회암 동굴로서 1966~1968년 발굴되었다. 이곳에서는 쥐토끼·해리·작은등줄쥐·승냥이·곰·짧은턱하이에나·호랑이·큰쌍코뿔이·상원말·멧돼지·사슴·들소·원숭이 등과 같은 포유동물의 뼈가 발견되었으며, 그중 14종은 이미 멸종한 동물들이다. 또한 차돌이나 석회암을 재료로 한 주먹도끼, 뾰쪽끝 석기 등과 같은 석기가 나왔다. 이것들은 가장 원시적인 타제석기 제작방

구석기인의 발달 과정

시 대		전기 구석기 70만 년~12만 년	중기 구석기 12만 년~5만 년	후기 구석기 5만 년~1만 년 전
사 람		곧선 사람	슬기 사람	슬기슬기 사람
석 기	크 기	크고 무겁다 ―――――――――		→ 작고 가벼워진다
	기 능	하나로 여러 기능	하나로 2~3기능	1석기, 1기능
	만들기	직접떼기	돌날 떼기	돌날 떼기
		내리쳐떼기	눌러떼기	잔손질
	종 류	외날찍개	안팎날 찍개·	긁개·세기개·찌르개
		주먹도끼	자르개·긁개	뚜르개·홈날
지 능		불의 사용	예술 창조	막집터
유 적 지		상원 검은모루 단양 금굴 청원 두루봉동굴 공주 석장리 연천 전곡리	덕천 승리산 평양 대현동 제원 점말동굴 단양 상시동굴	평양 만달리 청원 홍수굴 공주 석장리 위층 단양 수양개 평양 용곡리

법인 때려내기와 내리쳐깨기로 거칠게 만든 석기이다. 이러한 유물들을 통해서 살펴본 바에 의하면 이 유적지는 40만 년~50만 년 전의 구석기 전기 유적이라고 할 수 있다. 발굴된 짐승들을 볼 때 당시의 기후는 지금보다 훨씬 더웠고 산림과 초원이 무성했음을 알 수 있다.

전곡리 유적 全谷里遺跡 경기도 연천군 전곡면 한탄강 연변 소재. 1978년 한 미군에 의해 발견되어 발굴된 유적으로 이곳에서는 약 600여 점의 석기가 발굴되었다. 그중 양면 핵석기, 긁개, 박편도끼 등은 유럽의 전기 구석기의 아슐리안 핵석기의 특징을 보여주는 것으로, 이 유적을 전기 구석기시대의 유적지로 보는 데 중요한 단서를 제공했다.

△ 전곡리유적의 발굴장면

웅기 굴포리 유적 雄基屈浦里遺跡 함경북도 웅기군 굴포리 서포항 소재. 1963년 발굴되었다. 상층은 신석기시대 유적이었으며, 그 아래 구석기 문화층이 형성되어 있다. 구석기시대층은 두 층으로 구성되었는데, 위층의 두께 약 40cm의 암황색 찰흙층에서 밀개·격지 등이 발굴되었다. 아래층은 둥근 자갈과 모난 자갈이 섞인 약 90cm의 찰흙층으로 찍개·긁개 등이 발굴되었다. 아래층은 구석기 중기, 위층은 구석기 중기 말 또는 후기 초의 것으로 본다.

금굴 유적 金窟遺跡 충북 단양 소재, 남한강 유역. 1983년 발굴. 지금까지 알려진 구석기 유적으로 가장 오래된 약 70만 년 전부터 3천 년 전까지 사람이 살았던 것으로 보인다. 굴은 석회암 동굴로 해발 135m, 길이 80m의 규모로 사람이 살기에 넉넉한 규모다. 유적은 8개의 층위로 나뉘어진다. 여기에서는 외날찍개, 주먹도끼, 안팎날찍개 등의 도구가 아래로부터 차례로 발굴되었으며, 쌍코뿔소·하이에나·짧은꼬리원숭이·너구리·멧돼지 등의 짐승 화석이 발견되었다. 차례로 전기·중기·후기 구석기시대의 유물을 포함하고 있는 것으로 본다. 이 굴에서는 곧선 사람·슬기 사람·슬기슬기 사람들이 살았고, 청동기시대의 문화유적까지도 발견된 매우 희귀한 유적이다.

덕천 승리산 유적 德川勝利山遺跡 평양 덕천 구역 승리산의 자연동굴로 대동강 서쪽 기슭의 2번째 하안단구에 위치하며 하상으로부터 17~18m 높이에 있다. 동굴의 길이는 약 60m 정도이며 동굴 내부에는 5~10m 정도의 퇴적층이 있다. 1972년 발굴되었는데 시간적인 차이를 두고 3개의 유물층이 형성되어 있으며, 중기 구석기시대의 유적으로 보고 있다. 여기에서는 동물 화석, 석기와 아울러 약 35세 가량의 남자로 보이는 사람의 아래턱뼈 화석이 발굴되었는데, 중기 구석기시대의 네안데르탈인 계통으로 추정되며, 이를 「덕천인」이라고 한다.

역포 유적 力浦遺跡 평양시 역포구역 대현동 소재. 1977년 발굴. 이곳에서 사람 두개골이 발견되었는데, 이것은 현생인류와는 다르게 미간·눈두덩·눈확 바깥 삼각부가 서로 구분되지 않은 것으로 네안데르탈인 단계의 인간이다. 역포인의 특징은 이마가 뒤로 상당히 벗겨지고, 콧마루가 넓으며 윗머리뼈가 평평하다는 점이다. 북한에서는 이 인골을 현생인류(슬기슬기 사람)의 직접 조상이라고 보는 데 비해 남한에서는 이러한 학설을 부정하기도 한다.

석장리 유적 石壯里遺跡 충남 공주 석장리 소재. 64년부터 발굴하기 시작했다. 여러 층으로 구성되어 있어 전기 구석기시대에서 후기 구석기시대에 걸치는 유적으로 보기도 한다. 간접타격법으로 만들어진 긁개·찌르개·돌핵 등과 박편·돌날의 2차 가공에 의한 긁개·새기개·송곳 등이 발굴되었는데, 이러한 유적은 후기 구석기 문화라고 할 수 있다.

제주 빌레못 동굴 濟州—洞窟 제주도 북제주군 애월면 어음리 소재. 1973년 발굴되었다. 이 동굴은 화산이 폭발하며 용암이 흘러내려 지표면이 굳기 시작할 때 내부에서는 굳지 않은 용암이 흘러내리면서 동굴을 형성한 용암동굴이다. 동굴 내부에서 유물이 발굴된 곳은 넓은 광장의 형태로서 장축이 18m, 단축이 15m 가량 되는 타원형에 가까운 모양이다. 갈색곰·말·사슴·노루 등의 화석과 박편석기 등이 나왔다. 발굴된 도구로 보아 중기 구석기시대의 유적으로 보인다.

군혼 群婚 원시사회에서 두 씨족간에 행해진 집단적인 혼인형식, 가장 낮은 단계의 군혼 형태는 한 집단의 모든 남자와 상대 집단의 모든 여자가 집단적으로 상대편의 처와 남편이 되는 단계이다. 한 단계 더 나아가면 프날루아혼의 형태로 이것은 형제자매 사이는 결혼이 금지되는 단계이다. 군혼에서는 아버지가 누구인가가 정확하지 않았으며, 혈통은 모계 쪽으로 계승되었다. 형제자매와 모계혈족의 방계 사이의 결혼이 금지되면서 씨족사회로 발전되었다. 따라서 씨족은 모계사회에서 시작되었으며, 혈연적인 집단 사이의 결혼이 금지되는 관습이 자리잡으면서 마침

내 군혼은 대우혼의 형태로 변화해간다.

오스트랄로피테쿠스 Australopithecus 지금까지 확인된 최초의 인류로, 발견된 것 중 가장 오래된 것은 500여 만년 전의 것이다. 그들은 식물과 작은 동물들을 채집하는 것으로 생계를 유지해나갔으며, 15~20여 명씩 무리를 지어 다녔다. 대부분 현재의 인류에 비해서 체구가 작은 편이며, 작은 머리에 비해 매우 발달한 턱과 긴 팔 등의 신체구조를 가졌을 것으로 추측된다.

곧선 사람 (호모 에렉투스 Homo erectus) 오스트랄로피테쿠스에서 한 단계 진화한 인류로 아프리카에서 등장하여 세계 각지로 퍼져나간 것으로 보인다. 아프리카 이외의 지역으로 가장 오래된 호모 에렉투스의 화석은 자바에서 발견되었다. 호모 에렉투스의 신체구조는 키가 150~160cm, 머리 부피는 850~1100cc이며, 턱과 치아가 오스트랄로피테쿠스에 비해 현저하게 작아졌다. 이는 그들의 생활조건이 단단한 식물성 섬유질의 중요성이 격감한 대신 동물성 단백질이 차지하는 비중이 커진 데서 오는 변화라고 할 수 있다. 전체적으로 이러한 신체상의 변화와 관련한 행동양식의 변화는 도구의 제작과 관련되어 전개된 새로운 종류의 식량획득에서부터 비롯된다. 그들이 사용했던 도구는 주로 주먹도끼와 같은 것이며, 또한 집단사냥과 같은 방법이 동원됨으로써 식생활의 변화를 가져올 수 있었다. 아울러 그들은 불을 사용할 수 있게 됨으로써 생활에 커다란 변화를 가져올 수 있게 되었다. 전기 구석기시대 단계이다.

슬기 사람 (호모 사피엔스 Homo sapiens) 호모 에렉투스 단계에서 진화한 것으로 호모 사피엔스의 출현은 약 40만~25만 년 전이다. 신체상의 특징은 치아구조에 있어서 앞니가 커지고

어금니 및 작은어금니는 작아진다. 이
것은 도구를 제작하거나 불을 사용하는
새로운 조리법의 이용에 의한 변화인
것으로 보인다. 키 약 170cm, 몸무게
약 70kg, 머리의 부피는 1500cc 정도의
체격이고, 이 인류 단계에 속하는 것은
네안데르탈인이다. 이 시기의 진화단계
에서는 죽은 사람을 위하여 무덤을 만
들기도 한다.

슬기슬기 사람(호모 사피엔스 사피엔스
Homo sapiens sapiens) 지금으로부
터 약 4만 년 전에 지구상에 등장하는
현생인류. 이들은 돌을 다루는 기술이
매우 뛰어나 여러가지 석기를 정교하게
만들어 사용했다. 또한 짐승의 뼈나
뿔, 코끼리의 상아를 가지고 많은 도구
를 만들어 사용했다. 그들의 유적지에
서 뼈바늘과 함께 각종 장신구가 발견
되는 점으로 보아 옷을 만들어 입고 몸
을 꾸미는 데 관심을 기울인 것으로 보
인다. 또한 예술품을 만들어 자신의 감
정을 표현했다.

중석기 문화 中石器文化 구석기시대
와 신석기시대의 중간에 해당하는 문화
로, 구석기 유물과는 전혀 다르면서 신
석기 유물에도 포함시키기 어려운 세석
기細石器를 만들어 사용하던 시기. 석장
리 구석기 유적에서 발굴된 유물 중 일
부가 중석기시대의 세석기라고 하는 주
장이 있다. 중석기시대를 대표하는 세
석기는 대개 여러가지 기하학적인 무늬
를 가지고 있는 3cm 미만의 작은 석기
를 말하는데, 세모꼴·사다리꼴·둥근꼴
등이다. 이러한 문화는 세계적으로 분
포하는 것으로 확인되고 있다. 이 시기
는 지질연대로 보아 제4기 홍적세의 제
4빙하기가 서서히 물러가면서 충적세가
형성되는 시기인데, 이 시기를 후빙기
라고 부른다. 홍적세 동안에 형성되었
던 구석기 문화가 새로운 기후조건과
생활조건에 맞추어 발전시킨 문화이다.

그리고 그 시기는 대체로 1만 년 전 전
후이다. 중석기인들의 생활상의 특징은
1)후기 구석기보다 작은 세석기를 만들
게 되어 원료와 노력을 덜 들이면서 많
은 석기를 만들게 된다. 2)세석기를 나
무, 뼈, 돌에 끼워서 쓰거나 손잡이를
부착하여 노동력을 증가시킨다. 3)사냥
할 때나 적으로부터 보호하기 위해 야
생의 개를 가축화한다. 4)빙하기가 물
러감에 따라 거대한 짐승은 사라지고
작은 몸집의 짐승들이 번창하게 되자
후기 구석기시대까지 성행하던 무리사
냥이 개인사냥으로 변화한다. 5)중요한
사냥도구로 활, 화살, 작살 등이 개발
되어 동물사냥을 더욱 효과적으로 할
수 있게 된다. 6)이 시대의 중요한 생산
수단인 물고기잡이에 낚시나 그물이 사
용되어 많은 양을 잡을 수 있게 된다.
7)기후가 온화해지면서 대량으로 나타
난 달팽이·조개류 등을 줍고, 들과 산
의 야생 곡식물을 식용으로 하는 등 천
연자원을 이용한다.

세석기 細石器 구석기 말기와 중석기
시대에 발달했던 석기로, 세모꼴 따위
의 기하학적 형태를 띠었으며 주로 물
고기잡이용 작살이나 살촉 등에 사용되
었다. 타제석기에 비해 발달한 석기로,
새기개 수법과 돌날 몸돌에서 간접떼기
로 돌날을 떼어내는 돌날 수법이 있다.
1~3cm의 크기로 몸돌에서 떼어낸 세모
꼴·사다리꼴·마름모꼴·반달꼴 등의 기
하학적인 모양에 약간의 잔손질을 가해
완성하는 것으로 제작수법은 눌러떼기
가 많았다. 세석기는 단순히 작은 석기
라는 뜻만은 아니다. 세석기의 제작으
로 재료와 노력을 절약할 수 있는 점,
몸돌에서 예리한 격지를 떼어낼 때 자
연스럽게 이루어진 뾰쪽한 끝이나 모서
리를 그대로 이용할 수 있다는 점에서
편리했다. 세석기는 되도록 잔손질을
안하고 사용하는 것이기 때문에 크기는

일정하지 않으나 모양은 비슷한 것이 많으며, 찌르기·깎기·긁기·새기기·파기 등의 용도에 적합한 것을 골라 썼다. 화살촉으로 만들기 위하여 나무나 뼈로 된 화살을 끼우기도 했으며, 알맞은 나무나 뿔의 옆면에 홈을 파고 이것을 여러개박아 칼이나 창끝을 만들기도 했다.

방사성 탄소 연대 측정법 放射性炭素年代測定法 1940년대 미국의 물리학자 리비Willard Libby에 의해서 개발된 시간측정법으로, 고고학에서 가장 일반적으로 사용하는 연대 측정법이다. 지구상의 모든 유기물이 대기중의 탄소를 흡수하여 그 생명을 유지한다고 할 때 안정된 상태의 탄소는 원자량이 12인데, 대기중의 질소의 일부는 외계에서 오는 우주선(베타선)의 작용으로 원자량 14의 탄소 동위원소로 바뀌게 된다. 지구의 대기는 C^{12}와 C^{14}가 일정한 비율로 존재하기 때문에 유기물이 생명을 유지하는 동안 탄소 동화작용이나 식물체의 섭취를 통해 체내에 축적하는 탄소는 대기중의 두 동위원소를 포함하고 있다가 유기물이 일단 생명을 잃게 되면 대기로부터 탄소의 공급이 중단되고, 이때부터 C^{14}는 서서히 붕괴하여 질소로 되돌아간다. 자연상태의 C^{12}와 C^{14}의 비율과 C^{14}가 N^{14}로 붕괴하는 데 필요한 반감기는 상수이기 때문에 유기물 잔해의 두 동위원소의 비율을 측정하여 비교함으로써 그 유기체의 존재 연대를 측정할 수 있게 된다. 그 시간적인 기준은 1950년으로 잡고 그해부터 몇년 전이라는 표현으로 BP(before present)로 쓴다. C^{14}의 반감기는 5730년 정도로 본다. 이 방법으로 목탄·뼈 등 각종 유기물의 연대를 추적할 수 있다.

2. 신석기인의 생활

신석기시대 新石器時代 4차례에 걸친 빙하기의 마지막 4번째 빙하기가 지나간 후 지금으로부터 약 1만년 전부터 지구의 기온이 점차 상승하기 시작하여 빙하가 후퇴하고 이전에 비해 온난다습한 기후조건이 된다. 변화된 기후조건에 따라 인류는 원시적인 농경과 목축을 시작했는데, 이 시기부터 금속기가 사용되기 전까지를 신석기시대라고 한다. 신석기시대에는 농경과 함께 토기와 간석기를 사용했으며 주로 해안이나 강가에서 생활했다. 신석기시대의 유적지가 주로 해안이나 강가에서 발견된다는 것은 아직까지도 본격적인 농업이 행해져 농업에 의한 생계유지가 가능한 단계에까지 이르지 못하고 수렵과 어로를 중심으로 하는 생활이었던 것을 말해준다. 신석기시대인들은 구석기시대의 타제석기에 비해 더욱 발달한 마제석기를 사용했으며, 구석기시대에는 존재하지 않았던 갈돌·돌괭이·돌보습·돌낫 등을 사용했다. 또한 신석기시대에 이룩한 중요한 발달 중의 하나는 토기를 만들어 사용했다는 점이다. 토기를 사용함으로써 신석기시대인들은 음식물을 저장하거나 끓여 먹을 수 있게 되었고, 이러한 생활의 진전에 따라 씨족사회가 형성되었다. 우리나라의 신석기시대는 BC 6000년경에 시작되어 BC 1500여 년까지 계속된 것으로 보이며, 새로운 청동기문화에 흡수 동화되어간 것으로 보인다. 그러나 마제석기는 청동기시대 유적지에서도 계속 보이고 있다.

신석기시대의 토기 新石器時代－土器 신석기시대부터 만들어지기 시작한 토기는 신석기의 시기 구분에 매우 중요한 유물이다. 토기의 제작과정이나 무늬의 종류·생김새 등은 각 지역의 문화나 사회적 배경·변화 등이 민감하게 반영되어 있다. 우리나라의 신석기시대 토기는 지역에 따라 모양과 표면의 무

△빗살무늬토기

늬 등이 다음과 같이 구분된다. 1)서해안 지역;대동강 한강 유역을 중심으로 발견되는 토기. 아랫부분이 뾰쪽한 포탄형으로, 그릇의 재질에는 운모·석면·활석 등이 섞여 있다. 이 지역의 토기는 그릇의 표면에 많은 무늬들이 새겨져 있는데, 크게 3부분으로 나누어 윗부분(口緣部)은 짧은 사선을 평행으로 둘러친 형태가 많다. 중간부분(器腹部)은 사선으로 물고기뼈 모양을 한 것이 많다. 암사동 출토의 빗살무늬 토기가 대표적이다. 2)동해안 지역;두만강 유역과 강원도 등지에 분포하는 토기로 납작밑의 형태(평저형)를 띠고 있는데, 무늬는 그릇의 윗부분에만 주로 새겨져 있고, 물고기뼈나 번개 모양이 많이 보인다. 3)남해안 지역;낙동강 유역과 남해의 해안지역에서 주로 출토되는 토기로 일정한 모양을 보이지 않고 여러가지 형태가 혼재되어 나타난다. 그중 두드러진 것은 융기문 토기隆起文土器, 지두문 토기指頭文土器 등이다. 부산 동삼동 패총에서는 원시적인 형태의 무늬없는 토기와 융기문 토기가 발굴되었다.

부산 동삼동 패총 釜山東三洞貝塚 부산 영도 동삼동 소재 패총. 패총의 층위는 크게 3층으로 나누어지는데, 최하층

에서는 원시 무늬없는 토기·융기문 토기·돌도끼·낚시·작살 등이 발굴되어 전형적인 신석기시대보다 약간 앞서는 유적층으로 보인다. 가운데층에서는 빗살무늬 토기·반달돌칼 등이 출토되었고, 맨 위층에서는 변형된 빗살무늬 토기가 출토되었다.

동삼동 출토 패각가면 東三洞出土貝殼假面 동삼동 패총에서 출토된 것으로 커다란 가리비조개의 껍질에 눈·입 등을 나타내는 듯한 구멍을 뚫어 마치 인면상人面像을 나타내는 것처럼 보이는 유물. 이 유물에 대한 해석은 각각 다르다. 김원룡은 「조가비에 3개의 구멍을 뚫어 두 눈과 입을 표시한 것으로 보이며, 이는 크기로 보아 어린아이의 장난감이라고 생각된다」고 본다. 이융조는 「두 개의 둥근 눈과 남성을 나타내기 위한 다른 곳에서와 마찬가지로 입을 크게 벌린 모습을 하고 있다. 이것은 어린아이들의 장난감이라기보다는 상징적인 의미를 부여한 예술품으로 볼 수 있다」고 한다. 그러나 어느 입장이 옳다는 평가는 현재 단계에서는 어려운 것으로 보인다.

암사동 선사시대 주거지 岩寺洞先史時代住居地 서울 강동구 암사동 소재 사적 제267호. 한강변에 위치한 신석기시대 주거지 유적으로서 이 지역은 1925년 대홍수 때 표면 흙이 홍수에 쓸려 내려감으로써 드러났다. 전형적인 빗살무늬 토기와 10여 곳의 수혈식의 집터 유적이 나왔다. 이 집자리들은 모래바닥을 약 1m 가량 파고들어간 반지하 움집으로 말각방형 또는 원형이며, 직경은 5.5~6m 정도이고 중앙에는 강돌로 둘러친 화덕자리가 있다. 여기서 얻은 유물의 탄소 연대측정 결과 BC 5천 년~4천 년경으로 밝혀졌다. 현재는 선사유적 공원조성 계획에 따라 주거지가 복원되어 공원으로 조성되어 있다.

신석기시대와 청동기시대의 비교표

구 분	신 석 기	청 동 기
석 기	간석기(돌도끼, 돌괭이)	간석기(끌, 홈자귀) 신석기보다 정밀
토 기 (굽는 온도)	빗살무늬 토기 (700~750도)	무늬없는 토기 (800~900도)
집자리	원형→사각형	사각형, 긴사각형
생산수단	원시농경, 물고기잡이, 사냥, 목축(돼지)	벼농사, 가축(돼지, 소, 개, 닭) 고기잡이(배 이용), 사냥
무 덤	특별한 형태없음	고인돌, 석관묘, 옹관묘

서포항 유적 西浦項遺跡 신석기시대에서 청동기시대에 걸치는 유물이 발굴된 유적으로 함경북도 웅기군 굴포리 서포항동 동북쪽 야산지역에 위치. 1960년에서 1964년에 걸쳐 발굴되었는데 신석기시대 부분은 4층으로 구성되어 있다. 방형·장방형의 집자리가 있고, 빗살무늬 토기 여러 점, 돌도끼·화살촉·돌괭이·여러가지 뼈도구들이 발굴되었다. 청동기층에서는 뼈·짐승 이·흙으로 만든 여인상, 돌을 새겨 만든 돼지상도 다수 발굴되었다.

궁산문화 弓山文化 빗살무늬 토기를 주로 하는 한반도 서부지역의 신석기문화. 평남·황해·경기도 지방에서 주로 발굴되는 문화로 석기로는 돌도끼·끌·화살촉·가락바퀴 등이 발굴되었다. 이 문화인들의 주거지는 40~120cm 깊이의 움집이었다. 움집터는 원형이거나 사각형으로, 원형인 경우 집의 모양은 원추형이며, 터가 사각형일 경우 집은 배집형의 지붕이었다. 집 가운데는 돌로 둘러친 화덕자리가 있다.

지탑리 유적 智塔里遺跡 황해북도 봉산군 지탑리 토성에서 1957년에 발굴된 신석기시대 이래의 유적지. 두 군데서 유적이 발굴되었는데, 한 곳은 토성 안에, 다른 한 곳은 토성 밖에 위치해 있다. 토성 밖의 유적 맨 아래층에서는 신석기시대에 해당하는 빗살무늬 토기가 나왔고, 그 위층에서는 청동기시대의 유물에 해당하는 팽이그릇이 나왔다. 토성 안의 유적에서는 집자리들이 발굴되었다. 특히 그중 한 집자리는 불에 탄 집자리였기 때문에 신석기시대인들의 생활도구가 그대로 남아 있었다는 점에서 매우 귀중한 의미를 지닌 유적이다. 가운데의 화덕을 중심으로 빗살무늬 토기들이 놓여 있었는데, 그중 큰 것은 60~70cm에 달하는 것도 있었다. 그외에도 창끝·활촉·도끼·갈돌 등이 다수 발굴되었다. 또다른 집자리에서는 질그릇에 탄화된 조 또는 피로 보이는 곡식의 알갱이가 발견되기도 했다. 뿐만 아니라 낫이나 보습 같은 농기구가 함께 나오는 것으로 보아 이 시기의 농업이 상당한 수준에 이르렀음을 엿볼 수 있다.

오산리 유적 鰲山里遺跡 강원도 양양군 이양면 오산리의 자연호수의 사구지역에 형성된 신석기시대 유적지. 1970년대 말 호수를 메워 농경지화하는 작업과정에서 우연히 발견되어 1981년 이후 몇 차례의 발굴조사에 의해 신석기시대의 유적지로 판명되었다. 이 유적지에서는 원형 주거지 10여 곳, 납작밑 토기 20여 점 외에도 어구魚具·돌톱·흑요석 석기 등 석기류 300여 점과 점토로 빚은 얼굴상이 발굴되었다. 원형 주거지는 신석기시대의 일반적인 주거형태인 수혈식이 아니라 지상식이며, 토기 역시 신석기 유적지에서 보편적으로 발굴되는 뾰쪽밑 토기가 아닌 납작밑 토기이다. 이런 모양의 토기는 뾰쪽밑 토기보다 연대상으로도 앞서며 북한 지역의 동북부·연해주·일본 등에 그 분포지역이 형성되어 있어 문화적인 연결을 살피는 데 중요한 의미를 갖는다. 또한 이 지역에서 발굴된 유물에 대한 방사성 탄소 연대측정의 결과에 의하면 지금으로부터 약 8천 년 전으로, 한국 신석기시대의 유적 중에는 가장 오래된 유적지에 속한다.

덧띠 토기(隆起文土器) 그릇의 표면을 약간 돋아나오게 띠 모양의 흙을 덧붙인 토기로 우리나라에서는 부산 동삼동, 양양 오산리 등지에서 발굴되었다. 빗살무늬 토기보다 앞서 만들어진 신석기시대의 토기로, 일본 대마도 등지에서도 이러한 모양의 토기가 발견되었다. 대체로 BC 5천 년경에 만들어진 것으로 보인다.

간석기 一石器(磨製石器) 신석기 및 청동기시대에 주로 사용했던 석기로, 갈아서 만든 도구. 용도에 맞는 몸돌을 골라 적당한 모양으로 깨뜨린 다음 갈고 다듬어 완성시키는 것으로 전체 면을 갈아 다듬은 것과 필요한 부분 일부만을 다듬은 것이 있다. 간석기의 재료로 사용되는 것은 화강암·섬록암·점판암·혈암·사암 등으로, 돌도끼·자귀 등에는 화강암이나 섬록암이 사용되고, 갈판에는 사암이 주로 사용되었으며, 반달돌칼·돌살촉·돌검 등에는 점판암 계통의 석재가 주로 사용되었다. 원래 간석기는 신석기시대를 특징짓는 대표적인 도구로 여겨졌으나 이미 중석기시대에도 간석기가 만들어진 것으로 밝혀졌다. 양양 오산리, 온천 궁산리, 서울 암사동, 웅기 서포항 유적 등지에서 간석기가 출토되었는데, 돌창·돌살촉·갈판·돌도끼 등이 있다. 간석기는 청동

시대에도 일상 생활도구나 생산도구로 사용되었는데, 목공에 사용하는 연장으로는 돌도끼·홈자귀(有溝石斧)·턱자귀·대팻날·끌 등이 있고, 농사도구로는 괭이·가래·호미·반달돌칼 등이 있다. 또한 권위를 상징하는 것으로 보이는 톱니날도끼 등이 발견되기도 한다. 간석기는 초기 철기시대에 접어들면서 철기의 보급과 제작이 늘어나자 급속하게 쇠퇴한다.

돌낫 신석기시대와 청동기시대에 사용된 농기구. 가장 오래된 돌낫은 황해도 봉산군 지탑리에서 나온 신석기시대의 돌낫이다. 청동기시대에는 압록강 유역의 공귀리·신귀리 유적 등에서 발굴되었다.

돌도끼 석록암·안산암·화강암 등을 재료로 하여 만든 도끼로서 신석기시대와 청동기시대 유적지에서 주로 발굴된다. 신석기시대의 것은 대체로 작고, 형태도 단순하다. 청동기시대의 돌도끼는 신석기시대의 것에 비해 더 크며, 종류와 형태도 더욱 다양해지고 있다. 네모도끼·납작도끼도 있으나, 이밖에 통도끼·제형도끼·짝날·외날 등 여러 가지 형태가 있다. 돌도끼는 나무를 찍고, 패고, 가공하는 데뿐만 아니라 농기구로도 사용되었다. 철기시대 초기까지 사용되다가 철기의 보급과 함께 급속하게 사라졌다.

돌활촉 선사시대에 쓰던 돌로 만든 활촉. 활은 중석기시대부터 사용되기 시작하지만 우리나라에서 돌활촉은 주로 신석기·청동기시대에 사용되었다. 신석기시대의 활촉은 밑이 오므라든 삼각형의 납작한 형태가 기본이다. 한반도 동북부에서는 흑요석을 깨뜨려 만든 활촉이 주로 사용되었으며, 편암·응회암 등으로 만든 것도 있다. 청동기시대의 활촉은 뿌리있는 활촉과 버들잎 형이 있다. 활촉의 횡단면은 마름모꼴·삼

각형·렌즈·평육각형 등 여러가지가 있다.

골각기 骨角器 동물의 뼈·뿔·이 등으로 만든 도구. 우리나라에서는 신석기시대 및 청동기시대 유적 가운데 석회분이 많은 조개무지 유적에서 특히 많이 나온다. 신석기시대의 조개무지에서는 활촉·송곳·바늘·작살 등이 나왔고, 청동기시대에는 뼈단검·끌·대패·낚시 같은 도구가 많이 나왔다

갈돌 신석기시대와 청동기시대에 음식을 만드는 데 사용되었던 석기의 하나로, 곡물이나 열매 등을 가는 연장으로 갈판과 짝을 이루어 쓰여진 것이다. 길이는 20~40cm 정도로 갈판의 너비보다 길다. 갈돌의 재료는 사암이나 운모편암과 함께 화강암도 많이 사용된다. 주로 신석기시대 유적에서 많이 발굴되며, 청동기시대 유적에서도 발견되는데, 청동기시대에는 갈돌만 출토되는 경우도 있다.

가락바퀴 원시적인 방적기구의 하나로 짧은 섬유를 길게 이어 실을 만들었던 도구. 가락바퀴를 만드는 재료는 뼈·흙·돌 등 지역에 따라 다양하다. 우리나라에서는 황해도 지탑리, 평남 궁산리, 여주 흔암리 등에서 출토되었다. 이 가락바퀴가 사용된 것은 신석기시대부터이며, 청동기시대에 이르면 전국적으로 사용되고 있음을 볼 수 있다. 중앙에 둥근 구멍을 뚫어 축이 될 막대를 넣어 고정시켜 짧은 섬유를 길게 연결하거나 실을 꼬아 만드는 데 사용했다.

움집 지표면 아래로 땅을 파고내려가 집터를 잡은 다음 원추형으로 기둥을 비스듬하게 세워 만든 원시적인 집으로, 대개 신석기시대에서 초기 철기시대까지 보이는 유형이다. 수혈 주거라고도 하는데 한쪽 부분에 출입구를 내 드나들었으며, 보통 5~6명이 활동할 수 있는 공간이었다. 집터는 원형에서 방형으로 변해가는데, 이는 살림 규모의 확대에 따른 증축의 편리를 위한 것으로 보인다. 대개 주거지 한가운데에 화덕의 흔적이 있어 불을 피워 난방을 했음을 알 수 있으며, 일상생활에서 직업이 분화된 이후 출입구 가까이는 남자들의 생활공간이 되었으며, 안쪽에는 여자들의 생활공간 및 저장공이 위치하기도 한다.

원시공동체사회 原始共同體社會 인간이 손을 사용하여 노동을 하기 시작함으로써 다른 동물들과 구별될 수 있었는데, 그 초기단계를 원시공동체사회라고 한다. 이 시기는 아직 생산력의 수준이 낮았기 때문에 공동으로 일하고, 생산한 것은 공동으로 분배하는 생활을 할 수밖에 없었다. 즉 생산관계의 기초는 생산수단에 대한 공동체적 소유였다. 원시공동체사회에서는 계급이 발생하지 않은 시기이기 때문에 착취나 억압구조가 존재하지 않았다. 이러한 원시공동체사회는 인류가 출현한 이후 계급사회가 형성되는 시기까지를 말한다. 최초의 인류는 원시적인 상태에서 무리를 지어 살았기 때문에 원시 무리사회라고 하며, 그 다음 단계로 신석기시대에 접어들면서 씨족사회가 형성되기 시작한다. 그리하여 씨족공동체사회로 나아가게 된다. 씨족공동체사회는 모계씨족사회와 부계 씨족사회로 나누어진다. 모계 씨족사회는 구석기시대 및 신석기시대까지 이어지는 것으로, 이 시기는 노동의 성격상 여성들의 역할이 크다는 점, 그리고 결혼관계에서도 일부일처제가 확립되지 않은 단계이기 때문에 모계 쪽으로 혈통을 구분할 수밖에 없었다. 그러나 신석기시대가 전개되면서 생산력이 커지고 남자들의 역할이 증대되면서 모계사회는 부계사회로 넘어가게 된다. 그리하여 청동기시대에 접어들게 되면서 원시공동체사회가 붕

괴되기 시작하며, 계급이 발생하게 된
다. 우리나라에서 원시공동체사회가 무
너지고 계급이 발생하면서 국가가 형성
되기 시작한 것은 BC 8~7세기경이다.
자연숭배 自然崇拜 자연에 대해 종교
적인 믿음을 바치는 관념이나 행위. 해
·달·별과 같은 천체, 바람·천둥과 같은
기상현상, 산·물·땅·나무·바위·운석과
같은 자연을 숭배하는 것으로, 여기에
서부터 애니미즘·토테미즘이 비롯된다
고 할 수 있다. 이러한 숭배대상물을 초
자연화하거나 의인화하여 인간과의 의
사교환이 가능하다고 생각했으며, 천신
은 주로 남성을 상징하고, 수신이나 풍
신은 여성의 의인화 대상이다. 그리고
일기와 기상에 관한 것은 절대자의 뜻
으로 해석하거나 길흉을 예측하는 징표
로 간주하기도 한다. 나무·바위 등도
숭배대상이 된다. 우리나라의 소노나
선돌도 여기에 뿌리를 둔 것으로 볼 수
있겠다. 동물숭배의 경우 토테미즘으로
나타나는데, 단군신화·금와왕·혁거
세신화·솟대의 새 등이 여기에 해당할
것이다. 이러한 자연숭배 신앙은 자연
이 인간생활에 절대적인 의미를 갖고
있는 조건에서 비롯하는 것으로 자연과
인간 사이의 유대를 보여주며, 농업사
회일수록 그러한 경향이 더욱 강하다.
조상숭배 祖上崇拜 원시 및 계급사회
에서 죽은 조상의 영혼을 숭배하던 풍
습. 조상숭배의 뿌리는 원시시대의 무
덤에 부장품을 넣기 시작한 데서 볼 수
있다. 농사에서의 풍흉이나 죽음에 이
르는 현상들을 과학적으로 이해하지 못
하던 단계에서 살아 있는 사람들의 운
명이나 생활이 죽은 조상들의 영혼에
의해 영향을 받을 것이라는 생각에서부
터 조상숭배 사상이 싹텄을 것이다.
토테미즘 Totemism 특정한 동물을 씨
족 혹은 종족의 조상으로 떠받들고 숭
배하는 원시적인 신앙의 한 형태. 토템

신앙은 사람들이 주로 수렵을 하면서
살아가던 시기에 자연에 대한 인식이
아직 발달하지 못하던 데서 나왔다. 그
때 사람들은 원시 씨족공동체의 특징적
인 관계를 동물의 세계에까지 옮겨놓으
면서 특정한 동물의 세계와 그들 자신
의 세계를 한 구성체로, 사람과 동물이
공동의 조상에서 나온 것으로 생각했
다. 따라서 사람과 동물은 서로 바꾸어
태어날 수 있다는 생각을 갖게 되었고,
자신들의 생활과 밀접한 관계를 가진
동물을 자신들의 조상으로 인정하여 섬
겼다. 토템 신앙은 많은 민족들이 초기
단계에 거의 다 거쳤던 것으로 추측된
다. 우리나라의 건국신화들, 예를 들어
단군신화에서의 곰, 신라 건국신화에서
의 닭·말 등도 토템의 예라고 할 수 있
다.

● 개관

고대사회는 원시공동체사회가 해체되고 국가가 성립하는 시기에서 신라의 삼국통합을 전후로 한 시기까지로 본다. 고고학적으로는 청동기·철기시대를 포함한다. 원시공동체사회와 구별되는 고대사회의 특징은 경제적인 면에서는 사유재산이 발생하고 권력이 형성되기 시작하며, 사회적으로는 신분제가 자리를 잡게 된다. 이러한 것은 모두 국가라는 틀 내에서 전개되게 된다.

우리나라의 청동기문화는 북한학자들은 훨씬 올려잡고 있으나 남한에서는 서기전 10세기를 전후로 하여 성립한 것으로 보고 있다. 이 청동기문화는 중국 계통이 아니고 시베리아 계통의 청동기문화를 바탕으로 하고 있다. 청동기시대 유적지에서는 청동기와 아울러 마제석검, 반달돌칼과 같 석기나 무늬없는 토기 등이 함께 출토된다. 무덤양식도 지석묘나 석관묘와 같은 형태이다. 청동기문화를 형성하고 있던 주민들이 우리 민족의 직접적인 조상이라고 할 수 있는 예·맥·한족이다. 이들은 신석기 이래 만주 및 한반도에 거주해왔다.

청동기시대에는 농업이 본격화되고 특히 벼농사가 시작된다. 여주의 흔암리나 부여 송국리 유적에서는 탄화된 벼가 나왔다. 새로운 품종의 재배, 농기구의 개량, 농업기술의 발달 등은 더 많은 생산을 가능하게 했고, 이러한 생산력의 증가는 곧 잉여생산물의 저장을 가능하게 했다. 잉여생산이 가능하게 됨으로써 사유재산이 발생하고 계급이 분화되었으며, 사회조직의 분화는 국가의 성립으로 이어진다.

국가의 개념 및 형성과정에 대한 견해는 학자마다 다양하다. 대체로 신석기시대의 씨족사회가 청동기시대에 접어들어 몇 개의 씨족집단이 혼인이나 정복 등을 통해 묶이어 하나의 조그만 부족국가를 형성하게 된다. 기록에 나타나는 최초의 국가는 고조선이다. 단군신화에 의하면 서기전 2333년에 단군왕검이 나라를 세웠다고 하는데, 일반적으로 청동기 문화를 바탕으로 국가체제가 성립한다고 볼 때 서기전 10세기 이후에 국가로 성립했을 것으로 본다.

고조선은 농경과 청동기문화를 바탕으로 성립한 최초의 국가로 서기전 4~3세기경의 중국측 기록에 이름이 보이고 있다. 즉 고조선은 이미 이 시기에 중국과 일정한 교류관계를 형성했던 것이다.

부족국가의 다음 단계는 연맹체 단계라고 할 수 있는데 이 단계는 철기문화를 바탕으로 하고 있다. 한반도에 철기문화가 성립한 시기도 남한과 북한이 서로 다르고 학자마다 약간씩 차이를 보이고 있으나 남한에서는 보통 서기전 4세기 전후로 보고 있다.

철기시대 국가 단계는 연맹체 혹은 연맹왕국이 성립하던 시기이다. 연맹체는 부족국가들이 자기 세력을 해체시키지 않고 연맹을 형성하는 것으로, 부여나 고구려의 초기국가 형태가 5부족 연맹이었던 시기이다. 이 시기는 왕이 존재하기는 하지만 절대적인 권력을 행사할 수 있었던 단계는 아니었다. 부여의 왕이 국가에 어려운 일이 있을 때 책임을 지고 물러나거나 죽임을 당했다는 기록은 이러한 상황을 보여주고 있다.

이 시기는 철제 농기구를 사용한 농업이 행해졌으며, 사회구성도 가加—호민豪民—하호下戶—노비奴婢의 층을 형성했다. 귀족들은 많은 노비를 거느리고 있었으며 이 노비들의 생명까지도 마음대로 할 수 있을 만큼 확실하게 소유했다. 부여에서 많은 경우 100여 명을 순장했다는 기록이 보이는 것은 지배층들이 피지배 노비들의 생명까지 소유했음을 보여주는 것이다.

서기전 1세기를 전후로 한 시기에 이르면 연맹체 단계에서 왕조국가 단계로 넘어가게 된다. 왕조국가는 이전까지의 연맹체 내의 제가 계급들의 지위가 왕에 비해 상대적으로 낮아지는 시기이다. 즉 왕권이 점차 강해지며 중앙집권화를 이루어 나가는 시기이다. 삼국사기에 의하면 고구려·백제·신라가 서기전 1세기에 건국되었다고 하는데, 이 시기는 이러한 왕조국가의 성립과정을 보여주는 것이라고 할 수 있다.

이 단계에서 왕권이 강해지면서 연맹단계의 제가 계급들을 비롯한 지배신분층들의 세력에 상응하는 사회신분을 보장해주는 과정에서 귀족신분이 성립된다. 그 가장 전형적인 형태는 골품제에서 보이고 있다. 이것은 곧 관료제의 형성과정이기도 하다. 또한 중앙집권적 왕조국가가 정착되는 과정에서 율령이 반포되고 국가의 사상적인 통일을 기하기 위해 새로운 종교를 받아들이게 되는데 불교가 그 역할을 담당했다.

중앙집권적 왕조국가의 고대사회는 삼국시대에 완숙한 형태를 보이고, 삼국간의 치열한 항쟁은 다음 단계의 사회변화를 준비하는 시기이기도 했다. 세 나라를 아우르는 나라는 고대사회 통치체제로는 더이상 사회를 지탱할 수 없었기 때문이다.

1. 청동기, 초기 철기시대

청동기시대 靑銅器時代 청동기시대는 대체로 BC 10세기경으로 소급되는데, 중국의 요녕지방, 시베리아 지역의 청동기문화와 깊은 관련을 맺고 있다. 요녕지방에는 일찍이 비파 모양의 청동단검으로 특징지어지는 독특한 청동기문화가 형성되었다. 그후 점차 한반도의 독자적인 청동기라고 할 수 있는 세형동검이 만들어지기 시작한다. 청동기시대에 만들어지는 토기는 한반도 서북지역의 팽이형 토기, 남한지역의 무늬없는 토기 등이 있다. 팽이형 토기는 각형 토기라고도 하는데, 바닥의 직경이 3~4cm밖에 되지 않는 좁은 평저이고, 윗부분은 밖으로 말려져 이중형을 띠고 있다. 태토에는 점토에 모래·활석·석면들이 섞여 있는데 주로 청천강 이남과 한강 이북지역에 분포하고 있다. 무늬없는 토기는 화분 모양의 평저 토기를 기본으로 하여 윗부분에 구멍(孔列) 무늬가 장식되어 있는 것도 있다. 청동기시대의 석기는 마제석검, 반달돌칼, 돌도끼 등과 같은 마제석기가 있다. 청동

△청동기시대의 탄화미

기시대의 주거지는 움집으로 대체로 강을 바라보는 얕은 구릉지대에 분포해 있으며, 신석기시대의 주거지에 비해 깊이가 낮아지고 면적도 넓어진다. 이는 청동기시대에 접어들어 농경이 본격화되면서 경제력이 강화되었다는 것을 의미한다. 이러한 농경활동을 증명해주는 도구로서는 반달돌칼·홈자귀·괭이 등이다. 경기도 흔암리 유적에서는 쌀·보리·조·수수, 충남 송국리에서는 쌀, 평양 남경 유적에서는 쌀·조·콩·기장·수수 등이 탄화된 형태로 발견되어 당시의 농경생활을 짐작케 해준다. 또한 당시 사람들의 생활과 신앙의 측면을 보여주는 것으로 경남 울주의 반구대 암각화가 있다.

십이대영자 유적 十二臺營子遺跡 중국의 대능하 유역 요녕성 조양 서남 약 12.5km 지점에 위치한 십이대영자에서 발견된 무덤으로 1958년에 발굴되었다. 발굴 당시 3기의 무덤 중 1기만이 파손되지 않은 상태였으며, 이 무덤에서 비파형 단검·청동거울·도끼·활촉·낚시 등 여러가지 유물들이 발굴되었다. 특히 이곳에서 출토된 잔무늬 거울과 청동검은 한반도와 연해주 남부 일대에 분포하고 있으며, 대체로 이 무덤은 춘추시대말기 또는 전국시대에 해당하는 것으로 추정된다.

미송리 유적 美松里遺跡 평북 의주군 미송리 소재. 신석기에서 청동기시대에 걸치는 유적층을 포함하고 있는 유적지로 1959년 발굴. 2개의 문화층으로 구성되어 있는데 아래층은 빗살무늬 토기가 나온 신석기층이고, 위층은 청동기시대의 유물이 발굴되었다. 신석기층에서는 토기 파편·그물추·옥돌로 만든 장신구·석기 등이 나왔다. 위층 청동기층에서는 마치 표주박 아래와 위를 잘라버린 모양을 한 매우 독특한 토기가 10여 점 출토되었는데, 이런 유형의 토기를〈미

송리식 토기〉라고 한다. 미송리식 토기의 분포지역은 압록강 일대를 중심으로 하여 북쪽으로는 요동지방, 남쪽으로는 대동강 유역에까지 미친다.

범의 구석 유적 －遺跡 함경북도 무산 소재의 신석기에서 초기 철기시대에 걸치는 유적. 두만강가에 위치하며 1959년부터 1961년에 걸쳐 발굴되었는데, 신석기시대에서 초기 철기시대에 이르는 유적들과 집자리 43개가 발굴되었다.

김해 패총 金海貝塚 경남 김해군 김해읍 회현리 소재 청동기시대 유적. 청동기인들의 주거지 근방에서 그들이 먹고 버린 조개껍질 등이 쌓여 층을 이룬 것으로 그 층이 약 7m인 부분도 있다. 일제시대 일본인 고고학자들에 의해 발굴되기 시작했다. 탄화미와 명도전·홍도·팽이모양 그릇·반달돌칼·여러가지 모양의 골각기 등이 발굴되었으며, 무덤으로는 고인돌·석관묘·옹관묘 등이 드러났다.

초도 유적 草島遺跡 함경북도 나진에 있는 청동기시대 및 초기 철기시대 유적. 초도는 나진만 중심부를 가로막은 작은 섬으로, 육지에서 2.5km쯤 떨어져 있다. 유적은 섬 서북쪽 바닷가의 낮은 언덕에 있다. 1949년에 발굴되었는데 이때 조개무지와 집자리·무덤 등이 드러났다. 유물로는 활촉·창끝·끌·그물추·반달칼·곰배괭이 등의 석기와 뼈바늘·뼈숟가락 등의 골각기, 붉은 간그릇·갈색 간그릇 등의 그릇이 나왔으며, 무덤에서는 대롱구슬·구리구슬을 비롯하여 청동방울·반지 등 치레거리가 나왔다.

송국리 고분 松菊里古墳 충남 공주군 초촌면 송국리에 소재하는 청동기시대의 석관묘. 1974년에 발굴되었다. 커다란 개석으로 덮여 있었으며, 네 벽을 판석으로 세운 뒤 돌널 안에 시신을 안치했다. 길이는 195cm, 너비는 북쪽이 84cm, 남쪽이 78cm이다. 출토된 유물은 비파형 동검·석촉·관옥·식옥飾玉·마제 석검·청동끌 등이다. 비파형 동검은 중국 요녕성의 비파형 동검과 비교해볼 때 BC 약 9세기경의 것으로 추정된다. 이 유물들은 송국리에 비파형 동검을 사용하는 초기 청동기 문화인들이 들어와 이들을 중심으로 새로운 문화가 형성되었다는 것을 보여준다.

흔암리 유적 欣岩里遺跡 경기도 여주군 점동면 흔암리 소재 무늬없는 토기인들의 주거지 유적. 1972년부터 발굴되기 시작했다. 지금까지 확인된 주거지는 15기 정도이다. 그외 많은 양의 유물과 탄화된 쌀을 비롯한 여러 종의 곡식류들이 발굴되어 주목을 끌고 있다. 주거지의 형태는 대개 산의 경사면 중 낮은 곳에 수평으로 파고늘어가 생긴 평면을 이용한 장방형의 반半움집 형태로 바닥에는 점토를 다져놓았다. 내부에는 기둥자리·화덕·저장시설 등이 있는데 대형 주거지의 경우 집의 칸막이가 보이기도 한다. 이 유적에서는 약간 변형된 각형 토기와 구멍(孔列) 토기가 같이 출토되고 있어 북한의 서북지역과 동북지역의 영향을 함께 받은 것으로 보인다. 이외에도 붉은색을 띤 토기(紅陶)가 많이 출토되었는데, 이는 실용적인 필요에 사용된 것으로 보인다. 그리고 마제석검이나 반달돌칼 등의 청동기시대 유물들이 출토되었다.

미사리 유적 渼沙里遺跡 경기도 광주군 미사리 소재 선사시대 유적으로 한강변의 충적대지 위에 형성되어 있다. 1960년대 발견된 이후 1980년대 본격적인 발굴이 행해졌다. 이 유적에서는 주로 원삼국시대의 토기들이 출토되었다. 아랫부분에는 어골문이 새겨진 빗살무늬 토기가 발굴되었다. 층위層位에 따라 각각 다른 종류의 토기가 출토되는 것으로 보아 초기에는 빗살무늬 토기인들이 거주하다가 그뒤에는 청동기시대와 원삼국 시대인들이 거주했던 것으로 보인다.

마산 성산동 패총 馬山星山洞貝塚 경남 마산시 외동 성산부락의 낮은 언덕 경사면에 형성되어 있는 조개더미. 사적 제240호로 지정되어 있다. 이 패총에서는 민무늬 토기·반달돌칼·붉은 간토기(홍도)·김해토기·신라토기·철기류·오수전五銖錢 등이 출토되어 이 유적이 청동기시대부터 삼국시대에 걸친 유적이었음을 짐작케 한다. 또한 바닥층에서는 야철지로 보이는 구덩이와 도랑들이 보이고 쇠녹처럼 보이는 것이 있어 야철지라고 발표되었으나 정밀한 조사 결과 야철지와는 상관없는 것으로 밝혀졌다. 패총의 정상부에는 토성이 있는데, 이 토성은 신라시대에 축조된 것으로 보인다.

의창 다호리 고분군 義昌茶戶里古墳群 경남 의창군 다호리에 위치한 원삼국시대의 고분군으로 1988년 국립박물관에 의해 조사되었다. 조사된 무덤은 대부분 목곽분이었으며, 일부는 옹관묘였다. 출토된 유물은 동검·동창·한대漢代의 거울·철검·철모·손칼 등 청동기와 철기가 주로 많았으며, 칠을 한 목기류도 다수 출토되었다. 토기로는 무문토기와 와질토기가 주로 나왔는데 영남지역의 와질토기로는 첫 단계에 속하는 것들이다. 이 유적은 지금까지 발굴된 원삼국시대 전기 유적으로는 최대 규모이며 한국식 동검문화를 가진, 상당한 정치세력의 집단묘역으로 추정된다. 또한 한漢 계통의 유물들이 다수 출토되고 있는 것은 이 지역의 철 생산을 바탕으로 중국과 활발한 무역이 행해졌음을 말하고 있다. BC 1세기경에 축조된 무덤으로 추정된다.

반구대 암각화 盤龜臺岩刻畵 1971년 동국대학교 탐사반에 의해 발굴된 선사시대 암각화로 경북 울주군 언양면 대곡리 반구대 소재. 태화강의 지류인 대곡천의 절벽면에 새긴 것인데 강 하구에 저수지가 생기면서 절벽면이 물에 잠겨 있는 상태이다. 절벽의 암질은 세일이다. 새겨진 그림들은 대략 2백여 점으로 사람·동물·배·목책·그물 등인데, 동물은 포유류·조류·파충류·어류 등이다. 이들 가운데 가장 큰 비중을 차지하는 것은 동물들로 거의 전 벽면에 분포하고 있다. 특히 사슴·노루·산양·호랑이·멧돼지·고래 등과 같은 포유류들이 많다. 사람 그림은 모두 8점으로 육지에서 사냥하는 장면과 관련된 인물상이 6점, 사람 얼굴 내지는 탈이 2점이다. 바다짐승은 약 80여 점에 해당하는데 그 대부분이 고래 혹은 고래와 비슷한 것들이다. 육지동물은 약 88점인데 사슴이 41점으로 가장 많은 비중을 차지하고 있으며, 그외 호랑이·멧돼지·토끼 등도 있다. 새기는 방법은 모두떼기와 선떼기가 이용되고 있으며, 문양의 양식은 자연적인 모양에서 도식화되어 가는 모습을 볼 수 있다. 또한 움직이는 모습을 표현하여 생동감을 살리고 있는 것도 이 암각화의 특징이다. 이러한 특징들을 통해서 이 암각화가 새겨진 연대를 추정해 보면 신석기시대 말기에서 청동기시대에 이르는 때에 형성된 것으로 보인다. 이 암각화의 성격은 이 지역의 수렵어로인들이 사냥의 풍성과 번식을 기원하는 마음으로 만든 사냥미술이라고 할 수 있다. 또한 북유럽 스칸디나비아 반도와 소련 시베리아 일대에 분포하고 있는 암각화들과도 유사한 특징을 보이고 있다.

천전리 서석 川前里書石 경북 울주군 두동면 천전리 소재. 반구대 암각화로부터 상류로 약 1km 거슬러올라간 지점, 즉 태화강의 지류인 대곡천의 중간쯤에 위치한다. 이 대곡천은 주변에 평야가 형성되지 않은 협곡으로 군데군데 절벽과 반듯한 바위들이 있어 절경을 이루고 있다. 이러한 절경으로 인해 신라시대 때 화랑들의 도장으로 크게 각광을 받았을 것이며, 천전리에 서석이 새겨질 수 있었다고 하겠다. 글이 새겨진 바위는 높이 2.7m, 너비 9.5m의 크기로 직사각형을 이루고 있다. 이 암벽면에는 상단부에 기하학무늬·원·동심원·동식물·인물 등이 새겨져 있고 하단부에는 동물과 인물상 및 한자 명문銘文이 새겨져 있다. 기하학무늬는 둥근무늬, 마름모꼴 등 다양한 무늬로 이루어져 있는데 이는 신석기시대 빗살무늬 토기의 무늬와 유사한 것으로 판단된다. 상단부의 동물상은 암·수를 마주보게 하는 쇄우내칭적인 수법으로 표현하고 있는데 새긴 방식을 보면 대곡리 암각화와 동일한 기법인 것으로 보여 청동기시대의 것으로 추정된다. 숭심부의 추상화된 사슴무늬나 인물상은 청동기 이후의 양식으로 보이며, 하단부의 선각 그림들은 삼국시대 신라인들의 솜씨이다. 또한 오른쪽 아랫부분의 명문은 신라사회 연구에 귀중한 자료를 제공하는 것으로 처음 새겨진 원문에 뒤에 다시 첨가한 글이 있다.

고령 암각화 高靈岩刻畵 경북 고령군 개진면 양전동 소재. 선사시대 바위그림으로 보물 제 604호. 이 그림은 늘어선 절벽들 중 알터마을 입구의 나지막한 절벽면에 새겨져 있다. 높이 약 3m, 옆너비 약 6m 정도의 암벽에 세로 1.5m, 가로 약 5m에 걸쳐 조각되어 있다. 그림의 내용은 동심원·십자형·사람 얼굴처럼 보이는 가면형 등으로, 동심원은 태양을 상징하는 것으로 보인다. 인간의 얼굴을 닮은 가면은 인물을 상징화한 것으로 당시인들의 고유신앙의 일단을 짐작케 한다. 즉 주술적이고 상징적인 모양이나 기호로 표현하여 이를

제단으로 삼고 이곳을 성지로 여겨 태양신을 섬기던 장소인 것으로 보인다.
마제석검 磨製石劍 청동기시대에 처음 나타나는 것으로 그 기원에 관해서는 여러가지 의견이 있다. 대체로 자루가 달려 있는 단검이 일반적이며, 자루 중간에 홈 장식이 있기도 한다. 이 석검은 종래에 주로 지석묘에서 출토되었기 때문에 제사용으로 사용된 것으로 이해했으나 점차 주거지에서도 출토되면서 실제생활에도 사용된 것으로 파악하기도 한다. 그러나 구체적인 용도는 정확하게 파악되지 않고 있다. 함경도를 제외한 우리나라 전지역에서 출토되며, 소련 연해주 지역과 일본의 일부 지역에서도 한반도의 돌검과 유사한 것이 출토되고 있다. 그러나 우리나라의 청동기문화와 관련이 깊은 만주와 내몽고 지역에서는 출토되지 않고 있어 한반도 지체에서 돌검이 만들어진 것으로 보인다. 돌검은 철기시대가 시작되면서 소멸된다.

동검 銅劍 청동기시대의 대표적인 유물로 우리나라에서는 주로 비파형 동검과 세형 동검이 있다. 비파형 동검은 요녕식 동검이라고도 하는데, 중국의 요하遼河를 중심으로 한 요녕지방에 주로 분포한다. 함경도지방을 제외한 전국의 대부분 지역에서 출토되고 있으며, 중국의 동북지방과 한반도 서북부지역에 집중되고 있어 이 지역을 동일 문화권으로 파악하는 중요한 근거가 되고 있다. 비파형 동검의 특징은 검의 날과 손잡이가 분리 제작되어 조립된 것이라는 점이다. 세형 동검은 비파형 동검에 비해 폭이 좁기 때문에 붙여진 이름으로 우리나라의 전역에서 출토되고 있으며, 중국의 동북지방 등 비파형 동검이 분포하고 있는 지역에서는 거의 보이고 있지 않다. 따라서 우리나라 청동기문화의 독자적인 청동단검이다. 검의 모

양이 매우 예리해지고 직선화되어 있다는 점에서 비파형 동검과 외형상의 차이를 보인다. 실용적인 용도보다는 의기儀器로 사용된 것으로 보인다.

비파형 동검 琵琶形銅劍 청동기시대에 만들어진 대표적인 청동검으로 겉모양이 비파의 모양을 본뜨고 있다고 하여 비파형 동검이라는 이름을 갖게 되었다. 중국 동북지방의 요하를 중심으로 한 요녕지방에 주로 분포하기 때문에 요녕식 동검이라고도 한다. 특히 검신과 손잡이가 분리될 수 있도록 따로 제작되어 조립된 것은 중국식 검 및 오르도스식과는 구별되는 독특한 특징이다. 함경도지방을 제외한 거의 전지역에서 출토되고 있으며, 주로 중국의 동북지방과 한반도 서북부지역에서 많이 출토되어 이 지역들이 하나의 문화권을 형성한 것으로 보게 되는 근거가 된다. 이러한 비파형 동검의 분포는 고조선의 세력범위와 거의 겹치고 있다. 비파형 동검문화의 형성시기에 대한 견해는 대체로 BC 8세기에서부터 BC 4세기까지 여러가지이다.

반달돌칼(半月形石刀) 이 모양의 돌칼은 주로 중국의 앙소, 용산 문화에서 유래된 것으로 주로 이삭을 따는 데 사용되던 도구이다. 그러나 우리나라의 반달돌칼은 중국의 영향보다는 자체적으로 형성 발전한 것으로 보인다. 이 칼의 모양은 장방형·고기 모양·배 모양·

△반달모양의돌칼

삼각형 등 다양하며, 분포지역에 따라 그 특징이 구분된다. 점판암 계통의 돌을 타원형이나 반월형의 모양으로 깎은 다음 중앙부분에 한두 개의 구멍을 뚫어 끈을 꿴 다음 끈 사이로 손가락을 집어넣어 사용했다. 전국 각지에서 출토된다.

청동방울(靑銅鈴) 제사용구로 사용된 것으로 보이는 의기儀器의 하나로 모양에 따라 쌍두령雙頭鈴과 팔주령八珠鈴으로 나눈다. 대체로 한반도 남부지방에서 주로 출토되는 청동기후기의 유물이다. 이 팔주령과 더불어 장대 끝에 끼우는 간두령竿頭鈴이 함께 발견되는 경우도 있다. 전남 화순 대곡리에서는 쌍두령·팔주령·세형 동검·세문경 등이 함께 발견되었다.

쌍두령 雙頭鈴 청동기시대의 청동방울의 하나로 제사도구였다. 길이는 약 15~20cm 정도로 마치 아령의 모양과 흡사하다. 가운데 중앙에는 장방형의 구멍이 뚫려 있으며, 양끝의 방울에는 4개의 절개구가 있고 그 내부에는 작은 동환銅丸이 들어 있어 방울소리를 낼 수 있게 되어 있다. 현재까지 화순 대곡리에서 출토된 것을 비롯하여 모두 다섯 가지 예가 알려져 있는데 예외없이 한 쌍으로 출토되며, 팔주령·간두령·조합식 쌍두령과 함께 출토되는 경우가 많다. 이러한 쌍두령은 우리나라에서만 보이는 매우 독특한 것으로, 그 용도는 샤머니즘과 관련된 제사도구로 보인다. 쌍두령이 출토되는 연대는 대체적으로 BC 3, 2세기경으로 보고 있다.

거친무늬 거울 청동기시대 전기의 거울로 다뉴조문경多紐粗文鏡이라고도 한다. 지름은 12cm 내외로 중국 거울에 비해 꼭지 두 개가 한쪽에 치우쳐 있고 뒷면에는 거칠게 새겨진 기하무늬가 있다. 전면은 약간 오목하다. 거친무늬 거울의 기원은 꼭지가 3개 달린 요동반도의 조양 십이대영자에서 출토된 것으로 삼고 있다. 한반도에서 이 거울이 출토된 곳은 주로 돌널무덤인데, 금강유역, 대동강유역 등지에서 많이 출토된다. 이 거울은 요녕지방의 청동기문화를 받아들여 한반도에서 변형 제작한 한국식 거울이라고 할 수 있으며, BC 4~2세기경의 유물이다.

잔무늬 거울(多鈕細文鏡) 청동기문화의 유물인 구리거울. 중국 등지에서는 발굴되지 않는 우리나라 청동기시대 특유의 유물이다. 원형이며 끈을 달아매기 위한 것으로 보이는 꼭지가 두 개 이상 달려 있다. 주로 제사의식에 사용했거나 족장들의 권위를 상징하는 유물인 것으로 보인다.

농경문 청동기 農耕文靑銅器 1970년대 말 대전에서 발견된 손바닥 크기의 방패 모양의 청동기로서 BC 3세기 이전에 만들어진 의기儀器로 추정된다. 특히 이 청동기가 주목되는 점은 청동기의 표면과 이면에 새겨진 무늬가 고고학·민속학적인 의미를 지니고 있기 때문이다. 표면에는 Y자형으로 그어진 선 끝에 새가 한 마리씩 2마리가 서로 마주보고 있는 것이 좌우 양쪽에 그려져 있어 솟대를 연상시키고 있다는 점이다. 이때의 새는 현실과 내세를 연결하는 종교적인 의미를 지닌 것으로 여겨진다. 후면에는 따비로 밭을 가는 사람과 괭이로 흙을 파는 사람이 왼쪽에 그려져 있고 오른쪽에는 수확물을 항아리에 넣는 사람이 그려져 있어 이 청동기가 만들어졌을 당시의 농경과 농사도구를 예측케 해주는 좋은 자료다.

거푸집 청동기나 철기를 제작할 때 쇠붙이를 녹여 붓던 형틀로 용범鎔范이라고도 한다. 청동 장신구·도구류·무기류의 거푸집이 발견되고 있으며, 이른 시기의 것은 영흥에서 나왔고, 그밖에 여러 지역에서 출토되었다. 재료는 돌,

흙, 밀랍 등이며, 밀랍과 흙으로 만들 때는 먼저 나무로 모형을 뜨고 그것을 심으로 하여 고운 흙이나 밀랍을 이겨 발라서 만들었으며, 돌로 만들 때에는 결이 곱고 연한 활석 등을 골라 바로 원형을 새겨 사용했다. 대개 2쪽 이상을 조립하여 청동을 녹여 부은 다음 굳은 후 틀을 해체하여 원하는 형상을 만들어내고 세부적인 가공과정을 거쳐 완성시킨 것으로 보인다. 주로 청동기를 제작했던 거푸집이 발견되었고 철기 거푸집은 아직까지 발견되고 있지 않다. 거푸집이 발견되었다는 것은 우리 민족의 청동기문화가 오래전부터 진행되고 있었으며 독자적인 청동기를 만들었다는 증거가 된다.

금석 병용기 金石並用期 청동기문화가 형성되기 이전에 동기와 석기가 함께 사용되던 시기를 지칭한다. 신석기 말기에 구리를 주조하는 방법이 발명되어 여러 가지 도구가 제작되었는데, 이때 종래의 석기와 함께 사용되었기 때문에 신석기시대에서 청동기시대로 넘어가는 과도기라고 할 수 있으나 독자적인 성격을 가진 시기이다. 이러한 현상은 메소포타미아를 중심으로 한 지역에서 BC 6천 년경에 진행되었다. 그러나 지역에 따라서는 청동기시대를 거치지 않고 바로 철기시대로 넘어간 지역도 있으며, 청동기와 철이 같이 사용된 지역도 있다. 우리나라에서는 일제시대 일본인 학자들이 중국의 전국시대말기부터 한나라초기에 걸쳐 중국으로부터의 이주민들에 의해 청동과 철이 동시에 들어왔다고 보면서 이 시기를 금석병용기로 파악하여 우리나라에 독자적인 청동기문화가 존재하지 않았다는 주장의 근거로 제시했다. 그러나 해방 이후 고고학적인 발굴 결과 우리나라에 독자적인 청동기문화가 존재했음이 밝혀져 금석 병용기라는 주장은 잘못되었

음이 판명되었다.

무늬없는 토기(無文土器) 민무늬토기
라고도 부르며 신석기시대의 빗살무늬
토기에 대비시켜 부르는 말. 갈색 또는
황갈색을 띠며 무늬가 없고 밑부분이
평평한 모양이다. 무늬가 없다는 점에
서 빗살무늬와 비교되는 청동기시대의
토기이다. 장석이나 석영 입자와 같은
화강암계의 굵은 모래가 섞인 태토로
구웠다. 빗살무늬 토기와 마찬가지로
손으로 빚어 만들었고 노천요에서 구웠
으나 무늬없는 토기를 만들어 사용하던
사람들은 신석기인들에 비해 우수한 청
동기를 만들어 사용할 수 있는 능력을
가지고 있으면서, 높은 생산력을 바탕
으로 빗살무늬 토기보다는 용도에 따라
다양한 모양의 토기를 만들어 사용했
다. 토기의 용도는 크게 일상적으로 사
용하기 위한 것과 무덤에 껴묻거리로
사용하기 위한 것으로 구분된다. 무늬
없는 토기는 각 지역마다 세력을 형성
하고 있던 집단의 독특한 문화에 따라
다양한 모습을 보이고 있다. 청천강 이
남의 대동강 지역과 재령강 유역을 중
심으로 강화도까지 분포하는 각형 토
기, 압록강 중상류 지역에 분포하는 공
귀리식 토기, 청천강 이북·압록강 하류
·송화강·중국 동북지방에 분포하는 미
송리식 토기, 함경도 일대에 분포하는
꼭지 손잡이가 달린 심발형 토기 및 두
형 토기, 충청남도와 전라도에 분포하
는 송국리식 토기 등이 있다. 이러한 각
지역의 독특한 토기문화는 서로 일정하
게 지역적인 문화교류 현상을 보이기도
한다.

구멍무늬 토기 청동기시대에 가장 유
행했던 민무늬 토기로 토기의 아가리
바로 아래 작은 구멍이 일정한 간격으
로 한 줄 또는 두 줄 돌아가며 배치된
모양에 의해 구멍무늬 토기라고 명명되
었다. 열공토기列孔土器, 유공토기有孔

土器 등으로 불리기도 한다. 이러한 모
양의 토기는 평안남도, 황해도를 비롯
한 서북지방과 호남지역을 제외한 전국
에 분포되어 있는데, 특히 한강 유역을
중심으로 한 중부지방에 많다.

미송리형 토기 美松里型土器 청동기
시대 무늬없는 토기의 일종으로 청천강
이북의 평안북도와 자강도 등지에서 출
토된다. 특히 평북 의주군 미송리의 동
굴 유적에서 전형적인 모양이 다수 발
견되어 미송리형 토기라는 이름이 붙었
다. 이 토기의 몸체는 마치 달걀의 위
아랫부분을 약간씩 잘라낸 모양으로,
윗부분에는 아가리가 나 있으며, 몸체
의 윗부분에는 여러 선을 합쳐 한 단위
로 하는 줄무늬가 가로로 여러개 쳐져
있다. 특히 특징적인 것은 몸체 중간부
분에 물동이 손잡이와 같은 것이 달려
있다는 점이다. 크기는 일정하지 않으
나 20~30cm 정도이고 회갈색, 흑갈색,
적갈색 등의 색을 띤다. 주로 출토되는
곳은 청천강 이북으로 미송리·용천 신
암리·영변 세죽리 등이다. 대체로 이
유형의 토기의 분포지역과 동반되어 출
토되는 유물들을 통해서 보면 BC 6,5
세기경의 청동기 문화인들이 만들어낸
것으로 보인다.

송국리형 토기 松菊里型土器 청동기
시대 토기의 한 유형으로 주로 충청도
와 전라도 서부지방을 중심으로 발견된
무늬없는 토기의 일종이다. 1975년 국
립박물관에서 조사한 충남 부여군 초촌
면 송국리의 주거지 유적에서 출토된
무문토기들의 약 90%가 바로 이 유형
의 토기로서 송국리형 토기로 이름붙여
지게 되었다. 밑부분으로 갈수록 좁아
지면서 밑바닥이 평탄한 평저형이며,
중간부분이 약간 부푼 형태를 띠고 있
다. 고른 점토만으로 만들어진 것도 있
고 석영·장석·가는 모래 등을 혼합하여
그릇 표면을 거칠게 만든 것도 있다. 모

양은 소형 항아리 또는 조리용·저장용 항아리들이다. 송국리에서 발굴된 4기의 옹관은 모두 이런 유형의 토기를 사용하고 있다. 반달돌칼, 돌검, 홈자귀 등과 같이 출토되었으며, 주거지에서는 탄화된 쌀이 다량 출토되었다. 이러한 점으로 볼 때 송국리형 토기는 BC 6,5세기경에 만들어진 것으로 보인다. 송국리 외에 서산 해미, 광주 송암동 유적 등지에서도 출토되었다.

김해식 토기 金海式土器 주로 한강 이남에 분포되어 있는 원삼국시대의 대표적인 토기로 김해 회현리 패총에서 많이 발굴되어 김해식 토기로 명명되었다. 토기의 재료가 되는 흙은 입자가 고운 찰흙이며, 진흙을 길게 늘였다가 감아올리는 방법으로 제작했다. 표면은 손이나 대칼 같은 것으로 문질러 마무리했다. 밀폐된 가마에서 900~1000도의 고온으로 구웠다. 항아리의 경우는 나무방망이에 문살 모양을 새겨 두드리거나 방망이에 새끼줄을 감아 두드려 새긴 무늬가 있다. 이는 중국의 전한시대 타날문打捺文 토기의 영향을 받은 것으로 보인다. 그릇의 모양은 짧고 벌어진 목을 가진 항아리, 독 모양의 항아리, 단지, 시루, 고배, 대야 등이 있다. 이러한 토기는 삼국시대로 계승된다. 김해식 토기는 신라토기가 만들어지면서 사라지는데 경주에서는 김해식 토기가 전혀 출토되지 않고 있다. 김해식 토기가 출토되는 지역은 가평 마장리, 서울 풍납동, 김해, 웅천, 마산, 성산, 고성 등 한강 이남의 남한지역에 고르게 분포되어 있다.

고인돌(支石墓) 우리나라 청동기시대의 대표적인 무덤 형식이다. 지석묘는 스칸디나 반도에서 지중해 일대까지의 유럽지역, 인도, 중국 동부 해안, 한국, 일본 규슈 지역 등에 널리 분포되어 있다. 동양에서는 우리나라에 비교적 집중적으로 분포하고 있다. 우리나라에는 함경도 일부 지역을 제외한 전지역과 요동지역에 분포하며, 전북 고창에는 한 곳에 5백여 기 정도가 밀집되어 있다. 지석묘는 형태상으로 기본형 고인돌과 변형 고인돌로 구별한다. 기본형 고인돌을 북방식, 변형 고인돌을 남방식이라고 하기도 한다. 기본형 고인돌은 4개의 판석을 세워 장방형의 석실을 만들고 그 위에 큰 돌을 덮은 것으로 겉모습이 탁자 모양을 이루고 있다. 이러한 유형의 고인돌은 거의 한강 이북에 분포되어 있으며, 대표적인 것은 황해도 은율의 고인돌과 강화도의 고인돌이다. 은율의 것은 덮개돌의 길이가 약 8m, 넓이가 약 6m 정도의 거대한 규모이다. 변형 고인돌은 매장 시설을 지하에 마련하고 있다는 점에서 북방식과 크게 구별되는데, 그 모양은 덮개돌만이 땅위로 올라와 있는 형태 등 몇 가지의 형태가 있는데 대개 지석을 낮게 고여 바둑판 모양을 하고 있는 것이 일반적이다. 변형 고인돌의 분포지역은 영호남 지방이다. 고인돌에서 나오는 대표적인 유물은 마제석검과 질그릇 등이다.

독무덤(甕棺墓) 청동기시대의 무덤 형식으로 토기를 관으로 사용한 무덤을 말한다. 이러한 무덤 형식은 세계 각지에서 보이고 있으며, 중국의 경우는 신석기시대부터 보이고 있다. 한반도에서는 각지에서 발견된다. 흙구덩이를 파고 항아리 한 개를 똑바로 세워 뚜껑돌을 덮은 모양도 있고 항아리 두 개를 가로눕혀 맞붙인 형태도 있다. 전자는 공주·부여 등지에서 발견되는 형태로 어린아이의 것으로 보이며, 후자는 청동기시대말기에서 철기시대에 주로 발견되는데, 광주시 광산 신창리에서는 한 곳에서 소형 옹관 50여 개가 발견되기도 했다. 특별한 껴묻거리는 보이지 않는데 관옥·동검 등이 약간씩 발견되는 정도이다. 우리나라의 독무덤은 일본 규슈지방에 전해져 그곳의 독무덤 축조에 영향을 주었다.

돌널 무덤(石棺墓) 청동기시대 무덤 형식의 하나로 돌을 상자처럼 짜서 만든 형식이다. 지석묘에 비해 그 수가 아주 적은 편인데 이는 지표면에 특별한 표시가 없어 쉽게 발견되지 않는다는 점 때문이기도 하다. 여러가지 종류가 있으나 기본을 이루는 형식은 긴 판돌을 두 줄로 나란히 놓고 그 머리쪽과 발쪽을 역시 판돌로 막았으며, 이런 돌틀 아래도 역시 판돌을 깔았으며, 위에도 판돌을 덮은 것이다. 길이가 긴 것은 250cm에 달하는 것도 있지만 그보다 훨씬 작은 것도 있다. 껴묻거리는 지석묘와 큰 차이를 보이고 있지 않은데 질그릇을 비롯하여 청동단추·대롱구슬·돌활촉 등을 넣었다.

토광묘 土壙墓 지하에 수직으로 장방형의 구덩이(墓壙)를 파고 시체를 직접 매장하거나 목관을 사용하는 형식으로 청동기말기부터 철기시대에 유행한 무덤 형식이다. 다른 무덤과는 달리 지표면에 봉토를 만든 것도 있다. 껴묻거리로 청동기·철기·화분형 토기 등이 나온다. 철기시대에 접어들어 고인돌 형식의 묘제는 사라지고 옹관묘와 더불어 토광묘의 형태가 많이 만들어진다.

선돌 길쭉한 돌을 자연상태 또는 약간 가공하여 모양을 낸 형태로 똑바로 세운 청동기시대 거석문화의 대표적인 형태로 입석立石이라고도 한다. 큰 것은 몇 개에 달하는 것도 있다. 선돌은 세계 도처에 널리 분포하고 있으며, 단독으로 세워지는 경우도 있지만 때로는 수천 개씩 밀집되어 있는 경우도 있다. 우리나라에도 전국적으로 분포되어 있는데 단독으로 세워진 경우가 일반적이다. 원시시대에 전쟁의 승리를 기념하거나 종교신앙적인 의미, 또는 경계 표시의 기능을 한다. 생긴 모양이 사람들에게 외경심을 불러일으켜 숭배의 대상이 되거나, 또는 남성의 생식기를 연상하게 하여 생식기 숭배가 되기도 한다. 결국 외경 또는 예배, 기원의 대상으로서의 입석의 성격은 원시사회에서 이루어진 정령숭배와 직결된다고 할 수 있다.

군장사회 君長社會 엘만 서비스Elman Service나 모턴 프리드Morton Fried의 신진화주의의 국가이론을 적극 수용하여 한국사에 적용해보고자 하는 시도이다. 엘만 서비스의 국가형성 이론에 의하면 사회는 Band, Tribe, Chiefdom의 단계를 거쳐 진화하는 것으로 보고 있는데, 군장사회라는 말은 Chiefdom을 번역한 것이다. 우리나라 역사에 이 용어를 적용하고자 하는 학자들 역시 입장에 따라 이 단계를 약간씩 다르게 파악하고 있다. 김정배는 삼한사회를 군장사회로 보고 있다. 이종욱은 신라의 국가형성을 다루면서 경주지역에 최초로 정치체가 출현한 것이 지석묘 사회이며, 이를 Chiefdom으로 파악하여 그것을 〈삼국사기〉 등에 보이는 용어로 바꾸어 추장사회 혹은 촌락사회 등으로 번역했다.

성읍국가 城邑國家 천관우에 의해 제안된 용어로서, 이전까지 초기국가를 일반적으로 부족국가로 부르는 것에 대한 대안이다. 국가형성 초기에 대개의 소집단이 소지역을 차지하여 분립하며, 그 소국가의 중심이 되는 취락이 그 영역 가운데서 유일한 취락이거나 압도적인 비중을 갖는 취락이 된다. 이것을 도시국가라 하며 여기에 성곽·시가·왕궁·신전·공공시설을 갖추게 되는데 우리나라에도 여기에 해당하는 단계가 있으며, 이것을 성읍국가라고 부르자는 제안이었다. 이러한 성읍국가에서 한 단계 나아가면 영역국가가 된다고 보고 있다. 백제의 경우 온조왕 때 이미 성읍국가 단계를 넘어 영역국가의 단계에 들어서고 있으며, 신라는 5대 파사왕대에 이르러 영역국가의 단계에 도달하고 있는 것으로 파악하고 있다. 그리고 영역국가는 곧 고대국가를 의미한다. 이러한 천관우의 설을 이어 이기백은 성읍국가론을 적극 수용하여 청동기시대 초기를 성읍국가의 성립시기로 파악하고 있다. 그는 그 단계를 부족국가라고 불렀는데 성읍국가의 표현이 더 적절한 것으로 보인다고 하여 기존의 입장을 수정했다. 이러한 성읍국가가 연합해서 하나의 커다란 연맹체를 형성하는데 이 단계는 왕이 존재하기 때문에 연맹왕국이라고 부르는 것이 적합하며, BC 1세기의 고구려나 부여 등이 여기에 해당하지만 가장 전형적인 연맹왕국으로 삼한을 들고 있다.

부족국가 部族國家 부족국가기 하나의 국가형을 나타내는 용어로 사용되기 시작한 것은 19세기말부터인데, 혈연적인 구조와 기능에서 성립하는 것과 구별되는 재산·지역이라는 물적인 관계를 기초로 하여 성립된 국가를 지칭한다. 한국사에서 부족국가라는 용어를 사용하기 시작한 사람은 백남운으로 원시공동체 사회에서 고대노예제 사회로 이행하는 과도기 단계로 씨족사회의 모습을 완전히 탈피하지 못했지만 씨족제가 가부장적 가족제도로 전화하고 공유재산이 사유재산으로 바뀌며 빈부의 격차가 커지고 노예제가 생겨나며, 화폐에 의한 교환이 행해지는 등 씨족사회와는 다른 모습을 보이는 시기를 부족국가로 파악했다. 이러한 입장은 해방 이후 우리 역사를 파악하는 데 있어서 그대로 계승되어 사용되었다. **부족연맹** 部族聯盟은 부족국가 다음 단계로 설정된 것으로 고조선, 부여, 초기 고구려의 단계가 이제 더이상 부족국가 단계에 머무

르지 않고 연맹왕국의 성격을 띠고 있는 것으로 파악하는 것이다. 그러나 사용하는 학자들은 같은 용어에 대한 의미나 단계를 약간씩 다르게 설정하고 있다. 김철준의 경우, 중국으로부터 철기문화가 수입되면서 가부장 가족의 족장권 강화, 가부장이나 가족장의 동의하에 씨족장이나 부족장이 선출되고, 선출된 족장은 씨족공동체 관계가 강인하게 잔존하면서 가부장 가족들이 주체적인 담당자로 등장하여 마련한 정치기구를 부족국가로 파악하고 있다. 이기백의 경우, 청동기시대의 지석묘의 규모로 보아 그 피장자는 권력의 소유자로서 그들의 권력은 세습되었을 것으로 보아 이제 부족장들은 단순히 부족의 대표자가 아니라 지배자이며, 따라서 이를 부족이라고 부르기보다는 부족국가로 불러야 한다고 주장하고 있다. 그리고 이러한 부족국가가 여럿 합해짐으로써 부족연맹체가 형성되는 것으로 보고 있다.

철기시대 鐵器時代 인간이 철을 사용하기 시작한 이후 국가 발생에 이르기까지의 시기. 어떤 의미에서는 오늘날까지도 철기시대라고 할 수 있을 것이다. 그러나 보통 문헌사료가 나타나는 국가발생 이후의 시기는 역사연구의 기본이 고고학보다는 문헌의 기록에 의존하므로 철기시대의 개념에는 포함시키지 않는다. 다만 고고학에서는 철기시대의 개념에 국가 발생까지의 시기를 포함시키면서 그 시기를 초기 철기시대라고 부르고 있다. 철은 구리나 놋쇠보다 흔한 금속임에도 불구하고 인류생활에서 늦게 사용되기 시작한 것은 철의 용해온도가 다른 금속보다 높기 때문이다. 인류 역사에서 철이 사용되기 시작한 연대는 정확하진 않으나 대체로 BC 2천 년경부터인 것으로 보인다. 우리나라에서 철기 사용이 보편화되기 시작한 것은 고조선말기쯤으로 보인다. 초기

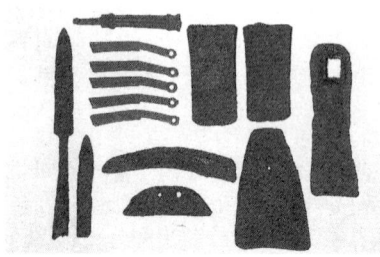

△ 철기시대의 각종 철기들.

철기시대의 유적은 두만강 유역의 범의 구석, 회령 오동 유적 등이 있다. 범의 구석 초기 철기시대 집자리에서는 쇠도끼 등이 석기와 섞어 나왔다. 범의 구석 유적에서 철기를 사용하기 시작한 것은 BC 7~5세기경으로 보인다. 철기를 사용함으로써 일어난 가장 큰 변화는 농업부분에서 보인다. 철기로 만든 낫·도끼·괭이보습 등은 농업생산에 획기적인 증대를 가져왔다. 농기구뿐만 아니라 모루·칼·대패·송곳 등도 쇠로 만들어졌으며, 그 기능이 훨씬 더 강화되었다. 다양한 유형의 철기제작은 사회적 분업을 촉진시켰고, 수공업에서의 분업화 현상을 가져왔다.

원삼국시대 原三國時代 기원을 전후로 하는 시기에 이르러 의기화儀器化한 청동기도 소멸되고 철기가 일반적인 생활용구로서의 자리를 확실하게 굳히기 시작했는데, 종전에는 이 시기를 철기시대라고 불렀으나 이 시기의 사회정치적인 개념을 고려하여 다음에 오는 삼국시대의 기점이 형성된다는 시기적 상황과 관련시켜 원삼국시대(Proto Three Kingdoms Period)라고 부르자는 견해가 등장했다. 역사적으로 볼 때 이 시기는 대동강 유역에 한의 낙랑군이 설치되고 남한지역에서는 삼한이 정립되는 시기이다. 따라서 원삼국시대는 기원을 전후로 하는 시기부터 고구려·백제·신라가 고대국가를 형성하게 되는 시기까지로 잡고 있다. 이 시기는 철기가 본격

적으로 농경 생산도구로 사용되며, 김해식 토기가 확산되고 벼농사를 비롯한 농경의 발달이 이루어지는 때이다. 철기의 생산은 낙동강 하류지역에서 크게 성행하는데 〈삼국지〉 위지 동이전에 의하면 이 지역에서 생산된 철기는 낙랑과 일본에까지 수출되었다고 한다. 이 시기를 특징짓는 것은 김해식 토기의 유행이다. 원삼국시대는 농경의 확산과 철기의 발달 등 발전된 경제력을 바탕으로 인구가 증가하고, 그에 따라 정치구조가 점차 확립되면서 각 지역에 산재해 있던 사회들이 통합되어 고구려·백제·신라 등과 같은 고대왕국으로 발전하게 된다.

야요이문화 彌生文化 일본의 조몽문화 다음, 고훈문화에 선행하는 일본의 금속기문화로 전기·중기·후기로 나눈다. 전기는 BC 300~BC 100, 중기는 BC 100~100, 후기는 100~300년까지이다. 일본 전국에 분포되어 있는 야요이문화 유적은 그 시기와 지역에 따라 다양한 편차를 보이고 있다. 특히 야요이식 토기는 간소한 무늬가 있는 항아리·단지·바리 등이 특징적이긴 하나 수많은 형식으로 세분되고 있으며, 그것은 각각 일정한 시기와 분포지역을 가진다. 그러나 야요이문화의 공통적인 특징은 농사를 지었으며, 금속기를 사용했다는 점이다. 야요이문화는 고대 한반도의 청동기문화의 직접적인 영향 아래에서 발생·발전했다. 야요이문화의 무덤구조와 단검·창끝·거울 등 여러가지의 청동제 유물은 한반도의 것과 같거나 비슷한 것이 대부분이다. 그중 상당수는 한반도에서 만들어져 건너간 것으로 보인다.

2. 고조선, 초기 국가

예맥족 濊貊族 고대 한민족의 종족명.

예족과 맥족을 나누어 따로 보는 견해
도 있고, 예맥을 단일종족으로 보는 견
해도 있다. 예와 맥을 갈라 보는 견해에
의하면 예족은 요동과 요서에 걸쳐 있
었고, 맥족은 그 서쪽에 분포하고 있다
가 고조선말기에 서로 합해진 것으로
본다. 예맥을 단일종족으로 보는 견해
에 의하면 예맥은 고조선의 한 구성부
분을 이루던 종족으로서 고조선의 중심
세력이었다고 본다.

동이족 東夷族 중국인들이 주변 민족
들을 지칭하면서 동북지역에 살고 있던
우리 조상들에게 붙인 명칭으로 중국의
고대문헌에는 동이족에 대한 언급이 많
다. 은나라 때부터 중국의 한족과 관계
를 맺고 있으며, 은으로부터 대대적인
정벌을 당하기도 한다. 동이족의 초기
거주지는 중국의 산해관 이남 황하 하
류지역이었으며, 점차 한반도 지역으로
생활 근거지를 이동한 것으로 보인다.
〈설문해자說文解字〉에 의하면 이夷는 큰
활과 관련되어 있다고 하고 있어 우리
민족이 활을 잘 다루는 민족임을 말하
고 있다.

고조선 古朝鮮 우리나라 최초의 국
가. 원래의 명칭은 조선이었으나 나중
이성계의 조선과 구별하기 위해 고조선
으로 부른다. 고조선의 건국신화인 단
군신화에 의하면 고조선은 BC 2333년
에 단군에 의해서 건국되었다고 한다.
그러나 신화의 내용을 역사적 사실로
그대로 믿을 수는 없고 대체로 BC 8~7
세기경 요하와 한반도 북서부를 세력
범위로 하는 국가를 형성했던 것으로
보인다. 고조선의 주민은 주로 예맥족
이었으며, 초기 중심지는 요하 유역이
었던 것으로 보인다. 고조선은 준왕이
위만에 의해서 밀려나 남쪽으로 내려감
으로써 위만조선이 성립한다. 위만조선
은 3대까지 이어지다가 BC 108년에 한
나라의 침략을 받아 멸망하고 고조선

땅에는 한사군이 설치되었다. 고조선은
청동기문화를 기반으로 성립하여 BC 5
~4세기경 철기문화 단계에 이르러 철
제 농기구를 사용한 농업생산력의 향상
등으로 인해 국가의 체제를 더욱 정비
했던 것으로 보인다. 고조선의 법률로
8조법금이 있었다고 하는데 남아 있는
것은 그중 3개 조항뿐이다. 그 법률에
의하면 고조선은 이미 노예가 존재하는
계급사회 단계에 이르렀음을 알 수 있
다. 고조선은 국력이 강해지면서 BC 4
세기경 중국의 연나라와 대립하는 등
적극적인 외교정책을 폈다. 고조선의
문화유적으로는 주로 무덤을 들 수 있
는데 대표적인 곳은 세죽리 유적, 미송
리 유적, 신암리 유적들과 강상무덤,
누상무덤, 윤가촌 유적, 정가와자 유적
등이 있다. 유물로 대표적인 것은 비파
형 동검이다. 그외 청동제 무기류 빛 장
신구류가 다수 출토되고 있으며, 마구
류 능노 있다.

단군 檀君 우리 민족의 시조로 받드는
고조선古朝鮮의 첫임금으로, 위만에 의
해 멸망되기까지의 단군신화에 나오는
이 이름을 따서 고조선을 단군조선이라
고 한다. 단군신화에 의하면 단군은 천
제天帝인 환인桓因의 손자이며, 환웅桓
雄의 아들로 BC 2333년에 아사달에 도
읍을 정하고 단군조선을 개국했다. 이
연도를 우리나라에서는 해방 이후 1948
년「대한민국의 공용연호는 단군기원으
로 한다」고 하여 정식으로 단군기원을
채택했다. 그러다가 1962년 단군기원은
폐지되고 다시 서력기원이 사용되었다.

단군조선 檀君朝鮮 우리나라 최초의
국가로 청동기문화를 기반으로 하고 있
다. 우리나라 최초의 국가를 고조선이
라고 하는데 이 고조선은 단군조선·기
자조선·위만조선 등으로 구별된다. 그
중 단군조선의 그 개국기원에 관해서는
〈삼국유사〉에 단군신화가 전해 내려오

고 있다. 그에 따르면 단군왕검이 아사
달에 도읍할 때는 중국 당고唐高(堯임
금)의 시기와 같다고 하고 있다. 그러
나 최근까지 우리가 사용하던 단기檀紀
는 〈동국통감〉에 의해 BC 2333년으로
추정하고 있다. 단군조선의 위치와 영
역에 관한 문제는 아직까지도 학자들간
의 이견이 큰 부분으로서 대동강 중심
설, 요동 중심설, 이동설 등이 맞서 있
으나 결론은 나지 않고 있다.

단군신화 檀君神話 고조선을 건국한
단군에 관한 신화. 이 신화를 전하고 있
는 문헌은 〈삼국유사〉〈제왕운기〉〈세
종실록 지리지〉〈응제시주應製詩註〉 등
이다. 〈삼국유사〉에 실린 내용을 요약
하면 다음과 같다. 「옛날에 환인(천제)
의 서자인 환웅이 항상 인간세상에 뜻
을 두거늘 환인이 이를 헤아리고 천부
인 3개를 주어 세상에 내려보내서 인간
세상을 다스리게 했다. 환웅은 무리 3
천을 이끌고 태백산 신단수 아래 내려
와 이곳을 신시로 정하고 풍백·운사·우
사를 거느리고 곡·명·병·형·선·악 등
무릇 인간의 360여 가지 일을 주관하며
세상을 다스렸다. 그때 곰 한 마리와 호
랑이 한 마리가 환웅을 찾아와 인간으
로 살기를 간청하니 환웅이 신령스러운
쑥 1자루와 마늘 20통을 주며 이것을 먹
고 동굴 속에서 생활하며 1백일 동안 햇
빛을 보지 않으면 사람으로 화할 것이
라고 했다. 곰과 범이 이것을 받아먹고
인간이 되고자 했으나 곰은 잘 참아 여
자로 변했지만 호랑이는 참지 못해 인
간이 되지 못했다. 웅녀는 그와 혼인해
주는 사람이 없으므로 신단수 아래서
아이를 낳게 해달라고 축원했다. 환웅
이 이를 보고 잠깐 변해서 아들을 낳으
니 이가 바로 단군왕검이었다. 왕검이
당고 즉위 50년 후 평양성에 도읍하고
나라이름을 조선이라고 했다. 그뒤 다
시 도읍을 백악산 아사달로 옮겼는데

이곳을 궁홀산 혹은 금미달이라고도 했
다. 이곳에서 단군은 1천5백여 년 동안
나라를 다스렸다. 그후 그는 아사달에
숨어 살다가 1908세의 나이로 죽었다」
이러한 신화는 물론 있었던 그대로의
사실은 아니고, 고조선의 어떤 부족의
시조설화였던 것이 고려시대에 이르러
민족적인 통일과업이 추진됨에 따라 민
족의 공동조상으로 등장하여 오늘날까
지 우리 민족의 시조로 인식된 것으로
보인다. 특히 〈삼국유사〉가 몽고의 침
입 등과 같은 민족적 시련기에 쓰여졌
다는 것은 그러한 해석을 가능하게 해
준다.

기자 箕子 고조선시대 전설상의 나라
인 기자조선의 시조. 중국 은나라의 성
인으로 이름은 서여胥餘·수유須臾. 주
무왕이 은나라를 멸망시키자 기자는 동
쪽으로 도망하여 조선왕이 되어 조선족
들에게 예의·전잠·방직·8조법금을 가르
쳤다 한다. 그러나 이것은 후세인들의
사대주의 사상에서 나온 것으로 역사적
으로 확인되지 않은 사실이다. 고려중
엽에 와서 평양에서 기자묘를 찾아 묘
사를 세웠다는 것으로 보아 이때부터
기자에 대한 숭배가 적극적으로 행해진
것으로 보인다. 평양에 기자릉·묘사·비
석 등의 유적이 있는데 모두 고려와 조
선시대에 설치한 것이다. 기자의 후손
우평友平은 기奇씨의 시조, 우직友直은
한韓씨의 시조, 우량友諒은 선우鮮于씨
의 시조라고 한다.

기자동래설 箕子東來說 단군조선에 이
어 은나라의 기자가 고조선 지역에 와
서 왕이 되어 백성들을 교화했다는 설.
〈상서대전尙書大典〉에 의하면 기자는 은
의 마지막 왕인 주왕紂王을 간하다 감옥
에 갇혔는데, 무왕이 은나라를 멸하고
기자를 석방하니 기자가 조선으로 도망
갔다. 이에 무왕은 기자를 조선후에 봉
했다고 하고 있다. 〈송미자세가宋微子世

家〉에는 무왕이 은나라를 멸하고 기자를 방문하여 안민安民의 방법을 묻고 그를 조선에 봉했다고 하고 있다. 〈한서 지리지〉에도 은이 쇠함에 기자가 조선에 와서 예악을 가르쳐 법금 8조를 행했다고 하고 있다. 그후 우리나라에서는 역사의 변천에 따라 기자에 대한 인식에 차이를 보이고 있다. 통일신라시대까지는 기자에 대한 숭배는 큰 비중을 차지하지 못했으나 고려시대에 이르면서 관료제도가 정비되고 유교가 주도적인 이념으로 자리잡게 되면서 기자에 대한 숭배심이 확대되기 시작했다. 그리하여 기자사당이 세워지고 기자묘를 만들기까지 했다. 조선시대에도 소중화의식에 바탕을 둔 지배층들에 의해 기사와 기지조선이 존재는 더욱 적극적으로 해석되어 숭배되었다. 그러나 기자조선의 존재는 허구라고 하는 것이 대부분의 역사가들의 선해이다. 기자동래설을 기록하고 있는 것이 대개 한대 이후의 기록이라는 점, 기자의 무덤이 산동성 근방에 있었다고 하는 기록이 보이고 있는 점, 고고학적인 발굴을 비교해보면 동북 아시아 지역과 황하 유역의 신석기·청동기시대의 문화교류의 흔적이 거의 보이지 않는다는 점 등이 그 이유로 제시되고 있다.

위만조선 衛滿朝鮮 위만이 고조선의 준왕을 밀어내고 세운 국가. 위만은 중국의 혼란 시기에 패수를 건너 고조선 지역으로 들어온 후 준왕에게 청하여 고조선의 서북쪽에서 자리를 잡아 살면서 중국으로부터 넘어오는 유이민을 끌어모아 세력을 키운 다음 왕검성에 쳐들어와 준왕을 몰아내고 왕위를 차지했다(BC 194년). 위만조선은 강력한 군사력을 바탕으로 주변지역을 점령하여 세력을 확대했으며 경제적인 면에서도 크게 성장했다. 그러한 위만조선의 성장은 한을 자극했고 마침내 한의 공격

을 받게 된다. 우거왕 때 한의 공격을 받게 된 직접적인 원인은 한반도 남부와 중국간의 무역로를 막고 중간이익을 보았으며, 강력한 군사력을 바탕으로 주변지역을 정복해가면서 한나라가 경계하고 있던 북방민족들과의 연계 가능성을 한나라로서는 보고만 있을 수 없었다는 당시의 상황에서 비롯된 것으로 보인다. 위만의 손자인 우거왕 때 BC 108년 왕검성이 함락됨으로써 멸망하고, 그 자리에는 한4군이 설치된다. 위만조선은 경卿·상相 등의 관직명이 보이는 것으로 보아 상당한 수준의 통치체제를 갖추고 있었던 것으로 보이며, 법령체계도 갖추어졌을 것으로 추정된다.

아사달 阿斯達 고조선의 단군왕검이 평양성에서 다시 수도를 옮겼다는 전설상의 지명. 평양 부근 백악산 혹은 구월산으로 추정하기도 한다. 1472년(조선 성종 3)에는 구월산에 삼성사三聖祠를 세우고 환인·환웅·단군 세 분을 모셨다. 그러나 일제시대에 일본에 의해 폐쇄되었다.

왕검성 王儉城 고조선의 수도. 왕검성의 위치가 어디였느냐에 대해서는 서로 다른 입장이 있다. 원래부터 지금의 평양지역이었다는 견해도 있고, 원래는 요동지역이었다가 평양지역으로 이동했다고 보기도 하며, 처음부터 끝까지 요하 근방에 있었다고 보는 사람들도 있다. 이는 고조선의 세력범위 및 영역의 문제와 관련되어 있는 것으로 고조선의 세력범위를 어떻게 볼 것인가에 따라 왕검성에 대한 위치도 달라질 수밖에 없다.

강상무덤(崗上墓) 요동반도 남쪽 끝에 있는 BC 8~7세기경의 고조선시대 지방귀족의 무덤. 이 무덤은 여대시 감정자구 후목성역에 위치하며, 1964년에 곁에 있는 누상무덤과 같이 발굴되었다. 둥근 언덕 위에 검은 흙이 섞인 자

갈 분롱을 씌운 큰 돌무덤으로 동서 약 28m, 남북 약 20m 크기의 장방형 묘역을 만들고 그 안에 다시 크기를 달리하여 3부분으로 나누었다. 그중 가장 동쪽에 있는 묘역에는 7호 무덤을 중심으로, 크기가 서로 다른 여러 무덤들이 배치되어 있다. 전부 20개의 묘광이 있는데 그 짜임새와 크기를 통해 보면 엄격한 신분과 계층질서가 반영되고 있음을 알 수 있다. 강상무덤에서 발굴된 인골은 약 140여 명 분인데 이는 고조선의 순장제도에 의하여 죽음을 당한 노예들의 인골인 것으로 추측된다. 무덤 안에서는 많은 인골과 아울러 비파형 단검·창끝·활촉·비녀·청동기를 만드는 거푸집·장식품 등이 발굴되었다. 따라서 이 무덤을 통해서 알 수 있는 것은 BC 8~7세기의 고조선 사회가 노비가 존재하는 사회였으며, 순장제도가 가능할 만큼 귀족들이 강한 권한을 가지고 있었으며, 청동기문화가 매우 발달해 있었다는 점이다.

누상무덤(樓上墓) BC 7~5세기경 고조선의 무덤으로 요동반도 남단의 여대시 감정자구 후목성역에 위치. 1964년에 본격적으로 발굴되었다. 언덕 위를 평평하게 고른 다음 동서 30m, 남북 20m의 장방형으로 묘역을 만들었으며, 그 가장자리에는 석회암 판석을 가지런히 둘러놓았다. 묘역 한가운데는 잘 다듬은 판석을 간 2개의 돌곽무덤이 있고, 둘레에는 보통의 돌곽무덤이 8개 있다. 가운데 2개의 돌곽무덤에는 비파형 단검·방패·수레의 부속품들·도끼·끌 등 90여 점의 청동기와 여러가지 청동장식품들이 부장되어 있었다. 전체적으로 약 50여 명 분의 사람뼈가 발굴되었다. 따라서 이 무덤은 중앙 2개의 무덤이 주인공이고 주변의 무덤들은 순장된 것으로 보인다. 이것으로 보아 이 무덤은 BC 7~5세기경 고조선의 지방귀족

의 무덤으로 보인다. 이 무덤과 강상무덤은 고조선 사회가 노예제 사회였다는 주장의 한 근거가 된다.

위만 衛滿 고조선의 준왕을 몰아내고 왕위를 찬탈하여 위만조선을 세운 사람. BC 3세기경 중국이 한나라에 의해 통일된 후 연의 노관이 모반하여 흉노로 달아나자 이 틈에 위만은 그를 따르는 무리 1천여 명을 이끌고 패수를 건너 고조선의 준왕에게 와 거두어주기를 청했으며, 준왕은 위만을 박사로 삼아 1백 리 땅에 봉하여 서쪽 변방을 지키게 했다. 위만은 점차 세력을 키워 준왕을 몰아내고 왕위를 차지했다. 〈사기〉〈한서〉〈삼국지〉 등에는 위만의 출신을 연인燕人이라고 하고 있으나 대체로 패수 이북 요동지방에 토착하여 살고 있던 조선족 계통으로 보고 있다.

준왕 準王 고조선의 마지막 왕. BC 2세기 전반 중국의 연나라로부터 온 위만의 간청에 따라 그에게 박사라는 관직을 주어 서쪽 1백여 리에 봉했는데 위만은 중국으로부터 넘어오는 세력들을 규합하여 마침내 BC 194년 고조선의 준왕을 밀어내고 왕위를 차지했다. 왕검성으로부터 쫓겨난 준왕은 바다로 남하하여 마한지역으로 내려와 마한馬韓을 격파하고 한왕이 되었다고 하는데, 그가 정착한 지역에 대해서는 전북 익산 또는 경기도 광주 부근이라는 설이 있다.

우거 右渠 ?~BC 108 위만조선의 마지막 왕으로 위만의 손자이다. 위만조선은 우세한 군사력과 경제력을 바탕으로 주변지역을 정복했고, 중국과 한반도 남부와의 사이에서 중간무역을 통하여 이익을 취했다. 이러한 위만조선의 팽창 및 중국 북방민족들과의 연계 가능성을 배제하기 위해 한의 무제는 BC 109년 위만조선의 왕검성을 공격했다. 이때 위만조선의 왕이었던 우거는 화친

을 주장하는 몇몇 신하들의 의견을 묵살하면서 항쟁에 나섰다. 그러나 화친을 주장했다가 받아들여지지 않자 배신했던 사람의 하나인 니계상尼谿相 삼參이 보낸 자객에 의해 살해되고 말았으며, 그뒤를 이어 장군인 성기成己가 계속 항전했으나 BC 108년 왕검성이 함락되고 위만조선은 멸망하게 되었다.

성기 成己 ?~BC 108 고조선이 한나라의 공격을 받았을 때 최후까지 항쟁했던 장군. 한의 무제는 대외팽창의 과정에서 고조선을 침략하게 되었고, 이에 맞서 고조선은 끈질긴 저항을 계속하여 왕검성은 1년 동안 함락되지 않고 버티었으나 자신의 살길을 도모한 몇몇 지배층의 배신행위에 의해 고조선의 마지막 왕이었던 우거가 살해되었다. 우거왕이 살해된 후 대신이었던 성기는 계속 군대를 지휘하여 왕검성을 지켰으나 결국은 왕검성이 함락뇌고 성기는 살해되었다.

팔조금법 八條禁法 고조선의 8조항의 법률. 〈한서〉에 의하면 고조선에서는 8조목의 법률이 있어 그를 통해 범죄를 다스렸다고 하고 있는데 그중 3개 조항만 남아 있다. 그 3개 조항은 「① 살인자는 사형에 처한다. ② 남에게 상해를 입힌 자는 곡식으로 보상한다. ③ 남의 물건을 훔친 자는 노예로 삼는다. 그 죄를 면하기 위해서는 50만 전을 내놓아야 한다」라고 되어 있다. 이 조항들은 고대의 보복법 수준이지만, 이 조항을 통해서 살펴보면 고조선 사회는 사유재산제도와 노예가 존재하는 계급사회였다는 것을 알 수 있다.

한사군 漢四郡 BC 108년 중국 한漢나라의 무제武帝가 위만조선을 멸하고 그 자리에 세운 4개의 군. 한의 무제는 대외팽창에 적극적이었는데, 위만조선에 대한 정벌도 그러한 대외팽창 정책의 하나였다. 무제는 BC 109년 누선장군

양복과 좌장군 순체에게 각각 군사를 주어 육지와 바다에서 고조선을 공격케 했다. 위만조선의 우거왕은 1년여 동안 끈질기게 저항하다가 결국 왕검성이 함락됨으로써 멸망했다. 한은 위만조선 지역에 낙랑군樂浪郡을, 옛 임둔臨屯 지역에 임둔을, 옛 진번眞番의 땅에 진번을 설치하고, 이듬해 고구려 예맥에 현도군玄菟郡을 설치했다고 한다. 그후 BC 82년에 진번, 임둔 양군을 각기 반씩을 폐기하고 나머지 반은 낙랑과 현도에 합했다. 얼마 후 현도군마저도 토착인들의 저항으로 서북쪽으로 옮겨 소자하蘇子河 상류지역에 위치하게 되었다. 결국 낙랑군은 옛 진번군의 7현과 옛 임둔군의 7현을 합친 대낙랑군을 형성하게 되었다.

낙랑군 樂浪郡 한나라가 위만조선을 멸망시키고 그 지역에 세운 4개의 군 중 하나 낙랑은 위만조선 지역에 설치되었으며, BC 82년에 임둔 및 현도군의 일부까지 포함하게 되었다. 기원후 8년 신新이 건국되었을 때 신나라의 지배하

△ 낙랑군치지.

에 들어가게 되면서 명칭도 낙조군樂朝郡으로 개칭되었다가 다시 낙랑군으로 환원되기도 했다. 이때 낙랑군 지역의 토착인이었던 왕조王調가 낙랑태수 유헌劉憲을 죽이고 대장군낙랑군태수大將軍樂浪郡太守라고 자칭하기에 이르렀다. 후한 때 다시 공손탁이 독자적인 세력

을 구축하여 요동·낙랑·현도군을 장악했다. 그후 서진이 중국을 통일하면서 낙랑군은 다시 서진의 지배하에 들어갔다가 313년(고구려 미천왕 14), 설치된 지 약 420년 만에 고구려의 영토로 편입되었다. 낙랑군의 위치에 대해서는 학자마다 다른데, 처음 설치될 때는 위만조선의 옛땅을 중심으로 하여 대체로 지금의 평안남도 일대와 황해도 지역의 일부가 포함된 것으로 보인다. 당시 낙랑군의 속현은 11현이었다. 북한 학자들은 위만조선의 중심지가 요동에 있었던 것으로 보아 왕검성도 평양이 아닌 대릉하 동쪽지역으로 보고, 낙랑군의 위치도 요하 부근이었다고 주장한다.

대방 帶方 한강 이북 경기도 지방과 자비령 이남 황해도 지방을 총칭한 이름. 한 무제 때 4군 중 낙랑군에 속한 현이었는데, 후한 헌제 건안 연간에 요동후 공손강이 낙랑·현도를 그의 세력하에 두면서 이 지역에 대방군을 설치했다. 대방군은 낙랑군 남부도위 소관의 7현을 관할하면서 그 치지는 대방현에 두었다. 황해도 봉산군 사리원읍에 있는 속칭 당토성 부근에는 당시의 고분군이 있으며, 특히 고분발굴 중 〈사군대방태수 장무이전四郡帶方太守張撫夷傳〉이라는 명이 있는 묘전을 발견함으로써 이곳이 그 치소임이 명백해졌다. 한이 망하고 위가 중국 북방을 통치하면서 낙랑·대방도 위에 속했다가 낙랑은 고구려에게 병합되고, 대방군은 백제에 병합되었다.

임둔 臨屯 한이 위만조선을 멸하고 한반도에 설치한 한4군의 하나. BC 108년 임둔의 옛땅에 설치하여, BC 82년 서북쪽의 현도군에 통합되었다. 그뒤 BC 75년에 현도군이 토착세력의 공격을 받아 신고구려현으로 옮겨지면서 현도군에 합해졌던 옛 임둔의 영동嶺東 7현은 낙랑군에 속하게 되었다. 임둔군의 위치에 대해서도 역시 여러 견해가 있다. 대관령 이동인 지금의 강릉 일대라는 주장, 대관령 동서의 땅인 강원도 일대라는 주장, 경기 서부라는 주장, 함경남도 전체라는 주장 등이 있다.

공손수 公孫遂 한나라 때의 제남태수. BC 109년 위만조선의 우거왕 때 한 무제武帝가 고조선을 정복하기 위해서 수륙 양면으로 군대를 보내 고조선을 공격하게 했으나 고조선이 쉽사리 함락되지 않자 전투를 독려하기 위해 제남태수였던 공손수를 보냈다. 그러나 공손수는 위만조선과 화약을 통해서 싸움을 마무리지으려고 했던 누선장군을 잡아가둔 일 때문에 무제의 분노를 사서 처형되었다.

부여 夫餘 우리나라 초기국가의 하나로 북부여라고 하기도 한다. 〈삼국유사〉와 〈삼국사기〉의 건국신화에 의하면 천제의 아들 해모수가 하늘에서 내려와 북부여를 세웠다고 한다. 해모수의 아들인 해부루 때 다시 동해 기슭의 가섭원이라는 곳으로 이동하여 동부여라고 했으며, 그뒤를 이어 금와 대소가 왕이 되었다고 한다. 부여의 건국설화는 고구려의 건국설화와 관련되어 있는데, 천제의 아들 해모수와 하백의 딸 유화 사이에서 낳은 아들인 동명(주몽)이 북부여의 박해를 피해 졸본 땅에서 고구려를 건국했다고 하고 있다. 이는 고구려와 부여가 같은 종족에서 갈라져나온 것으로 이해할 수 있다. 부여는 BC 4~3세기경 국가의 형태를 갖춘 것으로 보인다. 기원을 전후로 하는 시기에 이르면서 요하 상류와 송화강 유역에 자리잡고 남쪽으로는 고구려, 동쪽으로는 읍루, 서쪽으로는 선비족과 국경을 접했다. 인구는 약 8만 호였으며 토지가 비옥하여 농사가 잘되는 지역이었다. 또 기원을 전후로 하는 시기에 중국의 연·한·위 등과 관계를 맺고 교류를 했다. 부여에는 마가·우가·구가·저가 등이 가加계급을 형성했으며, 그 밑으로 대사, 대사자, 사자 등의 관직이 있었다. 가계급은 전쟁의 선포, 형벌의 적용 등 국가의 중대사를 결정하는 평의회를 구성했으며, 읍락의 하호를 지배했다. 읍락은 호민과 하호로 구성되었는데 하호들은 노복奴僕과 같은 처지였다. 전쟁이 일어나면 가계급이 전쟁에 나서고 하호들은 양식을 나르는 일을 맡았다. 지배계급은 궁전·창고·감옥·성 등을 갖추고 있었다. 부여의 법은 살인하는 자는 죽이고 그 가족은 노비로 삼았으며, 도둑질한 자는 12배로 물게 하는 1책 12법이 있었다. 부정을 저지른 남녀는 모두 죽였으며 특히 여자들은 죽인 후에 시체를 산마루에 버렸으며, 그 가족이 시체를 찾아가기 위해서는 소나 말을 내야 했다. 지배계급은 많은 노예를 거느릴 수 있었으며, 부유한 지배계급인 경우 100여 명 정도의 노비를 순장시킬 수 있었다. 또한 지배계급은 금은으로 모자를 장식하고 비단옷을 입는 등 사치스런 생활을 했다. 대체로 부여사람들은 흰옷을 즐겨 입고 매우 낙천적인 생활을 했다. 정월달에는 제천행사인 영고가 행해졌다. AD 21년~27년에 부여는 고구려의 공격을 받아 큰 타격을 입었으며, 고구려의 속국화했다. 그뒤에도 명맥을 유지하면서 주변 상황에 따라 군사를 동원하여 다시 독립된 국가로서의 지위를 되찾으려는 노력을 계속했다. 그러나 410년에 고구려에게 다시 큰 타격을 받았으며 결국 494년 고구려에 의해 멸망당하고 말았다.

옥저 沃沮 함경남도 해안지대에서 두만강 일대에 걸쳐 존재했던 고대종족과 그 집단의 명칭. 함흥 일대를 중심으로 거주하던 종족을 동옥저라고 하고 두만강 유역의 집단을 북옥저라고 했다. 〈삼국지 위지동이전〉에 의하면 3세기 전반

동옥저는 5천여 호이고 그 주거지역은 1천 리 가량 되었다고 한다. 바닷가의 기름진 평야지대를 중심으로 한 농업이 주업이었으며, 언어·음식·의복·풍습 등이 고구려와 비슷했다. 옥저는 고대국가의 단계로 성장하지 못하고 주변 강대국들에게 예속되었다. 위만조선이 성했을 때는 위만조선의 예속을 받았으며, 한군현이 설치된 이후에는 현도군의 일부로 편입되기도 했다. 현도군이 고구려군의 공격으로 요동으로 옮겨가자 옥저는 다시 낙랑군 소속이 되었다가 고구려 세력이 개마고원을 넘어 팽창하게 되면서 고구려의 예속하에 놓이게 된다. 옥저는 강력한 정치적 통합체를 형성하지 못하고 읍락별로 족장에 의해 운영되었다. 고구려는 옥저에 대해 족장을 사자로 삼아 공납을 징수하는 등 간접적인 통치방식을 썼다. 옥저에는 민며느리제라는 독특한 풍속이 있었다. 장례풍속도 사람이 죽으면 가매장을 했다가 뼈만 추려 다시 가족공동묘에 묻는 골장이 유행했다.

동예 東濊 오늘날 원산·안변 일대에서 경북의 북부지역에까지 분포했던 초기국가 단계의 종족의 하나. 〈삼국지 위지동이전〉에 의하면 북으로는 고구려와 옥저 등과 접경했으며, 남으로는 진한에 연접했다고 하고 있다. 인구는 약 2만여 호였고, 혼인이나 장례의 풍속, 언어 등이 고구려와 비슷하고 의복은 다른 점이 있었다고 한다. 동예 지역은 위만조선에 복속되었다가 위만조선이 망하고 한사군이 설치된 후 한사군의 하나였던 임둔에 포함되었다가 임둔이 폐지된 후 낙랑군에 포함되었다. 낙랑군은 동예 지역 읍락의 족장들을 현후縣侯로 삼았다. 즉 재래의 읍락의 족장급들에게 일정한 자치권을 부여하고 낙랑군에서 간접지배하는 방식이었다. 읍락의 거수渠帥들은 스스로 삼로三老라고

칭했다. 그후 2세기경에 이르면 동예의 읍락들은 대부분 고구려에 복속되었으며, 광개토대왕대에 이르러 고구려의 영토로 편입되면서 강원도 남부지역의 일부는 신라의 영토가 된다. 동예에는 읍락이 산과 하천을 경계로 구역이 정해져 있어 함부로 다른 구역에 들어갈 수 없었다. 이를 어길 경우 노예나 소·말 등으로 배상하게 했는데 이를 책화責禍라고 했다. 이는 동예사회에 씨족공동체적인 결속이 강하게 남아 있었다는 것을 의미한다. 또한 같은 성끼리는 결혼하지 않았으며, 꺼리는 것이 많아 가족 중 한 사람이 질병으로 죽으면 살던 집을 버리고 새로운 곳으로 이주했다. 같은 성끼리 결혼하지 않았다는 것은 이른바 족외혼 제도이다. 주옥을 보물로 여기지 않았으며, 10월에는 하늘에 제사를 지내고 먹고 마시는 제천행사인 무천舞天이 있었다. 농사가 주업이었으며, 별자리의 움직임을 관찰하여 그해 농사의 풍흉을 점쳤다. 바다표범가죽·과하마·단궁 등이 특산물이었다.

읍루挹婁 오늘의 목단강 유역과 두만강·소련 연해주 지방에 살던 고대종족. BC 2세기부터 부여에 예속되었다. 중국의 기록에 의하면 그들의 언어는 부여와 달랐고, 주민들은 움집에서 생활했다. 돼지를 길러 고기를 먹었으며, 겨울에는 돼지기름을 몸에 두껍게 발라 추위를 막았고, 여름에는 옷을 입지 않고 척포尺布로 몸을 가렸다는 등 생활상태는 아주 원시적이었다고 한다. 남녀의 기강은 문란했으며, 남자가 혼인을 청할 때는 여자의 머리에 꽃을 꽂아주었고 여자는 그 남자가 마음에 들면 꽃을 가져가서 예를 치르고 혼인했다. 돼지를 순장하는 풍습이 있었으며, 법은 엄격하여 도둑이 없었다고 한다. 물길 또는 말갈족이 이들의 후예일 것으로 추측된다.

삼한 三韓 고대국가로서 삼국이 성립하기 이전 초기국가 단계에 한강 이남 한반도 남부지방에 있었던 정치집단에 대한 통칭. 마한·진한·변한을 합하여

△〈삼국지〉 위지 동이전에 나타난 삼한의 기록.

삼한이라고 하고, 그 위치는 대략 마한이 경기·충청·전라지방, 진한이 경주를 중심으로 하는 낙동강 동쪽, 변한이 낙동강 서쪽이었다. 각국은 단일한 정치체제를 이루지 않고 여러개의 소국들로 구성되어 있었는데 마한이 50여 개, 진한과 변한이 각각 12개였다. 삼한이 성립한 것은 대체로 BC 3~2세기를 전후로 하는 시기로 보는데, 토착 청동기문화를 가진 집단이 삼한으로 발전한 것으로 보는 견해도 있고, 위만에게 밀려난 고조선의 준왕 세력이 남으로 이주하여 성립한 것으로 보는 견해도 있다. 삼한사회를 구성하는 기본단위는 소국인데 이러한 소국들을 부족국가·성읍국가·읍락국가·군장사회 등의 여러 개념으로 표현하려는 시도들이 행해졌지만

일치된 견해는 없다. 소국의 규모는 큰 것이 1만여 가, 작은 것은 6,7백 가이며 평균 2,3천 가 정도이다. 소국의 정치 중심에는 국읍이 있고 하나의 국읍을 중심으로 몇 개의 읍락이 모여 하나의 소국을 구성한다. 국읍 또는 읍락은 BC 4~3세기 이후 청동기문화를 배경으로 성립한 정치집단이 발전시킨 정치체이다. 소국의 정치적 지배자는 그 규모에 따라 신지, 험측, 번예, 살해, 읍차 등으로 불렸다. 이러한 정치지도자들은 군사통솔권과 아울러 제천행사를 주관하는 제사장의 기능까지 겸했던 것으로 보인다. 제정의 분리가 일어난 것은 철기문화를 가진 이주민 집단과의 관계 속에서 찾아진다. 즉 BC 1세기를 전후로 철기문화를 소유한 이주민 집단이 정착하게 되면서 이주민들의 정치사회적 비중이 점차 증가하게 되고, 그에 따라 정치군사적인 실권을 장악해 늘어가면서 제사장의 기능만 토착 청동기문화 지배층들에게 남겨둔 것이다. 즉 각 소국에 별읍이 있어 이를 소도蘇塗라 하고, 그곳에 큰 나무를 세워 방울과 북을 매달고 귀신을 섬겼다는 기록이 나오는데 이것이 토착 청동기문화의 지배층들이 제사장으로서 머물렀던 지역일 것으로 본다. 기원을 전후로 하는 시기에 이르면서 점차 각 소국들간에 세력에 따른 편제가 이루어지기 시작했고, 소국 내의 발전과 대외적인 팽창의 선두에 나선 소국들을 중심으로 다른 소국들과의 연맹체 관계가 형성되기 시작한다. 2,3세기경에는 경주의 사로국을 맹주로 한 진한 소국연맹체와 한반도 서남부지역에 목지국을 중심으로 한 마한 소국연맹체가 나타나게 된다. 맹주국은 각 소국들에게 독점적인 교역관계를 요구하거나 교역물품, 교역상대 등을 규제하거나 하는 정도의 통제력을 행사했던 것으로 보인다. 그러나 3세기경에 이르

기까지도 소국들의 독자적인 세력을 해체하고 중앙집권적인 국가형태를 수립하지는 못했다. 결국 백제·신라의 성립은 이러한 소국단계의 수준을 벗어나 중앙집권적인 고대국가로의 발전을 의미했다. 삼한의 풍속을 보면 토지가 비옥하여 벼농사를 짓고 오곡을 재배했으며, 움집에서 벗어나 지상가옥을 주거지로 삼았으며, 장례 때 소나 말을 순장하거나 새의 깃털을 장식하는 등의 장례풍속이 있었다.

마한 馬韓 고대왕국의 성립 이전 한반도 남서부, 주로 충청·전라 지역에 근거하고 있던 국가. 수백 호에서 수만 호에 이르는 크고 작은 소국들 50여 개가 있었는데, 그중 가장 강성한 소국이 목지국으로서 목지국의 왕이 마한왕으로 군림했다. 〈삼국사기〉에 의하면 기원후 8년에 백제국에 의해 마한의 수도가 함락된 후 다른 소국들은 3세기말까지도 부분적으로 남아 있었다. 그러나 백제의 세력팽창에 따라 마침내 백제에 병합되었다. 마한에서는 주로 벼농사를 위주로 한 경제생활을 했으며, 5월 파종 후와 10월 추수 후 제천행사가 행해지기도 했다. 각 소국에는 소도라고 부르는 별읍이 있어 하늘에 제사를 지내는 일을 주관하는 천군이 거주하고 있었는데, 죄를 지은 자라도 소도로 들어가면 잡아낼 수 없는 특별한 지위를 가졌다.

진한 辰韓 삼한 중의 하나로 BC 2세기경 경상도 지역을 중심으로 10여 개의 소국 연합체적인 성격을 띤 국가. 진한은 마한에 조공을 하는 관계였으나 어느 정도 세력이 확대된 이후에는 조공을 하지 않은 것으로 보인다. 신라의 전신인 사로국은 바로 진한의 여러 소국 중의 하나였다. 사로국이 점차 세력을 확대하면서 주변 소국들을 정복, 통합해나가게 된다. 진한은 일찍부터 철

을 생산했으며, 5곡과 벼를 재배했다. 또한 누에를 치고 소나 말을 이용하여 농사를 짓기도 했다.

변한 弁韓 삼한의 하나로서 낙동강 서안, 지금의 경상남도 지역을 중심으로 12개의 소국으로 구성되었으며, 그중 맹주격에 해당하는 국가는 변진구야국弁辰狗邪國이었다. 변진弁辰으로 표기되기도 한다. 〈삼국지〉에 의하면 변한과 진한은 잡거하며 언어나 생활이 같았다고 한다. 고고학적 증거나 묘제 등을 비교해보아도 진한과 크게 구별되는 독자적 특성은 드러나지 않는다. 변한 지역인 낙동강 하류 및 남해안 지역은 철자원이 풍부하여 변한 소국들은 철생산과 교역을 통해 부를 축적하고 주변지역을 통합하여 주변지역에까지 영향력을 행사하는 집단들이 생겨난다. 대표적인 소국들이 김해의 구야국, 동래의 독로국, 고성의 고자미동국 등이다. 변한 지역에서 생산된 철은 마한·낙랑·대방·왜 등에 수출되었다. 그러나 이런 소국들은 고대국가의 단계로 발전하지 못하고 각각 독자적인 정치세력으로만 존재하게 된다. 소국들은 5, 6세기경까지 존립했으나 고대왕국의 단계에 접어든 신라나 백제의 팽창에 의해 그 역사를 끝맺을 수밖에 없었다.

진국 辰國 BC 2세기경 한반도 남부지역에 있던 여러 소국의 대표격이었던 국가. 진국초기에는 진왕이 마한의 여러 소국들을 대표했으며, 목지국의 왕이 진국의 왕으로 행세했다고 한다.

목지국 目支國 마한 50여 개 소국 중의 하나로 〈삼국지〉에는 월지국月支國으로 기록되어 있다. 목지국은 청동기문화 단계 이래 충남과 전라도 지역에 형성 발전되어온 토착 정치집단의 하나로 백제국이 마한의 주도세력으로 성장하기 전에 마한 소국연맹체의 중심세력으로 존재하고 있었다. 목지국의 신지

臣智인 진왕은 마한 소국연맹체의 맹주로서 진한·변한 소국들의 일부에 대해서 지배권을 행사하기도 했다. 그러나 강력한 실권을 가지고 마한 지역을 완전히 장악하는 수준은 아니었다. 목지국의 위치는 한강 유역의 위례성, 전북 익산, 충남 직산, 전남 나주 영산강 유역 등으로 추정되고 있다.

가락국 駕洛國 낙동강 유역 변진 지역에 기원을 전후로 하는 시기에 가야의 여러 나라가 있었다. 그중 AD 42년에 김해 지역에서 건국된 나라가 가락국이다. 〈삼국유사〉의 가락국기에 의하면 가락국을 세운 사람은 김수로왕이었으며, 그 왕비는 아유타국에서 온 허왕후라고 한다. 가락국은 6가야의 맹주로서 주변의 다른 가야들 중 주도적인 위치에 있었다. 6세기경 신라의 세력팽창에 의해서 김해지방에 있는 금관가야가 신라에 병합되는데 이 금관가야의 전신이 가락국인 것으로 보인다.

읍락 邑落 삼국시대 이전 부족국가시대에 존재했던 지역공동체. 기록에 따르면 초기국가 중 국가에 따라 읍락이 다르게 묘사되고 있다. 부여의 경우 읍락은 가加의 통치를 받으며 읍락에는 호민과 하호가 있었다. 고구려의 경우도 읍락 단위에서 공동생활이 이루어졌으며, 군장급에 해당하는 사람들은 부경이라는 창고를 갖추고 있었다. 동옥저의 읍락에는 군장이 없고 장수가 있었다. 예濊에서는 읍락들간의 경계가 확실하게 있어 다른 읍락지역을 침범했을 경우 소나 말·노비로써 변상하게 하는 책화가 있었다. 읍락의 존재를 통해서 사회를 파악할 경우에는 읍락을 원시공동체 사회로 보는 경우, 아시아적 공동체로 파악하는 경우, 노예제 사회로 파악하는 경우 등이 있다.

대가 大加 부여에서 마가, 우가, 저가, 구가 등 최고의 벼슬을 가진 통치귀

족을 이르던 말. 대가들은 중앙의 상층 귀족을 형성하면서 그들의 근거지 거주인 수천 호의 주민을 지배하고 있었다. 즉 원래 대가들은 연맹왕국 수립 이전 족장층에 해당하는 사람들로서 왕국 정비과정에서 중앙귀족으로서 고위관료로 자리잡게 되는 사람들을 지칭한 것으로 보인다. 고구려에서 가加 계급은 상가, 고추가, 대가, 소가 등이 있는데, 그중 대가는 국가의 최상층 귀족의 하나로 그들 스스로 직속으로 사자, 조의, 선인 등의 관직을 거느린 세력들이 었다.

하호 下戶 기원 전후부터 몇 세기 동안 대가 또는 대인들의 지배를 당했던 피지배민들이다. 고구려에서는 하호들이 먼곳으로부터 곡식과 고기·소금 등을 가져다 대가들에게 바친다는 기록이 있으며, 부여에서는 대가들이 전쟁에 나가고 하호들은 식량을 운반했다. 부유한 호민들은 하호를 노예 취급하여 부려먹기도 했다.

사출도 四出道 부여의 5부족 연맹체의 수도에서 사방으로 통하는 큰길과 그 길을 중심으로 형성된 4개의 지역으로 연맹왕국의 특성을 반영하고 있는 체제이다. 부여는 각 지역의 부족들이 연합하여 구성한 연맹왕국의 형태로서 큰 부족의 족장을 짐승의 이름을 딴 마가馬加·우가牛加·구가狗加·저가猪加 등으로 불렀다. 그들은 크게는 수천 호, 적게는 수백 호 정도의 규모를 가진 부족들을 다스리는 부족장들이었다. 연맹왕국이 성립된 이후에 중앙정부는 사방으로 연결되어 있는 도로망을 통하여 자치적인 각 부족들을 통할했다.

신지 臣智 삼한 사회의 군장 칭호 중하나. 〈삼국지〉에 의하면 「변진에 12개 국이 있고 작은 별읍이 있는데, 각각 거수가 있고 그중 세력이 큰 자를 신지라고 하며, 그 다음을 검측, 그 다음을 번

예, 그 다음을 살해, 마지막을 읍차라고 했다」고 하고 있다. 국읍의 우두머리들 중 세력이 강한 자를 신지라고 했음을 알 수 있다.

견지 遣支 삼한지역 소국의 군장에 대한 칭호의 하나. 〈삼국지〉 위지 동이전 한조에 보면 삼한 소국의 수장은 신지·견지·불례 등의 칭호를 사용했다고 하고 있다. 일설에 지支는 족장·수장을 뜻하는 것으로 신지와 같이 물의 관리권을 가진 삼한 소국의 거수를 뜻한다는 견해도 있다. 그들 족장세력들은 철기 제작기술의 보급, 철자원의 개발과 교역을 통해 정치경제력 및 군사력을 장악하면서 다른 소국을 병합하여 고대국가로 발전해갔을 것이고, 그 대표적인 경우가 박혁거세나 김수로왕 같은 경우이다.

읍차 邑借 삼한사회에서의 국읍의 군장을 지칭하는 칭호 중의 하나. 즉 가장 큰 세력을 가진 족장급을 신지라고 했으며, 제일 작은 세력을 가진 사람을 읍차라고 했다. 삼한사회에서는 각 소국의 정치권력이 강화됨에 따라 소규모집단들은 우세 부족에게 통합되고 그 족장들도 신지와 같은 우세 부족의 족장급 아래 지배복속의 관계를 형성해간 것으로 보인다. 그리하여 신지는 국읍의 지배자로서 소국 전체를 통할하고 읍차는 소읍의 족장으로서 소국의 일부로 편제되어갔다.

읍군 邑君 우리나라 초기국가 단계 사회의 정치지배자. 〈삼국지〉에는 예에는 대군장이 없고 대신 후侯와 삼로三老 및 읍군이 그들의 부족원으로 생각되는 하호를 통치했다고 하고 있다. 그런데 삼로나 읍군 등은 중국식의 관제로서 아마도 한사군 이후 토착세력의 크기에 따라 후·읍군·삼로 등의 관직에 봉한 것으로 보인다.

삼로 三老 옥저나 동예의 군장에 대한

칭호의 하나. 〈후한서〉에 의하면 「동옥저는… 대군장이 없고 후·읍군·삼로의 관직이 있었다」고 기록되어 있다. 옥저에서는 읍락의 거수들이 스스로 삼로라 칭했고, 동예에서는 후·읍군과 더불어 하호를 통솔하는 읍락의 우두머리를 지칭했다. 원래 삼로는 중국의 진한시대 향관으로 향민 중에서 유력자를 선발하여 지방사회의 교화를 담당하도록 한 지위였다. 즉 삼로는 동예나 옥저의 읍락의 장으로서 읍락민들을 통솔하는 지위라고 할 수 있다.

소도 蘇塗 〈삼국지〉에 의하면 「국읍에는 천신의 제사를 주관하는 사람이 한 명씩 있어 제사를 주관하게 하고 이를 천군이라고 부른다. 또 여러 나라에 각각 별읍이 있는데 이를 소도라고 부르고, 큰 나무를 세워서 방울과 북을 달고 귀신을 받든다. 도망한 자가 그 속으로 피하면 잡아내지 못하므로 도둑질하기를 좋아한다」라고 기록하고 있다. 즉 소도는 제사장이 머무는 신성지역이다. 소도의 기원은 원시제단이나 한 지역의 경계를 나타낸다. 소도는 원시사회의 샤머니즘에서 발전하여 정치적인 사법기능까지 맡았다. 또는 철기문화를 가진 이주민과 청동기문화의 토착민들 사이의 대립을 완화시켜주는 완충역할을 한 것으로 파악되기도 한다. 즉 철기문화를 가진 이주민 집단들이 점차 토착 청동기문화의 족장세력을 압도하면서 정치적인 지배권을 장악해가는 과정에서 기존의 청동기문화 족장층들의 권한을 제사장으로서의 위치로 축소시켜나갔을 것으로 보인다. 큰 나무를 세워 방울 등을 다는 것은 현대의 점술이나 무당의 행태와 유사한 모습이다.

천군 天君 삼한사회에서 신성지역인 소도를 지배하던 제사장의 칭호. 〈삼국지〉에 의하면 「마한에서는 귀신을 믿으며 국읍에서 1명을 택해 천신을 제사하게 하니 이를 천군이라고 한다」라고 하고 있다. 소도는 마한에만 있었던 것은 아닐 것이며, 따라서 천군도 삼한의 여러 나라에 존재했을 것이다. 이들은 정치적인 군장의 기능은 없고 제사장으로서의 기능만 가지고 있는 것으로 보아 당시의 제사와 정치가 분리된 상황을 반영하고 있다. 즉 고조선의 단군왕검이라는 칭호가 일반적으로 제사를 주관하는 제사장으로서의 단군과 정치를 관장하는 정치지도자로서의 왕검이 합해져 제정일치의 사회를 반영하고 있음에 비해 삼한 사회의 천군의 존재는 제사장으로서의 기능만을 가지고 있다.

순장 殉葬 주인이 죽었을 때 노예를 산 채로 혹은 죽여서 같이 묻는 장례방식. 초기국가시대의 노예는 주인의 재산으로 간주되었으며 주인이 죽었을 경우 무덤에 부장품을 묻는 것과 마찬가지로 노예도 같이 묻었으며 노예는 죽어서까지도 주인에게 봉사해야 했다. 이는 죽은 뒤에도 생전과 같은 생활을 누린다는 믿음으로부터 비롯된 장례풍속이다. 노예 주인의 사회적 지위나 권력이 클수록 순장되는 노예의 숫자가 많아지게 된다. 부여에서는 100여 명 이상을 순장시켰다는 기록이 나온다. 고고학적으로 순장이 확인된 무덤은 요동지방의 강상무덤과 누상무덤인데 특히 강상무덤은 100여 명의 노예들이 묻혔던 것으로 확인되었다. 사회의 발전에 따라 노예의 노동력이 더욱 중시되고 노예가 생산활동에서 차지하는 비중이 커짐에 따라 순장의 풍습도 사라져갔으며 신라에서는 지증왕 때 국가에서 공식적으로 순장을 금지시키고 있다. 산 사람을 묻는 순장제도는 그후 인형을 만들어 묻는 방식 등으로 변형되어간 것으로 보인다.

영고 迎鼓 부여의 제천행사. 매년 12월에 행해졌다. 영고날에는 「국중대회」, 즉 수도를 중심으로 한 전국적인 모임이 있었다고 한다. 이 대회에서는 음식을 차려놓고 하늘에 제사를 지낸 다음 노래부르고 춤을 추게 했으며, 형벌과 옥사를 중단하고 죄수를 풀어주었다. 영고는 원시공동체에서의 생산활동과 결부된 자연숭배, 조상숭배의 전통이 계승된 것으로 국왕이 하늘에 제사를 지냄으로써 왕의 권위를 강화하는 의미도 있었다.

동맹 東盟 고구려에서 10월에 행하던 제천행사. 〈후한서〉에 의하면 「10월에 하늘에 제사하고 대회하니 이를 이름하여 동맹이라 한다. 그 나라 동쪽에는 큰 굴이 있어 이를 수신이라 부르고 10월에 맞아 제사를 지낸다」라고 기록하고 있다. 이는 농경사회의 전통적인 제천행사로 부족공동체사회의 추수감사제였다. 이러한 동맹은 고려의 팔관회로 계승된다.

1책12법 一責十二法 부여의 법으로 〈삼국지〉의 부여전에 의하면 당시의 부여는 법률이 매우 엄격하여 사람을 죽인 자는 죽이고 그 가족은 노비로 삼으며, 도둑질한 자는 12배로 갚도록 했다. 만약 배상할 수 없는 자에 대해서는 고조선과 같이 노예로 삼았을 것이다. 이 법은 감옥·군대·관료조직과 더불어 부여사회의 사유재산제를 보장하고 지배질서를 유지하는 중요한 권력장치의 하나였다. 부여의 법은 성문법으로 체계화되었다기보다는 관습법적인 틀을 바탕으로, 사회가 복잡해짐에 따라 점차 보완해나갔던 것으로 보인다.

민며느리제 한자로는 예부제豫婦制라고 하는 동옥저의 혼인제도였으며, 고구려나 조선에서도 그 풍습이 있었다고 한다. 고구려와 동옥저에서 여자의 나이가 10여 세가 되면 며느리로 삼을 집에서 데려다 기른 다음 성인이 되면 친정으로 되돌려보내고 돈과 예물을 준비

해 가서 다시 맞아들여 혼인을 하게 했던 제도. 이러한 제도는 가난을 벗어나기 위한 것으로 매매혼의 흔적을 볼 수 있다.

책화 責禍 동예에 있었던 씨족집단간의 규약. 읍락 사이에 경계가 있어 서로 침범할 수 없게 되어 있었으며, 만일 불법으로 침범하게 되면 침범하는 자 쪽에서 생구生口(노예)나 소, 말 등으로 보상하게 했던 것을 책화라 한다.

고령 지산동 고분군 高齡池山洞古墳群 경북 고령군 고령면 지산동 일대에 있는 500여 기의 고분군. 사적 제79호. 이는 가야연맹 혹은 신라초기시대의 것으로 보인다. 대부분 잡석으로 축조된 장방형의 수혈식 석분이나 간혹 횡혈식 석실 형태도 보인다. 대부분이 일제시대에 발굴되거나 도굴되어 껴묻거리를 간직한 무덤은 거의 없다.

공무두하가 公無渡河歌 고조선 때 지어진 4언고시四言古詩. 뱃사공 곽리사고가, 어느 날 백발을 한 미친 남자가 강에 빠져 죽으니 그의 아내가 공후를 가지고 공무도하가를 슬프게 부르며 남편이 죽은 강에 빠져 자살하는 것을 보고 집에 돌아와 아내에게 그 사실을 이야기 하니, 아내 여옥麗玉이 슬퍼하면서 부른 노래라고 전해진다. 유리왕의 황조가와 더불어 우리나라에서는 가장 오래된 시가라고 한다. 이 노래의 가사는 한역되어 최표의 〈고금주古今注〉에 실려 있다. 公無渡河 公竟渡河 墮河而死 公將奈河

수산제 守山堤 경남 밀양에 있는 저수지로 삼한시대에 만들어졌다. 제방의 길이는 728보, 둘레는 20리가 되며 벽골제·의림지와 함께 우리나라의 3대 저수지로 불린다. 위치는 밀양의 속현이었던 수산현으로 현재의 하남읍 수산리·귀명리 지역과 초동면의 검암리·금포리에 걸치고 있다. 이 지역은 삼한시대에

미리미동국彌離彌凍國이라고 했는데「미동」은 우리 말로 물동·물둑(제방)을 말한다. 〈삼국지〉에 벼농사를 위주로 한 이러한 지명이 많이 등장하는 것으로 보아 이 저수지는 기원을 전후로 하는 시기에 축조된 것으로 보인다. 수산제에 관한 기록은 〈신증동국여지승람〉이나 〈세종실록 지리지〉에 나온다.

쇠뇌 활에서 발전된 고대의 무기로 노弩라고도 한다. 나무로 된 활틀과 청동제 발사장치로 구성되는데, 발사장치는 활틀의 뒤끝에 구멍을 파고 끼워넣어 2개의 못으로 고정시킨다. 활은 활틀의 앞쪽에 뚫린 네모난 구멍에 직각으로 끼운 것으로 보인다. 발사장치는 시위걸개와 시위걸개를 꽉 물고 있는 방아쇠 멈추개, 그리고 방아쇠로 구성되는데, 화살을 발사시킬 때에는 먼저 시위를 당겨 시위걸개에 걸고 화살을 활틀 윗면의 홈에 놓는다. 왼손으로 나무팔을 받치고 표적을 겨냥한 다음 오른손가락으로 방아쇠를 당기면 시위걸개가 밑으로 내려가는 동시에 시위가 퉁겨져 화살이 나가게 하는 장치이다. 사정거리는 약 2백여 m 정도이다. 우리나라에서는 북한지방에서 발견되었다.

기마민족설 騎馬民族說 일본 고대국가 형성에 관한 한 학설로서「기마민족 일본정복설」이라고 하기도 한다. 이 학설은 4세기경 퉁구스 계통의 기마민족들이 한반도 남부지역을 통과하여 일본의 규슈를 거쳐 동진하여 기존의 일본열도에 있던 정치세력을 정복하여 야마토大和 정권을 세웠으며 그 우두머리가 바로 천황가라고 하는 주장이다. 기마민족설은 1948년 에가미江上波夫에 의해 제기되었는데 그는 북중국·내몽고지방에 대한 고고학적 민속학적 연구를 바탕으로 하여 자신의 학설을 제기했다. 즉 3세기경쯤 만리장성 이북에 거주하는 오호족五胡族이 중국의 화북지방으로 침입하는 것과 때를 맞추어 고구려에 가까운 지역의 퉁구스 계통의 기마민족의 일파가 한반도로 남하하여 가야지방을 지배했다는 것이다. 그후 기마민족은 4세기초에 현해탄을 건너 북규슈지방에 상륙하여 현지의 정치세력을 병합하여 한·왜 연합왕국을 형성했다고 한다. 이 세력은 다시 4~5세기경에 일본 내지로 진출하여 강력한 고대왕국을 수립했는데 이것이 야마토 정권이라는 것이다.

점제현 신사비 粘蹄縣神祠碑 평남 용강군 해운면 성현리에 있는 낙랑시대의 비로 1924년 조선총독부 고적조사단에 의해 발견되었다. 비신의 윗부분은 떨어져나가고 남은 부분은 높이 166cm, 너비 108cm, 두께 13.2cm이다. 자연석의 한 면을 갈아서 둘레와 돌의 변죽을 따라서 선을 긋고, 줄과 줄 사이에도 세로줄을 그어 간격을 만든 다음 네모 안에 예서체로 글자를 새겨 7행의 비문을 써놓았다. 비문의 대체적인 내용은 낙랑에 속한 현의 하나였던 점제현의 우두머리가 현의 백성들을 위해 산신에게 제사를 지내는 내용을 새기고 있다. 즉「신이 점제를 도와주어 바람과 비가 순조롭고, 곡식이 풍성하게 잘되고, 백성이 오래 살고, 도둑이 일어나지 않고, 무서운 짐승들이 나타나지 않고, 나들이를 하여도 다 무사하여 신의 혜택을 받게 해달라」는 내용이다. 건립연대는 정확하게 알 수 없으나 1세기경에 만들어진 것으로 보인다.

3. 삼국의 성립과 발전

고구려 高句麗 고구려를 건국한 세력들은 처음에는 BC 1세기경 압록강의 지류인 동가강 유역에서 부족 단위의 생활을 하고 있었는데 위만조선이 중국의 한나라에게 망한 다음에 이 지역에 현도군이 설치되었다. 한의 군현이 설치됨에 따라 토착인들에 대한 중국의 착취나 간섭이 심해졌고, 이에 대항하여 토착세력의 반발이 있게 되었는데 이것이 고구려의 건국을 촉발시킨 하나의 요인으로 작용한 것으로 보인다. 토착세력은 결국 한군현 세력을 몰아내고 연맹체를 형성했는데 이때 중심이 된 것이 5부족인 계루부·소노부·절노부·순노부·관노부였다. 처음에는 소노부가 우세 부족으로 왕의 지위를 계승하다가 AD 1세기 태조왕 때부터 계루부가 우세 부족으로서 왕위를 세습했다. 고대왕국 초기까지도 각 부족들은 아직도 독자적인 정치체로서 일정하게 자치권을 유지하고 있었는데 점차 중앙집권화가 강화되면서 각 부족은 자치권을 상실함과 아울러 각부 고유의 명칭을 상실하고 각 방위를 나타내는 동부·서부·남부·묵부·중부 등의 행정구역으로 변경되었다. 초기의 수도는 만주 집안현의 국내성이었으며, 중국과의 대결을 거치면서 고대왕국으로 성장했다. 1세기중엽에는 요서·동옥저·주나국 등을 통합했다. 4세기경에는 고조선의 옛땅에 설치되었던 낙랑과 대방군을 몰아냈다. 5세기경 광개토대왕·장수왕대를 거치면서 영토를 더욱 확대했다. 특히 장수왕 때 수도를 국내성에서 평양성으로 옮기면서 남하정책을 적극적으로 추진하여 백제와 신라를 크게 위축시켰다. 7세기초반 이후 수나라와 당나라의 침략을 막아내면서 국가를 보전했다. 그러나 7세기중반 이후 지배층들간의 내분이 격화되었다. 정변을 일으켜 정권을 장악한 연개소문은 강력한 전제정치를 폈으며 그의 사후 정권을 계승한 세 아들 사이에서 내분이 일어나면서 당과 신라의 연합군의 공격을 받고 무너지고 말았다(668). 고구려는 지배층이 중심이 된 국가체제를 유지하기 위해 통치

△고구려인의 씩씩한 기상이 엿보이는 무용총 벽화 수렵도.

기구를 정비해갔는데 고구려초기 중앙의 고위관직으로는 대보·우보·좌보 등이 있었다. 166년에는 좌·우보를 국상으로 고쳤다. 그외에도 고구려 전반기에는 상가·대주부·중외대부·패자·고추가·우태·사자·조의 등의 관직명이 보인다. 7세기에 들어서는 최고의 직위로서 국가의 중대사를 관장하던 대대로와 태대형, 외교관계 일을 담당했던 태대사자, 국가의 문서 관계일을 맡은 울절 등의 관직이 있었다.

고구려 5부족 五部族 고구려 건국 초기 연맹국가 형성에 참여한 5개의 부족. BC 1세기경에 압록강의 지류 동가강 유역에는 소노부·계루부·관노부·절노부·순노부의 5부족이 세력을 형성하고 있었는데 이들이 결합하여 고구려를 형성했다. 처음에는 소노부가 가장 우세하여 왕의 지위를 계승했으나, 점차 계루부가 강성하여 왕족을 이루었다. 계루는 홀본 또는 졸본의 이칭으로 6대 태조왕 때부터 강성하여 5부족의 영도 부족으로서 세습적으로 왕의 지위를 계

승하는 부족이 되었다. 소노부는 계루부에게 주도권을 빼앗기고 왕족의 지위에서 밀려났으나 다른 부족보다는 우위에 있었으며, 절노부도 왕족인 계루부와 혼인관계를 맺으면서 왕비족으로 행세했다. 5부는 국가를 형성한 다음에도 나름대로 독자적인 세력권을 유지하고 있었으나 고대왕국으로서 중앙집권화가 강화되면서 고유의 명칭을 상실하고 각각 방위를 나타내는 명칭으로 바뀌었다. 계루부는 내부 또는 황부로 지칭되었고, 소노부는 서부 또는 우부, 절노부는 북부 또는 후부, 순노부는 동부 또는 좌부, 관노부는 남부 또는 전부로 개칭되어 행정구역에 편입되었다.

백제 百濟 기원을 전후로 하는 시기에서 당에게 멸망하는 660년까지 한반도 남부에 존재했던 나라. 백제의 건국설화에 의하면 고구려의 시조인 동명왕의 아들 비류와 온조가 남쪽으로 내려와

△백제의 무령왕릉 내부.

비류는 미추홀(인천), 온조는 위례성에 각각 자리를 잡아 정착했는데, 비류는 나라를 세우지 못했으나 온조는 BC 18년에 나라를 세우고 그뒤 나라이름을 백제라고 했다. 원래 한반도 남서부는 마한 지역으로서 50여 개의 소국들로 구성되었으며, 백제는 한강 유역에 자리를 잡은 소국의 하나였다. 백제는 점차 소국에서 성장하여 마한 지역을 정복해 들어갔으며 4세기중엽 근초고왕대에 이르면 마한 지역을 완전히 장악하고 서북쪽으로 진출하여 고구려의 세력하에 있던 평양성을 공격하기도 했으며, 요서 지방과 일본열도에도 상당한 세력을 폈다. 그러나 고구려의 남하정책으로 인해 475년에는 수도 한성을 빼앗기고 공주로 수도를 옮겨야 했다. 그뒤 538년(성왕 16) 다시 수도를 사비(지금의 부여)로 옮겼으며 나라이름을 남부여로 부르기도 했다. 6세기에 접어들면서 신라와 공수동맹을 맺고 고구려를 공격하여 일시 한강 유역을 되찾기도 했으나 신라가 약속을 어기고 한강 유역을 점령함으로써 다시 한강 유역을 상실했다. 7세기중엽 의자왕대에 이르면 세력을 확대하고 있었던 신라를 견제하기 위해 고구려와 함께 신라를 맹공격하여 신라의 방어상의 요충지인 대야성을 함락시키기도 했다. 그러나 660년 신라·당 연합군의 공격을 받아 황산벌에서 계백이 거느린 5천 결사대가 최후의 저항을 했으나 패배하여 사비성이 함락되고 의자왕을 비롯한 많은 사람들이 당나라로 끌려가면서 멸망하고 말았다.

신라 新羅 〈삼국사기〉에 의하면 BC 57년에 건국되었다. 원래는 사로·서라벌·계림 등으로 불리다가 503년(지증왕 4)에 신라로 되었다. 처음에는 삼한 중 진한의 사로국이 철기문화를 기반으로 BC 1세기경 주변의 소국들을 통합하면

△신라의 금관

서 발전해나가기 시작하여 4세기경 고대왕국으로 성장했으며, 4세기말에서 5세기초에는 고구려와 연합하는 정책을 취하기도 했다. 6세기에 이르면 지방행정제도를 정비하고 중앙의 관제도 확대하여 더욱 강력한 국가로 성장했으며, 6세기중엽까지는 여러.가야를 통합하고 삼국의 경합지역이었던 한강 유역을 차지했다. 7세기에 접어들어 고구려와 백제의 공격을 끊임없이 받아 위기에 처하게 되자 당나라를 끌여들여 고구려와 백제에 대항했다. 나당 연합군은 660년에 백제를 멸망시키고 이어서 668년에 고구려까지 멸망시켰다. 그후 당나라는 신라까지 자기 영토로 편입하려는 야심을 드러냈고 이에 대해 신라는 당을 밀어내기 위한 대당투쟁을 전개하지 않으면 안되었다. 결국 676년 매소성 전투에서 당군을 크게 이겨 물리침으로써 당나라 세력을 완전히 한반도에서 밀어내고 대동강 이남의 땅을 차지했다.

사로국 斯盧國 진한의 여러 소국 중의 하나로 〈삼국사기〉나 〈삼국유사〉의 「서나벌[徐那伐]의 서나 혹은 「서라벌」의 서라와 같은 것으로, 그 어원을 따지면 평야·나라의 의미로 보인다. 사로국은 오늘날 경주를 중심으로 하는 연맹왕국이었으며, 주변지역을 정복하면서 신라왕국을 형성하게 된다. 사로국은 6개의 촌락이 중심이 되는데 이를 사로6촌이라고 한다. 〈삼국사기〉에 의하면 알천 양산촌·돌산 고허촌·취산 진지촌·무산 대수촌·금산 가리촌·명활산 고야촌의 6개 촌락이었다. 이는 32년(유리이사금 9)에 6부로 된다. 이 6촌의 위치에 대해서는 다양한 학설이 존재하여 일치되고 있지 않다.

6가야 六加耶 기원을 전후로 한 시기에 형성되기 시작하여 6세기중엽까지 존재했던 국가로 주로 금관가야(김해), 아라가야(함안), 고령가야(함창), 대가야(고령), 성산가야(성주), 소가야(고성) 등의 6가야이다. 〈가락국기〉에 따르면 보랏빛 노끈이 하늘에서 드리워져 땅에 닿았고, 그 끝에 붉은 보자기가 달려 있었는데 그것을 열어보니 황금빛 알 6개가 반짝거리고 있었다. 알 속에서 6명의 아이가 태어났고 각각 6가야의 왕이 되었다고 한다. 철기문화가 보급되면서 사회통합이 진전되어 변한 소국들이 형성되기 시작했으며, 2,3세기에 이르면 김해의 가야국을 중심으로 전기 가야연맹을 형성하는 단계에 이른다. 3세기경에 이르면 신라와 전투를 한 기록이 있는 것으로 보아 이 시기에 점차 강대한 세력으로 성장하여 신라와 충돌한 것으로 보인다. 4세기경에 이르면 김해 지역의 가야가 맹주가 된 전기

가야연맹은 세력이 약해지고 5세기중반에 들어와 고령의 대가야를 중심으로 하여 후기 가야연맹이 성립한다. 그러나 6세기에 이르러 백제 및 신라의 영토 확장에 따라 가야연맹은 고대왕국으로 발전하지 못하고 562년 마지막으로 대가야가 신라에 병합됨으로써 끝을 맺게 된다. 가야의 주민들은 일본으로 진출하여 일본의 고대문화 형성에 중요한 역할을 했으며, 삼국문화의 발전에도 영향을 끼쳤다. 특히 가야 사람들은 규슈 동쪽에 진출하여 오랫동안 독자적인 세력을 형성했다.

대가야 大加耶 6가야 중 하나로 지금의 고령지방에 위치. 후기 가야연맹의 주도국으로 562년(신라 진흥왕 23) 신라에 병합되었다.

금관가야 金官加耶 기원을 전후로 하는 시기부터 532년까지 경상남도 김해지방을 중심으로 존속했던 6가야의 하나. 가락국이라고도 했다. 초기에는 여러 가야의 맹주의 위치에 있었기 때문에 대가야 또는 본가야라고 불리기도 했으며, 남쪽에 위치해 있어 남가야라고 하기도 했다. 〈삼국지〉에는 구야국 狗邪國이라고 했는데 구야는 가야의 한자식 표기인 것으로 보인다. 〈삼국유사〉의 가락국기에는 시조 수로왕의 탄생설화와 왕력이 실려 있다. 이 설화에서 나라이름을 대가락이라고 하고 있다. 초기에는 금관가야가 가야연맹의 맹주로서 대가야라는 명칭으로 불렸으나 후기에는 고령지방의 가야가 대가야로 호칭되었다. 532년(신라 법흥왕 19) 마지막 왕인 구해왕은 신라에 나라를 바친 뒤 신라의 진골귀족에 편입되었다. 김유신은 바로 금관가야의 마지막 왕이었던 구해의 증손자에 해당한다.

갈사국 曷思國 기원 초엽 고구려 주변에 있었던 소국. 고구려가 22년(대무신왕 5)에 부여를 공격하여 부여왕 대소를 죽였을 때 대소왕의 아우가 신하 100여 명과 함께 압록곡으로 망명하여 그곳에서 세력을 잡고 있던 해두왕을 밀어낸 다음 갈사국을 세웠다. 갈사국이라는 명칭은 그 수도가 갈사수라는 강가에 있었기 때문에 생겨난 것이다. 그 후 갈사국 왕은 이웃한 고구려의 왕과 혼인관계를 맺고 고구려의 영향력 아래서 존재했는데 68년(태조 16)에 왕 도두가 고구려에 항복함으로써 끝을 맺었다. 고구려에서는 투항한 도두에게 우대라는 관직을 주어 고구려에 포섭했다.

비류국 沸流國 〈삼국사기〉에 의하면 고구려의 시조인 주몽이 남으로 내려와 졸본에 도읍을 정하기 전에 비류수라는 강가에 나라를 세우고 이름을 고구려라 했다. 이때 강물에 채소 잎사귀가 떠내려오는 것을 보고 주몽이 신하들과 강을 거슬러올라가 보니 비류국이라는 나라가 있었다. 비류국 왕이었던 송양은 주몽에게 속국이 될 것을 요구했으나 그 이듬해 도리어 비류국이 고구려의 속국이 되었다.

우산국 于山國 지금의 울릉도에 있던 소국으로 512년(지증왕 13) 신라에 복속되었다. 〈삼국사기〉에 의하면 신라의 장군인 이사부가 하슬라주(지금의 강릉)의 군주軍主가 되어 우산국을 정벌할 때, 무력에 의한 항복보다는 교묘한 계책을 써서 항복을 받으려고 하는 계획을 세웠다. 즉 나무로 사자를 많이 만들어 배에 나누어 싣고 우산국 해안에 이르러 외치기를 만일 항복하지 않으면 이 맹수를 놓아 모두 밟아 죽이겠다고 하자 우산국 사람들이 그것이 진짜 맹수인 줄 알고 항복했다고 한다.

고주몽 高朱蒙 BC 58~BC 19 고구려의 시조로 동명성왕이라고 한다. 추모, 추몽 등으로 불리기도 한다. 〈삼국사기〉와 〈삼국유사〉에 의하면 주몽의 아

버지는 천제天帝의 아들인 해모수解慕漱
로 그는 북부여의 왕이었다. 주몽의 어
머니는 하백의 딸로 유화부인이었다.
하백의 딸은 해모수와 정을 통한 뒤 집
안에서 쫓겨나게 되었는데, 이때 동부
여의 금와왕이 태백산 남쪽 우발수에서
유화부인의 말을 듣고 이상히 여겨 방
속에 가두었더니 햇빛이 따라다니며 그
녀를 비추었다. 그후 태기가 있어 큰 알
을 하나 낳았는데 금와왕은 그 알을 개·
돼지에게 주었으나 먹지 않았고, 길에
버려도 소나 말이 피해 지나갔다. 결국
알은 다시 유화부인에게 되돌려졌으며,
알을 따뜻한 곳에 두었더니 알에서 사
내아이가 나왔다. 그는 7살 때부터 활
을 매우 잘 쏘았다. 부여말로 활을 잘
쏘는 사람을 주몽이라 했으므로 그를
주몽이라고 했다. 금와왕에게는 7명의
왕자가 있었는데 왕자들은 주몽을 시기
하여 죽이려고 했다. 그러자 주몽은 도
망하여 졸본 지역에 이르러 도읍을 정
했다. BC 37년에 나라를 세워 이름을
고구려라고 했다. 이 설화는 고구려의
건국신화인데 이는 고구려를 건국한 세
력이 자신들을 하늘의 자손으로 내세웠
던 면을 표현한 것으로 보인다.
소수림왕 小獸林王 ? ~ 384(고국양
왕 1) 고구려 제17대 왕으로 371~384년
재위. 제16대 고국원왕의 아들로 371년
부왕이 평양성에서 전사하자 뒤를 이어
왕위에 즉위했다. 고국원왕 때의 대외
진출 실패를 극복하면서 국가체제를 정
비하는 데 노력을 기울였다. 372년 중국
으로부터 불교를 받아들였으며, 태학을
설립했다. 대외관계에서는 4세기 후반,
몇 차례에 걸쳐 백제에 대한 공격을 행
했으며, 378년에는 거란의 공격을 받기
도 했다. 또한 중국의 전진前秦과 외교
사절을 교환했다.
광개토대왕 廣開土大王 374~412 고
구려 제19대 왕. 이름은 담덕이며, 즉위

한 후 영락이라는 연호를 사용하여 영
락대왕이라고도 했다. 고국양왕의 아들
로 386년 태자가 되었으며, 391년 즉위
했다. 광개토대왕은 소수림왕대 이후
정비된 국가체제를 바탕으로 영토확장
에 나서 광대한 영토를 확보, 고구려의
전성기를 이루었다. 남쪽으로 백제를
공격하여 임진강 유역까지 확보했으며,
군대를 보내 신라에 침입한 왜를 물리
치기도 했다. 또한 북쪽으로는 모용씨
가 세운 후연을 공격하여 그들의 근거
지를 고구려 영토로 편입시켰다. 또한
북부여나 숙신·동부여 등을 정복하여
남으로는 한강, 북으로는 송화강, 동북
으로는 시베리아에 이르는 광대한 영토
를 건설했다. 그는 그러한 업적으로 인
해 죽은 후 국강상광개토경평안호태왕
國岡上廣開土境平安好太王이라는 시호를
받는다. 그의 무덤 비문으로 유명한 광
개토대왕비가 있다.
장수왕 長壽王 394(광개토내왕 4)--
491 고구려 제20대 왕으로 재위 413~
491년으로 70여 년간 왕위에 있었다는
것으로 시호를 장수왕이라 한 것으로
보인다. 광개토대왕의 장남으로 408년
태자로 책봉되었다. 광개토대왕이 죽은
후 왕위에 즉위하여 중국의 남북조와
적극적인 대외관계를 전개했으며, 중국
의 분열상을 잘 이용하면서 고구려의
국제적 위치를 격상시켰다. 특히 북위
와의 관계는 매우 긴밀했다. 또한 안으
로는 왕권강화와 중앙집권화를 확립하
기 위해 노력했다. 427년에는 국내성에
서 평양성(지금의 평양성 근처 대성산
성 자리)으로 수도를 옮겨 국내성에 기
반을 두고 있는 고구려 귀족들의 세력
을 약화시키면서 국가운영을 뒷받침할
만한 경제적 근거를 마련하고자 했다.
아울러 평양성으로 천도한 다음 남쪽의
백제와 신라 방면으로 세력을 확대하여
백제에 도림이라는 승려를 보내 백제의

내정을 교란시킨 다음 475년에 왕 자신이 3만 대군을 이끌고 한성을 공격하여 개로왕을 전사시키고 백제로 하여금 웅진으로 천도하지 않을 수 없게 만들었다. 또한 417년에는 신라의 내정에 개입하여 눌지 마립간을 왕위에 앉히는 등 영향력을 행사하기도 했다.

온조 溫祚　백제의 시조로 BC 18~AD 28년 재위. 〈삼국사기〉에 의하면 고구려의 시조인 주몽의 셋째아들로 주몽이 북부여에서 낳은 아들인 유리가 내려오자 신변에 위협을 느껴 형인 비류와 함께 남으로 내려왔다. 이때 그를 따르는 신하 10여 명과 많은 백성들이 함께 내려왔다. 마침내 한산에 이르러 살 만한 곳을 찾다가 해변에 살기를 원한 비류는 미추홀(지금의 인천 근방)에 자리를 잡았고, 온조는 위례성에 도읍을 정하여 나라이름을 십제十濟라고 했다. 그러나 비류가 자리잡은 곳은 땅이 습하고 물이 짜서 생활하기 어려워 다시 돌아나와 동생이 자리잡은 위례를 보니 나라가 안정되고 백성들이 평안했다. 이를 보고 비류는 후회하다가 죽었다. 비류를 따르던 무리들이 모두 위례성의 온조에게 오자, 나라이름을 백제라고 했다.

고이왕 古爾王　?~286 백제의 제8대 왕. 재위 234~286년. 〈성씨록〉에 의하면 구이 혹은 고모라고도 했다. 4대 개루왕의 둘째아들이고 5대 초고왕의 동생이다. 제6대 구수왕이 죽은 후 장자 사반왕이 왕위를 계승했으나 어려서 정사를 감당하지 못하자 사반왕을 폐위시키고 왕위에 올랐다. 국가의 기초를 확립하는 데 노력하여 백제를 고대국가의 기반 위에 올려놓은 왕이다. 260년에 관제를 정비하여 6좌평과 16관등을 설치했다고 한다. 또한 세력을 확대하여 한강 유역의 실질적인 중심세력으로 자리를 잡았으며, 낙랑과 대방에 대해 적극적인 공격에 나섰다. 또한 왕의 좌석의 위치와 신하의 좌석의 위치가 뚜렷이 구분되는 남당南堂을 설치하여 국가의 중요정책을 결정했다.

근초고왕 近肖古王　백제의 제13대 왕. 재위 346~375년. 비류왕의 둘째아들. 마한을 병합하고 북으로 진출하여 고구려가 차지한 대방의 대부분을 점령했으며, 평양성을 공격하여 고구려의 고국원왕을 살해했다. 또한 한산에 천도하여 한성이라고 했다. 문화면에서는 동진과 국교를 열어 남조문화를 수입했으며 일본에 전했다. 아직기와 왕인이 일본에 문화를 전파한 것이 바로 이때이다. 박사 고흥에게 〈서기書記〉를 쓰게 했다.

무령왕 武寧王　462~523 백제의 제25대 왕으로 501년~523년까지 재위. 이름은 사마斯摩 또는 융이며, 동성왕의 둘째아들이다. 1971년 공주 송산리 왕릉에서 발견된 지석에 의하면 그는 462년에 출생했다. 동성왕이 자객의 손에 죽자 그 뒤를 이어 왕위에 즉위했다. 그가 왕위에 머물던 시기는 백제가 고구려의 공격을 받고 웅진(공주)으로 천도하여 새로이 국가질서를 확립해나가던 시기로 그러한 과정을 효과적으로 수행한 왕이 무령왕이다. 말갈의 공격을 막아냈으며, 고구려와도 싸움을 계속했다. 또한 중국 남조의 양과 외교관계를 맺기도 했으며, 단양이와 고안무를 왜국에 보내 문화계발을 돕게 했다.

성왕 聖王　?~554 백제의 제26대 왕으로 재위 523~554. 무령왕의 아들. 〈삼국사기〉에는 「지식이 염애하고 결단력이 있어 나라 사람들이 성왕으로 칭했다」라고 하고 있고, 〈일본서기〉에는 「청도지리에 통달하여 그 이름이 사방에 퍼졌다」라고 하고 있다. 538년(성왕 16) 사비로의 천도를 단행하여 백제의 지배질서와 국왕 중심의 권력체계의 정비를 시도했으며, 국호를 잠시 남부여로 바꾸기도 했다. 지배체제를 정비하여 내관 12부와 외관 10부의 22부 체제를 갖추었으며, 지방을 5방으로 나누고 방 아래의 군현제를 정비했다. 또한 고구려의 남하정책에 대한 공동대항으로 신라와의 동맹관계를 유지했다. 중국의 남조와 빈번하게 교류관계를 유지하여 백제문화를 향상시키는 데 노력했으며, 겸익 등으로 하여금 불교사상을 심화하게 했다. 또한 노리사치계를 일본에 보내 불교를 전파시켰으며, 의박사와 역박사를 일본에 파견하기도 했다. 고구려에 빼앗긴 한강 유역을 되찾기 위해 551년 백제군과 신라군이 연합, 고구려를 공격하여 백제는 한강 하류 6군을, 신라는 상류 10군을 차지하게 되었으나 신라의 진흥왕은 나제동맹을 무시하고 군대를 돌이켜 한강 하류지역을 장악했다. 이로 인하여 나제동맹이 파기되었고 성왕은 군대를 일으켜 신라를 공격했다. 그러나 성왕은 관산성 싸움에서 신라의 복병을 만나 전사하고 백제군은 대패했다.

의자왕 義慈王 백제 제31대 왕으로서 백제의 마지막 왕이다. 641~660년 재위. 무왕의 맏아들로서 어려서부터 부모에 대한 효심이 지극하여 해동증자海東曾子로까지 칭송되었다. 왕에 즉위한 후 관산성 싸움에서의 패전 이후 이완된 백제의 정치체제를 혁신하기 위해 642년 반대세력을 섬으로 추방하는 등 왕권강화를 시도했다. 대외정책에서도 친고구려 노선을 확실히 하면서 신라에 대한 공격을 적극적으로 전개했다. 642년에 친히 군대를 거느리고 신라를 공격하여 미후성 등 40여 성을 빼앗았으며, 장군 윤충으로 하여금 군사 1만여 명을 거느리고 대야성을 공격케 하여 함락시켰다. 고구려와 연합하여 신라의 대당 교통로인 당항성을 공격했다. 655

년에는 고구려·말갈 등과 더불어 신라의 북쪽 경계 30여 성을 취하기도 했다. 그러나 말년에 사치와 귀족들의 내분으로 백제의 통치체제는 흐트러지고 있었으며, 빈번한 전쟁으로 백성들의 생활이 어려움에 빠졌다. 결국 660년 나당연합군의 공격으로 사비성이 함락되면서 백제는 멸망하고 의자왕은 웅진성으로 피신했다가 당군에게 항복한다. 왕은 태자, 왕자 및 대신들, 그리고 백성 1만 2천여 명 등과 더불어 당으로 끌려갔다가 그곳에서 병사했다.

박혁거세 朴赫居世 신라의 건국시조로서 왕비는 알영부인이다. BC 57~4년까지 재위. 13세에 왕위에 올랐고, 칭호는 거서간居西干, 국호는 서라벌이었다. 〈삼국사기〉에 의하면 일찍이 조선의 유민늘이 지금의 경주지방에 내려와 산곡간에 6개의 촌락을 이루고 살았다. 이것이 진한의 6부였다. 하루는 고허촌 장인 소벌공이 양산 밑 나정이라는 우물 곁에 있는 숲을 바라본즉 말이 무릎을 꿇고 울고 있어 가보니 말은 간데없고 큰 알만 하나 놓여 있었다. 알을 깨보니 알에서 한 어린아이가 나왔다. 나이 10여 세에 훌륭한 아이로 성장했다. 6부 사람들은 그 아이의 출생이 이상했던 까닭에 높이 받들어 임금으로 세웠다. 그리고 처음의 알이 박과 같아 성을 박朴으로 했다.

석탈해 昔脫解 신라 제4대 왕이며, 석씨의 시조. 비는 아효부인阿孝夫人. 재위 57~80. 〈삼국사기〉에 의하면 탈해는 본래 다파나국多婆那國 출생으로, 처음에 그 국왕이 여국왕의 딸을 데려다 아내로 삼았더니 아이를 밴 지 7년 만에 큰 알을 낳자 왕이 버리라고 했다. 그러나 왕비는 그것을 차마 버리지 못하고 알을 싸서 보물과 함께 궤짝 속에 넣어 바다에 띄웠다. 그 궤가 금관국 해변에 가서 닿으니, 금관국인이 이를 이상히 여겨 내버려두었다. 궤는 다시 진한의 아진포구에 다다랐으며, 한 노파의 눈에 발견되어 노파가 궤를 열어본즉 거기에는 아이가 있었다. 이 노파가 아이를 데려다 길렀더니 9척장신에 총명한 아이로 자랐다. 어떤 사람이 이 아이에게, 성을 알지 못하니 궤짝이 해변에 와 닿았을 때 까치가 따라다닌 것을 따라 까치작鵲의 한 편만 떼어내어 석씨로 성을 삼게 했다. 학문을 익혀 이름이 나게 되었고 마침내 제2대 왕 남해왕의 눈에 띄어 남해왕이 딸을 주어 아내로 삼게 했으며, 대보라는 관직을 주어 정사를 맡게 했다. 유리왕에 이어 왕위에 올랐다.

김알지 金閼智 신라인으로 경주 김씨의 시조. 〈삼국사기〉에 의하면 탈해 이사금 9년, 왕이 금성金城 서쪽 시림始林에서 닭우는 소리가 들려 호공으로 하여금 가보게 한즉 황금빛의 궤가 나뭇가지에 걸려 있고 그 나무 아래서 닭이 울고 있는 것을 보았다. 호공이 이를 보고 왕에게 와 그대로 알리니 왕이 친히 가서 궤를 열어보자 잘생긴 사내아이가 나왔다. 이때부터 시림을 계림鷄林이라 했다. 그 아이는 금궤에서 나왔다고 하여 성을 김씨로 했으며, 총명하고 지혜가 많다고 하여 이름을 알지라고 했다.

김수로왕 金首露王 ?~199 재위 42~199. 가락국(또는 금관가야)의 시조이며 김해김씨의 시조이다. 〈삼국유사〉의 가락국기에 의하면 아직도 나라가 없던 시절에 가락 지역에서는 주민들이 각 촌락별로 나누어 생활하고 있었는데 3월 어느날 하늘의 명을 받아 9간九干과 부족원 수백 명이 구지봉에 올라가 제사를 지내고 춤추며 노래하자, 하늘로부터 붉은 보자기에 쌓인 금빛 그릇이 내려왔다. 그 속에는 6개의 알이 들어 있었는데 12일이 지난 뒤에 알에서 차례로 사내아이가 태어났다. 그중 가장 먼저 태어난 아이를 수로라고 했다. 주민들은 수로를 가락국의 왕으로 모셨고, 다른 아이들은 각각 5가야의 왕이 되었다. 수로는 즉위 후 관직을 정비하고 도읍을 정하여 국가의 기반을 확립했다. 그리고 바다를 건너온 아유타국의 왕녀인 허황옥을 왕비로 맞았다. 그의 재위년이 157년인데 이는 신화의 내용이기 때문에 현실과는 거리가 먼 것으로 보인다. 이 신화는 고대왕국의 건국신화 중 천강난생설화天降卵生說話의 하나로, 6개의 알에서 수로가 가장 먼저 태어났다는 것은 6가야 중 금관가야를 중심으로 하는 전기 가야연맹의 형성에 대한 신화적 표현이다.

내물왕 奈勿王 재위 356~401. 신라의 제17대 왕. 각간 말구末仇의 아들로 어머니는 휴례부인休禮夫人 김씨. 〈삼국사기〉에는 「이사금尼師今」으로 되어 있으며, 〈삼국유사〉에는 「마립간麻立干」으로 되어 있는데, 대체로 내물왕대에 이르러 마립간의 칭호를 처음 사용한 것으로 보아 삼국유사의 설을 따르고 있다. 왕의 호칭이 이사금에서 마립간으로 바뀌었다는 것은 신라의 국가 발달 과정에서 왕권이 강화되었음을 보여준다. 그리고 내물왕 때부터 박·석·김의 3성에 의한 왕위계승이 김씨 세습제로 자리잡게 되었다. 이는 신라가 점차 고대왕국으로 발전하기 시작했음을 의미한다. 377년(내물왕 22) 고구려의 중계로 중국의 전진前秦과 국교를 맺는 등 외교관계를 모색하기도 했다.

눌지왕 訥祗王 ?~458 재위 417~458년. 신라 제19대 왕으로 아버지는 내물마립간, 어머니는 미추 이사금의 딸인 보반부인保反夫人. 〈삼국사기〉에는 눌지왕 때 최초로 마립간 칭호를 사용한 것으로 되어 있으나 〈삼국유사〉에 내물왕 때부터 마립간의 칭호가 사용되었다고 하는 것으로 보아 내물왕 때부터 사용된 것으로 본다. 내물 마립간이 죽은 후 고구려에 볼모로 가 있던 실성이 왕위에 즉위하여 자기를 볼모로 보냈던 내물왕의 아들인 눌지를 제거하려고 했으나 눌지왕은 오히려 고구려의 지원을 받아 정변을 일으켜 실성왕을 제거하고 왕위에 즉위했다. 그는 고구려의 영향력에서 벗어나 독자적인 외교노선을 취하기 시작하여 고구려에 가 있던 동생 복호를 탈출시켜 귀국케 하였고, 일본에 가 있던 미사흔 역시 귀국케 했다. 433년에는 적대관계에 있던 백제와 동맹을 체결하여 고구려의 남진정책에 대항했으며, 455년 고구려가 백제를 공격하자 나제동맹에 의거하여 백제에 군사를 파견하여 지원하기도 했다. 또한 왕위의 부자상속제가 정착된 것도 눌지왕대에 이르러서였다.

지증왕 智證王 신라 제22대 왕으로 재위 500~514. 〈삼국사기〉에는 지증 마립간이라고 하고 있다. 내물왕의 증손으로 휘는 지철로, 지대로, 지로도 등으로 불린다. 502년에 순장을 금하고 우경을 하게 했다. 그런데 우경은 이때부터 시작되었다기보다 이전부터 행해지던 것을 국가적 차원에서 장려한 것으로 보인다. 503년에는 국호를 신라라고 했으며, 504년에는 강복법을 제정하고, 505년에 주군현을 정했으며, 실직주에 군주를 두어 이사부를 군주로 파견했다. 509년에는 수도 경주에 동시가 설치되었으며, 512년에는 이사부가 우산국을 정벌하여 신라의 영토로 편입시켰다.

법흥왕 法興王 ?~540 신라 제23대 왕으로 514~540년에 걸쳐 재위했다. 성은 김씨, 이름은 원종, 지증왕의 원자. 지증왕의 개혁정치를 이어받아 중앙집권적인 고대 통치체제를 정비하는 데 노력했다. 517년(법흥 4) 병부兵部를 설치했고, 520년에는 율령을 반포했다.

법흥왕 때에 최초로 이찬 철부哲夫가 상대등에 임명되었다. 또한 대외적인 팽창도 활발하게 전개하여 522년 대가야와 결혼을 통한 동맹관계를 맺었으며, 남쪽지역에 대한 팽창을 시도하여 532년에는 금관가야의 항복을 받기도 했다. 536년에는 독자적인 연호인 건원建元을 사용했다. 521년에는 고구려를 경유하던 종래의 외교정책에서 벗어나 북조 대신 남조의 하나인 양나라에 사신을 파견하기도 했다. 그 이전부터 전래되기 시작했던 불교가 법흥왕대에 이르러 국가적 공인을 받음으로써 고대왕국의 이념으로서의 역할을 하게 되었다. 법흥왕은 말년에 승려가 되어 법호를 법운法雲이라 했고, 재위 27년 만에 죽었다.

진흥왕 眞興王 534~576 신라 제24대 왕으로 재위는 540~576년. 법흥왕의 아우인 입종 갈문왕의 아들로 7세에 즉위했다. 진흥왕이 즉위한 후 신라는 지증·법흥왕대의 국가체제 정비를 바탕으로 세력확장을 꾀했는데 진흥왕대의 세력확장은 진흥왕순수비의 존재로서 증명된다. 521년 연호를 개국開國으로 했으며, 545년에는 거칠부로 하여금 국사를 편찬하게 했다. 백제의 성왕과 군사동맹을 맺어 고구려를 공격, 한강 유역을 장악했다. 두 나라는 약속대로 백제가 한강 하류지역을, 신라가 한강 상류지역을 나누어 차지했으나 진흥왕은 약속을 깨고 백제를 공격하여 한강 하류지역을 장악했다. 576년에는 원화제도를 고쳐 화랑도를 만들었다.

밀우 密友 생몰년 미상. 고구려 동천왕 때의 충신으로 고구려 동부출신이다. 244년(동천왕 18)과 그 이듬해 2차례에 걸친 위魏의 유주자사 관구검毌丘儉의 침입이 있었을 때 수도인 환도성이 함락당하고 동천왕은 남옥저로 피신하게 되었다. 죽령竹嶺(지금의 황초령) 부근에서 관구검의 별동부대인 현도태수 왕기의 추격으로 왕이 위기에 빠지게 되었을 때 밀우 등이 결사대를 조직해 추격병을 저지함으로써 왕이 무사히 피신할 수 있었다. 그는 이러한 공훈으로 거곡과 청목곡 등 두 곳을 식읍으로 하사받았다.

발기 發岐 또는 拔奇 ?~197(산상왕 1) 고구려 신대왕의 아들로서 고국천왕의 아우이며, 산상왕의 형. 197년 고국천왕이 자식이 없이 죽은 후 동생이었던 연우가 왕비 우씨의 후원을 얻어 왕위에 즉위하자(산상왕) 발기는 형이면서도 왕위를 차지하지 못한 데 대한 불만을 품고 왕궁을 포위 공격했으나 성공하지 못하고 요동의 공손씨에게 투항했다. 〈삼국지〉에 의하면 이때 연노가 涓奴加와 더불어 각각 하호 3만여 명씩을 거느리고 투항했다고 한다. 발기는 공손씨로부터 군대를 빌려 다시 산상왕을 공격했지만 실패하고 결국은 자살하고 말았다.

온달 溫達 ?~590(영양왕 1) 고구려의 장군. 〈삼국사기〉에 의하면 어린 시절에는 몹시 가난하여 눈먼 어머니를 봉양하기 위해 걸식을 했다. 용모가 초라하고 우스꽝스러워 사람들로부터「바보 온달」이라고 불렸다. 평원왕의 공주가 자주 울자 바보 온달에게 시집보내겠다는 말끝에 이것을 진실로 믿은 평강공주가 온달의 집을 찾아오면서 온달은 새로운 인간으로 변하게 되었다. 매년 3월에 열렸던 사냥대회에서 온달은 뛰어난 활솜씨로 왕의 눈에 들게 되었고, 북주北周의 요동침입 때 고구려군의 선봉으로 나가 큰 공을 세워 비로소 국왕의 사위로 인정받고 대형의 관직을 받는다. 590년 영양왕이 즉위하면서 신라에게 빼앗긴 한강 유역 탈환작전에 자원 참전하여 싸우다가 차단성(아차산성) 전투에서 활을 맞고 전사했다.

계백 階伯 ?~660 백제의 장군. 달솔의 직에 있었으며, 나당연합군에 의한 백제공격 때 신라군을 맞아 황산벌 싸움에서 5천 결사대를 이끌고 김유신의 5만 신라군에 대항하여 싸우다 전사했다. 그는 당시의 백제가 사치와 부패로 인해 국가를 더이상 보전하기 어렵다는 판단을 했으나 끝까지 국가에 충성을 다한다는 생각으로 전쟁에 임하기 전, 그의 처자식들이 적의 손에 넘어가는 것을 두고 볼 수 없다고 하면서 자기 손으로 죽이고 전쟁터로 나갔다. 황산벌에서 김유신의 신라군과 대결할 때 당시 신라의 어린 전사였던 관창을 사로잡아 2번씩 살려 보냈다는 일화가 있다. 그는 이 황산벌 싸움에서 수적인 열세 가운데서도 신라군을 맞아 잘 싸웠으나 결국 패하고 계백도 전사했다. 이러한 계백의 자세는 그후 국가에 대한 충절의 표본으로 여겨져 후세사람들이 귀감으로 삼았으며, 부여의 의열사義烈祠, 연산의 충곡서원에 제향되었다.

거칠부 居漆夫 ?~579(진지왕 4) 신라 진흥왕 때의 장군. 황종荒宗 또는 거칠부지라고도 한다. 내물 마립간의 5대손으로 아버지는 이찬 물력이다. 내물왕 계통의 왕족 후손으로 태어나 어려서부터 큰뜻을 품고 승려가 되어 사방을 유람했다. 이때 고구려로 들어가 혜량을 만나 그의 이야기에 크게 감명을 받았으며, 551년(진흥왕 12)에 신라가 고구려의 영역으로 진격해 들어갔을 때 거칠부는 혜량을 맞아 승통으로 삼았다. 545년 왕의 명을 받아 〈국사國史〉를 편찬하기도 했다. 진흥왕순수비 중 황초령비와 마운령비에 그의 이름이 보이는 것으로 보아 진흥왕 때 그의 영향력이나 비중이 매우 높았음을 짐작할 수 있다. 576년 진지왕이 즉위하면서 그는 상대등에 임명되었다.

사다함 斯多含 신라 진흥왕 때의 화

랑. 내물왕의 7대손이며 급찬 구리지의 아들. 두드러진 인품으로 화랑에 추대되어 그를 따르는 낭도의 무리가 1천여 명을 헤아릴 정도였다. 562년(진흥왕 23) 왕이 이사부를 시켜 가야를 치게 하자 15, 6세에 불과한 그는 종군하기를 재삼 간청하여 귀당비장이 되어 그의 무리와 함께 5천의 무리를 이끌고 가야를 멸망시켰다. 그는 승전의 공으로 좋은 밭과 노비 3백을 받았으나 밭은 병사들에게 나누어주고 노비는 자유민으로 해방시켜주었다. 일찍이 무관랑과 함께 살다 죽기를 약속했는데 무관랑이 병들어 죽으니 7일 동안 계속 통곡하다가 17세의 어린 나이로 죽었다.

박제상 朴堤上 신라의 내물왕부터 눌지왕대에 걸쳐 활동했던 신라의 충신. 김제상이라고도 한다. 그는 신라의 시조 박혁거세의 후손으로 5대 파사왕의 5대손이다. 5세기초 신라는 백제를 견제할 목적으로 402년(실성왕 1) 왜에 내물왕의 셋째아들인 미사흔을, 412년에는 고구려에 내물왕의 둘째아들인 복호를 보내 군사원조를 요청했으나 양국은 이들을 인질로 억류했다. 내물왕의 큰아들이었던 눌지왕이 즉위한 후 그의 두 동생을 각각 왜와 고구려로부터 빼내오기 위해 신하들과 의논한 결과 박제상이 그 일을 맡기로 결정되었다. 그는 418년(눌지 2) 왕명을 받들어 고구려로 들어가 복호를 무사히 구출해온 다음 왜국에 인질로 잡혀 있는 미사흔을 구출하기 위해 왜로 떠난다. 그는 왜로 건너가 마치 신라에서 도망온 것처럼 하여 왜왕을 속인 다음 그들의 신임을 얻어 안심시킨다. 기회를 보아 미사흔을 탈출시킨 그는 미사흔이 완전히 탈출할 수 있게 될 때까지 시간을 벌기 위해서 미사흔의 거처에 남아 있었다. 미사흔은 탈출에 성공했고 박제상은 잡혀 왜왕 앞으로 끌려갔다. 왜왕은 그를 신하로 삼기 위해 온갖 회유와 협박을 했으나 박제상은 자신의 뜻을 굽히지 않고 결국은 죽음을 택했다.

귀산 貴山 ? ~602 신라의 소년장수. 사량부 소속으로 무은武殷의 아들. 친구 추항과 함께 원광법사에게 세속오계世俗五戒를 배워 그대로 실천했다. 602년(진평왕 24) 백제군이 아막성을 에워싸고 공격할 때 소감少監의 관직으로 출전했다. 이 싸움에서 패한 백제군의 복병을 만나 불리하게 되었을 때 문득 세속5계 중 임전무퇴를 떠올리며 추항과 더불어 끝까지 싸워 백제군을 물리친 다음 큰 부상을 당해 돌아오다 죽었다. 왕은 아나阿那 들판까지 마중을 나가 애도하고 나마奈麻의 직품을 추증했다.

김유신 金庾信 595~673(문무왕 13) 김춘추와 더불어 삼국통일을 이루는 데 큰 역할을 했던 신라의 장군. 가야국 김수로왕의 12대손. 아버지는 서현, 어머니는 만명부인. 그의 증조부는 금관가야의 마지막 왕인 구형仇衡이며 조부인 김무력金武力 때부터 신라 귀족에 편입되었다. 신라의 최고신분층인 성골·진골 신분은 경주의 박·석·김 3성에 한정되고, 이에 속하지 않은 사람들은 6두품 이하의 신분에 속하는 것이 보통이

△무덤 주변의 호석인 12지신상으로 유명한 김유신의 묘.

었으나 금관국의 후예로서 진골귀족에 편입되었다. 15세에 화랑이 되어 많은 낭도를 거느렸으며, 고구려·백제와의 쟁패에서 무수히 많은 전공을 세웠다. 660년 나당연합군의 백제공격에서는 백제의 계백장군이 이끄는 5천의 결사대를 물리쳤다. 이러한 공로로 태종무열왕 때 대각간이 되었다가 통일이 완성된 후 문무왕으로부터 태대각간이라는 관식을 받는다. 경주에 있는 그의 무덤은 특히 무덤 주변의 호석인 12지신상으로 유명하다.

관창 官昌 645(선덕여왕 14)~660(무열왕 7) 신라 무열왕 때의 화랑으로 장군 품일의 아들. 어려서 화랑이 되어 사람들과 널리 사귀었으며, 660년 왕에게 천거되었다. 신라가 당나라와 더불어 백제를 공격했을 때 관창은 좌장군인 아버지의 부장으로 출정했다. 신라군은 황산벌에서 백제의 계백이 이끄는 5천 결사대와 대치하여 전투를 벌였다. 이 전투에서 신라가 밀리자 품일은 아들 관창으로 하여금 싸움에 앞장서 공과 명예를 세우라고 했다. 관창은 곧 전투에 나가 싸웠으나 백제의 계백에게 거듭 사로잡히게 되어 결국 죽음을 당했다. 이를 본 신라군이 용맹하게 들고 일어나 백제군을 격퇴하게 되었다. 무열왕은 관창의 전공을 높이 기려 급찬級飡의 관직을 추증했다.

나제동맹 羅濟同盟 백제와 신라가 고구려의 남진에 공동 대응하기 위해 맺은 동맹으로 크게 2단계로 나누어 볼 수 있다. 제1단계는 4세기초부터 말까지의 시기로 이 시기는 낙랑과 대방이 소멸되면서 3국이 국경을 맞대게 되었으며, 4세기초 전연前燕의 공격을 받아 요동지역으로의 진출이 좌절된 고구려가 한반도 남쪽으로 팽창을 꾀하게 되자, 북쪽으로의 진출을 시도하던 백제와, 고구려의 영향에서 벗어나고자 하는 신라가

동맹관계를 형성하게 되었다. 366년 백제의 근초고왕은 신라의 내물왕에게 사신을 파견하여 친선을 도모했다. 그러나 이 시기의 백제와 신라의 관계는 완전한 동맹관계에까지 이르지는 못했다. 제2단계는 5세기중엽에서 6세기초까지 유지된 동맹관계로서 433년에 백제의 비유왕과 신라의 눌지왕 사이에 맺어졌다. 그후 다시 백제의 동성왕과 신라의 소지왕이 493년에 혼인관계를 맺음으로써 동맹관계는 지속되었다. 이때는 고구려가 장수왕대에 이르러 평양으로 천도하면서 적극적인 남하정책을 취하게 되자 그에 위기감을 느낀 양국이 공수동맹을 맺게 된 것이다. 그후 백제의 성왕과 신라의 진흥왕은 고구려를 공격하여 한강 유역을 고구려로부터 빼앗았다. 그러나 신라의 진흥왕이 백제가 차지했던 한강 하류의 6성을 기습 점령함으로써 나제동맹은 결렬되고 말았다. 신라의 이러한 행위에 대해 백제의 성왕은 신라를 공격하다가 도리어 관산성 전투에서 전사한다. 이후 백제와 신라는 적대적인 관계로 일관한다.

여제동맹 麗濟同盟 7세기중반 신라의 팽창을 저지하기 위해 고구려와 백제가 맺은 군사동맹. 〈구당서〉에 의하면 백제가 고구려와 화친통호和親通好하고 신라의 당항성을 취하여 신라가 당나라와 교섭하는 것을 막으려고 한다고 하고 있다. 7세기경은 신라가 당나라와 긴밀한 관계를 유지하면서 군사동맹을 맺으려고 한 시기로, 642년 백제의 공격에 의해 대야성이 함락되면서 위기를 느낀 신라는 김춘추를 고구려에 보내 구원을 요청했지만 고구려의 거부로 실패하고, 당나라에 구원을 요청하게 된다. 그런데 구체적으로 고구려와 백제가 동맹을 맺었다는 확실한 기록은 보이지 않는다. 다만 위기에 처한 신라가 당나라에게 구원을 요청하면서 당시의 한반도

정세를 설명하는 중에 고구려와 백제가 매우 밀착되어 있다는 주장을 하고 있는 것뿐이다. 따라서 여제동맹은 신라가 당을 끌어들이기 위해서 내세운 허구적인 것일 가능성이 있다.

관산성 싸움 管山城 — 554년(신라 진흥왕 15) 백제가 신라의 관산성(지금의 충북 옥천)을 공격하다가 패한 싸움. 5세기 고구려 장수왕의 남하정책에 위기를 느낀 백제와 신라는 동맹을 맺어 고구려의 남하정책에 공동대응했다. 그리하여 한강 유역을 고구려로부터 빼앗아 상류지방은 신라가, 하류는 백제가 차지하기로 합의했으나 돌연 신라가 백제의 정복지역을 공격하여 차지하자 백제의 성왕은 이에 분노하여 554년 신라를 공격하다가 도리어 신라에게 패하여 전사했다. 그 싸움이 바로 관산성 싸움이다. 백제는 이 싸움에서 왕이 전사하고 좌평 4명과 군사 약 3만여 명을 잃었다.

대야성 전투 大耶城戰鬪 대야성은 경남 합천지역에 위치한 신라의 성. 이 지역은 원래 대가야의 영역이었으나 562년(진흥왕 23) 장군 이사부에 의해 신라에 복속되었으며, 그 군사적인 중요성으로 인해 대야성에 도독부를 두었고 대량주로 고쳤다. 이 성은 신라와 백제의 접경지대로서 군사상의 요충지였다. 642년(선덕여왕 11) 백제 의자왕이 윤충을 보내 대야성을 공격하여 함락시키자 성을 지키고 있던 김춘추의 사위 김품석과 그의 부인은 자결했다. 이 전투를 대야성 전투라고 하는데 신라는 이 성을 빼앗김으로써 경주가 백제의 공격에 바로 노출되는 위기에 처하게 되었고, 이에 신라는 위기로부터 벗어나기 위해 김춘추가 고구려에 원병을 청했으나 실패하고 당에 손길을 내밀어 당과의 연합관계가 성립되었다.

위례성 慰禮城 백제초기 한성시대의 도성으로 한강을 기준으로 하여 하북 위례성과 하남 위례성으로 나누어진다. 〈삼국사기〉에 의하면 부여계인 비류와 온조가 이끄는 무리들이 남쪽으로 내려와 자리를 잡은 곳이 위례성이었다고 한다. 그들은 건국한 지 13년 만에 하남 위례성으로 옮겼다고 한 것으로 보아 초기의 위례성의 위치는 한강 북쪽이었을 것이다. 위치는 지금의 세검정과 평창동 일대로 추정하기도 하는데 확실치는 않다. 하남 위례성의 위치 역시 의견이 분분한데 백제초기 고분군인 석촌동 고분군 및 가락동 고분과 가장 가까운 몽촌토성으로 비정하기도 하며, 경기도 서부면 춘궁리 일대로 보기도 한다.

서라벌 徐羅伐 경주의 옛이름. 경주는 신라의 발상지이며, 수도이다. 영일만으로 흘러들어가는 형산강 상류의 평야시내를 중심으로 형성된 도시로서 BC 57년에 개국했다는 기록이 있다. 이 지역에 근거한 나라는 진한 10여 개국 중 사로국이며, 이 사로국이 바로 신라의 전신이다. 사로는 서라벌로서 혁거세 거서간이 개국한 곳이며, 65년(탈해왕9) 김알지의 탄생설화와 관련하여 나라 이름을 계림이라 바꾸었고, 계림이라는 국호는 지증왕 때 신라로 고쳐 부르게 되었다.

졸본 卒本 고구려 건국과정의 최초의 도읍지. 〈삼국사기〉〈삼국유사〉 등에 의하면 고구려의 시조인 주몽은 북부여 혹은 동부여로부터 비류수 유역인 졸본 땅에 가서 나라를 세웠다고 한다. 졸본에는 고구려의 시조묘가 있고, 고구려 수도가 국내성·환도성·평양성이었을 때에도 고구려의 역대 왕들은 졸본의 시조묘에 가서 제사를 지내기도 했다.

계림 鷄林 신라의 옛이름이며, 김알지 설화가 얽혀 있는 경주의 숲. 〈삼국사기〉 신라본기에 의하면 탈해 이사금 9년(65년) 시림始林에서 닭이 우는 소리를 듣고 왕이 호공瓠公을 보내 살펴보게 하니 숲속 나뭇가지에 금궤가 걸려 있고 그 아래 흰 닭이 울고 있었다. 그 금궤를 열어보니 안에 어린아이가 들어있어 이 숲을 계림이라 부르고 아이를 데려다 길렀는데 이 사람이 김씨의 시조인 김알지이다. 나중에는 나라 이름을 계림이라 했다. 따라서 계림은 경주시 교동의 숲을 가리키기도 하면서 신라의 옛이름이기도 하다.

월성 月城 경북 경주시 인왕동 소재. 사적 제16호. 반월성·신월성이라고 하기도 한다. 신라시대에 외적의 침입이나 반란으로부터 방어하기 쉬운 지역을 골라 성을 쌓았는데 그 지형이 달모양을 닮았다고 하여 월성이라는 이름이 붙여졌다. 〈삼국사기〉에 의하면 101년 (파사왕 22) 2월에 이 성을 쌓았고 그해 7월에 왕이 월성으로 옮겼다고 한다. 290년에 무너진 것을 다시 쌓았으며, 그 뒤로도 몇 차례 개축했다는 기록이 나온다. 이 성은 역대 신라왕들의 궁성이 되었으며, 신라가 성장함에 따라 부근 일대가 궁성지로 확대되었는데, 문무왕 때에는 안압지·임해전·첨성대 일대가 왕궁에 편입되었다. 성 둘레 2,400m, 동서 길이 900m, 남북 길이 260m의 규모로, 성벽의 동서북면은 대체로 흙과 돌로 기초를 다진 다음 그 위를 점토로 덮었으며, 남쪽은 절벽인 자연지형을 그대로 이용한 것으로 보인다.

환도성 丸都城 209~427년까지 고구려의 수도였다. 〈삼국사기〉에 의하면 198년(산상왕 2) 환도성을 쌓았고, 209년에 이곳으로 수도를 옮겼다고 한다. 246년에 魏위의 관구검에 의한 침략으로 함락되어 파괴되었고, 342년에 다시 수리하여 수도로 삼았다. 〈삼국유사〉에 의하면 342년에 수도가 된 환도성은 안시성이며, 그후 371~374년 사이(소수림왕 때)에도 이곳이 고구려의 수도였다고 한다. 발해 때에는 환주라고 불렸

으며, 서경 압록부 소속이었다.

평양성 平壤城 427년(장수왕 15) 고구려는 확장된 영토, 국제관계 등에 걸맞는 도읍지로서 평양을 선택, 이곳으로 수도를 옮겼다. 이때의 평양은 대성산성과 그 아래 안확궁터를 중심으로 하는 지역이었다. 552년부터 현재의 위치에 주변 40여 리의 평양성을 쌓기 시작했고, 586년에 수도를 옮겼다. 668년 고구려의 멸망과 함께 평양은 황폐화되었으나, 918년에 고려가 건국되면서 다시 복구되어 서경이라는 이름으로 불렸다. 938년에는 서경에 나성을 쌓았다.

국내성 國內城 고구려초기 졸본에 이은 두 번째 수도. 만포진 대안의 집안현 소와 그 배후의 산성을 포함하는 지역이다. 제2대 유리왕 때 이곳으로 천도하여 427년 제20대 장수왕 15년에 평양으로 천도할 때까지 도읍이었다. 〈삼국사기〉에 의하면 평양으로 천도하기 전에 제3의 수도로서 환도성의 이름을 기록하고 있는데 국내성과 환도성이 동일 지역이라는 견해도 있다. 잘 다듬은 돌로 쌓은 석축성으로 평면은 방형이며, 둘레는 약 2,600여 m에 달한다. 성문은 6곳에 있고, 네 모서리에는 망루가 있었다. 국내성은 수도를 평양성으로 옮긴 뒤에도 평양, 한성과 더불어 3경 중의 하나로, 고구려의 정치군사적 요충지로 중요시되었다. 고구려의 왕족과 귀족들의 벽화고분이 평양성과 이곳에 집중적으로 분포하고 있다는 점이 이 성의 중요성을 짐작케 한다. 고구려말기 연개소문이 죽은 후 그의 아들인 남생·남건·남산이 내분을 일으켜 장남인 남생이 국내성을 근거로 두 동생에게 대항하다가 견디지 못하고 당에 항복해 버림으로써 이곳은 고구려의 영토로부터 떨어져나가고 만다.

미추홀 彌鄒忽 백제초기의 도읍지로 〈삼국사기〉에 의하면 주몽의 두 아들

비류와 온조가 남쪽으로 내려가 온조는
하남河南의 땅을 택하고 비류는 미추홀
에 가서 살았다고 한다. 이 미추홀은 지
금의 인천으로, 〈삼국사기〉 기록에 이
곳이 바닷가이고 땅이 습하며 물이 짜
서 살 수가 없었다고 하고 있는 데서도
그 위치를 짐작할 수 있다.

사비성 四沘城 현재 충남 부여군 부여
읍 부소산 기슭, 백마강변에 위치한 백
제의 수도. 백제 때는 부여 일대의 평야
를 사비원이라고 하고, 금강을 사비하
라고도 했다. 백제는 고구려의 남하정
책에 밀려 웅진(지금의 공주)으로 남천
했다가 538년(성왕 16) 다시 사비성으
로 천도했다. 사비성은 부소산을 감싸
고 양쪽 머리가 낮게 둘러져 백마강을
향해 초승달 모양을 하고 있다. 660년
나당연합군의 공격에 의해 사비성이 함
락되면서 백제가 멸망하게 된다. 그후
낭나라는 이곳에 동명주도독부를 설치
했으나 신라가 당나라를 몰아내고 소부
리주를 설치했다(문무왕 11).

주류성 周留城 백제가 660년 나당연합
군에 의해 멸망한 후 백제의 남은 세력
들이 부흥군을 구성하여 나당군에게 대
항하던 근거지의 하나. 백제의 부흥군
을 이끌었던 복신과 도침은 일본에 가
있던 왕자 풍을 모셔다가 왕으로 삼고
주류성에 주둔하여 당군에게 끝까지 대
항했다. 그뒤 웅진성에 은거하고 있던
당군을 공격하여 웅진성을 수복하려던
계획이 실패로 돌아가면서 부흥군들은
주류성을 떠나 임존성으로 옮겨갔다.

하슬라 何瑟羅 강원도 강릉의 옛이름
으로 하서량·하서 등으로 불리기도 했
다. 원래 고구려에 속했다가 4세기말에
신라의 영토로 편입되었으며, 신라는
505년(지증왕 6) 주·군·현을 설치하면
서 실직주를 두고 이곳을 통치하기 위
해 군주를 배치했다. 6세기말경에는 다
시 주로 개편했으며, 639년에는 북소경

으로 고쳤다. 658년(무열왕 5년)에는
말갈 땅과 인접해 있다 하여 소경을 폐
지하고 다시 주로 개편한 후 도독을 두
어 통치하게 했다. 하슬라는 신라의 전
기간을 통해 군사·정치·문화적 중심지
의 하나였다. 757년에 지명이 명주로 변
경되었다.

삼년산성 三年山城 충북 보은군 보은
읍 어암리 오정산에 위치해 있는 신라
시대의 석성으로 사적 제235호. 둘레는
1,680m, 높이는 13~20m 정도이며, 오
정산의 능선을 따라 출구 4곳, 옹성 7개
소, 우물터 5개소와 배수구 시설 등이
확인되었다. 〈삼국사기〉에 의하면 이
성은 470년(자비왕 13)에 축조되었으
며, 성을 쌓는 데 3년이 걸려서 삼년산
성이라는 이름이 붙었다고 한다. 성벽
이 견고하여 지금까지도 그 외형이 유
지되고 있다.

임나 任那 임나라는 말은 우리나라나
중국의 기록에는 별로 나타나지 않으
나, 〈일본서기〉를 비롯한 일본 고문헌
에는 많이 보이며, 일본말로「미마나」로
읽는다. 일본의 기록에 보이는 이「미
마나」는 한반도 남단에 있었던 가야국
과는 다른 것이며, 가야사람들이 왜 땅
에 건너가 세운 소국小國의 하나이다.
이 나라는 일본의 야마토 왕정과 매우
가까운 관계에 있었으며, 마침내는 야
마토에서 파견한 관리의 지배를 받게
되었으며, 한반도에 있던 금관가야국이
멸망한 뒤에도 이 나라는 야마토 왕정
에 계속 조공을 바친 것으로 되어 있다.
이것을 가지고 일본의 학자들은 마치
삼국시기에 야마토 왕정이 금관가야국
을 거점으로 한반도 남부를 몇 세기 동
안 지배한 것처럼 날조했고(임나일본부
설), 일제시대에는 이것을 합리화하여
한국에 대한 식민통치를 정당화하는 근
거로 사용했다. 임나를 이렇게 파악하
는 것은 한반도의 이주민들이 일본열도

에 이주해서 그곳에서 독자적인 세력을 이루고 살았다는 역사적 사실을 무시하고 있는 것이며, 당시 일본열도가 마치 야마토 정권에 의해 통일되어 있었던 것처럼 파악하는 데 문제점이 있다. 역사적인 증거를 살펴보면 삼국의 주민들과 가야 주민들은 일본열도에 이주하여 수세기를 두고 북규슈섬과 혼슈섬의 서북지대로 건너가 독자적인 강대한 세력을 형성하고 있었으며, 이 세력은 6세기경부터 점차 가야 본국으로부터 떨어져서 야마토 왕정에 의해 통합당하는 과정을 거친다. 즉 일본의 기록에 나오는 임나는 일본열도 안에 있는 가야 계통의 주민들이 세운 국가이다. 따라서 임나일본부설은 근거없는 날조라고 할 수 있다.

남북조시대 南北朝時代 중국의 한나라가 멸망한 220년부터 수나라에 의해 다시 중국이 통일되는 589년까지 약 350여 년간의 시기. 양쯔강을 경계로 북쪽에 북방민족들에 의해 세워진 북위(386~534), 동위(534~550), 서위(535~557), 북제(550~577), 북주(557~581)의 왕조들을 북조라고 하고, 남쪽에 북방민족들에 의해 밀려난 한족들에 의해 수립된 동진(317~420), 송(420~479), 제(479~502), 양(502~557), 진(557~589) 등의 왕조를 남조라고 하며 이 시기를 남북조라고 한다. 이 시기는 왕조의 기반이 불안하여 왕들이 자주 교체되었다. 또한 한족들이 양쯔강 쪽으로 이주하게 되어 양쯔강 유역이 새로운 문화의 중심지로 등장하게 되었으며, 개간과 벼농사의 발달이 이루어졌다. 특히 귀족들은 관개시설·소택지·산림 등을 독차지하면서 부를 축적했고, 그러한 부를 기반으로 화려한 귀족문화를 이룰 수 있었다. 이 시기에 귀족들의 문학이라고 할 수 있는 사륙변려체가 유행했다. 북조에서는 정치제도·풍속·언어 등을 한족의 예에 따르는 한화정책을 추진했으며, 삼장제·균전제 등의 제도를 시행했다. 그리고 북조에서는 불교가 성행하여 윈깡이나 룽먼 등의 석굴미술도 바로 이 시기에 이룩된 것이다.

수 隋 6세기말 남북조시대를 끝내고 중국을 통일한 국가. 북주의 외척이었던 양견楊堅이 581년 북주를 멸망시키고 수나라를 건국한 후 589년 진陳을 멸망시킴으로써 중국을 재통일했다. 수나라는 균전제 실시, 대대적인 운하건설 등으로 백성들의 원성을 샀으며, 무리하게 주변나라들을 공격함으로써 국력이 약해지는 결과를 가져와 618년 이연李淵에게 멸망당했다. 수양제는 고구려를 598년, 612년 2차례에 걸쳐 대대적으로 공격했으나 성공하지 못했다. 가혹한 착취와 무리한 해외원정, 그리고 거듭되는 흉년과 기근으로 인해 어려운 처지에 놓이게 된 농민들이 도처에서 폭동을 일으켰으며, 마지막으로 수의 군대가 이연에게 패배함으로써 끝을 맺었다.

당 唐 618년 이연李淵에 의해 건국되어 907년에 멸망. 특히 7세기 태종과 고종대에 문물제도가 정비되어 주변의 여러 나라들의 통치체제에 많은 영향을 주었다. 과거제를 통하여 관리를 선발했으며, 부병제와 조용조 세법, 3성 6부제 등의 통치체제를 갖추었다. 대외팽창에도 적극적으로 나서 동서 돌궐을 누르고 중앙 아시아를 세력권에 넣었으며, 고구려에도 여러 차례 침략했다. 644년 태종은 직접 군사를 이끌고 고구려를 대대적으로 공격했으나 안시성 싸움에서 패했다. 신라와 연합하여 660년에는 백제를, 668년에는 고구려를 멸망시켰다. 그러나 고종이 죽고 황후가 정권을 잡아 측천무후라 칭하고 당의 정책을 좌우했다. 8세기에 접어들어 국경의 수비를 위해 설치한 절도사들이 독자적인 군사력을 가지면서 당을 위협하는 상태에까지 이르렀고 결국 안록산과 사사명에 의해 수도인 장안이 점령되기도 했다. 9세기에는 귀족들에 의한 토지겸병으로 경제적인 기반을 상실한 농민들이 전국적으로 폭동을 일으켰다. 특히 황소가 이끄는 농민군 세력은 매우 강성하여 당을 궁지로 몰아넣었다. 결국 907년 절도사의 한 사람이었던 주전충朱全忠에 의해 당이 멸망하고 중국은 5대 10국의 혼란기로 접어든다.

관구검 毋丘儉 중국 위魏나라의 무장. 242년(고구려 동천왕 16) 고구려가 요동지방을 공략하자 243년(동천왕 18) 관구검이 정벌군의 장군이 되어 고구려를 침입해 비류수에서 동천왕의 방어군을 무찌르고 국내성을 함락시켰다. 이때 동천왕은 피신하여 고구려의 항복을 받아내지는 못했다. 관구검의 고구려 침입의 공을 기념한 관구검 기공비紀功碑가 1906년 만주 집안현 판석령에서 발견되었다.

고구려의 수군격퇴 高句麗－隋軍擊退 589년 중국을 통일한 수 문제는 고구려를 공격할 계획을 세운다. 이를 간파한 고구려는 598년 요서지역을 선제공격했다. 수나라는 이를 구실로 30만의 병력으로 고구려를 침략했으나 고구려의 강력한 저항을 받아 요하를 건너지도 못했으며, 바다를 통해 침략해 들어왔던 수군도 폭풍을 만나 고구려에 상륙하지도 못하고 퇴각했다. 그후 수 양제는 612년 100만여 군사와 물자조달에 약 200만 명, 도합 300여 만 명을 동원하여 고구려를 공격해왔다. 을지문덕을 총지휘관으로 하는 고구려군은 수나라 군대를 맞아 싸워 요동성 싸움에서 결정적인 타격을 가했다. 더 진격할 수 없게 된 수나라는 별동군 30만을 구성하여 평양성을 직접 공격하게 했으나 고

구려의 유인작전과 매복기습공격에 의해 지리멸렬하여 도주했으며 살수에서 섬멸되어 30만 중 살아돌아간 자가 2,700여 명에 불과했다고 한다. 그러한 패배 뒤에 613년과 614년에도 고구려를 계속 공격했으나 고구려는 이를 격퇴했다. 수나라는 무리한 내정과 고구려 원정으로 국력을 허비하여 618년에 망하고 만다.

살수싸움 薩水－ 살수는 청천강의 옛이름으로, 살수싸움은 을지문덕이 이끄는 고구려 군사들이 612년 수나라의 별동대 30만을 섬멸한 전투이다. 수 양제는 612년 100만 대군을 이끌고 고구려를 공격해 들어왔으나 요동성 등에서 강력한 저항에 부닥쳐 침략이 여의치 않자 속전속결을 시도하여 우중문과 우문술 등에게 30만의 정예부대를 주어 바로 고구려의 평양성을 공격하도록 했다. 당시 고구려의 장군이었던 을지문덕은 거짓 항복하는 척하면서 수나라 군영 내에 들어가 동태를 살펴 수나라 군대가 지쳐 있고 군량이 떨어지고 있는 것을 간파하고 싸워서 패하는 척하면서 평양성 근처 50리까지 유인했다. 수나라 군대는 평양성이 견고하여 쉽게 함락시킬 수 없었을 뿐만 아니라 고구려의 포위공격을 당할 수 없어 총퇴각을 결정하게 되었고, 고구려군은 퇴각하는 수나라 군대를 몰아쳤다. 도망하던 수나라 군대가 청천강에 이르렀을 때 이미 매복하고 있던 고구려 군대가 일제히 공격하여 섬멸했다. 30만 중에 살아돌아간 자가 2,700여 명에 불과할 정도로 고구려의 대승이었다.

을지문덕 乙支文德 ?～? 고구려의 장군. 출생과 사망연대는 알 수 없다. 그가 살았던 시기는 6세기중엽에서 7세기로, 이때는 한반도의 세력판도에서 신라가 강해져 고구려를 위협했으며, 중국에서는 수나라가 대륙을 통일한 후

고구려에 대한 침략을 준비하던 시기이다. 수 양제는 고구려에 100만 대군을 동원하여 대대적인 공격을 시작했으나 요동성에서 고구려의 강력한 저항에 밀려 더이상 진격할 수가 없었다. 그러자 별동대 30만 대군을 편성하여 압록강을 거쳐 평양성을 직접 공격하도록 했다. 이때 고구려의 장군이었던 을지문덕은 수나라의 침략을 맞아 압록강 근방에서 진을 치고 있던 수나라의 병영에 단신으로 들어가 거짓 항복하는 체하면서 수나라 군대의 실정을 염탐했으며, 수나라 군대가 지쳐 있고 보급품이 부족하여 조바심을 내고 있다는 것을 간파하고 유인작전을 펴 수나라 군대를 평양성 근처 50리 밖까지 유인한 다음 기습공격을 가했다. 기습공격을 받은 수나라 군대는 후퇴했으나 살수 강가에 이르러 매복한 고구려 군대의 공격을 받아 강을 건너지 못하고 무수히 강물에 빠져 죽었다. 이를 살수싸움이라고 하는데 살수싸움을 이끌어낸 것은 을지문덕의 작전에서 크게 힘입었다. 을지문덕은 이처럼 뛰어난 군사전략가였을 뿐만 아니라 시문에도 매우 능했다. 그가 지은 〈여수장우중문시〉는 지금도 남아 있다.

고구려 대당항쟁 高句麗對唐抗爭 618년 수를 멸하고 건국한 당은 수나라의 뒤를 이어 고구려를 정복하고자 했다. 건국초기에는 고구려에 대한 공격이 가능하지 않아 소강상태를 유지하고 있었으나 국가체제를 정비하면서 본격적인 고구려 원정준비를 했다. 이에 대해 고구려는 장성을 쌓고 주변민족과 연합하는 등 당의 침략에 대비했다. 특히 무력으로 정권을 잡은 연개소문은 최고실권자인 막리지의 지위에 올라 당나라에 대해 강경한 대항의지를 보였다. 645년 당의 태종은 직접 20만의 군사를 거느리고 고구려를 공격했다. 당군은 요동성에 이르러 한 달여의 싸움 끝에 간신히 요동성을 함락시키고 안시성으로 밀려들었다. 안시성에서는 양만춘 장군을 중심으로 당나라의 치열한 공격을 막아냈다. 2달 동안의 끈질긴 공격으로도 안시성을 함락시킬 수 없었던 당은 고구려 정벌을 포기하고 자기 나라로 돌아갈 수밖에 없었다. 안시성을 함락시키는 데 실패한 당나라는 그뒤로도 침략의 뜻을 굽히지 않고 고구려를 소규모의 병력으로 공격하여 기운을 빼는 작전으로 나갔다. 당나라는 태종이 죽고 고종이 즉위한 후 다시 전쟁준비를 완료하고 정명진·소정방·설인귀 등을 우두머리로 하여 몇 차례 고구려를 공격했으나 그때마다 고구려는 침략군을 단호하게 격퇴했다. 그후 당나라는 신라와 연합하여 백제를 멸망시킨 다음 고구려로 다시 공격의 창끝을 돌렸다. 그런데 고구려에서는 666년 연개소문이 죽은 다음 그의 세 아들 사이에 내분이 일어나면서 허점을 보였고, 당과 신라의 연합군은 고구려의 내분을 틈타 대군을 이끌고 고구려를 공격했다. 결국 668년 9월에 평양성이 함락되고 고구려는 멸망당했다.

양만춘 楊萬春 고구려의 명장으로 보장왕 때 안시성의 성주. 안시성은 지리적으로 험한 곳에 위치한 요충지이며 소속 군사들 또한 정예병이었다. 양만춘은 연개소문의 쿠데타에 의한 정권장악에도 불구하고 연개소문에게 굴복하지 않았고, 연개소문이 안시성을 공격했으나 함락되지 않아 연개소문은 그와 타협하여 안시성의 성주 자리를 유지시킬 수밖에 없었다. 645년 당 태종이 이끄는 20만 대군을 고립무원의 상태에서 막아내어 고구려를 위기로부터 구해내는 데 결정적인 공헌을 했다. 당 태종은 안시성을 함락시키지 못하고 퇴각하면서 그의 뛰어난 군사적인 지략과 용맹에 감탄했다고 한다. 고려후기 학자인 이색李穡의 〈정관음貞觀吟〉이라는 시와 이곡李穀의 〈가정집稼亭集〉에 의하면 당 태종이 눈에 화살을 맞아 부상당하여 퇴각한 것이라고 한다. 안시성은 고구려가 멸망한 뒤에도 당나라에 반대하여 끝까지 저항한 11성 중의 하나였다.

안시성싸움 安市城─ 645년 고구려인들이 당나라의 침략을 맞아 커다란 타격을 입히고 결정적으로 승리를 거둔 전투. 안시성의 위치에 대해서는 일치된 견해가 없으나 만주 봉천성 동남쪽의 영성자산성英城子山城으로 추정하는 견해가 유력하게 받아들여지고 있다. 안시성은 고구려의 대중국 방어선에서 요동성과 아울러 매우 중요한 성이었다. 645년 당의 태종은 직접 20만 대군을 이끌고 육지와 바다로 고구려에 대대적인 공격을 가해왔다. 요동성을 함락시킨 당군은 6월부터 총역량을 집결하여 안시성을 공격했다. 안시성을 구원하기 위하여 파견된 고구려 군대는 이 성의 동남쪽 8리 지점에서 침략군과 대치하고 있었다. 이때 고구려의 장군인 고연수는 적을 깔본 나머지 당군의 계략에 말려 싸워보지도 못하고 패했다. 그러나 안시성은 성주 양만춘의 지휘 아래 단결하여 당의 공격을 막아냈다. 당군은 안시성 높이보다 높은 토성을 쌓기도 했으며, 굴을 파고 땅속으로 기어들어오기도 하는 등 온갖 방법을 동원하여 안시성을 공격했으나 80여 일간의 끈질긴 공격에도 안시성은 결코 함락되지 않았다. 당 태종 자신도 화살에 맞아 부상당했으며, 겨울이 다가와 식량이 떨어지고 추위에 몰린 당군은 총퇴각할 수 밖에 없었다.

신라 대당항쟁 新羅對唐抗爭 7세기초 백제와 고구려의 공격을 받아 어려운 상황에 이르게 된 신라는 당나라의 힘을 빌려 위기를 벗어나려고 했다. 당 역시 한반도에 대한 여러 차례의 침략을 시도하다가 번번이 고구려에게 패하여 물러났으나 한반도에 대한 침략의 야심을 버리지 않고 있었으므로, 신라의 동맹제의를 적극적으로 받아들여 나당연합군이 구성되었다. 나당연합군은 660년과 668년에 백제와 고구려를 멸망시켰다. 당은 두 나라를 멸망시키는 데 그치지 않고 한반도를 완전히 그들의 손아귀에 넣으려는 의도를 보였고 이에 신라는 당과 대결을 벌여야 했다. 신라는 668년 이후 백제와 고구려의 부흥군을 이용하면서 대당항쟁에 나섰으며, 670년에는 당이 점령하고 있던 옛 백제지역 80여 성을 점령했으며, 671년에는 가림성(임천) 석성에서 당군과 격돌하여 당군 5천여 명을 목베는 전과를 올렸다. 그해 7월 당의 설인귀가 대군을 이끌고 와서 신라에 굴복을 강요했으나 그에 굴하지 않았으며, 가을에 바닷길로 쳐들어온 당군 4만 명과 싸워 격퇴시켰다. 당군과의 전투는 계속되었고, 673년에 신라는 당과의 9차례에 걸친 전투를 모두 승리로 이끌었다. 675년에는 매소성 전투에서 결정적으로 당군에게 타격을 입혔으며, 676년에 이르러 마침내 당군은 계속되는 전투에 연패하면서 대동강 이남에서 철수했다. 이로써 당군과의 전투는 마무리되고 대동강 이남의 신라영역이 확보되었다.

웅진도독부 熊津都督府 백제가 멸망한 다음 당이 백제의 옛땅에 설치한 통치기관. 660년 나당연합군에 의해 백제가 멸망한 후 당은 백제지역에 5개의 도독부를 설치했는데 그중 중심이 되는 것이 웅진도독부였다. 왕문도를 도독으로 삼았으나 급사하고 뒤이어 유인궤가 도독이 되었다. 그러나 664년 당에 끌려갔던 의자왕의 아들 부여 융扶餘隆을 도독으로 삼아 신라를 견제하고자 했으나 신라에 의해 백제지역이 장악되면서 도독부는 소멸되었다.

백강전투 白江戰鬪 660년 백제가 멸망한 후 일본의 구원병과 백제의 부흥군이 합세하여 나당연합군과 벌였던 전투. 〈일본서기〉에는 백촌강으로 기록하고 있다. 백강의 위치에 대해서는 정확하게 확인되지 않았다. 일본은 백제와 전통적으로 우호관계를 맺고 있었고, 백제가 멸망한 후 663년 약 4만 명의 군대를 파견했다. 이 싸움에서 나당연합군은 왜선 4백여 척을 불태우는 등 왜군을 크게 격퇴했다. 이 전투로 말미암아 주류성을 중심으로 전개되던 백제의 부흥운동은 큰 타격을 입은 것으로 보인다.

매소성전투 買肖城戰鬪 나당 연합군에 의해 백제와 고구려가 멸망한 다음 당나라가 신라까지 장악하려고 하면서 670년부터 나당전쟁이 전개되었을 때 675년(문무왕 15) 신라가 당의 군대를 맞아 대승을 거둔 전투. 신라가 고구려의 부흥군을 지원하여 당을 공격하고, 백제의 옛지역을 거의 장악해 들어가게 되자 당나라는 설인귀를 파견하여 신라와 싸우게 했다. 신라는 설인귀의 군대를 격파했으며, 당의 이근행이 이끄는 20만 대군이 매소성에 내려와 주둔하자 이 매소성을 공격하여 당군을 크게 격파, 노획한 말이 약 3만 필에 달할 정도였다. 매소성 전투를 계기로 나당전쟁은 신라의 우세로 전개되게 되었다. 매소성의 정확한 위치는 확인되지 않고 있는데 경기도 양주 근방으로 보기도 한다.

기벌포전투 伎伐浦戰鬪 676년(문무왕 16) 지금의 금강 입구인 기벌포에서 신라의 해군이 당나라의 해군을 크게 무찌른 전투. 나당연합군에 의해 백제와 고구려가 멸망한 다음 당은 본심을 드러내어 신라까지 병합하려고 했고 이에 대해 신라는 필사적인 대당항쟁을 전개하게 된다. 대당항쟁은 670년부터 676년까지 계속되었는데 675년 매소성買肖城 전투에서 크게 패한 당군의 잔여부대가 설인귀의 지휘로 남하하는 것을 신라가 공격하여 대파한 전투이다. 신라는 이 전투에서 크고 작은 전투 22회를 승리로 이끌어 대당항쟁 최후의 승리를 얻을 수 있게 되었다.

백제 부흥운동 百濟復興運動 백제멸망 후 왕족·군인 등이 중심이 되어 전개했던 부흥운동. 660년 멸망 후 복신·도침·흑치상지 등이 중심이 되어 전개했다. 사비성이 함락된 후 달솔 흑치상지는 부하 10여 인과 함께 임존성을 근거로 하여 10여 일 만에 3만여 군대를 모집하여 나당군을 공격하여 2백여 성을 회복했고 왕족 복신과 승려 도침은 주류성에 잔존한 백제군을 수습하여 나당군에게 저항했다. 한때 사비성을 포위하여 점령군인 당군을 고립시키고 탈환 직전까지 갔으나 신라의 구원에 의해 탈환하지 못했다. 사비성 탈환에 성공하지 못한 부흥군은 임존성과 주류성을 근거로 전열을 정비하면서 다시 사비성 탈환을 준비했다. 나당군이 주류성을 공격했으나 백제부흥군에게 패하고 말았다. 662년 왕자 풍과 왜군 병력 170여 척이 무기와 군량을 싣고 도착하여 부흥운동은 활기를 띨 수 있었다. 그러나 복신과 도침 사이에 대립이 생겨 복신이 도침을 살해했다. 도침의 피살로 부흥군의 사기는 꺾였고, 다시 나당군의 공격을 받게 되었다. 이러한 위기상황에서 다시 왕자 풍과 복신 사이에 불화가 생겨 풍이 복신을 살해했다. 나당연합군이 주류성을 공격하자 왕자 풍은 고구려로 도망가고, 왜군은 백강전투에서 패배했으며, 흑치상지는 당나라에 끌려감으로써 663년 9월 부흥운동은 끝을 맺었다.

임존성 任存城 660년 백제가 멸망한

후 백제의 남은 백성들을 중심으로 한 부흥운동이 활발하게 일어났는데, 임존성은 백제부흥군의 근거지 중의 하나였다. 충남 예산군 대흥면에 위치. 부여성이 함락된 후 660년 8월 임존성의 군사들과 백성들은 신라군의 공격을 막아

△백제부흥군 근거지중의 하나였던 임존성.

내면서 이 성을 백제 부흥운동의 중심지로 자리잡게 했다. 점차 부흥군들의 지도부 내에서 분열이 일어나면서 저항의지가 약해졌으며 대부분의 부흥군 근기지들이 무너졌으나, 임존성만은 쉽사리 함락되지 않았다. 663년 여러 차례의 신라군의 공격을 막아내면서 성을 굳건하게 지켜냈으나, 664년에 결국 성이 함락되고 말았다.

도침 道琛 ?~661 백제의 승려로 백제가 멸망한 후 부흥운동에 앞장섰다. 660년 백제가 멸망하자 백제의 왕족이던 복신과 함께 일본에 가 있던 왕자 풍을 맞아 왕으로 삼고 백제의 부흥을 시도했다. 주로 주류성(지금의 한산)을 근거로 부흥운동을 전개했는데, 도침은 스스로 영군장군領軍將軍이라 칭하고 임존성으로 옮겨 당나라와 대결했다. 백제부흥군은 그 세력이 막강하여 당과 신라의 여러 차례에 걸친 공격에도 꺾이지 않았다. 한때 당군이 주둔하고 있었던 사비성을 포위 공격하여 되찾기 직전에 이르기도 했다. 그러나 부흥운동을 이끌었던 복신과 도침 사이에 불화가 생겨 도침은 복신에게 살해되었다.

복신 福信 ?~663 백제의 왕족으로서 백제 멸망 후 도침·흑치상지 등과 더불어 부흥운동에 앞장섰다. 660년 사비성이 함락된 후 도침과 함께 주류성을 근거로 부흥운동을 전개, 일본에 머물고 있던 왕자 풍을 맞아 왕으로 추대하고 일본에 구원병을 요청하기도 했다. 사비성을 포위 공격하여 기세를 올렸으나 당의 원병인 유인궤 군을 맞아 전세가 불리해지자 임존성으로 물러났다. 이때 복신은 「당과 신라가 백제사람을 다 죽이고 땅은 신라에게 주기로 되어 있으니 어차피 죽을 목숨이라면 싸우다가 죽자」라고 격문을 돌려 백제 유민들의 호응을 얻었으며, 그 힘으로 나당연합군과 싸워 여러 차례 승리를 거두었고 나당군도 함부로 부흥군을 공격하지 못할 정도에 이르렀다. 그러나 도침과의 의견차이로 도침을 살해했으며, 나중에는 왕자 풍까지 죽이고 실권을 장악하고자 했으나 이 사실을 안 왕자 풍에 의해 도리어 죽음을 당하고 말았다.

고구려 부흥운동 高句麗復興運動 669년 평양성이 함락된 후 당나라는 고구려의 옛땅에 안동도호부를 설치하고 2만 명의 군대를 주둔시켰다. 그리고 669년에는 고구려인의 저항을 원천적으로 봉쇄하기 위해 고구려인 약 2만 8천여 호를 당나라로 강제 이주시켰다. 이러한 당나라의 움직임에 대해 고구려 유민들은 강력한 저항에 나섰다. 669년 검모잠劍牟岑 일파의 부흥운동이 일어났으며, 이어 안시성 등지에서 부흥운동이 전개되었다. 고구려 유민들의 이러한 움직임에 대해 신라는 고구려부흥군을 지원했다. 670년 신라 장군 설오유와 고구려 장군 고연무가 이끄는 연합군이 공동작전을 수행했다는 기록도 보이고 있다. 이러한 고구려의 부흥운동은 671년 안시성의 함락, 673년 호로하에서의 패배로 좌절을 겪게 된다. 한편 부흥군

을 이끌었던 안승은 신라에 귀순, 보덕국왕으로 봉해져 금마저金馬渚(지금의 익산)에 거주케 되었다.

연개소문 淵蓋蘇文 ?~666 고구려의 장군·정치가. 그의 조부 자유가 막리지를 역임했고, 아버지도 동부대인의 직위에 있었던 고구려의 명문가 출신이다. 그의 성씨에 대해 중국측 기록은 천泉으로 기록하고 있는데 이는 당의 고조 이연李淵의 이름과 같아 이를 피하기 위한 것이다. 그가 고구려의 정치에 적극적으로 참여하던 시기는 중국이 수나라에 의해 통합되고 고구려에 대한 압력이 가중되던 시기이다. 그는 국경의 수비를 맡으면서 성을 쌓는 일을 감독하기도 했다. 그의 세력이 커지자 이를 두려워한 고구려의 대신들과 영류왕은 그를 제거할 음모를 꾸몄으나 이를 눈치챈 연개소문이 먼저 정변을 일으켜 영류왕을 포함한 대신 100여 명을 살해하고 정권을 장악했다(642년). 그는 7세기 고구려의 대외정책을 강경하게 이끌어갔다. 백제의 공격으로부터의 구원을 요청하러 왔던 신라의 김춘추를 감금했으며, 신라의 중국 교통로인 당항성을 공격했다. 당나라에 대해서도 강경하게 대응하여 당 태종이 20여 만 명의 대군을 이끌고 고구려를 공격하기도 했다. 그러나 당나라의 공격은 안시성의 양만춘 장군이 이끄는 고구려군에 의해 격퇴되었다. 643년에는 백제와 연합하여 신라를 공격했다. 또한 중국으로부터 도교를 받아들여 장려했다. 연개소문이 죽은 후 그의 세 아들 남생·남산·남건 사이에 내분이 일어나 고구려 멸망의 길을 재촉하기도 했다.

남생 男生 연개소문의 맏아들. 9세에 선인, 15세에 중리소형, 18세에 중리대형 등을 거쳐 28세 때 막리지가 되고 666년(보장왕 25) 연개소문이 죽은 후 32세 때 대막리지가 되어 군국사무를 총괄하는 위치에 오르게 되었다. 정권을 잡은 후 각 지방의 성을 순시하러 나간 사이, 평양성에 남아 있던 그의 아우 남건南建과 남산南産에게 형 남생이 그들을 제거할 것이라고 이간질하는 사람이 있었다. 또한 성을 돌고 있던 남생에게는 두 동생이 평양성에서 형을 배반하려는 음모를 꾸미고 있다고 하는 이간질을 하여 형제끼리 서로 의심하도록 했다. 이것은 군사적인 공격으로 바라는 바를 얻지 못했던 당의 계략인 것으로 보인다. 남건과 남산은 왕명을 빌려 남생을 평양성으로 돌아오도록 했으나 남생은 평양성으로 돌아오지 않고 지방에 머물렀다. 이에 남건·남산은 군대를 보내 남생이 머물고 있는 성을 공격했으며, 남생은 두 아우에게 패하여 국내성으로 달아나 당에 항복했다. 당나라는 이러한 내분을 이용하여 이세적을 대총관으로 하여 50만 대군으로 고구려를 공격했으며, 신라도 이에 호응하여 김인문에게 27만의 군대를 이끌게 하여 평양성을 포위 공격했다. 나당 양군의 협공을 받은 고구려는 끈질기게 저항했으나 668년 9월 21일 평양성이 함락됨으로써 멸망했다. 남산과 남건은 평양성이 함락된 후 당의 장안으로 잡혀갔다. 남생은 평양성이 함락된 후 당으로부터 우위대장군에 제수되고 변국공 식읍 3천호에 봉해졌다. 그는 다시 677년 안동도호부의 관리로 임명되어 일하다가 679년 46세의 나이로 죽었다. 낙양에 묻혔으며, 그 지역에서 출토된 묘지명이 전해지고 있다.

검모잠 劍牟岑 고구려가 멸망한 후 고구려의 부흥군을 이끌었던 고구려의 장수로 관등은 대형大兄이다. 고구려가 멸망하자 670년 유민들을 모아 부흥군으로 조직, 당나라의 관리와 승려 법안을 죽이고 패수(대동강 남쪽) 남쪽으로 옮겨 부흥운동을 계속했으며, 그후 한성에 자리를 잡고 귀족 안승을 왕으로 추대하는 한편 신라와 손을 잡고 당나라에 대한 항쟁에 적극적으로 나섰다. 당나라 대군의 공격을 받았을 때 이를 막아내는 방법을 놓고 의견대립을 보이던 안승에 의해 피살되었다.

고선지 高仙芝 ?~755 고구려 출신 장군으로 고구려가 망한 다음 당나라에서 활동했다. 〈구당서〉〈신당서〉 등에는 고선지가 고구려 출신이라고 기록되어 있다. 일찍이 하서군河西軍에 예속되어 중급장교로 있다가 20여 세 때 아버지를 따라 안서로 갔다. 그후 병력 2천을 거느리고 천산산맥 서쪽의 달해부達奚部를 정벌한 공으로 안서부도호가 되었다. 747년에 티벳과 사라센제국이 동맹을 맺어 서쪽으로 팽창하던 당나라 세력을 견제하기 위해 동진하자, 고선지는 티벳족 정벌임무를 띠고 1만여 명의 군대를 이끌고 파미르고원을 넘어 티벳족의 군사기지인 연운보를 격파했다. 계속 진격하여 사라센제국을 연결하는 통로를 파괴하여 그들의 제휴를 단절시켰다. 이 1차원정에서 돌아온 후 그 공으로 홍로경어사중승鴻臚卿御史中丞이라는 직위에 오르게 된다. 750년 제2차 원정에 나서 사라센제국과 동맹을 맺으려고 하던 석국石國의 국왕을 사로잡아 장안으로 호송했다. 이듬해 사라센제국이 서역의 여러 나라들과 연합하여 당을 공격해 들어왔는데, 이것이 바로 탈라스 전투이다. 이 전투에서 고선지가 이끄는 당군이 패했다. 755년 안록산의 난이 일어나자 토적부원수討賊副元帥로 임명되어 출전했다. 반란군이 동관으로 이동하자 그의 방어지역인 협주를 떠나 동관으로 무단 이동한 것이 그의 공을 시기 질투하던 자에 의해 현종에게 과장 보고됨으로써 처형되었다.

4. 삼국의 사회제도와 경제

율령제 律令制 율령제란 형벌 및 행정에 관한 체계로 중국의 수·당 때 완성되었다. 율·영·격·식으로 구성되어 있는데, 율은 형법에 해당하는 것이며, 영은 행정법규, 격은 율령의 개폐 변경에 관한 것이고, 식은 시행령에 해당한다. 당나라의 이 율령체제는 그 이후 역대 왕조들의 입법의 기본체계로서 받아들여졌으며, 한국·일본·안남 등지에서도 율령체제를 수용하여 국가의 법체계로 삼았다. 우리나라의 율령체제는 고구려의 소수림왕 때, 신라의 법흥왕 때 반포되었다는 기록이 보이나 이의 완성은 통일신라 이후이다.

신라의 관등·관직 新羅─官等·官職 신라의 중앙 관등은 17관등으로 구성되어 있고, 그 관등은 골품제의 원리에 의해 운영되었다. 따라서 골품제에 따라 상한선이 엄격하게 구분되어 있다. 즉 진골 신분만이 1등급 이벌찬에서 5등급 대아찬까시 오를 수 있으며, 6두품은 17등급에서 6등급 아찬까지, 5두품은 17등급에서 10등급인 대나마까지, 4두품은 12등급 대사까지밖에는 오를 수 없다. 따라서 6두품의 상한선인 아찬에는 중아찬·3중아찬·4중아찬까지 있으며, 5두품이 오를 수 있는 마지막 관등인 대나마에도 중대나마에서 9중대나마까지 있다. 이는 각 골품간의 상한선을 엄격하게 유지하기 위한 제도라고 할 수 있다. 물론 상한선만 정해져 있고 하한선은 없기 때문에 진골 신분이라도 낮은 관등에 있을 수 있다. 이러한 17관등에 따라 관직에 나갈 수 있는 길도 구분되는데, 상대등이나 각 부의 장관에 해당하는 영令은 5등 대아찬 이상만이 오를 수 있었다. 또 각부의 차관에 해당하는 경卿은 11관등에서 6관등의 사람만이 오를 수 있었다.

갈문왕 葛文王 신라시대 왕실에서 추봉하던 왕명으로 〈삼국사기〉와 〈삼국유사〉에 모두 18명이 등장한다. 이들은 왕의 부父, 장인, 외조, 동모제, 여왕의 배우자 등이다. 이 칭호는 신라초기부터 등장한다.

간 干 고대 부족사회의 족장이나 국왕을 호칭하는 말. 간은 한汗과 통하는 말로 고대 삼한사회에서는 수장을 칭했으며, 동북 아시아 민족들 사이에서는 군주를 부르는 용어이다. 몽고의 경우 그들의 부족회의인 쿠릴타이회의에서 선출된 황제를 칸汗이라고 했다. 간이나 한은 다 우리말로 「크다」, 「큰 사람」의 의미로 족장·군장의 뜻을 가진다. 신라에서는 군장을 마립간 또는 거서간 등으로 불렀다. 신라의 지방민에게 수여했던 외위外位에도 술간·고간·귀간·찬간·상간 등이 있는데 이것은 이들이 원래 지방의 부족장이었으며, 그러한 부족장의 칭호가 관직 편성과정에서 관명으로 전화한 것으로 보인다. 그러나 고려·조선시대에는 간의 뜻이 비천한 신분을 나타내게 된다. 〈동사강목〉에는 「신라 때 간은 존귀한 이름이었는데, 지금은 비천한 칭호가 되었다. 채소밭 가꾸는 사람을 원두간이라 하는 등이 그렇다」라고 하고 있다.

거서간 居西干 신라의 건국자인 혁거세의 칭호. 이것은 고대 진한의 말로 임금 또는 귀한 사람의 의미를 가지고 있었으며, 제사를 맡은 웃어른의 의미도 있다고 한다. 혁거세 거서간은 세상을 밝게 통치하는 자라는 의미를 담은 명칭이다. 신라에서 거서간의 칭호를 사용한 것은 박혁거세밖에 없다. 여기에서 간이라는 말은 우두머리의 의미이다.

차차웅 次次雄 신라초기 왕의 명칭의 하나. 제2대 남해왕을 남해 차차웅이라고 했다. 차차웅은 자충慈忠이라고 썼는데 그것은 제사를 주관하는 무당의 의미를 지니고 있었다. 원시사회에서 종족신에 대한 제사를 주관하던 무당이 계급사회에 들어오면서 최고집권자로 변했는데 그러한 주권자의 칭호의 하나가 차차웅이다. 따라서 차차웅은 원시사회 말기 공동체의 족장이 종족의 제천행사를 직접 주관했던 유제를 반영하는 칭호라고 할 수 있다.

이사금 尼師今 신라 국왕의 호칭의 하나. 이질금·치질금이라고 하기도 한다. 제3대 유리왕에서 제18대 실성왕까지 이 칭호를 사용하고 있다. 〈삼국사기〉에 의하면 유리왕과 탈해왕이 서로 왕이 되는 것을 사양하다가 나이가 많은 사람이 왕이 되기로 하고, 치아의 개수가 많은 사람이 나이가 많다고 하여 떡을 깨물어 치아의 개수를 세어 숫자가 많은 유리왕이 왕이 되었다는 기록이 있다. 이는 신라초기에 박朴·석昔·김金 3성이 왕통을 계승함에 있어서 연장자로서 한 까닭에 이사금이라고 한 것이다. 이사금이라는 말은 잇금에서 유래되었다.

마립간 麻立干 4세기중엽에서 6세기초까지의 신라 왕에 대한 칭호. 〈삼국사기〉와 〈삼국유사〉에 의하면 마립이란 우리말로 말뚝을 뜻한다. 또한 다른 설에 의하면 마립은 「머리」「마루」와 같은 의미로 가장 높다는 말이며, 「간」「한」은 사람을 높여 부르는 말이다. 〈삼국사기〉에는 19대 눌지왕에서 22대 지증왕까지를, 〈삼국유사〉에서는 17대 내물왕부터 22대 지증왕까지를 마립간으로 부르고 있다.

골품제 骨品制 신라의 신분제도. 성골·진골·6두품·5두품·4두품으로 나누어져 있다. 왕족은 주로 진골과 성골이고 귀족들은 6두품에서 4두품에 위치하고 있다. 원래 3두품에서 1두품까지도 있었지만 이들은 평민화하여 특권신분으로 구분되지 않게 되었다. 골품제도는 신라가 연맹왕국으로 성장할 때 여러 족장 세력을 통합하는 과정에서 그 세력에 따라 등급을 나누어 신분으로 구분한 것이다. 따라서 법흥왕 시대를 전후로 하여 성립한 것으로 보인다. 각 신분은 관직에 나갈 수 있는 길은 물론이고 사회생활에서 장신구나 주거의 크기까지 골품에 의해 규정되어 사회생활에서 결정적인 의미를 가졌다. 초기에는 성골에서 왕위를 계승했으나 진덕여왕을 끝으로 성골이 단절되고 태종무열왕 때부터 진골에서 왕위에 오르게 되었다. 또한 금관가야의 김구해, 고구려 왕족인 안승 등은 매우 특이하게 신라의 진골귀족에 편입되기도 했다. 신라의 17관등 중 5등급 대아찬 이상에 오를 수 있는 것은 진골과 성골뿐이었으며, 6두품은 왕족의 혈통이 아닌 일반 귀족들 중 가장 높은 신분으로 그들은 6등급 아찬의 직에까지 오를 수 있었다.

육두품 六頭品 신라 골품제의 성골·진골 다음 등급으로, 6두품 되기가 어렵다고 하여 득난得難이라고도 했다. 제6관등인 아찬까지 오를 수 있었으며, 6두품으로 아찬보다 높은 관직에 올릴 때는 5관등인 대아찬으로 올리는 것이 아니라 중위제重位制를 적용하여 중아찬에서 4중아찬까지를 주었다. 특별한 상황이 발생했을 경우 진골귀족이 6두품으로 강등되는 경우도 있었다. 6두품 출신으로 역사에 이름을 남긴 대표적인 사람으로는 원효·강수 그리고 신라 말기의 최치원 등이 있으며, 특히 종교분야에서 탁월한 인물이 많았다. 이들은 왕권과 밀착하여 그들의 신분적 한계를 극복하고자 했다. 특히 유교적인 정치이념을 강조하면서 골품제에 대한 문제제기를 하기도 했는데, 신라말 최치원의 「시무 10조」는 6두품 출신으로 신라 사회의 골품제의 모제를 지적하면서 사회를 개혁하고자 했던 하나의 시도라고 할 수 있다. 이들은 신라말 이후 새로운 사회세력의 하나로 고려 건국과정에서

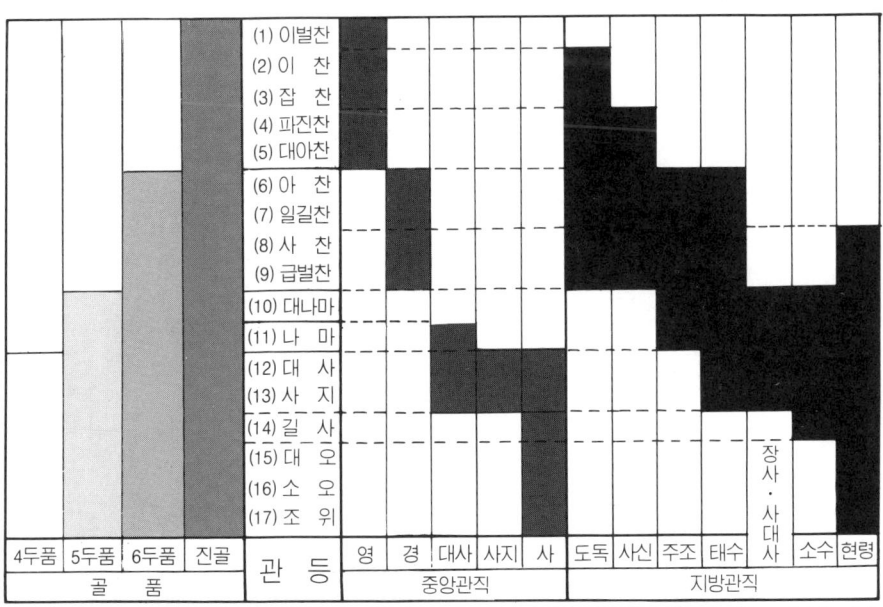

△골품제도. 골품과 관등·관직의 관계.

중심적인 역할을 하게 된다.

고구려가 高句麗加 계급 부족장의 칭호 혹은 과거에 왕에 선출된 바 있는 부족의 장이나 왕과 혼인을 맺은 인척의 부족장에 대한 칭호. 어원은 몽고어 계통의 한·칸이나 삼한사회의 간干과 마찬가지로 대자大者, 왕을 지칭한다. 이들 대가大加는 사실상 독립적인 부족국가의 장으로서 왕과 마찬가지로 자기 직속의 관리를 거느리고 있었다. 고구려에서도 고추가·상가 등의 관직명이 보이는데 이들은 원래 부족장 출신들이었다. 고구려의 가는 사자使者·조의皂衣·선인先人과 같은 신하들을 거느리면서 어느 정도 독자적인 세력을 유지하다가 중앙집권적인 고대왕국의 정비과정에서 중앙귀족으로 편입된다. 또한 고구려에 관한 기록에서 「제가가 평의하여 죄인을 사형에 처하고 그 처자를 노비로 삼았다」라고 하고 있다. 또한 전쟁이 일어나면 제가들이 나가 싸웠다. 이렇게 가加는 원래 부족 단체의 장이었지만 연맹국가를 형성하는 단계에서는 이러한 부족장들인 가 계급들이 중앙의 관직에 오르게 되었고, 나중에는 관직명으로 전화하는 것을 볼 수 있다. 즉 고구려에서 왕 아래 상가·대로·패자 등의 관직이 있었다는 것은 중앙귀족화한 부족장급들의 모습을 짐작할 수 있게 한다. 또한 고구려에서는 왕의 종족, 왕비족 등에 고추가를 주어 우대했다.

상가 相加 고구려 10여 관등 중 제1관등. 상相이라는 관직은 고조선 시기부터 보이며, 여기에 가加가 붙어 결국 「재상이 되는 가」를 의미하는 것으로 보아 상가는 부족장에 해당했는데, 중앙집권화 과정에서 중앙귀족화한 것으로 보인다. 6세기 이후의 기록에는 나타나지 않는 것으로 미루어 대대로의 직책에 흡수된 것으로 보인다.

고추가 古雛加 고구려의 왕족이나 귀족들에게 주는 칭호의 하나. 고추가가 될 수 있는 자격은 왕족 즉 계루부 출신의 대가들과 소노부의 적통대인, 그리고 왕비족인 절노부의 대인 등이었다. 결국 고추가의 칭호는 일반 귀족들보다는 우세한 왕족과 왕비족, 그리고 상당한 세력을 유지했던 소노부의 족장급들에게 주어진 것으로 보인다. 그뒤 왕권의 강화와 중앙집권화의 진전에 따라 고추가의 의미는 점점 축소되다가 나중에는 귀족의 명예적인 호칭으로 바뀌었던 것으로 짐작된다. 그러나 고추가의 칭호는 고구려말까지도 존재했다.

패자 沛者 고구려 관직의 하나로 제3관등. 〈위지〉에 의하면, 대로가 있으면 패자를 두지 않고 패자가 있으면 대로를 두지 않는다고 한다. 그 직능은 정확하지 않으나 족장적 신분층에 속하는 대로를 보좌하는 기능을 했던 것으로 보인다.

사자 使者 고구려 관직의 하나. 고구려 10여 관등 중 제8위이며 왕 아래의 관직으로서뿐만 아니라 대가大加들도 독자적으로 사자·조의·선인을 둘 수 있었다고 한다. 〈후한서〉 동옥저전에 보면 사자는 조부租賦를 관리하는 책임을 맡았다고 한다. 사자는 원래 족장세력의 가신집단으로 수취를 담당하는 관리였으며, 고구려가 중앙집권적인 국가로 전환하는 과정에서 중앙관료화하여 행정적인 임무를 담당했던 것으로 보인다. 6세기 이후 사자는 지위의 높고 낮음에 따라 태대사자太大使者·대사자大使者·수위사자收位使者·상위사자上位使者·소사자小使者 등으로 분화 개편되었다.

조의 皂衣 고구려 초기 관직명의 하나. 〈삼국지〉에 의하면 고구려는 왕 밑에 사자·조의·선인 등의 관직이 있었고 각 부의 대가들도 그 아래에 이와 똑같은 관직을 두고 있었다고 한다. 이들은 주로 사령의 일을 담당하는 관리였을 것으로 보인다.

우대 優台 고구려 초기의 관직명의 하나로 형兄의 전신이다. 그 음은 연장자를 상징하는 것으로 친족공동체의 장인 것으로 보인다.

소형 小兄 고구려의 관명으로 일명 실지失支라고 한다. 고구려 후기 14관등 중 제11위이며, 국자박사國子博士·대학사大學士·사인舍人·통사通事·전객典客 등의 관직에 임명될 수 있었다. 소형은 형兄 계열에 속하는 관직으로 태대형·조의두대형·대형·제형 등이 같은 계열의 관등체계이다. 형은 원래 연장자의 의미를 가진 족장세력이었으나 고구려가 중앙집권적 귀족국가로 발전하는 과정에서 그 지위에 따라 분화된 것으로 보인다. 〈삼국사기〉에 의하면 3세기 말인 봉상왕 때부터 소형의 존재가 나타나고 있다.

대보 大輔 고구려와 신라 초기에 보이는 관직. 이 관직명은 중국에서는 볼 수 없고 고구려와 신라에만 보이는 것으로 보아 삼국시대 초기에 존재했던 고유관직을 중국식으로 표기한 것으로 보인다. 고구려 유리왕 때의 협부, 신라 남해왕 때의 탈해, 탈해왕 때의 호공 등이 이 관직에 있었다는 기록이 보인다. 고구려에서는 좌보와 우보로 분리되어 국가의 중대사를 관장했고, 다시 국상國相의 명칭으로 바뀐다. 신라에서는 탈해왕 이후 대보의 명칭이 보이지 않고, 이벌찬·이찬 등의 관직이 대보의 임무를 계승하고 있다. 이는 정복과정과 사회의 발전에 따라 족장층의 관료화와 관직의 분화가 진행되어가고 있었던 것을 반영한다.

욕살 褥薩 고구려의 지방관. 고구려는 지방통치조직을 대성大城·중성中城·소성小城으로 나누어 등급에 따라 중앙관리를 파견했는데, 이중 대성의 장관을 욕살이라 했다. 대성은 군郡 규모의 여러 성을 통할하는 커다란 행정단위인데, 동·서·남·북·내內의 5부가 있었으며 각 부에 욕살이 파견되었다. 욕살은 행정과 군사의 업무를 관장했다. 욕살 외에 성을 다스리는 처려근지 혹은 도사, 소성을 관장하는 가라달可邏達이 있었다.

국상 國相 고구려 초기의 최고 관직명. 166년에 좌보·우보를 국상으로 변경했다. 우대로부터 패자에 이르는 관등이 이 직위에 임명될 수 있었다. 고구려에서 국상의 명칭은 3세기말경까지 보인다. 국상은 초기 고구려의 최고관직의 하나로 군사에 관계되는 일뿐만 아니라 국가의 중요한 정책결정에 상당한 영향력을 가진 직위였다. 후기에 보이는 대대로·막리지·울절 등과 같은 역할을 담당했을 것으로 짐작된다.

막리지 莫離支 고구려의 고위 관직명. 〈삼국사기〉 연개소문 열전에, 이 벼슬은 병부상서와 중서령을 겸한 것과 같다고 한 것으로 보아 고구려의 행정과 군사지휘권을 장악한 최고의 관직인 것으로 보인다. 연개소문은 642년에 정변을 일으켜, 스스로 막리지가 되어 고구려의 실질적인 지배권을 장악했다.

상좌평 上佐平 백제의 최고관직으로 408년(진지왕 4)에 설치되었다. 이 직위는 6좌평 제도가 갖추어지고 좌평이 분화 확대되어 가는 과정에서 설치된 수상격에 해당하는 직위이다. 따라서 좌평으로 구성된 백제 최고 귀족회의체인 좌평회의의 의장으로 군국정사를 관장하는 직위였다. 상좌평이 될 수 있는 자는 왕족·왕비족이거나 유력한 8대성 출신이었다.

대등 大等 신라의 관직명. 특정한 직위를 의미하는 것이 아니고 신라의 귀족회의 구성원이었으며, 여러 명이 존재했다. 이러한 대등을 대표하고 통솔하는 것이 상대등이다. 대등이 될 수 있는 자격은 사로 6부 중 탁부啄部·사탁부 沙啄部·본피부本彼部 출신에 한정되었으며, 골품체계에서는 진골 신분들만 오를 수 있는 지위였다. 이 관직은 신라가 부족연맹에서 중앙집권적인 국가로 발전하는 과정에서 사로 6부의 족장급들을 사회적으로 골품제나 부제로 편성하면서 정치적으로 대등이란 지위를 부여하면서부터 생긴 것으로 보인다. 내물왕 또는 지증왕대에 형성되어 신라말까지 존속했던 관직이다. 대등은 화백회의의 구성원으로서 왕위의 계승과 폐위, 전쟁에 관련되는 것 등 국가의 중대사를 결정하는 데 참여할 수 있었다.

상대등 上大等 여러 대등의 대표자격으로 신라의 귀족회의인 화백회의의 의장. 531년(법흥왕 18)에 설치되어 신라가 멸망할 때까지 존속했다. 상대등의 지위는 시대에 따라 변화를 보인다. 설치 초기에는 진골 중에서도 좋은 문벌에서 뽑혀 귀족을 통솔할 뿐만 아니라 국왕과 더불어 권력을 서로 보완하는 위치에 있었다. 때로는 국왕의 정당한 계승자가 없을 때 왕의 후계자로서 가장 근접하는 위치에 있었다. 그러나 태종무열왕 이후 중앙집권화 및 왕권이 강화되면서 상대등은 정치적인 실권에는 관여하지 못하고 그 지위가 상대적으로 격하되었다. 하대에 이르러 국왕의 절대적인 권위가 유지되지 않고 왕권쟁탈전이 극심하던 시기에는 다시 통일 이전의 정치적인 지위에 위치하게 된다. 상대등에 있다가 국왕으로 즉위하는 경우가 자주 보이고 있는 것은 이러한 상대등의 위치를 반영하는 것이다.

당주 幢主 신라 군사조직상 지휘관의 하나. 장군·대관·대감의 하위직으로 여러 병종의 개별군대 지휘관인 것으로 보인다. 7등급 일길찬에서 13등급 사지까지의 관등이 이 직위에 오를 수 있었다. 창녕순수비에는 군주 다음의 위치에 이 관직명이 보인다. 군사 당주를 비롯하여 대장척 당주·보기 당주·삼천 당주 등의 관직이 있었다.

도사 道使 삼국시대의 지방관으로 세 나라가 영토를 확장해가는 과정에서 확대된 영토를 통치하기 위해 지방의 군사행정조직을 정비하면서 그 지방을 다스릴 관리로 임명한 관직이다. 이 관직명은 고구려·백제·신라가 동일한데, 고구려의 관직이 백제와 신라로 전해진 것으로 보인다. 고구려에서는 큰 성에는 욕살이라는 지방장관이 파견되고 그보다 작은 성에 도사가 파견되었다. 신라에서는 주州·군郡의 하부단위인 촌村 또는 성에 파견되어 중앙정부의 지방통치임무를 수행했다. 그들은 지방의 노동력 동원 및 조세의 수납, 그리고 유사시에는 군사지휘관의 임무도 담당했다.

화백회의 和白會議 신라의 고대왕국 성립과정에서 국가의 중대사를 결정했던 귀족연합적인 정치기구 정책결정은 만장일치에 의했다. 〈삼국유사〉에 의하면 4곳의 신령스러운 땅을 지정하고, 국가에 중대사가 발생하면 그중 어느 한 곳에서 귀족들의 회의를 소집하여 토의 결정했다고 한다. 화백회의의 의장격에 해당하는 관직은 상대등이었는데, 신라가 중앙집권적인 고대왕국으로 수립된 후 상대등의 지위는 상대적으로 약화되어갔다.

각간 角干 신라의 17관등 중 제1등위인 이벌찬伊伐湌의 다른 명칭으로 이벌간·우벌찬·각찬·서발한 등이 있다. 〈삼국사기〉에 의하면 파사이사금이 허루許婁에게 주다酒多의 작위를 주어 이찬의 상위에 있게 했는데, 이 주다가 후대에 이르러 각간이라 불리게 되었다고 한다. 「주다」는 「수불한」으로 훈독되는데 이는 곧 서발한·서불한과 같은 말로서 외위의 술간과도 상통한다. 신라 중대에 들어와서는 각간 위에 대각간·태대 각간 등의 관등을 설치하기도 했다.

화랑도 花郞道 신라의 청소년으로 조직된 수양단체로서 교육의 기능까지 담당했다. 국선도·풍월도 등으로 부르기도 했다. 〈삼국사기〉에 의하면, 「진흥왕 37년(576년) 봄에 원화를 받들게 했다. 이보다 먼저 군신들이 인재를 알지 못하여 근심한 끝에 많은 사람들을 무리지어 놀게 하고 그들의 행실을 살펴가려 뽑으려고 했다. 이에 아름다운 두 여자를 뽑았는데 하나는 남모, 다른 하나는 준정이라는 이름을 가진 여자였다. 그들은 각각 300여 명의 무리를 모아 거느렸다. 두 여자는 차차 아름다움을 서로 다투어 시기하여 준정이 남모를 사기 집으로 유인하여 술을 먹인 다음, 강물에 던져 죽였다. 그러나 이 사실이 발각되어 준정은 사형을 당하고 그 밑에 모여들었던 무리늘도 뿔뿔이 흩어져버렸다. 후에 다시 미모의 남자들을 뽑아서 곱게 단장하게 하고 화랑이라 이름하여 받들게 하니 화랑을 따르는 무리들이 구름처럼 몰려들었다」라고 하고 있다. 대체로 왕족이나 고위 귀족의 자제 중에서 선발하여 화랑이라고 하고 그 밑에 모인 무리들을 낭도라고 했다. 화랑도는 전국의 산천과 명승고적을 두루 돌아다니면서 심신을 연마하는 일종의 전사단체로서 교육의 기능까지 한 것으로 보인다. 화랑도의 무리 중에서 출중한 자를 뽑아 장군이나 관리로 임명했는데, 김대문의 〈화랑세기〉에 의하면 현좌 충신과 양장 용졸이 화랑도를 통하여 배출되었다고 하고 있다. 특히 진흥왕 이후 신라의 세력팽창에 화랑도의 무리들이 크게 기여하고 있음을 알 수 있다. 사다함·관창 등의 활동은 이것을 잘 보여준다.

세속오계 世俗五戒 신라의 원광법사가 사량부沙梁部의 귀산과 추항에게 준, 화랑으로서 지켜야 할 다섯 계율로 화랑5계라고도 한다. 600년(진평왕 22) 원광이 수나라로부터 돌아와 운문산 가실사에 있을 때 귀산과 추항이 찾아와 평생 새겨야 할 가르침을 청했다. 이에 원광이 이를 가르쳐 새기게 했는데 그것은 사군이충事君以忠, 사친이효親以孝, 교우이신交友以信, 임전무퇴臨戰無退, 살생유택殺生有擇으로, 이 계율은 화랑들에 의해 잘 지켜졌다. 세속오계는 전통사상을 바탕으로 유교와 불교적인 내용이 가미된 당시 신라의 시대정신이었다고 할 수 있다.

남당 南堂 삼국시대의 부족 집회소가 발전하여 틀을 잡은 중앙관청, 도당이라고 하기도 한다. 남당의 기원은 원시사회의 공동체까지 거슬러 올라간다. 즉 씨족공농제 사회의 씨족회의에서부터 그 연원을 찾을 수 있으며, 고대국가 체제를 정비하면서 국가기구로 자리잡은 것으로 보인다. 남당에는 왕과 신하들의 좌석을 구별하는 표시인 궐표가 있어 왕이 제일 윗자리에 앉고 관계에 따라 신하들이 앉았다. 초기에는 귀족의 협의체기구로서 군신들이 모여 국가의 중대사를 결정하는 기능을 했으며, 결정방식은 만장일치제를 채택했다. 고대국가의 체제가 정비되고 왕권이 강화되면서 행정적인 기능보다는 연회나 기타 의식을 행하는 형식적인 기능에 국한된 것으로 보인다. 신라의 화백제도가 그 좋은 예이다. 〈삼국사기〉에 의하면, 신라에서는 251년(점해왕 3)부터 궁궐 남쪽에 남당을 짓고 국가의 정사를 집행했다는 기록이 보인다. 백제에서는 261년(고이왕 28)에 왕이 남당에 참석하여 정사를 집행했다는 기록이 있다. 초기의 남당은 정사를 논한다든지 행정사무를 처리, 집행한다든지 연회나 제사의식을 집행하는 기능을 주로 했으나 국가통치질서가 정비되어 가면서 행

정실무가 새로운 부서로 분리되어 가게
되어 점차 군신간의 형식적인 회견이나
의식을 집행하는 기능만을 담당한 것으
로 보인다. 남당의 유풍은 고려시대의
도병마사都兵馬司, 조선시대의 비변사備
邊司와 같은 합좌기관에서 그 흔적을 찾
아볼 수 있다.

건원 建元 신라 법흥왕 때 사용된 신
라 최초의 연호. 〈삼국사기〉에 의하면
536년(법흥왕 23)에 연호를 정하여 건
원이라 했다고 한다. 법흥왕은 율령을
반포하고 불교를 공인했으며, 국사를
총괄하는 상대등의 직을 만들기도 하는
등 신라의 중앙집권화에 노력한 왕으로
서, 중국의 양나라와 교섭하면서 독립
왕조에는 연호가 있다는 것을 알고 연
호를 정해 쓰기 시작했다. 551년(진흥
왕 12) 연호가 개국開國으로 바뀔 때까
지 15년 동안 사용되었다.

진대법 賑貸法 194년(고구려 고국천
왕 16) 실시된 일종의 빈민구제책. 봄에
곡식을 빌려주었다가 가을에 일정한 이
자를 붙여 되돌려받았다. 이러한 빈민
구제제도는 신라나 백제에도 있었을 것
이며 고려·조선의 의창제도나 환곡제도
도 이러한 빈민구제책이라는 점에서 진
대법과 유사한 제도라고 할 수 있다.

서옥제 壻屋制 〈삼국지〉에 보이는 고
구려 때의 혼인관습. 남자가 결혼할 여
자집 문밖에서 자기의 이름을 알리고
무릎꿇고 절하면서 여자와 잘 것을 3번
간청하면 여자의 부모는 이를 허락하고
집 뒤에 조그만 거처를 마련하여 같이
자게 한다. 여자는 자녀를 낳아 장성하
여야 남자 집에 가게 된다. 이때 남자가
여자집에 머무르던 집을 서옥이라고 했
다.

을파소 乙巴素 ?~203(산상왕 7). 고
구려의 국상직에 있었던 인물로 서압록
곡의 좌물촌 출신. 농사를 업으로 하여
생계를 유지하고 있었는데, 191년(고국

천왕 13) 안류의 추천으로 고국천왕에
의해 국상으로 발탁되었다. 이 당시의
고구려 지배층 내부의 상황은 190~191
년 왕비족이었던 연나부의 반란을 진압
한 뒤 고대왕국으로 넘어가는 과정에
서, 국가의 제도를 정비하고 왕권을 강
화하고자 하는 고구려 왕실의 필요를
충족시켜줄 수 있는 인물이 필요했었
다. 이러한 조건에서 을파소는 기존의
귀족세력들의 강력한 반발에도 불구하
고 고국천왕의 강력한 지지를 받으면서
고구려의 새로운 정치질서를 수립하는
데 노력했다. 그는 국상의 직위에 있는
동안 빈민구제사업으로 진대법을 실시
했으며, 산상왕 때까지 국상의 직위에
있다가 죽었다.

5. 삼국의 문화 예술

고구려 고분 高句麗古墳 고분은 왕족
이나 귀족들이 그들의 권위를 세우고
사후세계에서도 영화를 누리겠다는 염
원을 담아 만든 것으로 거대하고 화려
하게 축조되었다. 고구려의 고분은 주
로 초기 수도였던 국내성 근처의 압록
강과 후기 수도였던 평양성 주변에 분
포하고 있으며, 특히 벽화를 많이 남기
고 있다는 점에서 독특하다. 고구려의
고분양식은 크게 석총과 토총으로 나누
어진다. 돌로 쌓은 석총은 적석총이라
고도 하는데 주로 환인현과 집안(=통
구)현에 밀집되어 있다. 그리고 이러한
고분양식은 백제와 신라의 묘제에 많은
영향을 미쳤다. 토총은 평양 천도 이후
주로 나타나는 양식인데 내부는 주로
석실분이다. 고구려 고분은 대부분 발
굴 전에 도굴을 당했기 때문에 무덤의
부장품이 거의 남아 있지 않다.

석총과 토총 石塚-土塚 석총은 전통
적으로 이어져 내려오는 무덤양식으로
고구려 초기 혼강·독로강 유역에서부터

평양에까지 퍼져 있으며, 고구려 말기까지 잔존했다. 초기에는 땅 위에 방형으로 냇돌을 깔고, 중심부에 동침의 목관을 안치한 후 그 위에 단을 이루면서 돌을 쌓아 덮은 것으로 관대가 지상에 위치한다. 석총이 더욱 발달하여 내부에 석실이 생기는 석실 적석총이 되는데 그중 장군총이 가장 잘 정비되고 발달한 것이다. 이에 비해 토총은 4세기 후반 건조되기 시작되어 5세기경에 이르러 본격적으로 만들어진다. 이 무덤양식은 고구려의 지배층이 수도를 평양으로 옮기면서 중국 쪽의 묘제를 채택한 것으로 돌로 쌓은 현실을 봉토로 덮은 것이다. 석총과는 달리 바닥을 반지하 또는 지하에 둔다. 무덤 내부는 단실, 3실도 있으나 전형적인 것은 2실二室이다. 즉 주실이 있고 앞에 전실을 두며, 벽면은 할석, 혹은 후기에는 판석으로 축조했다. 벽화를 그릴 때 할석의 경우에는 표면에 회를 바른 뒤 그렸고, 판석의 경우에는 돌 위에 직접 그렸다. 모든 토총에 벽화가 있는 것은 아니고, 벽화가 있는 무덤으로 지금까지 알려진 것은 50여 기에 불과하다.

고구려 고분양식의 변천 高句麗古墳樣式-變遷 고구려의 고분은 구조나 벽화의 내용에 따라 크게 3기로 구분된다. 전기는 4세기후반~5세기경으로 양쪽에 측실이 딸린 전실과 그뒤의 주실로 구성되는 T자형이다. 전실에는 부부의 초상화가 있는 것이 보통이며, 회칠한 벽면이 채 마르기 전에 광물질 물감과 붓으로 그림을 그렸다. 이 시기의 무덤으로 대표적인 것은 동수묘·약수리 고분·천왕지신 무덤 등이다. 제2기는 6세기경으로 전실의 규모가 축소되어 평면 呂자형을 띠고 있다. 그림의 필체가 자유로워지지만 아직도 입체감이 없어 평면적이며, 당초무늬가 보이기 시작한다. 특히 이 시기의 고분은 현실세계를

무덤에 연장시키려는 경향이 뚜렷하게 보이면서 도교적인 색채와 고구려 고유의 토속신앙의 요소도 보이고 있다. 무용총·각저총이 대표적이다. 제3기는 6세기말~7세기에 걸친 것으로 전실이 없는 단실묘가 유행한다. 벽면은 잘 다듬은 화강암 판석을 쓰는 경우가 많고, 벽에 회칠하지 않고 바로 그림을 그리는 형식도 나타난다. 전기부터 나타난 4신四神이 천장으로부터 주벽으로 내려와 전 공간을 차지하면서 색이나 선이 화려하고 세련된 면모를 보인다. 우현리 3묘·진파리 고분·통구 사신총 등이 이 시기에 해당한다. 고구려의 고분은 구조상 도굴이 쉽게 되어 있어 부장품은 거의 남아 있지 않다.

사신도 四神圖 동서남북의 각 방위를 나타내면서 방위신 또는 수호신의 의미를 가지는 상징적인 동물을 그린 그림으로, 동쪽에 청룡, 서쪽에 백호, 남쪽에 주작, 북쪽에 현무이다. 이러한 사신의 관념은 중국의 전국시대에서 진한시대에 이르는 기간에 정착된 것으로 보인다. 이는 또한 오행설과도 관계가 깊고, 풍수지리 사상에도 좌청룡·우백호·전주작·후현무의 개념으로 자리잡고 있다. 이러한 의미에서 고분의 내부, 건축물, 구리거울, 동전 등을 사신도로 장식하기도 한다. 우리나라에는 삼국시대에 중국문화의 전래와 함께 시작된 것으로 보이는데 가장 먼저 나타나는 것이 고구려 고분벽화이다. 고구려 고분벽화의 사신도는 대체로 4,5세기경의 고분에서부터 보이기 시작하고 있는데, 대표적인 고분으로는 무용총·쌍용총·약수리 벽화고분·호남리 사신총·강서대묘와 중묘·진파리 1호분·통구 사신총 등이다. 4~6세기의 사신도는 인물 풍속화와 함께 보이며, 6세기말에서 7세기경에는 고분의 네 벽면에 사신도가 주요소재로 등장한다. 이러한 고구려 고

분의 사신도는 백제에도 영향을 미쳐 송산리 고분과 능산리 고분에서 사신도가 그려진 흔적을 볼 수 있다.

안악 고분 安岳古墳 황해남도 안악군에 있는 고구려의 무덤으로 1, 2, 3호 고분이 있다. 제1호 고분은 안악군 대치리 상지마을에 있으며 귀족의 무덤이다. 1949년에 발굴되었으며, 봉분의 크기는 직경 12m, 높이 3.5m이다. 무덤 내부는 보통 돌로 벽을 쌓고, 그 위에 회를 발랐다. 천장은 고임식이고 바닥은 진흙을 반듯하게 다졌다. 벽면과 천장 앞부분에 인물풍속도를 그렸는데, 동쪽 벽에는 붉은 깃발을 든 의장 행렬대, 서쪽 벽에는 수렵도와 여인의 그림이 그려져 있으며, 북쪽 벽에는 큰 집이 그려져 있다. 제2호 고분 역시 귀족의 무덤으로 1호 고분에 비해서 규모가 크다. 벽화에는 주로 인물풍속도가 그려져 있다.

약수리 벽화 고분 藥水里壁畵古墳 평남 강서군 약수리에 있는 5세기경의 고구려 고분. 1958년에 발굴되었다. 무덤의 천장은 말각조정 기법이며, 전실과 주실의 두 방으로 이루어져 있다. 전실 동벽에 부엌·방앗간·행렬도·서벽에 외양간, 사냥하는 모습, 남벽에는 행렬도·문지기 등이 그려져 있고, 관이 안치된 주실에는 묘의 주인 부부와 사신도가 그려져 있다. 묘 주인의 초상화가 앞방에서 널방으로 옮겨지고 사신도가 확대되어 중기 양식에 가까워지고 있으나 초상화는 전기 양식에 가까운 정좌형식이고 사신도도 아직은 세련되지 않아 전기의 후반부에 만들어진 무덤으로 보인다.

각저총 角抵塚 집안에 위치한 고구려 귀족의 고분으로 무덤은 반지하이며 서남향에 돌로 축조되었다. 무덤 내부는 무덤길(연도)·전실·주실로 이루어져 있다. 전실의 천장은 궁륭천장이고 주실은 8각 고임 천장이다. 벽에는 회를 바르고 그 위에 벽화를 그렸다. 전실에는 나무와 개를 그렸고, 주실에는 무덤 주인의 실내 생활과 씨름하는 장면·부엌·나무·수레 등을 그렸다. 천장에는 해·달·별·불꽃무늬·초롱무늬 등을 그렸으며, 이 벽화 중 특히 씨름하는 그림이 독특하다. 각저총이라는 명칭도 바로 이 씨름그림으로부터 유래한 것이다. 이 그림은 고구려인의 낙천성과 씩씩한 기상을 잘 보여준다. 벽화에서 가장 중심적인 위치를 차지하는 주실 뒷벽의 그림은 주인공 남자가 큰 잔치를 베풀어 손님들을 접대하는 장면이다. 벽화 내용으로 보아 4세기경의 무덤으로 추정된다.

통구사신총 通溝四神塚 통구지역에 있는 고구려 고분. 6세기경에 축조된 것으로 벽화의 주요내용이 사신으로 되어 있기 때문에 사신총이라고 명명되었다. 무덤의 내부는 석조이고, 외부는 흙으로 씌운 형태이다. 무덤의 현실로 들어가는 입구에는 수호 장수를, 현실 4벽에는 괴상한 모양의 짐승이 천장을 받들고 있는 형상이다. 잘 다듬은 판석으로 둘러쳐진 동·서·남·북의 벽면에 각각 청룡·백호·주작·현무 그림이 그려져 있다. 특히 주작은 연꽃받침 위에, 나머지 것들은 구름무늬 바탕에 그린 것이 강서 고분의 사신도나 진파리 고분의 사신도와 구별되는 점이다. 천장 부분에는 해·달의 상징과 용·범·학 등을 탄 신선들이 그려져 있다.

무용총 舞踊塚 만주 집안현 소재, 고구려의 벽화고분. 무덤의 형식은 무덤길(연도)·전실·주실로 되어 있다. 무덤 내부의 벽면에는 여러가지 벽화가 그려져 있는데, 네 모서리에 기둥과 두공을 그려 무덤 내를 마치 집안처럼 꾸몄으며, 여러 벽면에는 잔치하는 모습, 사냥하는 모습, 악기에 맞추어 춤추는 모습들이 그려져 있다. 춤추는 모습이 그려져 있다고 해서 무용총이라는 이름을 갖게 되었다. 그외에도 천장에는 해·달·구름·청룡·백호·신선·연꽃무늬 등이 그려져 있다. 무덤의 위치와 기법으로 보아 4세기말에서 5세기초에 그려진 것으로 보인다.

장군총 將軍塚 압록강 유역 통구 지방에 위치한 대표적인 돌무덤으로 피라미드 형을 띠고 있다. 5세기초에 건조된 고구려 왕릉으로 추정된다. 잘 다듬은 화강암으로 계단을 쌓아 피라미드 형으

△장군총의 전경

로 7층을 올렸다. 밑바닥은 정사각형으로 한 변의 길이는 34m, 높이는 13m이다. 제1층인 기초 부분에는 4줄, 제2층부터는 3줄씩 돌을 포개 쌓았는데, 위로 올라가면서 일정한 비율로 좁혀 맨 위에는 1.3m 정도의 높이로 강돌과 회를 섞어 둥그스름하게 쌓아 마무리했다. 무덤 맨 위에는 지붕을 씌웠던 흔적으로 기둥구멍 틀이 있고 기왓조각들이 널려 있었다.

쌍영총 雙楹塚 평남 용강군 용강읍에 있는 고구려 고분으로 무덤길과 전실, 주실로 구성되어 있다. 전실과 주실 사이에는 2개의 8각 돌기둥을 세웠고, 이 때문에 이 무덤을 쌍영총이라고 한다. 무덤 안의 천장은 평행 삼각 고임이다. 벽에는 회를 바르고 그 위에다 그림을 그렸는데, 무덤 안길에는 문지기와 행

렬도를, 전실 동서 양벽에는 청룡과 백호를, 남쪽 벽에는 인물들을 그렸다. 8각 돌기둥에는 기둥을 휘감은 용을 그렸다. 주실의 북쪽 벽에는 무덤 주인 부부가 휘장을 걷어올린 방에 앉아서 하인들의 시중을 받으며 호화롭게 사는 장면과 현무를 그렸다. 남쪽 벽에는 주작을 그렸고, 동쪽 벽에는 불교의식을 거행하는 그림을 그렸다. 이 무덤의 벽화는 당시의 주택·의복·신앙 등 문화와 풍습을 연구하는 데 좋은 자료를 제공해준다. 무덤의 짜임새와 벽화의 내용으로 미루어 이 무덤의 건축연대를 대체로 5세기말경으로 본다.

진파리 고분 眞坡里古墳 평양시 역포구역 무진리에 위치한 고구려 귀족들의 무덤. 이 지역에는 약 20기의 무덤이 있으며, 그 남쪽 평지에는 고구려의 기와 조각들이 많이 나오는 토성터가 있다. 이 무덤 중 4호 무덤에는 4벽에 사신도가 그려져 있으며, 천장에는 빌사리·연꽃무늬 등을, 무덤 안길 벽에는 큰 소나무, 날아드는 새 등을 소재로 하는 풍경화가 그려진 점에서 특이한 무덤 벽화이다. 벽화는 녹색을 주로 사용하면서 금박과 은박을 사용하여 회화적인 효과를 돋우고 있는 것이 특색이다. 1호 무덤에는 매우 생동하는 구름무늬가 그려져 있다.

강서 고분 江西古墳 평남 강서군 삼묘리 소재 고구려 시대 무덤. 무덤이 큰 것부터 대묘·중묘·소묘의 3기가 있어 강서 3묘라고도 한다. 고구려말기 국왕급에 해당하는 주인을 매장한 무덤으로 잘 다듬은 판석을 사용했으며, 무덤 벽면과 천장에 화려한 그림들이 그려져 있다. 대묘와 중묘에는 사신도가 그려져 있으며, 특히 대묘의 사신도는 고구려의 여러 사신도 중 가장 우수한 것의 하나이다. 천장에는 인동초무늬와 비천상·신선도 등의 그림이 있다. 소묘에는

벽화가 없다.

백제 고분 百濟古墳 백제는 고구려 계통의 사람들이 한강 유역에 정착하여 세운 나라이다. 때문에 초기의 유물이나 고분들은 고구려의 것과 많은 공통점을 갖고 있는데, 475년 고구려의 압력으로 공주에 천도한 이후에는 중국 남조 계통의 무덤양식의 영향을 받는다. 백제의 무덤양식은 백제의 정치변동과 관련되면서 변화하고 있다.

1. 한성시대 3세기 초~475년. 성동구 광나루·가락동·석촌동 등지에 산재하고 있는 적석총과 일반 봉토분 형식이다. 적석총은 방형 3단의 계단식으로 내부는 진흙으로 다지고, 밖은 돌로 쌓았다. 이러한 형식은 고구려의 초기 무덤형식과 아주 흡사하다. 봉토분은 토광묘와 석실묘로 나누어진다. 토광묘는 땅 위에 구덩이를 파고 목관을 매장하는 형식으로 가락동 2호분이 이 형식에 해당한다. 석실묘는 방형 석실의 남벽 중앙에 입구와 무덤길(연도)이 있는 고구려식 석실형식으로 천장을 나무로 덮은 것도 있는데 서울 중곡동 무덤이 여기에 해당한다.

2. 웅진시대 475~538년. 공주를 중심으로 한 구릉지역에 위치하고 있다. 이 시기에는 적석총이 없어지고 고구려 계통의 방형 석실묘, 장방형 석실묘가 등장하며 중국의 영향을 받은 전축분이 새로이 등장한다. 송산리 6호분은 이 지역의 유일한 벽화고분으로 벽화를 그릴 부분에 진흙을 바르고 4신을 그렸다. 1971년에 발견된 무녕왕릉은 묘지墓誌를 비롯한 각종 부장품이 발견되어 백제 미술의 수준을 가늠해볼 수 있는 좋은 자료를 제공했다.

3. 사비시대 538~660년. 부여지방의 능산리 고분군이 대표적인데, 구릉 경사면에 남북으로 긴 장방형 석곽을 쌓고 남벽 중앙으로 무덤길을 낸 석실분의 형태이다.

방이동 백제 고분군 芳荑洞百濟古墳群 서울시 강동구 방이동 소재. 초기 백제의 고분으로 사적 제270호. 1971년 국립중앙박물관 등의 초기 백제지역 지표조사 과정에서 방이동에서 8기의 고분이 확인되었다. 제1호분은 횡혈식 석실분으로 지름 12m, 높이 2.2m이며, 연도가 있고 뚜껑돌은 장방형의 큰 판석 4개로 덮었다. 2,3호분은 발굴되지 않았고, 발굴된 4호분은 1호분과 형태나 규모가 거의 비슷하다. 4호분에서 출토된 유물은 회청색 경질고배, 쇠못, 인골 등이었다.

공주 송산리 고분군 公州宋山里古墳群 충남 공주시 금성동에 위치한 백제 고분군. 무녕왕릉을 포함한 이 일대의 고분은 모두 10여 기가 있는데 높이 130m의 송산宋山을 주산으로 하여 구릉 중턱의 남쪽 경사면에 분포되어 있으며, 계곡을 사이에 두고 서쪽에는 무녕왕릉과 5,6호분이 있고 동북쪽에는 1~4호분이 있다. 그중 6호분은 일명 벽화고분으로 사신도와 일월도가 그려져 있다.

능산리 고분군 陵山里古墳群 충남 부여군 부여읍 능산리에 있는 사비시대 백제의 고분군으로 사적 제14호. 해발 121m의 능산리 산의 남사면 산록에 위치하고 있다. 모두 7기가 있는데 왕릉으로 보고 있다. 일제시대에 일본인들에 의해서 발굴되었으며, 1호분에는 사신도가 그려져 있는 것으로 유명하다. 무덤형식은 연도가 있는 횡혈식 석실분으로, 대체로 웅진시대의 송산리 고분과 그 형태가 크게 다르지 않은 것을 볼 수 있다. 1,2,3호는 합장이며 5호는 단장이다. 이 고분군들은 일찍이 도굴을 당하여 부장품이 거의 없어졌으며, 도굴자들이 버린 파편들만 몇 개 수습되었을 뿐이다.

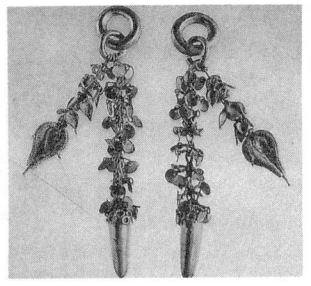

△무령왕릉의 현실과 출토유물. 금제수식부이식(왕비, 가운데), 금제관식(왕, 오른쪽)

무령왕릉 武寧王陵　백제의 제25대 왕인 무령왕과 그 왕비의 무덤으로 충남 공주시 금성동에 위치. 웅진시대 백제의 고분군인 송산리 고분군의 6호분과 5호분의 가운데 뒷면에서 남쪽을 향해 자리잡고 있다. 1971년 5호 석실분과 6호 전축분의 침수를 방지하기 위해 배수로 작업을 하던 중 발견되어 조사되었다. 능의 내부구조는 벽돌로 연도와 현실, 배수구를 만들고 그 위에 분구를 조성한 아치형 전축분이다. 무덤 안을 쌓은 벽돌에는 망상문과 연화문, 인동문 등이 새겨져 있고 현실의 벽면에는 불을 밝힐 수 있게 만든 5개의 보주형 등감寶珠形燈龕이 만들어져 있다. 무덤 입구에 지석誌石이 있어 이 무덤의 주인이 무령왕임을 확인할 수 있었다. 이 능에서 출토된 유물은 모두 108종 3천여 점에 이른다. 왕과 왕비의 지석 2매, 오수전 한 꾸러미가 연도 입구에 놓여 있었고, 그뒤에 돌짐승이 서 있었다. 목관에서는 왕과 왕비를 장식했던 장신구들과 몇 점의 부장품들이 발견되었다. 특히 무덤의 주인을 밝히는 지석이 발견됨으로써 삼국시대의 고분 중에서 최초로 피장자의 신분을 확인할 수 있게 되었으며, 백제의 문화수준이 상당한 정도였음을 증명해주었다. 특히 왕비의 지석 뒷면에는 묘지의 매매에 관한 계약의 내용을 담고 있는 매지권이 있는데, 지신地神으로부터 묘의 자리를 1만문에 구입했다는 내용을 담고 있다.

신라의 고분 新羅-古墳　신라 지역은 청동기와 초기 철기시대를 통해 청동기문화의 선진지역으로서 북방적인 성격이 오랫동안 계속되었는데, 석곽묘와 적석목곽분, 석실분으로 나눌 수 있다. 석곽묘는 미추왕릉 지구에서 볼 수 있듯이 냇돌로 벽을 쌓고, 천장을 몇 장의 판석으로 덮었으며, 봉토 주위에 호석을 둘렀다. 적석목곽분은 구덩이를 파고 목곽을 넣은 후 목곽 주위와 위를 돌로 덮은 다음 봉토를 씌운 것으로 경주지방 신라고분군의 한 특색이다. 적석목곽분은 거대한 봉토로 덮여 있고 무덤길 등이 없기 때문에 거의 대부분 도굴을 당하지 않아 부장품이 잘 남아 있다. 금관총金冠塚, 금령총金鈴塚, 서봉총, 황남대총·천마총 등이 여기에 속한다. 신라말기 통일신라 시기에 이르면 횡혈식 석실묘가 등장한다. 평면 방형의 현실을 돌로 쌓아올리고 연도는 남벽 동쪽에 치우치게 하고 있다. 특히 통일신라시대의 무덤 주변에는 12지신상이 둘러진 것이 많이 보인다. 경덕왕릉, 김유신묘 등이 호석으로 12지신상을 두르고 있다. 또한 불교가 융성해지면서 화장묘火葬墓도 만들어진다.

△금관총 과대 및 요패.

순흥어숙묘 順興於宿墓 경북 영풍군 순흥면 태장2리에 소재한 신라시대의 벽화고분으로 사적 제238호. 1971년 8월 조사 발굴되었는데, 널방과 무덤길(연도), 그리고 문비門扉 전면에 채색벽화가 그려진 흔적이 보이는데 거의 손상되어 형체를 알아보기가 힘들고 일부분만이 보일 뿐이다. 이미 도굴이 되어 부장품은 남아 있지 않았으며, 도굴로 인한 파손으로 토사가 흘러내려 밑에 쌓여 있었다. 남아 있는 벽화를 살펴보면 연화대와 인물상의 흔적을 볼 수 있고, 고분 석비 내면에 '을모년어숙지술간乙卯年於宿知述干'의 8자가 음각으로 새겨져 있는 것으로 보아 이 무덤이 술간이라는 관직에 있던 어숙의 묘라는 것이 밝혀졌다. 축조 연대는 을묘년이라는 글의 내용을 통해 595년(진평왕 17)으로 추정한다.

금관총 金冠塚 경상북도 경주시 노서동 소재. 경주 남방 평지에 거대하게 형성된 무덤군 중의 하나이다. 1921년 우연히 발견되어 금관을 비롯하여 황금 귀걸이·초두·허리띠와 곡옥을 붙인 목

△금관총 금관.

걸이 등 장신구 및 무구 유리잔·칠기 따위가 출토되었다. 금관총의 원형은 직경 50m, 높이 13m 정도로 추정된다. 외형은 원형 토총이고 내부는 고대 신라 특유의 무덤 형태인 적석총 속에 목곽이 놓여 있고, 옻칠한 목관이 있었던 것으로 보인다. 출토품의 내용과 분묘의

형식으로 미루어 삼국통일 이전의 왕릉으로 보는데, 불교의 영향이 있는 것으로 보아 소지왕·지증왕·진흥왕 전후 시대의 것으로 짐작한다.

국사 國史 신라 진흥왕 때 편찬된 신라의 역사서. 〈삼국사기〉 진흥왕 6년조에 의하면, 545년 이찬 이사부異斯夫가 왕에게 아뢰기를 「국사는 군신의 선악을 기록하여 만대에 포폄을 보이고자 함이니 사기史記를 꾸며두지 않으면 후대에 무엇을 보이겠습니까」하니, 왕이 대아찬 거칠부居漆夫에게 명하여 널리 문사를 모아 국사를 편찬케 했다. 특히 신라의 국사 편찬은 율령반포와 그 시기를 같이하고 있어 국가의 위신을 내외에 과시하고자 하는 의도뿐만 아니라 신라 중고기의 왕통에 대한 정통성을 천명하기 위한 의도가 깔려 있음을 알 수 있다. 〈국사〉는 유례없는 영토확장과 체제정비를 배경으로 하고 있는만큼 중앙집권적 귀족국가 건설을 배경으로 하고 있음을 짐작케 한다.

아직기 阿直岐 백제의 학자, 근초고왕에서 아신왕대에 왕의 명령을 받아 좋은 말 두 필을 가지고 일본으로 건너가 왜왕에게 선물하고 말 기르는 일과 승마술을 전했다. 그뒤 왜왕은 그가 경서에 조예가 깊은 것을 알고 태자의 스승으로 삼았다. 그때 왜왕이 그에게 「너의 나라에 너보다 나은 박사가 있느냐」고 물으니 「왕인이라는 학자가 있는데 나보다 훌륭하다」라고 했다. 이에 왜왕은 사신을 파견하여 왕인을 초청해 갔고, 그뒤 백제의 문화와 학술이 일본에 전해져 일본의 고대문화 발전에 크게 기여했다.

아좌태자 阿佐太子 백제 위덕왕의 아들로 일본에 건너가 쇼토쿠 태자의 초상화를 그렸다고 한다. 그 초상화라고 전해지는 것이 현재 일본의 궁내청에 소장되어 있는데, 일본에서 가장 오래된 초상화로서 태자를 가운데 두고 좌우에 두 왕자를 조금 작게 배치하여 마치 삼존불상의 형상을 보이고 있다. 이 쇼토쿠 태자상은 7세기경 하쿠오 시대의 것이라는 설과 12세기경의 가마쿠라 막부시대의 모본이라는 설이 있다.

노리사치계 怒利斯致契 정확한 출생, 사망 연대가 밝혀지지 않은 백제 성왕 때의 귀족으로 일본에 불교를 전해주었다. 달솔의 관직에 있었으며, 552년(성왕 30) 성왕의 명에 의해 석가모니 금불상 1구, 불경 관계 서적 등을 일본에 전했다.

아비지 阿非知 백제 출신의 명공名工으로 황룡사 9층 목탑을 세운 사람. 643년(신라 선덕왕 12) 자장법사가 황룡사에 탑을 세울 뜻을 아뢰자 선덕여왕이 신하들과 의논하여 백제에서 탑을 잘 쌓는 기술자를 불러오기로 하여 초청되어 신라에 온 사람이 바로 아비지이다. 초청되어 온 아비지는 탑을 쌓기 위한 나무와 돌을 고르고, 김용춘金龍春(태종무열왕의 아버지)이 200여 명의 인부를 거느리고 탑 만드는 일을 주관했다. 처음 절의 기둥을 세우던 날 아비지는 백제가 망하는 꿈을 꾸고 이상히 여겨 탑 쌓는 일을 중지했더니 갑자기 땅이 진동하고 하늘이 어두워지면서 늙은 중 한 사람과 장사壯士 한 사람이 금당 문으로부터 나와 기둥을 세우고 사라져 보이지 않았다. 이에 아비지는 깨닫는 바가 있어 그 탑을 완성했다고 한다. 그 탑이 바로 황룡사 9층탑이다.

왕인 王仁 백제 근초고왕 때의 학자. 동시대인이었던 아직기가 왜에 건너가 활동하다가 경학에 능통한 사람을 추천해달라는 왜왕의 요청을 받고 왕인을 추천했다. 이로 인해 왕인은 왜왕의 초청을 받아 〈논어〉 10권, 〈천자문〉 1권을 가지고 일본으로 건너가서 왜왕의 태자의 스승이 되었으며, 군신들에게는 경사經史를 가르쳤다. 그의 자손들은 대대로 가와치河內에 살면서 기록을 맡은 사史가 되었다. 왕인 박사의 무덤은 일본의 오사카와 교토 중간지점인 히라카다에 있다.

경당 扃堂 고구려의 지방학교. 중국의 〈신당서〉에 의하면, 고구려 사람들은 독서하기를 좋아하여 각 지방의 길가에 커다란 집을 지어놓고 경당이라고 부르며 젊은 청년들이 모여 밤낮으로 글을 읽고 무술을 익혔다고 한다. 즉 경당은 지방학교로서 미혼자제들이 모여 독서와 무예를 익히는 곳이었다. 이는 마치 신라의 화랑도와 같은 교육기관의 역할을 한 것으로 보인다. 경당이 설치되기 시작한 것은 주로 평양 천도 무렵인 것으로 보인다.

정읍사 井邑詞 백제 때의 가요로서 오랫동안 구전되어 오다가 15세기 훈민정음이 나온 뒤에 〈악학궤범〉에 실려 전한다. 〈고려사〉에 의하면 이 노래는 본래 정읍지방의 행상인의 아내가 남편이 장사를 갔다가 밤늦도록 돌아오지 않으므로 산 위에 올라 남편을 그리면서 부른 노래라고 한다. 3행시 3절로 구성되어 있다.

첨성대 瞻星臺 세계에서 가장 오래된 신라의 천문관측대로 경북 경주시 소재. 632~647년 사이에 건축되었다. 네모형의 2층 받침대 위에 큰 벽돌처럼 네모나게 다듬은 화강암으로 위로 올라가면서 점차 허리가 원형으로 가늘어지게 쌓아올렸다. 맨 위에는 우물형의 틀을 두 겹으로 얹었다. 아마 그 위에는 여러 가지 천문관측기구를 놓고 관측한 것으로 보인다. 밑받침대는 한 변이 6m이며, 각 변은 동서남북의 방위를 정확히 가리키고 있다. 밑받침의 중심부는 몸체의 중심부와 일치한다. 맨 밑의 직경은 5.2m, 윗부분 몸체의 직경은 3.2m, 높이는 9.17m로 전체적인 모양은 꽃병처럼 생겼다. 첨성대의 윗부분에는 3단 높이로 정방형의 창을 냈다.

왕산악 王山岳 3세기 말~4세기초 고구려의 음악가. 거문고를 처음 만든 사람으로 고구려의 고위관직에 있기도 했다. 그는 당시 널리 쓰이고 있던 금琴이라는 악기의 결함을 시정하고 그것과는 구조·원리에서 차이를 가진 고정 괘가 있는 4현금을 새로 만들었는데 이것이 바로 거문고이다. 그는 거문고에 맞는 곡을 100여 곡 지어 연주하기도 했다. 거문고는 세계에서 가장 오래된 악기의 하나로서 우리 민족의 음악성을 잘 보여준다.

구지가 龜旨歌 가락국에서 불려졌다는 작자미상의 시가. 일명 영신군가迎神君歌. 가락국의 통치자들인 9추장이 군중들과 더불어 구지봉에 모여서 김수로왕을 최고의 통치자로 맞이하면서 불렀다는 노래이다. 이 노래의 내용은 〈삼국유사〉 가락국기에 실려 있다. 이 기록에 의하면, AD 42년 3월 북쪽 구지봉에서 이상한 소리가 들려 200~300여 명이 모이니, 모습은 보이지 않고 사람의 목소리로 「하늘이 나에게 임금이 되라고 했으니 너희들은 산꼭대기의 흙을 파 모으면서 노래를 불러라」하고 가르쳐준 노래가 구지가이다. 그런데 그 비슷한 내용의 가사로 성덕왕 때의 노래인 해가사海歌詞가 전해진다. 가사의 내용은 다음과 같다. 龜何龜何首其現也 若不現也 燔灼而喫也.

몽촌토성 夢村土城 서울 강동구 방이동에 위치한 초기 백제의 토성이다. 토성 내의 면적은 약 6만 7천여 평에 달하며, 성벽은 흙을 다지는 판축기법에 의해 만들어진 후 목책으로 보강되었으며 다시 주위에 해자垓字를 둘러치는 등 2중 3중의 방어시설이 갖추어진 토성이다. 성내에는 망루의 역할을 할 수 있게 흙으로 쌓은 단이 4곳 설치되었으며,

곡물을 저장하기 위한 것으로 보이는 지하 저장공이 다수 발굴되었다. 그리고 철제도구와 다량의 토기들이 출토되었으며, 토기 중에 원통형 토기圓筒形土器와 중국 자기가 출토되었다. 원통형 토기는 일본의 원통형 식륜埴輪과의 관계를 알려주는 귀중한 자료이며, 중국 자기는 서진 및 육조 자기로서 백제 초기의 중국과의 활발한 교류 사실을 뒷받침할 뿐만 아니라 이 성의 성격을 시사해주기도 한다. 이런 점들로 미루어 몽촌토성은 백제 초기 한성시대의 군사적·문화적 요충지의 성격을 지닌 토성이었음을 짐작할 수 있다. 최근에는 88 올림픽을 위한 체육시설이 몽촌토성 주변에 들어서게 되면서 이 토성이 유적 공원으로 복원되어 공원화되었다.

풍납토성 風納土城 서울시 강동구 풍납동에 위치한 초기 백제의 토성으로 사적 제11호로 지정되었다. 둘레는 약 2,250m로 현재 남아 있는 토성은 북벽이 300m, 동벽이 1,500m, 남벽이 200m 정도이며, 1925년 대홍수 때 유실되고 남은 서북벽 250m 정도이다. 1966년 발굴되었는데, 그 결과 성벽은 판축방법 版築方法을 사용하여 고운 모래로 한 층씩 다져 쌓았음이 확인되었다. 이 토성의 모양은 남북으로 길게 늘어진 타원형을 하고 있으며, 한강변의 평지에 위치한다. 〈삼국사기〉에 의하면 286년 사성蛇城을 쌓았다는 기록이 있는데, 이것이 풍납토성에 대한 발굴조사에서는 풍납리식 토기·김해식 토기·그물추·방추차·철편 등이 출토되어 이 성이 삼국시대 초기에 축조되었음이 확인되었다.

아차산성 阿且山城 서울시 성동구 광장동에 위치한 삼국시대의 석축산성으로 아단성이라고도 하며, 사적 제234호이다. 둘레는 약 1천m로 아차산의 해발 약 200m의 산허리의 경사진 면의 윗부분을 둘러쌓았다. 성벽의 높이는 밖에서 보아 대체로 10m 내외이며, 안에서는 1~2m 정도이다. 현재는 동·서·남쪽의 문이 있었던 흔적만 보일 뿐 별다른 방어시설은 보이지 않는다. 이 성의 축조 목적은 백제의 한성시대 고구려의 남진을 방어하기 위한 것이라고 본다. 특히 한강을 사이에 두고 맞은편 남쪽에 있는 풍납토성과 함께 백제의 중심부를 수비하는 데 매우 중요한 요충지였다. 백제의 수도 한성이 함락되었을 때 개로왕이 죽은 곳도 바로 이 성 아래였으며, 평원왕의 사위였던 온달 장군이 죽령 이북의 땅을 회복하기 위해 싸우다 전사한 곳도 바로 이 아차산성이다.

산수문전 山水文塼 산수의 풍경을 부조형식의 관형管形으로 떠서 만든 백제시대의 정방형 벽돌. 가로 28.8cm, 세로 29.6cm의 크기로 부여박물관에 보관되어 있다. 1937년 충남 부여의 한 절터에서 발견된 것으로, 일종의 신선사상을 바탕으로 전개된 산수화의 특징과 함께 초기 산수화의 시원적인 양식을 반영하고 있다. 아랫부분에는 수면을, 중간부분에는 산을, 윗부분에는 구름을 배치하고 있으며, 산악의 중간 하단과 그 오른쪽 아랫부분에 건물과 승려처럼 보이는 사람이 있다. 산이나 암산 등의 외곽선은 백제 특유의 완만하고 부드러

△산수문전

운 느낌을 잘 나타내고 있다.

굽다리 접시 삼국시대 널리 이용되었

토우장식유개고배
굽다리접시
무개고배
기마인물형토기
대부쌍발이
짚신형토기

△가야토기

던 제사용 그릇의 하나로 주로 신라와 가야 지역에서 유행한 회청색 경질토기를 말한다. 중국의 경우 신석기시대 양사오仰韶 문화부터 보이고 있으며, 우리나라에서는 3세기경 김해지방에서 발생한 것으로 짐작한다. 초기에는 몸과 다리가 도중에서 한번 꺾여진 것인데, 그릇 몸체의 단이 점점 위로 올라가 나중에는 테처럼 벌어지고 다리도 나팔형 곡선으로 변한다. 처음에는 다리에 구멍이 뚫리지 않고 몸체의 테가 곧게 서면서 뚜껑받이로 변하며, 다리에 장방형 투공이 생기면 본격적인 신라식 굽다리 접시가 된다. 그러다가 다음 단계에 가면 뚜껑이 있는 굽다리 접시가 생기고 다리에 창이 없는 굽다리 접시는 소멸된다. 중기에 이르면 전기의 고졸한 힘과 날카로움 및 견고함이 후퇴하고 바탕흙이 고와지며 장식이 화려해진다.

가야 토기 加耶土器 낙동강 서안 경상남도 옛 가야 지역에서 출토되는 토기로 백제나 신라와는 다른 독자적인 특색을 보여 주는 토기이다. 가야 토기가 보이는 특색은 첫째, 목항아리의 경우 신라 토기가 목과 어깨의 접착부가 각을 이루고 조그만 다리가 있는 데 비해 가야 토기의 경우 목과 어깨가 부드러운 곡선으로 연결되어 있으며, 다리가 있어 별도의 굽받침이나 높은 그릇받침에 올려진다. 둘째, 굽다리 접시의 경우 신라 토기가 그릇과 구멍의 깊이가 깊고 다리의 구멍이 위아래로 엇갈리게 배치되는 데 비해 가야 토기는 깊이가 낮고 위아래가 한줄이 되도록 배치된다.

불교의 전래 佛敎-傳來 불교는 서기전 5세기경 인도의 석가모니에 의해 창시된 종교로 석가모니가 35세 때 보리수 아래에서 도를 깨치면서 성립되었다. 석가모니는 당시의 브라만교에 반기를 들고 고행을 통해서 인간의 생로병사의 고통과 죽음으로부터 자유로워질 수 있었다. 이러한 불교가 중국을 거쳐 우리나라에 들어오게 된 것은 4세기경이다. 불교를 처음 받아들인 나라는 고구려로, 372년(소수림왕 2) 전진왕 부견이 순도를 시켜 불상과 불경을 고구려에 전하게 했다. 초기 고구려에 전해진 불교는 「인과적 교리로서의 불교」「복으로서의 불교」의 성격이었다. 이는 재래의 토착신앙과 일맥상통하는 점이 있었기 때문이다. 백제는 384년(침류왕 1) 인도의 고승인 마라난타가 동진東晉을 거쳐 들어옴으로써 불교가 전래되었다. 신라의 경우는 눌지 마립간 때 고구려 승려인 묵호자가 신라의 서북지방인 일선군(지금의 선산)에 들어옴으로써 전파되기 시작했다. 신라왕실은 불교를 국교화하기 위한 시도를 하지만 귀족들의 반대로 실패를 거듭하다가 법흥왕 때 이차돈의 순교를 계기로 국교화하는 데 성공한다. 이는 중앙집권강화를 시도하는 왕실세력과 자신들의 세력을 지속시키고자 했던 귀족과의 알력을 반영한 것이다.

삼론종 三論宗 불교 종파의 하나로 인도 고승인 용수龍樹의 〈중론中論〉과 〈십이문론十二門論〉 그리고 데바提婆의 〈백론百論〉 등 3론을 주요경전으로 하는 종파. 중국의 수나라 때 성립했으며, 고구려의 승랑僧朗은 중국에서 삼론학을 집대성하여 새로운 삼론종 성립에 크게 기여했다. 기록은 확실하게 보이지 않으나 고구려의 혜관이 일본 삼론종의 시조가 되었고, 백제나 신라에도 삼론에 대한 기록이 나오는 것으로 보아 우리나라에도 삼론종이 있었을 것으로 추측된다.

국통 國統 신라 때 학식이 높은 승려에게 주는 승관직. 일명 승통 또는 사주. 551년(진흥왕 12)에 고구려에서 넘어온 혜량법사가 최초로 국통이 되어 교단의 조직과 통솔에 공헌했다. 통일신라시대에는 국왕의 고문으로 외방의 승관인 주통·군통을 통괄했는데, 정원은 1명이었다. 그뒤 선덕왕 때 자장법사가 대국통이 되어 불교정책의 총사령관의 역할을 담당하면서 신라의 불교는 더욱 융성하게 되었다.

군통 郡統 신라시대 불교 장려정책에 따라 각 군의 교단을 지도 감독하던 승관. 18명으로 구성하여 1주에 2명씩 배치했으며, 자기가 맡은 군내의 교단을 지도, 통할케 했다.

순도 順道 고구려에 최초로 불교를 전한 승려. 372년(소수림왕 2) 전진왕 부견이 순도를 보내 고구려에 불상과 불경을 전하게 했고, 소수림왕은 이에 대한 감사의 뜻으로 사신을 보내고 순도로 하여금 왕자를 가르치게 했다. 순도의 국적이나 인종에 대한 구체적인 기록은 없다. 그는 덕망이 높고 자비로우며 너그러운 인품을 지녔으며 교화의 열의가 굳은 사람이었다. 고구려에 왔을 때 모든 신하들이 예를 갖추어 정중하게 성문이라는 곳으로 영접했고, 성의를 다하여 신심을 표했다고 한다. 그가 거처한 절은 375년에 창건한 성문사이며, 뒤에 흥국사로 이름을 바꾸었다.

겸익 謙益 백제 때의 승려. 526년(성왕 4) 인도에 가서 불도를 닦고 많은 율장을 가지고 돌아왔으며, 왕명으로 28명의 중과 함께 율律 72권을 번역하여 예의와 의식에 치중하는 백제 불교의 특징을 세웠다.

아도 阿道 고구려의 승려. 어머니 고도령이 위魏의 굴마堀摩가 고구려의 사신으로 왔을 때 관계해서 아도를 낳았다. 5세에 출가하여 16세에 위나라에 가서 굴마를 만나보고 현창화상 밑에서 공부한 후 19세에 귀국했다. 263년(미추왕 2) 불교를 전파하기 위해 신라로 건너갔으나 신라사람들이 불교를 싫어하자 3년 동안 일선현(一善縣, 지금의 善山)의 모례毛禮라는 사람의 집에 숨어 살며 불교를 전파하다, 마침 신라 공주의 병을 고쳤다. 임금이 이를 보고 매우 기뻐하여 절을 짓고 불교를 전파하는 것을 허락했다. 이때 지어진 절이 흥륜사이다. 미추왕이 죽자, 신라사람들이 아도를 미워하고 해치려 하여 다시 모례의 집에 숨어 무덤을 파고 들어가 다시는 세상에 나오지 않았다고 한다. 〈삼국사기〉에는 묵호자墨胡子라는 이름으로 전하는데, 신라 소지왕 때 그를 따르는 사람 3명을 데리고 신라에 들어와 일선군 모례의 집에 머물면서 불교를 전파하다가 앓지도 않고 죽었으며, 그를 따라왔던 3명이 남아서 불경을 강론하니 갈수록 신봉하는 사람이 늘어났다. 아도에 대해서는 책마다 다른 이름으로 기록하고 있는데 〈고성전〉에서는 서축西쯕 사람이라고 하고 있고, 오나라에서 온 사람이라고도 했다.

관륵 觀勒 일본에 불교를 전파한 백제 무왕 때의 고승. 삼론종에 정통했고, 의학에도 조예가 깊었다. 602년(무왕 3) 역본歷本과 천문지리서 및 둔갑술, 방술 등에 관한 책을 가지고 일본으로 건너갔다. 왜왕은 그를 원흥사元興寺에 머물게 하고 학생들을 선발하여 그에게 배우게 했다. 624년 한 승려가 조부를 죽인 사건이 생겼을 때 그 승려를 처벌하려고 하자, 관륵이 아직 불교의 계율이 전파된 지 오래되지 않아 일어난 일이니 죄를 용서해주기를 바란다는 글을 왕에게 올려 용서받게 했다. 그는 교단을 통제하기 위한 승정僧正과 승도僧都 제도를 도입하기를 건의했고, 새로이 만들어진 제도 아래서 승정의 자리에 임명되었다.

이차돈 異次頓 506(지증왕 7)~527(법흥왕 14) 성은 박씨로 신라의 귀족이며, 불교 전파과정의 순교자. 일찍이 불교를 숭상했으나 국법으로 불교가 허용되지 않은 것을 한탄하던 중, 법흥왕도 백성들에게 불교를 알리고자 했으나 귀족들이 이에 극력 반대하여 어쩔 수가 없었다. 이에 이차돈은 「나라를 위하여 몸을 죽이는 것은 신하의 할 일이요, 임금을 위하여 목숨을 바치는 것은 백성의 바른 뜻」이라는 뜻을 법흥왕에게 알리며 불교를 전파시키기 위한 방법을 모색했다. 그리하여 신라인들이 신성하게 여기는 천경림의 나무를 잘라내고 절을 지으려 했고, 그러한 소문이 퍼지자 신라귀족들은 크게 흥분하여 항의를 했다. 이에 왕은 이차돈이 개인적으로 한 일이라고 하며 그 책임을 물어 이차돈의 목을 베도록 했다. 이차돈은 죽음에 이르러 「부처님이 신령하시다면 내가 죽은 뒤 반드시 이적이 일어날 것이다」 하면서 하늘을 향해 기도했다. 이차돈의 목을 베자 하얀 피가 분수처럼 솟아올랐고, 이를 본 귀족들은 다시는 불교에 대해서 반대하지 않았다고 한다. 몇 해가 지난 뒤 천경림에는 최초의 절이 세워졌는데, 그 절이 바로 흥륜사이다.

원광 圓光 555(진흥왕 16)~638(선덕여왕 7) 신라의 고승으로 성은 박씨 혹은 설씨. 경주출신이었으며, 13세에 출가하여 30세에 경주 안강의 삼기산에 금곡사를 창간하고 수도했다. 중국 진陳나라로 들어가 금릉의 장엄사에 머물면서 수도했으며, 오나라에 가서 〈아함경〉을 연구하면서 여생을 마치고자 했으나 남북조가 수에 의해 통일되면서 진나라의 수도인 양도에서 전쟁포로로 붙잡혔다가 풀려나 장안의 홍선사로 갔다. 그곳에서 섭론종을 연구했으며, 600년에 귀국했다. 귀국한 후 예전에 머물렀던 삼기산에 있으면서 왕과 신하들에게 불교에 대한 강론을 했으며, 신라인들의 존경을 받았다. 그뒤 가실사에 머물게 되었을 때 귀산과 추항이 찾아와 종신토록 지킬 계명을 내려줄 것을 청하자 그들에게 이른바 「세속5계」를 주었다. 7세기초 고구려와 백제의 공격에 시달리던 신라는 수나라에 군대를 청하고자 그 글을 원광에게 부탁했으며, 원광은 이른바 「걸사표乞師表」를 지어 수나라에 보냈다.

분황사 芬皇寺 경북 경주시 구황동 소재. 신라시대에 건립된 사찰로 현재는 대한불교조계종 제11교구 본사인 불국사의 말사이다. 634년(선덕여왕 3) 용궁龍宮 북쪽에 건립했다. 자장이나 원효 등이 이 절에 머물기도 했는데 특히 원효가 이 절에 머물면서 〈화엄경소華嚴經疏〉 〈금광명경소金光明經疏〉 등을 집필하고 그의 이론을 이 절을 중심으로 널리 폄에 따라 분황사는 법성종의 근본 도량이 되었다. 몽고의 침략과 임진왜란으로 크게 손상을 입었다. 이 절에는 국보 제30호인 분황사 석탑과 화정국사 비편, 석정石井 등이 있다.

분황사 탑 芬皇寺塔 경북 경주시 구황동 분황사에 있는 탑으로 국보 제30호. 탑은 돌을 벽돌 모양으로 다듬어 쌓은 모전석탑模塼石塔으로 높이는 약 9.3m이다. 634년(선덕여왕 3) 분황사의 건립과 동시에 조성되어 몇 차례의 보수를 한 것으로 보인다. 기단 위 네 모퉁이에 화강암으로 조각한 사자 1마리씩을 배치했다.

서산 마애삼존불 瑞山磨崖三尊佛 충남 서산군 운산면 용현리에 있는 백제시대 마애삼존불상으로 국보 제84호이다. 높이는 2.8m. 이 지역은 중국의 불교문화가 유입되어 사비(부여)로 가는 길목이라고 할 수 있었는데, 중국의 남조와 백제의 교통로의 입구에 해당하는 지역에 형성된 대표적인 불교문화가 바로 이 서산 마애삼존불이다. 묵직하고 중후하게 새겨진 본존과 우협시보살은 입상이고, 좌협시보살은 반가사유상을 하고 있다.

연가7년명 금동여래입상 延嘉七年銘金銅如來立像 고구려에서 만들어진 불상으로 높이 16.2cm의 크기로 국보 제119호. 국립중앙박물관 소장. 1963년 경남 의령에서 출토되었으며, 광배의 뒷면에 연가 7년에 만들어졌다는 명문이 새겨져 있어 붙여진 이름이다. 조각기법은 전체적으로 강인하고 선이 굵게 드러나고 있어 중국의 북조적인 분위기가 반영되어 있으면서 백제나 신라와는 또다른 고구려적인 강인함을 잘 나타내 보이고 있다. 광배 뒤의 명문에, 이 불상은 평양 동사東寺의 승려들이 천불을

△분황사 탑. 돌을 벽돌모양으로 다듬어 쌓은 모전석 탑이다.

△연가7년명금동여래입상

△정림사5층석탑

조성하여 세상에 유포시키고자 하여 만든 것으로서 천불 중 29번째의 불상이라고 기록하고 있다. 경남 의령에서 발견된 것으로 보아, 이렇게 하여 만들어진 불상이 여러 곳에 흩어져 간 것 중의 하나라고 할 수 있다.

정림사 5층석탑 定林寺五層石塔 충남 부여군 부여읍 동남리 소재. 7세기초반 백제 때 만들어진 것으로 국보 제9호로 지정되어 있다. 탑의 높이는 약 8m로 목탑의 형식을 일부 간직한 석탑이다. 즉 목탑에서 미륵사 탑의 단계를 거쳐 정림사 탑의 형태로 변화하고 있는 것으로 볼 수 있다. 일제말기 이 절터 발굴조사에서 정림사라는 글씨가 새겨진 기와가 발굴되어 이 탑이 정림사 탑이라는 이름을 얻게 되었다. 이 탑의 또다른 이름은 평제 탑이라고도 하는데, 백제가 멸망한 후 당나라 장군인 소정방이 백제멸망을 기념하여 이 탑신에 그 공덕을 새겨넣은 데서 유래한다. 물론

소정방이 이 탑을 세운 것은 아니고 원래 있던 탑에 글씨를 새긴 것일 뿐이다.

미륵사 彌勒寺 전북 익산군 금마면 기양리 소재. 백제 무왕 때 세워진 사찰. 무왕이 왕비와 함께 사자사獅子寺에 행차했을 때 용화산 아래 큰 못가에 이르자 미륵삼존彌勒三尊이 나타났다. 이를 보고 왕비가 이곳에 절을 세우기를 간청하여 못을 메우고 절을 세웠다고 한다. 조선 태종 때까지 기록에 나오는 것으로 보아 이 절이 적어도 태종 때까지는 건재했음을 알 수 있으나 지금은 건물이 남아 있지 않다. 이 절터에는 국보 제11호인 미륵사 탑과 보물 제236호인 미륵사 당간지주가 있으며, 절터 전체는 사적 제150호로 지정되어 있다.

미륵사 탑 彌勒寺塔 전북 익산군 금마면 미륵사터 소재. 백제시대 석탑. 국보 제11호. 7세기전반 백제 무왕 때 미륵사를 지으면서 같이 만들어 세운 것으로 석탑이지만 형식은 목탑의 모양을

본뜨고 있는 것으로 우리나라의 탑 양식이 목탑에서 석탑으로 넘어가는 과정을 보여주는 귀중한 탑이다. 탑의 일부분이 파손되어 그 전체적인 모양은 볼 수 없다. 탑의 밑면(기단부)은 약 8m, 높이 약 14m의 크기로 우리나라의 석탑으로는 가장 큰 규모이다. 파괴된 부분까지 복원을 한다면 높이는 약 20m에 달할 것으로 보이며, 7층 또는 9층으로 추정된다. 미륵사터를 발굴한 결과 이 탑의 동쪽에서 똑같은 구조의 탑지가 발견됨으로써 현존하는 탑과 함께 쌍탑의 형식이었을 것으로 보인다.

반가사유상 半跏思惟像 삼국시대의 가장 일반적인 불상으로 대좌에 앉아 왼쪽 다리는 내리고, 오른쪽 다리는 왼쪽 무릎 위에 올려놓은 채 오른팔을 굽혀 턱을 괸 채 깊은 사색에 잠긴 형상을 하고 있다. 처음에는 석가모니가 득도하기 이전 태자였을 때의 사유상이었으나 점차 미륵보살 반가상으로 조성하게 되었다. 우리나라의 불상은 대부분 미륵보살 반가상이다. 그래서 명칭도 일반적으로 미륵보살 반가사유상으로 통칭하고 있다. 삼국시대 6세기경에 만들어지기 시작했으며, 통일신라초기까지 집중적으로 만들어졌다. 특히 삼국시대 신라에서는 화랑도의 성행과 아울러 미륵신앙이 유행했다. 즉 부처님이 되기 직전의 태자 모습이나 또는 미륵불이 되기 직전의 보살상의 모습이 마치 명재상·명장군이 되기 직전의 화랑들이 수행하는 모습과 동일하게 인식되어 화랑도 사이에서 미륵보살에 대한 신앙이 유행했다. 김유신 장군의 화랑도를 「용화랑도」라고 하는 것이 그 좋은 예이다. 우리나라 반가상의 최대 걸작으로 여겨지는 것은 국보 제83호와 제78호 금동미륵보살 반가사유상이다. 지금 우리나라에는 약 20여 구의 금동미륵보살 반가상이 있다. 이러한 반가사유상의 형식은 일본에 전파되어 일본에서도 우리나라와 매우 유사한 반가사유상들이 존재한다.

광개토대왕비 광개토대왕의 능비. 중국 요녕성 집안현에 위치하여 통구성에서 동북으로 6km 지점이다. 이 비에서 약 1,500여m 지점에 장군총이 있다. 높이는 약 6m, 너비는 1.2m로 비의 4면에 모두 글씨가 새겨져 있다. 비문의 내용은 고구려 건국의 역사, 광개토대왕의 정복사업, 묘지관리인에 관한 내용을 담고 있다. 이 비문의 내용 중 고대 한일관계 이해에 중요한 쟁점으로 되고 있는 것이 「百殘新羅舊是屬民由來朝貢而倭以辛卯年來渡海破百殘〇〇新羅以爲臣民」이라는 부분이다. 일본인들은 이 부분을 「신묘년에 왜가 바다를 건너와서 백제와 신라를 격파하고 자기들의 신민으로 삼았다」라고 해석하여 이를 일본서기에 나오는 임나일본부와 연결, 4세기 일본이 한반도 남부에 식민지를 건설했다는 증거로 삼고 있다. 이러한 주장에 대해

△미륵사 탑. 탑양식이 목탑에서 석탑으로 넘어가는 과정을 보여주는 목탑양식의 석탑이다.

△ 광개토왕릉비

해석상의 문제와 일본제국군 참모본부의 위작설 등을 주장하여 이러한 주장을 반박하기도 한다. 광개토대왕비는 내용 그 자체로 중요한 역사적 사실을 제공할 뿐만 아니라 서예사나 한문학적인 측면에서도 가치를 가지고 있다.

진흥왕 순수비 眞興王巡狩碑 신라 진흥왕이 개척한 국경지역을 순수하면서 그 기념으로 각지에 세운 비석. 대부분은 자연석에 해서체로 음각한 것이다. 현재까지 발견된 것은 경남 창녕의 창녕비, 북한산 소재 북한산비, 함남의 황초령비, 함남 이원의 마운령비 등이다. 이 비석들은 신라의 관제·신분제·사회조직을 파악하는 데 매우 중요한 역사적인 가치를 지닌 비석이다.

〔마운령비〕 568년 진흥왕이 이 지역을 순수한 것을 기념하여 세운 비석으로 높이 1.65m, 너비 0.42m 크기의 화강암 비석이다. 앞쪽에는 26자씩 10줄, 뒤쪽에 8줄 등 모두 415자가 새겨져 있는데 그중 해독 가능한 것은 390여 자이다. 이 비문에는 진흥왕의 업적과 변방을 순수하는 목적, 그리고 비를 세우게 된 연유 등이 새겨져 있고, 마지막 부분에는 왕을 수행했던 신하들의 이름이 새겨져 있다.

〔황초령비〕 함경남도 오로군 황초령에 위치해 있었으나 1852년 차령진으로 옮겨졌다. 황초령은 방초령 또는 초활령, 초방령이라고 부르기 때문에 비석도 이에 따라 다르게 부를 때가 있다. 비석은 화강암의 표면을 갈아서 만든 것으로 현재는 파괴되고 일부만 남아 있다. 남아 있는 부분은 3조각으로 되어 있는데 그 마지막 것은 1931년 발견되었다. 〈동국문헌비고〉에 인용된 〈해동집고록〉의 기사, 마운령 순수비 등과 대비하여 보면 이 비석이 본래는 12줄 420자로 되어 있다는 것을 알 수 있다. 글씨는 해서체와 예서체가 섞여 있으며, 그 내용은 568년 8월 진흥왕이 이 지방에 와서 민심의 동향을 살펴보고 신라의 국방경비에 공이 있는 자를 표창하는 내용이며, 왕을 수행했던 관리들의 출신부와 관직명이 기록되어 있다.

〔북한산비〕 국보 제3호. 서울 북한산 비봉에 위치하고 있었으나, 지금은 국립중앙박물관에 보존되어 있다. 높이 약 168cm, 너비 약 76cm의 크기이다. 이 비석은 추사 김정희에 의해 진흥왕 순수비로 확인되었는데, 비문은 해서와 예서체의 중간쯤 되는 서체로 2줄, 각 줄 32자씩을 새겼다. 내용은 황초령·마운령비와 거의 비슷한데 진흥왕의 영토 확장을 찬양하는 내용으로 채워져 있다. 이 비는 568년에서 569년 사이에 세워진 것으로 보인다.

〔창녕순수비〕 경상남도 창녕군 창녕읍(신라시대의 비자벌) 소재. 비석은 굳

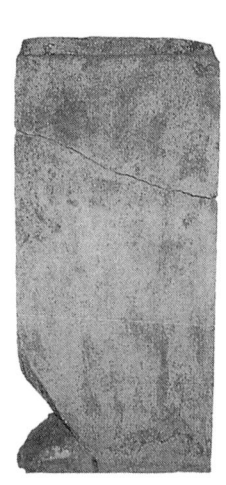

북한산비

황조령비

창녕순수비

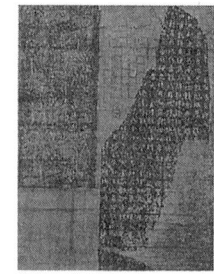

마운령비

△진흥왕순수비

은 화강암 바위의 표면을 약간 다듬은 것으로 높이 약 3m, 비문은 27줄에 모두 643자가 새겨져 있다. 비문의 내용은 561년(진흥왕 22) 2월 1일에 세웠다는 것, 지방 순찰을 위하여 진흥왕이 대등·사방군주·도사 등 여러 관리들을 데리고 이곳을 다녀갔다는 내용들로 구성되어 있다.

단양 적성비 丹陽赤城碑 충북 단양군 단양읍 하방리에 위치. 551년(신라 진흥왕 12)에 건립된 것으로 당시의 인명, 지명 등이 기록되어 있다. 약간 파손된 형태로서 현재 남아 있는 비석의 높이는 93cm, 너비는 107cm, 두께 25cm이다. 국보 제198호로 지정되어 있다. 화강암 자연석의 판판한 면을 이용하여 비문을 새겼는데, 땅속에 묻혀 있어 글자는 22행에 각 행 20자씩 대체로 도합 430여 자의 글이 새겨져 있었을 것으로 판단된다. 그러나 판독될 수 있는 글자는 248자 정도이다.

남산 신성비 南山新城碑 신라시대에

경주 남산에 성을 쌓고 그 기념으로 세운 비. 경주 남산 근방에서 6개의 비석이 발견되었고, 발견된 순서에 따라 제1비에서 제6비까지의 명칭이 붙여졌다. 제1비는 비교적 완전한 형태로 남아 있으나 나머지 것들은 부분적으로 파손된 형태로 발견되었다. 6개의 비석의 형태와 크기는 일정하지 않고 각각 다른 모양이다.

영천 청제비 永川菁堤碑 경북 영천시 도남동에 위치. 영천 청못의 축조와 중수에 관한 내용을 기록하고 있는 신라시대의 비석으로 보물 제517호이다. 1968년 발견되었다. 비문의 내용은 비를 세운 연월일, 공사의 명칭, 공사의 규모, 동원된 인원수, 청못의 면적, 청못으로 인해 혜택을 입을 수 있는 농지의 면적, 공사를 담당한 인물의 이름 등이다. 비문이 쓰여진 연대는 병진년이라는 기록으로 보아 536년(법흥왕 23)으로 추정된다. 반대면에는 정원貞元 14년이라는 연대가 표시되어 798년(원성왕 14)에 새긴 것을 알 수 있는데 여기에는 청못의 수리가 완료된 연월일, 비문의 표제, 수리경위, 수리한 둑의 규모, 수리기간, 공사에 동원된 인원수, 담당관 이름 등이 기록되어 있다. 이 비는 신라시대 수리시설의 실태, 신라 중앙권력과 지방세력과의 관계 등을 알 수 있는 귀중한 자료이다.

울진 봉평비 蔚珍鳳坪碑 524년(법흥왕 11)에 세워진 신라의 비석. 1988년 경북 울진군 죽변면 봉평2리에서 객토사업 중 발견되어 국보로 지정되었다. 비석이 지상에 노출되지 않고 묻혀 있었기 때문에 비문이 훼손되지 않고 원형을 유지하고 있었다. 높이는 204cm, 너비는 위로 32cm, 아랫부분이 54cm로 사다리꼴에 가까운 부정형을 이루고 있다. 약 400여 자가 새겨져 있으며 서체는 북조풍의 해서체이다. 비문의 내용은 울진지방의 영토가 신라에 편입된 뒤 이곳에서 무엇인가 일이 발생하여, 중앙에서 군사를 크게 일으켜 사건을 마무리한 다음 법흥왕과 13명의 관리들이 이곳에 모여 당시 사건관련자들을 문책하는 등의 기록을 담고 있다. 이 비문은 기존의 문헌에 보이지 않는 새로운 내용들을 많이 담고 있어서 6세기경 신라의 역사 이해에 매우 중요한 의미를 가진다. 즉 법흥왕 때 반포되었던 율령의 일단을 담고 있다는 점, 그리고 그것이 성문법으로 존재했다는 것을 확인시켜주고 있으며, 신라 왕경의 6부체제에 대한 시사점도 주고 있다.

임신서기석 壬申誓記石 신라시대의 금석문. 비문의 첫머리에 임신년의 간지가 있고, 그 내용이 서약하는 것이어서 붙여진 이름이다. 1934년 경북 월성군 현곡면 금장리 석장사터 부근에서 발견된 것으로 지금은 국립경주박물관에 보관되어 있다. 길이가 약 30cm, 너비는 넓은 윗부분이 약 12cm이고 아래로 내려갈수록 좁아지는 모양이며 여기에는 74자가 새겨져 있다. 그 내용은 「임신년 6월 16일에 두 사람이 함께 맹세하여 기록한다. 하늘에 맹세하여 지금부터 3년 동안 충도忠道를 지키어 허물이 없기를 맹서하니 만일 이를 어길 때는 하늘에 큰 죄를 짓는 것이다. 만일 나라가 편치 않고 세상이 크게 어지러워지면 모름지기 충성의 도리를 다할 것을 맹세한다. 또한 따로 앞서 신미년 7월 22일에 시·상서·예기·전을 차례로 3년 안에 습득하기를 맹세했다」라고 하고 있다. 임신년이라는 간지를 통해서 이 비석이 만들어진 연대를 추측해본다면, 시경·상서·예기 등이 주요과목으로 되어 있는 국학이 설립된 682년 이후 어느 신미년에 새겨졌다고 보기도 하고, 국가에 충성을 맹세하고 있다는 점으로 보아 화랑도가 융성하던 진흥왕 또는

△임신서기석

진평왕의 어느 시기였을 것이라고 추정하기도 한다.

사택지적비 砂宅智積碑 백제 의자왕 때의 사택지적이라는 사람이 남긴 비. 1948년에 발견되어 현재는 국립부여박물관에 보관되어 있다. 사택지적은 의자왕 때의 대신으로 상좌평의 직위에까지 오른 인물이다. 백제후기 8대성의 하나였던 사택씨 출신으로 642년(의자왕 2) 일본에 건너갔다가 돌아온 후 654년 관직에서 물러난 것으로 보인다. 사택지적비는 그가 말년에 이르러 지난날의 허무하고 덧없음을 한탄하면서 만든 것이다. 남아 있는 비석의 크기는 높이 101cm이며, 글씨를 쓰기 위해 가로 세로로 칸을 쳤다. 비문은 사륙변려체로 글사세는 구양순체이다. 내용을 보면 「갑인년 정월 9일 나지성의 사택지적은 몸이 날로 쉬이 가고 달로 쉽게 돌아오기 어려움을 한탄하고 슬퍼하여, 금을 뚫어 진귀한 당을 세우고 옥을 깎아 보배로운 탑을 세우니 외외한 자비로운 모습은 신광을 토하여 구름을 내보내는 듯 하고 아아한 인혜로운 모습은 성명을 풀어서 ○○한 듯하다」라고 하고 있다.

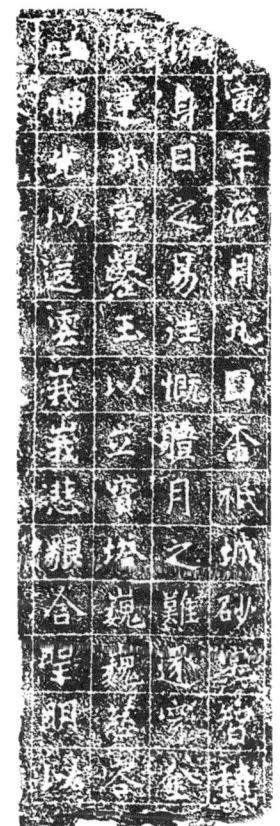

△사택지적비 탁본

● 개관

신라에 의한 삼국통일은 고구려가 지배하던 만주 지역을 상실한 불완전한 것이었으나, 한편 만주 일대에는 고구려의 전통을 이어받은 발해가 건국되어 통일신라와 함께 '남북국'의 형세를 이루었다.

그러나 이 과정은 단순한 영토병합과 왕조교체가 아니라 중세사회로의 전환이라는 커다란 사회변동을 수반한 것이었다.

수세기 동안 계속된 통일전쟁을 수행하는 동안 막대한 전쟁물자를 공급하기 위해서는 생산력을 발전시키고 경제기반을 튼튼하게 하는 것이 긴요했는데, 이를 위해서는 이전의 노예제적인 생산관계를 조정하여 농민층의 사회적 지위를 향상시켜야 했다.

사회적 생산력이 발전함으로써 토지가 중시되었고, 경작 과정에서 소농경영이 자리잡은 것을 바탕으로 토지에 대한 사적 소유권이 신장되었다.

토지의 사적 소유가 발달하면서 소토지소유 농민이 늘어났는데, 국가에서는 수취기반인 소토지소유 농민을 보호하기 위해 정전丁田을 지급하여 경작지에 대한 소유권을 인정하였다.

한편 통일을 전후하여 신라의 왕실·귀족 불교사원은 토지소유를 크게 확대했는데, 이러한 지배층의 대토지는 자기 소유 노비를 부리거나 용작인傭作人을 고용하여 직영하기도 했으나, 많은 경우 전호 농민으로부터 지대를 수취하는 지주제 경영을 하였다.

이러한 토지에 대한 사적 소유를 전제로 하여 수조권 분급제가 시행되었다. 토지분급은 민호에 대한 지배까지도 의미하던 식읍제에서 수조권만을 주는 녹읍제로 변화되었는데, 녹읍은 고을 단위로 주어져 여전히 농민에 대한 불법적 억압·착취가 가능했으며 귀족들의 정치·경제적 기반을 강화하는 데 이용되었다. 이에 관료들에게 일정 면적의 수조지를 주는 관료전 제도로 전환하고자 했으나 귀족들의 반대로 실패했다.

중세적 토지제도가 성립되고 농민들이 귀족들의 인신적 지배에서 벗어나게 됨에 따라, 종래 귀족들의 세력기반이었던 부部 중심의 정치체제가 지양되고 왕을 정점으로 하는 중앙집권제가 강화되어갔다. 집사부를 정점으로 한 국왕 중심의 정치체제가 갖추어짐에 따라 귀족회의 의장인 상대등의 지위가 낮아지고 집사부 시중의 권한이 강화되었다.

한편 토착세력을 매개로 한 지방지배체제를 해체하고 국왕이 지방을 직접 지배하는 군현제를 성립시켰다.

집권적 지배체제가 정비됨과 아울러 국가는 농민을 공적 통치대상인 공민으로 편제하여 국역기반을 확보하고자 했다. 이에 모든 양인을 골품제에 편입시켜 국역을 부담하지 않는 천인과 구분하고자 했다.

그러나 공민으로서의 양인을 천인과 구분하는 것은 형식적인 것에 불과하여, 3~1두품에 편제된 평민들 사이의 등급의 구분은 점차 소멸되고 골품제는 지배층 내부의 계층관계를 나타내는 신분제도로 기능했다. 신라의 골품제도는 진골이 왕족 또는 최고 귀족으로 중요한 관직 독점 등 여러 특권을 누리고, 골품에 따라 관등·관직 진출의 상한은 물론 집·옷·그릇·수레 등 일상생활에 이르기까지 차등이 명확하게 규정되고, 상위 골품으로 올라갈 수 없는 폐쇄적인 신분제도였다. 양 신분 내부에서 엄격하게 신분을 구별한 것이 골품제의 특징이었다.

이와 같이 통일을 전후하여 중세적 토지소유관계가 진전되는 가운데 집권적 지배체제가 정비되어갔는데, 무열왕계가 집권한 시기는 이러한 봉건적 정치체제를 갖추어 나간 시기였다. 그러나 이러한 지배체제의 전환에도 불구하고 고대적인 성격의 귀족세력을 완전히 배제하지 못하고 성립된 신라 봉건사회에는 여전히 많은 모순이 내재해 있었으며, 8세기후반 이후에는 전반적인 체제위기에 직면하게 된다. 녹읍을 토대로 전장을 확대한 귀족들은 이를 기반으로 왕위쟁탈전을 벌였으며, 농민들은 지배세력에 대한 대대적인 항쟁을 전개하였다.

이에 지방에서 새로이 성장한 호족세력이 농민들을 포섭하는 가운데 고려가 건국됨으로써 고대적인 잔재가 남아 있던 신라 골품제사회는 붕괴되고 봉건사회가 더욱 발전하였다.

1. 발해의 발전과 문화

남북국시대 南北國時代 우리나라 역사를 왕조별로 시대구분할 때 신라의 삼국통일부터 발해의 멸망 때까지의 시기를 일컫는 용어. 종래 우리나라의 역사체계가 삼국에서 통일신라로 이어졌다가 고려로 전개된다는 인식에서 벗어나, 발해국渤海國도 한국사의 체계에 넣어 신라와 발해가 정립하던 때를 「남북국시대」로 해야 한다는 주장에서 나온 용어이다. 발해의 역사를 우리나라의 역사체계에 넣으려 시도했던 것은 이승휴李承休의 〈제왕운기帝王韻記〉에서 비롯되었다. 그러나 발해사를 통일신라와 대립시키는 남북국시대론이 뚜렷한 학문적 신념에서 조리있게 전개된 것은 1784년(정조 8) 유득공柳得恭의 〈발해고渤海考〉 서문에 전개된 이론에서였다. 발해는 고구려 유민이 고구려 계승의식을 가지고 세운 나라라는 점에서 우리 역사체계에서 재평가되어야 한다는 인식이 대두되면서, 「남북국시대」라는 개념도 일반화되어가는 추세이다.

발해의 고구려 계승의식 발해는 고구려 유민들의 주도 아래 건국되어 옛 고구려 영토를 회복한 나라이며, 고구려인들이 권력을 잡고 문화도 고구려문화를 계승한 나라이다. 발해인들은 항상 고구려 계승자로 자처했으며 당시 주위 나라들도 이를 인정하고 있었다. 무왕武王 때 일본에 보낸 국서에 「발해국은 고려(고구려)의 옛 영토를 회복하고 부여 이래의 오랜 전통을 이어받고 있다」라고 썼으며, 당시 일본왕의 답서에는 「귀국이 고구려의 옛 영토를 회복하고 이전 고구려 때와 같이 우리나라(일본)와 국교를 가지게 된 데 대해 매우 축하하는 바이다」라고 하여 서로 발해국이 고구려의 계승자라는 것을 인정하고 있었다는 것을 말해준다. 발해 문왕文王 때 일본왕에 보내는 국서와 일본왕의 답서에도 발해왕을 「고(구)려 국왕」으로 표현하고 있음을 볼 수 있다. 또 신라말기 학자 최치원의 글에도 「고구려가 지금은 발해가 되었다…」라는 것이 보여 신라에서도 발해를 고구려 계승국가로 인정했음을 알 수 있다. 중국의 역사책 중 발해 멸망 후 처음으로 발해역사를 전반적으로 다룬 〈구당서舊唐書〉 발해전에도 발해를 옛 고구려 계승자로 기록하고 있다. 〈통전通典〉이나 〈신당서新唐書〉에는 발해가 마치 고구려인의 국가가 아니라 말갈인, 특히 그 한 갈래인 속말말갈인들의 국가인 것처럼 기록한 것이 있지만, 이는 발해의 수도가 속말말갈의 원거주지역에 있었던 사실을 이용하여 정치적 목적에서 왜곡한 것에 기인한다. 그러나 발해가 동모산을 거점으로 한 것은 당시 동방에 조성된 정치 군사적 정세에 기인한 것이며, 이 나라가 말갈족에 의해 건국되었다는 것을 의미하는 것은 아니다.

대조영 大祚榮 ?~719 발해의 시조 고왕高王의 이름. 재위 699?~719. 아버지는 걸걸중상乞乞仲象으로 옛 고구려의 장군이었다고 한다. 696년 거란족의 추장 이진충李盡忠이 영주營州(지금의 조양朝陽)에서 반란을 일으킨 것을 기회로 삼아 대조영은 말갈족의 지도자 걸사비우乞四比羽와 더불어 무리를 이끌고 영주에서 동북으로 빠져나와 당에 반기를 들었다. 이에 측천무후는 회유책을 썼으나 이를 거부당하자, 이해고李楷固를 지휘관으로 하는 당군으로 하여금 대조영과 걸사비우를 추격하게 했다. 당군은 걸사비우를 참살하고 천문령天門嶺(휘발하輝發河와 혼하渾河 사이의 분수령을 이루고 있는 장령자長嶺子 부근)을 넘어 대조영을 추격하였으나, 대조영은 통솔자를 잃은 말갈병까지 흡수하여 당나라 추격군에 치명적인 타격을 주었다(천문령 전투). 천문령 전투에서 결정적 승리를 달성한 대조영은 동쪽으로 진군하여 동모산東牟山에 자리를 잡고 성력 연간聖歷年間(698~700)에는 자립하여 진국왕震國王을 칭하기에 이르렀다. 이 무렵 북방의 돌궐이 당을 공격하며 위협하자 대조영은 북방의 돌궐과 접근하여 당의 침략을 견제하고자 했다. 이러한 국제정세의 변화 속에서 대조영의 자립이 기정사실화되자 당은 노골적으로 적대시하던 종래의 정책을 완화하여 회유정책으로 바꾸었다. 705년에 당에서 사신을 보내 양국간의 화해가 성립되었으며, 713년에는 대조영을 「발해군왕겸 홀한주 도독渤海君王兼忽汗州都督」으로 봉하여 이때부터 진국을 발해국으로 칭하게 되었다.

이진충의 난 李盡忠-亂 거란인 추장이었던 이진충이 당의 지배에 항거하여 일으킨 반란. 당은 요서의 영주營州(지금의 소양朝陽)에 도독부를 설치하고 그 일대의 여러 종족들을 관할 통제하고 있었다. 이곳에는 본래 거란족이 살고 있었으나 당의 사민정책에 의해 이주한 고구려·말갈인 등도 상당수 거주하고 있었다. 그러던 중 696년 5월 거란의 추장이며 당에 의해 거란 송막도호松漠都護의 벼슬을 받고 있던 이진충이 거란족을 이끌고 반란을 일으켜 영주성을 쳐 함락시키고, 영주도독 조화趙翽를 죽이— 거란의 완전한 독립을 선포했다. 반란군은 영주성과 주위 여러 성들을 점령했는데, 그 수가 급속히 증가하여 반란을 일으킨 지 10여 일 만에 수만 명에 이르렀다. 이 반란은 거란인들의 투쟁에서 시작되었으나 당의 지배하에 있었던 고구려 유민도 말갈인과 연합하여 반란을 일으켜 거란인과 서로 긴밀히 협동하며 투쟁했다. 거란군은 697년에는 하북河北의 영평永平 부근에서 17만

명의 당군을 거의 전멸시키고 이어 유주幽州(지금의 베이징)와 그 주위의 여러 성들을 함락시키는 등 세력을 떨쳤으나 돌궐이 당에 협력한 것을 계기로 반란은 실패하게 되었다. 그러나 거란인들의 활동은 동부에서 당과 투쟁한 고구려 유민·말갈인들의 투쟁에 유리한 조건을 마련해주어 발해 건국의 계기가 되었다.

동모산 東牟山 대조영이 발해를 건국할 때 근거지로 삼은 곳. 오늘날 길림성吉林省 돈화성敦化城 밖의 육정산六頂山에 있는 오동산성敖東山城이 그 유지인 것으로 알려지고 있다. 이 지방은 이전 고구려 영역의 동북부에 해당하는 곳이며, 이 부근을 〈구당서舊唐書〉 발해전이나 〈책부원귀册府元龜〉에는 모두 「계루(고구려를 구성했던 5부족 중 한 부족의 이름)의 옛 땅(桂婁之故地)」으로 적고 있다. 동모산은 백두산 북쪽 300여 리에 위치하고 있으며, 사방이 험준한 산줄기로 둘러싸여 있고 동북쪽으로는 송화강의 한 지류인 목단강의 상류를 끼고 있다. 원래 이곳 주민은 말갈족이 대부분이었으나 대조영이 이곳을 근거지로 선정한 것은 외적들의 침입에 대해 유리한 방어조건을 갖추고 있었기 때문인 것으로 보인다.

소고구려국 小高句麗國 고구려 유민이 당의 지원하에 요동에 건설한 국가. 나당전쟁 이후 대동강 이남의 땅이 신라의 지배에 들어간 후 당은 평양에 설치했던 안동도호부를 요동성(요양)으로 옮겨 요동지방을 관할하도록 했다. 그러나 고구려 유민들의 반항으로 뜻대로 되지 않자 당은 보장왕寶藏王을 요동도독으로 삼고 조선왕으로 봉해 고구려인을 안집安集케 하였다(677). 이후 보장왕은 요동에 있는 고구려인의 모든 주를 관할했으며 안동도호부는 신성新城(무순撫順 부근)으로 옮겨가 그를 감시

하는 위치에 있었다. 그러나 보장왕은 말갈과 서로 통해 당에 대한 반항운동을 꾀하려던 사실이 발각되어 당으로 소환되어 갔으며, 그후 보장왕의 손자인 고보원高寶元을 666년과 688년 두 차례에 걸쳐 충성국왕으로 보내려 하였으나 실천에 옮겨지지 못하다. 699년 보장왕의 아들 고덕무高德武를 안동도독으로 임명해 요동지방의 고구려 유민을 통치하게 했다. 이보다 앞서 698년 당이 안동도호부를 폐지하였으므로 고덕무는 도호부의 감시를 받지 않고 안동도호부가 관할하던 지역을 통치할 수 있게 되었는데, 이를 소고구려국이라 부르기도 했다. 당시 거란의 이진충에 의해 영주營州가 점령되어 당에서 요동으로 통하는 육로가 차단되었고 북만주에는 발해가 건국되었는데, 이러한 배경에서 요동에 친당적親唐的인 국가를 건설해두는 것이 유리하다고 생각하여 당은 고덕무를 요동에 보내어 소고구려국을 건설하도록 지원한 것이다. 그러나 이것은 무엇보다도 요동지방에 있던 고구려 유민의 끈질긴 항쟁의 결과였다. 소고구려는 당과의 투쟁속에서 성장해간 신라나 발해와 같이 독자적 발전을 이룩할 수는 없었으나 요동지방을 지배하며 반半독립적인 세력을 유지하고 있었다.

무왕 武王 발해 제2대왕. 재위 719~737. 성은 대大씨, 이름은 무예武藝. 연호를 인안人安으로 고쳐 정하고 국가의 외모를 더욱 정비하여 세력을 확대했다. 이 무렵 당은 발해 북방에 있는 흑수말갈을 끌어들여 배후로부터 발해를 공격케 하고자 흑수말갈의 보호요청을 계기로 「흑수국黑水國」을 「흑수주黑水州」로 하고 장사長史를 파견하여 통제케 했다. 이에 무왕은 당과 대항할 결심을 하고 726년 흑수말갈을 쳐서 복종시켰으며, 당으로 망명한 아우 문예門藝로 인

해 당과의 사이가 악화되자 732년 9월에는 장문휴張文休로 하여금 당의 산둥반도 덩저우登州를 공격하게 하여 당나라에 타격을 주기도 했다. 이에 당은 신라를 끌어들여 발해를 협공하고자 했으나 실패하고 말았다. 한편 무왕은 이러한 대외정세 속에서 727년에 처음으로 일본에 사신을 파견하여 국교를 맺기도 했다.

흑수말갈 黑水靺鞨 말갈 7부의 하나. 속말말갈을 비롯한 다른 6부는 이미 발해건국 당시에 발해와 합류했거나 그후 얼마되지 않아 다 포섭되었지만 흑수말갈만은 오랫동안 소속되지 않고 상당히 강한 힘을 가지고 있었다. 흑수말갈은 발해에 직접 속해 있지는 않았지만 발해가 두려워 처음에는 감히 독자적으로 다른 나라들과 관계를 가지지 못했다. 그러나 당이 흑수말갈을 이용하여 배후에서 발해를 공격하게 하고 그 가운데서 어부지리를 얻으려고 획책하는 가운데, 726년 흑수말갈은 발해에는 아무런 통고도 하지 않고 당에 사신을 파견하여 보호를 요청했다. 이를 기회로 당은 726년 흑수국을 흑수주로 개칭하고 거기에 장사長史를 파견하여 통제케 하여 당의 기미주羈縻州로 삼았다. 발해 무왕은 당의 배신적인 행위에 분개하여 당을 칠 것을 결심, 먼저 당과 동맹을 맺은 흑수말갈을 쳐 이를 완전히 굴복시켰으며 앞으로 당과 협력하지 않을 것을 다짐받았다(726년).

문예 망명사건 門藝亡命事件 무왕의 아우 대문예大門藝가 당에 망명한 사건. 당나라가 흑수말갈을 기미주로 삼고 발해의 배후를 위협하자 무왕은 726년 당나라에 갔다가 돌아와 있던 동생 대문예를 총지휘관으로 하여 흑수말갈을 치게 했다. 이때 문예는 당과 대립하는 것은 이롭지 못할 뿐 아니라 자칫하면 자멸의 길을 밟게 된다고 하면서 이를 저

지하려 했으나 무왕이 귀를 기울이지 않자 할 수 없이 진격을 개시했다. 그러나 국경선에 이르러 다시 한 번 간곡히 불가함을 간하자 노한 무왕은 사촌형인 대일하大壹夏를 보내 군의 통솔을 대행케 하고 대문예를 소환하여 살해하려 했다. 이에 대문예는 당나라에 망명하여 당에서 좌요기장군左驍騎將軍의 벼슬을 받았는데, 문예의 송환교섭을 둘러싸고 당에 대한 발해의 감정이 극히 악화되어 732년, 무왕은 장문휴에게 명해 산둥반도 덩저우登州를 공격하게 했다.

장문휴 張文休 발해 무왕 때의 장군. 732년 당의 산둥반도 덩저우를 공격했다. 당이 흑수말갈을 기미주로 삼고 발해의 배후를 위협하자 726년 무왕은 흑수말갈을 치고 당을 공격하고자 했다. 이때 당과의 대립을 반대하던 대문예가 당에 망명한 사건을 계기로 낭에 대한 발해의 감정은 극히 악화되었는데, 732년 거란인들이 발해에 사신을 보내 함께 당을 칠 것을 제기하자 그해 9월 무왕은 장군 장문휴에게 명해 당을 공격하게 했다. 장문휴는 압록강구를 떠나 해군을 이끌고 산둥반도의 덩저우를 공격, 자사刺史 위준韋俊을 살해했다. 발해군은 곧 철수했으나 이는 당에 커다란 타격을 주었으며, 발해인들의 완강한 투지를 보여준 사건이었다.

문왕 文王 발해 제3대왕. 재위 737~793. 성은 대大씨, 이름은 흠무欽茂. 연호를 대흥大興이라 하고 당의 제도를 본받아 관직제도를 제정하는 등 문물제도의 기초를 확립했다. 그의 치세하에서는 평화적인 교역이 행해져 활발한 문물교류가 이루어지게 되었다. 문왕은 무왕 때까지의 무력에 의존하는 활동과는 달리 내치內治에 힘을 기울이고 대외관계에서도 평화외교책을 취했다. 수도를 한때 상경 용천부上京龍泉府로 천도했다가 동경 용원부東京龍原府로 옮기는

등 자주 천도를 했는데, 이는 내실을 바라던 통치책의 일환이었던 듯하다.

선왕 宣王 발해 제10대왕. 재위 818~830. 성은 대씨, 이름은 인수仁秀. 대조영의 아우인 대야발大野勃의 증손. 연호는 건흥建興. 발해의 중흥대업을 이룬 중흥군주로서 해동성국海東盛國이란 칭호를 얻게 했다. 영토를 확장하여 전국을 5경 15부 62주로 정비 통치하고 학술을 진흥시켜 발해의 전성기를 이루었다.

해동성국 海東盛國 발해국의 전성기였던 제10대 선왕 때의 발해국을 일컫던 말. 이 시기에는 영토를 확장하여 처음에 방方 2천 리였던 영토가 방 5천 리까지에 이르렀으며, 5경 15부 62주의 체계로 전국을 통치하게 된 것도 이 시기인 것으로 보인다.

발해 - 신라 관계 발해의 신라 관계는 대체로 소극적이었다. 발해를 건국한 고구려 유민들은 발해는 고구려를 계승한 국가로 자처하고 있었다. 때문에 고구려를 멸망시킨 신라를 적국으로 생각했던 것으로 보인다. 또한 신라도 이러한 발해가 적지않은 위협으로 느껴져 경계하는 태도였던 것 같다. 발해 무왕 때 발해가 덩저우를 공격한 것을 계기로 당이 발해를 침공했을 때, 신라는 당의 요청에 따라 군대를 동원하여 발해를 공격하기도 했다(733년). 이것은 추위와 눈으로 발해에 도달하지도 못하고 실패로 끝났지만, 그후 발해와 신라 사이에는 그리 원활한 관계가 이루어지지 못했던 것 같다. 그러나 〈삼국사기〉에는 790년(원성왕 6)과 812년(선덕왕 4) 두 번에 걸쳐 신라가 발해에 사신을 보낸 기록이 있어 양국간에 교류가 이루어진 것을 볼 수 있다. 이는 발해의 국력이 강화 발전되던 문왕 때의 일이다. 이전 두 나라 사이의 왕래가 빈번하지 않았던 상황에서 신라가 20여 년 사이

에 두 번이나 사신을 파견한 사실은, 신라가 발해의 강화에 대해 주시하고 발해의 내부사정과 신라에 대한 태도를 탐지하면서 겉으로는 친선관계를 유지해 나갔다는 것을 말해준다. 또한 발해 5소경 중의 하나인 남경 남해부南京南海府가 「신라로 가는 길」로 되어 있는데, 이는 두 나라 사이에 지속적인 교류가 있었음을 시사해준다고 하겠다.

발해 – 당 관계 발해건국 초기 대조영은 당나라의 침략을 견제하기 위해 돌궐과 동맹을 맺었다. 제2대 무왕 때 당이 흑수말갈을 이용하여 발해를 공격하는 음모를 꾸미자 발해는 726년 흑수말갈을 공격했고, 732년에는 장문휴가 당의 산둥반도 덩조우를 공격했다. 이에 당은 733년 발해를 공격하기 위해 군사를 보냈으나 추위와 굶주림으로 발해 국경에는 도달하지도 못하고 실패를 했다. 그후에도 여러 차례 원정을 보냈으나 계속 실패하고, 8세기중엽 이후에는 양국간에 평화적 관계가 맺어졌다. 평화적 외교관계를 맺은 이래 당과의 무역은 조공 형식의 공적인 무역 또는 상인들에 의한 사적인 무역이 이루어졌다. 무역로는 대개 발해의 서경 압록부西京鴨綠府를 거처 해로를 이용했는데 산둥반도 덩저우에는 발해관渤海館이 설치되어 사신의 접대를 맡아보았다. 발해에서 당에 수출한 것으로는 고급 털가죽·약제 및 특수 공예품 등이며, 발해가 수입한 것은 견직물·마포·공예품 등 대개 귀족의 수요를 위한 물품들이 교역되었다. 이러한 경제적 교류와 아울러 당문화의 수입이 이루어져 당의 율령을 중심으로 한 정치제도는 발해의 정치제도에 커다란 영향을 주었으며, 또한 당의 사상과 학문을 배우기 위해 많은 유학생이 파견되어 당의 빈공과賓貢科에 급제하기도 했다.

발해 – 일본 관계 발해와 일본과의 외교관계는 727년(발해 무왕 인안 8년) 8월 발해에서 처음으로 사신을 파견하여 국교를 맺은 것으로부터 시작되었다. 이때는 당이 흑수말갈을 조종해 발해를 공격할 것을 꾀하자 무왕이 흑수말갈을 공격한 다음해이다. 따라서 일본과 국교를 맺은 것은 당·신라 등과 대립하고 있던 당시 상황에서 일본과 통교하여 신라를 견제하고자 하는 정치적 의도가 내포되어 있었던 것 같다. '이후 두 나라 사이에는 사신들의 왕래가 비교적 활발하여 920년까지 발해 사신의 왕래는 30여 차례에 달했다. 양국은 사신이 오고 갈 때 예물교환 형식으로 혹은 상인들의 직접교역 형식으로 교역을 행했는데, 발해의 수출품은 공예품과 범가죽을 비롯한 각종 털가죽·인삼 등 약재류 등이었으며, 수입품은 비단을 비롯한 직물과 수은·옻 등이었다. 일본은 이러한 교류를 통해 발해문화에 많은 영향을 받았다. 발해에 유학생을 파견하여 발해어와 발해음악을 배워갔으며, 발해음악은 후세 일본음악의 발전에 영향을 미쳤다. 또한 8세기초엽 발해에서 일본에 전래준 선명력宣明曆은 그후 일본에서 800여 년 동안 통용되었다.

발해의 3성 6부제 발해의 중앙행정은 3성 6부를 중심으로 운영되었다. 이는 당의 3성 6부제를 수용한 것이나 나름대로 독자적인 특징을 가지고 운영되었다. 발해의 3성은 정당성政堂省·선조성宣詔省·중대성中臺省인데, 이중 정당성은 당의 상서성에 해당하는 곳으로 발해의 모든 정령을 집행하는 최고행정기관이다. 정당성의 장관인 대내상大內相은 선조성·중대성의 장관인 좌상左相과 우상右相의 위에 있어 권한이 집중되어 있는데, 이는 3성이 서로 견제하는 당의 제도와 차이를 보인다. 정당성의 대내상 아래에는 좌·우사정이 있고 그밑에 좌·우윤이 있는데 이들은 각기 좌6

사左六司와 우6사右六司를 거느리고 있으며, 좌6사에는 충忠·인仁·의義 3부가, 우6사에는 지智·예禮·신信의 3부가 각각 소속되어 있다. 6부가 유교적 윤리규범을 담고 있는 것도 발해 관제의 독특한 특징인데, 이는 발해가 유학을 지도이념으로 삼았음을 반영하는 것이다.

정당성 政堂省 발해의 최고 행정기구. 3성의 하나로서 당의 상서성尙書省에 해당하는 곳으로 주로 행정과 사법을 관장하는 최고 행정기관이었다. 장관인 대내상大內相 아래에 좌사정左司政·우사정右司政 각 1인씩 있었으며, 그 아래에 좌윤左允이 각 1인씩 있어 각각 좌·우 6사를 나누어 관장했다. 좌6사에는 충忠·인仁·의義 3부가 있고, 우6사에는 지智·예禮·신信 3부가 있다. 정당성은 6부를 관장하는 행정의 실제적인 총괄기관이고, ㄱ 장관인 대내싱은 선소성과 중대성의 장관들인 좌상左相과 우상右相도 통제하는 최고관직이다.

선조성 宣詔省 발해의 최고 통치기관인 3성의 하나. 왕의 명령·지시를 선포하거나 그에 대한 의견을 왕에게 제기하는 기관으로서, 당의 문하성門下省과 같은 기관이다. 장관인 좌상左相은 정당성 장관인 대내상 다음 가는 지위에 있었으며 좌상 밑에 대신급 벼슬로 좌평장사左平章事·시중侍中이 각각 1명씩 있었다. 또 그 밑으로는 좌상시左常侍·간의諫議 등이 있어 일상적으로 왕의 행동·의례를 돕고 왕의 자문에 응하며 왕이 과오를 저지르지 않도록 권고하는 일을 맡았다.

중대성 中臺省 발해의 최고 통치기관인 3성의 하나. 당의 중서성中書省과 같은 기능을 가진 것으로 주로 왕의 명령지시 초안을 작성하는 일을 담당했다. 장관인 우상右相 1명은 정당성 장관인 대내상 아래에 위치하여 중요 정치적 문제들을 대내상·좌상 등과 협의하여

결정했다. 우상 밑에 우평장사右平章事와 내사 등의 관직이 있었다.

충부 忠部 발해의 6부 중 인사행정을 담당하는 행정부서. 당의 이부吏部와 동일한 정무를 맡아보는 관청으로, 장관은 경卿이며 정당성 좌사정의 관할하에 있었다. 정사正司인 충부忠部와 지사支司인 작부爵部, 2개의 속사屬司로 구성되어 있는데 충부는 관리의 임명·파면을, 작부는 훈급과 작위 등을 맡아보았다.

인부 仁部 발해의 6부 중 재정을 담당하는 행정부서. 당의 호부戶部에 해당하는 것으로 장관은 경이며, 정당성 좌사정의 관할하에 있었다. 정사正司인 인부仁部와 지사支司인 창부倉部 등 2개의 속사屬司로 구성되어 있는데 인부는 토지·호구·부역 등의 행정을 담당했으며, 조세·창고 등의 일은 창부가 나누어 맡아보았다.

의부 義部 발해 6부 중 교육·의례 등을 담당하던 행정부서. 당의 예부禮部에 해당하는 것으로 장관은 경이며, 정당성의 좌사정 관할하에 있었다. 정사正司인 의부와 지사支司인 선부膳部 2사司로 나누어 의부에서는 각종 의례·제사·과거·교육 등을, 선부에서는 외국사신 접대 등을 주로 담당했다.

지부 智部 발해 6부 중 군사문제를 담당하던 행정부서. 당의 병부兵部와 같은 정무를 맡아보던 관청으로 장관은 경이며 정당성의 우사정 관할하에 있었다. 정사正司인 지부와 지사支司인 융부戎部 등 2사司로 구성되어 있어서 지부智部는 무관의 임명과 파면과 군대, 융부는 군마·무기·군량 등 군에서 필요한 장비 등을 맡아보았다.

예부 禮部 발해 6부 중 법률과 재판 등을 맡아보는 행정부서. 당의 형부刑部에 해당하며, 장관은 경이며, 정당성의 우사정 관할하에 있었다. 정사인 예부

와 지사인 계부計部 등 2사로 구성되어 있었는데, 예부는 율령과 형법 등을, 계부는 노비·재판 등을 맡아보았다.

신부 信部 발해 6부 중 건축이나 관청수공업 등을 맡아보는 행정부서. 당의 공부工部에 해당하는 것으로 장관은 경이며 정당성의 우사정 관할하에 있었다. 정사인 신부와 지사인 수부水部로 구성되어 신부는 영선·관청수공업, 수부는 산림·도로·강·하천 등의 행정을 맡아보았다.

중정대 中正臺 발해의 중앙부서. 관리들의 감찰을 맡아보던 부서로서, 장관은 대중정大中正이다. 중정대가 3성 6부 다음으로 기록되어 있는데, 이것으로 이 기구가 중요시되었음을 알 수 있다. 이러한 감찰기구는 흔히 정치적 적수를 제거하는 데 이용되는 경우가 많았다.

전중시 殿中侍 발해의 중앙부서. 국왕과 왕실의 복식服飾·승여乘輿·식선食膳 등에 관한 일들을 관장했으며 장관은 대령大令이다.

종속시 宗屬侍 발해의 중앙부서. 왕족들의 족보를 따지고 그들을 보호·관리하는 부서로, 장관은 대령大令이다.

문적원 文籍院 발해의 관청. 궁중의 책이나 문서 등을 보관·관리하고 각종 문서작성의 임무를 맡아보았다. 장관은 감監이며, 그 밑에 영令이 있었다. 이곳에는 당시 학식있고 문장이 뛰어난 관인들이 복무하며, 국왕의 학술고문 역할과 외교문서·제문祭文 등 국가적으로 제기되는 중요한 문서를 작성했으며, 종종 외국에 사절로 파견되기도 했다.

주자감 冑子監 발해의 중앙교육기관. 귀족자제의 유학교육을 담당하던 기관으로 장관은 감監이고, 그 아래에 장長이 있었다.

5경 15부 62주 발해의 지방행정제도. 발해의 전성기였던 선왕 때 완비된 것으로 보인다. 지방행정에서 중심적인 위치를 차지한 곳은 15부였는데 이중 특히 중요한 곳이 5경으로 되었다. 15부는 지방통치의 중심지로서 하부의 행정구획인 62주를 거느리고 있었다. 5경은 상경 용천부上京龍泉府·중경 현덕부中京顯德府·동경 용원부東京龍原府·남경 남해부南京南海府·서경 압록부西京鴨綠府를 말한다. 15부의 장관은 도독都督이며, 주의 장관인 자사刺史 또는 주 밑의 현縣의 장관인 현승縣丞은 모두 도독의 지휘를 받았다.

상경 용천부 上京龍泉府 발해 5경의 하나이며, 정치중심지. 제3대 문왕이 755년경 중경 현덕부에서 이곳으로 천

△발해의 수도였던 상경의 주작대로.

도했다가 785년경 동경 용원부로 옮겼으나 794년 제5대 성왕成王에 이르러 다시 이곳 상경으로 천도, 927년 나라가 망할 때까지 130년간 수도로 삼았다. 지금의 흑룡강성黑龍江省 영안현寧安縣 동경성東京城에 있는 옛 성터가 그 유적지이다. 이곳은 동모산이라고 하던 돈화 오동성으로부터 300리 동북방에 떨어져 있다. 상경성은 동서 길이가 약 4.6km, 남북은 약 3.3km의 도성으로 당의 장안성에 비해 규모는 반밖에 되지 않으나 왕성의 위치와 배치 등은 장안성을 거

의 그대로 본뜬 것으로 보인다.

중경 현덕부 中京顯德府 발해 5경의 하나. 문왕 초기에 발해가 처음 건국의 터전을 잡은 동모산에서 이곳으로 천도를 했으나 그후 다시 상경 용천부로 옮겼다. 최근 발해유적 발굴로 두만강으로 유입하는 해란하海蘭河와 조양천朝陽川의 중간지점에 있는 서고성자西古城子의 유적으로 비정, 정설화되고 있다. 이 지역은 위성位城의 철, 삼로杉盧의 벼(稻) 등의 산출로 이름난 산업지대였다.

동경 용원부 東京龍原府 발해 5경의 하나. 발해의 제3대 문왕이 중경 현덕부에서 755년경 상경 용천부로 천도했다가 785년경 이곳으로 천도하여, 794년 제5대 성왕이 다시 상경으로 천도할 때까지 발해의 수도였다. 〈신당서〉 발해전에 그 위치기「상경의 농남에 있다」고 하고 또「동남해에 가깝다」고 적혀 있는데, 근래의 발굴 결과 혼춘현琿春縣 팔달성八達城인 것이 판명되고 있다. 이곳은 발해가 동해를 항해하여 일본으로 가는 출발지였다.

남경 남해부 南京南海府 발해 5경의 하나. 함경도 동해안 지방에 위치하고 있었다. 이곳은 신라로 가는 길목이었으며, 곤포昆布(다시마)·시豉(메주)·옥주沃州의 면綿(누에에서 뽑아낸 실) 등이 특산품으로 널리 알려져 있었다.

서경 압록부 西京鴨綠府 발해 5경의 하나로, 당으로 가는 교통의 요지이다. 서경 압록부의 위치는 여러가지 학설이 엇갈려 분명하지 않으나 임강설臨江說이 가장 유력하다. 서경에서 당으로 통하는 교통로는 압록강구를 거쳐 해로로 요동반도의 해안을 따라 지금의 여순旅順에 이르러, 거기에서 남으로 발해만구를 횡단하여 중국 산둥성 덩저우登州로 이어지는 길이었다.

10위 衛 발해의 중앙군. 좌맹분위左猛

賁衛·우맹분위右猛賁衛·좌웅위左熊衛·우웅위右熊衛·좌비위左羆衛·우비위右羆衛·남좌위南左衛·남우위南右衛·북좌위北左衛·북우위北右衛 등 10개 군부대가 있었다. 이 부대들에는 각각 대장군 1명, 장군 1명과 그 밑에 무관들이 있었다. 이들의 임무는 왕궁과 수도경비를 위주로 하며, 동시에 전국 군대의 기본 골간이었다.

발해의 산업 〈신당서〉 발해전에 나오는 발해의 특산물은 당시 발해의 산업 발달 수준을 짐작케 해준다. 발해의 특산물은 천연자원도 있으나 고도의 기술을 가지고 생산된 직물과 농작물 등이 있는데, 그 예로는 현주顯州의 포布·옥주沃州의 면綿·용주龍州의 주紬 등의 직물산업과 노성盧城의 벼 같은 고도의 재배기술을 요하는 농작물 및 위성位城의 철 등을 들 수 있다. 발해에서는 직조공업이 발달하여 현주의 포와 같은 삼麻을 원료로 한 가는 포를 생산했으며, 양잠업이 발달하여 누에에서 만들어내는 실로 면綿·주紬를 생산해내기도 했다. 한편 해란하 유역의 평야지대에 위치한 노주에서는 농업기술이 발달하여 종래 만주에서 재배되던 한도루稻뿐만 아니라 수리관개시설과 수준높은 기술을 필요로 하는 수도水稻까지도 재배되었던 것으로 보인다. 또한 고구려의 제철기술을 이어받아 적극적으로 그 자원을 개척했는데, 대표적인 철생산지는 위성이었다. 발해의 제철기술은 발해멸망 후 거란에 끌려간 발해 유민들의 제철활동에서도 엿볼 수 있으며, 이들은 철의 위력을 빌려 흥료국興遼國을 세우는 등 발해부흥운동을 펼치기도 했다.

발해의 사회구조 발해는 소수의 고구려계 유민이 지배층이 되어 다수의 말갈족을 통치하는 사회였다. 말갈계의 극소수가 지배층으로 편입되기도 했으나 세족勢族은 모두 고구려계였다. 국왕과 왕족이었던 대시大氏 외에 발해의 유력한 귀족가문은 고高·장張·양楊·두竇·오烏·이李 등의 성씨를 들 수 있다. 이러한 유력가문을 중심으로 한 지배층 밑에 「백성」으로 불리는 양민층의 말갈족과 예속민인 부곡·노비·성이 없는 천민 등이 피지배 계층으로 존재했다. 발해는 소수의 봉건귀족이 다수의 피지배층을 지배하는 봉건국가로서, 특히 지배층과 피지배층의 민족구성의 차이는 봉건사회의 모순과 아울러 발해 멸망의 중요요소로서 지적되고 있다.

발해의 건축　발해의 건축은 지상건물은 남아 있지 않으나 도시유적의 발굴을 통해 그 면모를 알 수 있게 되었다. 도시유적으로 대표적인 것은 지금의 흑룡강성 영안현 동경성에 위치한 상경 용천부의 유적을 들 수 있으며, 그외 동경 용원부 자리로 비정된 길림성 혼춘현琿春縣의 반랍성半拉城의 유적과 중경 현덕부의 유적지로 비정되고 있는 길림성 화룡현의 서고성자西古城子 유적이 있다. 이들 도시유적의 설계는 거의 비슷한 구조로 되어 있는데, 이중 상경 용천부의 유적은 동서가 약 4.6km 남북이 3.3km인 장방형의 큰 도성이다. 외성은 고구려 토성의 독특한 건축법을 계승하여 기단을 돌로 쌓고 그위에 흙을 다져 쌓은 토성이며, 외성 안의 북쪽 중심부에 돌로 쌓은 궁성이 있었다. 궁성의 남문에서 외성의 남문까지 큰길이 뻗어 있는데 이는 당나라 장안성의 주작대로朱雀大路를 연상하게 한다. 궁성에는 5개의 궁전이 차례로 배치되어 있어 서로 긴 행랑으로 연결되었으며, 정원과 관청·사원 등의 부속건물이 있었다. 이들 건물에는 온돌장치가 발견되어 고구려 건축의 전통을 계승한 것임을 알 수 있다. 정원에는 인공 못 속에 다시 두 개의 섬을 만들고 팔각정을 지었으며 못 좌우에는 인조산을 쌓아 화초·새·짐승 등을 기르는 등 화려함의 극치를 보여준다.

발해의 고분　－古墳　발해유적은 고분과 성터가 대부분인데, 이들 유적은 주로 발해의 5경 주위에 밀집되어 있다. 대표적인 고분군으로는 상경 부근에 있는 대주둔大朱屯 고분군·풍수위자風水威子 고분군·대목단둔大牧丹屯 고분군·합달둔哈達屯·삼령둔三靈屯 고분·산취자山嘴子 고분·두도하자頭道河子 고분군·사하자沙河子 고분군과 첫 도읍지인 돈화敦化 부근에 있는 육정산六頂山 고분군, 그리고 중경中京이 있던 서고성자西古城子 부근에 있는 북대지北大地 고분군·용두산龍頭山 고분군·복동福洞

△고구려의 화풍을 엿볼 수 있는 정효공주묘貞孝公主의 고분 벽화.

고분군·용해龍海 고분군·하남둔河南屯 고분군이 있다. 그밖에 소련 연해주와 우리나라 함경남북도에서도 발해의 고분군 등이 발견되었다. 발해의 고분 양식은 돌로 쌓은 돌방무덤(石室墓)·돌덧널무덤(石槨墓)·돌널무덤(石棺墓) 등이 주류를 이루며 그밖에 널무덤(土壙墓)·벽돌무덤(磚築墓)도 있다. 고분봉토 위에 건축물을 조성했으며, 매장방식으로는 단인장單人葬·부부합장夫婦合葬뿐 아니라 여러 사람을 함께 묻은 다인장多人葬도 많이 나타나 순장의 풍습이 있었던 것으로 보인다. 축조재료, 규모와 매장방식상의 차이는 무덤 주인공의 문화전통의 차이, 신분상·시기상의 차이를 반영하고 있는데, 육정산 고분군의 정혜공주묘는 돌방무덤으로 고구려 전통을 반영하고 있으며, 용두산 고분군의 정효공주묘는 벽돌무덤으로 당의 문화요소가 강한 시기에 따른 변화를 보여준다. 널무덤이나 돌널무덤 등은 토착적인 문화요소를 많이 보이는데, 이들 무덤과 돌방무덤 등의 규모의 차이는 신분적인 차이를 반영하는 것이다. 한편 과거 고구려의 영역이었던 중국 길림성 집안輯安이나 함경도에서 발견되는 돌방무덤들은 고구려후기에서 발해시기로 무덤양식이 그대로 이어지고 있음을 보여주고 있다. 발해고분에서는 묘비·벽화·장식품 및 도기 등 많은 유물이 발견되어 발해사와 그 문화 연구에 중요한 자료가 되고 있다.

정혜공주묘비 貞惠公主墓碑 발해 제3대 문왕의 둘째딸 정혜공주(738~777)의 묘비. 중국 길림성 돈화현 육정산에 있는 정혜공주 무덤에서 1949년에 발굴되었다. 이 무덤은 대형 돌방 봉토분大型石室封土墳으로서 전체구조가 고구려 후기의 고분양식을 반영하고 있으며, 이 무덤에서 두 개의 돌사자도 발견되었다. 비는 높이 90cm, 너비 40cm, 두

△정혜공주묘비

께 20cm 정도의 크기로서 모두 725자의 비문이 음각되어 있는데, 위·아래 약간 손상된 부분이 있으나 비교적 완전하게 남아 있다. 이 비문을 통해 문헌기록에 나타나지 않았던 문왕의 연호가 보력이라는 것과 육정산 고분군이 발해 초기의 왕실 또는 귀족의 무덤들이라는 사실, 그리고 이곳에서 가까운 오동성지敖東城址가 발해의 첫 도읍지였음을 확인할 수 있었다.

정효공주묘비 貞孝公主墓碑 발해 제3대 문왕 대흠무의 넷째딸인 정효공주(757~792)의 묘비. 중국 길림성 연변 조선족 자치주 화룡현和龍縣의 용두산에 위치한 정효공주 무덤에서 출토되었다. 무덤의 발굴조사는 1980년과 1981년 2차에 걸쳐 실시되었는데, 남북 길이 약 15m, 동서 너비 약 7m의 벽돌무덤으로 당문화의 영향을 보여준다. 이곳에 매장된 인골은 모두 31명에 달하는데, 여자 5명·남자 26명으로 신장은 여자 약 156cm, 남자 약 161cm이며, 나이는 모두 25~45세 사이에 해당한다. 한편 이곳에서는 묘비를 비롯하여 벽화

△ 정효공주묘비

•도용陶俑조각•도금된 동장식銅裝飾 및 벽돌 등이 발견되었다. 묘비는 높이 105cm, 너비 58cm, 두께 26cm 정도의 크기로 18행 782자가 기록되어 있는데, 완벽한 비문이 남아 있어 같은 구조로 되어 있는 정혜공주비문의 판독에 많은 도움을 주었으며, 문왕의 존호 전체 및 정혜공주에 대해서도 좀더 자세히 알 수 있게 되었다. 또한 이 무덤에서 가까운 서고성西古城이 중경의 소재지로 추정되는 근거를 마련해주기도 했다.

발해의 자기 발해의 도자기에는 유약을 바르지 않은 보통 도자기들과 유약을 발라 더 값있게 만든 도자기들이 그 용도에 따라 형태와 크기를 달리했는데, 일반적으로 살이 얇아 가벼우면서 경도가 강해 실용적이면서도 형태와 색깔•무늬를 최대한 아름답고 우아하게 하기 위한 노력을 다했다는 것을 볼 수 있다. 특히 발해자기는 동시대 동방 여러나라 도자기 공예에 비해 아주 특출한 발전을 보여주었는데, 841년 당에 전

해진 발해의 자기에 대해 다음과 같은 기록이 전해온다. 「안팎이 두루 맑고 색은 순수한 자색이었다. 두께는 한치 남짓이 될 정도인데 들면 새털같이 가벼웠다. 상上(당 무종)이 그 빛이 깨끗함을 기리었다」 당시 당나라 사람들이 발해의 자기 제조기술에 경탄, 그것을 아주 신비스러운 물건으로까지 생각하고 있었다는 것을 알 수 있다.

발해의 기와 발해의 공예 중 비교적 많이 발견되어 발해공예의 발전수준을 보여주는 것이 기와•벽돌 등의 공예품이다. 기와는 암키와•수키와, 각종 장식기와 등 다양한 형태가 구분되어 있는데 특히 질이 견고하여 실용적 가치가 높다. 궁전•정자 등에는 보통 쓰는 회색기와 외에 값진 유약을 바른 기와

△ 발해의 높은 문화수준을 엿볼 수 있는 연꽃무늬기와

들을 많이 쓴 것을 볼 수 있는데 당시 귀족들의 호화로운 사치생활을 짐작케 한다. 용마루 끝에 놓였던 치미鴟尾와 추녀마루 끝에 장식으로 얹는 귀면鬼面 등의 장식기와들은 유약을 바르고 여러 가지 의장을 넣어 건축의 웅장성과 장식성을 최대한 높인 것을 볼 수 있다. 기와에 장식한 연화문蓮花紋은 고구려의 것을 닮아 선이 뚜렷하고 힘찬 것이 많이 발견되어 이전 고구려 기와의 제작수법을 계승•발전시킨 것을 볼 수 있

다.

동단국 東丹國 926~982 거란이 발해 옛땅에 종속국으로 세운 국가. 거란의 야율아보기는 발해를 멸망시킨 후인 926년 2월, 발해국의 이름을 「동단국」이라 고치고 자기의 맏아들을 동단국왕으로 세웠다. 동단국의 관제는 대체로 옛 발해국의 제도를 그대로 이었으나 그중 주요관직은 거란인을 임명하고 실권없는 자리에 발해인을 임명했다. 군대는 옛 발해인들로 구성되었으나 동단국왕의 통솔하에 움직이도록 했다. 또한 동단국은 거란에게 매년 마포 10만 단(1단은 반필)과 군마 1천 필을 공물로 바치는 의무를 지게 했다. 동단국의 설립은 발해유민을 무마하기 위한 것이었으나, 원래부터 독자성이 없이 명목상 국가란 이름만 가지고 있던 거란의 괴뢰정권이었다. 928년 거란은 동단국에 대한 정치·경제·군사적 지배를 강화할 목적으로 수도를 요양으로 옮겼으며, 이후 차츰 요나라에 편입되어 982년(거란 성종 즉위년) 12월 정식으로 폐지되었다.

정안국 定安國 ?~986 발해유민들이 압록강 유역에 세운 나라. 926년 발해가 멸망한 이후 발해유민들은 각지에서 부흥운동을 전개했는데, 특히 압록강 유역은 지세가 험난하고 압록강을 통한 외부와의 교통과 물자공급이 유리하여 부흥운동의 유력한 구심점이 되었다. 이러한 부흥운동으로 세워진 소국 중 정안국은 발해국의 6개성 귀족(고씨高氏·장씨張氏·양씨陽氏·두씨竇氏·오씨烏氏·이씨李氏 등이 발해 존립 당시부터 대표적인 성씨였다) 중의 하나인 오씨가 창시한 왕조로서, 발해 멸망 후 오래지 않아 성립된 것으로 보인다. 970년 정안국왕 오열만화烏烈萬華는 송과 국교를 맺어 거란을 협공할 것을 주장하여 송과 국서를 통해 약속하기도 했으나 실현되지는 못했다. 정안국은 이와 같

이 송과 밀접한 관계를 맺으면서 독자적인 연호를 사용하는 등 국가체제를 갖추어 나갔다. 그러나 985년 요나라의 대규모 원정으로 이듬해 봄에 정안국은 멸망되고, 요는 그 땅에 4개 주州를 설치하여 직접 지배했다.

오사국 烏舍國 발해유민의 부흥국가. 발해 멸망 후 부여부를 중심한 위치에 오사성烏舍城을 수도로 하여 세워졌으며, 왕실의 성은 정안국과 같은 오씨였다. 송이 보낸 국서에 오사국왕을 「오사성 부유부 발해염부왕烏舍城浮渝府渤海琰府王」이라 불렀던 것으로 보아 공식명칭은 「오사성 부유부 발해국」으로 표기된 듯하다. 오사국은 송나라와 동맹을 맺어 거란을 치고자 활발하게 교류를 했으며, 995년 거란인들이 대군을 이끌고 침입했을 때 국왕 오소경烏昭慶(또는 오소도烏昭度)의 지휘하에 결사전을 벌임으로써 이를 격퇴하기도 했다. 그후 거란이 쇠퇴하고 여진이 강해진 1114년에 금나라에 귀속했다고 하는 것으로 보아, 이 무렵까지도 독립국으로 존재하고 있었음을 알 수 있다.

흥료국 興遼國 거란의 지배하에 있던 발해유민들이 요양遼陽에 세웠던 나라. 1029년 8월초 거란의 동경요양부東京遼陽府 관하의 발해유민들은 대연림大延琳의 지휘하에 거란에 반기를 들어 동경성을 중심으로 흥료국을 세우고 연호를 천경天慶이라 했다. 대연림은 대조영의 후손으로 거란으로부터 동경사리군상은東京舍利軍詳穩의 벼슬을 받고 요양에서 근무하고 있었다. 당시 동경요양부는 원래부터 거란의 영토는 아니었으나 거란의 괴뢰국가 동란국이 서울을 이곳으로 옮길 때 발해의 명문귀족도 이리로 옮겨졌다. 또한 이 부근은 철생산지로서 발해유민의 기술을 이용하고 세력을 분산시키는 정책으로 철의 기술자로 알려진 발해유민을 요양과 안시성 등에

옮겨 발해유민의 집단거주지가 형성되었다. 대연림의 반란은 애초에는 무리한 세금징수와 가혹한 부역노동에 항거하여 일어났는데, 발해유민들의 지지를 받아 독립국가 건설에까지 진전되었던 것이다. 홍료국은 거란의 총공격을 받아 고려에 원병을 청했으나 고려의 신중론으로 도움을 받지 못한 채 만 1년 동안 치열한 항쟁을 전개했다. 그러나 외부와 완전히 절연된 상태에서 힘에 지치고 물자보장도 어렵게 되어 차츰 격파되던 중, 1030년 8월 요양성 안에서 거란군과 내통한 장군 양상세楊詳世가 성문을 열고 적을 끌어들임으로써 요양성은 함락되고, 국왕 대연림이 체포되어 발해유민들의 항쟁은 실패로 끝나고 말았다.

대원국 大元國 1116년 발해유민이 요나라의 동경東京(요양)에 세운 나라. 1116년 1월부터 5월까지 존속했다. 〈고려사〉에는 대원국으로 되어 있으나 〈거란국지契丹國志〉에는 「대발해국」이라고 했다. 연호도 〈고려사〉〈요사遼史〉에는 「융기隆基」로, 〈거란국지〉에는 「응순應順」으로 기재되어 차이를 보인다. 12세기 거란의 세력이 약화되고 여진족이 세운 금의 세력이 강대해가던 무렵, 동경유수 소보선蕭保先의 학정에 반기를 들어 1116년 1월 고영창高永昌의 지휘하에 발해인들이 소보선을 처단한 것을 계기로 거란에 대한 항거가 시작되었다. 이들이 동경 요양성을 차지한 후 요 동지방 50여개 주의 발해유민들이 이에 적극적으로 호응하여 한달여 만에 발해군은 8천여 명의 큰 역량으로 성장했다. 고영창은 이에 기초하여 「대원국」의 창립을 선포하고 황제가 되었으며 연호를 「융기」라고 했다. 대원국은 거란의 침공을 물리치면서 급속히 강성해졌으나, 그해 5월 요나라의 장림張琳 등이 군사를 이끌고 공격, 이에 고영창은 금

에 구원을 요청했으나 오히려 금의 공격을 받아 요양성이 함락되고 고영창이 체포됨으로써 대원국의 건설은 실패로 끝났다.

2. 통일신라의 지배체제와 사회·경제

통일신라의 지배체제 정비 統一新羅-支配體制整備 삼국을 통합한 신라는 늘어난 영토와 인구를 효율적으로 통치하기 위해 통치조직을 재정비해야 했다. 중앙관제는 왕권을 중심으로 집권체제를 강화하는 방향으로 정비되었는데, 왕권강화는 태종 무열왕의 등장 이후 더욱 뚜렷해졌다. 이때부터 이전에 사용하던 불교식 왕명 대신 유교식 왕명을 사용했으며, 귀족들의 합의기구였던 화백회의의 기능을 축소하는 한편 집사부의 기능을 강화하고 행정조직을 확대하여 위화부·창부·예부·병부·이방부·공장부 등 당의 6전체제의 기능을 모두 갖춘 14개의 행정관서가 정비되었다. 이러한 행정관서가 완비된 신문왕대에는 전제왕권이 확립되고 경덕왕대에 이르러 황금기를 맞이했다. 한편 확대된 영역을 지배하기 위해 지방 통치조직도 새롭게 정비하여, 지방을 9주로 구획하고 그 밑에 군·현을 설치했으며 특수 행정구획으로 5소경을 설치하는 제도도 완비되었다. 또한 말단지방 행정구역으로 촌이 있었는데 그 지방 유력자를 촌주로 삼아 관리하게 했다. 통일 후 증가한 군사력을 다시 정비하는 작업도 이루어졌는데, 중앙군은 이전의 부족적 전통을 가진 6정 대신 9서당이 핵심을 이루었으며 지방군은 10정이 중심이 되었다. 이러한 지배체제 정비와 아울러 골품제와 관등제도에도 변화가 나타났다. 왕족 중 성골이 소멸되었으며, 한편 지방인의 차별을 의미하는 외

위제도도 점차 소멸되어 지방출신뿐 아니라 백제·고구려 출신 인물들에게도 경위를 수여하는 등 경위가 6부귀족의 독점물이라는 의미가 없어졌다.

신라의 시기구분 〈삼국유사〉와 〈삼국사기〉에 나타난 신라의 시대구분. 삼국유사와 삼국사기에는 모두 신라 전시기를 3시기로 구분하고 있는데, 각각 그 사관에 따라 시기구분에 차이를 보이고 있다. 〈삼국유사〉에서는 법흥왕 이전 시기를 상고上古, 법흥왕 이후 진덕여왕 때까지를 중고中古, 태종무열왕 이후 시기를 하고下古라 구분했는데, 이는 신라인 자신들이 통일기부터 인식하고 있었던 신라사 구분법으로서 불교가 공인되어 불교왕명을 사용하던 법흥왕 이후 진덕여왕 이전을 중고라 하여 중시했다. 반면 삼국사기에서는 세 시기를 상대上代·중대中代·하대下代로 나누었는데, 태종무열왕과 그 직계자손이 즉위한 시대를 중대라 하고 그 이전 시기를 상대, 그 이후 진시기를 하대라고 구분하고 있다. 이는 무열왕과 문무왕이 삼국을 통일한 것이 신라의 정통성을 확립하는 결과를 가져왔으며, 또 이 시기부터 유교정치이념을 내세우고 있었기 때문에 무열왕 직계자손이 왕위에 있었던 시기를 중대라 하여 특별히 구분한 것으로서, 신라 하대에는 일반적인 인식이었던 것으로 보인다. 이 두 구분법은 모두 태종무열왕 이후에 왕의 혈통이 성골에서 진골로 전환한 사실을 주요 구분근거로 내세우고 있는데, 이러한 지배세력의 교체는 그것을 가능하게 한 사회변동을 바탕으로 한 것이라는 면에서 중요한 의미를 지닌다.

태종무열왕 太宗武烈王 ?∼661 신라 제29대왕. 재위 654∼661. 이름은 춘추春秋. 진지왕자 이찬 용춘龍春의 아들로 진덕여왕이 죽은 후 신라왕실에 성골이 다하여 진골로서 처음으로 왕위에 올랐

△태종무열왕릉비

다. 이후 제36대 혜공왕에 이르기까지 무열왕의 자손이 왕위에 올랐는데, 삼국사기에서는 이 시기를 중대로 구분한다. 선덕여왕 재위시에 상대등 비운毗曇을 중심으로 한 진골귀족들과 국왕과의 정생이 격화되면서 647년(선덕여왕 16) 비운 등이 반란을 일으키자 김유신과 더불어 이를 진압했으며, 내전중에 선덕여왕이 죽자 진평왕의 조카인 진덕여왕을 옹립한 뒤 정치·군사상의 실권을 장악했다. 651년(진덕여왕 5)에는 당의 정치제도를 모방, 종래의 품주稟主를 개편하여 집사부를 설치하는 정책개혁을 단행하여 왕권강화를 도모했다. 진덕여왕이 죽은 후 상대등인 알천閼川이 귀족들에 의해 왕으로 추대되었으나 김유신의 활약으로 김춘추가 왕위에 오르게 되었는데, 이는 화백회의를 통해 실현되어오던 신라의 귀족연합정치가 무너지고 전제왕권이 성장해가고 있음을 나타내준다. 660년(무열왕 7)에 왕의 청원으로 당이 백제정벌을 위해 대군을 파견하자 왕자 법민法敏(후의 문무왕)과 김유신에게 명해 정병 5만 명으로써 이에 응원케 하여 백제를 멸망시켰다. 661년(무열왕 8) 5월에는 당이 고구려 정벌의 대군을 파견했으나, 그해 6월에 삼국통일을 보지 못한 채 죽었

△문무대왕릉. 불교방식에 따라 화장한 뒤 동해에 묻으면 용이되어 동해로 침입하는 왜구를 막겠다는 유언에 따라 만들어진 수중릉.

다. 시호는 무열, 묘호廟號는 태종이라 했다.

문무왕 文武王 ?~681 신라 제30대 왕. 재위 661~681. 이름은 법민法敏. 660년(태종무열왕 7) 신라와 당이 연합하여 백제를 정벌할 때, 법민은 태자로서 전쟁에 종군하여 큰 공을 세웠으며, 661년에 태종무열왕이 삼국을 미처 통일하지 못하고 죽자 왕위를 계승하여 통일전쟁을 추진, 668년에는 당군과 함께 평양성을 공격하여 고구려의 항복을 받았다. 또한 당나라가 삼국 전체를 자기의 영토로 삼으려는 의도를 노골적으로 드러내자 당과 전쟁을 치르고(나당전쟁) 삼국통일을 완수했다(676년). 문무왕은 통일전쟁 과정에서도 국가체제의 정비를 위해 적지않은 노력을 기울였으며, 자기의 형제들을 중시에 임명하여 왕권의 안정을 꾀하고 중앙관부의 말단 행정담당자인 사史의 인원수를 증가시켜 업무처리를 원활하게 했다. 또한 북원소경·금관소경을 두어 신문왕 때 완성되는 5소경제의 기틀을 마련하

는 한편 중앙에 몇 개의 군단을 조직하여 9서당 편제의 기초를 마련하기도 했다.

신문왕 神文王 ?~692 신라 제31대 왕. 재위 681~692. 이름은 정명政明·명지明之, 자는 일초日招. 문무왕의 장자로서 왕위에 올라 왕권 강화와 제도정비에 힘을 기울여 전제왕권 중심의 통치질서를 완비했다. 왕이 즉위하던 해 왕의 장인인 김흠돌을 비롯한 귀족들의 모반사건이 있었으나 이를 모두 평정한 후 과감한 정치적 숙청을 단행함으로써 전제왕권의 확립을 꾀했다. 682년 동해에서 얻었다는 만파식적萬波息笛은 이러한 반란과 같은 정치적 불안을 진정시키려는 왕실의 소망이 담겨 있었다고 할 수 있다. 같은 해에 국학國學을 설립했는데 이 또한 유교정치이념을 도입함으로써 왕권을 강화하고자 하는 의도가 반영되어 있다. 한편 삼국을 통일한 뒤 증대한 중앙관서의 업무와 확대된 영역의 지방통치를 위한 제도정비도 이루어졌다. 공장부감工匠府監과 예작부경例作府卿 등을 두어 중국의 6부관서 업무를 모두 관장할 수 있는 중앙관서의 체제를 완비했고, 685년에는 5소경제를 정비하고 9주제를 완성하는 등 지방통치 체제를 완비했으며, 또한 중앙군사조직으로 9서당을 완성했다. 이러한 관제정비와 아울러 689년에는 녹읍을 폐지하고 관리들에게 해마다 세조歲租를 차등있게 지급토록 했는데(관료전), 이것은 녹읍을 통한 관리들의 경제력 확대를 억제시킴으로써 전제왕권을 강화할 수 있는 효과를 가져왔다. 한편 687년에는 직계조상인 태조대왕太祖大王·진지대왕眞智大王·문흥대왕文興大王·태종대왕太宗大王·문무대왕文武大王의 5묘제廟制를 확립하여 중대 왕실의 정통성을 수립하고자 했다.

만파식적 萬波息笛 신라 제31대 신문

왕이 얻었다는 피리. 삼국유사에는 682년(신문왕 2)에 만파식적을 얻었다고 하는 기록이 있다. 신문왕이 즉위한 후 부왕인 문무대왕을 위하여 동해변에 감은사를 세웠는데, 다음해 5월 동해 가운데 작은 산이 물결을 따라 감은사를 향해 온다 하여 점을 치니 부왕인 문무왕과 김유신 두 성인이 성城을 지킬 보배를 주신다 하였다. 그 산 위에 있는 대나무를 구해 피리를 만들어 보관하였는데, 그 피리를 불면 적병이 물러가고 병이 낫고 가뭄에는 비가 오고 비올 때는 개이며 바람은 가라앉고 물결은 평온해진다 하여 만파식적이라 이름하고 국보로 지정했다고 한다. 이 만파식적을 얻은 것은 신문왕 2년으로, 김흠돌의 난을 진압한 후 귀족들에 대한 피의 숙청이 감행된 다음해의 일이다. 따라서 이에는 귀족들의 반란과 같은 모든 정치적 불안을 진정시키기를 원하는 국왕의 소망이 담겨 있었던 것으로 보이며, 전제왕권하의 신라의 평화를 상징해주는 것으로 이해되고 있다.

국학 國學 신라의 중앙교육기관. 682년(신문왕 2)에 완성되었으나 그 준비작업은 651년(진덕여왕 5)부터 이루어졌다. 경덕왕 때 태학감太學監이라 하다 혜공왕 때 다시 국학으로 고쳐 불렀다. 국학의 교수과목은 〈논어〉〈효경〉을 공통필수로 하여 경학을 위주로 하고 문학을 부차로 교육했으며, 그외 수학 등의 과목이 부수적으로 부과되었다. 국학의 학생은 원칙적으로 왕경인王京人에 한했으며, 15세에서 30세까지 학업에 종사할 수 있었다. 보통 9년을 기한으로 하였으며, 학업을 마치면 나마 또는 대나마의 관등을 주었다. 9년 동안의 학업끝에 겨우 대나마가 될 뿐이므로 진골에게는 관심이 없었을 것이며 주로 6두품이 입학했을 것으로 보인다. 유교교육기관인 국학의 설치는 유교정치이념에 대한 이해를 통해 전제왕권을 강화하고자 한 것이었다. 국학설치의 준비작업이 김춘추가 실세로 있던 진덕여왕 때 이루어졌다는 것도 이와 무관하지 않다. 김춘추는 국학을 통해 유학교육을 받은 관리를 양성하여 진골귀족의 세력에 대항하는 6두품 출신의 신진세력을 기용, 전제왕권을 강화하고자 한 것이었다. 이것은 중대 전제정치체제가 완비되는 신문왕 때 완성되는데, 이때 국왕 중심의 행정기구에서 국학출신 유학자들이 중요한 기능을 담당했을 것으로 보인다. 그러나 골품제를 고집하는 진골귀족들의 외면으로 더이상의 발전은 보지 못했고 신라 하대에 이르면 그 중요성이 점점 감소하여 국학은 쇠퇴하게 된다. 이에 따라 국학의 강화책으로 788년(원성왕 4)에 독서삼품과를 설치하였고, 799년(소성왕 1)에는 청주菁州(지금의 진주) 지방의 노거현老居縣을 학생녹읍으로 삼아 국학에 입학한 학생들의 경제적 기반을 마련해주고자 했다. 그럼에도 불구하고 하대에는 도당유학생들이 점점 증가하여 국학출신자들을 압도, 새로 대두하는 지식층의 주류를 이루었다.

집사부 執事部 신라의 중앙 최고 행정기관. 중앙의 여러 관청들을 통제하고 국왕의 명령을 직접 받아 집행하던 최고 행정기관으로서, 651년(진덕왕 5)에 본래 있던 품주稟主를 개편해 설치되었으며, 829년(흥덕왕 4)에는 집사성으로 고쳤다. 집사부의 설치는 진덕왕 당시 왕권을 배경으로 정치의 실권을 쥐고 있던 신흥귀족 김춘추와 김유신 일파의 주장에 의한 것으로, 전제왕권 강화를 위해 설치한 것으로 보인다. 장관은 중시中侍이며, 747년(경덕왕 6) 시중으로 고쳤다. 중시 아래의 관원으로 전대등典大等(시랑侍郎) 2명, 대사大舍(낭중郎中) 2명, 사지舍知(원외랑員外郎) 2명,

사史(낭郎) 14~20명 등을 두었다.

중시 中侍 신라의 중앙 최고 행정기관인 집사부의 장관. 651년(진덕왕 5) 집사부가 설치되면서 두어졌으며, 747년(경덕왕 6)에는 시중侍中으로 개칭되었다. 관등은 대아찬에서 이찬까지로서, 그 지위는 상대등·병부령보다는 낮게 규정되어 있었으나 신라 중대의 전제정치하에서 정치적으로는 더욱 중요한 지위를 누리고 있었다. 중시는 국왕을 보좌하고 왕명을 받들어 밑으로 여러 관부를 거느리는 임무를 맡았다. 한편 중시는 종종 천재지변이 있을 때 교체되기도 하는 것을 볼 수 있는데, 이는 정책을 집행해나가는 과정에서 일어난 잘못의 책임을 지는 것으로 이전 국왕이 짊어졌던 책임을 대신한 것이라 할 수 있다. 즉 중시는 왕명을 받들어 행정을 집행하고 국왕을 대신하여 국정의 책임을 지는, 말하자면 전제왕권의 방파제 구실을 담당했던 것이다. 그러나 하대下代에 와서 승진이 일반적으로 나타나는 등 하대귀족들이 정치적으로 승진하는 데 계단역할을 하는 것을 볼 수 있다.

상대등 上大等 신라의 최고 관직. 귀족회의 주재자. 일명 상신上臣이라고도 함. 531년(법흥왕 18)에 처음 설치. 화백회의 주재자로서 신라 귀족의 대표적 존재였으므로 진골 중에서도 이찬伊飡이라는 높은 관등의 자가 임명되었으나, 그 지위는 시대에 따라 변화를 보였다. 귀족연합체제를 주축으로 하던 상대上代에는 진골 중에서도 가장 문벌이 좋은 자가 뽑혀 귀족을 통솔할 뿐 아니라 국왕과 더불어 권력과 권위를 서로 보완했다. 그러나 태종무열왕 이후 중대의 전제왕권체제 아래에서는 정치적 실권이 집사부로 넘어가고 상대등은 다만 행정에 대한 득실을 논하는 정도의 지위로 약화되었다. 그러나 하대에 와서 전제왕권이 무너지고 귀족연합체제가 전개되자 상대등은 다시 그 이전의 지위로 상승되었으며, 왕위계승전쟁에서도 위력을 과시하여 신라의 멸망 때까지 귀족 전체의 결합을 위한 하나의 매개체이자 동시에 그 상징적인 구실을 했다.

병부 兵部 신라 때 군사관계 일을 맡아보던 중앙관청. 516년(법흥왕 3) 혹은 그 이듬해 설치되었는데 이는 신라의 중앙관서 중 가장 먼저 설치된 것이다. 병부의 설치는 종래 귀족들이 각기 거느리고 있던 군사력을 국가의 행정력에 의해 통제하고자 하는 국왕의 의도가 반영된 것으로서 왕권강화에도 중요한 역할을 했을 것으로 보인다. 그 장관인 영令은 관등이 태대각간太大角干(이벌찬 위에 가작加爵한 최고관등)에서 대아찬까지의 자로서 임명하였으며, 재상·사신私臣(내성內省의 장관직)을 겸할 수 있었다. 병부령은 하대에는 상대등으로 진출하는 하나의 통로가 되었다. 병부는 신라의 영토확장과 함께 그 기구가 꾸준히 확장되어 병부령 3명 외에 대감大監 3명, 제감弟監 2명, 노사지弩舍知 1명, 사史 17명, 노당弩幢 1명 등의 관원을 두었다.

조부 調府 신라 때 주로 공부貢賦 수납에 관한 일을 맡아보던 중앙관청. 584년(진평왕 6)에 설치되어 8세기중엽(경덕왕 때) 대부大府로 고쳐졌다가 혜공왕 때 다시 조부라 했다. 주로 조세·공물·부역 등의 수취를 맡아본 관청으로서, 관원으로는 영令(대아찬에서 태대각간까지 임명) 2명, 경卿 2명, 사지舍知 2명, 사史 8명 등이 있었다. 그 장관인 영이 병부에서와 같이 대아찬에서 태대각간 등 최고관등의 자가 임명된 것으로 보아 당시 관료체계에서 중요한 위치에 있었던 것을 알 수 있다.

예부 禮部 신라 때 예의·도덕·교육 및 여러가지 의식·외교 등을 맡아보던 중앙관청. 586년(진평왕 8) 장관으로 영슈(대아찬~태대각간) 2명을 두고 그 이후 경卿·대사大舍·사지舍知 및 사史 등의 관원을 점차 배치했다.

위화부 位和府 신라 때 주로 관리들의 임명·파면 등에 관한 일을 맡아보던 중앙관청. 581년(진평왕 3)에 최초로 설치, 경덕왕 때 사위부司位府로 고쳤다가 혜공왕 때 다시 원명으로 환원했다. 관원은 금하신衿荷臣(후에 영슈으로 고침) 2~3명, 상당上堂(경卿) 2~3명, 대사大舍(주부主簿) 2명, 사史 8명 등이 배치되었다. 금하신의 관등은 이찬에서 대각간까지였다.

창부 倉部 신라 때 재정財政에 관한 사무를 맡아보던 중앙관청. 전세와 그 밖에 여러가지 세의 명목으로 양곡을 비롯한 생산물들을 거두어들이고 그것을 보관하며 출납하는 일을 담당했다. 처음에는 품주(후의 집사성)에서 관할했으나 651년(진덕왕 5) 따로 창부를 설치했다. 소속관원으로는 영슈(대아찬~대각간) 2명, 경卿 2~3명, 대사大舍 2명, 조사지租舍知 1명, 사史 8~30명 등이 있었다.

이방부 理方府 신라 때 형률刑律에 관한 사무를 맡아보던 관청. 651년(진덕왕 5) 집사부와 함께 설치했는데 667년(문무왕 7) 기구를 확장하여 좌·우 이방부의 2개 기관으로 만들었다. 좌이방부左理方府는 영슈·경卿·좌佐·대사大舍를 각각 2명씩 그리고 사史 15명의 관원을 두었으며, 우이방부右理方府에도 영·경·좌·대사가 각각 2명, 사 10명의 관원을 배치했다. 이러한 제도의 설치는 율령에 의한 통치질서를 강화하기 위한 조처로서, 율령을 강화하기 위한 조처는 654년에 태종무열왕이 왕위에 오르면서 종전에 시행하던 율령을 참작하여 〈이방부격理方府格〉 60여 조를 제정한 것에도 나타난다.

예작부 例作府 신라 때 토목공사·보수사업 등을 담당한 중앙관청. 일명 예작전例作典. 경덕왕 때는 수례부修例府라 했다가 혜공왕 때 다시 본명으로 환원했다. 관리로서는 영 1명을 장관으로 하고 그 밑에 경·대사·사지·사 등을 배치했다.

공장부 工匠府 신라 때 관청수공업을 관리하던 관청. 예작부가 토목사업을 담당한 데 반해 공장부는 주로 수공업품 생산 전반을 관할한 기관이다. 682년(신문왕 2)에 설치되었다고 하나 그 소속관원 가운데 주서主書가 651년(진덕왕 5)에 설치된 것으로 보아 그 전신은 이보다 오랜 듯하다. 759년(경덕왕 18) 전사서典祀署로 고쳤다가 776년(혜공왕 12) 다시 본래대로 바꾸었다. 소속관원으로는 장관인 감監(대나마에서 급찬까지의 관등) 1명을 비롯하여 주서主書(주사主事·대사大舍라고도 함) 2명과 사史 4명을 두었다. 통일 후의 신라는 어아주·조하주 등의 고급직물과 금은세공품 등의 수출이 크게 늘어나는데, 이는 이러한 물품을 생산하는 관영수공업의 발전을 반영하는 것이다. 귀족사회의 진전에 따른 귀족들의 수요품 증가와 국제무역 확대에 의해 수공업이 발달하고 많은 공장이 설치됨에 따라 이러한 공장부의 설치가 요청된 것이 아닌가 한다.

사정부 司正府 신라 때 백관百官을 감찰하는 업무를 관장한 중앙관청. 감찰기능을 가진 관서는 544년(진흥왕 5)에 경卿이 설치되면서부터 있어 왔으나 659년(태종무열왕 6)에 장관인 영슈이 설치되면서 사정부로 격상되었다. 759년(경덕왕 18)에 숙정대肅正臺로 고쳤다가 혜공왕 때 다시 사정부라 했다. 관원으로는 영슈(대아찬에서 각간까지의 관등), 경卿 2~3명, 승丞(좌佐·평사評事) 2명, 대사大舍 2명, 사史 10~15명이 있었다.

선부 船府 신라 때 선박·항해에 관한 일을 맡아보던 중앙관청. 583년(진평왕 5)에 병부 소속기관으로 있었으나 678년(문무왕 18) 독립된 관청으로 되었다. 경덕왕 때 이제부利濟府로 고쳤다가 혜공왕 때 다시 원명으로 환원되었다. 소속관리로는 영(대아찬~각간) 1명, 경 2~3명, 대사 2명, 사지 1명, 사 8~10명이 있었다. 선부의 설치는 6세기말 이후 신라의 해상활동이 급속히 발전해 간 것을 반영한다.

외사정 外司正 신라 때 지방관의 감찰을 맡아보던 관원. 673년(문무왕 13)에 설치된 것으로 임무는 지방관리에 대한 감찰을 맡은 것으로 보이며 주에 2명, 태수를 배치한 군에 1명씩 파견되었다. 외사정의 파견은 왕권의 지방침투를 위한 중요한 계기가 되었다.

9주 九州 통일신라의 지방행정구획. 신라의 지방통치제도는 전국을 몇 개의 주州로 구획하고 그 밑에 군·현을 두는 주·군·현제州郡縣制를 기본으로 하고 그 외 특수행정구역으로 소경을 설치했는데, 통일 이후 9주 5소경제로 정비된다. 주는 505년(지증왕 6)에 최초로 실직주悉直州를 설치하고, 그 장관으로 군주軍主를 파견한 것에서 비롯되었는데, 통일 이전의 주는 행정구획이라기보다 지방지배의 거점으로서 군사적 성격이 강했기 때문에 영토를 확장하는 과정에서 이동이 심하고 명칭도 자주 바뀌었다. 이때 주의 장관인 군주는 군사령관의 임무를 주로 하고 행정도 함께 책임진 지방관의 구실을 했다. 그러나 통일을 계기로 주가 증설되면서 그 성격도 차츰 변화되었다. 685년(신문왕 5)에는 지방조직의 정비가 대략 매듭지어져 9주 5소경제로서 확정되는데, 이때 주의 장관의 명칭은 도독都督으로 개칭되었고 그 성격도 행정관의 기능만 갖는 것

으로 변화되었다. 9주는 경덕왕 때는 한식漢式 명칭으로 변경되었는데 9주의 명칭은 다음과 같다. 상주尙州(사벌주沙伐州)·양주良州(삽량주歃良州)·강주康州(청주菁州)·한주漢州(한산주漢山州)·삭주朔州(수약주首若州)·웅주熊州(웅천주熊川州)·명주溟州(하서주河西州)·전주全州(완산주完山州)·무주武州(무진주武珍州)(괄호 안은 개정 이전의 명칭)

군주 軍主 신라의 지방행정구역인 주州의 장관. 505년(지증왕 6)에 처음으로 이사부異斯夫를 실직주悉直州의 군주로 임명한 것에서 비롯되며, 통일 이전 지방행정의 책임자인 동시에 군사권을 행사하던 군지휘관이었다. 초기의 주는 영토확장 과정에서 원활한 전쟁수행을 위하여 지역단위의 군사·행정적 통제기구의 필요에서 두어졌기 때문에, 군주는 군사령관의 임무를 주로 하되 행정도 함께 책임진 지방관의 구실을 했다. 군주의 자격은 급찬에서 이찬의 관등에 있던 자를 임명하도록 규정하고 있으나 실제로는 사찬의 관등에 있던 사람이 가장 많이 취임했으며, 진골 출신으로 특히 이사부와 김유신의 경우처럼 병부령·상대등까지 승진되는 당대의 대표적인 장군들이 독점하고 있었다. 이와 같이 통일 이전의 군주는 지방행정단위인 주의 장관이라기보다는 일선지휘관으로서의 임무나 성격이 더 강했다. 그러나 영토가 확장되고 군현제가 정비되면서 그 행정을 맡아 태수와 현령 등이 중앙에서 파견됨에 따라 군주는 그 군사력을 바탕으로 감독관 내지 보호자 구실을 하는 등 성격의 변화를 보이다가, 통일 후 9주 5소경제가 확립되면서 주 장관은 군·현·소경을 총괄하는 행정관이 되었고 명칭도 도독都督으로 개칭되었다. 한편 주에 배치되었던 군단은 다시 정비되어 각 주에 상설군영으로 배치되었는데(10정), 그 군단을 지휘하는

순수 군관직이 장군이었다. 즉 군주는 통일 후 주의 장관으로서 도독이 되고, 군주의 군사적 기능은 장군이 담당하는 분화과정이 이루어진 것이다.

태수 太守 신라 때 군郡의 장관. 505년(지증왕 6) 이전에는 군주郡主 또는 군간郡干 등으로 불렸던 것으로 보이나 6세기말 이후 태수라는 명칭이 공식적으로 사용되었다. 제6등급인 중아찬에서 제13등급인 사지에 이르는 관등을 가진 자가 임명되었으며 현령 등과 함께 성주로 불리기도 했다. 이들은 촌주를 통해 조세를 징수하는 등 군의 행정사무를 맡아보았다.

5소경 五小京 신라의 지방 특별행정구역. 지방에 대한 중앙권력의 침투 강화를 목적으로 설치한 것으로서, 통일 직후인 678년에 북원경北原京(원주)을 설치했고, 680년에는 금관경金官京(김해)을, 685년에는 서원경西原京(정주)·남원경南原京(남원)을 각각 설치하여 그 이전부터 있었던 중원경中原京(충주)과 함께 5소경체제가 완성되었다. 소경의 장관은 사신仕臣(일명 사대등仕大等이라고도 함)이라 하는데, 관등은 급찬에서 파진찬까지로서 주의 장관인 도독보다 관등상 지위는 낮았으나 그 지배를 받지 않고 중앙정부의 직접적인 지시를 받았다. 5소경은 옛가야·백제·고구려 지역에 배치했으며, 여기에는 수도 경주와 같이 6부조직을 두고 수도의 진골귀족들을 이주시키는 조치를 취했다. 이는 귀족들로 하여금 왕권을 지지하는 정신적 지주로 삼아 지방세력을 견제하는 한편 수도 안의 귀족세력을 분산·약화시키고자 한 것이었다.

사신 仕臣 신라의 지방 특별행정구역인 소경의 장관. →5소경.

상수리제도 上守吏制度 신라 때 지방 향리를 수도인 경주에 볼모로 와 있게 한 제도. 지방의 향리가 수도에 가서 근무하는 제도로서, 〈삼국유사〉에는 「나라 제도에 매양 외주外州의 리吏 1인을 수도 안의 각 조에 올라와 번을 서게 했다」라고 하고, 그것이 고려 때의 기인其人이라고 주석을 붙여놓았다. 상수리의 기원은 확실치 않으나 내물마립간에서 법흥왕·진흥왕에 이르는 동안 수차 고구려와 왜에 질자를 보낸 고사가 있는데, 집권적 국가체제를 정비하는 과정에서 이러한 국가간의 질자제도를 모방, 지방토호세력인 향리를 통제하기 위한 정책으로 전환시킨 것이 아닌가 한다. 이 제도는 고려시대에 기인제도로 발전했다.

촌주 村主 신라시대와 고려초의 지방 말단행정단위인 촌의 우두머리. 신라는 말단행정단위인 촌의 민을 지배하기 위해 지방유력자에게 촌주리는 벼슬을 수어 행정실무를 담당하게 했는데, 이는 그들을 지방통치체제 안에 포섭하고자 하는 조치이기노 했다. 촌주는 그 지역 주민에 대한 징세·부역동원 등의 임무를 수행했으며, 신라 촌락문서에 의하면 그들의 경제적 기반으로 촌주위답이 주어졌다. 촌주에는 군 전체의 업무를 맡은 것으로 보이는 외진촌주外眞村主와 그보다 규모가 작은 지역촌을 관할하던 차촌주次村主가 있는데, 외진촌주는 군상촌주郡上村主·군중촌주郡中村主·군하촌주郡下村主 또는 상촌주上村主·제2촌주·제3촌주 등이 있다. 외진촌주는 5두품, 차촌주는 4두품에 상당하는 사회적 지위를 누리고 있었는데, 이들에게는 본래 외위가 주어졌으나 통일 이후 외위가 소멸되면서 8등급 사찬에서 11등급인 나마에 이르는 경위가 주어졌다. 신라 하대 중앙정부의 지방통제력이 약화되면서 독자적인 세력으로 성장하는 호족 중 상당수가 이들 촌주출신이었을 것으로 보인다.

남산 신성비 南山新城碑 신라시대에

△영천 청제비

경주의 남산신성을 축조한 후 세운 기념비. 남산신성비는 지금까지 5개가 발견되었는데 제3비는 서울의 6부인에 대한 기록을 보여주며 제 1, 2, 4, 5비는 주로 지방민에 대한 기록을 남기고 있다. 이는 신라중고기의 역역체제力役體制·지방행정기구·촌락구조 등을 파악하는 데 중요한 자료를 제공하고 있다.

영천 청제비 永川菁堤碑 신라시대 제방을 축조한 후 세운 기념비. 798년(원성왕 14)에 영천에 청제菁堤를 축조한 후 세운 기념비로서 8·9세기 신라의 수리시설 발전을 대변해주는 기념물이다. 이 청제의 축조는 중앙정부의 명에 의해 전국적인 규모로 노동력을 동원하여 이루어진 것으로서, 당시의 역역力役동원체제와 촌락구조에 많은 시사를 해준다.

9서당 九誓幢 신라의 중앙에 배치된 9개부대. 통일 이후 수도의 방어와 치안을 맡은 핵심적 중앙군단. 통일 이전인 진평왕 때 녹금서당綠衿誓幢(신라인)·자금서당紫衿誓幢(신라인) 등 2개의 서당이 조직되었는데, 통일 이후 문무왕 때 백금서당白衿誓幢(백제인)·비금서당緋衿誓幢(신라인)이 설치되고, 신문왕 때 황금서당黃衿誓幢(고구려인)·흑금서당黑衿誓幢(말갈인, 실상은 동예인)·벽금서당碧衿誓幢(보덕국인)·적금서당赤

衿誓幢(보덕국인)과 청금서당靑衿誓幢(백제인)이 추가되어 9서당으로 완성되었다. 9서당은 신라인뿐만 아니라 피정복민으로 구성된 부대가 전체의 2/3를 차지하고 있었다는 특징을 지니고 있는데, 이는 대당전쟁을 수행하기 위해서 민족적 융합이 요구되었다는 시대적 배경과 함께 백제·고구려인에게도 국정참여의 길을 열어줌으로써 새로운 민족국가의 출범을 확인하려는 뜻도 포함되어 있었다. 이들은 또 군복 옷깃의 색깔에 의해 구별되는 획일적인 부대명을 갖고 있었는데, 이러한 획일성은 통일 이전의 귀족적 성격의 군단과는 달리 전제왕권을 뒷받침하는 군사조직이었음을 말해준다.

시위부 侍衛府 신라시대 국왕을 호위하는 임무를 담당한 중앙군사조직. 624년(진평왕 46)에 대감大監 6명을 두어 처음 조직되었는데, 651년(진덕왕 5)에는 3도徒로 나뉘어 편성되고, 681년(신문왕 1)에는 장군將軍 6명이 설치되는 등 왕권강화에 따라 더욱 조직화되고 격도 높아졌다. 여기에는 117명의 졸이 있는데, 그들은 대사(12등급)까지의 관등을 가진 자들로서 문벌이 높은 귀족 출신의 정병이었다고 인정된다. 시위부 군사가 수적으로는 상대적으로 적은 데 비해 장군이 6명, 대감이 6명씩이나 배치된 것으로 보아 이 기구가 전제왕권을 군사적으로 뒷받침한다는 점에서 중요시되었음을 알 수 있다.

10정 十停 통일신라시대 지방에 배치된 군사조직. 10정은 9주를 기준으로 하여 각 주에 하나의 정씩 설치한다는 원칙하에 고루 배치되고 있는데, 다만 한주漢州만은 그 지역이 넓을 뿐 아니라 국방상의 요지이기도 했기 때문에 2개의 정이 설치되었다. 10정의 명칭과 배치된 주, 그리고 그 위치는 다음과 같다.(괄호 안은 정이 설치된 지역) 음리

화정음리火停-상주(경상북도 상주)·고량부리정古良夫里停-웅주(충청남도 청양)·거사물정居斯勿停-전주(전라북도 임실)·삼량화정三良火停-양주(경상북도 달성)·소삼정召參停-강주(경상남도 함안)·미다부리정未多夫里停-무주(전라남도 나주)·남천정南川停-한주(경기도 이천)·골내근정乃斤停-한주(경기도 여주)·벌력천정伐力川停-삭주(강원도 홍천)·이화혜정伊火兮停-명주(경상북도 청송). 10정의 위치는 각 주의 주치州治에 가까운 곳에 배치되고 있었는데, 이로 미루어 보면 10정은 통일신라의 군사적 지방통치의 거점이었으며, 국방만이 아닌 치안을 위한 군사조직이기도 했다고 할 수 있다.

성골과 진골 聖骨-眞骨 신라 골품제도에서 왕족의 신분인 성골과 진골. 신라의 골품제도는 성골과 진골이란 2개의 왕족신분과 6두품·5두품·4두품의 3개의 두품으로 구성되어 모두 5개의 신분계급으로 나뉘어졌다. 이중 성골은 김씨 왕족 중에서도 왕이 될 수 있는 자격을 가진 최고의 신분이었다고 하는데 진덕여왕을 끝으로 하여 소멸되었다. 진골은 왕족이었으나 왕이 될 자격이 없었다고 하는데, 성골이 소멸되자 태종 무열왕 이후 신라의 멸망 때까지 진골출신이 왕위에 올랐다고 한다. 그러나 이처럼 같은 왕족이면서도 성골과 진골이 구별되는 이유는 뚜렷하게 알려져 있지 않다. 이에 대해서는 다양한 견해가 제시되어 왔으나 내물왕 이후 신라왕실의 혈연집단이 점차 분화되어 왕실 내의 여러 가계가 각기 독립적인 경향을 띠게 되는 과정에서, 진평왕 때 왕실의 소가족집단이 나머지 왕실 혈족집단의 구성원과 구별하기 위하여 진골보다 더 상위의 신분계급으로서 성골을 주장한 것이 아닌가 한다.

경위 京位 신라시대 왕경출신 관료들의 개인적 신분표시로 설정된 관등체계. 신라의 관등체계는 왕경인에게 주는 경위와 지방민에게 주어지는 외위外位로 이원화되었으나, 통일 이후 지방민에게도 외위 대신 경위가 주어지면서 외위는 소멸되고 관등체계가 일원화되었다. 그뒤에는 관등이라면 곧 경위만을 자칭한다. 신라의 경위체계는 17등으로 구성되어 있었는데, 이는 대체로 6세기초 법흥왕 때 완성된 것으로 보인다. 경위는 골품제도 및 관직제도와 밀접한 관계를 가지면서 운용되어, 각 골품에 따라 오를 수 있는 경위의 상한선이 마련되어 있었으며, 각 관직에도 취임할 수 있는 관등의 범위가 설정되어 있었다. 삼국 통일기에 제1등 이벌찬의 상위관등으로 대각간大角干·태대각간太大角干이라는 특수한 간등이 만들어지고 또한 각 골품의 상한선인 아찬·대나마 등에 중위제重位制가 마련되기도 했으나 17등경위제의 기본구조는 그대로 유지한 채 신라말까지 존속했다.

외위 外位 신라시대 지방인에게 개인적 신분표시로 주어졌던 관등체계. 오위는 촌주를 포함한 지방사회의 유력자들을 중앙에 포섭하면서 마련된 체계로서, 왕경인만을 대상으로 한 경위와 달리 외위가 따로 설정된 것은 지방민과 왕경인을 구분하려는 차별적인 방책으로 말미암은 것이었다. 외위체계는 경위체계가 완성된 6세기초 법흥왕 때 11개 등급으로 완성되었다. 그러나 삼국항쟁이 격화된 7세기중엽에 이르러서는 지방촌주층에 대한 포상의 일환으로 이들에게 경위관등을 개방하게 됨으로써 외위는 소멸되게 된다. 674년(문무왕 14)에는 경위와 외위를 대비시켜 놓은 기록이 나오는데, 이는 전부터 진행되어 왔던 외위의 경위화를 법제적으로 정비한 것이었다고 인정된다.

중세적 토지소유관계 전근대사회에

서는 토지가 기본생산수단이었으며 따라서 토지소유관계가 어떠했는가를 정확히 밝히는 문제가 당시의 사회구조를 해명하기 위한 기본전제다. 중세의 토지소유관계는 고대의 노예제적 대경영이 아닌 자립적인 농민의 소경영을 기초로 하여 이루어진다. 이때 봉건적 토지소유관계는 경제적으로 자립하고 있는 소농민을 기초로 하여 성립되었기 때문에, 잉여노동의 착취형태는 고대와 같은 인신적인 지배예속관계에서 벗어나 경제외적 강제가 필요하게 된다. 우리나라 중세의 토지제도는 사적토지소유가 존재하는 가운데 소토지를 소유한 농민층의 자영농제가 존재하는 한편 대토지소유가 진전되면서 봉건적 토지소유관계인 지주전호제가 발달했다. 이러한 토지소유권을 바탕으로 한 토지제도 위에 수조권의 분급이 이루어져 소유권에 제약을 가했던 것도 중세토지제도의 중요한 특징이라 하겠다. 통일신라에서는 〈삼국유사〉 선률환생설화에서 보이는 것처럼 소농경영이 이루어지고 있었다. 한편 통일 이후 귀족·토호·사원 등에 의한 토지의 사적소유가 현저히 증대되어 봉건적 토지소유관계가 발달했다. 소농경영과 봉건적 토지소유관계가 언제부터 이루어지고 있었는지에 대해서는 명확히 언급할 수는 없으나 통일전쟁의 수행이 체제변동에 커다란 역할을 했으리라 여겨진다. 즉 삼국은 서로간의 항쟁 과정에서 효과적인 체제개편이 필요했으며, 생산력을 발전시키고 경제기반을 튼튼히 하기 위해서는 이전의 노예제적인 생산관계를 조정하여 농민층의 사회적 지위를 향상시켜야 했던 것이다. 이러한 면에서 통일기 이후를 중세로 구분했으나 연구성과에 따라 그 이전으로 소급하는 것도 가능하다 할 것이다.

김대성 설화 金大成說話 김대성이 전생과 현세의 2세 부모에게 효도하여 불국사와 석굴암을 세운 이야기. 김대성은 신문왕 때 홀어머니를 모시고 경주 모량리에 살던 가난한 농민이었는데, 부잣집에서 품팔이를 한 대가로 몇 묘畝의 밭을 받아 생계를 이어나갔다. 그런데 한 승려가 사원에 희사하면 만 배를 얻는다고 하자 그 밭을 시주했다. 얼마 후 대성이 죽어 국상 김문량國相金文亮의 집에 환생, 전생의 어미를 모셔다 아울러 봉양했으며, 장성해서는 현세의 양친을 위해 불국사를 세우고 전생의 부모를 위하여 석굴암을 세웠다. 이 설화에서 김대성이 부잣집에서 받은 토지는 그가 노동지대를 내는 대가로 몇 이랑의 땅의 경작권을 받은 것을 의미한다. 이를 사원에 희사했다고 하는 것은 그 땅의 수확물의 일부를 지대로 바치는 형식이었다고 볼 수 있다. 왜냐하면 그가 토지의 소유권을 넘겨받은 것은 아니었으며 그 수확물 전체를 바치면 생존을 유지할 수 없으므로 토지를 완전히 바치는 일은 불가능하기 때문이다. 당시 사원에 희사한 기록들이 많이 나타나고 있는데, 이러한 현물지대를 내는 방식의 희사도 있었으리라 여겨진다.

선율 환생설화 善律還生說話 〈삼국유사〉에 나오는 설화로 망덕사의 중 선율이 10일 만에 환생한 이야기. 선율이 저승에 갔으나 반야경의 전사轉寫를 마치라고 다시 보내졌다. 돌아오는 길에 부모가 금강사의 수전水田 1묘畝를 몰래 부쳐먹는 죄로 저승에서 고생하는 여자를 만났다. 열흘 만에 다시 소생하여 무덤에서 나와 그 여자의 집을 찾아가 논을 돌려주게 했더니 여자의 혼이 와서 감사했으며, 사람들이 이를 듣고 반야경 완성하는 것을 도왔다고 한다. 이 설화는 사원의 소유지가 신성불가침한 것이라는 내용을 담고 있는데, 이를 통해 당시 금강사의 토지가 여러 곳에 널려 있었고, 어떤 사람이 그것을 몰래 부쳐 먹어도 모르고 있을 정도였다는 것을 알 수 있다. 사원이 직접 경영한 토지였다면 이런 일이 있을 수 없을 것이다. 당시 사원의 토지가 여러 곳에 소토지로 널려 있었고, 이를 농민들에게 소작지로 주어 현물지대를 받았던 경우가 많았으리라는 것을 알 수 있다.

녹읍 祿邑 신라 및 고려초기에 관료들에게 일정한 경제적 수취를 허용해준 특정한 지역. 녹읍제도는 관리들의 복무에 대한 정상적인 보수로서의 녹봉 대신에 일정한 고을의 수조권을 주는 제도였다. 집권관료체제와 지방제도가 정비되면서 이전의 일부 왕족이나 공신들에게 지급하던 식읍을 일반화하여 성립된 제도로서, 민호에 대한 지배까지도 의미하던 식읍과는 실석으로도 차이를 보인다. 그러나 687년(신문왕 7)에 문무관료전을 지급하는 제도를 실시하더니, 689년에는 녹읍을 폐지하고 해마다 조租를 차등있게 지급하는 녹봉제를 실시하게 되었다. 이는 고을 단위로 수조권을 지급하던 녹읍제를 폐지하고 일정 면적의 관료전과 녹봉을 지급하게 된 것을 의미한다. 녹읍은 고을 단위로 지급되었기 때문에 수조권만 주어졌다고는 하나 그 고을 민호에 대한 불법적 억압·착취가 가능했으며, 귀족들의 정치·경제적 기반을 강화하는 데 이용되었다. 따라서 녹읍을 폐지한 것은 토지와 민에 대한 귀족들의 무한정한 지배권을 제한하고, 중앙집권 체제를 강화하기 위한 것이었다. 그러나 755년(경덕왕 16)에 녹읍이 다시 부활되는데, 이는 중앙집권이 상대적으로 약화되어 지방에서 뱃길로 조세를 운반하기 힘들어졌고, 귀족관료들이 자기에게 더 유리한 녹읍제도 실시를 요구하는 추세가 강했다는 사정과 관련된 것으로 보인

다.

식읍 食邑 국가에서 왕족·공신 등에게 지급하던 일정한 지역 또는 수조호收租戶. 삼국시대부터 조선초기까지 존속했으나 시기에 따라 그 성격에 차이가 있다. 식읍은 본래 고대국가가 주변 소국을 정복하는 과정에서 얻은 피정복지역을 민호수를 헤아려서 공로자에게 주는 제도였다. 이것은 통치권 자체를 준 것은 아니나 그곳의 조세뿐 아니라 요역의 징발권도 포함하고 있기 때문에 그 지역 민호에 대한 적지않은 지배권을 가지고 있었다. 그 때문에 식읍을 받은 자들은 자신의 특권을 이용하여 많은 토지와 노비를 차지하게 되었으며 해당 지역에 자신의 지반을 닦고 세력을 뻗쳤다. 그러나 고려 성종 이후 식읍은 중국 당·송의 봉작제도를 본받이, 왕족이나 신하에게 봉국이나 봉작의 형식을 취하면서 식읍을 급여하는 제도로서 새로운 성격을 띠고 등장한다. 또한 식읍 그 자체로는 경제적인 혜택을 받지 못하고 다만 명예적인 우대에 그친 경우도 상당수에 달했던 것으로 보인다. 그러나 왕실이나 그에 준하는 실권자는 식읍을 받아 직접 또는 간접으로 조세와 공부를 수취하기도 했으며, 조선 세조 때 가서야 완전히 폐지된다.

관료전 官僚田 통일신라시대에 문무관료에게 지급했던 토지. 687년(신문왕 7) 5월에 문무관료에게 토지를 주었는데 차등이 있었다고 하며, 689년(신문왕 9)에는 내외관의 녹읍을 파하고 매년 조租를 차등있게 주어 이를 항식으로 한다 했다. 그러나 그후 757년(경덕왕 16)에는 내외관의 월봉을 제하고 녹읍을 부활하는 조처가 행해졌다. 이러한 일련의 기록을 종합해보면 종래 관료들에게 지급했던 녹읍을 혁파하고 관료전과 녹봉을 지급하는 제도로 개혁이 되었으나 다시 녹읍제가 부활된 것으로

보이며, 녹읍의 부활과 함께 관료전은 폐지된 것으로 파악된다. 관료전은 관료들에게 일정 면적의 수조지收租地를 지급하는 것인데, 이는 보통 귀족들의 소유지에 주어졌을 것으로 보이므로 귀족들의 소유지에 일정 면적의 면세전을 인정한 셈이 된다. 종래 고을 민호들에 대한 귀족들의 직접 수탈을 가능하게 했던 녹읍제를 폐지하고 농민과 토지에 대한 국가의 직접 지배를 바탕으로 하는 세조歲租를 지급한 것은 전제왕권을 강화하려는 의도로 보인다. 그리고 이러한 조치에 대한 귀족들의 불만을 무마하기 위해 그들에게 일정 면적의 면세전을 인정하는 관료전을 아울러 지급한 것이 아닌가 한다. 이러한 관료전의 지급은 귀족들의 사적 대토지소유의 진전이 그 배경이 된 것으로 보인다. 그러나 귀족들이 자기들에게 더 유리한 녹읍제의 실시를 요구하는 추세로 인해 다시 녹읍제가 부활되면서 관료전은 폐지되었다.

정전 丁田 통일신라시대에 백성에게 나누어주었다고 하는 토지. 〈삼국사기〉에는 722년(성덕왕 21) 비로소 백성에게 정전을 지급했다고 하는 기록이 있다. 정전제의 본래 의미는 당의 균전제를 모방하여 20세 이상 60세 미만의 정丁에게 일정한 토지를 지급해 주고 조·용·조租庸調를 부담하게 한다는 것이다. 그러나 이 정전 지급을 농민들에게 고르게 토지를 나누어주는 균전제와 같은 것이 시행되었던 것으로 보기는 어렵다. 이것은 농민들의 소유토지를 국가가 조사하여 그 소유를 법적으로 인정하며 문서에 기록, 조·용·조를 부과한 데 지나지 않는다. 신라 촌락문서에는 연수유전(답)烟受有田(畓)이라는 토지가 나타나는데 이는 「연호 즉 민호가 받아가진 땅」이라는 뜻으로 농민들의 소유토지를 의미한다. 농민 소유지를 국가가 준 것이라는 의미로 이러한 용어를 사용한 것인데, 이는 모든 토지가 다 국왕의 토지 아닌 것이 없다는 왕토사상王土思想에서 나온 것이다. 이 연수유전(답)을 곧바로 정전제의 시행과 연결시킬 수 있는지의 여부는 알 수 없으나, 농민들의 토지를 국가가 직접 지배하면서 왕토사상에 의해 모두 국가가 부여한 토지라고 하며 그 수탈을 타당화하는 것을 볼 수 있다. 정전제의 시행은 국가에 의한 토지의 조사·장악이 전국적으로 진행되었으며, 국가의 농민과 토지에 대한 직접적인 지배관계가 이루어졌음을 의미한다 하겠다. 아울러 민民이 귀족의 사적인 예속민에서 벗어나 국가에 조세·역역·공물을 바치는 공민公民으로 편제된 것을 의미한다.

신라 촌락문서 新羅村落文書 일본 도다이사東大寺 정창원正倉院에 소장되어 있는 통일신라시대의 문서. 신라장적·신라민정문서라고도 한다. 이 문서는 9세기경(816년 또는 876년으로 추정된다)에 작성된 것으로 서원경(지금의 청주) 부근의 4개 촌락에 관한 기록이다. 이는 자연촌락을 단위로 하여 촌의 면적·호구·인구수·토지의 면적과 소·말·뽕나무·잣나무·호두나무 등의 수효 등이 기록되어 있다. 신라에서는 자연촌락을 단위로 국가의 공과公課와 공역公役이 부과되었으며, 이 문서는 이러한 필요 때문에 작성된 것으로서 촌주에 의해 3년마다 조사·작성되었다. 문서의 기재내용을 보면 호구戶口에 대해서 가장 상세하게 기록하고 있는데, 호의 등급은 노동력의 다과를 기준으로 상상上上에서 하하下下까지 9등급으로 나누었으며 인구는 남녀별·연령별로 6등급으로 조사되어 있다. 호구는 3년간의 이동사항까지 자세히 조사되어 있는데, 이는 부역의 징발을 목적으로 한 것으로서 여자도 역의 동원대상으로 철저히

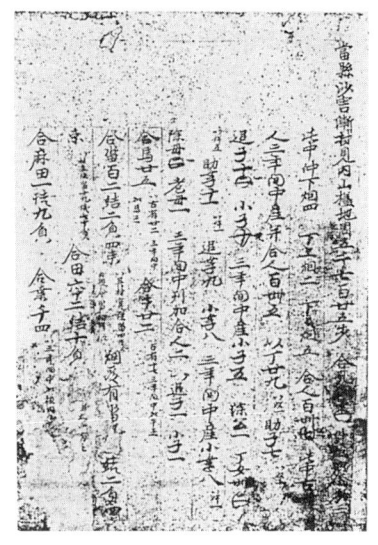

△신라촌락문서

파악되고 있었다. 이중 살하지촌의 호는 호등에 의해서 구분된 것과 동시에 호능에 관계없이 여자餘子·법사法私의 형태로 분류되어 있는 것이 있는데, 이는 촌락을 기초로 한 부대인 법당군단에 속하는 어떤 부대에 징발된 호였다. 한편 4개촌에는 사노비도 있었는데 총인구 442명 가운데 25명이 있어 전인구의 5.6%로 매우 낮은 비율이었다. 이것은 당시 노비의 노동력이 보충적·부차적인 존재에 지나지 않았음을 말해준다. 호구 다음으로 우마牛馬가 기록되어 있는데 그 수는 4개촌에 소 53두, 말 61두로 전체 호수 43호에 비해 보면 1호당 평균 말은 1.5두, 소는 1두 이상으로 비교적 많았던 것을 볼 수 있다. 토지에 대해서는 4개촌에서 모두 답畓·전田·마전麻田의 세 종류로 나누어져 기록되어 있는데, 이는 그 토지의 귀속관계에 따라 연수유전답烟受有田畓·촌주위답村主位畓·관모전답官謨田畓·내시령답內視令畓 등으로 분류되어 있다. 토지의 면적은 결·부·속·파의 단위로 기록되어 결부법이 신라시대부터 존재했다는 것을 보여준다. 또한 각 촌락에는 뽕나무·잣나무·호두나무 등이 상당수 심어져 있었고, 나무의 수가 일일이 헤아려지고 있는데, 이것은 나무들이 과세의 대상이 되었다는 점을 시사한다. 신라정부가 조세징수와 부역동원을 위해 조사한 이 문서는 촌락의 구체적인 면모를 생생하게 보여주는 매우 귀중한 자료로서, 다각적인 연구를 통해 당시의 사회·경제·정치 등 여러 분야의 실체를 보다 깊이 이해하는 데 도움을 주고 있다.

법당 法幢 신라시대 군대의 이름.〈삼국사기〉직관지 무관조의 군관에 대한 기사 중에는 「법당」이란 문자를 띠고 있는 군관의 명칭과 정원 및 그 소속부대가 규정되어 있다. 즉 법당주法幢主·법당감法幢監·법당두상法幢頭上·법당화척法幢火尺·법당벽주法幢辟主 등의 군관들이 백관당百官幢·군사낭軍師幢·사자금당師子衿幢·경여갑당京餘甲幢·소경여갑당小京餘甲幢·외여갑당外餘甲幢·여갑당餘甲幢·외법당外法幢·노당弩幢·운제당雲梯幢·충당衝幢·석투당石投幢 등의 군단에 배치되어 있었다. 이는 지방의 촌락사회를 기초로 하여 호족이나 촌주들이 편성·장악한 부대로서 6세기초에 창설되어 7세기중엽 신라군제가 크게 재편성될 때까지 유력한 군단으로 활약했다. 최근에는 6세기전반경 신라 전역에 걸쳐 50여 곳의 특정한 군사적 거점에 배치한 기본적 군단으로서 삼국통일을 전후한 시기에 쇠퇴해간 것이라는 견해도 있다.

정창원 正倉院 8세기에 지어진 일본 도다이사東大寺의 부속창고. 가치있는 수많은 옛 유물이 보관되어 있다 하여 유명하다. 건물은 남북 32.7m, 동서 9m, 높이 13m로서 당시로서는 큰 건물이며, 그 안에는 8세기의 문화유물들이 집중적으로 보존되어 있다. 유물로는 일본왕의 일상생활용품을 비롯하여 불교의식에 사용하던 물건들과 불경·지도 및 고문서류 등 수천 점이 있다. 이 유물 중에는 신라장적을 휴지로 이용하여 만든 책함 등을 비롯해 삼국시대 우리 나라로부터 흘러간 것들이 적지않다. 이 유물들은 이 시대 일본의 역사뿐 아니라 삼국의 역사연구에 이용될 수 있는 자료이다.

해인사 전권 海印寺田卷 신라시대 해인사가 토지를 사들인 문건. 1489년(조선 성종 20) 해인사 비로전을 다시 지을 때 도리(기둥과 기둥 위에 돌려 얹히는 나무)와 들보 사이에서 발견했는데, 그 이듬해에 조위曹偉가 해인사에 갔을 때 보고 기록을 남겨 그의 문집인 〈매계집 梅溪集〉에 전해져 온다. 〈매계집〉에 의하면 토지문서는 모두 43폭이 있었으며 880년(헌강왕 6), 885년, 894년(진성왕 8)에 매매된 것이었다. 신라시대 사원들은 왕과 귀족들로부터 기증받아 많은 토지를 가지고 있었으며 이를 바탕으로 토지를 겸병하여 대토지를 소유하고 있었는데, 이 전권은 해인사가 토지를 사

△〈삼국사기〉권 48에서의 효녀 지은 설화

들인 문서이다. 이는 9세기에 수많은 토지가 매매되었다는 사실을 보여주는 것으로서 신라말·고려초의 정치·경제사를 연구하는 데·중요한 자료이다.

효녀 지은 설화 孝女知恩說話 〈삼국사기〉에 나오는 효녀의 이야기. 한기부 韓歧部(경주 6부 중 하나) 백성인 연권 連權의 딸로 지은知恩이 있었는데, 일찍이 아버지를 여의고 혼자 홀어머니를 봉양했다. 32세가 되도록 시집을 가지 않고 품팔이 또는 구걸도 하면서 봉양하다 결국 쌀 10여 섬에 부잣집에 몸을 팔아 노비가 되었다. 이를 알고 그 어머니가 통곡을 하자 화랑 효종랑孝宗郎이 이를 보고 곡식 100섬과 옷가지를 실어다 주었으며, 주인에게 몸값을 갚아주고 양민이 되게 하였더니 낭도郎徒 몇천 명이 곡식 한 섬씩을 내주었다고 한다. 이 설화는 당시 농민들의 생활상을 반영해주고 있다. 농민들은 계속되는 전쟁과 수탈로 인해 급속히 몰락해갔으며, 몰락한 빈민들은 품팔이를 하거나 몸을 팔아 노비가 되기도 했던 것이다.

설씨녀 설화 薛氏女說話 〈삼국사기〉에 나오는 설화. 진평왕 때 설씨 여자가 있었는데 가난은 했지만 용모가 단정하고 마음과 행실이 의젓했다. 그런데 늙은 아버지가 변경 수비군으로 차출되자 이를 근심하던 중 사량부沙梁部(경주 6부의 하나)의 소년 가실嘉實이 자청하여 대신 떠났는데, 3년 기한으로 떠났던 가실이 6년이 지나도 돌아오지 않자 집안 형편이 어려웠던 설씨녀의 아버지가 그녀를 억지로 다른 사람에게 출가시키려는 순간 가실이 피골이 상접한 채 돌아왔다는 얘기다. 당시 농민들은 조세 이외에 역의 의무로 군역과 요역에 종사하고 있었는데, 군역은 상황에 따라 그 기한을 넘기는 경우도 많았던 것 같으며, 전쟁에 동원되어 생업을 중단하게 된 농민들은 급속히 몰락해갔다.

향덕 설화 向德說話 〈삼국사기〉에 기록된 신라 경덕왕 때의 효자. 웅천주熊川州(지금의 공주) 판적향板積鄕 사람. 775년(경덕왕 14)에 흉년이 들고 전염병까지 겹쳐 부모가 주리고 더욱이 어머니는 종기가 나서 거의 죽게 되자 향덕이 자신의 넓적다리살을 베어 먹이고 어머니의 상처를 빨아내어 모두 평안하게 되었다고 한다. 신라 경덕왕대는 신라의 귀족문화가 전성기에 달했던 시기였다. 귀족들의 화려하고 사치한 생활이 극에 달하던 시기에 농민들은 몰락하여 만성적인 기근에 빠져들고 있었다. 이 설화는 당시 농민들의 비참한 생활을 보여주는 한 예이다. 이러한 농민층의 몰락으로 농민들의 유망과 도적화 현상이 전국적으로 확대되어 9세기에는 대규모 농민항쟁이 전개된 것이다.

금입택 金入宅 신라시대 귀족들이 주택. 〈삼국유사〉에는 9세기중엽 헌강왕 때 신라의 수도를 묘사하면서 금입택이 36채가 있었다고 하며 그 서택의 명칭을 들고 있는데 실제로는 39채가 기록되어 있다. 금입택이란「쇠드리댁」혹은「금드리댁」을 한역한 말로「금을 입힌 저택」이란 의미이다. 이러한 화려한 저택의 주인은 단순한 부호들이 아닌

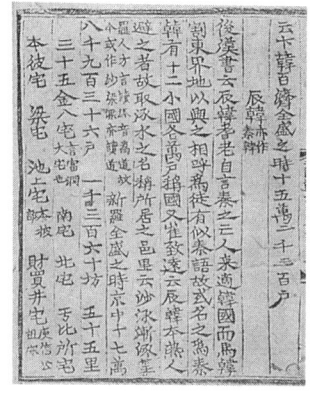

△〈삼국유사〉에 실려 있는 금입택에 관한 기록.

왕권에 비견될 만한 유력한 진골귀족이었던 듯하다. 통일신라시대 귀족들의 사치로 인하여 금의 수요가 엄청나게 늘어나 806년(애장왕 7)에는 금은으로 용기를 만드는 것을 금지했고, 834년(흥덕왕 9)에는 진골귀족인 경우에도 용기·거기車騎·옥사屋舍 등에 있어 금의 사용을 억제했다. 그러나 왕위계승쟁탈전을 겪은 신라말기에는 국가권력의 약화로 인해 진골귀족들에 대한 사치생활 금지령을 강제할 수 없었을 것이다. 금입택은 통일신라시대 귀족들이 막대한 금력과 호화롭고 사치스런 생활을 반영하는 상징적 존재였다.

만불산 萬佛山 〈삼국유사〉에 전해오는 신라시기의 공예품. 8세기중엽 경덕왕 때 만들어진 것으로서, 오색 빛깔의 모직담요 위에 침단옥과 여러가지 옥으로 높이가 한 길 남짓한 작은 산을 만들고 이 산에 많은 부처들을 만들어놓은 공예품이었다. 큰 부처는 한 치 남짓하고 작은 것은 8~9푼밖에 안되어 그 머리가 큰 기장알만 하기도 하고 더러는 콩 반쪽만 했지만 사람의 모양은 명백히 갖추고 있었다고 한다. 또한 이 작은 산에는 금과 옥으로 절을 만들고 앞에는 천여 개나 되는 중의 인형이 빙빙 산을 돌게 되어 있었다. 그 아래는 세 개의 종이 있어 바람이 불면 종소리가 울리고 산돌이를 하던 중들이 모두 머리가 땅에 닿도록 절을 하고 염불하는 소리가 나는 듯했다고 한다. 신라에는 왕실 또는 사원·귀족들의 수공업장에서 많은 금은세공품 등의 수공업품을 생산하고 당에도 수출했다. 만불산은 당시 신라 수공업기술의 높은 수준을 보여주는 한가지 실례로서, 기발한 구도와 높은 기술, 정교한 솜씨를 남김없이 보여준 걸작품이다.

어아주·조하주 魚牙紬朝霞紬 무늬 있는 비단의 명칭. 어아금魚牙錦·조하

금朝霞錦 등으로도 불렸다. 통일신라와 발해, 흑수말갈에서까지 생산되던 것으로서, 무늬의 섬세한 정도에 따라 다르게 불리는 여러가지 비단들이 있었다. 이런 비단들은 대부분 왕실·귀족의 수요품으로 독점되고 외국과의 무역품으로 이용되었다.

신라의 조선술 新羅-造船術 통일신라시대에는 고구려·백제의 조선술을 계승·발전시켜 조선술이 더욱 발전했다. 839년 일본정부에서는 신라에서 큰 풍랑도 능히 견뎌내는 배를 만들 수 있다는 것을 알고 신라배를 주문하도록 했으며, 840년 기록에는 일본의 대마도사가 풍랑으로 한 해에 4번이나 조공공물을 바닷 속에 빠뜨리자 일본정부가 가지고 있는 신라배 6척 중 1척을 나누어 줄 것을 정부에 제의하기도 했다. 이것으로 보아 신라배는 우수한 기술로 일본에 여러 척 수출되기도 한 것을 알 수 있다. 또한 일본사신이나 승려들이 당나라로 왕래할 때는 항해의 안전을 위해 신라배를 이용하여 왕래했다. 이러한 조선술을 바탕으로 신라인들은 바다로 적극 진출했으며, 9세기에 이르러 장보고가 해상권을 장악하기도 했던 것이다.

신라의 대당무역 新羅-對唐貿易 통일 이후 당과의 평화관계가 성립되자 신라와 당과의 교류가 활발해졌다. 당과의 관계는 왕권의 안정을 꾀한다는 정치적 목적도 있었으나 주로 경제적 목적에서 적극적으로 추구되었다. 특히 8세기 이후에는 조공형식의 공무역뿐 아니라 민간무역이 크게 증대되었는데, 통일 이후 경제체제의 대상확대에 따른 경제생활의 급속한 성장, 그리고 조선술의 발달 등은 해상활동을 촉진시켜 대외무역이 더욱 확대될 수 있었다. 당시 신라와 당과의 무역로는 두 길이 있었는데, 하나는 지금의 전라남도 영암 방면에서 흑산도를 거쳐 중국의 상하이上海 방면으로 통하는 길이고, 다른 하나는 경기도 남양만에서 황해를 건너 중국의 산둥반도 덩저우登州로 가는 길이었다. 신라인의 해상활동이 활발해지자 덩저우 일대에서 양쯔강 하구의 연안 일대에 이르는 지역에는 많은 신라인들이 거주하여, 이 지역에는 신라인들을 통괄하며 자치를 맡아보는 신라소라는 관청이 설치되고 도회지에는 신라인의 자치구역인 신라방이 형성되기도 했다. 교역품을 보면 신라가 당에 수출한 것으로는 과하마果下馬·인삼人蔘 등의 토산물과 조하주·어아주 등의 고급 직물과 금은세공품 등으로 점차 토산품 외에 가공품·공예품이 많아지는데, 이는 신라의 수공업이 그만큼 발전한 결과일 것이다. 이러한 물품을 생산하기 위해 많은 관공장官工場이 세워졌고, 이를 관리하기 위해 682년에는 공장부工匠府도 설치되는 등 관청수공업이 발달했으며, 8세기 이후 사무역의 확대로 보아 민영수공업의 발달도 상당 수준이었을 것으로 여겨진다. 한편 신라가 당으로부터 수입한 물품으로는 비단도포錦袍·금대金帶·각종 비단·금은세공품 등 주로 귀족들의 사치품이었다. 9세기 이후 신라와 당의 중앙집권력이 약화된 상태에서 해적들의 횡행이 심해지자 장보고는 청해진을 설치하여 해적을 소탕하고, 신라·당·일본과의 무역을 주도하였으며, 청해진이 해체된 이후에는 중앙정부의 간섭없이 독자적인 대외무역을 전개하는 해상세력이 각지에 등장하게 되었다.

신라방 新羅坊 8세기중엽 이후 당나라 연해지역의 도시에 거주하던 신라인의 자치구역. 신라와 당과의 교류는 통일기 이전에는 주로 정부간의 교섭이 중심이었으나 8세기 이후에는 일반 민간인 차원의 교류가 크게 증진되었는데, 이에 따라 신라인들의 해상활동이 활발해져 많은 신라인들이 당나라에 건너가 거주하였다. 그중 하이허淮河와 양쯔강 하류지역에 거주하던 신라인들은 추저우楚州·렌수이連水 등의 도회지에 많이 모여 살았고 도시의 한 구역에 집중적으로 거주하여 자치구역을 형성했는데, 이 구역을 신라방이라 하고 이를 중심으로 인근의 신라인들을 통할했다. 신라방에는 그 장長으로서 총관總管이 있었고 그 아래에 전지관全知官이 있어 실무를 담당한 듯하며 역어譯語가 있어 교섭업무를 주관했다. 이곳에 거주하는 신라인들은 주로 상업·운송업·무역업·조선업 등의 상공업과 이와 연관된 수부水夫·공인工人 등의 직업에 종사했으며, 아라비아·페르시아 등의 상인과 교역을 하거나 신라와 일본을 왕래하면서 국제무역의 중요한 일익을 담당하기도 했다.

신라소 新羅所 당대唐代에 연해 각지에서 집단적으로 거주하던 신라인들을 통할하기 위해 설치한 자치기관. 본래의 명칭은 구당신라소勾當新羅所이다. 8세기 이후 당과의 교류가 크게 증진되면서 신라인들의 해상활동 능력이 커져 각계각층의 사람들이 이주해갔는데, 특히 8세기후반 신라와 당의 중앙집권력이 느슨해짐에 따라 더욱 증대되었다. 이로 인해 당의 연안 각지에서 집단적으로 거주하고 있던 신라인들을 통할하기 위해 신라소를 설치하여 자치를 했는데, 이 신라소의 자치권은 일정지역 내에 한해 기본적으로 당의 지방관아에서 통할했다. 그 장은 압아押衙이며, 그 아래에 인보제隣保制에 의한 보保의 장이거나 촌락의 장으로 여겨지는 촌보村保와 판두板頭가 있어 주현州縣 내의 각지에 있는 신라인 촌락들을 통할했다. 신라인들의 거주지역은 북으로 산둥성 덩조우登州 일대에서 남으로는 양쯔강

하구와 연안지역에 이르는 각지에 퍼져 있었는데, 특히 산둥성 남쪽 연안지역 일대에 가장 많이 형성되어 있었다. 이곳에 거주하는 신라인들은 주로 승려·학생·군인·관리도 있었고, 농민·연안운송업자·수부水夫·공인工人·무역상 등 다양한 면모를 보인다. 당과 신라가 멸망된 뒤에도 산둥성 일대에 신라인들의 사회는 계속 유지되었고 본국과도 긴밀히 교류되고 있었으며, 송대에도 그 존재가 확인된다.

신라원 新羅院 신라인의 집단거주지인 신라방新羅坊에 세워진 사찰. 당나라에 머물렀던 신라인의 신앙 의지처이자 항해의 안전을 기원하던 예배처였다. 이중 대표적인 것이 흥덕왕 때 장보고가 산둥반도 적산촌赤山村에 세운 법화원法華院이다.

법화원 法華院 신라시대 장보고가 당나라 산둥반도에 세운 신라인의 불교사찰. 신라인의 집단거주지인 신라방에 세워진 불교사찰(신라원) 중 가장 대표적인 것이다. 산둥반도 적산촌赤山村에 세워진 이 절은 해외포교원布教院의 구실을 담당했을 뿐만 아니라 본국인 신라와의 연락기관 구실도 했으며 신라의 도당승渡唐僧은 물론 일본의 승려들도 이 절에 머물면서 많은 혜택을 받았다. 에닌圓仁의 〈입당구법 순례행기入唐求法巡禮行記〉에는 법화원의 의식이 수록되어 있는데, 이는 신라의 법회의식을 명확하게 알려주는 유일한 것이다. 이 법회의식은 불교의 대중화에 박차를 가하는 요인이 되기도 했다.

3. 신라 하대사회의 동요와 후삼국의 성립

경덕왕 景德王 신라 제35대 왕. 재위 742~765. 이름은 헌영憲英. 성덕왕의 셋째아들로서, 효성왕이 아들이 없어

태자로 책봉되었다가 왕위를 계승했다. 경덕왕대는 신라문화가 전성기를 이루는 때인 한편, 새로운 귀족세력의 부상으로 인해 신라 중대 왕실의 전제왕권이 흔들리기 시작하는 무렵이었다. 이에 경덕왕은 전제왕권을 강화하기 위해 일련의 개혁조치를 단행했다. 747년에는 중시의 명칭을 시중으로 변경하고 집사부 시중을 중심으로 왕권의 재강화를 위한 일련의 관제정비를 단행했으며, 757년부터는 9주를 비롯한 군현의 명칭과 중앙관부의 관직명을 중국식으로 바꾸는 등 한화정책漢化政策을 추진했다. 그러나 이러한 전제왕권 강화책은 귀족세력의 반발로 성공하지 못하고 다음의 혜공왕대에 모두 옛 명칭으로 환원되었다. 한편 이때 내외관리의 녹봉을 혁파하고 다시 녹읍을 부활시켰는데, 이는 새로이 성장한 귀족세력의 경제적 욕구로 인한 것으로 보인다. 결국 경덕왕 말기에는 왕의 측근세력이 면직되고 나중에 혜공왕을 죽이고 선덕왕으로 즉위하는 김양상이 시중이 되는 등 왕권의 재강화가 실패하여 귀족세력과의 정치적 타협이 이루어지게 되었다.

혜공왕 惠恭王 신라 제36대 왕. 재위 765~780. 이름은 건운乾運. 경덕왕의 아들로서 8세에 즉위하자 태후인 만월부인滿月夫人이 섭정을 했다. 혜공왕대는 중대 왕실의 전제왕권이 무너진 시기이다. 767년에 일어난 대공大恭의 난을 시초로 770년에는 대아찬 김융金融의 반란, 775년에는 이찬 김은거金隱居의 반란, 이찬 염상廉相·시중 정문正門의 반란 등 귀족들의 반란이 계속 일어났으며, 반란이 진압된 후 결과적으로 왕실의 상대적인 약화와 방계귀족들의 등장을 초래, 774년에는 귀족세력의 대표자적인 위치에 있었던 김양상金良相이 상대등이 되면서 실권을 장악하기에 이르렀다. 그리고 776년에는 백관의 칭호를 모두 경덕왕대의 개혁 이전 대로 다시 복귀시키는 조치가 행해졌다. 이것은 경덕왕대의 전제왕권 강화책이 귀족의 세력강화로 인해 실패로 돌아간 것을 의미하는 것이다. 혜공왕은 780년에 이찬 지정志貞이 반란을 일으킨 것을 구실로 군사를 일으킨 상대등 김양상과 김경신金敬信 등에 의해 죽임을 당했으며, 이로 인해 중대 왕실은 마침내 단절되기에 이르렀다.

대공의 난 大恭-亂 767년(혜공왕 3)에 일어난 귀족들의 반란. 〈삼국유사〉에 의하면 각간角干 대공의 난이 일어나자 왕도王都 및 5도주군道州郡의 96각간이 3개월에 걸쳐 서로 싸웠다고 하는데, 이로 보아 당시 귀족들이 대부분 참가한 전국적인 내란이었던 것 같다. 이는 혜공왕대에 계속 일어난 귀족들의 반란의 서막이었고, 이러한 반란은 중대 왕실이 무너지는 계기가 되었다.

선덕왕 宣德王 신라 제37대 왕. 재위 780~785. 이름은 양상良相. 내물왕의 10대손. 해찬海飡 효방孝芳의 아들. 764년(경덕왕 23)에 시중을 지내고 774년(혜공왕 10)에는 상대등이 되었는데, 780년 지정의 난을 계기로 김경신과 함께 군사를 일으켜 혜공왕을 죽이고 왕이 되었다. 그러나 재위 6년 만에 죽고 그뒤를 이어 김경신이 즉위하여 원성왕이 되었다.

원성왕 元聖王 신라 제38대 왕. 재위 785~799. 이름은 경신敬信. 조부祖父는 이찬 위문魏文, 아버지는 일길찬 효양孝讓. 아버지의 관등이 제7등급인 일길찬이었던 것으로 보아 다른 방계귀족과 마찬가지로 억압받고 있었던 것 같다. 김경신은 771년(혜공왕 7)에 아찬으로서 6두품직인 집사시랑執事侍郎에 재직하고 있었는데, 그뒤 779년에는 이찬伊飡으로 김유신 자손들의 신원운동에 참가했으며, 이를 계기로 그 세력이 크게 대두되었다. 다음해인 780년 김양상과 연합하여 혜공왕을 죽였고, 김양상이 즉위하자 상대등이 되어 실권을 장악하기에 이르렀다. 그리고 얼마 지나지 않아 선덕왕이 죽자 왕위계승 경쟁에서 강력한 라이벌로 등장한 무열왕 직계손인 김주원金周元을 밀어내고 마침내 왕위에 오르게 되었다. 이러한 왕위계승 분쟁을 거쳐 왕위에 올랐던 원성왕은 왕권을 안정시키고 중앙집권체제를 성립시키기 위한 개혁을 시도, 788년에 독서삼품과讀書三品科를 설치하여 유학을 소양한 학문적 능력에 기준을 두어 관리를 선발하고자 했다. 그러나 이는 귀족들의 외면으로 별 성과를 거두지 못했다.

원성왕 즉위설화 元聖王卽位說話 〈삼국유사〉에 기록된 원성왕의 즉위과정에 관한 설화. 선덕왕 때 이찬 김주원이 상재上宰가 되고 김경신은 각간으로서 차재次宰에 있었는데, 꿈에 복두幞頭(귀인이 쓰는 모자)를 벗고 흰 갓을 쓰고 가야금을 들고 천관사 우물로 들어갔다. 해몽을 해보니 복두를 벗은 것은 실직할 징조요, 가야금을 든 것은 칼(형구)을 쓸 징조이며, 우물 속으로 들어간 것은 옥에 갇힐 징조라 했다. 이에 매우 근심하여 두문불출했는데 이때 아찬 여삼餘三이 와서 해몽하기를 복두를 벗은 것은 위에 거할 사람이 없음이요, 흰 갓을 쓴 것은 면류관(왕관)을 쓸 징조요, 가야금을 든 것은 12손이 대를 이을 징조요, 우물에 들어간 것은 대궐로 들어갈 상서라 했다. 얼마 지나지 않아 선덕왕이 죽자 국인國人이 김주원을 왕으로 삼아 장차 왕궁에 맞아들이려 하였다. 그 집이 알천閼川 북쪽에 있었는데 폭우로 냇물이 불어 건너오지 못하자 김경신이 먼저 궁에 들어가 즉위하니 김주원의 무리가 모두 와서 새 왕에게 절하여 경하했다고 한다. 이 설화에서는 원

성왕의 즉위를 꿈을 인용해 신비화하고 있는데, 이를 검토해보면 원성왕의 즉위가 정상적인 과정에 의한 것이 아님을 알 수 있다. 선덕왕 이후 제1의 왕위계승권자는 무열왕 직계손인 김주원으로서 귀족회의의 추대를 받았으나, 김경신이 비상수단으로서 정변을 일으켜 먼저 왕궁에 들어가 독단적으로 즉위식을 거행하고 그뒤에 다른 귀족들의 승인을 받아 기정사실화시켰던 것으로 이해되고 있다.

독서삼품과 讀書三品科 신라 때 실시되었던 관리등용제도. 788년(원성왕 4)에 설치된 것으로 국학의 졸업생을 시험을 통해 3품으로 나누어 관리를 등용한 제도이다. 이는 골품제도에 의해서가 아니라 유교를 수학한 학문적 능력에 기준을 두어 관리를 임명하고자 한 것으로, 국학의 입학생이 주로 6두품이었으므로 이 제도에 의한 새로운 관리층은 6두품이었을 것이다. 이는 고려시대에 본격적으로 시행되는 과거제도의 선구라 할 수 있다. 그러나 관리선발뿐 아니라 신라 하대에 들어와 유명무실해진 국학이 쇠퇴하고 도당유학생의 수가 증가하자, 도당유학생이 새로 대두하는 지식계층의 주류를 이루어 독서삼품과는 별 성과를 거두지 못했다.

김주원 金周元 신라 하대의 진골귀족. 무열왕의 둘째아들인 김인문金仁問의 자손으로 무열왕의 6대손이다. 혜공왕의 피살로 중대 왕실의 직계손이 끊어지고 난 다음에는 무열왕 직계손 가운데 가장 강력한 세력으로 대두하여, 선덕왕이 죽자 무열왕계 자손 전체의 대표자적 입장에서 방계귀족 중 유력자인 김경신과 왕위계승권을 놓고 대립했다. 김주원은 귀족들의 추대로 왕위계승의 제1후보자였으나 김경신의 정변으로 왕위에 오르지 못하고 명주溟州(지금의 강릉)지방으로 물러나게 되었다. 오

늘날 강릉 김씨의 시조이다.

김헌창의 난 金憲昌-亂 822년(헌덕왕 14)에 신라 웅천주熊川州(지금의 공주) 도독都督 김헌창이 일으킨 반란. 이 반란은 신라 하대에 계속된 왕위계승전 중의 하나로서, 원성왕계 귀족들과 무열왕계 귀족들간의 제2차 왕위계승전이라 할 수 있다. 김헌창은 무열왕의 후손인 김주원의 아들로서 애장왕대에는 중앙에서 시중을 지냈으나 김언승이 애장왕을 죽이고 헌덕왕이 된 이후 중앙정계에서 밀려나 무진주 도독·청주 도독을 거쳐 웅천주 도독이 되었다. 이에 822년 아버지 김주원이 왕위에 오르지 못한 것을 들어 반란을 일으켜 국호를 장안長安, 연호를 경운慶雲이라 했다. 반란은 무열왕계를 지지하는 지방세력의 내응으로 순식간에 확산, 무진주武珍州(지금의 전라도 광주)·완산주完山州(지금의 전주)·청주菁州(지금의 진주)·사벌주沙伐州(지금의 상주) 등 4개 주를 장악하고 국원경國原京(지금의 충주)·서원경西原京(지금의 청주)·금관경金官京(지금의 김해)의 사신仕臣(소경의 장관) 및 여러 군·현의 수령들을 복속시켜 전국을 휩쓰는 일대 내란으로 전개되었다. 그러나 중앙에서 파견된 토벌군에 의해 반란의 주요거점인 웅진성熊津城이 함락되고 김헌창이 자결함으로써 한 달이 못되어 진압되었다. 그 후 3년 뒤인 825년에 김헌창의 아들 김범문金梵文이 고달산의 초적 수신壽神 등 1백여 인과 더불어 반란을 일으켜 북한산주를 공격했으나 토벌군에 의해 진압되었다. 이러한 반란은 무열왕계 귀족들이 원성왕계가 주도하고 있는 신라정부에 도전하여 일으킨 것이나, 반란이 진압된 후 무열왕계 귀족들이 크게 몰락하여 중앙정계를 주도할 수 있는 위치에서 완전히 밀려나게 되었다.

김헌창 金憲昌 ?~822(헌덕왕 14) 신라 헌덕왕 때 왕위계승 문제로 반란을 일으켰던 인물. 무열왕의 후손. 김주원의 아들. 807년(애장왕 8)에는 시중이 되어 당시 원성왕의 후손 중 실력자인 상대등 김언승金彦昇(헌덕왕)에 버금가는 실력자로서 두각을 나타내고 있었다. 그러나 김언승이 애장왕을 살해하고 왕위에 오르자 이듬해 정월에 시중직에서 밀려났다. 그뒤 계속 헌덕왕파의 견제를 받아 무진주武珍州(지금의 광주)의 도독, 청주菁州(지금의 진주)의 도독을 거쳐 웅천주熊川州(지금의 공주) 도독으로 전보되었는데, 웅천주 도독으로 전보된 이듬해 대규모 반란을 일으키게 된다. 김헌창은 아버지 김주원이 왕위에 오르지 못한 것을 들어 반란을 일으킨 후 신라조정에 항거해 새로운 정부를 수립하고 국호를 장안長安, 연호를 경운慶雲이라 했다. 반란세력은 무열왕계를 지지하는 지방세력의 내응으로 순식간에 확산, 전국을 휩쓰는 내란으로 전개되었다. 그러나 중앙에서 파견된 토벌군에 의해 한 달 만에 반란의 중요거점인 웅진성이 함락되자 김헌창은 자결하고 만다.

김범문 金梵文 ?~825 신라 헌덕왕 때 반란을 일으켰던 인물. 태종 무열왕의 8대손으로 할아버지는 주원周元, 아버지는 헌창憲昌이다. 김주원이 왕위계승경쟁에서 밀려난 것에 불만을 품고 김헌창이 반란을 일으켰다가 실패하자, 김범문은 피신한 지 3년 뒤인 825년(헌덕왕 17) 고달산高達山(지금의 여주)에서 초적의 괴수 수신壽神 등 1백여 인과 더불어 또다시 반란을 일으켰다. 그는 수도를 평양平壤(현재 서울 부근의 남평양)에 정하려고 북한산주北漢山州를 공격했으나, 북한산주 도독 총명聰明이 이끄는 토벌군에 의해 진압되고 그도 잡혀 죽임을 당했다. 김범문과 연합해 반란을 일으킨 초적이란 지배체제에 항거하는 농민군을 의미한다. 당시 몰락한 농민들은 곳곳에서 조직화하여 지배체제에 항거하고 있었는데, 김범문은 이러한 반反신라적 경향을 지닌 농민군과 연합하여 신라정부에 대항한 것이다. 따라서 이는 9세기후반기에 전개되는 대대적인 농민전쟁의 서막이라고도 할 수 있다.

고달산 농민항쟁 高達山農民抗爭 825년(헌덕왕 17) 고달산의 농민군이 김범문과 함께 일으킨 농민항쟁. 김헌창의 반란이 실패한 후 피신해 있던 김헌창의 아들 김범문은 3년 뒤인 825년 수신壽神이 이끌던 고달산(지금의 여주)의 농민군 1백여 인과 함께 반란을 일으켰다. 이들은 수도를 평양平壤(현재 서울 부근의 남평양)에 정하려고 북한산주北漢山州를 공격했으나 북한산주 도독 총명聰明이 이끄는 토벌군에 의해 진압되었다. 귀족·사원의 대토지 소유의 진전, 게다가 국가의 가혹한 수탈과 귀족·토호·사원의 이중삼중의 착취와 폭압으로 농민들은 계속 몰락해갔다. 이리하여 8세기말에 이미 산간지대에서는 토지에서 이탈된 농민들이 지배계급에 반대하는 항쟁을 벌였으며, 9세기에 이르러 이러한 농민들의 항쟁은 무장항쟁으로 발전했다. 신라정부에서는 이러한 농민군을 「초적」이라 불렀는데, 김범문과 함께 일어났던 고달산 농민군의 투쟁은 9세기초에 일어났던 대표적인 농민항쟁이었다.

신무왕 神武王 ?~839 신라 제45대 왕. 재위 839년 4월~7월. 이름은 우징祐徵. 할아버지는 원성왕의 아들 예영禮英이며, 아버지는 균정均貞. 헌덕왕 때 아버지 균정과 함께 정치세력을 형성하여 부상, 균정은 812년(헌덕왕 4)에 시중侍中에 임명되었다. 822년 김헌창의 난이 일어나자 우징 부자는 왕을 도와 반란군 평정에 지대한 공을 세웠다. 828

년(흥덕왕 3)에 우징은 시중에 임명되었으나 834년, 균정이 상대등에 임명되자 우징은 아버지가 재상이 되었다는 이유로 시중직을 사퇴하고 대신 김명金明(후의 민애왕)이 시중이 되었다. 흥덕왕이 죽자 그 사촌동생인 균정과 5촌조카인 제융悌隆(희강왕)이 서로 왕위 다툼을 벌였는데, 이때 김명·이홍이 제융을 지지하고 우징과 김양金陽이 균정을 도와 궁궐에서 크게 싸워, 결국 균정은 전사하고 우징은 청해진으로 도망하여 장보고에 의탁하게 되었다. 이리하여 제융이 희강왕이 되었으나 838년(희강왕 3)에 김명이 이홍 등과 함께 반란을 일으켜 희강왕은 자살하고 김명이 스스로 왕위에 올라 민애왕이 되었다. 그러자 청해진에 의탁해 있던 우징 등은 장보고의 군사 5천을 이끌고 민애왕을 토벌하기 위해 진격, 민애왕은 크게 패하고 도망하다 병사들에게 살해되고 우징이 왕위에 오르게 되었다. 이것은 원성왕의 큰아들인 인겸仁謙계와 균정계 세력의 대립 중 균정계의 승리를 의미한다. 이 왕위계승전 과정에서 청해진세력과 김주원의 후손인 김양의 도움이 컸는데, 신무왕은 왕권에 압력을 가하는 세력을 제압해야 하는 과업을 앞두고 반 년도 못되어 죽었다.

장보고 張保皐 ?~846 9세기전반기 신라의 해상활동가. 일명 궁복弓福 혹은 궁파弓巴. 신라인으로 9세기초엽 당에 건너가 무령군 소장武寧軍小將을 지냈으며, 산둥반도 덩저우登州에서는 그의 발기로 「적산 법화원」이란 절을 세워 신라인들의 친목과 단결, 안녕을 도모하기도 했다. 828년(흥덕왕 3) 당나라 해적들이 신라의 해안지대에 침입해 신라인들을 잡아다 노예로 매매하는 등의 만행을 저지르는 것을 보고 격분하여 신라에 돌아와 국왕에게 보고하고, 청해淸海(지금의 완도)에 진鎭을 설치하

△ 청해진지터

고 1만의 병사를 얻어 청해진대사淸海鎭 大使가 되었다. 그후 서해와 남해를 방비하여 해적을 모조리 섬멸하고 해상권을 잡아, 청해진은 신라와 당·일본을 연결하는 해상무역을 관장하여 큰 세력을 이루었다. 이러한 무역을 통해 커다란 해상세력으로 성장한 장보고는 마침내 신라 왕위쟁탈전에까지 끼어들어 839년에는 민애왕에게 밀려난 김우징(신무왕)을 도와 왕위에 올리고 감의군사感義軍使가 되었다. 그러나 뒤에 신무왕의 아들 문성왕이 장보고의 둘째딸을 왕비로 삼는다는 약속을 지키지 않자 이에 불만을 품고 846년 반란을 일으켰다가 왕이 보낸 암살자 염장閻長에 의해 피살되었다.

청해진 淸海鎭 828년(흥덕왕 3) 장보고가 청해淸海(지금의 완도)에 설치한 군사기지. 당에서 무령군 소장武寧軍小將으로 있었던 장보고가 당나라 해적의 횡포를 보고 신라에 돌아와 국왕에게 건의하자, 흥덕왕이 군사 1만 명을 주어 청해진을 설치하도록 하고 그를 청해진 대사로 임명했다. 장보고의 활동에 의해 청해진은 서해와 남해를 방비하여 해적을 모조리 섬멸하고 해상권을 잡아 신라와 당·일본을 연결하는 해상무역을 관장하여 큰 세력을 이루었다. 이와 같이 세력이 커진 장보고는 신라 왕실내의 정권싸움에 끼어들어 김우징

(신무왕)을 도와 왕위에 올렸다. 그러나 신무왕의 아들 문성왕이 장보고의 둘째딸을 왕비로 삼는다는 약속을 지키지 않자 반란을 일으켰고(846), 결국 장보고는 왕이 보낸 암살자 염장에 의해 피살되었다. 청해진은 그후에도 5년간 존속하였으나 851년 해산, 그곳 사람들을 벽골군(전라북도 김제)으로 이주시켰다. 이 무렵 해상방어를 위해 청해진 외에도 당성진·혈구진 등이 설치되었는데, 청해진이 해산된 이후에는 이들 지역을 중심으로 각지에 독자적인 해상세력이 성장하게 되었다.

당성진 唐城鎭 829년(흥덕왕 4)에 해상방어를 목적으로 설치되었던 군사행정구획. 진은 원래 변경의 수비를 위해 육지에 설치된 것이었으나 하대에 이르러 해안지방에 해적 출몰이 심해지자 연안지방 주민들의 보호와 해상무역의 안전을 위하여 해안의 요지에도 군진을 설치했다. 당성진은 본래 고구려의 당성군으로 신라 경덕왕 때 당은군唐恩郡으로 개칭되었고 829년에 진이 설치되면서 당성진이라 했는데, 지금의 경기도 화성군에 해당된다. 이 지역의 당항성(남양만)은 삼국시대 이래 중국과의 무역을 위한 출입구로서, 통일신라시대에도 황해의 해상무역 관문으로 활발히 이용되었다. 이러한 해상무역을 보호하기 위해 진을 설치한 것이었으나, 중앙집권력이 약화된 신라말기에 이르면 진의 군사력과 해상무역을 통한 경제력을 갖춘 독자적인 해상세력이 출현하는 기반이 되었다.

혈구진 穴口鎭 844년(문성왕 6)에 해상방어를 목적으로 설치한 군사행정단위. 혈구진은 오늘날의 강화도에 설치되었는데, 강화도는 예성강과 한강 하구의 요지로서 중국과의 해상무역을 위한 중요한 길목이었다. 신라 하대에 해안지방에 해적들의 출몰이 심해지자 연

해지역 주민을 보호하고 해상무역의 안전을 위해 해안지대에 군대를 주둔시켜 요새화했는데, 흥덕왕대에 청해진·당성진이 설치되고 문성왕 때 혈구진이 설치된 것이다. 혈구진이 설치되고 2년 후인 846년에는 청해진의 장보고가 반란을 일으키게 된다. 즉 혈구진이 설치된 때는 장보고가 청해진을 중심으로 서해·남해의 해상권을 장악하고 세력을 떨치던 시기이다. 따라서 혈구진의 설치는 장보고의 청해진 세력을 견제하려는 정치적인 목적과도 관련이 있는 듯하다. 청해진이 해산되고 신라말기에 들어서자 예성강 하구에는 많은 군진세력이 등장하여 중국과 독자적인 무역을 전개하게 되는데, 혈구진 등은 이러한 독자적인 군사세력이 성장하는 기반이 되었다.

패강진 浿江鎭 신라 하대 북방개척의 거점으로서 마련한 군사행정단위. 781년(선덕왕 2)에 사자使者를 파견하여 패강浿江(대동강) 이남의 주군州郡을 안무하고, 다시 그 다음해인 782년에는 왕이 직접 한산주漢山州에 순행하여 예성강 이북지역으로 진출하는 교통의 요지에 있던 대곡성大谷城(지금의 평산)을 승격시켜 패강진을 설치하고 민호를 이곳에 옮겼다. 그리고 그 다음해인 783년에는 아찬 체신體信을 대곡진군주大谷鎭軍主에 임명함으로써 패강진의 설치를 완성했다. 패강진은 이후 신라 서북지방의 군사상의 요지인 동시에 북방개척의 중심지로서 중요한 위치를 점하게 된다. 신라 하대 중앙정부의 지방에 대한 통제력이 약화되면서 독자적인 지방세력이 대두했는데, 특히 수도 경주에서 가장 멀리 떨어진 변경지대였던 예성강 이북지역이 제일 먼저 중앙정부의 지배에서 이탈해갔던 것으로 보인다. 또한 진의 설치로 인해 중앙정부와 귀족으로부터의 수탈에서 일찍이 벗어날 수 있

었으며, 각지에 배치되었던 부대들의 둔전병적인 성격은 독자적인 군벌세력의 성립을 가능케 하였다. 또한 예성강 하구를 통한 대외무역으로 독자적인 상업세력의 구축도 가능했다. 이로 인해 신라말기에는 예성강 이북지역에 많은 호족세력이 등장한 것을 볼 수 있는데, 고려를 건국한 왕건王建과 박수경朴守卿·순지順之 등 왕건에 가담하여 활약한 많은 호족들이 이 지역 출신이었다.

호족 豪族 신라 하대 재지在地 지배세력. 신라 하대 중앙의 왕위계승전으로 지방에 대한 통제력이 약화되자 전국 각처에서 일정한 지역을 점거하고 그곳에 자기의 세력을 펴고 있던 독립적 존재들이 나타났는데 이들을 호족이라 한다. 이러한 재지세력에는 몰락해 내려간 중앙귀족이 지방에서 새로 기반을 닦은 경우도 있었으며, 지방관으로 파견되어 있던 관리가 스스로 독립한 경우도 있었으나, 대부분은 군현의 행정체계 밑에서 촌락민을 통제하는 구실을 담당해온 촌주출신이었다. 하대에 이르러 이들은 중앙의 가혹한 수탈에 대항하면서 개간과 수리사업 등을 통해 농업생산력을 발전시키고 토지를 겸병하며 세력을 확대하는 한편, 도적들의 약탈로부터 자위하기 위해 군사력을 갖추기도 했다. 이들 중에는 당과의 대외무역으로 경제적 기반을 확대한 해상세력가도 등장했는데, 청해진의 장보고를 비롯하여 강주康州(진주)지방에서 독립적 세력을 누리며 후당後唐과 통교하기도 했던 왕봉규王逢規와 송악松岳(개성)지방에 근거를 두었던 왕건의 할아버지 작제건作帝建 등이 대표적이며, 그외 남양이나 나주같이 해상무역이 번성하던 곳에도 해상세력가들이 상당수 있었으리라 여겨진다. 한편 신라는 국경의 수비를 위해 변경지대에 군진을 설치했는데 782년 평산平山에 둔 패강진을 대표

적으로 들 수 있다. 또한 해상무역이 발달하게 되면서 해적들의 횡행이 심해지자 해안의 요지에도 군진을 두어 청해진·당성진·혈구진 등이 설치되었다. 이러한 군진들은 중앙통제력이 약화된 신라 하대에 지방세력가에게 군사적인 힘을 제공하는 근거지가 되었다. 호족들은 광대한 장원과 막대한 사병을 거느리고 성주나 장군으로 자처하며 전국 각처에서 일정한 지역을 점거하고 그곳에 자기 세력을 펴고 있던 독립적 존재로서 각기 독자적인 행정조직까지 갖추고 있었다. 이들은 6두품 출신의 선승이나 유학자들과 교류하면서 중앙의 진골귀족과 골품체제에 반대하는 사상적 경향을 지녔으며, 신라말기 대두한 반反정부세력과 제휴하여 새로운 사회를 건설하는 주도적인 역할을 담당하게 되었다.

도당유학생 渡唐留學生 신라 때 당나라의 국학에 입학하여 수학한 유학생. 유학생의 파견은 선덕여왕대부터 비롯되었는데, 당의 문화정책으로서 국학의 문호개방책과 신라가 당의 문물을 받아들이려는 문화적 욕구, 그리고 삼국항쟁기에 당의 힘을 이용하려는 외교적인 목적이 합치되어 이루어진 것이다. 통일 후에는 이들을 숙위학생宿衛學生이라고 했는데, 이는「일종의 질자質子로서의 유학생」이라는 의미이나 실제로는 신라가 당의 문물을 수입하려는 적극적인 노력의 표현이었다. 이들은 유학에 필요한 숙식과 의복은 당의 홍로사鴻臚寺에서 지급을 하고 서책구입에 필요한 비용은 신라가 지불하는 관비유학생이었으며, 국가가 이들의 파견과 귀국을 관장하고 있었다. 이들의 수학연한은 10년이며, 배우는 분야는 유학 이외에도 음양학·역학 등 다방면에 걸쳐 있었다. 유학생의 신분은 통일초엔 주로 진골출신이 파견되었으나 하대로 들어

오면서 점차 6두품 이하 출신이 그 주류를 형성해갔다. 신라 하대에는 이러한 관비유학생 외에 사비私費로 당에 건너가 유학하는 부류도 있었는데 이들 대부분이 6두품이었다. 골품제도라는 신분제를 기반으로 한 사회에서 사회적 제약과 정치적 한계성을 어쩔 수 없었던 이들 6두품은 도당유학을 하나의 탈출구로서 생각했던 것으로 보인다. 도당유학생들은 9세기초 당에서 빈공과賓貢科를 설치하자 많은 합격자를 내기 시작했으며, 개인적 능력 여하에 따라 당의 관리로 임용되기도 했다. 이들은 도교에 깊은 관심을 가지거나 선종승려와 밀접한 관계를 가지고 있었으며, 신라 골품제 사회의 한계성과 신라사회의 현실적 모순을 인식하고 있었다. 이러한 도당유학생들은 귀국 후 변변치 못한 대우로 인해 체류기간이 지난 이후에도 당에 그대로 머물러 있는 경향이 많았으며, 신라로 돌아온 지식인 중에는 왕거인·최치원과 같이 개혁을 주장하다 은둔해버리는 부류도 있었다. 한편 지방호족과 결탁하여 신라지배체제에 대항한 부류도 등장하는데 최승우·최신지(최언위) 등을 들 수 있다.

숙위학생 宿衛學生 신라시대 중국 당나라의 국자감國子監에서 수학한 유학생. 도당유학생에는 사비私費로 유학한 경우도 있으나 대개 국비로 유학한 경우가 주류를 이루었는데, 이를 숙위학생이라 했다. 「숙위」란 당나라 때 당의 임금을 호위하기 위해 머물러 있던 외국귀족이란 의미로서, 이는 당이 주변국가를 견제하기 위해 인질로 억류해 두려는 목적에서 실시했으나, 신라나 발해는 이를 통해 상대방 나라의 내부 정세를 파악하고 문화를 수입하기 위한 목적에서 이러한 형태의 유학생 교류에 적극성을 띠었던 것이다. →도당유학생

빈공과 賓貢科 9세기초 당나라에서

재당 외국인을 위해 설치한 과거시험의 한 분과. 과거시험 응시자를 빈공貢賓이라 한다. 당에서부터 실시되어 송·원대에까지 실시되었는데, 우리나라 사람이 빈공과에 급제한 경우가 많았다. 특히 9세기에는 도당유학생이 증가하면서 빈공과에 급제한 자가 많았는데, 최치원의 후손인 최해崔瀣는 820년~906년 사이에 당나라의 빈공과에 급제한 신라인이 58인이라 했고, 또 907년부터 5대말까지는 32인이 급제했으나 여기에는 10여 인의 발해인이 포함되어 있다고 했다. 신라말 김운경을 비롯, 왕거인·최치원·최신지 등의 6두품 지식인들이 모두 빈공과 합격자들이다.

왕거인 王巨人 생몰년 미상. 신라 진성여왕 때의 문인. 진성여왕 때 신라는 봉건사회의 모순이 격화되고 귀족사회의 부패가 심화되어가는 가운데 여왕의 실정과 권신들의 권력남용 등으로 정치기강이 더욱 문란해졌다. 이러한 상황에서 888년 누군가 익명으로 시정時政을 비방하는 문자를 대로상에 게시한 사건이 있었다. 그 글은 다라니陀羅尼의 은어로 「南無亡國 刹尼那帝 判尼判尼 蘇判尼 于于三阿干 鳧伊裟婆詞」라고 쓰여진 것으로서, 찰리나제는 여왕을 말한 것이며, 판니판니 소판니는 두 소판, 즉 위홍과 대구화상을 가리키며, 우우삼아한은 세 아간, 부이는 보호鳧好(위홍의 처)를 두고 한 말로서 이들이 나라를 망칠 것이라는 내용이었다. 이 글을 둘러싼 여론이 귀에 들어가자 진성여왕과 그 측근들은 범인을 잡느라고 혈안이 되었으며, 뜻을 잃은 문인의 소행으로 간주하여 용의자로 대야주大耶州(합천)의 왕거인을 지목하고 그를 체포, 죽이려 했다. 이때 왕거인이 억울한 심정을 시로 지어 옥의 벽에 썼는데 그날 저녁 벼락이 치고 우박이 쏟아지자 이를 두려워하여 곧 그를 놓아주었다고 하는 설화

가 전해온다. 왕거인은 유교를 새로 받아들이면서 중앙 진골귀족 중심의 지배체제 모순에 대해 비판하던 신진 지식계급의 대표적 인물로 짐작된다. 왕거인 사건은 진골귀족 중심의 골품체제의 모순에 대한 당시 지식인들의 비판적 태도와, 그 비판의 결과 귀족들의 탄압을 받아 결국 밀려나고 마는 당시의 정치적 상황을 짐작케 해준다.

최승우 崔承祐 신라말기의 학자. 890년(진성여왕 4) 당에 유학하여 893년 빈공과에 급제하고 귀국했다. 후에 견훤에게 투탁하여 고려 태조에게 보내는 격서檄書를 짓기도 했다. 문장에 능해 최치원·최언위와 더불어 당대의 삼최三崔라고 일컬어졌다. 그의 문장으로 〈대진훤기고려왕서代甄萱寄高麗王書〉와 시詩 10수가 전하며, 저서로는 〈호본집餬本集〉이 있다.

최언위 崔彦撝 868~944 신라말 고려초의 학자. 경주인. 처음 이름은 신지愼之. 18세에 당에 유학하여 급제했으나 42세에야 비로소 신라에 돌아와 집사성 시랑 서서원학사執事省侍郎瑞書院學士를 지냈다. 그후 고려 태조가 개국하자 가족을 거느리고 고려에 귀부, 태자사부太子師傅가 되었으며, 문한직을 맡아 고려초의 궁궐 이름은 모두 그가 지었다고 한다. 벼슬이 대상 원봉대학사 한림원령 평장사大相元鳳大學士翰林院令平章事에 이르렀으며, 944년(고려 혜종 원년) 77세의 나이로 죽었다.

9세기 농민봉기 9세기에 들어서면 귀족·사원의 대토지소유가 더욱 진전됨에 따라 몰락해가는 농민이 늘어났다. 여기에 국가의 가혹한 조세수취와 귀족·토호·사원의 이중적인 수탈로 인해 살기 어려워진 농민이 토지에서 이탈되는 경향이 나타나 8세기말부터 「초적」이라 불리는 농민들의 투쟁이 전개되었으며, 9세기에는 무장항쟁으로 발전했다. 815

년 신라 서쪽 주군에서 농민투쟁이 일어났고, 819년에는 전국 여러 지방에서 초적들의 봉기가 일어났으며, 825년에는 고달산 농민군이 김범문과 함께 무장항쟁을 벌이기도 했다. 특히 889년(진성여왕 3) 정부의 조세독촉으로 인해 농민들의 불만이 폭발, 9세기말엽에는 전국적인 규모의 봉기로 확대되었다. 889년 사벌주(지금의 상주) 지방에서 원종과 애노를 지휘자로 하는 봉기가 일어난 것을 비롯, 896년에는 옛 백제지역에서 붉은 바지를 입은 적고적赤袴賊이라는 세력이 경주 부근까지 쳐들어오기도 했다. 이러한 반란군 중 강력한 세력은 원주의 양길梁吉, 죽산의 기훤箕萱, 전주의 견훤甄萱 그리고 양길의 부하였다가 자립한 궁예弓裔 등이다. 이들은 반란세력을 규합하여 각지에 웅거, 커다란 세력을 형성하며 일정한 지역을 지배하는 지방정부적인 성격까지 띠게 되었다.

원종·애노의 봉기 元宗哀奴―蜂起 889년 사벌주沙伐州(지금의 상주) 지방에서 원종·애노의 지도하에 일어난 농민봉기. 진성여왕 때 주현에 공부貢賦를 독촉하자 이를 계기로 농민들의 불만이 폭발하여 여러 지방에서 봉기가 일어났는데, 이중 대표적인 반란이다. 〈삼국사기〉에 「반란」이란 용어를 사용하고 있는데, 이로 보아 단순한 농민폭동이 아니라 어느 지역을 거점으로 투쟁한 대규모 봉기인 것으로 파악된다. 국왕이 나마奈麻 영기令奇로 하여금 그들을 붙잡도록 지시했으나 농민군은 보루에 튼튼히 의거하고 있었으며 그 무력이 강하고 사기가 왕성하여 감히 진공할 엄두도 내지 못했고, 결국 정부군은 완전히 패전하고 말았다. 그후 원종·애노의 농민군이 어떻게 되었는가에 대해서는 알 수 없으나 그 북쪽에서 큰 세력으로 등장한 양길의 농민군과 힘을 합친

것으로 보인다.

적고적의 봉기 赤袴跡―蜂起 896년(진성여왕 10) 신라 서남지역에서 일어났던 농민봉기. 9세기말 진성여왕 때 농민들에 대한 중앙정부의 수취가 더욱 가혹해지자 이에 반대하여 각지에서 농민들의 봉기가 일어났다. 이중 서남지역에서 일어난 농민군은 단결의 표시로서 모두 붉은 바지를 입었기 때문에 당시 사람들이 「적고적」이라 불렀다. 이들은 관군을 무찌르고 그 활동범위를 계속 확대했으며, 한때 수도 경주의 서부 모량리까지 쳐들어가기도 했다. 이러한 농민봉기는 통치층에 매우 큰 타격을 주어, 통치질서의 문란을 수습할 수 없었던 국왕은 이듬해 6월 왕위를 태자 요嶢에게 물려주게 되었다. 이 봉기는 9세기말에서 10세기초에 전국적으로 일어났던 다른 농민봉기와 함께 신라 지배체제를 무너뜨리는 데 커다란 작용을 했다.

기훤 箕萱 생몰년 미상. 신라 진성여왕 때 죽주竹州(지금의 충청북도 죽산)에서 농민군을 지도했다. 891년 궁예弓裔가 기훤에게 몸을 의탁하여 왔으나 기훤은 오만하여 그를 예로써 대하지 않았다고 한다. 울분에 싸인 궁예는 기훤의 부하인 원회元會·신훤申煊 등과 결탁하여 892년 북원北原(지금의 원주)에서 세력을 떨친 양길에게로 갔다고 한다. 궁예가 기훤을 배반하고 양길의 부하로 옮겨가게 된 것이 기훤의 소홀한 대우 때문이라고 기록되어 있으나 당시 봉기한 세력 상호간의 항쟁에서 기훤이 약세를 보인 탓으로 보기도 한다. 기훤 세력은 죽주를 중심으로 활동하다가 이때 이후 멀지않은 시기에 무너진 것으로 짐작된다.

양길 梁吉 ?~898 9세기말 북원北原(원주)을 중심으로 활약하던 농민군 지도자. 〈삼국사기〉 궁예전에 의하면 궁

예가 891년 죽주의 기훤을 찾아갔으나 기훤의 대우가 좋지 않아 892년 북원의 양길에게 갔다고 한다. 양길은 궁예를 신임하여 군사를 나누어 주었으나 궁예는 세력을 키우자 894년(진성여왕 8) 양길과 결별하고 독자적인 세력을 이루었다. 이때 양길은 북원을 기반으로 국원國原(지금의 충주)을 비롯한 30여 성을 그 세력하에 두고 있었는데, 궁예가 독자적인 세력을 형성하자 30여 성의 강병으로 습격하고자 했으나 궁예가 미리 알고 공격하여 크게 패하고 말았다(898년). 이후 양길의 세력권 아래 있던 지역은 거의 궁예의 지배하에 들어가게 되었다.

궁예 弓裔 ?~918 후고구려의 건국자. 재위 901~918. 성은 김씨. 아버지는 신라 제47대 헌안왕이고, 어머니는 이름이 알려져 있지 않은 궁녀이나. 신라왕족이었으나 왕실의 내분으로 밀려나 유모에 의해 키워졌으며, 세달사世達寺에서 중이 되어 선종善宗이라 이름지었다. 891년 기훤의 부하로 들어갔다가 이듬해 양길의 부하로 들어가 신임을 얻었고, 군사를 나누어 받아 세력을 키우자, 894년 양길과 결별하고 독자적인 세력을 형성한 후 양길을 쳐서 그 세력이 강원·경기·황해뿐 아니라 충청북도 일대까지 미쳤다. 901년(효공왕 5)에는 송악(개성)을 근거로 후고구려를 세워 스스로 왕이 되었으며, 904년에는 국호를 마진摩震으로 바꾸고 이듬해 수도를 철원으로 옮겼으며, 911년에는 국호를 다시 태봉泰封이라 했다. 그러나 지방호족과 같이 자신의 세력기반을 가지지 못하고 초적의 무리를 기반으로 개국한 궁예는 자신을 지키기 위해 끊임없이 정적을 제거하며 왕권을 강화해야 했다. 또한 국호를 계속 고치는 등 한 나라를 이끌어갈 정치이념이 뚜렷하지 못한 상태에서 신라사회의 모순을 해결하지 못하고 가혹한 수탈을 거듭해 백성의 불만을 사게 되었다. 결국 918년 왕건을 추대한 홍유洪儒·배현경裵玄慶·신숭겸申崇謙·복지겸卜知謙 등에 의해 왕위에서 축출, 변복 차림으로 도망하다가 부양斧壤(지금의 평강)에서 백성에게 피살당했다.

견훤 甄萱 ?~936 후백제의 시조. 재위 892~936. 아버지 아자개阿慈介는 상주 가은현加恩縣(지금의 문경)의 농민 출신으로 뒤에 상주지방에서 농민군을 지도하며 스스로 장군이라 했으며, 어머니는 광주光州 지방의 호족이었을 듯하다. 자랄수록 체모가 남달리 뛰어났으며 뜻을 세워 종군하여 경주로 갔다가 서남해안의 변방비장邊方裨將이 되었다. 진성여왕 이후 각지에 농민봉기가 일어나자 경주의 서남주현을 공격하니 세력을 확장, 마침내 892년(진성여왕 6)에 무진주武珍州(지금의 光州)를 점령하고 스스로 왕위에 올랐다. 900년(효공왕 4)에는 완산주完山州(지금의 전주)에 순행하여 그곳에 도읍을 정하고 후백제왕이라 칭했으며, 모든 관서와 관직을 정비했다. 왕건이 고려를 건국하자 고려와 후백제는 잦은 세력다툼을 벌였으며, 견훤의 세력이 날로 강성해지자 신라는 왕건과 연합하여 대항하고자 했다. 이에 견훤은 경주로 진격하여 포석정에서 경애왕을 살해하고 김부金傅를 신라왕(경순왕)으로 세우기도 했다. 견훤은 많은 아내를 얻어 10여 인의 아들을 두었는데 그중 넷째아들인 금강金剛을 특별히 사랑하여 왕위를 그에게 물려주려고 했다. 935년 형인 신검神劍이 아버지인 견훤을 금산사에 가두고 금강을 죽인 후 정권을 장악했다. 견훤은 이에 나주로 도망하여 고려에 의탁하기를 청하니 왕건은 상부尙父로 삼고 양주를 식읍으로 주었다. 그뒤 후백제는 내분이 가열돼, 결국 936년 왕건이

10만 대군을 거느리고 선산善山에서 후백제군과 결전을 벌여 이를 크게 격파하고 신검의 항복을 받음으로써 멸망하고 말았다. 견훤은 번민에 쌓인 생활을 하다 드디어는 창질이 나서 연산連山 불사佛舍에서 죽었다.

진훤 甄萱 견훤의 본래의 칭호. 甄의 본음은 「견」이나 중국 삼국시대에 손견孫堅의 이름을 피하여 堅을 「진」으로 읽기 시작하면서 堅과 음이 같은 甄도 「진」으로 읽었다. 이는 왕이나 아버지의 이름을 피해 그 글자를 쓰지 않는다는 피휘避諱라는 관습에 의한 것으로서 신라에서도 그 영향을 받았던 것으로 보인다. 따라서 「진훤」으로 읽는 것이 옳다고 여겨지나 여기에서는 일반적으로 사용하는 예에 따라 견훤으로 읽었다.

후백제 後百濟 892(신라 진성왕 6)～936(고려 태조 19) 892년에 견훤이 세운 나라. 서남해 방수군의 비장이었던 견훤은 각지에서 반란이 일어나자 무리를 모아 세력을 확장, 892년에 무진주武珍州를 쳐서 점령하고 나라를 세워 스스로 왕이 되었다. 그후 서남지방 각지의 호응을 얻어 전라도·충청남도의 대부분을 차지하고 900년(효공왕 4)에는 완산주完山州로 도읍을 옮겨 나라이름을 후백제라 하고 관제를 정하여 국가체제를 갖추었다. 후백제는 중국의 오월吳越과 통교를 하며 세력을 확장, 신라의 경계를 침입하기도 했는데, 이에 신라는 왕건에게 구원을 청해 신라와 고려와의 관계가 친밀해졌다. 이에 견훤은 먼저 신라를 징벌하고자 927년 신라의 서울 경주로 쳐들어가 포석정에서 경애왕을 죽이고 왕족 김부金傅(경순왕)를 신라 왕으로 세운 후 군대를 돌이켰다. 왕건이 이 소식을 듣고 친히 군사를 거느리고 공산公山에서 견훤군을 맞아 싸웠으나 김낙金樂·신숭겸申崇謙 등의 장군을

잃고 겨우 몸을 피하여 돌아갔다. 이후 후백제와 고려는 잦은 전쟁을 벌였는데, 이 무렵 후백제는 왕위계승분쟁으로 맏아들 신검이 아우 금강을 죽이고 아버지 견훤을 금산사金山寺에 유폐하는 사건이 벌어졌다. 그후 견훤이 절에서 빠져나와 고려에 투탁하자 후백제는 완전히 분열되었다. 얼마후 신라의 경순왕이 자진하여 고려에 귀부하자 후백제의 내분은 더욱 촉진되어 견훤의 사위인 박영규朴英規 등이 고려에 항복해 왔다. 이에 고려는 전면전을 강행하여 선산善山 부근에서 후백제군을 격파하고 다시 진격하여 황산黃山(연산連山) 부근에 진영을 치자 신검이 항복, 마침내 후삼국을 통일하게 되었다.

경순왕 敬順王 ?～979 신라 제56대 왕. 재위 927～935. 성은 김씨. 이름은 부傅. 문성왕의 후손. 927년 포석정에서 경애왕이 견훤에게 죽임을 당하고 난 뒤 견훤에 의해 왕이 되었다. 그러나 경순왕은 고려 왕건과 손잡고 견훤에 대항하는 정책을 폈으며, 935년에는 신하들과 더불어 국가를 고려에 넘겨줄 것을 결의하고 김봉휴金封休로 하여금 왕건에게 항복하는 국서를 전하게 했다. 이때 경순왕의 큰아들 마의태자麻衣太子는 고려에 항복하는 것을 반대했고, 막내아들 범공梵空은 머리를 깎고 화엄사에 들어가 중이 되었다. 경순왕이 귀의하자 왕건은 그를 정승공正承公으로 봉했으며 녹 1천 석을 주고 그의 시종과 관원, 장수들을 모두 채용했다. 또한 신라를 고쳐 경주라 하여 경순왕의 식읍食邑으로 주고 그를 경주의 사심관事審官으로 삼았으며, 왕건의 장녀 낙랑공주樂浪公主를 그와 혼인시키기도 했다.

후삼국 後三國 신라말기에 있었던 국가군國家群. 견훤의 후백제(892～936)와 궁예의 후고구려(마진·태봉 901～918)·신라를 아울러 후삼국이라 한다.

이후 왕건이 궁예를 몰아내고 고려를 건국함으로써 고려·신라·후백제 세 나라가 정립했으나 935년 신라가 고려에 자진하여 귀부하고, 936년 고려가 후백제군을 선산에서 물리치고 항복을 받음으로써 후삼국의 통일이 이루어졌다.

후삼국의 통일 後三國一統一 고려 태조 왕건이 935년 신라를 병합하고 936년 후백제의 항복을 받아 후삼국을 통합한 일. 신라말의 혼란은 신라 골품체제의 모순에서 비롯되었으므로 후삼국의 통일은 골품체제의 모순을 극복하는 과제가 수반되어야 했다. 그러나 견훤과 궁예는 새로운 시대적 요청에 부응하는 시책을 펴지 못했던 반면, 왕건은 호족세력을 정권 내에 포섭하고 수취체제를 개혁하는 등 민심을 수습, 후삼국을 통일하는 주역이 될 수 있었다. 그러나 신라말기 골품체제의 폐쇄성에 불만을 품었던 6두품·호족들이 고려사회의 지배층이 되면서 지배체제의 폐쇄성은 극복되었으나, 새로운 사회건설을 위해 일어선 농민들의 불만은 수취체제 개혁이란 이름 아래 무마되고 농민들은 새로이 질서화된 봉건체제 내로 흡수되었다.

4. 통일신라의 문화

강수 强首 ?~692(효소왕 1) 신라의 유학자, 문장가. 중원소경中原小京(지금의 충주)의 사량沙梁 사람으로 본래는 대가야 출신. 아버지는 나마奈麻 석체昔諦라 하는데 6두품으로 보인다. 본래 이름은 자두字頭였으나 머리 뒤에 높은 뼈가 있어 태종무열왕이「강수선생」이라 부른 것을 계기로 강수라는 이름이 붙었다. 일찍이 아버지가「불도를 배우겠는가, 유도를 배우겠는가?」하고 물었을 때「불도는 세외교世外敎라 하는데 속세의 사람으로 어찌 불도를 배우겠습니까?」라 하며 유도를 택했다고 한다. 그는 유교적인 실천도덕과 아울러 문자와 문학에 관한 것에 비중을 두어 유학자로서보다 문장가로서 유명해졌다. 무열왕 때에는 당·고구려·백제 등에 보내는 외교문서 작성을 전담했는데, 특히 당시 당나라에 갇혀있는 김인문을 석방해줄 것을 청한〈청방인문표請放仁問表〉는 당 고종을 감동시켜 김인문을 돌려보내게 했으며, 671년(문무왕 11)에는 당나라 장수 설인귀薛仁貴에게 보내는 글도 지었다. 청년시절에 자기보다 천한 부곡釜谷의 대장장이 딸과 정을 통하고 있었는데, 그가 20세가 되었을 때 부모가 명성에 맞는 신분의 여자와 혼인할 것을 권하자「가난하고 천한 것은 부끄러운 바가 아니지만 도를 배우고 행하지 않는 것이 진실로 부끄러운 일입니다」라고 하며 거절했다고 한다. 이러한 태도는 진골귀족들의 권위주의에 대한 반항에서 비롯한 것이라 할 수 있다. 강수는 신라에서 유학자라 할 수 있는 최초의 인물로서, 유교의 합리주의 정신에 입각한 도덕적인 새로운 가치관은 미천한 신분의 조강지처를 버리지 않는 등 전통적인 윤리에 대한 비판적인 태도로 나타나는 것을 볼 수 있다.

설총 薛聰 생몰년 미상. 신라 경덕왕 때의 대학자. 자字는 총지聰智. 할아버지가 나마奈麻인 담날談捺이었다고 하는 것을 보아 6두품 출신인 듯하며 아버지는 원효元曉, 어머니는 요석공주瑤石公主이다. 종전에 써오던 이두식 표기법을 체계화하여 발전시켰으며, 유교경전을 우리말로 읽고 새기는 방법을 발명함으로써 유학 내지 한학을 쉽게 그리고 빨리 발전시키는 데 공이 컸다. 또한 글을 잘 지었다 하여 강수·최치원과 함께 신라 삼문장으로 꼽히나, 현재까지 전하고 있는 것은〈삼국사기〉와〈동문선〉에 실린 우화적 단편산문인〈화왕계

花王戒〉뿐이다.

이두 吏讀·吏頭 한자의 음과 뜻을 빌려 우리말을 표기하는 데 쓰이던 문자. 7세기에 설총이 이두의 사용법을 정리했다고 전하며, 이는 삼국시대부터 비롯하여 조선말기까지 사용되었다. 이두문에는 향찰鄕札·이찰吏札·구결口訣 등이 있는데, 향찰은 고유한 우리말 문체를 한자의 음과 뜻을 빌려 표음식으로 표기한 것이며, 이찰은 국한문 혼용문체, 구결은 순한문에 우리말로 토를 첨가한 것을 말한다. 일본의 문자인 가나역시 그 기원은 삼국시대 우리나라에서 쓰이던 이두자를 모방하여 만든 것이라고 한다.

향찰 鄕札 삼국시대부터 사용되던 것으로 우리말을 한자의 음독音讀과 훈독訓讀을 빌려서 표음식으로 표기하던 글. 우리말 문체 그대로 표기한 것이 특징이며, 향찰로 씌어진 것으로 지금까지 전하는 것은 〈삼국유사〉에 실려있는 14수의 향가와 〈균여전〉에 나오는 11수의 향가 등으로서, 당시의 우리말 연구에 중요한 자료이다.

화왕계 花王戒 설총이 신문왕에게 간하기 위해 지었다는 우화. 〈삼국사기〉설총열전에 전하며, 〈동문선〉에는 〈풍왕서諷王書〉라는 이름으로 수록되어 있다. 이는 설총이 신문왕에게 이야기하는 형식으로 씌어 있는데, 꽃에 비유하여 왕에게 도덕정치를 간하는 내용이다. 옛적에 화왕花王(모란꽃)이 처음으로 오자 봄철을 맞아 어여쁘게 피어 온갖 꽃을 능가하여 홀로 뛰어났다. 이에 가까운 곳 먼 곳에서 곱고 어여쁜 꽃들이 화왕을 뵈려고 애쓰던 차에, 곱게 화장하고 맵시있게 옷을 입은 아름다운 여인(장미꽃)이 와서 뫼시기를 청했다. 한편 베옷 차림의 장부가 와서 백두옹白頭翁(할미꽃)이라 하며 풍족할 때에도 부족함을 대비해야 한다고 간했다. 화

왕이 이에 「장부의 말에도 도리가 있지만 미인은 한번 얻기 어려우니 어찌하면 좋을까」하면서 갈등을 하자, 장부가 「왕이 총명하여 사리를 아시는 줄로 알고 왔더니 지금 보니 생각과는 다릅니다. 무릇 임금이 된 사람은 간사하고 아첨하는 자를 가까이하고 정직한 자를 멀리하지 않는 이가 드뭅니다…」하니 화왕이 잘못했다 했다는 내용이다. 이 이야기를 듣고 신문왕은 글로 써서 계감戒鑑을 삼도록 했다고 한다. 이 내용은 화왕인 모란이 장미와 할미꽃에 대하는 태도에 비유하며 국왕이 아첨하는 여인의 애교보다 정직한 신하의 충고에 귀를 기울일 것을 권한 것이다. 이것은 정치에 있어서 물질적인 욕망보다 도덕적인 규범이 더 중요하다는 것을 말한 것으로 유교의 도덕정치를 이상으로 삼은 것으로 보인다.

김대문 金大問 생몰년 미상. 신라의 학자·문장가. 진골출신으로 한산주 총관(도독)을 지냈다. 저술로는 〈계림잡전鷄林雜傳〉〈화랑세기花郎世記〉〈고승전高僧傳〉〈한산기漢山記〉〈악본樂本〉등이 있는데, 김부식이 〈삼국사기〉를 편찬할 당시에도 남아 있어 이들 책을 이용했다. 〈계림잡전〉은 신라 역사상의 중요한 사건들을 다룬 저술로서, 〈삼국사기〉에서는 신라의 불교 수용에 관한 사실 등을 이 책에서 인용하고 있다. 〈화랑세기〉는 화랑들의 전기서傳記書로서, 〈삼국사기〉의 화랑과 낭도들의 전기가 이 책에 근거했을 것으로 보인다. 〈고승전〉〈한산기〉〈악본〉등은 책이름으로 미루어보아 각각 고승들의 전기서, 한산 지방의 지리지, 음악에 관한 책으로 짐작할 수 있으나 자세한 내용은 알 수가 없다. 김대문의 저술은 신라사에 특히 관심이 집중되어 있는 것을 볼 수 있는데, 따라서 그는 신라 중대의 전제왕권이 확립되어 그 절정에 있던

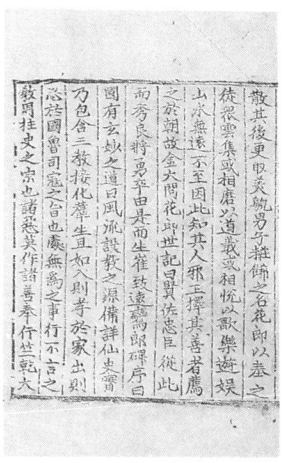

△〈삼국사기〉권 4에 실려 있는 김대문이 쓴 화랑세기.

△ 최치원의 학문과 덕행을 추모하기 위해 지어진 생사당(태산사)이었으나 조선시대 '무성'이라는 사액을 받아 서원으로 개편되었다.

시기에 삼국시대 이래의 귀족적 전통을 계승·발전시키려고 노력한 인물로 평가되기도 한다.

최치원 崔致遠 857(헌안왕 1)~? 신라말기의 학사. 자는 고운孤雲·해운海雲. 868년 12세의 나이로 당에 유학하여 18세에 과거에 합격, 그곳에서 지방 또는 중앙관청에서 벼슬을 지냈으며, 황소의 난이 일어났을 때 종사관으로 가서 격문(토황소격문討黃巢檄文)을 써 이름을 높이기도 했다. 885년 귀국, 한때 시독侍讀 겸 한림학사 수병부시랑 지서서감翰林學士守兵部侍朗知瑞書監을 지냈으며, 894년(진성여왕 8)에는 시무 10여조를 내 관등이 아찬에까지 이르렀다. 이 시무 10여조의 개혁안은 골품제도의 한계성을 극복하고 유교적 전제왕권을 지지하는 입장이었다고 생각된다. 그러나 그의 시무책은 진골귀족들의 반대로 실천에 옮겨지지 못하고 결국 중앙귀족들의 배척을 받아 지방관리로 밀려났고, 이후 그는 방랑생활 끝에 가야산 해인사에서 여생을 마쳤다. 최치원은 낡은 골품적 질서를 깨고 새로운 질

서를 수립하고자 한 지식인이었으나 그것이 받아들여지지 않자 은둔생활을 택했으며, 지방호족과 결탁하여 신라정부에 대항하는 등의 새로운 질서를 수립하기 위한 적극적인 길을 택하지는 않았다. 특히 지배체제에 항거하여 일어난 농민봉기에 대해서는 완전히 적대적인 대도를 취해 지배층으로서의 입장을 보였다. 그는 유교를 바탕으로 불교·도교 등의 사상을 받아들여 그의 사상을 전개했는데, 그의 저작으로 현존하는 것은 우리나라에서 가장 오랜 문집으로 알려지고 있는 〈계원필경〉이다. 그외 〈삼국사기〉〈삼국유사〉 등에 몇 가지 글이 전하며, 특히 그가 쓴 승려들의 비문이 전해지고 있는데 이를 사산비명四山碑銘이라 한다.

계원필경 桂苑筆耕 신라말기의 학자 최치원의 시문집. 20권 4책으로 목판본, 주자본 등이 전한다. 제1~19권에 들어 있는 작품은 그가 당나라에 있을 때 지은 것이고, 제20권은 신라에 돌아온 이후 창작한 작품들이다. 〈토황소격문討黃巢檄文〉을 비롯한 많은 작품들이 당시 사회연구에 많은 자료를 제공해준다. 현존하는 개인문집으로는 가장 오래된 것이다.

사산비명 四山碑銘 신라말기의 학자

△사산비명

최치원이 지은 네 개의 비문. 지리산 쌍계사의 진감선사 대공탑비·만수산 성주사의 낭혜화상 백월보광탑비·초월산의 대숭복사비·희양산 봉암사의 지증대사 적조탑비에 새겨진 문장을 가리킨다. 이는 최치원에 대한 연구뿐 아니라 우리나라 사상사와 한문학 연구에 빼놓을 수 없는 귀중한 자료이다.

김운경 金雲卿 생몰년 미상. 신라말기의 문인. 821년(헌안왕 13)에 신라의 도당유학생으로서는 처음으로 당의 빈공과에 합격하고 그곳에서 벼슬을 지냈다. 841년(문성왕 3)에 선위부사宣慰副使로 귀국했으나 귀국 후의 활동에 대해서는 알려져 있지 않다.

김가기 金可紀 ?~859(헌안왕 3) 신라시대 도교가道教家. 당 문종文宗 때 최승우崔承祐·자혜慈惠(후의 의상義湘)와 함께 당에 유학, 빈공과에 먼저 급제하여 진사가 되었다. 일설에는 벼슬이 화주참군華洲參軍과 장안위長安尉에 이르렀다고도 한다. 도를 탐구하기 좋아하

여 이에 대한 학문을 널리 익히고 신선의 경지에 이르는 술법의 일종인 복기법服氣法을 수련하는 등 도교의 수행에 힘쓰더니, 마침내 벼슬까지 그만두고 종남산終南山의 자오곡子午谷에 은거했다. 종남산에서 명상을 하며 노자老子의 〈도덕경〉과 기타 선서仙書를 심독, 3년 동안 쉬지 않고 공부한 뒤 귀국했으나 얼마뒤 다시 종남산으로 들어가 계속 도교를 수련했다. 그후 858년 12월 당 황제에게 표를 올려 「옥황상제의 부름을 받아 내년 2월 25일 승천한다」고 했는데 과연 그날이 되자 신선들이 환영하는 가운데 수레를 타고 하늘로 올라갔다고 한다. 그 이후로는 김가기가 승천한 날에는 모든 도교인들이 그의 제사를 지냈다고 한다. 〈해동전도록〉에는 김가기·최승우·자혜를 신라에 처음으로 도교를 전한 인물로 기록하고 있다.

김암 金巖 생몰년 미상. 신라 제36대 혜공왕 때의 관리·방술가方術家. 김유신의 적손인 윤중允中의 서손. 어려서부터 천성이 총명했으며, 신선사상에 심취해 방술을 배워 장생불사長生不死하는 방사方士가 되려고 노력했다. 이찬으로 벼슬을 지내다가 당에 유학했는데 중국에서 예로부터 내려오는 음양술에 관심을 가지고 천문·지리·역수曆數 등을 음양가로부터 배웠다. 이때 스스로 둔갑입성법遁甲立成法을 창안하여 스승이 그의 술법이 높음에 감복, 제자로 대하지 못했다고 한다. 당에서 귀국하자마자 사천대박사司天大博士가 되어 천문·역수 등을 맡아보았으며, 이어 양주·강주·한주의 태수를 거쳐 집사시랑과 패강진 두상頭上도 지냈다. 병법에도 능해 백성들에게 육진병법六陣兵法도 가르쳤으며, 술법으로 황충蝗蟲(메뚜기와 비슷한 곤충으로 누리라고도 부름)을 죽이는 등 이적을 보이기도 했다. 그의

도술은 당시 중국·일본에까지 명성이 있을 정도였다고 한다.

도선 道詵 827년(흥덕왕 2)~898(효공왕 2) 신라말의 승려이며 풍수설의 대가. 성은 김씨. 영암 출신. 왕실의 후예라는 설도 있다. 15세에 월유산 화엄사에서 중이 된 후 846년에는 곡성 동리산桐裏山의 혜철惠徹에게서 법문을 듣고 수도했으며, 그후 전라남도 광양 백계산의 옥룡사玉龍寺에서 후학을 지도했는데 항상 수백 명의 제자들이 모여들었다고 한다. 그는 또한 풍수설의 대가로서 875년(헌강왕 1)에 「지금부터 2년 뒤에 반드시 고귀한 사람이 태어날 것이다」고 했는데, 그 예언대로 송악에서 고려 태조 왕건이 태어났다고 한다. 이 때문에 태조 이후 역대 고려왕들의 극진한 존경을 받아 고려의 숙종은 대선사大禪師로 추증하고 왕사王師를 추가했으며, 인종은 선각국사先覺國師로 추봉했다. 또 의종 때는 그의 비碑의 건립을 추진, 명종 때(1172, 명종 2) 비가 세워졌다.

비보사탑 裨補寺塔 도선道詵의 비보사탑설에 의해 지정되거나 건립된 절이나 탑. 도선에 의하면 지기地氣는 왕성하기도 하고 쇠퇴하기도 하는데, 쇠퇴할 때 그곳에 자리잡은 인간이나 국가는 쇠망하게 마련이며, 이를 막기 위해서는 산천의 역처逆處나 배처背處에 인위적으로 사탑을 건립해 지기를 보완해야 한다고 했다. 이와 반대로 산천지세에 어긋나게 하거나 비보를 믿지 않고 사원불탑을 파괴하면 나라가 망하고 인민이 불행하게 되는 재앙이 일어난다는 것이다. 비보사탑은 신라 쇠망의 한 원인을 사원남설에 따른 지덕손실에서 찾아 신라의 멸망과 고려의 건국을 사상적으로 뒷받침해주어 고려 태조에 의해 신봉되었으며, 이후 고려시대를 통해 널리 확산되었다. 고려 태조는 〈훈요10조〉에서

도선의 비보사탑설에 의해 지정된 곳 이외는 어디에도 사탑을 건립하지 말 것을 경계했으며, 이후 고려는 국가적 차원에서 비보사원을 장려하고 보호하는 정책을 시행, 비보사원에 대해 국가가 토지를 분급하기도 했다. 그 결과 모든 사원의 비보사원화 경향이 나타나서 〈도선비기道詵秘記〉에 지정된 비보소裨補所가 3,800개 소에 달했으며 전국의 유명사찰은 거의 다 이에 속했다. 비보사탑설의 성행과 비보사원의 수적확대는 고려말 불교계 폐단의 한 원인이 되기도 했다.

교종 5교설 教宗五敎說 통일신라와 고려전기 불교계에서 교종이 5개의 종파로 분립되어 있었다고 하는 견해. 종래의 연구에 의하면, 통일신라시대 이후 석가의 교설을 위주로 히는 교종에 열반종·계율종·법성종·화엄종·법상종 등 5개의 종파가 성립되어 있었다고 하여 이를 교종 5교라 했다. 그러나 최근의 연구에 의하면, 통일신라시대에는 학파의 대립은 있었으나 종파의 성립은 보이지 않으며, 종파는 고려초에 확립된 것이라고 한다. 또한 교종 5교는 교종의 5종파가 아니라 화엄학과 천태학에서 석가의 설법을 다섯 분야로 구분하여 교설의 해석을 시도한 것의 영향으로, 종파 성립 이후에도 교학을 바탕으로 성립된 교종 종파를 통칭하는 용어로 사용된 것이며, 구체적으로 5종파를 의미하지 않는다고 본다.

의상 義湘 625(진평왕 47)~702(성덕왕 1) 신라중기의 고승. 우리나라 화엄종의 개조開祖. 속성은 김씨. 19세에 중이 되어 661년(문무왕 1) 당에 건너가 종남산 지상사至相寺에 있는 지엄智儼(중국 화엄종의 제2조)을 찾아가 〈화엄경〉을 연구, 지엄의 계승자가 된 현수賢首의 존경을 받았다. 그러나 당이 신라를 침범한다는 정보를 듣고 670년에 급

히 귀국하여 국가의 위기를 구했다. 676
년 태백산 부석사를 창건하고 제자들을
가르쳐 해동 화엄종의 시조가 되었으
며, 이후 전국 각지의 명산에 화엄계통
의 사찰을 세워 전교했다. 대표적 저술
로는 〈화엄일승법계도華嚴一乘法界圖〉·
〈백화도량발원문白花道場發願文〉이 전한
다. 그의 사상은 〈화엄일승법계도〉에
잘 나타나 있는데 그는 하나하나의 차
별적인 현상들이 모두 다 절대적인 본
체라고 하여 현상과 본체를 통일적으로
이해하려 했다. 즉 본체와 현상을 서로
불가분한 것으로 보면서 차별적인 하나
하나의 현상들은 결국 그것이 곧 본체
이기 때문에 그 사이에는 아무런 차이
도 없으며 서로 융통하고 서로 방해함
이 없다고 하는 것이다. 의상의 이와 같
은 사상, 즉 개개의 사물들은 서로 방해
함이 없이 무차별적이라는 견해는 이
세상에 존재하는 것은 다 부처, 정신적
인 이理의 체현으로서 합리적인 것이라
는 것을 논증함으로써 신라 봉건사회의
신분제도를 이론적으로 변호하게 한다.
또한 우주의 다양한 현상이 결국 하나
라고 하는 정신은 전제왕권을 중심으로
한 중앙집권적 통치체제를 뒷받침하기
에 적합하여 신라 중대에 지배적인 종
파로 발전했다.

원효 617(진평왕 39)~686(신문왕 6)
신라시대 고승. 성은 설薛. 어릴 때 이
름은 서당誓幢. 원효는 법명法名. 아버
지는 나마奈麻 담날談捺로서 6두품 출신
으로 여겨진다. 29세에 황룡사에서 중
이 되었으며, 교학敎學을 연구하러 당나
라로 가던 중 해골에 고인 물을 마시고
「모든 것은 오직 마음에서 일어난다」는
이치를 깨달아 유학을 포기하고 국내에
서 불교를 연구했다. 그후 분황사에 있
으면서 독자적으로 해동종이라는 불교
사상을 내놓았다. 무려 85종 180여 권에
달하는 저술을 썼는데, 현재에도 20여

종이 전해져 온다. 〈대승기신론소大乘
起信論疏〉〈금강삼매경론金剛三昧經論〉〈십
문화쟁론十門和諍論〉 등의 저서와 여러
대승경론에 대한 종요宗要, 소疏에서 그
는 방대한 불교철학의 진수를 드러냄으
로써 불교를 이해하고 실천하는 데 길
잡이가 되도록 했다. 또한 이러한 여러
경론을 두루 연구하고 이들 경론의 모
순·대립되는 것처럼 보이는 점들을 융
화·통일시키고자 「화쟁和諍」의 논리
전개방법으로서 종래 철학의 대립적인
측면들을 지양하여 해동종 철학의 새
원리를 구성하고 체계화했는데, 이러한
그의 사상을 「화쟁사상」이라 표현한다.
또한 그는 대중에 대한 불교교화에 힘
써 정토신앙을 받아들였는데, 이를 보
급하기 위해 거사居士차림으로 손에는
무애無碍의 박을 쥐고 노래와 춤을 추며
전국을 돌아다녔다고 한다.

정토신앙 淨土信仰 정토에 왕생하는
것을 희구하는 신앙. 정토는 부처·보
살이 사는 아주 깨끗한 세계를 말하며,
불국토佛國土·적광토寂光土 등으로도
표현된다. 정토사상은 왕생이 발원과
십념十念만으로도 가능하다는 불교신앙
의 실천적 한 방법이다. 따라서 정토신
앙은 높은 학문과 지식이 없어도 누구
나 발원하여 염불하면 정토에 왕생할
수 있다는 것이므로, 일반대중에게 쉽
게 보급될 수 있는 대중신앙이었다. 정
토에 대해서는 크게 2종류로 대별된다.
첫째는 정토와 현실의 사바세계와는 완
전히 다른 세계라고 하는 설로서, 〈무
량수경〉 등의 경전에는 아미타불의 서
방극락정토를 비롯, 미륵보살의 도솔천
정토, 약사여래의 유리광정토瑠璃光淨土
등 여러가지 정토가 설하여지고 있다.
이러한 여러 부처의 정토가 사바세계에
서 보아 모든 방향十方에 있기 때문에
십방정토十方淨土라고 한다. 또 하나는
마음이 깨끗하게 되면 사는 세계도 깨

끗하게 되고 현실의 사바세계가 바로 정토가 된다고 하는 설인데, 〈법화경〉의 영산정토靈山淨土, 〈화엄경〉의 연화장세계蓮華藏世界, 〈대승밀엄경〉의 밀엄정토密嚴淨土 등이 그것에 해당한다. 신라시대 특히 통일 이후 시대는 정토사상의 전성기라 할 수 있는데, 7, 8세기경 정토사상을 논한 사상가들은 자장慈藏・원측圓測・원효・의상・경흥憬興・의적義寂・도증道證・태현太賢・법위法位・현일玄一・도륜道倫 등을 들 수 있다. 정토사상은 전란으로 인한 사회적 불안을 해소하고 사회안정을 위해 중시되었으며, 원효의 경우 미륵・아미타의 양 정토를 모두 주장하면서도 극락이 도솔천보다 우월하다고 했다. 또한 신라인은 이러한 정토관념과 아울러 현실세계가 바로 정토라는 불국토佛國土 관념을 가지고 있었다.

금강삼매경론 金剛三昧經論 〈금강삼매경〉에 대한 원효의 주서서. 3권. 〈금강삼매경〉은 불교 전반에 대한 깊은 이해가 없이는 도저히 이해할 수 없는 압축된 경전으로, 원효가 주석서를 내기

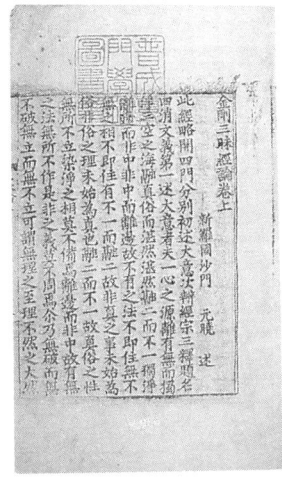

△금강삼매경론

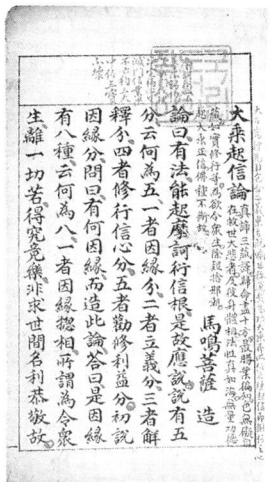

△대승기신론소

이전에는 어느 누구도 이 경시에 내한 언급이 없었다. 이 책은 〈금강삼매경〉을 누구나 쉽게 이해할 수 있도록 주석을 한 것일 뿐 아니라 많은 경론을 인용하여 논리를 정립, 중국 남북조시대에서 당나라까지 제기되었던 불교교리가 고루 포함되어 회통하고 있다는 면에 사상적 특징이 있다. 특히 대의大意에는 이 경의 종지宗旨를 밝혔는데 이는 원효의 불교관 전체를 이해하는 데 길잡이가 된다. 이 책의 판목板木은 해인사에 보관되어 있다.

대승기신론소 大乘起信論疏 〈대승기신론〉에 대한 원효의 주석서. 2권. 〈기신론〉의 본문에 따라 일일이 해석을 붙인 책이다. 원효는 중국의 현학적인 주석에서 탈피하여 원문의 글뜻에 매달리지 않고 원저자의 정신을 드러내려고 했다. 이 책은 중국 및 우리나라 〈기신론〉 연구가들에게 중요한 지침서가 되었으며, 중국 불교계에서는 〈해동소海東疏〉라 하여 이 책에 대한 특별한 명칭을 붙이고 있다.

무애가 無碍歌 신라의 고승 원효가 부

처님의 가르침을 대중에게 가르치기 위해 지은 노래. 원효는 스스로 복성거사卜性居士 또는 소성거사小性居士라고 칭하고 속인행세를 했으며, 이상한 모양을 한 큰 표주박을 들고 춤을 추며 이 노래를 불렀다고 한다. 이 노래는 〈화엄경〉의 이치를 담은 것으로서 「모든 것에 거리낌이 없는 사람이라야 생사의 편안함을 얻느니라」라는 내용을 가진 것이다. 이는 불교의 이치를 노래로 지어 세상에 유포시킴으로써 부처님의 가르침을 무식한 대중에까지 알 수 있도록 한 것이다. 이 노래에 담겨 있는 무애사상無碍思想은 원효의 사생활에도 잘 나타난다. 그는 거사들과 어울려 술집이나 기생집에도 드나들고 혹은 석공들의 쇠칼과 쇠망치를 가지고 다니며 글을 새기기도 하고, 〈화엄경〉에 대한 주소註疏를 지어 그것을 강의하기도 했다. 또 어떤 때는 여염집에서 유숙하기도 하고 혹은 명산대천을 찾아 좌선하기도 하는 등 어떤 일정한 틀에 박힌 생활태도가 없었다. 이와 같이 행적도 뚜렷한 규범이 없었고, 사람들을 교화하는 방법도 일정하지 않았던 것이다. 원효의 이러한 행적은 귀족 중심의 불교를 대중에 확산시키는 데 많은 기여를 했다.

십문화쟁론 十門和諍論 신라의 고승 원효가 불교의 여러가지 이론異論을 정리한 책. 이 책은 불교의 이론異論을 10문으로 분류하여 정리, 쟁론을 조화시킨 원효사상의 총결산적인 저술이다. 이 화쟁론의 제1문으로서는 「일체불법이 곧 일불승一佛乘」이라는 통불교사상通佛敎思想을 전개했으며, 제2문에서는 당시 국내외적으로 대승불교철학의 2대 조류로 되어 있던 중관파(삼론종)·유식파(법상종) 두 학파의 공空과 유有의 대립을 비판하고 과감히 공·유의 무대립론無對立論을 전개했다. 제3문에서는 모든 중생에겐 불성이 있어 성불할 수

있다는 설을 제시했으며, 제4문에서는 인人과 법法에 대한 불교계의 쟁점에 대해, 제5문에서는 삼성三性에 대한 이론異論을 화쟁했다. 제6·7·8·9·10문에서는 각각 오성五性·이장二障·열반涅槃·불신佛身·불성佛性에 대한 서로 다른 견해들을 회통시켰다. 이상과 같이 원효는 이 책에서 백가百家의 서로 다른 쟁론을 화해시켜 일미一味의 법해法海로 돌아가게 한다는 화쟁사상을 제시했다.

화쟁사상 和諍思想 신라의 고승 원효가 제시한 불교사상. 원융회통사상圓融會通思想이라고도 하며, 원효의 저술인 〈십문화쟁론十門和諍論〉에 이 사상이 전개되어 있다. 부처가 지향한 이론이 온갖 모순·대립과 쟁론이 끊어진 절대조화의 세계인 무쟁無諍의 세계임에 비해 원효는 모순과 대립이 있는 현실에서 모든 대립과 모순·쟁론을 조화·극복하여 하나의 세계로 지향하고자 했는데, 이것이 원효의 화쟁사상이다. 원효는 인간세계의 공空과 유有·진眞과 속俗·염染과 정淨 등 대립된 것으로 나타나는 것이 모두 일심一心·일리一理·일법一法이라는 것을 체득함으로써 대립되는 것을 동화시켜 나가는 원리를 전개시켰다. 그는 특히 이러한 화쟁의 논리로써 당시 국내외적으로 대승불교철학의 2대조류로 되어 있던 중관파(삼론종)·유식파(법상종) 두 학파의 대립을 근본적으로 해결하고자 했다. 즉 중관파의 「세계의 모든 것은 다 공空이다」라고 하는 부정론이나 유식파의 「세계의 모든 현상은 다 식識이다」라고 하는 긍정론을 다같이 비판하고, 이러한 것의 근원이 불이不二라는 원리로써 과감히 공과 유의 무대립론無對立論을 전개한 것이다. 인도의 대승불교에서 발생했던 중관과 유식의 대립을 극복한다고 하는 문제는 신라뿐 아니라 당시 중국불교계

의 현안문제이기도 했기 때문에, 그의 불교사상은 중국에 전해져 중국 화엄종의 성립과 발전에 선구적 역할을 담당했다.

원측 圓測 613(진평왕 35)~696(효소왕 5) 신라의 고승. 원측은 자字이며, 이름은 문아文雅이다. 신라 국왕의 후예라고도 하며, 3세에 중이 되고 15세에 당나라에 건너가 유식학의 개척자인 법상法常과 승변僧辨으로부터 유식학을 배웠다. 그는 특히 어학에 천부적인 소질이 있어서 중국어뿐 아니라 범어에도 능통했다고 하며, 당나라 태종은 그의 명성을 흠모하여 친히 도첩을 내리고 원법사元法寺에 머물도록 했다. 그는 그곳에서 유식학 연구의 기본이 되는 소승경론小乘經論을 연구하는 한편 대승경론에 관해서도 폭넓게 연구했다. 삼 장 법사 현장玄奘이 인도로부터 돌아와서 신유식新唯識을 가르쳤을 때 현장의 후계자인 자은慈恩·규기窺基와 유식론에서 대립적인 견해를 보이면서 서명사西明寺에서 그의 유식론을 전개했다. 이들의 유식학에 대한 논쟁은 대를 이어 활발히 전개되었는데, 중국승 규기와 그 후계자를 자은학파라고 부른 데 대해 신라의 원측과 그 후계자를 서명학파西明學派라고 일컫게 되었다. 이 논쟁은 당의 불교계뿐만 아니라 신라 불교계에도 이어졌고, 나아가 일본 법상종의 승려인 선주善珠(724~797)도 이 논쟁에 참여함으로서 국제적인 것으로 발전했다. 원측은 그뒤 서명사의 대덕大德이 되었으며, 〈유식론소唯識論疏〉〈금강반야경소金剛般若經疏〉〈유가론소瑜伽論疏〉〈해심밀경소解深密經疏〉〈인왕경소仁王經疏〉〈반야심경소般若心經疏〉〈무량의경소無量義經疏〉 등의 방대한 저술을 통해 중국 불교학계에 명성을 떨쳤다. 그후 계속 불경번역 사업에 종사하다 696년 불수기사佛授記寺에서 입적했다.

유식사상 唯識思想 일체의 삼라만상이 오직 마음에 의해서 변화되며 마음을 떠나서는 어떠한 존재도 있을 수 없음을 밝힌 불교사상. 이에 의하면 우리의 선행과 악행은 물론 객관세계와 접촉하면서 생활하는 인과의 모든 것이 마음에 의해 좌우된다고 한다. 유식사상은 4세기경 미륵彌勒에 의해서 최초로 천명되었으며, 미륵의 제자인 무착보살無着菩薩에 이어 무착의 동생인 세친世親에 와서 더욱 조직화·체계화되었다. 중국에서는 현장이 인도에서 유식학를 배워와 규기에게 계승, 법상종法相宗을 창시하게 되는데, 이로써 유식학은 이전에 수입되었던 지론종地論宗·섭론종攝論宗의 유식사상과 함께 중국에서 완전한 위치를 굳히게 되었다. 우리나라의 유식사상은 신라시대에 유입되어 교리연구를 심화시켰는데, 신라의 불교학자들은 거의가 유식학을 연구하고 그 이론을 많이 인용했으며, 원효도 유식학을 연구하며 중관파와의 대립을 극복하고자 했다. 그러나 유식학만을 전문으로 연구한 최초의 유식학자로는 원측圓測을 들 수 있으며, 원측의 제자인 도증道證과 그외 태현太賢·신방神昉 등 많은 학자들이 나와 중국에까지 영향을 주었으며, 불교사상 발전에 많은 영향을 끼쳤다.

혜초 慧超 704(성덕왕 3)~? 신라 경덕왕 때의 중. 일명 혜초惠超. 일찍이 당에 건너가 719년(성덕왕 18) 남인도의 밀교승 금강지金剛智에게서 불도를 배웠다. 그후 바닷길로 인도에 가 5천축국의 각지를 두루 돌아다니다 서아시아·중앙아시아 등을 거쳐 727년 11월 중국 안서安西로 돌아왔다. 이때 여행에서 보고 들은 것을 기록하여 〈왕오천축국전〉 3권을 지었으나 전하지 않고 〈일체경음의一切經音義〉의 제100권에 책이름만 전해오다, 1908년 프랑스의 동양

△〈왕오천축국전〉. 혜초가 쓴 서역기행문으로 프랑스 국립중앙도서관에서 소장하고 있다.

학자 펠리오 Pélliot가 둔황燉煌의 동굴에서 앞뒤가 떨어진 책 2권을 발견, 현재 파리 국립도서관에 보관되어 있다. 혜초는 당에 돌아온 후 금강지·대공삼장大空三藏(금강지의 법통을 이은 제자)과 함께 많은 불경을 번역하며 오대산에서 여생을 보냈다.

왕오천축국전 往五天竺國傳 신라승려 혜초의 여행기. 당나라에 불교교리를 연구하기 위해 가 있던 혜초는 719년 이후 바닷길로 인도에 가서 인도의 5국을 순례하고, 다시 중앙아시아 여러 나라를 돌아 페르시아·소아시아 지역까지 갔다가 727년(선덕왕26) 중국으로 돌아왔는데, 그동안 여행기간에 보고 들은 것을 정리하여 적은 것이 이 책이다. 1908년 프랑스의 동양학자 펠리오Pélliot 교수가 중국 감숙성甘肅省 둔황燉煌 천불동千佛洞에서 발견, 현재 파리 국립도서관에 보관되어 있다. 원래는 3권이었던 듯하나 발견된 것은 그 약본略本이며, 앞뒤 부분이 떨어져 나갔다. 이 여행기는 8세기초의 인도와 중앙아시아 및 서아시아의 역사·지리·경제·민

속 등에 관한 자료들이 적지 않게 담겨져 있어 사료적 가치가 높다.

선종 禪宗 불교의 한 종파. 좌선으로써 내관자성內觀自省하여 불성佛性을 찾고자 하는 것으로서, 선종이란 말은 석가의 설교에 의거하는 교종에 대해 좌선을 닦는 종파라는 의미이다. 불심종佛心宗이라고도 한다. 석가가 영산회에서 말없이 꽃을 꺾은 것에 대해 제자 가섭迦葉만이 그 뜻을 안 데서 기원하며, 520년 달마達磨(인도 선종의 제28조)가 중국에 와서 법을 전함으로써 중국 선종의 시조가 되었다. 달마로부터 법을 전수받은 제2조 혜가慧可에서 증찬增璨·도신道信·홍인弘仁으로 이어졌는데, 홍인의 문하에서 혜능慧能을 제6조로 하는 남종南宗과 신수神秀를 제6조로 하는 북종北宗으로 나뉘어지게 되었다. 그러나 북종은 오래지 않아 후손이 끊어지고 혜능에서 이어진 남종선만이 번성하여 5가家 7종宗을 내었다. 우리나라에 선종이 전해진 것은 784년(선덕왕 5) 도의道義가 당의 서당지장西堂智藏에게서 남종선을 전수받아 온 데서 비롯하

며, 신라말에는 선종이 크게 성했다. 선종사상은 절대적인 불타佛陀에 귀의하려는 것이 아니라 각자가 가진 불성의 개발을 중요시하는 개인주의적 성향을 지녔기 때문에, 중앙정부의 간섭을 배제하면서 지방에서 독자적 세력을 구축하려는 지방호족의 의식구조와 부합했다. 따라서 신라말 지방호족의 후원으로 선종은 크게 성행, 새로운 사회를 이끄는 사상적 바탕이 되었다.

남종선 南宗禪 중국 선종의 한 계통. 북종선北宗禪에 대한 말로 남선南禪·남종南宗이라고도 한다. 달마가 전한 법맥이 제5조 홍인弘仁의 문하에서 혜능慧能과 신수神秀로 양분되었는데, 북방에서 성행한 신수계의 북종에 대해 강남에서 성행한 혜능계를 남종이라 했다. 그 사상적 특징은 통상 남돈북점南頓北漸이라 하여, 남종선은 돈오頓悟(별안간 문득 깨달음)를 그 특색으로 하는 데 대해 북종선은 점차로 수행하면 모두 부처가 된다는 뜻을 세운 데 차이를 보이고 있다. 그러나 북종선이 그 법맥이 오래지 않아 끊어진 데 반해 남종선은 계속 번성하여 5가家 7종宗을 내었다.

선종 9산문 禪宗九山門 신라말 고려초에 선종이 중국으로부터 유입되어 형성된 9개의 산문山門, 도의道義의 가지산문迦知山門, 홍척洪陟의 실상산문實相山門, 혜철惠哲의 동리산문桐裏山門, 도윤道允의 사자산문獅子山門, 낭혜朗慧의 성주산문聖住山門, 범일梵日의 사굴산문闍堀山門, 지증智證의 희양산문曦陽山門, 현욱玄旭의 봉림산문鳳林山門, 이엄利嚴의 수미산문須彌山門을 말한다. 선사禪師들은 중앙의 지배층에서 몰락한 6두품 이하의 하급귀족 출신이거나 중앙진출이 불가능한 지방호족 출신이었다. 그리고 9산문은 실상산문과 같이 왕실세력이 관여한 경우도 있으나 주로 지방호족과 밀접한 관련을 가지고 건립되

었다. 가지산문의 건립에는 김언경金彦卿 등이 관여했고, 희양산문은 심충沈忠과 가은현加恩縣 장군인 희필熙弼에 의해 건립되었으며, 봉림산문 건립에는 김인광 등 김해지방 호족들이 관여했다. 또한 수미산문의 건립에는 왕건과 그의 외척인 황보씨皇甫氏 세력이 후원하고 있었고, 김주원계 세력을 배경으로 강릉지방을 다스리고 있던 왕순식王順式은 사굴산문을 후원하고 있었다. 이러한 지방호족 세력의 후원으로 선종산문은 거대한 사찰과 함께 막대한 토지를 가지고 있었으며, 적게는 수백인에서 많으면 2천인에 달하는 많은 문도門徒를 거느리고 있었다. 선종은 각자가 가진 불성의 계발을 중요시하는 개인주의적인 성향을 지녀, 중앙정부의 간섭을 배제하면서 지방에 웅거하여 독자적 세력을 구축하려는 지방호족의 지지를 받아 번성했던 것이다. 특히 진성여왕 이후에는 왕실과 결별하고 지방호족과 연결하는 쪽으로 기울게 되었다. 그런가 하면 후삼국 정립기가 되면 개인주의적인 면보다 외화外化에 비중이 두어졌고 따라서 지방의 대호족이 주위의 군소지방세력을 포섭·동화하는 것을 합리화했다. 이러한 선종사상의 경향은 왕건이 고려국가를 건설하여 후삼국을 통합하는 과정에서 더욱 강화되어 고려초에 교선 일치사상이 등장하게 된다.

도의 道義 생몰년 미상. 우리나라에 최초로 중국의 남종선南宗禪을 전한 신라의 고승이다. 성은 왕王, 법호는 명적明寂, 시호는 원적元寂이며, 도의는 법명이다. 북한군北漢郡에서 태어났으며 784년(선덕왕 5)에 배를 타고 당나라로 건너가 마조도일馬祖道一의 제자인 서당지장西堂智藏의 법맥을 이어받고 백장산百丈山의 회해懷海를 찾아가서 법요法要를 강의받았다. 37년간 당나라에 머물다가 821년(헌덕왕 13)에 귀국하여 선

법禪法을 펴고자 했으나 당시 사람들이 교학敎學만을 숭상하고 무위법無爲法을 믿지 않아 뜻을 이루지 못했다. 이후 설악산 진전사陳田寺로 들어가 40년 동안 수도하다가 제자 염거廉居에게 남종선을 전하고 죽었다. 염거의 제자 체증體證은 전라남도 장흥의 가지산에서 가지산파迦智山派를 세웠는데, 이때 도의를 가지산파의 개산조로 삼았다.

무염 無染 801(애장왕 2)~888(진성여왕 2) 선문9산 중 성주산문聖住山門을 개창한 신라의 고승. 성은 김. 호는 무량無量 또는 무주無住, 시호는 대낭혜大朗慧, 태종무열왕의 8대손. 12세에 출가하여 설악산 오색석사五色石寺에서 당에서 소승불교를 공부하고 돌아온 법성法性의 제자가 되었으며, 부석사의 석징釋澄을 찾아가서 화엄경을 공부했다. 821년(헌덕왕 13)에 당에 건너가 불광사佛光寺의 여만如滿을 찾아가 선법을 묻고 그뒤 마조도일馬祖道一의 제자인 마곡보철麻谷寶徹을 찾아가 법맥을 이어받았다. 그후 20년간 중국의 여러 곳을 다니면서 고독한 사람, 병고를 겪고 있는 사람, 가난한 사람들을 보살피자 그의 이름이 중국 전역에 퍼졌고, 사람들은 그를 동방의 대보살이라고 불렀다. 847년(문성왕 7)에 귀국, 같은 무열계 후손으로서 남포지역의 호족인 김흔金昕의 후원으로 성주사聖住寺를 건립하고 40여년 동안 교화하다 888년 89세로 죽었다.

△무염의 성주사지낭혜상백월 보광탑비

성주사에 탑이 세워졌고, 탑비의 글을 최치원이 지어 사산비문의 하나로 꼽는다. 그의 제자는 2천여 명에 이르렀는데 그중 원장圓藏·영원靈源·현영玄影·승량僧亮·여엄麗嚴·자인慈忍 등이 그의 선풍을 선양하여 성주산문의 기반을 튼튼히 했다. 저서로는 〈무설토론無舌土論〉이 있는데, 여기에서 그는 교종과 선종을 최초로 구분했다.

무설토론 無舌土論 낭혜화상 무염이 지은 논論. 1293년(충렬왕 19)에 천책天頙이 지은 〈선문보장록禪門寶藏錄〉에 수록되어 있다. 무염은 이 논에서 부처의 교설敎說(가르쳐 설명함)을 뜻하는 불교(교종敎宗)와 선종 스승들의 도인 조도祖道를 구별했다. 즉「말을 빌려서 깨끗함과 더러움을 분별하는 불교는 낮은 근기의 중생들을 위해서 쓴 부처의 방편인 반면 조도는 말을 매개로 하거나 이론에 의존하지 않고 곧바로 이심전심하는 것을 의미한다」고 했다.

이엄 利嚴 870(신라 경문왕 11)~936(고려 태조 19) 신라말 고려초의 선승. 선종9산 가운데 수미산파須彌山派의 개조. 성은 김씨, 이엄은 법명, 시호는 진철眞澈, 그의 조상은 계림鷄林사람으로 낙향하여 충청남도 서산지방인 부성富城에 정착했다. 12세에 중이 되었으며 896년(진성여왕 10) 중국에 건너가 조동종曹洞宗의 개조인 양개良价의 제자 도응道膺의 선문에서 수도했다. 수도한 지 6년 만에 도응의 인가를 받았으며 그후 중국의 여러 곳을 다니면서 고승들을 만나보고 911년(효공왕 15) 귀국했다. 김해부 지군부사金海府知軍府事 소율희蘇律熙가 승광산勝光山에 당우를 짓고 청했으므로 4년 동안 그곳에 머무르다 영동군 남쪽 영각산靈覺山으로 옮겼는데 이때 승속僧俗들이 찾아와 귀의하는 자가 매우 많았다. 수미산에서 선풍을 일으켜 많은 문도를 지도하다 936년

법당에서 입적했다.

범일 梵日 810(헌덕왕 2)~889(진성여왕 3) 신라의 선승. 구산선문 중 사굴산파闍堀山派의 개조. 성은 김씨, 계림 출신, 품일品日이라고도 한다. 시호는 통효通曉. 아버지는 명주도독을 지낸 김술원金述元이며, 어머니는 문씨이다. 15세에 중이 되었으며 831년(흥덕왕 6) 왕자 김의종金義宗과 함께 당나라로 갔다. 중국의 여러 고승들을 순방하던 중 제안齊安을 만나 그 문하에서 6년간 머물다가 유엄惟儼을 찾아가서 선문답禪問答을 나누고 크게 인가를 받았다. 847년 귀국하여 그뒤 851년까지 백달산에 머물며 정진하다가 명주도독의 청으로 굴산사堀山寺로 옮겨 40여 년 동안 후학들을 교화했다. 그때 경문왕·헌강왕·정강왕이 차례로 국사로 받들어 계림으로 모시고자 했으나 모두 사양했다. 그는 또한 진성여왕이 불교의 선禪과 교敎의 뜻을 묻자 그에 대한 대답으로 진귀조사설眞歸祖師說을 제시하여 주목된다. 석가모니는 태어나자 곧바로 사방으로 일곱 걸음을 걸으면서 오직 존귀한 것은 자아自我뿐이라고 했으며, 뒷날 설산雪山으로 들어가 수행하다가 새벽 샛별을 보고 진리를 깨달았으나 궁극의 경지가 아님을 느꼈다. 그뒤 진귀조사를 만나 교밖에 따로이 전하는 선지禪旨를 얻고 대오했다는 것이다. 이 진귀조사설은 불교의 정설에는 없는 것이며, 중국 선종의 초조 달마達磨의 밀록密錄에만 있는 것이라 하여 여러가지 의문점을 남겨 조선후기에 크게 논란의 대상이 되었는데, 이것이 범일에 의해 처음으로 제시된 것이다.

향가 鄕歌 신라시대부터 고려초기까지에 걸쳐서 널리 유행하던 우리나라 고유의 시가詩歌. 모두 향찰로 기록되어 있는데, 그 내용은 불교적 색채를 띤 것도 있으나 자연과 인생에 대한 소박한 감정, 깊은 체념과 달관 또는 안민이세安民理世의 높은 이념까지 내포된 것도 있다. 향가는 대개 6·7세기경부터 10세기초에 이르는 사이에 창작된 것인데 12세기초 예종의 〈도이장가〉도 향가로 보는 견해가 있다. 888년(진성여왕 2)에는 〈삼대목〉이라는 향가집이 편찬되었으나 전하지 않으며, 현존하는 것은 〈삼국유사〉에 14수, 〈균여전〉에 11수

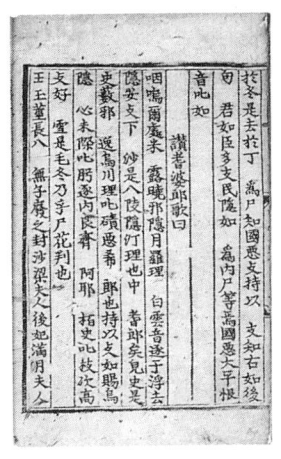

△ 향가. 왼)백제 무왕의 〈서동요〉, 중)충담사의 〈찬기파랑가〉, 오)월명사의 〈도솔가〉

등 모두 25수뿐이다.

삼대목 三代目 888년(진성여왕 2)에 각간角干 위홍魏弘과 대구화상大矩和尚이 왕명을 받아 편찬한 향가집. 책이 전하지 않아 권수와 책수 등은 알 수 없다. 「삼대」라는 말이 신라의 상대·중대·하대를 뜻하는 것으로 보이므로 신라시대의 향가를 3시기로 나누어 분류한 방대한 규모의 것으로 짐작된다.

김생 金生 711(성덕왕 10)~? 신라의 서예가. 부모가 한미하여 가계를 알 수 없으며 불교에 심취하여 아내를 취하지 않았다 한다. 어려서부터 글씨를 잘 썼는데 나이 80이 넘도록 글씨에 몰두하여 예서·행서·초서가 모두 입신入神의 경지였다. 고려 숙종 때 송나라에 사신으로 간 홍관洪灌이 한림대조翰林待詔 양구楊球와 이혁李革에게 김생의 행서와 초서 한폭을 내보이자 왕희지의 글씨라고 하며 놀라워했다고 한다. 그의 진면목을 살필 수 있는 필적으로는 현재 경복궁에 있는 〈태자사랑공대사 백월서운탑비太子寺朗空大師白月栖雲塔碑〉가 있는데, 이 비문의 글씨는 954년(고려 광종 5)에 승려 단목端目이 김생의 행서를 집

△경주 불국사의 전경.

자集字한 것이다. 그의 유일한 서첩으로 〈전유암산가서田遊巖山家序〉가 있으며, 〈해동명적海東名蹟〉 〈대동서법大東書法〉에 그의 필적이 남아 있다.

김충의 생몰년 미상. 통일신라시대의 화가. 선덕왕宣德王(780~784)과 원성왕(785~798) 년간에 당나라에 건너가 이름을 얻었던 것으로 알려지고 있다. 〈신당서新唐書〉에 의하면 「신라인 김충의는 화기畫技가 뛰어나 소부감 제랑少府監齊郎에 등용되었다가 출신성분이 미천하다는 이유로 탄핵을 입고 파직되었다」고 하며, 당나라의 장언원張彦遠이 지은 〈역대명화기歷代名畫記〉에는 「장군으로 덕종조德宗朝(779~804)에 활약했으며, 그림은 정교하나 격은 그다지 높지 않았다」고 했다. 전하는 작품은 없다.

불국사 佛國寺 경상북도 경주시 토함산 기슭에 있는 절. 539년(법흥왕 26) 창건되어 751년(경덕왕 10) 김대성이 중건했다. 그후 여러 번 수축되었으나 목조건물은 임진왜란 때 불타버리고 이후 점차 재건된 것이다. 석조물들은 당시 건축술과 조형미술의 높은 수준을 반영해준다. 가람배치는 삼국시대 이래 일반적인 형태로서 대웅전을 중심으로 남쪽에 중문인 자하문이 섰고 그 좌우로 회랑이 뻗어나가 남회랑을 이루고 동쪽은 경루, 서쪽은 범영루에서 회랑이 꺾어져서 다시 북쪽으로 뻗어 동회랑과 서회랑을 이루고 대웅전 뒷면에 있는 무열전에서 합쳐졌다. 대웅전 앞마당 동쪽에는 다보탑, 서쪽에는 석가탑이 마주 서 있고 자하문 아래에는 청운교靑雲橋·백운교白雲橋라는 연결된 두 개의 돌다리가 걸쳐 있다.

불국사 다보탑 佛國寺多寶塔 불국사 경내에 있는 통일신라시대의 석탑, 국보 제20호. 높이 10.4m. 불국사 대웅전 앞뜰 동쪽에 위치하고 있는 4층탑으로

서 다보불탑 또는 칠보탑七寶塔이라고
도 한다. 이 탑은 〈법화경法華經〉의 견
보탑품見寶塔品에 근거하여 건립되었는
데 그 내용은 다음과 같다. 다보여래가
보살 시절에 누군가 〈법화경〉을 설하는
자가 있으면 그곳에 많은 보배로 장식
된 탑을 신통원력으로 나타나게 하여
그 일을 찬양하리라 하고 서원했다. 석
가모니가 〈법화경〉을 설하자 바로 앞에
칠보로 장식된 탑이 땅 위 허공에 높이
솟았는데 이것이 다보탑이다. 다보여래
는 석가를 다보탑 안의 자리 반쪽을 비
워 나란히 앉도록 했다고 한다. 다보탑
은 견보탑품에 표현된 탑의 모습을 조
형을 통해 그대로 옮겨놓은 것이다. 석
탑의 양식은 우리나라 석탑구조의 기본
형을 따라 기단부·탑신·상륜부로 이
루어졌으며, 평면은 기단부로부터 방형
을 기본으로 하되 탑신부의 상부구조는
8각으로 되어 있다. 이 탑은 미술적 가
치가 뛰어날 뿐 아니라 건축설계와 시

△불국사 삼층석탑

공기술에서도 뛰어나, 기단 너비를 기
준으로 돌탑의 모든 부분들의 크기를
합리적으로 규정함으로써 매우 견고하
고 아름다운 구조물이 될 수 있게 했다.
다보탑이 여러 번의 자연재해 등에도
불구하고 변함없이 서 있었다는 것은
당시의 건축술이 균형성과 견고성을 보
장한 뛰어난 수준임을 나타내준다.

불국사 삼층석탑 불국사 경내에 있는
통일신라시대의 석탑, 국보 제21호. 높
이 10.4m. 불국사 대웅전 앞뜰 서쪽에
위치, 동쪽에 위치하여 마주한 다보탑
에 대칭하여 석가탑이라고도 하고 일명
무영탑無影塔이라고도 한다. 석탑의 양
식은 2층 기단 위에 3층 탑신塔身을 세
우고 그 위에 상륜부相輪部를 조성한 일
반형 석탑이다. 기단부나 탑신부에 아
무런 조각이 없어 간결하고 장중하며
각 부분의 비례가 아름다워 전체의 균
형도 알맞고 극히 안정된 느낌을 주는
뛰어난 작품으로서 완전한 신라식 석탑

△다보탑

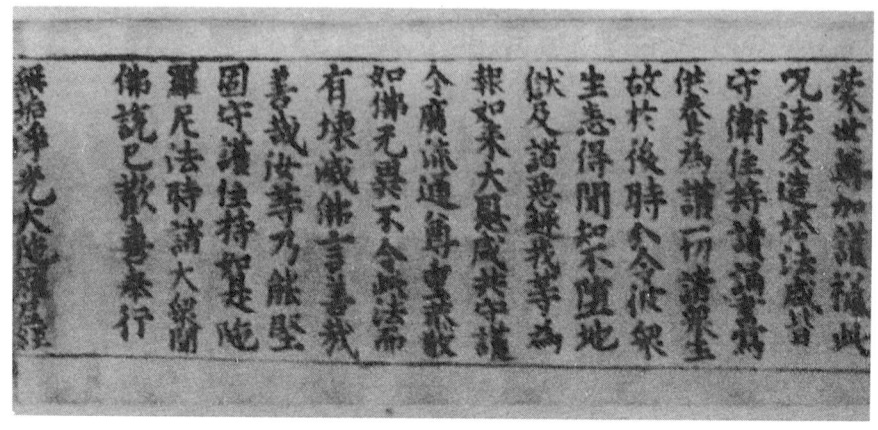

△무구정광 대다라니경

의 전형을 확립했다. 1966년 도굴범에
의한 석탑훼손 사건이 발생하여 손상됨
에 따라 탑신부의 해체 수리작업이 행
해졌는데 그 과정에서 2층 옥신의 상면
중앙에 있는 방형 사리공方形舍利孔 안
에서 사리를 비롯한 사리용기와 각종
장엄구莊嚴具 및 〈무구정광대다라니경〉
이 발견되었다. 이 탑에는 백제의 석공
인 아사달과 그를 찾아온 부인 아사녀
의 애화가 전해오고 있어 무영탑이라고
도 불린다.

무구정광 대다라니경 無垢淨光大陀羅
尼經 751년(경덕왕 10) 무렵에 간행된
우리나라 최초의 목판권자본木板卷子本.
현재까지 알려진 것으로는 세계 최초의
목판인쇄물이다. 1966년 경주불국사의
석가탑을 보수하기 위하여 해체했을 때
발견, 함께 발견된 유물들과 함께 국보
제126호로 지정되었다. 이 인쇄물은 너
비가 8cm, 길이가 약 52.5cm의 종이 12
장을 이어붙여서 630cm의 길이로 만들
고 이를 둥글게 말아놓은 불경책이다.
〈무구정광 대다라니경〉은 도화라국都貨
邏國의 승려인 미타산彌陀山이 법장法藏
과 함께 704년 경에 한역하여 대장경에
편입한 것이다. 이 불경의 내용은, 옛

탑을 수리하거나 조그마한 탑을 무수히
만들어 그 속에 공양하며 법에 의해 신
주神呪를 염송하면 수복을 얻고 성불할
수 있다는 것이다.

석굴암 石窟庵 경상북도 경주시 토함
산 중턱에 있는 석굴형식의 절. 석불사
라 하기도 하는데, 751년(경덕왕 10) 김
대성이 전세前世의 부모를 위해 창건했
다고 한다. 자연석굴이 아니라 다듬은
돌을 쌓고 그 위에 흙을 덮어 만든 인조
석굴이다. 구조는 크게 전실前室과 후실
後室로 되어 있는데, 전실에는 그 벽에
팔부신중八部神衆과 금강역사金剛力士
(인왕仁王)・사천왕四天王 등의 부조된
조각을 배치하고 있는 것으로 보아 후
실을 지키는 곳임을 알 수 있다. 후실은
원형으로 되어 중앙에 본존불상이 있고
벽면에 두 천부상天部像, 11면 관음을
비롯한 세 보살상 및 10명의 나한상羅漢
像 등에 의해 옹위되고 있다. 이러한 석
굴암의 불상 배치는 불교세계의 이상을
표현하며 본존인 여래를 중심으로 하는
완벽한 통일과 조화의 세계라 할 수 있
다. 이 석굴암의 건립은 불교신앙의 힘
을 빌려 전제왕권을 확립하고자 하는
노력의 일환이었다고 생각되며, 본존상

△ 석굴암 내부의 모습

은 귀족관료들에 의해 옹위되고 있는 군주의 모습을 반영하는 듯하다. 또한 흰 화강석에 조각한 석가여래상의 대범한 조형적 처리와 11면 관음상의 섬세한 표현 등의 조각품은 석굴암의 건축과 아울러 당시 세계 조각예술 수준에서 가장 높은 자리를 차지하고 있다.

상원사 동종 上院寺銅鍾 725년(성덕왕 24)에 주조된 현존하는 우리나라 최고最古의 종. 강원도 평창군 진부면 동산리 상원사에 소재. 국보 제36호. 높이 167cm, 입지름 91cm. 종의 정상에 있는 용통甬筒이나 당초문으로 장식된 유곽乳廓 등이 한국 종의 전형적인 특징을 보여준다.

성덕대왕 신종 聖德大王神鍾 통일신라시대 주조된 현존 최대의 동종銅鍾.

△ 상원사 동종

△성덕대왕 신종

△괘릉의 전경

일명 봉덕사종 또는 에밀레종이라고도 한다. 경상북도 경주시 국립경주박물관 경내에 소재. 국보 제29호. 높이 333cm, 입지름 227cm. 성덕왕의 공덕을 기리고 종소리를 통해 나라가 평화롭고 백성들이 복락을 누리기를 기원하는 의미에서 경덕왕 때 제작사업이 추진되었으나 마치지 못하고 혜공왕이 이를 완성했다. 통일신라의 예술이 각 분야에 걸쳐 극성기를 이루던 시기에 만들어진 이 종은 뛰어난 조각양식과 탁월한 기술을 보여주고 있다. 화려한 연화문과 2구의 생동감있는 비천상 등은 동양 최대의 조각양식을 보여주고 있으며, 종소리가 100여 리 밖에서도 들릴 정도로 컸다고 하는 것을 보아 종 만드는 기술이 뛰어났음을 알 수 있다.

괘릉 掛陵 경상북도 월성군 외동읍 괘릉리에 있는 무덤. 통일신라시대 원성왕릉으로 추정된다. 원래 이곳에는 작은 연못이 있어 연못의 원형을 변형하지 않고 왕의 유해를 수면 위에 걸어 안장했다는 속설에 따라 「괘릉」이란 이름이 붙었다. 무덤의 형태 및 구조는 통일신라시대의 가장 완비된 능묘제도를 보여준다. 봉분은 원형의 토분으로 봉분 아래 봉토封土를 보호하기 위한 둘레돌(호석護石)이 설치되고 12지신상이 새겨져 있다. 봉분 앞에는 사각형 석상石床과 돌사자 두 쌍, 문인석文人石 한 쌍, 무인석武人石 한 쌍, 화표석華表石(화표 : 묘 앞에 세운 문) 한 쌍이 얼굴을 마주 대하고 차례로 늘어서 있는데, 이러한 석조물의 조각과 십이지신상 조각 등은 통일신라시대 무덤 중 가장 우수한 것으로 평가된다. 〈삼국사기〉에 「원성왕이 재위 14년에 죽으니 유해를 봉덕사奉德寺 남쪽에서 화장했다」했으며, 〈삼국유사〉에는 「원성왕릉은 토함산 동곡사洞鵠寺에 있는데 동곡사는 당시의 숭복사崇福寺로서 최치원이 비문을 쓴 적이 있다」했는데, 괘릉의 인근에 숭복사 터가 있어 원성왕릉설을 뒷받침하고 있다.

김유신묘 金庾信墓 경상북도 경주시에 소재하는 김유신의 무덤. 무덤의 지름이 30m에 달하는 큰 무덤으로, 봉분은 원형분인데 둘레에는 둘레돌(호석護石)을 두르고 12지신상을 새겼다. 그 외각에는 바닥에 간돌(부석敷石)을 깔고 돌난간을 둘렀다. 이 무덤의 봉분표식의 구조와 양식은 흥덕왕릉의 그것과 비슷하며, 김유신이 흥덕왕 때 흥무대왕興武大王으로 추봉됨과 동시에 시설된 것으로 추정된다. 기공비가 세워졌다고는 하나 전하지 않고 현재 무덤 앞의 석비는 조선시대에 건립된 것이다. 또한 문인석文人石과 무인석武人石, 그리고 석상石床 등은 모두 수년전 보수할 때 첨가된 것들이다. 이 무덤은 김유신묘가 아니라 신무왕의 무덤이라는 설도 있다.

문무대왕릉 文武大王陵 경상북도 월성군 양북면 봉길리 앞바다에 있는 신라 문무왕의 수중릉水中陵. 사적 제158호. 대왕암이라고도 불린다. 문무왕은 삼국통일을 완수하고 재위 21년 만인 681년에 죽었는데, 이때 그는 불교식에 따라 화장한 뒤 동해에 묻으면 용이 되어 동해로 침입하는 왜구를 막겠다는 유언을 남겼다. 그의 유언에 따라 화장한 유골을 동해의 입구에 있는 큰 바위 위에 장사지냈으므로 그뒤 이 바위를 대왕암 또는 대왕바위로 부르게 되었다. 이 바위는 해변에서 200m 떨어진 자연바위로서 위에서 보면 동서남북 사방으로 바닷물이 드나드는 수로水路를 마련한 것처럼 되어 있다. 가운데 안쪽의 공간은 비교적 넓은 수면이 차지하고 있고 그 가운데에는 남북으로 넓적한 큰 돌이 길게 놓여 있는데, 문무왕의 유골을 이 돌 밑에 어떤 장치를 해서 보관한 것으로 추정되나 수중발굴조사가 실시되지 않아 정확히 알 수는 없다.

안압지 雁鴨池 경주시 월성 북쪽 신라왕궁 후원에 있었던 연못. 문무왕 때 인공적으로 만든 연못인데 신라의 지도를 본딴 형태라 한다. 예전에는 무산巫山 12봉의 경치가 비쳐보였다고 하며 화려한 임해전이라는 건물이 기슭에 있었다고 한다. 또한 연못 북쪽으로 자그마한 섬을 만들고 거기에 다리를 놓았다고

△포석정지. 신라 왕족의 놀이터로 전한다.

한다. 이 안압지는 신라왕족들이 놀이터로 이용하던 연못으로서 당시의 화려한 생활을 엿볼 수 있게 하는 유적이다. 현재는 갈대·싸리 등으로 뒤덮인 폐지廢池로 가까이에 월성 명활성明活城이 물속에 잠겨 신라의 모습을 찾아볼 수 있게 할 뿐이다.

포석정 鮑石亭 경상북노 월싱군 내님면에 있는 통일신라시대의 정원 시설물. 돌로 구불구불한 도랑을 타원형으로 만들고 그 도랑을 따라 물이 흐르게 만든 것으로서, 신라귀족들은 이 물줄기의 둘레에 둘러앉아 흐르는 물에 잔을 띄우고 시를 읊으며 화려한 연회를 벌였다. 기록상으로는 880년대에 신라 헌강왕이 이곳에서 놀았다는 것이 처음 나타나나, 7세기 이전부터 만들어졌던 것으로 추측된다. 927년 11월 신라 경애왕이 이곳에서 화려한 연회를 벌이던 중 뜻하지 않은 후백제군의 공격을 받아 잡혀죽었다고 전하는 곳이다.

• 개관

고려의 건국과 후삼국의 통일은 신라 골품제사회의 모순을 극복하는 가운데 이루어졌으며, 이로 인해 통일신라사회에 남아 있던 고대적인 잔재를 청산하고 더욱 발전된 봉건사회가 성립되었다.

건국초기에는 지방에서 독자적인 세력을 형성하고 있던 호족세력과 호혜적으로 연합하여 정권을 유지하고 있었으나, 점차 왕권을 강화하면서 이전보다 더욱 발달된 관료제와 군현제를 정비하여 집권적 지배체제를 확립했다.

집권적 지배체제가 정비됨에 따라 호족들이 중앙의 관료로 편입되면서 문벌귀족이 되었는데, 이들이 정치권력을 독차지하고 경제력을 확대하면서 특권층을 형성했다. 중앙 정치기구는 2성6부를 근간으로 운영되어, 문벌귀족인 2성의 재상들이 국정을 이끄는 중심이었다. 과거제도가 시행되어 관료제가 더욱 발달했으나, 과거 외에 음서가 관리임용제도로 중요한 역할을 하여 귀족들이 관직을 독차지하는 수단이 되었다.

한편 군현제가 정비되면서 호족들은 지방의 말단행정을 담당하는 향리로 편제되었다. 그러나 지방관이 파견된 주군현보다 향리들의 통제에 맡겨진 속현이나 향·소·부곡 등이 다수 존재하였다.

신라말기 농민봉기의 성과가 반영되어 전조田租가 경감되고 역역力役 수취가 조정되는 등 농민의 지위가 향상되었으며, 평지에서의 상경농법이 보편화되면서 소유권에 입각한 토지지배관계가 더욱 발달하였다. 토지의 사적 소유권이 한층 성장하여 왕실·귀족·사원 등은 대토지를 소유했으며, 농민의 대부분은 소토지를 소유하거나 토지를 전혀 소유하지 못했다. 귀족이나 사원의 대토지는 대개 지주전호제로 경영하고 전호로부터 2분의 1의 현물지대를 받았으나, 국·공유지를 개간하여 경작하는 전호는 수확량의 4분의 1을 지대로 바쳤다.

이러한 토지소유관계 위에서 전시과라는 수조권 분급제도가 마련되었는데, 전시과제도는 관료제가 정비되면서 관직체계를 기준으로 한 일원적인 토지 분급제도로 발전했다. 전주田主의 농민지배는 이전의 녹읍에서보다는 약화되었으나 대부분 외방에 지급되었기 때문에 전주가 자의적으로 수취할 가능성이 컸으며 농민의 소유권을 크게 침해하였다. 전시과제도는 문벌귀족을 중심으로 한 집권적 지배체제를 유지하기 위한 경제적 기반이 되었다.

골품제를 기반으로 한 신라의 지배체제가 붕괴되면서 이전보다 더욱 개방적인 사회체제가 이루어졌다. 국역의 부담 여부로 양인과 천인이 구분되고 노비안검법 등으로 양인 수가 증가되었으나 양인 내에는 다양한 계층이 존재하였다. 문벌귀족들은 과전이나 공음전을 지급받아 경제적 혜택을 누리고, 음서의 특권을 받으며 관직을 독점하였다. 양인 중 부유한 계층은 정호丁戶로 편제되어 일정한 직역수행의 반대급부로 군인전·외역전 등의 토지를 지급받았으나, 일반 백정층은 일정한 직역이나 토지를 분급받지 못하면서 조세·공부·역역力役의 부담을 졌다. 향·소·부곡 등의 주민은 특수한 국역이나 공물을 부담하면서 일반 주현민과 차별을 받았다.

12세기 이후 농업생산력이 크게 향상되는 가운데 농민층 분화가 촉진되고 토지겸병이 더욱 심화되었다. 이에 따라 토지지배와 정치권력을 둘러싼 지배층 내부의 대립과 반목이 심화되고 그 내부모순이 심화되어가는 가운데 무신정변이 일어났다. 그러나 체제의 개편없이 문벌귀족으로부터 정권을 빼앗은 데 불과한 무신정권은 정권안정을 추구하는 과정에서 토지겸병과 농민수탈을 더욱 가중시켰으며, 이에 따라 전국에서 신분해방을 위한 농민·천민봉기가 일어났다.

전시과를 기반으로 한 토지분급제가 붕괴되는 가운데 원 간섭기에 외세
에 의존하여 권력을 유지한 권문세족은 사패를 이용한 토지겸병 등으로
사적 토지소유를 확대할 뿐 아니라 불법적으로 개인 수조지를 확대하였
다. 이러한 권문세족의 대토지 겸병은 국가재정의 궁핍화, 농민생활의 파
탄을 초래했을 뿐 아니라 수조지가 부족하여 분급받지 못하게 된 신진관
료층의 불만을 쌓이게 했다. 이에 과거를 통해 새로이 진출한 신진사대부
들은 성리학을 사상적 무기로 하여 권문세족의 권력독점과 대토지 겸병을
비판하여 개혁을 요구하게 된다.

1. 고려의 건국과 지배체제의 정비

태조 왕건 太祖王建 877~948 고려왕조의 건국자. 제1대 임금. 재위 918~943. 성은 왕, 이름은 건, 자는 약천若天, 시호는 신성神聖. 그의 가문은 송악松嶽(개성)지방에 세력기반을 둔 호족으로서, 부친인 용건龍建(뒤에 융隆으로 이름을 고침. 세조世祖로 추존)이 896년(진성여왕 10) 송악군 사찬沙粲으로서 궁예에게 귀부하자 궁예는 그를 금성태수로 삼았다. 귀부 초부터 궁예의 우대와 신임을 받은 왕건은 900년에는 궁예의 명으로 광주廣州·충주·당성·청주·괴양 등을 쳐서 한강하류와 남한강 유역의 주요지역을 장악했으며 그 공으로 아찬벼슬을 받았다. 903년 3월에는 후백제의 후방요지인 금성군을 함락시켜 이름을 나주羅州로 고치고 군사를 나누어 지키게 한 후 돌아왔다. 이와 같이 궁예 휘하에서 군사적 능력으로 세력을 키워간 왕건은 918년 6월 홍유洪儒·배현경裵玄慶·신숭겸申崇謙·복지겸卜智謙 등의 추대를 받아 궁예를 내쫓고 왕위에 올라 국호를 고려, 연호를 천수天授라 했으며, 919년에는 서울을 자기의 본거지인 송악으로 옮겼다. 새 왕조를 세운 태조 왕건은 농민들에 대한 수취를 가볍게 하여 민중들의 불만을 해소하는 한편, 새로운 정치세력으로 대두한 호족들을 포섭해 후삼국통일의 기반을 닦았다. 또한 신라의 6두품을 포섭하면서 신라왕조에 대해서도 친선정책을 편 끝에 935년 신라 경순왕의 자진 항복을 받아 평화리에 신라를 병합했으며, 이듬해에는 후백제를 일리천一利川 싸움(선산)에서 격파하고 당시 왕인 신검의 항복을 받아 마침내 후삼국의 통일을 매듭지었다. 건국 후 태조 왕건은 호족세력을 회유·견제해 왕권을 강화하고 왕조의 안정을 기하는 데 주력했다. 왕실의 독자적인 세력기반을 구축하기 위해 국초부터 서경西京을 경영하는 데 힘을 기울였으며, 정략결혼이나 사성賜姓(왕성王姓을 하사함)정책을 통해 호족과의 융합을 꾀하는 한편, 기인제도·사심관제도 등 호족세력을 무마하고 통제하기 위한 시책을 펴기도 했다. 또한 새로운 국가체제를 이끌어 나갈 지도이념을 제시하기 위해 후삼국 통일 직후 〈정계政誡〉 1권과 〈계백료서誡百僚書〉 8권을 저술했다고 하는데 전하지 않아 내용을 알 길은 없으나, 신하들에게 유교적인 충효사상을 강조한 것으로 여겨진다. 말년에 그가 후계자들을 훈계하기 위해 남긴 〈훈요10조訓要十條〉는 그의 정치이념을 알 수 있게 한다. 한편 당시 거란이 강성해져 발해를 멸망시키자(926), 태조는 발해유민들을 받아들이는 한편 거란과 국교를 단절하고 서경을 중심으로 북방경영에 힘을 기울여 영토를 청천강 유역까지 확대시켰다.

호족연합정권 豪族聯合政權 고려 국초에 성립된 정권의 성격을 일컫는 용어. 고려왕조는 신라말에 지방에서 독자적인 세력을 형성하고 있던 호족세력과 호혜적으로 연합하여 정권을 유지할 수 있었다. 즉 호족세력이 강대하여 왕권은 그들의 세력기반을 중앙행정력에 흡수시키지 못하고, 호족들은 독자적인 세력을 그대로 유지한 채 고려왕조에 참여하게 되었던 것이다. 이러한 국왕과 호족과의 관계는 쌍방간의 호혜적인 관계에 바탕을 둔 것으로, 고려왕조에 귀부한 호족은 그전에 고려왕조에 대해 지니고 있던 적대의식 또는 독립적인 태도를 버리고 고려왕조에 가담하거나 협력하여 그에 상응하는 혜택을 받았다. 고려 국초에 이러한 성격의 정권이 형성되게 된 원인은 당시 호족세력들이 민중들을 효과적으로 지배하기 위해서는 보다 큰 세력과의 연합을 필요로 하고 있었다는 점, 한편 고려왕실이 이들 세력을 완전히 누를 만큼 강력한 세력기반을 가지지 못했다는 점을 들 수 있다. 고려왕조 건국 후 거의 1백 년간 지배제도가 마련되지 못한 것은 이 같은 정권의 성격으로 인한 것이었다. 고려 초기 정권은 호족의 독자적 세력이 유지된 상태에서 중앙정부와의 호혜적인 관계로서 성립되었다는 점에서 호족연합정권적인 성격을 지닌다 할 수 있다. **기인** 其人 지방 토호의 자제를 인질로 서울에 머물러 있게 한 제도. 그 기원은 신라의 상수리제에서 찾을 수 있다. 기인제도는 호족연합정권의 성격을 지닌 고려 국초에 고려왕조와 호족세력과의 호혜적 관계의 산물로서 이루어진 제도다. 즉 고려왕조는 지방에서 독자적 세력을 구축하고 있는 호족들에 대한 견제책으로서, 한편 호족들은 아들을 인질로 보내 중앙의 관작을 받게 하는 등 밀접한 관련을 맺음으로써 중앙의 권위를 후광으로 지방에 군림하기 위한 목적에서 이 제도가 이루어진 것이다. 기인은 10년 내지 15년간 중앙관아에서 입역하는 동안 중앙관아의 이속격吏屬格으로 잡무에 종사하는 한편 그들 지방에 관련된 일에 대한 자문에 응하기도 했다. 또한 입역이 끝나면 그들은 관인으로 진출할 수 있는 직위를 제수받았으며 생활유지를 위해 기인전其人田이 지급되기도 했다. 그러나 중앙정부의 지방통제력이 강화됨에 따라 호족은 향리로서 중앙정부의 통제하에 편입되었으며, 아울러 인질제도로서의 기인의 의미는 없어지고 그들의 이용가치만이 문제가 되었다. 그에 따라 기인에 대한 대우도 점차 낮아져 고려후기에 이르면 기인제도는 일종의 천역제도賤役制度로 변하게 되었다. 몽고침입 이후 조세수입이 감소되고 요역징발이 어려워지자 기인의 천역화는 가속화되어 한지의 경작, 궁실의 수축 및 관부의 사령역使令役을 주로 맡게 되는 등 점차 노예와 다름없는 노역을 했으며, 이에 따라 도망하는 기인들이 늘어났다. 이러한 폐단을 제거하기 위해 1336년(충숙왕 5)에 기인제도를 혁파하기도 했으나, 국가재원 부족완화를 위해 1343년(충혜왕 4)에 다시 부활시켰다. 이후 여러 번 기인 혁파에 대한 논란이 있었으며 이는 조선시대까지 계속되었다. 그러나 기인은 현실적으로 긴요한 노동력의 공급원천이었기 때문에 조선초기에는 그 수를 정해 기인의 사역이 효과적으로 이용되었으며, 그뒤에는 기인을 각 도에 나누어 정해 소목燒木(炭木;땔나무)을 상공上供하게 했는데 이것이 기인의 전업이 되어 기인역이라 하면 으레 땔나무 하는 짓을 일컫게 되었다. 조선시대 기인의 지위는 더욱 낮아져 과거응시에도 제한을 받았다. 그러나 대동법 실시 이후 기인계 공인이란 청부 상인집단이 나타나 대가를 받고 땔나무 등을 조달함으로써 기인제도는 폐지되었다.
사심관 事審官 고려시대 중앙의 고위 관료에게 자기 연고지를 다스리도록 임명한 특수관직. 이 제도의 기원은 935년(태조 18) 신라의 마지막 임금인 김부金傅(경순왕)를 경주의 사심으로 삼고, 이어 다른 공신들 역시 각각 그 출신지방의 사심으로 임명하여 부호장 이하의 향직을 다스리게 한 데서 비롯되었다. 당시 공신들은 대부분 지방호족 출신으로서 중앙귀족화되어가고 있었지만 출신지에 여전히 전통적인 세력기반을 가지고 있어서 그 지방에서의 지위를 확보하고 있었다. 국초에 지방관이 파견되지 못했으므로 중앙정부에서는 이러한 공신들의 세력기반을 이용하여 인심을 수습하고 그 지역의 토호세력을 통제하고자 한 것이다. 그후 성종대에 지방관제가 실시됨에 따라 이 제도도 정비되어 996년(성종 15)에는 2인 이상의 사심관을 임명하는 제도로 정해졌다. 사심관은 부호장 이하의 향리를 관장하여 그 관할 지방민의 종주宗主가 되고 유품流品을 심사하며 부역을 균평하게 하고 풍속을 표정表正하는 직능을 맡아 지방에서 매우 큰 영향력을 행사했을 것으로 여겨지는데, 이에 대해 사심관의 권력집중을 막기 위한 여러가지 제도적인 조치들이 행해지게 된다. 대신들은 5향(처·모·부·조모·조부의 고향) 가운데 3향의 사심관을 겸할 수 있게 하고, 아무리 작은 주현이라도 최저 2인을 임명하게 했으며, 부나 친형제가 호장으로 있을 경우(나중에는 처족이 향역에 있는 경우에도) 사심관에 임명하지 못하게 하는 등 사심관과 향리의 혈연관계를 단절시켜 사심관의 권력이 지나치게 강화되는 것을 막으려 했다. 그러나 사심관의 지방에서의 영향력은 많은 폐단을 초래했으며 특히 고려후기에 중앙의 지방통제력이 약해지자 그 폐단이 드러나, 넓은 공전公田을 점유하고 많은 민호民戶와 노비들을 가로채 사복을 채우고 상경上京한 향리에게 사형私刑을 가하는 등 작폐가 심했다. 이로 인해 1283년(충렬왕 9) 임시 폐지되었다가 1318년(충숙왕 5)에 완전히 폐지되었다. 1319년 국가에서 사심관이 차지한 토지와 민호를 몰수했는데, 민이 2,360호, 노비가 137명, 토지는 2만 1,340결에 달했다. 그뒤 1379년(공민왕 18)에 신돈이 사심관제도를 복구하여 스스로 5도 도사심관五道都事審官이 되려 했으나 그의 세력의 지나친 증대를 두려워한 국왕의 반대로 뜻을 이루지 못했다.

훈요십조 訓要十條 고려 태조가 942년(태조 25) 자손들을 훈계하기 위해 몸소 지은 열 가지 유훈. 고려 왕실의 한 헌장으로 태조의 신앙·사상·정책·규범 등을 보여주는 귀중한 문헌이다. 훈요는 서론이라고 할 수 있는 〈신서信書〉와 본론격인 10조의 〈훈요〉로 구성되어 있는데, 10조의 훈요내용은 다음과 같다. 1조와 2조는 사원의 지나친 건립에 따른 양적 확대를 경계한 조항으로, 그 대응책으로 〈도선비기〉에 산수의 순역을 따라 점쳐놓은 지역에만 사원을 건조하라 했다. 3조는 고려왕실의 왕위상속에 대한 내용이며, 4조는 우리 동방은 예로부터 당의 문물을 좇고 있으나 풍토와 인성이 다르므로 반드시 같이할 필요가 없고, 거란은 금수의 나라이므로 의관제도를 본받지 말라는 내용으로서, 태조의 주체적인 대외관을 보여준다. 5조는 태조의 도참사상과 아울러 그가 서경을 중요시했음이 나타나 있으며, 6조는 연등회와 팔관회를 경건히 할 것을 당부하고 있다. 7조는 중국의 고전철학을 인용하여 신민의 마음을 얻기 위한 임금의 태도를 지적했으며, 8조는 차현車峴(차령) 이남의 군민을 경계할 것을 당부했다. 9조는 녹봉과 임관에 관한 내용과 국방안보에 대한 훈계이며, 10조에서는 경사經史를 두루 섭렵하여 거울로 삼으라고 하여 그의 유교주의적 정치철학의 일단을 보여주고 있다.

서경 西京 고려 유수경留守京의 하나. 고려시대에는 수도인 개경 이외에 서경·동경東京(후에 남경)의 3경을 두었는데, 이중 서경은 국초부터 중시하여 개척되었다. 고려 태조는 즉위초부터 서경경영에 대단한 관심을 보여 918년(태조 1)에 평양대도호부를 설치하고 얼마 뒤 이를 서경으로 승격시켰으며, 922년에는 서경에 새로운 행정기구를 설치했다. 이와 같이 국초부터 서경경영이 중요시된 것은 처음에는 북방정책의 일환으로 군사적인 필요성에서였던 듯하나,

얼마뒤부터 국내 정치상의 필요에서 더욱 중요시된 것으로 보인다. 즉 국내 호족들의 세력을 견제하고 왕권의 안정을 꾀할 수 있는 새로운 세력기반을 구축할 필요가 있었기 때문이다. 이후 995년 서경유수관의 관제가 개편되어 지서경유수사知西京留守事 1인, 부유수 1인, 판관判官 2인, 사록참군사司錄參軍事 2인, 장서기掌書記 1인, 법조法曹 1인을 두었으며, 이후 여러 차례 개편을 거쳐 숙종·예종 때에는 개경과 같은 체제로 분사제도分司制度를 갖추게 되었다. 서경은 국초 이래 개경의 중앙정부와 유사한 독립된 정부형태의 행정기구를 갖추어 나갔는데, 이러한 분사제도는 서경이 상당히 중요시되었음을 보여준다. 그러나 인종 때 묘청의 난이 일어나 이후 서경의 행정기구는 차츰 분사제도라는 독립된 정부형태의 행정기구로서의 성격을 잃고 토관제土官制로서 개편되어졌다. 특히 명종 때 조위총趙位寵의 반란 이후 서경의 지위는 더욱 하락되어 토관직으로 변모되었다. 몽고침략 이후 몽고가 이곳을 동녕부東寧府로 삼고 관리를 둠으로써 몽고의 직접지배를 받았으며, 그뒤 1290년 돌려받아 다시 서경유수관으로 삼았으나 예전의 영광과 번영을 되찾지 못하고 쇠퇴해갔다. 고려 말기에는 유수관으로서의 행정적 지위마저 유지하기 어려워 만호부萬戶府·평양부로 개편되었다.

광종 光宗 925~975 고려 제4대 왕. 재위 949~975. 이름은 소昭, 자는 일화日華, 시호는 대성大成. 태조의 셋째아들이며 정종의 친동생으로서 949년 정종의 내선을 받아 즉위했다. 제2대 혜종과 제3대 정종이 각각 박술희·왕식렴이라는 강력한 호족세력의 도움으로 왕권을 유지한 것과는 달리 광종은 독자적인 세력기반을 쌓아 고려초기 왕권확립에 큰 몫을 했다. 956년(광종 7) 노

△광종의 헌릉

비안검법을 실시해 호족들의 경제적·군사적 기반을 약화시키고 958년에는 쌍기의 건의로 과거제도를 시행, 국초 이래 큰 정치세력을 갖고 있던 공신들을 정치적으로 약화시키고, 신진인사를 기용함으로써 정권의 안정을 도모했다. 960년(광종 11)에는 백관의 공복을 제정해 왕을 정점으로 하는 관료체제의 위계질서를 갖추었으며, 「광덕光德」「준풍峻豊」등 독자적인 연호를 사용하고 개경을 황도皇都로 삼는 등 왕권의 위엄을 세웠다. 한편 과거제도를 통해 신진세력을 등용하고 시위군졸을 육성해 왕권을 굳히고 뒷받침하는 독자적인 세력을 육성하는 데 힘을 기울였다. 개혁정치가 일단락되는 960년 이후에는 호족세력에 대한 대대적인 숙청작업을 벌였으나, 호족들을 비롯한 정치적 적대세력의 반발도 거세어 왕권강화책을 지지하고 후원해주는 보다 광범위한 세력구축의 필요성을 느끼게 되었다. 963년 귀법사歸法寺를 창건하고 이곳에 제위보濟危寶를 설치해 각종 법회와 재회를 개설하고, 967년에는 혜거惠居를 국사國師, 탄문坦文을 왕사王師로 삼아 국사·왕사제도를 처음으로 마련하는 등 적극적인 불교정책으로 불교진흥에 노력했다. 이는 불교세력을 통해 호족세력에 반발하는 일반민중들을 포섭해 개혁을 지지하는 사회적 세력으로 삼고자 하는 의도도 내포된 것으로 보인다. 광종의 일련의 개혁정책은 호족세력의 약

화와 왕권강화에 중요한 역할을 했으나, 중앙정부의 행정력이 지방에 침투하지 못한 한계성이 있었다. 또한 그가 죽고 경종이 즉위한 후 대대적인 반광종운동이 일어난 사실로 미루어 호족세력을 완전히 왕권에 굴복시키지 못했음을 알 수 있다. 그러나 그의 치적은 뒤에 고려가 새로운 국가체제와 정치질서를 형성하는 데 크게 기여했다.

노비안검법 奴婢按檢法 956년(광종 7)에 시행된 법으로서,. 노비의 신분을 조사하여 원래 양민이었던 자로서 노비가 된 자들을 풀어 양민으로 삼고자 한 법. 이는 광종이 호족세력을 누르고 왕권을 강화하기 위한 목적으로 실시한 것이다. 당시 호족출신 공신들은 후삼국의 혼란기에 얻은 포로나 전재민戰災民 등을 노비로 삼아 많은 노비를 갖고 있었는데, 이는 호족세력의 강력한 경제적 기반 내지 군사적 기반까지 되었기 때문에 왕권확립의 저해요소가 되었다. 또한 사적인 노비수의 확대는 국가가 직접 지배하는 양인수가 줄어듦을 뜻하므로, 국가기반을 강화하기 위해서는 노비수를 줄이고 양인수를 늘리는 것이 중요한 과제였다. 태조도 건국 직후 억울하게 노비가 된 자를 방면하는 조치를 취하기도 했으나, 호족세력이 강했던 국초에는 제대로 실시되기가 어려웠다. 노비안검법은 주로 노비 자신들의 신고에 의해 이루어진 듯하며, 많은 반대에도 불구하고 계속 강행하여 국가기반을 강화하고 호족세력을 약화시키는 데 큰몫을 했다. 그러나 경종 이후 광종의 왕권강화책에 대한 반발이 거세어져, 성종 때에는 이러한 공신들의 반발을 무마하기 위해 해방된 노비 중 본주인을 모욕한 자는 다시 본주인이 부리게 한다고 하는 노비환천법奴婢還賤法이 단행되기도 했다.

쌍기 雙冀 ?~? 고려 광종 때 과거제도 설치를 건의한 귀화인. 본래 후주後周 사람으로 후주에서 무승군 절도순관 장사랑 시대리평사武勝軍節度巡官將仕郎試大理評事라는 관직에 있었는데, 956년(광종 7) 후주사신 설문우薛文遇를 따라 고려에 와서 병으로 머무르다 귀화했다. 광종은 이때 쌍기를 중용하여 한림학사에 임명하고 곧이어 문형文衡(문한직의 우두머리)에 등용했다. 이러한 쌍기의 중용에 대해 많은 공신들이 불만을 나타냈지만, 그럼에도 불구하고 광종이 쌍기를 우대한 것은 왕권강화책을 단행하기 위해 호족출신이 아닌 신진인사가 필요했기 때문인 것으로 보인다. 쌍기가 등용된 광종 7년부터 광종의 왕권강화책이 본격적으로 시행되는데, 쌍기는 958년(광종 9) 왕에게 건의해 과거제도를 창설하고 지공거知貢擧(과거시험 고시관)가 되었다. 과거제도뿐 아니라 광종의 왕권강화를 위한 일련의 시책에도 쌍기가 결정적인 영향력을 행사했을 것으로 보인다.

성종 成宗 960~997 고려 제6대 왕. 재위 981~997. 이름은 치治. 자는 온고溫古. 태조의 손자이며 대종戴宗 욱旭의 둘째아들로서, 981년 경종의 내선內禪으로 왕위에 올랐다. 성종은 유교 정치이념을 바탕으로 새로운 국가체제 정비에 힘을 기울여, 중앙정치체제 및 지방제도를 대대적으로 정비했다. 982(성종 1) 최승로崔承老가 올린 〈시무 28조〉의 상소문은 이러한 국가체제 정비에 큰 영향을 미쳤으며, 최승로는 성종의 개혁정치에 많은 영향력을 행사했다. 성종의 치적으로 꼽히는 것은 중국의 제도를 받아들여 새로운 정치체제를 정비한 것이다. 982년부터 내사문하성과 어사도성御事都省을 중심으로 하고 어사도성 밑에 6관을 예속시킨 정치체제의 개편이 이루어졌는데, 995년에 이를 다시 3성6부로 개정했다. 또한 983년에는 지방에 12목牧을 설치하여 건국 이래 처음으로 지방관을 두고 이듬해에는 12목에 경학박사·의학박사 각 1인씩을 뽑아보내 지방교육을 맡아보게 하는 한편, 유교적 교양이나 의술이 있는 사람을 중앙에 천거하도록 했다. 또한 12목에 상평창을 설치하고 공해전시법을 마련해 지방행정 기능을 강화하는 데 힘을 기울였다. 한편 12목이 설치되던 983년 주부군현州府郡縣의 이직吏職개편이 단행된 것은 지방행정 정비강화가 지방세력 통제책과 불가분의 관계에 있음을 보여준다. 995년(성종 14)에는 12목을 절도사제로 개편하고 10도제를 실시하는 지방제도 개편이 행해졌는데, 이는 지방세력에 대한 통제를 더욱 강화한 것으로 여겨진다. 특히 12절도사 체제로의 개편은 지방행정에 있어서 군사적인 기능을 강화해 지방호족세력을 통제하려는 의도가 반영되어 있는 것으로 보인다. 성종은 또한 이러한 제도정비와 아울러 유교주의적 정치이념을 펴기 위해 노력, 연등회·팔관회 등 불교행사를 금하고 서울과 지방에 학교를 세워 학문을 장려했다. 한편 993년(성종 12) 거란족이 침입했을 때 서희의 외교적 성과로 거란을 물리쳤을 뿐 아니라 강동 6주를 얻어 영토를 넓혔다. 997년 10월에 병이 위독해지자 조카인 개령군 송개령君誦(목종)에게 왕위를 물리고 내천왕사內天王寺에 옮겨 살았다.

최승로 崔承老 927(태조 10)~989(성종 8) 고려초기의 명신. 시호는 문정文貞. 신라 원보元甫 은함殷含의 아들. 12세에 논어를 읽는 것을 태조가 보고 원봉성 학사元鳳省學士에 올렸으며, 이후 혜종·정종·광종·경종·성종조에 이르도록 계속 관직에 종사했다. 982년(성종 1)에 성종이 경관京官 5품 이상자에게 각각 봉사封事를 올려 시정時政의 득실을 논하게 하자, 당시 정광행선관어사

상주국正匡行選官御事上柱國이었던 그는 태조 이래의 5조의 치적을 평가한 〈5조치적평五朝治績評〉과 함께 〈시무 28조〉의 상서문을 올렸다. 〈시무 28조〉는 당시 이루어져야 할 정치개혁을 모두 28개 조목으로 나누어 최승로 자신의 견해를 밝힌 것으로, 이러한 정책건의는 성종의 유교주의 정책에 입각한 여러 시책을 펴나가는 데 커다란 역할을 했다. 989년에 63세로 죽자 성종은 심히 슬퍼하여 태사太師를 추증했으며, 목종 때 성종의 묘정廟庭에 함께 모셨다.

시무 28조 時務二十八條 982년(성종 1) 최승로崔承老가 성종에게 당면과제에 대한 자신의 견해를 밝힌 상소문. 성종 원년 6월 경관京官 5품 이상 벼슬아치들에게 각각 봉사封事를 올려 시정時政의 득실을 논하게 하자, 성광행신관어사 상주국正匡行選官御事上柱國이었던 최승로는 태조·혜종·정종·광종·경종의 5조 치적을 평가한 이른바 〈5조치적평五朝治績評〉과 함께 별도로 밀봉한 〈시무 28조〉의 상서문을 올렸다. 〈시무 28조〉는 당시 이루어져야 할 정치개혁을 모두 28개 조목으로 나누어 최승로 자신의 견해를 솔직하게 밝힌 것으로서, 28조 중 현재 알 수 있는 내용은 22조뿐이며 나머지 6조의 내용은 전하지 않는다. 현재 전하는 22조만을 내용별로 분류하면 표와 같다. 표에 나타난 바와 같이 최승로는 당시 고려왕조가 당면한 문제에 대해 광범위하게 자신의 견해를 제시하고 있다. 그중 불교의 폐단에 대해 비판하는 내용이 상당수 차지하고 있는데, 이는 물론 교리 자체에 대한 것이 아니라 불교의식과 불교로 인한 사회적 폐단에 대한 비판이다. 이와 같이 여러 조목에 걸쳐 불교의 폐단을 비판한 것은 정치개혁을 실현하려면 성종이 지나치게 불교에 몰두해서는 안되겠다고 생각했던 때문이다. 이와 아울러 성

종이 재위기간에 여러가지 유교주의 정
책을 강력하게 펴나가게 된 것도 최승
로의 이같은 정책건의와 밀접한 관계가
있었던 것으로 여겨진다. 또한 최승로
가 〈시무 28조〉에서 역점을 둔 정책건의
는 민생문제에 관한 것이다. 당시 민중
들이 집권층·사찰·지방호족 등에 의해
가혹하게 착취당하고 있는 사실에 주목
하고, ㄱ 구체적인 시정책을 여러 조목
에서 제시했다. 이밖에도 신라말 이래
문란해진 복식제도·신분제도 등의 정비
에도 관심을 보였는데, 이에 대한 정비
기준은 한결같이 신라 이래의 전통에
두고 있어 전통적인 가치관을 탈피할
수 없었던 그의 한계를 보여준다. 한편
중국관계에서는 긍지와 독자성을 가지
고 대응해야 할 필요성과, 맹목적인 문
물도입을 삼가고 우리의 현실에 알맞게

〈시무 28조〉 내용분류

부 문	조목	내 용
국 방 관 계	1	북계의 확정과 방어책
불 교 폐 단	2	공덕재功德齋 폐지
	4	시여행족施與行族 폐지
	6	불보전곡佛寶錢穀의 폐단 시정
	8	승려의 궁중출입 금지
	10	승려의 여관유숙 금지
	16	사찰 남조의 금지
	18	불상에 금은 사용금지
	20	불법 숭신 억제
사 회 문 제	7	지방관의 파견
	9	복식제도의 정비
	12	섬사람들의 공역 경감
	15	왕실 내속노비의 감소
	17	가사家舍제도의 제정
	19	삼한공신 자손의 복권
	22	노비의 신분규제
왕 실 관 계	3	왕실 시위군졸의 축소
	14	제왕의 태도
중 국 관 계	5	중국과의 사무역 금지
	11	중국문물의 수용태도
토착신앙관계	13	연등·팔관회 행사의 축소와 우인偶人 사용금지
	21	음사淫祀의 제한

받아들여야 한다는 면이 강조되고 있
다. 또한 군주의 태도에 대해 밝혔는
데, 이는 정치개혁의 성공여부가 군주
의 태도에 달려 있음을 말하고자 한 것
으로 보인다. 이러한 〈시무 28조〉는 성
종에게 결정적인 영향을 미쳐 성종대의
국가체제 정비에 그대로 반영되었다는
면에서 중요한 뿐만 아니라 나말여초의
한국사 연구에 중요한 자료가 된다.

김심언 金審言 ?~1018(현종 9) 고려
초기의 문신. 정주靜州 영광현靈光縣 사
람. 상시常侍 최섬崔暹에게 학문을 배우
고 그의 딸을 아내로 삼았으며, 성종 때
과거에 급제하고 여러 벼슬을 거쳐 우
보궐 겸 기거주右補闕兼起居注가 되었
다. 990년(성종 9)에 봉사封事를 올렸는
데, 이는 성종 때 본격화되는 유교적 정
치이념의 구현에 크게 이바지했다. 봉
사의 내용은, 우선 6정6사六正六邪라 하
여 신하의 행실 중 정사正邪를 각각 6가
지씩 들어 논하고, 자사6조刺史六條로써
자사가 해야 할 일을 열거했다. 이 6정6
사의 글과 자사6조를 개경과 서경의 모
든 관아 및 지방 각 관청의 당벽堂壁에
써붙여 출입할 때마다 보게 하여 귀감
으로 삼게 했다. 이어 서경의 중요성을
강조하고 사헌司憲 1인을 보내 서경 관
내 관리들의 잘잘못을 살피게 하자고
건의했다. 이러한 그의 건의는 그대로
받아들여져 시행되었다. 목종 때는 지
방관으로 나가 치적을 올렸으며, 현종
초 우산기상시右散騎常侍, 예부상서가
되었다가 1014년(현종 5)에는 내사시랑
평장사에 승진, 서경유수가 되었다.

2성체제 二省體制 고려의 최고 정부
기관인 중서문하성과 상서성을 근간으
로 한 중앙정치체제를 일컫는 말. 고려
는 성종 원년에 당의 제도를 본따 내사
성(문종 15년 이후 중서성으로 개칭됨)
·문하성·상서성의 3성을 두었으나, 실
제로는 당나라의 3성병립제와는 달리

중서문하성과 상서성의 2성체제로 구성되었다. 또한 중서문하성이 국정을 의논하는 최고 국정기관인 데 반해, 상서성은 형식상으로는 동격이지만 실제기능면에서는 결정된 정무를 집행하는 행정기구로 중서문하성의 하위기관이라고 볼 수 있어 실제로는 일원적인 정치기구라 할 수 있다. 이러한 고려의 2성체제는 1275년(충렬왕 1) 원의 요구에 따른 관제개편으로 폐지되고 첨의부가 설치되었으나, 1356년(공민왕 5) 자주성 회복의 일환으로 관제를 복구하면서 다시 설치되었다.

중서문하성 中書門下省　고려의 최고 정무기관. 982년(성종 1)에 종래의 내의성內議省을 고쳐 내사문하성內史門下省을 설치했는데, 1061년(문종 15) 이를 중서문하성으로 개칭했다. 1275년(충렬왕 1) 원의 요구에 따른 관제개편으로 상서성과 합쳐 첨의부를 설치했다가 1356년(공민왕 5) 다시 복구되었다. 그후 1362년 상서성을 병합하여 도첨의부都僉議府로 고쳤다가 1369년(공민왕 18)에 문하부로 개칭했다. 중서문하성은 형식적으로는 문하성과 중서성이 구별되었지만 실제로는 문하시중門下侍中을 수반으로 한 단일기관으로서, 내사문하성 시절에는 문하성으로, 문종이후에는 중서성 또는 봉각鳳閣이라고 약칭되었다. 관리구성은 상·하 이중으로 구성되는데, 상층부는 재부宰府(또는 省宰)라 하여 2품 이상의 품관 9명으로 구성되었으며 하층부는 낭사郞舍라 하여 3품 이하의 성랑省郞 16명으로 구성된다. 성재는 추밀원樞密院과 더불어 「재추宰樞」 「양부兩府」라고 병칭되기도 하는데, 이는 의정기관으로 추밀원과 함께 국가의 중요한 기무를 처리한다. 성랑은 간쟁·봉박封駁(부당한 조칙을 되올려 바로잡음)을 담당하여 간관諫官이라고 했으며, 간관에게 부수된 서경署經의 권한을 가졌다. 성랑은 어사대와 더불어 「대성臺省」이라 칭하기도 한다. 중서문하성의 재부와 낭사의 기능분화는 조선시대 의정기관인 의정부와 간쟁기관인 사간원이 나뉘어 설치될 요소를 내포하고 있었다고 볼 수 있다.

상서성 尙書省　고려의 국가행정기관. 982년(성종 1) 종래의 광평성廣評省을 폐지, 어사성御事省을 설치했다가 995년(성종 14) 상서성으로 개칭했다. 그 구성은 상서도성尙書都省과 상서6부尙書六部, 그리고 그 밑에 속사屬司가 딸려 있는데, 성종 때 9개의 속사였다가 현종 때는 2사만 남게 되었다. 상서도성은 형식적으로는 상서성의 중앙기구이나 형식적 사무기구의 역할뿐이었으며 국정은 상서6부의 기본으로, 위로는 왕에게 직접 아뢰고(直奏) 아래로는 일반 관서와 지방에 직접 명령을 내리는(直牒) 관계에 있었다. 고려의 상서6부는 이吏·병兵·호戶·형刑·예禮·공부工部로서, 이·호·예·병·형·공부의 순으로 된 당제唐制의 서열과는 차이가 있다. 상서성은 무신정변 이후 무인집정기구의 성립으로 그 기능이 약화되었고, 1275년(충렬왕 11)에는 중서문하성에 병합되어 첨의부僉議府가 설치됨으로써 사실상 폐지되었다. 그후 1356년(공민왕 5)에 부활되었다가 1362년 중서문하성에 상서도성을 병합시켜 도첨의부都僉議府로 고침으로써 다시 폐지되었다. 또한 도당기능이 대두됨에 따라 6부도 그 기능과 지위가 약화되어, 고려말에는 기능이 거의 없어지고 행정체계도 도당직첩제都堂直牒制로 바뀌었다.

중추원 中樞院　고려 때 왕명출납·숙위·군사기밀 등의 정무를 관장하던 관청. 송의 추밀원을 본따 991년(성종 10)에 처음 설치해 중추원이라 했는데, 그뒤 추밀원·밀직사密直司 등으로 개칭되었다. 중추원은 상·하 이중으로 조직되어 상층부는 추7樞七(추밀7직), 하층부는 승선承宣(承旨·代言)으로 호칭되었는데, 이들은 각각 집사기구로 추부樞府와 승선방承宣房을 따로 갖고 있었다. 추밀은 중서문하성의 재신宰臣과 더불어 재추宰樞 혹은 양부재상兩府宰相이라 하여 합하여 같은 재상으로 통칭하는 것이 보통이었다. 고려의 국가 중대사는 재추가 협의하여 처리했으므로 추밀은 국정전반을 통할하는 위치에 있었다고 할 수 있다. 이러한 추밀의 존재는 재신들을 견제하려는 왕권의 강화와도 관계가 깊은 것으로 보이나 문벌귀족사회에서 추부樞府가 과연 취지에 맞게 기능할 수 있었을지는 의문이다. 한편 하층부의 승선단承宣團은 왕명출납 외에 궁성 숙위를 관장하고 의례 및 궁중의 일반사무를 주관하기도 했으며, 후기에는 군사기밀까지도 장악했다.

삼사 三司 고려·조선초 나라의 전곡錢穀출납·회계사무를 총괄한 관부. 고려의 삼사는 성종 때 송나라 제도를 모방하여 설치한 것이나, 송 제도와는 차이가 있었다. 송의 삼사는 염철鹽鐵·탁지度支·호부戶部의 3부로 구성되어 국가재정 전반을 장악한 중요기관이었다. 그러나 고려에서는 상서호부尙書戶部가 토지와 호구戶口·공부貢賦 등 전반적인 재무행정을 장악했으므로 삼사는 다만 세공稅貢과 녹봉 등을 관장, 그 출납에 대한 회계를 주임무로 하고 있었다. 그러므로 고려초기의 삼사에는 재신이 겸하는 판사判事와 정3품의 사使 등의 관원이 있었지만 그 지위는 그리 높지 못한 편이었다. 그러나 고려후기, 특히 충렬왕 이후 관원의 수가 늘고 관등도 올라 판삼사사判三司事뿐 아니라 사司도 도당에 참석하여 국사를 의논하게 되는 등 기구상의 강화·확대가 이루어졌다. 그러나 이러한 제도상의 강화에도 불구하고 삼사의 본래 임무라 할 수 있는 중외

전곡에 대한 출납·회계 기능은 도당인 도평의사사에서 맡아했으므로 삼사도 관서로서의 직능이 제한받게 되었다. 이에 고려말에는 직사가 없이 유명무실하게 된 삼사를 폐지하여 상서성에 병합하려는 움직임과 반대로 삼사의 기능을 회복하려는 상반된 시정책이 번갈아 폐지와 복구가 거듭되다가, 1391년(공양왕 3) 조준의 건의로 다시 설치, 조선초기까지 이어져 1401년(태종 1)에 사평부司平府로 개칭되었다가 1405년에 호조에 병합되었다.

도병마사 都兵馬使 고려시대 변경의 군사문제를 의논하던 회의기관. 본래 양계병마사를 중앙에서 다스리기 위해 989년(성종 8)에 설치한 병마판사제兵馬判事制에서 비롯하며, 그뒤 현종초에 도병마사제로 발전했다. 고려전기에는 재신宰臣 중에서 임명된 판사判事와 추밀 가운데서 임명된 사使 및 부사副使, 그리고 판관判官 등으로 구성된 임시회의기관으로서, 주로 국방·군사만을 다루었다. 그러나 고려중기에는 전국 인민의 진휼을 의논하는 등 그 기능이 민사적인 문제로 차츰 확대되어갔다. 그후 무신난 후 기록에 보이지 않다가 고종 말년에 이르러 다시 나타나는데 이때에는 이를 도당都堂이라 칭하고 성격이 그전과 달라지게 된다. 즉 이제는 재추 전원이 회의원이 되고 또 관장사항도 군사문제뿐 아니라 국가의 모든 대사大事에 미치게 되었다. 이러한 변질로 인해 종래의 도병마사라는 명칭이 적합하지 않으므로 1279년(충렬왕 5) 도평의사사都評議使司로 명칭이 바뀌었으며 그 구성과 기능이 더욱 확대·강화되었다. →도평의사사

도평의사사 都評議使司 고려후기 국가의 최고 정무기구. 고려전기의 도병마사를 1279년(충렬왕 5)에 개칭한 것으로서, 일명 도당都堂이라고도 한다.

원래 도병마사는 국방·군사문제를 다루는 임시회의기구였으나 점차 그 기능이 강화되어 국사國事전반에 걸친 문제를 회의하는, 재추 전원에 의한 합좌기구로 변질되자 이를 도평의사사로 개칭한 것이다. 그 구성은 재부宰府(첨의부)·추부樞府(밀직사) 이외에 삼사三司의 정원正員도 재추宰樞로서 도당에 합좌하게 되고, 여기에 각 기관의 상의商議까지 합하여 말기에는 구성원이 7,80명이나 확대되었다. 그 기능도 국가의 모든 중대사를 회의하는 상설합의기관일 뿐 아니라 국가의 일반사무를 직접 관장하는 행정기관으로 바뀌었다. 중앙의 여러 기구뿐 아니라 지방의 각 관서들도 도당의 통제하에 행정을 보았으며 심지어는 왕의 밍링도 이를 경유히여 실행케 됨으로써 고려전기의 2성을 대신하는 일원적인 최고 정무기구로 되었다. 도평의사사는 조선초기까지 존속했으나 1400년(정종 2)에 이를 폐지하고 의정부를 두었다.

식목도감 式目都監 고려의 법제·격식 제정을 관장한 회의기관. 도병마사와 함께 당·송나라나 신라·태봉의 관제에 기원하지 않은 고려만의 독자적인 정치기구이다. 이는 성종말과 현종초에 걸쳐 설치되어 적어도 1023년(현종 14)에는 그 기능을 나타내게 되었다. 격식·제도를 제정하고 그 판안判案·자료를 보유·소장한 기구로서, 사무직인 녹사錄事를 제외하면 관원은 타직으로 임명된 회의원의 성격을 띤다. 실제로 식목도감에서는 수상이 대표로서 사使가 되고 3품직을 겸한 추신이 부사가 되어 재추가 주요 구성원을 이루었으며, 여기에 판관도 확대회의에 참가했는데, 이는 도병마사의 인원구성과 같은 것이다. 식목도감은 도병마사와 같은 재추합좌 회의기구였으나 고종 이후 도병마사의 기능이 확대됨에 따라 차츰 종속적 지

위로 격하되었다. 그러나 충선왕 때 충렬왕파의 구세력을 제거하기 위해 식목도감을 승격, 나라의 중대한 일을 관장하는 권력기구로 부상하기도 했으나, 충혜왕 때는 다시 도평의사사의 지위가 환원되고 식목도감은 종전과 같은 무력기구로 떨어지게 되었다. 식목도감은 조선초에까지 이어졌으나 사실상 식목녹사만이 존재하여 도평의사사(후에 의정부)에 예속된 지위에 있어서 문안을 담당하고 도당의 명에 따라 사법관을 탄핵하는 기능을 가졌을 뿐이며, 1412년(태종 12)에 식목녹사가 의정부 안독녹사案牘錄事로 바뀌어 의정부에 흡수되었다.

어사대 御史臺 고려시대 시정을 논하고 풍속을 교정하며 백관을 규찰·탄핵하는 일을 맡아보던 관청. 사헌대司憲臺·감찰사監察司·금오대金吾臺·사헌부司憲府 능으로도 불렸다. 이와 같은 시정기관司正機關은 신라 진흥왕 때인 544년에 처음으로 설치되었는데, 고려의 어사대는 이러한 신라의 전통 위에 당·송나라의 영향을 받아 고려의 정치실정에 맞도록 재정비된 것이다. 여기에는 정3품의 판어사대사判御史臺事와 어사대부御史大夫 및 종4품의 어사중승御史中丞 등이 있어 일을 맡아보았는데, 이들 대관臺官의 주된 기능은 〈고려사〉 백관지에 「시정을 논하고 백관의 부정과 비위를 규찰·탄핵하는 일」로 되어 있으나, 실제로는 간관諫官인 중서문하성의 낭사郎舍와 밀접한 관계를 갖고 직무가 수행되었다. 간관은 본래 군주를 대상으로 하여 간쟁을 담당했던 데 반해 대관은 주로 관료들에 대한 감찰을 맡아 그 임무가 조금 차이가 있었다. 그러나 실제로 이들은 다 같이 언관言官으로서, 양자의 직능 한계는 명확하지 않은 면이 있었으며, 함께 대간臺諫으로 칭해지면서 간쟁 및 서경署經 등의 임무를 맡아

보았다. 이러한 기능을 수행하기 위해 대간은 재직시에 함부로 체포되거나 곧장 지방관으로 전보되지도 않았으며, 왕과 직접 대면하여 언론할 수 있도록 면계법面啓法을 허용받는 등 여러가지 특권을 부여받았다. 또한 이들의 임명에도 신분과 언동 등을 고려하여 신중을 기했으므로, 역임자들은 과거출신자로서 인품이 청렴강직하고 외모가 뛰어난 문벌귀족출신이 대부분이었다. 그러나 무신정변 이후 자격요건이 완화되고 그 기능과 권한이 약화되는 등 변화를 보이다가, 1369년(공민왕 19)에 사헌부로 개칭되어 명칭과 기능이 조선조로 이어졌다.

서경 署經 고려·조선시대 관리임명이나 법령제정 등에 대간臺諫의 서명을 거치는 제도. 대간이란 대관臺官과 간관諫官을 합쳐 부르는 말로, 고려시대에는 어사대와 중서문하성의 낭사郎舍(省郎)에 소속되어 이 두 기관을 합쳐 대성臺省이라 부르기도 했으며, 조선시대에는 사헌부와 사간원에 소속되어 양사라고 칭해졌다. 서경에는 고신서경告身署經과 의첩서경依牒署經이 있는데, 고신서경은 문무관리를 임명함에 있어 수직자受職者의 자격을 검토하여 수직자에게 발급하는 고신에 대간이 서명하는 것을 말하며, 의첩서경은 법률의 제정·개정 등의 중요사안에 대간이 서명하는 것을 말한다. 관리의 임명이나 법령의 제정·개정 등이 전적으로 국왕의 의사에 의해 결정되지 않고 반드시 대간의 동의를 얻어야 했으므로, 부당한 인사나 업무처리를 막고 국가의 질서를 바로잡을 뿐 아니라 왕권에 규제를 가하는 역할을 하는 측면이 강했다.

문산계 文散階 고려시대 문무관리에게 적용된 위계제도. 고려 국초에는 신라·태봉의 위계제를 이어받아 관계官階를 정비했는데, 995년(성종 14)에 중국의 산관제散官制를 도입하여 문산계를 정리함으로써 이전의 전통적인 관계는 향직으로 되고 문산계가 일반 문무관인들에게 적용되는 유일한 공적 질서체계가 되었다. 그런데 중국의 당나라나 조선에서는 문산계는 문반의 관계가 되고 무반의 관계는 무산계라 하여 별도로 있었으나, 고려에서는 무산계는 향리나 탐라의 왕족 등에게 주어졌을 뿐 무반은 문반과 마찬가지로 모두 문산계를 받았다. 문산계는 이후 문종 30년에 크게 개편되었고 이후 13세기말에 여러 차례 변동이 있었다. 문산계 조직은 크게 상층의 대부계大夫階와 하층의 낭계郎階로 나뉘어지는데, 처음에는 품계상으로 5품과 6품이 경계가 되었으나 1308년 충선왕이 복위하여 4품 이상과 5품 이하로 각각 한 품계씩 상향조정했다. 대부계와 낭계는 대부·사士와 일정한 상응관계를 가지고 있었다는 점에서 주목된다. 한편 대부계와 낭계 자체 내에도 대부계의 종2품 이상과 정3품 이하 사이에 구분이 나타나고, 낭계에서도 6품과 7품을 경계로 참질參秩과 참외질參外秩 간의 구분이 있어서, 관직세계의 재추·상참常參·참상參上·참외參外와 같은 단층이 관계에도 나타나는 것을 볼 수 있다. 문산계는 문무관인들의 지위를 나타내는 질서체계였던만큼 현직에 있을 때뿐 아니라 일단 관계에 발을 들여놓은 사람이면 누구나 받게 되어 있었다. 문산계 소지자가 관직을 수여받은 경우에는 산계와 관직 사이에 품계를 일치시키는 것이 원칙이다. 그러나 고려에서는 그 같은 원칙이 잘 지켜지지 않다가 충선왕 이후에야 준행되었다.

향직 鄕職 고려 때 관인과 구별되는 특정부류에게 영예적 칭호로 수여된 일종의 작爵과 같은 질서체계. 이는 성종 때 중국식 문산계가 정착하기 이전에 사용되던 국초의 관계가 변형되어 이루어진 것이다. 고려 태조는 개국과 동시에 신라의 위계제를 그대로 채용했으나 919년(태조 2)부터는 태봉의 관제로 쓰였던 대광大匡·대승大承·원보元甫 등이 고려조의 새로운 관계로 기능하게 되며, 다시 936년(태조 19)에는 삼중대광三重大匡 이하 16등급으로 확대·정비되었다. 이것은 중앙의 관인뿐 아니라 귀부해오는 지방의 호족이나 우산국于山國·여진女眞의 추장 등에게도 수여되어 서열체계로서 기능했다. 그러나 광종 때 이후 중국식 문산계가 범용되고 이것이 995년(성종 14)에 유일한 공적 질서체계로 지위를 굳힘으로써 종래의 관계는 향직화되었다. 향직은 향리나 관식 없는 노인·무산계를 가진 지, 군인·양반·서리 및 여진의 추장 등에게 주어졌으며, 원윤元尹 이상의 향직을 받은 자에게는 전지田地가 지급되는 등 경제적 혜택까지 주어졌다. 이는 대체로 13세기까지 존속했으나 그후 점차 소멸되어갔다.

무산계 武散階 고려 때 향리 및 탐라의 왕족, 여진의 추장, 노병老兵·공장工匠·악인樂人 들에게 수여되었던 관계官階. 당나라나 조선에는 문산계와 무산계가 각각 문반·무반의 관계로 기능했으나 고려에서는 문산계가 문·무관료의 관계로 기능했으며 무산계는 이와 구별되는 특정인들에게 주어진 영예적 칭호였다. 무산계는 종1품에서 종9품하에 이르기까지 17품 29등급으로 되어 있으며, 무산계를 소지한 자에게는 무산계전시과라 하여 일정한 토지가 지급되었다.

산직 散職 고려·조선 때 직사職事가 없는 관직. 일정한 직임이 부여된 관인 실직實職에 대칭되는 의미를 지닌 것으로서, 관직과 거기에 취임할 수 있는 관원이 일정하게 정해져 있는 데 따른

한계를 극복하고 보다 많은 인원을 관직세계에 수용할 필요성에서 마련된 직제이다. 문관 5품·무관 4품 이상에 해당하는 관직에는 검교직檢校職이, 문관 6품과 무관 5품 이하에 해당하는 관직에는 동정직同正職이 설정되었다. 이는 훈직勳職의 성격을 가진 것으로 검교직 소지자는 녹봉과 토지를 지급받았으며 동정직을 가진 자도 토지지급 대상에 들어 있었다. 동정직은 관직의 초직初職으로 기능했고 여기에서 얼마간의 기간을 지내면 실직으로 진출하게 된다. 이러한 산직은 고려후기 남발되면서 질적인 저하를 초래했으며, 공민왕 3년에는 다시 첨설직添設職까지 설치하여 군공을 세운 사인士人과 향리 등에게 포상의 의미로 주게 되었다. 고려후기의 산직들은 점차 토지와 녹봉이 지급되지 않으면서 남발되다가 조선 때 대폭 개편되어 대무문 무급산직無給散職으로 변모하게 된다.

과거제도 科擧制度 관리를 선발하던 국가시험제도. 우리나라에 과거제가 처음 도입된 것은 958년(고려 광종 9), 광종의 왕권강화책의 일환으로 쌍기의 건의에 의해 실시되었다. 처음에는 그 절차가 비교적 단순했으나, 국가기반이 잡히고 관료체제가 정비되어감에 따라 과거가 더욱 중요시되고, 시험제도도 예비시험과 최종시험으로 분리되는 등 복잡한 규정이 생기게 되었다. 1024년(현종 15)에 향공鄕貢의 숫자를 주현의 크기에 기준하여 제한하는 한편 이들은 반드시 계수관이 주관하는 계수관시를 거치도록 한 후 다시 서울의 국자감에서 재시험을 치러 합격한 다음에야 본시험인 예부시禮部試에 응시할 수 있도록 했다. 1031년(덕종 즉위년)에는 모든 응시자들이 본시험에 앞서서 예비시험으로 생각되는 국자감시國子監試를 치르도록 했다. 예비시험인 국자감시는

성균시成均試·남성시南省試라고도 했는데, 여기에는 중앙의 일반 국학생과 12도생十二徒生 가운데서 선발된 공사貢士 및 계수관시를 거친 향공 등이 응시할 수 있었으며, 일단 이 시험에 합격하면 본시험에 나갈 수 있는 자격과 함께 진사進士칭호를 얻게 되고 사士로서 대우를 받았다. 예부시는 동당감시東堂監試라고도 하며, 여기에서는 각 과목을 초장·중장·종장으로 구분하여 3차례에 걸쳐 시험하고 이 3장에서 모두 합격해야 급제가 되는데, 이를 삼장연권법三場連券法이라 했다. 때로는 왕권강화의 측면에서 복시覆試가 치러지기도 했으나, 인종 이후에는 거의 폐지되었으므로 고려의 과거는 대체로 국자감시와 예부시의 체제로 이루어져 있었다고 할 수 있다. 과거는 시험을 보는 과목에 따라 시詩·부부賦·송頌·책策을 시험하는 제술업製述業과 〈상서尚書〉〈주역周易〉〈모시毛詩〉〈춘추春秋〉〈예기禮記〉 등의 경전을 시험하는 명경업明經業, 그리고 명법업明法業·명산업明算業·명서업明書業·의업醫業·지리업地理業 등의 전문직을 선발하는 잡업雜業의 셋으로 나뉘어져 있었다. 이 중 잡업에 비해 제술업과 명경업을 양대업兩大業이라 하여 중시했으며, 그중에서도 제술업이 절대적 우위에 있었으므로 과거라 하면 통상 제술업을 지칭했다. 과거급제자 수는 대체로 제술업 30인 전후, 명경업 3,4인 정도였고, 과거는 대략 2년에 한번씩 시행한 편이었으므로 고려 때 과거급제자 수는 모두 6,700여 명 정도였다. 응시자격을 보면 양인은 원칙적으로 응시에 제한이 없었다. 그러나 향리의 경우 문종 때 제술업·명경업에 부호장 이상의 손孫이나 부호정 이상의 자子로 응시자격이 한정되었으며, 잡업은 서인도 응시할 수 있었으나 천인이나 향·부곡인 및 악공樂工·잡류雜類의 자손은 과거에 나갈 수 없었

다. 과거의 정고시관正考試官을 지공거知貢擧, 부고시관副考試官을 동지공거同知貢擧라 했는데, 당년의 고시관과 급제자와는 좌주座主와 문생門生이라 하여 긴밀한 유대관계를 이루었다. 무신정권 이후 좌주·문생의 유대관계는 더욱 강화되었으며 이러한 유대관계가 하나의 문벌을 형성하게 된다. 공민왕 때에는 성리학을 사상기반으로 한 신진세력들이 대두하면서 경학 중심의 시험제도와 중국의 향시鄕試·회시會試·전시殿試의 3단계 시험제도를 채택하려는 개혁을 시도했으나, 좌주와 문생으로 형성된 문벌세력의 반대로 여러 차례 번복되다가, 신진세력들이 정권을 담당한 공양왕 이후 조선초에 확고한 제도로 정착되었다. 고려 때에는 이러한 일반 과거 외에 광종 때부터 승과僧科가 따로 설치되어 있었으나 무과武科는 설치되지 않았다. 고려말 공양왕 2년에 무과가 설치되었으나, 그 실시는 조선조에 들어와서 이루어지게 되었다.

음서제 蔭敍制 고려·조선 때 공신 또는 현직 당상관의 자손이나 친척을 과거에 의하지 않고 관리로 채용하는 제도. 신라 때부터 국가에 특별한 공로가 있는 자손을 서용하던 사례는 볼 수 있지만, 이것이 제도로서 확립된 것은 고려 성종 때이며, 이는 고려 일대에 걸쳐 시행되고 조선에도 그대로 이어졌다. 고려의 음서제는 왕족의 후예와 공신의 후손 및 5품 이상 고관의 자손을 대상으로 하는 경우 등 크게 세 종류가 있었다. 앞의 두 경우는 특별한 예에 해당하는 것으로 그 음서의 범위도 내·외원손內外遠孫에까지 미쳐 매우 넓었다. 이에 비해 보통 문음門蔭·음자蔭資·음자蔭子·음보蔭補 등으로도 표현된 5품 이상(충선왕 복위년부터는 4품 이상)의 고위 관료들에 대한 음서는 3품 이상 관인 경우에는 자손뿐 아니라 수양자·사위·조

카·아우에까지 혜택이 미쳤지만 그 이하 관은 자·손에 한정되었다. 음직은 매년 정기적으로 당해년에 「1인 1자子」의 원칙으로 시행되었으므로 전체 음서출신자 수가 과거급제자에 비해 월등히 많았다. 음서출신자들은 가세 여하에 따라 처음부터 유리한 조건에서 벼슬을 시작했는데, 대략 15세를 전후하여 관직에 임하는 등 조기 진출했으며 한직限職制와 같은 제약은 물론 없었다. 이러한 음서출신자의 대부분이 5품 이상 직에 오르고 있으며 대략 50~60%는 재상에 진출하고 있는데, 이는 대부분의 귀족들이 음서를 통해 관직을 전수했음을 알 수 있다.

5도 五道 고려 때 지방제도로서 양광楊廣·전라全羅·경상慶尙·서해西海·교주交州의 5개 도. 〈고려사〉지리지에는 전국을 경기와 5도 양계로 구획하고 그 밑에 부府·목牧·군郡·현縣 등이 속해 있는 것으로 기록되어 있다. 이에 의하면 최고 행정구역으로서 북쪽 국경지에는 양계를 설정하고 남방은 5도로 구획하여 다스린 것으로 되어 있는데, 5도가 행정구역으로 설정되어 있었는지 여부에 대해서는 이견이 대립되어 있다. 고려의 지방제도는 전국의 주요지역에 주목州牧·도호부 등의 계수관을 두고 이를 통해 주위의 군현을 통할하는 방식으로 운영되었다. 고려정부에서는 전국을 일정한 행정구획으로 구분하는 도제를 실시해 효율적인 지방통제를 꾀하려는 노력을 보이는데, 이러한 노력은 성종대 10도제 실시에서부터 나타났다. 그러나 10도는 당나라 10도의 형식적인 모방으로 이루어졌으므로 오래지 않아 소멸되고, 실제 지방운영의 중심이 된 주목의 명칭을 붙인 도명이 등장했다. 이러한 도명은 교통로 또는 주목의 관할구역의 의미 등 다양하게 사용되었으나 차츰 지방제도로서의 도명이 형성되기 시작

했으며, 예종 이후에는 양광·전라·경상·서해·교주도의 5도명이 나타났다. 그러나 5도는 최고 행정구역이 아니라 감찰구역으로서 사용되었으며 그 소관구역과 명칭도 수시로 변경되었다. 도에 파견된 안찰사按察使도 주현을 순찰하는 감찰관으로서 임기는 6개월이었다. 그러나 고려말기에 이르면 도의 소관구역이 고정화되고 지방행정상 안찰사의 비중이 높아져 감찰 임무에서 행정관적인 성격이 강화되었다. 이에 따라 임기는 6개월에서 1년으로 늘어나고 그 아래에 경력사經歷司라는 사무기구까지 설치하고, 관직명도 도관찰척사都觀察黜陟使로 개칭되어 도 장관으로서의 성격을 띠었다. 이러한 도제의 발달은 조선 태종대에 8도관찰사제의 성립으로 이어져, 조선 때에는 최고 행정구획인 도를 중심으로 한 지방제도가 완성되었다.

안찰사 按察使 고려 때 도道 단위로 파견되었던 외관. 고려의 지방제도는 전국의 주요지역에 목牧·도호부 등의 계수관을 두고 이를 통해 주위의 군현을 통합하는 방식으로 운영되었다. 그러나 중앙정부에서는 전국을 일정한 행정구획으로 구분하는 도제道制를 실시하여 효율적인 지방통제를 꾀하고자 하는 노력을 보이는데, 이러한 가운데 예종조 이후에는 양광·전라·경상·서해·교주의 5도를 단위로 안찰사가 파견되었다. 안찰사는 이전에도 서해도 지방을 중심으로 파견되기도 했으나 예종 때 이후에는 전국적으로 파견되었다. 안찰사는 초기에는 주현을 순찰하는 감찰관으로서 임기는 6개월이었으며, 이들이 파견되는 단위였던 도의 소관구역과 명칭도 수시로 변동되었다. 그러나 고려 말기에 이르면 도의 소관구역이 고정화되고 지방행정상 안찰사의 비중이 높아져 감찰임무에서 행정관적 성격이 강화

되었다. 이에 따라 임기는 6개월에서 1년으로 연장되고 그 아래에 경력사經歷司라는 사무기구까지 설치하고 관직명도 도관찰출척사都觀察黜陟使로 개칭되어 도 장관으로서의 성격을 띠었다.

양계 兩界 고려·조선초기 지방 특수 행정구역인 동계東界와 북계北界를 합하여 일컫는 말. 고려조를 통해 관할지역의 증감은 있었으나 대체로 동계는 함경도와 강원도 일부지역, 북계는 평안도 지역에 해당한다. 양계는 989년(성종 8)에 병마사가 두어짐으로써 군사관장 구역으로서의 성격을 띠게 되고, 병마사가 군사·행정 양면의 기능을 가지게 되는 현종 때에는 지방행정구역으로 확정된 것으로 보인다. 양계에는 병마사가 설치되었는데 이는 양계지역의 군정과 민정을 총괄하는 장관으로서, 남도에 파견된 안찰사가 행정관의 의미보다 순찰의 기능을 가진 것과 대조적이다. 또한 양계에는 모든 주·진에 방어사防禦使·진사鎭使·진장鎭將 등이 파견되어 속현이 많은 남방과는 달리 중요시되었다. 양계의 통치체제는 병마사를 정점으로 그 휘하를 각기 서북면西北面(북계)에는 안북도호부安北都護府(寧州), 동북면東北面(동계)에는 안변도호부安邊都護府(登州)를 두고 다시 그 아래에 방어주防禦州 및 진鎭을 소속시키는 지배체제로 이루어졌다. 한편 양계지역에는 문종대 이후 주로 역도驛道를 단위로 하여 감창사監倉使가 파견되었는데, 이는 역로驛路를 따라 순찰하면서 조세 및 창고의 감독을 비롯한 민생문제를 중심으로 외관外官에 대한 감찰임무를 담당했다. 이와 같이 양계는 국경지대라는 특수지역으로서 남방지역과는 다른 외관조직을 가지고 있었다. 그러나 몽고침입으로 양계지역의 대부분은 각각 동녕부와 쌍성총관부의 관할로 들어갔으며, 이 지역 회복 후 양계제는 다시

부활되었으나 특수 행정구역으로서의 성격을 잃고 남도화해갔다. 창왕 때에는 양계에도 남방과 같이 방어주·진이 일반 행정기구인 주·현으로 개편되었으며 공양왕 때는 도관찰출척사都觀察黜陟使가 설치됨으로써 전국이 단일적인 행정조직으로 편성되었다. 1413년(조선 태종 13)에 북계가 평안도, 동계가 영길도永吉道로 개칭되어 양계라는 특수 행정구역은 완전히 소멸되고, 전국이 모두 8도라는 단일 행정조직으로 개편되었다.

병마사 兵馬使 고려 때의 관직·관제. 병마사는 비상시 군의 출동이 필요할 때 임명되는 지휘관으로서, 이에는 중앙군의 전투동원을 위한 조직인 5군五軍 지휘관으로서 각기 중·전·후·좌·우군 병마사를 비롯하여, 어떤 시기에 임해 출동하는 부대의 지휘관으로서 행영병마사行營兵馬使, 사태에 따라 추가하여 파견하는 부대의 지휘관으로서 가발병마사加發兵馬使 등이 있었다. 이 관제는 북방의 특수지역인 양계에 군사·행정을 담당하는 기구로 두어졌다. 양계병마사가 처음 설치된 것은 989년(성종 8)이지만, 이들이 군지휘관으로서뿐 아니라 양계지역의 장관으로 기능한 것은 현종 때부터인 듯하다. 병마사 기구의 구성은 병마사(3품) 1인, 지병마사知兵馬使(3품) 1인, 병마부사兵馬副使(4품) 2인, 병마판관兵馬判官(5~6품) 3인, 병마녹사兵馬錄事 4인이었다. 병마사는 양계지역의 군정과 민정을 총괄하는 장관으로서, 그 휘하로 각기 서북면에서 안북도호부(寧州)·동북면에는 안변도호부(登州)를 두고, 다시 그 아래에 각 주·진을 소속시켜 일원적인 지배체제를 형성하고 있었다. 그러나 양계병마사제는 몽고침입으로 고려가 양계지역 대부분의 지배권을 상실함으로써 소멸되었다. 그 후 몽고세력이 물러난 이후 임시로 설

치되기도 했으나 종래와 같은 기능은 상실한 듯하며, 공양왕 때에는 양계에도 5도와 같이 도관찰출척사都觀察黜陟使가 설치되어, 양계의 장관으로서의 병마사제도는 사실상 소멸된 것으로 보인다.

감창사 監倉使 고려 때 양계지역에 파견되었던 감찰관. 양계에는 병마사 외에 감창사가 파견되었는데, 감창사가 파견되기 시작한 것은 문종대부터인 것으로 보인다. 이는 감창순찰사 또는 감세사監稅使로도 표현되고 있는 바와 같이 양계지역의 조세·창고의 감독을 위시한 감찰기능을 가지고 있었던 것으로 보인다. 이들은 주로 흥화도興化道·운중도雲中道·춘주도春州道 등의 양계지역에 설정된 역도驛道를 단위로 파견되어, 역로驛路를 따라 순찰하면서 조세업무를 비롯한 민생문제를 중심으로 외관에 대한 감찰임무를 맡아보았다. 감창사는 또한 안찰사와 함께 귀향작폐歸鄕作弊하는 사심관을 경사京師로 가려 보내 죄를 부과하는 임무도 있었으며, 제고사祭告使나 권농사勸農使를 겸할 수 있었던 것 등 초기의 안찰사와 거의 비슷한 기능을 가지고 있었던 것으로 여겨진다.

계수관 界首官 고려·조선초기에 있었던 지방제도의 한 형태. 계수관이라는 것은 지방의 중심이 되는 대읍大邑과 그 대읍의 수령을 의미하는 말로서, 고려의 경京·목牧·도호부都護府와 조선초기의 부府·목·도호부가 그것이다. 최근에는 지방관이 파견된 진鎭·현령관급 이상의 관부를 의미하는 것으로 이해하기도 한다. 고려는 지방 호족세력과의 연합정권적인 성격을 띤 왕조였기 때문에, 지방제도의 정비도 전국 각 지역의 호족세력을 인정하고 그들을 통해 지방 백성을 지배·통치하는 방식을 병행해 이루어졌다. 따라서 고려의 지방통치는 중앙에서 지방의 주·현에 직접 연결되

는 방식과 주·현 가운데 그 지방의 중심이 되는 대읍으로 하여금 주위의 교통로나 대읍을 중심으로 몇 개의 큰 단위로 형성되고 이를 중심으로 해 다스린 것인데, 이것이 바로 계수관 중심의 체제였다. 그러나 고려말 조선초 점차 도제道制가 확립되면서 계수관 체제는 소멸되어갔으며, 1456년(세조 2) 군읍의 병합사목併合事目이 발표되자 완전히 소멸되었다.

목 牧 고려·조선 때 지방행정구획의 하나. 고려에서는 983년(성종 2)에 전국에 12목을 설치해 처음으로 중앙에서 지방관을 파견했다. 이는 전국의 주현에 일시에 외관을 파견할 수 없었기 때문에 우선 중요한 12주州에만 목을 설치하여 지방행정의 중심으로 삼고자 한 것이다. 이 12목은 995년(성종 14)의 지방제도 개혁으로 12목이 있었던 지역에 군사적인 절도사를 두게 됨으로써 혁파되었다. 그후 고려의 지방제도 정비가 일단락되는 1018년(현종 9)에 4도호都護 8목牧 56지주군사知州郡事 28진장鎭將 20현령縣令이 설치되어 외관이 파견되었는데, 이때 목이 설치된 지역은 광주·충주·청주·진주·상주·전주·나주·황주 등 8개 주이다. 현종 때 정비된 외관체제는 전국에 설치된 4개 도호부와 8개 목을 중심으로 이들이 다른 주군현 등을 관할하는 체제였다. 즉 도호부·목, 그리고 3경京은 상급행정기구로서 다른 주군현과 중앙을 연결하는 중간기구의 역할을 했는데, 이를 계수관界首官이라 한다. 계수관은 표表를 올려 진하陳賀하는 일과 향공鄕貢을 선상選上하는 일 및 외옥수外獄囚 추검推檢 등의 부문에 한해 중간기구로서 기능했으나, 일반적인 행정사무체계는 중앙정부와 지방관이 파견된 군현 사이에 직첩直牒되는 관계였다. 이러한 목은 도제道制가 확립되어감에 따라 그 역할이 크게 약화되어갔

다.

도호부 都護府 고려·조선 때 지방행정기구의 하나. 본래 중국에서 새로 정복한 이민족을 통치하기 위해 변경에 설치했던 군사적 성격의 행정기구였으며, 고려에서도 처음에는 군사적 요충지에 설치했으나 점차 일반 행정기구로 바뀌어갔다. 태조 때부터 평양대도호부, 전주에 안남도호부가 설치되었으며, 광종대에는 고부古阜·상주尙州 등에 각각 안남도호부·안동도호부 등이 설치되어 지방제도가 정비되지 않은 상태에서 지방을 통제하는 구실을 했다. 성종대에는 지방제도 정비와 함께 5도호부체제가 완성되었는데, 영주寧州에 안북대도호부를 비롯, 화주和州(영흥)에 안변도호부安邊都護府, 풍주豊州(풍산)에 안서도호부安西都護府, 김주金州(김해)에 안동도호부, 낭주朗州(영암)에 안남도호부가 설치된 것이 그것이다. 성종대 일단 완성된 5도호부체제는 이후 계속 변화하여 1014년에 안동도호부가 경주로 옮겨진 것을 비롯하여 1018년(현종 9)에는 안변도호부가 등주登州(安邊)로, 안남도호부가 전주로, 안서도호부가 해주海州로 각각 옮겨졌으며, 그뒤 전주가 목牧이 되는 대신 수주樹州(富平)에 안남도호부가 설치되고, 경주가 유수경留守京이 됨으로써 안동도호부가 없어지는 등 여러 차례 변동을 거치게 된다. 각 도호부에는 사使·부사副使·판관判官·사록司錄·장서기掌書記 등의 관속이 갖추어졌으며, 경경·목牧과 함께 계수관界首官으로서 주·부·군·현·진 등 영군領郡을 통할하는 중간기구의 구실을 했다.

남경 南京 고려 유수경留守京의 하나. 고려초기에는 수도인 개경 이외에 평양에 서경西京, 경주에 동경東京 등 2경을 설치해 중시했는데, 중기에는 양주楊州에 남경이 건설되어 개경·서경과 함께 3경이라 칭해졌다. 〈고려사〉 지리지에는 남경이 처음 건설된 것이 1067년(문종 21)이라 했으나, 남경 개척이 본격적으로 이루어진 것은 숙종 이후이다. 1096년(숙종 1)에는 남경에 도성都城을 건립할 것을 청했으며, 1099년에는 재신宰臣과 일관日官에게 양주에 남경을 건설할 것을 의논하게 한 후 왕이 양주에 가서 도읍으로 정할 땅을 살펴보기까지 했으며, 1104년에는 남경에 궁궐이 이룩되어 왕이 남경에 거둥하게 되었다. 이후 예종·인종대에는 왕의 남경 행차가 빈번히 나타나 남경에 대한 관심이 높았음을 볼 수 있다. 이와 같이 남경 개척이 활발하게 이루어진 것은 이를 거점으로 중앙집권을 강화하고자 한 국가의 의도가 반영된 것이다. 현종대에 정비된 고려의 지방제도는 주목州牧을 거점으로 이를 통해 중앙의 명령을 전달하는 체계였다. 그러나 중앙정부에서는 중앙에서 직접 제 지역을 파악하고 명령을 효과적으로 전달할 수 있는 체제로 중앙집권을 강화하고자 했는데, 남경 개척은 이러한 의도가 반영되어 이루어진 것이다. 인종대에 정비된 전국적인 역도제驛道制(22역도)에 남경을 중심으로 도로망이 정비된 것은 이러한 남경 설치의 의의를 반영해주는 것이다.

속읍 屬邑 고려·조선 때 지방관이 파견되지 않았던 행정구역. 고려의 지방제도에는 지방관이 파견되지 않은 다수의 속군·속현이 존재했는데, 이는 행정체계상 지방관이 파견된 주군主郡 또는 주현主縣을 통해 중앙정부의 간접통치를 받았다. 따라서 속군·현은 주군·현의 관내管內·임내任內 또는 관할하管轄下·경내境內·계내界內 등으로 표현되었다. 이와 같은 군현 사이의 주속관계主屬關系가 성립된 것은 나말여초 호족들의 세력관계와 연관이 깊은 것으로 이해되고 있다. 즉 고려초기 지방제도 정비는 기존에 성립되어 있던 지방호족들 사이의 세력관계를 그대로 인정하여 이루어졌기 때문에 호족간의 복속관계가 그대로 군·현 상호간의 주속관계로 전환되었다고 하는 것이다. 〈고려사〉 지리지에 의하면 주현이 130이었는 데 비해 속현은 374로 훨씬 많은 수를 차지했다. 속현은 주로 남도에 분포했으며, 양계지방에도 21개의 속현이 있었으나 모두 남부지역에 분포했고 순수 변경지역에는 전혀 존재하지 않았다. 속군·현의 행정은 그 지방의 향리가 담당했는데, 이러한 지방세력의 자치가 이루어진 행정구역이 다수 존재했다는 것은 고려사회를 중앙집권 국가로서 성격지을 수 있는지 여부에 의문을 제기하게 하기도 한다.

감무 監務 고려중엽부터 소선초기까지 군·현에 파견되었던 지방관. 고려 때에는 지방관이 파견되지 않았던 지방 행정구역이 다수 존재했는데, 속군·현 및 향·소·부곡·장莊·처處 등이 그러한 예이다. 이들 지역에는 예종대부터 현령보다 낮은 직위의 지방관인 감무가 파견되었다. 감무가 처음 설치된 것은 1106년(예종 1)으로, 서해도 유주儒州(신천)·안악安岳·장연長淵 등 41현에 감무를 두었다. 이러한 감무파견의 목적은 유민을 안주시키기 위해서라고 기록되어 있다. 당시 귀족·토호들의 대토지 소유가 진전되고 수탈이 심해짐에 따라 농민들의 몰락이 촉진, 각지에 유민들이 발생하여 산발적인 봉기가 일어나기도 했다. 그러나 이러한 문제를 지방 토호세력만으로는 해결하기 어려웠으며, 이러한 배경에서 국가는 중앙집권을 강화하고자 종래 지방관이 파견되지 않았던 군·현에까지 감무를 설치하게 된 것이다. 감무는 과거급제자를 임명하는 것이 원칙이었으며 품계는 주현主縣에

파견된 현령보다 한 품계 낮게 책정되었는데, 고려말에는 현령은 5품, 감무는 6품이었던 것으로 보인다. 그러나 실제로는 서리胥吏가 임명되는 경우가 많았고 품계도 7·8품으로 질이 낮아 지방 토호세력이 그들을 가볍게 여기고 불법을 자행하기도 했다. 감무파견은 그뒤 고려후기를 거쳐 조선 태종 때까지 계속되었고, 1413년(태종 13) 감무를 현감縣監으로 개칭할 때까지 약 2백여 군·현에 설치되어 있었다.

부곡 部曲 전근대사회에 존속했던 특수 행정구역. 고려시대에는 부곡 외에도 향鄕·소所·처處·장莊 등 특수 행정구획이 다수 있었는데 이들을 통틀어 부곡제라 칭하기도 한다. 부곡이라는 명칭은 전근대 중국이나 일본에서도 사용되었는데, 시기에 따라 다소 치이는 있으나 대체로 호족세력 등에 예속되어 있는 사천민私賤民으로 구체적인 신분게층 그 자체를 의미했다. 그러나 우리나라에서는 이와 달리 군·현과 같은 행정구획의 명칭으로 사용되고 있다. 부곡은 삼국시대부터 있었으며 고려 때에는 상당한 규모로 전국적으로 분포했음을 볼 수 있는데, 구체적인 분포지역과 숫자는 〔표〕와 같다.

부곡의 분포지역

도별	경기	충청	경상	전라
개소	24	69	233	88
도별	황해	강원	함경	평안
개소	—	9	—	9

〔표〕에 나타난 바와 같이 부곡은 충청·경상·전라 등 남부지역에 전체의 약 88% 정도가 분포되어 있고, 중부 이북지역은 분포비율이 그다지 높지 않았음을 알 수 있다. 부곡에 관한 구체적인 설명이 보이는 것은 〈신증동국여지승

람〉 여주목驪州牧 고적조古跡條에 있는 등신장登神莊에 관한 기록이다. 이에 의하면「신라가 주군현을 설치할 때에 그 전정田丁이나 호구戶口가 현이 될 수 없는 곳은 향 또는 부곡으로 두어 그 소재하는 읍에 속하게 했다」고 하여 인구나 토지가 군이나 현에 미치지 못하는 지역을 의미하는 것으로 설명되어 있다. 그러나 실제로는 주군현 가운데도 1천 정丁 이상의 큰 곳에서부터 20정 이하의 작은 곳까지 있는가 하면, 향·부곡 역시 1천 정 이상의 곳에서부터 50정 이하의 곳까지 존재했다는 사실이 나타나므로 군현과 향·부곡의 차이를 그 크기에 기준을 두고 구분하기는 어려운 점이 있다. 고려 때 부곡의 성격에 대해서는 많은 논란이 있었으나 최근에 주목되는 몇 가지 견해를 소개하면 다음과 같다. 하나는 고려의 부곡은 군현제에 예속되어 국가의 특정 역을 부담하는 사람들이 집단적으로 거주하는 지역이었다고 하는 것이다. 고려의 부곡집단은 후삼국 통합전쟁시 왕조에 저항한 호족세력 지역들을 법제적으로 부곡제라는 행정구획으로 편성해, 군현제의 하부기구로 예속시켜 군현제를 통해 지배하는 방식을 취함으로써 성립되었다. 부곡민은 농업생산에 종사한다는 점에서 군현제하의 일반 양인신분층과 크게 다를 바 없었으나, 국가에 의해 특정의 역, 즉 국가직속지인 둔전屯田·공해전·학전學田 등을 경작하기도 하며, 때로는 군사 요충지에 동원되어 성을 수축하는 역을 부담하기도 했다는 것이다. 부곡에 대한 다른 견해는 부곡민은 전시과田柴科의 토지를 경작하는 전호佃戶였으며, 이들은 일반 군현민과는 달리 주현군 중 일품군一品軍으로 편제되었다고 하는 것이다. 즉 부곡민은 나말 호족세력하에서 그들의 경제·군사적 기반이 되었던 집단예민이었으며, 그들을 국가 권력하에 회수하는 과정에서 부곡에 대한 과거 호족들의 지배권을 어느 정도 인정해주는 타협책을 쓰지 않을 수 없었다. 따라서 그들의 경제적 지배권을 과전科田 지급이라는 형태로, 그들의 노동력에 대한 지배권을 향리의 일품군 장교 겸임이라는 형태로 각각 인정해주었다. 따라서 일반 군현민의 민전에 1/10의 수조율이 적용되는 것과는 달리 부곡민이 경작하는 토지에는 1/4의 수조율이 적용되었으며, 부곡민들은 일품군이 되어 향리의 지휘 아래 각종 노역에 동원되었다는 것이다. 후자의 견해는 전시과와 군제軍制 등과 관련하여 주목된다. 부곡민은 이에 따라 법제적으로 양인신분이면서도 일반 군현제하의 농민에 비해 사회경제적으로 훨씬 열세한 지위에 놓일 수밖에 없었다. 또한 국학입학이나 승려가 되는 것 등에 있어서 법제적으로 제한받고 있었으며, 부곡리의 경우 관직진출에 있어서 5품 이상을 초과할 수 없는 제한을 받았다. 그러나 고려중기 이후 부곡제는 점차 성격이 변화되어 고려말에는 그 성격이 완전히 달라졌으며, 조선시대에 이르면 거의 소멸되어 15세기전반에는 68개, 16세기 전반에는 불과 14개만 존속하게 되었다.

향 鄕 전근대사회에서 존재했던 특수 행정구획. 향은 신라 때부터 존재했고 고려조를 거쳐 조선초기 다른 부곡제와 마찬가지로 소멸의 길을 걷게 되나, 신라의 향과 고려의 그것은 그 성격에 커다란 변화가 있었다. 신라의 향은 8,9세기 무렵에 설치된 것으로 신라의 군현제가 성립된 이후 새로이 설정된 행정구획이었다. 이곳에는 지방관으로서 중앙에서 향령鄕令이 파견되었으며, 그 아래에는 재지유력자인 촌주村主가 있어 향내鄕內 촌락을 장악했다. 이때 향이 설치된 원인은 분명하지 않으나 대부분

정치 사상적 요인에 의해 성립된 것으로 보인다. 화랑제도와 관계있는 지역이었던 곳도 있으며, 왕족인 김입언金立言이 향령으로 부임했다는 사실 등은 이러한 향의 성격을 시사해준다. 그러나 고려의 향은 그 성격에 있어 신라의 그것과는 커다란 차이를 보여, 고려의 지배체제 정비과정에서 독자적인 향제가 성립된 것으로 보인다. 고려의 향은 지방관이 파견되지 않았으며, 향민鄕民은 양인이었으나 과거응시나 국학입학이 금지되는 등 일반 군현민과는 차별을 받았다. 향민은 주로 농업에 종사했으나 부곡이나 소 등과 혼동되어 쓰여진 기록이 나타나는 것 등으로 보아 부곡 등과 마찬가지로 일반 군현과는 다른 수취가 이루어졌을 것으로 보이나 구체적인 차이점은 밝혀져 있지 않다. 향도 다른 부곡제의 경우와 같이 고려말에 그 성격이 변질되다가 조선초기에는 소멸되었다.

소 所 고려 때 공부貢賦 부담을 위해 특정한 물품을 생산하던 촌락. 향·부곡이 신라 때부터 존재했던 것과는 달리 소는 고려시대에 들어와 처음 발생했다. 이는 국가에서 필요로 하는 공물을 생산하는 지역으로서, 그 생산물의 종류에 따라 금소金所·은소銀所·동소銅所·철소鐵所·사소絲所·주소紬所·지소紙所·와소瓦所·탄소炭所·염소鹽所·묵소墨所·곽소藿所·자기소瓷器所·어량소魚梁所·강소薑所·다소茶所·밀소蜜所 등이 있다. 소는 공물의 확보를 위해 정책적으로 설정된 지역으로서, 군현제 하의 촌락을 기초로 하면서 정부가 필요로 하는 특정물품을 전업적으로 생산하거나 혹은 이에 상당하는 물품의 대납을 위한 역役을 전담하는 곳이라는 점에서 군현제하의 일반촌락과는 구별되었다. 소의 주민은 전문기술자인 장인과 장인의 물품생산을 돕기 위한 각종의 역을 부담

하는 금호金戶·은호銀戶·염호鹽戶·묵호墨戶 등으로 구성되며, 이들은 일반 촌락민으로서 신분적으로는 양인이었다. 이들은 특정 물품을 생산하기 위해 요역의 형태로 동원되었는데, 이들 소의 주민에게 부과되는 역 자체가 과중하고 고통스러운 것이어서 일반 백성들이 이를 꺼리고 천시해 일반 군현민과는 차별을 받았다. 이 때문에 소의 주민이 공을 세웠을 때에는 포상의 의미로서 일반군현으로 승격시켜주는 조처를 취하기도 했다. 그러나 고려중기 이후 소는 과중한 수탈로 인해 해당 주민들이 유망하면서 점차 그 기능을 상실해갔으며, 이에 따라 중앙정부는 종래 소에서 생산되던 물품을 군현제하의 주민을 동원하여 생산하게 되었다. 12세기 이후 유망농민과 권세가에 의해 수탈된 농민들을 현주지에서 공호貢戶로 편적編籍한 것은 종래의 본관제를 기초로 해 실현되었던 부곡제적인 수취체제가 해체되고 군현제적인 수취체제로 단일화되어가는 과정과 밀접한 관련이 있다. 이러한 수취체제의 변동과 아울러 소는 점차 해체되어 일반군현으로 승격되거나 기존군현의 일부로 흡수되었으며, 조선초기 군현제가 정비되면서 소멸되었다.

장 莊 고려 때 지역적 행정구획을 단위로 하여 형성된 일종의 장원. 왕실을 비롯하여 궁원·사원 등이 지배한 일종의 장원으로서, 고려초기에 형성된 것으로 보인다. 그러나 이는 단순한 토지의 집적이 아니라 당시 행정조직인 군현제의 일환을 이루고 있었으며, 그 하부조직은 촌락으로 형성되었다. 여기에는 향鄕·부곡部曲·소所와 같이 이吏가 배치되었으며 이들을 매개로 군현과 연결되었다. 따라서 향·부곡·소 등과 함께 부곡제로 통칭하기도 한다. 장은 왕실이나 궁원·사원 등에 지급된 수조지收租地로서, 그곳의 토지는 일반 민전과

같은 3과공전으로 간주된다. 장의 주민
인 장정莊丁은 조세는 궁원과 사원에,
기타 역역力役과 공물 등은 국가에 납부
하는 국가적 수취체계하의 공민적인 존
재였으며, 양인신분으로 백정白丁과 함
께 명경업·잡업 등에 응시할 수 있었
다. 장·처處의 조세를 관장했던 기구는
왕실재정을 장악하는 요물고料物庫로서
고려말에 이에 속한 장·처는 360개였다
고 한다. 그러나 고려중기 이후 부곡제
적인 수취체계가 해체되면서 장이나 군
현에 흡수되어 직할촌이 되는 등 변질
되다가 조선왕조 성립 이후 얼마 안 가
서 향·소·부곡 등과 더불어 마침내 자
취를 감추었다. 과전법 성립 이후에도
왕실 궁원에 그 재정기반으로 토지가
지급되었으나 종래와 같은 행정단위로
서가 아니라 일정한 면적의 토지를 주
는 형태로 바뀌었다.

처 處 고려 때 왕실·궁원·사원 등이
지배한 일종의 장원. 고려중기에 성립
된 것으로 보이며 장莊과 함께 전국적으
로 분포했다. 이는 복수 또는 단수의 촌
락으로 구성된 일정한 지역적 행정단위
로서 여기에는 정식으로 이吏가 배치되
어 민을 지배하고 있었다. 처전處田은
기본적으로 민전과 동질적인 것으로,
처의 주민인 처간處干은 양인이나 조세
는 궁원과 사원에, 기타 역역力役과 공
물 등은 국가에 납부한다는 점에서 일
반 주현민과 차이가 있다. 그러나 고려
후기에는 권세가들이 장·처를 그들의
사령지私領地로 삼으려는 현상이 빈번
하여 조의 수납뿐 아니라 일체의 역역
과 공물까지도 침탈했기 때문에 처간을
철폐하자는 논의가 제기되기도 했다.
고려중기 이후 전시과체제가 붕괴되면
서 처전은 권세가들의 침탈의 주요대상
이 되고 그 성격도 점차 변질되었으며,
고려말 조선초 군현제 개편과정에서 대
부분 군현의 직할촌인 직촌直村으로 편

입됨에 따라 사라졌다.

향리 鄕吏 외관外官을 보좌해 지방행
정의 말단을 담당한 사람. 장리長吏 또
는 외리外吏라고도 불리며, 복무하는 지
역에 따라 주리州吏·부리府吏·현리縣吏·
부곡리部曲吏 등의 명칭을 가졌다. 이들
은 국가권력 말단에서 일반 백성과 직
접 접촉하는 위치에 있으면서, 조세와
역역力役의 징수를 비롯해 간단한 소송
을 처리하는 등 여러가지 일을 맡았다.
고려 때의 향리는 나말여초의 호족에서
기원한다. 즉 나말여초에 각 지방에 독
자적인 세력기반과 지배조직을 가지고
있던 호족들이 중앙의 군현제 정비작업
이 진전됨에 따라 그 독자성을 상실하
고 지위가 격하되었던 것이다. 국초부
터 지방호족세력을 통제하기 위해 기인
제도와 사심관제도를 마련하기도 했으
나, 대체로 고려의 향리가 제도적으로
성립된 것은 983년(성종 2)에 단행되는
집권적인 지방제도의 실시와 향리직제
개편에서 비롯된 것으로 보인다. 그후
지방관제가 새로이 정비된 1018년(현종
9)에는 주현의 대소大小에 따라 향리의
정원수를 제정하고 향리 공복公服을 규
격화하는 등의 조처를 통해 그들에 대
한 중앙통제를 강화해갔다. 향리직에는
상부의 호장戶長·부호장副戶長을 비롯해
그 아래에 병정兵正·창정倉正·호정戶正·
부호정·부병정·사史 등 각종 직호職號
를 띤 여러 층의 향리가 있어, 그 기능
이 상당히 분화되어 있었다. 지방제도
정비와 아울러 지방세력은 외관을 보좌
하는 향리로 전락해 그들의 정치적·사
회적 지위도 점차 하락해갔다. 고려 건
국초기에는 왕실로부터 극진한 대우를
받았던 기인其人이 고려후기에 이르러
서는 노예보다도 더 심한 천역賤役에 종
사하게 되었음은 향리의 지위변화를 반
영해준다. 그렇지만 고려의 향리층은
양반귀족으로 신분을 상승시킬 수 있는

길이 개방되어 있었다. 문종대에는 과거 중에서 제술업·명경업에 응시할 수 있는 향리의 신분층을 부호장 이상의 손孫·부호장 이상의 자子로 한정했는데, 이를 통해 귀족적 관료신분층으로 상승한 향리출신도 많았으며, 뒤에 조선왕조 건국의 주도세력이 되는 사대부 계층도 향리계층에서 나올 수 있었다. 또한 고려 때는 지방관이 파견되지 않은 속군·현이 많아 그곳에서는 향리가 사실상 수령의 역할을 담당했다. 조선 때와는 달리 이들에게 향역鄕役에 대한 대가로 외역전外役田(鄕吏田)이 지급된 것도 그들의 권한과 지위를 반영해준다.

2군 二軍 고려 때 국왕의 친위군. 고려의 경군京軍은 2군二軍 6위六衛의 조직으로 편성되었는데, 이중 6위는 경군의 중심을 이루는 부대이며, 2군은 응양군鷹揚軍과 용호군龍虎軍으로 궁성을 지키는 친위군이었다. 2군의 기원은 태조가 송악의 호족이었을 때부터 그의 군사적 기반이었던 군사들로서, 이들은 호족 휘하의 사병과는 구별된 태조의 군사적 기반으로 후삼국 통일과정에서 보이는 중군中軍이 이러한 성격의 군대였을 것으로 보인다. 친위군은 광종에 의해 비약적으로 증가되었으며 이는 호족세력을 약화시켜 그들의 사병을 국가의 통제하에 둘 수 있는 길을 열어주었다. 이러한 상황을 바탕으로 성종대에는 규모없이 늘어난 시위군侍衛軍, 즉 친위군에 대한 정리가 이루어지는데, 이는 친위군의 정예화를 의미하는 것으로 2군이 제도적으로 성립된 것은 이때였다고 본다. 2군의 응양군과 용호군은 공학군控鶴軍과 견룡군牽龍軍이라고도 하는 것으로 보이며, 모두 합해 3령領, 즉 3천 명에 불과했다. 2군은 6위보다 상위에 있었고 특히 응양군의 지휘관인 상장군上將軍은 반주班主라 하여 2군 6위의 상장군과 대장군大將軍으로 구성되는 중방重房회의 의장 구실을 담당하며 모든 반주의 대표자 노릇을 한 것으로 보인다. 2군을 구성한 일반 군인은 군적軍籍에 올려 대대로 군역을 세습하게 했으며, 이들 군적자는 농민과는 구별된 전문적인 군인으로서 특수한 신분층을 형성했는데 이들을 군반씨족軍班氏族이라 일컬었다. 친위군에게는 태조 때에도 역분전이 지급되었으며 전시과가 제정된 이후에는 군인전이 지급되어 그 군역의 세습과 함께 군인전도 세습되었다.

6위 六衛 고려전기의 중앙군 조직. 고려의 중앙군은 2군과 6위의 조직으로 편성되었는데, 이중 6위는 좌우위左右衛·신호위神虎衛·흥위위興威衛·금오위金吾衛·천우위千牛衛·감문위監門衛를 일컫는 것으로, 2군이 친위부대인 데 비해 주로 전투부대로서 경군의 핵심을 이룬다. 이중에서도 좌우·신호·흥위의 3위가 경군의 핵심이 되는 주력부대로서, 이는 그 군사수가 32령領, 즉 3만 2천 명으로 전체 중앙군 45령 4만 5천 명의 70% 이상을 차지했다. 3위의 군사는 평상시에는 개경을 지키고 1년 교대의 변방지역 방수防戍에 복무하다가 전쟁이 일어나면 중·전·후·좌·우의 5군 편제를 이루어 전투에 나섰다. 금오위는 수도 치안을 책임진 경찰부대였으며, 천우위는 왕을 시종하는 의장대, 감문위는 궁성 내외의 문門을 수위하는 임무를 맡은 부대였다. 이들 6위, 특히 좌우·신호·흥위의 3위에 속해 있는 부대는 보승保勝과 정용精勇으로 구분되는데 이는 보군步軍과 마군馬軍의 병종별 구분으로 추측된다. 2군 6위는 각각 정·부지휘관으로 상장군과 대장군이 있었으며, 이들 8개 군단의 상장군과 대장군 16명은 그들의 합좌기관으로 중방을 두었다. 2군 6위 밑의 단위부대는 령領인데 이는 군인 천 명으로 구성된 단위부대로서 그 지휘관은 장군將軍(정4품)이었으며 이들도 그들의 합좌기관인 장군방將軍房을 가지고 있었다. 6위조직은 고려초 호족들이 거느린 사병에서 기원한 것으로 보인다. 고려초 대부분의 군사력은 호족들이 거느리고 있었던 사병이었고 호족들은 여전히 이들에 대한 직접적인 영향력을 행사하고 있었다. 그러나 왕권이 강화되면서 호족의 군사적 기반인 사병들도 자연히 왕권하에 예속되기에 이르렀으며 이러한 배경에서 성종 때에 6위六衛가 편성된 것이다. 6위의 구성원은 본래 호족세력 기반하의 농민으로 호족들의 경제적 토대가 되기도 했다. 따라서 6위는 이들의 군인적 성격과 농민적 성격을 유지시킬 필요에서 당의 부병제를 모방하여 운영되었다. 주현군의 보승保勝과 정용精勇은 6위를 구성하는 보승·정용과 밀접한 관계를 가지고 운영된 듯하다. 종래 고려의 군사제도에 대해서는 부병제설과 군반제설이 대립되어왔으나, 경군인 2군과 6위는 일원적인 성격의 군인이 아니라 2군은 군반제에 의해 운영된 전문군인인 반면 6위는 부병제에 의해 동원된 농민군이었던 것이다.

정용 精勇 고려시대 중앙군의 6위와 지방의 주현군에 있었던 병종의 하나. 고려의 중앙군은 정용·보승保勝·역령役領· 상령常領· 해령海領, 주현군은 정용·보승·일품군一品軍 등의 병종으로 구분된 것으로 보이는데, 그 가운데 보승과 정용이 대부분을 차지하여 당시 군대조직의 핵심을 이루고 있었으며 이중 정용은 기마부대인 마군馬軍으로 추측된다. 6위에 소속된 정용은 모두 16령領의 1만 6천 명이었는데, 좌우위에 3령, 신호위에 2령, 흥위위에 5령, 금오위에 6령이 있었다. 한편 주현군에는 5도五道에 약 1만 9천 명, 양계에 약 1만 8천 명의 정용이 있었는데, 양계의 주현군에 있었던 정용은 초군抄軍 또는 초정용抄精勇으로 불리기도 했다.

보승 保勝 고려 때 중앙군의 6위와 지방의 주현군에 있었던 병종의 하나. 정용과 함께 당시 군대조직의 핵심을 이루었으며; 마군馬軍인 정용에 대해 보승은 보군步軍을 가리키는 것으로 보인다. 중앙군에는 좌우위左右衛에 10령領, 신호위神虎衛에 5령, 흥위위興威衛에 7령이 각각 두어져 모두 22령, 2만 2천 명이 있었고, 주현군에는 8,601명이 있었다.

주현군 州縣軍 고려 때 경기 및 남방 5도지역에 설치되었던 지방군. 지방군 중 변경지대인 북방 양계兩界의 주현군은 남방의 주현군과 성격에 차이가 있어, 양계의 경우는 따로 떼내어서 흔히들 주진군州鎭軍이라 한다. 주현군은 고려초 호족연합군의 성격을 지니는 지방군이었던 광군光軍과 태조 이래로 중앙에서 지방에 파견되었던 진수군鎭守軍이 모체가 되어 형성되며, 그 조직이 완성된 것은 1018년(현종 9)으로 추측된다. 〈고려사〉 병지兵志 주현군조에 의하면, 우선 지역을 5도 양계로 구분하고 그 각각을 다시 몇 개씩의 군사도軍事道로 나누어 거기에 소속된 보승·정용·일품의 병력을 파악해놓고 있는데, 여기에 나와 있는 전체 병력은 보승군이 8,601명, 정용군 19,754명, 일품군 19,882명, 합계 48,237명으로 집계된다. 이들 주현군의 배치를 위해 구획된 군사도는 주로 중앙에서 지방관이 파견되는 경京·주州·부府·군郡·현縣 등을 중심으로 하고 있으며, 보승·정용·일품 등의 주현군은 대체적으로 외관外官이 파견된 지방 행정구획을 단위로 하여 배치되어, 이들에 대한 중앙정부의 파악이 외관이 있는 행정구획을 단위로 하고 있었음을 알 수 있다. 주현군 가운데서 중심이 되는 군인은 보승과 정용으로서, 상비부대가 아닌 자영농민으로 구성된 농병일치의 군인이었다. 이들의 주임무는 전투에 동원되거나 1년 교대로 양계에 나가 방수防戍를 담당하는 일이었으나 때로는 군사적인 공역工役에 동원되기도 했다. 보승과 정용이 주로 전투부대였던 데 비해 일품군은 공역을 위해 편성된 노동부대였다. 보승·정용군은 단위 행정구획 장관의 지휘를 받았으며, 일품군의 장교에는 향리가 임명되었다.

일품군 一品軍 고려 때 주현군에 속해 있던 노역부대. 노동부대로서 보승·정용과 함께 주현군을 구성하고 있었다. 이들은 중앙정부의 필요에 따라 일시에 모두 동원된 일도 있었으나, 원칙상 2번 교대로 한 번에 1년씩 역사役事에 동원되었으며, 가을에 교체되었기 때문에 추역군秋役軍·추역부秋役夫라고도 불렸다. 장교에는 향리가 임명되어 향리의 긴밀한 통제 아래 있는 토착적 성격이 농후한 군대였음을 알 수 있다. 이러한 면에서 947년(정종 2)에 거란의 침입을 막기 위해 조직되었던 광군과 깊은 관련이 있는 것으로 보인다. 즉 광군은 중앙의 통제 아래 지방호족들에 의해 지휘되는 농민 예비군의 연합체로서, 고려의 집권화정책이 진전되어 지방제도가 정비되어감에 따라 주현군(그중에서도 일품군)으로 개편되어 중앙정부의 지배 밑에 놓이게 되었다. 1010년(현종 1)에 세운 개심사 5층석탑 조성에 광군이 동원된 반면, 1031년(현종 22) 정도사 5층석탑 조성에 일품군이 동원된 것으로 보아, 현종대 지방제도 정비와 아울러 주현군(일품군)의 조직이 이루어졌으리라 보고 있다. 일품군이 주현군에 소속되어 있으면서도 보승·정용과 달리 향리의 지휘를 받았던 것은 그 성원이 일반 주현군과 다른 존재였음이 상정되는데, 이에 대해서는 나말 호족의 집단예민이었던 부곡민이 군역으로서 일품군을 구성한 것으로 보는 견해가 나와 주목된다.

광군 光軍 947년(정종 2)에 설치되었던 지방군사조직. 고려에서 조직된 최초의 전국적인 군사조직으로서, 중앙의 통제 아래 지방호족들에 의해 지휘되는 농민예비군의 연합체이다. 광군이 조직된 것은 947년 거란의 침입에 대비한 것으로 그 규모는 30만이었다고 한다. 광군은 중앙정부의 의도에 의해 조직된 것이지만 당시에는 중앙정부의 지방통제가 불완전한 상황이었으므로, 중앙정부의 직접적인 징병에 의한 것이 아니고, 당시 지방의 통치를 사실상 반독립적인 입장에서 담당해나가고 있던 지방호족의 징병에 의해 조직된 것으로 보인다. 그러므로 광군은 호족연립군의 성격을 지니고 있었으며 부대의 지휘권을 장악하고 있었던 것도 지방호족이었다. 〈개심사석탑 조성형지기〉에 의하면 이 석탑 조성공사에 광군이 동원되고 있는데, 향리가 역사役事에 동원된 광군을 지휘했던 것으로 보인다. 이러한 전국의 광군조직을 통제했던 통수부는 개경에 설치된 광군사光軍司였다. 이러한 광군의 설치는 농민의 역역力役을 직접 파악하려는 중앙정부의 의도로 조직되었으나, 실제로는 호족세력과의 타협 속에서 중앙정부와 지방호족에 의한 농민 역역의 공동지배 아래 조직된 지방군이었다. 광군은 고려의 집권화 정책이 진전되어 지방제도가 정비되어감에 따라서 주현군으로 개편되어, 1011년(현종 3)에서 1018년에 이르는 기간 사이에 소멸된 것으로 보인다.

주진군 州鎭軍 고려 때 양계 지역에 설치되었던 지방군. 남방의 주현군과 같이 주현군이라고도 하나, 국경지대인 양계의 주州·진鎭에 설치된 주현군은 그 성격이 차이가 있어 일반적으로 주진군이라 한다. 주진군의 핵심이 되는 부대는 초군抄軍(精勇)·좌군左軍·우군右軍과 보창군保昌軍·영새군寧塞軍이었으며, 여기에 다시 신기神騎·보반步班과 백정白丁 등 여러 부대가 있었다. 이중 초군·좌군·우군은 마대馬隊와 노대弩隊가 포함된 정예부대였으며 북계의 보창군과 동계의 영새군은 보병부대였을 것으로 보인다. 이들은 주진의 성내에 주둔하고 있었던 상비군으로 그 수는 대략 5만 2천 명이었다. 신기·보반과 백정은 상비군이 아니라 위급한 때에 동원할 수 있는 예비부대였던 것으로 보인다. 상비군을 직접 지휘한 것은 도령都領이라 불린 중랑장中郎將과 그 이하의 무관들이었는데, 이들은 모두 그 지역의 토호 출신으로서 중앙의 무관과는 차별대우를 받았다. 이들 위에서 양계의 군사조직을 통할한 것은 주의 장관인 방어사防禦使와 진의 장관인 진장鎭將이었으며, 이들은 다시 계界의 장관인 병마사의 지휘를 받았다. 주진군을 구성한 것은 이 지역의 토착민과 사민정책徙民政策에 의해 변경지대에 토착해 살게 된 이주민 등이 주요구성원으로 대부분 농민이었다. 양계에는 둔전屯田이 광범하게 존재하여 둔전군에 의해 경작되었는데, 주진군은 둔전군적인 성격을 지닌 군대였다고 생각된다.

거란 契丹 퉁구스와 몽고의 혼혈족으로 알려진 동호계東胡系의 한 종족명. 「奚丹」으로 표기되기도 하는데, 5세기 중엽부터 요하 상류인 시라무렌(西剌木倫) 유역에서 유목생활을 하던 여러 부족으로 이루어진 민족이다. 9세기말까지에는 여러 부족으로 나뉘어 있었고 별 힘을 가지지 못했으나 10세기초 야율아보기耶律阿保機가 나와 당나라의 통치에서 벗어나 정복전쟁을 통해 부족을 통합한 후 916년에 거란제국을 세웠다. 이 무렵 그들은 거란문자도 처음 만들

었다. 야율아보기는 장차 중국을 지배하고자 계획을 세우고 먼저 배후의 압박을 제거하고자 926년에는 발해를 급히 쳐서 멸망시켰다. 그뒤를 이은 태종太宗은 중국 화북지방의 연운燕雲 16주州를 차지하고 947년에는 나라이름도 요遼로 고쳤다. 그후 10세기말 11세기초에 성종聖宗은 중국을 침입하기 위해 배후세력이 되는 고려에 여러 차례 침입했으며, 한편 한족漢族을 다스리는 남추밀원南樞密院과 거란족을 비롯한 부족제의 주민을 다스리는 북추밀원을 두어 이중적 통치체제를 확립했다. 그러나 금의 세력이 성장함에 따라 점차 그 세력이 약화되어 1124년에 여진족에게 멸망되었다. 거란유민의 일부는 1132년에 중앙아시아에서 서요국西遼國을 세웠으나 이는 1211년에 몽고군의 침입으로 멸망했으며, 13세기초에 고려에 침입한 거란유민은 강동성에서 고려군에게 섬멸되기도 했다.

만부교 사건 萬夫橋事件 942년(고려 태조 25) 거란의 사신을 유배하고 그들이 가져온 낙타를 만부교 아래에 매달아 굶어죽게 한 사건. 만부교는 개경의 보정문保定門 안에 있는 다리로 이 일이 있은 후 낙타교라고 불렸다 한다. 거란은 세력이 커지자 중국을 침입하려는 계획으로, 이에 그 배후에 있는 고려를 자기 세력으로 끌어들이고자 942년에 거란 태종이 사신과 함께 낙타 50필을 고려에 보내왔다. 그러나 고려 태조는 「거란은 구맹舊盟을 돌보지 않고 하루아침에 발해를 쳐 멸한 무도한 나라이므로 결연할 수 없다」고 말하면서 사신 30명을 섬으로 귀양보내고 낙타는 만부교 아래 매달아 굶어죽게 하는 강경조치를 취했다. 이로 인해 양국간의 국교는 단절되었으며 이후에도 고려에서는 거란에 대한 적대적인 태도를 계속 유지했다. 태조는 이듬해 지어진 〈훈요10

조〉 가운데서도 거란을 「금수의 나라」
로 지목하여 그 언어와 제도를 본받지
말도록 경고하고 있다. 고려 태조가 이
와 같이 강경한 태도를 취한 것은 거란
이 〈친척 나라〉인 발해를 멸망시킨 사
실에 대해 분노를 한 것도 하나의 이유
가 되겠지만, 태조의 북진정책의 의지
가 이러한 형태로 표출된 것으로도 보
인다.

서희 徐熙 940(태조 23)~998(목종 1)
고려초기의 정치가이며 외교가. 자는
염윤廉允, 본관은 이천利川. 내의령內議
令을 지낸 필弼의 아들. 960년(광종 11)
에 과거에 급제, 광평원외랑廣評員外郞
을 거쳐 내의시랑內議侍郞이 되었다.
972년에 사신으로 송나라에 다녀왔으며
성종 때는 근정의 책임을 맡은 병관어
사兵官御事가 되고 내사시랑평장사內史
侍郞平章事를 거쳐 태보太保·내사령內史
令까지에 이르렀다. 993년(성종 12) 거
란이 남침하자 중군사中軍使로 북계에
나가 적과 대진했는데, 이때 일부 중신
들은 서경 이북의 땅을 거란에게 주어
화평하자고 주장했으나(割地論), 서희
는 이를 반대하고 스스로 거란 진영에
가서 적장 소손녕蕭遜寧과 담판해 거란
군을 퇴각하게 할 뿐 아니라, 압록강 이
남의 장흥長興·귀화歸化 2진鎭과 곽주郭
州·구주龜州에 성을 쌓았으며, 다음해
안의安義·흥화興化 2진鎭, 또 이듬해에
선주宣州·맹주孟州 2주에 성을 쌓았다.
996년(성종 15) 병이 나 998년에 57세의
나이로 죽었다.

서희의 외교담판 거란의 제1차침입
때 고려의 장수 서희가 거란장수 소손
녕과 벌인 담판. 993년 거란이 소손녕을
장수로 삼아 고려에 침입해 왔을 때, 고
려조정에서는 중신重臣을 시켜 항복하
자는 의견과 서경 이북의 땅을 베어주
고 절령岊嶺(자비령)을 경계로 삼자는
견해(割地論) 등이 나왔다. 이에 성종도

할지론을 따르려 했으나 적장의 석연치
않은 행동을 간파한 서희는 저들의 출
병이 영토의 확장에 있지 않음을 아뢰
고 왕의 동의를 받아 직접 적진에 나아
가 소손녕과 담판하게 되었다. 이 담판
에서 소손녕은 침입의 이유로 「고려는
신라땅에서 일어났는데 우리가 소유하
고 있는 고구려땅을 침식하고 있으며
자기 나라와 땅을 연접하고 있으면서도
바다 건너 송을 섬기고 있다」는 점을 들
고, 따라서 「만약 땅을 베어 바치고 조
빙을 닦으면 무사할 것」이라고 제안했
다. 이에 대해 서희는 「우리나라는 고
구려를 옛 터전으로 했으므로 고려라
이름하고 평양을 도읍으로 한 것이다.
만일 지계地界로 논한다면 상국上國의
동경東京도 모두 우리 경역 안에 있는
셈인데 어찌 침식했다고 할 수 있겠는
가. 압록강 안팎도 역시 우리 경내였는
데 여진이 그곳에 자리잡고 있어 도로
외 막히고 어려움이 바다를 건너는 것
보다 심하다. 조빙을 통하지 못한 것은
여진 때문이다. 만약에 여진을 쫓아내
고 우리의 옛땅을 되찾아 성보城堡를 쌓
고 도로가 통하게 된다면 감히 조빙을
닦지 않겠는가」고 답변했다. 서희의 당
당하고 조리있는 변론을 들은 소손녕은
군사를 돌리고, 약속대로 고려가 압록
강 동쪽 280리의 땅을 개척하는 데도 동
의해 강동6주를 개척할 수 있게 되었
다.

강동육주 江東六州 고려 성종 때 개척
된 서북면의 행정구역. 흥화興化(의주)
·용주龍州(용천)·통주通州(선천)·철주
鐵州(철산)·구주龜州(구성)·곽주郭州
(곽산) 등을 말한다. 국초 고려의 영토
는 서북면 방면으로는 청천강과 박천강
博川江 선을 경계로 했으며 이북지역은
여진족이 잡거하고 있었다. 그런데 993
년(성종 12) 소손녕을 도통으로 한 거란
군이 침입해 항복을 요구하자, 이때 거

란의 침입이 영토확장보다는 국제적인 고립에서 벗어나려는 데 있음을 간파한 서희는 능숙한 외교담판으로 고려왕의 입조와 거란 연호사용을 조건으로 압록강 동쪽 여진의 거주지역 280리의 점유를 인정받는 화약을 맺게 되었다. 이리하여 고려는 994년 압록강 동쪽의 여진부락을 소탕하고 점진적으로 성보를 쌓았으며, 이곳을 통치하기 위해 6주를 설치했다. 이 강동6주는 이후 거란의 제2차침입·제3차침입 때 그들의 침입을 막아내는 데 중요한 전략적인 역할을 담당하기도 했다.

강조의 정변 康兆-政變 고려 목종 12년(1009) 강조가 일으킨 정변. 서북면도순검사西北面都巡檢使 강조가 김치양金致陽의 반역을 들어 목종을 폐위시키고 대량원군 순大良院君詢(현종)을 세워 왕위에 올린 정변이다. 목종의 아버지 경종은 두 왕후를 두었는데, 목종의 생모인 헌애왕후獻哀王后(뒤에 천추태후千秋太后)와 헌정왕후獻貞王后로서, 이 두 왕후는 모두 태조의 아들인 욱旭(戴宗으로 추존)의 딸로 경종과는 사촌남매간이었다. 그리고 경종의 숙부이며 태조의 아들인 욱郁(安宗으로 추존)은 경종이 죽은 뒤 그의 질녀이며 경종의 왕후인 헌정왕후와 간통해 대량원군 순을 낳았다. 한편 목종의 생모인 헌애왕후는 경종이 죽은 뒤 천추궁에 거처했는데, 이때 외척 김치양은 거짓 중이 되어 천추궁에 출입하면서 추문이 있자 성종이 김치양을 먼곳으로 장배仗配(장형을 가하고 유배함)했다. 그러나 성종이 죽고 목종이 즉위하자 헌애왕후가 섭정을 해 스스로를 천추태후라 하고 김치양을 소환, 중용했으며, 1003년(목종 6)에 천추태후와 김치양 사이에 아들이 생기자 목종에게 아들이 없음을 기화로 그에게 왕위를 계승시키려 했다. 이들은 당시 태조의 유일한 혈통인 대량원군

순을 경계해 강제로 출가시켜 여러 차례 독살을 시도하기도 했으며, 1009년에는 목종을 살해하려고 대궐에 불을 놓기도 했으나 뜻을 이루지 못했다. 이에 목종은 이러한 음모가 후계자가 정해지지 않았기 때문이라 생각해 신혈사에 있던 대량원군 순을 맞아오게 하는 한편 서경의 서북면도순검사 강조에게 명해 상경上京을 호위하게 했다. 강조는 왕명을 받고 개성으로 오던 중에 왕이 죽었다는 헛소문을 듣고 자신이 천추태후에 의한 함정에 빠졌다고 생각해 서둘러 본영으로 되돌아갔으나, 다시 정난靖難의 뜻을 품고 군사 5천 인을 이끌고 개성으로 향했다. 평주平州(평산)에 이르러 왕이 아직 죽지 않았다는 것을 알고 한때 주저하다가 목종이 살아 있는 한 천추태후와의 관계로 김치양 일파를 제거할 수 없다고 판단, 왕의 폐위를 결심하고 대궐을 침범한 후 대량원군을 맞아 즉위하게 하니 이가 곧 현종이다. 강조는 목종을 폐하고 김치양 등 7인을 잡아 베고 천추태후의 친속과 김치양의 남은 일파를 섬으로 귀양보냈다. 목종과 천추태후는 귀법사를 거쳐 충주로 추방되었는데, 적성積城에 이르렀을 때 강조가 보낸 사람에 의해 목종은 살해되고 천추태후는 황주黃州로 도망가 거기에서 여생을 마쳤다. 이 강조의 정변은 1010년 거란의 제2차침입의 구실이 되었다.

강조 康兆 ?~1010(현종 1) 고려의 무신. 황해도 지방의 토성土姓이나 본관은 분명치 않다. 목종 때 중추사 우상시中樞使右常侍로서 서북면도순검사西北面都巡檢使가 되었다. 1009년(목종 12) 김치양이 목종의 어머니 천추태후와 사통해 낳은 아들을 왕위에 세우려고 음모를 꾸미자 목종의 명을 받고 궁궐수비를 위해 개경으로 오게 되었다. 그러나 도중에 왕이 이미 죽었다는 헛소문을

듣고는 천추태후의 함정이라 생각해 서둘러 본영으로 되돌아갔다가, 김치양 일파를 제거하고자 다시 군사 5천을 이끌고 개경으로 향했다. 황해도 평주에 이르러 왕이 세상을 떠나지 않은 사실을 알고 주저했으나, 목종을 폐하고 새 왕을 세우기로 결심하고 개경에 들이닥쳤다. 궁궐을 점령하고 대량원군 순을 맞아 왕으로 세운 후 김치양 등 7명을 죽이고 목종을 폐위시켜 태후와 함께 충주로 유배보내는 도중 사람을 시켜 살해했다. 정변 후 국왕의 측근 보좌기구인 은대銀臺와 중추원을 혁파하고 중대성中臺省을 설치, 자신이 중대사中臺使에 올라 이 기관을 통해 모든 정치를 전개해나갔으며, 계속된 인사조처로 군사권을 배경으로 권력집중을 꾀했다. 그러나 이듬해인 1010년 거란의 성종이 깅조가 목종을 죽인 죄를 묻겠다는 것을 구실로 쳐들어왔다. 이에 그는 행영도통사行營都統使가 되어 통주通州에서 거란군과 맞서 싸우다 패배, 거란의 포로가 되었다. 이때 거란의 성종이 자신의 신하가 되라고 권유하자 「나는 고려 사람인데 어찌 너의 신하가 되겠는가」하며 단호히 거절하고 최후를 마쳤다고 한다.

김치양 金致陽 ?~1009(목종 12) 고려 목종 때의 권신權臣. 동주洞州(瑞興) 사람. 목종의 어머니인 헌애왕후獻哀王后(千秋太后) 황보씨皇甫氏의 외족. 일찍이 중을 사칭하고 천추궁에 드나들며 추문이 있어 성종이 멀리 장배杖配했으나 목종이 즉위한 후 천추태후가 소환, 합문통사사인閤門通事舍人에 이어 우복야右僕射 겸 삼사사三司事에 올라 권세를 휘둘렀다. 성종에 의해 구체화된 유교적 정치체제에 반발, 목종으로 하여금 네 차례나 서경행차를 하게 했으며, 그때마다 방옥方嶽과 주진州鎭의 신기神祇에 대한 재제齋祭의 의식을 가지게 했

다. 또한 자기 출신지인 서흥에 성수사星宿寺라는 사당을 짓고 궁성 서북에 시왕사十王寺를 지어 도교·불교 및 토속신앙을 내세워 유교를 배척하고자 했다. 1003년(목종 6) 태후와 사통해 아들을 낳자 이를 왕의 후사로 삼고자 대량원군 순大良院君詢(현종 2)을 숭경사崇敬寺에 출가시키고, 그뒤 다시 삼각산 신혈사神穴寺로 옮겨 은둔시킨 뒤 여러 차례 자객을 보내 살해하려 했으나 실패했다. 또한 목종이 병이 들자 목종을 해하려 했으나 음모가 발각되어 실패했으며, 결국 강조康兆의 정변으로 그의 아들과 함께 죽음을 당했다.

양규 楊規 ?~1011(현종 2) 고려의 장군. 목종 때 등용되어 벼슬이 형부낭중刑部郎中에 이르렀다. 1010년(현종 1) 거란의 제2차침입이 있었을 때 두순검사都巡檢使로 흥화진興化鎭을 지켜 거란군이 이를 함락하지 못하고 많은 군사를 남겨둔 채 진격하도록 해 적들에게 큰 타격을 주었다. 또한 거란군이 개성까지 진출했다가 퇴각하자 그 퇴로를 지켜 10여 일 동안 7차례에 걸친 큰 싸움을 벌여 적 6천5백 명을 벤 후 포로가 된 백성 3만여 명을 구하고 많은 노획물을 얻었다. 그러나 애전艾田에서 큰 전과를 올리고 다시 밀려온 적의 주력부대를 맞받아 싸우다 별장 김숙흥과 함께 장렬히 전사했다.

강감찬 姜邯贊 948(정종 2)~1031(덕종 1) 고려의 문신·명장. 본관은 금주衿州(시흥), 초명은 은천殷川. 경주로부터 금주에 이주해 호족으로 성장한 여청餘淸의 5대손이며, 왕건을 도운 공으로 삼한벽상공신三韓壁上功臣이 된 궁진弓珍의 아들이다. 983년(성종 3) 과거에 갑과 장원으로 급제한 뒤 예부시랑이 되었다. 1010년(현종 1) 거란의 성종聖宗이 강조康兆의 정변을 구실로 침입해(거란의 제2차침입) 통주通州를 함락하자

전략상 일시 후퇴할 것을 주장, 무모하게 개경으로 들어왔던 거란군의 퇴로를 차단해 큰 타격을 주었다. 그후 한림학사 등을 거쳐 1018년에는 내사시랑동내사문하평장사內史侍郎同內史門下平章事와 서경유수西京留守를 겸했다. 그해 거란의 소배압蕭排押이 10만 대군을 이끌고 침공하자(거란의 제3차침입) 그는 서북면행영도통사西北面行營都統使로 상원수가 되어 부원수 강민첨姜民瞻 등과 함께 곳곳에서 거란군을 격파했다. 흥화진 동쪽의 강물을 막아두었다가 때를 맞추어 물을 일시에 내려보내 전열을 혼란시킨 후 매복해두었던 기병 1만 2천 명으로써 돌격해 적에게 큰 타격을 주었으며, 거란군이 패전을 거듭하며 개경 가까이까지 갔다가 퇴각하는 것을 구주龜州에서 크게 무찔러 10만 대군 중 살아돌아간 자는 겨우 수천에 불과했다고 한다(구주대첩). 이후 거란은 침략 야욕을 버리게 되어, 고려와는 평화적 국교가 성립되었다. 그는 또한 개경에 나성을 쌓을 것을 주장해 국방에 큰 공을 세우기도 했다. 저서로는〈낙도교거집樂道郊居集〉과 〈구선집求善集〉이 있었다고 하나 전하지 않는다.

구주대첩 龜州大捷 1019년(현종 10) 고려에 침입한 거란군을 구주에서 크게 격파한 싸움. 이에 앞서 1010년에 양규楊規가 구주에서 거란족을 대파한 적도 있었으나, 일반적으로 구주대첩이라 하면 거란의 제3차침입 때 10만의 거란대군을 강감찬 등이 구주에서 크게 무찔러 거란군의 전의를 완전히 상실하게 한 전쟁을 말한다. 고려와 거란과의 제2차전에서 많은 병마를 잃고 돌아온 요遼의 성종聖宗은 고려 임금의 친조親朝와 강동6주의 반환을 요구했으나 고려는 계속 거절했다. 이에 양국 사이에 긴장이 고조되어가는 가운데 고려가 1014년 송에 사신을 파견해 교빙을 요청함

으로써 거란에 대한 적대감을 표명하자 두 나라는 다시 싸움을 시작하게 되었다. 수차례에 걸쳐 소규모의 피상적인 공격을 해온 거란은 마침내 1018년 12월 소배압蕭排押에게 10만 군을 주어 또 한번 대공세를 펼쳤다. 이에 고려에서는 강감찬을 상원수上元帥로, 강민첨姜民瞻을 부원수로 삼아 싸우게 했다. 강감찬은 압록강을 넘어온 침략군의 주력을 제1선인 흥화진에서 섬멸하기 위해 기병 1만 2천 명을 선발해 부근 산골짜기에 매복시키고 성의 전면에 북에서 남으로 흐르는 삼교천三橋川을 굵은 밧줄로 꿰맨 소가죽으로 막게 했다. 적의 주력이 흥화진으로 밀려들자 막았던 물을 터 물사태를 씌운 후 적이 혼란된 상황에서 매복하고 있던 기병이 공격함으로써 거란군에게 일대 타격을 입혔다. 거란군은 고려군사의 공격을 받아 패전을 거듭하면서도 개경 가까이까지 진격했다가 수도 일원의 방비가 철통 같아 도저히 공략할 수 없음을 알고 퇴각해 연주蓮州(평남 개천)와 위주渭州(평북 영변) 사이에서 청천강을 건너려 했다. 그러나 적들이 쫓겨가는 길목을 지키고 있던 강감찬은 1019년 1월 적을 기습해 500여 명을 순식간에 죽였으며, 이후 서북지방의 여러 성을 지키던 군대들을 구주에 집결시켜 대포위작전을 전개하며 총공격했다. 이 싸움으로 거란군은 거의 전멸당해 고려에 침입했던 10만 가운데 살아돌아간 자가 수천에 불과했다고 한다. 이러한 구주대첩은 거란과의 전쟁에 종막을 장식한 전투로서, 이후 거란은 무력으로 고려를 굴복시키려는 야욕을 버렸으며 양국간에 화의가 성립되었다.

나성 羅城 내성內城 또는 자성子城·왕성王城·재성在城의 바깥에 있는 넓은 주거지까지 에워싼 이중의 성벽. 나곽羅郭 또는 외성外城이라고도 한다. 우리나라

에서 나성에 대한 최초의 기록은 〈가락국기駕洛國記〉에 수로왕首露王이 신답평新畓坪에 수도를 정하고 그곳에 나성을 쌓았다는 것이다. 그러나 삼국초기에는 평지의 왕성과 그 배후에 산성을 쌓아 방비한 도성이 일반적인 형태였으며, 나성을 갖춘 도성제도는 6세기경에야 나타나는데 고구려의 평양성, 백제의 웅진성·사비성이 그 예이다. 고려에서는 938년(태조 21)에 서경에 나성을 쌓고 그 방비를 강화했으며, 거란침입을 물리친 후에는 이에 대한 방비를 위해 1010년부터 개경에 나성을 쌓아 21년 만에 완성했다. 나성제도는 조선시대까지 이어졌으나, 한양성에는 나성적인 성격을 가진 성벽은 하나뿐이고 내부에 따로 내성을 쌓지 않았기 때문에 시가지를 전부 에워싸고 있으나 나성이라 부르지는 않았다.

천리장성 千里長城 11세기전반 거란과 여진을 방어하기 위해 쌓은 장성. 3차례에 걸친 거란의 대규모 침략을 불리치고 거란과 화의가 성립된 후, 1033년(덕종 2) 고려정부는 유소柳韶에게 명해 압록강 하구에서 동해에 이르는 지역에 장성을 쌓도록 했다. 장성은 압록강 하구의 영해寧海(신의주)로부터 동해의 도련포都連浦(定平郡 廣浦)까지 이르는 길이가 천여 리에 달하는 긴 성으로 높이와 폭은 각각 25자였다. 장성의 축조는 이전에 북방에 쌓은 여러 성책을 연결하고 보축한 것으로, 공사는 이때부터 1044년(정종 10)까지 12년에 걸쳐 이루어졌다. 이 장성의 축조로 고려는 압록강 연안지대에서 거란의 침입을 강하게 견제할 수 있게 되었을 뿐 아니라 여진인들을 집단적으로 복속시킬 수 있게 되었다.

여진 女眞 만주 동부에 살던 퉁구스계통의 민족. 여직女直으로도 쓰며 그 명칭은 시대에 따라 달라, 춘추전국시대에는 숙신肅愼, 한나라 때는 읍루悒婁, 남북조시대에는 물길勿吉, 수·당대에는 말갈靺鞨로 불리다가 10세기초 송나라 때 처음으로 여진이라 했으며 청나라 때는 만주족이라 칭했다. 여진족은 크

△고려의 천리장성

게 만주의 길림성 동북지방에 산거하는 생여진生女眞 또는 흑수여진과 그 서남에 산거하는 숙여진熟女眞의 두 갈래로 나누어지는데, 전자는 대개 거란의 지배권 밖에서 산만한 부락생활을 했으며 후자는 대체적으로 거란에 복속되어 있었다. 여진족은 발해 때부터 점차 남으로 퍼져나와 나말여초에는 동북으로 함경도 일대와 서북으로는 압록강 남안 및 평북일대까지 흩어져 살게 되었다. 고려에서는 동북방면의 여진을 동여진 또는 동번東蕃이라 하고 서북방면의 여진을 서여진 또는 서번이라 불렀다. 12세기초 생여진 중 완옌부(完顔部)의 세력이 커지면서 고려와 충돌이 발생하자 고려는 윤관의 지휘하에 17만 대군을 파견해 여진족을 소탕하고 9성을 쌓았으나 여진족의 애원으로 9성을 돌려주었다. 그러나 완옌부의 세력은 점차 강대해져 그 추장 아구타(阿骨打)는 1115년 여진족을 통합, 금을 세웠으며 1117년에는 고려에 형제관계를 요구했다. 1125년에는 요를 멸망시킨 뒤 송을 공격해 정강의 변을 일으켜 중국의 화북지방을 지배하게 되었다. 이때 금은 고려에 사대의 예를 강요했는데 당시 집권자인 이자겸 등은 금과 타협을 통해 평화관계를 유지했다. 그러나 금은 몽고의 침략으로 1234년에 멸망했고, 이후 여진족은 만주일대에 흩어져 살면서 원·명나라의 지배를 받았다.

윤관 尹瓘 ?~1111(예종 6) 고려중기의 문신. 자는 동현同玄, 본관은 파평坡平. 태조를 보좌한 삼한공신 신달莘達의 5세손인 검교소부소감檢校少府少監 집형執衡의 아들이다. 문종 때 과거에 급제하고 숙종 때 동궁시강東宮侍講·어사대부御史大夫·이부상서吏部尙書·한림학사 등을 역임했다. 1104년(숙종 9) 여진과 무력충돌이 일어나자 동북면행영병마도통東北面行營兵馬都統에 임명되어 여

진과 맞섰으나 패했다. 이에 윤관은 패전의 원인이 기병인 적을 보병이 주류인 아군이 상대했기 때문이라 해 별무반別武班이라는 새로운 군사조직을 편성했다. 그후 1107년(예종 2) 고려는 윤관을 원수, 오연총을 부원수로 임명하고 17만 대군을 동원해 여진족을 정벌한 결과 그들이 살고 있던 135개 촌락을 평정했으며, 1108년에는 이 지역 안에 9개의 성을 쌓고 남쪽지방 군사와 인민을 이주시켰다. 그뒤 9성에 대한 여진족의 침습이 심해지자 윤관은 그해 7월 다시 행영병마원수로 임명되어 여진정벌에 나섰다. 그러나 전세가 불리한데다가 여진이 9성의 환부를 애걸할 뿐 아니라 9성방어에 어려움이 많다고 판단해 1109년(예종 4) 9성을 돌려줄 것을 결정했다. 9성환부로 여진정벌이 실패로 돌아가자 윤관은 패전의 죄로 벼슬과 공신호를 삭탈당했다가 1110년 수태보 문하시중守太保門下侍中 판병부사判兵部事가 되었다. 죽은 후 시호를 문경文敬이라 했다가 문숙文肅으로 고쳤다.

별무반 別武班 고려 때 여진정벌을 위해 설치된 임시 군사조직. 12세기초 생여진 중 완옌부(完顔部)의 세력이 커지면서 1104년(숙종 9)에 양국간에는 무력충돌이 일어나게 되었다. 그러나 보병을 기간으로 하는데다가 그 조직마저 약화되어 있었던 고려군은 강력한 기병으로 조직된 여진족에게 번번이 패했다. 이에 여진정벌에 나섰다가 패하고 돌아온 윤관尹瓘의 건의에 따라 별무반이 설치되었다. 별무반은 기병인 신기군神騎軍, 보병인 신보군神步軍, 승병으로 조직된 항마군降魔軍 및 도탕跳盪·경궁梗弓·정노精弩·발화發火 등의 특수병을 포함하는 특별부대로서, 여기에는 양반과 이서吏胥·백정농민뿐 아니라 승려와 상고商賈·노예까지도 동원된 거국적인 조직이었다. 이러한 군사조직을

바탕으로 예종 때는 대규모의 여진정벌 작전이 추진되어, 윤관을 원수로 하는 고려군은 여진족을 소탕하고 9성을 쌓게 되었다. 별무반은 여진정벌이 끝난 후 해체된 것으로 보인다.

9성 九城 1108년(예종 3)에 윤관이 별무반을 이끌고 여진족을 정벌한 후 쌓은 9개의 성. 1107년(예종 2) 12월 윤관을 원수元帥로 하는 고려의 17만 대군은 여진족을 소탕하고 다음해까지 이 지역에 9성을 쌓았는데, 웅주雄州·영주英州·복주福州·길주吉州·함주咸州·공험진公嶮鎭·숭녕진崇寧鎭·진양진眞陽鎭·통태진通泰鎭 등이 그것이다. 9성의 위치에 대해서는 많은 이견이 제시되고 있는데, 특히 위치설정에 중요한 열쇠를 쥐고 있는 것이 공험진이다. 일제하에서 일인 학자들은 이를 함흥평야 일대로 비정했으나, 공험진의 위치를 두만강北豆滿江北으로 잡아 그 이남으로부터 정평定平까지의 함경도 일대에 걸쳐 있었다는 설이 조선초기의 일반적인 인식이었으며, 최근에 이르러 이 주장을 수용하려는 의견이 나와 주목을 끌고 있다. 이후 근거지를 잃은 여진족이 완옌부(完顔部)를 중심으로 해 조직적인 무력항쟁을 펴 전세가 고려 쪽에 차츰 불리해졌다. 이에 윤관 등이 다시 출정했으나 고전을 면치 못하는 가운데 여진 쪽에서 9성의 환부를 애걸해오자 조정에서는 수차에 걸쳐 논의한 끝에, 9성간의 거리가 너무 멀 뿐 아니라 골짜기가 거칠고 깊어 지키기가 어려우며 군사징발로 백성들의 원망이 일어난다는 등의 이유로 1109년 환부를 결정하고 곧 철수했다.

2. 고려전기의 사회와 경제

고려의 신분제도 고려의 사회체제는 나말여초의 사회변동 속에서 골품제를 기반으로 한 신라의 지배체제가 붕괴된 위에 새로운 지배질서가 요구되는 가운데 성립되었다. 즉 신라 하대 골품제에 반대한 민의항쟁의 성과물이라고 할 수 있으며, 따라서 이전의 사회보다 더욱 개방적인 사회체제가 이루어질 수 있었던 것이다. 한편 개국공신이나 호족으로 중앙관료화한 부류들이 문벌을 이루며 특권적 지배신분층으로 자리잡게 되면서 지배체제를 강화하기 위한 엄격한 신분제도가 성립되었다. 고려의 신분제도는 나말여초의 다양한 계층들을 어떻게 국가의 지배질서 안에 편제할 것인가의 문제에 지배층의 요구가 반영되면서 이루어졌다고 할 수 있다. 고려의 사회신분은 상급 지배신분층을 구성한 양반·귀족과 하급 지배신분으로서 중간계층이라고 할 수 있는 향리·서리·남반·군인 등이 지배층을 형성하고, 백정농민·상인·공장工匠과 향·부곡·소민, 그리고 노비나 화척·재인 등의 천민이 피지배신분층을 이루고 있었다. 양반·귀족은 중앙의 고위관직을 독차지하며 전시과의 과전 및 공음전시를 지급받아 경제적 혜택을 누리고 있었던 특권계급이었다. 중간계층은 나말여초의 군소호족群小豪族과 연결되거나 공동체에서 부유한 계층에 속한 사람들로서, 국가에서는 이들을 정호丁戶로 편제하여 향역이나 군역을 부담시키며 외역전·군인전 등의 토지를 지급했다. 한편 고려왕조는 민民들을 공동체 단위로 파악하여 수취체계에 편입시켰는데, 일반 주·군·현에 편입된 공동체의 구성원들은 백정농민으로 농업에 종사하면서 일정한 조세租稅·공부貢賦·역역力役을 부과했으나, 반왕조적 집단 등은 향·부곡 등으로 편제하여 부가적으로 특정 역을 부과하여 이곳 주민들은 신분적으로는 양인이지만 천시되는 경향이 있었다. 이러한 공동체 구성원들은 적籍에 올려져 국가에서 부과하는 의무를 이행하고 있었으나, 여진의 포로나 귀화인 등 떠돌아다니면서 천업에 종사하던 무리라든가 노비와 같이 국가나 개인의 소유물로 되어 국가에서 역을 부과하지 않는 계층은 천인이라 하여 일반 양인과 구분했다. 이러한 고려의 신분제도는 중기 이후 전시과 체제가 무너지면서 동요되다가 무신정변을 계기로 붕괴되었다.

양반 兩班 고려·조선 시대의 지배신분층. 양반이란 말은 원래 국왕이 조회를 받을 때 북좌남면北座南面한 왕에 대해 동쪽에 서는 반열을 동반東班(문반), 서쪽에 서는 반열을 서반西班(무반)이라고 한 데서 비롯된다. 따라서 처음에는 관제상의 문반과 무반을 지칭하는 개념으로 사용되었는데, 이러한 의미의 양반개념은 기록상으로 976년(경종 1)의 전시과에 보이고 있어 이것의 기준이 된 고려초의 관계에 이미 문·무반의 양반개념이 사용되었음을 알 수 있다. 이 말은 양반체제의 정비와 더불어 점차 관료뿐 아니라 그 가족과 가문까지도 포함하는 지배신분층을 뜻하는 용어로 전용되게 되었는데, 고려에서 양반을 중심으로 하는 지배신분층이 형성되는 것은 양반관료체제가 자리를 잡아간 성종조라고 할 수 있다. 이때 지배층의 주류를 이룬 계층은 지방호족으로 중앙관료화의 길을 걸은 부류와 구신라 귀족계, 그리고 개국공신계의 사람들로 보인다. 그러나 고려의 양반체제는 지나치게 문반 위주로 치우쳐 있었다. 고려에서는 문산계 외에 무산계가 성립되어 있었으나 문·무반은 모두 문산계를 받고 무산계는 향리나 여진의 추장 등에게 주어지는 등 문·무산계가 불균형하게 활용되었으며, 문반의 지위가 무반보다 높았던 것이다. 이와 같이 불균형한 고려의 문·무 양반체제는 1390년(공양왕 2)에 무과가 설치되고 1392년(조선 태조 1)에 문·무산계가 제정·실

시됨으로써 조선초기에는 명실상부한 문무 양반체제로 갖추어지게 되었다.

귀족 貴族 신분제 사회에서 정치·경제·사회적인 특권이 주어진 지배신분층. 고려의 지배층은 특권적 신분층에서 출생하여 그 지위를 자손에게 세습시키고, 정치적 특권과 경제적 혜택 및 사회적 위세까지도 세습적으로 향유하면서 자기네들끼리 하나의 통혼권通婚圈을 형성하고 있었던 귀족이었다. 이러한 성격을 지닌 귀족층이 대부분의 국가요직을 차지하고 정책의 결정이나 가치의 배분을 자기네 중심으로 운영해 갔다는 점에서 고려사회는 귀족제 사회라고 일컬어진다. 고려에서 문·무 양반은 세습적으로 지배신분층을 이루고 있었으나, 그중 가문이 좋은 일부층만이 귀족으로서 대대로 관직을 세습하고 왕실의 외척이 되거나 상호간의 연인관계連姻關係 등을 통해 문벌을 형성, 정치·경제적 실권을 장악하여 국가운영의 중추적 역할을 담당했다. 이러한 특성은 특히 5품 이상 관에 잘 나타나 있다. 고려의 5품 이상 관료층은 음서제蔭敍制를 통해 자손에게 관직을 세습시켰으며, 공음전시功蔭田柴를 지급받아 자손에게 세습하며 대대로 경제적인 특전을 보장받았던 것이다. 고려전기 대표적인 귀족가문은 경원이씨慶源李氏(仁州李氏)·경주김씨·강릉김씨·해주최씨·파평윤씨 등을 들 수 있다.

서리 胥吏 고려·조선시대 중앙과 지방의 각 관아에서 근무하던 하급관리층. 이서吏胥·아전衙前 등으로 불리기도 했다. 이들은 근무지에 따라 경아전京衙前과 외아전外衙前으로 구분되는데, 일반적으로 서리는 서울의 경아전을 지칭하고 지방의 외아전은 향리로 통칭되었다. 이들은 「역필지임力筆之任」이라 하여 중앙의 각사各司에서 기록이나 문서, 장부의 관장 등 행정의 말단을 맡아 실

무에 종사한 사람들이다. 이들이 담당하는 이직은 크게 주사主事・녹사錄事・영사令史 등 입사직入仕職과 장고掌固 등의 미입사직未仕職으로 나뉘는데, 여기에는 세습적으로 이역吏役을 잇는 이족이 취임해 각기 일을 보았다. 그들 가운데는 잡역에 종사하는 말단 이속인 문복門僕・주선注膳・전리電吏 등 잡류도 있어서 미입사직에서 출발하여 입사직으로 승진했지만 그 이상의 진출은 불가능한, 이족으로 묶여 있는 신분층이었다. 이들과는 달리 상급서리에게는 과거 등을 통해 양반으로 진출할 수 있는 길이 열려 있었다. 이런 점은 귀족양반의 자제들이 음서제를 이용해 일단은 이직을 받았다가 품관으로 상승하는 과정을 밟고 있는 데서도 잘 드러난다. 또한 품관과 같이 과전과 녹봉을 지급받고 있어, 관료로의 긴출이 익세되고 경제적 보수가 지급되지 않았던 조선의 서리와는 다른 특성을 보이고 있다.

남반 南班 고려 시대 궁중의 숙직, 왕의 시종・호종, 왕명의 전달 등의 사무를 맡아보던 내료직內僚職. 이 제도는 중국에 기원을 둔 것으로, 문무양반이 동서로 반열班列한 데 대해 근시들이 남쪽에 횡으로 반열했으므로 남반 또는 횡반橫班이라 한 것에서 비롯된다. 우리나라에서의 기원은 확실하지 않으나 중국식 과거제도가 채용된 광종 때나 고려의 관제가 일단 정비된 성종 때로 추정되고 있다. 초기의 남반직은 4품직인 선휘사宣徽使를 상한직上限職으로 삼았으나, 문종 때의 개혁 이후에는 7품직인 내전숭반內殿崇班을 남반직의 최고위로 삼고 있어 왕권 및 중앙집권체제가 강화됨에 따라 그들의 지위가 낮아졌음을 볼 수 있다. 이들의 직위는 대부분 품관으로 되어 있었지만 신분상으로 양반에 견줄 수 있는 위치는 아니었다. 이것은 태조의 후예로 한미한 자와 양반

의 수양자收養子 중 양천良賤이 불분명한 자 및 잡로雜路의 외손外孫 등이 취임하는 사로仕路로 중간계층과 연결되어 있었다. 이들은 같은 이직吏職이면서도 궁중의 이직이었으므로 격이 높아 잡로인雜路人보다 신분이 높았으나 후기로 갈수록 잡류雜流・잡로로 취급되고 또 말기에는 환자宦者가 이직을 맡아보게 되었기 때문에 더욱 천시되는 경향이 있었다.

백성 百姓 고려 때의 신분계층 가운데 하나. 보통 일반국민・인민 등으로 해석되지만 고려・조선초에는 특정한 신분계층을 가리키는 말로 사용되었다. 이는 당시 기록에는 「인리백성人吏百姓」・「향리백성鄕吏百姓」・「기인백성其人百姓」 등으로 직역을 담당하는 인리・향리・기인 등과 연기連記되어 사용된 예가 흔히 나타나는데, 이 경우에 일반백성・인민으로 해석한다면 위의 용어들이 제대로 풀이되지 않기 때문이다. 이 백성의 구체적인 의미에 대해서는 다양한 견해가 제기되었으나 대체적으로 촌락의 촌장村長・촌정村正 등을 가리키는 것으로 보는 견해가 일반적이다. 백성은 군현의 지배계층인 향리 등과 구별된 촌락의 지배자로서, 이들은 촌락 내에서 상당한 권위를 가지고 있음에도 불구하고 촌락 자체가 지방제도로서 국가권력과 직결되지 못했기 때문에 인리 등과 구별되어 신분적으로는 일반국민・인민과 차이가 없었다는 것이다. 이러한 백성은 백성성百姓姓이라는 특정 성씨를 가지고 있으면서 인리성人吏姓 집단과는 구별되고 일반백정농민과도 구별되는 특정신분층으로 이해하기도 한다. 한편 백성을 성씨집단의 문제로서 파악해, 인리성과 백성성은 그 족단의 연원은 구별되나 함께 읍사邑司의 지배기구에 참여하는 등 신분적으로는 구별될 수 없다고 보는 견해도 제기되었다. 이러

한 견해들을 종합해보면 백성과 인리의 관계나 그 신분적 위치 등에 대해서는 차이를 보이나, 대체로 일반농민과 구별되는 의미로서 촌장·촌정 등의 재지 유력계층을 가리키는 것으로 보는 점은 공통된다고 하겠다. 이에 대해 백성이라는 것은 나말여초 사회변동기에 공동체 내의 계층적 결집을 목표로 한 공동체 재편과정에서 부각된 의식으로서 중앙지배층과 대비되는 포괄적인 계층을 가리키며, 여기에는 「장리백성」·「기인백성」·「서인백성庶人百姓」 등의 다양한 계층이 포함된다고 보는 견해도 있다.

백정 白丁 고려 때 특정한 직역을 부담하지 않고 주로 농업에 종사하던 농민층. 백정이라는 명칭은 중국의 남북조와 수나라에서는 무관자無官者인 평민, 즉 백성을 일컫던 말이다. 백정의 「백白」은 「없다」 또는 「아니다」라는 의미를 지닌 말이고, 「정丁」은 「정호丁戶」 또는 「정인丁人」이라는 뜻이므로, 백정은 정호가 아닌 사람을 가리킨다. 고려 때의 정호는 16세에서 59세까지의 민정民丁 중에서 국가에 직역을 지고 있던 사람을 말한다. 즉 군인·향리·기인 등으로 이들은 직역에 대한 반대급부로 국가로부터 군인전·외역전 등을 지급받았다. 정호가 아닌 백정은 이러한 직역을 가지고 있지 않은 신분층으로 이들은 국가로부터 토지도 지급받지 못했다. 그러나 토지지급이란 수조권을 분급해준 것이므로 백정이 국가로부터 토지를 지급받지 못했다고 하는 것은 그들 소유토지에 면세혜택을 받지 못했다는 것이지 토지를 소유하지 못했다는 것은 아니다. 고려의 백정은 조상으로부터 전래받은 자기 토지를 소유하기도 했으며, 토지를 소유하지 못한 백정들은 남의 토지를 빌려 전호로서 경작하기도 하는 농민이었다. 이들은 또한 조세·공납뿐 아니라 국가의 각종 잡역에

도 동원되었으며, 유사시에는 한인閑人·학생學生 등과 함께 군역에 동원되기도 했다. 군인에 결원이 생겼을 경우 보충하는 제도를 선군選軍이라 했는데, 그 주대상의 하나가 백정이었던 것이다.

정호 丁戶 고려 때 국가에 대해 일정한 직역을 부담한 신분계층. 정호는 국가에 대해 향역·군역 등의 일정한 직역을 부담하는 계층으로서, 전시과 체제 내에서 외역전外役田·군인전軍人田 등의 토지지급을 받았다. 이들은 지배계층의 하한을 이루고 있던 중간계층이었으며, 일정한 직역과 토지지급이 없이 국가에 대해 조세 등의 부담을 지는 피지배층인 백정白丁과는 구별된다. 주로 공동체 내에서 경제적으로 부강한 계층이 정호에 편제되었으며, 이들이 처벌을 받을 때는 상호常戶, 즉 백정으로 강등되기도 했다. 또한 그가 속한 공동체가 국가질서 속에서 차지하는 격에 따라서, 즉 주군현에 편적編籍된 것과 향·부곡·소 등 부곡제로 통칭되는 지역에 편제된 것 사이에는 계층적인 차이가 있었다.

노비 奴婢 우리나라 전근대사회에서의 최하층 신분. 통속적으로는 「종」이라 불렸는데, 노奴는 사내종, 비婢는 계집종을 뜻한다. 원시공동체사회가 해체되고 계급사회로 들어오면서 노비제가 발생해, 고조선의 8조법이나 부여의 법률에서도 노비제의 존재가 확인된다. 이후 철기문화 전래로 생산력이 증대되고 정복전쟁이 계속됨에 따라 노비의 수는 더욱 증가되었다. 노비의 존재는 삼국이나 통일신라에서도 확인되나, 그 실체를 어느 정도 이해할 수 있는 것은 고려 때부터이다. 노비는 크게 국가에 속하는 공노비公奴婢(官奴婢·公賤)와 개인에 속하는 사노비私奴婢(私賤)로 구분되었는데, 공노비는 전쟁포로에서 얻어지는 경우도 있지만 대부분 반역자나 전쟁중에 적에게 투항했거나 이적행위

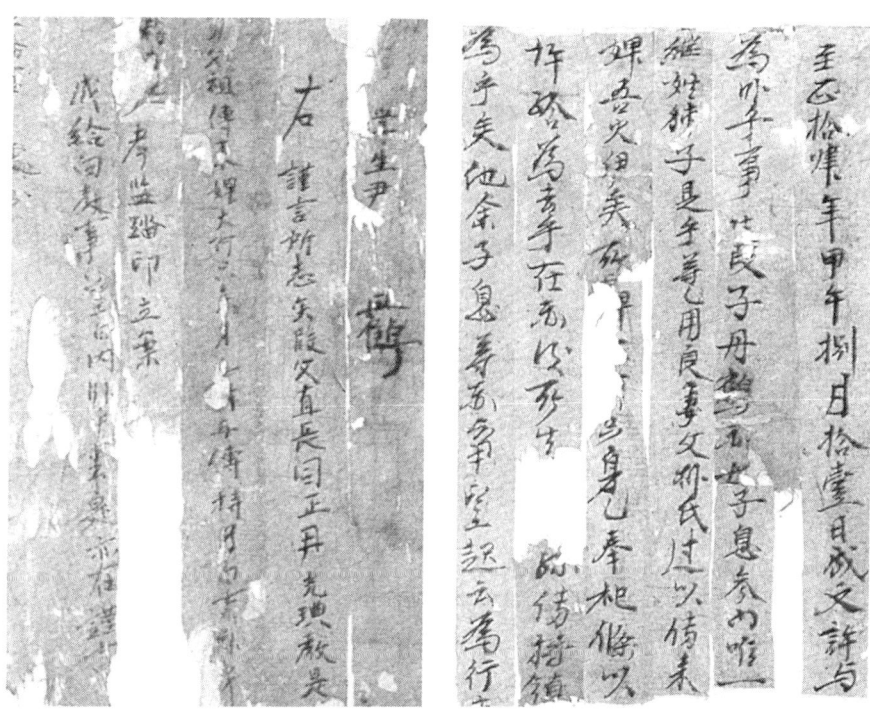

△지정십사년 노비문서. 노비를 상속해주는 문서로 이두문으로 되어 있다.

를 한 자와 그 가족들 그리고 그들이 소유하고 있던 사노비가 몰수됨으로써 이루어졌다. 공노비는 다시 특정 관아에서 잡역에 종사하는 공역노비와 주로 농경활동에 종사하는 외거노비 또는 농경노비로 구분된다. 공역노비는 국가로부터 일정한 급료를 받아 생활했으므로 독자적인 재산을 소유할 수 있었고 비교적 자유스러운 결혼 및 가정생활을 유지할 수 있었다. 또한 그들은 60세가 되면 역이 면제되었으므로 사노비에 비해 부담이 가벼운 편이었다. 외거노비는 주로 국유지를 경작하여 그 수확의 일부를 조租로 납부하고 소정의 공역을 부담했다. 공노비의 대부분을 차지한 것은 외거노비였는데, 고려후기로 가면서 공역노비도 점차 외거노비화하는 경

향이 나타났다. 한편 사노비는 그 소유주의 주요한 재산으로 취급되어 매매·상속·증여의 대상이 되었다. 이들은 주인의 호적에 부적되어 파악되고 있었으며 성은 없고 이름만 있었다. 이들은 혼인에 있어서도 신분의 제한을 받아 원칙상 같은 노비 사이에 결혼하는 동색혼同色婚만이 인정되며 양천교혼良賤交婚인 경우「일천즉천一賤則賤」의 원칙에 따라 모두 천인이 되었다. 그리고 그들의 소유권은 1039년(정종 5)에 제정된 천자수모법賤者隨母法에 의거해 어머니쪽 소유주에게 귀속했다. 사노비는 보통 소유주와 같은 집에 거처하면서 잡역에 종사한 솔거노비率居奴婢와 주인과 떨어져 외지에 거주하면서 주로 농경에 종사한 외거노비로 구분되는데, 외거노

비는 독자적인 재산을 가지고 가정도 온존시켜갈 수 있었다는 점에서 솔거노비보다 유리한 위치에 있었으며 이들의 경제적 처지는 양인전호와 비슷했다. 특히 고려후기에는 외거노비의 수가 크게 증가했을 뿐 아니라 그들의 사회적 지위도 점차 향상되었는데, 이 시기에 양인농민들이 유력자에게 투탁投託하여 스스로 노비가 되는 현상이 나타나게 된 것도 이러한 사실과 관련이 있다.

화척 禾尺 후삼국으로부터 고려에 걸쳐 떠돌아다니면서 천업賤業에 종사하던 무리. 일명 양수척楊水尺·수척水尺·무자리라고도 한다. 일반적으로 여진의 포로 또는 귀화인의 후예들이라고 알려져 있는데, 고려 태조가 후백제를 정벌할 때 제어하기 어려웠던 유종遺種의 후예라는 견해도 있다. 주로 변경지대에 살면서 관적貫籍과 부역이 없이 수초水草를 따라 떠돌아다니면서 사냥과 유기柳器(고리)를 만들어 파는 것을 업으로 삼았다. 이들에 대한 호칭은 1423년(조선 세종 5) 병조의 제의에 따라 백정白丁으로 바꾸어 천민이라는 인식을 불식시키고자 했으나 법제상의 규정과 관계없이 계속 천민으로 인식되었다.

재인 才人 고려·조선 때 천한 직업에 종사하던 무리의 하나. 일명 재백정才白丁이라고도 한다. 유목민족인 타타르(韃靼)의 후예로 고려말의 정치적 혼란기에 우리나라로 들어온 것으로 보기도 하고, 나말여초 혼란기에 유입되었던 양수척의 일부가 고려후기에 재인으로 변모했다는 견해도 있다. 고려 이래 이들은 국가에 신공을 바쳐왔는데, 1414년(조선 태종 14)의 경우 저화楮貨 50장을 내자시內資寺에 납공하도록 되어 있었다. 이들의 주된 생활수단은 화척과 마찬가지로 유기柳器·피물皮物의 제조와 도살·수렵·육류판매 등이었으며, 때로는 가무를 통하여 생활하기도 했는

데, 조선중기 이후에는 주로 창극 등의 기예에 종사했던 것으로 보인다. 이들은 자기들끼리의 집단생활과 혼인을 하며 여러 지역을 돌며 유랑생활을 했는데, 이러한 과정에서 걸식·강도·방화·살인 등을 자행하게 되었고, 고려말에는 왜구를 가장하여 민가를 약탈하기도 했다. 조선조에는 이들에게 토지를 지급하여 농업을 생업으로 삼도록 하고 신공을 면제시키는 한편 이들의 장적을 만들어 파악하게 했으며, 1423년(조선 세종 5)에는 이들이 천민이라는 인식을 불식시키기 위해 화척과 더불어 백정白丁으로 개칭하기도 했다. 그러나 그 이후에도 이들은 여전히 재인 또는 재백정 등으로 불렸으며, 법제상으로는 양인이었으나 여전히 천민으로 인식되었다. 한편 이들은 유목민 출신으로 말타기와 활쏘기에 능했으므로 여말선초에 각종 외적의 방어와 내란의 평정에 동원되어 큰 공을 세우기도 했으며, 이를 계기로 이들의 무예가 인정받으면서 세종 때 이후에는 취재取才를 통해 갑사甲士·별패別牌·시위패侍衛牌 등의 군인으로 편입되기도 했다.

연등회 燃燈會 불교적 성격을 띤 국가적 행사의 하나. 551년(진흥왕 12)에 팔관회八關會의 개설과 함께 국가적인 행사로 열리게 되었고 특히 고려 때 성행했다. 불교의례의 하나로서 불전에 등을 밝히는 등공양燈供養을 통해 자신의 마음을 밝고 맑고 바르게 하여 불덕佛德을 찬양하고 대자대비한 부처에게 귀의하려는 의미를 지니고 있다. 등을 밝히는 것이 곧 연등이고 연등을 보면서 마음을 밝히는 것을 간등看燈 또는 관등觀燈이라고 한다. 〈삼국사기〉신라본기에는 관등행사가 매년 정월 15일에 있었다고 하는데, 이는 예로부터 전해온 풍년기원제의 성격을 띤 행사가 연등과 결합되어 국가적인 행사로 거행된 것이

다. 고려시대에는 태조의 〈훈요십조訓要十條〉에 의거해 연등회가 거국적인 행사로서 성대하게 시행되었다. 고려초기에는 정월 15일에 연등이 있었는데, 이것이 987년(성종 6) 10월에 중단되었다가 현종 때 2월 15일로 복설해서 그뒤 고려 멸망 때까지 열렸다. 이외에도 고려에는 사월 초파일의 연등이 있었다. 이날은 석가탄생일로서 이 연등은 인도를 비롯하여 널리 행해졌다. 이에 대한 최초의 기록은 의종 때 나타나는데, 이후 궁중에서 이것이 행해지고 공민왕 이후에는 일반 서민층에까지 이르게 되었다. 조선시대에는 1414년부터 정월 연등을 대신하여 수륙재水陸齋를 2월과 10월에 열었는데, 이는 물과 육지에 사는 수많은 영靈을 공양하는 의식이다. 연등 팔관회가 수륙재라는 행사로 변화된 데 반해 초파일 연등은 많은 기복을 겪으면서도 꾸준하게 전승되어 오늘에까지 전해지고 있다.

팔관회 八關會 고려 때 불교적 성격과 토속적 신앙이 융합된 호국행사. 팔관회가 처음 시작된 것은 551년(신라 진흥왕 12)으로 보이며, 고려에서는 태조의 〈훈요십조〉에서도 그 중요성이 지적되어 연등회와 함께 국가의 2대 의식의 하나가 되었다. 팔관회는 개경과 서경에서만 각각 11월 15일(仲冬)과 10월 15일(孟冬)에 행해졌는데, 987년(성종 6) 최승로의 건의에 따라 연등회와 함께 폐지되었다가 1010년(현종 1) 다시 부활될 때까지의 기간을 제외하면 고려 전시기에 걸쳐 거의 매년 거행되었다. 원래 팔관회는 불가佛家에서 속인들이 만하루 동안 불살생不殺生·불투도不偸盜·불음주不飮酒 등의 8계를 지키는 불교행사의 하나였다. 그러나 고려에서는 이미 태조 때 〈훈요십조〉에서 「천령天靈 및 오악五嶽·명산名山·대천大川·용신龍神을 섬기는 대회」라고 했듯이 토속신에 대한 제례를 행하는 날로 그 성격이 바뀌었으며, 이러한 재회齋會를 통해 호국의 뜻을 새기고 복을 비는 한편 잔치를 베풀고 즐겼다. 팔관회 예식은 소회일小會日과 대회일大會日이 있어 입대회 전날인 소회에는 왕이 국가 진호鎭護를 위해 건립한 법왕사法王寺에 가서 예불했으며, 이어 궁궐에 찬란히 불을 밝힌 가운데 술과 다과의 자리를 마련하고 음악과 춤을 베풀어 군신이 다같이 즐기면서 제신諸神께 나라의 태평과 왕실의 안태를 기원했다. 이때에는 지방의 장관들이 글을 올려 하례했고, 또 송나라 상인이나 여진 및 탐라耽羅의 사절이 와서 각기 축하선물을 왕께 바치고 크게 무역을 행해 국제적 행사가 되었다.

의창 義倉 평시에 곡식을 저장해두었다가 흉년이 들었을 때 굶주린 사람을 구호하거나 가난한 사람에게 대여해주고 가을에 갚도록 한 제도. 고구려의 진대법賑貸法에서 비롯되었다. 고려초 태조 때 흑창黑倉을 설치하여 가난한 사람에게 꾸어주는 법을 만들었는데, 986년(성종 5)에 이름을 의창으로 바꾸고 지방 주군에까지 이를 설치해 시행토록 했다. 이 해에 모든 토지에 그 토지종류와 면적에 따라 의창미義倉米를 내도록 제도화했는데, 1과 공전은 결당 조租 3두斗, 2과 공전 및 궁원전·사원전·양반전은 결당 조 2두, 그리고 3과 공전과 군인호정軍人戶丁·기인호정基人戶丁은 결당 조 1두씩 부담토록 했다. 이 제도는 무신집권기와 몽고침입 이후 폐지되었다가 1389년(창왕 1)에 양광도에 이를 설치하고 1391년(공양왕 3)에는 개경의 5부部에도 설치해 조선에 계승된다. 봉건사회의 지배체제를 유지하기 위해서는 농민생활의 안정이 중요한 과제였다. 따라서 국가에서는 이러한 의창제도 등을 마련해 농민생활의 안정을 꾀하고자 했으나 실제로는 농민을 대상으로 한 고리대로 전환되기 일쑤였다.

상평창 常平倉 고려·조선 때의 물가 조절기관. 풍년에 곡가가 떨어지면 시가보다 비싼값으로 사들여 저축했다가 흉년이 들어 곡가가 오르면 시가보다 싼값으로 내다팔아 가격을 조절함으로써 백성의 생활을 안정시키기 위해 마련한 제도이다. 우리나라에서 이 제도가 처음 마련된 것은 993년(고려 성종 12)으로 양경兩京(개경과 서경)과 12목에 설치했다. 이때 쌀 6만 4천 석을 기금으로 마련해 5천 석은 개경의 경시서京市署에 주어 운영하게 하고 대부시大府寺와 사헌대(어사대)로 하여금 감독케 했으며, 나머지 5만 9천 석은 서경과 주군의 창고 15곳에 분속시켜 서경은 분사 사헌대分司司憲臺가, 주군은 계수관의 관원이 관리하도록 했다. 그러나 이후 점차 유명무실해져 1371년(공민왕 20)에 다시 설치하라는 조처가 취해졌지만 제대로 시행되지 않고, 조선조에 가서 다시 설치되었다.

대비원 大悲院 고려 시대의 구호기관. 개경에는 동쪽과 서쪽에 각각 하나씩 있어 동서대비원이라 했으며 서경에도 분사分司 1원院이 있었다. 이는 불교의 복전사상福田思想과 자비사상에 의해 현약賢藥과 식량을 갖추어놓고 병자를 치료하거나 기아로 고통받는 이들에게 의복과 식량을 나누어주던 곳이었다. 설립연대는 미상이나 1036년(정종 2)에 동대비원에 대한 기사가 나타나는 것으로 보아 그 이전에 설치된 것임을 알 수 있으며, 이곳에는 사使·부사副使·녹사錄使 등의 관원이 정식으로 임명, 배치되었다. 이 기관은 고려말까지 존속되었으며 조선초기에도 설치되었다가 1414년(태종 14)에 활인원活人院, 1466년(세조 12)에는 활인서活人署로 개칭되었다.

혜민국 惠民局 고려 시대 백성들의 의료를 맡아 시약施藥을 행하던 의료기관. 1112년(예종 7)에 설치되었고, 충선왕 때 사의서司醫署의 관할로 했으며, 1391년(공양왕 3) 혜민전약국惠民典藥局으로 개칭했다. 여기에는 판관判官 4인을 두었는데, 본업本業(의관醫官)과 산직을 교대로 보내어 일을 담당케 했다.

전시과 田柴科 고려전기의 기본적 토지제도. 협의로는 문무관료 및 직역부담자에게 그들의 지위에 따라 전지田地와 시지柴地를 차등으로 나누어주는 토지제도를 말하며, 광의로는 이 토지제도를 기축으로 구성된 토지지배관계의 광범한 체계를 의미하는데, 후자는 전시과 체제라고도 한다. 전시과 체제하에서는 공동체적 자립 소농민의 자가경영주의를 경제구조의 기반으로 삼고 이것을 중심으로 민民에 대한 수탈이 강행되었는데, 전시과는 바로 다양한 형태의 수탈을 실현시키기 위한 토대로서의 구실을 했다.

〈전시과의 정비〉 고려 시대 때 처음으로 제정된 토지제도는 940년(태조 23)에 설정된 역분전인데, 이는 후삼국통일에 공로가 컸던 사람들에 대한 논공행상적인 토지분급이었다. 전시과라는 토지분급제도는 976년(경종 1)에 와서 비로소 제정되었는데(始定田柴科), 이는 이후 정치·경제적 조건의 변화에 조응하여 여러 차례 개정되었다. 특히 998년(목종 1)에 크게 바뀌었으며(改正田柴科), 1076년(문종 30)에 최종적으로 정비되었다(更定田柴科). 시정전시과에서는 분급기준으로 관품 외에 인품까지도 고려하는데, 이는 신구세력이 타협하여 정국의 안정을 모색하던 경종초기의 특수한 상황에서 당시의 지배계층 전체를 분급대상으로 흡수해야 했던 불가피한 선택의 결과였다. 그러나 개정전시과에서는 오직 관직의 고하에 따라 18과科로 구분하여 토지를 지급했다. 이와 같이 분급기준이 관직으로 단일화될 수 있었던 것은 성종 때 관료체계가 크게 확립되어 관인체계 내부에 이미 계층제가 수립되어 있었음을 반영해주는 것이다. 또한 산관散官은 현직보다 몇 과를 낮추어 급여토록 하여 실직實職을 중심으로 토지를 지급한 것을 볼 수 있으며, 문관이 같은 품계의 무관에 비해 더 많은 토지를 받아 문신귀족사회의 면모를 나타낸다. 한편 문종 때에 이루어진 경정전시과는 18과로 나누어 전시를 지급한 것은 전과 다름없으나, 각 과의 토지액수가 감소되고 산관은 아예 지급대상에서 제외되어 실직만 해당되었으며, 문관과 무관의 차별대우가 시정되었다. 전시과는 분급대상과 그 성격에 따라 크게 일반전시·공음전시功蔭田柴·공해전시公廨田柴로 구분할 수 있다. 이중 직역을 부담하는 데 대한 대가로 분급된 일반선시는 다시 문·무양반 및 군한인전시軍閑人田柴·무산계전시武散階田柴·별사전시別賜田柴로 나누어 규정되었다. 이 가운데 전시과를 대표한다고 할 수 있는 것은 문무양반 및 군한인전시이다.
〈전시과의 성격〉 전시과는 직역에 대한 반대급부로서 관리들에게 수조권을 준 것이며, 문종 때에 이르면 현직기간에만 수여하고 그 관직을 그만두면 국가에 반납하게 했다. 전시과로서 지급된 전지는 양반전의 경우「전군佃軍」에 의해 경작되었으며, 군인전의 경우에는 그 전호佃戶를 정하는 데에 주현관이 관여했다는 것으로 보아 국가의 공적 지배가 강했다고 할 수 있다. 전시과의 토지가 어떠한 성격의 토지였으며 그 수조율이 어떻게 적용되었는지에 대해서는 다양한 견해가 제기되고 있다. 종래 양반전은 나말여초 호족들이 소작제 경영으로 지배하던 전장田莊 위에 설정되어 그 토지가 일단 국가에 의해 회수되었다가 과거의 경영형태를 그대로 보존한 채 양반전의 명목으로 다시 관리들에게 분급된 것이라고 한다. 그 수조율은 일반 민전의 경우 공전조公田租인 1/4조율이 적용되는 데 반해 사전조私田租 1/2조율이 적용되었다는 견해가 있었으나, 이후 전시과의 과전科田도 과전법에서와 마찬가지로 일반농민의 민전 위에 설정되었으며 그 수조율은 민전조民田租 1/10조율이 적용되었다는 견해가 지배적이다. 최근에는 부곡민을 전시과의 전지를 경작하는 전호로 비정하고 그 수조율은 일반 민전에서 1/10조율이 적용된 것과는 달리 1/4조율이 적용되었을 것으로 보는 견해가 제기되기도 했다.

역분전 役分田 고려초에 시행되었던 토지분급제도. 940년(태조 23) 후삼국을 통일한 지 5년째 되는 해에 처음으로 시행한 토지정책이다. 이는 후삼국 통일전쟁 때에 공로를 세운 소신朝臣·군사軍士를 대상으로 한 것으로 그 기준은 관계官階에 두지 않고 그들의 성행性行의 선악과 공로의 대소를 보아 차등을 두었다고 한다. 따라서 이것은 토지제도 전반에 걸친 어떤 법제적 개편이었다기보다는 오히려 논공행상의 표창적인 의도에서 시행한 토지분급제도였다고 이해된다. 그러나 이로써 고려 신왕조의 지배적 신분이 일원적으로 결성되는 제일보를 이루었을 뿐더러 뒤에 설정되는 문무관료들의 급전제도인 전시과 제도의 선구가 되었다는 점에서 큰 의의를 찾을 수 있다.

수조권 收租權 전근대사회에서의 토지에 대한 조세 징수권. 우리나라 중세의 토지제도는 토지의 사적 소유권을 바탕으로 소토지를 소유한 농민층의 자영농제와 대토지를 소유한 지배층의 지주전호제地主佃戶制가 전개되고, 그 위에 수조권 분급을 중심으로 수조권자와 농민 사이에 성립된 전주전객제田主佃客制가 성립되어 있었던 것이 중요한 특징이다. 전시과나 과전법에서의 과전분급 등은 관료에게 그 토지의 소유권을 지급한 것이 아니라 수조권을 준 것으로 이해되고 있는데, 이때 과전주科田主는 그 토지의 수조권자로서 전주田主가 되고 그 토지의 소유자인 농민은 전객佃客으로 표현되었다. 이와 같은 국가에 의한 수조권 분급에 대해 초기 연구자들은 토지국유론의 중요한 근거로 삼았다. 즉 우리나라 중세사회에서 모든 토지의 소유권은 궁극적으로는 국가에 귀속되며 다만 관료에게는 수조권이 부여되었으며 농민에게는 사용수익권으로서의 경작권이 주어졌다고 하는 것이다. 모든 토지는 왕의 토지라는 왕토사상王土思想은 현실적인 토지소유관계가 관념에 투영된 결과로 이해했다. 그러나 우리나라에서는 상당히 이른 시기에 사적 토지소유가 성립되어 있었다는 점에서 토지사유론은 이를 비판했다. 그러나 전근대사회에서의 소유권은 그 권리에 많은 제약을 받고 있었다. 일반농민의 민전이 과전으로 설정되었을 때 그 소유주(전객)인 농민뿐 아니라 수조권자(전주)에게도 그 토지에 대한 상당한 권리가 부여된 것으로 여겨지기 때문이다. 이러한 문제가 해결되기 위해서는 과전에서의 수조율과 전주와 전객과의 관계가 구체적으로 해명될 것이 요구된다. 한편 이러한 수조권 분급은 실제로는 면조권免租權 지급, 즉 관료들의 개인소유지 가운데 규정된 액수만큼의 조세를 면제해준 것을 의미한다는 견해도 있다.

민전 民田 백성들이 조상 대대로 경작해온 사유지. 전시과의 토지가 국가의 관직에 복무하는 관료나 직역을 부담하는 정호丁戶를 대상으로 지급한 수조지收租地인 데 반해 고려시대에는 이와 계

통을 달리하는 광대한 민전이 있었다. 민전은 평민전平民田·민소경전民所耕田·누대소경전累代所耕田·세업전世業田·조업전祖業田·부조전父祖田 등으로 불려지기도 한다. 민전의 소유자는 주로 백정白丁으로 알려진 일반 농민층이었으나, 양반이나 향리들도 분급수조지 외에 가산으로 전해오는 토지를 가지고 있었는데 이 역시 민전에 포함되었다. 민전은 사적 소유권이 보장되어 있는 토지로서 민전주民田主는 토지대장인 양안量案에 명시되어 소유권을 국가에 의해 보호받았다. 따라서 그에 대한 매매나 증여·상속 등 관리 처분권도 소유주의 자유의사에 맡겨져 있었다. 민전은 그 수확의 일부를 조세로 납부해야 했으며, 국가의 국용과 녹봉에 쓰일 재원이 이곳에서 거두어들이는 조세로써 충당되었다. 이러한 국가수조지라는 의미에서 민전은 공전公田으로 분류되기도 했는데, 고려에서는 이를 3과공전으로 구분했다. 민전의 조세수취율에 대해서는 종래에는 1/4조租였다고 생각해 왔으나 근래에는 1/10조로 이해하려는 경향이 유력시되고 있다.

공전 公田 고려·조선 때 국유지나 관유지 또는 국고수조지. 고려 때의 토지는 크게 공전과 사전私田으로 구분되었다. 공전이라는 용어와 개념은 본래 중국에서 비롯된 것으로, 중국에서의 공전은 국가·국왕에 의해 직접 경영되거나 또는 그 수익이 직접 국가나 국왕의 소득이 되는 토지를 의미하고, 일반 인민들이 경영하는 민전을 사전이라 했다. 그러나 우리나라에서는 이러한 소유권적인 구분 외에 수조권에 따라 공전과 사전을 구분하는 등 그 개념이 다양하게 나타나고 있다. 종래의 토지국유론자들은 일체의 토지는 공유=국유로서 소유권은 어디까지나 국가에만 있었다는 것을 전제로 하여 그 수조권이 국

가에 귀속하는 토지는 공전, 반면 사인私人에게 귀속하는 토지는 사전이라고 주장해 왔다. 물론 전근대 우리나라에도 일체의 토지를 공전으로 관념하는 왕토사상王土思想이 있었다. 그러나 이것은 어디까지나 관념상의 문제였을 뿐 실제로는 많은 사유지가 존재했으며 이는 국유지나 관유지 등의 공전에 대해 사전으로 구별되었다. 공전이라는 용어가 처음 쓰여진 사례는 통일신라 때로 보이나 그 실상을 파악할 수 있는 것은 고려 때부터이다. 〈고려사〉식화지食貨志 상평의창조常平義倉條 현종14년판判에 의하면 공전은 3과로 구분되는데, 지금까지의 연구에 의하면 1과공전은 왕실이 소유하는 내장전이고, 2과공전은 공해전을 비롯한 둔전屯田·학전學田·적전籍田 등 국가공유지이며, 3과공전은 일반 민전과 미유지 위에 실정된 왕실 및 궁원宮院·사원寺院의 수조지(주로 장·처전)였다고 밝혀져 있다. 이에 근거하여 공전과 사전의 개념구분을 정리해보면 소유권의 귀속에 따라 왕실이 소유하는 내장전과 국가 내지 국가의 공적기관이 소유하는 공해전·학전·둔전 등은 1과·2과공전인 데 반해 사인私人으로서의 왕족이나 사찰이 소유하는 사유지는 사전이었다. 한편 개인소유의 사유지라도 거기서 실현되는 조租가 국가의 공적인 재정에 기여하는 경우 이는 공전으로 관념화되어 민유지인 민전은 3과공전으로 구분되었던 것이다. 종래 고려 때에는 공전과 사전에 각기 다른 차율수조差率收租가 적용되어, 공전에서는 1/4조, 그리고 사전에서는 1/2조를 수취했다고 주장되어 왔다. 그러나 최근에는 국가수조지인 민전의 수조율은 1/10이었으며, 공전조 1/4은 국유지를 소작주었을 때의 지대였으며 사유지, 즉 사전에서 소작관계가 발생했을 경우에는 1/2을 지대로 했다는 견해

가 제기되었다.

내장전 內莊田 고려·조선 때의 왕실 소유지. 왕실의 재정을 담당하는 내장택內莊宅에 소속되어 있었던 소유지로, 고려 때에는 1과공전으로 분류되었다. 내장전은 주변 농민의 요역노동에 의해 왕실이 직접 경영하거나 전호제佃戶制 경영방식을 채택하기도 했다.

장·처전 莊處田 고려 때 궁원·사원에 조를 납부하는 촌락 단위의 수조지. 내장전이 왕실 소유지로 1과공전으로 구분된 데 반해 장·처전은 민전과 성격이 같은 3과공전으로 구분되었다. 장·처는 단순한 토지집적이 아니라 행정조직인 군현제도의 일환을 이루는 단위이기도 하다. 그러므로 이들의 하부조직은 촌락으로 형성되었으며, 여기에는 정식으로 리吏가 배치되었디. 이러한 장·처의 촌락민은 일반촌락의 주민과 마찬가지로 주로 자기의 농토를 경작하는 자가 경영 농민이있으며, 이들이 경작한 토지는 곧 그들의 민유지였다고 생각되고 있다.

공해전 公廨田 고려·조선 때 중앙 및 지방의 각급 관청에 소요되는 경비를 조달하기 위해 지급된 토지. 공해전은 중앙의 제 관청에 지급된 중앙공해전과 지방의 주·현과 관館·역驛 등에 지급된 지방공해전으로 구분된다. 〈고려사〉식화지食貨志 전제田制 공해전시조公廨田柴條에는 중앙공해전에 관해서는 기록이 나타나 있지 않으나 서경 공해전에 관한 기록이 있어 중앙공해전의 실체를 어느 정도 간접적으로 추리하게 해준다. 지방공해전은 관청 내지 기관의 등급에 따라 차등을 두고 배정되었는데, 등급을 구분하는 기준을 「정丁」의 다과에 두었다. 지방공해전의 내용은 공수전公須田·지전紙田·장전長田의 세 유형으로 구성되었는데, 공수전은 관청의 운영비와 외관 녹봉의 재원을 위해 지

급된 토지이며, 지전은 사무용 종이를
조달하는 비용으로 마련된 토지였다.
한편 장전은 주·현의 호장戶長이나 역장
驛長·향장鄕長·부곡장部曲長에게 보수로
서 지급된 토지였다.

양반과전 兩班科田 전시과에 의해 문
·무반에 재직중인 관료에게 복무의 대
가로 지급해준 토지. 양반전으로 칭하
기도 한다. 경정전시과에 의하면 문·무
양반을 18과로 구분하여 차등을 두어
지급했는데, 이는 그 토지의 수조권을
부여한 것으로 본인이 사망하면 국가에
반환해야 하는 일대一代에 한한 전토였
다. 양반전의 경작과 생산을 지휘감독
하고 조租를 수취하는 등의 일은 지방행
정관인 수령이 담당했기 때문에 전주田
主인 양반과 그 경작자인 전호佃戶와의
사이에 성립하는 지배 예속관계도 매우
박약했다. 양반전의 경영형태에 대해서
는 그 계보가 나말여초의 호족들이 소
유하고 있던 전장田莊과 연결되므로 전
장의 주된 경영형태였던 소작제에 의해
경영되어, 그 수취율이 사전조 1/2조였
다는 견해가 있으나, 조선시대의 과전
법에서와 마찬가지로 민전 위에 설정되
어 1/10조율이 적용되었다는 견해가 제
기되어 지배적이 되었다. 최근에는 부
곡민을 이러한 전시과의 전지를 경작하
는 전호로 보고, 그 수조율은 일반 군현
민이 소유한 토지에 1/10이 적용되었던
것과는 달리 1/4의 수조율이 적용되었
다는 견해가 제기되기도 한다.

공음전 功蔭田 고려 때 5품 이상의 귀
족관료에게 지급해준 토지. 공음전시법
功蔭田柴法은 977년(경종 2) 개국공신
및 향의귀순성주向義歸順城主 등에게 훈
전勳田을 사급賜給한 것에서 그 시원을
찾을 수 있으며 1049년(문종 3)에 완비
되었다. 공음전시는 관품이 5품 이상의
고위관료만을 대상으로 한 특별전시과
의 하나로서, 수급대상자를 5개 품품으

로 구분하여 최고 1품은 전田 25결結·시
柴 15결부터 최하 5품은 전 15결·시 5결
을 지급하며, 산관散官 곧 산직자散職者
에게는 원래의 액수에서 전·시 각 5결
씩을 감해 급여하도록 되어 있다. 공음
전시는 일반전시과와는 달리 자손에게
상속되는 것이 원칙이었으며 자손이 없
는 사람의 공음전은 사위·조카·양자·의
자義子(처의 前夫의 子 또는 異姓養子
로 해석됨) 등에게 전급傳給할 수 있도
록 되어 있다. 범죄자의 경우도 반역죄
의 경우가 아니면 비록 아들은 죄가 있
더라도 손孫이 무죄일 것 같으면 원액의
1/3을 상속받도록 되어 있었다. 공음전
시는 귀족적 신분을 획득한 고위관인들
에게 그들의 특권적인 생활을 세습적으
로 누릴 수 있는 경제적 토대로 마련해
준 것이었다. 따라서 공음전시법은 음
서제蔭敍制와 함께 고려사회의 귀족적
성격을 말해주는 중요 요소이기도 하
다.

구분전 口分田 고려 때 6품 이하의 하
급양반 및 군인의 유족 등에게 지급되
던 토지. 〈고려사〉 식화지食貨志 전제田
制 전시과조田柴科條에 나타나 있는 구
분전 지급 규정에 의하면 자손 없이 죽
은 6품 이하관 및 군인의 처에게, 그리
고 5품 이상의 호戶로 부모 모두 사망한
뒤 남자는 없고 시집가지 않은 여자가
있을 경우에 8결 또는 5결을 지급하며,
이밖에 자손 없는 퇴역군인에게도 지급
되었다. 구분전은 양반신분의 우대 원
칙에 따라 그 가족의 생활을 보호하기
위해 설정된 급전제로서 공음전시나 한
인전과 유기적 관련을 가지고 있었다.
공음전시가 5품 이상관에 대한 우대로
서 주어진 데 반해 하급관리와 군인의
후생정책의 일환으로 마련된 것이 구분
전이다. 한편 구분전은 양반에게는 지
급되지 않고 군인유족 보호법으로 시행
되었다는 견해도 제기되고 있다.

영업전 永業田 고려 때 양반·서리·군인 등에게 지급했던 토지 종목의 하나. 이는 본래 당나라의 균전제에서 규정된 특수한 용어로 구분전에 대칭되는 지목 地目이다. 이때 영업전에는 농민들에게 지급하는 호내영업전戶內永業田 외에 관인들에게 별도로 지급되는 관인영업전이 따로 설정되어 있었다. 구분전은 사후에 국가에 반납하도록 되어 있으나 영업전은 자손에게 상속되었다. 고려 전시과에는 농민 일반에게 균전제도를 실시해 그들에게 영업전·구분전을 지급한 일은 없었다. 고려에서의 영업전은 양반·서리·군인 등에게 지급된 것으로 부자간의 유전 상속이 합법적으로 예견되는 세습성이 강한 토지이다. 이와 아울러 국가가 몰수하거나 다시 재급부해 줄 수 있는 권한을 보유한 토지이기도 하다. 전시과 토지 중 영업전으로는 우선 전정연립田丁連立 규정에 따라 역의 계승과 함께 상속이 의무화되어 있는 군인선과 서리전을 들 수 있다. 이외 5품 이상 관료에게 지급된 공음전이 상속이 허용된 영업전이었으며, 문무양반에게 지급된 과전의 경우에도 부자간에 원칙적으로 전정연립이 용인되었으므로 영업전으로 보아도 무방하다는 견해도 있다.

한인전 閑人田 고려 때 전시과제도로서 분급된 토지의 일종. 〈고려사〉 식화지 전제 전시과조에 의하면 덕종 때에도 한인에게 전시과가 지급된 사실이 나타나 있으며, 문종 때 전시과 규정에서는 한인은 잡류雜類와 더불어 제18과 등으로 전 17결을 지급받도록 되어 있다. 이 한인전에 대해서는 구분전에서 6품 이하 하급양반의 자녀에 대한 급전 규정이 없는 것으로 미루어 부모가 사망한 6품 이하 관의 벼슬하지 않은 아들이나 시집가지 않은 딸에게 주어진 것으로 이해된다. 이 경우 5품 이상 관의

시집가지 않은 딸이 구분전 5결을 지급받은 것을 미루어 6품 이하 관의 시집가지 않은 딸에게 주어진 한인전은 17결보다 훨씬 적은 양이었을 것으로 추정된다. 한인전은 이와 같이 관직이나 직역에 대한 급부가 아니라 공음전시나 구분전과 같이 양반신분의 우대원칙에 따라 그 가족의 생활을 보호하기 위해 설정된 급전제였다. 그럼에도 불구하고 관직 직역자에 대한 토지지급을 규정한 일반전시과 내에 배정되어 있는 것은, 아마도 벼슬하지 않은 한인이 자주 군역에 동원되어 그들이 받는 한인전에도 그 본래의 성격에 직역적인 요소가 가미된 데 원인이 있는 것으로 추정된다.

향리전 鄕吏田 고려 때 지방의 향리에게 지급된 토지. 외역전外役田이라고도 한다. 고려의 향리는 국초에 반독립적 세력을 펴고 있던 호족에서 기원한다. 중앙집권화가 단행되면서 이들은 점차 향리로 재편되어 지위가 점차 하락하게 되었지만, 국가권력의 말단에 위치해 직접 조세·공부를 수취하고 역역力役을 징발하는 등 지방통치에서 중요한 몫을 담당했다. 이들에게 국가는 그 직역에 대한 보수로서 일정한 직전을 지급해주었는데, 이 제도가 창설된 것은 향리직제가 마련되는 성종초로 여겨진다. 향리의 직전에 대해서는 구체적인 내용이 없어 그 액수나 수급 대상자·범위 등은 알기 어렵다. 〈고려사〉 식화지 전제 공해전시조에 나와 있는 장전長田을 주현의 호장戶長에게 지급된 직전으로 해석하는 견해도 있으나, 이는 주현의 크기에 따라 5결에서 3결까지 배당되어 호장의 직전으로는 지나치게 적은 양이므로 그 직무수당을 마련하기 위해 할당된 토지로 추측하기도 한다. 향리전은 기인其人에게도 지급되고 있었다. 이러한 향리전은 향리 직역이 세습적인 것이었으므로 그 직역을 잇는 자손에게

세습되었다. 조선 때 향리가 직무에 대한 대가를 전혀 받지 못한 것과는 달리 고려 때 향리전이 지급된 것은 이 시기 향리의 사회적 지위를 짐작케 한다.

군인전 軍人田 고려 때 군인에게 군역에 복무하는 대가로서 지급한 토지. 군인전에는 경군에게 지급된 전시과로서의 군인전과 주현군의 보승·정용군에게 지급된 족정足丁 단위의 군인전(軍人戶丁)이 있다. 군인전의 지급규정이 기록상 처음으로 보이는 것은 998년(목종 1)의 개정전시과에서인데, 여기에서 전田 23결을 받는 제17과에 마군馬軍이, 전 20결을 받는 제18과에 보군步軍이 포함되어 있다. 그후 1076년(문종 30)에 경정更定된 전시과에서는 무인에 대한 전반적인 대우의 상승과 함께 마군은 제15과로서 전 25결을, 역군役軍과 보군은 제16과로서 전 22결을, 감문군監門軍은 제17과로서 전 20결을 받도록 규정하고 있다. 군인전은 양반전에 포함되어 파악되기도 하며 그 경영형태도 양반과전兩班科田과 마찬가지로 전호제佃戶制 경영을 취하고 있었다. 또한 이에 대한 관리를 위해 양호養戶가 급여되었다. 군인전은 군역의 세습과 함께 전정연립田丁連立의 원칙에 따라 자손 친족에게 세전世傳되어 영업전永業田이라 했다. 한편 경군에게 지급된 전시과로서의 군인전 외에 민전 위에 설정된 군인전이 존재했는데, 전 17결을 1족정足丁으로 삼아 군軍 1정丁에게 지급했다고 하는 것이 그것이다. 고려전기 군현의 토지는 족정足丁·반정半丁으로 작정作丁되고 이를 단위로 수세收稅나 군역부과 등을 행했는데, 족정＝전 1결은 군 1정을 내는 기준이 되는 토지면적이었다. 주현군의 보승·정용군은 이러한 원리에 입각해 선발되었는데, 이들에게 지급한 족정이란 그들이 본래부터 소유해온 민전 위에 설정해 면세를 조건으로 지급이라는

의제적擬制的인 형식절차만을 밟은 것으로 여겨지고 있다.

궁원전 宮院田 궁宮·원院, 즉 왕의 비빈이나 왕족들이 거주하는 궁전에 부속된 토지. 이에는 궁원이 본래부터 소유해온 사유지와 국가에서 분급해준 수조지 등 서로 다른 성격을 지닌 두 종류의 토지가 있었다. 이 가운데 분급수조지는 장莊·처전處田과 같은 민유지(3과공진) 위에 설정되었으며, 사유지로서의 궁원전은 수조지와는 달리 2과공전에 대비되는 사전私田이었다. 사유지로서의 궁원전의 경우 국가에 대해 공조公租의 의무를 졌는지의 여부는 지금으로서는 정확히 알 수 없다.

사원전 寺院田 사원에 딸린 토지. 사원전은 궁원전의 경우와 마찬가지로 사원이 본래부터 가지고 있던 사유지와 국가에서 공적으로 지급해준 수조지의 두 종류가 있었다. 사원전에는 국왕 및 귀족과 일반백성들이 시납施納·기진寄進한 토지가 가장 큰 비중을 차지했는데, 이러한 시납전 역시 사원의 사유지나 수조지의 두 종류였을 것으로 보인다. 보통 사원전이라 하면 이중 사유지를 지칭하는데, 이는 2과공전에 대비되는 사전으로 분류되었다. 사원의 사유지 경영은 그에 예속된 노동력에 의해 직영되거나 혹은 소작제에 의했다. 사원전에는 이러한 사유지 외에 따로이 수조지가 있었는데, 이것은 국가가 공식적으로 분급해준 토지였다. 고려에서는 사원도 궁원처럼 국가의 기관으로 취급되어 전토를 지급해준 것으로 이해되는데, 사원의 장·처전이 이에 해당되는 토지였을 것으로 보고 있다. 장·처전은 3과공전으로 생각되는 민유지(민전) 위에 설정되었으며, 수령과 리吏가 경작과 수취를 감독·시행했다. 시납전의 경우 귀족이나 일반백성들이 기진한 토지는 사원의 사유지화했으나, 국왕이

시납한 토지의 경우는 왕실이나 국가에 직속된 토지뿐 아니라 사원 주변의 민전도 많이 포함되어 있어서, 이러한 민전이 기진된 경우는 수조지로서 존재했으리라 여겨진다. 사원전은 사령寺領의 지배범위를 표시하는 경계표시인 장생표에 의해 둘러싸여 있었다. 사원에 딸린 사원전은 면세의 특혜가 부여되어 있었을 뿐 아니라 승려에 대해서는 요역의 의무가 면제되어 있었으므로, 일반 농민들 중에는 흔히 그 혜택을 노려 사원에 전토를 기진하고 승려의 신분을 얻는 자도 있었다. 사원에 부속되어 사원전을 경작하는 예속농민인 수원승도隨院僧徒는 이렇게 하여 사원전의 전호가 된 자들로 파악된다. 또한 고려말기에 이르러 사원전의 수조지의 면적은 대략 10만 결 정도로 추산되는데, 이는 당시 전국 실전實田의 총결수가 62만여 결이었으므로 대체로 전국토지의 실전 결수의 1/6 정도기 사원전이었다는 셈이 된다. 사원은 사원전의 경영을 통해 얻은 막대한 이득을 고리대에 투자해 막강한 경제력을 구축하고 널리 장사를 해서 영리에 열중하는 폐단이 있기도 하여 큰 사회문제를 야기시키기도 했다.

별사전 別賜田 고려 때 승직僧職과 지리업자地理業者에게 지급되던 토지. 고려의 전시과제도에 의하면, 전시과는 문무양반·군인·한인閑人 등에게 지급하는 일반전시과 이외에 무산계武散階에 지급되는 무산계전시과, 5품 이상 관료에게 지급되는 공음전시과 외에 별사전시과가 있었다. 별사전시과는 1076년(문종 30)의 경정전시과更定田柴科에서 처음으로 제도화된 것으로서, 대덕大德이라는 승직의 법계法階와 대통大通·부통副通·지리사地理師·지리박사地理博士·지리생地理生·지리정地理正 등 지리업 출신의 직함이 받는 전시과였다. 이는

모두 6등급으로 구분되어 최고 전 40결·시 10결로부터 최하 전 17결의 전시가 분급되었다. 고려 때는 불교와 풍수지리설이 널리 성행해 민중들의 관념적·정신적 생활에 많은 영향력을 끼치고 있었으며, 태조의 〈훈요십조〉에도 나타나는 바와 같이 국가에서는 국초부터 이를 적극 장려했다. 따라서 이에 종사하는 승려나 지사地師는 전시과의 토지를 지급받아 우대되었다. 그러나 고려 후기에 전시과제도가 붕괴되면서 이 제도는 사실상 소멸되고 말았다.

결부법 結負法 곡식 수확량과 토지면적 및 조세수취를 연결·파악하는 단위. 화곡禾穀 1악握을 1파把, 10파를 1속束, 10속을 1부負 혹은 1복卜, 100부를 1결結이라 하여 수확량을 나타냄과 동시에, 1결을 생산해낼 수 있는 토지의 단위면적 및 그러한 단위면적을 대상으로 조세를 부과하기도 하는 우리나라 특유의 법제였다. 결부의 법이 언제부터 제도화하였는지는 확실하지 않으나 통일신라 때 이미 결부제도가 사용되고 있었다. 그런데 신라와 고려중기까지의 결·부는 중국 고유의 경묘법頃畝法과 마찬가지로 일정한 토지면적을 가리키는 법제적 용어에 불과했고, 결과 경이 동일한 것으로 혼용되기도 했다. 따라서 고려전기 전시과체제에서의 결부법은 토지의 질에 따른 등급에 관계없이 그 결·부의 면적이 동일했다. 전품田品의 등급은 상경전常耕田을 상등, 간년휴경間年休耕하는 토지를 중등, 간이년휴경間二年休耕의 것을 하등으로 구분해 수전水田·한전旱田 모두 상·중·하등의 전품에 따라 수조율을 차등 있게 규정하고 있었다. 결·부의 면적을 동일하게 둔 채 전품의 등급에 따라 수조율을 달리하는 이러한 제도를 동적이세제同積異稅制라고 한다. 이때 1결의 실적實積이 얼마나 되었는지에 대해서는 7,260

평, 6,806평, 그리고 4,184평 등 다양한 학설이 있다. 전시과체제가 무너져가는 고려후기에 와서 토지의 등급을 그 토지의 비옥도에 따라 상·중·하등전으로 구분하고, 각 전지의 결부수를 산출하는 양전의 척도를 수지척手指尺(농부의 손마디 길이)을 근거로 상·중·하등전에 각각 20 : 25 : 30의 차등을 둔 다른 양전척을 사용하게 되었다. 즉 1결의 실적을 전품에 따라 각기 차이가 나게 하고 그 1결당 수조액은 모두 동일하게 하는 동과수조제同科收租制를 적용하게 된 것이다. 이러한 변화는 휴한농법 위주의 전통적인 농경방식이 상경전常耕田으로 점차 바뀜에 따른 토지생산력의 발전을 반영한 것이다. 이렇게 하여 비로소 결부법이 토지의 면적단위임과 동시에 수확단위 수세收稅단위를 표시하는 우리나라 특유의 제도로서 정립된 것이다. 고려말기에 제정된 과전법은 이와 같이 변화된 결부법을 바탕으로 성립되었다. 이때의 1결의 실적을 척관법尺貫法으로 환산하면 대략 상등전 1결이 1,846평, 중등전 1결이 2,897평, 하등전 1결은 4,184평 정도였다.

조세 租稅 전근대사회에서 국가가 토지에 부과했던 전조田租와 전세田稅. 조세는 본래 조와 세의 합성어로서, 전자가 토지의 경작자인 농민이 국가나 혹은 국가가 지정한 사인私人에게 바치는 전조田租를 말한 데 비해, 후자는 개인수조권자가 그가 받은 조의 일부를 다시 국가에 납부하는 부담을 일컬었다. 그러나 당시 사료 중에는 조와 세를 혼용한 예가 많으며, 전조를 의미하는 조도 사유지에서 전호가 지주에게 내는 지대地代(소작료)를 뜻하는 용어로 널리 쓰였다. 고려 때 토지에 부과된 수조율收租率은 일반 민전의 경우 태조 이래로 1/10이었다. 그러나 국유지를 경작하는 농민의 경우 그 조율租率(지대율)

이 1/4이었음에 반해, 사유지를 경작하는 경우에는 1/2조를 부담했다. 한편 전시과로 분급된 수조지에서 개인수조권자는 수납받은 조 중에서 일정한 액수를 세로서 다시 국가에 바쳤다. 전세는 처음에는 30결 이상의 수전자收田者에 한해 결당 5승升씩 내도록 했으나, 1069년(문종 23)에 10부負 이상자이면 모두 납세토록 규정을 바꾸고 그 세액도 결당 7승 5홉으로 올렸다. 양계를 제외한 전국의 조세는 대부분 경창京倉인 풍저창豊儲倉(右倉)과 광흥창廣興倉(左倉)에 운반되어 국용國用과 녹봉에 충당되었다. 조세는 곡물로 바치는 것이 원칙이었으나 때로는 포화布貨로써 대납하는 일도 있었다.

공부 貢賦 국가에서 각 지방의 토산물이나 수공업제품을 바치게 한 세 항목의 하나. 고려 때 공부에 대한 수취규정이 제도적으로 처음 마련된 것은 주현의 세공歲貢 액수를 정한 광종 즉위년의 일이다. 공부에는 상공常貢과 별공別貢의 두 종류가 있었는데, 공안貢案에 수록되어 있어 예년例年 납부하는 상정常定의 공물을 상공이라 하고, 이에 비해 왕실이나 정부의 기관이 수요에 따라서 그때그때 차정差定하여 공납케 한 별례別例의 공물을 별공이라 한다. 각 공부는 군현이 단위가 되어 지방관리의 책임하에 매년 미리 정해 공액을 왕실이나 궁원 및 정부의 각 기관에 납부케 했다. 그리고 각 군현에 할당된 공물은 인정人丁의 많고 적음에 따라 편성된 민호에 다시 분정分定되어 수취가 실현되었다. 공부로 수취된 물품은 각종 광산물과 직물류 및 동식물과 그 가공품, 그리고 해산물 등으로서, 이는 주로 직접 현물로 상납되었으나 각 군현이 부담하는 세공액 가운데 현지 생산이 불가능한 물품에 대해서는 평포平布를 기준으로 절가折價하여 대납할 수 있었다. 공부는 이와 같이 현물징수의 형태를 띠었으나 배당된 공물의 제조·채취·운송을 위해서는 일반 민民들의 역을 동원해야 했는데, 이를 공역貢役이라 불렀다. 특히 고려 때는 각 군현이 부담해야 할 공부가 운데 특정의 전문적인 노역을 필요로 하는 물품에 대해 군현 예하의 특정 촌락을 지정해 해당물품을 생산케 했는데, 이러한 곳을 所라고 했다. 금소·은소·철소·염소鹽所 등으로 불렸던 이러한 촌락은 주로 이전부터 그러한 물품생산의 자연적 조건이 풍부한 곳으로 지정되었으나, 일반촌락의 주민보다 가혹한 역에 시달려야만 했다.

요역 徭役 국가권력에 의해 백성들의 노동력을 징발하던 수취방법의 하나. 요부徭賦·부역賦役·역역力役 등으로도 불렸다. 공역이 공납품을 제조·채취·수송하는 데 충당되는 노동력의 징발을 의미한 데 반해, 요역은 도시의 건설이나 관아의 영조營造, 성보城堡의 구축, 도로·세방의 개수사업 등과 같은 토목공사나 조세를 수송하는 조운 등에 동원되는 노동력의 징발을 의미했다. 고려 때는 16살부터 59살까지의 나이에 해당하는 남자를 정丁이라 하여 역의 의무를 부과했는데, 이들에 대한 요역은 인정人丁의 많고 적음에 따라 편성되는 9등호제를 기준으로 해 징발했다. 곧, 매년 작성되는 호적에 의해 각 호를 인정 구성에 입각해 9등급으로 나누고 그 등급별로 정을 차출해 역을 부담케 했던 것이다.

고려의 상업 고려의 국내상업은 도시상업과 지방상업으로 나누어진다. 도시상업의 경우는 개경의 시전이 그 중심이었는데, 이는 도시민의 생활품을 판매하기도 했지만 주로 관수품을 조달하고 국고의 잉여품을 처분하는 기능을 가진 어용상점이었다. 시전은 외국무역과 직결되어 번성했고 화폐의 유통도

일반화하여 비교적 활발한 상거래가 이루어졌다. 개경에는 이밖에도 도시 안의 일정한 장소에 아침 저녁으로 시장이 서서 도시민들의 일상용품이 매매되었다. 개경에 비해 서경의 상업활동은 그리 활발하지 못했던 것으로 보인다. 도시의 상업이 상설점포를 가진 시전이 중심이었던 데 반해 농촌지방의 상업은 비상설적인 장시場市를 중심으로 발달했다. 교통의 요지에는 일정하게 정해진 시기마다 장시가 서서 주변의 1일 왕복거리에 있는 농민들이 모여 쌀이나 포布로써 화폐를 삼아 물물교환 형태로 상업이 행해졌다. 이들 장시 사이를 순회하면서 상업을 하는 행상도 있었다. 한편 고려 때의 상업에 커다란 비중을 차지한 사원은 광대한 사원전을 경영하고 독자적으로 우수한 수공업품을 생산했는데 이를 바탕으로 적극적으로 상업활동을 했다.

시전 市廛 고려·조선 때 도시에 존재했던 어용상점. 고려 때의 국내상업은 도시상업과 지방상업으로 나눌 수가 있는데, 전자의 경우는 서울인 개경의 시전市廛이 그 중심이었다. 기록에 의하면 개경에 시전이 설치된 것은 919년(태조2)이라고 하는데, 〈고려도경〉에는 개경의 시전들이 광화문 거리에 줄지어 행랑을 이루고 그 각 상전商廛의 문루에 영통永通·광덕廣德·흥선興善 등의 상점 이름을 쓴 간판이 붙어 있었다고 전한다. 개경의 시전은 도시민들의 생활품을 판매하기도 했지만 주로 관수품을 조달하고 국고의 잉여품을 처분하는 기능을 가진 어용상점이었다. 따라서 이들에 대한 국가의 관여도도 대단히 높았는데, 이러한 시전의 감독과 물가조절 등을 맡아본 관부로는 경시서京市署가 있었다.

경시서 京市署 고려·조선 때 시전市廛을 관할하기 위해 설치한 관청. 문종 때

수도 개경의 시전을 관할하기 위해 설치했는데, 관원으로는 영令 1명, 승丞 2명을 두고 이속吏屬으로 사使 3명, 기관記官 2명을 두었다. 물가의 조절, 상인·세과稅課의 감독을 맡아보았다. 이는 조선 때도 설치되었으며 1466년(세조 12)에는 평시서平市署로 개칭했다.

고려의 대외무역　고려는 송宋·요遼·금金·일본 등 주변 각국들과 활발한 외교관계를 가지면서 대외무역을 비교적 활발하게 전개했다. 그 가운데서도 가장 활발하게 교역을 한 나라는 송이다. 송과의 무역은 국가적인 사신왕래를 통한 조공무역 외에 개인상인들 사이에서 사무역도 매우 활발하게 전개되었는데, 보다 적극적이었던 것은 송상宋商들이었다. 당시 고려의 국제무역항은 예성강 하류의 벽란도碧瀾渡로서, 이를 중심으로 대송무역로를 보면, 예성강에서 대동강 어구의 초도椒島를 거쳐 중국 산둥반도의 등주登州로 가는 북선항로北線航路와, 예성강에서 흑산도를 거쳐 중국의 명주明州에 도착하는 남선항로의 두 길이 있었다. 이중 북선항로는 주로 전기에, 남선항로는 후기에 이용되던 길로서, 고려에 온 송나라 상인들은 정부를 상대로 하여 방물方物을 바치고 하사품을 받아가는 진헌무역進獻貿易과 함께 민간상인을 대상으로 하는 교역도 활발히 전개했다. 수출품으로는 금·은·동·인삼·칠기 등이고, 수입품으로는 약재·자기·서적·악기·의대衣帶 등이다. 고려와 거란족의 요와는 외교관계가 원만치 못해 그리 활발한 교역이 이루어지지 못했다. 거란의 제1차침입 후 1005년(목종 8)에 보주保州(義州)에 호시장互市場인 각장榷場이 설치되어 한때 물품이 거래되기도 했으나 거란의 제2차침입으로 폐지된 뒤로는 설치되지 않았다. 그뒤 평화관계를 회복한 1020년경 이후에 양국간의 정상적인 무역관계가 이루어졌는데, 국경지방에서 일용품을 교환하는 정도의 사사로운 무역이 있기는 했으나 주로 의례적인 사행무역使行貿易이 주가 되었다. 고려에서는 금·은·공예품·포천류布泉類를 수출했으며 거란으로부터는 명주·말·양 등이 수입되었다. 거란과의 관계에 비해 여진과는 좀더 밀접하여 고려초부터 계속 진행되었다. 초기에 그들은 고려에 납공형식을 취하여 마필이나 철갑鐵甲 등을 진헌하고 그 대가로 생활용품을 받아가기도 하고 또 각장이 열려 물품을 교역하기도 했다. 그후 1115년(예종 10)에 금나라가 건국된 후에는 국신물교역國信物交易으로 바뀌어 일종의 사행무역이 행해지게 되었다. 13세기 대몽항전 이후 평화관계가 성립된 후로는 원과의 교역이 활발히 진행되었다. 고려와 일본과는 정식국교를 맺지 않아 양국과의 관계는 그리 활발하지 못했지만, 주로 민간상인들이 진주·수은·유황 등을 가지고 와서 하사품을 받아가는 진봉무역進奉貿易이 더러 이루어졌다. 이밖에 대식국大食國, 즉 아라비아 상인들이 송나라의 고려무역에 힘입어 진출해오는 등 고려의 대외무역이 폭넓고 다양했음을 알 수 있게 한다.

벽란도 碧瀾渡　고려 때 예성강 하류에 있었던 항구. 예성항이라고도 했다. 후삼국 때까지만 해도 이곳은 해군기지에 불과했으나 고려건국 이후 수도 개성의 관문으로서 고려에서 가장 큰 무역항이 되었다. 송나라 상인을 비롯하여 일본·동남아시아 나라들과 멀리 아라비아의 해상海商들까지 자주 이곳을 드나들며 교역하여 국제항구로서 발전했으며, 이곳에서 개성까지 이르는 40리 사이에는 상거래가 활발한 번화가가 있었다고 한다. 강기슭에는 벽란정碧瀾亭이라는 관사館舍가 있어 외국사신들을 접대했는데, 벽란도라 불리게 된 것은 여기에서 유래한 것이다. 조선 때에는 개성에서 황해우도黃海右道로 통하는 대로상에 위치했던 나루터로서 도승渡丞이 한 명 배치되어 나루터를 관할하게 했으나 국제무역항으로서의 역할은 거의 잃게 되었다.

고려의 수공업　고려 때의 수공업은 관청수공업, 민간수공업 그리고 농민들의 가내수공업 등으로 구분된다. 관청수공업은 정부의 용도와 수요에 따른 생산활동을 위주로 하며, 이를 위해 해당관서에는 기술자인 공장工匠을 전속시켰다. 예를 들면 정부의 건축 및 토목공사를 담당하는 기관인 선공시繕工寺에는 석공·목공·토공 등이 소속되어 있었고, 주로 무기를 제조하는 군기시軍器寺에는 피갑장皮甲匠·모장牟匠·장도장長刀匠·각궁장角弓匠·전장箭匠 등이 소속되어 있었으며, 또 왕족이 의복큐를 제조·조달하는 기관인 장복서掌服署(尙衣局)에는 수장繡匠·화장靴匠·대장帶匠 등이 소속되어 있었다. 이들은 관청의 수공업장에 전속된 관속공장官屬工匠으로 300일 이상 출역하는 것을 조건으로 최고 미米 20석으로부터 최하 벼(稻) 7석에 이르기까지 녹봉에 해당하는 별사別賜의 대우를 받았다. 특히 무기제조 등 중요한 생산분야에 종사하는 공장들 가운데 기술이 뛰어난 장기근무자에게는 이같은 별사 외에 전지田地가 지급되는 일도 있었는데, 1076년(문종 30)에 병설된 별정전시과別定田柴科의 하나인 무산계전武散階田 규정에 대장大匠·부장副匠·잡장인雜匠人에게 전 17결을 지급토록 한 것이 그것이다. 〈고려도경〉에 「고려의 공예기술이 대단히 뛰어났으나 모두 공가公家에 귀속됐다」고 했듯이 당시 가장 기술이 뛰어난 공장의 대부분은 관청수공업장에 동원된 것으로 보인다. 관속공장 외에 비관속공장들도 꽤 있었다. 이들도 물론 공장안工匠案에 의

해 파악되어 국가가 정한 일정 기간 역역役의 의무를 지고 있었다. 농민들에 의한 가내수공업도 주로 직조수공업을 중심으로 여러가지 일용필수품들을 생산했으나, 이는 자가수요 또는 관부에 납부하기 위한 생산에 그쳤을 뿐 전업적인 것은 아니었다. 전업적인 수공업생산은 소所나 사원의 수공업을 들 수 있는데, 소는 정부가 공물의 확보를 위해 설정한 특수 행정구획으로서, 금소金所·은소銀所·철소鐵所·와소瓦所·지소紙所·탄소炭所·묵소墨所·자기소瓷器所 등의 소에서는 특정물품들이 전문적인 수공업자에 의해 생산되었다. 사원에서도 우수한 직물과 유리와琉璃瓦 등을 생산하여 상품으로 판매하기도 했다.

고려의 각염－権鹽　고려 때의 소금 전매제도. 고려에서는 소금을 구워내는 염분鹽盆이 설치된 촌락을 염소鹽所라 하여 그곳 주민의 역役에 의해 소금을 생산했으며, 이를 관장하는 기관으로 도염원都鹽院을 두고 백성들에게는 염세의 명목으로 값을 받고 나눠주었다. 그러나 고려후기에는 이러한 소가 해체되면서 궁원이나 사원에서도 각각 염분을 소유했으므로, 1309년(충선왕 복위 1)에는 대대적인 염제의 개혁을 단행, 내고內庫나 도염원 및 여러 궁원·사원 등이 갖고 있는 염분을 모두 관에 납입하게 하여 민부民部(戶部)로 하여금 총괄케 하는 한편, 값을 은 1냥에 4석, 포 1필에 2석으로 정해 도시에서는 의염창義鹽倉에 가서 사도록 하고 군현인은 관할관사에 포를 바치고 소금을 받아가도록 했다. 이때 조사된 바에 의하면 전국에는 616개의 염분이 있었고 여기에 딸린 염호鹽戶는 892호였다.

고려의 화폐　고려 때의 화폐는 물품화폐와 금속화폐로 구분될 수 있는데, 지배적인 것은 물품화폐로서 주로 포布와 미米가 사용되었다. 특히 좀더 운반

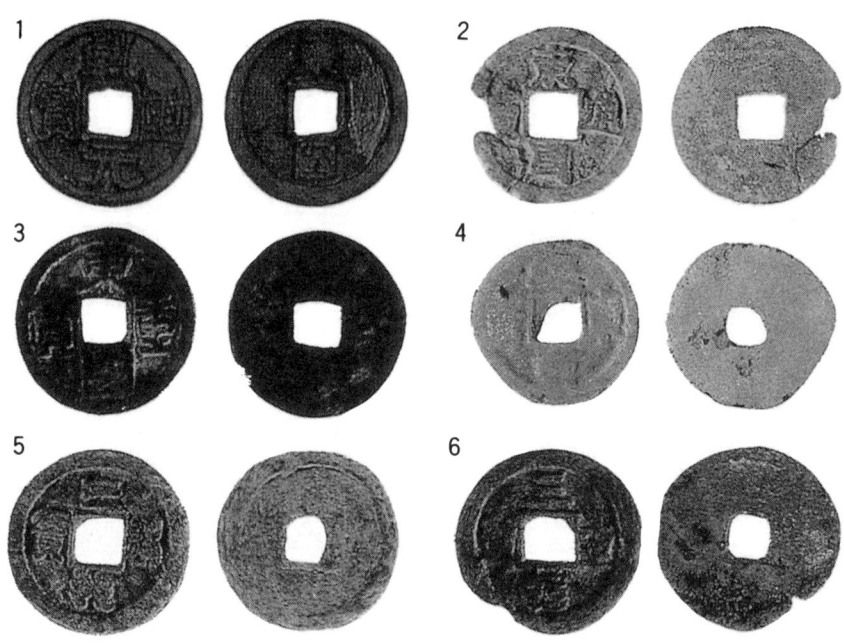

△고려시대의 화폐. 1. 건원중보 2. 동국통보 3. 동국중보 4. 해동중보 5. 삼한통보 6. 삼원중보

성이 쉽고 가치의 안정성이 높은 포가 일반적인 교환수단으로서, 가치의 척도로 가장 널리 사용되었다. 이때 포화布貨로서 기능한 것은 주로 질이 나쁜 마포麻布인 추포麤布였으나 뒤에 5종포五綜布(五升布)로 바뀌었다. 한편 고려왕조는 그 나름으로 금속화폐 사용에도 많은 힘을 기울였다. 996년(성종 15)에는 우리나라 역사상 처음으로 철전鐵錢을 주조하여 쓰도록 하는 조처가 있었으나 그리 원활하게 유통되지는 못했던 것 같다. 숙종 때는 특히 금속화폐 통용에 적극적인 정책이 행해졌는데, 이는 승려 의천義天의 영향이 컸던 것으로 1097년(숙종 2)에는 주전관鑄錢官을 두어 금속화폐의 유통을 장려케 하고, 1102년에는 해동통보海東通寶 등의 전화 1만 5천 관을 주조하여 재추宰樞·문무관료·군인들에게 나누어주고, 주·현에 명

해 미곡을 방출, 주점과 음식점을 열어 이를 유통시키기 위해 노력했다. 또한 1101년에는 은 1근으로 우리나라 지형을 본딴 은병銀瓶을 만들었는데, 활구濶口라는 속명을 가진 이 은병은 하나의 값이 포 100여 필이나 되어 일부 귀족들 간에 한해 유통되었을 것으로 본다. 해동통보 등의 엽전도 도시에서는 상당히 활발하게 유통되었으리라 짐작되지만 지방에서는 그렇지 못해 여전히 포·미 등이 주로 화폐구실을 했던 것 같다. 1391년(공양왕 3)에는 저화楮貨라는 지폐를 발행하기도 했으나 고려 멸망과 함께 그 유통이 중단되었다.

해동통보 海東通寶 1102년(숙종 7)에 만든 고려시대의 동전. 송나라와 거란이 전폐錢弊를 사용하는 것을 모방하여 만든 것으로, 둘레는 둥글고 가운데 네모난 구멍을 뚫었으며 앞면에는 「해동

△해동통보

통보」라는 글자가 양각으로 새겨져 있
다. 숙종은 이때 화폐 1만 5천 관을 주
조해 재추·문무관료·군인들에게 나누어
주고, 주·현에 명하여 미곡을 방출해
주점과 음식점을 설치하는 등 이의 유
통을 위해 노력했다. 그러나 상품화폐
경제 발달의 미숙으로 도시를 중심으로
유통되는 데 불과했다.

은병 銀瓶 고려에서 통용된 은으로 만
든 화폐. 1101년(숙종 6)에 은 1근으로
우리나라 지형을 본따 만든 것으로,
「활구濶口」라고도 했다. 은은 본래 이전
부터도 국제무역 등의 대규모 거래에서
화폐구실을 했으며, 또한 은제 수병水瓶
·주기酒器 등으로 상류층에게 귀하게 사
용되어왔는데, 이러한 은병이 이때
표준화되어 법화法貨로서 사용되게 된
것이다. 그러나 은병 하나의 값이 포
100여 필이나 되는 고액이었기 때문에
그것이 교환수단으로서 어느 정도 이용
되었을까는 의문이며, 일부 귀족들간에
한해 유통되었으리라 본다. 또한 은에
동을 섞어 사주私鑄하는 일이 많아 질이
낮아지는 등 여러가지 문제가 일어났으
며, 1331년(충혜왕 1)에는 포 15필과 대
등한 가치로 작은 은병을 새로 주조하
여 통용시키기도 했다.

저화 楮貨 고려말·조선초기에 발행된
지폐. 고려는 말기에 이르러 국가재정
이 극도로 피폐되고 화폐가치가 안정되
지 못한 상태에서 물가가 크게 뛰고 상
인들의 모리행위로 유통계의 혼란이 극

심해졌다. 종래 사용하던 동전은 일찍
부터 기능을 상실했으며 철전·은전 등
은 원료가 부족해 점차 유통이 줄어드
는 경향을 보였다. 이에 정부는 1391년
(공양왕 3) 자섬저화고資贍楮貨庫를 설
치하고 중국의 회자會子·보초寶鈔 등 불
환지폐 제도를 모방해 닥나무 껍질로
고려통행저화高麗通行楮貨를 만들었으
나, 고려의 멸망과 함께 유통이 중단되
었다. 그후 조선초 1401년(태종 1)에 사
섬서司贍署를 설치하고 저화를 발행, 16
세기중엽까지 사용되었으나 널리 쓰이
지는 못했다.

보 寶 일정한 자금을 밑천으로 하여
얻어지는 이자를 가지고 불사佛事나 공
공사업 등을 행하는 재단. 포鋪라고도
한다. 이는 불교에서 불佛·법法·승僧을
합쳐 3보三寶라 하던 데서 그 어원을 찾
을 수 있는데, 사원에서 시납된 전곡을
기본재산으로 하면서 이를 대부해 얻어
지는 이자로 각종 불교행사의 비용을
충당하고, 나아가 빈민구제나 질병구제
등 사회사업에도 이용한 데서 비롯된
것이다. 우리나라에서는 불교가 전래된
삼국시대에 시작되어 16세기 조선중기
까지 이어졌는데, 특히 고려 때 가장 성
행해 일반에까지 확산되었다. 보에는
삼보와 승려들의 장학을 위한 광학보廣
學寶 등 불교적인 보가 있는가 하면, 학
교운영을 위한 학보學寶, 빈민구제를 위
한 제위보濟危寶, 팔관회 경비를 마련하
기 위한 팔관보八關寶, 왕실재정을 보완
하기 위한 내장택보內庄宅寶 등 여러 종
류가 있었다. 이 보는 전기적 자본前期
的資本으로서의 대부자본貸付資本에 포
함되는데, 고리대로 되는 대부자본의
속성에 따라 보 역시 고리대의 성격을
띠었다. 고려 때는 980년(경종 5)에 법
정 이자율을 연리 33% 정도로 정했으
나 불법적으로 많은 이익을 취하는 고
리대가 성행해 여러가지 사회문제가 일

어났는데 보의 경우에도 고리대로 전환되어 많은 폐단을 낳았다.

제위보 濟危寶 고려 때 빈민구제를 위한 명목으로 고리대를 행하던 관청. 963년(광종 14)에 처음 설치되어 1391년(공양왕 3)에 폐지되었는데, 빈민·행려行旅의 구호와 질병의 치료를 담당했다. 1076년(문종 30)에는 권무관權務官으로서 부사副使와 직直이 배치되었다. 보라는 것은 일정한 자금을 밑천으로 하여 얻어지는 이자를 가지고 불사佛事나 공공사업을 행하는 일종의 재단으로, 제위보는 빈민구제를 목적으로 설치된 것이다. 그러나 제위보 역시 사회사업이라는 본래 기능보다는 다른 보와 마찬가지로 고리대로 전환되어 많은 폐단을 낳았다.

장생고 長生庫 고려 때 사원에 설치되어 있던 서민 금융기관. 「장생」이란 본래 재화를 대부해 주고 그 이자를 받음으로써 자본을 축적한다는 의미로서, 장생고에 저장된 재화를 장생전長生錢·장생포長生布라 했다. 일찍이 중국에서 화폐경제가 발달하면서 장생고 운영이 활발해졌는데, 사원에서도 사원경영을 위해 장생고를 설치하고 이를 무진無盡이라고도 했다. 고려 때는 불교가 왕실과 귀족으로부터 적극적인 비호를 받아 사원이 경제적으로 막대한 재화를 축적, 잉여재화를 자본으로 해서 장생고를 설치했다. 장생고 설치의 명분은 자본을 대여해주고 그 이자수입으로 불전공양과 가람의 보수, 그리고 병자와 빈민의 구제사업으로 쓰도록 한다는 것이었으나, 중기 이후에는 본래의 의도에서 벗어나 오직 이윤추구만을 위한 고리대로 전락하고 말았다. 이에 나라에서는 여러 번 이를 금지하려 했으나 오히려 보다 대규모로 운영되었으며, 왕실 귀족도 각기 장생고를 설치·운영하기도 했다. 이러한 장생고는 사원경제

를 더욱 발전시키는 요인이었으며, 한편으로는 사원이 경제적·물질적으로 세속화되어 불교계의 타락과 승려의 질적 저하를 가져왔다.

3. 귀족사회의 동요와 민중의 항쟁

이자겸의 난 李資謙─亂 1126년(인종 4) 귀족사회 내부의 모순으로 일어난 정변. 문종조를 전후하여 전성기를 맞이했던 고려 귀족사회는 지배층간에 정치적·경제적 세력을 확대하기 위해 상호경쟁·대립하는 양상이 심화되는 가운데 그 내부 모순도 점점 심화되어갔는데, 이자겸의 난은 이러한 모순이 폭발되어 일어난 정변이다. 이자겸의 가문은 문종 때부터 외척으로 세력을 떨쳐왔던 경원이씨慶源李氏(仁州李氏)로, 이자겸은 그의 둘째딸이 예종비로 들어가 원자元子(뒤의 인종)를 낳자 재상의 반열에 서는 등 지위가 크게 올랐다. 그러나 예종 때는 신진관료로서 왕의 측근세력을 이루고 있던 한안인韓安仁 등과 대립해 이들의 견제를 받았다. 그후 1122년 4월 예종이 죽자 이자겸은 자기 집에서 성장한 14세의 어린 외손인 인종을 즉위시켰으며, 그해 12월에는 모역사건을 날조해 예종의 동생인 대방공 帶方公와 한안인·문공인文公仁·이영李永 등을 제거했다. 정적을 숙청한 후 이자겸의 세력은 왕을 능가했으며 남의 토지와 재물을 강탈해 부를 축적, 이를 기반으로 사원을 포섭하고 노비나 사병을 증가시켜 더욱 세력을 확장했다. 이때 내시 김찬金粲·안보린安甫鱗 등이 하급관료와 무관인 지녹연智祿延·최탁崔卓·오탁吳卓 등과 함께 이자겸 세력을 타도하고자 군사를 일으켰는데, 이를 계기로 이자겸은 척준경과 함께 군사를 일으켜 궁궐에 불을 지르고 반대파를 살

상했다. 이 같은 난리를 당해 인종은 한 때 왕위를 이자겸에게 넘기려 하기도 했으며, 이자겸은 「십팔자十八子의 참설」을 믿어 두 차례나 왕을 독살하려 했으나 뒤에 폐비되는 이씨의 도움으로 위기를 넘겼다. 이 반란은 내의內醫 최사전崔思全이 이자겸과 척준경 사이를 이간시켜 척준경이 이자겸 일파를 숙청하고 1127년에는 정지상鄭知常 등에 의해 척준경도 제거됨으로써 수습되었다. 반란이 진압됨으로써 왕을 둘러싼 문벌귀족의 연합지배체제가 유지될 수 있었으나, 이를 계기로 귀족사회는 크게 동요되었다.

이자겸 李資謙 ?~1126(인종 4) 고려 인종 때의 외척·권세가. 본관은 경원慶源(仁州；지금의 인천). 경원이씨는 나말여초 인주지방의 호족세력으로서 왕실과의 혼인을 통해 문벌귀족으로 성장했으며, 이자겸의 할아버지인 자연子淵 때는 귀족가문으로 확고히 자리잡았다. 이러한 가문을 배경으로 그는 음서로 진출했으며, 둘째딸이 예종의 비로 들어간 후 더욱 빠른 속도로 출세해 재상의 반열에 올랐다. 예종이 죽은 후 외손자인 인종을 즉위시켜 권력을 쥐자, 모역사건을 조작해 반대파인 대방공 보俌·한안인韓安仁·문공인文公仁 등 50여 명을 살해 또는 유배시켜 자리를 굳히고는 공신으로 식읍食邑 8천 호·식실봉食實封 2천 호를 책봉받아 숭덕부崇德府를 열었다. 한편 자제와 친족들을 요직에 앉히고 아들인 중 의장義莊을 수좌首座로 삼는 등 불교세력과도 유대를 공고히 하면서 셋째딸과 넷째딸을 인종비로 들여보내 자신의 체제를 다졌다. 이후 남의 토지와 재물을 강탈해 부를 축적하고 이것으로 사원을 포섭, 노비나 사병을 증가시켜 더욱 세력을 확장했다. 1126년에는 이러한 이자겸의 세력강화에 반발한 김찬金粲·안보린安甫鱗·지녹

연智祿延 등 하급관료와 무관들이 이자겸 세력을 타도하려 획책하자, 척준경拓俊京과 함께 반란을 일으켰으며(이자겸의 난), 이후 「십팔자十八子의 참설」을 믿고 왕위를 넘보아 두 차례나 인종의 독살을 시도하기도 했다. 그러나 인종의 밀명을 받은 내의內醫 최사전崔思全이 이자겸과 척준경 사이를 갈라놓는 데 성공함으로써 척준경이 왕의 밀지를 받들고 거사, 이자겸과 그의 처자는 유배되고 그의 소생 왕비도 폐비되었다. 이자겸은 그해 12월 유배지인 영광에서 죽었다.

척준경 拓俊京 ?~1144(인종 22) 고려 인종 때 이자겸과 함께 정변을 일으킨 무관. 곡주谷州의 향리출신으로 집이 가난해 학문을 할 수 없었고, 무뢰배와 놀면서 서리가 되려 했으나 뜻을 이루지 못하다가 계림공鷄林公(숙종)의 부府에 가서 종자가 되었다. 그뒤 추밀원 별가別駕에 임명되었으며, 1104년(숙종 9)에는 평장사 임간林幹을 따라 동여진 정벌에 나섰다가 공을 세워 출세했다. 그후 이자겸과 혼인관계를 맺고 1126년(인종 4)에 이자겸과 함께 반란을 일으켰으나, 이자겸과 사이가 벌어진 틈을 타 최사전崔思全이 이를 회유하고 또 왕의 권유를 받자 이자겸을 잡아 귀양보냈으며, 그 공으로 위사공신衛社功臣의 호를 받고 문하시중에 올랐다. 그러나 뒤에 정언正言 정지상鄭知常이 대궐을 침범한 사실을 탄핵해 암타도巖墮島에 귀양보내졌으며 이듬해 곡주谷州에 유배되었다. 1144년(인종 22)에 다시 조봉대부 검교호부상서朝奉大夫檢校戶部尚書를 제수받았으나 몇 달 뒤 등창으로 곡주에서 죽었다.

한안인 韓安仁 고려 예종 때의 문신. 자는 자거字居, 처음 이름은 격여激如. 단주端州 사람. 아버지 규圭는 향공鄉貢으로 과거에 급제해 호부시랑이 되었

다. 숙종 때 과거에 급제해 직한림원直
翰林院이 되었고, 이영李永·이여림李汝
霖 등과 함께 동궁시절의 예종을 보필했
으며, 예종이 즉위하자 왕의 총애를 받
아 그의 형제·친척까지 모두 요직을 차
지했다. 그는 예종대에 외척인 이자겸
의 세력과 대립, 왕권강화를 추진하면
서 신진관료들의 세력을 증대시키는 데
노력했으나, 예종 사후 인종이 즉위하
자 1124년 12월 이자겸에 의해 모역사건
을 뒤집어쓰고 승주昇州 감물도甘勿島에
유배되었다가 물 속에 던져져 죽음을
당했다. 후에 이자겸의 난이 진압된 후
문열文烈이라는 시호를 받았다.

묘청의 난 妙淸—亂 1135년(인종 13)
묘청을 중심으로 서경천도파가 개경 문
벌귀족에 대항해 일으킨 정변. 이자겸
의 난 이후 개경의 문벌귀족 가운데 크
게 부상한 것은 김부식 형제와 이공수李
公壽·지저之氐 부자 및 새로이 외척이
된 임원애任元敱 등이었다. 이자겸 이래
로 이들은 당시 동아시아의 새 강자로
등장한 금나라에 대해 신하의 예를 취
하는 등의 외교로 대외적인 안정을 꾀
하며 정권을 주도했다. 한편 척준경을
탄핵하는 등의 공로를 세운 정지상과
그의 천거로 등장한 묘청·백수한白壽翰
등의 세력이 대두되었는데, 이들은 개
경 문벌귀족과는 배경을 달리하는 서경
출신의 신진관료들이었다. 이들은 당시
유행하고 있던 지리도참설地理圖讖說과
칭제건원稱帝建元·금국정벌론金國征伐論
등을 내세우면서 서경천도운동을 벌여
개경에 기반을 둔 문벌귀족세력을 누르
고 정치적 권력을 장악하려 했다. 이러
한 주장은 인종의 마음을 움직여 1128년
(인종 6) 11월부터 이듬해 2월까지에 걸
쳐 묘청의 주장대로 임원역지林原驛地에
대화궁大華宮을 짓고 이어서 1131년에는
그 궁성 안에 8성당八聖堂을 두는 등 설
비를 갖추고 자주 순어巡御했다. 그러나

김부식을 중심으로 한 개경 문벌귀족의
반대로 천도운동이 난관에 부닥치자
1135년 정월에 묘청은 분사시랑 조광趙
匡, 분사병부상서 유참柳旵, 분사사재
소경 조창언趙昌言 등과 더불어 반란을
일으켰다. 이들은 먼저 개경출신의 관
리를 모두 제거하고 서경의 분사조직체
를 장악했으며 서경과 개경 사이의 군
사교통상의 요충지인 자비령을 차단하
고 국호를 대위大爲, 연호를 천개天開,
군대의 칭호를 천견충의군天遣忠義軍이
라고 했다. 이 반란은 칭제건원했으나
국왕을 새로이 옹립하지도 않았고 그들
스스로가 국왕에게 거병소식을 알리는
등 왕권 자체에 대한 도전이 아니라 문
벌귀족 타도에 목적을 둔 것이었다. 반
란의 소식을 접한 정부는 김부식을 총
책임자로 하는 토벌군을 편성했으며,
김부식은 먼저 정지상·백수한·김안 등
을 서도西都의 모반에 관여했다는 명목
으로 처단하고 토벌에 나섰다. 김부식
이 지구전법을 쓰며 여러 차례 항복할
것을 종용하자 조광은 묘청과 유참, 유
참의 아들 호浩 등의 목을 베어 윤첨·조
창언 등에게 주어 보내어 항복할 뜻을
비쳤다. 그러나 고려조정에서 윤첨 등
을 옥에 가두는 등 강경책을 쓰자, 조광
등은 항복해도 죄를 면치 못할 것으로
판단하고 끝까지 대항하기로 결의했다.
천도파군은 서경과 그 주변지역의 민중
들의 호응을 받으며 결사적인 항쟁을
전개했으나, 이듬해인 1136년(인종 14)
2월 관군의 총공격을 받아 서경성이 함
락되어 난을 일으킨 지 1년 만에 진압되
었다. 반란을 진압한 후 서경의 분사제
도를 없애는 등 서경세력과 민에 대한
탄압이 행해져 개경의 문신세력을 견제
하는 서경세력이 완전히 제거되었다.
이로 인해 문벌귀족은 더욱 득세해 왕
권마저 능멸하는 풍조가 널리 퍼지게
되었으며, 이들이 지배하던 문벌귀족사

회의 정치·사회경제적 모순은 더욱 심화되었다. 묘청의 난은 개경의 문벌귀족과 서경출신 신진관료의 대립이라는 지배층 내부의 정권싸움이라 할 수 있다. 그러나 당시 문벌귀족정치에 대한 불만, 그리고 금나라에 대한 사대에 반대하는 민중의 호응으로 거의 1년에 걸친 항쟁을 전개할 수 있었다는 점에서 민중항쟁의 측면을 지니고 있다. 이러한 면에서 이 반란은 12세기 농민봉기의 서막이었다고 볼 수 있다.

칭제건원·서경천도운동 稱帝建元西京遷都運動 고려 인종 때 황제를 칭하고 독자적인 연호를 사용하며 수도를 서경으로 옮기자는 운동. 고려중기 서경출신의 신진관료들을 중심으로 전개된 정치·외교운동으로 묘청의 난의 배경이 되었다. 이자겸의 난이 진압된 후 김부식 등 개경의 문벌귀족이 계속 세력을 잡고 있는 가운데 서경출신의 신진관료인 정지상·백수한·묘청 등이 대두하여 서경천도를 주장했다. 서경천도운동은 국초에도 호족세력을 약화시키고 왕실의 기반을 강화하기 위해 시도되기도 했지만 대내외적으로 어려움에 처한 인종조에 다시 대두했는데, 이는 서경 출신의 신진관료들이 개경의 문벌귀족을 누르고 정치적 권력을 장악하려는 목적으로 대대적으로 전개된 것으로 보인다. 서경천도파는 이와 같은 자기들의 목적을 달성하기 위해 당시 유행하고 있던 지리도참설과 더불어 칭제건원·금국정벌론 등을 표면에 내세웠다. 당시 동아시아의 새 강자로 등장한 금나라에 대해 문벌귀족들은 이자겸 이래로 신례臣禮를 취하는 등 실리 위주의 외교정책으로 대외적인 안정을 추구했다. 그러나 당시 금나라에 대한 사대에 반대하는 주장이 거세게 일어났으며, 이러한 주장은 정권을 장악하고 있던 문벌귀족에 대한 불만과 결부되었다.

서경천도파는 이러한 배경에서 천도운동과 함께 칭제건원·금국정벌론을 계속 주장했던 것이다. 그러나 천도운동은 개경 문벌귀족들의 반대로 좌절되고 이러한 상황에서 정지상·백수한·김안 등의 온건파와는 달리 묘청 등의 강경파는 무력으로 천도운동을 결행, 반란을 일으켰다. 그러나 김부식을 중심으로 한 토벌군이 반란에 가담하지 않은 정지상 등까지도 처단하고 반란을 진압함으로써 칭제건원·서경천도운동은 완전히 좌절되었다.

조선역사상 일천년래 제일대사건 朝鮮歷史上一千年來第一大事件 단재丹齋 신채호申采浩가 〈조선사연구초朝鮮史研究抄〉에 실은 논문제목으로 묘청의 난을 평가한 말. 단재는 묘청의 난이 칭제건원을 주장하는 묘청 등의 낭가郎家(화랑)사상·불가佛家사상과 김부식 등 문벌귀족들의 사대적 유가사상의 대결이었으며, 묘청이 김부식에게 패함으로해서 한국사가 사대주의로 기울고 민족이 쇠하는 근본적 계기가 되었다고 주장했다. 그는 화랑도의 사상, 즉 낭가사상을 한국의 고유한 사상으로 보고 이 낭가사상의 성쇠가 곧 민족사의 성쇠를 좌우했다고 믿었다. 한국사는 고유사상이 외래사상과 투쟁하는 역사, 즉 「아我와 비아非我의 투쟁」이며, 묘청의 난은 고유한 낭가사상이 유교사상에 패함으로 해서 민족이 쇠하는 근본적 계기가 되는 제1대사건이라 평가한 것이다.

묘청 妙淸 ?~1135(인종 13) 고려중기의 승려. 일명 정심淨心. 서경의 중으로 1128년(인종 6)에 백수한白壽翰이 검교소감檢校少監으로 서경의 분사分司에 있을 때 그의 스승이 되어 그와 함께 음양도참설을 바탕으로 서경천도를 주장했다. 이는 서경출신 관료 정지상 등의 지지를 받아 대대적인 서경천도운동으로 전개되었다. 이러한 서경천도운동은 서경출신의 신진관료들이 개경의 문벌귀족세력에 대항, 그들의 정권장악을 도모해 대대적으로 전개되었으며, 아울러 이들은 외교정책도 칭제건원·금국정벌론을 주장하면서 개경 문벌귀족과 대립했다. 이들의 주장에 따라 1128년 11월에 임원역지林原驛地에 대화궁을 착공, 이듬해 2월에 완성했으며 왕은 이곳에 자주 순어巡御하기도 했다. 그러나 김부식 등 개경 문벌귀족은 이에 반대했고, 서경에서 재변이 자주 일어나자 반대세력은 묘청의 처단을 요구하는 등 더욱 격렬한 분위기를 조성해갔다. 그런 가운데 1134년 8월 왕의 서경행차가 김부식 등의 반대로 좌절되자 묘청은 무력을 행사해서라도 자기의 목적을 달성하고자 1135년 정월에 서경에서 분사시랑分司侍郎 조광趙匡·분사병부상서 유참柳旵 등과 반란을 일으켰다. 묘청의 군대는 순식간에 절령岊嶺(자비령) 이서의 서북 일대를 석권, 자비령 길을 차단하고 국호를 대위大爲, 연호를 천개天開, 군대를 천견충의군天遣忠義軍이라 했다. 그러나 김부식을 중심으로 한 정부토벌군의 계략으로 묘청은 유참과 참의 아들 호와 함께 조광에 의해 피살되었다.

김부식 金富軾 1075(문종 29)~1151(의종 5) 고려중기의 유학자·역사가·정치가·문학가. 자는 입지立之, 호는 뇌천雷川, 본관은 경주. 신라왕실의 후예로 그의 증조부가 태조에게 귀의하여 경주의 호장이 되었으며, 아버지 때부터 중앙정계에 진출하기 시작했다. 1096년(숙종 1) 과거에 급제한 후 관직을 두루 거쳐 직한림원直翰林院에 발탁되었으며, 이후 20여 년 동안 한림원 등의 문한직文翰職에 종사하면서 왕에게 경사經史를 강하는 일을 맡기도 했다. 인종이 즉위해 이자겸이 권세를 잡았을

때 군신의 예를 논해 이자겸에게 자기 의견을 따르게 했으며, 박승중朴昇中·정극영鄭克永과 함께 <예종실록>을 편찬했다. 1126년(인종 4)에 이자겸이 제거된 이후 계속 승진, 평장사平章事에 이르렀다. 1134년(인종 12)에는 묘청 등의 서경천도에 반대해 왕의 서행西幸을 중지케 했으며, 이듬해 정월 묘청妙淸·조광趙匡·유참柳旵 등이 서경에서 반란을 일으키자 원수元帥가 되어 먼저 정지상鄭知常·김안金安·백수한白壽翰 등을 제거하고 진격, 이듬해 이를 평정했다. 그 공으로 공신의 호를 받았으며, 그후 집현전태학사 태자태사集賢殿太學士太子太師의 벼슬을 지냈다. 1145년(인종 23)에 <삼국사기三國史記> 50권의 편찬을 마쳤으며, 의종 즉위 후에는 <인조실록>을 편찬했다. 고문체 문장을 보급하는 데 노력했으며, 문집 20권이 있었다고 하나 전하지 않고, 1125년(인종 3)에 그가 지은 대각국사비문大覺國師碑文이 남아 있다.

무신정변 武臣政變 고려 의종 때 무신들에 의해 일어난 정변. 1170년(의종 24) 무신 정중부鄭仲夫 등에 의해 일어난 정변으로, 이자겸의 난, 묘청의 난으로 동요되고 있었던 고려 문벌귀족사회를 붕괴시키는 결과를 가져왔다. 무신정변이 일어나게 된 원인은 고려 귀족사회의 모순에서 찾을 수 있다. 고려 귀족사회는 귀족들이 정치적 권력을 독점하고 대토지를 겸병하는 등 경제적 실권을 장악하는 가운데, 이를 둘러싼 지배층 내부의 항쟁이 야기되어 차츰 동요되어갔다. 문벌귀족들의 지배체제는 왕권과 결탁하려는 지방향리출신 신진관료의 성장을 제약했고 이는 다시 무반에 대한 차별로 연결되었다. 고려의 문·무반은 같은 양반관리로 단일 관계체계 안에 일원적으로 편성되어 법제적으로는 동등한 대우를 받게 되어 있

었다. 그러나 실제로는 문반만이 귀족이 되어 정치권력을 독차지하고 심지어 군대를 지휘·통수하는 병마권까지 장악한 반면, 무반은 귀족정권을 보호하는 호위병의 지위로 떨어져 있었다. 한편 일반군인들은 전쟁시는 말할 것도 없고 평소에도 공역工役에 동원되는 등 고역에 시달렸으며 게다가 전시과 체제의 문란으로 군인전도 제대로 지급받지 못해 생활에 많은 어려움을 겪고 있었다. 이러한 문·무의 차별대우에 대한 무신들의 불만과 일반군인들의 불만이 고조되어가는 가운데, 의종의 반문신·반유교적인 경향과 그의 실정은 정변의 발생에 많은 영향을 미치게 된다. 이러한 배경에서 1170년(의종 24) 8월 의종의 보현원普賢院 행차를 계기로 정변이 일어났다. 의종은 보현원 행차 도중에 무신으로 하여금 오병수박五兵手搏 놀이를 하도록 시켰는데, 대장군 이소응李紹膺이 이기지 못하고 달아나자 무신 한뇌韓賴가 그의 뺨을 때린 사건이 일어났다. 이것이 도화선이 되어 정중부鄭仲夫·이의방李義方·이고李高 등은 보현원에 도착하자 순검군을 모아 호종한 문관과 대소신하·환관들을 살해함으로써 반란이 시작되었다. 이어서 무신들은 개경으로 돌아와「무릇 문관文冠을 쓴 자는 비록 서리라도 죽여서 씨를 남기지 말라」고 하며 많은 문신들을 살해했다. 그후 정중부 등은 왕마저 폐해 거제도로 유배하고 태자는 진도珍島로 내쫓는 한편, 왕의 아우 익양공 호翼陽公晧를 맞아 국왕으로 삼았는데 이가 곧 명종이다. 이 정변을 계기로 고려 문벌귀족 정치는 종말을 고하고 새로이 무신정권이 성립되어 그후 1세기 동안이나 무신들에 의한 정치지배가 계속되었다. 이는 또한 고려 문벌귀족사회를 무너뜨리고 고려의 정치·사회·경제·문화 등 모든 면에 걸쳐 변화를 가져오는 계기가 되었다.

정중부 鄭仲夫 ?~1179(명종 9) 고려 무신정권기의 집권무신. 본관은 해주海州. 처음 주州의 군적軍籍에 올랐다가 상경하여 인종 때 견룡대정牽龍隊正이 되었다. 인종 때 김부식의 아들인 내시內侍 돈중敦中이 촛불로 중부의 수염을 불사른 데 대해 중부가 크게 노해 돈중을 치자, 부식이 이를 듣고 중부를 매로 치려 했으나 왕이 이를 모면하게 해준 일이 있었는데, 이로부터 문관에 대한 원한이 싹트기 시작했다. 의종초에는 교위校尉가 되고 계속 승진하여 상장군上將軍이 되었다. 1170년(의종 24) 의종이 화평재和平齋에 행차했을 때 견룡행수牽龍行首인 산원散員 이의방義方·이고李高의 회유로 정변모의에 동조, 다음날 보현원 행차 때 구네타를 일으켜 많은 문신들을 살해했다. 그리고 왕을 폐해 거제도로 유배하고 태자는 진도로 내쫓고는 왕의 아우인 익양공翼陽公 호晧(명종)를 왕으로 삼았다. 정변 성공 후 단행된 명종 즉위년의 첫 인사발령에서 참지정사參知政事(종2품)가 되었으며, 이후 중서시랑평장사中書侍郎平章事에 승진, 문하평장사門下平章을 겸했으며 명종 3년에는 문하시중門下侍中이 되었다. 이고李高·이의방李義方과 함께 중방重房을 중심으로 권력을 잡고 정사를 펴나갔으나, 1171년 조위총의 반란군에 대한 토벌군을 출동시키는 혼란중에 정중부의 아들 균筠의 명을 받은 종군 승려 종참宗旵 등에 의해 이의방이 살해된 이후에는 정권을 완전히 차지하게 된다. 이후 아들 균, 사위 송유인宋有仁과 더불어 권세를 오로지했으나 1179년 청년장군 경대승慶大升에 의해 모두 제거되었다.

이고 李高 ?~1171(명종 1) 고려 의종 때의 무신. 1170년(의종 24) 산원散員으로 견룡행수牽龍行首가 되었을 때

정중부·이의방 등과 모의해 왕의 보현
원 행차 때 정변을 일으켰다. 의종을 폐
하고 명종을 세웠을 때 대장군大將軍(종
3품)이 되었으며 정중부·이의방과 함께
권력을 차지했다. 그러나 집권무인들
사이에 정권을 둘러싸고 대립이 나타
나, 1171년(명종 1)에 불량배 및 법운사
중 수혜修惠와 개국사 중 현소玄素 등과
결탁하여 난을 일으키려다 이의방과 내
시장군 채원蔡元에 의해 피살되었다. 그
의 어머니와 일당도 모두 체포되어 죽
음을 당했으나 그의 아버지는 이고가
불초자식이라 하여 의절했으므로 죽음
을 면하고 귀양갔다.

이의방 李義方 ?~1174(명종 4) 고려
중기의 무장. 본관은 전주全州. 고려 의
종 때 산원散員으로서 견룡행수牽龍行首
가 되었을 때 정중부·이고 등과 정변을
일으켜 의종을 폐하고 명종을 세웠다.
명종 즉위년에 대장군 전중감 겸 집주大
將軍殿中監兼執奏가 되어 벽산공신壁上功
臣으로 책봉받았다. 권력을 장악한 후
이고와 함께 함부로 조신朝臣을 죽이더
니 이고와 사이가 벌어지자 1171년(명
종 1) 이고와 그 일파를 죽이고 중방의
권한을 강화시켜 '이를 중심으로 권력을
휘둘렀다. 그후 좌승선左承宣(정3품)이
되고 그의 딸이 태자빈이 되자 더욱 국
정을 함부로 했다. 1174년(명종 4) 귀법
사의 중 100여 명이 성의 북문을 침범하
여 승록 선유宣諭를 죽이므로 병사를 거
느리고 이들을 물리쳤다. 또 중광重光·
홍호弘護·귀법·홍화弘化 등 여러 절의
중 2천여 명이 성의 숭인문崇仁門을 불
사르고 자신과 형을 죽이려 하자 부병府
兵을 모아 중 1백여 명을 죽인 후 중광·
홍호·귀법·용흥龍興·묘지妙智·복흥福興
등 여러 절을 불사르며 많은 재물을 빼
앗았다. 이때 서경유수 조위총이 반란
을 일으키자 이의방은 군사를 거느리고
반군을 크게 파하고 추격하다 대동강에

서 도리어 크게 패하고 돌아왔다. 이에
반군을 다시 치려 훈련하는 도중 정중
부의 아들 균筠의 명을 받은 중 종참宗
旵 등에 의해 살해되고 그의 형 준의俊
儀도 함께 잡혀 죽었으며, 그의 딸 태자
빈도 쫓겨났다.

경대승 慶大升 1154(의종 8)~1183(명
종 13) 고려 무신정권기의 집권 무신.
본관은 청주淸州. 중서시랑평장사 진珍
의 아들. 일찍이 큰 뜻을 품고 가산을
돌보지 않았으며 아버지 진이 불법으로
탈취한 토지의 전안田案을 선군選軍에
바치고 하나도 취하지 않아 청백하다는
평판을 받았다. 15살에 음서를 통해 교
위校尉에 임명된 뒤 계속 승진, 장군에
까지 이르렀다. 1178년(명종 8) 청주에
서 반란이 일어났을 때 본주本州의 사심
관으로서 이를 막지 못했다는 이유로
파면되었다. 일찍이 무신정변 이후 무
신들에 의해 자행된 불법에 대해 분개
하여 복고의 뜻을 가지던 중, 1179년 견
룡牽龍인 허승許升과 협력, 결사대 30여
명을 이끌고 정중부 일파를 제거하고
정권을 차지했다. 집권 후 종전에 최고
권력기구의 기능을 하던 중방重房의 존
재를 무력화시키고 사병집단인 도방都
房을 두어 정권유지의 기반으로 삼았
다. 거사 이후 관직을 그만두고 집에 있
었으나 국가의 대사는 모두 그에 의해
처결되었다. 1183년 7월 30살 나이로 병
사했다.

이의민 李義旼 ?~1197(명종 27) 고
려 무신정권기의 집권무신. 경주 사람.
아버지는 소금장수였고 어머니는 절의
종이었다. 키가 8척이나 되고 힘이 세
어 건달노릇을 하다 안렴사按廉使 김자
양金子陽에 의해 경군京軍에 뽑혔다. 특
히 수박手搏을 잘해 의종의 사랑을 받고
별장別將이 되었다. 무신정변 때 많은
문신을 죽인 공으로 중랑장中郞將이 되
고 이어 장군에 이르렀다. 1173년(명종

3)에 김보당金甫當이 장순석張純錫 등과 함께 의종을 복위하고자 군사를 일으켜 경주에 운거하자 의민은 이를 평정하고 경주에 있던 의종을 연못에 빠뜨려 죽였다. 그 공으로 대장군大將軍이 되었으며, 그뒤 조위총趙位寵이 서경에서 난을 일으켰을 때 이를 토벌한 공으로 상장군上將軍이 되었다. 1179년에 경대승慶大升이 정중부를 죽이고 실권을 장악하자 1181년 병을 핑계로 고향인 경주로 갔다가 1183년. 경대승이 죽은 뒤 명종이 의민을 불러 실권을 장악하게 되었다. 공부상서工部尙書에 수사공좌복야守司空左僕射를 겸했고, 그후 1190년에는 동중서문하평장사 판병부사同中書門下平章事判兵部事가 되어 권세가 더욱 커지더니, 인사처리를 함부로 하고 남의 전토를 빼앗는 등 횡포가 심했다. 그러나 아들 이지영李至榮 등이 세력을 믿고 갖은 불의를 자행하다가 최충헌의 동생인 충수忠粹의 비둘기를 빼앗은 것을 계기로 의민과 그의 아들들은 최충헌 형제에게 살해되었다.

최충헌 崔忠獻 1150(의종 4)~1219(고종 6) 고려 무신정권기의 집권자. 초명은 난鸞. 우봉牛峯 사람. 상장군 원호元浩의 아들. 음서로 양온령良溫令에 보임되었다가 1174년(명종 4) 조위총의 난을 평정할 때 용맹을 떨쳐 별초도령別抄都令에 등용, 계속 승진해 섭장군攝將軍이 되었다. 1196년(명종 26) 아우 충수忠粹와 이의민의 아들인 지영至榮과의 불화를 계기로 당시 정권을 잡고 있던 이의민을 미타산彌陀山 별장에서 죽이고 그 아들들이 거느린 가병家兵을 물리친 뒤 삼족三族과 그 일당을 모조리 잡아죽였다. 거사 후 명종에게 10조목의 봉사封事를 올려 폐정의 시정과 함께 임금의 반성을 촉구했으며, 철저한 숙청공작을 단행함으로써 그의 반대파 및 왕의 측근세력을 몰아내고 정치기반을

굳혔다. 또한 명종을 폐하고 신종을 옹립, 그 공으로 정국공신 삼한대광 대중대부 상장군 주국靖國功臣三韓大匡大中大夫上將軍柱國의 공신호를 받았으며 아우 충수도 공신호를 받았다. 그후 충수가 그 딸을 강제로 태자비로 삼으려는 것을 반대해 형제가 시가전을 벌인 결과 최충수가 패해 죽자 정권을 독점했다. 그는 병부상서로서 이부상서를 겸해 문·무관의 인사를 함께 관장했으며 무력장치로 과거 경대승慶大升의 도방제都房制를 강화해 신변을 보호했다. 1202년(신종 5)에는 아예 사저에서 문무관의 인사를 관장해 왕께 올렸는데, 이는 최우 때에 설치되는 정방政房의 시초라 할 수 있다. 1204년에는 신종의 선위로 희종을 즉위케 했으며, 1209년(희종 5)에는 청교역리靑郊驛吏가 여러 절의 중들과 함께 최충헌을 죽이려 한 사건을 계기로 영은문迎恩門에 교정도감敎定都監을 설치했는데, 이는 처음에는 반대파를 탄압하는 데 이용되었으나 뒤에는 인사와 조세 등 모든 정령이 이곳에서 나가게 되어 최씨정권의 실질적인 집정부가 되었다. 그후 내시 왕준명王濬明이 그를 죽이려 한 사건이 일어나자 희종과 태자를 폐하고 명종의 아들인 강종을 세웠으며, 강종이 왕위에 오른 지 3년 만에 죽자 태자 진瞋을 세웠는데 이가 고종高宗이다. 이와 같이 일생 동안 명종·희종 두 왕을 폐하고 신종·희종·강종·고종의 네 왕을 세우고 무인정치의 기반을 확고히 한 최충헌은 1219년(고종 6)에 71세의 나이로 병사했다. 시호는 경성景成이다.

봉사10조 封事十條 고려 때 최충헌이 명종에게 올린 10개조의 봉사. 1196년(명종 26) 4월 최충헌은 아우 충수와 함께 이의민을 살해하고 실권을 장악한 후 그해 5월에 충수와 함께 왕에게 「봉사 10조」를 올려 폐정의 시정과 왕의 반

성을 촉구했다. 이는 당시의 폐정을 쇄신하고자 하는 목적 외에 최충헌 형제의 정치적 세력기반을 확보하기 위한 것이었는데, 그 내용은 다음과 같다. 제1조 왕은 정전正殿(延慶宮)으로 환어할 것. 제2조 필요 이상의 관원(冗官)을 도태시킬 것. 제3조 토지점유를 시정할 것. 제4조 조부租賦를 공평히 할 것. 제5조 왕실에 공상供上을 금지할 것. 제6조 승려를 단속하고 왕실의 고리대업을 금할 것. 제7조 청렴한 주·군의 관리를 등용할 것. 제8조 백관으로 하여금 사치를 금하고 검약을 숭상케 할 것. 제9조 비보裨補 이외의 사찰을 도태시킬 것. 제10조 관리등용에서 인물을 가려 등용할 것.

최이 崔怡 ?~1249(고종 36) 고려 무인정권기의 실권자. 처음 이름은 우瑀였으나 후에 이怡로 고쳤다. 충헌의 아들로서 1219년(고종 6) 추밀원 부사였을 때 충헌이 죽자 그뒤를 이어 집권했다. 집권 후 우선 동생 향珦과 그 추종세력 등 반대파를 제거해 자신의 지위를 굳히는 동시에, 아버지가 축적한 보화를 왕께 바치고 점탈한 공사전민公私田民은 주인에게 되돌려주며 부패한 관리를 내쫓는 대신 깨끗한 선비를 많이 등용해 인망을 얻기에도 노력했다. 또한 교정도감教定都監의 기능을 강화시켜 인사 및 조세 등 일반사무를 관장하고 이를 통해 모든 정령을 내렸으며, 1225년(고종 12)에는 정식으로 사저에 정방政房을 설치하고 관료의 인사권을 장악했으며, 또 1227년에는 서방書房을 두어 당대의 명유名儒를 3번番으로 나누어 직숙케 하고 정권운영의 고문역할을 담당케 했다. 이러한 집정기구뿐 아니라 무력장치의 강화에도 힘을 기울여, 최충헌 이래의 가병집단家兵集團인 도방都房을 확대, 내·외도방으로 편성하고 또 전부터의 야별초夜別抄를 기간으로 삼

별초三別抄를 조직해 그의 사적인 무력기반으로 삼았다. 1231년(고종 18)부터 대대적인 몽고군의 침입이 개시되자 이듬해 임금을 받들고 강화로 천도해 항전을 계속했다. 1249년 최우가 죽자 아들 항抗이 3대 집정을 세습했다. 시호는 광렬匡烈이다.

최항 崔沆 ?~1257년(고종 44) 고려 무신정권기의 실권자. 처음 이름은 만전萬全, 아버지는 이怡. 어머니는 이의 첩 서련방瑞連房이다. 처음에 송광사松廣寺에서 중이 되어 쌍봉사雙峰寺에 주지로 있다가 다시 속세로 돌아와 항으로 개명했다. 속세로 돌아온 후 좌우위 상호군 호부상서左右衛上護軍戶部尙書가 되었다가 최이가 추밀원지주사樞密院知奏事로 옮기게 하고 가병家兵 5백을 나누어 주었다. 1249년(고종 36) 아버지 최이가 죽자 지이부사 상장군知吏部事上將軍 주숙周肅이 야별초와 내·외도방을 이끌고 왕정복구를 꾀하려다 이공주李公柱·최양백崔良伯·김준金俊 등 70여 명이 최항에게 붙자 주숙도 이에 합세함으로써 집권이 가능하게 되었다. 병부상서兵部尙書가 되고 이어 동서북면병마사東西北面兵馬使를 겸했으며 교정별감敎定別監이 되었다. 집권과정에서 사병세력이 왕정복구를 기도하는 등 위기를 맛보았던 최항은 집정으로서의 지위를 공고하게 할 필요를 느껴 반대파 숙청에 나서, 우선 인심을 얻고 있는 민희閔曦·김경손金慶孫을 해도海島로 유배하고 또 전대 최이의 세력들을 귀양보내는 한편 최이의 심복이었던 주숙周肅을 죽이는 등 구세력을 제거해 그의 지위를 확고하게 했다. 한편 교정별감첩教定別監牒으로 각 지방의 세공稅貢을 제하고 또 지방의 조부租賦를 징수하던 교정수확원敎定收獲員을 철수시키는 동시에 안찰사로 하여금 그 임무를 담당케 하여 인심을 얻기도 했다. 이와 같이 집정으

로서의 지위를 확고히 한 후 교정도감敎
定都監을 중심으로 무인정치를 행하다
가 1257년 병사, 그의 여종에게서 낳은
아들 최의崔誼가 4대집정을 세습하게 된
다.

최의 崔誼 ?~1258(고종 45) 고려 무
인정권기의 실권자. 최씨 무인정권의 4
대집정. 최항이 중으로 있을 때 송서宋
情의 여종과의 사이에 낳은 아들로서,
적자가 없어 후사가 되었다. 일찍이 최
항이 선인렬宣仁烈·유능柳能에게 의를
위촉한 바가 있었으므로 최항이 죽자
선인렬 등이 야별초 신의군夜別抄神義軍
·서방3번書傍三番·도방36번都房三十六番
을 모아 옹위함으로써 최의의 집권이
이루어졌다. 천계賤系소생으로 조정신
료들의 지지를 얻지 못한데다가 백성을
침탈하고 흉년으로 기근이 심한데도 진
휼하지 않는 등 실정을 거듭하던 끝에
마침내 자기의 가노家奴 출신으로 당시
별장別將이던 김인준金仁俊(뒤에 김준으
로 개명)과 틈이 벌어져, 김준과 유경柳
璥 등이 중심이 된 정변에 의해 집권 이
듬해인 1258년 3월에 살해되었다. 이로
써 4대 62년간 계속되었던 최씨정권도
막을 내리게 되었다.

김준 金俊 ?~1268년(원종 9) 고려
고종·원종 때의 권신. 처음 이름은 인
준仁俊. 아버지는 최충헌의 가노家奴인
윤성允成. 활쏘기를 잘하고 성격이 너그
러워 박송비朴松庇·송길유宋吉儒 등이
최이崔怡에게 추천, 신임을 얻었다. 최
이가 최항을 후계자로 삼는 데 역할을
했으며 최항이 정권을 잡은 후에는 별
장別將이 되어 더욱 신임을 받았다. 그
러나 최항이 죽은 후에는 최의가 최양
백崔良伯·유능柳能을 신임하고 김준을
멀리해, 이에 불만을 품다가, 1258년
(고종 45) 유경柳璥·박송비朴松庇 등과
함께 최의를 죽이고 정권을 왕에게 돌
린 후 장군이 되고 위사공신衛社功臣의

호를 받았다. 거사 후 무인정권은 최씨
정권 때보다 약체화되었으며 스스로의
집정부를 갖지 못하고 무인공신들의 옹
호 위에 무인정치를 실행했다. 그러나
아들 승준承俊 등 자기의 측근세력을 주
변에 모아 집권의 터전을 더욱 다져갔
으나, 1259년 원종이 즉위한 후 몽고가
김준 부자 및 아우를 모두 연경으로 입
조하도록 하자 두려움을 느끼고 장군
차송우車松佑와 의논, 몽고사신을 죽이
고 원종의 제거를 꾀했다. 그러나 왕권
강화를 위해 몽고와의 강화를 도모하던
원종은 몽고사신을 반대하는 김준의 태
도를 못마땅하게 생각하던 중 이 사실
을 알고, 김준과 사이가 벌어진 임연林
衍 등을 시켜 김준을 암살하게 했다.

유경 柳璥 1211년(희종 7)~1289년(충
렬왕 15) 고려의 문신·공신. 자字는 천
년大年·장지藏之. 본관은 문화文化. 정
당문학 공권公權의 손자. 고종 때 과거
에 급제, 벼슬이 국자대사성國子大司成
에 이르렀다. 오랫동안 정방政房에 있으
면서 최항崔沆의 후대를 받았으며, 최항
의 아들 최의崔誼가 실정을 거듭하자
1258년 김준金俊 등과 함께 최의를 죽이
고 정권을 왕실에 반환했다. 이후 상장
군上將軍으로서 우부승선右副承宣이 되
고 추성위사공신推誠衛社功臣의 호를 받
았으며, 왕에게 아뢰어 정방을 편전 곁
에 두고 인사 및 모든 국가의 기무를 결
정하게 했다. 그러나 유경의 세력이 나
날이 높아져 김준의 아들 김승준金承俊
과 임연林衍 등 여러 공신들이 이를 시
기해 김준에게 참소하고 왕에게 간함으
로써 승선직이 박탈되고 첨서추밀원사
簽書樞密院事가 되었으며 그 일파도 모
두 숙청되었다. 1268년(원종 9), 임연
이 환관들과 내통해 김준을 제거하자,
이를 비판하다 흑산도에 유배되기도 했
다. 이후 삼별초의 난이 일어났을 때 반
란군과 결탁하지 않고 탈출한 공으로

관직에 다시 등용되었다. 문장에 뛰어나 신종·희종·강종·고종 등 4대의 실록 편찬에 참여했으며, 4회에 걸쳐 지공거를 역임하며 많은 명사를 배출, 이존비李尊庇·안향安珦·안전安戩·이혼李混 등이 모두 그의 문하생이다. 1289년 79세의 나이로 죽었다. 시호는 문정文正.

임연 林衍 ?~1270(원종 11) 고려 고종·원종 때의 권신. 처음 이름은 승주承柱. 진주鎭州(鎭川) 사람. 어머니는 진주 주리州吏의 딸이다. 대장군 송언상宋彦祥의 심부름꾼이었다가 몽고병이 왔을 때 이를 물리쳐 그 공으로 대정隊正이 되었다. 그후 김준金俊의 천거로 낭장郎將이 되어 김준을 아비로 부르며 추종했다. 1258년(고종 45), 김준과 함께 최의崔誼를 죽이고 위사공신衛社功臣이 되고 추밀원부사樞密院副使가 되었다. 그후 김준과 사이가 벌어져 원종元宗과 그의 측근 환관인 강윤소康允紹·김경金鏡·최은崔恩 등과 힘을 모아 궁중에서 김준을 죽였다. 곧이어 다시 원종과의 세력다툼이 일어나자 김경·최은 등 왕의 측근들을 살해하는 한편 1269년(원종10)에는 조정 신하들을 위협, 원종마저 폐하고 왕의 아우 안경공 창安慶公淐을 세워 즉위시키고 스스로 교정별감의 자리에 앉아 무인집정이 되었다. 그러나 원의 압력으로 원종을 복위시키고 복위된 원종이 원으로 들어간 사이에 병으로 죽었다. 그의 뒤를 이어 아들 임유무林惟茂가 교정별감에 임명되었는데, 임유무 역시 끝까지 항몽정책을 지켜 원종의 소환명령을 듣지 않고 항거하다 삼별초를 이끌고 온 그의 매부 홍문계洪文系와 송송례宋松禮 등에 의해 제거되었다(1270년 경오정변庚午政變). 이 정변으로 무신정권은 완전히 끝나고 명실공히 왕의 친정親政이 복구되었다.

중방 重房 고려 때 2군6위의 상장군과 대장군이 모여 군사軍事를 의논하던 기관. 2군6위 제도가 완성되었으리라고 보는 현종 때 설치된 것으로 추측되나 기록상으로는 1167년(의종 21)에 처음 나타난다. 중방은 문신들의 도당都堂과 대조되는 무신들의 통수부라 할 수 있는 곳이지만 문신이 정권을 잡고 있을 때는 별다른 영향력이 없었다. 그러나 1170년 무신정권이 수립된 이후에는 군사·경찰·형옥刑獄·백관의 임면任免·상벌·제 조규諸條規의 제정 등에서 최고권을 행사하는 국가의 최고 정치기관이 되었다. 초기의 무신정권은 중심인물이 없고 쿠데타를 일으킨 무신들에 의한 집단지도체제를 이루었기 때문에 종래의 통수부격인 중방이 그들의 권력기구가 되었다. 그러나 최충헌이 정권을 잡자 1인독재에 적합한 지배기구가 차례로 마련되면서 중방은 군사에만 한정된 본연의 실무로 돌아갔다. 충선왕초에 잠시 폐지된 일이 있었으나 곧 다시 설치, 고려말기까지 명맥을 유지했다. 1393년(조선 태조 2), 삼군도총제부를 의흥삼군부로 고치면서 군사지휘권을 국왕에게 집중하기 위한 조치의 하나로 중방을 폐지했다.

도방 都房 고려 무신정권기의 사병집단·숙위기관宿衛機關. 사병을 조직화하여 하나의 기구로 만든 것인데, 원래는 사병들의 숙소를 가리키는 것이었으나 후에는 숙위대의 명칭으로도 사용되었다. 도방은 1179년(명종 9) 정중부 일파를 제거하고 집권한 경대승慶大升에 의해 처음 조직되었다. 정권 탈취과정에서 당시 대부분의 무신들을 적으로 삼아야 했던 경대승은 보다 안전한 신변보호책이 필요했기 때문에 결사대 백수십 명을 불러모아 문하에 두고는 도방都房이라 칭했던 것이다. 도방원都房員은 긴 베개와 큰 이불을 사용, 공동생활을 하면서 숙직을 했으며, 경대승도 이들과 한 이불을 덮고 자는 등의 성의를 보이며 여러가지 경제적 혜택을 베풀었다. 그러나 도방은 점차 경대승의 신변을 호위하는 데 그치지 않고 정보의 수집과 반대파의 숙청, 심지어는 주가主家의 권세를 배경으로 약탈과 살인 등의 폐단도 적잖아서 명종 13년 경대승이 병사하자 철저한 탄압을 받고 해체되었다. 그후 1200년(신종 3) 최충헌에 의해 재건되었는데, 신변보호를 위해 문무관·한량·군졸을 막론하고 힘센 자가 있으면 이를 불러들여 6번番으로 나누어 날마다 교대로 자기 집을 숙직케 했으며, 그가 출입할 때는 6번이 합하여 호위하게 해 그 위세가 마치 전쟁터에 나가는 것 같았다고 한다. 최충헌의 시종·문객이 거의 3천 명에 달했다는 것으로 보아 그 규모의 방대함을 알 수 있다. 최충헌의 도방은 그 아들인 최이에 이르러 내외도방內外都房으로 확대·개편되었으며 최항 때 다시 36번으로 확장되었다. 그후 최씨정권이 무너지고 김준이 집권하자 종래의 6번제로 되돌아가는 등의 변화를 겪었으며, 1270년(원종 11) 임유무가 피살되어 무신정권이 무너지자 폐지되었다.

교정도감 敎定都監　고려 무신정권기의 최고 권력기관. 일명 교정소敎定所. 1209년(희종 5) 청교역리靑郊驛吏 3명이 최충헌 부자를 살해하기 위해 거짓으로 공첩公牒을 만들어 여러 절의 중들을 모집했는데, 귀법사歸法寺의 중이 이를 최충헌에게 고하자 영은관迎恩館에 즉시 교정도감을 따로 세우고 그 일당을 수색했다. 교정도감은 이 사건이 끝난 뒤에도 폐지되지 않고 남아 반대파에 대한 정보수집이나 밀고 처리, 국가의 비위非違규찰에 관한 일을 맡았으며 이와 함께 별공別貢·어량세魚梁稅·선세船稅 등의 특별세 수취·인사행정 등 국가의 서정庶政을 지휘·명령하는 강력한 기능을 가졌다. 교정도감의 장은 교정별감

敎定別監이라 했는데, 이는 무인집정들의 세습직처럼 되어 있었으나 형식상으로는 국왕이 임명하는 절차를 거쳤으며 반드시 장군직을 가지고 있어야 맡을 수 있었던 것 같다. 교정도감은 최씨정권이 무너지고 나서도 계속 존속했으나 1270년(원종 11), 당시의 집권무신 임유무林惟茂가 피살됨과 동시에 소멸되었다. 무신정권 초기에는 중방에 의한 집단지도체제가 이루어졌으나 최씨정권기에는 1인독재체제로 바뀌었고, 교정도감은 이러한 1인독재에 영합한 체제로서, 무신정권기의 정치지배기구의 성격을 가장 특징적으로 나타내준 기구라 할 수 있다.

교정별감 敎定別監　교정도감敎定都監의 장. 최씨 무신정권기 이후 실질적인 최고 권력기관은 최충헌이 세운 교정도감이었다. 그 우두머리를 교정별감이라 했는데, 무신정권기의 집권자들은 이 지위 계승, 최충헌을 비롯하여 최이·최항·최의는 물론이고 김준·임연·임유무 등도 모두 교정별감이 되었다. 이 직은 형식상 왕이 임명했으나 실제로는 최고 무신집권자가 자동적으로 계승했다. 1270년(원종 11), 집권무신이었던 임유무가 피살되어 교정도감이 소멸되자 교정별감도 자동적으로 없어졌다.

정방 政房　고려후기 인사행정을 취급하던 기관. 지인방知印房·차자방箚子房으로도 불렸다. 최이가 인사의 처리를 위해 1225년(고종 12), 그의 사제에 설치한 기관으로서 최씨정권의 중요한 집권기구의 하나였다. 최충헌 때부터 정부인사의 사적 처리가 이루어져 왔는데, 이 사적인 인사담당 조직을 최이가 정방이라는 명칭으로 공식 기구화한 것이다. 이는 최이가 죽은 뒤에도 역대 권신에 의해 계승되었으며, 무신정권이 몰락한 이후에는 국가기관으로 변해 여러 차례 존폐를 거듭하며 조선초까지

존속되었다. 정방의 직제로는 인사에 대해 왕에게 아뢰는 일을 맡았던 정색승선政色承宣 이하 정색상서政色尙書·정색소경政色少卿·정색서제政色書題 등이 있었으며, 정방의 요원은 최씨정권 주변의 문사文士들로 채워졌다. 최씨정권의 4대 집권인 최의崔竩가 살해된 뒤에 정방은 유경에 의해 편전 옆으로 옮겨져 국가기관으로 변형되었다. 국가기관으로 모습을 바꾼 정방은 권신들의 지배기구가 되었는데, 권신들은 정방을 통해 인사권을 장악하고 토지와 백성을 탈취하는 등 많은 문제점을 낳았다. 이에 정방 권신들의 부패된 권력구조에 반발하고 관인체제의 질서회복을 주장하는 신흥 관인층들은 정방 폐지를 주장했으며, 이러한 권문세족과 신진관료층의 대립 속에 여러 차례 폐치廢置가 거듭되었다. 1278년(충렬왕 4), 정방에 필도치必闍赤(또는 필자치必者赤로도 쓰이며 몽고어로 문사文士를 뜻함)가 두어졌는데, 이는 왕권강화를 위해 측근인물들로 구성된 기구로서 재추회의의 기능을 대신케 하려는 데 목적이 있었다. 이와 같이 정방은 권력 대립관계에서 여러 차례에 걸쳐 성격변화와 존폐가 거듭되었으나 1388년(우왕 14), 이성계가 위화도회군으로 정권을 잡은 후 정방을 폐지하고 상서사尙瑞司를 성립시켰다.

서방 書房 고려 무신정권기에 자문·고문을 주임무로 하던 문사文士들의 숙위기관. 1227년(고종 14) 최이崔怡가 설치한 것으로서, 문객들을 3번番으로 나누어 번갈아 숙직시키며 고문에 대비하게 했다. 서방은 문인들을 우대·포섭해서 그들을 회유하고 아울러 무인 지배체제의 허점을 보완하기 위한 기구였으며, 최의를 제4대 집권자로 추대하는 등 최씨정권의 지주가 되었다. 최씨정권이 몰락한 이후에도 그대로 존속했으

나 임유무林惟茂가 살해되어 무신정권이 끝나는 것과 때를 같이해 폐지되었다.

삼별초 三別抄 고려후기 13세기중엽에 경찰·전투의 임무를 수행한 부대의 명칭. 최씨정권의 사병으로 좌별초左別抄·우별초右別抄·신의군神義軍을 말한다. 별초는 본래 전시의 임시적 군대조직인데, 최씨 무신정권기에 편성된 삼별초는 상비군의 구실을 했다. 1232년(고종 19) 무신집권자 최우(최이)가 수도 개경의 밤순찰과 수비를 위해 특별한 부대를 조직하고 이를 야별초夜別抄라 했는데 군사의 수가 많아지자 이를 나누어 좌별초와 우별초라 했고, 대몽전쟁이 터지자 몽고에 포로로 잡혀갔다 도망온 자들로 신의군을 편성, 이를 합해 삼별초라고 했다. 삼별초는 수도의 치안유지를 위한 경찰군의 역할뿐 아니라 도성 수비와 친위대로서의 임무도 수행했으며, 대몽전쟁 때는 전투부대로서 정규군을 대신해 혁혁한 공적을 남겼다. 이와 같이 삼별초는 공적 임무를 담당했을 뿐만 아니라 국가의 재정에 의해 양성되고 국고에서 지출되는 녹봉을 받았다는 점에서 국가의 공적인 군대라고도 할 수 있으나, 권신들의 사병적 성격도 농후했기 때문에 무신정권기엔 정변이 일어날 때마다 중요한 무력기반이 되었다. 대몽전쟁 때 강화도 수비를 담당하며 활동을 전개한 삼별초는 몽고와의 강화가 이루어진 이후에도 진도와 제주도를 중심으로 치열한 항전을 전개했다.

별초 別抄 정규군 이외에 결사대決死隊·선봉대先鋒隊·별동대別動隊의 성격을 갖는 특수부대. 숙종 때 설치된 별무반을 기원으로 들 수 있다. 12세기 이후 군사제도가 문란해지면서 임시로 그때그때 징발해 조직한 별초군이 있었는데, 특히 무신정권기에 많이 나타났다.

중앙에는 야별초·삼별초·마별초 등이 있었으며 지방에는 주현별초가 있었고, 여기에는 그 지방의 명칭을 붙인 경주별초·우봉별초·원주별초 등이 있었다. 중앙에 있었던 것을 경별초京別抄, 주현별초를 외별초外別抄라고도 했다. 조선 중기 이후에는 국왕을 호위하는 군대로서 어영청에 속한 가전별초 등이 있었다.

김보당의 난 金甫當-亂 1173년(명종 3), 무신정권에 반대하여 문신출신이었던 동북면병마사 김보당 등이 일으킨 정변. 문관출신인 김보당은 정중부 등 무신들의 전횡에 불만을 품고 있던 중 1173년, 동북면병마사가 되자 부하인 녹사錄事 이경직李敬直·장순석張純錫 등과 공모해 동계東界에서 군사를 일으켰다. 이들은 장순석과 유인준柳寅俊을 남로병마사南路兵馬使, 배윤재裵允材를 서해도병마사로 임명해 남북에서 동시에 개경으로 진격하게 했으며 동북면지병마사 한언국韓彦國도 호응했다. 그러나 거제로 가서 전왕 의종을 받들고 경주로 나와 싸웠던 장순석 등은 이의민 등에 의해 패하고 모두 잡혀 죽었으며, 이후 이의민은 의종을 객사에 가두었다가 못에 빠뜨려 죽였다. 그뒤 한언국 부대도 소탕되고 김보당 등도 모두 잡혀 사형됐는데, 개경에서는 이 반란에 가담했다고 하여 많은 문신들이 죽음을 당했다. 김보당의 난은 무신정권을 몰아내고 정권을 장악하려는 문신 지배층들의 반란이었으며, 무신들은 이 사건을 계기로 문신들을 모두 제거, 중앙과 지방에서의 지배를 더욱 공고히 하게 되었다.

김보당 金甫當 ?~1173(명종 3) 고려 중기의 문신. 본관은 영광. 의종 때 정치에 비판적이었던 인물로서, 무신정권이 성립된 직후 1171년(명종 1) 우간의右諫議가 되자, 이해 9월, 의종 때 정치를 문란케 했던 관리들을 탄핵해 정치질서를 회복하고 관료기구를 정상적으로 운영하고자 했다. 그러나 그가 탄핵한 이준의李俊儀 등이 오히려 명종의 신임을 받고 간관을 핍박함으로써 공부시랑으로 좌천되었는데, 이로 인해 명종에 대한 불신과 집권무신에 대한 반감을 가지게 되었다. 이후 점차 중앙의 정치무대에서 쫓겨나 간의대부로서 동북면병마사로 나가게 되었는데, 이러한 조처에 불만을 품고 1173년 8월 무신집권자를 몰아내고 전왕인 의종을 세우고자 녹사錄事 이경직李敬直·장순석張純錫 등과 공모해 반란을 일으켰다. 그러나 그해 9월 이경직과 함께 붙잡혀 개경에 보내지고, 이의방에 의해 죽음을 당했다. 이때 「문신으로서 이 모의에 가담하지 않은 자가 없다」고 말한 것이 계기가 되어 많은 문신들이 죽음을 당했다.

조위총의 난 趙位寵-亂 1174년(명종 4) 서경유수 조위총이 무신정권에 반대해 일으킨 반란. 당시 서경유수로 있던 조위총은 무신정권에 반대하는 민중들의 투쟁기세가 고조되자 그것을 이용해 정권을 탈취하기 위한 반란을 준비했다. 반란의 기회를 노려오던 그는 이의방이 국왕 의종을 죽인 것을 계기로 서경에서 반란을 일으키고, 동계와 북계의 여러 성들에 격문을 보내 「무신정권이 북계 일대의 여러 성을 공격하려 한다」고 하며 대항해서 싸울 것을 호소했다. 이에 호응해 절령岊嶺(자비령) 이북 40여 성이 호응했다. 개경에서는 토벌군을 조직해 파견했으나 서경군은 이를 절령에서 격파하고 개경까지 진격했다. 이에 이의방이 군대를 지휘하여 반격, 서경까지 밀고 왔으나 추위로 다시 퇴각했다. 1174년 11월, 토벌군이 다시 서경을 공격하자 조위총은 금나라에 원병을 요청했으나 실패하고, 장기간에 걸친 공방전 끝에 1176년(명종 6) 서경이 함락되고, 조위총의 거사는 반기를 든지 22개월 만에 실패했다. 조위총의 난은 지배층 내부의 정권을 둘러싼 싸움이었으나 그 중심세력은 여기에 참가했던 절령 이북의 40여 성의 민중들로서, 이는 무신정권에 항거한 민중항쟁의 성격을 띠고 있었다. 반란이 실패한 이후에도 여기에 참가했던 하층민들은 서경을 중심으로 계속 항쟁했고(조위총 여중餘衆의 봉기 1177~1178), 이는 이 무렵 서북지방에서 일어난 농민봉기 중 가장 대표적인 것이었다.

조위총 趙位寵 ?~1176(명종 6) 고려의 관인. 서경유수로 있을 때 정중부 등이 의종을 살해하고 많은 문신들을 죽이자, 정중부·이의방 등을 토벌한다는 명분을 내걸고 1174년(명종 4) 군사를 일으켰다. 동북 양계 여러 성에 격문을 보내「개경의 중방이 북계 일대의 여러 성을 토벌하기 위해 군사를 냈다」고 선동하자, 절령岊嶺(자비령) 이북의 40여 성이 호응해 왔다. 이후 22개월 동안 서경을 중심으로 정부군과 공방전을 벌였으며, 서경이 포위되고 막다른 골목에 이르자 절령 이북 40여 성을 들어 금나라에 속국으로 들어가기를 청하며 원병을 요청했으나 실패했다. 그후 정부군의 협공으로 서경이 함락되자 그도 사로잡혀 죽음을 당했다.

서북농민봉기 西北農民蜂起 무신정권 초기에 서북지방에서 일어난 농민봉기. 문벌귀족의 수탈로 농민들의 유망流亡이 늘어나던 12세기중엽 의종대에는 전국 각지에서 농민봉기가 일어났다. 특히 무신정변 이후 정권기반을 마련하기 위해 지배계급의 수탈이 더욱 강화되자 커다란 규모의 농민봉기가 전국 각지에서 전개되었는데, 무신정권 초기부터 가장 치열하게 봉기한 것은 서북지방의 농민들이었다. 서북지방의 군대와 농민들은 사신접대비와 군사비 명목으로 원래부터 가혹한 수탈을 받아왔기 때문에 무신집권 이후 수탈이 더욱 강화되자, 1172년 6월 관아를 습격하여 수령과 향리를 죽이며 들고 일어났다. 이들 농민군은 1174년 서경유수 조위총趙位寵이 난을 일으키자 이에 가담하여 싸웠으며, 1176년 서경이 함락된 이후에도 관군에 항복하지 않았던 농민들이 1177년 다시 봉기했는데, 정부에서는 이들을「조위총의 여중餘衆」이라고 했다. 이들은 서경을 다시 장악하고 5개월간 관군에 맞서 항쟁하다 같은 해 9월 군사활동에 유리한 묘향산으로 이동했다. 묘향산으로 들어간 농민군은 서북지방 각지의 고을을 습격하며 폭넓게 활동했으나 시간이 갈수록 식량사정이 어려워졌고, 서북면병마사 박제검朴齊儉의 회유책에 넘어간 몇몇 지휘관들이 투항함으로써 1178년 10월 뿔뿔이 흩어지고 말았다. 다음해인 1179년(명종 9) 서적유종西賊遺種으로 표현된 서북지방 농민들의 봉기가 다시 일어났는데, 서북면지병마사 이부李富가 식량을 주겠다고 성내로 유인한 뒤 모두 학살해 버렸다. 서북지방에서는 이외에도 많은 봉기가 일어났는데, 이러한 서북지역 농민봉기는 국가의 통제력을 약화시켜 남쪽지방에도 농민봉기가 일어나게 하는 계기를 마련했다.

망이·망소이의 봉기 亡伊亡所伊-蜂起 1176년(명종 6) 공주公州 명학소鳴鶴所를 중심으로 일어난 농민·천민의 봉기. 서북지방에서 조위총의 난이 일어나 관군과 한창 공방전을 벌이고 있을 때인 1176년 정월, 공주 관할의 명학소에서 망이·망소이가 무리를 모아 산행병마사山行兵馬使를 자칭하고 난을 일으켜 공주를 함락했다. 정부에서는 선유사宣諭使를 보내 회유하려 했으나 실패, 이후 대장군 정황재丁黃載에게 3천 명의 군사를 주어 토벌하도록 했으나 패배했

다. 이에 정부에서는 명학소를 충순현
忠順縣으로 승격시켜 현령縣令과 현위縣
尉를 파견하고 난민을 위무하는 등의 회
유책을 쓰게 되었다. 결국 1177년 1월
화의가 성립되었으나, 이후 정부에서
보낸 군대가 명학소에서 망이의 어머니
와 처를 납치하자 2월에 다시 일어나 가
야사伽耶寺(충남 예산군)를 습격하고 3
월에는 홍경원弘慶院(충남 직산稷山)을
불태우고 개경까지 진격할 것임을 내세
운 편지를 개경 정부에 전달하기도 했
다. 이어 아주牙州(아산牙山)를 함락하
고 청주를 제외한 청주목 관내의 모든
고을을 점령했다. 이에 정부는 5월에
충순현을 다시 명학소로 강등시키면서
대대적인 군사적 공세를 감행했다. 그
결과 6월에는 망이가 항복을 청해왔고,
7월에는 망이·망소이 등이 정세유鄭世
猷가 이끈 관군에 의해 체포·구금됨으
로써 1년 반 동안 계속된 봉기는 완전히
진압되었다. 이 봉기는 이 무렵 활발하
게 전개되었던 봉기 가운데서도 특수
행정구역이었던 소所에서 일어났다는
점에서 주목된다. 소는 국가가 공물을
확보하기 위해 정책적으로 설정한 지역
으로서, 소의 주민은 일반 군현에 속한
촌락민에 비해 과중한 세금에 시달렸
다. 따라서 이들의 봉기목적은 국가의
직접적이고 지나친 수취를 피하려는 데
있었고, 소를 현으로 승격시켜주는 회
유책으로 일단 화의가 성립될 수 있었
던 것이다. 소 주민들의 이러한 항쟁은
이후 이러한 특수 수탈지역이 소멸되는
데 영향을 끼쳤을 것으로 보인다.

관성농민봉기 管城農民蜂起 1182년
(명종 12)에 관성(충청북도 옥천군沃川
郡)에서 일어난 농민봉기. 관성 현령 홍
언洪彦이 백성들을 수탈하고 주색에 빠
져 횡포하기 짝이 없었으므로 향리와
백성들이 홍언의 애기愛妓를 죽이고, 다
시 그녀의 어머니와 형제를 죽이는 한

편 홍언을 잡아 가두었다. 이에 정부에
서는 이 사건을 조사해 주모자 5,6명을
귀양보내고 홍언을 종신금고에 처하는
한편, 관성현에 대해 관호를 삭제하고
영令과 위尉를 두지 않게 하여 현을 폐
지했다. 당시 계속된 정변으로 중앙정
부의 지배력이 약화되자 지방수령들의
횡포가 더욱 극심해졌는데, 여기에 무
신정변 이후 외관外官에 문무교차지법
文武交差之法이 실현되어 현에는 현령縣
令·현위縣尉가 각각 문관과 무관으로 함
께 보내졌으므로 농민에 대한 수탈이
배가되었을 뿐 아니라 양인의 불화로
그 해가 더욱 심했다. 관성의 봉기는 무
신정변 이후 외관제의 모순과 수령의
탐학에 대한 농민들의 반항운동이었다
고 할 수 있다.

부성농민봉기 富城農民蜂起 고려 명
종 때 부성(충남 서산瑞山)에서 일어난
농민봉기. 무신정권이 성립된 이후 외
관에 대한 문무교차지법이 실현되어 현
령과 현위가 문관과 무관으로 함께 보
내져 농민에 대한 수탈이 배가되었을
뿐 아니라 양인의 불화로 그 해가 더욱
심했다. 이 무렵 부성에서는 현령과 현
위가 서로 반목, 그 해가 백성들에게 미
쳐 고통이 심했다. 이에 1182년(명종
12), 백성들이 반란을 일으켜 관아의 관
리와 노복들을 죽이고 현령 아문과 현
위 아문을 폐쇄하여 현령과 현위를 감
금했다. 이 사건으로 정부에서는 패역
悖逆하다 하여 부성현에 대해 관호官號
를 삭제, 현령과 현위를 두지 않게 되어
부성현이 폐지되었다. 부성의 봉기는
무신정변 이후 외관제의 모순과 수령의
탐학이 직접적인 계기가 되어 일어난
농민봉기였다.

기두 죽동의 봉기 旗頭竹同-蜂起 118
2년(명종 12) 전주全州의 정용·보승군
의 기두인 죽동 등 6명이 군인과 관노官
奴 등을 모아 일으킨 봉기. 전주의 군대

인 정용군과 보승군은 배를 만드는 데 동원되었는데, 전주사록全州司錄 진대유陳大有와 상호장上戶長 이택민李澤民 등의 사역이 심했다. 이에 죽동 등이 봉기하여 사록 진대유를 산사山寺로 내쫓고, 이택민을 비롯한 10여 부호들의 집을 불지르고 전주를 장악했다. 이들은 판관判官에게 강제로 주리州吏를 갈게 하고 또 안찰사에게 진대유의 불법상不法狀을 낱낱이 고해 서울로 압송케 했다. 이들은 안찰사가 이끌고 온 도내병과 40여 일간 싸우면서 성을 지켰으나, 관군의 이간책으로 내부분열이 일어나 일품군 대정隊正과 승도僧徒가 죽동 등 10여 명을 죽인 사건이 일어난 것을 계기로 반란이 진압되고 잔당 30여 명도 체포되어 학살되었다. 이 봉기는 지방관과 주리州吏의 가혹한 사역에 대한 반발로 주현군과 관노들이 연합하여 일으킨 것이다. 이들의 봉기 역시 일반 농민봉기와 마찬가지로 그 목적이 정권탈취에 있었다기보다는 지방관리의 축출에 있었던 것으로 보인다.

진주농민봉기 晉州農民蜂起 1186년 (명종 16) 진주에서 일어난 농민봉기. 12세기에는 고려의 지배체제가 동요되어 농민들의 유망流亡이 가속화되었으며 계속된 정변으로 중앙정부의 지배력이 약화되었는데, 이는 무신정권이 수립된 이후 더욱 커졌다. 이로 인해 지방수령의 탐학이 심해지고, 이는 농민들의 유망을 더욱 부채질했다. 이에 명종은 수령의 수탈을 금지하는 조서를 여러 차례 내렸으나 큰 효과를 거두지 못해 농민봉기는 각지에서 끊임없이 일어났다. 1186년 진주에서는 수령 김광윤金光允이 백성을 수탈하여, 견디지 못한 백성들이 반란을 일으키려 했으나 정부가 수령을 장죄贓罪로 다스려 귀양보내자 그대로 가라앉았다.

안동농민봉기 安東農民蜂起 1186년

(명종 16) 안동에서 일어난 농민봉기. 무신정권 수립 후 정권기반을 마련하기 위한 무인들의 토지점탈占奪과 수탈이 심해지자 농민 중엔 고향을 떠나 전국을 유랑하는 자가 셀 수 없이 많았고, 계속된 정변으로 인한 정치기강의 문란으로 지방관의 탐학이 더욱 심해지자 각지에서 농민봉기가 일어났다. 이에 명종은 수령의 백성수탈을 엄금하는 조서까지 내렸으나 효과는 보지 못했다. 이때 안동 수령 이광실李光實의 탐학을 견디지 못한 농민들이 반란을 일으키려 했는데, 정부에서 이광실을 장죄贓罪로 다스려 귀양보내자 비로소 가라앉았다. 이 봉기는 지방수령의 탐학에 대한 봉기로서 가장 전형적인 성격을 보여준다.

김사미·효심의 봉기 金沙彌孝心-蜂起 1193년(명종 23) 경상도 일대에서 김사미와 효심이 주도해서 일어난 농민봉기이다. 무신정권기에는 전 기간에 걸쳐 농민과 천민의 봉기가 일어났는데, 특히 정권초기 약 30여 년간에 걸쳐 삼남지방에서 크고 격렬하게 발생했다. 이중 가장 대표적이며 특징적인 봉기 중의 하나로 김사미와 효심의 봉기를 들 수 있다. 김사미는 농민출신으로 청도淸道에 있는 운문산雲門山을 근거로 부근의 농민 유망민을 규합, 강력한 세력을 이루었다. 한편 초전草田(울산蔚山)에서는 효심이 지휘하는 농민군이 활동하고 있었는데, 이들은 서로 정보도 교환하고 작전도 상의하는 등 연합전선의 태세를 갖춘 일면도 있었던 것 같다. 1193년, 이들이 주현을 누비며 맹렬한 항거운동을 전개하자 조정에서는 대장군 전존걸全存傑에게 장군 이지순李至純·이공정李公靖 등을 거느리고 나아가 토벌하게 했다. 그러나 토벌군은 적군과의 싸움에서 패배를 거듭하여 아무런 성과를 거두지 못했다. 〈고려사〉 이의민전李義旼傳에 의하면, 당시 실권자의 아들인 이지순이 토벌군 지휘자로 있으면서 반란군과 내통, 작전기밀을 누설하고 반란군에게 군수물자를 원조해 주었기 때문이라고 한다. 토벌군 사령관인 전존걸은 이지순의 통모행위를 알고 있었으나, 「법에 따라 처벌하면 그의 아비가 나를 죽일 것이고 처벌하지 않으면 적의 세력이 더욱 강력해질 것이다」라고 하면서 궁지에 몰려 자살하고 말았다. 이의민은 자신의 권력을 확대하고 새 왕조를 세우기 위해 이들 농민봉기를 이용했으며, 김사미 등은 경주출신이며 경주이씨의 일족인 이의민을 이용, 그들의 소망인 신라의 부흥을 실현하고자 시도했던 것으로 보인다. 즉 이 봉기는 당시 농민·천민봉기에서와 같은 계급적인 문제뿐 아니라 경주인의 신라부흥운동을 비롯, 당시의 지역감정문제와 경주이씨의 족적 유대의식 등 상당히 복잡한 요인들이 작용하고 있었음을 짐작하게 한다. 조정에서는 그해 11월 다시 상장군上將軍 최인崔仁과 대장군大將軍 고용지高湧之를 보내 대적케 해, 이듬해 2월 김사미가 항복함으로써 진압되었다. 효심 등은 그 후에도 계속 대항했으나 대규모의 토벌군에게 밀리던 중 밀성密城(밀양密陽)싸움에서 한꺼번에 7천 명이 죽음을 당하는 참패를 당해 결정적인 타격을 입었고, 12월 효심이 사로잡힘으로써 항쟁은 끝을 맺게 되었다. 그러나 이후에도 운문을 근거로 한 농민봉기군이 계속 존재하여 정부에 반기를 들었음은 밀성 관노 투속사건이나 경주 별초군의 봉기에서 알 수 있다.

만적의 봉기 萬積-蜂起 1198년(신종1), 개경에서 만적 등의 노비들이 일으킨 봉기. 12세기에는 전시과田柴科로 대표되는 고려전기의 지배체제가 동요되는 가운데 농촌사회가 급속히 해체되고 농민의 유망이 가속화되었으며 각지에서 농민봉기가 일어났다. 농민봉기는 무신정변 이후 정권 기반 마련을 위해 지배계급의 수탈이 강화되자 더욱 활발히 전개되었다. 게다가 이자겸의 난 이후 계속된 정변으로 인한 지배계급의 피지배계급에 대한 지배력 약화는 무신정변 이후의 정권다툼으로 더욱 약화되었으며, 또한 무신정변 이후 미천한 신분출신의 무인들이 정권을 잡자 전통적인 신분질서가 무너지면서 피지배층의 사회의식이 성장했던 것도 봉기의 중요한 배경이 되었다. 이러한 배경에서 농민봉기뿐 아니라 천민들의 신분해방운동도 활발하게 전개되었는데, 대표적인 것이 노비가 주체가 되어 일어난 만적의 봉기이다. 1198년 5월, 최충헌의 사노私奴였던 만적은 개경 북산北山에서 나무를 하던 중 같이 일하던 공사노비들을 불러모아, 「무신의 난 이후에 고관高官이 천한 노예에서 많이 나왔으니 장상將相의 씨가 어찌 따로 있겠는가. 때가 오면 누구나 할 수 있다」라고 선동하며 반란을 모의했다. 이들은 갑인일甲寅日에 흥국사興國寺에서 모여, 궁중으로 몰려가 환관과 궁노들의 호응을 받아 먼저 최충헌을 죽인 다음 각기 자기 주인들을 죽이고 노비문서를 불사르기로 계획했다. 그러나 약속한 날 수백 명밖에 모이지 않아 며칠 뒤에 다시 모이기로 했는데, 순정順貞이란 자가 자기 주인에게 밀고해 만적 등 백여 명의 노비가 강물에 던져짐으로써 봉기는 무산되었다. 비록 사전에 무산되긴 했지만 만적의 봉기는 신분제를 부정하고 지배계급을 송두리째 무시하면서 노비문서를 불사를 것을 계획하는 등 그 목표가 신분해방투쟁임이 분명히 드러나고 있다. 그리고 이러한 목표를 달성하기 위해서 정권을 탈취하고자 한 것이다. 이와 같은 신분해방운동은 그뒤에도 계속 일어났지만 모두 실패로 돌아갔다. 그러나 이러한 농민·천민의 봉기는 그들의 사회적 성장·발전을 촉진했으며, 구체제를 무너뜨리고 새로운 사회를 건설하는 원동력이 되었다. 특히 노비와 천민의 봉기는 신분제 와해를 더욱 촉진하여 이후 사회의 성격을 바꾸어 놓았다.

밀성관노 투속사건 密城官奴投屬事件 1200년(신종 3), 밀성密城(밀양密陽)의 관노들이 운문雲門(청도淸道)의 농민군에 가담한 사건. 밀성의 관노 50여 명이 관의 은기銀器를 훔쳐 운문적雲門賊에게 가담했는데, 운문은 김사미가 봉기를 일으킨 근거지였다. 1194년 김사미가 관군에 항복하여 참살된 뒤에도 이곳을 근거로 한 세력이 계속 존재하고 있었으며, 이러한 농민봉기는 주변 민중들의 호응을 받아 세력이 계속 확대되었던 것이다. 여기에는 단순한 농민세력뿐 아니라 관노를 비롯한 억압받는 다양한 계층이 참가했음을 알 수 있다.

경주 별초군의 봉기 慶州別抄軍-蜂起 1202년(신종 5), 경주의 별초군이 일으킨 봉기. 별초군은 정규군 외에 결사대·선봉대·별동대의 성격을 갖는 특수부대를 뜻하며, 특히 무신정권기에 많이 나타났다. 별초군에는 중앙의 경별초京別抄 외에 지방에 있는 주현별초(외별초라고도 함)가 있었는데, 이중 경주의 별초군이 봉기한 것이다. 이들은 1202년 10월, 운문의 농민봉기군과 부인사符仁寺·동화사桐華寺의 승려를 끌어들여 영주를 공격했다. 이에 영주 사람 이극인李克仁·견수堅守 등이 정예를 거느리고 싸우자 경주 별초군은 크게 패하고 물러났다. 이때 당시 집권자였던 최충헌은 군사를 내 경주를 토벌, 난의 뿌리를 뽑을 것을 결정했다. 이 소식을 들은 경주 사람들은 「신라부흥」을 표방하고 장군 석성주石成柱를 왕으로 추대하려 했으나 오히려 석성주가 이를 밀고하여 실패했다. 이에 봉기군은 항복을 청했으나 최충헌은 강경한 토벌의 입장을 고수하며 초토처치병마사招討處置兵馬使를 3도로 나누어 파견, 이를 진압했다. 봉기가 진압된 1204년(희종 즉위년)에는 동경유수東京留守를 지경주사知慶州事로 강등하고 경주 관할의 주부군현과 향 부곡을 안동과 상주에 나누어 소속시켰으며, 경상도慶尙道를 상진안동도尙晉安東道로 개칭했다. 경주 별초군의 봉기는 경주인의 신라부흥운동과 연결되어 고려왕조를 부인하는 정치적 색채를 띠는 것이 주목된다. 이것이 당시 지배체제에 항거하는 농민봉기 세력과 무신정권에 불만을 품은 교종 승려세력과 연결되어 대규모의 봉기로 전개된 것이다.

몽고 蒙古 몽고 고원을 중심으로 만주와 중국의 북부지역 등에 걸쳐 거주하던 유목민족. 몽고 고원에서 유목생활을 하던 몽고족은 여러 개의 부部로 분산되어 요遼·금金의 지배를 받고 있었으나, 13세기초 몽고부의 테무친鐵木眞이 부족을 통일하고 인근의 유목민족들을 정복하여 세력을 확장했다. 1206년(고려 희종2) 테무친은 칸汗, 즉 황제로 추대되어 칭기즈칸成吉思汗이라 칭하고 대몽고국大蒙古國을 세웠다. 이후 정복전쟁을 추진하여 주위의 서하西夏·금金·서요西遼 등을 정복했고, 계속해서 서쪽으로 진출하여 중앙 아시아는 물론 서아시아·남러시아에 이르는 대제국을 건설했다. 이러한 과정에서 몽고족은 1231년(고종 18)부터 1258년까지 6차례에 걸쳐 고려에 침입, 80여 년 동안 고려의 정치에 간섭했다. 1260년 남송을 점령한 뒤, 1271년 국호를 원元으로 바꾸었다.

강동성 전투 江東城戰鬪 1218년(고종 5)부터 1919년에 걸쳐 고려·몽고·동진

東眞의 연합군이 강동성에 침입한 거란적契丹賊을 물리친 전투. 13세기초 몽고족의 세력이 확대되고 금나라의 세력이 위축되자 금의 지배를 받아온 거란인은 각지에서 반란을 일으켰고, 그 세력의 일부가 몽고병에게 쫓겨 압록강을 건너 왔다. 이들은 고려의 북방지역을 노략하며 또 수도 개경까지 위협했다. 이에 고려는 조충趙冲을 서북면 원수, 김취려金就礪를 병마사로 임명하여 거란적을 치게 해, 마침내 그들의 주력부대를 평양 동쪽에 있는 강동성에 몰아넣었다. 이 무렵 금나라의 장군 포선만노蒲鮮萬奴가 자립하여 간도지방에 동하東夏(동진국東眞國)를 세웠는데, 몽고의 원수 합진哈眞(카진) 등은 이를 신종臣從케 한 다음 자신이 거느린 몽고군 1만과 동진의 군사 2만과 연합「거란적을 토벌한다」고 선언하면서 고려의 동북면 지방으로 남하해 그곳의 거란족을 차례로 무찌르고 강동성으로 진격하고 있었다. 이때 폭설로 군량미의 보급이 어렵게 된 몽고와 동진의 연합군은 고려에 식량원조와 함께 강동성에 대한 공동작전을 제의했다. 고려는 망설이다 결국 협력하기로 하고 군량미를 보내며 몽고·동진군과 합세해 무난히 강동성을 함락했다(1219년). 이로써 고려에 침입한 거란적의 난은 일단락되었으나 이를 계기로 고려는 몽고와 비로소 접촉을 갖게 되었고, 형제의 맹약을 맺어 몽고의 간섭을 받는 외교관계가 시작되었다. 강화 직후 합진은 강동성에 억류되어 있던 우리 백성 200명과 거란인 포로 7백 명을 고려에 돌려주었다. 조충과 김취려는 거란인 포로를 모두 고려의 백성으로 삼아 각도의 주현에 나누어 토지를 주어 모여 살게 했는데, 그곳이 거란장契丹場이라는 이름으로 불렸다.

김취려 金就礪 ?~1234(고종 21) 고려후기의 무신. 본관은 언양彦陽. 아버지는 예부시랑을 지낸 부富이다. 음서蔭敍로 정위正衛가 되어 동궁위東宮衛에 배속되었으며, 이후 장군이 되어 동북계를 맡아 지켰고 대장군에 발탁되었다. 몽고족의 세력확대로 금나라가 쇠퇴하자 금나라의 지배를 받던 거란인들이 반기를 들어 자립했는데, 이들 또한 몽고병에 쫓겨 1216년 고려의 북방지역으로 밀려들어왔다. 이때 그는 대장군으로 후군병마사가 되어 조양진朝陽鎭에서 거란군을 물리쳤으며, 연주延州에서는 앞장서서 적군의 포위를 돌파하여 거란군 2천4백 명을 베거나 사로잡았다. 1217년 거란군 5천여 명이 다시 남으로 내려오자 상장군으로 전군병마사에 임명되어 거란군사를 명주溟州(강릉) 방면으로 패주시켰고, 1218년 거란이 또다시 침입하자 병마사가 되어 서북면 원수 조충趙冲과 함께 적을 강동성江東城으로 몰아넣었다. 이때 거란적을 토벌한다는 명분을 내세우며 고려의 동북면 지방으로 남하해 온 몽고·동진 연합군의 공동작전 제의로 이들과 힘을 합쳐 강동성을 함락시켰다. 또한 1219년 의주별장 한순韓恂과 낭장 다지多智 등의 반란을 이극서李克偦·이적유李迪儒와 함께 평정하는 등의 공적을 인정받고 계속 승진, 1228년에는 수태위 중서시랑평장사 판병부사守太尉中書侍郞平章事判兵部事가 되었으며 그뒤 시중에 제수되었다. 고종高宗의 묘정廟庭에 배향되었으며, 시호는 위열威烈이다.

구주싸움 龜州 —— 1231년(고종 18), 몽고군의 제1차침입 때 구주성에서 고려군이 몽고군을 크게 격파한 전투. 강동성江東城의 전투를 시작으로 고려와 몽고 두 나라 사이에는 국교가 열렸는데, 이후 몽고는 매년 고려에 사신을 보내 많은 양의 공물을 요구했다. 이로 인해 고려에서는 점차 그들을 꺼리게 되었고, 이런 상황에서 사신으로 왔던 저

고여著古與가 본국으로 돌아가다 압록 강가에서 누군가에 의해 살해되는 사건이 일어나 두 나라의 국교는 단절되었다. 본래 아시아 지역에 대한 정복야욕으로 고려에 대한 군사행동을 계획하고 있던 몽고는 이 사건을 트집잡아 1231년 고려에 쳐들어왔다. 살리타撒禮塔를 대장으로 한 몽고군은 압록강을 건너 철주鐵州를 거쳐 안북부安北府(安州)를 공략하고, 그곳을 본영으로 삼으며 계속해서 각지를 공격했다. 이때 구주성에서는 서북면 병마사 박서朴犀와 정주 분도장군靜州分道將軍 김경손金慶孫 등을 비롯한 주변 여러 성의 지휘관이 집결해 몽고군에 강력하게 항전했다. 몽고군은 대포차로 공격하고 터널을 뚫기도 하고 화공법火攻法과 사다리를 만들어 성을 공격하는 등 다양한 작전을 벌였다. 그러나 고려군은 임기응변으로 이에 대항하여 성을 굳건히 지켰다. 할 수 없이 몽고군은 구주를 단념하고 개경을 먼저 공격, 고종의 항복을 받은 후 다시 구주를 공격했지만 역시 실패했다. 이듬해 정월 몽고과의 화의를 체결한 개경 정부의 명령에 의해 항전이 끝났을 때, 70세 정도의 몽고의 한 장수가 성의 안팎과 무기를 둘러보고 개탄하며, 「내가 어려서부터 종군하여 천하 성지城池(성성)와 그 주위에 파놓은 못의 공방전을 여러 번 보았으나, 일찍이 이렇듯 맹렬한 공격에도 끝내 항복하지 않는 곳은 처음 보았다」고 탄식했다 한다. 구주는 몽고와의 1차전 이후 정원대도호부定遠大都護府로 승격되었다.

박서 博犀 생몰년 미상. 고려후기의 무신으로 대몽항쟁기에 구주성을 지킨 장수. 죽주竹州(죽산) 사람. 호부상서 박인석朴仁碩의 아들. 1231년(고종 18) 서북면 병마사로 있을 때, 몽고장수 살리타撒禮塔가 이끌고 온 몽고군이 철주鐵州를 함락한 후 구주성龜州城(구성)을

여러 겹 포위하고 공격해왔다. 박서는 삭주·정주 등 주위 여러 고을 군대와 함께 이를 사수, 밤낮을 가리지 않고 온갖 무기를 동원하여 공격하는 적의 공격을 물리치고 구주를 지켰다. 몽고군은 할 수 없이 구주를 포기하고 개경을 먼저 공격하여 고종의 항복을 받은 후 다시 구주를 공격했으나 또다시 큰 손해를 입고 실패했다. 그뒤 정부의 명령으로 항복한 박서는 관직에서 물러나 고향 죽주에 있다가 다시 문하평장사門下平章事가 되었다.

충주 노군의 항전 忠州奴軍-抗戰 1231년(고종 18), 몽고군에 대항한 충주 노군奴軍의 전투. 몽고군의 제1차침입 때 살리타撒禮塔가 거느린 몽고군은 개경을 포위하고 그 일부는 남하를 계속해 충주에 이르렀다. 이때 충주성에서는 부사 우종주于宗柱가 양반별초兩班別抄, 판관 유홍익庾洪翼이 노군·잡류별초를 거느리고 성을 지키고 있었는데, 몽고군이 들이닥치자 우종주·유홍익과 양반별초들은 성을 버리고 달아나고 오직 노군과 잡류雜類만이 협력하여 이를 물리쳤다. 그러나 몽고군이 물러간 뒤 도망갔던 지휘관과 양반들이 돌아와 적이 약탈해 간 은그릇 등의 물건에 대한 책임을 물어 노군을 죽이려고 하자 대대적인 반란사건이 일어났다.

처인부곡민의 항전 處仁部曲民-抗戰 1232년(고종 19), 몽고의 제2차침입 때 승려 김윤후金允侯의 지휘로 처인부곡민들이 적장 살리타撒禮塔를 사살한 전투. 1232년 고려가 몽고에 대항하기 위해 강화 천도를 단행하자, 그해 살리타가 이끈 몽고군이 개경 환도를 촉구하며 침입했다. 이때 몽고는 고려 본토에 대해 철저한 약탈과 유린을 가함으로써 강화도 정부가 스스로 항복하는 전략을 세워 선발의 별동부대는 대구지방까지 남하, 부인사에 보관되어 있던 대장경

(초조대장경)을 불태우기도 했다. 살리타가 이끄는 주력부대는 안북부(安州)에 장기간 주둔하며 북계 일대를 장악한 후, 개경을 거쳐 광주廣州를 공격했으나 함락시키지 못하고, 다시 수주水州(지금의 수원)의 속읍屬邑인 처인부곡處仁部曲(龍仁)에 이르렀다. 이때 처인부곡민들은 처인성(용인군 남사면 위곡리)에 들어가 몽고군과 공방전을 벌였는데, 그해 12월 16일 이곳에서 함께 항쟁하던 백현원白峴院의 승려 김윤후의 활약으로 적장 살리타가 사살되자 몽고군은 고려로부터 철수하게 되었다. 이 전투는 관에 의해 주도되지 않은 순수한 지역민들의 자력적인 항전이었다는 점에서 주목된다. 이 전투에 대한 포상으로 처인부곡은 처인현으로 승격되었다.

김윤후 金允侯 생몰년 미상. 고려 고종高宗 때의 승장僧將. 백현원白峴院의 승려로서 1232년(고종 19) 몽고의 제2차침입 때 처인성에 피신해 있었는데, 이때 처인부곡민을 지휘하여 몽고 장수 살리타撒禮塔를 활로 쏘아 죽였다. 그 공으로 상장군에 임명되었으나 굳이 사양하여 섭랑장攝郎將에 임명되었고 뒤에 충주산성 방호별감이 되었다. 1253년(고종 40), 야굴也窟이 이끄는 몽고군이 다시 쳐들어와 충주성을 포위한 지 70여일이 되어 식량이 떨어졌는데, 병사들을 독려하기를 「만일 힘을 다하면 귀천없이 모두 관작을 내리겠다」고 하며 관노官奴의 부적을 불사르고 노획한 소와 말을 나누어주자, 모두 죽음을 무릅쓰고 나가 싸워 적을 물리쳤다. 그 공으로 감문위상장군監門衛上將軍이 되었고, 1258년에는 동북면 병마사가 되었으며, 1262년(원종 3)에는 추밀원부사·예부상서가 되고 이듬해 수사공 우복야로서 벼슬을 사양하고 물러났다.

죽주성 전투 竹州城戰鬪 당고 唐古가

△몽고군의 2차 침입 때 김윤후가 적장을 사살하여 승리를 거둔 용인의 처인성터.

인솔한 몽고군의 제3차침입 때 죽주竹州(죽산)의 백성들이 송문주宋文胄의 지휘하에 몽고군을 물리친 전투. 당구가 거느린 몽고군은 1235년(고종 22)부터 1239년까지 5년 동안 고려로 들어와 전 국토를 닥치는 대로 공격했으며, 1236년에는 죽주에 이르러 15일간에 걸쳐 다양한 공성전을 전개했다. 당시 죽주성에는 일찍이 구주전투에서 몽고군을 막아낸 경험이 있던 송문주가 방호별감으로 파견되어 있었는데, 그는 그때그때 임기응변하는 수성전守城戰을 전개하며 적의 헛점에 따라 수시로 출격, 헤아릴 수 없이 많은 몽고군을 사살했다. 송문주는 이 전투에서의 공으로 좌우위장군左右衛將軍으로 승진했다.

송문주 宋文胄 생몰년 미상. 고려 고종 때 무관. 1231년(고종 18) 몽고의 제1차침입 때 구주성龜州城에서 몽고군의 공격을 물리치는 데 공을 세워 낭장에 임명되었다. 1236년에는 죽주 방호별감이 되었고, 다음해 몽고군이 죽주를 공략하자 구주성에서의 전투경험으로 적의 공격에 적절히 대응하여 15일간의 방어 끝에 이를 물리쳤는데, 당시 그의 대응책을 보고 성안의 사람들이 신명神明이라 일컬었다고 한다. 이 공으로 좌우위장군左右衛將軍이 되었다.

충주성 전투 忠州城戰鬪 1253년(고종

40) 몽고의 제5차침입 때 김윤후의 지휘를 받은 충주 군민들이 몽고군을 물리친 전투. 1253년 주장主將 야굴也窟과 부장副將 아모간阿母侃의 지휘 아래 반역자 홍복원洪福源 등의 인도를 받으며 고려에 침입한 몽고군의 주력은, 대동강을 건너 동주東州(철원)·춘주春州(춘천)·양근楊根(양평)·양주襄州(양양) 등을 유린하고 충주성을 포위했다. 당시 충주성에는 처인성전투를 지휘했던 김윤후金允侯가 낭장郎將으로 충주성의 방호별감防護別監에 임명되어 있었다. 70여 일에 걸친 몽고군의 공격을 받아 성안의 식량이 다 떨어지게 되자, 김윤후는 사졸들을 독려하여 이르기를, 「만일 힘을 다한다면 귀천을 가리지 않고 모두 관작을 내리겠다」라고 하며 관노의 부적을 불사르고 노획한 소와 말을 나누어주었다. 이에 모두 죽음을 무릅쓰고 대적하여 결국 몽고군을 물리쳤다. 이 전투의 승리는 몽고군의 남진을 좌절시켜 경상도 지역에 대한 전쟁 피해의 확대를 막았으며, 몽고로 하여금 화의를 명분삼아 서둘러 철군하게 하는 계기를 마련했다. 김윤후는 이 전투의 공으로 감문위상장군監門衛上將軍이 되었으며, 충주는 국원경國原京으로 승격되었다.

충주 다인철소민의 항전 忠州多仁鐵所民-抗戰 1254년(고종 41) 쟈랄타이車羅大가 이끈 몽고군의 침략 때 충주 다인철소민이 몽고군을 격퇴한 전투. 1254년 정월, 제5차 몽고의 침략군이 고려로부터 철수한 후 쟈랄타이로 지휘부를 개편한 몽고군은 그해 7월 다시 침입, 이후 1259년 초까지 6년 동안 거의 4차례에 걸쳐 고려를 침략해 왔다. 이때 몽고군의 주력은 경기 지역과 충청도를 거쳐 경상도 지역으로 남진, 남해안 진주 인근까지 도달하여 각지에서 노략을 일삼았다. 1254년 9월 초순경에 충주 지역에 도달한 몽고군은 이곳의 철 생산지인 다인철소를 공격하여 군수물자를 공급하고자 했다. 그러나 이곳 주민의 치열한 항전으로 몽고군의 공격을 막아냈으므로, 이듬해 정부에서는 다인철소를 익안현翼安縣으로 승격시켰다.

삼별초의 항전 三別抄-抗戰 고려가 몽고에 항복하는 것을 반대해 일어난, 삼별초를 중심으로 한 민중들의 대몽항전. 1259년(고종 46) 고려의 태자 전倎(뒤의 원종)이 몽고에 입조入朝함으로써 29년에 걸친 양국간의 무력충돌은 끝을 맺게 되고, 이듬해 원종이 즉위하자 고려왕실은 몽고황실을 배경으로 왕권의 회복과 확장을 도모하기 위해 적극적으로 몽고와의 친선관계 증진에 노력했다. 이에 반해 최씨정권을 타도하고 실권을 잡고 있던 무인들은 몽고가 요구하는 육지로의 환도還都를 반대하며 강경한 반몽 태도를 취했다. 그러던 중 1270년의 정변으로 무인세력을 대표하는 임유무林惟茂가 제거되어 무신정권이 타도되자 원종은 환도를 단행했다. 그러나 삼별초가 이에 반항하자 왕은 강압적으로 해산을 명령하여 삼별초의 명부를 압수했다. 이에 삼별초는 배중손裵仲孫·노영희盧永禧를 지휘관으로 삼은 뒤 원종을 폐하고 왕족인 승화후온承化侯溫을 새로운 왕으로 옹립하여 1270년 6월 반란을 일으켰다. 삼별초는 국가의 공적인 군대라기보다는 무신정권을 옹호하는 무력장비의 구실을 하던 군대였으므로 환도는 삼별초의 해체를 의미하는 것과 마찬가지였다. 또한 오랫동안 몽고군과 싸움을 벌였던 그들은 당시 일반 민중과 마찬가지로 친몽적인 왕실의 태도에 비판적이었다. 삼별초는 이러한 상황에서 반몽고·반정부의 자주독립운동으로 봉기한 것이다. 삼별초는 봉기한 지 3일 뒤에 근거지를 진도로 옮겨 섬에 강력한 군사기지를 설치했고, 얼마뒤에는 전라도 일대의 제해권을 장악하고 해안 도서지방뿐 아니라 내륙지방까지 진출했다. 이에 고려정부는 몽고와 연합하여 토벌을 시도했으나, 삼별초는 당시의 반몽적·반정부적인 민중들의 호응으로 그 세력이 강화되어 전라도지방의 섬들과 해안은 물론 경상도의 남해·거제·합포·동래·김주金州(김해) 등이 삼별초의 군사적 활동범위 안에 들어가게 되었다. 또한 11월에는 탐라耽羅(제주도)를 공략하여 남방의 제해권을 완전히 장악했는데, 이러한 삼별초의 활동으로 전라도·경상도의 조운이 차단되어 정부는 큰 재정적 타격을 입었다. 고려와 몽고의 연합군은 여러 차례에 걸친 진도 공격이 실패하자, 1271년 홍다구洪茶丘가 이끄는 몽고의 대군이 출동, 김방경金方慶과 흔도欣都가 이끄는 여몽연합군과 합세하여 진도를 총공격했다. 이때 승화후 우은 홍다구의 손에 죽고 배중손도 전사하는 등 삼별초는 파멸적인 큰 타격을 입었다. 그러나 살아남은 여당들은 이에 굴하지 않고 김통정金通精을 지휘관으로 삼은 뒤 본거지를 제주도로 옮겨 항전을 계속했다. 이들은 이듬해인 1272년부터 맹활약하여 자주 본토를 공격했으며, 몽고의 선무공작에도 듣지 않고 선전분투했으나, 1273년 김방경·흔도·홍다구가 지휘하는 연합군의 공격에 의해 김통정이 죽고 여당 1천3백여 명이 포로가 됨으로써 진압되고 말았다. 삼별초의 항쟁은 고려를 예속화하려는 몽고와 종속적 위치를 감수하면서도 자신들의 특권적 지위를 보호하려던 국왕 및 그 일파에 반대하여 일어난 민중들의 항쟁이었다. 삼별초가 여몽연합군의 맹렬한 공격에도 불구하고 3년이라는 오랜 기간 동안 버틸 수 있었던 것은 삼별초의 우수한 병력뿐 아니라 민중들의 적극적

△삼별초의 항전. 삼별초가 고려 몽고군에 항거하던 진도의 용장산성.

인 호응을 받았기 때문이었다. 따라서 삼별초의 항전은 반몽고·반정부적인 성격의 민중봉기였다고도 할 수 있다.

배중손 裵仲孫 ?~1271(원종 12) 고려 원종 때의 장군. 삼별초三別抄의 내몽항전을 주도한 인물. 1270년 원종의 환도명령에 불복하며 삼별초가 항쟁을 시작했을 때, 배중손은 당시 서반西班의 장군으로 가장 유력한 삼별초의 지휘관이었으므로 수령으로 추대되어 항전을 주도하게 되었다. 배중손 등은 강화도에 보관된 국고를 접수하고, 본토와의 교통을 차단하여 귀족고관의 가족을 포함한 섬 주민들과 병사들의 이탈을 엄중히 방지하며 항쟁하다, 새 정부 수립 3일 후엔 대몽항쟁에 보다 적합한 진도로 본거지를 옮겼다. 진도에 성곽을 구축하고 웅장한 궁전을 만든 배중손 등은 장기적인 항전태세를 갖추고, 해상으로 수송되는 세공稅貢을 노획하여 재정에 충당했다. 이러한 소식은 본토에 전달되어 전라도·경상도 백성들과 멀리 개경의 관노들까지 호응하여 동조했다. 김방경金方慶을 지휘관으로 하는 고려정부군은 몽고와 연합하여 여러 차례 진도를 공략했으나 번번이 실패했으며, 몽고의 지휘관인 흔도欣都는 세조世祖의 조서를 전달하여 항복할 것을 권유하기

도 했다. 여·몽연합군이 진도공략에 여러 번 실패하자 이듬해인 1271년 5월, 홍다구洪茶丘가 이끄는 몽고군이 대군을 이끌고 출동하여 이에 합세, 격전 끝에 진도를 함락시켰다. 이때 승화후 온은 홍다구의 손에 죽고 배중손도 전사한 것으로 보인다. 그러나 삼별초의 남은 무리들은 제주도로 본거지를 옮겨 김통정金通精을 지휘관으로 삼아 2년간이나 항전을 계속했다.

김통정 金通精 ?~1273(원종 14) 고려후기의 무신. 삼별초의 항전을 이끈 인물. 1270년(원종 11), 배중손裴仲孫이 삼별초를 거느리고 대몽항전을 할 때 장수로 참가했다. 진도를 거점으로 남해안 일대에서 세력을 떨치던 삼별초는 1271년 여·몽연합군의 총공격으로 파멸적인 타격을 입었으나, 이에 굴하지 않고 살아남은 무리들은 김통정金通精을 수령으로 받든 뒤 본거지를 탐라耽羅(제주도)로 옮겨 성을 쌓고 재기를 꾀해 한때는 남해안 지방을 장악하기도 했다. 홍다구가 조카인 낭장 김찬金贊 등을 보내 회유하기도 했으나, 김통정은 김찬을 억류하고 나머지는 다 죽이는 등 완강한 저항을 계속했다. 1273년, 김방경·흔도·홍다구가 지휘하는 연합군이 다시 탐라를 공격하여 삼별초를 평정했으나, 김통정은 항복하지 않고 70여 명을 이끌고 산으로 들어가 목을 매 죽었다.

4. 원의 간섭과 고려말 개혁운동

도당 都堂 고려후기 최고 정무기관. 고려후기 재추宰樞(재신宰臣과 추신樞臣의 통칭)의 합의기관인 동시에 백관을 거느리고 일반사무를 관장하던 최고 정무기관이었다. 도당이란 명칭은 고려전기 변경의 군사문제를 논의하던 임시 회의기관 도병마사都兵馬使가 고종 말년 그 구성과 기능이 확대됨에 따라 붙여진 이름으로, 1279년(충렬왕 5) 도평의사사都評議使司로 개편되면서 최고 정무기관으로 기능이 확대, 도당이란 용어의 사용이 본격화되었다. 도평의사사는 정사를 의논하는 의정기관으로서, 도당회의에는 첨의·밀직(전기의 재신·추신) 전원과 함께 삼사三司의 정원正員 및 상의商議까지 합쳐서 구성원이 7,80명에 이를 정도로 늘어났다. 또한 전기와는 달리 임시기관이 아닌 상설기관으로서, 동시에 행정기관으로 되어 이전에 다루던 군사문제뿐 아니라 전제田制·녹봉祿俸·형옥刑獄·전주銓注·대외관계 등 국정의 전반을 총괄하는 기구가 되었다. 따라서 고려후기에는 도당 중심의 정치체제가 이루어졌으며, 이는 이를 장악한 권문세족의 권력 핵심기구가 되기도 했다. 이후 공민왕의 관제개편 때도 개혁되지 않고, 조선초기 태종의 왕권강화책에 의해 의정부로의 개편이 이루어질 때까지 권신들의 권력기관으로 계속 존속했다.

도평의사사 ⇨도당

첨의부 僉議府 고려후기 백관의 서무庶務를 관장하던 중앙행정 최고 기관. 고려정부는 1275년(충렬왕 1) 원나라의 간섭으로 중서문하성과 상서성을 병합해 첨의부를 설치했는데, 좌첨의중찬左僉議中贊·우첨의중찬右僉議中贊을 비롯한 관원이 있었다. 1293년에 도첨의사사都僉議使司로 고쳤고, 1356년(공민왕 5) 문종 때의 구제舊制에 따라 중서문하성과 상서성으로 복구되었다.

밀직사 密直司 고려후기의 중앙관청. 왕명의 출납과 궁중 숙위, 군기軍機에 관한 일을 맡아보았다. 1275년(충렬왕 1), 원나라의 간섭으로 의례와 궁중 서무를 담당하던 추밀원(중추원)을 밀직사로 고쳤는데, 추밀원이 담당하던 임무 외에 군기에 관한 일도 아울러 관장하게 하고, 사使·지사사知司事 등의 관원을 두었다. 이후 밀직사는 종래의 추밀원보다 직능과 인원 등에서 크게 강화되어 첨의부僉議府와 함께 양부兩府로 불렸다. 그뒤 공민왕의 반원정책으로 1356년(공민왕 5) 추밀원으로 개편되었으나, 1362년 다시 밀직사로 개편되었다.

전리사 典理司 고려후기 중앙 정무기관의 하나. 문관의 선임·공훈·예의·제향·조회·교빙·학교·과거에 관한 일을 관장했다. 1275년(충렬왕 1), 원나라의 간섭으로 상서이부와 상서예부를 병합하여 전리사를 설치했다. 관원으로는 판서判書를 두고 그 아래에 총랑摠郎·정랑正郎·좌랑佐郎을 두었다. 1298년, 전조銓曹와 의조儀曹로 나누었다가 1308년에 다시 전조·의조와 함께 병조를 병합하고 선부選部를 설치했는데 뒤에 다시 병조를 분리하여 총부摠部라 했다. 1356년(공민왕 5), 문종 때의 구제로 복구하면서 이부와 예부로 나누었으며, 이후 이부는 선리사, 선무 능으로 고쳐졌다가 1389년 이조吏曹로 개편되었다.

군부사 軍簿司 고려후기 중앙 정무기관의 하나. 무관선임武官選任·군무軍務·의위儀衛·우역郵驛에 관한 일을 관장했다. 1275년(충렬왕 1), 원나라의 간섭으로 상서병부를 군부사로 고치고, 관원으로 판서를 두고 그 아래 총랑·정랑·좌랑을 두었다. 1298년 병조兵曹로 고쳤고, 1308년 전조銓曹·의조儀曹와 병합하여 선부選部를 설치했다. 뒤에 선부에서 병조를 분리하여 총부摠部라 했다가 다시 군부사로 고쳤다. 1356년(공민왕 5) 문종 때의 구제에 따라 병부兵部로 고쳤으나, 이후 군부사·총부 등 몇 차례 명칭 개편이 있다가 1389년(공양왕 1) 병조로 고쳤다.

판도사 版圖司 고려후기 중앙 정무기관의 하나. 호구戶口·공부貢賦·전량錢糧에 관한 일을 관장했다. 1275년(충렬왕 1), 원나라의 간섭으로 상서육부尚書六部의 하나인 상서호부尚書戶部를 판도사로 고치고, 관원으로는 판서를 두고 그 아래 총랑·정랑·좌랑을 두었다. 1298년 민조民曹로 고쳤고, 1308년에 민부民部로 고쳤다가 뒤이어 다시 판도사로 고쳤으며, 1356년(공민왕 5) 문종 때의 구제에 따라 호부로 고쳤다. 1362년에 다시 판도사, 1369년에 민부, 1372년에 다시 판도사로 고쳤다가 1389년(공양왕 1)에 호조로 고쳤다.

전법사 典法司 고려후기의 중앙 정무기관. 법률·사송詞訟(민사소송)·상언詳讞에 관한 일을 관장했다. 1275년(충렬왕 1), 원나라의 간섭으로 상서형부尚書刑部를 전법사로 고치고, 관원으로 판서·총랑·정랑·좌랑을 두었다. 1298년 형조로 고치고, 1308년 감전색監傳色·도관都官·전옥서典獄署를 병합하여 언부讞部로 개편했다가 뒤에 다시 전법사로 고쳤다. 1356년(공민왕 5) 문종 때의 구제로 고쳤다가 다시 전법사, 이부理部 등으로 고쳤는데, 1389년(공양왕 1) 형조로 바꿨다.

순군만호부 巡軍萬戶府 고려후기에 포도捕盜·금란禁亂의 일을 맡아보던 관청. 충렬왕초 원래는 포도기관이던 야별초가 원나라의 간섭으로 폐지되고 몽고의 제도를 모방한 순마소巡馬所가 설치되었다. 처음에는 속관屬官으로 유생 출신을 뽑아 치안을 담당하도록 했으나, 내료內僚(궁중에서 잡부 등을 보는 벼슬아치)가 순마를 겸하고 일종의 금군역할도 담당하는 등 기능이 강화되었다. 순마소에는 도적을 지키기 위한 군졸이 배치되어 있어 이들을 순마군 또는 순군이라 했다. 이 순군제가 충렬왕 말년 순군만호부로 확대·개편되어, 관원으로 도만호都萬戶·상만호上萬戶·만호萬戶 등 군관을 두어 원나라 제도에 따르는 군관제를 채택했다. 또한 순마소의 치안기능 외에 민간의 다툼이나 소·

말 등의 도살을 단속하고 사헌司憲과 협동하여 약탈·음란자도 가려내 단속하는 등의 기능도 강화되었다. 뿐만 아니라 왕실 내의 정치적 갈등이나 정권 쟁탈, 반대당의 제거에도 이용되었다. 공민왕 때 사평순위부司平巡衛府로 고쳐졌다가 우왕 때 다시 순군만호부로 고쳐지는 등 변화를 겪었으나, 위화도회군 이후 이성계 일파를 도와 반대파 제거의 옥사를 담당한 것이 계기가 되어· 조선건국 직후 기능이 더욱 강화되었다. 그러다가 태종 때 순위부巡衛府, 의용순금사義勇巡禁司 등으로 개편되었다가 1414년(태종 14) 의금부로 되었다.

다루가치 達魯花赤 원나라에서 총독總督·지사知事 등을 호칭한 직급명. 〈몽고비사蒙古祕史〉에는 다루가친 答嚕合臣 Darughachin으로 되어 있다. 어원은 몽고어의 「진압하다」 또는 「속박하다」라는 뜻을 지닌 「daru」에 명사어미 「gha」와 「사람」이라는 뜻을 지닌 「chi」를 붙여 「진압에 종사하는 사람」 「속박하는 사람」의 뜻이 되고, 그것이 총독·지사의 뜻으로 바뀌어 원나라에서 널리 사용되었다. 다루가치는 관인을 맡아 사무를 처리하는 관청의 장長을 총칭하는 것으로서 중서성을 비롯한 고급 관청을 제외하고 그 예하의 중앙관청과 모든 지방행정관청에 두어졌다. 다루가치가 처음으로 고려에 배치된 것은 1231년(고종 18)의 제1차 몽고침입 때로서, 이때 살리타이는 철군의 조건으로 서경을 비롯한 서북면 지방의 14개 주요 성에 72명의 다루가치를 설치할 것을 주장했다(〈원사元史〉에는 40여 성으로 기록됨). 또한 1232년에 도단都旦을 다루가치의 최고책임자로 보내 고려의 내정에 간섭하고자 했는데, 이로써 다루가치가 수도인 개경에도 설치되었음을 알 수 있다. 다루가치는 원나라 간섭이 끝난 이후 소멸된 것으로 추정된다.

정동행성 征東行省 고려가 원나라의 정치적 간섭을 받던 시기에 존재했던 관서. 정동행성의 정식 명칭은 정동행중서성征東行中書省으로서, 「정동」은 일본 정벌을 뜻하는 것이고, 「행중서성」은 중앙정부기관인 중서성의 지방 파견기관을 뜻한다. 정동행성은 1280년(충렬왕 6) 원나라에 의해 일본원정을 위한 전방사령부로서 고려에 설치되었는데, 원정이 끝난 이후에는 일본원정이라는 목적이 사라지고 점차 형식상의 기구로서 주로 의례적인 기능만을 수행했는데, 장長인 승상承相은 고려 국왕이 맡고 고위관직은 없이 하급관료만 있는 형식적인 기구였다. 그러나 이 기구를 설치함으로써 원제국 안에서의 고려의 지위를 중국 안의 다른 행성과 같은 것으로 규정해 두는 의미가 있었고, 원과의 공적인 연락기관의 역할을 했기 때문에 원이 일본원정을 단념한 뒤에도 계속해서 고려말까지 존속했다. 종종 이 기구의 기능이 강화되어 고려의 내정에 대한 적극적인 간여를 하는 기구로 변화되기도 했는데, 충렬왕과 충선왕 부자의 갈등·분쟁 과정에서 행정관리가 증가되었던 일이 두 차례 있었으나 고려측의 맹렬한 반대로 번번이 폐지되었다. 이후에도 왕위계승 분쟁과 관련하여 여러 차례 「입성책동」이 있었으나 성사되지는 못했다.

입성책동 立省策動 고려후기에 부원배附元輩들이 원나라로 하여금 고려에 행성行省(행중서성行中書省)을 세우도록 획책한 사건. 당시 고려에는 이미 정동행성이 설치되어 있었는데, 이는 원나라의 다른 행성들과 같은 지방 행정기관이 아닌 고려를 독립국가로 인정하면서 그 지위를 원나라의 한 행성으로 규정하기 위한 형식적인 기관이었다. 따라서 이를 폐지하고 다른 행성들과 같은 새로운 행성을 설치하자는 것이었다. 입성책동은 충선왕 복위 이후부터 약 30년 동안 4차례에 걸쳐 단발적으로 일어났는데, 모두 고려의 왕위계승과 관련되어 일어났으며 원나라에 가 있던 고려인들에 의해 주도되었다는 데에 공통점이 있다. 그러나 새로운 행성의 설치는 고려의 존립 자체를 위협하는 것이었으므로 고려의 모든 정치세력의 맹렬한 반대에 부닥쳤으며 원나라에서도 그 필요성을 절실하게 느낀 것이 아니어서 논의만 되었을 뿐 실행에 옮겨진 적은 없었다. 이러한 입성책동이 좌절됨으로써 고려는 국가의 면모를 유지할 수 있었으나, 이 문제가 제기되는 과정에서 원나라의 정치적 영향력은 더욱 증대되었다.

쌍성총관부 雙城摠管府 고려후기(1258~1356) 원나라가 화주和州(함경남도 영흥군) 이북의 고려영토를 차지하고 설치했던 통치기관. 몽고와의 전쟁이 한창이던 1258년(고종 45) 조휘趙暉와 탁청卓靑 등이 동북면 병마사를 죽이고 화주 이북의 땅을 들어 몽고에 항복하자, 몽고는 이 지역을 다스리기 위해 화주에 쌍성총관부를 설치하고 조휘를 총관摠管으로, 탁청을 천호千戶로 삼았다. 그후 몽고의 세력이 약해지자 쌍성총관부에 대한 고려정부의 견제가 강해졌고, 쌍성총관부 안의 일부 관리들 중에는 고려에 붙으려는 경향이 나타났는데, 천호 이행리李幸利(이성계의 증조)는 1281년 세 번이나 고려정부에 찾아왔으며 조세를 납부한 일도 있었다. 1356년(공민왕 5), 고려는 유인우柳仁雨를 동북면 병마사에 임명하여 이 지역을 공략케 했는데, 이때 천호 이자춘李子春(이성계의 부父)의 협력으로 탈환, 쌍성총관부를 폐지하고 화주목和州牧을 설치했다. 이후 이자춘은 동북면 병마사에 임명되어 이 지역에서 세력을 잡았고, 이것이 이자춘의 아들인 이성계

가 뒷날 조선왕조를 세울 수 있는 세력기반이 되었다.

동녕부 東寧府 고려후기 원나라가 서경에 설치했던 통치기관. 1269년(원종 10) 서북면 병마사 최탄崔坦 등이 임연林衍을 친다는 구실로 난을 일으킨 뒤 서경西京(평양)을 비롯한 북계北界의 54성과 자비령 이북의 6성을 들어 원나라에 투항하자, 원나라의 세조世祖는 이듬해 자비령을 경계로 그 이북지방은 모두 원나라의 소유로 만든 뒤 서경에 동녕부를 설치하고 최탄을 동녕부총관으로 삼았다. 그러나 고려가 끊임없이 이의 폐지를 요구하자, 원나라의 국운이 쇠약해진 1370년(공민왕 19) 이를 폐지하여 요동으로 옮기고 그 지역을 고려에 돌려주었다. 공민왕은 동녕부가 요동으로 옮겨진 이후에도 북진정책의 일환으로 대규모 동녕부 정벌을 추진했다.

응방 鷹坊 고려·조선시대 매(응鷹)의 사육과 사냥을 맡은 관청. 우리나라에 처음 응방이 설치된 때는 1275년(충렬왕 1)이며, 1281년 응방도감으로 제도화되었다. 매사냥은 수렵과 목축을 업으로 하는 북방민족과 중국대륙에서 일찍부터 행해졌는데, 특히 매사냥을 즐긴 몽고인에게 매는 중요한 재산이었다. 응방제도는 몽고에서 들여온 것으로서, 고려의 응방은 몽고의 매 징발徵發에 대한 대책이었으며 한편으로는 매사냥을 좋아한 충렬왕의 기호에 의해 설치되었다. 응방은 궁궐을 비롯하여 전국 각지에 설치되었는데, 특히 함경도 지방은 해동청海東靑의 산지로서 널리 알려졌다. 응방은 매를 잡아 기르며 원나라에 바치고 왕이 사냥할 때 참가하는 등의 직무를 담당했는데, 왕과 왕비에게 자주 향연을 베풀어 총애를 받았다. 또 경제적 기반으로 많은 사전賜田을 받았고 노비와 소작인을 거느렸으

며 면세·면역의 특권을 가지고 있었다. 한편 죄를 지었거나 요역과 공납 등을 피해 도망온 자를 모아 한 촌락을 이루어 이리간伊里干이라 칭하고 응방에 속하게 했는데 이들의 횡포가 매우 심했다. 응방의 횡포와 폐혜가 심해지자 그에 대한 비판이 일어나, 응방은 고려말기 여러 차례의 폐지와 설치를 거듭하다 창왕 때 다시 폐지되었다. 조선조에 들어서 1395년(태조 4) 응방이 설치되었으나, 그뒤 여러 차례 폐지와 설치가 거듭되다 1715년(숙종 41)에 완전히 폐지되었다.

해동청 海東靑 사냥용 매의 일종. 〈삼국사기三國史記〉에는 진평왕이 사냥하기를 즐겨 매나 개를 놓아 돼 나 꿩, 토끼를 잡으러 다녔다는 기록이 보이고, 〈일본서기日本書紀〉에는 백제사람을 통해 매사냥을 배웠다는 기록이 있어, 우리나라에서도 일찍부터 매사냥을 즐겼다는 것을 알 수 있다. 고려후기 원나라의 간섭을 받게 되자, 매사냥을 즐기던 몽고인을 위해 해동청과 같은 매를 자주 공납하여, 매사냥의 기관으로 응방鷹坊을 설치하기도 했다. 〈재물보才物譜〉에서는 해동청을 「송골매」라고 하고 요동에서 나며 청색이라고 했고, 〈오주연문장전산고五州衍文長箋散稿〉에는 「그해에 나서 길들여진 매를 보라매라 하는데, 보라라는 것은 방언으로, 담홍색이며 털빛이 얕음을 말한다. 산에 있으면서 여러 해 된 것을 산진山陳이라 하고, 집에 있으면서 여러 해 된 것을 수진手陳이라 하는데, 후자는 매중에 가장 재주가 뛰어나며 흰것을 송골松鶻, 청색인 것을 해동청이라 한다」며 그 종류를 상세히 설명했다. 〈조선어사전〉에서는 「매의 일종으로 조선의 동북지방에서 나며, 8,9월경에 남쪽에서 온다(속칭 보라매)」라고 했다.

몽고풍 蒙古風 고려후기 원나라와의 인적·물적교류가 활발해짐에 따라 고려에 들어와 유행한 몽고의 풍속. 주로 왕실이나 관리 등 상류사회를 중심으로 유행했으며, 일부는 민간에까지 파급되어 뒷날 우리 풍속에 많은 영향을 주었다. 변발辮髮과 호복胡服이 왕실이나 관리들 사이에서 일상화되었으며 왕비들은 고고姑姑라고 하는 몽고식 모자를 썼고, 몽고식 연회인 보르챠연孛兒札宴을 베풀어 수천 필의 포布로 만든 꽃과 기타 여러가지 물건으로 장식하고 춤과 노래로 즐기곤 했다. 세비르設比兒라 하여, 아기가 태어났을 때 이를 축하하러 들어가는 사람의 옷을 벗기는 풍습도 있었다. 또한 몽고어의 영향으로 국왕이나 관리들은 몽고식 이름을 가지고 있었으며, 관제에도 홀치忽赤·속고치束古赤·조라치照剌赤·아막阿幕 등 몽고식 용어가 사용되었다. 공민왕 때는 반원정책의 일환으로 변발·호복 등이 금지되었으며 이와 함께 다른 풍속들도 금지되었을 것으로 보인다. 그러나 일부는 민간에 널리 전파되어 그뒤 오랫동안 남게 되었는데, 예를 들면 여자의 예장禮裝에 쓰는 족두리나 신부가 귀걸이를 걸고 뺨에 연지를 찍는 것, 신부가 머리장식으로 쓰는 산호주 꾸러미의 도투락댕기, 남녀의 옷고름에 차는 장도粧刀, 여자들이 머리를 땋을 때 넣은 다리 등이 그것이다. 이밖에 장사치 등과 같이 어미에 「아치」 또는 「치」가 붙는 말이나 임금의 밥상을 「수라水刺」라고 한 것은 몽고어의 영향을 받은 것이며, 또한 고기 삶은 공탕空湯을 「설렁」이라 한 것도 몽고어에서 유래한 것으로 보기도 한다. 한편 고려후기에는 고려의 풍속이 원으로 흘러들어가 유행하기도 했는데, 이를 고려양高麗樣이라 했다.

고려양 高麗樣 고려후기에 원나라에서 유행하던 고려의 풍습. 대몽 항쟁이 끝난 뒤 고려와 원나라의 인적·문화적 교류가 활발해짐에 따라 몽고의 풍습이 고려에 전래되었으며(몽고풍), 한편 고려의 풍습이 원나라로 넘어가 널리 퍼졌는데 이를 고려양이라고 했다. 원나라 왕실과 귀족들은 후궁·궁녀·시첩·시비에 충당하기 위해 고려의 처녀를 자주 요구했으며, 군사들도 집단적으로 혼인하기 위해 고려 처녀들을 많이 요구했다. 때문에 고려에서는 결혼도감·과부처녀 추고도감 등을 설치하고 국내의 많은 처녀와 과부들을 원나라에 들여보냈는데, 이들이 원나라에 들어가 왕실과 일반사회에 고려의 풍습을 전파한 것이다. 특히 옷이나 신발, 모자 등의 복식과 만두·떡 등의 음식, 아청鴉靑 등의 기물들이 급속도로 전파되어 오늘날까지 그 유풍이 남아, 지금도 몽고사회에서는 고려만두高麗饅頭·고려병高麗餠·고려아청 등의 용어가 사용되고 있다.

충선왕 忠宣王 1275(충렬왕 1)~1325(충숙왕 12) 고려 제26대 왕. 재위 1298, 1308~1313. 이름은 장璋. 초명은 원謜, 몽고 이름은 이지리부카益知禮普花, 자는 중앙仲昻, 충렬왕의 큰아들이며, 어머니는 원세조元世祖 쿠빌라이의 딸인 제국대장공주齊國大長公主. 1277년 세자로 봉해지고, 1295년 3개월 동안 왕권대행을 하다 원나라로 가, 이듬해 원나라 진왕晉王의 딸 계국대장공주薊國大長公主와 혼인했다. 혼인식에 참석하고 귀국한 모후 제국대장공주가 1297년 병사하자, 세자는 부왕의 총애를 받던 무비無比 등 40여 명을 공주를 저주해 죽게 했다는 죄목으로 참살하거나 유배하고, 이듬해 충렬왕의 선위를 받아 즉위했다. 즉위와 동시에 교서를 발표하고 개혁정치를 표명했는데, 이는 당시 정치·경제·사회의 폐단을 일으키는 권문세족을 제거하는 데 목적을 둔 것이었다. 또한 인사행정을 담당하던 정방政房

을 폐지하고, 한림원을 강화한 사림원詞林院을 강력한 권력기구로 만들어 신진세력을 기용하여 개혁의 중심기관으로 삼았다. 그러나 이 개혁운동은 조비무고사건趙妃誣告事件을 계기로 원나라의 간섭을 받아 좌절되고, 왕위는 다시 충렬왕에게 돌아가 왕은 이후 10년 동안 원나라에 머무르게 되었다. 이후 충렬왕과 충선왕 부자간의 갈등이 깊어진 가운데, 원나라의 황위계승분쟁에서 충선왕이 지지하던 무종武宗이 승리를 거두자 1308년 심양왕瀋陽王에 봉해지고, 충렬왕이 죽자 귀국해 다시 왕위에 올랐다. 복위 후 다시 원나라로 가 연경에서 국정을 행하며 몇 가지 개혁정치를 시도하기도 했으나 실패하고, 1313년 아들(충숙왕忠肅王)에게 왕위를 물려주었다. 이후 원나라 연경燕京의 저택 안에 만권당萬卷堂을 세워 서적을 수집하고, 원나라의 명유名儒를 불러 경사經史를 연구하게 했다. 1320년, 원의 인종仁宗이 죽자 고려출신 환관 빠앤투구스伯顔禿古思의 모략으로 토번에 유배되었다가, 1323년 유배에서 풀려난 2년 후에 죽었다.

사림원 詞林院 고려 충선왕 때의 관청. 충선왕이 즉위했던 1298년초에 설치되었다가 원나라에 의해 강제로 퇴위당했던 그해 8월에 폐지되었다. 충선왕은 즉위하자 즉시 교서를 통해 개혁안을 발표한 후, 4월에는 정방政房을 폐지하고 그 권한을 한림원翰林院에 넘겼다. 이어 5월에는 대폭적인 관제개혁을 단행하면서 한림원을 사림원으로 고치고, 왕명의 출납을 관장하던 승지방承旨房마저 폐지하여 그 임무도 사림원이 맡도록 했다. 따라서 사림원의 임무는 한림원의 기능인 왕명을 받아 문서를 작성하는 일에 정방이 맡았던 인사행정이 추가되고, 승지방의 역할인 왕명출납도 담당한 강력한 권력기구가 되었다. 여기에서 중추적인 역할을 담당한 사람들인 박전지朴全之 등 4학사들은 모두 문과에 급제한 신진세력으로서, 청렴하거나 좋은 정치를 베풀려고 노력한 신진사류의 성격을 가진 인물들이었다. 사림원은 신진사대부를 등용하여 권문세족에 의한 오랜 폐단을 개혁하고 왕권을 강화, 원나라로부터 자주적인 자세를 견지하고자 하는 충선왕대 개혁의 중심기구였다. 그러나 권문세족의 반발과 원나라의 압력으로 충선왕이 재위 8개월 만에 물러나자 3개월 만에 폐지되었다.

조비무고사건 趙妃誣告事件 고려 충선왕 때 왕실에서 일어난 무고사건. 1298년 충선왕의 원 출신 왕비 계국대장공주薊國大長公主가 충선왕의 다른 왕비인 조비趙妃가 왕의 총애를 독차지하자 이를 시기, 조비가 자기를 저주했다고 원나라에 무고해 발생했다. 원나라에서는 이를 계기로 고려의 내정에 간섭하여 충선왕이 개혁한 관제를 거두도록 했고, 결국 충선왕을 퇴위시켰다. 이 사건은 충선왕의 개혁정치를 좌절시키려는 권문세족의 책동과 원나라의 이해관계 등이 복잡하게 얽혀 있었던 것으로, 결과적으로는 충선왕 퇴위의 직접적인 구실이 되었을 뿐 아니라 고려에 대한 원나라의 간섭을 강화하는 계기가 되었다.

만권당 萬卷堂 고려 충선왕이 원나라의 연경燕京(북경)에 세운 서재書齋. 1307년 충선왕은 원나라에서 무종武宗을 옹립한 공으로 다음해 복위했으나, 1313년 왕위를 아들 충숙왕에게 물려주고 다음해 원나라로 가서 자신의 사제私第에 만권당을 세웠다. 많은 서적을 수집하고, 남송출신의 유학자로서 원나라 관직에 있던 당대의 명유名儒 요수姚燧·염복閻復·조맹부趙孟頫·장양호張養浩·원명선元明善 등이 이곳에서 경사經史를

연구했으며, 고려에서 이제현李齊賢이 충선왕의 시종신侍從臣으로서 이들과 교유했다. 따라서 이곳을 중심으로 고려와 원과의 문화교류가 활발하게 이루어져, 고려에 주자성리학이 보급되고 조맹부의 송설체松雪體 등 새로운 서화의 기풍이 전해지는 계기가 마련되었다. 1320년 충선왕이 토번으로 유배되면서 없어졌을 것으로 추측된다.

심왕 瀋王 고려후기에 원나라에서 고려왕족에게 수여한 봉호封號. 고려와 몽고와의 전쟁중에 원나라에서는 심주瀋州·요양遼陽의 고려인들을 통치하기 위해 안무고려군민총관부安撫高麗軍民總管府를 두고 홍복원洪福源의 후손들에게 요양을, 고려의 왕족인 왕준王綧 및 그 후손들로 심주를 각각 통치하게 했다가 1296년(충렬왕 22), 두 기구를 합쳐 심양등로안무고려군민총관부瀋陽等路安撫高麗軍民摠管府를 설치했다. 이후 1307년 충선왕이 무종武宗을 옹립하는 데 공을 세우자 원나라에서는 다음해 충선왕을 심양왕瀋陽王으로 삼아 이 지역을 다스리도록 했고, 1310년(충선왕 2) 다시 심왕으로 올렸다. 이는 원나라에서 왕족이나 부마에게 진봉進封되던 제왕諸王의 반열에 들었으며, 서열은 39위로서 41위인 고려국왕보다 상위에 있었다. 그뒤 고려국왕과 심왕을 겸하던 충선왕이 고려왕위는 아들 충숙왕에게, 심왕위는 조카인 왕고王暠에게 각각 양위하자, 심왕은 고려국왕과 경쟁을 하며 왕위를 위협, 여러 차례 심왕 옹립운동이 벌어지기도 했다.

왕후 王煦 1296(충렬왕 22)~1349(충정왕 1) 고려후기의 문신. 원래 성은 권權, 본관은 안동安東. 처음 이름은 권재權載, 몽고 이름은 탈환脫歡이다. 충선왕의 신임을 받던 아버지와 형을 배경으로 관직에 올랐으며, 충선왕이 원나라에 있을 때 아들로 삼자 왕후라는 성

명을 하사받고 종실의 일원으로 대접받았다. 1344년 충목왕이 즉위하자 매부인 이제현李齊賢과 함께 개혁을 추진하려 했으며, 고려의 폐정개혁에 관심을 나타내는 원나라의 태도에 힘입어, 수상인 우정승右政丞이 되자 정방政房을 폐지하고 인사권을 전리사典理司와·군부사軍簿司에 귀속시키고 녹과전을 복구·정비하는 등 개혁을 시도했다. 이는 반대파의 방해로 어려움을 겪기도 했으나, 1347년 정치도감整治都監을 설치하여 본격적인 개혁운동을 전개했다. 정치도감은 양전사업 등의 적극적인 정치사업을 추진하며 개혁을 시도했으나, 기황후奇皇后의 일족인 기삼만奇三萬이 토지를 불법적으로 빼앗아 독점한 일을 징벌하여 매를 쳐 가두었다가 옥사獄死한 사건이 계기가 되어 좌절되고 말았다. 이해 충목왕이 급작스럽게 죽자 왕위계승 후보자로서 충혜왕의 동모제同母弟인 왕기王琪(뒤의 공민왕)를 추내하는 운동을 전개했으나 실패하고 귀국도중 병사했다. 뒷날 공민왕이 즉위한 뒤 정헌正獻이란 시호를 받았다.

정치도감 整治都監 1347년(충목왕 3)에 설치되었던 고려의 폐정 개혁기관. 원나라의 간섭을 받으면서 고려의 정치·사회적 혼란이 극도에 달한 상태에서 충목왕이 8세의 어린 나이로 즉위하자, 고려에서는 나라를 바르게 하자는「부정삼한復正三韓」의 주장 아래 개혁의 분위기가 무르익어갔다. 이때 고려의 폐정개혁에 큰 관심을 보이는 원나라의 태도에 영향을 받아 이제현李齊賢은 시폐時弊의 개혁을 주장하는 상소를 올렸고, 왕후王煦가 우정승에 취임하여 정방을 폐지하고 녹과전을 복구·정비하는 등 개혁시책을 펴나갔다. 이는 반대세력 때문에 성공하지 못하고 왕후가 파직되는 등 시련을 겪었으나, 1346년 원나라로부터 폐정개혁에 대한 명령을 받

△ 공민왕이 그린〈천산대렵도〉

고 돌아온 왕후는 이듬해 정치도감을 설치하고 본격적인 개혁활동을 벌이게 되었다. 이에는 왕후를 비롯한 4명의 판사判事 아래 속관으로 34명을 임명하고, 이들을 안렴사·존무사의 직위도 겸하게 하여 각도에 보내 토지의 탈취와 겸병을 조사하고 여러가지 폐단을 적발, 응징하도록 했다. 그러나 기황후의 일족인 기삼만奇三萬이 토지를 탈취해 독점하자 그를 징벌하는 과정에서 옥사, 이에 원나라에서 사신을 보내 정치관들을 조사하고 장형杖刑에 처했다. 이것을 계기로 정치도감은 3개월 만에 활동이 중단되었으며, 1349년(충정왕 1)에는 폐지되었다.

공민왕 恭愍王 1330(충숙왕 17)~1374(공민왕 23) 고려 제31대 왕. 재위기간은 1351~1374년. 이름은 전顓, 초명은 기祺, 몽고 이름은 빠이앤티무르伯顔帖木兒, 호는 이재怡齋·익당益堂, 충숙왕忠肅王의 둘째아들이다. 비는 원나라 위왕魏王의 딸 노국대장공주魯國大長公主

이며, 그밖에 혜비이씨惠妃李氏·익비한
씨益妃韓氏·정비안씨定妃安氏·신비염씨
愼妃廉氏가 있었다. 일찍이 강릉대군江
陵大君에 봉해졌고, 1341년 원나라에 가
서 숙위宿衛했다. 1349년 원나라에서 노
국대장공주를 비로 맞이했으며, 1351년
당시 나이 어린 충정왕이 외척의 전횡
으로 국정을 문란케 했다는 이유로 원
나라에 의해 폐위되자, 귀국해 왕위에
올랐다. 왕위에 오르자 인사행정에 폐
단이 많았던 정방政房을 폐지하고, 전민
변정도감田民辨正都監을 설치해 귀족들
이 빼앗은 토지를 원주인에게 돌려주
며, 불법으로 노비가 된 사람을 해방시
켰다. 아울러 왕 자신부터 몽고식의 변
발辮髮·호복胡服을 풀었다. 1356년에 이
르러 본격적인 개혁정치를 단행했는데,
대외적으로는 반원정책反元政策, 대내
적으로는 왕권의 강화와 사회경제적 모
순의 척결을 주요내용으로 삼았다. 이
는 원명교체元明交替라는 당시의 대륙정
세와 밀접한 연관을 가지고 있었다. 공
민왕은 먼저 원나라 황실과의 인척관계
를 통해 권세를 부리던 기철奇轍 일파를
숙청하는 한편, 몽고의 연호·관제를 폐
지하고 문종 때의 제도를 복구했다. 또
한 내정을 간섭했던 원나라의 정동행중
서성이문소征東行中書省理問所를 폐지하
고, 100년 동안 존속해 온 쌍성총관부雙
城摠管府를 폐지, 원나라에 빼앗겼던 영
토를 회복했다. 그러나 홍건적과 왜구
의 잦은 침입, 1363년 흥왕사의 변(김용
金鏞의 반란), 1364년 충선왕의 셋째아
들이며 충숙왕의 아우 덕흥군德興君을
왕으로 세우려는 원나라의 기도 등을
겪으면서 한때 개혁정치를 포기해야 했
다. 그러다가 1365년 승려 신돈辛旽을
등용하여 다시 개혁을 추진했는데, 신
돈은 최영崔瑩 등 무장세력을 비롯한 권
문세족을 물러나게 한 후 공민왕의 강
력한 지지 아래 적극적인 개혁을 행했

다. 이 시기의 정치적 변혁으로는 내재
추제內宰樞制의 신설을 들 수 있다. 이
는 선발된 일부의 재신宰臣과 추밀樞密
이 궁중에서 국가의 큰일을 처리하는
변칙적인 제도로서, 권문세족이 중심이
된 도평의사사都評議使司를 약화시키고
왕권의 강화를 꾀한 기구였다. 1366년
에 다시 전민변정도감을 설치해 성과를
거두었으며, 1367년엔 국학인 성균관을
중영重營하기도 했다. 1368년 명나라가
건국하자 명나라와 협력하여 요동에 남
아 있는 원나라 세력을 공략했고, 2년
뒤에는 이성계李成桂로 하여금 동녕부東
寧府를 치게 하여 오로산성五老山城을
점령했다. 이러한 군사력 동원을 통해
무장세력이 다시 강화되고, 1370년 권
문세족의 집요한 공격으로 신돈이 밀려
나면서 개혁운동은 실패로 끝나게 되었
다. 그러나 신돈 몰락 이후 정계에는 권
문세족의 복귀와 함께 신진사류도 부상
하고 있음이 주목된다. 신진사류는 그
동안의 개혁정책을 통해 꾸준히 성장해
오다가, 이때 정몽주鄭夢周·정도전鄭道
傳이 권문세족보다 하위직이긴 하지만
국사를 의논할 수 있는 상대로 자리잡
아 갔다. 신돈 제거 이후 1372년 신변호
위 겸 지도자 양성을 위해 공신 및 고위
관직자의 자제를 선발하여 자제위子弟
衛를 설치했으나, 1374년 9월에 반대세
력의 사주를 받은 자제위 소속의 최만
생崔萬生·홍륜洪倫에 의해 죽임을 당했
다. 공민왕의 개혁정치는 고려의 오랜
폐단을 없애고 나라를 바로잡아보려는
마지막 시도였으며, 그 과정에서 다음
시대를 이끌어 나갈 신진사류가 크게
성장할 수 있었다는 점에서 큰 의의를
갖는다. 공민왕은 또한 그림과 글씨에
뛰어나 고려의 대표적인 화가로 꼽히기
도 하며, 작품으로는 〈천산대렵도天山
大獵圖〉가 있다. 능은 현릉玄陵으로, 경
기도 개풍군 중서면에 있다.

신돈 辛旽 ?~1371(공민왕 20) 고려 공민왕恭愍王 때 개혁정치를 담당했던 승려. 본관은 영산靈山. 승명은 편조遍照, 자는 요공耀空. 돈旽은 집권 후에 정한 속명俗名이며, 왕이 내린 법호로 청한거사淸閑居士가 있다. 어머니는 계성현桂城縣 옥천사玉川寺의 노비였으며, 노비가 중이 되는 것을 금했던 당시에 어머니가 노비인데도 어려서 중이 될 수 있었던 것으로 보아, 그의 아버지는 영산의 유력자였을 것으로 보인다. 그러나 어머니 때문에 신분적으로 천한 위치에 있어 주위의 용납을 받지 못하고 늘 산방山房에 거처했다. 1358년(공민왕 7), 왕의 측근인 김원명金元命의 소개로 공민왕을 처음 만나게 되어 궁중에 드나들기 시작했으나 그를 배척하던 무장세력의 방해로 피신해 있다가, 1364년 「청한거사」라는 호를 받고 사부가 되어 국정의 자문을 맡았다. 공민왕은 1356년의 반원反元 개혁정치 시도 이후 낯 번의 위험한 고비를 넘기고, 이 무렵 점차 안정을 되찾게 되면서 다시 개혁을 시도하기 위해 신돈을 등용했던 것이다. 신돈의 등용은 권문세족의 영향에서 벗어나 소신껏 개혁을 추진할 수 있는 사람으로 인식되었기 때문이었다. 신돈은 마침내 1365년 5월, 최영崔瑩 등 무장세력을 비롯하여 많은 권문세족을 몰아내고 개혁을 추진해 나갔다. 인사권을 포함한 안팎의 권력을 총괄했을 뿐 아니라, 왕을 대신해 백관百官들의 조하朝賀를 받고, 출입할 때는 그의 의례가 왕과 비슷할 정도였다. 이렇게 강력한 권력을 쥐게 되자 중국에서는 권왕權王으로 알려졌고, 관료들에게는 영공令公으로 불렸다. 그가 집권하던 시기의 정치변혁으로는 우선 내재추제內宰樞制의 신설을 들 수 있다. 이는 일부 선발된 재신宰臣과 추밀樞密이 궁중에서 나라의 중대한 일을 처리하도록 한 변칙적인 제도로서, 권문세족이 중심이 된 도평의 사사都評議使司를 약화시키고 왕권의 강화를 꾀하려는 기구라는 데 의의가 있었다. 1366년에는 전민변정도감田民辨整都監을 설치해 사회경제적인 개혁도 적극 추진했다. 이 기구는 부당하게 겸병당한 토지와 강압에 의해 노비가 된 사람들을 원래의 상태로 되돌리기 위해 설치한 것으로, 자신이 직접 판사를 맡은 것만 봐도 그가 이 사업에 얼마나 힘을 쏟았던가를 알 수 있다. 그 결과 권문세가들이 빼앗았던 토지를 주인에게 돌려주고, 노비가 된 자를 원래의 「신분으로 되돌려준 경우가 많이 나타났다」는 찬양을 받기도 했다. 또한 1367년 숭문관崇文館 옛터에 성균관을 다시 지었는데, 이는 성리학의 전래·확산 및 신진사류新進士流이 성장과 밀접한 관련을 갖는다. 사실 이 무렵에 이색李穡을 정점으로 정몽주鄭夢周·이숭인李崇仁·정도전鄭道傳·권근權近·윤소종尹紹宗·임박林樸 등 일군의 신진 문신세력이 등장하고 있었다. 이들의 신돈에 대한 태도는 한결같지 않았지만 대체로 현실을 시인하고 참여해 그 속에서 자기성장을 이루어 나갔고, 신돈도 그들과의 적극적인 협조를 모색했던 것으로 보인다. 신돈의 정치·사회·경제개혁의 단행은 당시 지배층의 많은 반발 속에서 이루어진 것이었고, 결국 그들은 신돈을 없앨 모의를 하게 되었다. 1369년, 신돈은 스스로 5도道의 도사심관都事審官이 되려고 사심관 제도를 부활시키려다 좌절되었는데, 이는 자신의 세력기반을 확립하려고 시도했던 일로 보인다. 1370년말부터 그 동안 정치일선에서 물러나 있던 공민왕이 친정親政을 시작하지만, 신돈은 태후 및 그와 연결된 권문세족의 공격을 받아 반역의 혐의로 수원으로 유배되었다가 1371년 7월, 마침내 그곳에서 처형되었다.

전민변정도감 田民辨整都監 고려후기 권세가에게 점탈된 토지나 농민을 되찾기 위해 설치한 임시기관. 1269년(원종 10)에 처음 설치했고, 이후에도 충렬왕·공민왕·우왕대에 몇 차례씩 설치한 적이 있다. 처음 설치할 때는 실각한 권신이 불법으로 점탈한 토지·농민을 추쇄推刷하기 위해서였으나, 추쇄한 것을 다시 새로운 권신이 차지하는 병폐가 반복되었다. 그러나 1366년(공민왕 15) 공민왕의 개혁정치에서는 당시 혼란했던 토지와 노비제도를 과감히 정리하고자 이를 설치했다. 이때는 권세가들이 공·사전을 점탈하는 한편 양인을 노비로 삼고 역리·관노·백성 등을 사점私占하여 농장을 확대시키고 있었다. 그에 따라 국가의 재정기반인 토지와 유역인有役人이 대폭 감소되는 추세였다. 이러한 폐단을 뿌리뽑기 위해 당시 권력을 잡았던 신돈은 스스로 전민변정도감의 판사가 되어 개혁을 단행했던 것이다. 그 활동은 과감하고 광범하게 이루어져 일반 민중이 크게 지지했고, 고려후기에 대해 비판적이었던 조선초 유학자들조차도 긍정적으로 평가할 정도였다. 하지만 권문세가의 강력한 저항에 부닥쳐 신돈이 실각하면서 이 개혁작업도 중단되고 말았다.

권문세족 權門世族 고려후기 정치지배세력의 하나. 권문세가·권문세족權門勢族이라고도 한다. 고려전기 정치지배세력이었던 문벌귀족과 성격이 다른 지배세력이 성립되기 시작한 것은 무신집권기와 몽고 항전기를 거치면서부터였고, 충렬왕대에 사회가 안정되면서 하나의 정치세력으로 성장했다. 이들이 등장한 경로는 대개 4가지로 나뉜다. 첫째는 무신정권기에 등장한 무신세력, 둘째는 무신집권기에 문신의 공백을 메우기 위해 과거를 통해 등용된「능문능리能文能吏」의 신진관인들, 셋째는 고려전기 문벌귀족으로서 무신집권기에도 존속했던 자들이다. 마지막으로 원나라 간섭기에 원을 배경으로 성장한 세력을 들 수 있다. 이들은 고려후기 사회에서 지배적인 위치를 가지고 있었는데, 그 구체적인 존재형태는 관인으로서였다. 이들은 고위관직을 가지고 도평의사사 등 합좌체제를 통해 정치에 참여했고, 자신뿐 아니라 문음을 통해 대를 이어가며 그 지위를 계승시켰다. 그리고 같은 문벌 또는 왕실과 중첩되는 혼인을 하여 그 지위를 유지했다. 이전의 문벌귀족에 비해 관료적인 성격이 농후하고 개방성을 보이지만, 여전히 귀족적인 존재로서 그들에 이어 새로운 정치세력으로 등장하는 신진사대부와는 확연히 구별된다. 관인이었기 때문에 국가로부터 녹과전과 녹봉을 지급받긴 했어도 이들의 경제적 기반은 농장이었다. 자신의 정치적 힘을 이용, 합법·비합법으로 수조지를 확대하고 농민을 예속하여 막대한 경제적 부를 누렸다. 따라서 충선왕··충목왕·공민왕 등이 신진사대부와 함께 시도했던 개혁정치에 대해 자연히 비판적인 입장에 설 수밖에 없었다. 그리고 그 개혁이 조선건국을 통해 이루어졌을 때는 지배세력으로서의 위치를 잃게 되는 것이다.

신진사대부 新進士大夫 고려후기 정치지배세력의 하나.「사」는 독서인을 말하며「대부」는 정치인을 말하는 것으로, 사대부란 학자적 관료 또는 관료적 학자를 일컫는다. 이들이 등장하게 되는 것은 무신집권기였다. 정권을 잡은 무신들은 문신을 몰아낸 뒤 그 행정적 공백을 메우기 위해 지방의 행정을 담당했던 토착세력을 등용했고, 이에 그 상층부였던 향리층이 과거를 통해 상당수 중앙으로 진출,「능문능리」의 새로운 관인층을 형성하게 된다. 하지만 이때는 무신정권에 의탁한 진출이었기 때문에 독자적 정치세력을 이루지 못했고, 일부는 원 간섭기에 권문세족으로 성장하기도 했다. 무신정권이 무너지고 원간섭기에 들면서 신진세력은 원나라를 통해 주자학을 도입하고 국학을 중심으로 이를 연구, 보급하는 데 주력했다. 그러다가 충선왕·충목왕·공민왕 등이 당시 지배세력이었던 권문세족을 누르고 개혁을 시도할 때 그 측근세력으로 개혁에 참가하면서, 권문세족과 대립되는 하나의 정치세력으로 부각되기 시작했다. 권문세족에 의해 개혁이 저지되어 많은 탄압을 받기도 했지만, 특히 공민왕의 개혁 때 형성된 개혁세력은 조선건국세력으로 이어진다는 점에서 그 의의가 있다. 이들은 지방의 중소지주적 기반을 가지고 있었으므로, 농상을 확대해가는 권문세족과는 이해관계가 대립되었다. 또 권문세족이 부재지주였던 데 비해 자신의 토지를 직접 경영했기 때문에 생산력 향상에 많은 관심을 기울였다. 이는 고려말 중국의 강남농법의 도입으로 농업기술의 급진적 발전을 가져온 것과도 연관된다. 이러한 신진사대부가 권문세족을 비판하고 개혁을 주장하는 데 이론적 무기로 사용한 것은 성리학이었다. 이때 수용된 성리학은 원나라에서 한차례 여과된 것으로 실천윤리를 강조하는 입장이었고, 이를 받아들인 신진사대부들은 실천윤리를 중심으로 의리론·명분론을 중시하게 되었다. 이에 입각해 가장 먼저 공격했던 것은 불교의 비현실성과 승려들의 무위도식이었는데, 불교에 대한 공격은 불교와 일체가 되는 당시 권문세족에 대한 투쟁을 의미한다. 이렇게 당시 지배세력이었던 권문세족과는 사회적·경제적·사상적 입장을 달리했고, 고려사회의 모순을 해결하기 위해서는 권문세족의 기반인 정치 및 토지의 개혁이 필요함을 주장했다. 1388

년(우왕 14) 위화도 회군 이후 정치의 주도권을 잡게 되자 본격적인 개혁작업에 착수하는데, 가장 핵심이 되는 문제는 사전私田의 개혁과 새 왕조의 수립이었다. 이를 둘러싸고 급진개혁파와 온건개혁파로 나뉘며, 급진개혁파가 사전의 개혁을 강력히 추진, 과전법을 마련하고 조선건국의 기초를 마련하는 데 성공한다.

녹과전 祿科田 고려후기에 녹봉을 보충하기 위해 관료에게 나누어주었던 토지. 고려 토지제도의 주축인 전시과는 12세기초부터 붕괴되기 시작, 무신정권기에 이르자 관료 및 군인 등을 위한 경제기반의 의미를 잃었고, 게다가 국고수입의 부족으로 녹봉조차 주지 못하게 되었다. 1257년(고종 44) 강화에 천도중이던 고려정부는 〈분전대록分田代祿〉의 원칙을 세워 강화도의 토지를 관료들에게 지급하도록 했다. 개경으로 환도한 뒤 71년(원종 12)에 그 선례를 확대해, 녹봉을 제대로 주지 못하는 관료에게 토지를 분급하기로 하고 다음해에 시행했다. 이렇게 녹과전은 관료들의 생활보장책으로서, 또 대몽전쟁을 치른 뒤 체제정비의 하나로서 성립되었다. 설치지역은 경기 8현에 한정함으로써 관료들의 편의를 돕는 동시에 농장의 확대 속에서 녹과전을 보호하려 했다. 경기 8현에 두면 수조권자는 전주田主로서 보다 강한 지배를 할 수 있었던 것이다. 녹과전은 녹봉의 지급이 정상화된 뒤에도 불안정한 상태나마 존속, 1377년(우왕 3)까지 그 존재가 확인된다. 전시과 붕괴 이후에도 국가적 토지분급으로서 존재하여, 고려말 과전법에 연결되는 중간적인 역할을 했던 것으로 보인다.

사패전 賜牌田 국가나 왕실에 대해 공을 세운 사람에게 왕이 수시, 임의로 주는 토지. 본래 사전賜田이라 하여 고려 이전부터 조선시대까지 존재했는데, 고려후기에는 특별히 사패전이라는 명목으로 남발되어 토지제도 문란의 한 요인이 되었다. 「사패」란 왕이 발급하는 문서로서 신하에게 토지와 노비를 주거나 향리의 역을 면제해 줄 때 내리는 것이다. 토지의 경우 토지를 주는 이유와 그 상속 여부를 기록했다. 고려후기 권세가들이 이 사패를 내세워 국유지나 사유지를 막론하고 점탈했기 때문에 「사패전」이라 불렸다. 왕이 일정한 명목 없이 임의로 주는 토지였으므로 그 액수가 일정치 않으며, 왕이 임의로 처분할 수 있는 왕실 소유지를 비롯, 국유지, 때로는 사유지까지 그 대상이 된 듯하다. 조선시대에는 별사전別賜田의 명목으로 유지되었다.

이인임 李仁任 ?~1388(우왕 14) 고려의 문신. 본관은 경산부京山府(지금의 성주星州). 그의 가문은 성주지방에서 대대로 호장직을 이어오다 할아버지 이조년이 과거를 통해 관직에 오르면서 중앙으로 진출하기 시작했다. 공민왕 즉위초 문음으로 관계에 진출, 홍건적의 침입을 물리치는 등의 공으로 1등공신이 되었다. 1365년 신돈이 개혁을 추진할 때 전민변정도감에서 주업무를 맡아 보는 등 실무를 장악했으며, 이후 그의 지위는 계속 올라가 1368년 좌시중左侍中이 되었다. 1371년 공민왕이 신돈을 숙청하고 모니노牟尼奴(뒤의 우왕)를 명덕태후明德太后에게 들일 때도 그의 위치는 좌시중으로서 흔들리지 않았으며, 다시 등장한 보수성향의 무신세력과 제휴해 자신의 위치를 더욱 확고히 다져나갔다. 1374년 공민왕이 죽임을 당한 후 이인임은 우왕을 왕위에 오르게 하는 데 성공하여 권력의 중심에 자리잡게 되었다. 이때 이인임은 그때까지의 외교정책을 버리고 원나라와 명나라에 두 다리를 걸치는 양단외교兩端外

交로 방향을 바꾸어, 그 동안 멀어졌던 원나라(당시는 북원北元)와 다시 외교관계를 회복하는 한편, 명나라와도 외교관계를 끊지 않고 사신을 파견했다. 이러한 외교정책의 전환은 신진세력의 맹렬한 비난과 공격의 대상이 되었다. 이에 그는 최영崔瑩·지윤池奫 등과 힘을 합해 1379년(우왕 5)까지 반대세력을 대부분 몰아내고 이후 지윤·임견미林堅味·염흥방廉興邦과 함께 권력을 휘두를 수 있었다. 1382년 이후 실권이 약해져 정치 일선에서 물러났다가, 1386년 다시 좌시중이 되었지만 이듬해 노병으로 사직했다. 1388년, 우왕은 최영·이성계李成桂와 의논해 염흥방·임견미·왕복해王福海 등을 처단하고 그 일파를 유배시켰는데, 이때 이인임도 경산부에 안치安置되었다가 곧 죽었다. 그러나 그의 형제나 자식들에게는 별 영향을 끼치지 않은 것 같다. 동생인 이인립李仁立은 이성계와 밀접한 관계를 맺고 있었으며, 사위인 강서姜筮와 조카사위 하륜河崙, 조카인 이제李濟·이직李稷 등은 조선건국 후 재상직에 올랐다. 즉 그의 가문은 종래의 권문세족뿐 아니라 신진세력과도 연결되어 있었고, 이러한 기반을 바탕으로 이인임은 공민왕 이후 새롭게 성장하는 신진세력과 권문세족이 상충하는 과도기를 이끌어갈 수 있었다.

기철 奇轍 ?~1356(공민왕 5) 고려후기의 권신. 본관은 행주幸州. 몽고식 이름은 빠이앤부카伯顏不花. 고조부는 문하시랑평장사門下侍郎平章事를 지낸 윤숙允肅이며, 아버지는 자오子敖이다. 누이동생이 원나라 순제順帝의 제2황후가 되어 태자 유시리다라愛猶識理達臘를 낳고 그 세력이 강해지자, 이를 배경으로 원나라로부터 정동행성참지정사征東行省參知政事에 임명되었고, 고려에서는 정승에 임명된 후 덕성부원군德城府院君

에 봉해졌다. 그후 그의 일족과 친당親
黨들이 교만하고 포악해져 남의 토지를
빼앗는 등 불법행위를 일삼았다. 뒤에
다시 원나라로부터 요양성평장遼陽省平
章에 임명된 후 대사도大司徒에 이르렀
다. 1356년 원나라가 쇠약해지자 자기
의 위치를 지키기 위해 친척과 일당을
요직에 앉히고 역모를 꾀했으나, 권겸
權謙·노책盧頙 등과 함께 공민왕에 의해
처형되었다.

홍건적 紅巾賊 원나라말 한산동韓山童
·유복통劉福通 등이 주동이 되어 하북성
河北省 영평永平에서 일으킨 한족 반란
군. 머리에 붉은 수건을 둘러 표식으로
삼았기 때문에 홍건적 또는 홍두적紅頭
賊으로 불렸다. 이들은 당시 유행하던
비밀 종교결사인 백련교白蓮敎를 기반
으로 삽시간에 큰 세력으로 성장했고,
1355년(공민왕 4)에는 한산동의 아들
한림아韓林兒가 유복통 등에 의해 추대
되어 황제를 칭하고 국호를 송宋이라 일
컫기에 이르렀다. 그후 이들 세력은 원
나라 각지를 침공하고, 그중의 한 무리
가 요양遼陽까지 진출했다가 원나라 군
대의 반격을 받아 고려의 영토로 밀려
들어와, 고려는 두 차례에 걸쳐 전란을
치르게 되었다.

최영 崔瑩 1316(충숙왕 3)~1388(우왕
14) 고려의 재상이며 명장. 본관은 창원
昌原. 평장사平章事 유청惟淸의 5대손.
양광도도순문사楊廣道都巡問使 휘하에서
왜구를 토벌한 공으로 우달치于達赤가
되었다. 1352년(공민왕 1), 안우安祐·최
원崔源 등과 함께 조일신趙日新의 난을
평정해 호군護軍이 되었고, 1354년에 대
호군이 되었다. 이때 원나라에서 장사
성張士誠·주원장朱元璋 등 한인漢人들의
반란이 일어나 유탁柳濯·염제신廉悌臣
등 40여 명의 장수와 함께 군사 2천여
명을 거느리고 원나라에 가서 공을 세
우고 이듬해에 돌아왔다. 이 기회를 통

△ 최영의 묘.

해 원나라의 쇠퇴 상황을 직접 확인한
고려는 1356년부터 반원反元 개혁정치
를 추진했는데, 최영은 서북면 부병마
사西北面副兵馬使가 되어 병마사 인당印
璫과 압록강 서쪽의 8참站을 공격하
여 파사부婆娑府(지금의 구련성九連城)
등 3참을 쳐부수었다. 1359년 홍건적 4
만여 명이 침입해 서경을 함락하자 이
방실李芳實·안우安右·김득배金得培 등과
함께 무찔러 서경을 되찾는 등 큰 승리
를 거두었다. 1361년에 다시 홍건적 10
만여 명이 침입해 개경을 점령하자, 이
듬해 정세운鄭世雲·안우·이방실·이성계
등과 함께 이를 물리쳐 개경을 수복했
다. 그 공으로 훈1등에 도형벽상공신圖
形壁上功臣이 되었고 전리판서典理判書
에 올랐다. 개혁정치 과정에서 다소 소
외되었던 무장세력은 두 차례의 홍건적
침입을 물리치며 다시 실세로 등장할
수 있었고, 특히 최영은 이후 공민왕의
위기를 구해 줌으로써 그 지위를 확고
히 잡아갔다. 1363년 공민왕을 죽이려
했던 흥왕사의 변(김용金鏞의 난)을 평
정하여 진충분의좌명공신盡忠奮義佐命功
臣이 되었으며, 1364년 원나라가 충선
왕의 셋째아들 덕흥군德興君을 왕으로
삼으려고 군사 1만 명과 함께 보냈을 때
서북면 도순문사로 이성계 등과 함께
싸워 물리쳤다. 한때 신돈에 의해 계림
윤鷄林尹으로 좌천되어 귀양을 갔으나,

1371년 신돈이 처형되자 곧 풀려났으며, 우왕 때에는 극심했던 왜구의 침입을 막는 데 크게 공헌하며 부상했다. 1388년, 문하시중이 되어 왕의 밀령으로 당시의 권신 염흥방廉興邦·임견미林堅味 일당을 숙청했고, 그해 그의 딸을 왕비(영비寧妃)로 삼아 확고한 지위를 구축했다. 이때 명나라가 철령위를 설치하여 그 이북을 요동遼東에 귀속시키려 하자, 많은 반대에도 불구하고 요동정벌을 강행했는데, 자신은 8도도통사八道都統使가 되어 왕과 함께 서경에 가서 군사를 독려하고, 조민수曹敏修를 좌군도통사로, 이성계를 우군도통사로 삼아 5만여 대군을 이끌고 출정하게 했다. 그러나 조민수를 설득하여 압록강 가운데의 위화도에서 군사를 돌이켜 개경에 돌아온 이성계에게 잡혀 고향인 고봉현高峰縣(지금의 고양高陽)으로 귀양을 갔으며, 얼마 후 충주로 옮겨진 뒤 죽음을 당했다. 그후 이성계는 새 왕조를 세운 후 6년 만에 무민武愍이라는 시호를 내려 그의 넋을 위로했다. 개풍군開豊郡 덕물산德物山에 있는 적분赤墳이 그의 무덤으로 풀이 나지 않는다고 하며, 그 산 위에 장군당이 있어 무당들의 숭배의 대상이 되고 있다.

최무선 崔茂宣 ?~1395(태조 4) 고려 말 화약火藥발명가. 본관은 영주永州(지금의 영천永川). 아버지는 광흥창사廣興倉使 동순東洵. 우리나라에서 화약과 화약을 이용한 무기를 처음으로 만들어 사용했다. 본래 기술에 밝고 병법兵法을 좋아했으며, 당시 날로 심해지는 왜구의 침입을 막는 데는 화약사용이 가장 좋은 방법이라 생각해 제조법 연구에 골몰했다. 우리나라에는 늦어도 14세기 전반, 즉 공민왕초까지는 이미 화약과 화포火砲가 전래되어 있었다. 하지만 화기火器의 발달에서 문제는 화기보다 화약이었고 그중에서도 염초焰硝를 얻는

것이 가장 어려운 문제였는데, 원나라나 명나라가 그 제조법을 비밀에 부쳤기 때문에 고려에는 아는 사람이 없었다. 이에 그는 중국상인들의 왕래가 잦은 무역항 벽란도에 가서 중국에서 오는 상인들을 만나 이를 묻던 중, 강남江南의 상인 이원李元으로부터 염초자취법煮取法을 배울 수 있었다. 일설에는 최무선이 원나라에 가서 배워왔다고도 한다. 이렇듯 많은 노력 끝에 화약의 주원료인 염초 만들기에 성공한 그는 조정에 여러 번 건의해, 마침내 1377년(우왕 3) 화통도감火筒都監이 설치, 그 제조提調가 되어 화약뿐 아니라 총포화기와 전함戰艦을 만들었다. 또 화기발사 전문부대인 화통방사군火筒放射軍이 편성되었다. 1380년, 왜선 5백여 척이 전라도 진포鎭浦(서천舒川~금강錦江 어구)에서 인근 지방으로 올라가 약탈을 일삼자 부원수副元首에 임명되어, 도원수 심덕부沈德符·상원수 나세羅世와 함께 전함을 이끌고 가서 처음으로 화통·화포 등을 사용해 왜선을 모두 태워버렸고, 1383년(우왕 9)에는 남해 관음포觀音浦에 침입한 왜구도 화기를 사용해 물리쳤다. 이때 입은 타격이 매우 커서 이후 왜구의 침입이 수그러들기 시작했을 정도였다. 그러나 1389년(창왕 1) 조준趙浚 등의 주창으로 화통도감은 폐지되어 군기시軍器寺에 합병되었다. 최무선은 조선건국 후에 실직을 받지 못하고 검교직을 받는 등 그다지 크게 평가받지 못하다가, 죽은 뒤에 의정부 우정승議政府右政丞, 영성부원군永城府院君에 추증되었다. 화통도감이 없어진 후 집에서 〈화약수련법火藥修鍊法〉〈화포법火砲法〉을 저술했다고 하나 전하지는 않는다. 태종 때 그의 기술을 이은 아들 해산海山이 등용되면서 다시 화기의 발달이 이루어졌다.

안우 安祐 ?~1362(공민왕 11) 고려

말기의 무신. 본관은 탐진耽津. 아버지는 검교중추원사檢校中樞院事를 지낸 원린元璘이다. 1352년 군부판서軍簿判書로서 최영崔塋과 함께 조일신趙日新의 난을 평정했고, 1358년 원나라 황실과의 인척관계를 배경으로 세도를 부렸던 기철奇轍을 죽인 공으로 1등공신에 책봉되었다. 1359년 홍건적이 침입해 의주와 정주 등이 함락되자 서북면 부원수로서 이방실李芳實 등과 함께 적을 물리쳤으며, 1361년 상원수로서 다시 쳐들어온 10만의 홍건적을 박주와 영변에서 맞아 크게 이겼으나 절령에서 패해 개경을 빼앗겼다. 총병관摠兵官 정세운鄭世雲의 지휘 아래 이방실·김득배金得培·이성계·최영 등과 함께 20만 대군으로 개경 탈환전에 참여해 적을 거의 섬멸하고 나머지 적은 압록강 밖으로 몰아냈다. 이때 재상 김용金鏞과 함께 정세운의 공을 시기해 죽였는데, 왕이 이 사실을 알고 장군들을 피난처인 복주福州(지금의 안동安東)로 소환, 복주에 갔다가 김용의 하수인에게 죽임을 당했다.

5. 고려의 문화

고금록 古今錄　고려초기 박인량朴寅亮이 지은 역사책. 10권. 편찬 직후 비서성秘書省에 보관했다고 하는데 현전하지 않아 구체적인 내용은 알 수 없다.

박인량 朴寅亮　?~1096(숙종 1) 고려전기의 문신. 본관은 평산平山. 자는 대천代天. 고려 개국공신인 수경守卿의 현손이다. 문종 때 과거에 급제해 문한文翰(문필에 관한 일)의 여러 벼슬을 거쳤다. 일찍이 거란은 압록강 동쪽 연안에 보주성保州城을 설치했는데, 현종조 이래 여러 차례에 걸친 반환요청에도 듣지 않다가 1075년(문종 29) 박인량이 지은 진정표陳情表가 요주遼主를 감동시켜 철거하게 되었다. 1080년, 예부시랑으

로 송나라에서 약재를 보내준 데 대한 사은사로 갔는데, 저장浙江에서 태풍을 만나 대부분의 방물方物(공물)을 잃었으나 송나라 황제의 요청으로 죄를 면하게 되었다. 그가 저술한 천독天牘·표表·장狀·시詩 등은 동행했던 김근金覲의 시문과 함께 〈소화집小華集〉이라는 이름으로 송나라에서 간행되어 중국에까지 문명을 날렸다. 1089년(선종 6), 동지중추원사同知中樞院事가 되었으며 이어 우복야 참지정사에까지 올랐다. 문장이 뛰어나 송나라와 요나라에 보낸 표장表狀은 모두 그의 손에서 나왔다고 한다. 저술로는 〈고금록〉 10권과 〈수이전殊異傳〉이 있다고 하는데 전하지는 않는다. 시호는 문열文烈이다.

속편년통재 續編年通載　고려 예종 때 홍관洪灌이 편찬한 삼국시대의 역사책. 1116년(예종 11) 송나라 역사책인 〈편년통재〉를 읽고 감동받은 예종이 홍관에게 명해 편찬케 한 것으로, 우리나라 삼국시대 이래의 사적史蹟을 〈편년통재〉의 체제를 본따 정리한 역사책이다. 〈고려사〉 홍관전에 자세한 편찬동기가 기록되어 있고, 책명이 〈동국문헌비고〉에 보이나 전하지는 않는다. 이 책의 편찬에 영향을 준 〈편년통재〉는 송나라 장형章衡이 역대 황제의 계통을 정리한 중국사서이다.

홍관 洪灌　?~1126(인종 4) 고려의 문신·서예가. 본관은 남양南陽. 자는 무당無黨. 당성군唐城郡 출신. 과거에 급제해 예종 때는 어사중승御史中丞을 거쳐 문덕전文德殿·청연각淸燕閣·보문각寶文閣의 학사를 역임했으며, 예종의 명으로 이궤李軌·허지기許之奇·박승중朴昇中·김부일金富佾·윤해尹諧 등 학사와 함께 삼한 이래의 사적을 모아 〈편년통재속편年通載續編〉을 편찬했다. 인종 때 수사공상서좌복야守司空尙書左僕射가 되었는데, 도성에서 숙직을 하다 이자겸

李資謙의 난을 당해 변고를 듣고 들어가 왕을 시위했다. 왕이 연덕궁延德宮으로 거처를 옮기게 되자 노병老病으로 잘 걷지 못해 뒤쳐져 가다가 서화문西華門에서 척준경拓俊京의 군대에 의해 살해당했다. 글씨를 잘 썼으며 신라 김생金生의 필법을 이어받았다고 하는데, 1102년(숙종 7) 직사관直史館으로서 왕명으로 집상전集祥殿(왕의 정전)의 편액을 쓴 것을 비롯해, 회경전會慶殿의 병풍에 〈서경〉의 무일편無逸篇도 썼다고 전하며, 〈해동역사海東繹史〉에는 보문각寶文閣·청연각淸燕閣·보전화루寶殿畫樓의 편액도 그의 글씨라고 한다. 시호는 충평忠平이다.

7대실록 七代實錄 고려초기 황주량黃周亮 등이 편찬한 태조·혜종·정종·광종·경종·성종·목종의 실록. 총 36권이었으나 전하지는 않는다. 고려시대에는 국초부터 이미 역사를 기록하는 관리가 있어 태조 이래의 사실을 기록했으며, 광종 때 사관史館이 설치되어 모든 사료를 이곳에 보관했다. 그러나 1011년(현종 2) 거란의 침입으로 개경에 불이 나자 궁궐 안에 있던 사관이 불에 탐으로써 모두 소실되었다. 그리하여 1013년, 현종은 수찬관修撰官 황주량·최충崔冲·윤징고尹徵古·주저周佇 등에게 명해 실록의 편찬을 착수했고, 이는 1034년(덕종 3)에 완성되었다. 〈고려사〉에는 이 실록의 명칭에 대해 〈칠대사적기七代事蹟記〉라 전하고 있으나 〈고려사〉 세계 및 그 이외의 기록에 실록이라는 명칭을 사용한 기록이 있어 당시 실록으로 불렸던 것이 확인된다.

황주량 黃周亮 생몰년 미상. 고려초기의 관료·학자. 본관은 확실치 않으나 황주黃州로 추정된다. 1004년(목종 7) 과거에 장원급제했으며, 1013년(현종 4) 시어사侍御史가 되었는데, 이해 9월 수찬관으로 임명되어 실록의 편찬에 착

수하게 되었다. 그후 국자좨주國子祭酒·한림학사翰林學士를 거쳐 1034년(덕종 3) 정당문학 판한림원사政堂文學判翰林院事가 되었다. 이 무렵 7대실록을 완성했으며, 이후 정종 때 문하시랑평장사에 올랐으며, 1043년(정종 9) 공신의 칭호와 함께 수태보 겸 문하시중 판상서이부사에 오르게 된다. 정종의 묘정에 배향되었으며, 시호는 경문景文이다.

편년체 編年體 역사편찬의 한 체재. 역사기록을 연·월·일의 순으로 정리하는 방식으로 동양에서는 가장 보편적이고 오래된 역사편찬 체재이다. 오늘날 전하는 편년체 사서 중 가장 오래된 것은 중국의 공자가 노魯나라의 역사를 쓴 〈춘추春秋〉이며, 수·당대에 사관史館에서 편찬된 각 왕의 실록 역시 모두 편년체로 기술되었다. 송나라 때 사마광司馬光이 쓴 〈자치통감資治通鑑〉과 주희朱熹의 〈자치통감강목資治通鑑綱目〉도 편년체로 쓰여진 사서이다. 우리나라에서도 역사책은 일찍부터 편년체로 편찬되었는데, 고구려·백제·신라에서 각각 편찬했다고 하는 〈유기留記〉〈신집新集〉〈서기書記〉〈국사國史〉 등의 역사책도 편년체 역사라고 생각된다. 고려시대의 각 왕의 실록이나 조선시대에 편찬된 실록 〈승정원일기〉, 비변사 회의록인, 〈비변사등록〉, 왕의 일기인 〈일성록〉 등의 기록이 모두 편년체로 기술되었다. 이렇듯 당대의 기록을 정리하는 것뿐 아니라 이전 왕조의 역사정리도 편년체로 쓰어진 것이 주를 이룬다. 권근權近의 〈동국사략〉, 정도전의 〈고려국사〉와 〈고려사절요〉〈삼국사절요〉〈동국통감〉 등 조선초기의 관찬사서와 박상朴祥의 〈동국사략〉, 유희령柳希齡의 〈표제음주동국사략標題音註東國史略〉, 안정복安鼎福의 〈동사강목〉 등이 그런 예이다. 일본에서 가장 오래된 역사서인 〈일본서기日本書紀〉와 〈고사기古事記〉도 편년체

로 쓰여졌다. 편년체는 편찬이 용이하다는 점과 역사기록을 분산시키지 않는다는 점을 장점으로 들 수 있으나, 역사를 구조적으로 이해하기 어려우며 연대가 정확치 않은 자료는 싣기가 어려운 것이 단점이 되기도 한다.

삼국사기 三國史記 김부식金富軾 등이 고려 인종의 명을 받아 편찬한 삼국(고구려·백제·신라)의 정사正史. 1145년(인종 23)에 편찬, 여러 번 출판되었으나 초간본은 전하지 않고, 현재 남아 있는 판본 중 가장 오래된 것은 13세기후반에 판각된 것으로 추정되는 성암본誠庵本으로, 잔존본이기는 하나 일본 궁내청宮內廳에 소장되어 있다. 이후 1394년(조선 태조 3)과 1512년(중종 7)에 판각이 이루어졌는데, 특히 중종 때의 것은 중종임신본中宗壬申本·정덕임신본正德壬申本 또는 정덕본으로 불리며, 이 판본으로 간행된 것이 여러 종 전해지고 있다. 기전체로 편찬된 이 책은 본기 28권(고구려 10권, 백제 6권, 신라 12권)·지志 9권·표 3권·열전 10권으로 구성되어 있으며, 유교적인 관점에서 우리나라 역사를 체계화하려고 한 최초의 사서이다. 즉 고려중기에는 유교가 정치이념으로 확립되어 유교적인 가치관이 어느 정도 정립되어 있었다고 여겨지는데, 이때 유교적 합리주의에 입각해 삼국의 역사를 새롭게 평가하고 서술해 볼 필요성에서 편찬된 것이라 할 수 있다. 그러나 〈삼국사기〉는 중국 중심의 역사관이 지배하고 있어 민족적 자각이 대두되지 못한 당시의 시대상을 반영하고 있는 한계성을 지니고 있음을 볼 수 있다. 한편 이 책은 신라 중심 사관, 즉 3국의 왕조 중 신라가 정통이며 그것이 고려로 계승된다고 보는 입장에서 서술되었는데, 이는 당시 고려왕조의 역사계승의식의 반영으로 보인다. 고려는 건국초 고구려를 계승한 왕조임을 표방

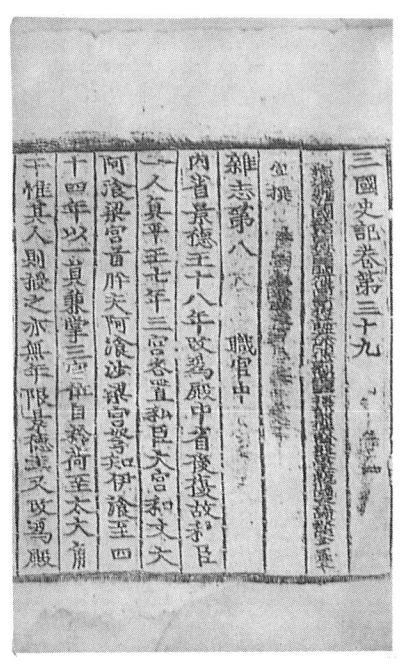

△ 김부식이 쓴 〈삼국사기〉

했으나, 후삼국을 통일한 후에는 대외적으로 고구려의 후신임을 강조하면서도 신라 계승 의식이 나타났는데, 이는 신라의 지배층이 고려의 새로운 지배층으로 변신한 것과도 관련이 있는 듯하다. 이 책은 현존하는 우리나라 최고最古의 역사책으로, 이 책이 편찬될 당시에 참고로 한 사서들이 현재 거의 없어진 상황에서 삼국의 역사를 연구하는데 가장 중요한 자료가 되고 있다. 김부식 →고려 제3장

기전체 紀傳體 역사편찬의 한 체제. 왕의 정치와 관련된 기사인 본기本紀와 인물들의 개인전기인 열전列傳, 그리고 통치제도·문물·경제·자연현상 등을 내용별로 분류하여 쓴 지志와 연표年表의 네 부분으로 구성되며, 본기와 열전을 따서 기전체라 했다. 기전체 사서는 전한前漢의 사마천司馬遷이 쓴 〈사기史記〉

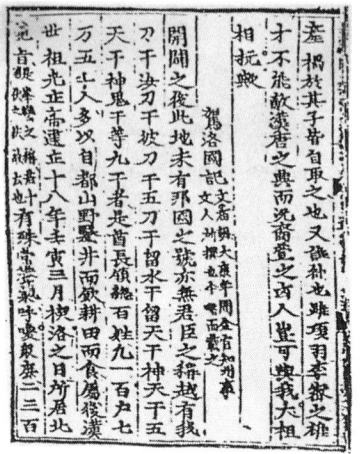

△가락국기.〈삼국사기〉기이편에서

에서 시작되었으나, 그 정형은 후한의 반고班固가 편찬한 〈한서漢書〉에서 이미 갖추어졌으며, 이후 중국 역대왕조의 정사正史로서 편찬된 〈25사二十五史〉가 모두 기전체로 편찬되었다. 중국의 경우 정사의 편찬은 한 왕조가 멸망한 뒤 후속 왕조에 의해 전 왕조의 실록을 기본자료로 이용해 기전체로 편찬하는 것이 정례가 되었다. 우리나라에서는 고려초 〈삼국사〉가 기전체로 편찬되었으나 전하지 않고, 현재 전해지고 있는 최초의 기전체 사서는 김부식金富軾의 〈삼국사기〉이며, 조선초기에는 〈고려사〉가 기전체로 편찬되었다. 국가에서 주도해 만든 관찬서 외에 조선후기에는 개인 학자들에 의해서도 기전체 사서가 편찬되었는데, 16세기말 오운吳澐의 〈동사찬요東史纂要〉, 17세기후반 허목許穆의 〈동사東史〉, 18세기후반 이종휘李鍾徽의 〈동사東史〉를 들 수 있다. 기전체는 역사를 왕과 그를 보필한 신하, 그리고 통치제도 등 3원적으로 파악하는 역사서 술방식이다. 하나의 자료가 내용에 따라 분류되어 서술됨으로써 참고하기에는 편리하나 역사를 총체적으로 이해하

는 데 불편한 점이 있다. 그러나 연대를 파악하기 어려운 자료까지도 모두 실을 수 있는 장점이 있다.

가락국기 駕洛國記 1076년(문종 30)에 편찬된 가락국에 대한 역사책. 금관지주사金官知州事로 있던 성명미상의 문인이 편찬했다고 하며, 〈삼국유사〉제2권에 요약된 내용이 실려 전한다. 내용은 가락국, 즉 금관가야의 시조인 수로왕首露王의 건국설화와 허황후許皇后와의 혼인설화, 수로왕릉의 보존에 관련된 신이사례神異事例, 신라에 합병된 이후부터 고려왕조에 이르는 김해지방의 연혁, 그리고 가락국의 역대 임금들의 계보와 함께 역사적 사실이 간략하게 기록되어 있다. 신라말 이래 점차 소외되고 사회적 지위가 낮아진 가야계의 신김씨新金氏들이, 새로 고려왕조가 들어서고 사회가 안정되자 옛날의 영화를 과시하고자 이 책을 편찬한 것이 아닌가 한다. 설화적 요소가 많으나 금관가야의 역사 연구에 중요한 자료가 된다.

균여전 均如傳 1075년(문종 29) 혁련정赫連挺이 지은 균여의 전기. 1권. 목판본. 원명은 〈대화엄수좌원통양중대사균여전大華嚴首座圓通兩重大師均如傳〉이다. 서두와 말미에 각각 저자의 서문과 후서後序가 있고, 본문은 균여의 출생과 성장, 출가와 수도, 누이와의 사이에 있었던 일화, 화엄종 통합을 위한 노력, 균여의 저술, 〈보현십원가普賢十願歌〉에 관한 기록과 그 번역문, 정수正秀와의 대립, 균여의 죽음에 관한 기록 등의 내용이 열 부문으로 나뉘어 서술되어 있다. 이 책은 균여의 생애뿐 아니라 〈보현십원가〉11수와 한역시가 수록되어 있어 불교사 및 향가연구에 많은 도움을 준다. 독립된 책으로 간행된 적은 없고, 고려대장경 보유판 명함冥函에 있는 〈석화엄교분기원통초釋華嚴教分記圓通鈔〉권10 말미에 부록으로 판각되어

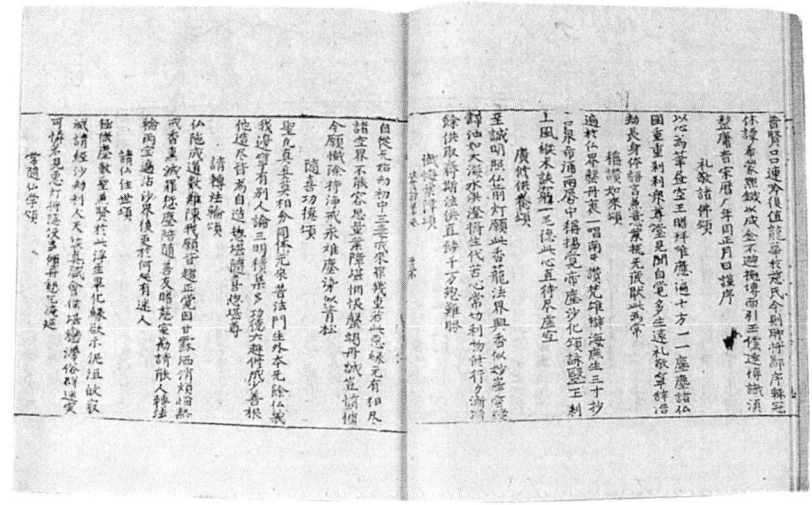

△혁련정이 쓴 〈균여전〉

선한다.

균여 均如 923(태조 6)~973(광종 24) 고려초기의 고승. 본관은 황주黃州, 속성은 변씨邊氏, 균여는 이름이다. 아버지는 환성煥性이며, 어머니는 점명占命이다. 황해도 황주에서 출생했는데, 그의 어머니는 60세에 임신하고 7개월 만에 균여를 낳았다고 한다. 어려서 아버지를 여의고 15세 때 사촌형 선균善均을 따라 출가, 영통사靈通寺에서 수도생활을 했다. 그는 화엄종의 남악南岳과 북악北岳 양 종의 대립을 개탄, 북악의 법통을 계승하여 남악까지 종합해 독자적인 입의정종立義定宗을 확립했는데, 그의 설은 승시僧試에서 정통으로 인정되기도 했다. 964년(광종 15), 광종이 그를 위해 발원하여 송악산 아래에 창건한 귀법사의 주지로서, 왕명에 따라 제사를 받들며 민중을 교화하고 불법을 펴다가 973년 입적, 팔덕산八德山에 장례를 지냈다. 그의 생애는 1075년(문종 29) 혁련 정赫連挺이 지은 〈균여전〉에 전해져온다. 그는 화엄교리의 거장으로서, 그의 화엄사상은 공空을 뜻하는 성性과 색色을 뜻하는 상相을 원만하게 융합시킨 〈성상융회性相融會〉의 이론이다. 이는 화엄사상 속에 법상종의 사상을 융합해 교종 내의 대립을 해소키 위해 주창한 통합사상으로서, 균여가 〈원통대사〉로 불렸고, 그의 저술에 〈원통〉이라는 명칭이 붙여졌던 것도 이 때문이다. 또한 그의 화엄사상 속에는 순수 교리적인 측면보다 토착적 신앙을 내세우는 신이적인 측면이 강조되었는데, 이는 서민적이고 세속적이었던 그의 사상경향을 나타내는 것이다. 균여의 사상은 고려중기의 의천義天에 의해 심하게 배척되어 의천의 저술에서 그의 책은 의식적으로 제외되었다. 그러나 무신정변 이후 조계종이 크게 일어나면서 환영을 받아, 당시 조판된 고려대장경 속에 균여의 저술이 포함되었다. 저술

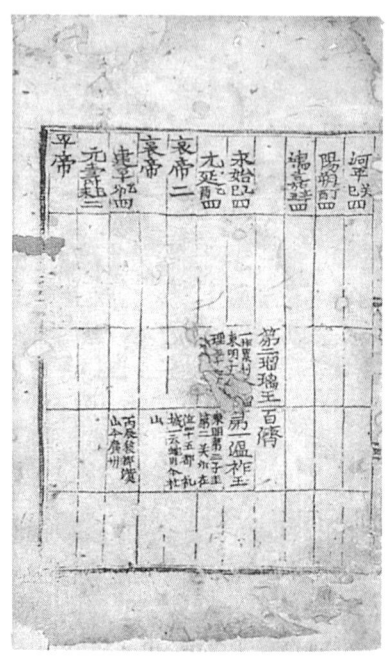

△ 일연이 쓴 〈삼국유사〉

로는 〈수현방궤기捜玄方軌記〉 10권, 〈공목장기孔目章記〉 8권 등 다수가 있는데, 포교의 방법으로 방언, 즉 향찰로써 불경을 번역하기도 했다. 불교 이외의 학문에도 조예가 깊었으며, 특히 향가에 익숙해 〈보현십원가普賢十願歌〉를 지음으로써 국문학사상 큰 업적을 남겼다.

삼국유사 三國遺事 고려후기의 고승 일연一然이 편찬한 사서史書. 1281년(충렬왕 7)을 전후한 시기에 편찬된 것으로서, 조선초기에 간행된 판본의 일부가 전해져 오지만 완성본으로는 1512년(중종 7)에 간행된 중종 임신본中宗壬申本(정덕본正德本이라고도 함)이 전해져 온다. 정덕본은 목판본으로 전체 5권 2책으로 되어 있는데, 제1, 2권은 왕력과 기이紀異, 제3권은 홍법興法·탑상塔像, 제4권은 의해義解, 제5권은 신주神呪·감

통感通·피은避隱·효선孝善으로 되어 있다. 제1편 왕력은 3국과 가락국왕조의 간략한 연표이고, 제2편 기이는 고조선으로부터 후삼국까지의 단편적인 역사를 57항목으로 서술했다. 제3편 홍법은 삼국의 불교 수용과 그 융성에 관한 7항목, 제4편 탑상은 탑과 불상에 관한 사실 30항목을 실었다. 제5편 의해 편에는 신라의 고승들에 대한 전기 14항목을 실었으며, 제6편 신주에는 밀교승들에 대한 3항목, 감통편에는 불공으로 나타난 신기한 기사 10항목을, 제8편 피은에는 승려들의 일화를, 제9편 효선에는 효도와 선행에 대한 미담 5항목을 각각 수록했다. 삼국유사는 책이름에도 나타나듯이 〈삼국사기〉의 기록에서 빠진 사실들을 수록한다는 취지에서 편찬된 것으로 불교적인 내용을 비롯한 다방면에 걸친 자료들이 저자의 관심에 따라 선택적으로 수집·분류되어 있다. 단군신화를 비롯한 고대신화·전설들이 실려 있어서 고대 사회경제사와 사상사·고고학·민속학 등의 연구자료가 되며, 14수의 향가와 이두로 된 비문류 등은 고대 문학과 언어 연구에 값진 자료가 된다. 그러나 이 책은 단순히 〈삼국사기〉에서 누락된 기록을 수록하기 위해서가 아닌 저자의 강한 역사의식에 의해 쓰여진 것이다. 우선 이 책에는 불교 관계의 기사를 많이 싣고 있는데, 〈삼국사기〉가 유교적 입장을 강조하여 불교에 관한 기사가 소홀하게 다루어졌기 때문에 불교적 입장에서 불교문화에 대한 역사 서술을 하고자 하는 저자의 의도가 반영된 것이다. 또한 삼국유사는 우리 민족 중심의 주체적인 입장에서 사료들을 정리하려는 노력이 보인다. 특히 우리 민족의 공동시조로서 단군에 대한 인식이 나타난 점이 주목되는데, 이는 몽고족의 압박과 간섭이 격심했던 상황에서 민족적 자각이 크게 대두되었던 당시의

시대의식을 반영하는 것이라 할 수 있
다. 고구려 계승의식·신라 계승의식 등
으로 나타났던 고려전기의 사관과는 달
리, 단군을 민족의 공동시조로 인식하
는 고려후기의 민족의식·역사의식의 발
전적인 모습이 나타나 있는 것이다.

일연 一然 1206(희종 2)~1289(충렬왕
15) 고려후기의 고승. 성은 김씨. 처음
의 법명은 견명見明. 처음 자는 회연晦
然. 자호는 목암睦庵. 장산군章山郡(지
금의 경산) 출신. 1219년, 설악산 진전
사陳田寺에서 출가한 뒤 여러 곳의 선문
禪門을 방문하며 수행했다. 이때 많은
사람들의 추대로 구산문 사선九山門四選
의 으뜸이 되었다. 1227년, 승과의 선불
장選佛場에 응시해 장원인 상상과上上科
에 급제했고, 1236년 삼중대사三重大師
의 승계僧階를 받았으며, 1246년 나시
선사禪師가 더해졌다. 몽고의 침입으로
남쪽의 남해·윤산輪山 등지에서 전란을
피하며 대장경을 만들다가 분사대장도
감分司大藏都監 작업에 약 3년 동안 참여
했고, 〈중편조동오위重編曹洞五位〉 2권
을 지었으며, 1259년 대선사의 승계를
제수받았다. 충렬왕 때 국존國尊으로 책
봉되어 원경충조圓經冲照라는 호를 받았
으며, 왕의 거처인 대내大內에서 문무백
관을 거느린 왕의 구의례揲衣禮(옷의 뒷
자락을 걷어올리고 절하는 예)를 받았
다. 그러나 늙은 어머니의 봉양이 마음
에 걸려 왕의 만류를 뿌리치고 고향으
로 돌아왔다. 1284년, 어머니가 죽자 조
정에서는 군위軍威에 있는 은해사銀海寺
의 말사인 인각사麟角寺를 수리한 뒤 토
지 100여 경頃을 주어 주재하게 했다.
1289년 6월에 병이 들자 7월 7일 왕에게
올릴 글을 쓰고, 8일 선상禪床에 앉아
제자들과 선문답禪問答을 나눈 뒤 거처
하던 방으로 돌아가서 손으로 금강인金
剛印을 맺고 입적했다. 그해 10월 인각
사 동쪽 언덕에 탑을 세웠는데, 탑호는

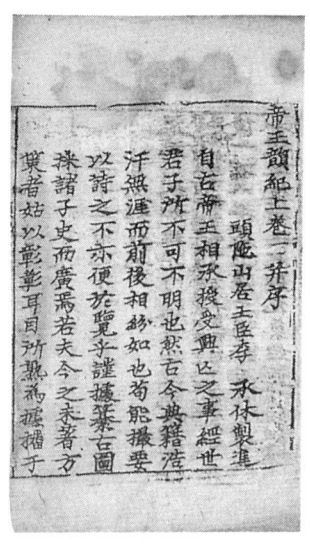

△제왕운기

정조靜照이며 시호는 보각普覺이다. 저
서로는 〈삼국유사〉 5권을 비롯해, 〈화
록話錄〉 2권, 〈게송잡저偈頌雜著〉 3권,
〈중편조동오위〉 2권, 〈조파도祖派圖〉 2
권, 〈대장수지록大藏須知錄〉 3권 등 다
수가 있다.

제왕운기 帝王韻紀 1287년(충렬왕 13)
에 이승휴李承休가 쓴 역사시. 상·하 양
권 1책으로, 상권에는 서序와 중국역사
의 요점을 칠언고시 264구로 읊었으며,
하권은 우리나라 역사에 관한 내용을
동국군왕개국연대東國君王開國年代와 이
조군왕세계연대李朝君王世系年代 2부로
나누어 놓았다. 전자에는 서序에 이어
지리기地理紀, 단군의 전조선前朝鮮, 기
자의 후조선後朝鮮, 위만衛滿의 찬탈,
삼한三韓을 계승한 신라·고구려·백제의
3국과 후고구려·후백제·발해가 고려로
통일되는 과정까지를 칠언고시 264구
1,460언으로 읊었으며, 후자에는 고려
태조의 세계설화世系說話에서 필자 당대
인 충렬왕 때까지를 오언으로 읊었다.

〈이조군왕세계〉의 말미에서 이 책을 저술하게 된 동기가 당대의 문제의식에서 비롯되었다고 저자 자신이 밝히고 있는 것처럼, 이 역사시는 당시의 대내외적인 현실에 대한 깊은 통찰에서 출발하여 그 위기를 극복하고자 하는 포원布願을 노래한 것이라고 할 수 있다. 국내적으로는 왕권의 강화를 통한 국가질서의 회복을 위해 유교적 정치이념을 제시했으며, 한편 민족적 자주의식을 고취해 원나라의 정치적 지배에 대항하고자 했다. 즉 구성을 중국사와 한국사를 각권으로 분리하고, 강역疆域도 요동遼東에 따로 천지세계가 있어 중국과 엄연히 구별되는 생활영역임을 밝히고 있는데, 이는 중국과 우리민족과의 지리적·문화적 차이를 강조함으로써 우리가 중국과 구별되는 독자적이고 자주적인 문화민족임을 자각하게 하고자 한 것이다. 또한 단군신화를 한국사 체계 속에 편입시킴으로써 우리 민족의 독자성과 역사의 유구성을 과시했다. 게다가 발해를 고구려의 계승국으로 인정해 고려 태조에 귀순해 온 사실을 서술함으로써 발해를 최초로 우리 역사 속에 집어 넣었다. 이 책은 자주적인 민족의식을 고취시켜 몽고의 정치적 지배에 대항하는 정신적 지주로 삼기 위해 제작되었다는 점에서 〈동명왕편〉과 함께 고려중기의 대민족서사시라고 불리기도 한다. 또한 같은 시기에 일연一然이 저술한 〈삼국유사〉에서와 같이 단군을 한국사 체계 속에 편입시킨 선구자적 역사서술이라는 점에서 그 의의가 높이 평가된다.

이승휴 李承休 1224년(고종 11)~1300(충렬왕 26). 고려의 문신. 자는 휴휴休休. 자호自號는 동안거사東安居士. 경산부京山府 가리현加利縣 사람으로 가리이씨의 시조가 되었다. 1252년 문과에 급제했으나 다음해 홀어머니가 있는 삼척현三陟縣으로 갔다가 몽고의 침략으로

길이 막히자, 그곳 두타산 구동龜洞에서 농사를 지으며 홀어머니를 봉양했다. 1263년 구관시求官詩를 지어 보내 다음해 이장용李藏用과 유경柳璥의 천거로 경흥부 서기慶興府書記에 임명되었다. 그러나 번번이 간언을 하다 좌천 또는 파직되는 등의 시련을 겪었는데, 양광충청 안렴사로 있을 때 장리贓吏 7명을 탄핵하고 그 가산을 몰수했다가 원한을 사게 되 동주부사東州副使로 좌천된 이후 스스로를 동안거사라 불렀으며, 1280년(충렬왕 6) 감찰사의 관원들과 함께 국왕의 실정 및 국왕 측근인물들의 전횡을 들어 10여개 조로 간언하다 파직된 이후에는 다시 삼척현의 구동에 돌아가 은거하며 당호堂號를 용안당容安堂이라 하고, 여기서 〈제왕운기〉와 〈내전록內典錄〉을 저술했다. 말년에는 불교에 심취해 용안당을 간장사看藏寺로 고치고 토지를 희사하기도 했다. 1298년, 충선왕이 개혁정치를 추진할 때 특별히 기용되었으나, 70세가 넘어 현관顯官에 제수되는 것이 국가의 제도에 어긋남을 들어 거듭 사직을 요청, 결국 같은 해에 밀직부사密直副使·감찰대부監察大夫·사림학사승지詞林學士承旨로 치사致仕했다. 저작으로 〈제왕운기〉가 있고, 아들 이연종李衍宗이 편집한 문집 〈동안거사집東安居士集〉이 있다.

해동고승전 海東高僧傳 고려 때 각훈覺訓이 편찬한 고승들의 전기. 1215년(고종 2), 각훈이 화엄대찰인 영통사의 주지로 있을 때 왕명을 받들어 만든 것으로 현존하는 최고最古의 고승전이다. 〈삼국유사〉에는 이 책을 〈해동승전〉〈고승전〉〈승전〉 등으로 여러 곳에 들고 있으나, 오랫동안 알려지지 않고 있다가 20세기초에 그중 1~2권이 발견되어 소개되었다. 남아 있는 책의 1권에는 순도順道·망명근심·의연義淵·담시曇始·마라난타摩羅難陀·아도阿道·현창玄彰·법

공법空·법운法雲의 전기가, 2권에는 각덕覺德·지명智明·원광圓光·안함安含·아리야발마阿離耶跋摩·혜업慧業·혜륜慧輪·현각玄恪·현유玄遊·현대범玄大梵의 전기가 실려 있다.

각훈 覺訓 생몰년 미상. 고려중기의 승려. 일명 각월覺月, 자호自號는 고양취곤高陽醉髡. 개경의 화엄대찰인 흥왕사興王寺와 영통사靈通寺 등지를 중심으로 활동했으며, 1215년을 전후하여 영통사의 주지직을 역임하기도 했다. 이와 같이 화엄대찰을 중심으로 활동했던 화엄종의 고승이었으며 당대의 일류문인이었던 이인로·임춘·이규보와 승려인 문선사文禪師, 시랑 조충趙沖 등과 문장 및 저술을 통해 교유했던 문인이었다. 시격詩格은 당나라 시인 가도賈島의 풍이 있었다 한다. 저작으로는 〈해동고승전〉과 〈선종육조혜능대사정상동래연기禪宗六祖慧能大師頂相東來緣起〉 1편, 〈시평詩評〉 등이 있다.

동국이상국집 東國李相國集 고려 무신정권기 문인인 이규보李奎報의 시문집. 53권 13책. 아들 함涵이 1241년(고종 28) 8월에 전집前集 41권을, 그해 12월에 후집後集 12권을 편집·간행했고, 1251년 칙명으로 손자 익배益培가 분사대장도감分司大藏都監에서 교정·증보해서 다시 간행했다. 이후 조선시대에도 몇 차례 간행되었으며, 오늘날 완전하게 전해지는 판본은 영조 때의 목각본으로 추정된다. 이 책에는 이규보의 시詩·문文 등 다양한 문학작품이 수록되어 있는데, 장편의 민족서사시로 높이 평가받고 있는 〈동명왕편東明王篇〉을 비롯해 〈노무편老巫篇〉〈개원천보영사시開元天寶詠史詩〉 등 자료로서 가치가 있는 시도 상당수 있다. 또 〈국선생전菊先生傳〉과 〈청강사자현부전淸江使者玄夫傳〉 등의 가전체 문학과 그의 자서전적 전기라 할 수 있는 〈백운거사전白雲居士傳〉 등의 작품도 들어 있다. 이외에도 대장경각기고문大藏經刻祈告文을 통해 팔만대장경 판각의 연혁을 알 수 있으며, 신서상정예문발미新序祥定禮文跋尾에 의해 금속활자의 사용에 관한 사실을 알게 되는 등 사료로서도 중요한 가치를 지닌 자료가 포함되어 있다.

동명왕편 東明王篇 고려의 문인 이규보李奎報가 지은 인물 서사시. 오언 282구의 장편. 운문체의 한시로 약 4천 자에 이른다. 이규보의 문집인 〈동국이상국집〉 제3권에 수록되어 있는 글로서, 동명왕 탄생 이전의 계보를 밝힌 서장序章과 출생에서 건국에 이르는 본장本章, 그리고 후계자인 유리왕의 경력과 작가의 느낌을 붙인 종장終章으로 구성되어 있다. 내용을 요약해 보면, 천제天帝의 아들인 해모수解慕漱가 1백여 인의 종자를 거느리고 하늘로부터 내려왔다. 해모수가 사냥을 갔다가 하백河伯의 세 딸을 만나, 그중 맏딸인 유화柳花와 결혼하도록 해달라고 하백에게 간청했다. 하백은 해모수를 술에 취하게 한 후 유화와 함께 가죽가마에 넣어서 하늘로 보내려 했으나, 술이 깬 해모수는 놀라서 유화의 비녀로 가죽가마를 찢고 혼자 하늘로 올라가 돌아오지 않았다. 하백은 유화를 꾸짖으며 태백산 물속에 버렸는데, 고기잡이에게 발견되어 북부여의 금와왕金蛙王에 의해 구출되었다. 뒤에 유화는 되 크기만한 알을 낳았는데, 이 알에서 나온 주몽朱蒙은 골격과 생김새가 영특하고, 자라면서 재주가 뛰어났다. 뒷날 부여를 떠나 남으로 가서 비류국沸流國 송양왕宋讓王의 항복을 받고 나라를 세우니 이것이 고구려이며, 그가 고구려의 시조인 동명성왕이다. 이 작품은 〈구삼국사舊三國史〉에서 소재를 취해 우리의 민족적 우월성과 고려가 고구려를 계승하고 있다는 고려인의 자부심을 천추만대에 전하겠다는 의도에서 씌어진 것으로, 작가의 국가관과 민족에 대한 자부심, 그리고 외적에 대한 항거정신이 잘 나타나 있다.

이규보 李奎報 1168(의종 22)~1241(고종 28) 고려 무신정권기의 문인. 본관은 황려黃驪(여주驪州). 초명은 인저仁氐, 자는 춘경春卿, 호는 백운거사白雲居士. 말년에는 시와 거문고, 술을 좋아해서 삼혹호선생三酷好先生이라 불렸다고 한다. 어려서부터 문재가 뛰어나 기재奇才라고도 불렸으며 16세부터 기성문인들인 강좌칠현江左七賢과 통해 그 사회에 출입했다. 1189년(명종 19), 사마시에 수석으로 합격하고 이듬해 예부시에서 동진사同進士로 급제했다. 그러나 곧 관직에 나가지 못하자 천마산에 들어가 시문을 지으며 생활했는데, 이때 백운거사라는 호를 짓기도 했다. 개경에서 빈궁한 생활에 쪼들리며 벼슬에 나가지 못함을 한탄하기도 했지만 한편으로 사회와 국가의식이 촉발되어 〈동명왕편〉과 〈개원천보영사시開元天寶詠史詩〉 등을 지었다. 이후 최충헌 정권의 요직에 있는 자에게 구관求官의 서신을 써서 32세에 겨우 관직에 올랐으나 여러 차례 면직되는 등의 시련을 겪었다. 최이가 집권한 이후에는 최이의 비호를 받으며 한림학사·국자좨주國子祭酒 등의 문한직을 역임하고, 중산대부판위위사中散大夫判衛尉事로서 동지공거가 되어 과거를 주관하기도 했다. 그는 순수한 문한文翰의 관리였으나 본질상 입신출세자이며 보신주의자로서 최씨정권 밑의 일반 문한직 관리층의 한 전형이었다고 할 수 있다. 문집으로 〈동국이상국집〉이 있다. 시호는 문순文順이다.

이인로 李仁老 1152(의종 6)~1220(고종 7). 고려 무신정권기의 문인. 본관은 경원慶源. 초명은 득옥得玉, 자는 미수眉叟, 호는 쌍명재雙明齋. 고려전기 문벌이었던 경원이씨였으나 일찍 부모를 여의고 의지할 데 없는 고아가 되었는데, 화엄승통華嚴僧統인 요일寥一이 거두어 공부를 시켜 유교 전적과 제가서를 두루 섭렵할 수 있었다. 19세에 무신정변이 일어나자 피신하여 불문佛門에 귀의했으며, 뒤에 환속해 태학에서 육경六經을 두루 섭렵하고 1180년(명종

10), 29세로 진사과에 장원급제했다. 이후 한림원에서 사소詞疏를 담당하는 등의 직책을 역임하며 틈틈이 시사詩詞를 짓는 데 막힘이 없었으므로 「복고腹藁」라 일컬어지기도 했다. 예부원외랑 등을 거쳐 좌간의대부에까지 올랐다. 저서로는 〈은대집銀臺集〉〈쌍명재〉〈파한집〉 등이 있다고 하나 〈파한집〉만이 전해진다.

파한집 破閑集 고려중기의 문신 이인로李仁老의 시화·잡록집. 3권 1책. 목판본. 저자가 60세로 죽기 직전에 지은 것으로, 그의 사후 40년 뒤인 1260년(원종 1)에 아들 세황世黃이 수집, 안렴사 대원왕공大原王公의 후원으로 처음 간행되었다. 내용은 주로 시화와 일화, 기사 등인데, 대부분이 시화의 범주로 들어가 우리나라 시화집의 효시라 할 수 있다. 이인로는 이 책에서 우리나라 명유名儒들의 시작품늘이 기록으로 남겨지지 못한 채 사라지는 것을 막아야겠다는 사명감에서, 또 시를 삶의 정수로서 사랑하고 음미하면서 많은 시화를 수록하고 있다. 때문에 이 책에는 다른 문헌에서 찾아볼 수 없는 시편들이 많이 실려 있고, 시학詩學의 근본문제에서 작시법作詩法이나 구체적인 작품평에 이르기까지 다양하게 수록되어 있다. 동시에 수필적인 잡록도 여러 항목에 포함되어 역사자료로서도 이용가치가 있다.

최자 崔滋 1188(명종 18)~1260(원종 1) 고려의 문신. 본관은 해주海州. 초명은 종유宗裕 또는 안安. 자는 수덕樹德, 호는 동산수東山叟. 문헌공 최충崔沖의 6대손이다. 1212년(강종 1) 문과에 급제해 상주사록尙州司錄을 거쳐 국자감학유國子監學諭가 되었으나 10년 동안 일을 맡지 못했는데, 뒤에 〈우미인초가虞美人草歌〉〈수정배시水精盃詩〉를 이규보가 보고 최이崔怡에게 문병文柄을 잡을 만한 첫번째 인물로 추천했다. 그래서

문재文才를 열 번 시험했는데, 다섯 번 1등을 하고 다섯 번은 2등을 했다. 다시 이재吏才를 시험코자 급전도감녹사給田都監錄事를 시키자 민첩하고 근면하게 일을 해 인정을 받았다. 이후 계속 승진, 1256년에는 중서평장사中書平章事가 되었다. 1258년 김준金俊 등의 정변으로 최씨정권이 무너지자 중론衆論이 분분한 가운데 몽고에 항복할 것을 주장했다. 이때 정권을 잡고 있던 김준金俊의 아들들을 초청하여 세인들의 비난을 사기도 했다. 글을 올려 물러가기를 청하고, 1260년 73세로 죽었다. 시문에 특히 뛰어나서 당대에 크게 문명을 떨쳤는데, 대체로 이규보의 문학관을 잇고 있으며, 문학비평을 본격적인 궤도에 올려놓았다는 평을 받고 있다. 저서로 〈최문충공가집崔文忠公家集〉 10권이 있었으나 전하지 않고, 〈속파한집續破閑集〉(〈보한집補閑集〉으로 고쳐 부름) 3권이 전한다. 시호는 문청文淸이다.

보한집 補閑集 고려 고종 때에 최자崔滋가 엮은 시화집詩話集. 3권 1책. 목판본. 최자의 자서自序에 의하면, 이인로가 고금의 여러 명현의 좋은 문장을 모아서 책으로 엮어 〈파한집〉이라고 했으나, 최이崔怡가 그 책이 너무 간략하니 보완하라고 요청해, 이미 없어진 나머지를 모아 이 책을 만들었다고 편집경위를 밝히고 있다. 그래서 〈속파한집〉이라고도 했다. 다른 어느 시화문헌에서보다도 문학론이 풍부하여, 우리 고전시학사의 체계를 세우고 이해하기 위해서는 이에 대한 철저한 연구가 요구된다.

이제현 李齊賢 1287(충렬왕 13)~1367(공민왕 16) 고려후기의 학자·정치가. 본관은 경주慶州. 초명은 지공之公. 자는 중사仲思, 호는 익재益齋·역옹櫟翁. 고려 건국의 삼한공신 후예이나, 아버지 진瑱이 신흥관료로서 과거를 통해 크

게 출세함으로써 가문이 비로소 빛을 보기 시작했다. 1301년 과거에 합격, 1314년 상왕인 충선왕의 부름으로 원나라에 가서, 만권당에 머물며 요수·염복·원명선·조맹부 등 문인들과 교류하며 학문과 식견을 넓혔다. 충선왕이 유배된 후 충숙왕을 내몰고 심왕瀋王 고暠를 옹립하려는 일파의 책동과 이와 관련한 입성책동이 일어나자 입성반대 상서를 올리기도 했으며, 1344년 충목왕이 즉위하자 여러 항목에 걸친 폐정개혁안을 제시했다. 충목왕이 죽자 원에 가서 왕기王琪(뒤의 공민왕)를 왕에 추대하기 위한 운동을 벌였으나 실패했다. 1351년 공민왕이 즉위하여 새로운 개혁정치를 추진하려 할 때 정승에 임명되어 국정을 총괄하게 되는데, 이때부터 네 번에 걸쳐 수상이 되었다. 1356년 기철奇轍 등을 죽이는 반원운동이 일어나자 문하시중이 되어 사태수습에 나섰다가 다음해 벼슬을 그만두고 관직에서 물러났다. 그는 고려가 원의 부마국이라는 현실을 시인하고 그 테두리 안에서 국가의 존립과 사회모순을 바로잡기 위해 노력한 온건정치가였다. 한편으로는 뛰어난 유학자로 성리학의 수용·발전에 중요한 역할을 했는데, 그는 고려에 성리학을 처음 들여온 백이정白頤正의 제자였고, 〈사서집주四書集註〉를 간행한 권보의 문생이요 사위였으며, 이곡과 이색 부자가 그의 제자였다는 점에서 성리학의 학통에서 중요한 위치를 차지한다. 또한 문학부문에서도 고려의 한문학을 한 단계 높게 끌어올렸다는 평가를 받고 있으며, 역사학 부문에서도 만년에 〈국사國史〉를 편찬했으나 완성시키지는 못했다. 그의 저술로 현존하는 것은 〈익재난고益齋亂藁〉 10권과 〈역옹패설櫟翁稗說〉 2권인데, 흔히 이것을 합하여 〈익재집〉이라 한다. 시호는 문충文忠이다.

역옹패설 櫟翁稗說 고려말기의 문신 이제현李齊賢이 지은 시화·잡록집. 4권 1책. 목판본. 1342년(충혜왕 복위 3), 56세로 벼슬을 그만두고 저술한 책이다. 고려시대에 간행되었으리라고 보이나, 현재 전하는 것은 1814년(순조 14)에 후손들에 의해 간행된 〈익재난고益齋亂藁〉에 붙어 있는 것이다. 이 책을 「낙옹비설」이라 읽는 것이 저자의 뜻을 좇는 것이라고 하는 학자도 있으나, 현재는 「역옹패설」로 읽는 것이 보편화되었다. 이 책의 체제는 전집과 후집으로 나누어 각 집이 다시 1·2권으로 되어 있어 모두 4권이다. 저자의 현실인식과 문학론이 들어 있어 당대의 현실과 문학에 대한 귀중한 자료로 그 가치를 인정받고 있다.

임춘 林椿 생몰년 미상. 고려 무신정권기의 문인. 예천임씨醴泉林氏의 시조. 자는 기지耆之, 호는 서하西河. 의종 때 태어나 30대 후반까지 살았던 것으로 추정된다. 고려 건국공신의 후예로 구귀족사회에서는 문학적 명성이 있었던 가문이었으나 20세 전후에 무신정변을 만나 가문 전체가 화를 입었는데, 그는 겨우 피신해 목숨은 건졌으나 조상 대대로 내려온 공음전을 탈취당하고 약 7년여의 유락流落을 겪었다. 그런 중에도 당시 정권에 참여한 인사들에게 벼슬을 구하는 편지를 쓰는 등 자천自薦을 시도하고 개경으로 올라와 과거준비를 했으나, 결국 뜻을 이루지 못하고 실의와 빈곤 속에서 방황하다 일찍 죽고 말았다. 그는 이인로李仁老를 비롯한 죽림고회竹林高會의 벗들과 시와 술을 즐기며 현실에 대한 불만과 탄식, 커다란 포부 등을 문학을 통해 표현했다. 강한 산문성을 띤 그의 시는 자신의 현실적 관심을 짙게 드러내고 있으며, 가전체 소설인 〈국순전麴醇傳〉〈공방전孔方傳〉은 당대의 비리를 비유적으로 비판한 의인체 작품이다. 그가 죽은 뒤 벗인 이인로에 의해 엮어진 유고집 〈서하선생집〉 6권, 그리고 〈동문선〉〈삼한시귀감三韓詩龜鑑〉에 여러 편의 시문이 실려 있다.

국순전 麴醇傳 고려 무신정권기의 문인 임춘林椿이 술을 의인화해 지은 가전체 소설. 임춘의 유고집인 〈서하선생집〉에 실려 있고, 〈동문선〉에도 실려 있다. 이 작품은 술을 의인화해 군신관계를 조명해 본 것으로, 내용은 다음과 같다. 주인공 국순의 90대 조상인 모牟(보리)는 밭에서 살다가 후직后稷을 도와 원구圜丘(하늘에 제사지내는 단壇)에 종사한 공으로 중산후中山侯로 봉해졌고 국씨라는 성을 하사받았다. 위魏나라 이르러 초기에 국순의 아버지 주酎(醇酒)가 세상에 이름이 알려져 주가 입에서 떠나지 않았다. 국순의 기국과 도량은 크고 깊어, 출렁거리고 넘실거림이 마치 만경창파의 물과 같아 맑게 해도 더 맑지 않고, 흔들어도 흐려지지 않았으며, 그 맛이 한때에 드날리고 자못 사람에게 기운을 더해주었다. 군신의 회의에는 반드시 나아감에 그 진퇴와 수작이 임금의 뜻에 맞아 마침내 권세를 얻어, 손님접대 및 종묘제사 등을 모두 국순이 주재했다. 그러나 국순은 전벽錢癖(돈을 밝히는 병통)이 있어서 당시의 의론이 그를 더럽게 여겼다. 국순이 늙어 관을 벗고 물러날 때 작爵을 사양하지 않으면 망신당할 염려가 있다고 임금께 아뢰고 집에 돌아와 갑자기 병이 들어 하루 저녁에 죽었다. 작자는 이 작품에서 인간이 술을 좋아하게 된 것과 때로는 술 때문에 타락하고 망신을 당하는 형편을 풍자하고, 이를 통해 임금과 신하와의 관계를 조명했다. 당시의 국정문란과 벼슬아치들의 타락상을 고발하고, 소인배들이 득세하고 뛰어난 인물들이 오히려 소외되는 현실을 풍자, 비판한 것이다.

국선생전 麴先生傳 고려 무신정권기에 문인 이규보李奎報가 술을 의인화해 지은 가전체 작품. 〈동국이상국집〉과 〈동문선〉에 실려 있다. 주인공인 국성麴聖(맑은 술)은 주천酒泉고을 사람으로 어려서부터 깊은 국량이 있었으며, 자라서는 임금도 그의 향기로운 이름을 듣고 총애했다. 임금과 날이 갈수록 친해지자 거슬림이 없었고, 잔치에도 함부로 노닐었다. 그러자 그의 아들 3형제 혹酷(텁텁한 술맛의 비유용)·포醱(一宿酒·鷄鳴酒)·역醳(쓰고 진한 술)이 아버지의 총애를 믿고 방자히 굴다 모영毛穎(붓을 의인화한 것)의 탄핵을 받았다. 이로 말미암아 아들들은 자살했고, 국성은 벼슬을 빼앗기고 서인으로 떨어졌으나 뒤에 다시 기용되어 난리를 평정하는 공을 세웠다. 그뒤 스스로 분수를 알아 물러나, 임금의 허락을 받아 고향으로 돌아갔는데 폭병暴病으로 죽었다. 이규보는 이 작품을 통해 술과 인간과의 관계에서 빚어지는 덕과 패가망신의 인과관계를 군신간의 관계로 비유적으로 다루고 있다. 특히 국성을 신하의 입장으로 설정하여 신하의 도리를 제시하고자 했다.

이곡 李穀 1298(충렬왕 24)~1351(충정왕 3) 고려말기의 학자. 본관은 한산韓山. 자는 중부仲父, 호는 가정稼亭. 한산 출신. 한산이씨의 시조인 윤경의 6대손으로, 색穡의 아버지이다. 20세에 과거에 합격했고, 그뒤 원나라의 과거에 급제하여 문명을 떨쳤는데, 원과 고려를 왕래하며 순탄한 관직생활을 했다. 〈동문선〉에는 〈죽부인전〉과 같은 가전체 문학을 비롯해 100여 편에 가까운 작품들이 수록되어 있는데, 중소지주출신의 신진사대부인 그의 문학작품에는 유학의 이념으로써 현실문제를 해결하려는 그의 이상이 반영되어 있다. 저서로는 〈가정집〉 4책 20권이 전한다.

시호는 문효文孝이다.

죽부인전 竹夫人傳 고려말 이곡李穀이 지은 가전체 소설. 한문본. 〈동문선〉권 101과 〈가정집稼亭集〉에 전하고 있다. 대(죽竹)를 의인화해서 절개있는 부인 에 비유하여 쓴 작품이다. 주인공 죽부 인은 이름이 빙憑이고, 위빈渭濱에 사는 은사 운質의 딸이다. 그 선대에 책과 가 까이 해 사관이 되고, 특히 문인과 친교 가 있었다. 총각인 의남이 음사淫詞를 지어 죽부인을 희롱했으나 정숙한 그는 절개로써 물리치고 드디어 부모의 권유 에 따라 송대부와 혼인했다. 그러나 불 행히도 송공은 유람하러 가서 돌아오지 않으므로 때때로 위풍衛風을 노래했다. 그러다가 청분산青盆山으로 이사를 갔 는데 고갈병이 나서 치료하지 못하고 사람에게 의지하며 늦도록 절개를 지키 며 살았다. 이 작품은 당시 음란하고 퇴 폐적인 사회에 경종을 울리기 위해 쓴 것으로, 절개를 지킨 죽부인을 이상적 인 여인상으로 부각시킨 일종의 열녀전 이라고 할 수 있다.

패관문학 稗官文學 패관들이 모아 기 록한 가설항담街說巷談에 창의성과 윤색 이 가미된 산문적인 문학양식. 패관소 설稗官小說·패사稗史·패사소설·패관

수서원 修書院 고려 때 서경西京에 설 치한 일종의 도서관. 990년(성종 9) 성 종이 교서를 내려 서경에 수서원을 설 치하고, 제생諸生으로 하여금 사적史籍 을 베껴 이를 간직하게 했다. 이는 전적 典籍의 일부분이 빠져 있을 때 베껴 보 완하기 위해 설치된 것으로서, 12목에 경학박사를 두고 학사學舍를 설치하는 등의 조처와 함께 유교 정치이념을 제 도화하는 과정의 일환이었다.

문신월과법 文臣月課法 고려 때에 문 신들에게 매월 시부詩賦를 지어 바치게 한 제도. 995년(성종 14) 유학진흥책의 하나로 처음 제정했는데 경관京官 가운

기서稗官奇書 등으로도 표현되었다. 패 관이란 말은 중국 한대에 저술된 반고班 固의 〈한서漢書〉 예문지藝文志에, 「소설 류에 속하는 것들은 대개 패관의 손에 서 나왔으며, 그것은 가담항어街談巷語· 도청도설道聽塗說로써 만들어진 것이다」 라고 한 데서 비롯되었다. 패관은 곧 소 관小官으로서, 여항閭巷의 풍속을 알기 위해 둔 임시직 사관史官을 말한다. 주 로 시사時事·민간전설·신화를 채집하는 소임을 맡았고 이 가운데서도 시사가 중요한 부분을 차지했다. 이는 중국소 설사에서 소설의 근원으로 삼고 있는 민간전설·신화·사화史話·시사·우언寓言 과도 통하는 바가 있어, 이러한 것에 연 유해 소설가를 가리켜 패관이라고 했으 며 이 소설을 패사稗史라고 했다.

비서성 秘書省 고려 때 경적經籍(경 서)과 축소祝疏에 관한 일을 관장하던 관청. 고려초기에는 내서성內書省으로 불렸으나 995년(성종 14)에 비서성으로 고쳤다. 관원으로는 감監·소감少監·승 丞·랑郎·교서랑校書郎·정자正字를 두었 고, 문종 때 판사判事와 교감校勘을 더 했다. 1298년(충렬왕 24) 비서감秘書監 으로 고쳤으며, 1308년 전교서典校署로 낮춘 뒤 예문춘추관에 예속시켰다.

학은 7품 이상의 자제가 입학하도록 규 정했으며, 기술학부는 8품 이하의 자제 와 서인庶人이라고 되어 있어, 신분이 중요한 요건이었음을 알 수 있다. 교과 과정은 유학학부에 있어서는 〈논어〉와 〈효경〉을 교양필수과목으로 하고, 전공 과목은 〈주역〉과 〈상서〉〈주례〉〈예기〉 〈의례〉〈모시〉〈좌전〉〈공양전〉〈곡량 전〉의 9경으로 되어 있고, 그밖에 산술 과 시무책을 익히고 매일 습자를 하도 록 했다. 각 과목에 이수연한이 규정되 어 있는데, 이는 최장의 연한을 말하는 것으로 능력에 따라 기간을 단축할 수 있었으며, 유생으로 9년, 율생으로 6년

데 나이가 50세 이하로서 지제고知制誥를 거치지 않은 사람은 한림원翰林院에서 출제하는 제목으로 달마다 시 3수와 부 1편을 짓게 하고, 외관外官에 임명된 문신들은 스스로 제목을 달아 달마다 시 13수와 부 1편을 지어 연말에 계리計吏편에 부쳐 올리도록 했다. 이는 당시 문신들이 공무에 쫓겨 본업인 시부에 소홀한 것을 경계해 제정된 것이다. 그 뒤 언제까지 계속되었는지는 알 수 없다.

국자감 國子監 992년(성종 11)에 설치된 고려의 국립대학. 개경에는 건국직후부터 신라의 국학을 이은 국립대학이 있었던 것으로 짐작되며, 성종 때는 이러한 국학이 국자감으로 개편된 것으로 보인다. 국자감의 명칭은 원나라 간섭기에 국학으로 개칭되었으며, 충선왕이 개혁을 추진할 때 성균관이라 고쳐 불렀다. 공민왕 때 다시 국자감으로 했다가 1362년 성균관으로 개칭되었다. 국자감의 학부편성은 유학학부인 국자학國子學·태학太學·사문학四門學과 기술학부인 율학律學·서학書學·산학算學으로 구성되었다. 입학자격은, 유학학부는 귀족자제를 대상으로 하여 국자학은 문무관 3품 이상, 태학은 5품 이상, 사문을 재학하여 과거에 합격하지 못하고 성업成業의 가망도 없는 자는 퇴학시켰다. 학관으로 유학부에는 박사·조교를 두어 각 경서를 가르치도록 했으며, 기술학부에도 각기 박사를 두어 전공분야를 담당케 했다. 국자감의 재정은 토지에 기초를 두었으나, 수조체제가 무너지면서 극심한 재정난을 겪게 되자 예종 때 양현고를 설치하여 운영을 보완하도록 했으며, 고려후기 토지제도가 더욱 문란해져 운영이 마비상태에 이르자 충렬왕 때 안향安珦의 건의로 섬학전을 설치하기도 했다. 국자감의 학생에게는 과거응시에 있어서 예비시험이 면제되어, 직접 국자감시를 거쳐 과거에 응시할 수 있는 특전이 주어졌다. 고려말 성리학이 전래되면서 유학의 학풍이 크게 진작되자, 국학에서는 유학부와 기술학부가 서로 분리되는 경향을 나타냈으며, 성균관은 순수한 유학교육기관으로 변해 조선조로 이어지게 된다.

사학12도 私學十二徒 고려 때 개경에 있었던 12개의 사립교육기관. 고려 문종 때 최충崔沖이 9재九齋를 설립해 성황을 이루자, 이에 자극을 받은 유신들이 앞을 다투며 사숙私塾을 열어 개경에만 11개의 도徒가 설립되었다. 설립자들은 모두 고관출신으로 대부분 과거의 고시관인 지공거를 지낸 당대의 대학자들이었다. 이로 인해 당시의 귀족자제들은 관학인 국자감보다 사학으로 몰리게 되었으며, 그 결과 학벌이린 새로운 파벌을 형성하기도 했다. 사학12도는 교육과정상 국자감과 대체적으로 비슷한 위치에 있었으나, 고려말 국자감의 예비과정으로 전락하는 등 변화를 겪다가 1391년(공양왕3) 정파停罷되었다.

최충 崔沖 984(성종 3)~1068(문종 22) 고려시대 문신. 사학12도私學十二徒의 하나인 문헌공도文憲公徒의 창시자이다. 본관은 해주海州. 자는 호연浩然, 호는 성재惺齋·월포月圃·방회재放晦齋. 1005년(목종 8)에 문과에 장원으로 급제하여, 여러 관직을 거치며 〈7대실록〉〈현종실록〉 등의 실록편찬에 참여했고, 문종 때는 문하시중에 올랐으며 공신의 호를 받았다. 1053년(문종 7) 나이가 많은 것을 이유로 사직을 청하고, 이후 개경에 9재학당九齋學堂을 세워 인재양성에 힘썼다. 그의 교육사업은 사학私學이 번창하는 계기를 마련했으며, 〈고려사〉 열전에 의하면 「동방 학교의 일어남이 충에서 비롯했며 그를 해동공자海東孔子라고 일컬었다」고 한다.

9재 九齋 고려 때 최충이 설립한 사

학. 일명 문헌공도文憲公徒·시중최공도 侍中崔公徒·9재학당이라고도 하며, 국자 감과 비슷한 수준의 교육을 실시했다. 최충은 문종 때 관직을 떠난 후 후진양 성을 위해 사숙私塾을 개설하고, 학반을 악성樂聖·대중大中·성명聖明·경업敬業· 조도造道·솔성率性·진덕進德·대화大和· 대빙待聘의 9재로 나누어 교육을 실시했 다. 당시의 관학인 국자감의 교육이 부 진한데다 최충의 명성을 듣고 학생들이 성황을 이루었으며, 특히 과거지망생들 이 많이 모여들어 과거 응시를 위한 예 비학교적 성격을 띠게 되었다. 학과는 9경九經·3사三史와 제술을 주로 하고, 매년 여름에는 일종의 하기강습회인 하 과夏課를 개설했다. 특히 귀법사歸法寺 의 승방을 빌려 생도 중 과거에 급제하 고도 관직에 임명되지 못한 자를 강사 로 삼아 생도를 가르치게 했다. 최충이 죽은 뒤에는 그의 시호를 따라 문헌공 도라고 불리면서 오랫동안 과거응시를 위한 준비기관으로 존속되었다. 9재의 교육성과가 크자 여러 저명한 학자들이 각기 이와 유사한 11개의 사학을 개경 에 개설, 9재를 포함하여 12도十二徒라 했는데, 이로 인해 관학은 더욱 위축되 고 사학이 교육의 중심역할을 담당하게 되었다.

7재 七齋 고려 예종 때 국학에 설치한 7종의 전문강좌. 1109년(예종 4), 국학 을 진흥하기 위해 최충의 9재를 모방하 여 국학 안에 설치한 것으로서, 주역을 공부하는 여택재麗澤齋와 상서를 공부 하는 대빙재待聘齋, 모시毛詩를 공부하 는 경덕재經德齋, 주례를 공부하는 구인 재求仁齋, 춘추를 공부하는 양정재養正 齋와 무학武學을 공부하는 강예재講藝齋 를 말한다. 제1재에서 6재까지는 유학 재, 제7재는 무학재로 되어 있었다. 무 학재의 설치는 무인관료군의 양성을 의 도한 것이며, 종래의 문인관료 양성만

을 의도하던 국자감 교육의 변화를 의 미한다. 7재의 설립은 국학진흥이라는 의도 외에 북방민족과의 계속된 투쟁으 로 긴장상태가 고조되는 가운데 문무 양학을 아울러 진흥시켜, 장수와 재상 을 육성코자 하는 현실적인 요구를 반 영한 것이라 할 수 있다. 그러나 인종 때 문·무 양학간에 불화가 초래된다는 명분 아래 무학재를 폐지했다. 7재의 성립으로 국자감 학생은 종래부터 있어 온 일반 국학생과 재생齋生으로 분립되 었으며, 이중 재생이 보다 우월한 위치 를 차지했다.

양현고 養賢庫 고려 때 국학國學의 장 학재단. 1119년(예종 14) 관학진흥책의 하나로 처음 설치되었다. 예종은 당시 사학私學의 융성으로 위축된 관학을 진 흥시키기 위해 교육개혁을 단행, 많은 학생을 수용할 수 있는 학사學舍를 설립 하여 유학생儒學生 60명과 무학생武學生 17명을 입학시키고, 이들의 교육과 국 학의 재정적 뒷받침을 위해 국학 안에 양현고를 설치했다. 이곳에는 판관判官 이 있어 양현고에 속한 토지에서 세를 거두어 운반, 이를 관리하는 임무를 담 당했다. 고려말에 국학이 쇠퇴하고 양 현고의 재원도 고갈되자 안향安珦의 건 의로 섬학전贍學錢을 만들어 양현고에 귀속시키기도 했다.

섬학전 贍學錢 고려말 국학생들의 학 비를 마련하기 위해 설치한 장학기금. 1304년(충렬왕 30) 안향의 건의로 설치 되었으며, 문무관리 6품 이상은 은 1근, 7품 이하는 포布를 내게 하여 이를 섬학 전이라 했고, 양현고에 귀속시켜 섬학 고贍學庫라 하며 그 이식利息으로써 학 교를 운영하게 했다. 또 일부 자금으로 써 박사 김문정金文鼎 등을 원나라에 보 내 공자와 제자 70인의 상을 그려오게 하고, 서적과 제기·악기 등도 구해오게 했다.

지공거 知貢擧　고려시대 과거의 고시
관. 과거를 관장하는 고시관은 지공거,
부고시관을 동지공거同知貢擧라고 했는
데, 지공거는 임시직이었으나 관직에
있는 자의 가장 명예스러운 직책이었
다. 성종대에서 예종대까지는 국왕에
의해 전시殿試와 복시覆試가 자주 치러
져 시관試官과 결탁한 귀족의 악용을 막
으려는 노력이 행해졌으나, 인종대 이
후 복시가 폐지되자 과거를 통한 문벌
귀족이 급속히 성장했다. 무신집권으로
과거를 악용해 형성된 문벌이 약화되었
으나, 복시를 부활하지 않음으로써 무
신정권 말기에는 다시 과거를 통한 고
시관과 급제자의 유대가 강화되었다.
지공거와 동지공거를 좌주座主라 하고
좌주가 실시한 과거에서 급제한 자를
문생門生이라 했는데, 좌주와 문생은 혈
연으로 맺어진 부자에 비교될 만큼 집
단의식을 가지고 있었다. 원나라 간섭
기에 이들의 단결은 더욱 공고해졌으
며, 개혁정치에서 보수세력으로서의 제
동역할도 했다. 공민왕은 전시를 실시
하고 고시관을 늘려 좌주와 문생의 유
대관계를 일으키지 않는 제도적 장치를
실시하고자 했으나, 뒤에 다시 환원되
었다가 고려말에 조선건국자들의 개혁
에서 공민왕대의 개혁이 보완, 강화되
었다. 이로 인해 조선시대의 지공거는
문생과의 관계가 희박해져 보다 객관적
인 과거제도의 운영이 가능해졌다.

경사교수도감 經史敎授都監　고려후기
유학의 진흥을 위해 설치한 임시관청.
고려시대에는 문벌귀족들이 경학보다
한문학을 숭상함에 따라 제술과를 더욱
중요시했으므로, 자연 유학자들도 과거
위주의 시·문에만 몰두하게 되었다. 이
와 같은 학풍이 고려후기까지 계속되
자, 1280년(충렬왕 6), 왕은 경經·사史
에 능한 선유先儒 7인을 골라 경사교수
에 임명, 국자감에 소속시켜 학생들에

게 경·사만을 전문적으로 가르치게 했
다. 1296년에는 독립적인 특수관청으로
경사교수도감을 설치해 보다 적극적인
유학의 진흥을 꾀했다. 주자학이 도입
되면서 이를 중심으로 경전연구가 활발
히 추진되었고, 이러한 유학진흥정책은
조선시대까지 영향을 끼쳤다.

안향 安珦　1243(고종 30)~1306(충렬
왕 32) 고려후기의 문신이며 학자. 초명
은 유裕, 자는 사온士蘊, 호는 회헌晦軒.
홍주興州(경상북도 영주군 풍기)의 죽
계竹溪 상평리上坪里에서 태어났다. 아
버지 부孚는 주리州吏로서 의업醫業으로
처음 관직에 등용되어 밀직부사까지 올
랐다. 1260년(원종 1) 문과에 급제했으
며, 1270년 삼별초가 봉기했을 때 강화
에 억류되었다가 탈출, 이로 인해 원종
의 신임을 받게 되었다. 1289년(충렬왕
15), 왕과 공주(원나라 공주로서 고려
의 황후)를 호종하고 원나라에 가서 주
자서朱子書를 베끼고 공자와 주자의 화
상畫像을 그려 왔으며, 이후 여러 번 원
나라를 왕래하며 적극적으로 주자학 수
용에 노력했다. 또한 1303년(충렬왕
29), 김문정金文鼎을 중국에 보내 공자
와 70제자의 화상 및 서적·제기·악기 등
을 구해오게 했으며, 문무백관으로 6품
이상은 은 1근, 7품 이하는 포布를 내게
해 이것을 양현고에 귀속시켜 그 이식
으로 인재양성에 충당하도록 왕에게 건
의, 이듬해 섬학전이 설치되었다. 또한
이해에 대성전大成殿이 완성되자, 중국에
서 구해온 공자를 비롯한 선성先聖들의
화상을 모셨다. 같은 해에 판밀직사사 도
첨의중찬判密直司事都僉議中贊으로 벼슬을
그만두었고, 1306년 64세로 죽었다. 1318
년(충숙왕 5) 왕이 그의 공적을 기념하기
위해 궁중의 원나라 화공에게 명해 그의
화상을 그리게 했는데, 이를 모사한 것을
조선 명종 때 고쳐 그린 것이 오늘날 전
해져 국보 제111호로 지정되어 있다. 그

는 주자학을 수용하여 당시의 위기를 구하려는 노력을 보인 주자학의 전래자였을 뿐 아니라, 학문도 뛰어나 원나라에서 학자들과 문답하는 가운데 그가 주자학에 밝은 것을 안 그곳의 학관들이 「동방의 주자」라는 칭송을 아끼지 않았다고 한다. 시호는 문성文成이다. 1542년(중종 37), 풍기군수 주세붕周世鵬이 영주군 순흥면 내죽리에 사우祠宇를 세우고 이듬해 백운동서원白雲洞書院을 그곳에 세웠는데, 1549년(명종 4) 풍기군수 이황의 요청에 따라 「소수서원」이라는 명종 친필의 사액賜額이 내려졌다. 이외에 장단의 임강서원臨江書院과 곡성의 회헌영당晦軒影堂에 제향되었다.

백이정 白頤正 1247(고종 34)~1323(충숙왕 10) 고려후기의 유학자. 본관은 남포藍浦. 자는 약헌若軒. 호는 이재彝齋. 안향의 문인으로 1275년(충렬왕 1) 문과에 급제했다. 1298년 충선왕을 따라 원나라에 가서 10년간 머물면서 성리학에 깊은 관심을 기울여 연구했고, 귀국할 때 정주程朱의 성리 서적과 주자의 〈가례家禮〉를 가지고 돌아왔다. 그뒤 후진양성에 힘을 써 이제현李齊賢·박충좌朴忠佐·이곡李穀·이인복李仁復·백문보白文寶 등 많은 문인을 배출했으며, 도학과 예학의 발전에 크게 공헌했다. 우리나라에서 처음으로 성리학을 들여온 사람은 안향이지만, 성리학을 본격적으로 연구하고 그 체계를 파악하여 일가를 이룬 이로는 백이정을 든다. 시호는 문헌文憲이다. 유고로 〈연거시燕居詩〉〈영당요詠唐堯〉〈한벽루寒碧樓〉〈여흥애집구與洪厓集句〉 등의 시구가 전해지고 있다. 남포의 신안원新安院, 충주의 도통사道統祠, 남해의 난곡사蘭谷祠에서 제사를 지내고 있다.

박충좌 朴忠佐 1287(충렬왕 13)~1349 (충정왕 1) 고려후기의 문신. 본관은 함양咸陽. 자는 자화子華, 호는 치암恥菴. 어려서부터 학문을 좋아했으며, 백이정이 원나라에서 주자학을 배우고 돌아오자 이제현과 함께 제일 먼저 가르침을 받았다. 충숙왕대에 문과에 급제했으나 1332년(충숙왕 복위 1), 전라도 안렴사로 나갔을 때 왕의 총애를 받던 박련朴連이 양민을 노예로 삼으려는 것을 막다가 그의 참소로 무고당해 해도海島로 유배되었다. 풀려나온 이후에는 한동안 관직에 등용되지 않았다가 내서사인·밀직제학·개성부윤 등을 지냈으며, 함양부원군咸陽府院君에 봉해졌다. 1344년, 충목왕이 즉위해 개혁을 추진할 때 판전민도감사判田民都監事가 되어 활약했으며, 이듬해 정방政房을 복치할 때는 찬성사로서 제조관提調官이 되었고, 이어 판삼사사判三司事에 올라 순성보덕협찬공신純誠輔德協贊功臣의 호를 받았다. 시호는 문제文齊이며, 예안의 역동서원易東書院에 봉향되었다.

화엄종과 법상종 華嚴宗-法相宗 고려전기 불교계를 지배하던 대표적인 교종 종파. 고려초기에는 교종과 선종이 대립하고 있었으나, 집권적인 지배체제의 확립과 함께 교종이 우위를 차지하게 되었다. 특히 호족세력을 누르고 왕권을 강화하는 데 주력한 광종 때는 왕권강화의 이념적 뒷받침이 될 수 있는 교종이 크게 부상하게 되었다. 광종은 화엄종을 중심으로 교종을 정리하여 당시의 불교계를 주도케 했으며, 그 역할을 담당한 인물이 균여均如였다. 또한 승과와 승계제도 등이 설치되어 국가와 불교는 보다 밀착되었다. 그러나 광종이 죽고 반동정치의 시행과 성종의 억불정책 등으로 불교는 일시 침체되었으나 현종 때 다시 전성시대를 맞이했다. 이때부터는 문벌 귀족사회가 확립됨에 따라 교종인 법상종과 화엄종이 주류를 이루었다. 법상종은 자은종慈恩宗, 또는 유가업瑜伽業이라고도 불린 종파로서, 현종이 부모의 명복을 빌기 위해 현화사를 창건하고 본찰로 삼는 등 왕실의 후원을 받으면서 크게 번성했고, 뒤에 경원이씨慶源李氏와도 깊은 관련을 맺었다. 화엄종은 일체의 우주만물이 동일한 법성法性에서 생겼다고 하여 누구에게도 타당성을 갖는 보편적인 원리를 제시, 일체의 중생은 모두 성불할 성품이 있다고 하는 종지宗旨인 데 비해, 법상종은 우주만물의 본체보다 현상계의 차이를 그대로 인정하고 거기에 따라서 중생의 성불 여부를 말하는 종지로서, 양종兩宗은 교리면에서 근본적인 차이를 가지고 있었다. 여기에 법상종은 외척인 경원이씨가 후원하는 데 비해, 왕실 및 그외의 귀족들은 화엄종을 후원해 이들 정치세력과 얽힌 가운데 두 교단세력은 심한 알력과 대립을 보이고 있었다. 또한 귀족세력과 지나치게 밀착되어 정치·사회적인 폐단도 심했고, 교리면에 있어서도 관념화·보수화해 갔으며, 사상적 활동은 둔화되고 불교의식 등의 형식적인 면이 강조되는 등 폐단이 심화되었다. 한편 신종은 교종에 눌려 더이상의 발전을 보지 못하고 이들 교종에 반발하는 폐쇄성과 분파성만이 더욱 강화되고 있었다. 이런 상태에 있던 불교계는 의천에 의해 천태종이 창립됨으로써 새로운 국면을 맞이하게 되었다.

의통 義通 927(경순왕 1)~988(성종 7) 고려초기의 고승. 성은 윤씨尹氏. 자는 유원惟遠. 중국 천태 제16조祖이며, 송나라의 천태종을 중흥시킨 고승이다. 어려서 출가해 구산원龜山院 석종釋宗의 문하에서 득도했다. 그뒤 중국으로 건너가서 천태산 운거사雲居寺의 덕소德韶 및 희적義寂을 찾아가 천태교의天台敎義를 통달한 뒤 천태 제16조가 되었다. 본국에 돌아오려 했으나 귀국길에 군수 전유치錢惟治의 만류로 포기하고 그곳에서 종지宗旨를 펴며 많은 제자를 키웠다. 이로 인해 이미 사양길에 접어들었던 송대의 천태종은 크게 중흥되었으나, 그는 귀국하지 못한 채 타국에서 일생을 보냈다. 저서로

는 〈관경소기觀經疏記〉〈광명현찬석光明玄贊釋〉 등이 있었으나 전하지 않으며, 법손法孫인 종효宗曉가 1203년 그의 행적을 한데 묶어 엮은 〈보운진조집寶雲振祖集〉이 남아 있다.

제관 諦觀 생몰년 미상. 고려 광종 때고승. 우리나라 천태학天台學을 중국에 전한 고승이며, 〈천태사교의天台四敎儀〉를 지어 이름을 중국·일본에까지 알려졌다. 〈불조통기佛祖統記〉 권10에 그의 전기가 일부 전하고 있다. 중국의 오월왕吳越王 전숙錢俶은 천태종의 책들이 당나라 말기에 모두 해외로 빠져나가 다시 보기 어렵게 되었다는 사실을 알게 되자, 사신에게 글과 함께 50종의 보배를 주고 고려에 가서 천태종 서적을 구해오도록 했다. 이에 960년(광종 11) 제관이 광종의 명을 받고 중국으로 건너가게 되었는데, 중국에 간 제관은 나계사螺溪寺의 의적義寂을 찾아 가르침을 청하고 10여 년 동안 천태학을 연구했다. 그는 끝내 귀국하지 못한 채 어느 날 앉아서 죽었으며, 그후 그가 저술한 〈천태사교의〉가 상자 안에서 발견되어 알려지게 되었다. 그가 천태종의 서적을 중국에 전함으로써 중국의 천태종은 활성화되었으나, 고려로 다시 돌아오지 못해 우리나라 천태종의 전맥傳脈은 끊어지게 되었다. 뒤에 의천義天이 중국에 가서 천태학을 배워 고려로 돌아와서 천태종을 열었다.

천태사교의 天台四敎儀 고려초기의 고승 제관이 천태종의 사상을 집약해 정리한 책. 2권. 목판본. 현재 상권 1책만 전한다. 〈불조통기佛祖統記〉에 의하면 저자가 죽은 뒤 상자 속에서 발견했다고 한다. 천태종의 중심사상인「제법실상 일념삼천諸法實相一念三千」의 심오하고 광대한 철학사상의 요지를 표현할 목적으로 저술되었으며, 천태학의 골자와 요지를 교敎와 관觀의 2문門으로 보고, 2문의 대강을 진술해 놓았다. 이 책은 불가의 기초

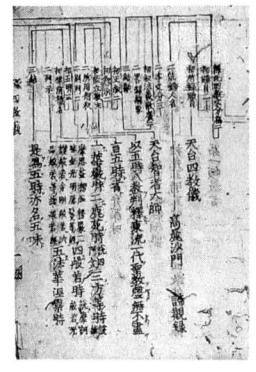

△천태사교의

교재로서 널리 활용되었으며, 송이나 일본에서는 천태종 내부에서뿐 아니라 불교계 일반에서도 널리 읽혔으며, 많은 간본刊本과 주석서가 나오기도 했다.

의천 義天 1055(문종 9)~1101(숙종 6) 고려의 천태종天台宗을 만든 고승. 성은 왕씨王氏. 이름은 후煦. 호는 우세祐世, 시호는 대각국사大覺國師. 송악 출신. 고려 제11대 왕인 문종의 넷째아들로 태어나, 11세에 출가를 자원해 영통사靈通寺에 있던 경덕국사景德國師 난원爛圓을 은사로 삼아 출가했다. 학문에 정진하여 불교서적뿐 아니라 유교서적 및 제자백가의 사상에 이르기까지 두루 섭렵하여 경덕국사가 죽자 그의 강의를 대신 맡게 되었고, 1067년 왕으로부터 우세라는 호와 함께 승통의 직책을 수여받았다. 그는 화엄종의 승려였으나 일찍이 천태종에 관심을 가지고 송나라 유학을 계획했다. 1085년(선종 2), 송나라 상인의 배를 타고 송나라 유학길에 오른 그는 그곳의 많은 고승들과 교유하고 1086년 귀국, 그뒤 흥왕사의 주지가 되어 천태교학을 정리하고 제자들을 양성했다. 한편 그는 요나라·송나라·일본 등에서 불교서적 4천여권을 수집하고 국내의 고서도 모았으며, 흥왕사에 교장도감教藏都監을 설치한 뒤 이들 경서를 간행했다. 또한 간행목록으로서 〈신편제종교장총록新編諸宗教藏總錄〉 3권을 편집했다. 이 목록에 의해 교장도감에서 간행한 것을 〈고려속장경高麗續藏經〉이라고 한다. 1097년(숙종 2), 국청사國淸寺가 완성되자 제1대 주지가 되어 천태교학을 강의했는데, 이때 전국에서 몰려든 고승들이 무려 1천 명을 넘어 처음으로 천태종이 성립되게 되었다. 1099년, 제1회 천태종의 승선僧選을 행하고, 2년 후에는 국가에서 천태종 대선大選을 행함으로써 천태종은 세상에서 공인받은 한 종파가 되었다. 이후 선종과 화엄종의 유능한 승려들이 거의 다 천태종으로 오게 되었다. 당시 고려의 불교계는 화엄종과 법상종이 주류를 이루면서 서로 반목하는 가운데, 여기에 다시 선종이 대립하여 여러가지 모순이 노출되고 있었다. 의천은 화엄종의 입장에서 교종 각파의 사상을 종합·절충하였고, 이와 같은 통일운동을 펴나가는 데 있어 원효의 화쟁和諍사상을 모범으로 하였다. 아울러 여기에 선종을 융합해 고려불교의 폐단을 바로잡고자 했는데, 이 같은 문제해결을 천태종에서 찾고자 했다. 천태종은 교종에 속하면서도 실천적인 면을 가지고 있었으며, 의천은 이러한 천태교의를 바탕으로 교관병수教觀並修를 내세우며 교·선의 융합을 도모했던 것이다. 그는 많은 책을 남겼으나, 지금까지 전하는 것은 〈신편제종교장총록〉 3권과 제자들이 그의 행적과 시 등을 모은 〈대각국사문집〉, 화엄 관계 서적에서 핵심사상만을 뽑아 모은 〈원종문류圓宗文類〉, 그리고 불교학에 도움이 되는 문장을 모은 〈석원사림釋苑詞林〉의 일부가 전해지고 있다. 영통사와 선봉사에 비가 건립되었다.

천태종 天台宗 고려시대와 조선초에 일어났던 불교종파의 하나. 1097년(숙종 2) 대각국사 의천義天에 의해 만들어졌다. 천태종은 중국 수나라의 지의智顗가 법화경을 중심으로 천태교학을 완성함으로써 종교화된 것으로서, 우리나라에는 삼국시대부터 전래되어 고려초엔 천태교학이 이미 상당한 수준에 있었다. 광종 때 제관諦觀은 고려에 있던 천태종 관계 서적을 중국에 전하고 〈천태사교의〉를 저술하여 중국의 천태종 부흥에 크게 기여했고, 의통義通은 중국으로 건너가 천태종의 제16조가 되어 송나라의 천태종을 중흥시켰다. 그러나 우리나라에 천태종이 종교로서 자리잡은 것은 의천이 1097년 국청사國淸寺의 주지로 취임해 천태교학을 강의하면서부터였다. 그후 1099년 첫 승선僧選을 행하고, 1101년 국가의 주도 아래 대선大選이 행해짐에 따라 국가의 공인을 받은 한 종파로 성립되었다. 의천은 화엄종과 법상종이 주류를 이루면서 서로 반목하고, 여기에 다시 선종이 대립해 여러가지 모순이 나타나고 있는 당시의 불교계를 개탄하며 천태종을 통해서 불교통합을 시도하고자 했다. 그는 천태교학에 근거를 둔 교관병수敎觀竝修를 제창하며, 이론적인 면을 밝혀주는 교상敎相과 실천하는 방법을 보여 주는 관심觀心을 모두 강조하여 교와 선을 아울러 수행해야 함을 주장했다. 그의 교·선 통합운동은 화엄의 입장에서 선종을 포섭하는 것이었으므로, 이후 의천의 문하에는 많은 승려들이 모여들어 천태종은 크게 번성하게 되었으나, 반면에 선종은 이전보다 더욱 위축되었다.

조계종 曹溪宗 불교종파의 하나. 고려시대에 처음 성립되어 조선시대를 거쳐 근대 불교계의 유일의 종파로 재발족되었던 종단의 이름이다. 이능화李能和의 〈조선불교통사〉에는 지눌이 조계종을 창시한 것으로 되어 있으나, 그 이전인 숙종~인종년간에 성립되어 지눌에 의해 새 종지宗旨를 갖추고 세력을 크게 펴게 된 것으로 이해된다. 조계종은 종래의 선종 9산문이 하나의 종파로 묶여 조계종이라 이름한 것으로서, 중국 선종의 제6조인 조계 혜능慧能을 법조로 삼고 조계의 선지를 종으로 한다. 의천이 천태종을 세우고 난 뒤에 9개 선파가 통합되어 이루어진 조계종은, 지눌이 수선사修禪社를 연 이후 더욱 세력이 커져 고려후기 불교계의 중심적인 종파가 되었다.

지눌 知訥 1158(의종 12)~1210(희종 6) 고려중기의 고승. 성은 정鄭. 호는 목우자牧牛子. 황해도 서흥瑞興 출신. 아버지는 국학의 학정學正을 지낸 광우光遇이다. 태어날 때부터 허약하고 병이 잦았는데, 아버지가 자식을 부처에게 바치겠다고 하며 불전에 기도한 이후 병이 깨끗이 나아, 8세 때 부모가 정해준 대로 사굴산파에 속했던 종휘宗暉에게 가서 승려가 되었나. 1182년(명종 12) 승과에 급제하고, 이어 보제사普濟寺 담선법회談禪法會에 참석해 그곳에 모인 승려들과 함께 정혜결사定慧結社를 맺을 것을 약속했다. 이후 혜능의 〈육조단경六祖壇經〉을 읽다 문득 깨달음을 얻어 평생 동안 혜능을 스승으로 모셨고, 이후 선종과 교종이 합치하는 말을 찾고자 노력했다. 〈화엄경〉과 〈화엄신론〉 등을 보다가 「부처의 말씀이 교敎가 되고 조사祖師께서 마음으로 전한 것이 선禪이 되었으니, 부처와 조사의 말씀과 마음이 하나이므로 교·선의 근원은 하나이다」라고 하는 선교일원의 원리를 발견하고, 「선교합일 회교귀선禪敎合一會敎歸禪」이라는 우리나라 불교의 독특한 종지를 창도하게 되었다. 1190년, 거조사에서 결사를 약속한 동지를 모은 뒤 사명社名을 「정혜定慧」라 하고 결사문을 지어, 「마음을 바로 닦음으로써 미혹한 중생이 부처로 전환될 수 있으며, 그 방법은 정과 혜를 함께 닦는 정혜쌍수定慧雙修에 있다」고 했다. 결사운동이 확대되자 새로운 결사의 도량을 구하고자 1205년(희종 1) 송광사松廣寺로 와서 10여 년 동안 이곳을 중심으로 새로운 선풍을 일으키다가 1210년, 법상에 앉아 입적했다. 저서로는 수행자들을 위해서 남긴 수행서 〈법집별행록병입사기法集別行錄並入私記〉, 결사의 취지문인 〈권수정혜결사문勸修定慧結社文〉, 그리고 〈원돈성불론圓頓成佛論〉〈간화결의론看話決疑論〉 등 다수가 있다. 시호는 불일보조佛日普照, 탑호는 감로甘露이다.

정혜쌍수 돈오점수 定慧雙修－頓悟漸修 보조국사 지눌이 정혜사(뒤의 수선사)를 결성하며 내세운 불교 실천운동의 핵심사상. 정혜쌍수는 불교수행의 핵심을 이루는 두 요소 정定과 혜慧를 함께 닦자는 실천운동이며, 이 정혜쌍수의 바탕이 되는 이론이 돈오점수설이다. 돈오는 인간의 본심을 깨달아 보면 제불諸佛과 조금도 다름이 없는데, 자신(인간)의 마음이 부처임을 문득 깨닫는 것을 의미한다. 그러나 돈오를 해도 오랫동안에 걸쳐 젖어온 망습妄習이 갑자기 제거되는 것이 아니므로 꾸준한 수행(점수漸修)이 있어야 하는 것이다. 이러한 점수라는 종교적 실천의 방법이 바로 선정禪定과 지혜智慧를 같이 닦아야 한다는 정혜쌍수이다. 지눌은 이러한 돈오점수설에 입각한 정혜쌍수의 법을 성적등지문惺寂等持門이라고 했으며, 여기에 다시 화엄사상을 도입하여 원돈신해문圓頓信解門을 세우고 화엄과 선이 근본에 있어서는 둘이 아니라는 것을 밝혔다. 그리고 더 나아가 수행의 마지막 단계로 간화경절문看話徑截門을 내세우고 있는데, 이러한 수행을 통해 일체의 지혜와 분별을 떠나 정과 혜에도 구속되지 않는 최고의 경지에 도달하는 것이다. 성적등지·원돈신해·경절의 3문으로 이루어진 이러한 지눌의 선의 실천체계는 대단히 독창적인 것으로서,

당시 고려불교사의 기본적 과제인 선·교 통합문제에 해결책을 제시한 것이었다.

수선사 修禪社 보조국사普照國師 지눌知訥에 의해 만들어진 혁신 불교적인 신앙결사信仰結社단체. 1190년(명종 20) 공산公山(지금의 팔공산) 거조사居祖寺에서 결성된 것으로, 초명은 정혜사定慧社이다. 무신정권기에는 불교계에서 선종이 중흥하고, 한편으론 불교계의 모순에 대한 반성과 자각이 작용하면서 신앙 결사운동이 활발하게 전개되었다. 결사란 뜻을 같이하는 도반道伴들이 자신들의 신앙수행을 위해 맺은 단체라는 의미로서, 이러한 모임의 사원은 '寺'가 아닌 '社'라고 불렸다. 수선사는 1190년, 지눌이 거조사에서 정혜를 닦는 결사로서 정혜사를 결성함으로써 시작되었으며, 뒤에 송광산松廣山에 있는 길상사吉祥寺로 근거지를 옮기고, 왕명에 의해 송광산을 조계산으로, 정혜사를 수선사로 개칭했다. 수선사는 제2세 진각국사眞覺國師 혜심慧諶 때 무인집정인 최우와 밀접한 관계를 맺게 됨으로써 교단이 크게 발전했다. 수선사는 고려말에 이르기까지 16국사國師와 같은 고승을 배출하며 고려후기 불교계에 많은 영향을 끼쳤다.

혜심 慧諶 1178(명종 8) ~ 1234(고종 21) 고려 무신정권기의 고승. 성은 최崔. 자는 영을永乙, 자호는 무의자無衣子. 나주 화순현 출신. 어려서 아버지가 죽자 출가하기를 청했으나 어머니의 만류로 유학儒學을 공부했다. 1201년 사마시에 합격해 태학에 들어갔으나, 어머니가 죽자 조계산에서 수선사를 만들어 사람들을 교화시키던 지눌의 제자가 되었다. 1210년 지눌이 입적하자 문도들이 나라에 건의해 수선사를 계승하게 되었는데, 당시 집권자인 최이崔怡도 그의 명성을 듣고 자신의 두 아들 만종萬

宗과 만전萬全을 보내 그를 모시도록 했
고, 막대한 토지를 수선사에 시주했다.
고종은 왕위에 오르자 혜심에게 선사禪
師를 제수하고 다시 대선사로 올렸는
데, 시험을 치르지 않고 바로 승려의 벼
슬에 오른 이는 그가 처음이었다. 시호
는 진각국사眞覺國師이며, 강진의 월남
사月南寺에 이규보가 찬한 진각국사비
가 세워졌다.

백련사 白蓮社 원묘국사圓妙國師 요세
了世가 중심이 되어 결성한 신앙결사단
체. 무신정권기에는 불교계에 대한 비
판이 일면서 신앙결사운동이 활발하게
전개되었는데, 조계선종 계통에서의 수
선사와 함께 당시의 불교계에 많은 영
향을 미친 결사운동은 천태종계의 백련
사였다. 료세는 한때 지눌의 수선사에
서 활동하기도 했으나, 천태교관天台敎
觀으로 사상전환을 하면서 1211년(희종
7), 만덕산萬德山에 사찰을 세우고 이
결사를 조직했다. 백련사는 법화사상法
華思想에 의한 지관止觀을 바탕으로 하
면서 참회하여 죄를 멸하는 참회멸죄懺
悔滅罪와 정토에 태어날 것을 바라는 정
토구생淨土求生을 구하는 것이 특징이
다. 날마다 53불佛을 12차례씩 돌며 예
참禮懺하고 동시에 미타불彌陀佛을 염송
하여 서방정토로의 왕생을 구했다. 이
사상체계는 지눌의 그것에 비해 대중적
이어서, 지식층을 대상으로 하면서도
농민이나 천민과 같은 기층사회의 백성
들을 널리 포용하려는 면이 많았다고
평가된다. 백련사는 이후 최씨정권과
밀접한 관계를 맺는 가운데 8국사國師를
배출하며 크게 번성했다.

보우 普愚 고려말의 고승. 호는 태고
太古·보허普虛. 속성은 홍洪. 시호는 원
증圓證, 탑호는 보월승공寶月昇空이다.
13세에 출가해 가지산迦智山에서 수도
했다. 26세 때 화엄선華嚴選에 합격한
뒤, 불경을 열람하며 깊이 연구했으나

불경의 연구가 수단일 뿐 진정한 수행
이 되지 못한다는 것을 깨닫고 선수행禪
修行에 정진하여 크게 깨달았다. 1346년
(충목왕 2) 원나라로 건너가 궁중에서
〈반야경〉을 강설하기도 했으며, 이듬해
호주 천호암天湖庵으로 가서 석옥石屋을
만나 임제선臨濟禪을 탐구하고 1348년
귀국했다. 1352년(공민왕 1), 왕의 우
대를 받으며 왕사王師로 책봉되었다. 공
민왕이 불러서 나라를 다스리는 일을
물었을 때, 그는 왕도의 누적된 폐단과
정치의 부패, 불교계의 타락 등에 대한
개혁의 필요성을 절감하며, 서울을 한
양으로 옮겨 인심을 일변하고 정교政敎
의 혁신을 도모할 것을 주장했으며, 선
문구산禪門九山을 일문一門으로 통합하
여 종파의 이름을 도존道存으로 할 것
등을 건의했다. 왕의 총애를 받고 있던
신돈의 참언으로 속리산에 금고禁錮되
기도 했으나 신돈이 죽은 후 국사로 봉
해졌다. 〈태고집太古集〉에 그의 법어와
시 등이 수록되어 있어, 그의 불교에 대
한 깊이와 경지가 잘 나타나 있다.

초조대장경 初雕大藏經 고려 현종 때
거란의 침입을 물리치기 위해 판각한
우리나라 최초의 대장경. 대장경이란
경經·율律·논論 등 삼장三藏의 불교경전
을 총칭하는 말로, 고려에서 처음으로
판각한 대장경이란 뜻에서 초조대장경
이라 일컬어지고 있다. 1011년(현종 2)
거란군의 침입을 물리치기 위해 판각을
시작해서 1087년(선종 4)까지 76년 걸
려 완성한 것으로서, 이는 송나라의 개
보판대장경開寶版大藏經에 이어 세계에
서 두 번째로 기획, 편집해 간행한 것이
다. 이 초조대장경판은 그후 대구 부근
의 부인사符仁寺에 옮겨 보관했다가
1232년(고종 19), 몽고의 침입으로 불
타버렸다. 일본 남선사南禪寺에 인본印
本의 일부가 전해지고 있다는 사실이 알
려져 왔으나, 최근에는 우리나라에서도

△해인사대장경판. 〈반야바라밀다심경〉.

그 잔편殘片이 발견되었다.

속장경 續藏經 고려중기에 대각국사 의천義天이 중심이 되어 판각한 불경. 경經·율律·논論 삼장三藏이 아닌, 그 주석서 장소章疏를 모아 간행한 것이다. 의천은 삼장의 장소를 모아 간행하는 일에 일찍부터 뜻을 두고, 20여 년에 걸쳐 국내는 물론 송과 요, 일본에서까지 널리 불서들을 모았다. 그리고 그것들을 간행하기에 앞서 그 목록인 〈신편제종교장총록新編諸宗敎藏總錄〉을 만들었다. 이것은 일명 〈의천목록〉이라고도 하며, 3권으로 엮어진 이 목록에는 모두 4천7백여 권의 저술이 실렸는데, 당·송·요뿐 아니라 원효 등 신라 고승들의 저술도 181부가 수록되어 있어 그 값어치를 더해 주고 있다. 의천은 흥왕사에 교장도감敎藏都監을 설치한 뒤 이 목록에 따라 1091년(선종 8)경부터 장소를 간행하기 시작했으며, 이 사업은 1101년(숙종 6) 그가 세상을 떠날 때까지 10여 년간 계속되었다. 그러나 이 속장경의 판목은 1232년(고종 19) 몽고군의 침입으로 흥왕사가 불타 소실되어, 현재는 일본의 동대사東大寺 도서관 등에 인본印本이 일부 보관되어 있으며, 우리나라에는 조선초에 중수·간행된 것이 순천順天 송광사松廣寺에 전해오고 있다.

해인사대장경 海印寺大藏經 고려 고종 때 대장도감大藏都監에서 판각한 대장경. 해인사에 소장되어 있으며, 경판은 국보 제32호로 지정되어 있다. 이 대장경판은 고려시대에 판각되었기 때문에 고려대장경판이라 하며, 매수가 8만여 판에 달하고, 8만 4천 번뇌에 대치하는 8만 4천 법문法門을 수록했기 때문에 팔만대장경이라고도 한다. 또 초조대장경이 불에 타 다시 새겼다 해서 재조대장경판이라고도 한다. 그러나 고려 때 대장도감에서 판각되었으므로 해인사 고려 대장도감각판海印寺高麗大藏都監刻板이라고 하는 것이 가장 정확한 명칭이다. 1232년(고종 19) 몽고군의 침입으로 초조대장경이 불타버리자, 당시의 집권자인 최우崔瑀 등이 대장도감을 설치해 1237년부터 1248년까지 12년 동안에 판각한 것으로서 준비기간까지 모두 16년이 걸려 완성되었다. 이 대장경판은 당시 개태사의 승통으로 있던 수기守其 등이 송나라의 관판대장경(개보판대장경)과 거란본 및 초조대장경 등의 내용을 비교, 검토해 가장 정확한 내용으로 만들어 중국이나 일본에서 표준 대장경으로 삼기도 했다. 강화에서 판각, 보관하다가 선원사로 옮겨졌으며, 1398년(조선 태조 7) 해인사로 옮겨져 오늘에 이른다.

상정고금예문 詳定古今禮文 고려 때 법령과 도덕규범 등을 모아 편찬한 전례서典禮書. 〈고금상정예문〉이라고도 한다. 고려 인종 때 최윤의崔允儀(1102 ~1162) 등 17명의 학자들이 1147년부터 1162년까지 공포된 법령들과 도덕규범 들을 모아 편찬한 것이다. 〈동국이상국집東國李相國集〉에 의하면, 1234년 (고종 21)에서 1241년 사이에 당시 정권을 잡고 있던 최우가 이 책을 대본으로 해 금속활자로 28부를 출판, 여러 관청들에 나누어주었다고 한다. 이것은 우리나라 주자인쇄鑄字印刷에 관한 최초의 기록이라는 점에서 주목된다. 또한 이 시기는 대몽고전쟁을 치르는 시기였는데, 전란중에 이렇듯 새로운 기술을 창안하는 일에 힘을 쏟을 겨를이 없었으리라는 점을 생각하면 그 이전에 이미 주자인쇄의 경험이 있었던 것으로 추측된다.

봉정사 극락전 鳳停寺極樂殿 경상북도 안동군 서후면 태장리 천등산 중턱의 봉정사 경내에 있는 고려중·후기의 목조 불전佛殿. 국보 제15호. 기단 위에 정면 3칸, 측면 4칸 규모로 지은 주심포계柱心包系 맞배지붕 건물이다. 기둥머리와 소로小櫨의 굽이 곡면으로 내반內反되어 있는 점, 대들보 위에 산 모양에 가까운 복화반대공覆花盤臺工을 배열하고 있는 점, 첨차檐遮 끝에 쇠서(牛舌)를 두지 않은 점 등 이 건물이 지닌 몇 가지 특징은 통일신라 이후 고려까지 계승된 이른바 고식古式으로 여겨진다. 그러므로 양식에서 부석사 무량수전보다 앞선 것이라 할 수 있다. 1972년 해체, 수리할 때 1625년에 만든 상량문上樑文이 발견됐는데, 이에 의하면 1363년에 건물의 지붕을 중수重修했다고 하므로, 이 건물은 적어도 고려중기인 12~13세기에 세워진 우리나라 최고의 목조건물인 셈이다.

부석사 무량수전 浮石寺無量壽殿 경상북도 영풍군 부석면 북지리의 부석사에 있는 고려시대 목조 불전佛殿. 국보

제18호. 부석사의 주불전主佛殿으로 무량수불無量壽佛인 아미타여래阿彌陀如來를 본존本尊으로 모셨다. 1916년 해체, 수리할 때 발견된 묵서명墨書銘에는 현존하는 건물이 1376년에 재건된 것으로 기록되어 있으나, 1377년에 재건된 조사당과 비교해 보면 건물양식상 조사당보다 100년에서 150년은 더 앞서는 건물이며, 묵서명의 기록은 그뒤의 보수를 말하는 것으로 추정된다. 이 건물의 양식에서 중요한 점은, 주심포柱心包 집의 기본양식을 가장 잘 나타냈고, 가구방식이나 세부수법이 후대의 건물에서 보이는 장식적인 요소가 적다는 것이다. 전체 가구재는 모두 직선재를 사용했고, 공포拱包의 첨차檐遮 끝과 보 또는 퇴보 등의 끝에 간단히 곡선으로 된 장식이 있을 뿐이며, 기둥머리 위의 공포나 다른 부분에 있는 포작에 기둥머리나 소로小櫨 굽의 단면이 내반內反된 곡曲을 가지고 굽 밑에 굽받침이 남아 있다.

수덕사 대웅전 修德寺大雄殿 충청남도 예산군 덕산면 사천리의 수덕사에 있는 고려후기 목조 불전佛殿. 국보 제49호. 주심포 맞배지붕으로 단정하면서도 엄숙한 아름다움을 지닌 건물이다. 기둥과 창방의 연결고리인 공포장치 및 마름모꼴 사방연속 무늬의 창살. 그리고 별도의 단청없는 건물 외벽 등의 건

△봉정사 극락전의 전경.

△수덕사 삼층석탑

물구조는 단순한 가운데 정숙한 아름다움을 돋보이게 한다. 건물의 측면관은 둥근 기둥과 각이 진 들보를 노출시키면서 절묘한 면 분할로 집의 모양새를 더욱 아름답게 장식하고 있다. 기둥과 기둥 사이의 간격이 넓은 형태를 띠고 있어, 이로 인해 정면에서 보면 지붕골이 길고 높아 위압적인 느낌을 준다. 그러나 팽팽한 팽창감을 주는 배흘림기둥(엔타시스entasis)이 탄력 있게 지붕을

△강릉 객사문. 고려시대 주심포계 양식의 건물로 단순하지만 엄숙한 분위기를 자아낸다.

떠받치고 있어서 짓눌려 있는 인상은 주지 않는다. 내부 벽의 공간에는 수생화도水生畵圖·나한도羅漢圖·소불삼례도小佛三禮圖·극락조도極樂鳥圖 등의 불화를 가득 그려넣었다고 하므로, 고려후기 불전의 뛰어난 면모를 짐작할 수 있게 하는데, 지금은 모두 없어진 채 빈 벽에 노란색만 칠해져 있다. 1937년 해체, 수리하며 벽화를 모사하던 중 벽화 속에서 건립 당초의 벽화를 찾아냈는데, 이때 발견된 묵서명墨書銘에 의해 1308년에 지은 것을 확인했다. 이 건물 양식의 특징과 비교해 고려중기 및 후기 건물에 대한 연대비교가 시도되었고, 그 결과 봉정사 극락전·부석사 무량수전이 더 오래된 것으로 밝혀졌다. 제작연대가 뚜렷하고 형태미가 뛰어나다는 점에서 한국 목조건축사상 매우 중요한 건물이다.

주심포 柱心包 우리나라 목조건축양식의 하나. 공포拱包(목조건축에서 기둥과 창방과 들보를 연결하는 장치 : 기둥과 기둥을 옆으로 잇는 것을 창방이

라 하고, 앞뒤로 가로지르는 나무를 들보라고 한다. 이들을 연결하는 장치인 공포를 어떻게 역학적으로 효과있게, 그리고 외형적으로 멋있게 짜느냐가 목조건축에서는 중요한 과제가 된다)가 기둥머리 바로 위에 받쳐진 형식을 말한다. 다포계 양식보다 오래된 것으로, 고구려 벽화의 그림을 통해 삼국시대부터 사용되었음을 알 수 있다. 주심포집은 맞배지붕과 어우러져 단순하지만 장중하고 엄숙한 분위기를 자아내는 것이 특징이다. 고려시대의 주심포계 양식으로는 봉정사 극락전·부석사 무량수전·수덕사 대웅전·강릉 객사문客舍門 등이 있다. 조선시대에는 다포계 양식이 더 많이 사용되면서 주심포계 건물은 규모가 작아지는 추세를 보인다. 부석사 조사당·무위사 극락전·도갑사 해탈문·관룡사 약사전·송광사 국사전國師殿 및 하사당下舍堂·개목사 원통전·봉정사 화엄강당·고산사 대웅전 등이 그 실례이다.

다포 多包 우리나라 목조건축양식의 하나. 기둥 위에만 공포를 설치하던 주심포 양식과는 달리 기둥과 기둥 사이에도 공포를 만들어서 끼워넣음으로써 건물을 보다 크고 화려하게 만든 양식이다. 목조건축양식에서 가장 화려하고 복잡한 구조와 형식을 지닌 것으로 중국에서 전래되었다. 언제부터 사용되었는지는 확실히 알 수 없으나, 이 양식 채용에 관한 몇 가지 자료가 남아 있다. 신라말 또는 고려초 공예품인 금동불감金銅佛龕은 공간포 구조형식을 가진 목조건물을 묘사한 최초의 예로 볼 수 있는데, 전형적인 다포계 양식으로 보기는 어렵다. 고려시대 관경변상도觀經變相圖(1323. 일본 지사원知恩院 소장)는 창방 또는 평방으로 보이는 부재部材만 걸고 그위에 포작을 배열하여, 완전한 다포계 양식은 아니지만 주심포나 공간포의 포작을 평방 위에 배열하고 있는

것이 많아, 이 시기에는 전형적인 다포계 양식이 사용되었으리라 추측된다. 다포계 초기양식을 보여주는 건축물로는 심원사 보광전心源寺普光殿(1374)·석왕사 호지문응진전釋王寺護持門應眞殿(1384)·봉정사 대웅전·성불사 응진전·개성 남대문·서울 남대문 등을 들 수 있다. 이 양식은 구조가 복잡하고 화려하여 주로 궁전이나 사찰의 주전主殿 등 권위있는 건물에 많이 사용되었다.

월정사 8각9층석탑 月精寺八角九層石塔 강원도 평창군 진부면 동산리 오대산의 월정사에 있는 고려시대의 석탑. 국보 제48호. 높이 15.2m. 월정사 대웅전 앞뜰 원래 위치에 있으며, 몇 번의 화재로 각 부재部材에 손상이 심하나 형태는 원형을 갖추고 있다. 1950년 한국전쟁 때 설 선물이 전부 불타 석탑에도 많은 피해를 입었으므로 1970년 전면 해

△ 월정사 8각9층석탑

△경천사 10층석탑. 경기도 개풍군 부소산 경천사지에 있던 모습.

체해 보수했다. 탑신부를 해체하던 중, 5층 옥개석 윗면 중앙의 방공方孔 안에서 은제도금의 여래입상如來立像 1구(높이 9.7cm)가 발견되었고, 1층 옥신석 윗면 중앙의 원형사리공圓形舍利孔 안에서는 동경銅鏡·경문經文·향목香木 등의 사리장치가 발견되었다. 일반 석탑과 같이 기단부 위에 탑신과 상륜부相輪部를 세운 형식이며, 상륜부의 장식을 제외한 전체가 화강암으로 되어 있다. 평면은 8각형을 이루고 있는데, 이는 고려시대에 평면이 방형方形에서 벗어나 다각형으로 되고 층수도 다층으로 변했던 당시의 유행에 따른 것이었다. 상하가 균형이 잡혔고 조법彫法도 착실해 고려시대 다각다층多角多層 석탑의 대표가

될 만하다. 현재 이 탑 앞에는 석조 보살좌상石造菩薩坐像(보물 제139호)을 놓아 공양하는 모습을 보이고 있다.

경천사 10층석탑 敬天寺十層石塔 서울 종로구 세종로 경복궁 안에 있는 고려시대의 석탑. 국보 제86호. 높이 13.5m. 본래는 경기도 개풍군 광덕면 중련리의 경천사에 세워져 있던 것인데 1960년 이 위치에 세웠다. 1909년경 우리나라에 대사로 와 있던 일본의 궁내대신 다나카田中光顯가 일본으로 불법반출했다가 그뒤 반환, 오랫동안 경복궁 근정전 회랑에 방치되었다. 1959년 재건을 시작해서 1960년에 완성, 현상태로 보존하게 되었다. 부재部材 전체가 회색의 대리석이며, 현재의 지대석은 본래의 것이 아니다. 탑의 구성은 기단부 위에 탑신부와 상륜부가 세워졌는데, 각 부분은 그 평면과 구조 등에서 특수한 건조양식과 수법을 보이고 있다. 특히 상륜부는 우리나라 형식과는 달리 원나라의 라마적 수법을 보이고 있는데, 가늘고 길어 불안정한 느낌을 주는 것 같으나 3단의 기단부와 3층까지의 탑신이 안정된 아자亞字형을 이룬 평면이고, 또 3층까지의 체감이 현저해서 오히려 경쾌하고 날씬한 가운데 안정감을 주고 있다. 각 부재세부部材細部의 조각은 기단·탑신부 할 것 없이 전면에 가득차 있는데, 장려하고 변화가 많으며 전체의 균형 또한 우아하고 아름다워 고려시대 석조탑 중 가장 특이하고 완성된 기교를 보이고 있다. 초층 옥신 이맛돌에 새겨져 있는 조탑명造塔銘에 의해 건립연대를 1348년으로 추정하고 있다. 원각사지 10층석탑은 이 탑의 양식수법을 계승한 것으로 보인다.

부도 浮屠 승려의 사리舍利나 유골을 안치한 묘탑墓塔. 원래는 불타佛陀와 같이 붓다(Buddha)를 번역한 것이라고도 하고 또는 솔도파率堵婆(stupa), 즉 탑

파塔婆의 전음轉音이라고도 한다. 어원
으로 본다면 불타가 곧 부도이므로 외
형으로 나타난 불상이나 불탑이 모두
부도이며, 나아가 승려까지도 부도라
부르기도 한다. 우리나라에서 승려의
사리탑을 부도라 부른 실례는 신라 하
대부터 찾아볼 수 있는데, 872년(경문
왕 12)에 세워진 대안사 적인선사조륜
청정탑비大安寺寂忍禪師照輪淸淨塔碑의 기
록이 그것이다. 묘탑, 즉 부도를 세우
는 것은 불교식 장례법에서 생긴 것이
지만 불교가 들어온 직후부터 시작된
것은 아니다. 부도 건립의 시초는 〈삼
국유사〉에 나오는, 627~649년 무렵의
원광법사圓光法師의 부도로 볼 수 있다.
그러나 이것은 전하지 않고, 현존하는
가장 오래된 부도는 844년(문성왕 6)에
세워진 전흥법사염거화상탑傳興法師廉
居和尙塔(국보 제104호)으로 추정한다.
본래 부도는 법제문도法弟門徒들이 선사
禪師가 입적한 뒤 선사를 섬기는 마음에
서 세우는 것인데, 우리나라에서는 9세
기에 당나라에서 선종禪宗이 들어온 이
후 크게 유행했다. 9산九山의 각 선문禪
門에서 각각 사자상승師資相承함으로써
개산조開山祖와 개산인開山人의 순서로
뚜렷한 일종파一宗派의 계보를 이루었
고, 각 선문의 제자들은 소속종파가 확
정되면서 그들의 조사祖師를 숭앙하여
그가 설법한 내용이나 교훈 등을 어록語
錄으로 남기고, 입적한 뒤에는 후세에
길이 보존될 조형적인 장골처藏骨處를
남기려 한 데서 비롯되었다. 신라의 부
도는 전체적으로 평면이 8각인데, 고려
이후에는 4각으로 변해 일반 석탑과 같
은 형태의 부도가 나타나기도 하고 범
종 모양의 부도도 나타나 8각 원당형圓
堂形과 함께 발전되었다. 부도는 다른
석조물과 달리 그 주인공의 생애 및 행
적을 알 수 있을 뿐 아니라 당시의 사회
상과 문화상을 알 수 있어 중요한 자료

△부도. 전흥법사염거화상탑

가 된다. 또 정교한 불교조각과 화려한
장식문양도 조각의 극치를 보이고 있
고, 형태도 전체적으로 균형이 집혀 조
화미를 보이는 우리나라 석조미술의 백
미로 손꼽힌다.

**관촉사 석조미륵보살입상 灌燭寺石造
彌勒菩薩立像** 충청남도 논산군 은진
면 관촉리의 관촉사에 있는 고려시대의
석조보살입상. 보물 제218호. 높이 18.
2m. 고려시대 최대의 석불입상으로서
은진미륵이라고도 불리지만, 사기寺記
나 인상印相으로 보면 관음보살이 분명
하다. 몸체는 허리를 중심으로 두 개의
큰 돌을 이어서 만들었는데, 머리부분
만 거대하고 전체의 비례나 균형이 맞
지 않아 괴이한 느낌을 준다. 두 손은
몸에 비해 특히 큰데, 두 손을 가슴높이
까지 들어 오른손은 위로 올려 엄지와
중지를 맞대고 금속으로 된 연꽃가지를
잡고, 왼손은 약간 아래로 내려 엄지와
중지를 맞대고 있어 이른바 아미타불의
중품중생인中品中生印을 나타내는 것 같
다. 대좌는 따로 마련하지 않고 자연석
을 그대로 이용했다. 양감 없는 거대한
돌기둥 같은 신체, 토속적인 얼굴 모
습, 도식적이며 비사실적인 조각수법

△ 관촉사석조미륵보살. '은진미륵'이라고도 불리는
고려 최대의 석불입상.

등은 대조사大鳥寺 석조미륵보살입상
(보물 제217호)이나 개태사지開泰寺址
석불입상(보물 제219호) 등 고려초기
충청도 지방에서 유행했던 불상양식과
같은 것으로서 당시의 지방양식을 잘
나타내고 있다. 조성시기는 백호白毫를
수리할 때 발견된 묵기墨記에 968년이라
는 기록이 있어 그즈음으로 추정하고
있다.

부석사 소조아미타여래좌상 浮石寺塑
造阿彌陀如來坐像 경상북도 영풍군
부석면 북지리의 부석사 무량수전에 주
존主尊으로 봉안된 고려시대의 소조불
좌상. 국보 제45호. 불상 높이 2.78m,
광배 높이 3.8m. 통일신라 불상양식의
전통을 이어 만들어진 고려시대의 불상
이다. 즉 당당하면서도 장중한 신체와
안정감 있는 자세, 우견편단右肩偏袒의
착의형식着衣形式과 옷주름의 표현 등은
석굴암 본존불을 본따 만들어진 고려초
기 불상과 같은 계통의 양식이다. 그러

나 온화함이 사라진 근엄한 표정이나
형식화로 흐른 옷주름 등은 초기 불상
양식에서 차츰 후기양식으로 변해가는
모습으로 보인다. 석가모니불의 특징인
오른손을 무릎 위에 놓은 항마촉지인降
魔觸地印의 수인手印을 취하고 있는데,
이것이 원래 모습인지는 불확실하다.
구전에 의하면 두 손이 파손되는 등 손
상을 입어 조선시대에 들어와 보수했다
고 하며, 또 불상이 봉안된 전의 이름이
무량수전이고 부석사 경내에 있는 원융
국사탑비圓融國師塔碑(1054년)의 비문에
보처補處가 없는 아미타불을 조성해 모
셨다는 기록이 있어 아미타불로 추정된
다. 상 뒤에는 당초문唐草文과 화염문火
焰文이 조각된 목조광배가 따로 만들어
져 있는데, 당초문과 화염문은 정교한
고려시대 불교미술의 한 단면을 잘 보
여주고 있다. 소조상으로는 가장 크고
오래된 것이어서 중요한 평가를 받고
있다.

상감 象嵌 기체器體에 다른 색깔의 물
질로 문양을 감입嵌入해서 나타내는 장
식법. 원래는 금속공예에서 은입사銀入
絲의 장식수법이 개발, 발전되면서 이
러한 수법을 가리키는 용어로 사용되어
왔다. 우리나라에서 청자靑磁에 상감기
법으로 문양을 나타내기 시작한 것은
12세기전반부터이며, 12세기중엽부터
세련된 상감기법으로 문양을 나타낸 청
자가 크게 늘어났다. 이 기법은 고려 도
공들의 창의로 개발되었으며, 세계 도
자기사상 독보적인 장식기법으로 고려
청자의 뛰어난 기법이 되었다. 상감원
료로는 고령토高嶺土·규석珪石·점토·자
토瓷土 등이 사용된다.

5장 중세사회의 재편
조선의 건국 ▷ 임진왜란

• 개관

고려에서 조선으로의 이행은 왕씨에서 이씨로의 단순한 왕조교체가 아니라, 고려후기 이래 사회·경제·정치·사상 등 모든 부문에 걸쳐 진행된 전반적인 변동의 반영이었다.

고려후기 사회는 안팎으로 심각한 모순에 빠져 있었다. 안으로는 권문세족 및 사원세력에 의해 농장의 확대와 양인 농민의 천민화가 진행되는 가운데, 이로 인한 국가재정의 파탄, 농민과 지배계급의 갈등, 대토지 소유자층과 중소지주층의 대립이 극심해졌다. 이에 더하여 밖으로는 원·명 교체기에 따른 중국대륙의 동요, 홍건적과 왜국의 끊임없는 침입과 약탈 등으로 민중의 삶은 날로 피폐해져갔다. 이러한 내외의 모순을 해결하기 위해서는 사회 전반적인 개혁이 요구되었는데, 이 사회적 요구를 받아들여 개혁을 추진했던 세력이 신진사대부였다. 신진사대부는 당시 주도세력이었던 권문세족과는 출신기반은 물론 경제·정치·사상적으로 그 입장이 달랐다. 신진사대부가 추진했던 개혁은 권문세족의 기반을 약화시키는 한편, 그들의 수탈대상이었던 민중을 고려한 것이기도 했다. 개혁을 추진하면서 급진개혁파는 권문세족과 뿌리깊이 연관되어 있는 고려왕실이 있는 한 철저한 개혁이 될 수 없음을 깨닫고 새왕조인 조선을 건국하기에 이르렀다.

이렇게 조선의 건국은 신진사대부가 자신들의 입장에서 개혁을 추진하는 과정에서 성립되었다. 이들 역시 중세사회의 지배계급이었기 때문에 그 개혁도 민중의 요구까지 반영한 철저한 것일 수는 없었다. 즉 이들이 추구한 것은 중세사회의 해체가 아니라 합리적인 재편성이었다. 이는 조선건국의 경제적 토대였던 과전법 개혁을 비롯해서 양천제에 입각한 신분제의 정리, 이를 유지하기 위한 강력한 중앙집권체제의 정비와 통치 이데올로기로서의 성리학 수용 등에 잘 나타나 있다.

고려말 개혁과정에서 핵심문제로 부각되었던 것은 토지제도였다. 개혁세력은 새로 양전量田을 하여 1391년(공양왕 3) 과전법을 공포했다. 과전법의 실시로 국가 수조지가 확대되고 사적인 지배하에 있었던 농민들을 국가의 지배하에 둘 수 있었는데, 이는 조선 봉건국가의 물적 기반을 이루었다. 무엇보다 과전법의 의의는 중세적인 토지지배관계의 하나인 개인 수조권이 이전보다 많은 제약을 받는다는 데 있다. 수조권자의 농민지배를 국가가 통제했으며, 수조권자에게도 1결당 2두의 세를 내게 하여 근원적인 수취권은 국가에 있음을 명확히 했다. 그밖에 상업이나 수공업도 국가가 철저히 통제함으로써 봉건적인 경제체제를 갖추었다.

토지제도와 함께 중세사회의 근간인 신분제에서는 양인 확대정책이 두드러진다. 양인 일반에게 부과되는 신역체제를 마련하고 법률상 모든 양인의 관직진출권을 인정했다. 하지만 관직은 양반에 의해 독점되었고 고려사회에서의 중간계층조차 중인의 신분으로 고착되었다. 양반·중인·평민·천민의 신분서열은 정치·경제·사회운영과 직결되어 있었다.

이러한 사회경제체제를 유지하기 위해서는 강력한 중앙집권제가 요구되었다. 조선초 집권층은 집요하게 군현제 정비를 추진하여 15세기 후반에는 관찰사—수령의 지방지배기구를 갖출 수 있었다.

이렇게 정비된 봉건사회의 지배체제가 성종대에 〈경국대전〉으로 최종 정리되었다.

그러나 경국대전 체제는 16세기에 들어오면서 다시 새로운 국면을 맞는다. 지주제의 발달과 농민층의 저항, 이를 배경으로 사림파가 새로운 정치세력으로 등장하게 되었다. 세종대 이후 과전법의 모순이 드러나면서 토지사유화가 급격히 진행되었고, 세조·성종대의 직전법·관수관급제의 실시는 수조권을 매개로 한 토지지배관계가 소멸되는 과정이었다. 그리하여 16세기 이후에는 사적 소유에 입각해 성장해 오던 지주전호제가 확대되어 주요 토지지배관계로 자리잡게 되었다. 지주제가 확대되면서 개간·매득을 통한 토지의 집중화 현상이 두드러졌는데, 이에 따라 농민의 토지상실도 급격히 진행되었다. 홍길동·임꺽정의 난을 비롯해서 16세기에 빈번히 일어나는 농민봉기는 이러한 사회변동에 대한 농민층의 문제제기였다.

이러한 가운데 건국 이래 정권을 주도하면서 보수화한 당시 중앙관료층 (훈구파)을 비판하고 도학정치를 주장하며 등장한 이들이 사림파였다. 지방 향촌사회에 기반을 둔 이들은 성종대 이후 서서히 중앙에 진출하기 시작했는데, 훈구파와의 대립 끝에 몇 차례의 사화를 겪기도 했다. 하지만 사림파는 향촌사회에서 꾸준히 그 기반을 강화하여 16세기후반에 오면 중앙정계의 주도권을 장악하기에 이르렀다. 사림들은 자신들의 이데올로기인 성리학의 연구에도 힘을 기울여 그 철학적 성격을 심화시켰다. 그 결과 성리학의 이해에서 서로 다른 입장이 표명되었는데, 이것은 당시 사회개혁의 방법론의 차이로 연결되어 붕당으로 이어지며, 특히 양란 이후 봉건사회의 해체기를 맞이하여 이를 어떻게 극복할 것인가를 둘러싸고 심각한 정권쟁탈전을 초래하기도 했다.

하지만 16세기 사림파의 개혁은 당시 봉건사회의 변동을 제대로 반영하지 못했고, 결국 양란이라는 더욱 큰 외적 변동을 겪어야 했다. 양란은 조선전기의 봉건체제를 해체시키는 데 결정적인 역할을 하기도 했지만, 역으로 이미 16세기부터 서서히 진행되어온 사회변동의 결과이기도 했다.

1. 조선의 건국과 지배체제의 강화

위화도 회군 威化島回軍　1388년(고려 우왕 14) 5월 요동정벌의 우군右軍 지휘자 이성계가 출정 도중 압록강 중류 위화도에서 군대를 돌이킨 사건. 고려말 국내개혁과 대외관계에서 각각 입장이 달랐던 양대 정치세력은 철령 이북의 고려 영토를 반환하라는 명나라의 요구를 놓고 첨예한 대립을 했는데, 온건개혁파인 최영 일파는 명의 대고려 전진기지인 요동지방을 공격함으로써 명의 압력을 배제하자고 주장한 반면, 급진개혁파인 이성계 일파는 현실적으로 전쟁에서 얻을 수 있는 효과가 부정적이라는 입장이었다. 이성계는 요동정벌 반대의 네 가지 이유로, 첫째 소국小國이 대국을 치는 것, 둘째 여름철 농번기라는 것, 셋째 거국적 원정으로 왜구의 침입이 우려된다는 것, 넷째 장마철의 전염병과 전투의 어려움을 들었다. 결국 이성계는 요동정벌을 위해 출정하기는 했지만 총지휘자였던 최영의 명령을 듣지 않고 위화도에서 군사를 돌이켜, 개경으로 돌아와 최영 일파를 제거함으로써 정치·군사의 실권을 잡는 계기를 마련했다.

철령위 문제 鐵嶺衛問題　고려말 고려와 명나라 사이에 있었던 철령위 귀속문제. 이 지역은 원래 고려의 영토였고, 14세기 중엽 한때 반역자들의 투항으로 원나라의 지배에 들어간 적도 있었지만 고려에 수복된 지 오래였다. 그런데 새로 일어난 명나라는 철령 이북 땅을 명나라의 땅이라고 주장, 이곳을 요동에 귀속시키려 했고, 이 소식을 전해 들은 고려정부는 국방력을 강화하는 한편, 문천·고원·영흥·정평·함흥 등과 공험진까지 고려 영토임을 밝히고 철령위 설치를 중지해달라는 교섭을 했

다. 그런데도 명나라가 1388년 요동에서 철령까지 70참站을 두는 철령위를 설치하겠다고 정식 통보하자, 고려정부는 철령위 설치의 중계지점인 요동을 정벌하기로 하고 최영을 8도도통사都統使, 이성계를 우군도통사, 조민수를 좌군도통사로 삼아 요동정벌에 나섰다.

요동정벌 遼東征伐　1388년 고려가 명나라의 대고려 전진기지인 요동지방을 공격함으로써 명나라의 압력을 배제하려던 사건. 고려는 1369년(공민왕 18)부터 명나라와 외교관계를 맺어왔는데, 우왕 때의 친원정책 이후 명나라는 무리한 세공歲貢을 요구하고 고려사신의 입국을 거절하는 등 고압적인 태도를 보이기 일쑤였다. 88년에는 철령 이북의 고려 영토를 원나라 영토였다는 이유로 반환하라고 요구하기에 이르자 명나라와의 실력대결을 준비하게 된 것이다. 요동은 남만주 요하遼河의 동쪽지방으로, 1360~70년대초에 고려는 이 지역의 원나라 세력을 몰아내고 이곳에 살고 있던 고려인들에게까지 통치영역을 넓히고자 세 차례 출정해 일정한 성과를 거둔 적이 있었다. 원나라 멸망 이후 명나라는 이곳에 요동 도지휘사사都指揮使司를 두어 만주 경략을 꾀함으로써 고려와 여러가지 알력이 일어나게 된다. 이에 고려정부는 요동지방을 공격해 명의 압력을 배제하려 했으나 이성계의 위화도 회군으로 중도에 그치고 말았다.

급진개혁파 急進改革派　고려말 역성易姓혁명을 주장했던 개혁세력. 정도전·조준·윤소종尹紹宗·남은·남재南在·조인옥趙仁沃·조박趙璞·정탁鄭擢·이성계 등이 이에 속한다. 이들은 대부분 지방의 중소지주적 기반을 가지고 있었고, 무신란 이후나 말기에 비로소 중앙관계에 등장한 사족士族가문 출신으로, 문음門蔭이 아닌 과거를 통해 관

리가 된 학자적 관인, 즉 유교적 지성을 갖춘 관인들이었다. 온건개혁파에 비해 정치적 진출이 늦어, 공민왕 때 공신전 功臣田이 대량 지급될 때도 거의 참여하지 못해 경제력이 미약했다. 또한 이념상으로도 온건파에 비해 불교를 철저히 배격했으며, 성리학 이해에서는 주리主理이면서도 기氣를 중시하는 경향이었다. 따라서 수기修己보다 치인治人에 역점을 두었으며, 정치·경제개혁에 관심이 많고, 맹자의 왕도정치王道政治 사상과 민본民本이념, 주례周禮에 입각한 유교적 이상국가 건설을 목표로 했다. 이들은 새왕조 건설을 위한 기초로서 전면적인 토지개혁을 추진했다.

온건개혁파 穩健改革派 고려말 고려왕조의 테두리 안에서 개혁을 주장했던 개혁세력. 이제현·이색·정몽주·권근·이숭인 등이 이에 속한다. 이들은 급진개혁파와 출신기반이나 관리 진출과정 등은 공통섬이 있었으나, 급진개혁파보다 정치적 연륜이 오래되었고 정치적 지위나 경제적으로도 우월한 위치였다. 이념상으로도 성격을 달리했던바, 이들은 유학자이면서도 불교에 타협적인 태도였고, 성리학 이해에서도 좀더 이理에 치중하는 면을 보였다. 따라서 치인治人보다 수기修己에 역점을 두고, 관념적·윤리적 측면에 치중하는 경향이었다. 고려말 개혁과정 초기에는 권문세족의 토지겸병 반대에 급진개혁파와 공동보조를 취했으나, 위화도 회군 이후 추진된 전면적 토지개혁·신왕조 개창공작에는 반대하는 입장이었다.

이색 李穡 1328(고려 충숙 15)~96(태조 5) 고려말의 성리학자이며 여말 3은三隱의 한 사람. 호는 목은牧隱, 본관은 한산韓山, 이곡李穀의 아들. 원나라에서 일을 보던 아버지로 인해 일찍이 원나라 국자감의 생원이 되었고, 원나라 문과에 급제했다. 귀국해서 정몽주·김구

용金九容 등과 함께 성리학을 일으켜, 문하에 권근·김종직·변계량 등을 배출해 조선 성리학의 주류를 이루게 했다. 정몽주가 죽임을 당한 뒤 금천·여흥·장흥 등지로 유배되었고, 태조 이성계가 1395년 한산백韓山伯으로 봉하며 벼슬에 나올 것을 종용했으나, 끝내 나오지 않다가 의문의 죽음을 당했다.

정몽주 鄭夢周 1337(고려 충숙왕 복위 6)~92(태조 1) 고려말 성리학자이며 문관. 자는 달가達可, 호는 포은圃隱, 본관은 영일迎日. 공민왕 때 3장場에 연달아 장원급제했으며, 1364년(공민왕 13) 병마사 이성계의 종사관으로 여진족 삼선三善·삼개三介를 화주和州에서 격퇴했다. 72년에 서장관書狀官으로 명나라에 다녀왔고, 대사성大司成일 때 북원北元을 섬기지 말자고 주장타다 이인임李仁任에 의해 귀양을 가기도 했다. 80년(우왕 6), 이성계를 따라 운봉에서 왜구를 진 공으로 밀직제학이 되었으며, 84년 정당문학政堂文學으로 명나라에 가서 국교를 두텁게 하고 돌아왔고, 86년 다시 명나라에 가서 세공歲貢의 면제를 청하고 돌아오는 등 국제관계에서 많은 활약을 했다. 이성계와 함께 공양왕을 세우기는 했으나, 조준·정도전이 이성계를 왕으로 추대하려는 계획에는 반대하고 고려왕실을 끝까지 지키려다 이방원의 문객 조영규趙英珪에게 죽임을 당했다. 성리학에 매우 밝아 5부학당과 향교를 설치, 유학을 진흥시켰다.

이숭인 李崇仁 1349(고려 충정왕 1)~92(태조 1) 고려말의 학자. 고려 삼은三隱의 한 사람. 자는 자안子安, 호는 도은陶隱, 본관은 경산부京山府. 정도전과 함께 북원의 사신을 돌려보낼 것을 청하다 한때 귀양을 갔으며, 다시 돌아와 우간의대부右諫議大夫로 전임해서는 국가의 시급한 대책을 논하는 소를 올렸다. 정몽주와 함께 실록을 편수하기도

했다. 고려말의 격변기에는 친명파와 친원파 양쪽의 모함을 받아 여러 차례 옥고를 겪었으며, 조선 건국 과정에서 정도전의 심복에게 죽임을 당했다. 문집으로 〈도은집〉이 남아 있다.

이성계 李成桂 1335(고려 충숙왕 복위 4)~1408(태종 8) 조선의 제1대 왕. 태조. 재위기간은 1392~98년. 자는 군진 君晉, 호는 송헌松軒, 본관은 전주, 영흥출생. 사대부와 함께 조선 건국의 주체세력을 이룬 신흥 무장세력의 대표적 인물로서, 세력기반은 원나라 지배 아래에 있었던 동북면이었다. 전주 출신인 이성계의 선조가 이 지역으로 이주한 것은 4대조 이안사李安社 때였다. 당시 몽고에 저항하던 시기에 지방 토착세력을 대표하는 이안사가 중앙에서 파견된 지방관들과 충돌한 후 170여 호를 이끌고 삼척을 거쳐 의주宜州(덕원부. 함경남도 남부에 위치)로 옮겨갔고, 고려 정부는 그를 의주병마사로 삼아 진鎭을 두고 방어하게 했다. 그러나 의주가 원나라의 쌍성총관부에 속하게 되자, 이안사는 원나라에 투항한 유이민 집단의 우두머리로 원나라의 관직을 받았으며, 이 관직을 아들이 세습하여 원나라의 앞잡이로 더욱 기반을 다질 수 있었다. 이성계의 증조인 이행리李行里는 원나라의 세조가 일본을 침략할 때 군인을 선발, 쌍성총관부의 장군들과 함께 참여했고, 쌍성 등 여러 곳에 흩어져 사는 고려인을 관할하는 다루가치達魯花赤가 되었다. 이렇게 대대로 원나라의 관직을 세습하며 고려와 대립관계에 있던 이성계 가문이 고려와 손을 잡게 된 것은 이성계의 아버지 이자춘李子春 때였다. 원나라가 유이민을 기반으로 형성된 이자춘 세력을 통제하려 하자 이자춘은 공민왕을 만났고, 공민왕 역시 반원정책反元政策을 추진하던 때여서 동북면의 원 세력 제거를 원했기 때문에 이

자춘과 협력하게 된 것이다. 이성계는 22살 때 아버지의 공에 따라 우대되어 처음 벼슬을 했고, 1361년에는 정3품의 중앙 무반직과 선조의 기반인 상만호上萬戶의 직책을 맡게 된다. 이 시기부터 이성계의 활동이 두드러지게 나타나는데, 그가 참여했던 작전이나 전투는 대부분 고려에도 중요했던 것으로, 하나는 동북면과 그 일대의 원나라 잔존 세력, 원나라와 결탁한 세력, 여진족과의 싸움이었으며, 다음으로는 서북면으로 쳐들어오는 홍건적, 원나라와 결탁한 불만세력과의 싸움이었고, 마지막으로 해안으로 들어오는 왜구와의 싸움이었다. 이 과정에서 이성계는 선조 때부터 따라온 주민으로 구성된 사병私兵을 투입해 큰 공을 세우면서 동북면에서의 세력기반을 확장시킬 수 있었다. 또 안으로는 최영과 협력해 당시 권력을 쥐고 있던 이인임李仁任 일파를 몰아내고 문하시중門下侍中이 되었으며, 우왕 때 우군도통사가 되어 요동정벌에 참여했다가 위화도에서 군대를 돌이켜 최영 일파를 제거하고 권력을 잡게 된다. 새로운 왕조건설에 반대하는 정몽주 등을 제거한 후, 정도전·조준 등의 영립으로 92년 왕위를 물려받는 형식을 빌려 왕위에 올랐다. 처음에는 민심의 동요를 염려해 국호를 그대로 두었으나 93년에 「조선」이라 고치고, 수도도 한양으로 옮겨 새로운 국가의 면목을 갖추었다. 그러나 여덟 왕자가 왕위쟁탈 문제로 두 차례나 「왕자의 난」을 일으키고 결국 세자로 세웠던 방석芳碩이 죽자, 왕위를 정종(둘째아들 방과芳果)에게 물려주고 고향인 함흥으로 갔다. 태종이 모셔왔으나 1402년 함경도로 들어간 채 돌아오지 않았고, 태종이 보내는 사자들마저 돌려보내지 않았다 해서 「함흥차사咸興差使」란 말이 생길 정도였다. 뒤에 무학대사가 겨우 서울로 오게

했다.

정도전 鄭道傳 1337~98 고려말 조선 초의 정치가이며 유학자. 자는 종지宗之 호는 삼봉三峯, 본관은 봉화奉化. 고려 말 혼란된 봉건 통치질서를 수습하고 개혁파의 새 정권을 세웠으며 외부의 대국주의적 강압을 반대했던, 역사적으로 진보적 역할을 했던 인물이다. 이색의 문하에서 정몽주·이존오李存吾 등과 함께 배웠으며, 1362년 진사시험에 합격해 성균관 대사성·판의홍부사·삼도도통사 등을 지냈다. 75년(우왕 1), 몰락하는 원나라와의 외교관계를 반대하고 명나라와 외교관계를 맺는 것이 정세에 맞는다고 주장하다 전라도 회진현에 귀양가기도 했다. 83년 이성계의 막하에 들어가 왜구와 여진족의 침략을 물리치는 데 여러 번 참가했다. 중소 토지소유자층의 이익을 대변한 그는, 고려말 대지주 출신 권문세가權門勢家의 문란한 토지·동지세도를 개혁하고 새 왕조를 강화하는 데 주도적 역할을 했다. 88년 위화도 회군 이후 이성계가 정권을 잡게 되자 조준과 함께 토지 개혁을 단행했으며, 우왕·창왕을 신돈 辛旽의 자손이라 하여 폐시廢弑(폐하여 죽임)케 하고 공양왕을 세웠다. 92년 이성계를 왕으로 추대해 개국1등공신이 되었으며, 조선건국 이후에는 새 왕조의 문물제도와 국책의 대부분을 결정했다. 즉 한양 천도 당시에는 주요 건축물의 위치나 이름 등을 정했고, 〈조선경국전〉〈경제문감〉〈경제문감별집〉 등을 지어 모든 문물·제도를 정비했다. 또 94년부터는 병제兵制를 대폭 개혁해 진법陣法·진도陣圖를 지어 병사를 훈련시켰으며, 주군州郡의 역참을 획정했다. 이때 명나라에서 표전表箋 가운데 명나라를 모독하는 글귀가 있다 하며 표전을 지은 정도전을 잡아보내라고 요구하자, 정도전은 명의 요동정벌을 계획하

고 자신의 진도에 의해 군사훈련을 하던 중 98년 이방원의 습격으로 죽임을 당했다. 사실 그의 병제개혁은 봉건국가의 중앙집권력을 강화하며 자신의 정치적 지위를 강화하기 위해 당시 왕자들과 공신들이 거느리던 사병을 없애려는 의도가 들어 있었다. 이에 이방원은 정도전이 여러 왕자를 없애고 명나라를 침입하려 했다는 구실로 군사정변을 일으켜 정권을 장악했던 것이다. 한편 정도전은 철저한 배불론자排佛論者로서 〈불씨잡변〉을 저술, 불교를 말살하고 성리학으로써 통치사상을 삼고자 했다. 문집으로 〈삼봉집〉이 남아 있다.

조준 趙浚 ?~1405(태종 5) 고려말 조선초의 정치가. 자는 명중明仲, 호는 우재吁齊·송당松堂. 본관은 평양, 조인규의 증손. 고려말 급진개혁파에 속해 일찍이 이성계의 신임을 받았고, 위화도 회군 이후 지밀직사사知密直司事 겸 내사헌을 거쳐 평리評理로 승진해 판상서사사判尙瑞司事를 겸했다. 1392년 정도전과 함께 공양왕을 폐위시키고 이성계를 추대해 조선 개국공신이 되었다. 특히 토지개혁에 관심이 많아 고려말에 전제田制개혁안을 발표한 바 있는데, 조선의 토지제도는 조준의 안에 의해 정비되었다고 할 수 있다. 조선초에는 도통사로 5도의 병마를 통솔했고 문하좌시중門下左侍中에 임명되었으며 태종 때는 영의정 부사에 이르렀다. 97년(태조 6), 하륜과 함께 〈경제육전〉을 편찬했다.

조민수 曹敏修 ?~1390 고려말기의 무관. 본관은 창녕. 1361년(공민왕 10) 홍건적의 침입을 물리쳐 2등공신이 되었고, 우왕 때 경상도 도순문사都巡問使로 있으면서 왜구를 물리친 공으로 지문하부사知門下府事에 올랐다. 1383년 문하시중門下侍中이 되었을 때, 군비軍費를 위해 모든 사급전賜給田·구분전口

分田·사사전寺社田에서 전조田租를 거두자고 건의했으나 받아들여지지 않았다. 얼마 뒤 파직되어 창성부원군昌城府院君에 봉해졌다. 1388년 요동을 칠 때 좌군도통사左軍都統使로서 우군도통사 이성계와 함께 위화도에서 회군, 우왕을 폐하고 창왕을 세워 공신의 호를 받았다. 창왕의 추대 문제·사전私田 개혁 반대로 조준의 탄핵을 받아 창녕으로 귀양을 갔다가 풀려났으나, 우왕의 혈통에 대한 논의가 일어나 다시 창녕으로 귀양가서 죽었다.

남은 南誾 ?~1398 고려말 조선초의 관료. 본관은 의령. 공민왕 때 성균시에 급제했으며, 우왕 때 삼척에 쳐들어온 왜구를 물리치기도 했다. 요동공격 때는 이성계를 따라갔다 위화도에서 회군을 주장했고, 1391년 조준·윤소종·조박·정도전과 함께 정몽주의 탄핵을 받아 유배, 이듬해 정몽주가 살해되자 풀려났다. 정도전·조인옥 등 52명과 함께 이성계를 왕으로 추대해 개국1등 공신이 되었다. 명나라가 표전 문제로 정도전 압송을 요구할 때 정도전과 함께 요동정벌을 계획하기도 했다. 왕자 방석의 세자책봉에 적극 관여했다가 1398년 제1차 왕자의 난 때 정도전·심효생沈孝生과 함께 죽임을 당했다.

하륜 河崙 1347(고려 충목왕 3)~1416(태종 16) 고려말 조선초의 관료. 자는 대림大臨, 호는 호정浩亭, 본관은 진주. 공민왕 때 급제해 관직에 나아가게 되었고, 첨서밀직사사簽書密直司事로 있을 때 최영의 요동공격을 반대하다 양주襄州로 귀양갔다. 이성계가 즉위한 뒤 경기좌우도 도관찰사로 기용되었다. 이때 계룡산으로의 도읍지 이전을 반대해 중지케 했으며, 명나라에서 표전 문제로 정도전 소환을 요구하자 정도전 대신 명나라에 가서 오해를 풀어주기도 했다. 98년 제1차 왕자의 난 때 충청도 도

관찰사로서 군대를 이끌고 이방원을 도와 공을 세웠다. 정종이 즉위하자 정사공신定社功臣이 되었고, 태종이 즉위하자 좌명공신佐命功臣에 올랐다. 음양·의술·성경星經·지리 등에 정통했고, 〈태조실록〉 15권을 찬수했다.

윤이·이초의 사건 尹彛·李初—事件 1390년(고려 공양왕 2) 5월 중랑장中朗將 이초와 파평군坡平君 윤이가, 이성계가 명나라를 침범할 계획을 세우고 있으며, 이성계에 의해 실각된 재상들이 명나라의 고려토벌을 바란다고 명나라에 보고한 사건. 당시 사신으로 명나라에 머물러 있던 순안군順安君 왕방王昉과 조반趙胖의 보고로 알게 된 급진개혁파들은 이를 계기로 이색·이림李琳·우인열禹仁烈·정지鄭地·이숭인·권근·우현보禹玄寶·권중화權仲和·경보慶補·최공철崔公哲 등 대표적 인물들을 대부분 하옥시킴으로써 온건개혁파 세력을 제거할 수 있었다.

종계변무 宗系辨誣 명나라의 기본법률책인 〈대명회전大明會典〉에 조선 태조 이성계의 조상이 잘못 기록된 것을 바로잡기 위해 교섭한 일. 고려말 명나라로 도망갔던 윤이·이초가 이성계는 고려의 권신權臣 이인임李仁任의 후손이라고 말한 것을 명나라에서 그대로 믿고 〈대명회전〉에 기록했는데, 조선정부는 조선건국 후에야 이 사실을 알고 사신을 보내 여러 차례 고쳐줄 것을 요구했다. 더욱이 이인임은 이성계의 정적이었기 때문에 조선왕실로서는 매우 모욕적인 일로 생각해 이를 고치려고 적극적이었으나, 명나라는 이를 조선복속의 수단으로 삼아 이 문제는 거의 200년을 끌었다. 1581년(선조 14)에 이르러서야 〈신판대명회전新版大明會典〉에 정정 기록을 실어 이 문제는 일단락되었다.

표전 문제 表箋問題 표전은 왕가의 서한을 말하는 것으로, 조선초 명나라에

보낸 표전이 세 번이나 문제를 일으켜 두 나라 사이에 불화를 가져온 일. 명나라는 1396년(태조 5) 2월의 정조표전正朝表箋, 3월의 국왕의 주청문奏請文, 97년 12월의 계문啓文에 불손한 표현이 있다고 트집을 잡으면서 계속 표전 지은 사람을 잡아보내 사과하라고 요구했다. 특히 첫번째 표전은 정도전이 지은 것이었는데 명나라에서 그의 소환을 계속 요구하자, 정도전은 이에 대항해 요동정벌을 계획하고 태조의 호응을 받아 병력증강에 힘썼으나, 98년 왕자의 난으로 정도전이 제거되면서 이 문제는 매듭지어졌다.

한양천도 漢陽遷都 1394년(태조 3) 10월, 고려의 수도였던 개경에서 한양으로 수도를 옮김. 개경은 이성계를 반대하는 전통세력의 기반이 강하게 남아 있고, 또 풍수지리설에 의하면 지덕地德이 쇠하여 새 왕조에 불길하다고 하며, 그 밖에도 조세미租稅米의 수상운송, 군사지리적 조건 등을 고려해 한양으로 옮겼다. 수도를 옮긴 조선정부는 종묘건축을 시작으로 한양건설을 추진했다. 기본궁전인 경복궁, 별궁인 창덕궁의 건설, 수도의 성곽쌓기, 오늘날의 청계천인 하수도용 개천 공사 등이 이 시기에 이루어졌다. 95년 한양부를 한성부로 고쳐부르기 시작했다. 99년(정종 1), 왕자의 난으로 잠시 개경으로 수도를 옮기기도 했으나 1405년(태종 5)에 다시 돌아와, 이후 한성은 조선의 수도로 확정되었다. 세종대에는 약 20만의 인구를 가진 대도시로 성장했다.

제1차 왕자의 난 第一次王子一亂 1398년(태조 7) 8월, 이성계의 다섯째아들인 이방원李芳遠이 사병私兵을 동원해, 세자世子인 방석芳碩(여덟째아들)과 그의 동모형同母兄인 방번芳蕃, 이들을 옹호하는 정도전·남은·심효생·박위 등을 살해한 사건. 왕위계승 문제로 갈등하던 양대세력이 정도전의 집권체제 강화추진을 계기로 맞붙은 사건이었다. 태조 2년 의흥삼군부의 설립 이후 정도전이 주축이 되는 병권兵權의 집중화가 추진되었고, 특히 태조 7년에는 진법陣法훈련이 강화되면서 왕자·종친·훈신들이 가지고 있던 사병통수권이 해체될 단계에 이르자 양쪽의 갈등이 매우 심했다. 더욱이 진법훈련에 참여하지 않은 왕자들을 처벌해야 한다는 논의가 일어나자, 이 과정에서 소외된 이방원이 주축이 되어 난을 일으켰다. 이방원은 태조의 둘째아들 방과芳果를 세자로 세우도록 했고, 이에 태조는 왕위를 물려주고 물러났다. 이후 이방원을 중심으로 한 왕자와 종친들 외에 조준·하륜·이무李茂 등 새로운 정치세력이 정권을 잡게 되었다.

제2차 왕자의 난 第二次王子一亂 1400년(정종 2), 왕위계승권을 둘러싸고 왕자들이 무력으로 부딪친 사건. 태조의 넷째아들 방간芳幹은 정종定宗에게 적자가 없으니 자기가 왕위를 계승하리라 생각하고 있었는데, 같은 어머니의 소생인 다섯째 방원의 세력이 점점 커지자 불안히 여기고 있었다. 이에 당시 지중추知中樞 박포朴苞는 제1차 왕자의 난 때 방원을 도왔음에도 일등공신이 되지 못한 것에 불만을 가지고 있다가 방간을 충동해 군사를 일으키게 했다. 난이 끝나자 방원은 세자로 세워졌고, 정종은 그 해 11월, 왕위를 물려주고 물러났다. 이렇게 하여 즉위한 왕이 태종이다.

황희 黃喜 1363(공민왕 12)~1452(문종 2) 조선초기 문신. 자는 구부懼夫, 호는 방촌厖村, 초명은 수로壽老, 본관은 장수長水, 개성 출생. 1389년(공양왕 1) 문과에 급제하고 90년에 성균관 학록에 임명되었다. 92년 고려가 망하자 두문동에 은거하다 94년(태조 3), 조정의 요청과 두문동 동료들의 천거로 성균관 학관에 임명되면서 세자우정자世子右正字를 겸했다. 정종대에 언관으로서 여러 차례 파직되었다가 1401년(태종 1) 태종에게 천거되어 도평의사사 경력에 발탁되었다. 이후 형조·병조·예조·이조판서를 거쳐 18년 판한성부사가 되었는데, 이해 세자폐출의 불가함을 간하다가 태종의 진노를 사 교하交河에 유배되었다. 세종의 치세가 진행되면서 상왕인 태종의 노여움도 풀려, 22년(세종 4) 직첩과 과전을 환급받고 참찬으로 복직되었다. 31년 영의정부사에 오른 뒤 49년 물러나기까지 국정을 총괄했으며, 물러난 뒤에도 중대사는 세종의 자문에 응하는 등 영향력을 발휘했다. 세종의 신임을 배경으로 세종성세를 이루는 데 이바지하여 조선왕조를 통해 가장 명망있는 재상으로 일컬어지고 있다.

계유정난 癸酉靖難 1453년(단종 1), 즉 계유년에 세종의 둘째아들인 수양대군이 김종서·황보인·정발鄭苤등 3재상을 비롯한 정부의 핵심인물을 죽이고 가장 강력한 경쟁자였던 셋째아들 안평대군安平大君을 강화로 축출·사사賜死한 뒤 정권을 잡은 사건. 이를 계기로 수양대군은 왕위에 오를 기반을 확보했다. 이 사건은 또한 당시 재상 중심의 정치체제 강화와 왕권의 약화현상에 대한 왕실 및 유신儒臣세력의 반격의 성격도 갖는다. 세종대에는 태종 이래의 6조 직계제가 폐지되고 의정부의 서사제가 부활되면서 재상 중심의 정치체제가 강화되었다. 세종을 이은 문종이 일찍 죽고 어린 단종이 왕위에 오르게 되자, 문종의 부탁을 받은 김종서·황보인 등 재상들이 정권을 장악해 의정부는 국왕을 보필하고 정사를 협의하는 최고 정무기관을 넘어서 막강한 권력을 가지게 되었다. 이에는 유교적 비전제정치非專

制政治를 내세워 재상 중심체제를 주장하던 정인지·최항·신숙주·성삼문·하위지 등 집현전 출신 유신도 비판적 입장이어서 계유정난이 일어났을 때 동조 혹은 중립태도를 보이는 배경이 된다. 당시 왕권의 약화와는 달리 왕실의 세력은 막강했는데, 특히 수양대군과 안평대군이 두드러져 문인·학자 계열은 안평대군을 중심으로 모였고, 부인들과 지략있는 한명회 같은 문신의 일부는 수양대군을 중심으로 모였다. 결국 수양대군이 권력을 장악하자, 55년 단종은 왕위를 물려주고 말았다.

수양대군(세조) 首陽大君 1417~68 조선 7대 왕(재위 1455~68). 세종의 둘째아들이며 문종의 아우. 처음에는 진평대군晉平大君으로 봉해졌다가 뒤에 수양대군으로 고쳐 봉해졌다. 대군으로 있을 때 세종의 명을 받아 궁정 안의 불당 설치에 적극 협력하며 불서佛書의 번역을 맡아보았고, 52년(문종 2)에는 관습도감 도제조都提調에 임명되어 국정의 실무를 맡게 되었다. 문종이 죽고 어린 조카 단종이 왕위에 오르자 측근인 권남權擥(권근權近의 손孫)·한명회와 함께 계유정난을 일으켜, 단종의 보호책임자였던 황보인·김종서 등을 죽이고 아우 안평安平대군을 강화에 귀양보낸 뒤 스스로 영의정이 되어 군사실권을 장악했고 결국 왕위를 강탈했다. 58년 호패법을 실시해 호구의 실태를 파악하고 아울러 군비를 강화했다. 세종 때 설치했던 북쪽 국경의 4군을 철폐하긴 했으나, 60년에 신숙주를 보내 모련위 야인毛憐衛野人을 정벌하고 명나라에 호응해 건주위建州衛 야인을 토벌했다. 각종 제도와 문물의 정비에도 힘을 기울여, 그 결과를 정리한 편찬사업도 활발했다. 〈경국대전經國大典〉 〈동국통감東國通鑑〉의 편찬을 지시했으며, 〈국조보감〉은 이때에 완성되었다.

정인지 鄭麟趾 1396~1478(성종 9) 조선초기 관리이며 학자. 자는 백휴伯睢, 호는 학역재學易齋, 본관은 하동. 세종 때 집현전 직제학·부제학을 지내면서 성삼문·신숙주·최항 등과 훈민정음을 만드는 데 참여했다. 계유정난 때 수양대군의 참모격으로 활동해 우의정에 오르고, 세조의 즉위 후 영의정이 되었다. 영의정으로 있을 때 세조의 불교숭배를 반대하다 부여로 쫓겨난 일도 있었으나 곧 관직에 복귀했다. 학문이 해박해 모든 일에 거침이 없었다. 세종의 천문역산天文曆算의 뜻을 받아 대소간의 규표大小簡儀圭表 및 흠경보루欽敬報漏를 제작했으며, 〈고려사〉 편찬에도 참여했다.

신숙주 申叔舟 1417~75(성종 6) 조선초기 관리이며 학자. 자는 범옹泛翁, 호는 희현당希賢堂·보한재保閑齋. 성삼문과 함께 훈민성음 창세에 참여해 공적이 많았으며, 1452년(문종 2) 수양대군이 사은사로 명나라에 갈 때 서장관으로 추천되어 이때부터 수양대군과 특별한 유대관계를 맺었다. 계유정난 때 공신으로 책훈되어 사육신·생육신을 추앙하는 분위기에서는 항상 비판의 대상이었으나, 당대 외교문서는 거의 그의 윤색을 거칠 정도로 학문·정치에 대한 영향력은 매우 컸다.

한명회 韓明澮 1415~87(성종 18) 세조 때의 공신. 자는 자준子濬, 호는 압구정狎鷗亭·사우당四友堂, 본관은 청주. 과거에는 늘 실패하고, 1452년(문종 2) 문음으로 경덕궁직敬德宮直이 되었다. 단종이 즉위하자 친구인 권람의 주선으로 수양대군에게 접근, 그를 도와 계유정난을 일으켜 정난공신靖難功臣이 되었고, 세조가 즉위하자 좌부승지左副承旨·우승지右承旨를 거쳐 도승지都承旨가 되었다. 딸 둘이 예종·성종비가 됨으로써 상당부원군上黨府院君이 되었고, 우의

정·영의정까지 지냈다. 68년 세조가 죽자 유교遺敎에 따라 원상院相으로 중대사를 결재했다. 계유정난을 비롯해 사육신의 단종복위운동 차단, 남이의 옥사 등에서 4차례나 1등공신이 되어 많은 토지와 노비를 받아 부귀를 누렸다.

이징옥의 난 李澄玉-亂 1453년(단종 1) 함길도 도절제사 이징옥이 일으킨 반란. 이징옥은 뛰어난 무장으로 관직생활의 반 이상을 함경도에서 보내면서 4군과 6진개척에 많은 공헌을 했다. 1453년 수양대군이 계유정난을 일으켜 김종서·황보인 등을 죽이고, 이징옥 역시 김종서의 일당으로 몰아 파면하고 그 후임을 보냈다. 이에 이징옥은 중앙에서 파견한 박호문朴好問을 죽이고, 병력을 이끌고 종성에서 스스로 「대금황제大金黃帝」라 칭하는 한편 여진쪽에 후원을 요청했다. 그러나 종성판관에게 죽임을 당해 실패했다. 이 난은 조선왕조에 대한 최초의 대규모 반란이었고, 그 결과 초래된 중앙정부의 이 지역에 대한 차별은 민심을 자극해 뒤의 함경도 농민전쟁(이시애의 난)의 선구가 되었으며, 황제를 칭하고 여진과의 연합을 꾀했다는 점이 주목되는 사건이었다.

이징옥 李澄玉 ?~1453(단종 1) 조선초기 무관. 본관은 양산. 1416년(태종 16) 무과에 장원으로 합격했고, 23년(세종 5) 경원 첨절제사로 발탁되어 아산에 침입한 여진족을 물리치는 데 공을 세운 후, 30년까지 여진이 침구할 때마다 변방의 방비에 공을 세웠다. 36년 경흥도호부 판사로 있으면서 함길도 도절제사인 김종서와 함께 4진의 개척에 힘을 기울였다. 동북국경의 개척 초창기에 제일선에 배치되어, 여진족을 제압하고 복종시키는 데 절대적인 공헌을 했다. 53년 계유정난으로 파직당하자, 후임자를 죽이고 종성에서 반란을 일으

컸다가 죽임을 당했다.

사육신 死六臣 1456년(세조 2), 세조를 몰아내고 단종을 복위시키려던 계획이 누설돼, 모의에 참여했다 죽임을 당한 주동자 6명을 말함. 승지 성삼문, 형조참판 박팽년, 집현전 부제학 이개, 예조참판 하위지, 무인 유응부, 성균사예成均司藝 유성원 등이 속한다. 이들은 명나라 사신을 위한 창덕궁 연회에 성삼문의 아버지 성승成勝과 유응부가 의장용 칼을 들고 왕 옆에 서게 될 기회를 이용해 세조를 없애려고 했으나 성공하지 못했고, 오히려 이 계획을 김질金礩이 밀고해 모두 체포되었는데 끝까지 항거하다 죽었다. 이들 대부분은 현직 또는 전직 집현전 유신儒臣들로서 유교주의에 철저한 인물들이었으며, 세종뿐 아니라 세조에 의해서도 중용되었었다. 따라서 단종복위계획은 세조의 왕위찬탈에 대한 저항이라는 명분과 함께, 당시 6조 직계제의 강행 등 세조의 전제권 강화에 대한 반발로도 이해된다. 사육신의 이름이 거론된 것은 남효온의 〈추강집秋江集〉 6신전六臣傳이었는데, 구구전승으로 전해온 것을 스승인 김종직이나 김일손에게 확인하고 수록한 듯하다. 중종반정 이후 사림파의 절의 문제가 거론되면서 1511년(중종 6) 발간 금지되었던 〈추강집〉이 세상에 나올 수 있었고, 이를 계기로 사육신 문제가 정치적으로 공인되었다. 그러나 사육신은 세조 당시의 기록에서는 성삼문과 박팽년이 주모자인 것만 확실하며 그밖의 인물들은 명확하지 않아 이후에도 많은 논란이 있었다. 1977년 국사편찬위원회에서는, 세조 당시 도진무의 직책으로 궁궐 밖에서 군대를 거느리고 기다리기로 했던 김문기도 사육신의 한 사람으로 인정하기에 이르렀다.

성삼문 成三問 1418~56 조선초기 관리이며 학자. 사육신의 한 사람. 자는 근보謹甫·눌옹訥翁, 호는 매죽헌梅竹軒, 본관은 창녕. 세종 때 급제해 집현전 학사로서 일찍이 신숙주 등과 함께 정음청에서 훈민정음을 만드는 데 참여했다. 1453년 수양대군이 계유정난을 일으켰을 때 정난공신을 받기도 했으나, 세조가 왕위를 빼앗자 단종복위운동을 계획하다 탄로되어 처형당했다. 조선시대 대표적인 절신節臣으로 손꼽힐 뿐 아니라 조정의 경연과 문한文翰을 도맡아 처리할 정도로 글재주와 학문에 뛰어났다. 1758년(영조 34) 이조판서에 추증되고 시호를 받았다.

박팽년 朴彭年 1417~56 조선초기 관리이며 학자. 사육신의 한 사람. 자는 인수仁叟, 호는 취금헌醉琴軒, 본관은 순천. 세종 때 문과에 급제했고, 성삼문 등과 함께 집현전 학사가 되어 여러 가지 편찬사업에 참여했다. 세종의 유명遺命을 받아 김종서·황보인 등과 문종을 도왔고, 문종의 명을 받아 어린 단종을 도왔다. 수양대군은 김종서·황보인·안평대군을 죽이고 왕위를 찬탈하면서 충청도 관찰사로 있던 그를 형조참판으로 임명했다. 1456년, 성삼문 등과 단종복위를 모의하다 밀고로 탄로되어 고문 끝에 죽임을 당했다.

이개 李塏 ?~1456 조선초기 관리이며 학자. 사육신의 한 사람. 자는 청보淸甫·백고伯高, 호는 백옥헌白玉軒, 본관은 한산, 이색의 증손. 세종 때 과거에 급제해 직제학直提學에 이르렀다. 1456년 단종복위모의에 참여했다 발각되어 모진 고문으로 죽었다.

하위지 河緯地 1387(고려 우왕 13)~1456 조선초기 관리 사육신의 한 사람. 자는 천장天章·중장仲章, 호는 단계丹溪, 본관은 진주. 세종 때 문과에 장원급제하여 벼슬이 예조참판에 이르렀는데, 단종복위를 모의했던 것이 드러나 죽임을 당했다. 세종 때 왕명으로 집현전에서 〈역대병요歷代兵要〉의 편집을 시작해 단종 원년에 간행한 적이 있다. 당시 수양대군이 이 일을 도맡았으므로 단종에게 청해 편집에 공로가 많은 신하들을 승진시켰는데, 「왕족이 작상爵賞을 가지고 조신朝臣들을 농락하면 안 된다」고 하면서 굳이 사퇴했다. 1453년 수양대군이 김종서 등을 죽이고 영의정이 되자 벼슬을 버리고 선산善山에 물러가, 수양대군이 좌사간左司諫으로 불러도 나아가지 않았다. 55년 수양대군이 왕위를 빼앗고 즉위 후 다시 예조참판으로 부르자 마지못해 나아갔으나 녹을 먹지 않고 쌓아두었다고 한다.

유응부 兪應孚 ?~1456 사육신의 한 사람. 자는 신지信之 또는 선장善長, 본관은 기계杞溪. 무과에 급제해 첨지중추원사僉知中樞院事·평안도 절제사를 지냈으며, 1455년 동지중추원사에 올랐다. 56년 단종복위모의에서 세조를 죽이는 임무를 맡았으나 탄로되어 고문 끝에 죽임을 당했다. 학문에도 뛰어나 이른바 절의파節義派 학자로 알려져 있다.

유성원 柳誠源 ?~1456 사육신의 한 사람. 자는 태초太初, 본관은 문화. 세종 때 중시重試에 합격했고 다시 집현전에 뽑혔다. 세조가 김종서 등을 죽이고 스스로 영의정·이조판서·호조판서·내외 병마도통사를 겸한 뒤, 교서를 만들어 그 훈공을 기록하려 할 때 집현전 학사들이 모두 도망했으나 유성원만이 잡혀서 교서를 써야 했다. 결국 단종복위모의에 참여했다가 드러나자 자살했다.

생육신 生六臣 세조가 단종의 왕위를 빼앗은 데 분개해, 세조에게 한평생 벼슬하지 않고 단종을 위해 절의를 지킨 6명의 신하. 사육신에 대응하여 생육신이라 함. 김시습·남효온(혹은 권절權節을 넣기도 함)·원호元昊(호는 관란觀

瀾, 본관은 원주, 벼슬은 직제학)·이맹전李孟專(자는 백순伯純, 호는 경은耕隱, 본관은 창녕)·조려趙旅·성담수成聃壽 등을 말함. 중종반정 이후에 사림파의 등장으로 사육신에 대한 새로운 평가가 나오게 되면서, 이들 생육신의 절의도 새로운 평가를 받게 되었다.

김시습 金時習 1435(세종 17)~93(성종 24) 15세기 문인이며 학자로서 생육신의 한 사람. 자는 열경悅卿, 호는 매월당梅月堂, 본관은 강릉. 수양대군이 왕위에 오르자 금강산으로 들어가 중이 되었다. 그후 방랑생활을 하면서 당시 집권층을 비판, 풍자하는 작품이나 농민들의 비참한 생활을 묘사하는 작품을 많이 썼다. 생전에 저작의 대부분을 불태워서 현재는 〈금오신화〉〈매월당집〉만 전해진다.

남효온 南孝溫 1454(단종 2)~92(성종 23) 생육신의 한 사람. 자는 백공伯恭, 호는 추강秋江·행우杏雨, 본관은 의령. 김종직의 문인으로 김굉필·정여창鄭汝昌 등과 함께 수학했다. 어려서 사육신의 충성을 듣고 1481년(성종 12), 문종의 왕후 권씨의 능인 소릉昭陵을 복위할 것을 상소했다가 당시 훈구파였던 도승지 임사홍任士洪, 영의정 정창손鄭昌孫 등에게 미움을 받았으며, 스스로 벼슬할 생각을 버리고 유랑하다 병으로 죽었다. 연산군의 갑자사화 때 그가 김종직의 제자요 소릉의 복위를 상소했다 하여 부관참시형을 당했고 아들 세충世忠도 사형을 당했다. 중종 즉위 후 좌승지에 추증되었다.

남이의 옥 南怡-獄 1468년(예종 즉위년), 유자광柳子光이 무고하여 남이南怡 등 당시의 신세력을 제거한 사건. 예종은 세조 12년부터 정무를 보다 19살의 나이로 왕위를 계승했는데, 세조는 정사를 맡기면서부터 신숙주·정인지·한명회·최항·김질 등 훈신들로 하여

금 변칙적으로 승정원에 근무하면서 정무 처결을 하도록 특권을 부여했었다. 이들은 대부분 현직에서 물러난 대신들이었으나 현직 의정부 대신보다 더 높은 위치에서 정무를 처리하는 실질적인 최고실력자였다. 이에 대해 당시 이시애난 진압에 공을 세워 급격히 상승한 남이 등이 대립하다, 결국 새로운 세력이 밀려남에 따라 남이도 병조판서에서 해직되어 겸사복장兼司僕將으로 밀려났다. 이때 혜성이 나타난 어느 날 밤 궁궐을 수직하던 남이가,「혜성이 나타남은 묵은 것을 없애고 새 것을 나타나게 하려는 징조」라고 말한 것을 유자광이 듣고 역모라고 예종에게 고해, 마침내 남이와 귀성군龜城君 준浚 등을 제거하는 데 성공했다.

남이 南怡 1441(세종 23)~68 세조 때의 무신. 본관은 의령. 태종의 외손이며 좌의정 권남의 사위. 세조 때 17살로 무과에 급제해 세조의 총애를 받았다. 이시애의 난 때 출전해 난 진압에 참여했고, 건주위建州衛 여진족 정벌에서도 공을 세웠다. 이러한 공으로 26살 나이에 병조판서가 되니, 당시 조정에서는 종실이나 외척에게 병권兵權을 주는 것은 부당하다는 의견이 일어났다. 예종이 즉위하자 유자광의 무고로 옥사가 일어나 처형되었다.

여진족 女眞族 퉁구스 계통의 동북만주의 원주민. 여직女直으로도 쓰며, 우리나라에서는 야인野人이라고도 불렀다. 고려시대에는 금金나라를 세워 만주를 지배했으나, 몽고침략으로 금나라가 망하자 여러 부족으로 나뉘어 원나라의 지배를 받았고, 명나라가 세워진 뒤에는 명나라에 속하게 되었다. 명나라는 이들에게 군단명軍團名인 건주위建州衛·야인위野人衛·모련위毛憐衛 등을 붙여주고, 그 우두머리에게는 왕의 칭호나 도독都督·지휘指揮·동지同知·

천호千戶·백호百戶 등 명나라의 군인과 똑같은 명칭을 주고 대우했다. 이러한 위소衛所는 거의 천여 개에 이르렀는데, 이는 각 부락마다 위소를 설치함으로써 서로 대립상태에 놓이게 하여 그들 세력이 통합하지 못하도록 하기 위함이었다. 그러나 실제로 이들 여진족의 지역은 명나라 통치권 밖이었다. 15세기에 두만강 유역에 살던 부족 울량합兀良哈(우량하이), 울적합兀狄哈(우디거), 오도리斡都里, 건주여진이 자주 북부 국경지대에 쳐들어오자 조선정부는 1410년과 60년에는 울량합을, 33년·67년·79년에는 건주여진을, 91년에는 울적합을 정벌했다. 이 시기 조선정부가 4군6진의 설치 등 북방지대의 방비를 강화한 것도 여진족을 통제하기 위한 조처였다. 울량합·오도리의 일부는 두만강 남쪽의 경원·온성·회령 등의 성밖에 살면서 조선에 귀순하는 태도를 보였는데, 이들은 차츰 조선사람으로 동화되어 후대에 재가승으로 불렸다. 16세기 말 건주여진의 추장 누르하치(청나라 태조)를 중심으로 여진족이 다시 통합되어 1616년(광해군 8)에 후금을 세웠으며, 그후 세력을 확장해 36년(인조 14)에는 청淸이라 국호를 바꾸고 중국 전지역을 통일했다.

4군 四郡 세종 때 서북 방면의 여진족을 막기 위해 압록강 유역에 설치한 국방상의 요지. 여연·자성·무창·우예의 4군을 말함. 압록강 방면의 개척은 고려말에 상당한 진척이 있어서 강의 하류인 서북 방면은 대부분 고려의 영역으로 편입되었고, 강의 상류인 동북 방면에도 강계·갑주만호부를 설치한 바 있다. 그뒤 1416년(태종 16), 갑산甲山 관하의 일부를 떼내 현 중강진 부근에 여연군을 설치함으로써 갑산 이서의 압록강 남쪽유역이 모두 조선의 영역이 되었다. 그런데 세종 때 여진족의 침입이 빈번해지자 33년(세종 15)에 최윤덕을 평안도 도절제사로 삼아 황해·평안도의 군사 1만 5천여 명을 동원해 이를 정벌케 하고 자성군을 설치했다. 그래도 여진족의 침입이 여전히 계속되자 37년(세종 19), 평안도 도절제사 이천으로 하여금 군사 8천 명으로 여진족의 소굴인 오라산성兀剌山城까지 다시 토벌케 했고, 40년에 무창현을 설치해 42년 군으로 승격시켰다. 43년 우예군을 설치함으로써 4군이 완성되어, 6진과 더불어 두만강·압록강 상류까지 국경선이 미치게 되었던 것이다. 그러나 그 유지 및 확보가 쉽지 않아 조정에서는 여러 차례 철폐논의가 일어났고, 단종 때는 몽고족인 오이라트 족의 기세가 조신에도 미칠 염려가 있어, 55년 4군 중 3군을 폐하고 주민을 강계·구성으로 이주시켰다. 59년(세조 5)에는 자성군마저 폐지, 4군은 철폐되었다.

6진 六鎭 세종 때 여진족의 침입에 대비해 두만강 하류에 설치한 국방상의 요지. 종성·온성·회령·경원·경흥·부령의 6진을 말함. 1434년 이래 10여 년에 걸친 6진 개척은 4군의 설치와 함께 우리나라 북쪽 국경선이 압록강·두만강까지 이르게 했다. 두만강 유역의 경략은 본래 고려말 이성계의 아버지 이자춘이 삭방도 만호 겸 병마사로 있을 때부터 시작되었으며, 태조 이성계 또한 이 방면에서 무공을 세운 적이 있어, 조선 건국 당초에 우리나라 영역은 대체로 두만강 하류까지 이르고 있었다. 태종 때는 경원·경성에 무역소를 두고 여진족에게 교역의 편의를 제공하기도 했는데, 1409년(태종 9)부터 경원부를 중심으로 여진족의 침입이 잦아지자 경성으로 부를 옮기게 되었다. 33년, 여진족의 내분을 틈타 김종서를 함길도 도절제사에 임명해 이 지방 경영에 적극 나섰다. 북방을 개척하는 데는 조정의 의견이 일치되지 않는 경우도 많았고, 또 현지 부하의 무고를 받아 그의 해임논의조차 있었지만, 김종서는 세종의 뜻을 받들어 북방개척에 큰 공을 세웠다. 그리하여 34년부터 6진을 개척하기 시작해 회령부·경원부·종성군·경흥군이 설치되었고, 40년에는 평안·함길도 도체찰사이며 병조판서였던 황보인의 건의로 온성군이 설치되었다. 41년에는 황보인을 함길도로 보내 이 지역의 방어를 더욱 충실히 했고, 회복·신설된 6진에는 남쪽지방 각도의 백성을 이주시켜 개척토록 했다.

행성축조 行城築造 1440년에서 51년까지 북부 국경지대에 적의 침입로를 차단할 수 있는 방어선으로 행성을 쌓은 일. 북부 국경지대에 4군6진을 비롯해 많은 군현과 진을 설치했지만 그 샛길로 여진족이 계속 쳐들어오자, 40년(세종 22), 우의정 신개申槩의 건의와 평안·함길도 도체찰사 황보인의 보고를 받아들여 행성을 쌓기 시작했다. 즉 요소요소의 평지에는 석성石城을 쌓고, 낮고 습한 데는 참塹을 파거나 목책木柵을 세웠으며, 높고 험한 곳은 흙을 깎아 내리거나 성보城堡·연대烟臺 등을 세웠다. 행성축조가 시작되면서 여진족의 침입이 뚜렷이 줄어드는 성과가 있었지만, 축성에 동원되었던 평안·함길·황해·강원도의 주민들은 노인과 어린이까지 이끌고 유리전전하는 일이 생길 정도로 큰 부담이 되었다.

사민정책 徙民政策 세종 때 북방개척과 함께 적극 추진된 이민정책. 이민정책은 특히 병농兵農의 구별이 명확치 않은 시대에는 영토를 개척하고 유지하기 위해서 매우 절실하게 요구되는 일이었다. 조선시대 사민정책은 1398년에 시작되었다. 이때 공주孔州에 경원부를 설치하면서 함길도에 사는 부유한 백성들을 들여와 살게 했다. 그러나 이후 여진

족의 침입으로 일시 중단되었다가, 143
3년 경원부를 옮기고 영북진寧北鎭을 설
치하면서부터 함길도 연변으로의 사민
이 보다 적극적으로 추진되었다. 함길
도의 경성·길주·단천·북청 등에서
빈농 2천2백 호를 뽑아 경원에 1,100호,
영북진에 1,100호를 입거시켜시키기로
결정했으며, 충청·강원·경상·전라
도의 자원입거자의 경우 양인에게는 토
관직土官職을 주고 향리·역리驛吏는 그
역을 영원히 면제하며 천인은 양인으로
삼기로 했다. 또, 함길도의 노비 200호
를 양쪽 진으로 100명씩 충당하기로 결
정했다. 그후에도 몇 차례 길주·경성
의 주민을 동북 방면에 이주시키고, 그
빈 자리에는 하삼도下三道 및 강원도 주
민을 이주시키는 작업이 있었다. 함길
도 지방에 비해 평안도 지방은 고려 때
부터 이미 이민정책과 아울러 자발적인
이주가 이루어져 세종 때까지 이민의
필요성이 없었다. 그런데 명나라 사신
왕래에 대한 부담과 여진족의 침입으로
이 지역 주민들이 다른 지방으로 유리
하게 되자, 세종 19~20년에 평안도 일
대에서 천여 호를 뽑아 국경 연변에 이
주시키고, 그 빈 자리에는 다시 황해
도·하삼도의 주민을 뽑아 이주시키고
자 했다. 그러나 이 계획은 관리들과 백
성들의 반대로 제대로 시행되지 못했으
며, 그 결과 평안도의 4군을 철폐하는
요인이 되기도 했다.

황보인 皇甫仁 ?~1453(단종 1) 조선
초기 문신. 자는 사겸四兼·춘경春卿,
호는 지봉芝峰, 본관은 영천永川. 문음
으로 벼슬에 나가 1414년(태종 14) 문과
에 급제했고, 18년(세종 즉위년)에 좌
정언이 되었다. 형조좌참판·병조우참
판·병조참판을 거쳐 36년에 병조판서
가 되었다. 40년 평안·함길도 도체찰
사로 파견되고 그해 의정부 좌참찬 겸
판병조사가 되었는데, 왕의 행차에 항

상 호종할 정도로 세종의 아낌을 받았
다. 41년 함길도에 파견되어 북방의 방
어를 강화했다. 이후 빈번히 함길도를
출입하면서 김종서와 쌍벽이 되어 북변
을 개척, 방어하는 데 공을 세웠다. 49
년에 우의정에 유임하면서 양계의 축성
사를 관장했고, 51년(문종 1) 영의정부
사에 올랐다. 52년 문종의 국상을 총령
했으며, 이듬해 김종서 등과 함께 〈세
종실록〉을 찬진했다. 이해 계유정난으
로 피살되었다.

김종서 金宗瑞 1390~1453 조선초기
의 무신. 자는 국경國卿, 호는 절재節
齋, 본관은 순천. 1433~40년(세종 15~
22)에 걸쳐 함길도 도관찰사·도절제사
로 있으면서 두만강 유역의 6진을 개척
하는 데 큰 공을 세웠다. 뿐만 아니라
고려사 편찬에도 관여해 51년(문종 1)
에는 〈고려사〉를 고쳐 쓰는 데 참여했
고 이듬해에는 〈고려사절요〉를 편찬했
다. 함길도에서 얻은 군사경험에 기초
해 서술한 〈제승방략〉이 전해지고 있다.

이천 李藏 1376(고려 우왕 2)~1451
(문종 1) 조선초기의 무관. 호는 불곡佛
谷, 본관은 예안. 1393년에 처음으로 별
장別將에 임명되었고, 1402년에 무과에
급제했다. 36년에는 평안도 도절제사가
되어 파저강의 여진족을 정벌했으며,
벼슬은 판중추원사判中樞院事에 이르렀
다. 화포·종경鍾磬·규표圭表·간의簡
儀·혼의渾儀·주자鑄字 등을 감독·관
장하여 만들었다.

최윤덕 崔潤德 조선초기의 무관. 자
는 여화汝和, 호는 임곡霖谷, 본관은 통
천. 문음門蔭으로 관직을 시작했고,
1396년(태조 5) 영해寧海의 반포磻浦에
침입한 왜구를 물리쳐 훈련관 부사직副
司直에 올랐다. 1410년(태종 10) 무과에
급제하여 동북면 조전병마사助戰兵馬使
가 되었다. 19년(세종 1) 3군 도절도사
가 되어 쓰시마를 치고 돌아와 우찬성右

贊成에 올랐다. 33년 만주의 여진족 이만주李滿住가 국경을 침범했을 때 파저강에 나가 토벌하고 4군의 하나인 자성군을 설치했다. 벼슬은 좌의정까지 올랐다.

감합무역 勘合貿易 조선시대 일본·여진 등과 행하던 무역의 한 형태. 감합은 사신의 내왕에 사용되던 확인 표찰을 뜻하는데, 따라서 감합무역은 사행使行의 과정에서 부수적으로 이루어지거나 사행을 빙자해 고의로 행해지는 무역을 말한다. 즉 외교적 의례와 결합된 것으로 보통 조공무역이라 한다. 이러한 무역방법은 14세기말 이후 중국을 중심으로 한 동아시아 지역에서 가장 보편적인 공무역의 한 형태로서, 전통적인 중화중심의 관념에 따라 중국 주변국가들이 중국 황제에게 종속의 표시로 공물을 바치고 그 반대급부로 회사품回賜品을 받는 형식을 취한다. 조선은 특히 왜구의 발호를 제도무역으로 수용, 그들의 난동을 억제하려는 의도에서 시행했는데, 1876년(고종13)까지 계속되었다.

쓰시마 원정 對馬島遠征 14세기말~15세기초 왜구의 소굴인 쓰시마를 정벌한 일. 대개는 1419년(세종 1)에 단행된 이종무의 정벌을 말한다. 쓰시마는 조선과 일본 사이에 있기 때문에 무역선이나 해적선이 거쳐가는 중요한 해상기지이기도 했지만, 원래 토지가 협소하고 척박해 식량을 외부에서 구해야 했으므로 고려말부터 조공과 함께 미곡을 받아갔다. 그러나 가뭄과 기근이 들 때에는 해적으로 나타나 해안을 약탈하여 1389년(고려 창왕 1) 경상도 원수元帥 박위朴葳로 하여금 병선 백 척을 이끌고 쓰시마를 기습해 적선 3백여 척과 해안시설을 쳐부수고 돌아오게 하였으며, 96년에는 문하우정승門下右政丞 김사형金士衡이 5도 병마처치사가 되어 쓰시마

를 정벌했다. 쓰시마의 왜구에게 가장 큰 타격을 준 것은 1419년의 이른바 기해동정己亥東征이었다. 18년(태종 18), 쓰시마 도주 종정무宗貞茂가 죽고 아들이 계승하면서 그곳에 흉년이 들자, 해적들이 대거 명나라의 해안을 향하던 도중에 조선의 비인·해주 해안을 약탈했다. 조선정부는 이를 새 도주의 선동에 의한 것이라 하여, 19년 6월 이종무를 3군 도체찰사로 삼아 병선 227척, 군사 1만 7천여 명으로 쓰시마를 공격, 막대한 피해를 주고 돌아오게 했다. 이렇게 왜구에게 큰 타격을 줌으로써 그들의 침입을 끝낼 수 있었으며, 그 결과 20년 이후에는 북방 여진족의 침입을 물리치고 국경방비를 강화하는 데 힘을 돌릴 수 있었다.

박위 朴葳 ?~1398(태조 7) 고려말 조선초의 무신. 본관은 밀양. 1388년(고려 우왕 14) 요동정벌 때 이성계를 따라 위화도에서 회군했으며, 이듬해 경상도 도순문사로 전함 100여 척을 이끌고 쓰시마를 쳐서 적선 300여 척을 불태웠다. 이성계와 함께 창왕을 폐하고 공양왕을 추대한 공으로 지문하부사知門下府事가 되고 충의군에 봉해졌다. 조선초에 참찬문하부사參贊門下府事를 거쳐 양광도 절도사가 되어 왜구를 물리쳤으나, 이때 밀성(지금의 밀양)의 이흥무李興茂 옥사에 연루되어 구금되었다. 태조의 호의로 석방, 서북면 도순문사로 나갔다가 거듭되는 탄핵으로 파직되었다.

이종무 李從茂 1360(고려 공민왕 9)~1425(세종 7) 고려말 조선초의 무신. 본관은 장수. 1381년(우왕 7), 아버지를 따라 강원도에 침입한 왜구를 물리쳐 정용호군精勇護軍이 되었으며, 97년에는 옹진만호甕津萬戶가 되어 서해안에서 왜구를 물리쳤다. 1406년 우군총제右軍摠制가 되었고, 19년 쓰시마를 정벌하고

돌아와 의정부 찬성사贊成事가 되었으며, 21년 장천부원군長川府院君에 봉해졌다.

왜관 倭館 조선시대 일본인이 통상을 하던 무역처. 숙박처·접대처의 기능도 했다. 고려말기 이후 왜구의 침입이 계속되자, 조선에서는 이들을 평화적 통교자로 전환시키고자 왕래를 허락하고 개항장을 설정했다. 왜관은 이 개항장에 설치되어 교역, 접대 등의 일을 맡아 보았다. 왜관의 주위에 목책을 설치하고 밖에는 성을 쌓아 주변과의 접촉을 막았으며, 그 안에 상주하는 거류민과 공청·시장·상점·창고 등을 두었다. 일본사절의 상경이 거부되면 여기에서 외교적인 의례와 무역이 행해져, 왜관에는 쓰시마 도주의 주재원이 상주해 특이한 외교기관이 되었다. 서울에 온 왜인을 위해 서울 남산 북쪽 기슭의 낙선방에도 동평관이라는 왜관을 두었다. 왜관은 개항장의 변천에 따라 그 치폐가 거듭되었다.

왜관무역 조선시대 개항장과 서울의 왜관에서 이루어진 조선과 일본 사이의 무역. 무역이라고 하지만 일본인에 의한 일방적인 무역이었고, 초기에는 물물교환에 지나지 않았다. 왜인들이 가지고 온 물건은 진상품이나 교역품 모두 교역규칙을 지키고 왜구의 약탈물이 없어야 했으며, 왜관의 개시開市는 동래부의 허가를 받은 자만이 관리의 감시 아래 매달 6차례(5일장) 행할 수 있었다. 조선에서 수출한 것은 쌀·콩·잣·차·인삼·약재·마포·저포·문방구·불경·범종 등이었고, 일본에서 수입된 것은 동·유황·소목蘇木 등과 향료·염료·약재 등 동남아 지역의 산물까지 있었다. 이러한 무역은 정부관리의 감시 아래 이루어졌는데, 조선상인이 금제품을 파는 경우가 많았다. 1429년(세종 11)에는 금·은·표피豹皮·동전과 11새(升) 이상의 모시·베 등은 팔지 못하도록 규정했다. 후대에 내려오면서 점점 제한을 더해 되도록 일본인과의 개별접촉을 못하도록 했다. 왜관무역에서는 특히 동래상인이 인삼과 왜은倭銀을 교역해 많은 이익을 보았는데, 한말 인삼의 산출량이 적고 일·청 간의 무역이 성행하면서부터는 일상생활에 필요한 소금·채소 등만 매매되어 매우 한산했다.

삼포의 개항 三浦-開港 1426년(세종 8) 조선정부에서 쓰시마 도주의 청에 따라 일본인들의 왕래와 무역을 허가한 3개의 항구. 부산포·내이포(혹은 제포. 현재 경남 창원군 웅천면)·염포(현재 울산)를 말함. 이곳에 한하여 교역을 허가하고 왜관을 두게 했으며, 60명에 한하여 거류를 허가했다. 이는 고려말부터 극심했던 왜구의 피해를 막기 위해 조선정부가 평화로운 무역자의 왕래를 허용하자, 태종 때부터 이들의 숫자가 급격히 증가하여 질서를 확립할 필요가 있었기 때문이다. 그리하여 3개의 항구로 최종 확정된 것이다. 3포는 1510년 삼포왜란 때 폐쇄되었다가 12년 임신조약으로 제포만 개항되었고, 44년의 사량진왜변 때 다시 중단되어 47년 정미조약 이후 통교는 가능하나 제포도 사실상 폐쇄했다.

계해조약 癸亥條約 1443년(세종 25) 계해년에 쓰시마 도주와 맺은 무역에 관한 조약. 이는 26년에 있었던 3포의 개항을 비롯한 무역에 관한 여러가지 사항에 대해 정식으로 맺은 조약이다. 19년 왜구의 소굴인 쓰시마 원정을 감행했던 조선에서 이후 통교를 중단해버리자, 식량과 생활필수품이 곤란해진 쓰시마 도주는 왜구의 금압禁壓을 서약하면서 통교를 간청했다. 이에 조선은 26년, 3포에서만 교역을 하도록 하고 그 거류민수를 60호로 제한했다. 43년에는 정식으로 통신사 변효문卞孝文·신숙주 등을 파견해 쓰시마 도주와 구체적인 조약을 맺었는데 그 기본내용은 다음과 같다. ① 세견선은 50척으로 하고 이밖에 특송선 몇 척을 허용함. ② 3포에 머무는 자의 체류기간은 20일로 하고, 상경上京한 자의 배를 지키는 간수인은 50일로 하며, 식량을 배급함. ③ 쓰시마 도주에게 해마다 쌀·콩 200석을 준다. 그러나 이러한 규정은 철저하게 실시되지 못했고 예외가 관용되거나 묵인되기 일쑤였다.

세견선 歲遣船 일본 각 지방에서 교역을 위해 조선으로 건너온 선박. 조선정부는 건국 직후부터 왜구의 금압을 위해 여러가지 회유·통제책을 추진했는데, 그 하나로서 평화적인 교역을 원하는 자에게는 후하게 접대하는 원칙을 세워 자유로운 무역을 허락했다. 그러나 여기에는 군사적 위협과 경세적 부담이 컸기 때문에 태종 때부터는 갖가지 통제책을 세웠으며, 세견선의 제한도 그 주요항목이었다. 1443년에 맺은 계해조약에서는 50척으로 제한했고, 여기에 대·중·소의 크기에 따른 사람의 수도 정했다. 이후 일본과 말썽이 생길 때마다 배의 수도 증감되었다.

삼포왜란 三浦倭亂 1510년(중종 5), 3포에서 일어난 일본인 거류민들의 폭동 사건. 1506년의 중종반정 이후 조선정부가 일본인들에 대해 엄격한 법규 적용과 통제를 시작하자, 여기에 불만을 품은 3포의 일본인들이 쓰시마의 도움을 얻어 쓰시마 도주의 군사를 중심으로 4천~5천 명씩 폭동을 일으켰다. 3포를 개항한 이래 조선정부의 통제에도 불구하고 계해조약 당시 60명으로 제한 허가했던 거류민의 수가 해마다 증가해 1503년에는 2천여 명에 이르렀고, 이들에 대한 면세조치 때문에 조선의 경제적 부담도 더욱 증가되었다. 이에 중종은 이전

의 조약대로 통제하려는 원칙을 세워, 쓰시마 도주에게 불법 거류민의 철수를 요구함과 동시에 일본선박에 대한 감시를 엄중히 하도록 했던 것이다. 폭동자들은 한때 내이포·부산포를 함락시키기까지 했으나, 조선군의 반격으로 크게 패했고 3포의 일본인 거류민도 추방되었다. 삼포왜란 후 조선정부가 일본과의 모든 관계를 끊자, 일본의 아시카가足利 막부는 다시 수교할 것을 청해 왔고, 1512년 임신조약을 맺게 되었다. 이에 따라 일본상인들의 조선 거류가 금지되고 내이포 한 곳만 개항하게 되었다.

임신조약 壬申條約 1512년(중종 7), 임신년壬申年에 조선과 쓰시마 도주가 맺은 무역에 관한 조약. 삼포왜란 후 조선이 일본과의 관계를 끊자, 물자의 곤란을 받게 된 쓰시마는 아시카가 막부를 통해 교역을 간청해 왔고, 이에 다음과 같은 새로운 조약을 맺게 되었다. ① 일본인의 3포 거주를 금지함. ② 세견선을 50척에서 25척으로 반감하고 특송선은 폐지함. ③ 세사미두 200석을 100석으로 반감함. ④ 쓰시마 도주의 아들과 그외 사람들에 대한 세사미·세견선을 없앰. ⑤ 쓰시마와 제포(내이포) 이외의 내왕선은 해적선으로 규정함.

사량진왜변 蛇梁鎭倭變 1544년(중종 39), 사량진(지금의 경남 통영군)에 대한 왜구의 침입사건. 20여 척의 일본 해적선이 사량진의 동쪽 강입구로 쳐들어와 만호萬戶 유택柳澤과 인마人馬를 약탈해간 사건이다. 이 사건은 그 규모나 성격이 삼포왜란과는 아주 다르지만 일본과의 관계에서 또 하나의 큰 고비를 이룬 사건이었다. 이 무렵 일본은 군웅할거의 전국시대戰國時代 혼란기였기 때문에 왜구가 다시 일어나게 되었는데, 그 결과 일본과의 통교문제가 다시 제기되어, 조선에 와 있는 일본인들에 대한 대우를 낮추고 일본 국왕이 보낸 무

역선 외의 다른 무역선의 왕래를 금지했다. 그후 쓰시마 도주가 사죄하고 금지령 해제를 간청하자 47년(명종 2) 정미조약을 맺었는데, 이전보다 훨씬 제한된 범위의 무역을 허가하는 내용이었다.

정미조약 丁未條約 1547년(명종 2)인 정미년丁未年에 일본과 맺은 무역에 관한 조약. 1544년 왜구의 사량진 침입과 관련해 조선정부는 일본과의 무역을 단절했다가 일본의 간청으로 다음과 같은 조약을 다시 맺었다. ① 세견선은 25척이되, 대선 9척, 중·소선 8척으로 제한함. ②가덕도 서쪽으로 들어오는 배는 해적선으로 규정함. ③조선관리의 명령을 따르지 않으면 2년 혹은 3년간 무역을 금지함.

을묘왜변 乙卯倭變 1555년(명종 10, 을묘년)에 왜구가 침입한 사건. 왜구들이 배 60여 척을 이끌고 전라도에 쳐들어와 영암·달량을 점령하고, 어란포·장흥·강진·진도 등을 짓밟으며 갖은 만행을 저지른 사건. 한때 절도사 원적元積, 장흥부사 한온韓蘊 등은 전사하고 영암군수는 사로잡혀 위기에 몰렸으나, 중앙정부에서 호조판서 이준경李浚慶을 도순찰사로 삼고 김경석金慶錫·남치동南致動을 방어사로 삼아 왜구를 물리쳤다. 그해 10월, 쓰시마 도주는 이들 왜구의 목을 베어 보내면서 사죄하고 세견선의 증가를 호소해왔고, 조선정부는 이를 승낙해 세견선 5척을 증가시켜 주었다. 이를 계기로 비변사가 상설기관으로 되었다.

2. 중앙집권적 통치체제의 확립

경국대전 經國大典 조선시대 정치의 기준이 된 법전. 조선 건국초의 법전인 〈경제육전〉의 원전과 속전, 그리고 그 뒤의 법령을 종합적으로 체계화해 통치의 기본이 되었던 통일법전이었다. 세조 즉위초부터 편찬이 시작돼 여러 차례 검토하고 개정한 끝에 1485년(성종 16)에 공포되었다. 71년(성종 2)에 공포한 것이 〈신묘대전辛卯大典〉, 이를 손질하여 74년에 공포한 것이 〈갑오대전甲午大典〉, 이것을 다시 고친 것이 85년의 〈을사대전乙巳大典〉이다. 이 〈을사대전〉을 〈경국대전〉이라 하는데, 그전에 만들어진 것은 전하지 않는다. 기본체계는 이전吏典·호전戶典·예전禮典·병전兵典·형전刑典·공전工典 등 6전으로 이루어졌다. 당시의 국가·사회생활을 폭넓게 반영한 것으로, 15세기 사회·정치문제를 연구하는 데 중요한 사료이다.

경제육전 經濟六典 조선시대 최초의 통일법전. 영의정 조준의 책임 아래 1388년(고려 우왕 14)부터 96년까지의 법령과 장차 시행할 법령을 수집하여 편찬한 것으로, 97년에 공포·시행되었다. 건국초에 갑자기 편찬된 것이기 때문에 이미 공포된 원문 형태 그대로 실렸는데, 문장에 이두와 방언이 섞여 있다. 1485년에 〈경국대전〉이 완성될 때까지 여러 차례 거듭된 법전 편찬사업에서 그 원형을 제공했다 하여 〈원육전元六典〉이라고도 한다. 오늘날 전하지는 않으나 〈조선왕조실록〉에 개별조항들이 여기저기 보인다.

경국육전 經國六典 1394년(태조 3), 정도전이 치국治國의 전장典章을 〈주례周禮〉의 육전 체제에 따라 편찬한 책. 조선왕조의 건국 이상과 치국의 방략方略이 담겨 있다. 이는 〈조선경국전〉 중 육전 부분만 떼어낸 것이며, 후에 〈경제육전〉·〈경국대전〉의 토대가 되었다.

조선경국전 朝鮮經國典 1394년, 정도전이 조선건국의 기본강령을 논한 규범체계서. 정보위正寶位·국호·안국본安國本·세계世系·교서敎書 등으로 나누

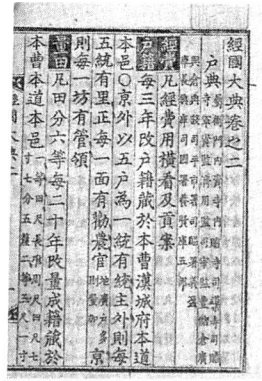

△ 경국대전

어 국가의 기본을 논했고, 뒤이어 치治
(후의 이吏)·부賦(후의 호戶)·예禮·
정政(후의 병兵)·헌憲(후의 형刑)·공
工의 6진을 설치하고 가 전이 관함사무
를 규정하고 있다. 이후에 나온 여러 법
전의 효시가 되었다. 이중 뒷부분의 6
전을 뽑아〈경국육전〉이라 한다.

의정부 議政府 조선시대 최고의 합좌
기관으로 통치구조의 핵심. 의정부 기
능의 변화는 조선시대 정치권력 핵심의
변화를 나타낸다. 의정부의 전신은 도
평의사사都評議使司로, 고려의 제도에
따라 문하부門下府·삼사三司·중추원
의 고관이 모여서 중요한 정치·군사문
제를 토의하는 최고기관이었으나, 이후
왕권의 전제화專制化가 추진되면서 권
력의 분산화 방향으로 기능이 변화한
다. 1393년(태조 2), 군권軍權을 의흥삼
군부에 넘김으로써 정무와 병권을 분리
시켰으며, 1400년(정종 2) 도평의사사
를 의정부로 고치면서 주로 문하부와
삼사의 합의체 기능을 하게 되었다.
1401년에 문하부를 폐지하여 문하부 소
속의 낭사郎舍가 맡았던 간쟁은 독립관
청으로 분리된 사간원에서 맡게 하고,
3사의 기능은 사평부司平府가 맡게 함으
로써 의정부는 문하부 재신宰臣 중심의
백사百司를 맡아보는 행정기관으로 되

었다. 14년(태종 14) 6조직계제가 실시
되자 의정부는 국왕의 자문기관에 지나
지 않는 위치까지 내려간다. 그러다가
36년(세종 18), 6조에서 맡은 업무를 먼
저 의정부에 보고하면 의정부에서 왕에
게 아뢰어 그 뜻을 받은 후 6조로 하여
금 시행하도록 하는 서사제도署事制度를
실시, 의정부의 권한이 다시 확대되기
도 했다. 이후 세조 때는 다시 6조직계
제로, 중종 때(1516년)에는 다시 의정
부 서사제가 부활되는 등, 왕권이 강할
때는 6조의 권한이 커지고 신권臣權이
강할 때는 의정부의 권한이 커지는 경
향을 보이고 있다. 그러나 세종(1436)
이후부터는 대체로 모든 실무는 6조에
서 처리되었다. 명종 때 비변사가 생겨
군사·정치·외교 등 모든 문제가 여기
에서 토의되고 의정부의 3의정이 도제
조를 겸하게 되면서 의정부는 유명무실
한 존재기 되었다.

6조직계제 六曹直啓制 6조에서 논의
한 것이 의정부를 거치지 않고 국왕에
게 직접 전달되도록 하는 정치체제. 의
정부를 거쳐 국왕에게 전달되는 의정부
서사제署事制와 대립되는 체제로, 1414
년 태종 때 국왕의 권력이 강화되면서
의정부 중심의 훈신세력을 약화시키고
양반관료층 중심의 국정을 운영하려는
목적으로 실시되었다. 6조의 권한은 6
조직계제의 경우와 의정부 서사제의 경
우에 따라 변동이 있기는 했지만, 1436
(세종 18)년부터 대체로 모든 실무는 6
조에서 처리되었다.

전랑 銓郞(자대제도自代制度) 이조吏曹
의 정랑正郞(정5품)·좌랑佐郞(정6품)을
가리키는 말. 내외 관리를 천거·전형
하는 데 가장 많은 권한을 가지고 있어
서 이런 별명이 붙었다. 조선시대 인사
는 원래 고급관료회의에서 3명이 천거
되어 그 중의 한 사람을 왕이 낙점하는
것이었는데, 그 천거하는 자리에서 이

조의 낭관이 추천되는 사람의 명단을 기록하게 되어 있어서 자신의 마음에 들지 않는 사람의 천거를 거부할 수 있었다. 이러한 전랑에는 3사 중 명망이 높은 관료가 특별히 뽑혀 임명되었고 전랑직을 거치면 큰 과실이 없는 한 대개는 순조롭게 재상까지 될 수 있었다. 전랑의 임명에는 이조판서도˚ 관여하지 못하며 전랑이 스스로 그 후임을 추천하도록 되어 있어 이를 전랑자대법이라 했다. 전랑자대제도는 인사권을 가진 이조吏曹 고급관료의 권한을 견제하기 위한 것이었으나, 나중에는 고관대작이라도 전랑의 비위를 맞춰야 하는 결과를 가져왔다. 1575년(선조 8) 동서분당을 초래한 심의겸沈義謙과 김효원金孝元의 대립도 이 전랑직을 둘러싸고 일어난 것으로, 그후 분쟁의 근원이 된다 하여 한때 전랑자대법을 폐지하기도 했으나 다시 부활되어 존속했다.

승정원 承政院 왕명의 출납을 맡아보던 관청. 조선건국 초기에는 중추원에서 군기軍機에 관한 일과 함께 왕명출납의 일도 맡았는데, 왕자의 난 이후 태종이 정권을 잡으면서 군기사무는 의흥삼군부로 옮겨지고 승정원이 따로 설치되었다. 국왕의 비서기관으로서 왕이 내리는 교서나 신하들이 왕에게 올리는 글 등 모든 문서가 이곳을 거치게 되어 있고, 또 승정원 승지들은 모두 경연(왕에게 유교경전을 가르치는 일)의 참찬관과 춘추관(정치의 기록을 맡은 관청)의 수찬관을 겸하게 되어 있어서 왕권의 강약에 따라 그 영향력도 크게 달라진다. 대표적인 예가 세조 때의 원상院相의 존재로서, 당시 중신들이 승정원에 근무하며 정무를 의논·결정하여 매우 큰 영향력을 끼친 일이 있었다. 1894년의 갑오개혁 이후 승선원承宣院으로 명칭이 바뀌었다.

원상 院相 전직 대신으로서 언제나 승정원에 나가 근무하며 정무를 의논·결정하던 훈신들을 일컫는 말. 어린 임금을 보좌하며 정사를 맡아 다스리던 직책으로 세조 때 시작되었다. 세조는 자신의 건강이 악화되자 어린 세자에게 정사를 맡기면서 신숙주·정인지·한명회·최항·김질 등 훈신들에게 변칙적으로 승정원에 근무하며 정무를 의논·처리할 수 있는 특권을 주었다. 뒤이어 예종이 즉위하자 이들 훈신들의 권한은 더욱 커졌고 이들을 원상이라 부르게 되었다. 이들은 대부분 전직 대신들이었으나 현직 의정부보다 더 높은 실질적인 최고실력자였다. 성종 7년까지 있다가 중단되었고, 명종초와 선조초에도 대비의 섭정과 함께 원상제도를 둔 일이 있다.

3사 三司 조선시대 언론을 담당한 사헌부·사간원·홍문관을 합쳐서 부른 말. 사헌부와 사간원을 따로 양사라 한다. 의정부·6조와는 서로 대립·견제하는 언론기관으로 이상적인 유교정치의 구현을 목적으로 성립되었다. 이들 기관은 독자적으로도 언론을 행하지만, 중요한 문제는 양사가 합의하여 양사합계兩司啓를 하기도 하고 때로는 삼사합계를 하기도 했다. 언론이 관철되지 않을 때는 삼사의 관원들이 일제히 대궐 문앞에 꿇어엎드려 국왕의 허락을 청하기도 했다. 이러한 언론이 제대로 기능할 때는 왕권이나 신권臣權의 독주를 막을 수 있었으나, 삼사의 언론이 일정한 세력에 의해 이용될 때는 오히려 혼란을 가져왔다.

사헌부 司憲府 고려말 및 조선시대 관료들의 부정과 실정失政을 규찰·탄핵하던 관청. 의정부·6조와 함께 정치의 핵심기관으로, 고려 공민왕 때 개칭되어 조선시대까지 그대로 계승되었다. 주요한 기능으로는 관료들에 대한 규찰·탄핵 외에 정치의 옳고 그름에 대

한 언론활동을 했으며, 왕을 모시는 중
추적인 정치참여기관으로서 경연經筵·
서연書筵 및 왕의 행차에 따라다니도록
되어 있었다. 또한 서경署經에 참여하
며, 사법부의 기능도 일부 맡아서 법령
의 집행·죄인에 대한 국문도 했다.
1894년 갑오개혁 때 폐지되었다.

사간원 司諫院 조선시대 간쟁·논박
을 맡은 관청. 간쟁은 왕의 언행이나 정
치의 잘못을 바로잡기 위한 언론이며,
논박은 일반 정치에 대한 언론으로서
고려 중서문하성의 낭사郎舍 기능을 계
승한 것이다. 1401년 문하부를 폐지하
고 의정부를 설치할 때 문하부의 낭사
를 독립시켜 사간원이라 했다. 연산군
때 폐지되기도 했으나 중종반정 이후
다시 복구되어 조선말기까지 존속되었
다. 언론 담당기관으로서 의정부·6조
와 함께 정치의 핵심기관이었으며, 사
헌부와 마찬가지로 경연·서연·시경
에 참여했다. 그 기능이 원활히 수행되
면 왕권이나 신권의 독주를 막고 균형
있는 정치가 이루어질 수 있지만, 16세
기 이후에는 각 당파가 반대파를 공격
하기 위한 도구가 되기도 했다.

홍문관 弘文館 궁중의 경서經書 및 역
사서적을 관리하고 문서를 처리하며 국
왕의 학문적 자문에 응하는 기관. 옥당
玉堂이라고도 한다. 전신은 세종 때 설
치한 집현전이었는데, 집현전 세력이
비대해지면서 정치세력화하여 왕권강
화에 걸림돌이 되었고, 특히 세조의 왕
위찬탈을 반대한 사육신 사건이 일어나
자 결국 폐지되었다. 그후 예문관藝文館
에 홍문관 직책을 가진 관원을 두었다
가 성종 때 홍문관으로 독립시켜 집현
전의 일을 계승하게 했다. 홍문관 관원
은 모두 경연과 춘추관을 겸하고 있어
서 왕과의 접촉이 가장 많은 기관 중 하
나였고, 또 왕의 스승 역할을 함으로써
관료권을 견제하는 기관의 구실도 하

여, 양사兩司(사헌부·사간원)와 함께
3사라 불렸다.

집현전 集賢殿 고려 이후 조선초에 걸
쳐 설치되었던 왕실 연구기관. 1136년
(고려 인종 14), 연영전延英殿을 집현전
으로 개칭한 이후 계속 설치되어 있었
지만 별다른 활동은 없었는데, 세종 이
후 그 규모와 기능이 확대되어 큰 역할
을 하게 되었다. 1420년(세종 2), 세종
은 그동안 유명무실했던 집현전을 궁중
에 두고 여기에 젊고 우수한 학자들을
소속시켜, 처음에는 경연관으로서 국왕
에 대한 학문상의 고문과 교육을 맡게
했다가 차츰 여러가지 서적의 편찬과
저술, 관문서의 작성, 중국의 고제도
및 역사 연구, 사관史官 일 등을 맡도록
했다. 이러한 집현전의 학술 및 고제古
制 연구는 유교이념을 현실정치에 반영
시키는 과정에서 일어나는 세부문제들
을 해결하는 데 큰 역할을 했으며, 세종
은 의정부와 의견이 대립되는 문제를
집현전의 동의를 얻어 시행함으로써,
의정부의 합의체제를 형식상 존중하는
한편 집현전을 매개로 왕권강화를 꾀했
다. 하지만 집현전 학자들은 국왕의 정
책보좌관에 머무는 데 만족하지 않고,
적극적인 정치참여 의욕이 높아지면서
빈번한 상소를 통해 자신들의 정치적
견해를 나타내기 시작했다. 세종 20년
을 전후하여 집현전의 성격이 언론기관
내지 정치기관으로 변했고, 특히 42년
세자를 돕는 역할을 맡게 되면서 더욱
두드러졌다. 50년 문종의 즉위와 함께
집현전관의 정계진출이 활기를 띠기 시
작했으며, 문종의 뒤를 이어 단종이 즉
위하자 이러한 양상은 더욱 활발해졌
다. 그러나 56년(세조 2), 단종복위운
동을 했던 사육신 등 반대파 인물이 대
부분 집현전 출신이라 하여 세조에 의
해 폐지되고, 집현전에 보관되어 오던
서적은 예문관으로 옮겨졌다. 성종 때

홍문관으로 부활되었다.

대간 臺諫 사헌부와 사간원의 관원을 통틀어 일컫는 말. 언관言官이라고도 한다. 고려의 제도를 그대로 계승한 것으로 차츰 조선의 정치현실에 적응하며 발전했다.

간관 諫官 조선시대 사헌부·사간원을 합하여 부르는 말. 혹은 두 관서의 관원을 통틀어 부르는 말. 좁게는 간쟁·논박의 일을 맡은 사간원 또는 사간원의 관원을 의미하고, 넓게는 관료의 기강을 감찰하는 사헌부·사간원을 합한 것을 의미한다.

간쟁 諫諍 국왕의 옳지 못한 처사나 잘못에 대해 간관들이 행하던 간언. 국왕의 행위나 정책결정을 올바른 방법으로 유도하는 것이 근본목적이었으나, 실제로는 왕권을 규제하는 기능이 중요시되었다.

서경 署經 고려·조선시대에 관리의 임명이나 법령의 제정 등에 대간(사헌부·사간원)의 서명을 거치는 제도. 특히 인사에서는 대간이 최종결정권을 가지는데, 대간은 대상인물에게 허물이 있는지, 외가로 4대조, 처가로 4대조까지 조사하여 사대부의 청렴한 정치를 지향했다. 인사에서 서경의 대상이 되는 관직은 고려시대에는 1품에서 9품에 이르기까지 적용되었으나 조선시대엔 점차 축소되어 5품 이하 관리임명에만 적용하도록 했고, 성종 때는 서경을 기다리지 않고 먼저 고신告身(직첩. 오늘날의 임명장)을 내주도록 법제화하여 서경의 의미가 더욱 퇴색하는 경향을 보인다. 서경의 근본취지는 국왕이나 정조政曹의 결정사항에 대해 대간이 다시 심사하게 함으로써, 부당한 인사나 업무처리를 막는 한편 왕권에 대한 규제의 기능을 하는 데 있었다.

경연 經筵 고려·조선시대에 왕에게 유학의 경서를 강론하는 일. 왕에게 유학의 경사經史를 가르쳐 유교의 이상정치를 실현하는 것이 목적이었으나, 실제로는 왕권을 규제하는 중요한 기능을 수행했다. 고려 예종 때 시작되어 고려 전기에는 왕의 개인적인 학문에 대한 관심과 관련해 수용되었고, 몽고간섭기엔 송학宋學의 수용을 계기로 재추宰樞(문하부의 재상과 중추원의 고관을 말함)를 망라한 서연書筵으로 격하되어 실시되었다. 경연이 제도로 정착된 것은 공양왕 때의 일로 이때부터 사관史官과 간관諫官이 참여했으며, 집현전이 설치되면서 경연을 전담하게 되어 경연은 학문토론기관의 역할을 하게 된다. 성종 때는 집현전을 계승하여 설치된 홍문관이 경연을 전적으로 맡게 되었는데, 이때부터 실제 정치문제에 대한 기능이 더욱 강화되어 정책심의 등을 위한 합의기구 성격이 점차 강해졌고 1일 3강제가 성립되었다. 경연은 세조·연산군 때 폐지되기도 했으나 고종 때까지 계속 존속했다.

서연 書筵 조선시대 세자를 위한 교육제도. 세자에게 경사經史를 강론하여 유교적 소양을 쌓게 하는 교육의 장으로서 태조 때부터 시작되었다. 세종 때는 집현전관이 전적으로 맡아보았는데, 서연관은 그 세자가 왕위에 오르면 정치적 영향력이 매우 커졌다.

예문관 藝文館 국왕의 문예에 관한 자문기관. 국왕의 교서敎書 및 칙령의 기록을 맡아보았다. 조선 건국초기에는 고려의 제도를 답습하여 예문춘추관으로 했던 것을, 1401년 예문관과 춘추관으로 분리하여 독립관청으로 만들었다. 고위관직은 거의 모두 홍문관에서 겸하지만, 실무진은 전임관으로 사관史官을 겸했고「한림」이라 불렸다. 특히 대제학은 문한文翰(문서·편지)을 전적으로 맡았기 때문에 문과출신 관리의 최고 영예로 여겨졌다. 홍문관·예문관 대제학

은 대개 한 사람이 겸하는 것이 상례였
다.

춘추관 春秋館 당시 정치의 기록을 맡
은 관청. 원래 예문춘추관이었는데, 태
종초에 예문관과 춘추관으로 분리되었
다. 소속 관원은 모두 다른 기관의 관원
이 겸임하여, 영사領事 1명은 영의정이
겸하고, 감사監事 2명은 좌·우의정이
겸했으며, 그외 직책도 승정원·홍문
관·예문관·사간원 등의 관원이 겸했
다.

의금부 義禁府 반역행위 등 왕조의 안
정에 관계되는 죄인을 다스리는 국왕의
직속기관. 전신은 순군만호부巡軍萬戶府
로서, 형조가 사법권을 가진 것에 대해
순군은 경찰업무를 담당했으나 점차 사
법적인 일에 관여하기 시작했고, 1414
년(태종 14)에 의금부로 개편되면서 왕
의 직속 사법기관으로 바뀌었다. 왕권
유지를 위한 핵심기관으로, 연산군 때
는 공포정치의 집행본부가 되기도 했
다.

한성부 漢城府 조선의 수도 이름인 동
시에 수도의 행정을 맡아보던 관청. 고
려의 예를 따라 경관직京官職에 속하며
6조와 같은 서열에 있다. 수도의 행정
뿐 아니라 전국의 호적을 관리했으며,
소송의 일부인 토지·가옥·묘지에 관
한 소송을 맡아 처리했기 때문에 중앙
의 형조·사헌부와 함께 3법사三法司라
일컬었다.

내수사 內需司 궁중에서 쓰는 미곡·
포목·잡화·노비 등 왕실 재정의 관리
를 맡아보던 관청. 건국초에는 고려왕
실에서 물려받은 왕실재산과 함경도 함
흥지방을 중심으로 한 태조 이성계 가
문의 사유재산을 관리하기 위해 설치된
것으로 내수별좌라 일컬었으며, 1430년
내수소로, 66년 내수사로 고쳐 불렀다.
내수사는 면세특권을 받는 내수사전과
외거노비인 내수사 노비, 염분 등 많은

재산이 있었다. 더욱이 세종 이후 재산
을 확대하면서 왕실세력을 배경삼아 불
법으로 백성들의 토지·노비를 침탈,
내수사 자체가 하나의 거대한 독립적
재정기구로 성장해 갔다. 왕실재산이
비대해지고 그 폐해가 극심해지자 폐지
론이 일기도 했으나, 고종 때에 이르러
서야 폐지되었다.

장례원 掌隸院 조선시대 노예의 호적
과 소송에 관한 일을 맡아보던 관청.
1467년 (세조 13)에 변정원辨定院을 장
예원으로 고쳐 불렀다. 18세기에 들어
와서 형조와의 사무 한계가 뚜렷하지
못하여, 당시 노비소송이 형조나 한성
부에 직접 제출되는 폐단이 있었다.
1764년(영조 40)에 폐지되고 그 기능은
보민사保民司에서 맡게 되었다.

혜민서 惠民署 6조 중 예조 속아문의
하나. 의약과 일반 서민들의 치료를 맡
이보던 관청. 건국초에 고려의 제도를
계승해 혜민국을 설치하여 약재를 취급
하도록 하고, 치료는 제생원에서 하도
록 했다. 1460년(세조 6)에 제생원을 병
합했으며, 66년 혜민서로 고쳐 불렀다.
일반 서민들도 치료받을 수 있다고 했
으나, 실제로는 극소수의 부유층만이
이용했던 것으로 보인다. 이곳에서는
의생과 의녀도 양성했으며, 의사를 선
발 등용하기도 했다.

제생원 濟生院 약재의 구입과 제약을
맡아보던 관청. 1397년 설치되었다가
세조 때 혜민국에 병합되었다.

동서활인원 東西活人院 조선시대 빈
민의 질병구료사업을 맡아보던 관청.
동서활인서라고도 함. 1401년(태종 1),
고려의 제도를 본받아 동서대비원을 설
치했다가, 14년 동활인서와 서활인서로
고쳐 불렀다. 66년 활인서로 통합했으
나 관습적으로 나누어 불렀다.

상피제도 相避制度 일정한 범위 안의
친족간에는 같은 관사官司나 통솔관계

에 있는 관사에 취임하지 못하도록 하
거나, 또는 청송관聽訟官(소송을 맡는
관리)·시관試官(시험을 맡는 관리) 등
이 될 수 없도록 하는 제도. 어떤 지방
에 특별한 연고가 있는 관리가 그 지방
에 파견되지 못하는 것도 이에 포함된
다. 이는 인정에 의한 권력의 집중을 막
기 위해 마련된 것으로, 1092년(고려 선
종 9)에 제정되었으나 잘 지켜지지 않
는 경우가 많았는데, 조선시대에는 엄
격히 적용, 친족·외족·처족 등의 4촌
이내로 적용범위가 규정되어 있었지만
그 이상으로 확대 적용하는 경우도 많
았다.

8도 八道 조선의 지방행정구역. 경기
·충청·전라·경상·강원·황해·평
안·함경도를 말함. 1413년(태종 13)
확정되어 1896년 13도로 개편되기까지
조선의 거의 전시기를 통해 지방행정의
최상위 단위로서 존속했으며, 장관으로
서 관찰사가 파견되어 각 도의 정사를
주관했다.

관찰사 觀察使 각 도에 파견된 지방장
관. 처음에는 도관찰출척사都觀察黜陟使
라고 했으나 1446년(세조 12)에 관찰사
로 고쳐 불렀다. 감사監司 또는 방백方
伯이라고도 하며, 관찰사의 관청을 감
영이라고 한다. 고려의 안찰사按察使 및
안렴사按廉使의 후신으로 고려말에 나
타났으나, 그 기능이나 지위는 상당한
차이를 보이며 발전했다. 조선초기 일
반행정과 군정이 구별되어 있던 것이
차츰 없어지면서 태종 이후에는 관찰사
가 병마절도사·수군절도사를 겸하게
되는 등 그 권한이 확대되어, 맡은 도의
행정·사법·군사의 전권을 행사하게
되었다. 이러한 권한을 가진 만큼 제약
도 뒤따르게 마련이어서, 관찰사는 자
기 출신지에 임명되지 못하고 그 임기
도 360일(1년)로 제한되었다. 관찰사는
본래 책임지역을 순회·감사하는 것이

본분이기 때문에 순찰사를 겸하고 있어
가족동반이 허락되지 않았는데, 감영이
생기면서 고정된 행정사무관으로 정착
되어갔다. 경기관찰사는 서울 또는 수
원에, 충청관찰사는 충주 또는 공주에,
경상관찰사는 경주·상주·성주·달성
(대구)·안동에, 전라관찰사는 전주에,
함경관찰사는 함흥·영흥에, 평안관찰
사는 평양에, 황해관찰사는 해주에, 강
원관찰사는 원주에 각각 그 감영을 두
었다. 관찰사는 원칙에 따르면 종2품으
로 임명하게 되어 있으나, 경기도나 국
방의 중요지역인 평안도·함경도에는
정2품 이상이 파견되는 경우도 많았다.
보조관으로는 도사都事·판관判官·중
군中軍 등 중앙에서 임명한 관원이 있
고, 일반 민정은 6방의 향리들이 맡아
서 했다.

수령 守令 각 고을을 맡아 다스리던
지방관을 통틀어 일컫는 말. 군수와 현
령의 준말로 부르는 것으로 속칭 「원
님」이라고도 하며, 부윤·목사·군수·
현령·현감 등 종2품에서 종6품까지 다
양하게 분포되어 있다. 수령의 임무는
대개 농업의 장려, 호구戶口의 확보, 공
부貢賦(조세)의 징수, 교육의 진흥, 군
정의 수비修備, 부역의 균등, 사송詞訟
의 간결(소송 문제 해결), 향리의 부정
방지 등인데, 그중에서도 지방에 할당
된 공부 징수와 상납은 국가재정의 기
본이므로 가장 중요한 것이었다. 수령
은 백성을 직접 다스리는 관직이기 때
문에 그 임명이나 감독을 철저히 해야
했으므로, 관찰사가 수령의 임무에 대
한 고과표考課表를 만들어 1년에 두 번
씩 보고하게 했다. 수령의 하부 행정체
계로는 향리鄕吏와 면리임面里任이 있
고, 자문 및 보좌기관으로는 유향소(또
는 향청)가 있으며, 수령의 임기는 1,
800일(5년)이었다.

부윤 府尹 부府의 행정을 맡아보던 지

방관. 부는 고려시대부터 평양·한양·경주에 설치되었다. 조선시대에는 종2품의 문관이 임명되었는데, 모두 6곳으로 지역별로 설치시기가 다르다. 전주·평양·함흥부윤은 관찰사가 겸했고, 광주·경주·의주는 전임 부윤이 파견되었다.

목사 牧使 목牧의 행정을 맡아보던 지방관. 고려 때부터 있었으며 정3품이 임명되었다. 조선시대의 목은 모두 20곳으로 경기도에 3곳, 충청도에 4곳, 경상도에 3곳, 전라도에 4곳, 황해도에 2곳, 강원도에 1곳, 함경도에 1곳, 평안도에 2곳을 설치했다.

군수 郡守 군郡의 행정을 맡아보던 지방관. 세조 때(1466) 조선초의 지군사知郡事를 고쳐 부른 것으로 종4품이 임명되었으며, 조선말에는 부사·목사·현감을 폐지하고 모두 군수로 통일했다.

현령 縣令 현縣의 행정을 맡아보던 지방관. 신라 때부터 있었으며 고려 때는 규모가 큰 현에만 두었고, 조선시대 때는 고려의 제도를 참작하여 규모가 큰 현에 종5품의 현령을 두었다.

현감 縣監 현의 행정을 맡아보던 지방관. 고려중·후기의 감무監務가 그 전신인데, 감무는 그때까지 지방관이 파견되지 않은 많은 속현에 파견했던 최말단의 지방관이었다. 조선초기에 이를 현감으로 고치고 종6품으로 임명했다.

호패 號牌 16세 이상의 남자가 차고 다니던 신분을 나타내는 패. 고려말 (1354), 원나라의 제도를 본따 수水·육陸 군정軍丁에 한해 실시했으나 잘 시행되지 않았으며, 조선시대에 와서 그 사용범위가 확대, 호적법의 보조역할을 하도록 시행되었다. 호패사용의 목적은 첫째 호구戶口를 분명히 해 민정民丁의 수를 파악하고, 둘째 직업·계급을 분명히 해 신분을 증명하기 위한 것이었는데, 가장 중점을 둔 것은 군역·요역의 대상을 확실히 파악하는 것이었다. 조선시대에는 1413년(태종 13)에 처음 시행되었으나 지속되지 못하고 실시와 폐지를 거듭했다. 이같이 제대로 시행되기 어려웠던 것은, 호패를 받기만 하면 호적과 군적軍籍에 올라 군정軍丁으로 뽑히거나 그외의 국역을 져야 하므로, 되도록 이를 피하기 위해 양반의 노비로 들어가거나 호패의 위조·교환 등

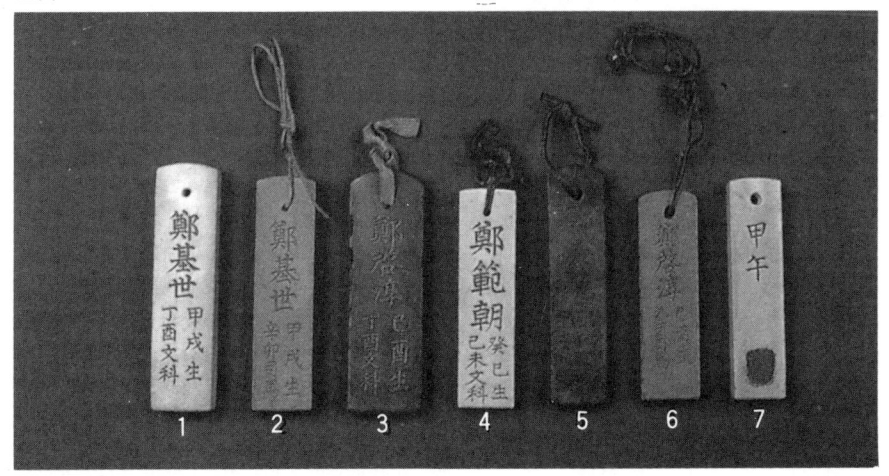

△여러가지 호패. 1·4아패, 2·6목패, 3·5각패, 7황양패

이 이루어졌기 때문이다.

면·리제 面里制 조선시대 때의 말단 행정구역. 일반적으로 태종에서 세조 때까지 속현(지방관이 파견되지 않은 군현)이 대규모로 없어지는 등 군현제가 정비되면서 채택된 것으로 보이며, 처음 법전에 구체화된 것은 〈경국대전〉이었다. 그 규정에「서울 밖은 5호戶를 1통統, 5통을 1리里, 몇 개의 리를 합쳐 1면面으로 하고 통에는 통주統主, 리에는 이정里正, 면에는 권농관勸農官을 둔다」고 했다. 조선시대 면리제의 기초는 고려시대에 이미 갖추어져 있었는데, 고려 군현의 말단행정구역은 행정촌(지역촌)이었으며, 대개 이 행정촌을 승격시켜 면으로 삼고 자연촌은 리로 삼았다. 그러나 조선전기에는 면·리·동洞 등의 명칭의 용례가 명확히 구별되지 않고 시기와 지역에 따라 여러가지로 혼용되었다. 면리제의 실시는 호구戶口와 전토田土의 증가로 인해 자연촌의 규모가 커지자 국가권력이 지역촌뿐만 아니라 자연촌에까지 깊이 미치는 것을 의미한다. 양란 이후 면리제는 향촌의 재건과 함께 새롭게 편제되는데, 18세기에 이르면 수령→면→리로 체계화되고 면리제가 일반화되면서 조세수취와 밀접한 관련을 맺으며 운영된다. 즉 리가 조세를 분배하고 마련해내는 자치운영의 주요단위가 되고, 면은 리 안의 조세원 파악과 리의 조세납부를 감독하는 행정처리 단위가 된다.

권농 勸農 조선시대 말단행정구역인 면面의 행정업무 담당자. 고려시대 지방행정 담당자였던 향리 대신 사족士族이 담당하게 됨으로써 사족 중심의 지방통치체제를 굳혀갔다. 조선후기에 이르면 면·리가 조세수취와 밀접한 관련을 갖게 되면서 사족들이 이를 기피, 부유한 양인良人이 담당하게 된다.

이정 里正 조선시대 말단행정구역인 리里의 행정업무 담당자. 권농과 마찬가지로 사족이 담당했으나, 이 역시 조선후기에는 양인으로 대체된다. 조선후기에는 조세를 백성들에게서 직접 거두어 바치는 등 상당히 고된 실제업무를 맡아보았다.

향리 鄕吏 조선시대 지방관청의 실무 담당자층. 향리제도는 고려전기에 확립된 이래 1894년 갑오개혁 때까지 천 년 이상을 존속, 봉건정치체제의 실제적인 기층을 이루었다. 지방행정의 실무를 맡은 만큼 다양한 향리직이 마련되었는데, 지위에 따라 최말단에서 실무를 직접 다루는 색리色吏, 이들을 부서별로 관장하며 실무를 책임지는 육방六房, 그리고 그 지방의 최종 책임자인 호장戶長의 세 직급으로 크게 나뉜다. 또 향리 내부에는 가문의 성쇠에 의해 다양한 계층이 존재했는데, 그에 따라 향리직의 승진체계가 달랐다. 조선시대에는 그 계층을 상·중·하 3단壇으로 구분, 각각 단안壇案을 작성하여 함부로 넘나들 수 없게 했고, 상단에 드는 자만이 호장이나 육방을 할 수 있었다. 지속적인 중앙집권화 정책과 아울러 여말선초의 각종 전란, 피역避役, 군현의 개편, 향리에 대한 규제 및 북계로의 사민徙民 등으로 세력기반이 약화됨에 따라 점점 그 지위가 낮아져, 조선시대 향리는 고려시대의 토호적 향리와는 구분되며 지방관청의 하급 행정실무자로 굳어갔다. 조선초에는 호장층에게 외역전을 주었으나 세종 말년에 폐지했고, 녹봉도 없이 지방관청 자체에서 경비를 조달하도록 하자 갖가지 폐단이 일어났다. 하지만 수령은 재임기간이 짧아 지방사정에 밝지 못했기 때문에 이들의 협조가 필요하여 그 폐단을 뿌리뽑지 못했다. 그리하여 향리는 지방행정의 불법과 부정의 원천으로서 비판의 대상이 되어 왔지만, 이는 양반사회의 구조적 모순의

한 단면에 지나지 않는다. 오히려 향리 집단은 신분제사회에서 파생되게 마련인 계층간의 갈등을 절충, 중재하는 역할을 함으로써, 양반사회의 장기적인 안정을 가져온 동시에 자신들의 존립을 보장받을 수 있었다. 즉 행정실무를 통해 중앙정부를 대변하는 동시에 고을의 제의祭儀를 주관해 지방민과의 유대관계를 긴밀히 유지했고, 이로써 중앙정부와 지방민의 이해를 조정할 수 있었던 것이다. 특히 호장층은 양반처럼 관직에 나가지는 못해도 지방사회에서 그에 못지않은 유학적 지식과 세력을 가지고 있었다. 이러한 능력은 신분의 제약이 없어지는 근대로 넘어가면서 사회진출의 원동력이 되었고, 그 결과 1925년에는 전국 300여 군수 중에 향리의 자손이 무려 260여 명이나 되었다.

호장 戶長 고려 및 조선시대 향리의 상층부를 구성하던 수반. 고려초 983년(성종 2), 나말여초 각 지방의 실제 통치자인 토착세력(호족 또는 그 후예)을 지방 통치구조에 편입시키려고 「주현민호의장州縣民戶之長」이라는 「호장」의 칭호를 주어 제도화했고, 1018년(현종 9)에는 각 고을의 크기에 따라 정원을 최저 2명, 최고 8명까지로 정했다. 이후 향리제도가 정착하면서 향리의 수반으로 그 지위를 유지했다. 호장 중에서도 특히 수호장首戶長(또는 상호장上戶長)은 중앙정부가 내리는 호장 인신印信을 가지고 지방관의 관인官印과 같이 공무를 처리했으며, 집무소인 주·부·군·현사州府郡縣司는 고려시대를 통해 지방행정의 중심기관으로 기능했다. 고려말 이래 중앙정부의 감독이 강화되면서 향리 전반의 지위가 낮아졌지만, 호장층은 여전히 지방사회 지배세력의 하나로서 그 위치를 잃지 않았고, 근대사회로 이행되는 시기에는 이에 신속히 대응해 중요 엘리트를 많이 배출하기도 했다.

이들이 남긴 〈연조귀감掾曹龜鑑〉〈경주부 호장선생안〉을 보면, 각 지방의 호장층은 그 지방의 유력한 몇몇 토성이족土姓吏族이 독점, 대대로 세습했음을 알 수 있다.

육방 六房 지방의 행정실무를 처리하기 위해 각 고을 관청에 설치한 6개 부서. 이·호·예·병·형·공의 6방에는 향리들이 배치되어 지방관을 보좌, 그 실무를 담당하도록 했다.

경주인 京主人 고려·조선시대 중앙과 지방관청의 연락사무를 맡기기 위해 지방수령이 서울에 파견한 향리나 아전. 경저리京邸吏·경저인·저인이라고도 한다. 중앙과 지방의 문서전달을 비롯해 선상노選上奴의 입역과 도망한 선상노의 보충, 대동법 실시 이전의 공물과 자기 고을의 부세 상납에 관한 주선, 출신 지방민의 잠자리와 식사제공, 공무나 번성으로 서울에 올라오는 관리나 군인들의 신변보호 등 잡다한 일을 주선하며 서울과 지방의 연락을 맡아 했다. 아울러 도망한 입역자 및 상번하지 않는 자들에 대한 보상, 기일내에 도착하지 못한 각종 상납물에 대한 대납代納의 책임도 졌다. 대납 과정에서 중앙 및 지방의 각종 세력들과 결탁, 먼저 공물을 대납하고 몇 배의 이자를 붙여 지방관청에 요구하는 「방납」의 폐를 일으켰다. 이러한 폐단을 막고자 정부는 서울에 거주하는 사람을 경주인으로 고용해 역가役價를 지급했지만, 대동법 실시 이후 경주인이 공물 청부업자의 구실도 하게 됨에 따라 이권화되어 오히려 역가를 바치고 경주인이 되는 추세였다. 특히 서울의 관리와 양반들은 경주인 자리를 사들여 하인들에게 그 일을 맡김으로써 이익을 보게 되었고, 이에 역가가 올라 대읍의 경우 1만 냥이 넘기도 했다.

3군부 三軍府 조선초기 군사업무를

통일하여 관할하던 관청. 건국초기에 설치된 의흥삼군부의 준말인데, 1400년의 관제官制에는 「3군부」로 나타나 있다. 1391년(고려 공양왕 3), 이성계는 5군을 줄여 3군으로 하고 스스로 도총제사가 되어 군사의 전권을 잡았고, 93년에는 3군도총제부를 의흥삼군부로 고치면서 여기에 고려의 중앙군이었던 8위衛와 자신의 사병私兵인 의흥친군 좌·우위를 합한 10위를 소속시켰다. 1400년(정종 2)에는 왕실의 종친이나 훈신들의 사병을 폐지하여 모두 3군부에 속하게 함으로써 의흥삼군부는 사실상 군사의 실권을 가지게 되고, 이때까지 군정의 최고기관이었던 중추원은 유명무실하게 되었다. 이렇게 군기軍機와 군령軍令을 일단 3군부가 장악했으나, 이후에도 중추원·병조와 기능을 교차하면서 그 지위도 변천과정을 겪는다. 32년(세종 14)에는 삼군도총제부가 없어지고 중추원이 숙위경비를 맡게 되면서, 3군은 정3품의 기관으로 강등되고 새로 설치된 진무소鎭撫所가 병권을 도맡게 된다. 57년(세조 3)에는 3군제가 없어지고, 삼군진무소가 오위진무소를 거쳐 오위도총부로 고쳐졌다.

5위 五衛 조선전기의 중앙군(경군京軍). 지휘권은 5위도총부에 있었으며, 전신은 조선초기의 10위로, 1393년 이성계의 사병私兵이었던 의흥친군 좌·우위와 고려의 중앙군이던 8위를 합해 만든 것이다. 이 10위를 10사司로 개편하여 궁궐 시위와 도성 순찰을 맡겼고, 1409년에는 그 기능이 거의 시위군으로 굳혀진다. 문종 때(1451) 10사는 진법체제에 따라 5사로 개편되고, 세조 때(1457) 다시 5위로 개편되어 조선전기 중앙군의 근간이 되었다. 5위에 속한 군사들의 종류는 대개 3가지로 나누어 볼 수 있는데, 첫째 부류는 신분에 따른 특수한 부대로, 왕실의 먼 친척이나 대

신의 자제, 공신의 자손 등 특권지배층에 대한 특전으로 편제된 부대나, 천인의 신분을 면하고 양인이 될 수 있는 기회를 주기 위해 설치된 보충대를 들 수 있다. 둘째 부류는 일정한 시험을 거쳐 선발된 직업군인들로서 이들은 서울의 각종 시위는 물론 동·서북면(국경지대)의 방위까지 담당하는 기간병력을 이루었다. 셋째 부류는 양인의 의무군역으로서 이들은 교대로 서울에 올라와 시위하는 정병正兵인데, 인원이 가장 많고 5위를 이루는 기간병력이었다.

갑사 甲士 조선시대 5위 중 중위(의흥위)에 속했던 군인. 건국초엔 태조의 사병적인 성격이 짙었으나, 1401년(태종 즉위년)부터 왕권호위를 담당하는 하나의 특수 병종으로 제도화되어 국가의 녹으로 운영되는 기간병으로 정착했다. 대부분 부유한 지배층인 양반자제·한량·양인들이 그 대상이었는데, 세조 때까지는 엄격한 시험에 의해 이들 중에서 선발했으나, 〈경국대전〉이 완성된 성종대 즈음에는 그 수가 많아지고 질도 떨어지게 된다. 또 초기에는 의흥삼군부를 중심으로 10위에 골고루 속해 있었으나, 태종 이후 다른 특수병의 수가 증가하면서 이들은 실직實職(실무를 맡는 직책)에서 체아직遞兒職(녹봉을 주기 위해 설치한 관직)으로 변해갔다. 문종 때 5위제로 개편되고, 57년(세조 3) 의흥위에 속하게 된다.

진관체제 鎭管體制 조선전기 지방방위체제. 조선초기 해안·국경의 중요한 곳에만 진을 설치했던 방위체제는, 변방만 지키다가 외적의 침입을 당해 그곳이 무너지면 내륙은 방어할 수 없는 위험이 있었으므로, 세조 때부터 전국을 여러 개의 진관으로 개편하기 시작하여 1466년 진관체제를 완성했다. 중요한 지역을 거진巨鎭으로 하고 나머지 주변의 여러 진을 그에 속하도록 하면

서, 대부분 목사牧使가 겸하는 첨절제사
僉節制使가 거진을 단위로 하는 진관의
군사권을 쥐도록 하고, 말단의 여러 진
은 군수(종4품) 이하가 직급에 따른 병
마兵馬 직함을 맡게 했다. 수군水軍 역
시 진관조직을 갖추어 지방의 최고사령
관을 수군절도사(정3품)로 했으나, 육
군과는 달리 제주나 교동喬桐(강화도에
있는 지명) 등을 제외하면 수령의 겸임
이 없었다. 이같이 정비된 진관체제를
바탕으로 각 도에 병영과 수영水營을 두
어 병마절도사와 수군절도사로 하여금
육군과 수군을 지휘하게 했다. 그러나
전국을 모두 진관체제로 국방조직을 짰
다고 하지만, 이 모든 지역에 무장한 군
사가 상주하는 것은 아니며, 전략상의
특수지대를 설정하여 긴급상황에 대처
하기 위한 군사를 상주시켰다. 그에 따
라 전국 각지에서 군정軍丁으로 설정된
사람들은 징발이 되면 중잉에 번상番上
(번을 서기 위해 상경)하고, 특수지대
의 방위를 맡는 평시에는 비번인 상태
로 거주지에서 자기 생업에 종사했다.

병마절도사 兵馬節度使 조선시대 종2
품의 무관직. 병사兵使라고도 불렸으
며, 도道의 국방책임을 맡아 유사시엔
군사적 전제권을 행사할 수 있었다. 그
전신은 병마도절제사兵馬都節制使로서,
주로 연변에 설치된 병영과 진鎭의 영진
군營鎭軍을 지휘하며 국방에 임하는 한
편, 지방군의 무예 훈련 등을 담당했
다. 이러한 연변 중심의 방위체제가
1457년(세조 3) 진관체제로 개편되면서
내륙에도 국방 거점이 마련되는 체제로
바뀌고, 모든 수령이 직급에 해당하는
무관 직함을 갖고 관할지역의 하번下番
(중앙에서 지방으로 번番을 서기 위해
내려옴)·경군사京軍士(중앙군)·정병
正兵·수군水軍 등을 파악하며 번상番
上·훈련·군장 점검 등을 책임지게 됨
에 따라, 영진군이 없던 지역에도 병마

도절제사를 두게 되었다. 66년 병마절
도사로 고쳐 부르기 시작했으며, 문신
중심의 통치체제가 갖추어지면서 72년
(성종 3)에는 각 도의 관찰사가 모두 병
마절도사를 겸하게 됐다. 〈경국대전〉에
의하면, 관찰사가 겸임하는 병마절도사
8명 외에, 충청도·전라도·평안도·경
상좌도·경상우도·함경남도·함경북
도에는 전임 병마절도사를 1명씩 두도
록 하고 있다. 16세기초 이후 정병이 군
포軍布를 대납代納하는 대상으로 변해
역役을 피하는 경향이 심해지면서 진관
체제가 무너지고, 1555년(명종 10) 무
렵부터 「제승방략」이란 분군법分軍法
(유사시에 각 고을의 수령이 각 지방에
소속된 군사를 이끌고 배정된 방어지역
으로 가는 방어체제)이 시행되자, 지방
군의 지휘권이 병마절도사에서 벗어나
비변사를 중심으로 하는 중앙정부에 직
접 속하게 되었다. 그러다가 임진왜란
때 큰 실패를 겪고 나서 진관체제를 복
구하기 위한 노력을 기울이지만, 군포
대납의 폐단은 더욱 심해지고 문신 병
마절도사가 자주 임명되며, 겸임 병마
절도사와 전임 병마절도사 간의 지휘계
통도 분명하지 못하여 병마절도사가 효
율적으로 임무를 수행할 수 없었다. 이
미 유명무실하게 된 상황에서 1895년 도
제道制가 폐지됨에 따라 병마절도사도
폐지되고, 96년에는 지방에도 신식군제
의 군대로서 진위대鎭衛隊가 편성되었
다.

병마절제사 兵馬節制使 조선시대 정3
품 수령이 겸임한 군사직함. 조선초기
양계兩界에는 군익도軍翼道가 편성되었
는데, 군사책임자의 명칭이 도병마사·
도절제사·병마절제사 등 일정하지 않
다가 1415년(태종 15) 병마절제사로 통
일됐다. 55년(세조 1) 전국에 군익도를
편성하여 각 도에 몇 개의 거진巨鎭을
두고 근처의 고을을 중·좌·우익으로

편성, 소속시키는 한편 각 고을의 수령은 직급에 따른 병마兵馬 직함을 겸하게 하면서 거진의 수령인 당상관(정3품 이상)은 병마절제사를 겸하게 했다. 57년 군익도체제가 진관체제로 바뀌었을 때도 병마절제사는 변하지 않아서, 〈경국대전〉의 규정에서는 경주와 전주의 부윤만이 이에 해당되었고, 제주목사가 병마·수군절제사를 겸하고 있으며, 평양·함흥은 관찰사가 부윤을 겸하고 있기 때문에 병마절제사를 두지 않았다. 조선후기 광주廣州와 의주가 부로 승격하면서 그 부윤이 병마절제사를 겸하게 된다. 이렇게 고위 군사지휘관을 문신이 겸하게 됨에 따라 국방체제가 허술해졌고, 유사시에는 중앙에서 별도로 무장武將을 파견해야만 했다.

제승방략 制勝方略 유사시에 각 고을의 수령이 그 지방에 소속된 군사를 이끌고 본진本鎭을 떠나 배정된 방어지역으로 가는 분군법分軍法. 세조 때 완성된 진관체제가 전국방위망으로서 그 성립기반이 지나치게 광범위하여 실제 방어에서는 오히려 무력하며 그 기능을 상실해가고, 특히 진관체제에서의 지방군인 정병과 수군의 유지가 어려워지자, 군사가 아닌 층까지 동원하여 전쟁에 임하는 제승방략이 응급으로 실시되었다. 중종 때의 삼포왜란, 명종 때의 을묘왜변을 겪으면서 시도된 전략으로서, 후방지역에는 군사가 없기 때문에 1차방어선이 무너지면 그뒤는 막을 길이 없는 전법이다.

보법 保法 1464년(세조 10), 실제로 역역에 복무하는 정군正軍을 경제적으로 지원하기 위해 신역身役을 편성한 군역제도의 하나. 조선초기부터 16세 이상 60세까지의 양인良人 장정에게는 군역이 부과되었는데, 이 가운데서 직접 군사활동을 하는 정군正軍으로 뽑히지 않은 장정은 봉족奉足으로 삼아 정군의 군사활동에 필요한 비용을 대게 했다. 이러한 봉족은 자연호를 단위로 대개 3정丁 1호戶로 편성되었는데, 보법에서는 계정법計丁法에 따라 2정을 1보保(1군호軍戶)로 편성하고 아울러 토지 5결結을 1정으로 간주했으며, 종전에 군역 부과에서 제외되었던 노비도 보인保人(봉족)으로 간주하도록 했다. 이러한 보법은 대토지와 많은 인정人丁을 가지고 있으면서도 군역을 피하던 관인官人이나 지방세력가들에게 군역을 지움으로써 군역의 평준화와 군액의 증가를 꾀했던 것이며, 세조 즉위 이후 계속 추진되어 온 호적개정사업을 전제로 시행될 수 있었다. 그 결과 군액이 크게 늘어, 1477년(성종 8)의 6도의 군적을 보면 정군이 약 13만 5천, 보인이 33만 3천으로 그 비율은 1 : 2.5로 나타나 있다. 그러나 보법은 시행과정에서 농민에게 과중한 부담을 줌으로써 농민의 유망流亡을 촉진했고, 지방세력가와 대토지소유자들의 격심한 반발도 일으켰다.

봉족 奉足 조선초기 군역을 비롯한 국역편성의 기본조직에서 역을 직접 지는 정정正丁을 경제적으로 돕던 조정助丁을 가리키는 말. 봉족은 국역을 지는 정정이 역을 담당할 수 있도록 그 비용을 대는데, 대개 자연호를 단위로 하며, 단독으로 봉족이 되지 않는 호戶는 세 집(三家)을 1호로 삼는 것이 통례였다. 봉족의 수는 역 담당자의 신분과 소유토지 등에 따라 달라졌는데, 일반적으로는 빈민을 봉족으로 삼았기 때문에 이들은 경제외적 주종관계를 강요당했다. 1464년 보법保法으로 개정된다.

과거 科擧 중세사회에서 관리를 선발하던 국가시험제도. 조선시대의 과거에는 소과小科·문과·무과·잡과 등 네 종류가 있었으며, 3년에 한 번 열리는 식년시式年試라는 정기시험과 수시로 열리는 부정기시험으로 치러졌다. 조선의 과거제도는 조선 건국세력인 개혁파 사대부들이 고려말부터 추진해온 개혁 선상에서 정비되었는데, 먼저 1392년 조선건국과 함께 고려시대의 제술과와 명경과를 통합하여 문과로 하고, 다음해에는 처음으로 무과를 실시하여 문·무의 균형적인 운영을 통해 명실상부한 양반관료체제를 갖추었다. 문과시험에서는, 경학經學시험이 고려시대까지 경經의 본문을 내놓고 해석과 아울러 논論을 세우게 하는 필기시험(제술製述)에서 경서의 대의를 묻는 구술시험인 강경講經으로 바뀌었고, 진사시에 해당하는 국자감시가 폐지되었다. 특히 국자감시의 폐지는 성리학 신봉자들인 집권 사대부들이 사장詞章시험인 진사시보다 경학시험인 생원시를 중요하게 생각했기 때문이기도 하지만, 국자감시가 고려시대 귀족들의 붕낭·학벌·족빌을 유지, 강화하는 도구로 이용되는 폐단을 낳았기 때문이라는 이유도 크게 작용했다. 단종 때 가서야 복구되었지만 조선초기 약 60년 동안은 진사시가 실시되지 못했다. 또 조선의 과거제도 특징은 관학과 과거제를 유기적으로 연결시키려고 4학과 향교에서 양성한 인재를 생원시(후에는 진사시도 해당)로 뽑아 성균관에 입학시켜 실력을 더욱 기르도록 했으며, 초기에는 과거시험 업무도 성균관에서 거의 맡아보고 있었다는 점이다. 잡과 역시 조선의 실정에 맞추어 바꾸었는데, 고려의 잡과 중 남은 것은 의과·음양과뿐이고 새로 역과譯科·이과吏科가 신설되었다. 역과에서는 명나라와의 외교의 중요성 때문에 한어과漢語科가 건국초부터 설치되었고 그후 몽어과蒙語科·왜어과倭語科·여진어과가 설치되었다. 이과는 조선초기에 중앙의 상급 서리胥吏를 뽑는 시험이었으나 없어지고 대신 율과律科가 새로

생겼다. 이렇게 성립된 과거제도에서 각 과는 다음과 같은 특징을 갖는다. 첫째 소과는 사마시司馬試라고 하는데 경술經術을 시험보는 생원시와 시·부賦 등 문학을 시험보는 진사시가 있으며, 다같이 초시初試·복시覆試 두 단계의 시험에 의해 각각 100명을 뽑아 생원·진사의 칭호와 함께 성균관에 입학할 수 있는 자격을 주었다. 생원·진사는 성균관에 입학하여 공부한 후 다시 대과大科에 합격하여 관직에 오르는 것이 정상의 과정이었고, 생원·진사의 자격만으로는 관직을 얻기 어려웠으며, 얻는다 해도 능참봉陵參奉이나 훈도訓導·오위장五衛將 정도였다. 둘째 문과는 대과大科라고도 하며 문관의 등용 자격시험으로 가장 중요시했는데, 초시·복시·전시殿試(임금이 친히 보이는 시험)의 세 단계 시험을 거치도록 했다. 시족이면 누구나 대·소과에 응시할 수 있었으나 중죄인의 자손이나 부정한 관리의 아들, 재가하거나 행실이 나쁜 여자의 자손, 서얼 자손에게는 응시자격이 없었다. 특히 유교가 보급됨에 따라 과부의 수절守節이 존중되고, 봉건계급 사상이 높아짐에 따라 첩의 자손을 구별하게 되면서 재가한 여자의 자손이나 서얼 자손에 대한 통제가 점점 강해졌는데, 서얼 자손에 대한 관직임명 및 과거응시금지(금고禁錮)는 여러가지 사회 문제를 일으키게 되었다. 셋째 무과武科는 병학兵學과 무예를 시험하는데, 이 역시 초시·복시·전시의 세 단계에 의해 선발하여 무관 임명자격을 주었다. 응시자격은 문과와는 달리 별 제한이 없어서 천인賤人 이외에는 모두 응시할 수 있었다. 넷째 잡과는 기술학의 필요성에 따라 두게 되었으나, 유교적인 직업관념 때문에 기술직이 천시되면서 사대부들이 종사하기를 꺼리게 되었다. 이에 점차 양반에서 도태되거나 양인에

서 상승한 부류들이 기술직에 종사하게
됨에 따라 격이 떨어져 중인층의 과거
로 전락되어갔다.

생원 生員 조선시대 소과의 하나인 생
원시에 합격한 사람에게 주는 칭호. 진
사와 더불어 성균관 입학, 하급관료 취
임자격을 주었다. 생원시는 과거의 예
비고사와 같은 성격을 띤 것이라 할 수
있으며, 생원은 선비로서의 사회적 지
위를 공인받았다. 조선후기에 과거가
권력층에 의해 농락당하면서부터 생
원·진사에 만족하고 대과에 응시하는
것을 단념하는 풍조가 생겼고, 또 이를
청렴한 것으로 여기기도 했다. 생원·
진사는 중앙정계에서보다 지방사회의
지도자로서 영향력이 커 지방관과 협력
하여 양반체제 유지와 발전에 큰 역할
을 했다.

진사 進士 조선시대 소과의 하나인 진
사시에 합격한 사람에게 주는 칭호. 생
원과 더불어 성균관 입학, 하급관료 취
임자격을 주었다. 진사란 사류士類에 참
례하게 된 자격을 얻었다는 뜻으로, 세
종 때(1438)부터는 합격증서로 백패白
牌를 주었다. 조선후기에 들어와 과거
제도가 문란해지자 지방의 응시자는 거
의 진사급제에만 뜻을 두게 되었고, 또
진사가 선비의 존칭으로 보편성을 띠게
되자 생원도 진사의 칭호를 사용하여,
생원은 늙은 선비를 통틀어 일컫는 말
이 되었다.

성균관 成均館 고려말, 조선시대 최
고의 교육기관. 고려후기 충선왕 때 국
학國學을 성균관으로 고쳐 부른 데서 비
롯되어 1894년 갑오개혁에 이르기까지
존속했다. 공자를 숭배하고 유교에 의
해 교육하는 목표에 따라 공자를 비롯
한 유교의 성인들과 명현名賢의 위패를
모시는 문묘文廟, 유생들에게 강의하는
명륜당明倫堂, 유생들이 기숙하는 동·
서재의 건물로 이루어졌다. 본래는 생

원·진사에게만 입학이 허가되었지만
그밖에도 4학의 학생들을 받아들이기도
했다. 성균관의 학생들은 국정참여의식
이 높아 실정失政이나 유교의 가르침에
어긋나는 일에는 유소儒疏를 올렸고, 만
족한 답을 얻지 못할 때는 권당捲堂이라
하여 식당에 들어가길 거부하거나, 공
재空齋라 하여 기숙사에서 탈출하는 등
오늘날의 동맹휴교와 같은 집단행동을
했다.

4학 四學(4부학당四部學堂) 조선시대
중앙 각 부, 즉 동부·서부·남부·중
부에 설치된 관립교육기관. 지방의 향
교에 해당한다. 전신은 고려 원종 2년
(1261)에 설립된 동서학당으로, 고려말
유학진흥의 현실적 요청에 따라 설치되
었다. 중국과는 다른 제도라는 특징이
있다. 중등 정도의 교육을 실시하는데,
성균관에 비해 규모가 작고 교육정도는
낮으나 교육방법과 내용은 비슷하여,
성균관의 부속학교와 같은 성격을 갖는
다. 임진왜란 이후 학생수가 급격히 줄
어들어 유명무실하게 되었는데, 한말
외국인들이 사학私學을 세우면서 이 이
름을 따라 「배재학당」 「이화학당」 등이
라고 이름지었다.

향교 鄕校 지방에 있는 문묘와 그에
딸린 학교. 성균관을 본뜬 것으로 그 규
모가 작을 뿐이었다. 태조는 즉위하자
마자 고려말부터 여러 곳에 생기기 시
작한 향교의 진흥에 힘써, 1읍邑에 하나
씩 세워지는 등 일시에 각지에 보급되
고 발달했으나 임진왜란으로 황폐해졌
다. 또 때마침 일기 시작한 서원書院에
눌려 그 이후엔 교육기관의 기능은 마
비되고 문묘의 제사만 담당하게 되었
다. 결국 양반 아닌 사람이 군역을 피하
기 위해 들어가는 곳이거나, 중앙의 행
정실무자를 공급하는 하급관리 양성소
의 성격을 띠게 되었다.

3. 조선전기의 사회와 신분구조

양반 兩班 조선사회를 지배했던 상급 지배신분을 통틀어 일컫는 말. 원래는 관제官制에서 문·무반을 가리키는 말로서 고려 때부터 사용되었으나, 시대가 흐름에 따라 그 의미나 범주가 바뀌어 상급 지배신분층으로 쓰이게 된 것은 조선초기부터였다. 즉 고려말 과거科擧를 통해 관직에 진출하여 조선왕조 집권층이 된 집권사대부들이 새로운 지배체제를 갖추면서부터였다. 이들은 자신들의 출신기반인 향리鄕吏 집단의 관인화官人化를 철저히 제한하고, 이미 국가로부터 관직·관품을 받은 모든 문무 품관집단은 양반으로 공인하여 〈세종실록〉 지리지 성씨조에 토성土姓(군현성)으로 기록했다. 토성층은 현직이건 산직散職(실무를 맡지 않은 관직)이건 고려 이래 국가로부터 관직·관품을 받은 품관品官들이 주요 구성원이었는데, 이들은 대개 중소지주층으로서 향촌사회의 지배계급이었다. 이렇게 형성된 양반은 경제적으로는 지주地主이고 정치적으로는 관료 또는 관료예비군이었으며 사회적으로는 지방사회의 지배계급으로서, 그 지위를 유지·재생산할 수 있는 모든 제도를 갖추어 갔다. 이러한 양상은 특히 조선사회의 기본적 생산관계인 토지소유관계에 집중적으로 표현되어 있는데, 양반의 토지는 보통 지주地主·전호佃戶 관계에 의해 경작되었고, 지주·전호제의 강화를 위해 국가권력이 이용되었다. 이밖에 양반도 국가의 공민公民인 이상 국가에 전세田稅를 낼 의무가 있었으나, 양천良賤 농민의 부담보다 훨씬 가벼운 것이었는데도 합법·불법적으로 면제되는 수가 많았고, 군역軍役 역시 합법으로 면제받거나 관직으로 연결되는 특수한 병종兵種에 소속될 수 있어서 군역복무와 관료로의 진출이 동시에 해결되는 특권이 주어져 있었다. 또 사회적 지위를 이용하여 불법으로 군역을 이탈하는 경우도 많았다. 교육과 과거에서도 양반은 특권을 보장받았다. 조선의 법제에는 양반을 포함한 양인良人은 교육과 과거에 참여할 기회가 주어져 있었지만 실제로는 그렇지가 못했다. 양인 농민들은 우선 과거시험을 준비할 경제력이 없었고, 또 양반이더라도 과거 응시자격에서 내용적으로 가문을 따졌으며, 과거에 합격해도 문벌에 따라 승진이 좌우되었다. 1894년 갑오개혁 때 계급타파의 시책이 나오면서부터 공식적으로는 양반이라는 특권층이 차츰 없어졌으나, 유습은 그후에도 어느 정도 남아 있었다.

유향품관 留鄕品官 조선시대 향촌에 거주하는 품관. 품관이란 품계는 있지만 직사職事는 없는 자를 말하는데, 고려말 왜구나 홍건적의 잦은 침입 속에서 군공軍功 등에 의한 검교직檢校職·첨설직의 남발로 대량배출되었다. 그 대상은 주로 지방사회의 실력자였던 향리층의 상층부로서, 이들은 실직實職이 없으므로 향촌에 머물면서 지배세력을 형성했다. 조선초 건국세력은 정치·군사적 목적으로 이들에게 5~10결의 군전을 주기도 했다. 이들은 유향소를 조직해 그 지역출신 재경在京 관인들의 기구인 경재소와 상호관계를 가지면서 향촌사회를 지배했다. 토호적 존재로서 그 지역 백성을 탈법적으로 지배하고 민전을 겸병하며, 부역이나 환곡을 피하고 천택川澤의 이익을 독차지하는 한편 수령 및 관인들과 대립, 충돌하기도 했다.

유향소 留鄕所 조선초기 향리를 규찰하고 향풍을 바로잡기 위해 지방의 품관들이 조직한 자치기구. 향사당鄕射堂·풍헌당風憲堂·집헌당執憲堂·유향청·향당鄕堂이라고도 한다. 그 시원은 자세하지 않으나 고려말 조선초 지방의 유향품관들이 고려시대 사심관제를 모방해 스스로 조직한 것으로 보인다. 본래 향리출신인 유향품관들이 아직도 향리신분에서 벗어나지 못한 부류와 자신들을 구분하고, 이전과 같이 계속 향촌사회의 주도권을 잡기 위해 자신들이 중심이 된 새로운 기구를 만든 것이다. 유향품관들은 실직은 아니지만 품계가 수령보다 높은 경우도 많을 뿐더러, 조선초 대부분의 수령의 자질이 낮았기 때문에 이들이 수령을 능멸하는 행위가 자주 일어났다. 그리하여 중앙집권화의 일환으로 수령권이 강조되면서 1406년(태종 6) 유향소를 폐지하고 각 고을의 유향품관 1명을 신명색申明色으로 삼아 수령을 돕게 했으나, 이 역시 폐단이 많아 17년에 폐지하고 29년(세종 10) 유향소를 다시 세우게 했다. 이때에는 경재소로 하여금 유향소를 관할하게 하고, 그 직무도 향리·간민奸民을 규찰하고 향풍을 바로잡는 일만 전담하도록 했다. 이후 유향소는 자연히 관권과 타협, 순종해 갔으나 이러한 경향은 양자의 결탁 아래 향촌사회에서의 불법행위를 더욱 조장하는 결과를 가져왔다. 결국 세조 말경 수령과 결탁하여 백성을 괴롭힌다는 이유로 다시 폐지되었다가 88년(성종 19) 다시 부활되었다.

경재소 京在所 조선시대 경중京中의 종실이나 정부의 고관이 자기 출신지에 대해 지배력을 행사하던 기구. 고려말부터 존재하여 조선에 들어오면서 주현의 개폐·인물의 추천·공물의 납부·향리의 규찰 등을 맡아보았는데, 이는 고려의 사심관과 비슷한 기능이었다. 1436년(세종 17)에 정비된 경재소 제도를 보면 2품 이상은 8향, 6품 이상은 6향, 7품 이하는 4향, 무직無職의 의관자제衣冠子弟도 2향의 경재소관을 겸임할 수 있도록 함으로써, 중앙 관인층은 자신의 연고지에 적게는 2곳, 많으면 8곳까지 관여할 수 있었다. 물론 수령의 정치에는 간여할 수 없도록 규정해 놓았으나, 지방의 수령이 이들 중앙의 권세가를 제어하기는 어려웠다. 이후 중앙의 고관들이 경재소관을 통해 자신의 연고지에 사적 경제기반인 농장을 경영하는 폐단이 자주 지적되고 있다. 1603년(선조 36) 영구 폐지되었다.

한량 閑良 조선시대 양인 이상의 특수신분층의 하나. 〈용비어천가〉에는 「관직이 없이 한가롭게 사는 사람을 속칭한다」고 되어 있다. 본래는 고려말 향리 등 지방토호출신을 의미했는데, 군공에 의해 첨설직 등의 관직을 얻었지만 직무는 없으므로 「한량품관」으로 불렸다. 경제적으로 부유할 뿐 아니라 군공을 세울 정도로 무예도 있어, 조선정부는 이들을 국방력 강화에 동원하고자 군전을 지급하기도 했다. 이들은 과거를 통해 중앙관료로 진출하기도 하고, 향촌에 남아 유향소를 세워 향촌자치를 주도하기도 했다. 특히 향촌사회에 남은 자들은 더이상 관직획득의 기회가 없으므로 그들의 자손은 품관으로서의 지위를 가질 수 없었다. 그럼에도 본래 향촌사회의 지배층이었던 지위와 경제적 여유를 바탕으로, 학교에 적籍을 두지 않고도 양인이면 누구나 져야 하는 군역에서 빠졌다. 15세기말 이후에는 바로 이렇게 부유하면서도 직업과 역이 없는 사람들을 「한량」으로 파악해, 시험에 의해 직업군인으로 뽑거나 강제로 군역을 지우기도 했다. 이후 한량이 포함하는 계층은 약간씩 변화한다. 1625년(인조 3)에 작성된 호패사목에는 사족으로서 소속이 없는 사람, 유생으로서 학교에 입적하지 않은 사람, 평민으로서 소속이 없는 사람을 모두 한량으로 불러, 「역이 없는 사람」을 통틀어 일컫고 있다. 그리고 정조대에 이르면 무예를 잘해 무과에 응시하는 사람을 가리키는 말로 다시 바뀐다. 그러나 어떻게 변화하든 본래의 의미에서 크게 벗어나지는 않았다.

서얼 庶孼 양반의 첩의 자손. 서庶는 양인良人 첩의 자손, 얼孼은 천인賤人 첩의 자손을 말한다. 고려 때까지는 서얼에 대한 차별대우가 별로 없었으나, 고려말과 조선초기를 거치면서 주자학朱子學의 귀천의식 및 계급사상이 지배계급의 정통사상으로 자리잡게 됨에 따라 서얼의 관직진출에 제한을 두기 시작했다(한품서용限品叙用이라고 함). 조선사회의 가장 기본이 되는 법전인 〈경국대전〉에 의하면, 서얼은 문·무과나 생원·진사시에 응시하지 못하도록 하여 첩의 자손은 문무 양반관료의 등용시험인 과거에 응시할 자격을 박탈하고 있다. 때때로 서얼이 제한된 범위에서 등용되기도 했는데, 그것 역시 아버지의 관직의 높낮이에 따라 또는 어머니의 양천인良賤人 신분에 따라 한계가 그어져 있었으며, 대체로 그 관직도 양반이 천하게 여겨 종사하지 않는 기술직에 제한되었다. 이렇게 해서 기술관과 서얼의 관계가 밀접하게 되었고, 양반에서 탈락되었으나 일반 양민층에는 속하지 못했던 서얼이 기술관과 비슷한 중인中人으로 파악되는 계기가 되었다. 1550년대(명종초)에 서얼 허통許通이 되어, 양인 첩의 경우에는 손자부터 과거에 응시할 수 있게 하되 유학幼學이라 부를 수 없게 했고 합격증에 서얼출신임을 밝히도록 했다. 16세기말에는 이이가, 그후 최명길 등이 서얼 허통을 주장했으나 대신들의 완강한 반대로 실현되지 못했다.

서얼금고법 庶孼禁錮法 조선시대 양반의 자손 중 첩의 소생은 관직에 나갈 수 없게 한 제도. 1415년(태종 15) 특정 인물을 경계하고자 서얼자손에게 높은

관직을 주지 말자고 건의한 것에서 비롯되었다고 하며, 차츰 여러 형태의 차별이 더해져 〈경국대전〉에서 법규로 정리, 적용되기 시작했다. 이전에도 서얼은 잡직에 한해서만 아버지의 품계에 따라 오를 수 있는 품계가 한정되었는데, 〈경국대전〉에는 문과·생원·진사시 등 과거에는 아예 응시하지 못하도록 한 것이다. 이후 서얼차별은 더욱 심해져 1555년(명종 10)에 편찬된 〈경국대전 주해〉에 반영되었다. 하지만 이 시기에만도 어숙권魚叔權을 비롯, 조신曹伸·송익필宋翼弼·양사언楊士彦·양대박梁大樸 등 도학과 문장에 뛰어난 서얼출신의 명사가 적지않았다. 따라서 인재의 활용면에서 그 차별을 없애야 한다는 주장이 일찍부터 일어났다. 중종대 조광조가 서얼등용을 주장한 이래 서얼들이 직접 문·무과 응시를 요청하는 집단상소를 여러 차례 올렸으나, 전반적인 차별은 여전히 심해 광해군 때는 「칠서의옥七庶之獄」이라는 서얼 7명이 관련된 역모혐의사건까지 일어났다. 영조·정조대에 이르러 서얼차별의 폐지에서 많은 진전이 있었지만, 이러한 정책적 배려가 사회관습을 없애는 데는 아직도 한계가 있었다. 1894년의 갑오개혁에서야 그 깊은 뿌리를 자르는 계기가 마련되었다.

중인 中人 조선시대 지배계급인 양반과 피지배계급인 양민 사이에 위치했던 중간계층을 가리키는 말. 기술관을 비롯한 서얼, 중앙과 지방의 서리胥吏(실무 담당 하급관리), 군교軍校·토관土官(평안·함경·제주도의 토착세력에 주었던 특수한 관직) 등이 포함되어 있었으며, 중인이란 명칭은 기술관들이 서울의 중심지역에 모여 살았던 것에서 비롯되었다. 고려시대까지는 양반관료와 비교할 때 별다른 차별대우가 없었는데, 고려말부터 조선초기에 이르기까

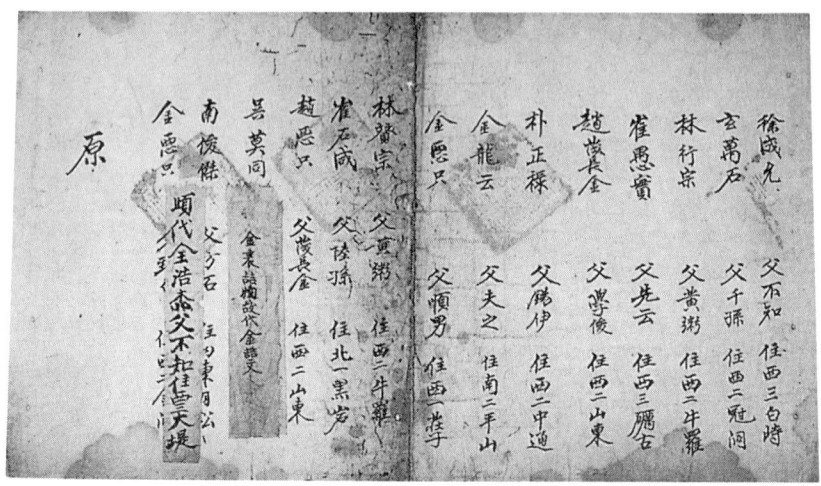

△필암서원 중 노비안

지 약 1세기에 걸쳐 이루어졌던 사회신분층의 재편과정에서 상급 지배신분층으로 부각된 양반사대부에 의해 점차 천시되어 사회적으로 차별대우를 받게 되었다. 이들의 전통이나 교양은 양반 못지않았으나, 관직은 의관醫官·역관譯官·천문관天文官·지관地官·산관算官·율관律官 등 각종 실용기술과 행정 말단의 실무를 맡는 데 한정되었다. 또 이들이 맡았던 기술이나 행정직은 전문지식을 필요로 했기 때문에, 지식의 세습과 함께 관직도 계승되어 양반계층과 섞일 수 없는 폐쇄적인 신분층으로 고정되었다. 17세기 이후 청나라와의 무역이 왕성해 지자, 통역을 맡았던 사람 중에서는 밀무역을 하거나 상인들의 무역관계를 교섭해줌으로써 부를 쌓아 유력한 상업자본가로 성장하기도 했다. 또 중인층은 양반계층에 비해 국제정세나 근대문명에 보다 민감하여, 근대 개화사상의 발생과 초기 부르주아 개혁운동에서 선구적 역할을 하기도 했다.

신량역천 身良役賤 양인 신분이면서 천역에 종사하던 사람들에 대한 신분규범. 고려말 이후 법제적 신분은 크게 양인과 천인으로 구분되었는데, 누구나 기피하는 고된 직업이나 역役에 종사하는 양인들은, 신분은 양인이지만 천시되어 양인과 천인의 중간계층으로 취급되었다. 소금구이하는 염간鹽干, 바다에서 물고기잡이 하는 해척海尺, 도자기 구이 하는 사기간, 철을 제련하는 철간, 그밖에도 조운에 종사하는 조졸漕卒, 봉수대 위에서 기거하며 봉수업무를 맡은 봉수군, 역驛에 소속되어 역역譯役을 세습으로 맡은 역졸, 중앙의 사정 및 형사업무를 맡은 관서에 소속되어 경찰·순라·옥지기 등 잡역에 종사하는 나장羅將 등이 신량역천으로 구분되었다.

공노비 公奴婢 왕실 및 중앙과 지방의 국가기관에 소속되어 사역되던 노비. 왕실에 소속된 노비를 궁노비, 일반 행정기관에 속한 노비를 관노비라 했다. 조선시대 공노비가 되는 것은 반역 또는 난동, 강·절도, 간음·위조·유기 등 특정한 범죄에 대한 처벌의 한 방법이었다. 공노비는 독자적인 가계를 유지하면서 자유로운 가정생활을 할 수 있는 대신, 16세 이상 60세까지는 소속 관서에 의무를 부담해야 했다. 그 의무 내용이 노역이면 선상노비選上奴婢라 했고, 현물이면 납공노비納貢奴婢라 했다. 대체로 서울에 사는 공노비는 선상노비가 되었으며, 지방에 사는 공노비는 선상노비와 납공노비로 구분되었다. 공노비의 경우 그 노역이 남자뿐만 아니라 여자에게도 부과되었기 때문에, 양인이 남자만 국역을 지는 것에 비해 그 의무 부담이 두 배 이상 무거웠다. 공노비의 자손은 부모가 동색혼同色婚(부부가 같은 신분)은 물론 이색혼異色婚(부부가 다른 신분)일 경우에도 공노비로 되어 부모와 같은 관아에 소속되었으며, 부모의 소속관아가 다를 경우엔 종모법從母法에 따라 어머니의 소속관아에 속했다. 군공軍功·포도捕盜·역모고발 등의 공을 세우면 상으로 양인良人이 될 수 있었으며, 또 같은 공을 세운 사노비도 양인으로 삼으면서 그 주인에게 공노비를 대신 주기도 했다. 1467년(세조 13) 이시애의 난 이후 때때로 곡식을 바치는 사람도 양인으로 삼도록 했는데, 임진왜란 이후 한층 성행했다. 이에 따라 대구속신代口贖身이라 하여 자기 자리에 다른 노비를 대신 밀어넣고 빠져나오는 방법도 성행하여, 《속대전》에는 이를 법제화하기까지 했으나 규정대로 잘 되지 않고 공노비의 수는 날로 줄어들었다. 1484년(성종 15) 35만 2천여 명이던 공노비가 1654년(효종 5)엔 19만여 명으로 집계되었다. 18세기 이후 신분제가 크게 동요됨에 따라 1801년(순조 1)에는 공노비를 없애고 모두 양인으로 삼았는데, 그때의 수는 모두 66,067명이었다.

선상노비 選上奴婢 고려·조선시대에 각 관청에서 사역을 시키기 위해 지방에서 중앙으로 뽑아올린 관노비. 조선시대의 선상은 서울에 머무는 기간을 기준으로 크게 두 가지로 나누어졌는데, 그 하나는 선상노비로 지방 거주 공노비를 7번 교대로 서울에 입역시켜 중앙 각 관청의 잡역에 종사하도록 한 것이다. 즉 한 사람이 3년마다 6개월 동안 서울에 입역하며, 그들에게는 봉족奉足 2명이 주어져 면포·정포 각 1필을 거두었다. 선상노비는 관원의 수행, 각 궁·전殿의 잡일, 각 사의 장인匠人·성상城上·방직房直·고직庫直·침선針線·주모酒母·집찬執饌·세답洗踏 등을 맡았다. 선상노비 중 부모의 노환이나 가족의 생계를 위해 대립代立이 불가피한 경우에는 대립가로 1개월에 2필을 넘지 못하도록 규정되어 있다. 신상의 다른 하나는 여기女妓·연화대蓮花臺·여의女醫를 위해 지방 각 고을의 관비 중에서 나이 어리고 총민한 자를 뽑아 특별한 재예를 갖추게 하여 서울에 계속 머물도록 한 것이다. 여의는 재예가 성취되면서 본 고을로 내려보냈다.

납공노비 納貢奴婢 조선시대 신공身貢을 바치던 공노비貢奴婢. 조선시대 공노비는 그들의 의무내용에 따라 선상노비選上奴婢와 납공노비로 구분되었는데, 16세 이상 60세까지의 공노비 가운데 선상노비가 매년 일정기간 동안 소속 관서에 무상으로 노역을 해야 하는데 비해 납공노비는 매년 일정액의 신공을 바쳐야 했다. 신공은 1408년(태종 8)에 추포麤布(정제하지 않은 베)로써 노奴는 5필, 비婢는 4필을 바치게 했으며, 25년(세종 7)에는 이를 대폭 줄여 노는 정포正布 1필과 저화楮貨 2장, 비는 정포 1필과 저화 1장, 또는 전錢으로 노는 100문文, 비는 50문을 바치도록 했다. 세조 때 명나라에 대한 진헌進獻, 사신에 대한 답사예물 등으로 면포綿布의 수요가 배로 많아지고, 또 점차 저화의 유통이 원활하지 못하게 되자 면포로 일괄하여 노는 2필, 비는 1필을 바치게 했다. 이렇게 거두어들인 노비의 신공은 국가재정에서 중요한 비중을 차지했는데, 1485년(성종 16)의 예를 들면 면포가 72만 4천5백여 필, 정포가 18만 여필에 이르렀다. 조선후기에 들어서는 때때로 노비의 신공을 덜어주기 위한 조처가 이루어졌다. 이러한 신공의 품목은 〈경국대전〉을 비롯한 각종 법전에는 면포로 정해져 있었지만, 이는 면포가 가장 기본품목이었기 때문이고 실제로는 각 관서의 수요에 따라 바쳐야 할 품목이 지역별로 정해져 있었다. 1727년 납공노비에게 부과되었던 신공의 품목은 면포·전錢·은銀·백지白紙 등 37개 품목이었다.

사노비 私奴婢 개인에게 예속되어 대를 이어가며 사역되던 노비. 그 상전의 토지·가옥과 함께 중요한 재산으로 간주되어 상속·매매·증여의 대상이 되었다. 이들은 상전의 호적에 종파·나이·전래 변별·부모의 신분 등이 올려졌는데 성은 없고 이름만 있으며, 부모 중 한쪽이라도 천인이면 천인 신분으로 정해졌다. 이들에 대한 소유권은 원칙적으로 어머니의 상전에게 있었으나, 어머니가 양인이면 아버지의 상전에게 있었다. 사노비는 솔거노비率居奴婢와 외거노비外居奴婢로 구분되는데, 솔거노비는 주인의 경리經理 속에서 최소한의 옷과 음식을 공급받고 무기한·무제한의 노동을 제공했으며, 외거노비는 주인의 호적 외에 현 거주지에 별도의 호적을 가지고 비교적 온전한 가정생활을 유지할 수 있었다. 양·천의 분별을 엄격히 하고 있던 중세 신분제사회에서 노비가 양인이 되는 것은 매우 어려운 일이었지만, 16세기 이후 납속면천책納粟免賤策이 실시되면서부터 양인이 되는

길이 넓어졌다. 1553년, 전에 없던 가뭄을 당한 경상도 지방의 재해민을 구제하기 위해 50섬 내지 100섬을 바친 공·사노비를 양인이 되도록 해주었는데, 이후 계속되는 재난과 변방의 소요 때문에 납속제는 계속 실시되었고, 임진왜란이 일어나자 무제한 실시되었다.

솔거노비 率居奴婢 주로 주인과 같이 살거나 주인집 근처에 거주하면서 직접적인 노동력을 제공하던 노비. 직접적인 노동력 대신 그에 상응하는 신공身貢을 납부하는 외거노비에 대칭되는 용어로서, 이러한 구분은 조선전기부터 명확해지기 시작했다. 따라서 솔거노비에 대한 이해는 그 주거형태보다는 사회·경제적인 존재형태가 더 강조되어 왔다. 솔거노비의 주된 임무는 주인의 직영지를 경작하는 일이며, 그밖에 노奴는 멀리 떨어져 있는 농장의 관리인으로 나가거나 외거노비의 신공을 받으러 가기도 했고, 비婢는 여성 노동력으로서의 맡은 일을 했다. 솔거노비 중 일부는 주인의 배려로 자신의 토지를 소유, 경작하기도 했으나 대부분은 생계를 주인에게 의존하기 때문에 생활조건이 매우 열악했고, 살아 있는 재산으로 취급되어 매매·상속·증여의 대상이 되었으며, 목숨까지도 주인의 의지에 달려 있었다. 조선후기에는 농업기술이 발전하고 상공업과 상품화폐경제가 발달하자 재산을 축적할 기회와 가능성이 높아졌으며, 고용노동이 일반화되면서 주인에게 예속되지 않고 노동력을 팔아 생계를 유지할 수 있는 사회여건도 형성되어갔다. 이에 솔거노비는 자신의 경제력을 바탕으로 호적을 고치거나 남의 족보를 사들여 조상을 바꾸는 등 여러가지 방법을 통해 신분상승을 꾀하는 한편, 도망을 통해 신분적인 예속상태를 벗어나기 시작했다.

외거노비 外居奴婢 주거형태와 신역

身役의 부담형태에 따라 구분한 노비의 한 형태. 공노비의 경우 중앙 각 관청에 소속되어 있으면서 서울 바깥에 거주하는 노비를 가리키며, 사노비의 경우 주인과 떨어져 살면서 직접 노동력이 아닌, 그에 상응하는 신공身貢을 갖다바치는 노비를 가리킨다. 역사상 노비가 출현한 초기단계에서는 공노비・사노비의 구분만 있고 모두 노동력을 직접 제공했지만, 시간이 지나면서 노비의 거주지역이 소속관청이나 주인의 거주지역에서 멀리 떨어지는 현상이 나타남에 따라 이러한 구분이 생긴 것이다. 조선시대 공노비로서의 외거노비는 다시 입역立役노비・봉족奉足노비・납공納貢노비로 구분되었는데, 입역은 서울로 뽑혀 올라가 고위관리를 시종하거나 관청의 잡무를 수행하는 것이며, 봉족은 입역노비가 상경하여 입역하는 동안 그의 생계를 돕는 것이고, 납공은 실섭 노동력 대신 신공을 납부하는 것이다. 중앙관청에 소속된 16세 이상 60세 이하의 모든 외거노비는 이 세 가지 중 하나를 부담해야 했다. 이 가운데 입역이 가장 고된 것이었기 때문에 가능하면 봉족이 되기를 원하는 상황에서, 중앙이 요구하는 입역노비의 수가 증가하고 차례가 빨리 돌아오게 되자, 입역에서 벗어나려는 노력이 여러가지 형태로 나타났다. 외거노비의 전반적인 감소추세에서 18세기초엽에는 입역노비가 폐지되고 그들이 했던 역할은 양인의 고용노동으로 대체되어, 공노비로서의 외거노비는 모두 납공노비가 되었다. 한편 사노비로서의 외거노비는 주인에게 신공을 내기만 하면 되었는데, 〈속대전〉에 의하면 1년의 신공액은 노奴가 면포 2필, 비婢가 면포 1필 반이었다. 경제적으로 토지・가옥, 심지어 노비까지 소유할 수 있었고, 때로는 주인이나 다른 지주의 토지를 소작하기도 했으며, 일부는 공

장工匠으로서 수공업에 종사하거나 상업 또는 어업을 겸하기도 했다. 외거노비는 원칙적으로 군역軍役의 의무가 없는 등 다른 노비에 비해 비교적 유리한 처지에 있었지만 이들 역시 신분의 억압에서 벗어나려고 노력했다. 가장 보편적인 방법이 도망이었고, 부유한 사람은 관리를 매수하여 노비신분을 벗어나기도 했다. 이들의 상전은 주로 서울의 양반관리였는데, 지방수령의 협조를 얻어 노비에 대한 신공징수나 도망한 노비를 추적하여 잡고자 했으나 당시의 추세를 돌이키기는 어려웠다. 사노비로서의 외거노비는 노비제가 법적으로 폐지되는 1894년보다 약 1세기 전에 이미 자취를 감추었다.

백정 白丁 조선시대 도살・고리(유기柳器제조・육류판매 등을 주로 하며 생활하던 천민층의 하나. 고려시대에는 가장 광범하게 존재하던 농민층을 의미했으나, 고려말 조선초를 거치면서 그 의미가 변한 것이다. 따라서 조선시대 백정을 고려시대 백정과 구분하기 위해 「신백정新白丁」이라는 말을 쓰기도 했다. 백정이라는 말이 변화한 것은 1423년(세종 5)의 일인데, 이전까지의 재인才人・화척禾尺을 개칭한 것이라고 한다. 즉 조선시대 백정은 이전의 재인과 화척을 합해 부르는 신분이라는 것이다. 그러나 문헌을 검토해 보면 재인은 백정 계열과는 달리 표현되고 있어서, 조선시대 백정은 이전의 화척을 고쳐 부른 것으로 봐야 한다. 조선시대 백정 또는 그 전신인 화척은 대개 유목민족 출신으로, 조선사회에 정착하면서도 유목민의 생활습속을 버리지 못하고 고리제조와 판매, 육류판매 등에 종사하거나 수렵・목축 등의 생활에서 터득한 짐승도살의 기술을 되살려 도살업에도 진출했다. 조선초기 국가는 이들 백정을 농경에 종사시키기 위해 토지를 지

급하고 호적에 편입시켰으며, 능력있는 사람은 향학鄕學에 응시할 수 있도록 도와주었다. 또 그들만의 집단생활을 금지하고 평민과 함께 섞여 살도록 함으로써, 그들의 유목민적 기질을 순화시키려 했다. 그러나 국가의 이런 노력에도 불구하고 이들은 농경에 정착하지 못하고 이전부터 행해 오던 고리제조·도살·육류판매에 활발히 진출했다. 조선시대 백정은 신분이 천인이었으므로 기본적으로 국가에 대한 각종의 부담이 없었고, 이때문에 일반 평민 중에서도 생활이 곤란해지면 백정으로 변신하는 사람이 해마다 증가하여 백정의 수는 점점 늘어났다. 천민으로서의 백정이 신분해방이 된 것은 1894년 갑오개혁 때였으나, 조선시대 500년을 통해 지속되었던 일반인들의 차별의식은 해소되지 않아 혼인은 물론 같은 마을에서 생활하는 것조차 꺼렸다. 결국 일제침략기까지 백정 신분이 존재했다고 할 수 있다.

종법 宗法 친족조직 및 제사의 계승과 종족宗族의 결합을 위한 친족제도의 기본이 되는 법. 5종법이라고도 한다. 원래 중국의 봉건제도에서 나온 것으로, 〈예기〉 대전大傳에 의하면 제후의 적장자嫡長子는 부조父祖를 계승하여 제후가 되고, 나머지 다른 아들들은 경卿·대부大夫의 작위를 받아 별도로 일가를 이루며 이를 별자別子라 하는데, 적장자손을 대종大宗이라 하고 별자를 소종小宗이라 한다. 이 대종·소종이 종법이다. 중국의 종법이 우리나라에 전래된 것은 삼국시대초였으나 보다 일반화된 것은 고려말기로, 고려말 공양왕 때 사대부에 주자朱子의 〈가례家禮〉에 의한 집안제사를 장려하면서 종지宗支의 구별을 확실히 했다. 종宗은 씨족을 포괄하는 친족집단으로 대종·소종이 있지만 이를 세분하여 5종이라고도 하는데, 5종

이란 아버지를 중심으로 한 이종禰宗과 할아버지를 중심으로 한 조종祖宗, 증조부 중심의 증조종曾祖宗, 고조부 중심의 고조종高祖宗의 4종과 대종을 합한 것이다. 이종·조종·증조종·고조종은 소종을 세분한 것으로 제사를 행하는 범위를 말한다. 고조부까지의 위패는 고조종의 종가에 모셔놓고 기제사忌祭祀를 지내고, 고조 이상의 위패는 묘소에 묻고 1년에 한 번 시제時祭를 지내는데 이것은 대종이 맡는다. 고조종까지의 범위를 소종이라 하지만 우리나라에서는 「당내堂內」라는 용어로 널리 알려져 있으며, 일상용어로 「집안」이라고 하면 대개 이 범위를 말한다. 당내의 범위는 친족명칭의 범위와도 일치하여 고조부 이상의 명칭은 없으며, 종형제의 경우도 고조부의 제사를 지내기 위한 집단인 고조종의 삼종형까지 있고 그 이상은 족형이라 한다. 이에 비해 대종은 씨족에 따라 그 범위가 다르며, 하나의 사회집단으로 조직하기 어려웠다. 특히 교통·통신수단이 발달하지 않았던 전통사회에서는 여러 곳에 흩어져 있는 조상들의 묘소를 관리하고 시제를 올릴 수 없었기 때문에, 그 결과 「파」와 「문중」이 생겼다. 「파」란 원시조原始祖에서 하대로 내려오면서 고관대작이나 유명한 학자로 이름을 날린 조상을 기점으로 형성한 하위집단이며, 형제 중 한사람이 한 파의 시조가 되면 그 형제들도 이것과 구별되어 다른 파의 시조가 되었다. 파의 시조는 흔히 문중의 중심이 된다. 그러나 모든 파에 문중이 있는 것은 아니며, 문중이 조직되려면 제사를 위한 위토를 비롯해 묘소가 있는 선산, 묘소에 사용된 각종 석물石物, 재실 등의 재산이 있어야 했다.

적장자 嫡長子 정실正室의 아내가 낳은 맏아들. 유교적·종법적宗法的 가족제도와 밀접한 관계에 있는 것으로, 중

국에서 유래한 종법에는 적출의 장자손을 종자宗子라 하여 가계 내지 제사를 우선적으로 상속하도록 되어 있다. 우리나라에서는 처음부터 가계계승과 제사상속이 연결되지는 않았으며, 고려시대에 들어와서야 적장자에 의한 가계계승의 원칙이 세워지기 시작했다. 대표적인 사례가 1046년(정종 12)에 마련된 직역職役의 계승과 그에 따른 토지(전정田丁)의 상속에서 적처嫡妻의 장자, 적손嫡孫(적장자의 적장자), 적처 장자의 동모제同母弟, 서자庶子 순으로 규정한 것이다. 하지만 이러한 규정이 실제로 고려사회에서 어느 정도 행해졌는지는 알 수 없다. 적장자가 가계와 제사상속에서 중요하게 된 것은 고려말 주자朱子의 〈가례家禮〉가 들이오면서부터였다. 본래 당나라나 송나라는 종법에 의한 부계 혈연친父系血緣親만의 집단이나 조직(종족宗族)이 존재하고 모든 상속이 적장자에서 적장손으로 계승되는 사회였는데, 주자가례는 바로 이러한 사회를 전제로 만들어진 예서禮書였다. 고려말 성리학자들이 이의 보급에 노력한 결과 1390년(공양왕 2) 법령으로 그 준수가 보장되면서, 조선시대에 이르면 종법에 의한 조상의 제사와 종통宗統의 계승이 기본관념으로 됨과 아울러 적장자의 중요성이 뿌리깊이 자리잡게 되었다. 〈경국대전〉의 예전 봉사조奉祀條에 따르면 봉사는 적장자손이 승계해야 하며, 적장자에게 아들이 없을 때에는 중자衆子, 중자에게 아들이 없을 때에는 첩자妾子가 승계하되 그 다음 대에는 이들의 적장자손이 반드시 승계하도록 하고 있다. 고려와 다른 점은 적장자의 중자와 첩자를 적장자의 아우보다 우선함으로써, 적장자계를 철저히 존중한 점이다. 이 제도는 17세기 이후 확고한 관습으로 굳어져 조선시대에는 불변의 원칙이었고, 일제 침략기를 거쳐 현재는 호주상속 순위에 이어지고 있다.

동성부락 同姓部落 동성동본의 씨족 성원들이 한 마을에 집단 거주하면서 촌락 안의 다른 성姓의 가구를 포함한 전체에 지배적인 영향력을 행사하는 촌락. 그 선행적인 양상은 후삼국시대에서 고려초기에 걸쳐 성립된 각 지방의 토성土姓의 성격에서 찾긴 하지만, 이때는 한 지역에 모여 살아도 명확한 씨족조직을 구성하지는 못했던 것으로 보인다. 동성촌락이 본격적으로 나타난 것은 조선중기 이후 종법사상宗法思想과 씨족조직이 광범위하게 보급되었던 16~17세기경이라고 할 수 있다. 이때부터 종법에 따라 가묘를 세우고 문중재산인 족전族田을 형성했으며, 종중의 조직을 체계화함으로써 동성촌락이 나타날 수 있었다.

계 契 우리나라에 보편적으로 존재했던 협동단체의 하나. 한자로 계稧 또는 계禊라고도 쓰인다. 예로부터 농촌주민의 필요에 따라 자생적으로 발생, 유지된 집단으로, 두레·품앗이보다 보편적이고 활발한 것이었다. 기원이 불확실하고 종류가 다양하며 기능도 복잡하기 때문에 개념을 간단히 정의하기는 어렵지만, 대체로 계원의 상호부조·친목·통합·공동이익 등을 목적으로 일정한 규약을 만들고 그에 따라 운영된다는 점은 일치하고 있다. 또 대부분의 계는 공동의 목적과 존립을 위해 식리殖利를 하지만, 식리 자체가 목적인 예는 드물었다. 조선시대 계첩契帖을 보면, 서序·입의立議·좌목座目·발跋로 구성되어 있는데, 서는 계를 설립한 유래·목적·역사·효과 등을 적은 것이고, 입의는 준수해야 할 항목을 나열한 것이며, 좌목은 계원의 명부에 해당하고, 발은 계 성립의 전말 등을 기록한 것으로 주로 양반의 계일 경우 작성된다. 이와 같은 계첩의 내용을 살펴보면 조선시대 계조직의 범위는 대개 한 마을을 넘지 않으며, 가끔 보다 넓은 범위의 거주자로 구성되기도 했다.

조선시대 재판제도 옥송獄訟과 사송詞訟으로 구별되는데, 옥송은 형사상의 범죄를 다루며 사송은 부동산·노비·소비대차 등 민사상의 분쟁을 다룬다. 이러한 재판은 국가의 행정기관이 관장했다. 관료기구의 말단인 주·부·군·현이 1심에 해당하며, 수령이 사송과 태형 이하의 옥송을 직결하고 형방이 이를 보좌했다. 그 상위기관인 도에서는 관찰사가 사송사건의 2심을 담당하며 도형徒刑 이하의 옥송을 직결했다. 그러나 사송사건은 실질적 복심을 하지 않고 수령에게 재심여부를 지시할 뿐이다. 한성부는 본래 수도의 일반 행정기관이면서 동시에 사법기관이었는데 뒤에는 한성부 밖 전국의 토지·가옥에 관한 사송까지 재판권을 행사했으며, 1심·2심의 기능도 하여 형조와 대등한 기관이 되었다. 형조는 법률·상언·사송·노비를 관장하여 사법행정의 최고 기관인 동시에 수령이 관장하는 일반 사송사건의 재심기관이며 합의제기관이었다. 유죄流罪 이하의 옥송은 직결하고 사형에 처할 범죄를 재심하는데, 사형의 경우 상부의 지시를 받아야 했다. 의금부는 왕족의 범죄·국사범·모역반역죄·관기문란죄·사교邪敎에 관한 죄 등과 다른 모든 재판기관에서 적체되거나 판결하기 어려운 사건을 심리하는 특별형사재판기관이었고, 사형에 처할 범죄의 3심을 맡았다. 여기의 판결은 왕명에 의해서만 개정되었다. 사헌부는 원래 재판기관은 아니지만, 판결이 부당한 경우 사헌부에 상소하면 사헌부가 재판관을 규탄하고, 그 규탄에 따라 왕이 관청 또는 관리를 지정해 재판하게 했다. 이 모든 기구 위에는 국왕이 있어 최고·최종의 재판권을 보유, 행사했다.

5형 五刑 전근대사회에서 죄질에 따라 죄인에게 가하는 태笞·장杖·도徒·유流·사死 등 5가지 형벌. 본래 5형은 〈서경〉 순전舜典의 유유오형流有五刑에서 비롯된 것으로, 수나라 문제文帝 때 이 5가지로 정립되었다. 우리나라에서는 중국 율령을 도입한 삼국시대부터 이 제도를 실시했으며, 〈고려사〉 형법지에 수록되어 있다. 1392년 조선은 건국초부터 모든 범죄의 판결은 명나라의 〈대명률〉에 맞춘다는 원칙을 세웠고, 〈경국대전〉에 법제화했다. 이에 따르면

△형구. 죄수에게 태형이나 곤장을 칠 때 몸을 묶어 놓기 위한 도구로 발목, 허리, 팔을 묶는 가죽띠가 보인다.

태형은 10에서 50까지 5등급, 장형은 60에서 100까지 5등급, 도형은 반 년씩 차이를 두어 1년에서 3년까지 5등급, 유형은 500리씩 차이를 두어 2천에서 3천 리까지 3등급으로 나뉘어 있으며, 사형은 교수絞首·참수斬首의 2종이 있다. 그러나 대명률 자체에도 이미 5형 외에 능지처사陵遲處死·적몰가산·충군充軍 등이 있었고, 조선의 형벌에도 대명률에 없는 여러가지 형벌이 있어서 5형제도는 국초부터 붕괴된 상태였다.

사약 賜藥 왕족 또는 사대부를 사형시킬 때 임금이 내리는 극약. 옛날부터 사용되어 왔으나 형전刑典에 인정된 제도는 아니다. 형전에는 사형제도로서 교수·참수만을 명시하고 있지만, 왕족이나 사대부는 그들의 신분을 참작, 교살 대신 사약을 내렸다. 극약의 재료는 주로 비상이었을 것으로 짐작되며, 그밖에 부자 종류에 속하는 초오草烏를 사용했을 것으로 추정한다. 임금이 사람을 시켜 본인에게 내리기도 하고, 일단 유배를 보낸 다음 내리는 경우도 있는데 대개 금부도사가 전했다. 조선후기 붕당간의 대립이 격화되면서 많은 사람들에게 사약이 내려졌다.

4. 봉건경제체제의 발전

과전법 科田法 조선초기 경제기반을 이루고 있던 토지제도.
[성립과정] 고려말 위화도 회군 이후 이성계를 비롯한 급진개혁파가 실권을 잡게 되자 가장 먼저 착수한 것이 토지제도의 개혁이었다. 창왕昌王 즉위년(1388) 7월, 대사헌 조준趙浚의 상소를 비롯하여 간관諫官 이행李行·판도판서版圖判書 황순상黃順常·전법판서典法判書 조인옥趙仁沃·우상시右常侍 허응許應 등이 잇달아 토지제도 개혁을 요구하는 상소를 올렸는데, 이들은 토지제도의 문란을 당시 고려사회의 모든 사회·경제·정치 모순의 근본원인으로 파악하고 사전私田 혁파, 토지의 공유화, 십일세什一稅의 실시, 농민에 대한 불법적 수탈금지 등을 주장했다. 고려후기 사회를 주도해왔던 권문세족의 반대에도 불구하고, 창왕 즉위년 8월부터 이듬해에 걸쳐 토지제도 개혁의 기초작업으로서 양전量田(토지측량)이 실시되었다. 그해 8월에는 과전科田의 지급대상이 선정되었고, 공양왕 원년(1389) 12월에는 6도의 양전 사업이 완료되어 약 50만 결結이 등록되었다. 90년에는 새로운 전적田籍(토지대장)을 반포하고 이전의 전적을 불태웠으며, 국가수조지收租地 수량도 결정함으로써 토지재분배를 일단락짓고, 91년(공양왕 3) 5월에 과전법을 공포했다.
[내용 및 성격] 과전법은 수조권收租權적인 토지지배의 전통이 반영되어 있는 중세의 전형적인 토지제도로서, 토지의 원래 수조권자는 국가이므로 국가가 전주田主이고 그 수조권을 나누어 받은 개인도 「전주」로 규정하며, 실제의 토지소유자인 농민은 「전객佃客」이라 규정, 마치 단순한 경작자처럼 취급하고 있다. 과전법의 최대 목표는 수조권을 개인에게 나누어주는 사전을 축소하여 국가수조지인 공전公田을 최대로 확보하는 것이었으며, 실제로 사전의 가장 핵심으로 현직·산직散職(퇴직자 및 대기발령자)의 문무 관료에게 지급되는 과전科田을 경기도 내로 한정, 분급함으로써 사전을 축소하고자 했다. 그러나 사전개혁의 대상이던 고려말 대규모농장 중에서 수조권이 국가에 넘겨진 것은 권문세가의 농장뿐이었고, 당시 새로운 정치세력과 지방토호의 토지는 보호되어 수조권 지배지가 사유지私有地로 변해갔다. 또 세습 가능한 사전인 공신전功臣田·별사전別賜田은 경기 외의 지방

에도 분급되어 사유지로 될 가능성을 안고 있었다. 한편 과전법 추진세력은 자신들의 지지세력이었던 농민들에 대한 배려도 하지 않을 수 없어, 그 결과 공전·사전을 가리지 않고 수조권자에게 내는 조租는 1결당 생산량의 1/10인 30두斗로 한정하도록 하고, 과전·군전·공신전 등 모든 사전의 수조권자인 전주는 국가에 1결당 2두의 세를 내도록 했다. 이것은 조세의 근원적인 수취권은 언제나 국가가 가지고 있다는 원칙의 표현이었다. 조의 부과는 경차관敬差官이나 사전의 전주가 매해 농사의 작황을 실제로 답사하여 정하는 답험손실법踏驗損實法이었다가, 1444년 전분6등田分六等과 연분9등年分九等의 정액수조법인 「전품제」 공법貢法으로 개혁되었다.

전품제 田品制 중세사회에서 토지의 비옥도에 따라 등급을 매기는 제도. 우리나라 중세의 토지제도는 결부제結負制에 의해 운영되었는데, 여기서 전품의 구별은 단위면적의 소출과 조세의 양을 산정하고 국가의 부세 및 농민의 담세를 균평하게 조정하는 데 매우 중요한 문제였다. 또 양반 지배층에게 토지(수조권收租權)를 분급한 경우 그들의 수입과도 직결된 문제였다. 통일신라 및 고려시대 전품제는 이에 관한 정확한 기록이 없어 다소 논란이 되고 있다. 대개의 기록에서 상·중·하의 3등분으로 구분했다고 하고, 1054년(문종 8)의 규정에도 불역전不易田(해마다 경작)은 상등, 일역전一易田(격년으로 경작)은 중등, 재역전再易田(3년마다 경작)은 하등전으로 한다고 되어 있어 대체로 3등분의 전품제로 인식되어 왔다. 그러나 〈삼국유사〉에 가락국駕洛國 수로왕릉묘首露王陵廟의 왕위전王位田을 「상상전上上田」으로 표현한 것에서 전품의 등급이 단순히 상·중·하로 나뉜

것은 아님을 알 수 있다. 즉 고려전기의 전품은 농지 비옥도에 따라 각 지역을 상·중·하로 나누고, 다시 그 지역을 1054년의 규정처럼 세역歲易의 빈도에 따라 3등분함으로써 9등분의 전품제를 실시했던 것이다. 아직 모든 농지가 연작 상경화連作常耕化되지 못하고 일부는 휴한休閑 세역농법으로 경작되고 있었기 때문에, 농지의 지력地力, 즉 비옥도와 관련된 세역이 전품의 기준이 되었다. 상등지역의 상등전(불역전)은 1결의 소출이 쌀 약 315두斗(21석石)로 계산되는데, 상등지역은 아마 하삼도下三道나 곡창지대인 호남·영남지방이었을 것이며 이 지역의 불역전이 1결 소출량의 기준이 되었던 것 같다. 전품제가 다시 조정된 것은 여말선초 과전법의 조세개정 때였다. 전품을 토지의 비옥도에 따라 상·중·하의 3등급으로 구분하고, 각각 「수지척手指尺(농부의 손마디 길이)」을 기준으로 20 : 25 : 30의 차등을 둔 상전척上田尺·중전척中田尺·하전척下田尺으로 양전量田 하여, 모두 1결에 1/10세인 30두씩 동일하게 수조하도록 했다. 즉 전품에 따라 1결의 면적이 달랐고 1결당 수조액은 같았다. 이러한 변화는 고려후기 이래 농업생산력의 꾸준한 발달로 대부분의 토지가 상경화된 현실을 반영한 것이다. 그리하여 토지의 면적단위이면서 동시에 수확·수세단위를 표시하는 우리나라 특유의 결부법이 정립됐다. 1결의 실적實積을 척관법尺貫法으로 환산하면 대략 상등전이 1,846평, 중등전이 2,897평, 하등전이 4,184평 정도였다. 그러나 전품의 분등을 다만 도道 단위로 달리 실시했기 때문에, 대부분의 토지가 하등전에 속해 생산력에 상응하는 수취가 이루어지지 못했다. 결국 1444년(세종 26) 공법貢法 세제로 개정되어, 각도의 전품을 6등급으로 나누고 각 전품의 실

제 수확량을 근거로 각 전지의 소출을 조절했다. 양전의 척도도 보다 정확한 중국의 주척周尺으로 고쳤다. 수조율은 과전법처럼 등급에 상관없이 동일했으나 그 비율은 1/20세인 20두로 바뀌었다. 또 전품제를 보완하기 위해 연분법年分法을 도입, 풍·흉년의 손실에 따라 9등급으로 나누어 수세액을 조절했다. 공법의 전품은 조선초기 과학기술의 발달을 토대로 그 원리나 기준이 꽤 합리적으로 만들어졌지만, 여전히 수확을 표준으로 하는 결부법에 의해 운용되었기 때문에 전품의 분등과 연계된 실적을 산출하는 데 객관적인 명확성을 가지기 어려웠다.

답험손실법 踏驗損實法 1391년(공양왕 3)의 토지개혁 때부터 1444년(세종 26) 전세제도田稅制度 개정 때까지 시행된 수세법收稅法의 하나. 손실답험법이라고도 한다. 고려말 과전법에 의한 토지개혁을 할 때 공·사전公私田의 조율租率을 1/10로 정하고 그에 따라 결당結當 30두斗의 조액을 법제화했지만, 그것은 어디까지나 하나의 기준으로 평상적인 해의 조액을 정한 것이어서 농사의 작황에 따라 다시 조절되지 않으면 안되었다. 흉년이 들어 작황에 손실이 생기면 조를 감해주기 위해 답험손실법이 규정되었는데, 농사의 상황을 10분分으로 잡아 손해가 1분이면 1분의 조租를 감하고 손해가 8분이면 전액을 면제하도록 하는 것이었다. 이를 위해 해마다 작황을 파악해야 했는데, 공전일 경우 해당 지방수령이 시행하여 감사에게 보고하면 감사가 관리를 보내 재차 답험하고 다시 감사가 3차로 검사하도록 되어 있고, 사전일 경우에는 전주田主가 각자 임의로 답험하도록 했다. 이렇게 답험손실법은 경작상황을 일일이 조사한 결과에 따라 조액을 정하는 것으로 백성들에게 이로운 규정일 것 같으나,

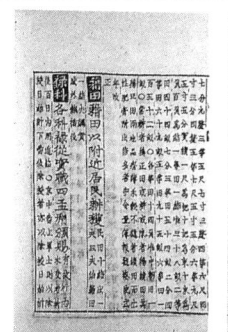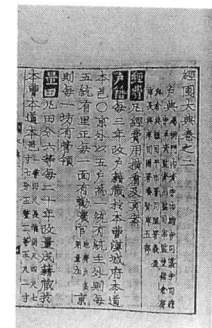

△경국대전의 호전 부분으로 재정과 토지제도에 관한 내용이 수록되어 있다.

실제로는 그 답험자가 조액을 증대하기 위해 손해보다는 이익 쪽으로 기울어질 것은 필연적이었고 따라서 농민에 대한 수탈이 과중해져 세종 때 폐지되었다. 그러나 이러한 답험의 관례는 이후에도 계속되어 〈경국대전〉〈속대전〉〈대전통편〉 등의 여러 법전에는 새로 경작되는 토지(신가경진新加耕田), 전지역에 재해를 입은 토지(전재상전全災傷田), 반이상 재해를 입은 토지(과반재상전過半災傷田), 병으로 인해 경작하지 못한 진전陳田 등에 대해서는 수령이 답험하여 조세액을 결정하도록 하는 규정이 남아 있다.

과전 科田 고려말에 성립된 과전법에 의해 중앙에 거주하는 현직(時)·산직(散)의 관인에게 수조권을 나누어준 토지. 중앙에 거주하는 관인의 기본생활을 보장하기 위해 설정된 전형적인 신분제적 분급수조지分給收租地로서, 국가 수조권의 일부를 개인에게 위임하여 수조권을 받은 자가 다른 사람의 소유지에 대해 그 수조권을 직접 행사하도록 되어 있으며, 수조권을 받은 자가 자격을 잃었을 때는 국가가 되돌려받도록 원칙이 정해졌다. 그러나 한번 지급된 토지를 되돌려받는 데는 여러 조건이 걸려 있었다. 즉 과전을 받은 자가 죽으면 수절처守節妻에게 수신전守信田의 이

름으로, 다시 그 처마저 죽으면 아이가 성인이 될 때까지 휼양전恤養田의 이름으로 유보되었다가 이러한 일체의 조건이 없어져야 되돌려받을 수 있었다. 이는 관인의 직사職事에 대한 반대급부라기보다는 관인으로서의 신분을 유지할 수 있도록 지급되는 신분제적 수조지임을 나타내고 있으며, 〈과전은 영구히 사여賜與된 토지〉라고도 인식되고 있었다. 이러한 사실은 1403년(태종 3) 당시 과전의 지급총액이 8만 4천1백여 결로 전국 총결수總結數의 1/10에 이르는 큰 액수였는데도, 수조지가 부족하여 신진 관인 중에는 토지를 받지 못한 자가 매우 많았다는 것에서도 알 수 있다. 과전 운용상의 또 하나의 문제점은, 경작자인 전객佃客 농민에 대한 수조권자인 전주田主의 가혹한 수탈이었다. 과전이 규정대로 환수되지 않은 채 그 수조권이 일정한 토지 위에 지속적으로 행사되고, 더욱이 그 수조권이 세력있는 관인의 손에서 직접 실현될 때, 그 토지의 소유권은 완전히 보존되기 어려웠으며, 결국 수조권을 매개로 하는 소유권의 탈점까지 자행되게 마련이었다. 소유권 탈점이 아니더라도 수조권자인 양반의 전객 농민에 대한 수탈 그 자체도 큰 물의를 일으켰다. 특히 전주에게는 해마다 수조지의 작황을 답사하여 수조액을 산정하도록 한 손실답험권損實踏驗權이 있어서 그 폐해가 막심했기 때문에 1419년(세종 1), 손실답험권을 국가기관으로 옮기도록 했다. 이는 수조권에 입각한 관인층의 토지 지배관계가 그만큼 쇠퇴하고 있음을 나타내준다. 결국 세조 때는 현직자에게만 수조지를 나누어주는 직전법職田法으로 바뀌었고, 다시 성종 때는 직전세職田稅의 관수관급제도官收官給制度로 변하게 되었다.

수신전 守信田 과전법에서 과전을 받은 사람이 죽었을 때 그의 처에게 수조권을 준 토지. 그의 처가 재가하지 않으면 과전의 전부를, 자식이 없을 때는 과전의 반을 주도록 했다. 휼양전과 함께 관인층에 대한 우대의 뜻으로 지급되었는데, 관직 자체는 지켜나가기 어려워도 관인층으로서의 신분을 유지할 수 있도록 물질적으로 보장해 준 것이다. 이는 과전법이 계급지배의 본질을 바탕으로 운용되고 있음을 나타내며, 일단 이렇게 주어진 과전은 회수하기 어려운 세전적世傳的 성격을 갖는다. 그런데 과전 지급은 경기도 내에 한정되어 있고 새로운 관인의 증가로 과전의 절대수가 부족하자, 1414년에는 수신전이 축소 지급되었고, 66년(세조 12)에는 현직의 관인에게만 수조지를 절급折給하는 직전제가 시행되면서 수신전은 소멸되었다.

휼양전 恤養田 과전科田을 받은 부모가 모두 죽고 자녀가 어릴 때 성인이 되는 20살까지 과전의 전부를 주던 토지이다. 수신전과 같은 성격으로 운용되었으나 1466년 수신전과 함께 소멸이 되었다.다.'

공신전 功臣田 국가 또는 왕실에 특별한 공훈이 있는 사람에게 수여했던 토지. 태조 때의 개국開國(1392)·회군回軍(1393)·태조원종原從(1392)·정사定社(1398) 공신을 비롯하여 태종 때 좌명佐命(1401)·태종원종(1411) 공신 등 6차례 공신이 책봉되면서 4만 5천여 결이 지급되었고, 단종부터 영조 때까지 19차례의 공신책봉과 아울러 공신전이 지급되었다. 과전법에서 사전私田으로 분류되며, 자손에게 상속이 가능하고 면세免稅의 특권이 주어졌던 토지이다. 한 사람이 여러 차례 받기도 하고 공신전 외의 과전이나 별사전도 받아 한 사람의 수조지收租地가 1천여 결에 이르게 되자, 일찍부터 공신전에 대한 억제책이 강구되어 중복으로 받지 못하게 하거나 상속을 허락하지 않는다는 원칙을 세우기도 했다. 또 1402년에는 과전법에서 규정했던 「면세」를 인정하지 않고 과전의 예에 따라 세를 내도록 하기도 했다. 그러나 세조의 왕위찬탈 과정에서 성종초까지 여러 공신이 책봉되고, 그때마다 공신전이 지급되면서 공신을 중심으로 한 이른바 「훈구파」의 경제적 보장이 되었다. 이들 훈구파는 불안정한 왕위를 지키는 데 적극 협력함으로써 정치적 기반을 확고히 다졌고, 또 그 과정에서 조선초기 문물제도를 정비, 마무리하는 작업에도 참여하면서 〈경국대전〉의 공신전에 대한 처우규정을 「자손 상속, 면세지」로 항구화했다. 중기 이후 지급할 토지가 절대적으로 부족하사 세전祭田 명목으로 약간의 토지만 상속되고 나머지는 속공屬公(국가에 수조권 반납)되었는데, 성종 때 관수관급제가 시행되면서 전조田租의 수취와 분급을 정부가 대신하게 되자 흉년·군자軍資 등의 이유로 그 분급이 잘 이루어지지 않기도 했다.

군전 軍田 과전법에서 지방 거주 산직자散職者(실무를 맡지 않은 관직)인 한량품관閑良品官에게 5결 또는 10결의 수조권을 나누어주었던 토지. 고려후기 이후 고려 지방사회의 토착지배세력인 향리층은 관직을 얻어 중앙으로 진출하기도 했지만, 지방사회에 거주한 채 자신의 경제력을 기반으로 중앙정부의 재정충당을 위한 첨설직(실무를 맡지 않고 이름만 주어지는 관직)을 얻거나 혹은 몽고와의 전쟁·왜구 및 홍건적의 방어에서 공을 세움으로써 관직을 얻어 관인으로서의 지위를 갖게 되었다. 고려말에 이르면 이들은 중앙으로 진출한 관인층이나 여전히 향리역을 맡아보던 향리층과는 다른 새로운 지방세력을 형성했고, 고려말 개혁을 주도했던 신진세력은 이들을 끌어들여 지방군을 강화

함과 동시에 자신들의 지지기반으로 삼고자 군전을 지급했다. 이렇게 군전은 본래 고려말 빈번한 외적의 침입에 대응하여 지방자위대의 주도세력이었던 한량품관을 지방군의 군관軍官으로 충당함과 더불어 관인으로서의 위치를 인정해주는 의미에서 지급되었으며, 그들이 지방사회에서 대대로 갖고 있던 토지 위에 수조권을 설정해 줌으로써 그들 소유의 토지 중 일부의 조租를 면제해주는 형식이었다고 추측된다. 과전법 시행과정에서 군전은 단 한 번 지급되었는데, 이는 조선왕조가 안정되고 군제軍制가 정리되면서 한량품관의 필요성이 감소되었고, 더욱이 고려말 사회의 혼란 속에서 남발되었던 첨설직 같은 관직이 없어지면서 한량품관이라는 신분이 유지될 수 없음에 따라 더이상 군전을 지급할 필요가 없었기 때문이다.

군자전 軍資田 중앙정부의 직접 수조지로서 군량의 저축을 위해 확보된 토지. 군자시전軍資寺田 또는 군자위전軍資位田이라고도 한다. 고려말 과전법을 제정하면서 국가 용도별로 토지를 지목하여 지출에 대비할 때 군자전 확보의 필요성이 강조되긴 했으나, 기사양전己巳量田(기사년에 과전법 실시를 위해 토지측량을 한 것)에서 파악한 토지로는 아직 설정할 여유가 없자, 우선 동서 양계兩界의 토지를 이 종목으로 설정하고 또 남부 6도의 해변이나 섬의 토지 및 신개간전을 계속하여 군자전으로 확보한다는 원칙을 세웠다. 그 결과 조선초기 군자전으로 약 20만 결의 수조지가 책정되었는데, 당시 전국토지가 실전實田(실제 경작되는 토지)과 황원전荒遠田을 합해 약 79만 결이었음을 감안하면 그 비중이 매우 컸음을 보여준다. 그러나 군자전은 대부분 척박한 토지였고, 녹봉 등 용도가 부족할 때는 언제나 군

자전의 수조가 차용되고 반환되지 않는 경우가 많아 군자의 축적은 매우 부진했다. 태종 때 국제관계의 긴장에 따른 군수확보가 긴요해지자, 사원전을 축소하여 군자전으로 확보하고 녹봉으로의 전용을 금지하며, 양전을 통해 새로 확보된 수십만 결의 토지를 군자전으로 편입하는 등 군자축적을 해나갔다. 또 1412년에는 범죄자의 과전科田을 3년간은 군자전으로 귀속시키는 조처가 취해지기도 했다. 조선초기의 군자전은 지방의 관전官田 수입 부족분과 중앙 각 관청의 수요 부족분을 채워주는 역할을 함으로써 실질적인 국고 구실을 했으나, 45년(세종 27) 국용전제國用田制가 실시되어 국가재정이 일원화되면서 그 명칭이 소멸되었다.

국둔전 國屯田 변경이나 군사요지에 설치하여 군량에 충당한 토지. 「한편으로 경작하고 한편으로 전투한다(且耕且戰)」는 취지 아래 부근의 빈 땅을 개간하여 군량을 현지에서 조달함으로써 군량 운반의 수고를 덜고 국방을 충실히 수행하기 위한 것이다. 후대에는 관청경비를 보충하기 위한 것도 둔전이라 했고, 〈경국대전〉에는 전자를 국둔전國屯田, 후자를 관둔전官屯田으로 구별했으며, 조선말기에는 둔토屯土라고도 했다. 고려후기에는 농장의 발달, 토지겸병의 성행으로 대부분의 둔전이 권세가에 의해 침탈되어 둔전제가 제대로 실시되지 않았다. 조선초기 국방문제가 제기되고 세조 때 지방군사조직이 진관체제鎭管體制로 재편성되면서, 이전에 중부 이북의 13곳에서만 설치·운영되었던 국둔전을 전국적으로 개발했다. 국둔전은 주로 진수군鎭守軍이 경작하고 일부 내륙지방에서만 공노비나 신역身役을 면제받은 농민이 경작했는데, 이들 경작자들은 자신의 소유지인 민전民田을 가지고 있는데도 농번기에 둔전경

작에 우선적으로 동원되었기 때문에 그 타격이 심했다. 이에 농민의 반발을 무마하고 둔전의 생산성을 높이기 위해 병작경영이 실시되었다. 그것은 농민이 경작하되 그 수확을 국가와 경작자가 나누어 가지는 것이었다. 15세기 후반인 예종 이후에는 병작경영이 일반화되고, 땅이 넓고 인구가 적은 북방지역이나 노동력이 부족한 일부 지방에서만 부역노동이 행해졌다. 이러한 조선전기 둔전제는 16세기부터 쇠퇴하기 시작하여 임진왜란을 거치면서 큰 변화가 일어난다. 조선전기 군사제도인 5위제五衛制가 16세기 중엽 군역의 포납화 이래 완전히 무너지고, 임진왜란 이후 모병제募兵制가 실시되면서 여러 군영이 설치되자 그 재정을 위해 영·아문 둔전이 나타난다. 이때부터 둔전 본래의 성격은 거의 없어지고 관청 경비를 보충하는 관둔전의 의미가 강조되었으며, 설치기관도 주로 중앙의 관청이었다.

관둔전 官屯田 고려와 조선시대 각 지방의 행정·군사·교통기관의 운영경비를 보조하기 위해 국가에서 설정한 토지. 국가 직속지인 국둔전國屯田과는 달리 각 해당기관의 공유지로 편성되어 있었다. 조선 건국초에는 둔전 경작의 폐해를 고려하여 폐지했으나, 태종 때부터 주인이 없는 빈 땅을 국가에 귀속시켜 다시 관둔전을 설치했다. 1424년(세종 6), 각 주현에 관둔전을 차등있게 규정하고 관노비가 경작하도록 했고, 세조 때는 각 주현의 관둔전 액수를 두 배로 확대했다. 모든 관둔전은 「자경무세自耕無稅」라 하여 그 기관소속의 인리人吏·관노비 혹은 진수군鎭守軍이 경작하게 하고, 수확물은 전부 그 기관에서 갖도록 했다. 조선후기로 들어와 관둔전이 어느 정도 있었는지는 자세하지 않지만, 〈속대전〉을 보면 〈경국대전〉의 규정 액수가 그대로 유효한 것으로 되

어 있고, 대동법 시행 이후에도 관둔전은 그대로 존속한다고 했다. 임진왜란 이후 중앙의 각 궁방·아문의 둔전 명목이 크게 확대되어갔는데, 그것은 권력형 둔전의 확대 현상으로 원래 규정된 관둔전은 아니다. 1667년(현종 8)에는 이들을 정리하게 했으나 폐해는 계속되었으며, 뒷날 민전民田의 투탁投托(농민들이 자기 소유지를 둔전 명목으로 의탁함)으로 확대되어, 결국 일제의 토지조사사업에서 국공유지로 파악되어 총독부 소유지로 넘어갔다.

공해전 公廨田 고려 때 이후 국가기관·왕실·궁원의 경비를 충당하기 위해 설정된 토지. 중앙에는 일반관청을 비롯하여 능침陵寢(능을 수호하는 기관)·창고·궁사官司 등에 공해전이 설정되었고, 지방에는 공수전公須田을 비롯하여 필요에 따라 여러 종류의 토지가 설정되었다. 각 기관은 토지세를 직접 거두어 재정으로 사용했는데, 규정 이상의 수탈이 행해지기 쉬웠고 또 토지지배관계에서 점차 수조권보다 소유권이 강화되어 농민들의 저항이 심했기 때문에 〈경국대전〉 완성시기까지 공해전은 점차 폐지되어가는 추세였다. 1434년(세종 16), 중추원·사헌부·사간원·의금부 등 각 관청의 공해전을 정리했고 44년 전제개혁田制改革 때도 대폭 줄이면서 부족액은 관둔전으로 보충하게 했다. 66년(세조 12)에는 남아 있던 유일한 내수사 공해전을 없앰으로써 중앙 공해전은 완전히 폐지되어, 〈경국대전〉에는 그 기록이 나타나지 않는다. 지방관청에 지급된 공해전에는 아록전衙祿田(지방관의 녹봉을 위한 토지)과 빈객의 접대나 기타 각종 경비를 위한 공수전·관둔전官屯田이 있었는데, 전국의 아록전은 약 2만 결, 공수전은 약 2만 결, 공수전은 약 5천 결 정도 있었고, 그밖에도 역驛·원院에 장전·

부장전副長田 등이 설정되어 있었다.

공수전 公須田 고려·조선시대 지방관청의 경비를 위해 지급되던 토지의 하나. 지방관청의 소요경비를 위해 아록전衙祿田·공수전·마전馬田·관둔전官屯田 등이 설치되어 있었는데, 이중 가장 중요한 것이 지방관 녹봉의 재원이 되는 아록전과 빈객의 접대와 기타 각종 경비의 재원이 되는 공수전이었다. 공수전은 조선초 부·목·도호부·군·현·역의 등급과 교통상의 비중에 따라 차등있게 정해졌는데, 해당 지방관청이 현지에 있었던 관계로 그 경작농민들은 지방관청의 직접적인 억압과 수탈을 더 가혹하게 당했다.

늠전 廩田 ① 좁게는 각 주현州縣의 아록전과 공수전을 합하여 일컫는 말. ② 조선시대 직전법職田法에 의한 토시의 하나. 지방관청의 경비를 조달하기 위해 호조戶曹에서 지방관청에 수조권을 넘겨 조세를 거두게 한 토지로, 공수전·아록전 등을 통틀어서 일컫는다. 1466년(세조 12), 직전법을 제정하여 종래에 시행되었던 과전법에서의 지방 공해전을 늠전으로 확립했다.

적전 籍田 고려 및 조선시대에 왕이 친경親耕하여 그 수확으로 신농神農·후직后稷에게 제사하기 위해 국가 공유지에 설정한 토지. 신농은 농사의 신이며 후직의 「후」는 토지의 신, 「직」은 곡물의 신으로 이들에 대한 제사는 그해의 풍작을 빌기 위한 것이고, 또한 왕의 친경을 통해 농경의 시범을 보인다는 권농勸農의 의미도 갖는다. 이 두 가지 의미는 본래 별개의 것이 아니라 원시 공동경작시대에 생산지도자로서 추장의 위세를 꾸미는 자연발생의 계절의식이었는데, 후에 직접생산자에서 분리된 주권자의 은혜적인 의식으로 바뀐 것이다. 중국에서는 오랜 옛날부터 제실의 식帝室儀式의 하나였으며, 우리나라에서는 983년(고려 성종 2)에 시작된 것으로 보인다. 신라에도 비슷한 형태가 있었으나, 고려시대 선농단先農壇과 적전을 두면서부터 조선시대와 같은 형식을 받아들였던 것 같다. 조선에서는 권농을 중시하는 흐름 속에서 더 깊은 의의를 갖게 되었다. 적전은 중농사상을 표현한 하나의 상징이므로, 왕의 친경은 형식적인 의례儀禮였고 실제로는 적전에 붙어 있는 공노비公奴婢와 주변의 농민들이 경작했다. 또 그 면적도 그다지 넓지 않았다. 조선 태종대의 기록에 의하면 고려말 권신 임견미林堅味·염흥방廉興邦 등의 토지를 몰수해 개성 보정문保定門 밖에 서적전西籍田 약 300결을 설치했고, 한성에는 흥인문 밖에 동적전東籍田 약 100결을 설정했다고 한다. 서적전은 관리가 허술하여 세종대에 대부분 민간에 넘어갔고, 이후 동적전만 계속 유지되었다.

인리위전 人吏位田 조선시대 지방관청의 행정실무를 맡아보던 향리에게 수조권이 지급된 토지. 고려시대 외역전外役田을 이은 것으로 향리의 이역吏役과 함께 세습되는 토지였다. 고려시대에 비해 향리의 지위가 낮아지는 경향에 따라 그 지급규모도 줄어들다가 1445년(세종 27)에는 결국 전부 폐지되었다. 당시 인리위전 폐지논의는 향리를 양민 출신의 의무군역자와 비교하면서 일어났다. 즉 양민군역자는 수조지를 받지 않고도 고된 군역을 지고 있는 데 비해 향리는 고된 역도 아닌데 토지의 수조권을 세습하고 있다는 점이 지적되었다. 인리위전의 폐지는 조선시대 역役의 수취가 고려시대와는 달리 토지수조권을 동반하지 않는 것이 보편화되던 당시 상황에 따른 것이다. 이는 토지와 직역職役의 유기적인 결부관계의 해체로서 토지지배관계의 일대변천을 뜻한다.

사원전 寺院田 고려·조선시대 때 사원에 수조권을 나누어주었던 토지. 고려말 주요 사회문제가 되었던 사전私田 확대의 한 원인이기도 했기 때문에 과전법 시행과정에서 개혁대상이 되어야 했지만, 실질적인 사원전 정리는 태종 때 들어서야 이루어지기 시작했다. 1402년(태종 2), 군자곡軍資穀의 확보가 시급해지자 가장 먼저 정리대상으로 언급된 것이 사원전이었다. 1차로 1406년 고려시대 〈밀기密記〉에 올라 있는 비보사사裨補寺社와 지방관청의 〈답산기畓山記〉에 올라 있는 절에 한하여 수조지를 주기로 결정하면서 사원전을 대폭 줄였으며(태종의 말에 의하면 1/10로 줄였다고 함), 다시 24년(세종 6) 당시 1만 1천1백 결 규모의 사원전을 7,950결로 줄였다. 하지만 세조 이후는 왕실의 불교신봉에 따라 다소 더하여 지급되는 경향을 보여 성종 때는 9,910결로 늘어났고, 더욱이 당시 직전職田이나 공신전功臣田 등의 다른 사전私田에서는 관수관급官收官給에 의해 토지에 대한 수조권의 직접 행사가 없어졌는데도 사원전은 직접 지배관계가 계속되었다. 특히 명종 때는 후비后妃의 맹신에 따라 급격히 증가되었으나, 후비가 죽자 1566년(명종 21) 능침사전陵寢寺田(능을 수호하는 절을 위한 토지)만 남고 모두 폐지되었으며, 나머지 토지는 내수사內需司에 속하게 되었다.

국용전제 國用田制 각 기관에 속해 있던 국가수조지를 일원화한 토지제도. 과전법 체제에서는 국가수조지가 중앙 각 기관과 지방에 나뉘어 속해 있어 각 기관은 별도로 전조田租를 거두어 재정에 사용했는데, 1445년(세종 27) 지방기관의 수조지 외에는 국용전으로 통합해 국가재정의 출납을 일원화했다. 이는 44년에 확정된 공법貢法의 시행과 전분6등田分六等·연분9등年分九等에 의해 전국적으로 통일된 수세법收稅法이 정착되어가는 단계에서 수납관계도 일원화하여, 국가 재정 출납의 간편화와 농민 부담의 균등을 목적으로 한 것이다.

공법 貢法 조선초기에 개혁된 새로운 정액 전세제도田稅制度. 결부제結負制를 수조收租의 기본단위로 하고 다시 답험손실의 절차를 통한 수조액을 산정하는 과전법상의 수조제는 그 자체에 많은 문제점을 내포하고 있었다. 우선 결부結負의 산출척도가 고려시대 이래의 관행에 따르고 있었기 때문에 조선초기 문물·법제가 정비될 무렵에 이르면 당시의 토지생산력 수준에 적합하지 못하다는 사실이 판명되었고, 과전법상의 양전제量田制에서는 상·중·하의 3등 전품田品을 다만 각 도 단위로 실시할 뿐 아니라, 또 전국 토지의 절대다수를 하등전으로 파악하고 있는 등 토지생산력에 맞는 균등한 수취가 시행되지 못하는 실정이었다. 더욱이 관료나 전주田主가 수확의 손실을 실제 답험하여 조租를 거두는 답험손실법의 폐단이 심해지자, 세종초부터 정액세법을 주요내용으로 하는 전세제도의 전면개혁이 구상되기 시작했다. 즉 공법은 답험손실의 폐단을 제거하고 당시 토지생산력의 발전에 상응하는 객관적 기준에 의거한 수조제를 수립함으로써 소농민 경영을 안정시키는 한편, 지방행정 실무담당자들의 중간부정을 막아 국고國庫를 충실히 하고자 착수되었다. 1430년, 그 구체적 논의로 전국적으로 위로는 고관부터 아래로는 농민까지 17만 명에게 문의한 바 있고, 36년 공법상정소貢法詳定所를 설치하여 44년에는 공법실시를 위한 최종안이 채택되었다. 중요내용은 ① 전적田積이 종래의 3등전에서 전분6등법으로 마련되고 양전척量田尺도 종래의 수지척手指尺 기준에서 주척周尺 기준으로 바뀌었으며, ② 세액은 1/20세稅인 최고 20두, 최하 4두로 연분9등법에 의

한 정액세로 바뀌었고, ③ 정전正田(항상 경작하는 토지)과 속전續田(토질이 좋지 않아 가끔씩 휴경休耕하는 토지로서 경작할 때만 세를 거둠)으로 구분하여 정전 안의 진황전陳荒田은 면세하지 않으며, 재상전災傷田은 감면하되 전지田地 10결 이상이라야 했다. 공법은 양전과 함께 시행되었는데, 44년에 하삼도下三道 6현에서 먼저 시행되었고, 전라·경기·충청·경상도 등으로 차츰 진행되어 89년까지 완결되었다. 그러나 공법 시행 이후 양전·연분등제年分等制·진전陳田의 수세收稅는 관리의 자의적인 집행에 맡겨져 운영되었고, 전세田稅 부담자의 사회적 세력의 강약에 따라 그 부담액이 좌우되었다.

전분6등법 田分六等法 1444년(세종 26)부터 실시된 조세부과의 기준. 전품田品을 토지의 질에 따라 6등급으로 구분하여, 각 등급에 따라 토지의 결結·부負의 실적實績에 차등을 두는 수세단위로 편성했다. 과전법 체제의 세를 거두는 방식이 많은 폐단을 일으키자 44년 새로운 전세제도인 공법貢法이 확정되었는데, 여기서는 종래의 상·중·하 3등전품제에서 6등전품제로 바뀌었던 것이다. 그 주요내용은 ① 양전척의 근거 척도를 종래 수지척手指尺에서 주척周尺으로 바꾼 결과 1등전은 4.775척, 2등전은 5.179척, 3등전은 5.703척, 4등전은 6.434척, 5등전은 7.55척, 6등전은 9.55척이며, ② 각 등급별 1결의 면적은 1등전이 2,753평, 2등전이 3,246평, 3등전이 3,931평, 4등전이 4,723평, 5등전이 6,897평, 6등전이 11,035평으로 되어 당시 토지생산력에 보다 접근했고, ③ 종래 절대다수였던 하등전을 1·2·3등전으로 많이 편입시키고 종래의 산전山田은 5·6등전으로 편입시킴에 따라, 전체적으로 1결의 실적은 축소되는 반면 전국의 총 결수는 크게 증대되었다.

비교적 객관적인 타당성이 갖추어진 방법이었지만 전품의 등급을 나누는 것이 각 지역별로 난립되었고, 또 그것을 바탕으로 한 양전 역시 객관적인 실정을 제대로 반영하지 못했다. 그러나 전분6등법은 연분9등법과 함께 〈경국대전〉에 그대로 규정되어 조선시대 일대의 전세제도를 지탱하는 바탕으로 운용되었다.

연분9등법 年分九等法 1444년(세종 26)부터 실시한 조세부과의 기준. 농작의 풍흉을 9등급으로 나누어 지역단위로 세를 거둔 법으로 일종의 정액세법이다. 고려의 전시과 체제에서는 농경지의 휴한休閑 빈도에 따라 토지의 등급을 상·중·하의 3등급으로 나누었는데, 고려후기에 휴한농법이 연작농법連作農法으로 바뀌면서 전품田品의 등급을 파악하는 방법이 농경지의 비척肥塉을 기준으로 하는 방식으로 바뀌었다. 고려말기에 제정된 과전법에서는 3등전품제를 운용하되 답험손실을 통해 수조율을 정하는 정률세제로 운용되었다. 그러나 답험 방식은 공정하게 이루어지기 어려웠다. 산야에 흩어진 전답을 일일이 답사하여 점검할 수 없었고, 답험관의 자의성을 막기 위해 여러가지 법적인 조치를 취했으나 실제로 답험의 구체적 실무와 손실의 집계는 토호와 향리의 손에 달려 있었기 때문이다. 이런 사정을 배경으로 제정된 공법수세제貢法收稅制는 전분6등법과 연분9등법을 골자로 한다. 연분9등법은 ① 답험손실의 단위를 매필지에서 각 군현으로 정했으며, ② 연분은 농작에 따라 상상년上上年 1결 20두에서 상중년上中年 18두 순으로 차례차례 감해 하하년下下年 4두로 했고, ③ 각 군현의 수령이 심사하여 정한 연분年分을 관찰사에 보고하면 각 도의 관찰사가 중앙에 보고하고, 중앙에서는 이를 심사하여 정한다는 내용이다. 그런데 당시의 농업생산력으로는 1

개 군현을 묶어서 하나의 연분등제年分等制 단위로 삼는 것은 무리여서, 1454년(단종 2)에는 면 단위로 고쳤다. 또 15세기말까지는 현지의 수령이나 관찰사의 보고보다 중앙에서 등수를 높여 정하는 것이 상례로 되었는데, 이는 향리나 수령이 너무 낮게 정할까봐 우려했기 때문이다. 그러나 16세기 지주전호제의 확대와 공물·요역·군역 등 다른 수취관계가 가혹해지면서 연분은 수령이나 관찰사의 보고보다 낮게 정하는 것이 관행으로 되어가다가, 16세기 후기에 이르면서 연분등제는 대개 하하下下의 1결당 4두로 고정되는 방향을 취하게 되었다.

직전법 職田法 1466년(세조 12) 현직관료에게만 토지의 수조권을 나누어주기 위해 제정한 토지제도. 조선건국 후부터 모순을 드러내기 시작한 과전법의 문제점을 해결하기 위해 제정되었다. 과전科田은 본래 관직자 당대에 한해 수조권을 주기로 했지만, 국가관리의 불충분으로 한 번 분급받은 자가 죽어도 수신전守信田·휼양전恤養田 등의 이름으로 세습되게 마련이었고, 따라서 급격히 증가한 신진관료에게 분급할 토지는 절대적으로 부족했다. 이 때문에 과전점유를 둘러싸고 관료층 내부에서 갈등과 대립이 일어나자, 강력한 정권을 세운 세조대에 이르러 수신전·휼양전의 이름으로 세습되던 과전을 몰수하여 「직전」이란 이름으로 재분배하게 되었다. 그 지급액은 과전에 비해 현저히 줄어든 것이었으며, 매해 10월 말일 이전에 관직을 받은 자에 한정하여 나누어주었다. 직전제의 실시는 수조권의 세습을 부정한 것으로, 당시 전주권田主權이 약화되었음을 의미한다. 이는 조선국가의 중앙집권화 과정의 일환이기도 하지만, 동시에 그 배후에는 농민경제의 성장과 전객佃客 농민의 성숙이 가져온 사적 토지소유의 강화와 성장이 있었다. 직전에서의 조租는 처음에는 수조권을 받은 관료가 직접 거두었다. 그러나 지급받은 토지의 감소와 재직기간만의 수조권으로 인해 그 착취가 더욱 심해지자, 70년(성종 1)에는 직전세職田稅라 하여 국가가 경작농민에게서 조를 거두어 수조권자에게 주는 형식이 취해졌다. 그러나 직전법 역시 항구적인 제도는 될 수 없었다. 관료수 및 종친수의 증가로 인해 성종초부터 직전의 부족현상이 큰 문제로 등장하기 시작하자, 기존의 점유 직전을 줄이고 군자미軍資米로 보충하기까지 했다. 더욱이 흉년과 재정궁핍이 계속되자 직전의 지급이 일시 중단되거나 규모가 줄어드는 사태가 일어났고, 이런 상황은 직전이 폐지되기까지 여러 차례 일어났다. 16세기 전반에 직전·공신전·별사전 등 주요 사전私田의 총액은 약 1만 결 내외였는데, 이 액수는 태종초 과전 84,100여 결, 공신전 31,200여 결, 합해서 115,300여 결이었던 것에 비해 거의 1/12로 줄어든 셈이었다. 결국 직전법은 1556년(명종 11)에 사실상 폐지되었고, 92년 임진왜란 이후에는 완전히 폐지되었다. 이렇듯 직전의 폐지는 점진적으로 진행되었는데, 이에 대한 당시 양반관료들의 반응은 크게 나타나지 않았다. 그것은 직전이 그들에게 이미 경제적으로 큰 의미를 갖지 못하고 있음을 뜻하는 것이다. 사실 직전 1결당 전조田租 4두, 그중에서 2두는 다시 국가에 세로 내야 했으므로 정1품의 실수입이 최고 15석石이 안되는 상황에서 직전에 크게 집착할 필요가 없기 때문이었다. 양반 관료들의 경제기반은 사적 소유에 기초한 대토지에 있었던 것이다. 직전법의 폐지는 고려 이전부터 과전법에 이르기까지 장구한 세월 동안 지속되어온 토지분급제의 사실상의 소멸을

의미한다. 이로써 수조권에 의한 토지지배와 그 아래에서 실제소유자가 전객佃客으로 파악되던 전주전객제田主佃客制는 해체되고 현실의 소유자가 전주가 되었다. 결국 토지지배관계에서는 소유권만 남았는데, 이는 사적 토지소유에 입각하여 성장해오던 지주전호제地主佃戶制의 확대였으며, 지주와 전호의 대항관계를 기본구성으로 하는 사회경제체제의 확산이었다.

직전세 職田稅 1470년(성종 1) 현직관료에게 지급된 직전의 경작농민에게서 정부가 직접 받아 관료에게 주었던 전조田租. 이전의 과전법은 기본적으로 토지와 노동도구를 소유한 경작농민의 노동생산물을 수조권에 입각하여 정치적·신분적으로 수취하는 정치 경제적 체제였다. 따라서 수조지인 전주田主와 경작농민인 전객佃客 사이의 대립관계가 형성되었고, 이는 결국 지배계급인 양반관료층과 피지배계급인 경작농민층의 대항관계로 나타났다. 전주의 과도한 전조田租 징수가 직전 설치 후 더욱 심화되자, 전주·전객의 대립을 해결하기 위해 직전의 전조를 정부에서 직접 거두어 정부가 전주에게 준다는 관수관급제官收官給制가 마련된 것이다. 이로써 토지에 대한 전주의 직접적인 권한 행사를 차단할 수 있었지만, 전객농민은 전조를 경창京倉까지 직접 수송해야만 했다.

병작반수제 並作半收制 고려중기 이후에 발전하여 조선시대 지주-전호佃戶의 사적 경영에 널리 보급된 농장경영방식의 하나. 병경並耕·차경借耕·병작並作으로도 불린다. 「병작」이란 토지가 없는 농민이 많이 갖고 있는 사람의 토지를 빌려 경작한다는 뜻이며, 「반수」란 거기에서 나오는 소득물을 반씩 나눈다는 뜻이다. 그 기원은 신라말 호족의 농장경영에 있다고 하나, 일반

적으로 고려중기 권문세족에 의한 농장의 확대과정에서 시작되었다고 볼 수 있다. 즉 농장의 경작을 위해 농민을 강제로 노비로 삼거나(압량위천壓良爲賤) 또는 무거운 세금에 시달린 농민이 스스로 농장에 의탁함으로써, 농장주인 귀족과 신분적으로 예속된 노비라는 사적관계가 발생했던 것이다. 고려말 실시된 과전법에서 공전에서의 차경을 금하고 공··사전을 막론하고 1/10조를 적용, 반수를 금지하여 한때는 병작반수가 정리된 듯했다. 그러나 과전법에서도 홀아비나 과부, 혹은 그 자식이나 노비가 없는 사람으로서 경작지가 3,4결 이하의 빈농은 병작을 인정했고, 태종대 하윤의 상소를 보면 병작반수제가 여전히 널리 행해졌음을 알 수 있다. 특히 16세기 이후 지주층의 토지 집적이 활발해지면서 병작제는 더욱 확대되어 예종대에는 관청의 둔전에도 도입될 정도였다. 이 시기의 병작제는 고려말의 농장에 비해 신분적 예속관계가 많이 약화된 것이다. 이러한 변화는 조선후기 병작제가 일반화하면서 더욱 심해져, 지주-전호의 관계가 인신적 지배에서 벗어나 순수한 경제적 관계로 진전되는 추세였다. 그러나 일제의 토지조사사업에 의해 후퇴해 오히려 반봉건적인 예속관계가 새로 강화되었다가 해방 뒤에야 완전히 해체되었다.

조선전기의 농장 朝鮮前期-農莊 중세사회 대토지 경영의 한 방식. 전장田莊(또는 田庄)·전원田園·농장農場으로도 쓰인다. 일반적으로 고려후기에 농장 관련 기사가 많이 보이므로 이 무렵에 등장했다고 보기도 하지만, 정상적인 수조지나 소유지에서 경영되는 농장은 고려 이전부터 존재했는데 이 시기에는 수조지의 집적·탈점이 성행, 이를 근거로 농장이 확대되고 있었기 때문에 문제로 부각되었던 것 같다. 즉 고려말에 문제되었던 농장은 수조지를 겸병, 소유화까지 하는 대토지 경영이었고, 과전법 개혁에서도 이러한 불법적인 권력형 농장만이 그 대상이 되었던 것이다. 따라서 조선시대 농장은 소유지에 바탕을 두어야 했고 형성방법도 탈점이 훨씬 줄어드는 추세였다. 그리하여 16세기에 급속도로 확대되는 농장은 주로 개간·매득에 의해 성립되었고, 농장주도 권세가뿐 아니라 향촌사회의 지배층인 향리·품관에 이르기까지 광범하게 된다. 농장의 규모는 축소되어, 고려말 권문세족의 농장이 수백 결 내지 수천 결이었던 데 비해 최소 5,6결에서 최고 5,60결 정도에 불과했다. 또한 경영방식도 변해, 고려후기의 농장은 노비를 비롯, 농민도「압량위천」하여 노비적 경영을 했지만, 조선전기의 농장은 그보다 신분적 예속성이 약한 병작인 위주로 경영했다. 이는 과전법에서 성장, 지위향상을 경험했던 소경영 자영농이 15세기말부터 몰락, 전호佃戶 또는 노비로 되었으므로 이전처럼 노비와 같이 취급할 수 없었기 때문이다. 이러한 농장은 단순히 일반농민의 소토지 소유에 대한 대토지 소유자로서의 경제적 우위에 그치지 않았다. 경작지뿐 아니라 임야·천택川澤까지 손을 뻗쳐 그 산물을 독점하고, 심지어 농민들에게 곡식을 빌려주고 장리를 취하는 등 지방사회의 경제력을 장악해 갔던 것이다. 또한 농장은 조선 지배층의 경제적 기반일 뿐 아니라 그들의 생활근거지였다. 퇴임하면 물론이고 유배도 자신의 농장이 있는 곳으로 갔으며, 현직에 있어도 농장에 자주 왕래하면서 그곳을 근거로 삼았다. 농장에는 제사·빈객·관혼 등에 필요한 일체의 물자를 갖추어, 사대부로서의 생활에 필요한 모든 행사를 치를 수 있게 했다. 이곳에서 사족의 교류도 이루어져 농장은 그 지방사회에서 사대부들의 문화생활의 중심이 되었다. 아울러 서재·서당·가숙家塾을 지어 자제들을 교육, 생원·진사를 배출하기도 하는 등 조선초 유교문화 보급과 사대부 문화의 재생산에 중요한 역할을 했다.

휴한농법 休閑農法　몇 해에 한번씩 경작하지 않고 토지를 놀리는 농법. 같은 토지에 연속해서 농사를 지을 경우 지력地力의 소모가 커 점점 그 수확량이 떨어지므로, 이를 막기 위해 이용되는 방법이다. 유럽 중세의 3포식농법이 대표적인 예로 경지의 3분의 1은 돌려가며 휴한하는 방식이다. 우리나라에서는 고려시대, 특히 산전山田에 널리 이용되어, 1054년(문종 8)의 전품규정에는 휴한을 기준으로 일역一易·재역再易·불역不易으로 나누고 있다. 고려후기 이후 각종 유기물의 사용과 개토客土 등 지력을 보강하는 기술이 발전됨에 따라 휴한농법이 상당히 극복되었고, 15세기에 이르면 휴한을 인정하지 않는 「정전」의 개념이 쓰인다.

정전 正田　조선시대 휴한休閑이나 진황陳荒시키지 않고 해마다 경작하는 상경전常耕田을 가리키는 법제적 용어. 때로 경작하고 때로 진황시키는 속전續田에 대칭되는 말이다. 속전이 「수기수세隨起收稅」라 하여 경작할 때만 세를 거두는 토지였던 반면, 정전은 면세되지 않는 토지였다. 고려시대와 그 이전에는 휴한농법의 비중이 커 법제적으로 「불역전不易田」이라는 용어를 썼는데, 고려후기 이래 휴한농법이 많이 극복되고 상경전이 보편화되자 「정전」으로 바뀌었다. 이 용어가 언제부터 쓰였는지 정확히 알 수 없으나, 본격적으로 활용된 것은 1444년(세종 26)에 제정된 공법 세제貢法稅制에서였다. 공법의 제정동기가 지역단위의 정액세를 거두는 데 있었고, 정전은 국가의 전세田稅 수입의 확보를 위한 기본대상이므로 이에 대한 구체적인 규제가 필요했다. 공법에서는 「일단 양안量案(토지측량 장부)에 정전으로 올라 있는 토지는 모두 매년 경작할 수 있는 것인데, 토지가 많아서 고의로 번갈아 진황시키거나 게을러서 경작하지 않아 많이 진황되니 잘못되었다. 정전은 부분적으로 또는 전체가 진황되어도 모두 세를 거둔다」고 규정하고 있다. 하지만 비록 정전이라도 척박한 토지는 당시 생산력 수준에서 진전陳田으로 되는 경우가 많았고, 진전에서의 수세는 사리상 맞지 않다는 논란이 일어나 이 규정이 다소 완화되기도 했다. 〈경국대전〉에서는 「비록 정전이라 해도 지품地品이 척박하여 곡식이 잘 안되는 경우는 수령이 문부文簿를 만들어 두고 관찰사에게 보고해 양전할 때 속전으로 개정한다」고 규정하기에 이르렀다. 그러나 그것은 하나의 원칙이었을 뿐 공법이 1/20세율이 너무 가볍다는 이유로 진황전의 면세는 점점 어려워져, 16세기후기에는 모든 토지에서의 수세가 1결당 4두로 고정되어갔다. 정전의 진전화나 진전의 수세문제는 조선후기까지도 가끔 논란이 되곤 했다.

군역 軍役　조선시대 16~60살의 모든 장정에게 부과된 국역國役의 하나. 조선시대에는 징발 대상자든, 시취試取에 의해 편입되든, 신분의 특전으로 편입되든 신분에 상관없이 누구나 군역의 의무를 지는 국민개병제였으며, 그 주류는 양인농민이었다. 양인농민의 군역형태는 정군正軍으로서 직접 군사활동을 하는 것과 봉족奉足(또는 보인保人)으로서 정군의 재정을 부담하는 두 가지가 있었다. 특히 세조 때 확정된 보법保法체제는 인정人丁 중심이어서 자연호 단위에서 볼 수 있었던 여유가 거의 없었는데, 관리나 지방세력가들은 실역實役을 피하게 되고 교생校生들마저 역에서 벗어났기 때문에 군역은 가난한 양인농민들이 모두 부담해야 했다. 농민들이 모두 군역 종사자가 되자 토지 8결마다 1명을 동원하는 요역담당자가 없게 되었고, 따라서 각종 요역에 군인들을 동원하는 것이 일반화되었다. 이렇게 군역이 고된 노역이 되고 또 번番을 서는 것이 생계에도 위협이 되자, 수포대립收布代立이라 하여 보인保人에게서 받은 베로 다른 사람을 고용하여 대신 번을 서게 하는 현상이 나타났다. 이런 현상은 16세기에 들어서면서 더욱 본격화되어, 수포대립은 관속들의 수탈수단으로 그 성격이 바뀌었다. 대립가代立價도 점점 증가하여 나중에는 베 15,6필에 이르렀고, 막대한 대립가를 마련하여 납부하고 귀향하는 것이 군역수행의 일반적인 형태가 되었다. 이때문에 보인·군정뿐 아니라 그 일족까지 가산을 팔고 유랑하거나 도망하는 사태가 잇따르자, 중앙정부는 대립가를 5승포(너비 7치) 3,4필로 공식화했으나 제대로 지켜지지 않았다. 결국 수포대립제·방군수포제 등 군포제軍布制의 시행은, 현역복무 의무제도인 오위五衛제도가 무너지고 조선후기 오군영이라는 용병제와 의무병제의 혼합형태로 바뀌는 계기가 되었다.

방군수포제 放軍收布制 복무를 맡은 지방군사를 돌려보내고 그 대가를 베로 거두어들인 제도. 조선초기의 진관체제가 15세기말부터 16세기전반 동안 점차 무너지기 시작함에 따라, 군역의무의 일반적인 형태로 나타난 것이 중앙군의 경우 수포대립제收布代立제였고, 지방군의 경우 방군수포제였다. 방군수포제는 처음에는 군사들의 편의를 위한 점도 있어서, 15세기말 각 포浦의 만호萬戶·천호千戶 등이 당번의 선군船軍이 부득이한 사정으로 번을 서지 못하면 한 달마다 베 3필 또는 쌀 9말씩 거두었던 예

가 있다. 그러나 이 제도는 점차 지휘관의 사리축적에 이용되면서, 이렇게 거두어들인 재물은 모두 병마절도사·수군절도사·첨절제사僉節制使·만호 등과 그 휘하 관속들의 개인소유가 되었다. 이것은 지방군의 감독권이 지휘관에게 전적으로 맡겨져 있었고, 특히 대역인代役人이 끼지 않기 때문에 쉽게 가능했다. 그 결과 비록 제도적으로는 진관체제를 갖추고 있었으나 지방군으로 남아 있는 군사는 얼마 되지 않았고, 이들조차 당시 매우 발달했던 화기를 다룰 줄 몰라 국방체제는 매우 약화되었다.

요역 徭役 봉건국가가 백성의 노동력을 무상으로 징발하는 수취방법의 하나. 재래의 수취체제인 조租·용庸·조調 가운데 용에 해당하는 것으로 전세미田稅米의 수송, 공물·진상물·잡물의 조달, 토목공사, 영접 등의 일을 시켰으며, 역에 종사하는 동안의 양식은 스스로 부담하는 것이 원칙이었다. 특히 지방관청에 관련된 축성築城·제언수축堤堰修築 등의 잡역은 복무하는 횟수가 잦고 부리는 기한의 제한도 없어서, 지방관이나 향리들에 의해 남용되어 민호民戶에 끼치는 부담은 매우 컸고, 특히 경기도의 요역부담은 다른 도보다 훨씬 많았다. 요역부담은 양반·사천私賤을 제외하고 농업·공업·상업에 종사하는 양인과 공천公賤에만 있었다. 조선초기에는 인정人丁(16~60살의 장정)의 수에 따라 호戶를 분류하고 그에 의해 필요한 인정을 동원하는 계정법計丁法이 적용되었는데, 세종 이후 경작토지의 많고 적음에 따라 호를 분류하고 그에 의해 정丁을 차출하는 계전법計田法이 굳어져, 성종 때는 토지 8결마다 1부夫를 차출하는 규정이 확립되었다. 또 이때 1년의 요역이 6일 이내로 제한되었지만, 이러한 규정이 지켜지기는 어

려운 상황이었다. 인정을 단위로 하는 군역이나 토지의 결수를 단위로 하는 요역은 실제로는 모두 인정을 동원하는 것이었기 때문에, 모든 양인 인정이 군역에 충당되던 상황에서는 요역대상자를 따로 차출하기가 어려웠다. 국가의 노동력이 부족하자 토목·영선에 군인이 동원되었고, 이후 군역을 요역화했다.

공납 貢納 지방의 토산물을 현물로 내는 세제의 하나. 중국 당나라 세제인 조租·용傭·조調 중 조調에 해당하며, 기원은 통일신라까지 소급되지만 내용은 알려져 있지 않다. 고려시대에도 일정한 제도로 확립되지 못하고 그 규정이 수시로 변동되면서, 고려후기부터는 공물貢物의 무절제한 착취가 전개되어 그 폐해가 매우 컸다. 조선시대에는 원칙적으로 고려의 제도를 답습하시만, 공물의 분정分定은 토산물로써 하고 양을 줄여 조정하도록 하는 등 개선하여 1413년에 전국적으로 실시했고, 성종 때는 개선된 공납제가 일단 정착하게 되었다. 공물의 품목은 매우 다양하여, 〈세종실록〉 지리지를 보면 일반공물 271가지, 약재·종양약재種養藥材 200여 가지 등이 나타난다. 공납은 원래 민호民戶 부담에 관한 분정규정이 따로 없고 지방관부를 단위로 품목·수량이 규정되었으며, 각 지방관이 관官에서 마련할 품목과 백성에게 분담시킬 품목을 가려 배정했다. 일반적으로 농민들이 쉽게 마련할 수 있는 직조물·수산물·과실류·목재류 등을 제외한 특수품목과 종양약재 등을 지방관청에서 마련했는데, 그 품목과 수량은 지역특성에 따라 달랐을 것으로 보인다. 국가가 지방에 부과하는 공납의 양은 호구戶口와 전결田結에 따르게 되어 있었지만 실제로는 제대로 적용되지 않았고, 각 지방관청이 농민에게 부과할 때는 호戶가 기준이 되

었다. 조선 태조 즉위초에는 대호大戶 10정丁 이상, 중호中戶 5정 이상, 소호小戶 4정 이상으로 한 3등호제에 따라 책정되었다가 1435년(세종 17), 민간 간전墾田의 다소에 따라 구분된 5등급에 의해 정해졌다. 일단 정해진 공물의 수량은 원칙적으로 변경할 수 없었는데, 각 지방에 나누어 정한 공물 중에는 그 지방 토산물이 아닌 경우도 많았다. 따라서 이러한 물품을 미리 중앙관부에 내주고 증서를 받아, 지방농민들에게서 그 값을 받는 대납제代納制가 발생하게 되었다. 대납업자들은 실제 가격의 2배를 받아 폭리를 취하기도 했으며, 점차 각 창고관리들과 결탁하여 기한 안에 납입한 공물까지도 일부러 날짜를 연장하는 등 폐단이 심했다. 뿐만 아니라, 방납防納이라 하여 중앙 각 사司의 공납 업무를 담당한 서리胥吏들이 지방관청에서 상납하는 공물을 갖가지 구실로 되돌려 보낸 후, 그 공납의무를 대행하여 비싼 대가를 강제로 징수하는 폐단도 생겼다. 선조 때는 방납업자들인 사주인私主人·경주인京主人 등이 소속 관리와 결탁하여 이익을 챙기는 등 폐해가 극심해져, 농민의 부담이 가중돼도 국가재용은 오히려 부족하게 되었다. 이에 공납의 폐단을 뿌리뽑기 위해 수미법收米法이 거론되기 시작했고, 드디어 1608년(광해군 즉위년) 5월에는 공납 대신 대동미·대동포로 내는 대동법大同法이 경기도부터 실시되어 전국으로 확대되어갔다.

상공 常貢 고려와 조선시대 지방에서 중앙에 바치는 공물貢物 중 품목·수량·시기가 해마다 일정하게 정해져 있던 공물. 불시에 특별히 부과되는 별공別貢과 구별된다. 공물제도는 삼국시대부터 있어 왔지만 그때부터 상공·별공이 구별되었는지는 확실하지 않다. 기록에 따르면, 1041년(고려 정종 7)에 처음으

로 상공·별공의 품목이 정해진 것으로 나타난다. 조선시대에 들어오면 고려말에 효과적으로 늘어난 상공의 액수를 조정하지만, 크게 개선되지는 못했다. 〈세종실록〉 지리지 궐공조厥貢條를 보면 그 품목이 수백 가지나 되는데, 이는 공물의 수량·품목·횟수를 법제화하는 과정에서 별공이나 그와 비슷한 성격의 공납물이 오히려 상공으로 되었기 때문이다. 따라서 상공은 조선시대 공납제의 주축을 이루면서, 17세기 대동법大同法이 시행되기까지 이전의 폐해와 함께 존속되었다.

별공 別貢 ⇨ 상공常貢

방납 防納 조선시대 공납제에서 공물貢物을 대신 납부함으로써 중간이윤을 차지하는 행위. 중앙의 각 사司 서리胥吏 등이 지방에서 상납하는 공물에 대해 갖가지 구실을 붙여 받지 않고, 대신 공납의무를 대행함으로써 개인의 이익을 챙겼다. 이런 현상은 성종대 이후 성행했는데, 공안貢案의 개정이 늦어지면서 그 지방에서 나지 않는 공물貢物이 발생하지만 조정에서 이를 무시하고 공물의 수납을 강행하고, 또 공물수납을 맡아보던 중앙 각 사의 서리와 노복들 대부분에게 급료가 지급되지 않는 등 제도의 허점 때문에 일어난 것으로 보인다. 방납자는 보통 사주인私主人과 각 사의 이노吏奴였다. 사주인은 조선전기 이후 수도에 존재했는데, 공리貢吏에게 숙식을 제공하고 공물을 보관 또는 매매하는 특수상인이었다. 각 사의 이노는 공물수납관청의 수납담당자로서 처음에는 사주인과 결탁하여 방납을 돕다가 연산군 이후에는 방납을 직접 담당하게 된다. 이들은 방납을 부자·형제가 대를 이어 가업으로 삼았고, 사대부 종실의 부상대고富商大賈와 연결되어 그 하수인이 되기도 했다. 방납의 폐단이 심해지자 공납제 대신 쌀을 부과, 징수하

는 대동법이 실시되기에 이른다.

진상 進上 고려 및 조선시대 관민官民이 왕실과 국가의 제사를 위해 예물을 바치는 것. 세공稅貢과는 별도로 제사에 사용되는 공물供物과 왕실에 대한 공상供上을 그 지방의 생산물에 따라 바치도록 해, 이를 중앙의 여러 관청에서 관장했다. 고려 이후부터 행해졌으나 고려의 것은 자세히 알 수 없고, 조선에서는 물목物目·수량·상납기한 등을 상세히 규정, 세공과 거의 다름없이 부과했다. 그 명목은 크게 물선物膳·방물方物·제향천신祭享薦新·약재藥材·응자鷹子 등과 별례진상別例進上으로 나뉜다. ① 물선진상은 매월 정기적 또는 부정기적으로 음식료품을 왕실에 바치는 것이다. 처음에는 지방관이 임의로 징수했으나, 1419년(세종 1) 각 지방관이 수령을 차사원差使員으로 삼아 정해진 날짜에 물목의 송장送狀과 물선을 사옹방司饔房에 상납하도록 규정했다. ② 방물진상은 명일名日방물과 국왕의 행차 때 바치는 행행강무行幸講武방물 등이 있다. 명일이란 명절(동지·정조正朝·성절聖節)과 절일節日(축일祝日)을 말하는데, 이때 갑주甲冑 등의 병기兵器, 모피·기구器具·백포白布 및 산해진미를 바쳤다. 왕이 선왕의 왕릉참배, 온천목욕, 또는 「강무」라 하여 수렵을 위해 지방에 나갈 때도 그 지역의 관찰사가 방물을 바쳤다. ③ 제향천신진상은 시절제사(천신)를 비롯해 왕실의 각종 제사에 필요한 것을 바치는 것이다. 원래 제사에 필요한 물품은 중앙 각 기관에 맡겨, 양이나 돼지는 전농시典農寺·내자시內資寺·전구서典廐署가, 채소류는 침장고沈藏庫가, 과실류는 상림원上林園·혜민서惠民署·양현고養賢庫·내자시 등이 진상하도록 되어 있는데, 담당관청이 마련할 수 없는 것은 지방 각 관에 분담시켰다. ④ 약재진상은 전의감典醫監·혜민

서·제생원·동서대비원 등 중앙 의료 기관에 지방에서 나는 이른바 「향약鄕藥」을 채취·상납하게 한 것이다. 지방관은 의원醫院·의생醫生·채약인採藥人(약부藥夫)·약포藥圃를 두어 향약을 채취하게 했는데, 채약인은 약재에 대한 지식, 채취 및 건조 등 특별한 기술을 익혀야 하므로 정역호定役戶로 하여 세습제로 했다. ⑤ 응자진상은 고려후기 이래 설치된 응방鷹坊에서 중국에 대한 공물 또는 왕의 수렵에 필요한 매를 바치는 것이다. 응방에는 응인鷹人을 두어 매를 잡거나 기르도록 했는데, 이들 역시 특별한 지식과 기술이 필요하므로 대개는 가업家業으로 세습했다. 특수한 물품의 진상이 세습적으로 강요된 정역호로는 소목군燒木軍·공염간貢鹽干·응사鷹師·약부·생선간生鮮干·생안간生雁干·해자군海作軍(어호漁戶) 능이 있으며, 이들은 정부기관에 예속되어 역으로 맡은 직무에 종사해야 했다. 그러나 신상불자의 분정分定은 전적으로 지방관이 맡았기 때문에 일반 민호에 그 부담이 전가되기도 했다. 대동법이 실시될 때에도 진상은 현물로 바쳐졌는데, 진상의 품목은 대부분 부패하기 쉬운 식료품이어서 까다로운 규정이 뒤따랐고, 이에 관리들의 협잡이 심해 백성들의 피해가 컸다. 시간이 흐름에 따라 진상은 민호 수탈의 도구로 되었던 것이다. 하지만 그것이 사회경제적으로 끼친 영향 중 주목할 만한 것은, 교환거래의 촉진 및 물자의 상품화와 아울러 향리를 포함한 이서吏胥 또는 공노비의 상인화의 기초를 마련하고 그 세력을 키우는 데 이바지했다는 점이다.

조운 漕運 현물로 거두어들인 각 지방의 조세를 선박으로 수도까지 운반하는 조직. 현존하는 기록으로는 조운이 제도적으로 완성된 것은 고려시대부터지만, 그 이전부터 운용되었을 것으로 본

다. 운송방법에는 해운海運과 육운陸運이 있는데, 육운은 도로망의 불비·운송수단의 제약 때문에 크게 발전하지 못하고 일찍부터 해상교통에 크게 의존해 왔다. 정부에서는 강변에 수운창水運倉, 해변에 해운창海運倉을 설치하여 각 지방의 세곡稅穀을 모으고, 항상 선박을 준비하여 해마다 정해진 기간에 중앙의 경창京倉으로 수송했다. 조선시대 경창으로는 서울 남부 한강변에 설치된 군자창軍資倉·풍저창豊儲倉·광흥창廣興倉이 있었다. 조선은 건국 직후부터 고려말 왜구의 침입 등으로 파괴된 창고를 보수·증설하는 데 노력한 결과, 건국초에는 서해안의 조창漕倉을 예성강구에서 남해안 섬진강구에 이르는 해안 9곳에 설치했으며, 그밖의 곳은 조선후기 영조 때에 이르러서야 설치가 완료되었다. 평안도·함경도·제주도는 세곡을 조운하지 않고 해당 도에서 각각 보관히도록 했다. 성무는 세곡을 안전하게 수송하기 위해 법규를 매우 엄하게 만들었는데, 조운선이 난파되면 그곳 지방관이 지체없이 이를 구제하고 피해곡물을 건조해야 했으며, 2일 이내에 현지에 나타나지 않거나 좌수·별감을 대신 보내면 처벌하도록 했다. 또 50척 이상을 무사히 수송하면 직계職階를 올려 상을 주고, 3척 이상을 잃으면 죄를 묻는 규정을 법제화했다. 조운제도를 뒷받침하기 위해 일찍부터 국가의 관리 아래 대규모의 조선작업이 이루어져 세조 때 정립되었다. 조운을 직접 담당하는 조졸漕卒은 선장격인 사공沙工, 선원격인 격군格軍으로 구별되었으며, 신분은 양인이지만 누구나 기피하는 천역을 세습하기 때문에 신량역천身良役賤에 속하는 계층이었다.

농사직설 農事直說 1429년(세종 11) 정초鄭招, 변효문卞孝文 등이 왕명으로 편찬한 농서農書. 1책. 서문에 따르면,

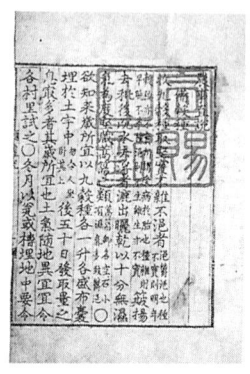

△ 농사직설

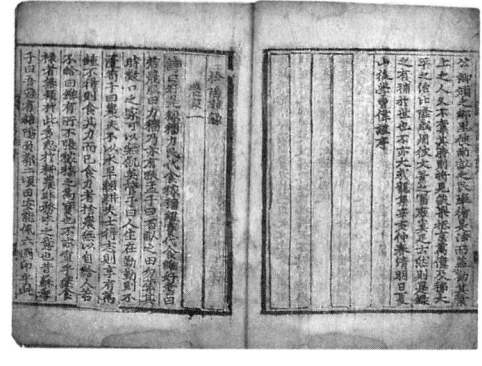

△ 금양잡록

이미 간행된 중국의 농서들이 있지만 풍토가 다르면 농사법도 다르므로, 각 도 감사에게 명하여 각지의 익숙한 농민들에게서 그 경험을 자세히 듣고 수집해서 편찬한 것이다. 즉 이 책은 우리나라 남부지방의 실정을 일정하게 고려한 첫 농업서적으로, 지방 권농관의 지침서로 삼았을 뿐 아니라 그뒤 간행된 여러가지 농서의 지표가 되었다. 그 내용으로는 종자준비, 밭갈이, 삼심기, 벼·기장·피·수수·콩·보리·밀심기 등 주로 곡식재배법이 다루어졌고, 그중에서도 벼재배법인 건갈이, 물갈이, 모내기와 당시의 농기구 및 거름주는 법, 가을갈이법 등 일련의 기술들이 자세히 쓰여 있다.

금양잡록 衿陽雜錄 조선 성종 때 강희맹姜希孟이 4계절의 농사와 농작물에 대해 적어놓은 농서農書. 1492년(성종 23)에 아들 구손龜孫이 발간했으며, 1655년(효종 6) 신속申洬이 만든 〈농가집성農家集成〉에 들어가 있다. 이 책은 조선초기 농사기술에 관한 책인 〈농사직설農事直說〉과 쌍벽을 이루며, 앞의 것이 관찬官撰인 데 비해 지은이의 경험과 견문을 바탕으로 씌어진 것이다. 지은이가 52살에 좌찬성에서 물러나 경기도 금양현

(지금의 경기도 시흥·과천 지역)에 은거하던 때, 직접 농사를 지으며 그곳 농부들과의 대화와 자신의 경험을 토대로 지은 것으로, 당시 경기도 일대의 농업 사정을 살피는 데 매우 중요한 사료이다. 내용은 농가곡품農家穀品·농담農談·농자대農者對·제풍변諸風辨·종곡의種穀宜·농구農謳 등 6개 항으로 나누어져 있다. 그중 「농가곡품」은 각종 작물의 품종이 소개되어 있는데, 벼의 품종이 거의 1/3이나 되어 당시 벼농사가 주식량의 위치를 차지하고 있음을 알 수 있다. 또 벼 품종에는 중국·일본에서 들여온 듯한 것도 있어, 당시 외국과 기술교류도 있었다고 생각한다. 이 책은 농업사 연구에도 귀중한 문헌이지만, 고유어를 이두와 한글로 표기한 곡물 이름(예 : 오려(早稻조도)에 '救荒狄所里구황되오리 一名 氷折稻어름것기', 콩에 '百升太온되콩, 火太불콩, 者乙外太잘외콩' 등)은 15세기말의 국어사 자료로 이용되고 있다.

평시서 平市署 조선시대 시전을 관할하기 위해 설치한 관청. 고려시대에는 경시서京市署라 불렸는데, 1392년(태조 1) 조선의 태조가 고려의 제도를 그대로 이어받아 경시서를 설치, 물가조절

· 상인들의 감독·세금 등에 관한 일을 맡아보게 했다. 그뒤 문물제도가 정비됨에 따라 말(斗)·자(尺)·저울 등 도량형기를 정확히 하고 화폐의 유통을 관장하는 일도 맡았다. 1466년(세조 12) 관제개혁 때 평시서로 고쳐 부르게 되었다.

시전 市廛 전근대사회의 성읍이나 도시에 있던 상설점포. 특히 신라·고려·조선시대 수도에 설치하여 정부기관이 감독·관리했던 시장을 말한다. 조선은 건국초부터 수도건설 사업과 함께 시전건설 계획을 세워, 1412년부터 14년(태종 14)까지 4차례에 걸쳐 한양 간선도로변의 좌우에 시전을 위한 건물(공랑公廊) 3천여 칸을 지었다. 이 건물들을 지정된 상인들에게 나누어주고 그 대가로 공랑세公廊稅를 거두었다. 〈경국대전〉에 의하면 건물 1칸마다 봄·가을 두 차례에 각각 저화楮貨 20장(쌀 2밀)을 내도록 했다고 한다. 이 세금이 상행위에 대한 과세를 넘어서 국역國役의 성격을 띠어, 관청의 수요에 따르는 임시부담금, 궁중·관부의 수리와 도배를 위한 물품 및 경비, 왕실의 관혼상제, 중국에 파견되는 사절의 세폐歲幣(해마다 중국에 바치는 공물貢物)와 수요품의 조달을 맡게 되었다. 시전에 국역이 부과된 시기는 정확히 알 수 없으나, 대체로 대동법大同法 실시가 논의되기 시작했던 선조宣祖말에서 인조仁祖에 걸친 시기로 추측된다. 조선시대 시전은 주로 서울 주민들의 일상생활용품 공급과 정부수요품의 조달을 맡았으며, 이밖에도 정부가 백성들에게서 거둔 공물貢物 중 남은 것이나, 중국에서 사신이 가지고 오는 물건 중 일부를 불하받아 시민들에게 팔기도 했다. 시전상인들은 같은 상품을 파는 사람들끼리 모여 동업자조합을 이루었는데, 조합원의 자격과 가입조건이 매우 엄격하고 특히 혈연관계를 중요시했다. 정부는 조합에 가입되지 않은 상인들은 시전상인이 취급하는 상품을 다룰 수 없도록 했고, 이것은 17세기초엽에 「금난전권禁亂廛權」이라는 강력한 특권으로 나타난다. 원래 금난전권은 육의전六矣廛에만 부여한 것이었으나, 나중에는 일반 시전에까지 확대되어 상공업의 발전을 가로막았다.

육의전 六矣廛 조선초 이래 서울에 설치된 시전 중 전매특권과 국역부담의 의무가 큰 여섯 종류의 상전商廛. 육주비전六注比廛이라고도 함. 당시의 시전은 여러 형태의 부담을 지고 있었는데, 이런 상전을 「유분각전有分各廛」이라 했다. 그중에서도 국역부담률이 높은 6종류의 상전을 육의전이라 하며, 그 구성은 시간·공간에 따라 변화되어 어떤 특정한 수나 전廛을 의미하지는 않는다. 〈만기요람萬機要覽〉에는 육의전으로 선전縇廛(비단 상점)과 면포전(무명 상점), 면주전綿紬廛(명주 상점), 지전紙廛(종이 상점), 저포전苧布廛(모시·베 상점), 내외어물전內外魚物廛(생선 상점) 등이 나타나 있다. 육의전이 나타난 시기는 1637년(인조 15), 중국에 보내는 방물方物(우리나라 특산물)과 세폐를 분담하게 되면서부터이다. 정부는 이러한 부담 대신 육의전 상인들에게 특정상품의 전매특권을 보장하여, 독점상인으로서 서울의 상권을 쥐게 해주었다. 따라서 육의전이 다른 시전과 구별되기는 하지만 상업단체로서 근본적인 성격은 다르지 않아서, 육의전 역시 민간의 수요와 궁실 및 산하관청의 물품수요를 공급해주는 역할을 했다. 유일한 어용상인단체였으나, 6개의 전이 합하여 단일경제단위를 이루지 않고 각 전이 독립경제단위를 유지했다. 각 전은 도중都中이란 일종의 조합을 만들어, 정부가 경시서京市署(시장관할기

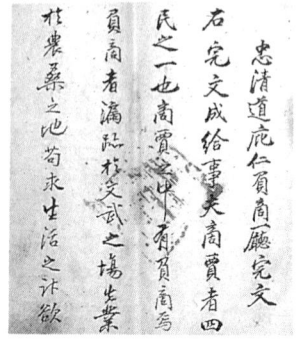 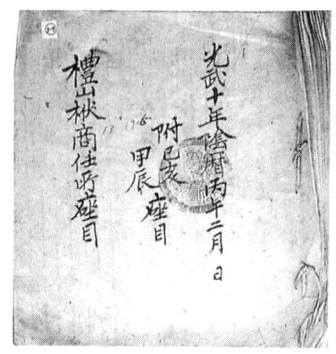

△왼)비변사 완문. 보부상 단체조직의 허가 및 관리에 관한 행정문서. 오)예산 보상임소좌목. 보부상 단체의 역대 두령 이름을 기록한 문서.

관)를 통해 필요한 물품을 요구하면 각 전의 부담능력에 따라 모아서 상납했다. 그 대신 정부는 자금의 대여, 외부 압력으로부터의 보호, 난전의 금지 등 특권을 주었는데, 특히 난전을 금하는 것은 육의전이 가지는 최대의 특권으로서 길드와 같은 힘을 가지게 했다. 이러한 특권이 크면 클수록 그 의무는 더해졌으며, 또 새로운 상공업 발전을 방해하기도 했다.

공랑 公廊 조선시대 정부가 도성 안에 건축하여 상인에게 빌려준 점포. 1412년(태종 12)부터 14년까지 네 차례에 걸쳐 혜정교에서 창덕궁 동구洞口, 대궐문에서 정선방, 종루鍾樓에서 경복궁, 창덕궁에서 종묘, 종루에서 남대문, 종묘에서 동대문 사이 간선도로 좌우에 2,020여 칸의 행랑을 짓고 상인들에게 빌려주었다. 그곳에서 장사하는 상인을 「공랑상인」 또는 「정주상인定住商人」이라 했는데, 그들은 왕실·관청·양반 및 도성 주민들의 경제적 수요를 충족시키는 특권상인으로서 어용적 성격이 강했다.

보부상 褓負商 전근대사회에서 시장을 중심으로 행상을 하면서 생산자와 소비자 사이에서 교환경제를 매개했던 전문상인. 봇짐장수인 보상과 등짐장수인 부상을 통틀어 일컫는 말. 본래는 별개의 조직체였는데, 1883년(고종 20)에 설치된 혜상공국惠商公局 아래 합쳐지면서 「보부상」으로 통틀어 일컫게 되었다. 보상은 주로 정교한 세공품이나 값비싼 사치품을 취급한 반면, 부상은 조잡한 일용품 등 가내수공업품을 취급했다. 보상은 보자기에 싸서 들거나 질빵에 걸머지고 다니며 팔았고, 부상은 지게에 얹어 등에 짊어지고 다니면서 팔았다. 대개 1일 왕복의 노정을 표준삼아 형성된 시장망을 돌면서 각 지방의 물화物貨를 유통시켰다. 보부상의 기원은 명확하지 않으나, 부상단負商團이 조직된 것은 조선초로서, 이에 관해서는 이성계李成桂의 조선건국에 공헌했기 때문에 그 조직을 허용했다는 설과, 이와는 달리 상류계층과 무뢰한의 탐욕으로부터 자신들을 보호하기 위해 조직했다는 설이 있다. 보상단褓商團에 관해서는 79년(고종 19)에 발표된 「한성부완문漢城府完文」에 의해 알 수 있는데, 이에 따르면 그 이전부터 지역마다 각기 정해진 규율과 두령인 접장接長이 있었다고 한다. 이러한 보부상은 국가의 일정한 보호를 받는 대신, 유사시에 동원되어 정치활동을 수행하기도 했다. 임진왜란 때 행주산성 전투에서는 수천 명의 부상이 식량과 무기를 운반했을 뿐 아니라 전투에도 직접 참여하여 왜군을 물리치는 데 공헌했으며, 병자호란 때는 인조仁祖가 남한산성으로 피신하자 부상들이 식량을 운반해주었다. 전쟁이 끝난 후 정부에서는 이들의 요구대로 생선·소금·목기·토기·수철기水鐵器에 대한 전매권을 허락했다. 66년 병인양요 때는 전국의 보부상이 동원되어 프랑스군을 무찔렀으며, 82년에는 민영익閔泳翊이 대원군의 개혁정치에 불만을 품고 경기도와 강원도의 보부상을 이끌고 서울로 침입한다는 소문이 있어 도성 내에 큰 혼란이 일기도 했다. 또 94년 갑오농민전쟁 때 보부상은 정부군에 합세하여 농민군과 전투를 벌였는데, 당시 주축이 되었던 것은 충청우도忠淸右道 저산팔구芧産八區(모시를 생산하는 8읍 : 부여·정산定山·홍산鴻山·임천·한산·비인·남포·서천)의 보부상들이었다. 그후 황국협회에 속하기도 했다가 여러 변천과정을 겪은 끝에, 일제강점과 더불어 일제의 보부상 말살정책에 의해 거의 소멸되었다.

저화 楮貨 고려말에서 조선초에 사용된 지폐. 고려말인 1391년(공양왕 3) 도평의사사의 결의로 자섬저화고資瞻楮貨庫를 설치하고 저화를 발행했는데, 이는 조선건국 주도세력이 신왕조 창건을 위한 재정기반을 마련하고자 추진한 정책이었다. 당시 정부는 강제로 금·은·포화布貨를 거둬들이고 저화를 내줌으로써, 고려의 주요 정치세력이었던 권문세가의 재력을 박탈함과 아울러, 사전私田의 확대로 궁핍해진 재정을 보충하고자 했던 것으로 보인다. 1401년(태종 1) 2,000여 장의 저화를 발행하여

저화 1장의 가치를 5승포五升布 1필, 쌀 2말로 정하고, 상거래에서 저화의 이용을 강제했다. 그러나 저화는 잘 이용되지 못한 채 그 가치가 계속 떨어져 22년(세종 4)에는 저화 3장이 쌀 1되로 폭락했다. 그후에도 저화유통을 위한 노력은 계속되어 50년(문종 즉위년)에 저화량 조절에 의한 저화가치의 안정책이, 세조 때에는 민간거래에서 저화전용책이 시행되었으나, 16세기에 들어가면 유통계에서 거의 없어져버리고 포화가 여전히 주요한 화폐 구실을 하게 된다. 이는 당시 권력의 추이와 관련되는데, 저화의 유통을 추진하던 15세기는 왕이 권력의 실세로서 강력히 이를 뒷받침할 수 있었지만, 16세기에 들어오면 가치가 하락된 저화를 강제 유통시킬 수 없도록 막아낸 새로운 정치세력이 나타났던 것이다. 즉 재지 중소지주층이었던 사림세력이 농업경영에 관여하고 있었고, 농가에서 생산하는 포는 이들의 부의 축적과 상당한 관련을 가지는 것이어서 저화는 포화와 상충관계에 있게 되었다. 15,6세기를 통해 확립된 지주전호제의 경제체제가 확립되면서 그 주도세력으로 사림세력이 자리잡게 되자, 유통구조 역시 이들에 의해 조정되었던 것이다.

조선통보 朝鮮通寶 15세기 세종 때 조선정부가 만든 동전. 15세기에 들어 생산력이 발달함에 따라 유통경제도 활발해지자, 정부는 지폐인 저화의 원활한 유통을 위해 동전을 만들어 함께 쓰기로 했다. 1423년(세종 5) 당나라의 개원통보 체제를 본떠 조선통보를 만들 것을 결정했으나, 필요한 수량을 만드는 데는 상당한 시일이 걸렸다. 폐지된 각 절의 유기그릇을 수집하여 서울에 30여 개의 노를 설치하는 한편, 경기의 양평, 경상도의 창원·합포진·울산진과 김해의 사교, 전라도의 내상 등에도 주

△조선통보

전소를 설치하여 27년에서야 겨우 동전 40만 냥을 만들었다. 이렇게 만든 동전 은 저화의 보조화폐로서 적은 양의 물품매매에만 쓰였다. 조선정부는 동전의 유통을 위해 그 공신성을 강화하고 각종 세를 금납화하는 등 여러가지 정책을 폈지만, 별 성과 없이 동전의 유통가치가 계속 떨어져 동전을 유기그릇의 원료로 사용하는 일까지 일어나게 되었다. 이는 저화의 유통이 제한되어 있는 데다 관청의 약탈적인 수탈이 동반되고 필요한 통화량이 보장되지 못했기 때문이다. 약 20년간 유통되다가 폐지되었다.

관장제 수공업 官匠制手工業 조선전기 수공업의 지배적인 형태로, 중앙과 지방의 관청이나 병영兵營에 공장工匠을 소속시켜 관영 수공업장에서 일하게 하던 제도. 〈경국대전〉에 의하면 조선정부는 30개의 중앙관서와 8도의 감영, 병영, 수영 및 군현에 거의 모두 공장을 소속시키고 있는데, 이런 곳들에 관영 수공업장이 있었음을 짐작할 수 있다.

공장 工匠 전근대 사회에서 각종 수공업을 전업으로 삼은 장인. 조선시대 공장은 크게 관공장官工匠과 사공장私工匠으로 나뉘는데, 관공장은 각 관청이 경영하는 관영 수공업장에 3번제第三番制로 나가 일하는 공장이며, 사공장은 개인이 경영의 주체가 되는 민간 수공업자를 말한다. 관공장에는 중앙의 왕실과 관청의 수요를 충당하기 위해 전업적 생산을 하는 경공장京工匠과, 지방의 병영이나 주·군·현에 소속되어 있는 외공장外工匠이 있었다.

공장안 工匠案 조선시대 서울·지방의 공장工匠을 기록한 장부. 공조工曹와 그 소속 관아 및 도·읍에 보관되어 있어, 이를 통해 당시 장적匠籍에 등록되었던 전업적인 수공업자들의 실태를 파악할 수 있다. 「공장안」의 원칙에는 사천私賤은 공장이 될 수 없다는 규정이 있지만, 조선시대 공장은 사노寺奴·관노官奴·양인良人 외에 조선시대에 들어와 지위가 낮아진 승려나 사노私奴도 편입되었고, 또 긴요한 장인의 자리가 비게 되면 군사나 관속·공천公賤을 막론하고 합당한 자를 「공장안」에 기록하도록 되어 있어 그 범위가 상당히 넓었음을 알 수 있다. 18세기 이후 수공업이 비약적으로 발전하면서 관영 수공업이 쇠퇴하자, 18세기말인 정조 때는 공장안을 폐기하기에 이른다.

공상세 工商稅 조선시대 국가가 수공업과 상업에 종사하는 사람들에게 부과했던 세금. 「억말숭본抑末崇本」이란 성리학의 경제관에 기초하여, 상공업을 억제하고 농업을 장려하기 위한 수단의 하나로 수공업자와 상인들에게 세금을 부과했다. 1411년(태종 11), 공장工匠과 상고商賈를 관청에 등록하도록 하여 월말에 저화楮貨 1장씩을 내도록 했다가, 14년에는 저화 4장으로 올리는 등 초기 공상세는 일률적으로 정해진 것이었다. 15년 공장상고수세법工匠商賈收稅法이 확정되면서 수입액에 따라 상·중·하의 구별을 두어 세를 거두었다. 공장工匠의 경우 관영 수공업장에서 공역公役을 하면 그만큼을 과세 일수에서 빼주었고, 상인 중에서도 행상行商의 경우는 육상陸商·수상水商을 구별하여 과세했다. 특히 수상은 소유한 배의 크기에 따라 저화 100장에서 30장까지 차등있게 과세하여, 상인 중에서도 세 부담을 많이 하도록 했다. 18세기말 관영 수공업이 쇠퇴함에 따라 공장안工匠案이 폐기되자 공장들은 공상세에서 벗어났고, 상인들 역시 통공정책通共正策으로 자유로운 상업활동이 허용되면서 공상세에서 벗어날 수 있었다.

경공장 京工匠 관영 수공업에 종사하는 공장 가운데, 서울에서 왕실 및 관청의 수요를 위해 전업적 생산을 하는 기술자. 조선이 건국되던 초기에는 장인의 역역役으로 수공업의 수요를 채웠으나, 왕실의 궁궐이나 성곽을 쌓는 데 많은 장인이 필요함에 따라 공장의 인력은 항상 부족했고, 거의 무제한으로 필요한 기술직 장인의 확보를 위해 공·사노비까지 동원하기도 했다. 따라서 조선전기 경공장은 대부분 신량역천身良役賤의 양인으로서, 3번으로 나누어 역을 담당했다. 그러나 그들에 대한 대우가 보잘것 없고 신분상으로도 천시되어 장인이 되는 것을 피했기 때문에 항상 공급이 부족했다. 〈경국대전〉 공전工典 경공장조에는 30개의 중앙관청에 130종류 2,841명의 경공장을 확보하도록 규정하고 있다.

외공장 外工匠 지방관청에 소속되어 필요한 물품을 만들어낸 기술자. 관영 수공업의 발생과 더불어 지방관청을 중심으로 시작되었을 것으로 추측되며, 조선시대에는 관영 수공업이 보다 체계를 갖춤에 따라 외공장도 고려시대보다 더 다양해지고 조직화되었다. 비교적 전업이었던 경공장과 달리, 야장冶匠 같은 일부를 빼면 대부분이 농업을 겸하는 사람들로, 농한기에 일정기간 공역公役을 했다. 따라서 일반수요와는 관계없이 주로 군기軍器나 진상품 제조 또는 관청의 공업적 노동을 위해 징발되었을

뿐이다. 또 주업이 농업이었으므로 기술이 점점 퇴보하여 진상품조차 만들 수 없게 되자, 지방관리들은 물품을 서울에서 사서 바치거나 경공장에게 제조를 맡기게 되었다. 이에 외공장은 공장미工匠米, 공장포工匠布의 납부자에 지나지 않게 되었다. 이는 지방의 관영 수공업이 무너진 것을 뜻하며, 임진왜란 후 더욱 심해져 외공장은 거의 농민화되었다. 한편 관장제의 붕괴는 점차 독립 수공업자를 증가시키는 경향을 보여, 조선후기 국가 공장안에 기록된 외공장은 명분뿐이며 실제로는 거의 독립 수공업자와 같이 국가의 통제를 벗어나 자유롭게 시장을 대상으로 제작활동을 할 수 있는 기술자였다.

외방장인 外方匠人 서울에서 비교적 멀리 떨어져 있는 각 지방에서 정착하고 있던 장인. 국가에 대해 정해진 공물이나 장인세를 의무적으로 바치면서 전업직으로 수공업을 경영하여, 자신들이 경영주체가 되는 사람들을 말한다. 외공장의 장안에 올라 있는 사람도 있으나, 그 유래는 고려시대 이래 전업적 수공업을 해왔던 소所의 유민들로서, 조선시대까지 남아 있던 자기소磁器所·철소鐵所·지소紙所 등이 그 실례이다.

군기시 軍器寺 병기·기치·융장戎仗·집물 등의 제조를 맡아보던 관청. 병조에 속한 아문으로서 고려시대부터 있었다. 조선시대에는 1392년 군기감軍器監을 설치했다가, 1466년(세조 12) 군기시로 개칭했다. 병조판서나 병조참판 중에서 1명, 무장武將 중에서 1명을 뽑아 도제조都提調와 제조를 맡아 감독하게 했으며, 기술직인 공장工匠들이 몇백 명 속해 있었다. 세종 때에는 서북 변경의 개척으로 무기사용이 빈번해지자, 화약기술의 확보를 위해 화약장火藥匠의 전지전출을 견제하는 한편 화기를 전담하는 10여 명의 양반출신 관리를

두기도 했다. 세조 이후 오랜 기간 전쟁이 없게 되면서 그 기능이 차츰 해이해져 본래의 기능을 할 수 없게 되었다.

조지서 造紙署 조선시대 종이 만드는 일을 맡아보던 관청. 저화지楮貨紙를 비롯해서 표表·전箋·자문咨文·서적에 필요한 종이를 제조, 관리했다. 1410년(태종 10) 저화법을 다시 실시하게 되자, 저화를 만드는 데 필요한 종이를 균일하게 만들기 위해 1415년 서울의 창의문 밖 장의사동(지금의 세검정 근처)에 조지소造紙所를 만들었고, 1466년(세조 12) 조지서로 개칭했다. 〈경국대전〉에 의하면 주요인력은 지장紙匠인데, 경공장 91명, 외공장 698명이 속하도록 되어 있었다. 조지서에서 사용한 원료 중 저楮(닥나무)는 지방에서 공물로 바치게 했고, 목회는 서울과 성에서 10리 안에 사는 주민들이 부담하게 했다. 예종 때는 목회가 부족하여 서울 주민들이 쌀로 대신 내기도 했다.

사옹원 司饔院 궁중에서 쓰는 도자기를 만들어 바치는 곳. 〈경국대전〉에는 여기에 속한 경공장이 380명으로 기록되어 있다. 이곳에서는 각 지방에 관리를 보내 도자기 만드는 것을 감독했는데, 가장 중요한 관요官窯는 광주廣州였다. 16세기 이후 관장들이 관영 수공업에서 빠져나가면서 광주가 중심이 되었고, 이후 고종 6년까지 사옹원의 분원分院으로 존재했다.

5. 사림의 등장과 봉건사회의 모순

서울방화사건 1426년(세종 8) 2월에 서울에서 일어난 방화사건. 경시서京市署를 비롯해 관청, 공랑公廊(정부가 상인에게 빌려준 점포), 부자들의 살림집 2,370호를 불태운 사건으로, 주모자는 양인 이영생·장원만과 노비 진내·근

내·돌이 그리고 역자 김영기였고, 여기에 서울 안의 백성들과 함경도에서 온 유민流民들이 참가했다. 15세기 20년대 이후 봉건적 수취체제가 강화되면서, 특히 무거운 부담을 지고 있었던 함경도 농민들이 역을 피해 고장을 떠났는데, 그중 서울로 모여든 사람들이 이 사건에 참여한 것으로 보인다. 봉건정부는 이들이 다른 지방과 연계를 맺을 것을 막기 위해 함경도·평안도까지 철저히 수색하여 체포하도록 했다. 이 사건은 15세기부터 서서히 시작된 민민의 저항의 시초였으며, 특히 이른바 세종의 선정시기에 서울에서 일어났다는 점에서 주목된다.

대성산 농민봉기 1446~47년(세종 29) 평안도 평양의 대성산을 중심으로 일어난 농민봉기. 1444년 공법의 실시로 농민에게 이전보다 더 많은 전세가 부과되었고, 30년대 이후 공물이나 부역의 부담이 더 커졌다. 특히 평안도 농민들은 다른 도보다 훨씬 많은 부역을 부담해야 했는데, 42년의 기록에 의하면 다른 도에서는 5~6명이 1자의 폭으로 성을 쌓는데 평안도와 함경도에서는 한 사람이 3~4자의 폭으로 성을 쌓아야 했다고 한다. 1446년 평안도 여러 지방의 농민들이 무장하고 대성산에 모여, 폭정을 하는 관리를 처단하고 빼앗겼던 물품은 되찾아주었다. 여기에는 양인 농민뿐만 아니라 노비나 향리 등 여러 계층 사람들이 광범히 참여했으며, 이들은 병마사영이 있는 서북지방의 중심지 평양의 대성산에 본거지를 가지고 있었다. 1447년 대성산 전투에서 많은 지휘관을 잃으면서 폭동군은 대성산을 떠나 다른 곳으로 옮겨갔다. 이 봉기는 15세기에 들어와서 가장 큰 규모로 일어난 첫 농민봉기였으며, 15세기후반에 벌어진 농민폭동에 농민을 참가시키는 데 크게 이바지했다.

함경도 농민전쟁　1467년(세조 13) 함경도에서 일어난 농민전쟁. 원래 함길도는 조선왕실의 발상지일 뿐 아니라 지리적으로 북방 이민족과 닿아 있는 곳이었다. 때문에 지방관은 그곳 호족 중에서 임명해 대대로 다스리게 했고 남쪽의 백성들을 이주시켜 여진세력을 꺾는 데 힘을 기울였다. 그러나 15세기 후반에 들어와 복잡한 대외문제와 북방 방비문제가 일단락되고 국가권력도 상대적으로 강화되면서 이 지방의 토지와 백성을 철저히 장악하는 조치가 취해졌다. 특히 세조는 중앙집권체제를 추진하면서 호구조사와 호패법을 통해 민民의 이동을 엄격히 단속하여 가혹하게 군역을 부담시키려 했다. 또 종전에 없던 공물과 무당들로부터 걷는 굿세인 신세포布布를 모든 농민에게 부과했으며, 무역을 위해 왕래히는 여진인들의 시중도 맡겼다. 이러한 중앙정부의 착취 강화는 함경도 농민들의 불만을 더욱 증대시켰다. 한편 이 지방에 대한 중앙집권력을 더욱 침투시키기 위해 함경도 출신 관리를 줄이고 지방토호들에게 예속되어 있던 「관하민」을 호적에 등록하도록 했는데, 이는 지방토호들의 반발을 불러일으켰다. 더욱이 종래부터 함경도 토호들은 공신의 후손이라도 중앙진출에 제약을 받고 있어 불만이 쌓여 있었다. 이에 전 회령부사이며 함경도의 대토호인 이시애李施愛는 이 지역 다른 토호들과 결탁하여 각 고을 수령을 처단한 후 농민들에게 중앙정부를 반대해 일어설 것을 호소했다. 이시애군이 길주로부터 단천·북청·홍원으로 남하하면서 이 지역들을 점령해가자, 중앙에서는 3만여 명의 군대를 동원하여 진압에 나섰으나 처음에는 기세에 눌려 진격하지 못했다. 그러나 농민군의 지도부는 농민들의 계급적 이익을 대변하지 못하고 나중에는 중앙과 타협

하려 했고, 토벌군과 싸울 때도 적극 공격하지 않고 방어에만 급급했던 결과 4개월 만에 이시애를 비롯한 농민군의 지도자들은 거의 모두 체포되고, 농민군 역시 정부군에게 진압되었다. 이 전쟁은 비록 실패했으나 중앙정부는 신세포의 폐지와 그 해의 전세·공물·진상의 면제 등 일련의 양보정책을 실시하지 않을 수 없었다. 하지만 이 지역이 진정되자 세조의 집권책은 가속화되어, 함길도를 좌·우도로 나누어 통치를 강화하는 동시에, 반란의 근거지가 되었던 길주는 길성현으로 강등시켜 그 정치·군사적 지위를 낮추었다.

이시애 李施愛　?~1467(세조 13) 조선초기 무신. 본관은 길주. 대대로 길주에서 살아온 지방토호 출신으로서 그의 일족이 함길도 여러 읍에 살고 있었다. 대북방민 회유책에 따라 중용되어 1451년(문종 1) 호군이 되었고, 58년(세조 4) 경흥진 병마절제시를 거쳐 회령부사가 되었다. 당시 강력한 중앙집권책을 추진하던 세조의 정책에 불안을 느끼다가, 67년 동생 이시합李施合과 매부 이명효李明孝 등과 모의하여 난을 일으켰다. 처음에는 함경도 토호들과 많은 농민의 호응에 따라 기세를 올렸으나, 결국 정부군에 체포되어 참형되었다.

사림파 士林派　16세기 사화기士禍期에 훈구파 또는 훈신·척신 계열과 대립한 재야사류在野士類를 배경으로 한 정치세력. 사림이란 용어는 고려말·조선초에도 가끔 쓰였으나, 무오사화 이후 사화가 거듭되면서 피해를 입은 사람들의 집단성을 표현하는 용어로 사용되기 시작했고, 사림파란 용어는 근대역사학 성립 이후에 쓰이기 시작했다. 이병도가 〈국사대관〉에서 조선전기의 문인 학자를 훈구파, 절의파節義派, 사림파, 청담파淸談派 등으로 구분한 것이 대표적이다. 고려말 성리학자 길재吉再에서 그

연원을 찾으며, 그의 학통을 이은 김숙자를 거쳐 김종직을 사종師宗으로 삼고 있다. 이때의 사림은 거의 영남지방을 중심으로 형성되었다가, 중종대에 조광조趙光祖가 중앙에 진출하면서 기호지방 출신도 많이 포함되었다. 16세기에 들어와서 사림의 집단성이 부각된 것은 그간 교육제도의 발달로 지배신분층의 저변인 재지 중소지주층의 지식인화가 촉진되고, 이들이 모두 관직으로 진출하지는 못하더라도 과거제를 통해 일정한 자격을 받은 수가 크게 늘어났기 때문이다. 이들의 교육은 관학보다는 사학인 서재書齋, 서원書院을 통한 경우가 많았다. 사림파는 송대宋代 신유학 가운데서도 향촌지주의 사회적 역할을 중요하게 여기는 정주성리학을 선호했으며, 성리학의 목표인「수기치인修己治人」을 달성하기 위한 교과서로서〈소학小學〉〈대학大學〉을 가장 중요하게 여겼다. 16세기에 사림은 정치적으로 훈신・척신 계열과의 대립 속에서 하나의 정치세력으로 규합되었으나, 16세기말 선조의 즉위를 계기로 중앙관료로의 진출이 활발해지면서 학연에 따라 여러 정파로 나뉘는 변화가 일어났다. 흔히 붕당朋黨으로 표현되는 정파의 분립은 공도公道의 실현을 위해 정파간의 상호견제가 필요하다는 신유학의 새로운 붕당관으로 뒷받침되었다.

훈구파 勳舊派 조선건국을 주도 또는 지지함으로써 공신가문으로 인정되고 이후 대대로 조선전기 중앙정계를 주도했던 정치세력. 이들 역시 성리학을 기본으로 한 사대부라는 점에서 사림파와 같으나, 현실의 정치・사회・경제적 기반이 달랐기 때문에 사림파와 대조적인 의미로 많이 쓰인다. 정권에 밀착되다 보니 과거에 관심을 가지게 되고, 따라서 과거를 위한 사장詞章에 치중했으며, 성리학적 소양도 사림파의「수기修己」보

다「치인治人」에 활용하려는 경향이었다. 경제적 기반은 주로 기호지방, 특히 경기지역의 공신전을 중심으로 한 광대한 농장이었는데, 이 역시 재지 중소지주인 사림파의 경제적 기반과 대립하게 되는 근거가 된다. 16세기에 들어서면서 사림파가 성장하자 이들을 탄압하는 사화를 일으켰다.

김숙자 金叔滋 1389(고려 창왕 1)~1456(세조 1) 조선초기의 문신이며 학자. 본관은 선산, 자는 자배子培, 호는 강호산인江湖散人. 12살 때부터 길재吉再에게〈소학〉과 경서를 배우기 시작했으며, 역학에 밝은 윤상尹祥이 황간현감으로 내려왔다는 소식을 듣고 그에게 가서〈주역〉을 배웠다. 1414년 생원시에 합격했고, 19년 문과에 급제한 후 고령현감을 거쳐 성균관 사예가 되었다. 56년 벼슬을 사직하고 처가가 있는 밀양으로 내려가 그 해에 죽었다. 길재에게서〈소학〉을 앞세우며 실천을 중시하는 학문 자세를 물려받아 아들 종직宗直에게 잇게 했는데, 그의 학풍은 16세기 사림에 이르면 일반화된다.

사화 士禍 조선중기에 신진사류新進士類들이 훈신・척신들로부터 받은 정치적 탄압. '사림士林의 화'의 준말로서, 1498년(연산군 4)의 무오사화戊午士禍, 1504년(연산 10)의 갑자사화甲子士禍, 19년(중종 14)의 기묘사화己卯士禍, 45년(명종 즉위년)의 을사사화乙巳士禍 등이 대표적인 예이다. 사화를 일으켰던 훈척 계열에서는「난」으로 규정했으나, 사림계가 정치적으로 우세해진 선조초부터「사화」란 표현이 쓰이기 시작했다. 일제침략기의 식민사관에서는 사화를 당쟁의 시작으로 취급했지만, 최근 들어 사화는 단순한 권력싸움이 아닌 당시의 사회경제적인 변동과 깊은 관련을 갖는 정치현상으로 규명되고 있다. 세종대 이후 과전법科田法의 모순이 드

러나면서 사전私田의 증가와 함께 토지 사유화가 급격히 진행되었고, 관인官人 지배층의 토지겸병으로 농민들의 생활이 어려워지면서 신진사류의 재지적 기반도 위협을 받게 되었다. 이로 인한 사회적 모순을 해결해야 할 시대적인 필요성으로, 성종은 정권을 장악하고 있던 훈구파를 견제하기 위해 신진사류들을 등용하게 된다. 이리하여 당시 길재 吉再의 학통을 이어받은 영남 사림파의 종사宗師였던 김종직金宗直을 비롯하여 그의 제자인 김굉필金宏弼·정여창鄭汝昌·김일손金馹孫 등이 정계에 진출할 수 있었다. 이들은 현실사회의 모순을 비판하면서 향촌사회의 안정을 위해 향사례鄕射禮·향음주례鄕飮酒禮·향약鄕約 등의 시행을 주장했고, 그 중심기구로서 유향소留鄕所의 부활을 시도했다. 이는 향촌의 질서를 사림 중심으로 재편하려는 의도였으며, 결국 훈구파와 충돌하지 않을 수 없었다. 여러 차례의 사화를 겪음에도 불구하고 사림은 서원과 향약을 기반으로 계속 성장하여 선조대에는 정계의 주류를 이루었고, 사림파가 정계의 주류를 형성하면서부터는 정치적인 분쟁이 있어도 사화란 표현을 쓰지 않았다.

무오사화 戊午士禍 1498년(연산군 4) 김일손金馹孫 등 신진사류가 유자광柳子光을 중심으로 한 훈구파에 의해 화를 입은 사건. 4대사화 중 첫번째로 일어난 사건이며, 사초史草 문제가 발단이었기 때문에 무오사화戊午史禍라고도 한다. 성종은 조선건국 이후 중앙의 권력을 장악하고 있던 훈구세력을 견제하고 당시의 사회개혁을 위해 김종직金宗直을 비롯한 신진사류를 등용했는데, 이들은 절의節義를 중시하여 단종을 폐위하고 살해한 세조와 그의 공신들을 탐탁하게 여기지 않았으며, 세조의 공신들을 제거하고자 계속 상소했다. 반격

을 노리던 훈구파는 성종에 이어 연산군이 즉위하여 〈성종실록〉을 편찬하기 위한 실록청을 설치하고 이극돈李克墩을 당상관으로 임명하자, 신진사류였던 김일손金馹孫이 기초한 사초史草를 문제 삼았다. 그것은 그의 스승이었던 김종직이 쓴 〈조의제문弔義帝文〉으로, 중국사에서 항우項羽가 초나라의 의제를 폐한 것과 단종을 폐위하여 죽인 사건을 비유, 은근히 단종을 조위弔慰한 글이었다. 이극돈은 세조의 신임을 받았던 유자광·노사신盧思愼·윤필상尹弼商 등과 모의하여, 김종직이 세조를 비방한 것은 대역부도大逆不道한 행위라고 계를 올렸다. 이에 연산군은 이 사건이 모두 김종직의 교사에 의한 것으로 결론짓고, 우선 김종직을 대역죄로 부관참시剖棺斬屍하고 김일손을 비롯한 많은 신진사류를 죽이거나 유배했다. 이후 유자광의 세력은 더욱 커지고 신진사류는 크게 위축되었다.

사초 史草 역사편찬의 첫번째 자료로서 사관史官이 매일 기록한 원고. 고려와 조선시대에 사관史館 또는 춘추관에 소속된 사관들은 그날그날의 시정득실時政得失과 관리들의 현부賢否나 비행을 기록했다. 이 기록들은 시정기時政記라 하여 해마다 마지막 달에 왕에게 책수만 보고되고 춘추관에 보관했다가 실록편찬 때 이용되었다. 이러한 공적인 사초 외에 비밀스런 일이나 개인의 인물됨 등을 기록한 가장家藏(또는 사장私藏)사초가 있었다. 이것은 사관이 개별적으로 보관했다가 실록을 편찬할 때 제출했는데, 가끔 정치적으로 악용되어 사화가 일어나기도 했다. 대표적인 경우가 무오사화이다. 사관은 사초를 절대로 누설할 수 없도록 법으로 조처해 놓았고, 왕은 실록뿐 아니라 사초를 읽을 수 없었다. 폭군이라 했던 연산군도 한때 가장사초를 작성하지 못하도록 명

한 때가 있었으나, 사초를 볼 수는 없었다.

김종직 金宗直 1431(세종 13)~92(성종 23) 조선전기의 문신이며 학자. 본관은 선산, 자는 효관孝盥·계온季昷, 호는 점필재佔畢齋. 밀양 출신. 아버지는 김숙자金叔滋. 고려말 정몽주·길재의 학통을 이어받은 아버지에게서 수학했고, 아버지로부터 전수받은 도학사상道學思想은 그의 제자 김굉필金宏弼·정여창鄭汝昌·김일손金馹孫·유호인兪好仁·남효온南孝溫·조위曺偉·이맹전李孟專·이종준李宗準 등에 커다란 영향을 끼쳤다. 특히 그의 도학을 정통으로 이은 김굉필이 조광조趙光祖와 같은 인물을 배출, 학통을 계승시킴으로써 조선시대 사림학자들의 정신적인 지주가 되었다. 1453년(단종 1) 진사가 되었고, 세조·성종대에 걸쳐 벼슬을 하면서 항상 정의와 의를 숭상하고 실천하는 데 힘썼다. 그는 〈조의제문弔義帝文〉에서, 중국사에서 항우項羽가 초楚나라의 의제義帝를 폐위한 것과 단종을 폐위하여 죽인 사건을 비유하며 은근히 세조의 왕위찬탈을 비난했는데, 후에 제자 김일손이 사관史官으로서 사초史草에 수록했다가 무오사화戊午士禍의 단서가 되었다. 무오사화 때는 이미 죽었던 그도 부관참시를 당했다가 중종반정으로 신원되었다. 어려서부터 문장에 뛰어나 많은 시문과 일기를 남겼으나, 무오사화 때 많은 저술들이 불에 태워져 지금 전하는 것은 그리 많지 않다. 〈점필재집〉〈유두류록遊頭流錄〉〈청구풍아靑丘風雅〉〈당후일기堂後日記〉 등의 저서와 편저한 〈동국여지승람〉이 전해진다.

김일손 金馹孫 1464(세조 10)~98(연산군 4) 조선초기의 문신·학자. 본관은 김해, 자는 계운季雲, 호는 탁영濯纓·소미산인少微山人. 1486년(성종 17) 문과에 급제하여 벼슬길에 나섰다가 한 때 벼슬을 사직하고 고향에 돌아가 학문연구에 몰두했다. 이 시기에 김종직金宗直의 문하에 들어가 정여창鄭汝昌·강혼姜渾 등과 깊이 사귀었다. 다시 벼슬에 올라 주로 언관言官에 있으면서 문종 비인 현덕왕후顯德王后의 소릉昭陵을 복위하라는 과감한 주장을 했을 뿐만 아니라, 훈구파를 공격하면서 사림파의 중앙정계 진출을 적극 도왔다. 그 결과 98년(연산군 4), 그가 성종 때 춘추관春秋館 기사관記事官으로 있으면서 썼던 성종실록의 사초史草 중에 김종직의 〈조의제문弔義帝文〉을 실은 것이 발단이 되어 일어난 무오사화戊午士禍로 처형당했다. 학문적으로는 「수기修己」보다 「치인治人」을 지향하는 성향이었고, 현실 대응자세는 매우 과감하고 진취적이어서 소릉 복위를 상소하거나 〈조의제문〉을 사초에 수록할 수 있었던 것으로 보인다. 이 행위는 세조의 즉위와 그로 인해 배출된 공신의 존재 명분을 간접 부정하는 것으로서, 당시로는 극히 모험적인 일이었다. 중종반정 이후 복관되었다.

김굉필 金宏弼 1454(단종 2)~1504(연산군 10) 조선전기의 문신·학자. 본관은 서흥, 자는 대유大猷, 호는 사옹簑翁·한훤당寒喧堂. 할아버지 대부터 살아오던 서울 정릉동에서 태어났으며, 주로 영남지방의 현풍 및 합천의 야로冶爐(처가), 성주의 가천伽川(처외가) 등지를 내왕하며 사류士類들과 사귀고 학문을 닦았다. 이때 김종직金宗直 문하에서 〈소학〉을 배웠고, 이를 계기로 〈소학〉에 심취하여 스스로를 「소학동자」라 일컬었을 뿐 아니라, 평생의 모든 처신을 〈소학〉에 따라 행했다 하여 「소학의 화신」이란 평을 들었다. 1480년(성종 11) 생원시에 합격하여 성균관에 입학했고, 94년 경상도 관찰사 이극균李克均에 의해 천거되어 관직생활을 시작했다. 98

년 무오사화 때, 김종직의 문도門徒로서 붕당을 만들었다는 죄목으로 평안도 희천에 유배되었다가·2년 뒤 순천으로 옮겨졌다. 그는 유배지에서도 학문연구와 후진교육에 힘써, 희천에서는 조광조趙光祖에게 학문을 전수하여 우리나라 유학사의 정맥을 잇도록 했다. 1504년 갑자사화 때 무오당인戊午黨人이란 죄목으로 죽임을 당했으며, 중종반정 이후 신원되었다. 그뒤 사림파의 개혁정치가 추진되면서 그의 업적이 재평가되고 크게 부각되었는데, 이는 조광조를 비롯한 제자들의 정치적 성장과 무관하지 않다. 1610년(광해군 2), 대간과 성균관 및 각 도 유생들의 계속되는 상소로 인해 정여창鄭汝昌·조광조·이언적李彦迪·이황李滉과 함께 5현五賢으로 문묘에 종사되었다. 학문적으로는 정몽주鄭夢周·길재吉再·김숙자金叔滋·김종직으로 이어지는 우리나라 유학사의 정통을 계승했다. 그러나 김종직에게서 배운 기간은 짧아서 스승의 후광보다 자신의 학문적 성과와 교육적 공적이 더 크게 평가되고 있다. 「치인治人」보다는 「수기修己」에 치우치는 성향이어서, 현실상황에 적극적·능동적으로 대응하려는 자세가 잘 나타나지 않는다. 이 때문에 20여 명이나 되는 문인들이 두 차례의 사화 속에서도 큰 타격을 받지 않고 유배지 교육활동을 통해 더욱 보강되어, 뒷날 개혁정치를 주도한 기호지방 사림파의 주축을 형성할 수 있었다.

정여창 鄭汝昌 1450(세종 32)~ ? 조선전기 문신이며 학자. 자는 백욱白勖, 호는 일두一蠹, 본관은 하동. 일찍이 학업에 전념하여 김종직의 문하에서 배웠으며, 다시 지리산에 들어가 3년간 오경과 성리性理의 깊은 이치를 연구했다. 1490년(성종 21) 문과에 합격하여 관직을 시작했다. 안음현감으로 있을 때 향

리의 자제를 가르쳐 그 수가 적지 않았다. 98년(연산군 4) 무오사화 때 종성에 유배되었다가 죽었는데, 1504년(연산군 10) 갑자사화 때 다시 추죄되었다. 중종 때 신원되었고, 1610년(광해군 2) 김굉필·조광조·이언적·이황 등과 함께 5현五賢으로 문묘에 종사되었다.

유자광 柳子光 ?~1512(중종 7) 조선전기의 문신. 자는 우복于復, 본관은 영광. 서얼 출신으로, 1467년(세조 13) 이시애의 난이 일어나자 자원, 종군하여 세조의 신임을 받았으며, 68년 예종이 즉위하자 남이南怡의 옥을 일으켜 공신 칭호를 받았다. 98년(연산군 4) 무오사화 때 실록청 당상관을 맡은 이극돈에 동조하여 신진사류를 제거하는 데 앞장섰다. 이후 그의 세력은 막강했는데, 1506년 중종반정 때는 성희안成希顔의 도움으로 오히려 공신이 되었다. 그러나 이듬해 잇달은 탄핵으로 결국 모든 훈작을 뺏기고 유배되있나가 얼마 후 죽었다.

갑자사화 甲子士禍 1504년(연산군10) 연산군의 생모 윤비의 복위 문제를 둘러싸고 훈구파 및 사림파 세력이 화를 입은 사건. 생모 윤비가 폐위되어 죽임을 당했다는 것을 임사홍任士洪의 밀고로 알게 된 연산군은, 윤비를 왕비로 추숭追崇하고 성종묘成宗廟에 배사配祀하려 했다. 처음에는 여기에 반대했던 권달수權達手와 이행李行만이 죽거나 귀양을 갔는데, 그후 사건이 확대되어 윤비 폐위와 사사賜死에 관련된 사람들을 모두 찾아내어 추죄하기에 이르렀다. 이 사화는 윤비 문제가 직접적인 동기가 되었지만, 그 배후에는 궁중세력과 훈구·사림파세력의 대립이 있었다. 연산군은 왕실재정이 궁핍하게 되자 공신들의 토지와 노비까지도 몰수하려 했고, 이 과정에서 윤필상尹弼商·이극균李克均 등의 공신들도 그 대상이 되었다. 이

에 이들은 궁중의 경비절약을 간청하며 왕의 향락적인 생활에 제동을 걸려고 했다. 그러나 임사홍을 중심으로 한 궁중세력이 훈구세력과 무오사화 때 남은 신진사류까지도 일소함으로써, 신진사류세력은 완전히 몰락하게 되었다.

윤비폐위 사사사건 尹妃廢位賜死事件 조선 성종의 계비인 윤비를 폐위시킨 뒤 사약을 내려 죽인 사건. 1474년(성종 5) 왕비가 죽은 뒤 계비로 들어온 윤비는 왕자(뒤의 연산군)를 낳았으나 결국 왕과 인수대비仁粹大妃의 미움을 받게 되었고, 79년 많은 신하들의 반대에도 불구하고 좌의정 윤필상 등의 의논에 따라 폐위, 평민이 되어 친정으로 쫓겨났다. 82년 뉘우치는 빛이 전혀 없다는 인수대비의 거짓 보고에 따라 사약을 받고 죽었다. 이때 왕자는 4살이어서 이 사실을 전혀 모른 채 자라나 왕위에 올랐다. 1504년(연산군 10) 임사홍이 신수근愼守勤과 손을 잡고 훈구세력과 남은 신진사류를 제거하고자 이 사실을 왕에게 알려 갑자사화를 일으키는 단서가 되었다.

임사홍 任士洪 ?~1506(연산군 12) 조선전기의 문신. 자는 이의而毅, 본관은 풍천. 효녕대군의 아들 보성군寶城君의 사위이며, 세 아들 중 두 명이 왕실의 사위가 되었다. 중국말을 잘하여 임무를 띠고 명나라에 다녀왔으며, 승문원에서 중국말을 가르치기도 했다. 1477년(성종 8) 유자광과 손을 잡고 당시 도승지를 탄핵하다 도리어 유배되었고, 따라서 성종 때에는 정권에서 소외되어 큰 활약을 하지 못했다. 그러나 연산군 때 재기하면서 1504년 갑자사화를 주도했다. 그는 연산군의 처남인 신수근과 함께 연산군의 생모가 죽은 내막을 알림으로써, 윤비폐위 사사사건 당시의 중신들과 사림계 인사들을 제거했다. 한편 그의 아들 임희재任熙載는 김

종직의 문하가 되어 무오사화 때 화를 입었는데, 1506년 중종반정이 일어나자 아버지와 함께 처형되었다.

윤필상 尹弼商 1427(세종 9)~1504(연산군 10) 조선전기의 문신. 자는 탕좌湯佐, 본관은 파평. 1450년 문과에 급제하여 관직에 오른 뒤 세조의 측근에서 신임을 받았다. 67년 이시애의 난 때 왕명을 빨리 처리했다는 공으로 공신이 되었고, 세조가 죽자 수묘관守墓官이 되어 3년 동안 능을 지켰다. 79년 명나라에서 여진족을 치기 위한 군사를 요청하자, 군사 5천 명을 이끌고 건주위建州衛의 여진족을 토벌, 큰 전과를 거두고 돌아왔다. 84년 영의정이 되었다. 1504년 갑자사화 때 연산군의 생모인 윤비의 폐위를 막지 않았다고 추죄되어 유배지에서 사약을 받았으나, 스스로 목을 매어 죽었다. 중종반정 때 신원되었다.

연산군 燕山君 1476(성종 7)~1506(중종 1) 조선 제10대 왕. 재위 1494~1506년. 성종의 아들이며 어머니는 우의정 윤호尹壕의 딸 정현왕후이다. 성종에게는 정실 소생으로 중종이 있었으나 중종이 태어나기 전에 연산군이 세자로 책봉되었다. 폐위되었기 때문에 묘호와 능호 없이 일개 왕자 신분으로만 기록되어 있다. 왜인과 야인을 방어하기 위해 비융사備戎司를 두어 병기를 만들게 한 것이나 또는 변경지방으로 사민徙民을 독려한 것, 〈국조보감國寶鑑〉〈여지승람輿地勝覽〉 등의 수정 등 치적도 있지만, 즉위 4년 이후의 실정이 너무 컸다. 특히 무오사화(연산군 4년)와 갑자사화(연산군 10년) 등 두 차례나 큰 옥사를 일으켜 많은 사류를 희생시켰다. 이 두 사화는 물론 당대 정치세력의 대립 속에서 일어난 것이기도 하지만, 연산군 개인의 성품도 많이 작용했던 것으로 보인다. 이밖에도 문신들의 직간直諫을 귀찮게 여겨 경연과 사간원,

홍문관을 없애고 정언 등의 언관도 혁파 또는 감원했으며, 여론과 관련되는 모든 제도를 중단시켰다. 민간의 국문 투서사건을 계기로 한글의 사용을 금하기도 했다. 결국 1506년 성희안成希顔·박원종朴元宗 등이 주동하여 연산군 폐출운동이 일어나면서 성종의 둘째아들 진성대군晉城大君이 옹립되었는데, 이것이 이른바 중종반정이다. 연산군은 폐위되어 강화 교동에 안치되어 있다가 그해 11월에 죽었다. 묘는 양주군 해동촌(지금의 서울 도봉구 방학동)에 있는데, 「연산군지묘」라는 석물 외에는 아무런 장식이 없다.

권달수 權達手 1469(예종 1)~1504(연산군 10) 조선전기의 문신. 자는 통지通之, 호는 동계桐溪, 본관은 안동. 1492년에 문과에 급제하여 예문관에 들어갔고, 이후 정언·이조좌랑을 거쳐 무교리가 되었다. 1504년 연산군이 생모 윤비를 종묘에 모시려 하자, 그 부당함을 주장하다 장杖 60을 맞고 경상도 용궁龍宮에 유배되었으며 다시 압송되어 국문을 받던 중 옥사했다. 중종 때 도승지로 추증되었다.

중종반정 中宗反政 1506년(연산군 12) 성희안成希顔 등이 연산군을 폐하고 성종의 둘째아들 진성대군(중종)을 왕으로 추대한 사건. 두 차례의 사화를 일으키고 국정을 돌보지 않는 등 연산군의 폭정이 계속되자, 일부 유신儒臣들 사이에서 왕을 폐위하려는 움직임이 일기 시작했다. 당시 파직되어 있던 전 이조참판 성희안은 지중추부사 박원종朴元宗과 밀약하고, 인망이 높던 이조판서 유순정柳順汀의 호응을 얻어 일을 계획했다. 1506년 연산군이 장단으로 유람하는 기회를 이용하려 했으나 그 행차 계획이 중지되어 거사를 하지 못했다. 이때 호남에 유배되어 있던 유빈柳濱, 이고李顆 등이 진성대군을 옹립하자는

△연산군의 묘. 재위 12년동안의 폭정으로 그의 무덤에는 '연산군 지묘'라는 석물 이외에는 아무런 장식이 없다.

격문을 서울에 전하자, 이들은 훈련원의 장사들을 급히 동원하여 광화문 밖에서 왕비 신씨의 형제인 신수근愼守勤과 신수영愼守英 및 임사홍 등 측근세력을 없애는 데 성공했다. 이에 성희안 등은 윤대비(성종의 계비)의 명을 받아 연산군을 폐하여 강화 교동에 보내고, 진성대군을 새 왕으로 추대했다.

안당 安瑭 1461(세조 7)~1521(중종 16) 조선전기 문신. 자는 언보彦寶, 호는 영모당永慕堂, 본관은 순흥, 서울 출신. 1481년(성종 12) 과거에 급제하여 관직을 시작했다. 1515년(중종 10) 이조판서가 되자 어진 인재를 발탁해 쓸 것을 주장하여, 김안국·김정국金正國·김식·조광조 등을 탁용하거나 천거했다. 같은 해 박상·김정이 중종의 폐비 신씨의 복위를 청하다가 탄핵을 받자, 이들을 적극 변호하여 사림으로부터 높이 추앙받았다. 19년 반정공신의 공신호를 박탈하는 문제가 제기되었을 때, 처음에는 찬성하지 않았으나 나중에는 적극 찬성했다. 결국 기묘사화가 일어나자 영의정 정광필과 함께 조광조 등을 변호하다 탄핵을 받았다. 21년 아들이 고변을 당하면서 이에 연루되어 죽임을 당했다.

정광필 鄭光弼 1462(세조 8)~1538(중종 33) 조선전기 문신. 자는 사훈士勳, 호는 수천守天, 본관은 동래. 1492년(성

종 23) 문과에 합격하여 관직을 시작했고, 부제학·이조참의에 올랐다. 1504년(연산군 10) 연산군에게 항소을 하다가 아산에 유배되었으며, 중종 때 다시 정계에 나가 16년(중종 11) 영의정이 되었다. 19년 기묘사화 때 조광조를 변호하다 파직이 되었고, 37년(중종 32) 김안로의 참소로 김해에 유배되었다가 김안로가 실각하자 다시 복귀했다.

조광조 趙光祖 1482(성종 13) ~ 1519 (중종 14) 조선전기 문신이며 학자. 자는 효직孝直, 호는 정암靜庵, 본관은 한양, 서울 출생. 17살 때 어천魚川 찰방察訪으로 부임하는 아버지를 따라가, 무오사화로 희천에 유배중이던 김굉필에게 수학했다. 〈소학〉 〈근사록近思錄〉 등을 토대로 경전연구에 응용했으며, 이때부터 성리학 연구에 힘써 김종직의 학통을 이은 사림파의 영수가 되었다. 1510년(중종 5) 성균관에 들어갔고, 15년 성균관 유생들의 천거와 이조판서 안당의 적극적인 추천으로 처음 관직에 올랐다. 그는 유교로써 정치와 교화의 근본을 삼아야 한다는 지치주의至治主義에 입각한 도학정치를 실현시키고자 했는데, 중종의 신임 아래 언관言官으로서 활약하기 시작했다. 8도에 「여씨향약」을 실시하도록 했으며, 일반 서민들까지도 주자의 〈가례〉를 지키게 하고, 소격서昭格署(도교의 제사를 지내는 기관)를 폐지하게 하는 등, 그의 도학정치는 조선시대 사상과 풍습을 유교식으로 바꾸는 데 중요한 계기가 되었다. 한편 새로운 인재등용방법인 현량과를 통해 김식·안처겸安處謙·박훈朴薰 등 신진사류 28명을 뽑았으며, 김정·박상·한충 등 소장학자들을 요직에 앉힘으로써 신진사류를 정계에 본격적으로 진출시키는 실마리로 삼았다. 이들 신진사류와 함께 추진한 개혁이 어느 정도 성과를 거두기도 하지만 당시 기성세력과 대립하지 않을 수 없게 된다. 15년 김정·박상이 중종의 첫왕비였다가 폐위된 신씨愼氏의 복위를 주장하다가 대사간 이행李荇의 탄핵을 받아 귀양을 가게 되자, 상소자를 벌함은 언로를 막는 결과를 가져온다며 오히려 이행 등을 파직하게 함으로써 기성세력과 대립하게 되었다. 나아가 19년에는 반정공신이 너무 많아 국가를 유지하기 힘들다고 하면서 공이 없는 사람들의 공신호를 박탈할 것을 극력 주장하여, 공신의 4분의 3인 76명의 공신호가 취소되는 「위훈삭제僞勳削除」 사건을 주도했다. 이 사건을 계기로 반정공신인 원로파와 신진사류의 대립이 더욱 심해지고, 기성세력의 반격으로 조광조를 비롯한 신진세력이 투옥, 죽임을 당하는 기묘사화가 일어난다. 그뒤 선조초에 신원되어 영의정으로 추증되었다. 저서로는 〈정암집〉이 있다.

김정 金淨 1486(성종 17)~1520(중종 15) 조선전기 문신이며 학자. 자는 원충元冲, 호는 충암冲菴 또는 손봉孫峰, 본관은 경주, 보은 출신. 1515년 순창군수로 있을 때 왕의 구언求言에 응하여, 담양부사 박상朴祥과 함께 중종이 왕후 신씨愼氏를 폐출한 것은 명분에 어긋나는 일이므로 복위해야 하며 신씨폐위의 주모자인 박원종朴元宗 등을 추죄할 것을 상소했다가 보은에 유배되었다. 이 문제를 둘러싸고 대간 사이에도 대립이 일어났고 얼마 뒤 그는 박상과 함께 재등용되는데, 이는 중앙정계에서 사림파의 승리를 뜻하는 것이었다. 그의 정치적 성장은 괄목할 만했는데, 그것은 당시 사림파의 급속한 성장과 밀접한 관계를 갖는다. 일찍이 사림세력을 중앙정계에 추천했으며, 조광조의 정치적 성장을 뒤에서 도왔다. 그뒤 조광조와 함께 사림파의 대표적인 존재로서 그들의 세력기반을 위해 현량과의 설치를 적극 주장하기도 했고, 왕도정치의 실현을 위한 개혁정치의 일환으로 향약의 실시, 정국공신(중종반정 때의 공신)의 위훈삭제 등을 추진했다. 기묘사화 때 극형을 면하여 유배되었으나 신사무옥에 연루되어 죽임을 당했다. 1545년(인종 1)에 복관되었고, 1646년(인조 24) 영의정에 추증되었다. 저서로는 〈충암집〉이 있다.

김식 金湜 1482(성종 13)~1520(중종 15) 조선전기 문신이며 학자. 자는 노천老泉, 호는 사서沙西·동천東泉·정우당淨友堂, 본관은 청풍. 사림파의 대표적인 인물의 하나. 1519년 4월 조광조·김정 등 사림파의 건의로 실시된 현량과에서 장원으로 급제했는데, 유일하게 현량과 천거 명목 7가지 모두를 완벽하게 평가받았다. 이는 사림파 중에서도 조광조에 버금갈 만한 사람으로 평가되고 있었음을 뜻한다. 그는 당시 사림의 영수로 숭앙받던 조광조와 학문적·인간적으로 깊은 관계를 맺고 있어서, 이를 바탕으로 훈구세력 제거에 앞장섰을 뿐만 아니라 조광조와 함께 향약 실시, 위훈삭제 등의 개혁정치를 시도했다. 그해 11월 기묘사화가 일어나자 영의정 정광필 등의 비호로 선산에 유배되었으나, 뒤따라 일어난 신사무옥에 연좌되어 다시 절도로 옮겨진다는 소식을 듣고 거창에 숨었다가 「군신천재의君臣千載義」라는 시를 남기고 자결했다. 기묘사화 후 현량과가 폐지되면서 그의 직첩과 홍패도 환수되었으나 명종 때 복관되었고, 선조 때 영의정에 추증되었다.

도학 道學 유학儒學의 한 분야로서 중국 송나라 때 발전한 주자학朱子學의 별칭. 처음 우리나라에 들어온 것은 고려말 충렬왕 때의 안향과 백이정에 의해서였다. 종래의 유학이 도교·불교와 병행, 교섭해 왔던 것에 비해, 주자학을 받아들인 신진유학자들은 점차 도교·불교를 비판하고 유학을 정통사상으로 옹호하게 되었다. 고려말의 주자학파는 당시 국내외 현실인식 문제에서 갈라졌는데, 고려왕조를 존속시키면서 개혁을 도모하고자 했던 정몽주로 대표되는 개량주의적 입장과, 새 왕조 조선의 창업을 주도했던 정도전·조준 등의 혁명적 개혁의 입장이 그것이다. 후기에 전자의 계통을 「의리파」, 후자의 계통을 「사공파事功派」라 일컫기도 한다. 사공파는 조선건국과 더불어 전면에 드러나고, 의리파는 고려종말 이후 물러나서 학통을 계승하게 되었다. 세조·성종조를 거치면서 계속 국정에 참여했던 사공파는 훈구파勳舊派로 불리웠으며, 의리파는 길재吉再·김숙자·김종직·김굉필 등으로 학맥을 이루면서 조광조에 이르는 동안 사회를 딩했던 사류士類들이 중심이 되어 사림파라 불리웠다. 이렇게 정몽주로부터 의리파가 계승되어 왔으나, 우리나라 도학의 시작은 조광조부터라고 본다. 조광조는 중종 때 4년의 짧은 기간 출사하면서 국가체제를 근본적으로 개혁하고 사습士習과 민풍民風을 바로잡아 도의국가를 만들고자 이른바 도학정치를 실시했다. 그러나 조광조를 비롯한 신진사류의 도학정치 추구는 기성 훈구파와 갈등을 빚어, 결국 기묘사화가 일어나면서 도학정치는 좌절되었다.

현량과 賢良科 1518년(중종 13) 조광조에 의해 실시된 관리등용제도. 중종의 신임을 얻어 등용된 조광조가 종래의 과거제도를 통해서는 우수한 인재를 등용하기 어렵다고 하면서, 지방의 신진사류가 중앙에 진출할 길을 열어놓기 위해 마련한 새로운 관리선발방법이었다. 중국 한나라의 현량방정과賢良方正科를 본따 만든, 이론과 실천을 겸비한 관리를 선발하기 위한 제도로서 서울은 6조·홍문관·대간이, 지방은 관찰사·

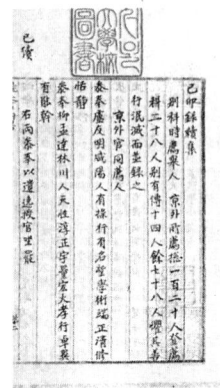

△기묘록속집. 기묘사화와 관련된 인물의 전기와 사화의 내용을 수록한 책.

수령이 후보자를 선발하여 예조에 보고하면, 예조는 추천된 사람의 이름과 행실을 적어 왕이 보는 가운데 시험을 보게 해서, 우수한 사람을 뽑도록 했다. 이때 선발된 사람은 120명의 응시자 중 김식 등 28명이었는데, 이들은 거의 조광조 일파의 신진사류였다. 19년 기묘사화로 조광조 등이 물러나자, 훈구파는 현량과를 폐지하고 그 합격자는 무효를 선언했으나 인조말 자격이 복구되었다. 68년(선조 1) 현량과를 다시 실시하기도 했지만, 16세기말 이후 거의 유명무실해졌다.

기묘사화 己卯士禍 1519년(중종 14) 조광조·김정·김식 등 신진사류가 훈구파에 의해 화를 입은 사건. 연산군을 폐하고 왕위에 오른 중종은 그간의 악정을 개혁하고 유교적 정치질서 회복에 힘썼다. 이러한 새 기운 속에서 조광조 등 신진사류가 점차 정계에 두각을 나타내기 시작했다. 이중 조광조는 신진사류의 대표적 존재였던 김종직의 문인이며 성리학에 조예가 깊었던 김굉필의 제자로서, 당시 성리학의 정통을 이어받은 신예학자였다. 그는 1515년 성균관 유생 200명의 추천으로 관직에 올라 왕의 신임을 받았고, 이를 바탕으로 성리학을 정치와 교화의 근본으로 삼은 도학정치를 실현하고자 했다. 인재를 천거, 시험에 의해 등용하는 현량과를 설치하여 많은 신진사류를 등용했으며, 도교의 제사를 맡아보는 소격서를 폐지하고 향약을 실시했다. 이러한 사업은 어느 정도 성과를 거두기도 했으나, 그 실시과정에서 급진적인 면이 많아 기성 정치세력과 갈등을 일으켰다. 당시 중종반정 공신으로서 조광조 등의 탄핵을 받지 않은 자가 없었는데다가 19년 반정공신 위훈삭제僞勳削除 사건이 일어나자, 기성 훈구세력의 불만이 폭발하게 되었다. 이 사건은 중종반정 공신 가운데 자격이 없다고 인정되는 76명의 공신호를 박탈하고 그들의 토지와 노비를 환수한 사건으로 공신의 4분의 3이 이에 해당되었다. 그 결과 훈구세력인 남곤南袞·심정沈貞·홍경주洪景舟 등은 조광조 일파를 몰아낼 계략을 꾸몄는데, 궁중의 나뭇잎에다가 꿀로「주초위왕走肖爲王」(走肖를 합하면 趙)이라고 써서 벌레가 갉아먹게 한 뒤 그것을 왕에게 보여주고, 아울러 조광조 등이 붕당을 만들어 임금을 속이고 국정을 어지럽혔다는 계를 올렸다. 이때 중종도 조광조의 도학정치에 대한 호감이 사라졌기 때문에 조광조 일파를 치죄하게 했다. 이장곤李長坤·안당·정광필 등이 반대하고 성균관 유생 1천여 명이 광화문에 모여 무죄를 호소했으나, 치죄 결과 조광조는 귀양을 갔다가 죽임을 당했고, 김정·김식·기준奇遵·한충韓忠 등도 귀양을 갔다가 사형당하거나 자결했다. 그밖에도 수십 명이 귀양을 가고, 이들을 두둔한 안당·김안국金安國·김정국金正國 등은 파직되었다.

위훈삭제사건 僞勳削除事件 1519년(중종 14) 중종반정 때 공을 세운 정국공신靖國功臣 중 자격이 없다고 평가된 사람들의 공신호를 박탈하고 토지와 노비를 환수한 사건. 중종반정을 계기로 정계에 본격적으로 등장한 조광조를 비롯한 신진사류(사림파)는 새로운 개혁정치의 일환으로 훈구세력을 공격하기 시작했다. 특히 정국공신의 수가 너무 많음을 지적하면서 성희안成希顔은 반정을 하지 않았는데도 공신이 되었고, 유자광은 친척들의 권세를 위해 반정에 참여했는데 이는 소인들의 반정정신이라고 비난했다. 따라서 반정공신 2, 3등 중 심한 것을 개정하고, 4등 50여 명은 삭제해야 한다는 「위훈삭제」를 강력히 주장했다. 사실 이러한 주장은 어느 정도 타당한 것이었다. 이미 반정 초기에 대사헌 이계맹李繼孟도 공신이 너무 많으므로 그 진위를 밝힐 것을 주장한 적이 있었다. 그러나 반정공신들이 이미 원로가 되어 있는 상황에서 신진사류의 주상은 쉽게 받아들일 수 없었고, 중종 역시 이를 달가워하지 않았다. 하지만 신진사류의 강력한 요구에 밀려 마침내 2, 3등공신의 일부와 4등공신 전부, 즉 공신의 4분의 3에 해당하는 76명의 공신호가 취소되었다. 이 사건은 훈구파의 강한 반발을 샀고, 결국 신진사류가 참화를 당하는 기묘사화의 계기가 되었다.

김안국 金安國 1478(성종 9)~1543(중종 38) 조선시대 문신이며 학자. 본관은 의성, 자는 국경國卿, 호는 모재慕齋. 조광조·기준 등과 함께 김굉필의 문인으로 사림파의 선도자였다. 1501년(연산군 7)에 생진과에 합격했으며, 1507년(중종 2)에 문과 중시에 합격했다. 17년 경상도 관찰사로 파견되어 각 향교에 〈소학〉을 권하고, 〈농서언해〉〈잠서언해蠶書諺解〉〈이륜행실도 언해〉〈정속언해正俗諺解〉 등의 언해서와 〈벽온방辟瘟方〉〈창진방瘡疹方〉 등을 간행하여 널리 보급했으며, 향약을 시행하여 교화에 힘썼다. 19년 기묘사화 때 파직되었

다가 32년에야 다시 등용되었다. 41년 병조판서 때 천문·역법·병법에 관한 서적의 구입을 상소했으며, 물이끼(수태水苔)와 닥(저楮)을 화합시켜 태지苔紙를 만들어 왕에게 바치고 이를 권장하기도 했다.

심정 沈貞 1471(성종 2)~1531(중종 26) 조선중기 문신. 자는 정지貞之, 호는 소요정逍遙亭, 본관은 풍산. 1506년 중종반정에 가담하여 정국공신靖國功臣이 되었다. 19년 조광조 등 신진사류가 위훈삭제를 감행하자, 훈구세력을 주도하여 기묘사화를 일으켰고, 그뒤 남곤과 함께 정권을 장악했다. 후에 이항李沆·김극핍金克愊과 함께 신묘3간辛卯三奸(중종 20년에 사형된 사람들)으로 지목되어 죽임을 당했다. 남곤과 함께 소인이 대표적 인물로 꼽힌다.

남곤 南袞 1471(성종 2)~1527(중종 2) 조선전기 문신. 본관은 의령, 자는 사화士華, 호는 지정止亭 또는 지족당知足堂. 김종직의 문인이다. 1489년 생원시·진사시에 합격했고 94년 별시문과에 급제했다. 1504년 갑자사화 때 유배되었다가 1506년 중종반정으로 풀려났으며, 박경朴耕·김공저金公著 등이 모반한다고 무고하여 그 공으로 가선대부嘉善大夫가 되었다. 15년 김정·박상朴祥 등의 「신씨복위상소」에 반대의견을 제시했고, 18년에는 종계변무宗系辨誣를 위해 명나라에 다녀오기도 했다. 19년 심정 등과 함께 기묘사화를 일으켜 사림파를 숙청하고 자신은 좌의정을 거쳐 영의정이 되었다. 죽은 뒤 시호가 내려졌으나 사림파의 세력이 강해지면서 탄핵을 받아 58년(명종 13) 관작과 함께 삭탈당했고, 선조 초기에 다시 추가로 관작을 삭탈당했다. 문장이 뛰어나고 글씨에도 능했으나, 사화를 일으킨 인물이어서 후대 사림의 지탄의 대상이 되었다.

김안로 金安老 1481(성종 12)~1537(중종 32) 조선 중종 때 권신權臣. 본관은 연안, 자는 이숙頤叔, 호는 희락당希樂堂 또는 용천龍泉. 1506년(중종 1)에 별시 문과에 장원급제했고, 19년 기묘사화로 조광조 일파가 몰락한 뒤 발탁되어 이조판서에 올랐다. 아들이 효혜공주와 혼인하여 중종의 부마가 되자, 이를 계기로 권력을 남용하다 24년 남곤·심정 등의 탄핵을 받고 유배되었다. 남곤이 죽자 유배중이면서도 심정의 탄핵에 성공하여 31년 재서용되었고, 이후 동궁(인종)의 보호를 구실로 실권을 장악해 뜻이 맞지 않는 사람들을 몰아내는 옥사를 여러 차례 일으켰다. 이 옥사들로 정광필·이언적李彦迪·이행李荇·박소朴紹 등 많은 인물들이 유배되거나 죽임을 당했으며, 왕실의 외척인 윤원로尹元老와 윤원형尹元衡도 실각당했다. 37년 중종의 두 번째 계비인 문정왕후의 폐위를 기도하다 발각되어 유배되었다가 죽임을 당했다. 허항許沆·채무택蔡無擇과 함께 정유3흉丁酉三凶으로 일컬어진다.

을사사화 乙巳士禍 1545년(명종 즉위년) 왕실의 외척인 대윤大尹과 소윤小尹이 대립하다 소윤이 대윤을 몰아낸 사건. 중종비 신씨는 즉위 직후 폐위되어 후사가 없었고, 첫번째 계비인 장경왕후 윤씨(윤여필의 딸)는 세자(뒤의 인종)를 낳은 뒤 죽었다. 두 번째 계비 문정왕후 윤씨(윤지임의 딸)가 경원대군(뒤의 명종)을 낳자, 문정왕후의 형제인 윤원로尹元老·윤원형이 경원대군의 세자책봉을 꾀하면서 세자의 외숙인 윤임(장경왕후의 오빠)과 대립하게 되었다. 두 세력을 중심으로 당시 사림도 나뉘었는데, 윤원형 일파를 「소윤」, 윤임 일파를 「대윤」이라 했다. 중종이 죽은 뒤 인종이 왕위에 오르자, 대윤이 세력을 잡으면서 기묘사화 이후 다시 사림파가 정계에 진출하는 계기가 되었다. 이때 정권에 참여하지 못한 사람은 소윤에 가담했다. 인종이 재위 8개월 만에 죽자, 12살의 명종이 왕위를 이으면서 문정대비의 수렴정치와 함께 소윤이 정권을 잡게 되었다. 이에 대윤 일파는 역모죄로 몰려 윤임·유관柳灌·유인숙柳仁淑 등 많은 사림이 처형되었다. 이를 을사사화라 한다. 이 사화의 여파는 더욱 확대되어 윤원형은 형인 윤원로도 처형했으며, 문정대비의 수렴정치를 비난하는 전라도 양재역의 벽서사건을 계기로 대윤의 잔당으로 지목된 사람들을 죽이고, 권벌權橃·이언적李彦迪·노수신慮守愼 등 20여 명을 유배했다. 이후 5,6년 동안 소윤에 반대하다 윤원형에 의해 죽임을 당한 명사만 해도 100여 명에 이르렀다. 65년 문정대비가 죽자 윤원형의 세력도 몰락하고, 신진사류가 다시 정계에 복귀하면서 재편되어 유교정치가 재현되었다.

윤임 尹任 1487(성종 8)~1545(명종 즉위년) 조선전기 문신. 자는 임지任之, 본관은 파평. 중종의 첫째 계비인 장경왕후의 오빠이며, 세자(뒤의 인종)의 외숙. 무과에 급제하여 관직에 올랐고, 1523년(중종 18) 충청도 수군절도사로 왜군과 싸우다 패하여 충군充軍되기도 했다. 중종의 두 번째 계비 문정왕후가 경원대군(뒤의 명종)을 낳자, 김안로와 함께 세자를 보호하다 경원대군의 외척인 윤원형·윤원로 등과 대립하게 되었다. 이른바 대윤·소윤의 갈등이 노골화되면서 그는 대윤의 거두가 되었다. 44년 인종이 왕위에 오르자 형조판서를 거쳐 찬성에 올랐으나, 45년 명종 즉위와 아울러 문정왕후의 수렴정치가 시작되면서 일어난 을사사화로 죽임을 당했다. 77년(선조 10)에 신원되었다.

윤원형 尹元衡 ?~1565(명종 20) 조선전기 문신. 자는 언평彦平, 본관은 파평. 중종의 두 번째 계비인 문정왕후의 동생이며, 명종의 외숙이다. 1533년(중종 23) 문과에 급제하여 관직을 시작했으며, 37년 김안로에 의해 유배되었다가 이해 김안로가 사약을 받고 죽으면서 풀려났다. 세자(뒤의 인종)를 폐위하고 문정왕후의 아들 경원대군의 세자 책봉을 꾀하다 세자의 외숙인 윤임과 대립하게 되어, 이른바 대윤·소윤의 갈등을 초래했다. 인종이 왕위에 오르자 대윤의 탄핵으로 관직에서 물러났으나, 45년 명종의 즉위와 함께 문정왕후의 수렴정치가 시작되면서 복직되었다. 이해 이기李芑·정순붕鄭順朋·임백령林百齡 등과 함께 대윤 일파를 제거하기 위해 을사사화를 일으켰다. 63년 영의정이 되어 영화를 누렸으나, 65년 문정왕후가 죽자 실각하여 관직을 빼앗기고 강음江陰에 은거하다 죽었다.

서원 書院 조선중기 이후 사림들이 학문연구와 선현제향先賢祭享을 위해 설립한 사설교육기관인 동시에 향촌 자치기관. 그 기원은 중국 당나라 말기부터 찾을 수 있지만, 특히 송나라 주자朱子가 백록동서원을 열고 이를 보급한 이래 성행했다. 우리나라의 경우 1543년 풍기군수 주세붕이 고려말 학자 안향安珦을 배향하고 유생을 가르치기 위해 백운동서원을 세운 것이 그 효시이다. 서원 설립의 배경은 조선초 이래 계속되어온 사림의 향촌활동에서 찾을 수 있다. 사림들은 향촌사회에서 세력기반을 구축하기 위해 일찍부터 사창제社倉制, 향음주례鄕飮酒禮 등을 개별로 시행해왔으나, 연산군 시대의 거듭된 사화로 큰 성과를 거두지 못했다. 이 과정에서 교육과 교화를 표방함으로써, 향촌활동을 합리화할 수 있는 구심체로서 서원을 세울 수 있는 여건이 마련되었다. 서원 설립의 직접 계기는 중종대 사림이 정계에 재진출하면서 그 정책으로 문묘종

사文廟從祀와 교학체제의 혁신을 제시한 것에서 찾을 수 있다. 문묘종사란 도학의 중요성을 깨우치고 숭상하기 위해 도학에 뛰어난 학자를 문묘에 제향한다는 것으로, 사림계 유학자인 김굉필·정여창 등이 그 대상이 되었다. 이는 그 자체가 사림계의 학문적 우위성과 정치입장을 강화해주면서 동시에 향촌민의 교화라는 명분을 가지는 것이었다. 서원이 정착, 보급된 것은 이황에 의해서이다. 그는 풍기군수로 임명되자, 서원을 공인하고 그 존재를 널리 알리기 위해 백운동서원에 대한 사액과 국가지원을 요청했으며, 10여 곳의 서원건립에 참여하거나 서원기書院記를 짓는 등 그 보급에 주력했다. 그 결과 이황의 거주지이며 그 문인의 활동이 활발하던 경상도 지역에 전체 서원의 반 이상이 세워졌다. 초창기 서원은 지방관의 적극적인 도움 아래 향촌유지를 중심으로 서원전書院田과 어물魚物·소금 등 현물의 영속적인 조달체제를 갖춤으로써 안정된 재정기반을 마련했고, 이러한 건전한 운영을 바탕으로 명종말·선조초 사림의 공급이 활발할 수 있었다. 서원이 본격적으로 발전하게 된 것은 선조대에 사림계가 정치의 주도권을 잡으면서부터이다. 선조 이후 현종 때까지 100여 년간 193개가 세워졌고, 그 가운데

△도산서원. 1574년 경북 안동에서 건립한 서원. 서원을 널리 정착 보급시킨 이황을 제향한다.

△소수서원. 우리나라 최초의 서원으로 주세붕이 안향을 배향하기 위해 설립했다.

사액서원이 절반이었다. 지역도 경상도 일변도에서 벗어나 차츰 다른 지방으로 확대되었는데, 이는 당시 붕당정치의 전개와 깊은 관련이 있다. 붕당은 사림의 집권과 함께 비롯된 것으로, 당파형성에서 학연學緣이 거의 절대적이었고 학연의 매개체로 서원이 이용되었다. 따라서 각 당파는 서원을 세워 그 지역의 사림과 연결을 맺으려 애썼으며, 숙종 때에 세워진 서원만 해도 166개나 되었다. 이렇게 서원이 남설되면서 제향인물도 뛰어난 유학자라는 원칙이 무너지고, 정쟁에 희생된 자기파 인물의 신원이나 후손에 의한 조상제향을 뜻하는 경향이 강해졌다. 서원에 대해 적극적인 통제가 시작된 것은 1703년(숙종 29)부터이다. 그뒤 13년에는 이후 서원의 추가 설립을 금하고 사액을 내리지 않기로 결정했다. 41년(영조 17)에는 14년 이후 세워진 서원은 물론 모든 제향기구를 없애도록 했다. 이러한 강경책으로 서원에 대한 지방관의 도움이 거의 끊어지자, 이를 메우기 위한 민폐가 심해졌고 재정을 담당하는 후손의 서원관여 역시 조장되었다. 그 결과 19세기 이후 서원은 대부분 후손이 세우고 운영하는 경향을 보인다. 흥선대원군은 1868년과 70년(고종 7)에 제향자의 후손이 주도하면서 민폐를 끼치는 서원의

철폐를 명령했으며, 71년에는 1인 1서원 이외에 중복되는 서원을 모두 없애게 한 결과 전국에 47개만 남았다.

소수서원 紹修書院 경상북도 영풍군 순흥면 내죽리에 있는 서원. 우리나라 최초의 서원인 백운동서원이 그 시초이다. 1541년(중종 36) 풍기군수로 부임한 주세붕周世鵬이 이곳 출신 유학자인 안향安珦을 배향하기 위해 사묘祠廟를 세웠다가 43년 유생교육도 함께 하기 위해 백운동서원白雲洞書院을 세웠다. 48년 이황李滉이 풍기군수로 부임하면서 백운동서원에 대한 정부의 지원을 요청했고, 이에 50년「소수서원」이라는 사액과 아울러 지원을 받을 수 있었다. 이러한 지원은 공인된 교육기관으로서의 위치를 확보하는 것으로, 다른 서원의 설립과 운영에 큰 영향을 주었다. 사실 백운동서원은 사액을 받기 전에는 풍기사림들의 호응을 받지 못했는데, 사액을 받은 후 사학私學으로서의 위치를 굳히면서 풍기사림들도 적극 참여하게 되었다. 소수서원이 선현배향과 지방교육에서 한몫을 하면서 향촌사림의 정치·사회적 기구로 정착되자, 전국에 서원이 설립, 운영되어 조선시대 사학의 중심기관으로 발전하게 되었다. 1633년(인조 11)에 주세붕을 추가 배향했으며, 1868년(고종 5) 대원군이 서원을 철폐할 때도 존속한 47개 서원 중 하나이다. 현재 사적 55호로 지정되어 있고, 보물 717호인 주세붕의 영정을 보관하고 있다.

주세붕 周世鵬 1495(연산군 1)~1554(명종 9) 조선전기 문신이며 학자. 자는 경유景游, 호는 신재愼齋·남고南皐·무릉도인武陵道人, 본관은 상주, 칠원 출신. 선대에는 모두 관직에 나가지 않았으나, 주세붕의 현달로 증직되었다. 1522년(중종 17) 문과에 급제하여 관직을 시작했으며, 대체로 홍문관·성균관

등 학문기관의 관직을 맡았다. 41년 풍기군수가 되자 피폐되어 있던 향교를 관청 근처로 옮겨 복구했고, 43년 백운동서원을 세워 사림 및 그 자제들을 위한 교육기관의 기능을 하게 했다. 또 서원의 원활한 운영을 위해 서적을 구입하고 서원전書院田을 마련했다. 도학에 힘쓸 것을 주장하고 불교의 폐단을 지적했으며, 기묘사화 이후 폐지되었던 여씨향약을 다시 시행할 것을 건의하기도 했다. 청백리에 녹선錄選되었다. 저서로는 〈죽계지竹溪志〉〈해동명신 언행록海東名臣言行錄〉〈진헌심도進獻心圖〉가 있고, 문집으로 〈무릉잡고武陵雜稿〉가 있다.

사액서원 賜額書院 조선시대 왕으로부터 서원명 현판과 노비·서적 등을 받은 서원. 서원은 본래 향촌 유림들이 사적으로 세운 깃이므로 국가가 관여할 필요는 없었다. 그러나 서원의 기능이 국가의 인재양성과 교화정책에 깊이 연관되어, 조정에서 특별히 서원의 명칭을 부여한 현판과 아울러 서적·노비 등을 내린 경우가 있었다. 이러한 서원을 사액서원이라 하며 일반서원과는 격을 달리했다. 1550년 풍기군수 이황의 요청으로 명종이 백운동서원에 「소수서원」이란 친필 현판과 서적·노비를 준 것이 효시가 되었다. 그뒤 전국 여러 곳에 서원이 세워지면서 사액을 요구했고, 국가에서는 사문진흥斯文振興과 선유先儒에 보답한다는 뜻으로 대개 이를 허락했다. 인조 이후 부자격자를 제향하는 등 서원이 남설되면서 숙종 때는 사액서원이 무려 131개나 되었다. 이에 영조 때에는 서원 폐단에 대한 강력한 단속과 함께 사액을 일체 중단하기에 이르렀다.

소학 小學 8살 안팎의 아이들에게 유학을 가르치기 위해 만든 수신서修身書. 중국의 송나라 주자가 엮은 것이라고

△ 1550년 명종의 어필로 사액한 소수서원 현판.

하나, 사실은 그의 제자 유자징劉子澄이 주자의 지시에 따라 편찬한 것이다. 내용은 일상생활의 예의범절, 수양을 위한 격언, 충신·효자의 사적 등을 모은 것으로, 유학교육의 입문서 구실을 했다. 우리나라에서 〈소학〉을 중요하게 여긴 것은 조선초기부터였다. 어릴 때부터 유교의 윤리관을 체득하기 위한 아이들의 수신서로 장려되어, 사학四學·향교·서원·서당 등 당시 모든 유학 교육기관에서 필수과목으로 다루어졌다. 김굉필은 〈소학〉이 모든 학문의 입문이며 기초인 동시에 인간교육의 절대적 원리임을 역설했고, 이후 조광조·김안국·이황 등 도학실천을 중요하게 여긴 학자들도 〈소학〉의 가치와 중요성을 강조했다. 특히 사림파는 민중교화의 수단으로 이를 권장하여, 성리학에 뜻을 둔 유생뿐 아니라 민간에까지 널리 읽히도록 했다.

향약 鄕約 조선시대 양반지배층이 유교사상에 기초하여 만든 지방행정의 자치적 말단조직 또는 그 규약. 당시 향약의 모체는 중국의 여씨향약이었는데, 이는 북송北宋말 섬서성 남전현의 여씨 문중에서 도학으로 명성이 있는 대충大忠·대방大防·대균大鈞·대림大臨 등 4형제가 일가친척은 물론이고 향리 전체를 교화, 선도하기 위해 처음 마련한 것이다. 그뒤 주자朱子가 이를 더욱 완비하여 〈주자대전〉에 실었으므로, 우리나라에는 주자학의 전래와 거의 비슷한 시기에 들어왔을 것으로 생각한다. 우

리나라에서 향약이 본격적으로 시행된 것은 15세기말~16세기초 지방 중소지주 출신의 사림이 등장하면서부터로, 자신들의 정치적 기반을 강화하기 위해 향약실시를 추진했다. 특히 중종 때 조광조·김식의 주장으로 여씨향약이 전국에 반포되었고, 지방 유학자들 사이에 점차 보급되었다. 향약의 내용은 발기자에 따라 약간씩 다르나 대체로 여씨향약의 내용을 근간으로 한다. 즉 1.덕업상권德業相勸 2.과실상규過失相規 3.예속상교禮俗相交 4.환난상휼患難相恤로서, 유교적 도덕질서를 철저히 지키며 허물을 서로 고쳐주고 재난을 서로 구제한다는 것이다. 향약의 성원들은 정기적인 모임을 가지고, 봉건통치질서나 도덕규범을 어기는 사람을 신분에 따라 처벌하기도 했다. 우리나라의 실정에 맞게 향약을 만든 사람은 이황과 이이였다. 이황은 여씨향약을 참조하여「예안향약」을 만들었고, 1577년(선조 10) 이이는 은퇴하여 해주에 살면서「해주향약」을 만들었다. 이후 영조·정조에 이르기까지 각지에서 실시된 향약은 이이의 향약으로, 그의 영향이 매우 컸음을 알 수 있다. 그러나 향약은 본질적으로 피지배계급을 엄격한 봉건적 질서와 신분질서에 얽매고 억압하는 조직이었으며, 경제적으로 착취를 보장하는 수단으로 이용되었다.

향음주례 鄕飮酒禮 온 고을의 유생儒生들이 모여 향약을 읽고 술을 마시며 잔치하는 풍속. 중국에서 유래한 풍속이다.

붕당정치 朋黨政治 조선중기 및 후기의 정치 운영형태. 일반적으로「당쟁」으로 이해되어왔는데, 이는 19세기 중세사회가 무너지는 가운데 권력에서 소외된 계층이 이전의 조선정치사를 비판적으로 표현한 것을, 일본인들이 식민지 침략과 통치의 근거를 마련하기 위해 이용한 데서 비롯되었다. 즉 조선의 당쟁은 지극히 관념적인 문제를 둘러싸고 편협하고 배타적으로 대립함으로써, 인재등용의 길이 막히고 국리민복國利民福이 외면되어 결국 국력이 약화되는 결과를 초래했고, 이것은 조선의 식민지화와 연결된다는 논리였다. 이러한 인식은 일제침략기 식민사학에 이어졌으며, 해방 이후에도 크게 수정되지 못한 채 오랜 기간 통설로 받아들였다. 그러나 근래에 와서「붕당정치」라는 개념 위에서 새로운 이해의 틀이 마련되고 있다. 관료들의 세력결집인 붕당은 본래 유교정치에서 금기였으나, 중국 송나라에 들어오면서 정치참여층이 확대됨에 따라 붕당관이 변했다. 즉, 붕당을 공도公道의 실현을 추구하는「군자의 당」과 개인의 이익을 도모하는「소인의 당」으로 나누고, 군주가 군자의 당을 잘 유지시키면 정치는 저절로 바르게 이끌어진다는 견해가 제시되었다. 조선에서도 선조 이후 사림파가 정계에서 자리잡음에 따라 이러한 붕당관이 받아들여져, 정치적·학문적 입장에 따른 붕당정치가 자리잡게 되었다. 따라서 이른바 당쟁은 16세기 이래 진행되던 사회변동을 둘러싸고, 특히 양란 이후 무너져가던 조선의 봉건국가체제를 어떻게 재건할 것인가를 둘러싸고 각 정파의 서로 다른 정치적 요구가 대립하는 과정이며, 당쟁사는 자신의 정책을 실현하기 위해 권력을 잡고자 하는 권력투쟁사로 정리할 수 있겠다.

동인 東人 조선중기 붕당의 하나. 1575년(선조 8) 당시 문명文名이 높았던 김효원金孝元과, 명종비 인순왕후의 아우로 권세가였던 심의겸沈義謙이 이조吏曹의 전랑銓郞직을 두고 대립하게 되자 이를 계기로 신진사류는 김효원을, 기성사류는 심의겸을 지지함으로써 동서분당이 일어났다. 당시 김효원의 집이 서울의 동쪽 건천동에 있었기 때문에 그를 지지하는 일파를 동인이라 했고, 심의겸의 집은 서울의 서쪽 정동에 있었기 때문에 서인으로 부르게 되었다. 동인의 사상배경과 학통은 동인의 영수였던 김효원을 통해서 알 수 있다. 김효원은 주리철학적 도학主理哲學的 道學의 입장에 섰던 이황과 조식曹植에게서 배웠으므로 그의 사상도 주리철학적 도학에 근거했다고 보이며, 학통 또한 이들의 계통인 영남학파에 속한다고 할 수 있다. 실제로 동인에서 주도적인 인물들은 몇몇을 빼면 대부분 이황과 조식의 제자들이었다. 동인은 심의겸이 실각되면서 정권을 잡을 수 있었으나, 89년(선조 22) 동인이었던 정여립鄭汝立의 난으로 많은 피해를 입었다. 이때 희생되었던 동인은 주로 조식 계열의 경상우도 및 전라도 사림이었고 이황 계열의 온건파는 오히려 조식 계열을 등졌는데, 이것이 동인이 남북으로 나누어지는 결정적인 배경을 이룬다. 91년 서인의 거두 정철鄭澈이 세자책봉 문제로 실각되어 다시 정권을 잡게 되자, 정철을 사형시키자는 과격파와 귀양을 보내자는 온건파가 대립하면서 동인이 분열되는 계기가 마련된다. 과격파는 조식 계열로서 북인이라 했고, 온건파는 이황 계열로서 남인이라 했다.

서인 西人 조선중기 붕당의 하나. 1575년(선조 8) 당시 권세가였던 심의겸沈義謙(명종비 인순왕후의 아우)과 신진사류 김효원金孝元이 인사권을 쥐고 있는 이조 전랑직의 임명을 둘러싸고 대립하게 되자, 이를 계기로 기성사류는 심의겸을, 신진사류는 김효원을 지지함으로써 동서분당이 일어났다. 당시 심의겸의 집은 서울의 서쪽 정동에 있어서 서인이라 했고, 김효원의 집은 서울의 동쪽 건천동에 있었기 때문에 동인이라 했다. 서인의 사상배경과 학통은 주기철학主氣哲學에 입각한 기호학파에 있었다. 서인의 대부분은 기호학파의 중심학자인 이이李珥·성혼成渾과 교유관계에 있었던 사림들이었다. 1589년(선조 22) 정여립의 난이 일어나자 서인의 정철이 국옥鞠獄을 주관하면서 한때 정권을 잡았으나, 91년 정철이 실각하면서 다시 정계에서 밀려났다. 그후 1623년 인조반정으로 서인이 정권을 주도하게 되었고, 인조 때는 서인의 천하라고 할 만큼 그 영향력이 절대적이었다. 특히 이 시기는 병자호란까지 겪은 이후 조선후기 사회변동과 관련하여 국가정책의 방향을 설정하는 중요한 시기였는데, 여기에 서인의 대표적인 학자 송시열宋時烈의 정치사상이 거의 절대적인 영향을 끼친다. 서인은 숙종 때 다시 노론과 소론으로 나누어져, 남인·북인과 더불어 4색의 붕당을 이룬다.

남인 南人 조선중기 동인의 분파로 성립된 붕당으로서 4색당파의 하나. 남북분당의 직접적인 계기는 일반적으로 서인 정철鄭澈의 처리 문제를 둘러싼 강경파 이발李潑과 온건파 우성전禹性傳의 대립이라고 하지만, 결정적인 사건은 1589년(선조 22)에 일어났던 동인 정여립의 난이다. 이 사건으로 동인 중 많은 사람들이 희생되었는데, 주로 조식 계열의 경상우도 및 전라도 사림의 피해가 컸고 이에 이황 계열의 경상좌도 사림이 조식 계열을 등졌던 것이다. 이때 이황 계열의 사림이 남인으로서 우성전·유성룡柳成龍·김성일金誠一이 주축이 되었다. 남인은 임진왜란 때 명나라 원군을 불러들이는 데 성공하여 한때 정권을 잡기도 했으나, 광해군 때는 북인에게 실각당했다. 인조반정의 주축이 되었던 서인이 남인과 유대관계를 맺음으로써 인조 때는 서인과 연합세력을 이루었다. 효종 때 서인 중에서도 노론 계열의 송시열宋時烈을 중심으로 정책이 주도되어 나가자, 서인에 대립되는 세력으로 남인이 등장한다. 특히 2차례에 걸친 예송禮訟논쟁을 통해 남인은 성리학 이념상 서인과 뚜렷이 대립되는 입장을 드러낸다. 허적許積·허목許穆·윤휴尹鑴 등을 중심으로 한 남인은 숙종초 정권을 잡는 데 성공했으나, 결국 척신세력에 의해 밀려나면서 이후는 이들 척신과 결합한 서인의 노론이 독주한다. 조선말기까지 남인은 정계에서 소외되어 고향에서 학문과 교육에 전념하여 많은 학자를 배출한다.

예송논쟁 禮訟論爭 현종 때 인조의 계비인 조대비趙大妃의 상례喪禮 문제를 둘러싸고 남인과 서인이 두 차례에 걸쳐 대립한 사건. 1차 예송은 1659년(효종 10) 효종이 죽자 효종의 어머니 조대비의 복상을 서인의 뜻에 따라 기년朞年(만 1년)으로 정했는데, 이에 대해 남인 허목許穆·윤휴尹鑴 등이 이의를 제기하면서 일어났다. 이들이 효종은 왕위를 계승했기 때문에 장자長子나 다름없으므로 3년(만 2년)으로 해야 한다는 논리를 폈는 데 비해, 송시열 등 서인은 효종은 인조의 둘째왕자이므로 장자의 예로 할 수 없다고 반박했고, 결국 서인의 주장이 받아들여졌다. 2차 예송은 74년(현종 15) 효종의 비가 죽자 다시 조대비의 복상을 몇 년으로 할 것인가를 둘러싸고 일어났다. 당시 집권층인 남인은 기년으로 정했는데, 이에 대해 서인은 대공大功(8개월)설을 주장했으나 남인의 주장이 받아들여졌다. 이러한 논쟁은 단순히 복상 문제를 둘러싼 당파의 대립이 아니라, 왕권을 어떻게 위치지을 것인가에 대한 정치적 입장의 근본적인 차이에서 비롯되었다. 즉 효종이 둘째아들이라서 장자의 예를 따를 수 없다는 서인의 견해는 왕권도 일반 사대부와 동등하게 취급하려는 의도가 반영된 것으로, 신권臣權의 강화를 꾀하

려는 입장이었다. 반면 비록 둘째아들이지만 왕은 장자의 예를 따라야 한다는 남인의 견해는 왕권을 일반사대부의 예와 달리 취급하려는 의도가 반영된 것으로, 왕권강화를 통해 신권의 약화를 꾀하려는 입장이었다. 이러한 입장의 차이는 양란 이후 중세 질서의 재조再造에서, 대지주인 양반지배층 중심의 재조를 할 것인가, 아니면 지주층의 이익을 다소 누르면서 소농 중심의 개혁을 할 것인가의 사회개혁론과 연결된 것이다.

북인 北人 조선중기 동인의 분파로 성립된 붕당으로서 4색당파의 하나. 남북분당의 직접적인 계기는 일반적으로 서인西人 정철鄭澈의 처리 문제를 둘러싼 강경파 이발李潑과 온건파 우성전禹性傳의 대립이라고 하지만, 결정적인 사건은 1589년(선조 22)에 일어났던 동인 정여립의 난이다. 이 사건으로 동인 중 많은 사람이 희생되었는데, 주로 조식曺植 계열의 경상우도 및 전라도 사림의 피해가 컸고 이에 이황 계열의 경상좌도 사림이 조식 계열을 들췄던 것이다. 이 때 조식 계열의 사림이 북인으로서 이발·이산해李山海가 주축이 되었다. 북인은 임진왜란 때 지역조건상 왜군의 피해를 직접 받지 않아서, 남인이나 서인에 비해 튼튼한 자신들의 지역을 기반으로 의병의 주축을 이루어 다시 정권을 잡을 수 있게 된다. 선조말에서 광해군에 이르는 동안 북인 내부에서 다시 여러 갈래로 나뉘는데, 그중에서도 선조말에 광해군을 세자로 옹립하는 데 공이 컸던 대북大北이 광해군 즉위와 함께 전성기를 맞는다. 인조반정으로 대북은 대거 몰락하고, 이후 효종·현종 때에는 남인에 흡수되어 남인과 운명을 같이하며 정계에서 거의 밀려난다.

정여립 鄭汝立 ?~1589(선조 22) 조선중기 모반자. 자는 인백人伯. 이이·

성혼의 문인으로 경사와 제자백가에 능통해 총애를 받았고, 1570년(선조 3) 문과에 합격해 벼슬이 예조좌랑까지 올랐다. 본래 서인이었으나 85년 집권중이던 동인과 손을 잡고 스승인 이이·성혼을 비판했다. 선조의 호감을 얻지 못하자 벼슬을 버리고 고향에 내려가 학문을 하면서 많은 선비들과 접촉했다. 점차 명망이 높아지자 대동계를 조직해 사람을 모으고 무술훈련을 시켰다. 87년 전라도에 침입한 왜구를 격퇴한 것을 기회로 대동계의 조직을 전국으로 확대하는 한편, 〈정감록〉 등 비기를 퍼뜨려 이씨李氏가 망하고 정씨鄭氏가 흥한다고 선동했다. 이러한 소문이 퍼져 나가자 거사를 앞당겨, 1589년 겨울 한강의 결빙을 이용해 황해도와 호남에서 동시에 서울에 들어가, 대장 신립과 병조판서를 먼저 죽이고 병권을 잡을 것을 계획했다. 그러나 안악군수 이축李軸이 이 사실을 듣고 고변해 관련자들이 잡히자, 진안 죽도로 도망했다가 관군이 포위하자 자살했다. 이 사건으로 동인에 대한 박해가 시작되었으며, 이후 전라도를 반역의 고장으로 취급해 호남인 등용을 제한했다.

홍길동 洪吉童 1500년(연산군 6)을 전후하여 서울 근처에서 활약하던 농민무장대의 지도자. 양반지주층을 중심으로 토지소유가 확대되면서, 토지를 잃고 지배층의 착취에 시달리던 농민들은 자기가 살던 곳에서 도망쳤다. 이들은 산속으로 피해 무장대의 기본성원이 되어 양반지주나 관청을 습격했는데, 지배층들은 이들을 「도적」이라 했다. 15세기 말에서 16세기초 연산군 통치기간에는 전국 곳곳에서 이러한 농민무장대가 일어났고, 그 가운데 대표적인 것이 홍길동이 이끄는 무장대였다. 홍길동은 양반관리의 복장을 하고 스스로 「첨지」라 하면서 무장한 많은 농민을 지휘해 여러 고을의 관청들을 습격했다. 결국 체포되어 의금부에서 취조당한 기록이 남아 있다. 뒤에 그에 대한 이야기는 〈홍길동전〉으로 소설화되기도 한다.

임꺽정의 난 林巨正-亂 16세기중반 황해도지방을 중심으로 일어난 대표적인 농민무장대의 활동. 이들의 활동기록이 보이는 것은 1559년(명종 14)부터이다. 본래 황해도는 사신들이 중국으로 오가는 길목이어서 그 비용을 대느라 다른 도에 비해 백성들의 부담이 컸다. 또 임꺽정이 활약한 봉산·재령에서는 바닷가에 있는 갈대밭마저 권세가들이 차지하여, 갈대로 삿갓과 삿자리를 만들어 생활해 나가는 백성들은 갈대를 사 써야 했다. 임꺽정은 본래 경기도 양주에서 버들고리를 만드는 고리백정 출신으로 갈대밭이 많은 황해도로 옮겨왔다가, 신분에 따른 억압과 권세가들의 경제적 침탈에 분노해 수탈당하는 사람들을 모아 무장했다. 여기에는 노비를 비롯해 양인층도 참여했다. 이들은 황해도 구월산의 험준한 산간에 본거지를 만들고, 황해도뿐 아니라 경기도·강원도 일대에 걸쳐서 활약했다. 이에 조선정부는 황해도 각 고을의 수령을 무관으로 교체해 방비를 강화하는 한편, 병력을 동원해 토벌에 나섰다. 60년 정부군 500여 명이 평산 어수동에서 임꺽정 무장대를 포위했으나 도리어 패배했고, 이듬해 남치근을 토포사로 하여 대규모 토벌을 감행한 결과 서흥에서 임꺽정을 체포할 수 있었다. 임꺽정을 중심으로 한 농민들의 이런 활동은 16세기중엽에 들어오면서 격화된 사회경제적 모순을 해결하려는 민중의 바람을 드러낸 것이었고, 따라서 민중의 호응 속에 3, 4년씩 버틸 수 있었던 것이다. 또 임꺽정 자신이 가장 천대받던 백정 출신이고 그의 부대에는 당시 최하층 신분의 사람들이 많이 속해 있어, 봉

건지배질서를 깨뜨리려는 성격도 드러
나 있다. 임격정 무장대는 진압되었으
나 이후에도 유민집단의 활동은 끊이지
않았다.

6. 조선전기의 문화

성리학 性理學 유학의 한 분류로서 송
명시대宋明時代의 유학을 말한다. 성리
학이란 원래「성명의리의 학(性命義理之
學)」의 준말로서 성명과 의리를 캐는 학
문이란 뜻이며, 정주학程朱學·주자학
朱子學·도학道學·양명학陽明學·심학
心學 등으로도 불린다. 이중 정주학·주
자학·도학이 송대의 한 계통이고, 양
명학·심학이 명대에 일어나 한 계통을
이루는데, 우리나라에서는 주로 정주학
계통만이 발달하여 성리학이라고 하면
대부분 이 계통만을 가리키고 있다. 성
리학은 중국 당말唐末이래 귀족사회가
붕괴되면서 일어난 혼란을 당시에 성행
했던 도교와 불교의 사상적 약점에서
찾고, 유학의 재건부흥을 통해 극복하
고자 했던 데서 출발했다. 따라서 유학
의 장점으로 강조되는 윤리와 경세사상
經世思想이 담겨 있는 〈주례周禮〉가 중
시되는 한편, 불교·도교의 영향을 받
아 우주·자연 및 인성人性에 대한 형이
상학적 탐구가 깊어졌고 심성 수양이
철저해진 경향을 보인다. 또 형이상학
적 이론과 수기修己의 이론이 많이 담겨
있는 〈논어〉〈맹자〉〈대학〉〈중용〉이 가
장 중요한 기본경전으로 간주되었다.
우리 나라에 성리학이 언제 들어왔는지
는 확실하지 않지만 대체로 고려 인종
전후(11~12세기)로 짐작되며, 주자학
으로서의 성리학은 충렬왕 때(13세기
후반) 안향安珦, 백이정白頤正에 의해
들어온 것으로 추정된다. 그후 이제현
李齊賢·이색李穡·정몽주鄭夢周로 이어
지면서 성리학이 전문적으로 연구되는

수준에 이르고, 아울러 성리학을 정치
의 학문적, 사상적 토대로 이용하며 수
용하는 단계로 접어든다. 성리학이 한
국적으로 변용 또는 발전하게 되는 것
은 조선건국 이후의 일이다. 특히 정도
전·권근 등이 성리학에 입각하여 조선
건국의 합리화를 위한 이론을 세움으로
써, 이후 성리학은 조선사회의 통치이
넘으로서 관학官學의 위치를 차지하게
되었다. 조선의 기틀이 자리잡은 15세
기중엽부터 약 1세기 동안 사림파 학자
들에 의해 의리의 실천이 강조되면서,
한국성리학은 실천성리학으로서 도학
의 특색을 가지게 되었다. 성리학이 의
리실천 차원을 넘어서 이론의 탐구가
본격화된 것은 16세기부터였으며, 특히
이황·이이가 대표적인 학자였다. 이들
이 남긴「4단7정四端七情에 대한 이기해
석론」이 그 대표적인 주제로서, 이후
학계는 이 문제를 둘러싸고 주리파主理
派·주기파主氣派로 학파까지 형성되기
에 이른다. 이것은 중국성리학의 연구
수준을 넘는 것이었고, 한국성리학의
특징이었다. 16세기 말부터는 예禮에
대한 의식이 고조되어 예의 실천여부가
인간을 구분하는 기준이 되었으며, 예
송禮訟 형식이 당쟁의 명분이 될 정도였
다. 이 시기 한국성리학의 특징은 주자
학이 거의 교조주의적으로 계승되고 있
다는 점이다. 17세기경부터는 주자의
이론과 조금만 달라도「사문난적斯文亂
賊」으로 탄압되어, 같은 성리학인 양명
학조차 이단으로 철저히 배척당했다.

4단7정론 四端七情論 유학의 인성론
人性論에서 4단과 7정에 대한 이기理氣
해석론. 4단이란 측은惻隱·수오羞惡·
사양辭讓·시비是非의 마음으로서 각각
인仁·의義·예禮·지智의 착한 본성
(덕德)에서 나오는 정감이며, 7정이란
희喜·노怒·애哀·구懼·애愛·오惡·
욕欲으로서 인간의 본성이 사물에 접하

면 표현되는 감정을 말한다. 4단과 7정에 대한 논의는 이황과 기대승奇大升에서 시작되었다. 이황은, 사단은 「이가 발함에 기가 따른 것(理發而氣隨之)」이며 칠정은 「기가 발함에 이가 탄 것(氣發而理乘之)」이라 정리했는데, 이에 대한 기대승의 논리를 이이가 발전시켜 사단칠정 모두 「기가 발함에 이가 타는 것(氣發而理乘之)」으로 해석하면서 그 논의가 확대되었다. 이후 4단7정론은 성리학 이론논쟁의 핵심문제로 등장하여, 오랜 시기에 걸쳐 그 논쟁이 진행되면서 주리파·주기파의 학파가 형성되기에 이르렀다. 뿐만 아니라 두 학파는 정치사회관에서도 서로 다른 유형의 사고방식으로 대립하게 되었다.

고봉집 高峰集 조선중기의 학자인 기대승奇大升의 문집. 이중에서 〈양선생왕복서〉는 이황과 8여 년 동안 성리性理의 4단7정四端七情을 논변한 왕복서간문으로 가장 중요하게 여기는 부분이다. 여기에서 기대승은 4단과 7정은 따로 존재하는 게 아니라 4단은 7정에 포함되어 있는 정情의 일부라고 주장함으로써, 일원론적 토대 위에서 이황의 이원적 입장을 비판했다. 이 두 사람의 논변은 후에 성리학 연구의 핵심을 이룬다는 데 그 의의가 있다.

기대승 奇大升 1527(중종 22)~72(선조 5) 조선중기 성리학자. 자는 명언名彦, 호는 고봉高峰, 본관은 행주幸州. 1558년(명종 13) 문과에 급제한 뒤 선조 때 벼슬이 대사헌에 이르렀으나, 뜻이 맞지 않아 그만두고 병을 얻어 귀향하다 객사했다. 어려서부터 독학으로 고금古今의 책에 통했고, 이황·김인후金麟厚에게서 문학問學했다. 특히 이황과 성리학을 문답하여 「사단칠정」에 관한 편지만도 8년을 계속해서 교환했으며, 뒤의 유학자들 중 이 문제를 언급하지 않은 사람들이 없을 정도로 성리학 연

구의 기초를 마련했다. 나중에는 이황도 그의 이론을 많은 부분 받아들이게 되었고, 후학이긴 하지만 거의 동등한 관계를 유지했다고 한다.

주기론 主氣論 성리학의 이기론理氣論에서 이와 기를 일원적으로 파악하고 기의 작용을 강조하는 이론. 「주기」라는 말은 이황이 기대승과 「4단7정四端七情」에 관한 논쟁을 하면서 처음으로 사용했으며, 주기론은 이이가 성혼과 「4단7정」에 관해 토론할 때 이황의 이와 기가 서로 작용한다는 「이기호발설理氣互發說」, 특히 이가 작용한다는 부분을 비판하고 「기발이승일도설氣發而理乘一途說」을 주장한 데서 출발한다. 이이의 견해는 이와 기가 실제에서 분리될 수 없음을 강조하여 주리론과는 구분되지만, 이를 보편적인 근원으로 인정하는 점에서 주기론과는 조금 다르다. 그러나 이이의 학통을 이은 기호학파 학자들 속에서 이이의 「기발이승일도설」을 계승하면서 점차 이에 비해 기의 작용을 강조하는 주기론의 경향이 나타나게 되었다. 송시열宋時烈은 치밀한 이론으로 이황의 견해, 즉 마음을 이와 기의 결합으로 보는 것을 비판하고, 마음을 기라 하는 이이의 「심시기心是氣」를 옹호했다. 이것이 권상하權尙夏를 거쳐 한원진韓元震에 이르면, 「심즉기心卽氣」로 변화하여 기의 작용을 더욱 강조하게 된다. 다음 세대의 임성주任聖周는 마음뿐만 아니라 성품까지도 기로 파악하는 「유기론唯氣論」으로 발전하고, 주자朱子의 이기론까지도 반박하는 극단적인 주기론에 이르른다. 이후 임로任魯·임헌회任憲晦로 이어졌다. 주기론은 주리론과 조선후기 내내 학문적·정치적으로 대립, 발전했으며, 정치 및 사회사상에 큰 영향을 끼쳤다.

주리론 主理論 성리학의 이기론理氣論에서 이理의 우위를 주장하는 이론. 「주

리」라는 말은 이황이 기대승에게 보낸 편지에서 처음으로 사용되었고, 이후 대체로 영남지방의 학자들에 의해 계승, 발전되었다. 처음 이황이 이와 기가 서로 작용한다는 「이기호발설理氣互發說」을 통해 이의 우위와 능동성을 주장한 이후 영남학자들은 별다른 논란 없이 이를 받아들였는데, 기호학자들이 이이의 「기발이승도설氣發理乘途說」에 따라 이의 무능동성과 기의 능동성을 주장하자, 이기론에 관심을 기울이고 이황의 학설을 옹호하는 학파의 성격을 강화해갔다. 그것은 이황이 죽은 뒤 100년이 지난 17세기후반 이현일李玄逸에서 시작되었는데, 그는 이이의 성리설을 19조목으로 비판했다. 그의 아들 이재李栽는 한걸음 더 나아가 기의 작용을 기다리지 않고 이만으로도 이미 만물의 체용體用을 갖추고 있음을 주장했다. 이상정李象靖을 거쳐 유치명柳致明에 이르면 주리론은 한층 강화되어, 이가 우주의 주체이자 마음의 본체라는 데까지 나아가게 된다. 기호학파의 일부 학자들도 주리론을 주장했는데, 이항로李恒老는 이의 우위를 인정하는 입장이었고, 기정진奇正鎭은 일반적인 주리론에서 더 나아가 기가 이에 포함된다는 극단적인 「유리론唯理論」으로까지 발전시켰다. 주리론은 주기론과 조선후기 내내 학문적·정치적으로 대립, 발전했으며, 정치 및 사회사상에 큰 영향을 끼쳤다.

영남학파 嶺南學派 영남지방을 중심으로 한 학문상의 유파로서 영학파嶺學派·퇴계학파·남명학파南冥學派의 총칭. 먼저 영학파는 정몽주에서 비롯되어 길재·김숙자를 거쳐 김종직金宗直으로 이어지는데, 김종직은 당대 유학의 조종으로서 많은 제자를 두었다. 특히 김굉필과 정여창은 도학에 정진하여 후대 한국성리학이 발전할 수 있는 학문적 토양을 조성하는 데 이바지했다. 연산군 때 훈구파와 갈등하여 정치적으로 희생되었지만, 그 도학정신은 이어져 한 갈래는 조광조를 통해 기호지방으로 진해졌고, 다른 한 갈래는 이언적을 거쳐 이황·조식으로 전승되었다. 조선중기에 경상좌도에서 이황의 학문사상을 추종하는 유파가 형성되었는데, 이를 퇴계학파라 하며 조목趙穆·기대승·김성일·유성룡 등이 유명했다. 같은 시기에 경상우도를 중심으로 조식의 학식과 덕행을 추종하는 남명학파가 형성되었는데, 이들은 조식의 영향을 받아 기절氣節과 의리를 숭상했으며 곽재우郭再祐·정인홍鄭仁弘 등이 이에 속했다. 시간이 흐름에 따라 남명학파는 쇠퇴하고 퇴계학파가 성해지면서 좌도·우도의 구별이 흐려지고 퇴계학파로 흡수되어, 나중에는 퇴계학파가 영남학파의 대명사가 되었다.

이언적 李彦迪 1491(성종 22)~1553(명종 8) 조선중기 성리학자. 자는 복고復古, 호는 회재晦齋·자계옹紫溪翁, 본관은 여주. 24살 때 문과에 급제하여 관직을 시작했다. 1530년(중종 25) 사간이었을 때 김안로의 등용을 반대하다 관직에서 쫓겨나자 경주의 자옥산에 들어가서 성리학 연구에 전념했다. 37년 김안로가 죽임을 당하자 다시 관직에 나아가 45년(명종 즉위년) 좌찬성이 되었다. 이때 윤원형 등이 사림을 축출하는 을사사화를 일으켜 이언적은 이들을 심문하는 일을 맡았으나 자신도 관직에서 물러났다. 47년 당시 수렴정치를 하던 문정대비와 집권세력을 비난하는 전라도의 양재역 벽서사건에 연루되어 강계로 유배되었고, 그곳에서 많은 저술을 남긴 채 세상을 떠났다. 그는 성리학 정립의 선구적 인물로서, 주자의 주리론을 정통으로 확립하고자 했다. 그는 이기론의 주리론적 견해로서 이선기후

設理先氣後說과 이기불상잡設理氣不相雜說을 강조했고, 이러한 견해는 이황에게 이어져 영남학파 성리설의 선구가 된다. 이는 어느 스승으로부터 뚜렷이 계승한 것이 아니라 독자적으로 수립한 것이었다. 다만 그의 호「회재」에서 회암晦菴(주자의 호)의 학문을 따른다는 그의 입장을 알 수 있을 뿐이다. 그렇다고 해서 주자의 입장을 그대로만 받아들인 것은 아니었다. 말년에 유배지에서 저술한 〈대학〉이나 〈중용〉에 관한 연구를 보면, 주자의 체계를 넘어서 그 나름의 독자적인 학문세계를 펼치고 있어, 주자의 한 글자 한 구절을 그대로 존숭하는 후대의 학자들보다 창의적인 학문태도를 보이고 있다. 또 〈봉선잡의奉先雜儀〉는 도학의 실천적 규범인 예서를 제시한 것으로, 조선후기 예학파의 선구가 되었디.

이황 李滉 1501(연산군 7)~70(선조 4) 조선중기 문신이며 학자. 자는 경호景浩, 호는 퇴계退溪·퇴도退陶·도수陶叟, 본관은 진보, 경상도 예안(지금의 경북 안동군 도산면) 출신. 1527년 성균관에 들어갔고, 34년 문과에 급제하면서 관직을 시작했다. 중종 말년 조정이 어지러워지자 성묘를 핑계삼아 고향으로 돌아갔으며, 을사사화(1545년) 후 관직에서 물러나 고향인 낙동강 상류 토계兎溪에 거처를 마련했다. 이때 토계를 퇴계退溪로 고쳐 자신의 아호로 삼았다. 그러나 계속해서 관직에 임명되자 외직을 지망하여 풍기군수가 되었다. 전임군수 주세붕이 세운 백운동서원에 편액·서적·토지 등을 줄 것을 조정에 요구하여, 첫 사액서원인 소수서원을 만들었다. 60년 도산서당을 짓고 아호를 도옹陶翁이라 정하고, 7년 동안 여기에서 독서·수양·저술에 전념하며 많은 제자를 길렀다. 명종이 죽고 나이 어린 선조가 왕위에 오르자, 〈성학십도〉

△이황의 묘비문. 문안은 그의 유언에 따른 것이고 글씨는 금보가 썼다.

를 바쳤다. 이황의 학문이 원숙해진 깃은 50살 이후로 보는데, 그가 43살 때 〈주자대전〉을 입수, 풍기군수를 사퇴한 49살 이후 이를 연구하여 그의 주자학을 한결 깊이 있게 했다. 이후 그의 학문은 영남을 배경으로 한 주리적인 퇴계학파를 형성했는데, 당대의 유성룡·정구鄭逑·김성일·조목趙穆·기대승·이산해李山海·정탁鄭琢 등 260여 명이 그 학풍을 따랐고, 뒤를 이어 성혼·이익李瀷·이항로李恒老·기정진奇正鎭 등이 주리파를 이루었다. 뿐만 아니라 임진왜란 후 그의 문집이 일본으로 건너가 도쿠가와(德川家康)가 집정한 에도(江戶)시대 이래 일본유학의 주류인 기몬(崎門)학파 및 구마모토(熊本)학파에 깊은 영향을 끼쳤으며, 이황은 이 두 학파로부터 대대로 존숭받아왔다.

성학십도 聖學十圖 조선중기 유학자 이황이 1568년(선조 1) 선조에게 올린 상소문. 군왕의 도道에 관한 학문의 요체를 도식으로 설명한 것이며, 본래의 명칭은 〈진성학십도차병도進聖學十圖箚幷圖〉이다. 성학이란 유학을 가리키는 것으로, 모든 사람이 성인聖人이 되게 하기 위한 학문이란 뜻이다. 즉 「성학십도」는 17살의 어린 나이로 왕위에 오른 선조가 성군이 되기를 바라는 뜻에서 즉위 원년에 올린 상소문이다. 그 구성은 10개의 도표와 해설로 되어 있는데, 이중 7개는 옛 현인들이 만든 것에서 가장 두드러진 것을 골랐고 3개는 이황 자신이 만든 것이다.

조식 曺植 1501(연산군 7)~72(선조 5) 조선중기의 학자로 자는 건중楗仲, 호는 남명南冥, 본관은 창녕. 어려서부터 학문에 열중해 여러 학자들의 서적을 섭렵하여 성리학의 대가로 추앙받았다. 1552년(명종 7) 경상도 관찰사 이몽량李夢亮의 천거로 전생서 주부典牲署主簿에 임명된 이래 여러 차례 관직을 받았으나 모두 사퇴하고, 학문연구와 후진양성에 전념하여 이황과 더불어 당대 유학자의 사표가 되었다. 그는 인성人性과 천명天命을 닦은 후에 실행할 것을 주창하고, 공경하는 마음을 신조로 하여 돌이켜 체험을 하고 실행하는 것을 학문의 목표로 삼았다. 그의 문하에서 김효원金孝元·김우옹金宇顒 등 저명한 학자가 배출되었다.

김성일 金誠一 1538(중종 33)~93(선조 26) 조선중기 문신이며 학자. 자는 사순士純, 호는 학봉鶴峰, 본관은 의성, 안동 출신. 1556년(명종 11) 도산陶山의 이황을 찾아가 수학했으며, 68년 문과

에 급제하면서 관직에 나아갔다. 90년 통신부사通信副使로 일본에 파견되었는데, 「왜가 반드시 침입할 것」이라는 황윤길黃允吉과는 달리 왜가 군사를 일으킬 기미는 보이지 않는다는 견해를 밝혔다. 92년 경상우도 병마절도사로 있을 때 임진왜란이 일어나자, 그 책임을 물어 파직되었으나 유성룡의 변호로 다시 경상우도 초유사가 되었다. 그는 관군과 의병을 조화시켜 전투력을 강화하는 데 노력했다. 당시 의병장 곽재우郭再祐를 돕는 한편, 진주목사 김시민金時敏으로 하여금 의병들과 협력하여 진주성을 보전하게 했다. 정치적으로 동인에 가담했고, 동인이 남인·북인으로 갈릴 때는 유성룡·김우옹 등과 남인을 이루었다. 학문적으로는 성리학에 조예가 깊어 이황의 주리론主理論을 계승하여 영남학파의 중추적 구실을 했다.

기호학파 畿湖學派 조선시대 이이의 학설을 따르는 성리학자들의 총칭. 경기도를 비롯해 황해도·충청도 지방의 학자들이 그 중심이 되었기 때문에, 이황의 학설을 따르는 영남학파와 구별해 일컬은 것이다. 기호학파의 학자들은 이이뿐 아니라 성혼·송익필宋翼弼에게서 두루 배웠으며, 이이의 문인 김장생金長生으로부터 송시열宋時烈·권상하權尙夏·한원진韓元震 등이 학파의 중심을 이루었다. 그밖에 성혼의 제자였던 조헌趙憲을 들 수 있는데, 임진왜란·병자호란 때 의병을 일으킨 것으로 유명하다. 이들은 조선중기 이후 이루어진 서인으로서의 정치적 입장을 가지면서, 학문과 정치에서 동인과 대립하게 된다.

이이 李珥 1536(중종 31)~84(선조 17) 조선중기의 문신이며 학자. 자는 숙헌叔獻, 호는 율곡栗谷·석담石潭·우재愚齋, 본관은 덕수, 강릉 출생. 어려서부터 어머니인 신사임당으로부터 어머니

△이이가 태어난 몽룡실.

에게 학문을 배웠으며, 19살 때 성혼과 교분을 맺었다. 금강산에 들어가 불교를 공부하고 이듬해 20살 때 하산하여 유학에 전념했다. 23살 때 예안의 도산으로 이황을 방문했다. 9차례의 과거에서 모두 장원했으며, 29살 때 처음 관직에 올랐다. 83년 「시무육조時務六條」를 올리면서 10만 양병을 주청했다. 이이가 관직에 오른 이듬해(1565년)는 문정대비(명종의 어머니)가 죽고 이와 함께 정권을 독점했던 윤원형이 실각하여, 사림이 다시 정계에 복귀하기 시작했던 시기였다. 이때부터 임진왜란이 있기 전까지 약 30여 년간은 국정을 바로잡고 국력을 회복할 수 있는 기회였으며, 이를 위한 개혁이 절실히 요구되었다. 이러한 상황에서 이이에게 성리학은 단순히 사변적인 철학이 아니었고, 현실의 문제와 식결되어 있는 것이었다. 따라서 그의 성리학에서는 시세時勢를 알아서 옳게 처리해야 한다는 것이 깅조되었으며, 시대의 변천에 따라 법을 고치는 것이 당연하다고 했다. 여기서 이理와 기氣를 분리할 수 없다는 그의 성리학이론이 나온 것이다. 실제로 그는 〈만언봉사萬言封事〉를 비롯한 수많은 상소문을 통해 정치·경제·문교·국방 등에 가장 절실하고 구체적인 방안을 제시했다. 저서로 〈성학집요〉〈격몽요결擊蒙要訣〉〈기자실기箕子實記〉 등이 있다.

성학집요 聖學輯要 1575년(선조 8) 이이가 제왕帝王의 학學을 위해 선조에게 만들어 바친 책. 서문에 의하면 4서와 6경에 있는 도道의 개략을 뽑아서 간략하게 정리한 것이라고 하며, 〈대학〉을 기본지침으로 삼고 있다.

성혼 成渾 1535(중종 30)~98(선조 31) 조선중기의 문신이며 학자. 자는 호원浩原, 호는 우계牛溪, 본관은 창녕, 파평 출신. 17살 때 감시監試·초시初試에 합격했으나 병으로 복시를 못 치르게 되자 과거를 포기하고, 관직에 오르기까지 파평 우계에서 많은 제자를 길렀다. 백인걸白仁傑의 제자로 이미 덕망과 학문이 뛰어나, 선조초 경기감사의 추천으로 관직을 받았으나 모두 사퇴했다. 이이의 추천으로 다시 관직에 나아가 이조참판이 되었다. 1592년 임진왜란이 일어나자 광해세자를 따라 피난했고, 서울로 돌아와 일본과 화의가 제기되자 영의정 유성룡과 함께 이에 찬성했다. 그러나 선조가 화의에 대해 못마땅해하므로 고향으로 내려갔다. 이이와 함께 성리학의 대가로 알려져 있다.

김장생 金長生 1548(명종 3)~1631(인조 9) 조선중기 학자이며 문신. 자는 희원希元, 호는 사계沙溪, 본관은 광산, 서울 출신. 1560년 송익필에게서 4서를 배웠고, 20살 무렵에 이이의 문하에 들어갔다. 78년(선조 11) 학행學行으로 천거뇌어 관직에 나아갔으나 병으로 사양한 적이 많았고, 1613년 계축옥사 때 동생이 관련되어 어려움을 겪은 후 관직을 버리고 연산에 은둔하여 학문에만 전념했다. 인조반정으로 서인이 집권하자 75살의 나이로 조정에 나가, 원자元子의 강학과 함께 왕의 시강과 경연에 참여했다. 1672년 정묘호란 때 의병을 모아 공주로 온 세자를 호위했으며, 화의가 이루어지자 관직을 사양하고 줄곧 향리에 머물면서 학문과 교육에 힘썼다. 늦은 나이에 과거를 거치지 않고 관직을 시작했기 때문에 요직이 많지는 않았지만, 인조반정 이후 서인의 영수격으로 영향력이 매우 컸다. 인조 즉위 뒤에도 향리에서 보낸 날이 더 많았으나, 같은 이이의 문인으로 줄곧 조정에서 활약한 이귀李貴와 함께 서인 중심의 정국을 만드는 데 결정적인 구실을 했다. 학문적으로는 송익필·이이·성혼 등의 영향을 함께 받았지만 예학禮學 분야는 송익필의 영향이 컸고, 예학을 깊이 연구하여 아들 집集에게 계승시켜 조선예학의 태두로 예학파의 한 주류를 형성했다.

가례 家禮 관冠·혼婚·상喪·제祭의 4례에 관한 예제禮制 또는 그에 대해 주자朱子가 쓴 책. 우리나라에 들어온 것은 고려말 주자학과 거의 같은 시기였고, 조선시대에 들어와서 그 실행이 강조되어, 처음에는 사대부 사이에 성행하다 차차 유교적 윤리관념이 일반화하면서 사회전반에 보편화되었다. 조선사회에 그 영향이 적지 않았는데, 첫째 정치적으로 예론禮論을 둘러싼 논쟁이 치열했고, 둘째 학문적으로 예학파가 등장했으며, 셋째 가족제도의 변화를 가져왔다.

가묘 家廟 조선시대 사대부들이 고조 이하의 조상의 위패를 모셔놓고 제사를 지내던 집안의 사당. 이는 유교의 가례家禮 중 제례를 수행하던 곳으로, 그 성립은 고려말 주자학 보급과 관련된다. 고려말 정몽주가 가묘의 설립을 주장한 이후 그 원칙이 마련되어갔고, 주자학

을 근본으로 건국된 조선시대에 들어와서 본격적으로 시행되었다. 특히 선조 이후에는 사대부 양반들에게 가묘의 설치가 일반화됐는데, 이는 이들 사이에 유교적 윤리관념이 일반화했음을 뜻한다.

국조오례의 國朝五禮儀 조선초기 신숙주申叔舟·정척鄭陟 등이 국가의 기본 예식인 5례의 예법과 절차를 그림을 곁들여 편찬한 책. 5례란 길례吉禮·가례嘉禮·빈례賓禮·군례軍禮·흉례凶禮를 말한다. 이 책의 편찬은 세종의 명으로 시작되었으나 1474년(성종 5)에 와서야 완성되었다. 〈경국대전〉과 함께 국가의 기본예전으로 이용되었기 때문에 조선시대 사회문화를 연구하는 데 중요한 자료이다.

삼강행실도 三綱行實圖 1434년(세종 16) 설순偰循 등이 왕명에 의해 군신·부자·부부의 3강에 모범이 될 만한 충신·효자·열녀의 행실을 모아 만든 책. 1428년 진주의 김화金禾가 아버지를 죽인 사건에 대해 엄벌하자는 주장이 일어나자, 세종은 엄벌에 앞서 효행의 풍

1

2

3

△삼강행실도. 1)우탁감간, 충신편 2)충개단지, 효자편 3)임씨단족, 열녀편

습을 알리는 책을 만들어 백성들에게 읽게 하는 게 좋겠다는 뜻에서 이 책의 간행을 지시했다. 내용은 효자 110명, 충신 112명, 열녀 94명 등 3부작으로 되었으며, 우리나라 사람으로는 효자 4명, 충신 6명, 열녀 6명이 실려 있다. 모든 사람이 알기 쉽도록 매편에 그림을 넣었는데, 이 밑그림은 안견安堅을 비롯해서 최경崔涇, 안귀생安貴生 등 당시 유명한 화원들이 참여했을 것으로 보인다. 〈삼강행실도〉는 이후 조선시대 판화의 주류를 이루는 삼강 이륜 계통의 판화에 큰 영향을 미쳤을 뿐 아니라 그 시초라는 점에서 판화사적 의의가 있다. 또 이 책이 일본에 수출되어 이를 복각한 판화가 만들어지게 되었다. 무엇보다도 인물화와 풍속화가 드문 조선 전기의 상황에서 판화로나마 그 면모를 살펴볼 수 있고, 또 조선시대 윤리 및 가치관을 이해하는 데도 많은 도움이 되고 있다.

가례집람 家禮輯覽 조선중기 학자인 김장생이 주자의 〈가례〉를 증보, 해석한 책. 〈가례〉의 내용이 현실과 맞지 않는 경우가 있고, 또 그 예절의 내력과 후대의 해석에 일관성이 필요하다고 생각하여 이 책을 만들었다. 이 책은 〈가례〉의 본문을 중심으로 하고, 참고하는 데 편하게 도설圖說을 붙이고 있는 게 특징이다. 이후 가례의 연구에서 참고해야 하는 기본 예서의 하나로 되었다. 특히 예경禮經의 정신과 가례의 원칙, 시속時俗의 변례變禮를 살펴보는 데나 가례의 실시에서 시비를 판단하는 데 권위있는 준칙으로 사용되었다. 이는 김장생이 조선후기 학계에 끼치고 있는 영향력과 예학에 관한 권위가 그만큼 컸기 때문이다.

보학 譜學 족보를 연구하는 학문. 일반적으로 우리나라 주요 씨족들과 그 주요 계파들의 내력이나 주요 인물들에 대한 해박한 지식을 뜻한다. 특히 족보가 크게 발달했던 조선시대에는 가문의 배경이 사회생활에서 절대적 비중을 차지했고 또 양반의 자격을 결정하는 기준이었기 때문에, 당시의 교양인이라면 누구나 각 씨족보에 관해 해박한 지식을 가지고 있어야만 했다. 따라서 조선시대에는 보학이 매우 활발하여 만성보萬姓譜·대동보大同譜·잠영보簪纓譜·동국세보東國世譜 등과 같은 이름의 갖가지 종합보나, 팔세보八世譜·십세보十世譜·팔고조도八高祖圖 같은 가계보가 일찍부터 발달했다. 이러한 종합보는 일본이나 중국에서는 발달하지 않은 우리 고유의 것이다. 20세기초 구희서具羲書(1861~1930)가 편찬한 것으로 추측되는 〈백씨통보百氏通譜〉(46권)는 그 내용이나 분량이 한국 종합보의 최고이며, 1931년에 간행된 〈만성대동보萬姓大同譜〉는 이러한 전통을 이어받은 현대판 종합보이다.

선원계보기략 璿源系譜紀略 조선왕실 족보의 하나. 선원보략·선원록으로 약칭하기도 한다. 1681년(숙종 7)에 처음 간행되어, 1931년까지 각 왕대에서 변경사항이나 새로운 기재사항이 생기면 부정기적으로 중교重校, 보간補刊하여 왕실과 조정의 신하들에게 반포했다. 처음 만들어졌던 체제는 1)범례 : 편찬 방법 및 전편의 변경사항, 2)선원선계璿源先系 : 시조 이한李翰에서 목조穆祖까지 약술, 3) 열성계서도列聖繼序圖 : 목조에서 편찬 당시의 왕·세자·세손까지의 계승도, 4)선원세계璿源世系 : 3)의 범위의 내외·소생에 대한 약술, 5)선원계보기략 : 중종 이후 각 파를 형성하는 자손록 등으로 이루어져 있으며, 1795년에 중간된 판본은 여기에 몇 가지를 첨가한 새로운 체제의 것으로 1931년까지 지속되었다.

도첩제 度牒制 승려가 출가할 때 국가

가 그·신분을 인정해주던 제도. 중국 남북조시대에 시작되어 당나라에서 제도화되었으며, 우리나라에서는 고려말부터 제도화되어 조선초기에 강화되었다. 이 제도는 군역軍役을 면제받는 승려의 수를 억제하려는 군사·경제적인 의도도 있지만, 억불숭유抑佛崇儒 정책을 내세운 조선정부가 불교교세의 인적 기반을 제약하여 불교를 억압하고 국가통치에 예속시키려는 것이 보다 중요한 목적이었다. 태조 때부터 강화되어 승려가 되려면 양반의 자제는 포布 100필, 서인은 150필, 천인은 200필의 정전丁錢을 내도록 했다. 그러나 이 제도는 제대로 시행되지 못하여 시행과 폐지를 거듭했고, 실시되더라도 관리들과 결탁하면 쉽게 도첩을 얻어낼 수 있었으며 국가도 국가토목사업에 동원된 부역승赴役僧에게 도첩 또는 승인호패僧人號牌를 지급하기도 했다.

간경도감 조선초기 세조 때 불경의 국역과 간행을 맡아보던 관립기관. 1461년(세조 7)에 설치하여 71년(성종 2)에 폐지되었다. 이 기관은 불경의 간행을 국가사업으로 수행함으로써 세조의 숭불정책을 잘 드러내주고 있다. 여기서 간행된 불경들은 훈민정음 창제 직후에 번역된 것으로 국어학에 귀중한 자료를 제공해주며, 또 오늘날까지도 국역불전이 널리 보급되어 교리를 쉽게 이해할 수 있게 해주고 있다.

소격서 昭格署 조선시대 도교의 재초齋醮를 거행하기 위해 설치한 기관. 고려 때는 소격전으로 불렸는데, 특히 태종이 재초에 관심이 깊어 비교적 활발하게 운영되었다. 1466년(세조 12) 소격서로 고쳐지면서 기구도 축소되었다. 그러다가 사림파가 등장하는 연산군과 중종대에는 이 기구의 혁파를 둘러싸고 왕실과 유신儒臣들의 대립이 일어났다. 조종 이래로 지켜 내려온 제도를 쉽게

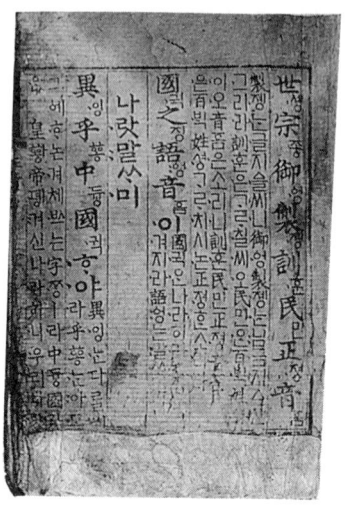

△훈민정음. 한자와 이두를 사용하다가 세종 때에 이르러 우리글을 창제했다.

없앨 수 없다는 왕의 주장에 대해, 조광조 등 신진사류는 소격서는 이단이고 또 하늘에 대한 제사는 천자만이 할 수 있는데 제후인 조선왕이 하는 것은 예에 어긋나므로 없애야 한다고 강경하게 주장했다. 결국 1518년 소격서 혁파에 중종이 동의했으나, 이듬해 기묘사화로 이들이 밀려나자 부활되었다. 그렇지만 유교로 사상을 통제하던 조선에서 도교는 그 명맥을 유지하기 힘들었고, 임진왜란 뒤인 선조 때 아주 폐지되고 말았다.

훈민정음 訓民正音 1443년(세종 25) 창제, 반포된 우리나라 글자 또는 당시 한글의 이름. 우리나라는 삼국시대부터 이두와 구결口訣을 사용해 왔는데, 구결은 본래 한문의 구두口讀를 떼는 데 쓰이는 보조적인 편법이었고, 이두는 우리말을 자유롭게 표시하기 어려울 뿐 아니라 그 표기법이 일원성이 없고 한자교육이 선행되어야 했다. 따라서 배

우기 쉽고 쓰기 쉬운 글자의 필요성이 절실했고, 이에 훈민정음이 만들어졌다. 훈민정음은 우리말은 무엇이나 표기할 수 있으며, 글자 발달사상 가장 높은 수준인 소리글자라는 점에서 높이 평가되고 있다. 훈민정음의 기원에 대해서는 학설이 여러가지였는데, 1940년 〈훈민정음해례訓民正音解例〉가 발견되어 「발음기관 상형설象形說」을 확증했다. 자음 17자, 모음 11자로 이루어졌으며, 반드시 자음과 모음이 어울려 쓰도록 되어 있다. 또 음절문자로 하되 그 모양이 네모꼴이 되도록 했는데, 이는 한자의 영향 때문이다. 이후 세월이 흐르면서 「ㆁㆆㅿㆍ」4자가 소멸되어 현재는 24자가 남았다. 훈민정음을 만들 당시에는 글자의 이름이 없었으나 중종 때 최세진崔世珍의 〈훈몽자회訓蒙字會〉에서 각 글자에 이름이 붙여져 지금까지 불리고 있다.

훈몽자회 訓蒙字會 1527년(중종 22) 최세진崔世珍이 지은 한자 학습서. 종래 보급되던 〈천자문〉〈유합類合〉 등은 일상생활과 거리가 먼 고사와 추상적인 것이 많아 아이들의 학습서로는 부적당하므로, 이를 보완하기 위해 만든 것이다. 한자 3,360자를 4자 유취類聚로 각 제목을 달고 한글로 음과 뜻을 달았다. 모두 33종목으로 나누고 생활 주변에서 흔히 볼 수 있는 사물에 관한 글자로 되어 있어, 한글 보급에 공이 클 뿐 아니라 고어 연구에 귀중한 자료가 된다.

최세진 崔世珍 1473(성종 4)~1542(중종 37) 조선중기 학자. 자는 공서公瑞, 괴산 출신. 1503년(연산군 9) 별시別試에 급제했고, 중국어에 능통해 외교문서를 전담했다. 또 중국어와 이두에 정통해 〈효경孝經〉〈여훈女訓〉〈노걸대老乞大〉〈박통사朴通事〉 등을 한글로 번역했고, 〈훈몽자회〉를 지어 국어학 발전에 크게 이바지했다. 그러나 비천한 가정 출신으로 생전에는 환영받지 못한 채 평생을 살았다고 한다.

고려국사 1395년(태조 4)에 편찬된 고려시대 역사책. 1392년 왕명으로 조준·정도전·정총鄭摠·박의중·윤소종 등이 시작하여 95년에 완성한 총37권의 편년체 역사책이다. 〈고려사〉의 모체로서, 조선초기 성리학적 사대부들의 사상경향을 잘 드러내 주는 것이다. 현재 전하지 않고, 다만 〈태조실록〉에 실린 정도전의 〈진고려국사전進高麗國史箋〉과, 〈동문선〉에 실린 정총의 〈고려국사서高麗國史序〉를 통해 그 편찬체제와 편찬원칙 등을 알 수 있다. 그러나 너무 짧은 기간에 편찬되고 찬자인 개국공신들의 주관이 개입되었으며, 조선건국과정에 대한 기록이 부실하다는 문제점이 제기되어, 이후 다섯 치례나 개찬되었다.

동국사략 東國史略 1403년(태종 3) 권근權近·하륜河崙·이첨李詹 등이 편찬한 역사책. 〈삼국사략三國史略〉이라고도 한다. 권근이 주로 관장해 서문·전문箋文을 비롯한 50여 편의 사론史論 대부분을 직접 썼다. 서술방법은 강목법으로, 사건의 큰 줄거리를 먼저 쓰고 다음에 그 자세한 항목을 작은 글씨로 쓰고 있다. 중심내용은 고려시대에 편찬된 〈삼국사기〉를 줄인 것이지만, 시대상황의 변화에 따라 다음과 같은 조선초기 역사인식의 변화를 잘 나타내고 있다. 첫째, 고대사를 단군조선·기자조선·위만조선·한사군·삼한·삼국의 순서로 그 체계를 수립했다. 이는 몽고의 침입과 정치간섭을 당하는 동안 진전된 민족의식을 바탕으로 쓰인 〈삼국유사〉〈제왕운기〉의 영향을 받았고, 또 조선이란 국호를 정하는 과정에서 3조선(단군·기자·위만)에 대한 인식이 깊어지고 널리 보편화했기 때문에 가능했다. 둘째, 3국의 역사를 나라별로 쓰지 않고 하나의 편년으로 혼합하되, 신라 중심으로 쓰고 있다. 이미 통일국가인 고려를 거쳐 건국된 조선초기에는 3국이 모두 하나라는 인식이 이루어져 있었으나, 유학이 기본학문인 조선에서는 고구려·백제보다 신라의 유학이 절대적인 영향을 주고 있어 신라 연대를 기준으로 신라 중심의 사건서술을 했던 것으로 보인다. 셋째, 성리학적 명분론에 따라 엄격한 역사비평과 함께 용어도 고쳐 쓰고 있다. 신라의 거서간·차차웅·이사금·마립간 등을 「왕」으로 고쳤고, 여자는 왕이 되어서는 안된다는 사상에서 여왕을 「여주女主」로 낮추어 썼다. 또 태후를 대비로, 태자를 세자로 고쳤는데, 이는 우리나라 왕에 대한 칭호를 제후의 명분에 맞게 하고자 한 것이다.

고려사 高麗史　1451년(문종 1)에 편찬된 고려시대 역사책. 총 139책. 고려시대의 역사·문화 등을 기전체 형식으로 정리한 것으로 고려시대 연구의 기본자료이다. 조선건국 직후인 1392년 10월, 태조의 명에 따라 이미 고려왕조사의

△고려사. 고려시대 연구에 있어 없어서는 안될 기본자료이다.

편찬이 시작되었지만 그 사이 여러 차례 개수과정을 거쳐 거의 60년 만에야 완성되었다. 그것은 무엇보다도 조선의 건국과 이에 가담한 주역들의 행동을 정당화하는 작업 때문이었다. 맨처음 태조의 명대로 정도전·조준·정총鄭摠 등이 〈고려실록〉을 비롯한 고려시대의 문헌들을 자료로 편찬을 시작, 94년에 편년체의 〈고려국사〉 37권을 완성했다. 이 책은 현재 정도전의 전箋과 정총이 쓴 서문만 전할 뿐인데, 정도전이 자신의 부친의 기사를 고쳤다는 등 비판이 있었고, 태종이 즉위 후 태조의 기록이 부실하다는 문제를 제기, 개수하도록 했다. 편찬자 정도전이 태종의 정적이기도 했지만, 조선 건국과정에서 태조보다 정도전을 비롯한 사대부의 활동을 두드러지게 표현했기 때문일 것으로 생각한다. 그리하여 1414년(태종 14) 하륜·변계량 등이 개수작업을 시작했으나 16년에 하륜이 죽음으로써 완성되지 못했다. 19년(세종 1), 세종이 〈고려국사〉의 공민왕 이후 기사가 사신史臣의 사초史草대로 되지 않았음을 지적하면서 다시 개수를 명해 유관柳觀·변계량 등이 21년에 완성했다. 이 역시 불충분하여 23년 유관·윤회尹淮 등으로 개수케 해 24년에 완성했다. 〈고려국사〉에서는 고려왕실의 용어가 중국과 같을 경우 명분론에 입각해 모두 낮춰 기술했는데, 이때 다시 원래대로 모두 고치고 이를 〈수교讐校 고려사〉라고 했다. 38년 신개申槩·권제權踶 등에게 다시 개수하도록 해 42년에 〈고려사 전문〉을 완성, 48년(세종 30)에 인쇄했으나 권제가 자신의 선조를 잘못 기록한 것 등이 발견돼 두 사람은 처벌받고 반포는 중지됐다. 그러나 〈고려사 전문〉 개수 때부터 제기되었던 편년체 서술의 문제점에 대한 논의가 활발히 일어나, 49년 개수 때는 김종서·정인지가 세자(뒤의

문종)를 움직여 기전체로 결정되었다. 기전체에 대한 이러한 요구는 당시 조선의 제도문물이 정비됨에 따라 전 왕조의 제반문물에 대한 인식이 필요했고, 또 사대부의 전통을 인식하기 위해서는 왕의 「세가世家」 못지않게 신하들의 전기인 「열전列傳」이 필요했기 때문이었던 것 같다. 이렇게 해서 완성된 〈고려사〉는 조선왕조를 세우고 그 기반을 다져놓은 사대부 계층의 고려왕조 사관을 제시한 것으로, 이는 조선건국의 필연성과 사대부들의 승리를 정당화하려는 노력의 표현이었다.

고려사절요 高麗史節要 1452년(문종 2)에 편찬된 고려시대 역사책. 총 35권의 편년체 역사책. 1451년 완성된 〈고려사〉를 문종에게 바치는 자리에서 김종서金宗瑞가 〈고려사〉는 열람하기 불편하니 편년체이 역사책을 새로 편찬할 것을 건의하여 승낙을 받아 편찬한 것이다. 「절요」라고는 하지만 〈고려사〉를 줄인 것이 아니라 〈고려사〉와 서로 보완관계에 있다. 편찬자 18명은 모두 〈고려사〉 편찬자들이고 편찬시기도 다섯 달의 차이밖에 없으므로 그 역사관은 〈고려사〉와 거의 일치한다. 그러나 〈고려사절요〉는 후대의 왕들이 정치에 참조하게 하려는 목적으로 만들어졌기 때문에 교훈적 성격이 강하게 반영되었다. 한편 〈고려사〉는 수사의 주체가 군주이기 때문에 군주 중심의 경향이 강한 반면, 〈고려사절요〉는 그 주체가 신하이기 때문에 신하 중심의 역사책이라는 의견도 있다.

동국통감 東國通鑑 1485년(성종 16)에 완성된 신라초부터 고려말까지의 역사책. 58년(세조 4)에 왕명으로 시작되어 76년(성종 7) 고대사 부분을 〈삼국사절요〉로 간행했으며, 84년 〈동국통감〉이 일단 완성되었으나 찬자들의 사론史論을 붙여 이듬해에 간행했다. 현재 전하는 〈동국통감〉은 84년의 것이 아니라 85년에 개찬한 것이다. 원래 세조의 편찬의도는 〈삼국사기〉나 〈동국사략〉(권근權近 편찬) 등 당시까지의 고대사 서술은 탈락된 것이 많기 때문에 이를 보완하려는 것이었다. 그러나 〈동국통감〉의 고대사 부분을 손질해 간행한 〈삼국사절요〉는 세조가 이용하려던 고기류古記類를 참고하지 않고, 〈삼국사기〉에서 빠진 설화와 전설을 〈삼국유사〉 〈수이전〉 〈동국이상국집〉 등에서 채록하고 〈동국사략〉의 사론을 실었다. 그래도 이 책은 처음으로 3국이 대등하다는 입장을 나타내어 〈동국사략〉의 신라 중심 서술을 수정했고, 찬자 자신들의 사론을 싣지 않음으로써 이전의 역사책보다 고대문화 비판을 완화하고 있다. 84년에 서거정의 주도 아래 완성된 〈동국통감〉은 찬자들이 모두 훈신의 성향이고 찬자들의 사론을 넣지 않은 것으로 보아, 엄격한 유교적 명분론을 바탕으로 한 역사책은 아니었던 것 같다. 그러나 1485년에 개찬된 〈동국통감〉은 성종 자신이 적극 개입하고 신진사림이 참여하여 그들의 역사의식이 크게 반영된 것이었다. 382편의 사론 중 204편이 찬자들이 직접 쓴 것으로, 엄격한 유교적 명분론에 입각해 한결 경직된 칭찬과 비판이 이루어지고 있다. 이는 직접적으로는 세조와 그를 도왔던 훈신들을 공격하는 의미를 가지며, 간접적으로는 조선초기에 추진되었던 부국강병책을 비판하는 의미도 가져, 그때까지 훈신들을 비판해온 재야사림의 입장을 강화하고, 훈신의 압력에서 벗어나 성종의 왕권을 강화하고자 했다. 그럼에도 불구하고 형식상으로는 훈신과 사림, 그리고 성종의 공동 편찬이 되어 당시까지의 대립적인 요소가 하나로 모아졌으며, 이러한 점에서 조선초기 역사서술에서 완성된 의미를 갖는다.

△기자지

동사찬요 東史纂要 1606년(선조 39) 오운吳澐이 지은 역사책. 8권 8책. 기전체 형식에 가까운데, 1권의 군왕기君王紀와 7권의 열전列傳으로 되어 있고 지志가 빠져 있다. 기자조선을 높여서 기자로부터 우리나라 풍교風敎가 시작되었다고 보며, 〈동국사략〉을 따라 신라 중심으로 서술했다. 사대와 교린 기사에 충실했고, 명장과 충신·열사·절의를 지킨 인물들을 많이 실었다. 따라서 열전에 길재吉再·이양중李養中·서견徐甄·김주金湊 등 고려말 4군자君子는 들어갔으나, 조선건국에 공이 많은 정도전·조준·윤소종尹紹宗·남은南誾 등은 빠졌다. 〈동국통감〉에 실린 사론 대부분을 싣는 한편, 이황·주세붕·남효온南孝溫·김종직·이현보李賢輔·조식曺植 등의 의견을 사론에 반영한 것은 새로운 시도였다. 14년 한백겸韓百謙의 충고에 따라 지리지를 첨가했다.

기자지 箕子志 1580년(선조 13) 윤두수尹斗壽가 기자에 관한 기록을 모아 편찬한 책. 1577년 윤두수가 명나라에 사은사로 갔을 때, 명나라 사람들이 기자에 대해 많은 질문을 했으나 충분히 답하지 못하고 돌아온 것이 계기가 되어 편찬했다. 중국과 우리나라의 경서·사서·시가·비문 등에서 기자에 관한 사실史實과 논평들을 광범하게 모아놓은 자료집이며, 치조선도治朝鮮圖·정전도井田圖 등 10개의 그림도 실려 있다. 이 책은 16세기 사림이 대거 중앙에 진출하고 성리학이 심화되는, 당시 사상 및 정치계의 변화와 밀접한 관계를 갖는다. 여기서는 기자가 단순히 후조선의 시조요, 중화문화의 전수자였다는 점이 강조되기보다는, 기자가 도학정치의 핵심인 왕도와 명분·절의의 실제적인 구현자로서 숭앙되고 있다.

기자실기 箕子實記 1580년(선조 13) 이이李珥가 편찬한 기자에 관한 책. 윤두수의 〈기자지〉는 잡다한 자료를 일정한 체계없이 늘어놓아, 기자에 대한 통기統記를 알 수 없다 하여 이를 정리한 책이다.

기전체 紀傳體 역사편찬의 한 체재. 보통 군주의 정치와 관련된 기사인 「본기本紀」와 신하들의 개인전기인 「열전列傳」이 실리므로 이를 따서 「기전체」라 한다. 그밖에 통치제도·문물·경제·자연현상 등을 내용별로 나누어 쓴 「지志」와 「연표」가 갖추어진다. 중국 전한의 사마천司馬遷의 〈사기〉에서 시작되었고, 후한의 반고班固가 편찬한 〈한서〉에서 그 틀이 갖추어져, 이후 중국 역대 왕조의 정사正史로서 편찬된 25사가 모두 이 체재로 편찬되었다. 우리나라에서는 고려초기에 〈삼국사〉가 기전체로 편찬되었으나 전하지 않아서, 〈삼국사기〉가 현전하는 최초의 기전체 역사서이다. 이 체재는 역사를 군주와 그를 보필하는 신하, 그리고 통치제도 등 삼원적으로 파악하는 역사기술이었다. 하나의 자료가 내용에 따라 나뉘어 있기 때문에 역사를 총체적으로 이해하기에는 불편하지만, 연대가 없는 자료까지도 모두 실을 수 있는 것이 장점이다.

편년체 編年體 역사편찬의 한 체재. 사건들을 연월일별로 순서대로 서술하는 방법이다. 사건들을 순차적으로 보기에는 편리하나, 총괄적으로 파악하기는 어려운 것이 단점이다. 조선시대에 편찬된 〈고려사절요〉가 대표적인 예다.

기사본말체 紀事本末體 역사편찬의 한 체재. 사건을 제목으로 하고 그에 관련된 모든 기사를 모아 사건의 시말始末을 기술하는 방법이다. 중국 남송의 원추袁樞가 〈자치통감〉을 기본자료로 하여 〈통감기사본말通鑑紀事本末〉이란 책을 편찬하면서 시작되어, 이후 명·청 시대에 이 체재로 많은 역사서가 편찬되었다. 이러한 방법은 기전체와 편년체의 단점을 보완한 것으로, 동양에서는 가장 발전된 역사편찬체재이다. 또 이 체재는 정치사건을 기술하는 데 가장 효과적인 방법이며, 역사에서 사건의 전말을 알고자 하는 새로운 역사의식의 산물이라고 할 수 있다. 우리나라에서는 이긍익李肯翊의 〈연려실기술〉이 기사본말체로 편찬되었다.

실록 實錄 왕 한 사람씩의 재위기간의 일을 편년에 의해 기록한 역사. 매일매일의 왕에 대한 보고사항과 왕의 명령사항, 각 관청에서 취급한 일들을 빠짐없이 기록한 것으로, 기록의 자세함이 세계 역사상 그 유례를 찾기 힘든 역사기록. 우리나라는 고려 때부터 시작되었다. 975년(고려 광종 26) 역사편찬기관인 사관史館이 생기면서 이때부터 시정時正의 기록과 실록을 편찬한 듯하다. 1034년(고려 덕종 3)에 태조에서 목종까지 7명의 왕에 대한 실록이 완성되었고, 이후 대대로 실록이 편찬되었다. 고려의 실록들은 〈고려사〉 〈고려사절요〉가 편찬될 때 사용되었는데, 그뒤 어떻게 되었는지 행적을 알 수 없고 오늘날 전하지 않는다. 조선도 고려의 예에 따라 왕이 즉위하면 앞선 왕의 실록을 편찬했다. 사초史草라 하는 사관史官들의 기록을 기본자료로 하고 여러 관청의 기록을 참고로 하여 실록을 편찬했으며, 3벌을 인쇄해 춘추관과 지방의 외사고外史庫에 보관했다. 보관된 실록은 왕이라도 볼 수 없고 꼭 보아야 할 경우엔 관리를 보내 필요 부분만 베껴오게 함으로써 사관의 직필直筆을 보장했다. 조선시대 실록이 처음 편찬된 것은 태종 때(1410년)였는데, 이는 태조가 왕위에서 물러나 생존해 있었기 때문에 공정한 기록을 위해 늦게야 편찬한 것이다. 폐위된 왕들의 실록은 「일기」라 불렸고, 〈선조실록〉부터는 당쟁과 예론의 영향으로 실록의 수정, 개수가 이루어져 부록이 만들어지기도 했다. 조선의 마지막 실록은 고종 때 편찬된 〈철종실록〉이며, 고종·순종의 실록은 일본인이 주축이 되어 1935년에 완성되었는데, 명목만 실록이지 사진제판으로 인쇄된 것이어서 따로 구분하고 있다.

사고 史庫 고려와 조선시대 역대의 실록을 보관하던 창고. 조선은 고려의 사고를 그대로 이어 한양의 춘추관春秋館 내사고內史庫와 충주의 외사고를 존속시켰다가, 1439년(세종 21) 외사고를 전주·성주에 더 지어 4사고를 운영했다. 임진왜란 때 춘추관과 충주·성주의 사고가 불타고 전주사고본만 유생儒生 안의安義·손홍록孫弘祿 등에 의해 화를 면했다. 1606년 실록을 다시 인쇄하여 춘추관과 새로 선정된 강화·묘향산·태백산·오대산의 5사고에 보관했으나, 춘추관 사고는 24년(인조 2) 이괄의 난과 36년 병자호란을 거치면서 흩어져 없어졌다. 이에 남은 4사고는 깊은 산속으로 옮기고 절에 그 수호를 맡겼다. 강화의 정족산 사고는 전등사가, 묘향산 사고를 옮긴 적상산 사고는 안국사가, 태백산 사고는 각화사가, 오대산 사고는 월정사가 그 책임을 맡았으며 이들 절에는 위전位田을 주었다. 일제가 우리나라를 강점한 뒤에는 실록을 모두 본래의 사고에서 옮겼는데, 적상산 사고본은 한국전쟁 때 분실되었고 오대산 사고본은 일본으로 가져갔다가 1923년 관동대지진 때 불타 없어졌다.

조선방역지도 朝鮮方域之圖 조선전기에 만들어진 우리나라 전도. 채색 필사본. 1557년 또는 58년에 이이李珥를 비롯한 제용감濟用監(궁중에서 진상품을 관할하는 기관)의 관리들을 중심으로 만들어진 것으로 추정된다. 8도의 주현州縣과 수영 및 병영이 표시되어 있으며, 〈혼일강리역대국도지도混一彊理歷代國都之圖〉에 나타나는 이회李薈의 〈팔도지도〉보다 북동부지방이 많이 수정되어 있다. 〈팔도지도〉에는 압록강과 두만강이 거의 일직선으로 되어 있는데, 이 지도에는 두만강이 하류에서 남류하고 있음이 뚜렷하게 나타나 있다. 또 만주와 쓰시마(對馬島)를 우리 영토로 명기하고 있는 것으로 보아, 조선초기의 영토의식을 엿볼 수 있다. 임진왜란 때 일본에 유출되어 쓰시마의 소가(宗家)에 소장되어 있던 것을 1930년대에 입수했고, 1989년에는 국보 제248호로 지정했다.

팔도지리지 八道地理志 1432년(세종 14) 윤회尹淮·맹사성孟思誠 등이 편찬한 전국에 대한 종합 지리서. 지리서의 선구적인 저술이다. 중앙정부가 조세·공물을 수탈하는 데 참고하기 위해 만들었다. 정부는 책의 편찬을 위해 전국 각도에 지시하여 해당자료를 수집했는데, 그 가운데서 경상도의 것만이 오늘날 〈경상도지리지〉라는 이름으로 전하고 있다. 〈팔도지리지〉는 출판되지 않은 듯하고 또 현재 전하지도 않는다. 그 뒤에 편찬된 〈세종실록지리지〉는 이것을 손질해 만든 것이다.

신증동국여지승람 新增東國輿地勝覽 1530년(중종 25)에 〈동국여지승람〉을 증수한 조선전기의 대표적 관찬 지리서. 원래 〈동국여지승람〉은 1481년(성종 12) 〈팔도지리지〉(1477년 편찬)에 〈동문선〉에 실린 우리나라 작가의 시문을 넣어 편찬한 책이었는데, 이것을 중종 때 이행李荇·윤은보尹殷輔·신공제申公濟·홍언필洪彦弼·이사균李思鈞 등이 증수했다. 이 책의 각 도 첫머리에는 도별 지도가 들어 있는데, 동서의 폭이 너무 넓고 남북의 길이가 너무 짧아 지도학적 가치는 별로 없다. 또 지도에 표시된 내용도 산과 하천이 중심이 되고 있어서, 순수한 자연현상을 표현한 것이 아니라 산천에 대한 제사와 관련된 것이다. 그러나 지도를 덧붙임으로써 지리지에 실린 내용의 공간적 파악과 정확한 인식을 도우려 한 것은 이전보다 발전한 형태이다. 이 책의 또 하나의 특징은 지리적인 면뿐 아니라 정치·경제·역사·행정·군사·사회·민속·예술·인물 등 지방사회의 모든 방면에 걸친 종합적 성격을 지닌 백과전서식 서적이라는 점이다. 그러나 세종 때 지리지의 장점인 토지의 면적·조세·인구 등 경제·군사·행정면이 약화되고, 인물·예속·시문 등이 강화되었다. 조선전기 지리지의 집성편으로 조선말기까지 큰 영향을 끼쳤다.

향약집성방 鄕藥集成方 1433년(세종 15) 우리나라 약재로써 병을 치료한 경험에 기초하여 편찬한 약물학책. 85권 30책. 1399년(태조 8)에 완성된 〈향약제생집성방鄕藥濟生集成方〉을 기본으로 하고 그밖에 많은 책들을 참고하여, 1431년 권채權採·유호통兪好通·노중례盧重禮·박윤덕朴允德 등과 궁중의 의사들이 편찬했다. 33년에 완성하여 전라·강원 2도에서 출판했고, 78년(성종 9) 작은 활자로 출판했으며, 88년(성종 19) 그 마지막 부분인 〈향약본초〉를 발췌하여 우리말로 번역, 출판했다. 1권부터 13권까지는 풍증·상한·열병·각기·허리증·구토·귀병·눈병 등 여러가지 병, 54~66권은 부인병, 67~75권은 어린이병의 일반 증세와 치료법, 76~85권은 우리나라 고유의 약재 종류와 조제방법을 소개하고 있다. 959종의 질병에 대한 10,706종의 처방과 1,476종의 침을 놓거나 뜸뜨는 법, 그리고 국내산 약초와 그 조제법에 대해 당시의 의학, 특히 약물학의 성과를 종합하여 전면적으로 개괄한 책으로 15세기 우리의 의학발전의 높은 수준을 보여준다. 다른 전근대의 의학책과 마찬가지로 미신적이고 비과학적인 내용도 있지만, 우리나라 약재로써 민간에서 쉽게 만들어 쓸 수 있게 했다는 점에서 높이 평가되고 있다.

의방유취 醫方類聚 1445년(세종 27) 왕명에 의해 편친힌 한방의학의 백과사전인 의전醫典. 266권 264책. 한·당·송·원나라 및 명나라 초기의 중요 고전방서늘을 153부나 망라하여 정리한 것이다. 모든 질병을 91대강문으로 나누어, 각 병문에는 먼저 그 병론病論을 들고 약방들을 출전出典의 연대순에 따라 열거했으며, 그 방문도 각 방서들의 원문 그대로를 유에 따라 편입하면서 일일이 주해를 하고 있다. 병문 분류방법이 병증 중심과 신체부위 중심이 섞여 있어서 당시 의학 각 분과의 계통적 지식을 쉽게 파악하기는 어려우나, 각 분야의 지식이 거의 망라되어 있다는 점은 의미가 있다. 또 이 책은 외래지식을 자신의 의학으로 쉽게 수용, 동화할 수 있도록 그 선행작업으로서 이루어졌다는 데 그 의의가 있다. 너무 방대한 내용이어서 77년(성종 8)에서야 겨우 30질을 간행했고 그뒤 다시 간행하지도 못했기 때문에, 동양 최대의 의전이면서도 널리 실용되지 못했다. 1592년 임진왜란 때 일본이 약탈해가서 현재 일본에 유일하게 원간본이 남아 있다. 1876년(고종 13) 강화도조약 체결 때 중인본 2질을 수호예물로 받아 그중 1질만이 남아 있다.

치종비방 治腫秘方 1559년(명종 14) 외과의 명의 임언국任彦國이 엮은 의학책. 1권 1책. 농양을 종류별로 나누고 그 증상과 발생부위에 따라 구체적인 수술법과 약물처방을 제시하고 있다. 즉 이 책에는 옹창癰瘡의 수술법과 염탕鹽湯·난고卵膏·섬회蟾灰 등 새로운 치료법, 그리고 난치병인 등창(背瘡)에 대한 과학적 치료법이 실려 있어 우리나라 외과의학에 새로운 경지를 열었다. 무엇보다 피를 내는 수술이 금지되어 있던 당시에 수술법을 창안한 것은 의학기술상의 진보였고, 그 기술내용도 매우 우수한 것이었다. 유럽에서는 19세기초까지도 창상이 생기면 상처에 끓는 기름을 부어 감염을 막는 것이 보편적인 방법이었는데, 이 책은 16세기에 이미 현대의학에서 널리 쓰이는 식염수를 소독제로 쓰고 있다. 또 농양절개의 가장 이상적인 방법인 십자형 절개법을 쓰고 있으며, 농양을 국소질병으로 보지 않고 전신적인 질병의 고리로 보아 전신적인 치료법을 배합했다.

임언국 任彦國 ?~? 조선중기 의학자. 신분이 낮았기 때문에 출생과 사망에 대한 기록이 전혀 없고, 다만 명종 때(1546~67) 예빈시 주부라는 관직을 하고 왕으로부터 표창을 받은 기록이 있어, 이 시기에 활동한 의학자임을 짐작할 뿐이다. 그는 당시까지 침구의사들이 맡아하던 종양치료나 간단한 외과치료법과는 질적으로 구별되는, 본격적인 외과치료법을 개척, 발전시켰다. 그의 외과수술법은 〈치종비방〉에 전해지고 있으며, 그후 그의 제자들이 쓴 〈치종지남治腫指南〉(2권)에 더욱 자세히 기록되어 전해진다.

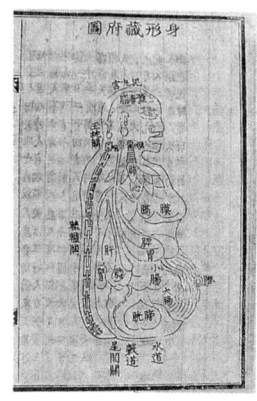

△동의보감. 신형 장부도 부분.

동의보감 東醫寶鑑　조선 광해군 때 허준이 지은 의학서적. 25권 25책. 1597년 (선조 30) 왕명으로 편집에 착수해 1613년(광해군 5) 간행했다. 우리나라 의약서 70여 종을 인용했으며, 중국의 중요한 의서를 망라하고 자신의 경험과 연구성과를 종합해 만들어냈다. 이전의 의학서와는 달리 현대의 임상분야와 비슷한 분류방식을 썼고, 일반 의관들이 찾아보기 편하도록 증상 중심으로 병을 배열했으며, 문헌고증도 잘 되어 있다. 전체의 구성은 머리말, 목록 2권, 내과 4권, 외과 4권, 잡병 11권, 탕액편湯液篇 3권, 침구편鍼灸篇 1권으로 되어 있다. 여러가지 병의 이름을 밝히고 그 원인·증상·치료법을 설명했으며, 각 편 끝에는 우리나라에서 나는 약재를 이용한 처방법도 기록했다. 〈탕액편〉에서는 약재를 캐는 법, 만드는 법, 쓰는 법을 소개하고 있다. 미신적 견해를 따르고 있는 부분도 있으나, 그때까지의 의학성과를 집대성한, 당시로서는 매우 수준높은 의학서로 우리나라는 물론 중국 및 일본에서도 출판되어 널리 활용되었다.

허준 許浚　1546(명종 1)~1615(광해군 7)　조선중기의 의학자. 자는 청원淸源, 호는 귀암龜岩, 본관은 양천. 선조 때 내의內醫(궁궐 안의 의사)가 되어 왕실의 진료에 많은 공을 세웠으며, 의학의 연구에도 힘을 쏟았다. 임진왜란 때 선조의 피난길을 호송해 끝까지 보살핀 공으로 당상관의 지위에 올랐으나, 중인에게 당상관의 지위를 주는 것은 부당하다는 대간臺諫의 반대로 취소되었다. 1613년 그때까지의 의학성과를 집대성하고 자신의 연구성과를 종합해, 25권이나 되는 방대한 의학서적인 〈동의보감〉을 간행했다. 그밖에도 〈언해태산집요諺解胎產集要〉 〈벽역신방辟疫神方〉 〈신찬벽온방新纂辟瘟方〉 등 중국의 의학서적을 번역하는 데도 많은 업적을 남겼다.

관상감 觀象監　조선시대 천문·지리·역수曆數·점산占算·측후·각루刻漏 등에 관한 일을 맡았던 관청. 지금의 기상대와 천문대에 해당한다. 신라에서는 첨성대를 만들어 측후에 대비했으며, 고려시대에는 건국초에 태복감太卜監·태화국太火局을 두었다가 뒤에 사천대司天臺·사천감司天監·관후서觀候署·서운관書雲觀 등으로 이름을 바꾸었다. 조선시대에는 1425년(세종 7)에 이름을 관상감으로 고치고 예조에 속하게 했다. 세종 때 경회루 북쪽에 간의대簡儀臺를 만들었으며, 선조 때 흠경각欽敬閣을 지었고 영조 때는 그 안에 석각石刻의 천문도를 설치했다. 1894년 관상소로 개편되면서 기구도 축소되었다. 현재 서울 종로구 원서동(전 휘문중고 교정)에 그 유적인 일영대日影臺가 남아 있다.

간의 簡儀　천체의 위치를 측정하는 관측기구의 하나. 원나라 곽수경郭守敬이 혼천의渾天儀의 결점을 보충하기 위해 1276년에 설계, 제작하여 79년에 완성했다. 혼천의(또는 혼의)는 적도경위의赤道經緯儀와 지평地平경위의로 되어 관측자의 눈을 가려 관찰할 수 없었으나,

간의는 지평경위의에 해당하는· 부분을 없애고 적도좌표계에 의해 직접 읽을 수 있게 했다. 또 종전에 비해 크기가 매우 크고 정밀하며 구조도 기능적이고 실용적이어서, 육안 관측기구이기는 하지만 근대적인 기본 기능을 갖춘 중요한 천문관측기구이다. 우리나라에서는 1432년(세종 14) 이천李蕆과 장영실蔣英實이 이를 만드는 데 성공했는데, 이는 당시 원나라 때의 천문기구를 복구하던 명나라보다 앞선 것으로 우리의 문화와 기술의 뛰어남을 나타내준다.

혼천의 渾天儀 천체의 위치를 측정하던 관측기구의 하나. 혼의라고도 한다. 지평권·적도권·자오권으로 이루어진 육합의와 그 속에 사유의가 설치된 기구로서, 천체의 적경과 극거리를 측정할 수 있었다. 망원경이 없는 기구이므로 정확성이나 과학성이 부족하긴 하나, 남북진선, 북극출지도 등 20여 가지 천문관측을 할 수 있었다. 우리나라에서는 삼국시대부터 제작, 이용되었으리라 인정되며, 조선시대에는 1432년(세종 14) 혼천의를 변경한 목간의木簡儀를 만들어 서울의 북극 높이, 즉 위도를 측정, 검증하고 다시 구리로 간의를 만들었다. 이러한 경험을 바탕으로 33년 이천·장영실이 혼천의를 만들었다. 혼천의에 대한 이론과 제작기술은 종합 천문관측기구인 흠경각을 완성하는 데 적용되었다.

측우기 測雨器 15세기에 발명된 강우량을 재는 세계 최초의 기구. 1442년(세종 24) 측우에 관한 제도를 정하여, 중앙의 서운관書雲觀(뒤의 관상감)과 각 지방 관청의 뜰에 원통 측우기를 설치, 강우량을 재도록 했다. 처음에는 쇠로 만든 것이었으나 뒤에 구리로 만들기도 했고, 지방의 것은 자기磁器로 만들기도 했다. 이는 1639년 이탈리아 사람 가스텔리가 만든 것보다 무려 200여 년 앞선

△금영측우기

것이다.

칠정산 七政算 15세기에 편찬된 역법曆法에 관한 책. 〈세종실록〉 156~163권에 실려 있다. 조선정부는 조세확보를 위한 농업생산 증대에 관심을 기울여, 농업생산에 필요한 천문·역법에 관한 책을 편찬하는 데 힘썼다. 이 책은 내·외편으로 되어 있는데, 내편은 1442년(세종 24) 정인지·정흠지·정초 등이 만들어 44년에 출판했고, 외편은 이순지李純之·김담金淡 등이 만들었다. 내편은 원나라의 수시력授時曆과 명나라의 태음통궤太陰通軌 및 태양통궤를 참고로 하여 서울을 표준으로 만든 것이다. 외편은 태음력법인 회회력回回曆을 참고하여 만든 것으로, 여러가지 천문계산에 필요한 상수들과 수표, 계산방법을 제시하고, 일식과 월식의 예보, 행성의 운동에 관해 쓰고 있다. 비록 미신적인 점성술에서 벗어나지 못했으나, 1년의 길이를 365.2425일로 계산한 것을 비롯해 많은 점이 과학적 관측에 의한 것으로, 당시 천문학의 수준을 반영해준다.

해시계 해그림자를 보고 시간을 알아 내던 장치. 일부日晷 또는 일영日影이라 고도 한다. 가장 간단한 해시계는 규표 圭表인데, 땅위에 수직으로 세운 막대기 표와 수평 위의 그림자 길이를 재는 자 규로 이루어진 것이다. 규표로써 1년의 길이가 365.25일이라는 것과 동서남북 의 방위를 알 수 있었다. 그러나 지구의 자전속도가 일정하므로 계절이 변해도 지구에 대해 해는 일정한 각속도를 가 지고 운동하지만, 이 규표에는 그림자 가 계절에 따라 다른 각속도로 움직이 는 결함이 있었다. 그래서 막대기를 지 구의 자전축 방향과 일치하도록 북극으 로 향하게 하고 그림자를 수평면 위에 서 받도록 한 것이 「지평일부」이다. 이 것은 시간을 알리는 그림자의 위치, 즉 시간선이 계절에 따라 변하지는 않으 나, 그것들의 간격이 일정하지 않아서 시간선 눈금 그리기가 힘들고 정확하게 읽기도 힘들었다. 그리하여 지평일귀의 결함을 없애고 계절까지 알 수 있는 「앙 부일부仰釜日晷」가 만들어졌다. 이는 정 확하게 북극으로 향하고 있는 막대기의 그림자를, 그 막대기를 축으로 하는 반 구 내면 위에서 받을 때의 그림자 끝점 의 위치에 의해 시간과 계절을 알 수 있 게 한 것이다. 즉 앙부일부의 눈금은 서 로 곧게 교차하는 경선과 위선으로 되 었는데, 경선의 위치(경도)는 시간을, 위선의 위치(위도)는 계절(24절기)을 각각 알 수 있다. 또 계절이 변해도 시 간선은 같은 시각에 대해 일정한 적경 선으로 표시되며, 시각이 변해도 같은 날의 계절선은 일정한 등적위선으로 표 시된다. 1434년(세종 16) 앙부일부를 서울 혜정교와 종묘 앞에 설치했다.

자격루 自擊漏 자동시보장치가 된 물 시계. 1434년(세종 16) 왕명으로 장영 실·이천·김조金銚 등이 처음으로 물 시계를 만들었는데, 시時·경更·점點

에 따라 자동으로 종·북·징을 쳐서 시간을 알리도록 되어 있었다. 경회루 의 보루각과 경복궁의 흠경각에 각각 설치했으나, 모두 소실되어 현재는 남 아 있지 않다. 현재 남아 있는 것은 1536년(중종 31)에 만든 것으로, 조선 말까지 표준시계로 썼다.

장영실 蔣英實 조선 세종 때의 과학 자. 본관은 아산. 천한 신분출신이나 관직이 상호군上護軍에 이르렀다. 세종 때 수많은 천문관측기구와 새 형태의 금속활자를 만들어 조선의 과학기술을 높이는 데 크게 이바지했다. 특히 1438 년(세종 20) 경복궁 뜰에 세운 흠경각과 그 안의 혼천의의 모든 공역을 감독했 으며, 서양보다 200년 앞선 측우기를 만 들었고, 그밖에 대소大小 간의대·앙부 일귀·자격루 등을 제작, 감독했다.

계미자 癸未字 1403년(태종 3 계미년) 에 만든 조선 최초의 동활자. 억불숭유 책을 기본정책으로 삼았던 조선왕조가 유생들에게 학문을 권장하기 위해서는 무엇보다도 책의 간행과 보급이 절실했 다. 태종은 1403년 주자소를 설치하고 부족한 동철銅鐵 수급을 위해 내부內府 의 것을 모두 내놓는 한편, 종친·훈신 들에게도 자진해서 내놓게 하고, 필요 한 비용은 왕이 개인적으로 내놓아 활 자를 주조하게 했다. 계미자는 판틀인 동판 바닥에 밀랍을 깔고 활자를 식자 한 다음 열을 가해서 밀랍을 녹이고, 판 판한 철판으로 위에서 고르게 눌러 활 자면을 평평하게 하고 열을 제거하여 활자가 굳어지면 인쇄했다. 그런데 밀 랍의 응고력이 약하기 때문에 인쇄 도 중 자주 활자가 흔들려서 수시로 밀랍 을 녹여 부어 바로잡아야 했다. 이렇게 아직 미숙한 기술이지만 1410년부터는 책을 찍어 팔게 하여 서적을 널리 보급 했으므로 문화사적으로 그 의의가 크게 평가된다.

갑인자 甲寅字 1434년(세종 16 갑인년)에 만든 동활자. 우리나라 활자본의 백미. 20년에 만든 경자자庚子字의 글자체가 가늘고 빽빽하여 보기 어려웠으므로 좀더 큰 활자가 필요해서 만든 것이다. 이것은 우리 글자를 만든 후 처음으로 만든 한글 활자이며, 〈석보상절〉〈월인천강지곡〉 등을 찍어냈다는 데 그 의의가 있다. 처음 만든 갑인자는 선조초까지 지속되었고, 이후 조선말까지 6차례 개주된다.

동문선 東文選 1478년(성종 9)에 편찬된 우리나라 역대 시문선집. 당시 대제학이던 서거정徐居正이 중심이 되어 노사신盧思愼·강희맹姜希孟·양성지梁誠之 등 23명이 참여하여, 신라의 김인문金仁問·설총薛聰·최치원崔致遠을 비롯해서 편찬 당시까지의 작가 약 500여 명의 작품 4,302편을 수록했다. 되도록 많은 문체와 많은 작품을 실으려는 목적으로 편찬되어 삼국시대 이래 조신초까지의 문학자료를 나름대로 집대성했다는 점과, 우리의 문학전통을 중국과 나란히 독자적인 것으로 인식했다는 점에서 그 의의가 크다. 그러나 신하가 임금에게 올리는 의례성이 강한 글인 「표전表箋」이 전체의 10%를 넘는 것에서, 동문선의 편찬방향이 지배층의 봉건적인 상하관계를 원만히 유지하고 통치층의 권위를 드러내려고 하는 전형적인 관각적官閣的 문학관의 산물임을 짐작할 수 있다. 한편 도량문道場文·재사齋詞·청사靑詞 등 도교와 불교의 의례문을 195편이나 싣고 있는데, 이는 당시 지배층의 이념이 아직 철저하게 유교적이지 않음을 나타낸다.

서거정 徐居正 1420(세종 21)~1488(성종 19) 조선초기 문신이며 학자. 자는 강중剛中, 호는 사가정四佳亭 또는 정정정亭亭亭, 본관은 달성. 1444년 문과에 급제한 이후 45년간 관직에 있었으며,

세종에서 성종대까지 문병文柄을 장악했던 핵심 학자의 한 사람으로서 23차례에 걸쳐 과거시험을 관장하여 많은 영향력을 끼쳤다. 학문이 매우 넓어 천문·지리·의약·복서卜筮·성명性命·풍수에 이르기까지 관통했으며, 문장에 일가를 이루고 특히 시에 능했다. 그의 학풍과 사상은 15세기 관학官學의 분위기를 대변하는 것이며, 정치적으로는 훈신勳臣의 입장을 반영하고 있다. 〈동문선〉에서 우리나라 한문학의 독자성을 내세우는 그의 한문학에 대한 입장을 잘 알 수 있으며, 〈삼국사절요〉〈동국여지승람〉〈동국통감〉의 서문을 통해 그의 역사의식을 살펴볼 수 있다. 그는 고구려·백제·신라 3국의 세력이 서로 대등하다는 3국균적三國均敵을 내세우고 있고, 또 3국·고구려시대에 넓은 영역을 차지했음을 자랑스럽게 생각하여 중국의 지리지에 맞먹는 독자적인 지리지 〈동국여지승람〉을 편찬한 것이다. 공동으로 만든 〈동국통감〉〈동국여지승람〉〈동문선〉〈경국대전〉〈연주시격언해聯珠詩格言解〉와 개인저술인 〈역대연표〉〈동인시화東人詩話〉〈태평한화골계전太平閑話滑稽傳〉〈필원잡기〉〈동인시문東人詩文〉, 그리고 시문집인 〈사가집四佳集〉이 남아 있다.

변계량 卞季良 1369(고려 공민왕 18)~1430(세종 12) 조선초기 문신. 자는 거경巨卿, 호는 춘정春亭, 본관은 밀양. 이색·권근의 문인이다. 고려 우왕 때 문과에 급제하면서 관직에 올랐으며, 1420년(세종 2) 집현전이 설치된 뒤 대제학이 되었다. 특히 문장이 뛰어나 거의 20년간 외교문서 작성과 과거시험관을 맡아보았다. 고려말 조선초에 정도전·권근으로 이어지는 관인 문학가의 대표적인 인물로서 〈화산별곡華山別曲〉〈태행태상왕시책문太行太上王諡冊文〉을 지어 조선건국을 찬양했다.

금오신화 金鰲新話 15세기 조선 세조 때 김시습金時習이 지은 한문 단편소설집. 명나라 초기 구우瞿佑의 〈전등신화〉의 영향을 받은 것으로 일반적으로 우리나라 최초의 소설로 인정받고 있다. 완본은 전하지 않고 〈만복사저포기萬福寺樗蒲記〉〈이생규장전李生窺牆傳〉〈취유부벽정기醉遊浮碧亭記〉〈남염부주지南炎浮洲志〉〈용궁부연록龍宮赴宴錄〉 등 5작품만 전한다. 이 작품들의 특징은 첫째, 배경과 등장인물을 모두 우리 나라의 것으로 했다. 둘째, 작가가 신비주의적 세계관을 부정하고 합리주의적 세계관을 수립하면서, 그의 현실주의적 사상체계와 철학적 투쟁을 문학적으로 표현한 작품이다. 셋째, 주인공들이 결국 세상을 등지는 것으로 마무리함으로써, 대부분의 고전소설의 행복한 결말과는 대조적으로 작품의 비극적 성격과 심각한 문제의식을 나타내고 있다. 넷째, 유려한 문어체 문장이나 시의 대량 삽입에 의해 대상이 서정적이며 섬세하게 묘사되고 있다. 다섯째, 주인공이 대체로 작가 자신을 본보기로 한 인물이어서 이야기가 자서전의 성격을 지니고 있으며, 많은 사건이 특정한 역사 사실을 배경으로 한 것이다. 한편 최초의 소설인 만큼 소설장르로서의 한계를 보이고 있는데, 경이적인 세계관을 보여주는 전설적인 요소가 남아 있다든지, 기자조선의 멸망 같은 역사 사실이나 용궁·염부주 같은 특정 민속사실이 생경하게 끼어 있다. 그럼에도 불구하고 금오신화는 내용·기교·작가의식에서 훌륭한 문학적 가치를 지니고 있으며, 후대소설에 많은 영향을 주었다는 점에서 매우 중요한 문학사적 의의를 지니고 있다.

악장 樂章 궁중에서 나라의 공식행사에 쓰이던 노래가사를 총칭하는 일반적 개념. 특히 조선초기(15세기)의 특정한 시가들에 붙여진 명칭으로 사용된다. 즉 조선건국과 더불어 이루어진 예악禮樂정비의 일환으로 나라의 공식행사인 제향祭享이나 연향宴享 또는 갖가지 연회에 쓰기 위해 새로 지은 노래가사들을 따로 묶은 시가들을 말한다. 주로 15세기 핵심관료층이 대표 작가들이며, 고려후기의 혼란과 모순을 극복하고 새 왕조건설을 이룬 창업주나 왕업, 새 왕조의 문물제도나 도읍을 찬양하거나, 태평성대나 임금의 은택을 기리는 내용이 대부분이다. 한문악장·국문악장·현토懸吐 악장으로 나누어진다. 한문악장은 악장 본래의 영역으로 중심 위치에 있는 것이며, 정도전·하륜·변계량이 대표작가이다. 국문악장은 작품수는 적지만 앞 시기 고려속요의 형식을 수용하여 새로운 세계관을 드러냈다는 점에서 주목되고, 〈용비어천가〉〈월인천강지곡〉이 이에 해당한다. 현토악장은 기존의 한시에 우리말 토를 달아 지은 것으로, 작품세계의 독자성보다 한시를 국문시화하는 이행과정에서 주목되고 있다.

용비어천가 龍飛御天歌 조선 세종 때 선조인 목조穆祖(태조 이성계의 고조인 이안사李安社)에서 태종에 이르는 6대의 행적을 노래한 서사시. 우리 문학사상 최초의 국문시가이고, 이규보의 〈동명왕편〉, 이승휴의 〈제왕운기〉에 이은 마지막 왕조서사시이며 건국설화이다. 임금이 된다는 것은 오랜 세월 피나게 노력하여 덕을 쌓아 하늘의 명을 받아야 함을 강조하면서, 이렇게 어렵게 쌓아올린 공적을 후대 임금이 헛되이 하지 말아야 한다고 경계하기 위해 지은 것이다. 1445년(세종 27)에 권제權踶·정인지鄭麟趾·안지安止 등이 선조의 행적을 노래로 만들고 한문시를 달아 그 뜻을 풀이했고, 여기에 47년 박팽년·강희안·신숙주·성삼문·이개·이현로李賢老·신영손辛永孫이 역사 사실에 대한 주해를 붙였다. 용비어천가는 훈민정음이 반포되기 1년 전에 만들어져 훈민정음으로 가장 먼저 적힌 글이다. 그 문체는 순수한 우리 토박이말을 많이 발굴하여 쓰기도 했으나, 이전에 성행하던 이두글의 찌꺼기가 아직 많이 섞여 있다.

월인천강지곡 月印千江之曲 조선시대 세종이 지었다는 악장체의 찬불가. 상중하 3권으로 되었으나 현재 상권 1책과 중권의 낙장落張만 전하며, 〈석보상절釋譜詳節〉과 함께 합편되어 〈월인석보月印釋譜〉로 간행되었다. 〈월인석보〉에 전하는 〈석보상절서〉에 의하면, 수양대군이 석보상절을 지어 올리자 세종이 그 내용에 맞추어 부처의 공덕을 칭송하여 읊은 것이라고 한다. 여기서 「월인천강」이란 부처의 본체는 하나이지만 백억세계에 화신으로 나타나 중생을 교화시키는 것이, 마치 딜은 하나이지만 시공時空을 초월해 수많은 강에 비치는 것과 같다는 의미이다. 이 글은 석보상절이 이루어진 1447년(세종 29)에서 48년 사이에 간행되었을 것으로 추정되는데, 한글로 표기된 운문으로서는 용비어천가 다음가는 최고最古의 것으로 장편 서사시의 선구적인 작품이다. 특히 표기를 한글 위주로 하고 한자는 협주로 적은 최초의 문헌으로, 한글을 존중한 세종의 의도가 엿보이는 글이다. 석가의 전생으로부터 열반 뒤 전신사리를 봉안, 신앙하기까지의 전생애를 소설적인 구조로 서사화하여, 영웅의 일생을 찬미하는 전형적인 서사시의 구조를 지니고 있다. 이는 「이야기체 노래」로서 가사歌辭의 기본형태를 나타내고 있어, 가사문학 형성과정중 한시 계통의 가사에서 본격적인 가사에 이르는 중간단계의 역할을 하고 있다.

가사문학 歌辭文學 고려말 조선초에 걸쳐 발생한 다행성 율문多行性律文의 문학형식. 작자는 사대부를 비롯하여 승려·부녀자 등 다양하며, 시대에 따라 내용이나 형식이 변화, 발전한다. 고려말부터 조선 성종까지는 가사문학의 발생시기로서, 이 시기에 이루어진 나옹화상懶翁和尙의 〈서왕가西往歌〉와 정극인丁克仁의 〈상춘곡賞春曲〉이 현존하는 가장 오래된 작품이다. 가사가 문학사에서 본격적으로 향유되기 시작한 것은 성종 이후로, 전원과 강호江湖의 생활을 노래하는 강호가사, 공무의 틈을 내어 임지 곳곳을 둘러보며 임금에 대한 충성과 자신의 감흥 및 선정善政을 노래하는 기행가사, 유배지에서의 고독함과 임금에 대한 충성을 절실하게 나타내는 유배가사, 유교의 교훈을 풀어서 엮은 교훈가사 등이 나타난다. 이 시기의 작가는 주로 사대부들로서 송순·백광홍白光弘·정철 등 훌륭한 작가들이 나왔고, 특히 이들이 호남출신이라는 점이 특징이다. 또 허난설헌과 같은 여류작가도 이 시기에 나왔다. 임진왜란 이후는 전쟁을 겪고 당쟁이 심했던 때여서, 가사에도 전쟁가사나 현실비판가사 등 새로운 경향이 두드러지게 나타난다. 가사가 보편화된 것은 숙종 이후로, 이전의 형식도 계승되는 한편 〈농가월령가農家月令歌〉 같은 실용가사, 남녀간의 사랑을 주제로 한 평민가사 및 애정가사, 남인학자들을 중심으로 한 천주교가사, 그리고 규방가사 등 새로운 점들이 많이 나타난다. 이 시기의 특징은 사실의 정확한 기록을 위해 가사가 3,4천 행에 이를 정도로 장형화한 것과, 작가들이 특수계층이 아니라 규방층과 서민층까지 확대되었다는 점을 들 수 있다.

송순 宋純 1493(성종 24)~1582(선조 15) 조선중기 문신이며, 면앙정 가단勉仰亭歌壇의 창설자이고 강호가도江湖歌

道의 선구자. 자는 수초遂初·성지誠之, 호는 기촌企村·면앙정, 담양출신. 1519년(중종 14)에 문과에 급제하여 관직에 올랐다가, 33년 김안로金安老가 권세를 잡자 귀향하여 담양에 면앙정을 짓고 시를 읊으며 지냈다. 이후 면앙정에는 임제林悌·김인후金麟厚·고경명高敬命·임억령林億齡·박순朴淳·정철·기대승·이황 등 많은 인사들이 출입하며 시짓기를 즐기면서 면앙정은 호남 제일의 가단을 형성하게 되었다. 그는 수많은 한시와 국문시가인 〈면앙정가〉, 단가(시조) 등을 지어 조선 시가문학에 크게 기여했으며, 문집으로 〈면앙집〉이 있다.

정철 鄭澈 1536(중종 31)~1593(선조 26) 조선중기 문인이며 정치가. 자는 계함季涵, 호는 송강松江, 본관은 연일, 서울 출신. 누이 둘이 왕실에 출가한 인연으로 어려서부터 궁중에 출입하면서 같은 나이의 경원대군(명종)과 친숙해졌다. 1545년(명종 즉위년)의 을사사화와 관련하여 아버지가 유배되었다가 51년에 풀려나자, 전라도 담양 창평으로 이주하여 이곳에서 10년을 보내게 된다. 여기에서 임억령에게서 시를 배우고 김인후·송순·기대승에게서 학문을 배웠으며, 이이·성혼·송익필宋翼弼과 친교를 맺었다. 62년(명종 17)에 문과에 장원급제하면서 관직에 올랐고, 80년 강원도 관찰사가 되었을 때 〈관동별곡〉과 〈훈민가訓民歌〉를 지어 시조와 가사문학의 대가로서의 재질을 발휘했다. 84년 동인의 탄핵으로 사직하고 창평에 돌아가 4년간 은거하면서 〈사미인곡〉〈속미인곡〉〈성산별곡〉 등의 가사와 시조·한시를 많이 지었다. 89년 정여립鄭汝立의 난을 계기로 우의정이 되어 서인의 영수로서 동인을 탄압했으며, 91년 광해군의 세자책봉을 건의했다가 유배되었으나 이듬해 임진왜란이 일어

나자 풀려났다. 그는 서인의 대표적인 인물로, 동인과의 대립 속에서 여러 차례 관직에서 물러나기도 했다. 작품으로는 〈관동별곡〉〈사미인곡〉〈속미인곡〉〈성산별곡〉 등 4편의 가사와 시조 107수가 전하며, 저서로는 시문집인 〈송강집〉과 시가집인 〈송강가사〉가 있다.

박인로 朴仁老 1561(명종 16)~1642(인조 20) 조선중기의 무인이며 문인. 자는 덕옹德翁, 호는 노계蘆溪·무하옹無何翁, 본관은 밀양, 영양(지금의 경북 영천) 출생. 31살 때 임진왜란이 일어나 영양군까지 잇달아 함락되자 의병활동에 가담했고, 38살 때 수군水軍으로 종군하여 여러 차례 공을 세우기도 했다. 1599년 무과에 등제하여 무관으로 활약했으나, 40살 이후 은거생활을 하면서부터 문인으로서 본격적인 활동을 했다. 이때부터 유교경전 연구에 몰두했고, 여러 도학자들과 교유했다. 특히 이덕형李德馨과 친교가 두터웠는데, 1601년 처음 만났을 때 지은 시조가 〈조홍시가早紅柿歌〉였고, 11년(광해군 3) 이덕형이 용진강 사제莎堤에 은거할 때 찾아가 〈사제곡〉〈누항사陋巷詞〉를 지었다. 이밖에 〈입암별곡立嚴別曲〉〈소유정가小有亭歌〉 등 가사 9편과 68수의 시조가 전한다. 비록 늦게야 문인활동을 했지만, 그의 작품세계는 매우 풍요로워서 정철에 버금가는 작가로 평가되고 있다.

윤선도 尹善道 1587(선조 20)~1671(현종 12) 조선중기 문신이며 시조작가. 자는 약이約而, 호는 고산孤山·해옹海翁, 본관은 해남, 서울 출생. 8살 때 큰아버지에게 입양되어 해남으로 내려가 살았으며, 18살 때 진사초시에 합격했다. 1616년(광해군 8) 성균관 유생으로서 당시 집권세력이었던 이이첨李爾瞻·박승종朴承宗·유희분柳希奮 등을 규탄하는 글을 올렸다가 함경도 경원으로

△신사임당이 그린〈초충도〉

유배되었다. 23년 인조반정으로 이이첨 일파가 처형되자, 풀려나 관직을 받았으나 곧 사직하고 해남으로 내려갔다. 그뒤 해남에서 지낼 때 병자호란이 일어나 적과 화의했다는 소식을 듣고, 이를 욕되게 생각하여 제주도로 가던 중 보길도의 수려한 경치에 끌려 그곳에 정착하게 되었다. 정착한 일대를「부용동」이라 이름짓고, 집을 지어 낙서재樂書齋라 했다. 51년(효종 2) 보길도를 배경으로 〈어부사시사漁父四時詞〉를 지었다. 57년 다시 관직에 나아갔으나 서인 송시열과 맞서다가 물러나야 했고, 59년 효종이 죽자 예론禮論 문제로 서인과 맞서다가 유배되기도 했다. 정치적으로 열세에 있던 남인가문에 태어나서 집권세력인 서인에 맞서 강력하게 왕권강화를 주장하다가, 20여 년의 유배생활과 19년의 은거생활을 했다. 그러나 집안이 넉넉하여 풍요한 은거생활을 할 수

있었기 때문에 그의 문학적 역량을 발휘할 수 있었다. 그는 자연을 소재로 한 시조작가 가운데 가장 탁월하다고 평가되는데, 자연을 소재로 하되 그것을 사회의 공통된 언어관습과 결부시켜 나타내기도 하고, 또는 개성적으로 어떤 관념을 나타내기 위해 자연을 임의로 선택하기도 했기 때문이다. 정철·박인로와 함께 조선시대 3대 가인歌人으로 불리는데, 이들과 달리 가사는 없고 단가와 시조만 75수 창작했다.

신사임당 申師任堂 1504(연산군 10)~51(명종 6) 시·글씨·그림에 능했던 조선시대 대표적인 여류예술가. 본관은 평산. 사임당은 당호로서, 중국 고대 주나라 문왕의 어머니인 태임太任을 본받는다는 뜻이다. 조선시대 대표적 학자인 이이의 어머니이며, 아버지는 신명화申命和이다. 아버지는 1516년(중종 11)에 진사가 되었으나 관직에 나가지

않았고, 기묘명현己卯名賢의 한 사람이었으나 19년 기묘사화의 참화는 면했다. 외할아버지가 어머니를 아들잡이로 여겨 계속 친정에 살도록 했으므로 사임당도 외가에서 살면서 어머니에게 학문을 배울 수 있었고, 사임당 역시 친정의 아들잡이로 친정에 머무는 시간이 많았다. 이러한 배경으로 그는 일반 여성들이 겪는 시집에서의 정신적 고통이나 육체적 분주함 없이 교양과 학문을 갖춘 예술인으로서 성장할 수 있었고, 비교적 자유롭게 자녀교육도 할 수 있었다. 이미 7살 때 안견安堅의 그림을 스스로 사숙私淑했으며, 풀벌레·포도·화조·어죽魚竹·매화·난초·산수 등을 소재로 생동하는 듯한 섬세한 사실화를 그렸다. 자리도紫鯉圖·산수도·초충도草蟲圖·노안도蘆雁圖·연로도蓮鷺圖 등 채색화·묵화 약 40폭 정도가 전해지는데, 아직 공개되지 않은 그림도 수십 점 있다고 한다. 글씨는 초서 6폭과 해서 한 폭이 남아 있을 뿐이다.

허난설헌 許蘭雪軒 1563(명종 18)~89(선조 22) 조선중기 여류시인. 자는 경번景樊, 본명은 초희楚姬, 본관은 양천. 허엽許曄의 딸이며, 허균許筠의 누이. 8살 때 〈광한전 백옥루 상량문廣寒殿白玉樓上樑文〉을 지었다 하며, 한시에 능해 〈규원閨怨〉을 비롯한 많은 시를 썼다. 두 남매를 다 잃고 친정이 옥사에 휘말려 동생 허균이 귀양가자, 삶의 의욕을 잃고 27살로 요절했다. 유고집 〈난설헌집〉에 작품이 실려 있다.

황진이 黃眞伊 ?~? 조선 중종 때의 여류시인. 본명은 진眞, 별명은 진랑進娘, 기명妓名은 명월明月. 서민출신이나 교방敎坊에서 대성하여, 시서음률詩書音律이 당대의 독보였고 많은 문인과 교유했다. 그의 작품은 기교적이면서 자유롭게 애정을 노래하고 있으며, 국문학사상 전통적인 민족의 리듬으로 교방

여성들의 정한을 시조로 나타낸 데 그 의미가 있다. 〈해동가요〉〈청구영언〉〈가곡원류〉〈대동풍아大東風雅〉 등에 시조가 실려 전한다.

아악 雅樂 궁중에서 연주되던 양부악兩部樂의 하나. 좁은 의미의 아악은 우방右坊에 속하는 향악鄕樂·당악唐樂과 구별하여 좌방에 속하는 음악을 가리키며, 넓은 의미의 아악은 민속악에 대비되는 모든 궁중음악을 가리킨다. 좁은 의미의 아악은 원래 중국 고대의 음악으로 1116년(고려 예종 11) 송나라에서 들여온 뒤 태묘太廟 등의 제례악으로 채택되었고, 이후 왕실의 크고 작은 제사에 계속 사용되었다. 지금은 성균관의 석전釋奠에서만 그 명맥을 유지하고 있으며, 〈문묘제례악〉이 유일하게 현존하고 있다.

악학궤범 樂學軌範 조선시대 의궤儀軌와 악보를 정리하여 편찬한 악서. 1493년(성종 24) 성현成俔·유자광柳子光·신말평申末平·박곤朴䡇·김복근金福根 등이 왕명을 받아 편찬했다. 12율의 결정과 여러 제향祭享에 쓰이는 악조樂調부터 악기의 진설陳設, 정재춤의 진퇴進退, 악기, 의물儀物, 관복冠服에 이르기까지 제향·조회·연향宴享에 필요한 사항을 빠짐없이 망라했으며, 특히 성종 당시의 아악·당악·향악 등 전반을 포함하고 있다. 서술법을 쓰지 않고 음악의 있는 그대로의 모습을 그려서, 내용이 치밀하고 정확하다.

박연 朴堧 1378(고려 우왕 4)~1458(세조 4) 조선초기 문신이며 음악가. 자는 탄부坦夫, 호는 난계蘭溪, 본관은 영동. 고구려의 왕산악王山岳, 신라의 우륵于勒과 함께 우리나라 3대 악성樂聖이라 한다. 1411년(태종 11) 문과에 합격했고, 벼슬은 관습도감 제조를 거쳐 중추부사에 이르렀다. 관직보다 음악에 관심을 가지고 40살에 이르기까지 고향

에서 음악이론 연구와 거문고·가야금·젓대(대금)연주에 힘썼다. 25년(세종 7) 이후 음악관계 행정관으로 있으면서 음정표준을 위한 율관을 만들고, 민족악기의 복구, 문란해진 악제의 정비, 음악서적의 편찬준비 등을 했다. 30년 관습도감에 있으면서 민요와 옛 악곡들을 널리 수집하여 계승 발전시키고자 했으며, 31년 관습도감 제조가 된 이후 창작에 힘을 기울여, 큰 규모의 관현악 및 성악·무악舞樂작품을 만드는 데 참가했다. 53년 그의 제의로 비로소 악보가 출판되었다. 그러나 아들 박계운이 사육신과 관련되어 사형당하자 관직에서 물러났다. 그는 중세의 대표적 음악이론가이며, 그가 밝힌 음계와 음정·악보들은 민간음악의 성과를 토대로 한 것이었다. 그의 음악이론의 중심은 음계조직과 음정의 산출법에서 이전의 율관의 모순을 극복하고 율관문제를 해결했다는 것이다. 또 관현악곡을 여러 개 악장으로 구성하는 형식을 확립함과 아울러 여러 개 성부가 동시에 흘러가는 수법을 적용해 우리나라 관현악 발전에 이바지했다. 특히 당대의 중요한 악곡들을 모두 악보로 옮겨 출판한 것은 중세 음악사상 큰 의의를 가진다.

산대잡극 山臺雜劇 고려 이후 조선시대에 걸쳐 국가의 경사에 채붕綵棚을 설치하고 그 위에서 상연한 가무백회歌舞百戲. 산대잡극이란 산 모양의 높은 채붕을 「산대」라고 부른 데서 연유하며, 연희의 내용은 가악무歌樂舞와 기기곡예奇伎曲藝로 이루어졌다. 고려 때는 연등회나 팔관회를 비롯하여 왕의 행차나 개선장군의 환영잔치 등에서 행해졌는데, 조선시대에는 연등회나 팔관회를 계승하지는 않았지만 산대잡극과 나례儺禮는 더욱 성해졌다. 나례를 채붕까지 설치하여 행했으며, 그 성격도 역질疫疾을 쫓는 것보다 오락적인 면이 강해져

나례가 아닌 나희儺戲로 되어갔다. 또 이를 나례도감 또는 산대도감이 관장하도록 했다. 양란 이후 서서히 빛을 잃어 그 공의公儀는 폐지되고 나례로서의 명목만 유지해가자, 연희자들이 지방으로 흩어져 정착함으로써 현존 가면극 형성의 기반이 된 것으로 보인다.

안견 安堅 ?~? 조선초기 대표적 화가. 자는 가도可度·득수得守, 호는 현동자玄洞子·주경朱耕, 본관은 지곡池谷. 세종 때 가장 왕성하게 활동했으며, 세조 때까지 화원으로 활약한 기록이 보인다. 세종 때는 화원의 한품限品인 종6품을 처음으로 깨고 정4품으로 승진하기도 했다. 신숙주에 의하면, 안평대군安平大君을 가까이 섬기면서 그의 고화古畵를 섭렵하여 자신의 화풍을 이루는 토대로 삼았다고 한다. 〈몽유도원도〉〈사시팔경도〉를 보면, 북송北宋의 대표적인 화원 곽희郭熙의 화풍을 토대로 여러가지 화풍을 수용하여 그 나름대로의 독특한 양식을 이루고 있음을 알 수 있는 바, 경물景物들이 흩어져 있으면서도 서로 조화를 이루는 구도상의 특색을 비롯하여, 공간개념과 필법筆法 등에서 한국적인 특징이 짙게 나타나고 있다.

강희안 姜希顔 1417(태종 17)~64(세조 10) 조선초기 문신이며 화가. 자는 경우景遇, 호는 인재人齋, 본관은 진주. 강희맹의 형이며, 세종의 이질姨姪이다. 1441년(세종 23) 문과에 급제하여 관직을 시작했다. 43년 정인지 등과 함께 훈민정음 28자에 대한 상세한 해석을 덧붙였으며, 44년 최항崔恒·박팽년·신숙주와 함께 운회韻會를 언문으로 번역했고, 이듬해 〈용비어천가〉의 주석을 다는 데 참여했다. 47년 최항·성삼문·이개 등과 〈동국정운東國正韻〉을 완성했으며, 54년(단종 2) 정척鄭陟·양성지梁誠之와 함께 수양대군이 8도 및

서울의 지도를 만드는 데 참여했다. 56
년 단종복위운동에 관련된 혐의로 신문
을 받았으나 화는 면했다. 그는 시와 글
씨·그림에 모두 뛰어나 3절三絶이라 불
렸으나, 자신의 글을 세상에 발표하기
를 꺼려 전하는 문집이 없고, 글씨 역시
전서篆書·예서隷書·팔분八分에 모두
독보적인 경지를 이루었다고 하지만 전
하는 것이 드물다. 그림에 대해 전하는
기록을 보면 작은 풍경화를 묵화로 즐
겨 그렸으며, 영모화翎毛畫·산수화·
인물화에도 뛰어났다고 한다.

강희맹 姜希孟 1424(세종 6)~83(성종
14) 조선초기 문신. 자는 경순景醇, 호
는 사숙재私淑齋 또는 운송거사雲松居
士, 본관은 진주. 강희안의 동생이며,
세종의 이질姨姪. 1447년에 문과에 장원
급제했고, 55년(세조 1)에 공신으로 책
봉되었다. 68년(예종 즉위년) 남이南怡
의 옥사를 다스려 다시 공신에 책봉되
는 등 평탄한 관직생활을 했다. 사대부
로서의 관인적 취향을 가진 문인이면서
도 농촌사회에 전승되고 있는 민요와
설화에 깊은 관심을 가져, 농요를 모아
〈농구십사장農謳十四章〉으로 정리했다.
이것은 농민들의 애환과 당시 농정農政
의 실상이 잘 묘사되어 있어서, 그의 시
중에서 가장 높이 평가되고 있다. 세조
때 〈신찬국조보감〉〈경국대전〉의 편찬과
4서3경의 언해에 참여했고, 성종 때는
〈동문선〉〈동국여지승람〉〈국조오례의〉
의 편찬에 참여했다. 또 소나무와 대나
무 및 산수화를 특히 잘 그렸는데, 현재
일본 오쿠라小倉 문화재단에 소장되어
있는 〈독조도獨釣圖〉는 그의 작품으로
알려져 있다.

이상좌 李上佐 ?~? 조선초기의 화
가. 자는 공우公祐, 호는 학포學圃, 본
관은 전주. 어숙권魚叔權의 〈패관잡기稗
官雜記〉에 의하면, 본래 어느 선비의 가
노家奴였으나 어렸을 때부터 그림에 뛰

어나 중종의 특명으로 도화서圖畫署의
화원이 되었다고 한다. 특히 인물화에
뛰어나 1545년 중종어진御眞을 추사追寫
했으며, 46년에는 공신들의 초상화를
그려 공신의 칭호를 받았다. 현재 그의
진필眞筆로 확인되는 작품은 하나도 없
고, 다만 모두 그가 그렸다고 전해지는
것뿐이다. 이들 작품은 대부분 인물 중
심으로 구성된 산수화와 도석인물화道
釋人物畫로서, 남송에서 명나라 절파浙
派에 이어지는 화풍과 관계가 있음을 보
여준다. 특히 그의 작품이라고 전하는
〈송하보월도松下步月圖〉는 현존하는 조
선초기 작품 중에서 남송의 마원馬遠의
화풍에 가장 가까운 관계를 보이는 것
으로, 당시 화단의 경향을 이해하는 데
매우 중요한 의의를 지니고 있다.

서울 남대문 조선초기의 대표적인 성
문. 서울 중구 남대문로에 있는 국보 제
1호. 숭례문崇禮門이라고도 하며, 도성
의 4대문 중 남쪽에 있어서 남대문으로
불리기도 한다. 1396년(태조 5)에 축조
된 서울 도성의 정문으로 98년에 준공
되었고, 그뒤 몇 차례의 보수공사가 있
었다. 견실한 목조건축물의 수법을 보
이고 있어 한국 건축사상 중요한 건물
의 하나이다. 기단의 양쪽에는 원래 성
벽이 연결되어 있었으나, 1908년 길을
내기 위해 헐어내 지금과 같은 모습이
되었다. 〈지봉유설〉에 의하면 편액의
필자는 양녕대군이라고 한다. 이 성문
의 예자례字는 5행에 배치하면 불이 되
고 5방에 배치하면 남쪽을 가리키는 말
인데, 다른 문과 달리 세로로 쓰인 것은
「숭례」의 두 글자가 불꽃(염炎)을 뜻하
여 경복궁을 마주보는 화산火山인 관악
산에 대하는 것이라 한다.

창경궁 昌慶宮 서울에 있는 조선시대
별궁. 1419년(세종 즉위년) 부왕 태종
의 궁전으로 지은 것으로, 처음에는 수
강궁이라 했다. 84년(성종 15) 황폐한

수강궁터에 궁궐을 지어 창경궁이라 하고, 3명의 왕후를 여기에 모셨다. 임진왜란 때 건물 대부분이 불타고 정문인 홍화문, 왕이 정치를 본다는 명정전, 명정문만 남았다. 남대문·돈화문과 함께 서울에서 가장 오래된 건축물로, 조선시대 건축을 연구하는 데 귀중한 자료가 되고 있다. 특히 명정전의 1곽은 조선시대 궁전이 남향한 것과 달리 동면東面하고 있는 등 고려시대 풍격을 가지고 있다. 1616년(광해군 8) 중수하여 오늘에 이른다. 1907년 순종이 창덕궁으로 옮긴 뒤 일제가 이곳에 박물관·식물원·동물원 등을 설치하고 창경원으로 격하시켰었다.

△왼)분청사기조화어문병,   오)청화백자군어문호. 조선초기.

분청사기 粉青沙器 회색 또는 회흑색의 태토胎土 위에 백토로 표면을 분장한 조선초기의 도자기. 분상회청사기粉粧灰青沙基의 준말이다. 이 분장기법은 무늬를 나타내기도 하고, 그릇 표면을 백토로 씌워 백자로 이행되는 과정을 보여주기도 한다. 그 모양은 고려말 청자의 기형을 토대로 풍만하고 율동적인 형태로 변화되었으며, 안정감 있는 실용적인 모양이 많다. 또 장군·자라병·편병扁瓶·매병梅瓶 같은 특수한 모양도 나오기 시작했다. 이러한 분청사기는 고려말 청자로부터 변모, 발전하여 조선 태종 때 그 특색이 현저해져 15, 6세기 약 200여 년간 제작되었다. 16세기에 들어오면 무늬보다 백토분장이 주가 되어, 차츰 태토와 표면분장이 백자화되어 갔다. 그러나 임진왜란과 제도상의 문제로 분청사기는 더이상 발전하지 못하고 소멸되었다.

청화백자 青化白磁 코발트로 무늬를 그려 넣은 조선시대의 백자. 흰 바탕에 푸른 색으로 산수·나무와 풀·꽃·새 등을 그려넣은 것으로 조선 전 시기를 통해 제작되었으나, 특히 후기에 널리 보급되었다. 코발트 안료로는 페르시아 지방에서 생산되어 중국을 통해 수입된 회회청回回青이 쓰였는데 세조 때는 수입이 어려워 백자를 술그릇으로만 사용하게 했으며, 때로는 불순물이 많이 섞인 고발트 안료인 토청土青을 만들어 썼지만 이 또한 수량이 적어 청화백자의 제작에 지장을 주었다. 무늬에는 주요 무늬(주문양主文樣)와 부수적인 누늬(종문양從文樣)가 있는데, 처음 주문양은 명나라와 비슷했고 종문양은 도식적인 명나라 초기의 무늬를 썼다. 15세기 중엽부터 종문양이 사라지고 여백을 많이 살린 간결하고 소박한 무늬만 남았다. 백자의 생산은 임진왜란으로 거의 중단되었다가 17세기에 다시 준수하고 무늬가 단순한 청화백자가 생산, 보급되었다. 이때에는 꽃병·연적·술병·필통 등 실용적인 물건들이 백자로 만들어져 실생활에 널리 쓰였다.

7. 왜란과 호란

임진왜란 壬辰倭亂 일본의 침공으로 1592년(선조 25)부터 1598년(선조 31)까지 7년간 계속된 전쟁.

〔배경〕 조선왕조의 성립과 더불어 재편성된 조선의 중세 봉건사회는 16세기에 들어서면서 사회경제적 모순이 표면화

되었다. 양반층은 교육과 관직을 독점하고 각종 역에서 면제되었으며 농장을 확대해갔다. 이에 따라 농민들의 부담은 한층 무거워졌으며 토지를 잃고 몰락하는 경우가 늘어났다. 한편 과거 합격자의 증가 등으로 관리의 수가 늘어남에 따라 집권 양반층 사이에서도 관직과 토지를 차지하기 위한 대립이 치열해져 사화가 거듭되고 붕당이 나타났다. 이러한 사회경제적 모순으로 조선의 국방력도 크게 약화되어갔다. 일본에서는 15세기말 이래 100여 년간 계속되어온 각지 영주들의 패권다툼시기였던 이른바 전국시대戰國時代가 오다 노부나가織田信長와 그 뒤를 이은 도요토미 히데요시豊臣秀吉에 의해 통일되었다 (1590). 그러나 내란기간 중 크게 강성해진 무인세력은 여전히 사회의 불안요소로 작용하고 있었다. 일본을 통일한 도요토미는 일종의 대아시아 제국을 꿈꾸며 쓰시마 도주를 통해 조선에 수교를 요청하는 한편, 명을 정벌하기 위해 일본군이 조선을 통과할 수 있게 해달라고 요구했으나 조선정부는 이를 거부했다. 이에 도요토미는 자신의 대외팽창 야욕을 채우고 일본 안의 불안요소를 국외로 돌리기 위해 조선 침략을 꾀하며 군비확장에 착수했다. 그러나 조선정부는 일본의 움직임을 제대로 알아차리지 못한 채 이에 대한 대비를 게을리했다.

[경과] 1592년 4월 13일 일본은 17만여 명의 육군과 3,4만 명의 수군을 동원하여 부산으로 침입했다. 부산첨사 정발, 동래부사 송상현 등이 이를 막으려고 했으나 모두 실패했다. 일본군은 진로를 셋으로 나누어 서쪽은 구로다 나가마사黑田長政, 중앙은 고니시 유키나가小西行長, 동쪽은 가토 기요마사加藤淸正가 각각 부대를 이끌고 진격했다. 조선 조정은 순변사로 이일과 신입을 차례로 파견해 일본군을 막도록 했으나, 이일은 상주에서, 신입은 충주에서 각각 패배했다. 그 결과 불과 보름 만에 한양이 함락되고 국왕과 관료들은 평양을 거쳐 의주까지 피난했다. 한양을 돌파한 고니시의 부대는 개경(5.27)에 이어 평양까지도 함락시켰다(6.13). 가토의 부대도 함경도까지 북상하여 근왕병의 모집을 위해 함경도에 파견된 임해군·순화군 두 왕자를 생포했다. 국왕 및 조정이 백성을 생각하지 않고 무책임하고 무기력하게 피난만을 거듭하자 민중의 분노는 극에 달하고 민심은 극도로 악화되어 근왕병 모집에 응하는 사람이 없었고, 왕의 피난길을 막고 욕을 하는 사람도 생겨났으며 백성들은 궁궐과 형조에 불을 지르고 노비문서를 없애버렸다. 그러나 수전의 상황은 달랐다. 이순신이 거느리는 조선수군은 옥포해전을 시작으로 당항포·한산도·부산 등지의 해전에서 잇달아 일본수군을 격파함으로써 일본군의 해상보급로를 차단하고 호남지방을 보호하여 식량을 확보했다. 또한 관군이 패배하자 각지에서는 스스로 고장을 지키고 일본군을 몰아내기 위해 의병이 일어났다. 의병들은 유격전으로 적의 후방을 교란하고 군량보급을 차단하여 일본군에게 커다란 타격을 입혔다. 경상도에서는 곽재우가 궐기한 이래, 정인홍·손인갑·김면 등이 의병을 일으켰으며, 충청도에서는 조헌이 거느린 의병부대가 승려인 영규의 의병부대와 힘을 합해 청주를 탈환하고 금산에서 일본군과 혈전을 벌였다. 전라도에서는 김천일·고경명·김덕령 등이 의병을 일으켜 충청도까지 진격했으며, 경기의 홍계남, 황해도의 임중량·차은진·김진수·김만수·황하수, 함경도의 정문부 등도 의병을 일으켰다. 또한 승려인 휴정(서산대사)과 유정(사명당)도 각각 묘향산과 금강산에서 승려로 구성된 의

병을 일으켰다. 이같은 의병의 항전 및 수군의 승리에 힘을 입은 관군도 점차 전열을 정비하고 반격을 전개했다. 경상도 의병을 중심으로 구성된 관군은 경주성을 탈환했으며(1592. 9), 김시민이 지휘하는 관군 및 의병의 연합부대는 전라도에 침입하려는 일본군을 진주성에서 크게 격파했다(1592. 10). 한편 의주로 피난한 조선왕실은 이덕형李德馨을 명나라에 파견하여 원병을 요청했는데, 조선이 패할 경우 일본군이 명에까지 침략할 것을 염려한 명나라는 원병을 파견했다. 조선관군과 의병부대는 명의 원군과 힘을 합해 평양성을 탈환했다(1593. 1). 그러나 후퇴하는 일본군을 추격하던 명군은 경기도 벽제에서 참패하고 개성으로 후퇴했다. 서울에 집결한 일본군은 배후의 위협을 제거하기 위해 행주산성을 총공격했으나 권율이 지휘하는 관군과 백성들은 배수의 진을 치고 이를 물리쳤다. 이후 전선은 교착상태에 빠졌으며 명과 일본 사이에서는 화의교섭이 진행되었다. 그러나 의병들의 유격전으로 식량이 부족해지고 본국과의 연락에 어려움을 느끼던 일본군은 전염병까지 돌자 전의를 상실하고 전면적으로 퇴각해 부산 일대의 한반도 동남해안까지 물러났다. 궁지에 몰린 일본군과 명 사이에는 본격적인 강화회담이 전개되었다. 그러나 일본은 조선 8도 중 4도의 분할과 조선왕자 및 대신 12명을 인질로 요구하는 등 무리한 조건을 고집하는데다 조선조정도 강화에 반대해 강화회담은 원만하게 진행되지 못했다. 진주성을 공격하여 함락시키고 군비를 강화하는 등 전열을 정비한 일본군은 강화회담이 결렬되자 97년 재차 총공격을 했다(정유재란). 일본수군은 3도수군통제사가 된 원균이 이끄는 조선수군을 칠천도 앞바다에서 격파하여 제해권을 장악한 데 이어 일본육군도 북상을 시도했다. 그러나 강화회담 기간중 군비를 정비한 조선군의 반격으로 왜군의 북상은 충청도 공주·직산에서 그쳤다. 해전에서도 다시 수군통제사에 기용된 이순신이 명량해전에서 일본수군의 주력부대를 격파하여 제해권을 되찾고, 이어 명의 수군과 연합해 고금도에서 왜군을 크게 격파했다. 이어 조선군과 명군은 수륙 양면에서 일본군에 대한 총공격을 했다. 수세에 몰린 일본군은 도요토미 히데요시가 병으로 죽자 그의 유언에 따라 조선에서 철수함에 따라 7년간의 전쟁은 끝을 맺게 되었다.

[결과 및 영향] 7년간에 걸친 임진왜란은 동아시아 3국에 막대한 영향을 끼쳤다. 조선에서는 사회 경제적으로 일대 변화가 일어났다. 전쟁터가 된 조선은 막대한 인력과 재정의 손실을 입었을 뿐더러, 노동력이 부족해지고 농토가 황폐화되어 생산력의 큰 감소를 가져왔으며, 토지대장의 상실로 조세나 요역의 징발이 어려워 재정이 고갈되었다. 문화적으로도 전주사고를 제외한 3대사고가 불타 많은 서적이 없어지고 불국사·경복궁 등도 불에 타는 등 커다란 피해를 입었다. 또한 사회의 모순이 폭발하여 봉건왕조의 위기가 초래되었다. 천민이 양민이 되고 서얼도 관직을 얻는 등 신분제도도 흔들려갔다. 왕실과 관리들은 이를 막기 위해 전쟁중 군사제도를 개편하는 등 각종 제도의 개혁을 통해 봉건사회의 유지·강화에 힘썼으나 그것은 일시적인 미봉책에 지나지 않았다. 이에 반해 민중은 사회의 모순, 왕실 및 관리의 부패와 무능을 깨닫고 봉건적 수탈에 대항하여 점차 자신의 권리를 찾기 위해 노력하는 등 의식이 성장했다. 일본에서는 도요토미가 죽은 후 도쿠가와 이에야스德川家康가 집권해 에도江戸에 막부를 세웠는데, 도

쿠가와는 지방을 번부로 나누고 다이묘 大名를 통해 통치함으로써 막번체제를 구축했다. 일본도 오랜 전쟁으로 막대한 인적·물적 손실을 입었다. 그러나 전쟁중 일본에 전해진 조선의 문화는 일본 중세문화의 발전에 크게 기여했다. 일본군이 약탈해간 많은 서적들은 일본의 인쇄술 발전에 기여했으며, 일본으로 끌려간 도자기 기술자들은 일본의 도자기업을 크게 일으키는 주역이 되었다. 특히 이황의 저서인 〈주자서절요〉〈이황통록〉은 일본 성리학의 교재로 사용되어 일본 성리학의 발전에 결정적인 역할을 했다. 명나라는 임진왜란 때 조선에 무리하게 원병을 파견함으로써 국력의 커다란 약화를 초래했으며, 명의 영향력이 약화된 틈을 이용해 만주에서 일어난 여진족은 후금을 세우고 세력을 크게 확대해 명을 위협했다.

도요토미 히데요시 豊臣秀吉 1536~98 일본의 무장·정치가. 15세기 후반 이래 계속되어 온 일본의 전국시대를 통일하기에 힘썼던 오다 노부나가織田信長가 1572년 피살된 후 그 뒤를 계승하여 통일작업을 계속 추진, 도쿠가와 이에야스와 손을 잡고 1590년까지 통일작업을 완수했다. 통일 후 스스로 다이코太閤가 되어 다이묘들의 충성을 강요하는 대신 영지를 인정하여 일본의 봉건제도를 확립하고 일본 전체를 지배했다. 일본내 불만세력의 관심을 밖으로 돌리고 자신의 대륙침략 야욕을 달성하기 위해 조선에 대해 명을 치기 위한 길을 비켜달라고 요구하다 거절당하자 1592년 조선을 침략했다(임진왜란). 그러나 전쟁이 교착상태에 빠지고 명과의 강화교섭이 제대로 진행되지 않는데다, 조선에 출병한 부장들 사이에서 내분이 발생하여 오히려 일본 안에서의 세력 약화를 초래했다. 1598년 병으로 사망하면서

자기의 죽음을 숨기고 조선으로부터 회군하라는 유언을 남김에 따라 7년간에 걸친 전쟁이 끝을 맺게 되었다. 이후 일본에서는 도쿠가와 이에야스가 정권을 잡아 에도 막부를 열었다.

가토 기요마사 加藤淸正 1562~1611 임진왜란 당시 왜군의 장수로 우리나라를 침략한 일본의 무장. 도요토미 히데요시 막하에서 무사로 전공을 세우고 영주가 되었다. 임진왜란 때 일본군의 동군을 이끌고 함경도까지 진격하여 선조의 두 왕자인 임해군 진과 순화군 보를 사로잡았다. 그러나 함께 출병한 왜군장수 이시다 미쓰나리石田三成, 고니시 유키나가와 의견이 맞지 않아 내분을 겪었으며, 명과 일본의 화의교섭에 반대하여 전쟁을 계속하자는 강경 주장을 펼치다가 도요토미의 노여움을 사 1596년 본국으로 소환당했다. 강화회담이 결렬되자 정유재란 때는 다시 출병해 북상을 시도하다가 오히려 울산에서 우리나라의 의병 및 관군에게 포위되어 고전을 치렀다. 귀국 후 도쿠가와 이에야스와 손잡고 세키가와라関ヶ原 전투에서 고니시·이시다 등 반대세력을 격파, 도쿠가와가 정권을 잡는 데 기여했다.

고니시 유키나가 小西行長 ?~1600 임진왜란 당시 일본군을 이끌고 우리나라를 침략한 일본의 장수. 도요토미 히데요시가 일본을 통일하는 데 협력해 그의 두터운 신임을 얻었다. 임진왜란 때는 일본군의 중군을 담당하여 선봉으로 서울을 거쳐 평양까지 함락시켰으나, 조선의 관군 및 의병 그리고 명의 구원군에 패배하고 퇴각했다. 이후 명과의 강화회담에 힘썼으나 결렬되었으며, 같은 왜장 가토 기요마사와 심한 의견차이를 드러내기도 했다. 화평공작이 실패한 후 정유재란 때 다시 군대를 이끌고 진격했으나 순천에서 조선군에게

패하고 후퇴했다. 도요토미가 죽은 후 조선에서 철수하여 귀국했다. 귀국 후 도쿠가와가 정권을 잡는 데 대항하여 싸웠으나 세키가와라 전투에서 패하여 처형되었다.

조총 鳥銃 조선 중기 이후 사용되던 소총의 하나. 뒤에는 화승총火繩銃이라고도 불렸다. 1543년 포르투갈 인이 일본에 전래하여 철포鐵砲라는 이름으로 급속히 보급되었다. 조선에는 1589년 일본에 사신으로 갔던 황윤길이 쓰시마 도주에게 몇 자루를 얻어가지고 돌아옴으로써 전해졌으나, 처음에는 별 관심을 끌지 못하다가 임진왜란 때 일본군이 조총을 사용해 조선군에게 큰 타격을 입힘으로써 비로소 그 위력을 인식하게 되었다. 이에 조선정부는 노획한 조총으로 훈련을 하고 그 제조에도 힘써 전쟁이 끝날 무렵에는 조선군의 조총술도 상당히 발달했다. 조선정부는 이후에도 조총부대의 육성에 노력하여 효종 때는 일본에서 조총 수천 자루를 수입했으며, 나선정벌 때는 조선의 조총부대가 청에까지 명성을 떨치기도 했다. 한말에는 항일의병의 주요무기로 사용되었다.

세스페데스 Cespedes, Gregorio de 1551~1611 임진왜란 때 조선에 온 천주교 신부. 스페인 출신. 예수회 선교사로 일본에 건너가 천주교 전파에 노력했다. 임진왜란이 일어나자 천주교 신자였던 고니시 유키나가를 따라 조선에 들어왔으나 끝까지 고니시의 군영에 머물렀던 관계로 선교활동을 하지 못하다가 1594년 일본으로 돌아갔다. 왜란 때 일본에 끌려갔다가 남양으로 팔려가는 조선인 중 일부를 대상으로 천주교를 전파해 당시 일본 안에서 조선인 신자의 수가 2천여 명에 이르렀다고 한다. 이후에도 계속해 일본에서 천주교를 전파하다 나가사키長崎에서 죽었다.

유성룡 柳成龍 1542(중종 37)~1607(선조 40) 조선중기의 문신·학자. 호는 서애西厓, 자는 이현而見, 본관은 풍산. 이황의 문인으로 김성일 등과 동문수학했으며 그 학맥을 계승했다. 1591년 선조의 왕세자 문제로 서인 정철의 처벌이 논의될 때 온건파인 남인에 속하여 강경파인 이산해李山海 등의 북인과 대립했다. 국방강화의 필요성을 역설하여 진관제鎭關制의 정비를 주장했으며, 이순신·권율·이일·신입 등을 추천하여 등용시켰다. 임진왜란 때는 도체찰사로 군무를 총괄했으며, 영의정이 되어 조정이 평양으로 피난할 때 선조를 호위하고 따라갔다. 이후 나라를 그르쳤다는 탄핵을 받아 파직당했으나 곧 복권되어 군사를 총지휘하며 전쟁을 수행했다. 명과 일본 사이에 강화회담이 진행되자 이에 반대했으며, 화기 제조·성곽 수축 등 군비확장에 노력하는 한편 훈련도감을 설치하여 군대양성에도 힘썼다. 그러나 이몽학의 난 때는 무고를 믿고 의병장 김덕령 등을 고문으로 죽게 하는 실수를 범하기도 했다. 98년 조선과 일본이 연합하여 명을 공격하려고 한다는 무고에 대한 해명을 하지 않았다고 탄핵을 받아 삭탈관직되었다. 1600년 복권되었으나 이후 벼슬을 하지 않고 은거했다. 저서로 임진왜란 당시의 체험과 기록을 엮은 〈징비록〉과 문집인 〈서애집西厓集〉 28권이 전한다.

징비록 懲毖錄 유성룡이 임진왜란 당시의 기사와 자신이 정부에 제출한 여러가지 보고서 등을 엮어 만든 책. 국보 제132호. 총 16권 7책으로 저자가 왜란 이후 반대파에게 몰려나 경상도 하회에서 지내면서 지었다. 1633년 저자의 아들 진袗이 〈서애집西厓集〉을 간행할 때 그 속에 처음 수록된 이래 10년 후인 43년 16권의 〈징비록〉으로 출간되었으며, 그후 95년(숙종 21) 일본 교토에서 다시 간행되었다. 유성룡 자신이 남인의 대표적 인물로 당파적·관료적 입장이 드러나 있으며, 자신의 활동을 중심으로 서술했기 때문에 전쟁의 본질과 전체적 과정을 이해하는 데는 한계가 있으나, 당시 상황을 비교적 객관적으로 서술하고 있기 때문에 임진왜란 연구의 기본적 자료의 하나로 높이 평가받고 있다.

정발 鄭撥 1553(명종 8)~92(선조 25) 조선중기의 무신. 호는 백운白雲, 자는 자고字固, 본관은 경주. 1579년 무과에 급제한 이래 여러 벼슬을 거쳐 92년 부산진 첨절제사釜山鎭僉節制使가 되었다. 임진왜란 때 부산으로 쳐들어온 왜적을 맞아 최초의 전투를 치렀으나 중과부적으로 패하고 전사했다.

송상현 宋象賢 1551(명종 6)~92(선조 25) 조선중기의 문신. 호는 천곡泉谷, 자는 덕구德求, 본관은 여산. 10살에 경서에 통달하고 15살에 문과 소과에 급제할 정도로 학문에 뛰어났다. 동래부사로 있던 임진왜란 당시 왜군이 길을 비켜줄 것을 요구했으나 거절하고 관민과 힘을 합해 싸웠다. 중과부적으로 성이 함락되자 조복朝服으로 갈아입고 단정하게 앉은 채 적병에 살해되었다. 그의 충절에 탄복한 왜장이 시체를 정중히 장례지내고 충절을 기려 제사를 지내주었다.

이일 李鎰 1538(중종 33)~1601(선조 34) 조선중기의 무신. 자는 중경重卿. 1558년 무과에 급제한 이래 무장으로 활약했다. 특히 83년 호적胡賊 니탕개尼湯介의 난을 평정해 이름을 떨쳤다. 임진왜란 때는 순변사로 상주에서 왜군을 맞아 싸웠으나 참패하고, 뒤이어 파견된 도순변사 신입에게 죽음을 청했으나 용서받은 후 왜군과의 싸움을 계속했다. 평양 탈환작전에서 조선군의 선봉장으로 평양 수복에 공을 세웠으며, 서울 수복 후에는 무용대장으로 서울의

방비에 힘썼다.

신입 申砬 1546(명종 1)~92(선조 25) 조선중기의 무장. 자는 입지立之, 본관은 평산. 무과에 급제한 후 평소부터 철기병을 훈련시키는 등 북방경비에 힘써 6진을 지키는 데 공을 세웠다. 특히 1583년 온성부사로 있을 때 침입한 니탕개를 격퇴하고 두만강을 넘어 여진족을 토벌함으로써 명성을 떨쳤다. 임진왜란 때는 삼도순변사로 왕으로부터 보검을 하사받고 경기·충청 일대의 군사를 거느리고 출전했다. 부하 장수였던 김여물 등이 아군의 수가 열세이므로 지형이 험한 조령에서 잠복하여 전투를 벌일 것을 주장했으나, 넓은 벌판에서 기병을 활용하는 것이 좋다고 주장하며 충주 탄금대에서 배수의 진을 쳤다가 참패한 후 김여물 등과 함께 투신자살했으며, 아군의 힘을 믿고 피난하지 않은 관리와 백성들도 커다란 희생을 치렀다.

영규 靈圭 ?~1592(선조 25) 조선 선조 때의 승려·의병장. 호는 기허騎虛, 밀양 박씨, 공주 출신. 계룡산 갑사에서 출가하여 휴정의 문하에서 법을 깨쳐 그 제자가 되었다. 임진왜란 때 승병 수백 명을 규합하여 의병을 일으켜 청주성을 수복하는 데 공을 세웠다. 의병장 조헌이 전라도로 향하는 왜군을 공격하려 할 때 그는 관군과 연합작전을 전개하는 것이 좋다고 주장하며 공격을 늦추자고 주장했다. 조헌이 듣지 않고 작전을 강행하자 영규도 이에 참가하여 1592년 8월 18일 금산에서 왜군과 혈전을 벌였으나 중과부적으로 최후의 1인까지 싸우다 전사했다. 영규의 봉기는 승려로서는 임진왜란 최초의 의병으로 이후 승병 궐기의 도화선이 되었다.

곽재우 郭再祐 1552(명종 7)~1617(광해군 9) 조선중기의 문신·의병장. 호는 망우당忘憂堂, 자는 계수季綬, 본관은

현풍. 1585년 문과 별시에 합격했으나 지은 글이 왕의 뜻에 거슬려 며칠 만에 무효가 되자 이후 과거를 포기하고 은거생활을 계속했다. 임진왜란이 일어나자 스스로 천강홍의장군天降紅衣將軍이라고 일컬으며 의령에서 의병을 일으켰다. 수십 명으로 출발한 의병은 2천여 명까지 늘어나 의령·현풍·창녕·영산·진주 등 경상우도 일대에서 활약했다. 왜군의 군수물자와 병력운반 선박을 습격하여 적의 통로를 차단하는 등 유격전술로 뛰어난 전과를 올렸으며, 제1차 진주성싸움에서 진주를 지키는 데 공헌했다. 임진왜란 이후 선조·광해군이 여러 차례 벼슬을 내렸으나 병 등을 구실로 제대로 관직에 나가지 않았다. 글씨에도 뛰어난 솜씨가 있어 필체가 웅선하고 활달하며 시문에도 능했던 것으로 알려지고 있다.

조헌 趙憲 1544(중종 39)~1592(선조 25) 조선중기의 문신, 임진왜란 당시 의병장. 호는 중봉重峯·도원陶原·후율後栗. 이이의 문인 중 가장 뛰어난 학자의 하나로 이기이승일도설理氣乘一途說을 지지하여 이이의 학문을 계승, 발전시켰다. 1567년 문과에 급제한 후 내외의 요직을 두루 거쳤다. 86년 동인이 이이·성혼成渾 등을 추죄하는 데 반대하다가 관직을 박탈당했으나, 89년 정여립 사건으로 동인이 몰락한 후 사면되었다. 임진왜란이 일어나기 직전인 91년 일본 사신이 오자 사신을 처단하고 일본의 침략에 대비해 군비를 확장해야 한다고 주장했으나 정부에 의해 받아들여지지 않았다. 왜란이 일어나자 충청도 옥천에서 의병을 일으켜 영규의 승병과 함께 청주를 수복했다. 이어 일본군이 전라도로 진출하는 것을 막기 위해 금산에서 격전을 벌이려 했으나 관군의 방해로 대부분의 의병들은 해산되고, 7백여 명 만으로 전투에 참가하여 모두 전사했다.

칠백의총 七百義塚 임진왜란 때 순절한 의병장 조헌 등 7백 의사의 유골을 묻은 묘소. 사적 105호. 충남 금산군 금성면 의총리에 있다. 1592년 금산성전투에서 의병장 조헌, 승장 영규 등 7백 의사가 전사하자 전투가 끝난 뒤 조헌의 문인인 박정량朴廷亮·김승절金承節이 이곳에 유골을 모아 무덤을 만들고 이름을 〈칠백의총〉이라고 했다. 1603년(인조 36) 조헌의 순의비가 세워지고 34년 순의단이 건립되어 해마다 8월 18일 제사를 지냈으며, 47년에는 종용사從容祠가 건립되어 7백 의사의 신위를 모셨다. 일제가 식민통치 말기에 파괴했으나 해방 후 지방민과 관공서의 노력으로 재건되었다. 1963년 묘역을 확대했으며, 68년 종용사를 다시 짓고 묘역의 조경사업을 마쳤다. 76년에는 기념탑을 세우고 7백의사 순의탑을 선립하니 오늘에 이르고 있다.

김덕령 金德齡 1567(명종 22)~96(선조 29) 임진왜란 당시의 의병장. 자는 경수景樹, 본관은 광산. 임진왜란이 발생하자 1593년 전라도 담양에서 의병을 일으켜 의병장 고경명과 함께 전라도로 침입하는 왜군을 격퇴했으며, 조정으로부터 종군명령과 함께 익호장군翼虎將軍의 칭호를 받았다. 곽재우와 함께 권율의 막하에 들어가 진해·고성 사이에서 왜군과 대치하며 영남 서부지역을 방어했다. 뛰어난 기습작전으로 왜군에게 커다란 타격을 입혀 왜군이 가장 두려워하는 의병장의 하나가 되었다. 96년 이몽학의 난이 일어났을 때 도원수 권율의 명으로 난을 진압하기 위해 진주로부터 운봉까지 진군하다가 난이 이미 진압되었다는 소식을 듣고 진주로 되돌아왔다. 그러나 체포된 반군의 무고로 이몽학의 난에 협력했다는 누명을 쓰고 서울로 압송되어 20여 일 동안 6차례에 걸친 혹독한 고문을 받고 숨졌다. 체구는 작지만 날래고 용감한 김덕령의 무용은 억울한 죽음으로 인해 전설적으로 채색되어 구전 또는 문헌 설화로 전해졌으며 〈임진록〉에 수록되어 역사 군담소설의 형성에 깊은 영향을 끼쳤다. 널리 알려진 〈아기장수설화〉는 이러한 설화의 표본이라고 할 수 있다.

고경명 高敬命 1533(중종 28)~92(선조 25) 조선중기의 문신·의병장. 호는 제봉霽峯, 자는 이순而順, 본관은 장흥. 1558년 문과에 급제해 벼슬길에 올랐으나 여러 차례 복직과 파직을 반복했다. 91년 동래부사로 있다가 서인이 제거될 때 사직하고 낙향했으나, 임진왜란이 일어나자 나이 60의 노인으로 의병을 일으켰다. 6,7천의 의병을 거느리고 선조가 피난해 있는 평안도로 가기 위해 북상하다 왜군이 호남을 침범하려 하자 금산에서 조헌·영규의 의병부대와 합세하여 싸우다 아들 인후仁厚와 함께 전사했다.

정문부 鄭文孚 1565(명종 20)~1624(선조 2) 조선중기의 문신. 임진왜란 당시의 의병장. 자는 자허子虛, 호는 농포農圃, 본관은 해주. 임진왜란 당시 국경인鞠景仁 등이 함경도 회령에서 반란을 일으켜 두 왕자를 일본군에게 넘기고 투항하자 산 속에 숨었다가 관민합작의 의병장이 되어 경성을 수복했다. 이어 길주·장평·석현 등지에서 일본군을 크게 격파했으며, 회령으로 진격해 국경인의 숙부인 세필世弼을 죽이고 반란을 평정했다. 12월 정문부의 의병부대는 5천여 명으로 성장했으며, 이듬해 가토 기요마사의 왜군부대를 함경도에서 몰아내어 커다란 공을 세웠다. 1624(인조 2)년 이괄의 난이 일어났을 당시 초 회왕懷王에 대하여 지은 시가 왕을 반대한다는 뜻이 있다고 하여 난에 연루되어 체포, 투옥된 후 고문으로 옥사했다.

그후 누명이 벗어져 좌찬성에 추증되었다. 시호는 충의공忠毅公이며 저서로 〈농포집農圃集〉이 전한다.

국경인 鞠景仁 ?~1592(선조 25) 조선중기의 반역자. 본래 전주에서 살았으나 죄를 받고 함경도 회령에 유배되었다. 회령부 아전이 되어 부를 축적했으나 조정에 대해 원한을 품고 있었다. 임진왜란이 일어나자 숙부인 세필世弼, 명천의 아전인 정말수鄭末守 등과 함께 백성을 선동하여 반란을 일으켜 근왕병 모집차 함경도에 왔던 임해군 진과 순화군 보 및 그들을 호위하던 관리들과 그 가족을 붙잡아 왜장 가토에게 넘겼다. 가토에 의해 판형사제북로判刑使制北路에 임명되어 회령을 통치하면서 갖가지 횡포를 자행했다. 가토 퇴각 후 북평사 정문부의 격문을 받은 회령 유생 신세준申世俊, 오윤적吳允迪 등에게 붙잡혀 참살되었다.

휴정 休靜 1520(중종 15)~1604(선조 37) 조선중기의 승려, 임진왜란 당시의 승군장. 자는 현응玄應, 호는 청허淸虛·서산西山, 속성은 최崔, 본관은 안산. 9살 때 부모를 여의고, 1543년 진사시에 낙방한 후 지리산에 들어가 중이 되었다. 숭인崇仁에게서 불경을 배웠으며 49년 승과에 급제했다. 정여립의 난 때 연루된 혐의로 투옥되기도 했으나 곧 풀려났다. 임란이 일어나자 70살이 넘은 노구로 8도16종도총섭八道十六宗都摠攝이 되어 전국에 격문을 돌려 승려의 궐기를 촉구했다. 승군 1,500여 명을 모아 이들의 총수가 되었으며 명군을 도와 평양을 수복하는 데 공을 세웠다. 94년 승군을 유정에게 맡기고 묘향산에 들어가 수도생활을 계속했다. 교教를 선禪의 과정으로 보아 선종에 교종을 포섭하여 이후 불교를 조계종으로 일원화했다. 또한 유교·불교·도교가 궁극적으로 일치한다고 주장해 삼교통합론의 기초를 이룩했다.

유정 維政 1544(중종 39)~1610(광해군 2) 조선중기의 승려, 임진왜란 당시의 의병장. 호는 사명당四溟堂, 성은 임任, 본관은 풍천, 유정은 법명. 13,4살 때 부모가 차례로 사망한 후 출가해 황학산 직지사의 신묵信默에게서 계를 받았다. 3년 만에 승과에 급제했으며 묘향산에서 휴정의 법을 계승했다. 금강산에서 도를 닦다가 임진왜란이 일어나자 승려를 모아 의병을 일으켜 휴정과 함께 평양성 회복에 공을 세웠다. 전쟁이 소강상태에 접어들고 화의교섭이 진행되자 적장 가토와 3차례에 걸쳐 담판을 하며 적정을 탐지했다. 강화교섭이 진행되는 중에도 영남지역에 성을 수축하고 군량미를 저장했으며, 국가기강의 쇄신, 인재등용을 주장하는 등 방비태세외 강화에도 노력했다. 전쟁이 끝난 후에는 국서를 휴대하고 일본에 건너가 도쿠가와 강화회담을 하고 일본에 끌려간 조선인 3천여 명을 이끌고 귀국했다. 휴정이 죽은 후 전국의 명산을 돌며 수행하다 치악산에서 사망했다.

김천일 金千鎰 1537(중종 32)~93(선조 26) 조선중기의 문신, 임진왜란 당시의 의병장. 호는 건재健齋·극념당克念堂, 자는 사중士重, 본관은 언양. 임진왜란이 일어나고 왕이 피난하자 전라도 나주에서 의병을 일으켰다. 전라도 관군과 함께 북상, 수원 독산성에 진을 친 후 한강변의 여러 적진을 공격해 정부로부터 창의사의 칭호를 받았다. 강화도를 근거로 남북 사이의 연결을 꾀하고, 이여송의 명군이 남진 때 도로·지세·적정을 알려줘 작전에 도움을 주는 한편 왜적에 점령된 서울에 결사대를 파견하기도 했다. 명과 일본 사이에 강화회담이 진행되자 이에 반대했으며 행주산성 전투에도 출전해 공을 세웠다. 왜적이 패주하자 이를 추적해 남진했

다. 왜적의 전라도 침입을 막기 위해 최경회·황진의 관군과 의병을 지휘해 10만여 명의 왜군과 1주일 이상의 격전을 벌였으나 중과부적으로 진주성이 함락되자 자결했다.

이여송 李如松 ?~1598 명나라 신종 때의 장수. 자는 자무子茂, 호는 앙성仰城, 요동 철령위 출신. 할아버지는 조선계 사람으로 알려졌으나 아버지가 명에서 공을 세운 후 벼슬을 했으며 이여송은 아버지의 벼슬을 이어받았다. 임진왜란이 일어나 조선이 명에 구원을 요청하자 제독으로 명군 4만을 이끌고 전쟁에 참가했다. 조선군과 연합해 평양성을 탈환한 후 왜군을 추격했으나, 무리한 군사작전으로 벽제관에서 크게 패하고 개성으로 후퇴했다. 다시 군사를 돌려 평양에 주둔하면서 심유경을 통해 왜장 고니시와 화평교섭을 추진했으나 실패하고 이후 본국으로 돌아갔다. 그후 요동총병관遼東總兵官이 되어 1598년 토번吐蕃을 공격하다가 전사했다.

심유경 沈惟敬 ?~1600 임진왜란 당시 명의 사신. 중국 절강성浙江省 가흥嘉興 출신. 임진왜란 때 명의 원군과 함께 유격장군으로 우리나라에 와서 일본과 화평교섭을 추진했다. 왜장 고니시를 상대로 강화를 추진했으나 실패로 돌아갔으며, 벽제관 싸움에서 명이 패배한 후 다시 화의교섭에 나섰다. 2차례에 걸쳐 일본에 건너가 도요토미와 회담했으나 결국 실패했다. 명나라 조정에 도요토미가 명이 제시한 조건을 받아들여 화의가 성립되었다고 거짓으로 아뢰었다가 정유재란으로 사실이 탄로났다. 용서를 받고 이후 다시 화의교섭을 하던 중 일본으로 탈출하려다가 체포되어 처형되었다.

이순신 李舜臣 1545(인종 1)~98(선조 31) 조선중기의 무인, 임진왜란 당시의 명장. 자는 여해汝諧, 시호는 충무忠武,

본관은 덕수. 1576년(선조 9) 무과에 합격 후 북방 등지에서 미관말직을 역임하다가 91년 유성룡의 추천으로 전라좌도 수군절도사에 승진해 군비강화에 힘썼다. 이듬해 임진왜란이 일어나자 옥포에서 적 수군의 선봉 30여 척을 격파한 것을 시작으로 사천·당포·당항포·한산도 등지에서 잇달아 승리했다. 특히 한산도 앞바다에서는 일본수군 주력 70여 척을 격파해 해상권을 장악했다(한산도 대첩). 93년에는 부산과 웅천의 왜군 수군을 궤멸시켜 남해안 일대의 제해권을 완전히 잡아 삼도수군통제사에 임명되었다. 이순신 함대의 승전은 곡창지대인 전라도를 왜군으로부터 보호함으로써 조선군의 군량확보를 용이하게 했을 뿐 아니라, 적의 보급로를 끊음으로써 전세를 역전시키는 데 크게 이바지했다. 또한 이순신은 전쟁중에도 무기를 제조하고 무관을 뽑는 등 방비의 강화에 노력하는 한편, 토지를 개간하고 백성들로 하여금 고기를 잡거나 소금을 생산케 했으며, 도자기를 제조, 판매하는 등 군량미의 비축과 백성의 생업을 안정시키는 데도 힘썼다. 97년의 정유재란 직전, 일본군의 계략에 속은 조선정부는 이순신을 서울로 압송하여 사형선고를 내렸으나, 정탁 등의 변호로 목숨을 건지고 권율의 휘하에서 백의종군했다. 정유재란 때 새로 삼도수군통제사에 임명된 원균이 칠천도 앞바다의 해전에서 참패하고 전사하자 다시 삼도수군통제사에 임명되었다. 명량해전에서 12척의 함선과 빈약한 병력으로 130여 척의 왜군과 대결, 30여 척의 왜선을 격침시키는 등 전과를 올림으로써 제해권을 되찾았다. 도요토미가 죽은 후 왜군이 철수하자 이를 맞아 노량 앞바다에서 기습하여 대승을 거두었으나 이 싸움에서 적의 탄환을 맞고 전사했다. 충성심이 강하고 전략이 뛰어난 용장으로 알려져 있으며 글에도 뛰어나 〈난중일기〉와 시조 등을 남기고 있다. 전쟁이 끝난 후 권율·원균과 함께 선무공신 1등에 봉해지고 영의정에 추증되었다.

한산대첩 閑山大捷 임진왜란 때 일본수군을 한산도 앞바다에서 크게 격파한 싸움. 옥포·당포·당항포 등지에서 조선 수군에 패한 왜군은 이를 만회하기 위해 병력을 보강하고 육군과 협력하면서 총공격을 준비했다. 이에 전라좌수사 이순신은 전라우수사 이억기, 경상우수사 원균의 부대와 연합해 적군에 대한 공격에 나섰다. 조선군은 적이 퇴각하기 어려운 한산도 앞바다에서 전투를 하기로 계획을 세우고, 1592년 7월 7일 대·중·소 적선 70여 척이 견내량見乃梁에 들어가자 먼저 작은 배 5,6척으로 적의 선봉을 공격하다가 거짓 후퇴했다. 유인작전에 속은 일본군 함대가 한산도 앞바다까지 따라나오자 조선군은 학익진鶴翼陣을 치고 거북선을 앞세워 일제히 총과 포를 쏘며 총공격을 했다. 이 싸움에서 적선 60여 척이 불타고 수백 명의 왜군이 물에 빠지거나 조선군에게 사살되었으며, 4백여 명의 왜군은 한산도에 상륙하여 풀과 나무뿌리로 연명하다가 겨우 탈출했다. 이 전투의 결과로 일본수군은 전멸상태에 빠져 조선군이 제해권을 완전히 장악할 수 있었다. 임진왜란의 3대첩 중 하나로 손꼽힌다.

명량해전 鳴梁海戰 임진왜란 때 이순신이 이끄는 조선수군이 왜선을 격파한 전투. 명량은 전남 진도군 군내면에 위치한 목. 정유재란 때 조선수군이 크게 패하고 원균이 전사한 후 다시 삼도수군통제사에 임명된 이순신은 1597년 8월 어란포에서 왜선을 격파한 후 왜군과의 전면적인 일전을 준비했다. 전선戰船 및 병력의 부족으로 수군 본부를 진도군 고군면에 있던 우수영으로 옮긴 조선수군은 일본군의 공격에 대비했다. 왜군이 133척의 배로 공세를 취하자 조선수군은 불과 12척의 배로 울돌목의 좁은 수로에서 일자진一字陣을 치고 적의 수로 통과를 저지했다. 조류의 방향이 바뀌면서 서로의 진영이 뒤엉키기 시작하자 조선군은 적장 구루시마來島通總의 목을 베어 사기를 높이며 총공격을 감행했다. 이에 당황한 왜군은 30여 척의 배를 잃고 퇴각했다. 이 싸움으로 조선군은 다시 제해권을 확보할 수 있었으며, 왜군은 수군을 이용해 전라도로 침입하려던 계획을 포기하지 않을 수 없었다. 이 싸움에서 이순신은 피난선 100여 척을 전선으로 위장해 적군의 사기를 떨어뜨리고 철그물을 수로에 쳐서 적선을 전복시켰다는 이야기도 전한다.

난중일기 亂中日記 이순신이 임진왜란을 겪으면서 기록한 군중일기. 7책 205장으로 되어 있으며, 충남 아산 현충사에 보관되어 있는 필자의 친필 초고는 국보 제76호로 지정되어 있다. 임진왜란이 일어난 다음해인 1592년 5월부터 필자가 전사한 98년 10월까지 기록되어 있다. 필자의 진중생활과 국정에 대한 느낌, 전투상황, 부하들에 대한 통제, 전황보고, 장계 및 편지, 일상생활 등이 적혀 있다. 1795년(정조 19) 윤행임尹行恁이 왕명에 의해 간행한 〈이충무공전서〉에도 수록되어 있다. 임진왜란 연구의 중요자료로 취급되고 있다.

원균 元均 1540(중종 35)~97(선조 30) 조선중기의 무신. 자는 평중平中, 본관은 원주. 1592년 경상우수사에 임명되었다. 임진왜란이 일어난 후 경상좌수영 군사가 궤멸되고 좌수사 박홍朴泓이 도주하자 우수영 병사를 모아서 전라좌수영 군대에 합류했다. 이순신과 함께 옥포·당항포·한산도 등지에서 승

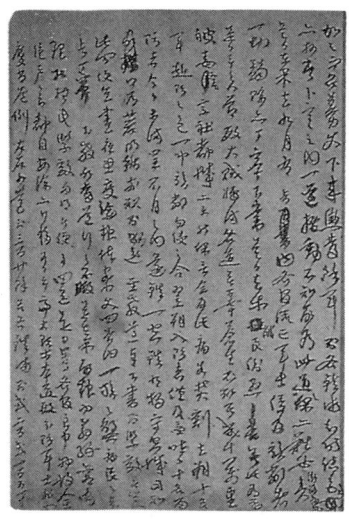

△난중일기

리했으나, 이순신이 삼도수군통제사에 임명되자 포상 과정에 불만을 품어 충청병사에 전보되었다. 정유재란이 일어나자 이순신 대신 삼도 수군을 이끌고 출전하여 부산의 왜군을 공격했으나, 왜군의 준비상황을 제대로 파악하지 못해 칠천량漆川梁 해전에서 크게 패하고 전라우수사 이억기, 충청병사 최호崔湖 등과 함께 전사했다. 왜란 후 선무공신 1등에 봉해졌다.

이억기 李億祺 1561(명종 16)~97(선조 30) 조선중기의 무신. 자는 경수景受, 본관은 전주. 어려서부터 무술에 뛰어나 17살에 이미 벼슬에 올랐다. 그후 무과에 급제해 경흥부사로 여진족의 침입을 격퇴하는 등 공을 세우다가 1591년 전라우도 수군절도사가 되었다. 임진왜란이 일어나자 이순신과 함께 옥포·당포·안골포·절영도 등지의 해전에서 왜군을 격파하는 데 공을 세웠다. 이순신이 투옥되자 죄가 없음을 주장하는 글을 조정 대신들에게 보내는 등 구명운동에 힘썼다. 97년 정유재란 때 통제사

원균의 휘하에서 왜군과 싸웠으나 칠천량 싸움에서 크게 패하고 원균과 함께 전사했다. 왜란이 끝난 후 선무공신 2등에 봉해졌다.

권율 權慄 1537(중종 32)~99(선조 32) 조선중기의 문신. 임진왜란 당시의 장수. 호는 만취당晩翠堂·모악暮嶽, 자는 언신彦愼, 시호는 충장忠莊, 본관은 안동. 임진왜란이 일어날 당시 광주목사로 군병을 모집, 방어사 곽영郭嶸과 함께 북진하여 용인에서 왜군과 싸웠으나 패했다. 전라도로 돌아가 남원에서 의용군을 모집한 후 이치梨峙에서 왜군을 격파함으로써 호남지방을 왜군의 침입으로부터 지켰다. 병사 만여 명을 이끌고 북상하여 수원 독산성에 진을 치고 왜군을 물리쳐서 왕으로부터 보검을 하사받았다. 그후 행주산성으로 진을 옮겨 서울에 집결한 일본군의 총공격을 격퇴했으며(행주대첩), 그 공으로 도원수가 되었다. 다시 진을 파주산성으로 옮겼으나 명과 일본군 사이에 강화회담이 진행되자 전라도로 복귀했다. 정유재란 때도 일본군과 맞서 전공을 세웠으나 명군이 협조하지 않아서 어려움을 겪기도 했다. 임진왜란이 끝난 직후인 1599년 노환으로 사망했으며, 이순신·원균과 함께 선무공신 1등에 추봉되었다.

행주대첩 幸州大捷 임진왜란 때 행주산성에서 왜군을 크게 격파한 싸움. 전라순찰사 권율은 명군과 힘을 합해 서울 수복을 위해 수원에 머물다가, 명군이 벽제관 전투에서 패하고 개성으로 퇴각하자 1593년 2월 1만여 병력을 경기도 고양군의 행주산성에 집결시켰다. 권율은 행주산성을 새로 수축하는 한편 선거이宣居怡·허욱許頊 등이 거느리는 관군 및 김천일이 거느리는 의병으로 하여금 시흥·김포·강화 일대에서 지원하게 했다. 왜군은 3만여 병력을 3진으로 나누고 9차례에 걸쳐 성을 맹공격했으나 결국 패퇴했으며, 조선군은 퇴각하는 왜군을 추격하여 큰 피해를 입혔다. 이 싸움에서 부녀자들이 긴 치마를 짧게 잘라입고 돌을 날라 왜군에게 던짐으로써 승리에 기여한 데서 지금의 행주치마가 유래했다고 한다. 임진왜란 3대첩의 하나로, 권율은 이 싸움의 공로로 도원수가 되었다. 격전지인 행주산성은 백세 때 축조된 것으로 추정되는 토성으로 사적 56호로 지정되어 있다.

김시민 金時敏 1554(명종 9)~92(선조 25) 조선중기의 무신. 자는 면오勉吾, 본관은 안동. 1578년 무과에 급제한 이후 훈련원 판관을 거쳐 니탕개의 난 때 공을 세웠다. 임진왜란이 발생했을 당시 진주판관이었으나 목사가 병으로 죽자 초유사 김성일의 명에 따라 그 직을 대리하여 성을 수축하고 무기를 갖추어 그해 8월 진주목사에 임명되었다. 사천·고성·진해 등 경상도 일대에서 왜군을 격파함으로써 그 공으로 9월에는 경상우도 병마절도사가 되었다. 같은 해 10월 3만여 명의 왜군이 전라도로 침입하기 위해 진주성을 공격하자 곽재우·최강 등의 의병부대와 함께 6일간의 대접전 끝에 적을 격퇴했으나 이마에 왜병의 총탄을 맞고 전사했다.

진주성 전투 임진왜란 때 진주성에서 왜군과 격전을 벌인 2차례의 전투.
[1차] 1592년 10월 진주성에서 왜군을 격퇴한 싸움. 나가오카長岡忠興 휘하의 왜군 3만여 명은 전라도로 진격하기 위해 진주성을 포위공격했다. 수천 개의 대나무 사다리를 만들어 공격하는 왜군을 맞아 10월 6일부터 진주성에서는 김시민이 지휘하는 조선군 3천여 명이 혈전을 벌였다. 10월 9일에는 왜군의 총공격을 격퇴했으며, 곽재우·최강·이달 등의 의병부대는 성밖에 진을 치고 왜군의 배후를 위협했

다. 6일간에 걸친 대접전 끝에 조선군은 왜군을 격퇴했으나 전투를 지휘한 김시민은 적의 총탄을 맞고 전사했다. 이 싸움의 결과로 조선군은 경상우도를 보존하고 왜군의 전라도 진출을 저지할 수 있었다. 임진왜란 3대첩의 하나로 꼽힌다. [2차] 1593년 6월에 벌어진 왜군과의 혈전. 93년 4월 서울에서 철수한 왜군은 부산을 중심으로 한 동남해안에 집결했다. 왜군은 강화회담을 추진하는 한편, 1차 진주성 전투의 패전을 설욕하고 전라도로 진출할 수 있는 교두보를 확보하기 위해 진주성에 대한 총공격을 감행했다. 이 전투에서는 가토·고니시·구로다 등 왜장과 귀갑차龜甲車 등 왜군의 신무기가 총동원되었으며 왜군의 선봉만도 5만여 명에 달했다. 이에 맞서 싸운 조선군은 황진·최경회 휘하의 관군과 김천일이 지휘하는 의병을 합해 3천여 명에 불과했다. 6월 19일부터 시작된 전투는 10일간 치열하게 계속되었으나 중과부적으로 결국 29일 진주성은 왜군에 함락되고 말았다. 이 전투 중 황진은 적군의 총탄에 맞아 죽었으며, 김천일은 성이 함락되자 스스로 목숨을 끊었다. 성에 남아 있던 6만여 군민들도 대부분 왜병에게 학살되었다. 그러나 왜군도 이 싸움에서 커다란 타격을 입고 동남해안으로 철수하고 말았다. 승전을 기념하여 연회를 벌이던 왜장을 의기 논개가 촉석루에서 끌어안고 남강에 몸을 던졌다는 이야기가 전한다.

황진 黃進 ?~1593(선조 26) 조선 선조 때의 무신. 자는 명보明甫, 호는 아술당蛾述堂, 본관은 장수. 1576년 무과에 급제하여 선전관을 지냈으며, 91년 통신사를 따라서 일본에 다녀와 일본의 침략이 예견된다고 주장하기도 했다. 임진왜란이 일어나자 동복현감으로 근왕병을 이끌고 북상하여 용인에서 왜군과 싸웠으나 패했다. 그러나 군사를 정비하여 진안·안덕원 등지에서 왜군을 격파했으며, 93년 충청도 병마절도사로 임명되어 패주하는 적을 쫓아 상주까지 추격했다. 2차 진주성 전투에 참가해 김천일·최경회 등과 함께 왜군을 맞아 혈전을 벌인 끝에 전사했다.

논개 論介 ?~1592(선조 25) 임진왜란 때의 의기義妓. 진주의 관기로 1593년 2차 진주성 전투가 끝난 뒤 성을 함락시킨 왜군이 촉석루에서 연회를 베풀자 왜장 게타니毛谷村六助를 유인하여 끌어안고 함께 남강에 투신했다. 이 사실이 구전이나 금석문 등에서 전하다가 유몽인이 〈어우야담〉에 이러한 사실을 적고 논개가 순국한 바위에 의암義岩이라는 글자를 새겼다. 경종 이후 순국 사실을 국가적으로 인정했으며 영조 때 사당인 의기사義妓祠가 세워져 해마다 추모제가 성대히 치러졌다. 이후 의기사는 여러 차례 보수되어 촉석루 옆에 그 모습을 유지하고 있다. 1868년 진주목사 정현석鄭顯奭에 의해 내년 6월 3일간 치제하는 대규모 추모 행사인 의암별제義岩別祭가 행해졌으나 일제의 방해로 중단되고 그 의식절차만이 전해진다. 19세기 이래 출생, 성장과정에 대한 여러 가지 설이 나오고 있다. 일설에는 기생이 아니라 전라도 장수의 양반 가문 여인으로 성은 주朱씨라고 하며, 최경회 또는 황진의 애인이라는 설도 있으나 명확하지는 않다.

비격진천뢰 飛擊震天雷 조선중기 이후 사용되던 포탄의 일종. 임진왜란 때 이장손李長孫이 발명. 화약과 쇳조각·뇌관을 속에 넣고 겉은 무쇠로 둥근 박과 같이 쌌다. 나사처럼 홈을 파서 도화선을 감아 한쪽 끝은 화약에 묻고 다른 끝은 불을 붙이게끔 만들었다. 완구포에 장전하여 발사했는데 심지를 나무나사에 감은 횟수에 따라 폭발시간을 조정할 수 있게 했다. 1592년 8월 경상좌병사 박진朴晉이 경주를 왜군으로부터 탈환할 때 이 무기를 써서 커다란 성과를 올렸다.

이몽학의 난 李夢鶴-亂 임진왜란 기간 중 1596년(선조 29) 이몽학(?~1596)이 충청도 일대에서 일으킨 반란. 이몽학은 서얼출신으로 부친에게서 박대를 받고 쫓겨나서 충청도 일대를 방랑했다. 임진 왜란이 일어나자 새로 모집한 군대의 조 련관으로 있다가 모속관募粟官 한현韓絢 의 부하가 되었는데, 왜란중 민심이 정부 로부터 멀어지자 96년 승려·노비 등을 규 합해 충청도 홍산에서 난을 일으켰다. 홍 산을 점령해 무기를 탈취한 후 인근 5개 고을을 차례로 수중에 넣은 반란군은, 수 령의 악정을 폭로하고 〈안민정국〉의 구호 를 내세워 백성의 지지를 받아 그 무리가 수천에 달하는 등 한때 크게 세력을 떨쳤 다. 그러나 홍주 공략에 실패한 후 덕산 으로 패주했으며, 권율 등 관군의 추격이 강화되자 그 대오는 와해되고 말았다. 이 몽학은 논산에서 관군의 선무공작을 받 은 부하들에게 피살되었으며, 그와 내응 약속을 어기고 정세를 관망하던 한현도 체포되어 처형됨으로써 반란은 진압되었 다. 난이 끝난 후 체포된 반란군 병사가 의병장들이 반란에 연루되었다고 무고함 으로써 의병장이었던 김덕령·최담경·곽 재우·고언백 등이 체포되어 취조를 받았 으며, 김덕령과 최담경은 결국 고문으로 목숨을 잃었다. 이 사건은 임진왜란 당시 조선정부가 얼마나 민심을 잃고 있었는 가를 잘 보여준 것이라 하겠다.

기유약조 己酉約條 1609년(광해군 1) 일본과 맺은 전문 13조의 사신파견 조약. 도요토미가 죽은 이후 일본에서는 도쿠 가와가 에도막부를 세워 정권을 잡고 조 선정부에 교류를 다시 열 것을 요청했다. 조선 안에서는 이에 대해 찬반 양론이 엇 갈렸다. 조선정부는 대마도주를 통해 「① 국서를 정식으로 먼저 보내올 것 ② 왜란 중 조선의 왕릉을 도굴한 일본인들을 압 송할 것 ③ 일본으로 끌려간 조선인 포로 를 송환할 것」 등을 전제조건으로 내세웠

으며, 일본정부가 이를 약속함으로써 조 약이 체결되었다. 이 조약에 따른 일본과 의 교역은 1년에 세사미두 100석, 세견선 20척으로 제한되었으며, 조선에 입국하 는 일본인의 배는 일종의 여행증명서인 대마도주의 문인文引을 가져야만 하고 활 동지역은 부산포로 한정한 제한된 교류 였다. 이후 조선정부도 일본에 통신사의 파견을 다시 시작했다.

통신사 通信使 조선정부가 일본에 파견 한 사신의 일행. 일본에서는 조선내빙사 朝鮮來聘使 또는 빙례사聘禮使라고 불렀 다. 고려말에 시작되어 조선초까지 계속 되었으나, 1479년(성종 10) 통신사 이형 원李亨元이 죽은 뒤 파견이 중단되었다. 그후 도요토미의 요청으로 임진왜란 직 전인 1590년 황윤길黃允吉을 정사正使로 하는 통신사가 파견됐다. 임란이 끝난 후 일본의 요청으로 1607년(선조 40) 재개되 었으나, 이때는 통신사라는 명칭 대신 회 답겸쇄환사回答兼刷還使라고 불렀다. 이 후 1811년(순조 11)까지 12회에 걸쳐 통 신사의 파견이 이루어졌다. 통신사는 정 사와 부사副使·종사관從使官(1607년 이전 에는 서장관書壯官), 그밖에 통역·서기· 호위군사·의사 등으로 구성되었으며 많 을 때는 그 규모가 400~500명에 달했다. 이로 인해 통신사 일행의 영접에 어려움 을 느낀 일본측이 그 규모의 축소를 요청 하기도 했다. 통신사의 파견은 주로 쇼군 將軍의 취임과 같은 경조사의 축하·위문 이나, 일본사신에 대한 답례 형식으로 이 루어졌다. 통신사의 파견은 전통적인 화 이관華夷觀에 바탕을 둔 외교정책으로 이 루어졌으나, 후대에 갈수록 점차 그런 의 식은 약화되었고, 오히려 양국 사이의 문 물교류에 끼친 영향이 커져갔다.

도쿠가와 이에야스 德川家康 1542~1616 일본 중세의 무인. 에도 막부江戶幕府의 초대 쇼군將軍. 14세기말 이래 계속된 일 본 전국시대말 오다 노부나가와 동맹을

맺고 동해지방 일대에 세력을 구축했다. 오다 노부나가가 죽은 후 패권을 놓고 도요토미 히데요시와 대결을 벌여 패하기도 했으나 곧 그와 화친해 도요토미의 통일을 도왔다. 임진왜란 때는 자신의 군대를 출병시키지 않음으로써 세력을 보존했고, 도요토미가 죽자 그의 지지세력을 세키가와라關ヶ原 전투에서 격파하고 실권을 장악했다. 1603년에는 정이대장군征夷大將軍에 올라 에도에 막부를 개설하고 패자로서의 지위를 합법화했으며, 1614, 5년 2차례에 걸쳐 도요토미의 잔재세력을 무너뜨리고 일본통일을 완성했다. 권력을 확립한 후 오다 노부나가와 도요토미의 정책을 계승했으나, 군사력과 경제력을 충실히 하고 현실에 적절이 적응함으로써 일본의 봉건제 사회를 확립했다.

막번체제 幕藩體制 에도 막부 시기 일본의 통치체제. 도쿠가와 이에야스에 의해 성립되어 메이지 유신 때까지 계속된 통치체제로 막부와 번부라는 중층적 형태를 띠었다. 다이묘大名를 중심으로 한 각지의 무사단은 에도 막부의 우두머리인 쇼군將軍을 최고 통치자로 인정하면서 각각 독립된 영지인 번藩을 가지고 자치적으로 백성을 통치했다. 그러나 번의 자치권은 많은 제약이 있어서 막부가 정한 규정을 지켜야 했다. 영지는 쇼군이 지급하는 형식을 취했으므로 쇼군이 바뀔 때마다 주인장朱印狀이라고 부르는 확인서를 받게 되어, 막부가 정한 규정을 어기면 언제나 영지를 줄이거나 몰수할 수 있었다. 다이묘는 영지를 지급받는 대신 쇼군을 위해 군역에 봉사해야 했으며, 교대로 1년씩 막부가 있는 에도에서 지내는 참근교대參覲交代의 의무를 지켜야 했다. 이러한 막번체제 아래서 쇼군은 중요 도시와 광산 등을 직할지역으로 삼고 전국의 시장, 화폐 주조, 쇄국에 의한 무역독점으로 부를 축적했다. 영주들이 각지에 건설한 도시에는 상공업이 발달한 반면 농촌은 여전히 자연경제 상태를 유지했다. 무사단은 농촌을 떠나 도시에 거주함으로써 병농분리의 정책을 추진했다. 이러한 막번체제하의 경제구조는 농촌은 자연경제, 도시는 대량소비경제라는 2원적 구조로 체제의 안정을 기한 것이었다. 그러나 생산력의 발전에 따라 농촌도 점차 상품화폐경제 속에 흡수됨에 따라 농촌 분해현상이 나타났으며, 도시의 상공업 발달은 도리어 영주의 재정을 궁핍하게 하는 등 18세기경부터 막번체제의 모순이 격화되었다. 이에 따라 국인일규國人一揆 등 많은 농민반란이 일어났으며 막번체제는 점차 내부적으로 변질되어갔다. 이러한 막번체제는 개항(1852) 이후 번부의 존왕양이 운동에 따라 쇼군의 지위가 흔들리다가 메이지 유신으로 무너지고 말았다.

쇼군 將軍 일본의 역대 무신정권인 막부幕府의 우두머리. 미나모토노 요리토모源賴朝가 가마쿠라 막부鎌倉幕府를 세워 1192년 정이대장군征夷大將軍에 오른 이후 쇼군은 무신정권의 장長으로서 막부의 주재자를 의미하게 되었다. 동시에 이는 전국의 지배권을 공인받은 것으로 쇼군은 무인 최고의 영예직으로, 가마쿠라 막부의 9대, 무로마치 막부室町幕府의 15대, 에도 막부江戶幕府의 15대 등에 걸쳐 약 700년간 계속되었다. 형식적으로 천황이 존재하기는 했으나, 이 기간 동안 실권을 가진 실제적인 최고통치자는 쇼군이었다. 쇼군은 1868년 메이지 유신으로 왕정복고가 이루어짐에 따라 폐지되었다.

다이묘 大名 에도 막부시대 1만 석 이상의 독립된 영지를 소유한 영주. 다이묘에는 가마쿠라 막부 시대의 수호 다이묘守護大名, 전국시대戰國時代의 전국 다이묘戰國大名도 있으나 단순히 다이묘라고 할 때는 보통 에도 막부 시대의 다이묘를 가리킨다. 다이묘는 막부로부터 영지를 인정받아 자치권을 행사하는 등 영지에 대해 독립적인 권한을 가졌으며 가신단을 거느렸다. 그 대신 막부에 대해 참근교대參勤交代의 의무를 이행하고 군역을 제공해야 했으며, 성의 신·중축 제한, 허가없는 다이묘끼리의 혼인금지 등 각종 규제조항을 지켜야 했다. 다이묘는 메이지 유신으로 폐지되고 중앙에서 파견된 관리로 교체되었다.

광해군 光海君 1575(선조 8)~1641(인조 19) 조선 15대 왕. 재위 1608~1623. 이름은 혼琿, 선조의 둘째아들로 어머니는 공빈 김씨. 선조의 첫째왕자 임해군 진이 난폭하다고 하여 임란중 피난지 평양에서 세자로 책봉되어 선조로부터 국사의 일부를 나누어 맡아 행했다. 임란중 각지에서 의병을 모집했으며 군량미를 조달하는 등 전쟁의 수행에 노력했다. 1606년 선조의 계비인 인목왕후 김씨에게서 영창대군이 태어나자 소북파에 속하는 관료들은 광해군이 서자이며 둘째아들이라는 이유로 영창대군을 세자로 삼을 것을 주장했으나 대북파의 지지를 기반으로 이를 물리치고 왕위에 오를 수 있었다. 왕이 된 후 자신이 왕위에 오르지 못하도록 음모를 꾸민 소북 인물들과 영창대군을 제거하고 인목대비를 폐모하여 서궁에 유폐시켰다. 광해군은 임란으로 약화된 왕실과 봉건정부의 재건에 노력했다. 경기지방에 대동법을 실시하고 양전사업을 하여 국가재정의 확보에 노력했으며, 창덕궁을 비롯한 궁궐을 중건하는 한편, 임란중 소실된 각종 서적을 간행하고 적상산赤裳山에 새로이 사고史庫를 설치했으며, 또한 정치를 초당파적으로 운영하기 위해 인재등용에도 힘썼다. 대외적으로 후금의 세력이 강해지자 성과 병기를 수리하고 호패제를 실시하는 등 국경방비에 힘쓰는 한편 외교에도 노력하여 명과 후금 사이에 중립외교를 펼쳤다. 그러나 이러한 광해군의 정책은 서인과의 충돌을 불가피하게 했으며, 인재등용의 노력도 사실상 정권을 장악하고 있던 대북파의 방해로 뜻대로 이루어지지 못했다. 결국 인조반정(1623)으로 폐위되어 광해군으로 강등되었으며, 강화도를 거쳐 제주도로 유배되었다.

정인홍 鄭仁弘 1535(중종 30)~1623(인조 1) 조선중기의 문신. 자는 덕원德遠, 호는 내암來菴, 본관은 서산. 조식의 문인으로 1573년(선조 6) 학문과 덕행이 뛰어나다고 하여 황간 현감에 발탁되어 선정을 베풀었다. 이후 벼슬이 계속 높아졌으나 서인 정철을 탄핵하다 파직되었다. 임진왜란 때는 경상도 합천에서 의병을 일으켜 성주를 방어함으로써 영남의병장의 칭호를 얻었다. 왜란이 끝난 후 북인과 함께 정권을 잡았으며 북인이 분열한 후에는 이산해와 더불어 대북을 통솔했다. 1607년 선조가 광해군에게 왕위를 물려주려고 할 때 소북의 영수 유영경柳永慶이 반대하자 이를 탄핵하다 도리어 귀양을 갔다. 그러나 광해군 즉위 후 대사헌에 올라 대북정권을 확립했다. 이언적·이황을 문묘에 제사지내는 것을 반대하다가 유생들에 의해 〈청금록靑衿錄〉에서 삭제되기도 했다. 인조반정으로 재산이 몰수되고 참형에 처해졌다.

인목대비 仁穆大妃 1584(선조 17)~1632(인조 10) 조선 선조의 계비. 성은 김씨, 본관은 연안, 영흥부원군 제남悌男의 딸. 1602년 왕비가 되었으며 06년 영창대군을 낳았다. 당시 정치의 주도권을 잡고 있던 유영경 등 소북파는 적자가 왕이 되어야 한다는 논리를 내세워 영창대군을 세자에 추대하려 했으나 갑작스런 선조의 죽음으로 수포로 돌아갔다. 광해군 즉위 후 정권을 잡은 대북파는 1613년 김제남을 모반죄로 죽이고 영창대군을 강화에 유폐시켰다가 살해했다. 인목대비도 1618년 대비의 자리에서 쫓겨나 서궁에 유폐당했다가 인조반정 후 대왕대비가 되어 인경궁仁慶宮에 기거했다. 글씨가

뛰어나 친필로 쓴 〈보문경普門經〉의 일부
가 전한다.

영창대군 永昌大君 1606(선조 39)~14
(광해군 6) 조선 14대 왕 선조의 아들. 이
름은 의璁, 어머니는 인목왕후. 임란중
선조의 둘째아들인 광해군이 세자로 책
봉되었으나, 적자인 영창대군이 태어나
자 소북파는 영창대군으로 세자를 다시
책봉해야 한다고 주장했다. 그러나 대북
파의 반대와 선조의 갑작스런 죽음으로
뜻을 이루지 못하고 광해군이 왕위에 올
랐다. 1613년 서양갑徐羊甲·박응서朴應犀
등이 인목대비의 아버지인 김제남金悌男
이 영창대군을 왕으로 추대하려 한다고
무고를 한 사건으로 강화에 유배되어 갇
혀 지냈다. 그뒤 형제의 의리와 8살밖에
되지 않은 아이라는 이유를 들어 영창을
구하기 위한 상소가 끊임없이 광해군에
게 올라갔으나 대북파의 반대로 수포로
돌아갔으며, 오히려 대북파의 사주를 받
은 강화부사 최항崔沆에 의해 죽임을 당
했다.

후금 後金 1616~36 청조 건국 직전 여
진족이 세운 나라의 이름. 여진족을 통일
한 누르하치는 1616년 스스로 황제의 자
리에 올라 나라 이름을 금金이라 했다.
이는 12세기 만주에 세워졌던 대금大金을
계승한다는 의미로 이를 일반적으로 후
금이라고 부른다. 건국 이후 조선을 침공
했으며(정묘호란), 명을 공격해 영토를
확장하고 수도를 심경瀋京에서 요양遼陽,
심양瀋陽으로 차례로 옮겼다. 태종 때인
1636년 나라이름을 청으로 고쳤다.

누르하치 1559~1626 후금의 1대 왕.
뒤의 청 태조. 25살 때 할아버지의 추장
직을 이어받아 독립한 후 두각을 나타내
어 여진족의 다른 부족을 차례로 통합했
다. 1593년 만주 5부를 완성한 후 몽고와
통교하고 만주문자를 만드는 등 국력을
쌓기에 힘썼다. 1613년까지 여진의 대부
분을 통일했으며 16년 스스로 황제의 지

위에 올라 국호를 후금, 연호를 천명天命
이라 했다. 18년 명에 대한 공격을 시작
했으며, 20년 명의 본토로 진격하여 요양
을 함락시키고 이곳에 도읍을 정해 동경
성을 쌓았다. 25년에는 심양을 빼앗고 도
읍을 옮겨 신흥세력을 과시했다. 그러나
이듬해 영원성寧遠城을 공격하다 실패하
여 부상을 입고, 얼마 가지 않아 이로 인
해 죽었다.

강홍립 姜弘立 1560(명종 15)~1627(인
조 5) 조선중기의 무신. 자는 군신君臣,
호는 내촌耐村, 본관은 진주. 1597년 무과
에 급제했으며 1605년 서장관으로 명에
다녀와 중국의 사정에 비교적 밝았다. 18
년 명이 후금을 치기 위해 원병을 요청했
을 때 5도도원수로 부원수 김경서金景瑞
와 함께 1만 3천의 병력을 이끌고 출병했
다. 이듬해 명 제독 유정劉綎의 군대와
합류해 후금을 공격했으나 패하자 「형세
를 보아 결정하라」는 광해군의 밀명에 따
라 후금군에 투항했다. 이후 김경서와 함
께 후금에 계속 억류되었다가 정묘호란
때 후금군의 선도로서 입국해 강화에서
화의를 주선했다. 난이 끝난 후 국내에
머물렀으나 역신으로 몰려 삭탈관직되었
다가 죽은 후 관직이 회복되었다.

이괄의 난 李适─亂 1624년(인조 2) 평
안병사 이괄이 일으킨 반란. 이괄은 인조
반정에 커다란 공을 세웠으나 반정에 늦
게 참여했다는 이유로 논공행상에서 2등
공신으로 한성부윤에 임명되는 데 그쳤
는데, 이후 호인胡人의 침략 위협이 있다
고 하여 도원수 장만張晚 휘하의 부원수
겸 평안병사에 임명되었다. 이괄이 이에
불만을 품고 있던 중 사전에 낌새를 눈치
챈 조정이 이괄의 아들을 체포했다. 이에
이괄은 병영의 군사 1만여 명과 항복한
왜병 100여 명으로 반란을 일으켰다. 이
괄의 군대는 평안도 개천에서 평양, 수
안, 황주, 개성을 거쳐 한성을 점령했으
며 인조는 공주로 피신했다. 이괄은 선조

의 열째아들 흥안군 제興安君瑅를 왕으로
추대했으나 그날 밤 뒤쫓아온 장만의 군
대에게 패했다. 이괄은 광화문을 빠져나
와 경기도 이천으로 피했으나 부하들에
게 살해되어 반란은 평정되었다. 그러나
이괄과 함께 난을 일으켰다가 살해된 한
명련韓明璉의 아들 윤潤이 후금으로 도망
해 국내의 정세를 알림으로써 이괄의 난
은 정묘호란의 한 원인이 되기도 했다.
이괄의 난이 일어난 직접적 원인에 대해
서는, 논공행상에 불만을 품은 이괄이 난
을 계속하여 준비했다는 견해와 아들을
체포한 집권층에 반발해 우발적으로 일
으켰다는 주장이 있다.

정묘호란 丁卯胡亂 1627년(인조5) 후금
의 침공으로 조선과 후금 사이에 일어난
전쟁. 광해군을 몰아내고 인조를 옹립한
서인정권은 광해군 때의 양면정책을 버
리고 뚜렷한 친명배금親明排金 정책을 취
했다. 이러한 조선의 외교정책 변화는 명
을 공격하기에 힘쓰고 있던 후금을 불안
하게 했다. 특히 명의 장수 모문룡이 평
안도 철산의 가도椵島에서 조선과 손을
잡고 요동수복을 꾀하고 있는 것은 후금
에게 커다란 위협이 되었다. 이에 즉위
이전부터 조선과의 화친을 반대하고 무
력으로 조선을 칠 것을 주장했던 후금의
태종은 왕위에 오르자 조선을 공격할 결
심을 굳혔다. 때마침 조선에서 이괄의 난
이 일어나고, 반란군의 잔여 무리가 후금
으로 도망가 조선 안의 사정을 전하며 광
해군 폐위가 부당하다고 주장하자 후금
은 이를 구실로 조선을 침공했다. 조선에
서는 소현세자를 전주로 피난시키고 왕
이하 조정은 강화로 피했다. 조정 안에서
화전 양쪽의 의견이 분분하던 차에 배후
의 위협을 느낀 후금이 강화의 의사를 밝
히자 조선정부도 이에 응했다. 이에 따라
조선은 후금과 형제의 맹약을 맺는 대신
후금의 군대는 철수하고 양국 사이의 경
계를 압록강으로 하기로 하는 등의 화약

이 성립되었다. 그 결과 조선은 커다란
부담없이 전쟁을 끝맺을 수 있었으며 후
금과의 강화 이후에도 명과의 관계를 지
속할 수 있었다. 그러나 후금은 군대를
완전히 압록강 이북으로 철수시키지 않
은 채 의주에 주둔시켜 모문룡의 명나라
군대를 견제하는 한편 국경무역으로 많
은 경제적 이득을 누릴 수 있었다. 또한
조선과 명이 외교관계를 지속하는 것은
후금과 조선 사이의 분쟁요소로 남게 되
었다.

모문룡 毛文龍 1576~1629 중국 명의 무
장. 30살에 요동지역에서 군인이 된 후
전공을 세워 승진을 거듭했다. 후금에게
패배를 거듭하던 명은 1622년 모문룡으로
하여금 빼앗긴 요동지방을 수복하게 했
다. 모문룡은 평안도 가도(피섬)에 진을
치고 연안의 여러 섬을 자기 편으로 끌어
들이는 한편 조선을 이용하여 후금을 공
격하려 했다. 모문룡의 이러한 전략은 후
금의 침공을 저지하는 데 어느 정도 효력
이 있었으나, 그는 점차 교만해져 조선에
군량을 강요하고 조공무역에 세금을 매
겨 폭리를 취했다. 사병私兵을 양성하고
해외 천자를 자임하다 결국 명의 원숭환
袁崇煥에게 살해되었다. 이후 청은 더욱
쉽게 명을 공격할 수 있었다.

청 淸 1616~1911 여진족이 만주에 세운
중국의 마지막 왕조. 몽고족의 원에 이어
역사상 두 번째로 중국 전역을 통치한 정
복왕조이다. 태조 누르하치가 여진족을
통일하고 후금을 세웠으며 2대 태종 때
나라 이름을 대청이라고 고쳤다(1636). 3
대 세조世祖 때 명을 쳐서 북경을 정복하
고 이곳을 수도로 정했으며(1644), 4대
성조聖祖(康熙帝, 재위 1661~1722) 때 오
삼계吳三桂 등이 일으킨 삼번三藩의 난과
정씨 일파(정성공·정경)의 난 등 청의 지
배에 반대하는 반란을 진압함으로써 중
국통일을 완성했다. 청은 이때부터 세종
世宗(擁正帝, 재위1722~35), 고종高宗(乾

隆帝, 재위 1735~95)에 이르기까지 3대 130여 년간 전성기를 맞이했다. 만주와 중국 본토뿐 아니라, 북으로는 몽고, 남으로는 대만, 서로는 신강新疆과 티벳을 지배했다. 또한 조선과 안남·버마·샴에 까지 세력을 뻗쳐 조공질서朝貢秩序를 확립하는 등 청은 효과적으로 중국을 통치한 정복왕조로 손꼽힌다. 청은 원과는 달리 한족에 대한 유화정책을 펴서 관직에는 대체로 한인과 만주인을 같은 수로 등용했다. 또한 명의 정치제도를 그대로 계승했으며 적극적인 한화정책을 추진해 중국문화를 받아들였다. 이러한 정책으로 지주층 등 일부 한인의 지지를 받을 수 있었다. 그러면서도 다른 한편으로는 만주족의 엄정한 기강을 유지하는 데 힘써 변발을 강요하고 만주지방을 성역화하는 등 고유한 문화전통을 지키기에 노력했다. 또한 반청사상反淸思想을 엄격히 통제했으며, 국가의 요직을 만주족이 차지하고 8기군八旗軍과 군기처軍機處를 통해 실질적으로 만주족 우위의 통치체제를 유지했다. 그러나 고종이 죽은 후 청의 지배에 반대하는 반란이 표면화되어 통치에 혼란이 왔으며, 한화정책으로 인해 점차 문화적으로 중국에 동화되는 현상이 나타나면서 국력의 약화를 가져왔다. 더구나 19세기 중엽 이래 계속된 서양 제국주의 열강의 침입을 맞아 효과적인 대응을 하지 못한 채 혼란을 거듭하다 1911년 쑨원孫文 등이 일으킨 신해혁명辛亥革命으로 멸망하고 중화민국이 들어서게 되었다. → 〈한국근현대사사전〉 52쪽

병자호란 丙子胡亂 1636년(인조 14)~37년(인조 15) 청의 침공으로. 조선과 청 사이에 일어난 전쟁. 정묘호란 이후 후금은 조선에 대해 명을 공격하기에 필요한 군량과 병선을 요구하는 등 무리한 요구를 계속했으며 군신의 관계를 강요했다. 더구나 1636년 나라 이름을 청으로 고친 이후에는 압력을 더욱 강화해 노골적인

사대관계를 요구해왔다. 조선정부가 척화파의 주장에 따라 이러한 청의 요구를 거절하자 청태종은 기병을 위주로 한 10만의 군사를 동원해 조선에 침입했다(1636.12.9). 임경업 등이 거느리는 조선군은 백마산성에서 청군의 공격을 저지했으나 청군은 기병을 동원해 직접 서울로 진공했다. 당황한 조정에서는 왕자 2명과 왕실을 강화도로 피난시키고 청과의 강화를 추진했다. 그러나 화평교섭이 실패로 돌아가자 인조는 하는 수 없이 소현세자昭顯世子 및 대신들과 함께 남한산성으로 피난했다. 그러나 강화도와 서울이 함락되고 남한산성은 청군에 의해 고립되었다. 성 안의 조선군과 그 일대의 백성들은 청군을 상대로 저항을 계속했다. 하지만 원군이 청군에게 패배하고 성 안의 식량이 떨어져가자 조정에서는 화친을 하자는 주장과 끝까지 싸우자고 주장하는 사람들 사이에서 치열한 논쟁이 계속되었다. 결국 최명길 등 화친론자들의 주장에 따라 조선조정은 포위된 지 45일 만에 청과의 화친에 응했다(1637.1.30). 인조는 세자와 함께 성에서 나와 삼전도三田度(송파)에서 청 태종에게 큰절을 하는 치욕을 감수해야 했다. 조선이 받아들인 청의 요구는 「청에 대해 신하의 예를 다할 것」, 「세자 및 둘째왕자, 대신의 자녀를 인질로 보낼 것」, 「해마다 황금 100냥 등 20여 종의 물품을 바칠 것」 등 굴욕적인 조건이었다. 병자호란의 결과 조선은 명과의 관계를 끊고 청의 영향 아래 놓이게 되었다. 전쟁 후 소현세자와 봉림대군 두 왕자가 청에 인질로 끌려갔으며, 청과의 싸움을 강력히 주장했던 홍익한洪翼漢·윤집尹集·오달제吳達齊 3학사三學士는 청에 끌려가서 처형되고 김상헌金尙憲도 뒤에 끌려가서 옥중생활을 했다. 뒷날 봉림대군이 귀국해 왕위(효종)에 오른 후 이때의 굴욕을 씻기 위해 청을 정벌하기 위한 북벌계획이 추진되기

도 했다.

최명길 崔鳴吉 1586(선조 19)~1647(인조 25) 조선중기의 문신. 자는 자겸子謙, 호는 지천遲川·창랑滄浪, 본관은 전주. 이항복李恒福과 신흠申欽의 문인이었다. 광해군 때 병조정랑직에 있었으나 폐모론을 누설했다 하여 파직된 후 가평에 내려가 학문에 힘썼으며, 당시로서는 이단시되었던 양명학의 연구에도 관심을 쏟았다. 인조반정에 가담해 공을 세워 이조참판을 거쳐 부제학이 되었다. 병조호란 때 현실적으로 청과 강화를 하는 게 좋다는 주화론을 주장했으며, 항복이 결정된 후 항복문서의 초안을 작성했다. 난이 끝난 후 사은사로 청의 서울인 심양에 가서 포로석방과 귀환을 위한 교섭을 했고 귀국 후 벼슬이 영의정에 올랐다. 유학과 문장에 뛰어나며 글씨를 잘 쓴 것으로 손꼽힌다.

김상헌 金尙憲 1570(선조 3)~1652(효종 3) 조선중기의 문신. 자는 숙도叔度, 호는 청음淸陰·석실산인石室山人, 본관은 안동. 선조 때 2차례에 걸쳐 문과에 급제했으나, 광해군 때 아들이 인목대비의 아버지인 김제남의 손자사위였기 때문에 파직되었다. 인조반정 후 시비와 선악을 엄격히 가릴 것을 주장했으며 대사헌·대제학 등 요직에 올랐다. 대사헌으로 있을 때 북방에 대비해 군비확보와 군사시설의 확충을 주장했으며, 병자호란 당시에는 예조판서로 청과 끝까지 싸울 것을 주장한 주전론의 대표적 인물이 되었다. 인조가 항복을 하자 은퇴하여 안동에서 지냈으나, 1639년 청이 명을 공격하기 위해 조선군의 출병을 요구했을 때 이에 반대하는 상소를 올렸다가 청으로 끌려갔다. 6년 만에 석방되어 청으로부터 귀국했으며, 효종초에는 좌의정에 임명되어 북벌추진 때 이념적 상징으로 추앙되었다.

삼학사 三學士 병자호란 때 청과의 화의를 반대하고 끝까지 주전론을 주장한 3인. 홍익한洪翼漢(1586~1637)·윤집尹集(1606~37)·오달제吳達濟(1609~37)를 말한다. 청이 건국 직후 사신을 보내 조선을 속국으로 취급하는 사대관계를 요구하자 이들을 죽여 국가의 위신과 기개를 살려야 한다고 주장했으며 병자호란 때도 끝까지 청과 싸울 것을 주장했다. 전쟁이 끝난 후 이들은 청의 서울인 심양으로 잡혀갔다. 청에서는 이들에게 갖가지 회유와 고문을 가했으나 끝까지 절조를 굽히지 않다가 1637년 3월 모두 처형되었다. 청 태종도 이들의 충절을 높이 평가해 후하게 장례를 치러주었으며 조선조정에서는 이들에게 정문旌門을 내리고 각각 시호를 부여했다.

삼전도비 三田渡碑 서울특별시 송파구 송파동에 있는 청 태종의 송덕비. 사적 제101호. 비석에 적혀 있는 원래의 이름은 대청황제공덕비大淸皇帝功德碑. 병자호란 때 인조가 남한산성에서 내려와 청 태종의 막사 앞에서 무릎을 꿇고 절하며 항복한 것을 기념하기 위해 청 태종이 세운 비석이다. 비신의 높이는 395cm, 너비 140cm로 이수와 귀부를 갖춘 거대한 비석이다. 몽고문·만주문·한문의 3종류 문자로 같은 내용을 담음으로써 옛글자 연구의 자료로도 이용되고 있다.

임경업 林慶業 1594(선조 27)~1646(인조 24) 조선중기의 장수. 자는 영백英伯, 호는 고송孤松, 본관은 평택. 1618년 무과에 급제한 이후 이괄의 난을 진압하는 데 공을 세우고 벼슬이 높아졌다. 정묘호란 이후 청북방어사 겸 영변부사로 백마산성과 의주성을 수축해 여진의 침입에 대비했으며, 명나라 조정에 저항해 난을 일으킨 반도를 토벌해 명나라 벼슬을 얻기도 했다. 병자호란 때 백마산성에서 청군을 맞아 싸웠으나 청군은 백마산성을 내버려둔 채 직접 서울로 진격했다. 임경업은 청군을 추격하기 위해 원병을 요청했으나 원병이 오지 않아 뜻대로 되지 않았다. 이듬해 청이 명을 공격하기 위해 조선에 병력을 요청하자 수군장으로 이에 참전했으나 오히려 명과 내통하여 청의 작전을 방해하고 명군의 피해를 줄일 수 있게 했으며, 이후에도 명과의 교역을 계속하면서 물자확보에 노력했다. 이 사실이 탄로되어 청으로 끌려갔으나 도중에 탈출해 명으로 망명했다. 명군의 장수가 되어 청을 공격했으나 패하고 명이 멸망한 뒤 체포되었다. 청의 조정은 부귀영화를 약속하며 회유했으나 굴하지 않았다. 이에 탄복한 청 조정에서도 임경업을 죽이지 않고 투옥하기만 했다. 그러나 국내에서 좌의정 심기원沈器遠의 모반사건이 일어나자 이에 연루되어 국내로 송환, 고문을 받고 죽었다. 시종일관 후금(청)의 정벌에 뜻을 두었으나 본격적인 싸움조차 해보지 못한 채 여러이 누명을 쓰고 억울하게 죽은 임경업의 이야기는 그후 각종 설화로 널리 전하고 있으며 군담소설의 주인공으로도 등장하고 있다. 그러나 사대주의적 명분에 지나치게 사로잡혀 시대적 감각이 뒤떨어졌다는 평가를 받기도 한다.

효종 孝宗　1619(광해군 11)∼59(효종 10) 조선 제17대 왕. 이름은 호淏, 자는 정연靜淵, 호는 죽오竹悟. 인조의 둘째아들로 재위는 1649∼1659. 1629년 봉림대군鳳林大君에 봉해졌다. 병자호란 이듬해 소현세자와 함께 청에 볼모로 갔다가 8년 만인 45년(인조 23)에 귀국했으며, 그해 소현세자가 의문의 죽음을 한 후 세자로 책봉되었다. 왕위에 오른 후 김상헌·송시열 등을 등용해 은밀히 북벌계획을 추진, 군비확충·군제개혁·군사훈련 등 북벌을 위한 준비에 착수했다. 표류해온 네덜란드인 하멜 일행으로 하여금 서양식 무기를 제조하게 한 것도 군비확충의 일환이었다고 할 수 있다. 그러나 청의 세력이 나날이 강해져 기회를 잡지 못했으며, 오히려 유배중이던 김자점金自點 등이 이

사실을 청에 알림으로써 어려움을 겪기도 했다. 재위중 대동법의 확대 실시, 상평통보의 주조 등을 통해 재정을 확보하고 봉건적 경제체제의 정비에 힘썼다. 각종 서적을 편찬했으며 새로운 역법을 채택하여 시헌력時憲曆을 실시했다. 능은 경기도 여주에 있는 영릉英陵이다.

북벌계획 北伐計劃　조선 효종 때 추진되었던 청나라에 대한 정벌계획. 병자호란 후 인질로 청에 끌려갔다가 8년 만에 귀국하여 왕위에 오른 효종은 즉위 후 병자호란 때의 치욕을 씻기 위해 청에 대한 정벌계획을 추진했다. 이를 위해 송시열·송준길宋浚吉 등을 등용해 군비확충에 노력하는 한편, 비밀리에 군사훈련에 착수했다. 이완을 대장으로 하는 어영청군을 강화해 서울에 상주하게 하고 수어청군을 정비해 남한산성에 대한 방비를 강화했으며, 청의 기병에 대비해 국왕의 친위군 및 중앙군의 기병을 강화했다. 또한 신무기를 제조하고 명의 잔여세력과 연결해 연합전선을 추진했다. 그러나 이러한 북벌계획은 사대주의적 명분에 사로잡힌 현실성 없는 정책이었다. 이미 명을 멸망시킬 정도로 동아시아 최대강국으로 성장한 청을 공격할 만한 군사력 확보는 당시 조선의 국력으로는 사실상 불가능했다. 북벌계획은 농번기 때 성의 수축이나 군비의 확충을 위한 노력에 농민을 동원하여 농사에 지장을 주거나 농한기 때는 군사훈련에 동원함으로써 백성의 원성을 초래했다. 북벌계획은 송시열 등 집권유생층의 정치적 목적에 이용되기도 했는데, 이들은 북벌계획을 정치·경제적 실패로 초래된 국내의 불만을 나라 밖으로 돌리는 수단으로 사용하는 한편, 학문이나 정치적 입장을 달리하는 반대파들을 친청인사로 몰아 숙청했다. 또한 군사력의 확충에 따라 필요 이상으로 무인세력이 확대되었다. 결국 북벌계획은 오히려 청으로부터 문화 수입통로를 봉쇄하

는 역작용을 낳은 채 효종의 죽음과 함께 중단되었다.

이완 李浣 1602(선조 38)~74(현종 15) 조선 현종 때의 무신. 자는 징지澄之, 호는 매죽헌梅竹軒, 본관은 경주. 1624년(인조 2) 무과에 급제한 후 북방의 수령을 거쳐 평안도 병마절도사가 되었다. 병자호란 때는 김자점金子點 휘하의 별장으로 출전해 정방산성에서 공을 세웠다. 이후 등 청과의 전쟁에 대비했다. 효종의 죽음으로 북벌계획이 중지된 이후에도 판서 등에 제수되었으나 사양하고 계속해서 무관직에 머물렀다.

나선정벌 羅禪征伐 조선 효종 때 청을 도와 2차례에 걸쳐 러시아 군을 정벌한 사건. 나선은 러시아의 음역音譯이다. 17세기에 들어서자 러시아는 자원을 탐내 청나라 영토인 흑룡강 일대를 자주 침범했다. 1651년에는 군사를 동원하여 이곳에 알바진성雅克薩城을 쌓음으로써 청과 충돌했다. 러시아의 남진이 계속되자 청은 54년(효종 5) 조선에 원병을 청해왔다. 조선정부는 변급邊岌이 거느리는 조총 군인 등 150여 명의 원병을 파견했다(1차 나선정벌). 변급은 두만강을 건너 청군과 합류해 흑룡강에서 러시아군을 격파하고 4개월여 만에 귀국했다. 그러나 이후에도 러시아의 침범이 그치지 않자 1658년 청은 다시 원병을 요청했다. 이해 6월 조선정부는 200여 명의 조총 군인을 선발해 신유申瀏를 대장으로 삼아 파견했함경병사·황해병사·경기수사 등을 두루 거쳤다. 1640년 청이 명을 공격하기 위해 조선에 원병을 청했을 때 임경업의 부장으로 출전했으나 군사상황을 명군에 알려 명군의 피해를 막았다. 이로 인해 청으로부터 지탄받아 귀국 후 일시 벼슬을 하지 못했다. 효종의 즉위 후 북벌계획이 추진되면서 어영대장과 훈련대장에 차례로 올라 새로운 무기를 만들고 성을 새로 쌓거나 고쳤으며 군사훈련에 힘을 쏟는

다(2차 나선정벌). 조선군은 송화강과 흑룡강 일대에서 러시아 병사를 물리치고 선박을 불태우는 등 전과를 올렸으며 청의 요청으로 송화강 방면에서 머물다가 가을에 귀국했다. 2차례에 걸친 나선정벌에도 불구하고 조선과 러시아의 사이에는 커다란 변화가 없었다. 조선정부가 원병을 파견한 것은 북벌계획에 따라 조련되고 있던 조선군의 군사력을 시험하고 아울러 청의 군세를 탐지하기 위한 것이었다. 나선정벌은 당시 조선군의 사격술과 전술이 뛰어났다는 것을 보여준 계기가 되었으며, 결과적으로는 북벌계획을 간접적으로 실현했다고도 할 수 있다.

백두산 정계비 白頭山定界碑 1712년(숙종 38) 백두산에 세운 조선과 청 사이의 경계비. 백두산이 청조 발상의 영산靈山이라고 주장하던 청이 1712년 국경문제의 해결을 요구해오자, 조선의 이의복李義復·조태상趙台相과 청의 목극등穆克登이 백두산에 올라 회담하고 백두산정 동남방 약 4km, 해발 2,200m 지점에 경계비를 세웠다. 경계비의 내용은 「西爲鴨綠 東爲土門 故於分水領上 勒石爲己…」로 「서쪽은 압록강, 동쪽은 토문강을 경계로 한다」는 것이었다. 그러나 17세기 이래 심마니·사냥꾼 등의 내왕이 잦아지면서 양국 사람들 사이에 충돌이 일어났으며, 청국은 1880년(고종17)부터 토문이 두만을 뜻한다고 주장했다. 81년 청이 간도개척에 착수하자 83년 조선은 어윤중魚允中, 김우식金禹植을 보내 비문을 조사하고 간도가 조선의 영토임을 주장했다. 을사조약으로 한국의 외교권을 박탈한 일본은 1909년(융희3) 남만주철도의 안봉선 개축문제로 청과 흥정을 벌여 남만주에 철도부설권을 얻는 대가로 간도지방을 청에 넘겨주었다. 백두산 정계비는 만주사변이 일어난 후 일제에 의해 제거되었다. →〈한국근현대사사전〉92쪽

• 개관

조선후기 사회는 중세 봉건사회가 해체되어 가는 동시에, 근대사회로 이행하는 과도기적 성격을 보여주고 있다. 봉건적 질서가 부정되고, 신분제가 점차 무너져 갔다. 이는 생산력의 발전 및 민중의식의 성장에 따른 사회·경제적 변동의 결과였다.

수리시설의 증가 및 농기구 개량, 논농사에서 이앙법과 밭농사에서 견종법 등 새로운 영농방법의 확대 보급은 농업생산력을 높이고 노동력의 절감을 가져왔다. 새로운 영농방법을 도입한 일부 농민들은 경작지를 확대하고, 상업작물을 재배함으로써 부농으로 성장할 수 있었다. 반면, 양반 지주들은 매입이나 개간 등을 통하여 농장의 확대에 힘썼다. 양반 지주와 일부 농민들이 경작지를 확대해감에 따라 다수의 농민은 빈농으로 전락하거나 아예 경작지에서 몰려나는 농민층의 분해현상이 나타났다.

상공업의 변화도 두드러졌다. 상업이 발달하면서 정부의 보호를 받는 관상 못지않게 사상들의 활동이 활발해져 갔다. 사상들은 경제력을 바탕으로 관상들에 대항함으로써 봉건적 상업질서를 무너뜨렸다. 한편, 도고 상인으로 불리는 일부 특권상인 및 사상들은 상품을 독점하고, 상업의 규모와 범위를 확대했다. 이들은 국내 상업은 물론 청이나 일본, 여진과의 무역을 통하여 부를 축적했다. 정부의 통제 아래 있던 수공업이나 광업도 점차 민간경영으로 바뀌어갔다. 상업자본이 원료나 자본의 투자를 통하여 수공업이나 광업을 지배하는 현상이 나타났다. 그러나 일부 수공업자들은 상인층의 지배에서 벗어나 독자적으로 상품을 제조했으며, 광산의 개발도 더욱 활발해져 갔다.

이러한 일련의 경제적 변화는 상품화폐경제의 발달을 촉진시켰다. 농촌 시장이 활성화되고 전국 각지에는 장시가 생겨났으며, 화폐의 유통도 전국적으로 확대되어갔다. 상품화폐경제의 발달에 따라 상업작물의 재배는 더욱 활발해져 갔다. 이제 봉건적 경제질서는 그대로 유지될 수 없었다.

봉건적 신분질서도 무너져 갔다. 부를 축적한 일부 상민들은 경제력을 이용하여 양반의 지위를 획득하거나 지배층과의 타협을 꾀했다. 거짓으로 양반을 칭하거나 족보를 위조하는 등의 방법을 통하여 양반의 신분을 획득하는 상민들도 늘어났다. 이와는 반대로 권력에서 떨어져나간 양반들은 몰락하여 일반 민중과 다름없는 처지가 되었다.

조선의 봉건지배층은 이러한 변화에 대처하기 위해 일부 통치제도를 개편했다. 정치·군사제도를 재편성하고 대동법과 균역법 등 새로운 경제제도를 시행하였다. 봉건적 경제 통제를 부분적으로 완화하고, 공노비를 해방시키기도 했다. 그러나 이는 사회경제적 변화에 능동적으로 대처하기 위하여 취한 정책은 아니었다. 통치제도의 개편은 농민의 부담을 줄이기보다는, 국가의 재정을 확보하고 봉건적 특권을 유지하는 데 일차적인 목적이 있었다. 대동법의 시행으로 방납의 폐단이 줄어들고, 균역법에 따라 농민이 납부해야 할 군포가 경감되는 등 농민의 부담은 일시적으로 줄어들기도 하였다. 그러나 대동법의 시행에 따른 상품화폐경제의 발달은 농촌사회의 분해를 촉진시켰으며, 결작 등 새로운 세금이 생겨나면서 농민의 부담은 다시 늘어났다. 공노비의 해방은 상민층이 줄어듦에 따라 발생하는 재정수입의 감소를 보충하기 위한 것이었다.

조선의 지배층은 한때 당파 사이의 연합과 제휴에 의한 붕당정치를 통해 봉건왕조의 재건을 꾀하였다. 그러나 숙종조 이후에는 상대방을 힘으로 몰아내고 특정 당파가 정치를 독점함으로써 정권을 둘러싼 지배층 내부의 갈등은 심화되었다. 정치적 갈등을 완화하기 위하여 영·정조 때는 탕평책을 시행하기도 했으나 커다란 효과를 거두지는 못했다. 오히려 정조말기부터는 왕의 외척이 정치적 실권을 휘두르는 세도정치가 계속됨으로써 정치적 혼란은 더욱 심해졌다.

조선후기의 사회경제적 변화과정에서 대다수 농민의 생활은 더욱 어려워졌다. 토지는 대부분 봉건지주 및 일부 부농층의 손에 들어갔으며, 전세와 역이 농민에게 집중됨으로써 농민이 져야 할 부담은 한층 높아졌다. 세도정치 등 정치적 혼란을 틈타서 봉건관리들의 농민수탈은 더욱 심해졌다. 전정, 군정, 환곡 등 이른바 삼정의 문란은 농민들을 도탄으로 몰아넣었다. 전세에는 각종 명목의 부가세가 추가되었으며, 군포의 징수에는 인징, 족징 등 각종 폐단이 자행되었다. 환곡은 봉건관리들이 부를 축적하는 수단으로 이용되었다.

실학자를 비롯한 일부 지식인들 사이에서는 사회모순을 비판하는 목소리가 높아갔다. 토지개혁을 통하여 자영농을 육성하고, 상공업의 진흥을 통하여 사회번영을 이룩하자는 주장 등이 제기되었으며, 노비제 등 신분제의 철폐를 주장하기도 했다. 실학자들은 이밖에도 정치, 사회, 군사, 교육, 과거제도 등 사회 전반에 걸친 개혁을 주장했다. 실학자들의 개혁사상은 농민의 요구를 상당 부분 반영한 것이었다. 그러나 대부분의 실학자들은 권력의 핵심과는 거리가 멀었으며, 집권세력은 자신들의 이해관계와 대립되는 실학자들의 개혁안을 받아들이지 않았다.

민중은 이제 이러한 억압과 수탈에 그대로 당하고 있지만은 않았다. 농민의 저항은 역을 피하여 도망하는 것과 같은 소극적인 형태에서 한걸음더 나아가, 괘서 등을 통한 탐관오리 횡포의 고발, 항조운동과 같은 경제적 투쟁으로 전개되었다. 양반의 신분을 획득함으로써 봉건적 수탈에서 벗어나려는 것도 그러한 경향의 하나였다. 민중의식이 성장함에 따라 농민의 항쟁은 민란이라는 보다 조직적이고 직접적인 형태를 띠게 되었다. 17, 18세기에 간헐적으로 계속되던 민란은 19세기초 평안도 농민전쟁(홍경래의 난) 이후 더욱 확산되어 철종조에 이르러서는 임술민란으로 일컬어지는 전국적인 민란이 발생하였다. 동학과 같은 새로운 사상의 출현 또한 민중의식의 성장을 반영하는 것이었다. 민중의 항쟁에 직면한 봉건 지배층은 일부 세제를 개혁하고, 탐관오리를 단속하는 등 여러가지 수습책을 제시했다. 그러나 이는 일시적인 미봉책으로, 사회모순의 궁극적인 해결과는 거리가 멀었다.

조선후기에 나타난 일련의 변화는 봉건적 사회질서가 무너지고 새로운 사회질서가 창조되어가는 과정이었다. 그러나 이러한 과정은 근대사회의 형성으로 완성되지 못한 채 우리나라는 제국주의 열강의 침략이라는 새로운 국면을 맞이하였다. 봉건적 수탈에 시달리던 민중은 제국주의의 경제적 침략이라는 이중의 고통을 당해야만 했다. 그러나 민중항쟁은 이후 반봉건·반제국주의의 목표 아래 새로운 민족해방운동으로 발전해갔다.

1. 봉건통치제도의 개편

비변사 備邊司 조선중기 이후 군사업무를 비롯하여 정치·경제의 중요문제를 토의하던 문무합의기구. 비국備局 또는 주사籌司라고도 한다. 원래 조선정부는 건국초부터 무관으로 하여금 정사에 관여하지 못하게 했으므로 군사업무도 의정부와 병조가 협의해서 처리했다. 그러나 성종 이후 야인과 왜구의 침범이 잦아지자 문관만으로 이에 대처하기가 어려워 변방의 사정에 밝은 종2품 이상의 무관도 참석, 문관과 함께 군사업무를 협의하게 했는데 이를 지변사재상知邊司宰相이라고 한다. 그러나 지변사재상이 참가하는 회의는 적의 침입이 있은 연후에 소집되었으므로 상황에 즉각적으로 대처하지 못했다. 이에 1517년 비변사를 설치해 국방대책을 사전에 논의하게 되었다. 비변사는 처음에는 병조 안의 한 부서로 국방에 관한 중요한 사건이나 왜란 등이 있을 때만 활동하는 임시기관이었으나 1554년(명종 9) 독립기관이 되었으며 이듬해 을묘왜변을 계기로 상설화했다. 임란 때 모든 국가의 행정력이 전쟁을 치르는 데 집중됨에 따라 비변사의 권한은 크게 강화되어 군사업무는 물론, 관리임명·토지정책 등 정치·경제 문제까지도 다루는 최고기관의 역할을 했다. 전쟁이 끝난 후에도 전후복구와 국방력의 재건이란 명분으로 일부의 반대에도 불구하고 비변사의 권한은 줄어들지 않았다. 오히려 조선후기에는 국정 전반을 관장했으며, 심지어 비빈의 간택에까지 관여하는 경우도 있었다. 특히 서인정권은 국방력의 강화를 내세워 군영을 새로이 설치하는 한편 비변사의 권한을 유지함으로써 정치·군사권을 장악하는 하나의 방편으로 삼았다. 비변사 업무가 확대되고 권한이 강화됨에 따라 상대적으로 의정부는 실권을 상실했다. 이로 인해 정부의 다른 기관과 권한이 중복되거나 한계가 불분명해지고 행정질서가 어지러워져 여러 차례 폐지론이 대두되었으나 최고기구로서 비변사의 기능은 조선 말기까지 계속되었다. 비변사의 권한확대가 봉건왕권의 유지와 강화에 지장을 주자 1864년(고종 1) 대원군은 의정부와 비변사의 업무를 구분지어 비변사는 외교·국방·치안 관계만을 담당하고 그밖의 행정업무는 의정부에서 맡아보게 했다. 비변사는 이듬해 의정부에 소속되었으며 1894년 의정부와 함께 폐지되었다. 비변사의 권한확대가 조선후기의 왕권을 상대적으로 약화시켰다는 견해도 있다.

비변사등록 備邊司謄錄 비변사에서 논의, 결정된 사항과 출석한 관료의 이름을 매일 기록한 책. 필사본 273책. 일정한 형식에 따라 기록한 것이 언제부터인지 확실하지 않으나 1555년 비변사가 상설화된 이후에 작성되었을 것으로 보인다. 그러나 임진왜란 이전의 기록은 찾아볼 수 없고, 지금 남아 있는 것은 1617년(광해군 9)~1892(고종 29)의 276년간의 기록이다. 그중 광해군·인조 때를 비롯해 중간중간 누락된 시기가 많으며 1865년 이후에는 〈의정부등록〉이라는 이름으로 되어 있다. 비변사등록은 1년에 1권을 작성하는 것이 원칙이나 많을 때는 2, 3권이 작성된 적도 있다. 〈실록〉과 함께 조선사회의 정치·경제·군사제도를 연구하는 중요한 자료로 취급되고 있다. 〈시정기〉〈승정원일기〉〈일성록〉 등과 함께 실록 편찬의 기본자료였으므로 실록보다 사료적 가치가 높으며, 실록에서 빠져 있는 기록도 많다.

5군영 五軍營 조선후기 서울 및 그 주변을 방어하던 5개의 중앙군영. 5영문五營門이라고도 한다. 1592년 임진왜란을 계기로 만들어진 훈련도감을 비롯해 어영청·총융청·금위영·수어청으로 이루어져 있다. 조선초기 군사제도의 핵심이었던 5위는 문관 위주의 조직으로 실전에 제대로 대비치 못했으며 임진왜란으로 무력함이 드러났다. 이에 따라 5위체제는 붕괴되고 무관을 중심으로 하는 군영이 생겨났는데 이것이 5군영이다. 이중 훈련도감·어영청·금위영은 서울을 직접 방비했으며, 총융청과 수어청은 서울의 외곽을 방어하는 역할을 했다. 그러나 5군영은 일시에 만들어진 것이 아니라 필요에 따라 하나씩 차례로 설치되었으며, 5군영의 설치 및 강화는 당쟁의 전개와도 밀접한 관련이 있다. 병권의 장악은 당쟁의 주요 대상이 되어, 서인정권은 5군영을 통해 병권을 장악함으로써 정치적 주도권을 잡고자 했다. 5군영은 1881년(고종 18) 무위영武衛營과 장어영壯御營에 통합되었다.

훈련도감 訓練都監 조선후기의 군사기관. 일명 훈국訓局이라고도 한다. 중앙상비군인 5군영 중 가장 먼저 설치되었으며 주로 서울의 경비를 맡아보았다. 1593년(선조 26) 10월 유성룡의 건의로 설치되어 1882년(고종 19) 폐지될 때까지 약 300년간 존속했다. 임란이 일어난 후 조총 등 새로운 무기와 군사기술의 도입, 속오법에 따른 군사조직 체계의 개편으로 새로운 군대의 육성과 훈련이 필요해졌다. 이에 따라 훈련도감을 설치하고 군사를 포수·사수·살수의 3수병으로 분류하여 훈련시킴으로써 전문기술을 가진 특수부대를 육성하게 되었다. 훈련도감의 병사는 조선전기와는 달리 삼수미를 받고 고용된 급료병으로 장기간 복무했다. 이는 조선후기의 군대가 군역을 담당하는 의무병으로부터 일종의 직업군인화되어가고 있음을 뜻한다.

총융청 摠戎廳 조선후기 중앙군영의 하나. 1624년(인조 2) 여진의 침입에 대비하기 위해 설치되어 경기의 남양·수원·장단 3개 진의 군사를 관할했다. 17세기말 이후 한동안 경기 내의 지방군을 관할하는 군영으로 바뀌었다가 18세기 중엽 다시 수원 등지의 군대를 관할했다. 영조 때는 북한산성의 방어를 위해 설치되었던 경리청經理廳을 폐지하고 총융청으로 하여금 그 임무를 담당하게 함으로써 권한이 강화되었으며 총융청의 장관이 경기병마절도사를 겸했다. 뒤에는 외적에 대한 방비보다 국내의 권력강화에 이용되다 1884년(고종 22) 폐지되었다.

수어청 守禦廳 조선후기 서울 일대를 방어하기 위하여 설치한 군영의 하나. 〈속대전〉에 의하면 1626년(인조 4) 광주에 남한산성을 고쳐 쌓고 광주廣州 등 그 주변의 진들을 지휘하기 위해 처음 설치했다고 하며, 36년 병자호란 후 수어사를 중심으로 하는 남한산성의 방어체제가 확립되었고, 56년(효종 7) 인근 지방의 군사들이 산성에 들어가 지키는 속영체제를 갖추었다. 수어청은 설치 후 서울과 남한산성 사이를 이전하기를 몇 차례 거듭했으며, 수어사도 수어청이 서울에 있을 때는 한성부윤, 남한산성에 있을 때는 광주유수가 겸임했다. 1795년(정조 19) 왕권을 강화하기 위해 서울에 장용영壯勇營을 설치하면서 서울에 있던 수어청을 헐고 산성에 영구 설치하게 되었다. 그러나 수어청군이 점차 수포군收布軍으로 바뀌면서 수어청은 정조 이후 유명무실해져 사실상 명목만 유지하다 1894년(고종 31) 폐지되었다.

어영청 御營廳 조선후기 중앙군영의 하나. 1623년(인조 1) 이귀李貴 등이 개성에서 군병 260명을 뽑아 화포 쏘는 방법 등을 가르쳐 왕궁을 호위하게 한 것이 시초였다. 24년 이괄의 난으로 인조가 공주로 피란할 때 왕을 호위했으며 지방에서 모집한 포수들로 보강되었다. 환도 후에는 신설된 총융청에 병합되어 한때 폐지되었다가 정묘호란 이후인 28년 다시 설치되었다. 52년(효종 3) 북벌계획에 따라 이완을 대장으로 임명하고 어영청을 강화해 어영청군의 수는 2만 1천 명에 이르렀으며 그중 1천 명은 서울에 상주했다. 북벌계획이 수포로 돌아간 다음에도 어영청은 계속 유지되었으나 국방보다 왕권과 봉건정부의 수호라는 성격이 더 강했다. 1881년 군제의 개편에 따라 어영청은 신설된 장어영에 병합되었으나, 이듬해 장어영을 폐지하고 다시 어영청을 세웠다. 이후 별영別營, 총어청摠禦廳으로 이름이 바뀌다가 1894년 갑오개혁 때 폐지되었다.

금위영 禁衛營 조선후기 중앙에 설치한 군영. 훈련도감·어영청과 더불어 국왕의 호위와 수도 방어를 맡은 핵심적인 군영의 하나이다. 1682년(숙종 8) 훈련도감의 일부 군대와 기병을 뽑아서 만들었으며, 처음에는 병조판서가 금위영의 대장을 겸임했으나 영조 때 종2품의 무신으로 하여금 대장을 전임시켰다. 원래 금위영은 국가가 재정을 부담하는 훈련도감의 규모를 줄여 재정을 충실히 하고 수도 방어력을 확보하기 위해 설치했으나, 점차 병종과 역이 늘어남에 따라 오히려 국가재정 및 보인의 부담이 가중되었다. 이를 해결하기 위해 현역병으로 뽑는 대신 포를 징수했으나 이는 결국 중앙을 지키는 군사력의 약화를 초래했다. 1881년(고종 18) 장어영에 통합되었으며 갑오개혁에 따라 95년 폐지되었다.

장번급료병 長番給料兵 장기간 현역군인으로 근무하면서 그 대가로 급료를 받는 병사. 조선전기의 5위는 군역의무를 담당하는 의무병으로 구성되었으며

이들은 교대로 정병正兵에 근무했다. 그러나 선전관宣傳官·내금위內禁衛 등과 같이 그 자체가 직업인 군인들은 주로 궁중에 유숙하며 교대없이 장기간 복무했다. 이를 장번이라고 한다. 이들에게는 급료 이외에 보保가 따로 지급되었는데, 대체로 1보는 장정 2인이었다. 그러나 조선후기 훈련도감의 경우는 의무병 대신 주로 장번급료병으로 충당되었으며, 그밖의 중앙군영도 점차 급료병 위주로 바뀌었다. 이러한 군대의 급료병화는 군사력을 약화시켰으며 국가 재정에도 커다란 부담이 되어 1599년 훈련도감의 재정이 어려워지자 한때 도감군의 장번을 없애고 분번分番을 시키기도 했다.

속오군 束伍軍 조선중기 이후의 핵심적인 지방군의 하나. 〈속오〉란 말은 다섯(또는 셋) 단위로 묶어놓았다는 뜻. 임진왜란중인 1594년 역을 지지 않는 양인과 천민 중 건장한 사람들로 편성해 포수·살수·사수로서 훈련을 시켜 정유재란 때 실전에 투입했다. 96년말 전국적 편제가 거의 완성되었으며 전쟁이 끝난 뒤에도 군사편제로 계속 유지되었다. 조선후기에는 중앙군도 속오법에 따라 편제했으나, 중앙군이 급료병화함에 따라 주로 지방군이 그 대상이었다. 속오군은 1년 중 일정기간 고을에서 병역으로 훈련을 받고 유사시엔 전선에 배치되어 싸우는 것이 원칙이었으나 특별한 경우에는 군포를 내고 그 역을 벗을 수 있었다. 그러나 점차로 군포납부가 일반화되어갔으며 군사훈련을 10년씩 하지 않는 경우도 많아졌다. 이로 인해 정묘호란 직후나 이인좌의 난, 북벌계획의 추진 등 특별한 경우에 일시적으로 강화된 것을 제외하고 속오군은 점차 약화되었으며, 군제가 5군영을 위주로 한 중앙군 중심으로 확립된 후에는 극히 미약해져 점차 군역 대신 쌀로

납부하는 수미법이 적용되어갔다. 또한 속오군의 병사도 초기의 양인 중심에서 점차 천민 중심으로 바뀌어 영조 중엽 이후에는 천민으로 채워졌다.

영정법 永定法 조선후기에 시행된 전세 징수에 관한 법. 정식명칭은 영정과율법永定課率法이다. 조선전기에 시행된 전분6등·연분9등은 등급의 판정이 어렵고 운영이 복잡해 점차 제대로 시행되지 못했다. 이에 따라 1636년(인조 13) 전세 징수를 공정하게 하는 한편 국가의 수입을 늘리기 위해 영정법을 제정, 풍흉에 관계없이 토지의 등급에 따라 고정적으로 전세를 내게 했는데, 전라·경상·충청도의 경우는 대부분의 토지에서 1결당 4~6두씩, 그밖의 지역에서는 모든 토지에서 4두씩 징수했다. 이는 연분9등에 따라 1결당 4~6두씩 징수한 것에 비하면 외견상 전세기 크게 줄어드는 것이나, 사실상 15세기말 이래 전세 징수의 관례를 법제화한 데 지나지 않는다. 전세 이외에도 대농미 12두, 삼수미 2두, 결작 2두, 그밖의 각종 수수료·운반료·보관료 등을 납부해야 했으므로 농민의 부담이 줄어든 것은 아니었으며, 소작인의 경우는 오히려 조선전기보다 부담이 늘어나는 경우가 많았다. 1760년(영조 36)에는 영정법에 기초하여 각도의 농지 총면적에 재해 면적을 삭감하고 수세의 총액을 할당해 징수하는 비총법比摠法이 시행되었다.

삼수미 三手米 조선후기 훈련도감에 소속된 삼수병(포수·사수·사수)을 양성하는 데 필요한 재원을 충당한다는 명목으로 징수한 조세의 하나. 삼수량三手糧이라고도 한다. 본래 삼수병 육성에 필요한 군량을 충당하기 위해 둔전을 설치했으나 충분치 못하자 1602년(선조 35) 경기·충청·전라·경상·황해·강원의 6도에서 토지 1결당 쌀 2두 2승씩을 징수했다. 이에 대한 농민의 불만이 잇따르자 34년 양전을 시행한 뒤 경상·전라·충청의 삼남지방에서는 1두씩을 감했으며, 병자호란 후 경기지방에서는 전액을 면제해주었다. 그러나 이는 농민의 부담을 줄여준 것이라기보다는 본래 전시중에 부과한 특별세인 삼수미를 일반세로 고정화시키는 과정에서 세액을 조정한 것이라고 할 수 있다. 삼수미는 실제로는 군량이 아닌 다른 곳에 사용되는 경우가 많았다. 상품화폐경제의 발달에 따라 삼수미도 점차 쌀이 아닌 화폐나 무명으로 징수했으며 갑오개혁 때까지 지속되었다.

대동법 大同法 조선중기 이후 시행된 재정제도의 하나. 방납 등 공납제도의 각종 폐단이 심해지자 공물 대신 미곡(대동미)으로 통일해 토지 1결당 쌀 12두씩을 징수했으며 신긴 등시에서는 쌀 대신 베나 무명, 돈(대동전)으로 납부하게 했다. 그러나 화폐의 보급에 따라 전차 대동전을 납부하는 것으로 바뀌어 갔다. 거두어들인 쌀은 일부는 선혜청에 보내져 국가에서 필요한 물품을 구입하는 비용으로 사용되고 일부는 지방관청에서 사용했다. 대동법과 유사한 재정제도는 임진왜란중이던 1594년(선조 27)부터 이듬해까지 시행된, 각 도의 상납물을 쌀로 대신 내게 했던 대공수미법代貢收米法에서 찾아볼 수 있다. 1608년(선조 41) 영의정 이원익李元翼의 건의에 따라 이를 보완해서 선혜법宣惠法이라는 이름으로 경기지방에 처음 실시된 이래 부호와 양반 지주들의 반대에도 불구하고 계속 확대되었다. 24년(인조 2) 강원도, 51년(효종 2) 충청도, 58년(효종 9) 전라도, 77년(숙종 3)에는 경상도에 시행되었으며, 1708년(숙종 34) 황해도에 이를 모방한 상정법祥定法이 시행되기까지 평안·함경도를 제외한 전국에 실시되었다. 대동법의 실시는 농민의 불만을 무마하고 봉건적 수취체제를 정비하여 지방관리나 상인의 중간 수탈을 없앰으로써 국가의 재정수입을 확보하는 데 그 목적이 있었다. 대동법의 실시로 조세제도가 봉건적 지대의 성격을 띤 생산물 납부로부터 전세로 바뀌었다. 대동법의 실시는 결과적으로 조선후기 사회에 커다란 영향을 미쳤다. 공인층과 같은 대규모 상인이 등장하고 관수품의 대량납부를 위해 수공업의 규모가 커졌으며, 시장권이 확대되었다. 또한 대동전의 납부로 화폐의 수요가 늘어나 상품화폐경제가 발달했다. 대동법은 토지의 많고 적음을 과세의 기준으로 삼아 재산이나 수익에 따라 세금을 매겼다는 점에서 세법상 진보적인 제도라고 할 수 있다. 그러나 실제로 농민 부담을 줄이는 데는 별 도움이 되지 못했다. 중앙에 보내는 상납미가 늘어남에 따라 선혜청의 묵인 아래 수령들이 횡포를 부리는 경우가 많았으며 점차 잡세가 늘어났다. 또한 쌀로 납부하는 것은 공납 중의 상공常貢만으로 별공別貢과 진상進上은 여전히 존속했기 때문에 농민이 2중부담을 지는 경우도 흔했다. 때문에 대동법의 실시로 농민들은 공납제를 시행할 때 부담하던 세금에다 대동미를 더 내는 결과를 가져왔다는 비판이 있을 정도였다. 1894년 갑오개혁 때 모든 세납을 병합함에 따라 대동미도 지세에 통합되었다.

선혜청 宣惠廳 조선후기의 관청. 대동법의 시행에 따라 대동미大同米와 대동포大同布·대동전大同錢의 출납을 맡아보았다. 1608년 경기지방의 대동법 실시와 더불어 처음 설치되었다. 대동법이 시행된 6도에 지청을 설치했으나, 대동법의 실시시기가 모두 다르므로 지청의 설치시기도 각각 달랐다. 선혜청은 상평창·진휼청·균역청 등을 차례로 병합함에 따라 그 기능과 역할이 커져

호조의 기능과 업무를 능가하는 최대의 재정기구가 되었다. 이에 대한 비판도 많았으나 조선말기까지 존속되어오다가 갑오개혁 때 폐지되었다.

공인 貢人 왕궁이나 관청에서 필요한 물자의 조달 및 납품을 청부맡았던 조선후기의 어용적 상인. 대동법 실시 이후 현물 대신 쌀로 공납을 징수하게 되자 조선정부는 상인들로 하여금 정부나 왕실에서 필요한 물품을 납부하게 하고 그 대가(貢價)를 지급했는데, 이 일을 맡아보던 상인을 공인이라고 한다. 그 전부터 관에서 필요한 물자를 조달하던 시전 상인이나 경주인京主人 등이 공인의 업무를 맡아보았으며, 민간에서는 공동출자기구인 공계貢契를 조직해 이에 참가했다. 후자에는 부호, 부유한 상인, 서울의 도민 등으로부터 무직자·양반이나 권세가의 노비에 이르기까지 다양한 계층이 참가했다. 그밖에 공조에 속한 공장이나 관청의 하인들도 공인의 역할을 했다. 공인들은 정부가 인정하는 특권적 상인으로 권세를 등에 업고 헐값에 물품을 사들이거나 강제로 매매를 함으로써 직접생산자를 수탈했으며, 물자를 독점하고 일반 상인들의 상업활동을 제약했다. 공인들의 횡포에 대한 비난이 커지자 영조 때 정부에서는 이들이 지방시장에 드나들면서 물건을 강제매매하는 것을 엄격히 단속하기도 했다. 그러나 상품화폐경제가 발달하고 상인자본이 축적되어감에 따라 공인들의 특권은 점차 무너지고 독점력도 약해져갔다.

이원익 李元翼 1547(명종 2)~1634(인조 12) 조선중기의 문신. 자는 공려公勵, 호는 오리悟里, 본관은 전주. 1564년 과거에 합격한 이래 대사헌, 각조 판서 등 요직을 두루 거쳤으며 임진왜란 때는 평안도 도순찰사가 되어 왕의 피란길을 인도하고 적군과 싸워 평양탈환

에 공을 세웠다. 광해군 즉위 후 영의정이 되었으나 인목대비에 대한 폐모론에 반대하다 강원도 홍천으로 유배되었다. 인조반정 후 다시 영의정이 되었으며, 광해군을 처형하자는 주장에 반대하여 유배에 그치게 했다. 이괄의 난 당시 왕이 공주로 피란할 때 이를 호위했다. 전후 4차례에 걸쳐 영의정을 했으며 청백리로 이름이 높았다. 특히 임진왜란의 전후 복구와 민생의 안정을 위해 대동법을 시행할 것을 주장해 이를 경기지방에 시험적으로 시행하게 함으로서 대동법이 전국적으로 확대되는 계기를 마련했다.

김육 金堉 1580(선조 13)~1658(효종 9) 조선중기의 문신. 자는 백후伯厚, 호는 잠곡潛谷, 본관은 청풍. 1609년(광해군 1) 성균관 태학생으로 있을 때 김굉필·정여창·조광조·이언적·이황 등 5인을 문묘에 제사지낼 것을 건의하다 과거 응시자격이 박탈된 이후 은거생활을 했다. 인조반정 이후 벼슬에 올랐으며 이괄의 난 때는 왕의 피란길을 도와 공을 세우기도 했다. 그후 과거에 급제하여 관찰사·예조판서 등을 거쳤으며 벼슬이 영의정에 이르렀다. 대동법의 확대실시를 주장해 충청도에서 이를 시행하게 했으며, 〈호남대동사목湖南大同事目〉을 구상했다. 화폐의 주조와 유통, 수레의 제조·보급에 힘썼으며, 시헌력을 채택해 시행하기에 노력했다. 그밖에도 활자의 제조와 인쇄에도 힘썼으며, 지방관리들이 백성을 위해 힘써야 한다고 주장하는 책을 펴내는 등 학문을 정치와 사람들의 실제생활에 활용하는 데 커다란 관심을 보였다.

균역법 均役法 조선후기에 실시된 병역·세법제도. 양란 이후 군사기관이 증가하고 직업군인(급료병)이 급격히 늘어나자 실제로 군역에 종사하는 대신 16개월에 2필씩 군포를 납부하는 제도

가 일반화되었다. 그러나 이로 인해 군대조직이 문란해지고 봉건관리들은 각종 명목을 붙여 군포의 양을 늘렸으며 이를 강제로 징수하는 경우가 많았다. 또한 조선초기와는 달리 양반들이 군포를 내지 않음으로써 농민들이 그 부담까지도 떠맡지 않으면 안되었다. 때문에 군포는 농민들의 원성 대상이었으며, 18세기 전반 농민들은 역을 지지 않기 위해 도망하거나(避役) 군포징수에 반발해 폭동을 일으키는 경우도 흔했다. 이에 조선정부는 1750년(영조 26) 「군역을 고르게 한다」고 표방하며 장정 1인에 2필씩 징수하던 군포를 1필씩으로 감하고, 이로 인해 발생하는 조세수입의 감소는 지방관청의 경비를 절약하거나, 어·염·선세, 그리고 일부 양반층으로부터 징수하는 선무군관포로 충당했다. 이러한 균역법은 비록 부분적이기는 하나 양반층에게도 군역을 부과하고 농민의 부담을 약간은 줄어들게 했으나 군역의 폐단에 대한 근본적 개혁과는 거리가 멀었다. 징수해야 할 어·염·선세와 선무군관포의 양을 고을 단위로 할당했으나 그 징수과정에서 관리들의 횡포가 심해짐에 따라 토지 1결당 쌀 2두나 화폐 2냥씩을 새로이 결작으로 징수했다. 결작은 겉으로는 토지소유자에게 징수하는 것이나 실제로는 여러 가지 명목을 붙여 토지가 없는 농민에게도 부과하는 경우가 많았다. 또한 군포의 부과대상 자체가 개인이 아닌 촌이나 읍 단위였으므로 균역법에 의해 농민 개개인이 실제로 군포를 경감받았는지도 확실하지 않다. 이로 인해 조선 말까지도 군포의 폐단은 삼정 문란 중의 하나로 끊이지 않았다. 다만 결작의 징수를 막연한 노동력을 단위로 한 인두세로부터 조세징수의 대상을 생산력을 가진 토지로 전환, 대동법과 마찬가지로 조세정책의 합리화를 기했다는 점

에서 그 의의를 찾아볼 수 있다.

균역청 均役廳 1750년(영조 26) 균역법의 시행에 따라 그 업무를 관장한 조선후기의 관청. 균역법의 실시로 인해 줄어든 군포를 보충할 재원을 마련하는 데 설치의 목적이 있었다. 1750년 균역절목청均役節目廳이란 이름으로 시작해 이듬해 정식으로 설치되었으며, 53년(영조 29) 선혜청에 병합되었다. 균역청은 어·염세, 은결, 선무군관포, 결작의 징세와 관청의 비용을 지급하는 일을 맡아보았다. 특히 56년에는 노비의 신공身貢 감축에 따라 해당 관청의 사사로운 비용까지도 대신 지급하게 됨으로써 재정기구로서의 역할이 커져 나중에는 오히려 호조의 1년 예산을 능가하게 되었다.

선무군관 選武軍官 조선후기에 무술시험을 거쳐서 뽑은 지방군관. 함경도와 평안도를 제외한 전국의 사족士族·부민富民의 자제 중에서 선발했는데, 양민보다는 지위가 높지만 양반이라고 하기도 어려운 계층으로 보인다. 이들은 평상시엔 집에서 무술연습을 하며 유사시에 소집되어 고을 수령의 인솔 아래 군졸을 지휘했다. 그러나 대체로 군역을

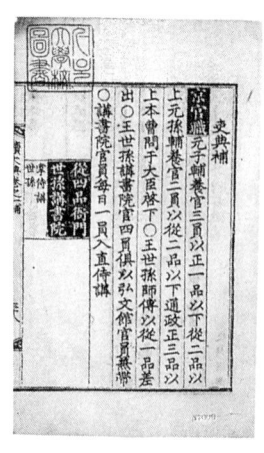

△속대전. 조선의 법제 문물과 사회경제적 상황을 연구하는데 중요한 자료가 된다.

피해 한가롭게 지내는 계층으로 인식되어 평상시에는 1년에 베 1필 또는 돈 2냥씩을 징수했다. 매년 관찰사의 책임 아래 이들의 재능을 시험해 입상자는 과거시험의 일부를 이로 대치하거나 그 다음해의 포를 면제해주었다.

결작 結作 조선후기 토지에 매겨지던 부가세의 하나. 균역법의 실시로 인해 발생한 재정의 부족을 해결하기 위해 1751년(영조 27) 시행되었다. 평안·함경도를 제외한 전국의 토지 1결당 쌀 2두나 화폐 5냥씩을 징수했는데, 쌀로 납부하는 것을 결미結米, 돈으로 납부하는 것을 결전結錢이라고 한다. 결작이 부과된 토지는 광범위하여 개인의 소유지는 물론 관청·향교·사찰 소유의 토지에도 부과되었으며, 적전藉田을 제외한 왕실의 면세지까지도 대상이 되었다. 결작의 징수는 봉건적 노동지대의 성격을 띠었던 역의 일부를 전세화한 것으로, 광범한 토지를 소유하고 있던 양반층에게도 역의 일부를 분담시켰다는 점에서 균역법의 본래 취지에 부합된다고 할 수 있다. 그러나 여러 명목을 붙여 실제로는 토지를 소유하지 않은 농민에게도 결작을 징수하는 경우가 많았으며, 삼수미·대동미·결작과 같은 부가세의 증가는 농민생활을 더욱 어렵게 했다.

속대전 續大典 조선 영조 때 편찬한 법전. 〈경국대전〉의 속전으로 4권 6책으로 되어 있다. 〈경국대전〉의 편제와 내용을 기본으로 하고 있으나, 그 이후 공포된 각종 법령 중 시행할 만한 것과 〈경국대전〉에서 누락된 내용 중 당시 사회에 맞는 것을 보충하는 한편, 〈경국대전〉의 조항 중 사회의 변화에 따라 적절하지 못한 것을 제외했다. 주로 호전戶典·형전刑典 등에 여러 항목이 추가되었으며, 특히 형법의 시행에서 신중과 관용을 기하고 형량을 가볍게 하는

등 관형주의寬刑主義를 취하고 있는 것이 특색이다. 영의정 김재로金在魯가 왕명에 의해 편찬해 1746년 발간했다. 〈속대전〉의 간행은 양란 이후 약해진 봉건적 법질서를 다시 확립하고 민심을 수습하는 데 그 목적이 있다고 할 수 있다. 조선사회의 법제·문물과 18세기의 사회경제적 상황을 연구하는 데 중요한 자료이다.

동국문헌비고 東國文獻備考 조선의 정치·경제·문화 등 각종 제도와 문물을 분류, 정리한 책. 1770년(영조 46) 홍봉한 등이 왕명을 받아 처음 100권으로 편찬했다. 각종 제도를 여지輿地·예례·병兵·형형刑·학교學校 등 13고考로 분류해 연대순으로 정리했다. 〈동국문헌비고〉의 편찬목적은 각종 제도의 연혁과 내용을 계통적으로 묶어서 보기 쉽게 함으로써 국가의 통지에 활용하기 위한 것이었다. 그러나 짧은 기간에 만들어져 누락되거나 잘못된 항목이 많은 등 내용이 충분하지 못해 이를 보충할 필요가 있었다. 이에 따라 1782년부터 이만운李萬運 등이 13고의 잘못된 부분을 바로잡고, 여기에 왕계王系·씨족氏族·조빙朝聘 등 7고를 증보해 146권을 편성해 1789년 〈증보동국문헌비고〉라는 이름으로 편찬했다. 그러나 이 책은 간행되지 못하고 필사본으로 남게 되었다. 「증보동국문헌비고」에서는 종전의 착오를 충분하게 바로잡지는 못했으나 책의 내용이 더욱 체계적이 되었으며, 개인이 가지고 있던 여러가지 다른 책들을 참고함으로써 사료적 가치는 더욱 풍부하게 되었다. 그러다가 1903년(광무 7) 찬집청撰集廳을 두고 〈동국문헌비고〉의 개정에 착수했다. 조선말기의 자료를 참고해 내용을 첨가하고 시대에 적절하지 않은 것을 삭제했으며, 항목분류를 정리해 1908년 16고 200권으로 편성해 간행하고 이름을 〈증보문헌비고增補文獻備考〉라고 했다. 이 책이 우리가 오늘날 보는 인쇄본이다. 〈증보문헌비고〉는 조선말기의 자료를 첨가함으로써 더욱 풍부한 사료를 담고 있어 조선의 역사·지리·문물 및 그밖의 제도를 연구하는 데 귀중한 자료로 취급되고 있다. 그러나 증보된 책들에 추가된 내용이 이전의 것과 모순되는 경우도 있으며 증보할 때 적절하지 못하게 삭제된 경우도 보인다.

규장각 奎章閣 조선후기의 관청. 일명 내각內閣이라고도 한다. 희귀도서와 왕의 글씨·그림·유언서·명령서·초상·왕실의 족보 등을 보관했으며 서적을 간행했다. 조선전기 세조와 성종 때도 왕의 글과 글씨 등을 보관하기 위해 규장각을 설치하려고 했으나 제대로 되지 않았다. 정조는 1776년 즉위 후 곧 궁궐 안에 규장각을 설치하고 직제를 갖춘 독립기구로 만들었다. 이때 규장각을 설치한 목적은 척신戚臣과 환관宦官의 음모와 횡포를 제거하고 정치를 개혁해 왕권을 확립하기 위한 것이었다. 이를 위해 학식이 높은 사람을 모아 학문을 토론하고 국가적 규모로 도서를 수집, 간행함으로써 봉건적 유교사상을 강화하고자 했다. 이 때문에 재능있는 학자들은 규장각 관리로서 토지와 그밖의 재산을 받는 등 특별히 우대되었으며, 규장각은 서얼 출신의 학자가 관직에 오르는 통로 역할을 하기도 했다. 그러나 정조의 통치권이 확립됨에 따라 규장각은 점차 학문 및 정책을 연구하고 기획하는 학술기관의 성격을 띠게 되었다. 이에 따라 교서관을 규장각 외각으로, 궁궐 안의 본래의 규장각은 규장각 내각으로 구분했다. 1781년에는 강화사고에 서고를 따로 설치했으며(강도외각), 규장각 내각 안에 도서를 보관하는 장서각으로 서고西庫(조선책 보관), 열고관閱古觀(중국책 보관)을 두었다. 또한 서호수徐浩修로 하여금 보관도서를 정리해 도서목록인 〈규장총목奎章總目〉을 작성했는데, 이것이 3만여 권에 달하는 현재 규장각 도서의 원류이다. 많은 규장각 도서가 일제통치기 동안 일본에 넘어갔을 것으로 보이며, 강도 외각에 보관되어 있던 도서는 병인양요 때 프랑스 군에 의해 약탈당했다. 한일합방 후 총독부가 규장각 도서를 관리하다가 경성제국대학 설립 이후에는 대학 안에 보관했다. 해방 후 서울대에서 인수해 현재 관리, 보관하고 있다.

장용영 莊勇營 조선후기의 중앙군영. 1785년(정조 9) 국왕의 호위를 전담하는 장용위를 창설했다가 93년 왕권의 강화를 위해 이를 확대 개편해 하나의 군영으로 만들고 장용영이라고 했다. 장용영은 서울 중심의 내영內營과 수원 중심의 외영外營으로 구성되었는데 외영의 장은 수원유수가 겸임했다. 장용영은 국왕의 호위에 주목적이 있었는데, 많은 토지와 군량을 보유했으며 소속병사의 수도 5천 명에 달해 한때 5군영보다도 비중이 더 컸다. 1802년(순조 2) 장용영 폐지 때 서울의 본영은 없어지고 수원의 외영은 총리영總理營으로 바뀌었다가 95년(고종 32) 신식군대의 개편이 있을 때 총리영도 철폐되었다.

대전통편 大典通編 〈경국대전〉과 〈속대전〉을 토대로 정조 때 새로이 펴낸 법전. 6권 5책, 인쇄본. 1785년(정조 9) 김치인金致仁 등이 왕명에 의해 편찬했다. 정조는 즉위 후 처음에는 예禮까지 포함하는 회전會典을 펴내고자 했으나 너무 복잡해 법전만을 새로이 편찬하는 데 그쳤다. 〈대전통편〉은 〈경국대전〉과 〈속대전〉의 체제와 내용에 의거했으나, 〈속대전〉 이후 발표되거나 변경된 법조문을 보충하고 임금이 내린 교명敎命 등 일부 새 규정을 첨가했다. 〈경국대전〉에 원문이 있는 내용은 〈원原〉, 〈속대

전〉의 본문에는 〈속續〉, 새로 추가된 것에는 〈증增〉이라는 글자를 새겨넣어 서로 구분했다. 이는 경국대전 이후 약 300년 만에 통일된 법전을 편찬한 것으로 그 사이에 변화된 사회상황에 맞춰 법조문을 완성함으로써 봉건적 제도의 재정비를 꾀했다고 할 수 있다. 1865년(고종 2) 편찬된 〈대전회통〉은 〈대전통편〉을 약간 증보한 것이다.

일성록 日省錄 조선후기 역대 국왕의 언동과 정사를 기록한 책. 필사본 2,327책. 국보 제153호. 1752년(영조 28)부터 1910년까지 일기 형식으로 기록했으나 현재 전하는 것은 1760년 이후의 기록이다. 〈일성〉이라는 의미는 「국왕이 자신의 생활을 매일매일 돌이켜 반성하고 후세들도 이를 본받도록 한다」는 것이다. 〈일성록〉은 정조가 세손으로 있을 때 스스로 기록한 일기로부터 시작되었는데, 그후 기록방식과 담당자가 정리됨에 따라 정부의 공식문서가 되었다. 정조는 왕위에 오른 후 규장각의 신하들로 하여금 왕이 행한 갖가지 정사를 기록하게 했는데, 이를 토대로 하나의 체제를 갖춘 〈일성록〉이 편찬되었다. 각 기사마다 표제를 붙이고 왕과 관련된 중요사항들을 모두 수록했으며, 내용에 따라 하늘, 왕의 조상, 왕, 신하를 구분하여 읽기 편하게 만들었다. 순조 때는 유본예柳本藝가 〈일성록범례〉를 만들어 내용을 이해하기 쉽게 분류했다. 〈일성록〉은 단순히 후대에 남기기 위한 역사서라기보다는 당대의 교훈으로 삼기 위한 역사서라는 데 그 의미가 있다. 그러나 주로 왕과 관련된 사실을 당대에 기록했으므로 상당한 정도의 취사선택과 수정·첨삭이 행해졌을 가능성이 많다. 하지만 봉건사회의 최고통치자인 국왕의 행적과 정사를 상세히 기록하고 있다는 점에서 〈실록〉〈승정원일기〉〈비변사등록〉 등과 함께 조선후

기 사회의 연구에 귀중한 자료로 취급
되고 있다.

만기요람 萬機要覽 조선후기의 재정,
군정에 관한 사항을 모아놓은 책. 왕이
정사를 행하는 데 곁에 두고 참고하기
위해 만든 것으로 1808년(순조 8) 비변
사 당상 심상규沈象奎, 호조판서 서영보
徐榮輔 등이 왕명에 따라 편찬했다. 재
용편財用篇 6권, 군정편軍政篇 5권으로
되어 있으나 사본에 따라 책 수, 편목의
배치, 내용 등에 약간의 차이가 있다.
재용편에서는 국가재정의 조달방법 및
용도, 액수에 대해 밝히고 있다. 1권은
궁중의 연간 소요경비, 2권은 각종 세
제에 관한 규정, 3권은 세입, 4권은 재
정정책을 다루고 있다. 5권에서는 국내
정사 및 상업활동, 무역, 외교관계, 6권
은 환곡 및 중앙과 지방의 창고시설에
대해 언급하고 있다. 군정편의 내용은
군사체제 각사各司·영營의 업무와 운영
방안을 처금한 것이다. 1권에서는 5위,
비변사 등 군사업무를 관장하는 주요
기구의 설립경위, 변천, 기능 및 직제
가 수록되어 있으며 2권에서는 병조와
훈련도감, 3권은 금위영, 어영청, 총융
청에 관한 내용들이 들어 있다. 4권에
서는 방어시설, 8도의 요충지, 해로, 방
어전략에 대한 내용, 5권에서는 조선왕
조 개창 이래 발생한 국방관계의 주요
사실을 정리 제시하고 있다. 조선후기,
특히 18세기말~19세기초의 경제와 군
제, 정책을 연구하는 데 토대가 되는 귀
중한 자료이다.

2. 붕당정치의 변화와 외척세도
정치

예론 禮論 조선 현종 때 자의대비慈懿
大妃(莊烈王后＝趙大妃)의 복제服制를 둘
러싸고 2차례에 걸쳐 벌어진 논쟁. 1659
년 효종이 죽자 자의대비의 복제를 어

떻게 할 것인가를 놓고 해석이 대립되
었다. 송시열은 기년설朞年說(1년)을 주
장했으며 허목은 3년설을 주장했다. 그
러나 이러한 견해의 대립은 단순히 유
교적 의례에 대한 학문적 해석을 넘어
당파의 이해관계로 발전했다. 서인은
기년설을, 남인은 3년설을 주장했다.
양파는 서로의 학문적 정통성을 통해
정치적 주도권을 장악하고자 했다. 결
국 이 논쟁은 서인이 우세를 보여 서인
세력이 강화되었다. 74년 며느리 인선
왕후仁宣王后가 죽자 다시 복제문제가
대두되었다. 이번에는 서인은 대공설大
功說(9개월), 남인은 기년설을 주장했
다. 남인은 이 논쟁에서 승리하여 정권
을 잡고 서인은 실각했다.

청남·탁남 淸南濁南 조선 숙종 때 남
인으로부터 나누어진 낭파. 1674년 효
종의 왕비인 인선왕후의 장례에 인종의
왕비였던 자의대비의 복제문제를 둘러
싸고 일어난 예론에서 승리해 정권을
잡은 남인은 서인 송시열의 처벌을 둘
러싸고 둘로 갈라졌다. 송시열에 대한
극형을 주장했던 일파를 청남, 이에 반
대했던 일파를 탁남이라고 한다. 청남
의 대표적 인물로는 허목許穆·권대운權
大運·홍우원洪宇遠 등이 있으며 탁남의
중심인물은 허적許積이었다. 그러나 남
인은 이후 등극한 숙종의 신임을 얻지
못하다가 80년 경신대출척으로 실각했
다.

경신대출척 庚申大黜陟 1680년(숙종
6) 남인이 정권에서 축출되고 서인이
정권을 잡은 사건(경신환국이라고도
함). 남인은 1674년(현종 15) 예론에서
승리해 정권을 잡았으나 이어 왕위에
오른 숙종의 신임을 받지 못하고 있었
다. 숙종이 남인을 신임하지 않은 것은
남인이 청남·탁남으로 갈려서 싸운데다
가 남인의 세력이 너무 커지는 것을 경
계했기 때문이었다. 그러던 중 80년 남

인의 영수 허적이 조부 잠潛의 시호를 맞이하는 잔칫날에 이른바 유악油幄 사건이 발생했다. 잔치날에 비가 오자 숙종은 궁중에서 사용하는 용봉차일龍鳳遮日(기름칠을 해 비가 새지 않게 만든 천막)을 보내도록 지시했는데 이미 허적이 가지고 갔던 것이다. 이에 노한 숙종은 남인에 대한 의심이 더욱 커져 남인을 요직에서 축출하고 서인을 등용했다. 이 사건 후 얼마 지나지 않아 서인들이 허적의 서자인 허견許堅과 종실인 허복창 3형제(福昌君·福善君·福平君)가 역모를 꾀한다고 고변한 이른바 3복의 변이 발생했다. 이로 인해 허적 일가와 남인의 우두머리 윤휴가 처형되고 관련된 남인들이 대거 축출되었으며, 정권은 다시 완전히 서인 손에 돌아갔다. 이 사건을 가리켜 경신대출척이라고 한다. 이 사건을 계기로 조선의 정치는 여러 당파가 참여하는 붕당정치로부터 일당전제의 형태로 바뀌었다.

노론·소론 老論少論 조선후기에 서인으로부터 나누어진 당파. 경신대출척 이후 남인에 대한 처벌을 놓고 서인이 강·온 양파로 분리되면서 발생했다. 강경 입장을 취한 사람들은 주로 노장층이었으므로 노론, 온건 입장을 취한 사람들은 소장층이었으므로 소론이라고 한다. 1683년 노장파인 김익훈金益勳 등이 남인을 강력히 탄압하자 소장층인 한태동韓泰東 등이 이에 반대하는 상소를 올린 것이 직접적인 발단이었다. 소론이 남인의 탄압에 온건한 입장을 취한 것은 만약 남인이 재집권하게 되면 보복이 있을 것을 염려한 때문이었다. 그러나 노론과 소론의 대립은 한때 송시열의 문인이었던 윤증尹拯이 송시열과 절교하고 난 이후 양자 사이의 개인적 감정과 정치적·학문적 갈등도 하나의 원인이었다. 초기 노론의 영도자는 김익훈·송시열 등이었으며, 소론의 영

도자는 조지겸趙持謙·윤증 등이었다. 이후 당쟁은 주로 노론과 소론 사이에서 벌어지는 경우가 많았다.

기사환국 己巳換局 경신대출척으로 실각했던 남인이 1689년(숙종 15) 원자를 정하는 문제를 계기로 서인을 몰아내고 집권한 사건. 숙종은 오래도록 왕자를 가지지 못하다가 소의昭儀 장씨張氏가 아들을 낳자 서둘러 이를 원자로 임명하고 장씨를 희빈에 책봉하고자 했다. 이에 대해 서인은 왕비 민씨(인현왕후)가 아직 젊으니 후일을 기다리는 것이 좋다며 반대했다. 그러나 숙종은 이러한 반대를 뿌리치고 장씨를 희빈에, 장씨 소생의 왕자를 원자에 임명했다. 그러나 서인의 영수 송시열은 상소를 통해 중국의 예를 들어 다시 반대했다. 숙종은 이에 대해 못마땅하게 생각하던 중 남인이 숙종의 결정을 지지하며 송시열을 공격하는 상소를 올리자 송시열을 파직하고 유배시켰다가 처형했으며, 그를 지지하던 서인들도 관직을 박탈하거나 귀양을 보냈다. 이로써 서인 정권은 무너지고 남인이 다시 정권을 잡게 되었다. 얼마 안 있어 숙종이 민비를 폐비하고 장희빈을 왕비에 책봉하려고 하자 서인은 다시 이에 반대하는 상소를 올렸다. 그러나 숙종은 상소의 주동자를 유배하고 민비를 폐비한 후 장희빈을 왕비로 맞아들였으며, 남인의 정권은 더욱 굳어졌다.

장희빈 張禧賓 ?~1701(숙종 27) 조선 숙종의 빈인 소의 장씨. 1688년(숙종 14) 뒤에 경종景宗이 된 왕자 균昀을 낳았다. 왕자가 없던 숙종은 서둘러 균을 세자에 책봉하려 했으나, 서인은 왕비 민씨가 나이가 어리다는 것을 내세워 반대했다. 이에 노한 숙종은 서인을 몰아내고 권대운權大運·김덕원金德遠 등 남인을 등용했으며(기사환국), 소의 장씨를 희빈에 봉하고 균을 세자에 책봉

했다. 이로써 서인정권은 몰락하고 남인들이 정권을 잡게 되었다. 얼마 지나지 않아 숙종은 다시 왕비 민씨를 폐하고 장희빈을 왕비에 앉혔다(1689. 5). 그러나 숙종은 점차 민비를 폐비한 것을 후회하게 되었다. 그러던 중 소론의 일파가 민비 복위운동을 하다가 발각되어 체포된 사건이 발생했다. 남인정권은 이를 소론의 제거에 이용하려 했으나, 숙종은 도리어 남인을 제거하고 소론을 등용했으며 장씨를 희빈으로 강등해 폐비시키고 민비를 다시 왕비로 맞아들였다(갑술옥사). 이후 장희빈의 오빠 장희재張希載가 민비를 해치려다가 실패한 사건이 발생했다. 조정에서는 이 사건을 놓고 장희재와 장희빈에 대한 처벌이 논의되었으나 세자에게 해가 끼치는 것을 염려해 용서해주었다. 그러나 왕비 민씨가 죽은 후 장희빈이 자신이 거처하던 취선당 서쪽에 신당神堂을 차려놓고 민비가 죽기를 기도한 사실이 발각되어 장희빈과 장희재는 처형되었으며 그 집안과 무당도 화를 입게 되었다(무고의 옥).

인현왕후 仁顯王后 1667(현종 8)~1701(숙종 27) 조선 19대 왕 숙종의 계비. 성은 민閔, 본관은 여흥, 민유중閔維重의 딸. 1681년(숙종 7) 숙종의 왕비가 되었다. 그러나 왕자를 낳지 못하다가 숙종이 소의 장씨가 낳은 왕자 균을 세자로 책봉하려는 것을 계기로 발생한 기사환국으로 서인이 세력을 잃고 난 다음 얼마 지나지 않아 민비도 폐위되어 서인庶人으로 강등되고 장씨가 왕비의 자리에 올랐다. 그후 갑술옥사로 다시 왕후에 복귀했으나(1694) 끝내 소생을 낳지는 못했다. 궁중을 중심으로 그녀의 생활을 기록한 궁중소설인 〈인현왕후전〉이 전하나 사료로서의 가치는 별로 없다.

갑술옥사 甲戌獄事 1694년(숙종 20) 서인이 남인을 몰아내고 정권을 장악한 사건. 갑술환국이라고도 한다. 기사환국으로 남인이 정권을 잡았으며 소의 장씨는 왕비의 자리에 올랐으나 점차 숙종의 신임을 잃어가고 있었다. 그러던 중 소론의 김춘택金春澤 등이 폐비 민씨의 복위운동을 일으키다가 발각된 사건이 발생했다. 남인은 이를 계기로 소론을 완전히 제거하려고 옥사를 일으켰다. 그러나 숙종은 도리어 남인의 영수였던 민암을 처형하고, 남구만南九萬·박세채朴世采·윤지완尹趾完 등 소론을 등용했으며 소의 장씨를 희빈으로 강등하고 폐비 민씨를 다시 왕비로 맞아들였다. 이 사건으로 축출된 남인은 다시는 정권에 대두하지 못했으며 이후 당쟁은 노론과 소론이 대립하는 양상을 보였다. 이때 민비의 복위운동에 사용되었던 자금이 상인과 중인층으로부터 나온 것은 당시 사회경제적 변동이 중앙정치에도 영향을 주고 있음을 보여준다.

신임사화 辛壬士禍 1721년(경종 1) 신축辛丑년과 그 이듬해 임인壬寅년 두 해에 걸쳐 왕위계승을 둘러싸고 일어난 옥사獄事. 숙종말 소론은 세자 균昀(후의 경종)을 지지했고 노론은 연잉군延礽君(후의 영조)을 지지했다. 1721년 경종이 왕위에 오르자 경종의 생모인 장희빈의 처형을 주장했던 노론은 후환을 염려해 경종이 병약하다는 것을 구실로 연잉군을 서둘러 세제世弟에 책봉할 것을 주장했고 소론은 이를 반대했다. 김창집金昌集, 이이명李頤命, 이건명李健命, 조태채趙泰采 등 이른바 노론4대신을 비롯한 노론의 중신들은 21년 8월 자기들만이 모인 회의에서 경종에게 압력을 넣어 연잉군을 세제에 앉혔다. 이어 2달 후 노론은 세제의 섭정을 주장해 경종은 일시적으로 연잉군에게 정무를 대신하게 했다. 이에 대해 조태구趙泰耉,

조태억趙泰億, 이광좌李光佐, 최석항崔錫恒의 소론4대신과 유봉휘柳鳳輝 등은 시기상조이며 이는 신하가 간섭할 일이 아니라고 강력히 반대했다. 경종은 노론과 소론의 주장 사이에서 세제의 섭정을 명했다가 취소하는 결정을 여러 차례 반복했다. 이듬해 경종이 소론을 두둔하는 쪽으로 기울어지자 승지 김일경金一鏡 등이 노론의 주장을 왕권교체를 꾀하는 역모라고 탄핵함에 따라 노론4대신은 벼슬에서 쫓겨나 귀양을 갔다. 이로써 노론정권은 무너지고 소론정권이 들어서게 되었다. 이후 다시 남인계 서얼 출신인 목호룡睦虎龍이 숙종이 죽을 무렵 노론이 경종을 살해하려는 역모를 꾸몄다고 무고한 사건이 일어났다. 이로 인해 노론4대신은 처형되고 이와 연관되어 수백명에 달하는 노론계 사람들이 처형되거나 유배되었다. 그러나 경종이 왕위에 오른 지 4년 만에 죽고 영조가 즉위하자 노론을 다시 기용하는 한편 노론4대신의 죄를 벗겨주고, 그대신 김일경, 목호룡을 처형하고 소론4대신을 추죄追罪함으로써 소론정권은 다시 무너졌다. 이러한 과정은 세자 책봉의 명분 아래 전개되었으나 실제로는 이를 이용한 정권다툼으로 노·소론의 당쟁은 더욱 치열해져갔다. 영조는 즉위 후 탕평책을 시행했으나 정권에서 몰려난 소론 일파는 경종의 죽음에 의혹이 있다는 유언비어를 명분으로 내세워 이인좌의 난을 일으키기도 했다.

이인좌의 난 李麟佐─亂 조선 영조 때 이인좌 등 소론 일파가 정권의 탈취를 목적으로 일으킨 반란. 영조가 경종의 세제世弟(왕위를 이을 아우)가 되어 정치를 대신하는 데 반대하다가 영조가 즉위한 후 노론에게 정권을 빼앗긴 소론의 일파는 남인 중 과격파, 지방의 토호 및 사대부 등 정권의 중심에서 소외

되어 있던 세력들과 손을 잡고 반란을 계획했다. 이들은 흉서凶書와 괘서掛書 등을 통해 경종이 죽은 원인에 의혹이 있다는 소문을 퍼뜨리고 동조자를 규합하기에 노력했다. 그러나 1727년(영조 3) 탕평책의 일환으로 일부 노론이 실각하고 온건파 소론이 다시 기용되자(정미환국) 더이상의 동조자 확대가 어렵다는 것을 느낀 이들은 거사에 들어갔다(1728. 3). 이인좌·정희량鄭希亮 등은 경종의 사인에 대한 규명과 영조는 숙종의 친아들이 아니라는 명분을 내세워 반란을 일으켰다. 반란군은 청주를 함락시켜 병사 이봉상李鳳祥을 죽이고 소현세자의 증손인 밀풍군密豊君 탄坦을 내세워 「왕통을 바르게 한다」는 격문을 이웃 고을에 돌려 정부에 반대할 것을 호소했으며 이인좌는 스스로 대원수라고 칭했다. 삼남 일대에서도 이에 호응하는 반란이 일어나 한때 삼남지방의 통치체제가 마비되었다. 원래 반란군은 서울과 평양 등지에서도 동조자를 규합해 반군에 호응하도록 계획을 세웠으나 이 사실이 조정에 미리 알려져 계획은 무산되고 말았다. 결국 이인좌는 안성에서, 정희량은 거창에서 각각 관군에 패함으로써 반란은 수포로 돌아갔다. 이인좌의 난은 외형적으론 봉건양반층 내부의 정권다툼의 연장이었으나, 역사적 흐름의 맥락에서 볼 때 조선후기 봉건사회의 재건방향을 둘러싼 지배층 내부의 대립에서 비롯된 것이었다. 영조는 이인좌의 난에서 탕평책 실시의 명분을 찾아 왕권을 강화하는 계기로 삼았다. 그러나 결과적으로 이인좌의 난을 계기로 노론의 반대세력이 몰락함에 따라 조선왕조의 사회개편 방향은 노론정권의 의도대로 추진되어 나갔다.

탕평책 蕩平策 조선후기 영·정조 때 당쟁을 완화함으로써 왕권을 강화하기 위해 행한 정책. 「탕평」이란 〈서경書經〉

홍범조洪範條에서 나온 말로「어느 편에도 치우치지 않는다」라는 뜻이다. 임란 이후 격화된 당쟁은 왕권 자체에도 위협을 주었다. 이에 영조는 당쟁의 폐단을 지적하고 탕평의 필요성을 역설하는 교서를 내리는 한편, 노론과 소론의 화목을 권장하고 당쟁에 관계된 유생들의 상소를 금했으며, 이 시책에 호응하지 않는 관리들을 파면했다. 또한 탕평의 의지를 과시하기 위해 성균관 입구에 탕평비를 세우기도 했다. 이는 특정한 당파의 정권독점을 배제하고 각 당파의 연합을 통해 정치를 함으로써 왕권을 강화하기 위한 것이었다. 그러나 서인의 집권이 계속되어 남인이나 북인은 높은 벼슬에 오르지 못했으며, 장헌세자 사건을 계기로 서인에서 시파와 벽파가 대립해 같은 당파 안에서도 다른 입장을 취함으로써 오히려 당쟁이 악화되는 양상을 보였다. 정조도 영조의 탕평책을 계승했다. 정조의 당평책은 영조와는 달리 각 당파의 인물을 고루 등용하기보다는 의리를 중시하고 능력있는 인물을 등용하는 사림정치의 원리를 실천하려는 방향이었다. 정조는 관리의 임명에 노론과 소론을 가리지 않았으며, 남인을 영의정에 앉히고 서얼 출신의 학자도 능력이 있으면 요직에 등용해 어느 정도의 효과를 거두기도 했다. 그러나 서인의 집권에는 변함이 없어 그 내부에서 당쟁이 계속되었으며 정조 이후에는 점차 외척과 연결된 세도정치의 형태로 바뀌어갔다.

장헌세자 莊獻世子 1735(영조 11)~62(영조 38) 조선 21대 왕 영조의 둘째아들. 이름은 선愃. 부인은 홍봉한洪鳳漢의 딸 혜경궁惠慶宮 홍씨. 이복형인 효장세자孝章世子가 일찍 죽자 2세 때 왕세자로 책봉되었다. 어려서부터 총명해 10세 때 노론이 일으켰던 신임사화를 비판했으며, 사대부의 의리와 절개를

중시하는 청류淸流에 호응함으로써 노론과 갈등을 빚었다. 1749년 왕을 대신해 정치를 행하기 시작했으나 노론과의 갈등은 심해졌다. 세자의 서정庶政으로 장인인 영의정 홍봉한 등의 세력이 커지자 노론과 계비 김씨, 숙의 문씨 등은 세자에 대한 무고를 계속했으며, 김씨의 아버지 김한구金漢耉와 그 일파인 윤급尹汲 등은 세자의 폐위를 꾀했다. 이에 세자는 곧 정치에 싫증을 느꼈으며 또한 악질에 걸려 고통을 당한 것으로 전해진다. 이들의 사주를 받은 나경언羅景彥이 세자의 비행 10여 조를 적은 상소를 올리자 노한 영조는 나경언을 사형에 처하는 한편, 세자에게도 자결을 명했으나, 세자가 이를 듣지 않자 뒤주 속에 가두어 8일 만에 굶어죽게 했다. 영조는 곧 후회, 위호位號를 복귀시키고 사도思悼라는 시호를 내렸다. 정조는 즉위 후 아버지인 사도세자를 장헌세자라고 개칭했으며 고종 때 장조莊祖로 추존되었다. 장헌세자의 죽음은 비행이나 악질에 걸려 광란한 행위를 했기 때문이라기보다는 당쟁의 과정에서 희생되었다고 보는 것이 타당하다. 장헌세자를 둘러싼 조정 내부의 대립은 시파·벽파의 대립을 발생시켜 당쟁을 더욱 치열한 양상으로 새롭게 변화시켰다.

시파·벽파 時派僻派 조선 영조 때 장헌세자의 폐위와 사사賜死를 둘러싸고 분열된 파당. 무고를 받아 뒤주 속에서 굶어죽은 세자를 동정하는 입장이었던 시파는 대부분 남인 계통이었으며, 세자를 공격해 자신들의 무고를 합리화하려고 했던 벽파는 대부분 노론이었다. 그러나 노론 중에서도 시파가 있었으며 같은 친족간에도 시파와 벽파가 나뉘어지는 등 4색당파는 사실상 해체되고 붕당은 이 두 파로 나누어져 정권을 둘러싼 대립을 계속했다. 장헌세자에 대한

비판과 동정도 정치의 주도권을 잡기 위한 명분이라는 성격이 강했다. 정조가 즉위 후 노론 위주의 정국에서 탈피해 왕권을 강화하려 했을 때 시파는 이에 지지를 표했다. 시파라는 이름도 시류時流의 이러한 흐름에 편승한다는 의미에서 붙여진 것이다. 양파의 대립에서는 이전의 4색당파에서 찾아볼 수 있는 것과 같은 붕당정치의 긍정적 측면은 거의 사라지고 정권의 우위를 차지하기 위한 다툼만이 계속되었다. 순조 즉위 후 일어난 천주교 탄압인 신유박해의 경우, 천주교가 전통적인 유교적 사회질서를 파괴할까 염려했던 측면도 있었으나 천주교를 연구하는 학자나 신자 중에 시파가 많았으므로 당시 정권을 잡은 벽파가 시파를 탄압하기 위한 목적도 있었다.

세도정치 勢道政治 조선후기 국왕이 총애하는 신하나 외척이 실권을 장악하고 행한 변태적 정치형태. 원래 세도世道란 「세상을 다스리는 커다란 도」라는 뜻으로, 세도정치世道政治는 국왕이 인격과 학식·덕망이 높은 사람에게 높은 관직을 주어 우대함으로써 세상을 올바르게 다스리고 인심을 바로잡기 위해 행하는 정치를 뜻하는 말이었다. 그러나 일반적으로 세도정치勢道政治란 정조 이후 신하들이 정권을 장악해 권세를 부리며 멋대로 행한 정치를 뜻한다. 이러한 세도정치는 왕실의 외척에 의해 자행되었는데 정조 때 권세를 휘둘렀던 홍국영에서 시작된다고 보는 견해가 통설이다. 순조가 즉위한 후에는 김조순 이래 안동 김씨가 세도를 행했으며, 1827년(순조 27) 세자가 정치를 대리한 다음부터 헌종 때까지는 풍양조씨의 세도정치가 이어졌다. 철종 때는 김문근金汶根의 딸이 왕비가 됨에 따라 다시 안동김씨 일파가 세도정치를 행했다. 고종이 왕위에 오른 후 대원군은 안동 김씨 세력을 제거하고 외척세력을 견제하는 데 노력했으나 10년 만에 물러나고, 다시 고종의 왕비인 민비를 중심으로 한 민씨 세력의 정치가 조선말까지 이어졌다. 그러나 이 기간 동안 각 시기의 정치형태가 동질적인 것이었는가는 명확하지 않다. 또한 고종 때의 민씨 정권을 세도정치로 규정하는 데 대해서도 이견이 있으며, 이와는 반대로 대원군의 통치 역시 세도성치로 보는 견해도 있다. 일반적으로 세도정치가 발생한 원인에 대해서는 어린 왕의 즉위와 그에 따른 왕권의 약화로 보고 있다. 하지만 시·벽파의 대립의 결과로 나타난 권력의 집중, 조선후기의 사회경제적 변화와 실학과 같은 개혁사상에 대한 보수세력의 반동 등이 지적되기도 한다. 한편 세도정치 기간 동안 삼정의 문란, 매관매직 등 정치의 혼란과 부패가 극심해 민란 등 이에 대한 각종 형태의 저항이 곳곳에서 잇달아 일어났다. →〈한국근현대사사전〉 29쪽

홍국영 洪國榮 1748(영조 24)~81(정조 5) 조선말기의 문신. 자는 덕로德老, 본관은 풍산. 25살 때 문과에 급제했으나 별로 두각을 나타내지 못하다가, 동궁으로 있던 정조를 보호하고 왕위에 오르는 데 공을 세워 정조 즉위 후 도승지에 임명되었다. 1778년(정조 2) 왕비가 소생이 없음을 기화로 누이동생을 빈으로 삼게 하고(元嬪) 이를 배경으로 외척으로 권세를 휘둘렀다. 그러나 이듬해 원빈이 병으로 죽자 정조가 새로운 빈을 맞아들이는 것을 반대했다. 왕의 동생인 은언군恩彦君의 아들 담湛을 죽은 원빈의 양자로 삼고 세자로 책봉함으로써 권력기반을 다지려 하다가 마음에 들지 않자 역모죄로 몰아 죽였다. 80년 왕비 김씨가 원빈을 살해했다고 믿고 왕비를 독살하려다 발각되어 유배되었다가 이듬해 죽었다. 정조의 권유

로 자진해서 관직에서 물러났다가 3사의 탄핵을 받았다는 설도 있다. 일반적으로 홍국영의 권세기를 조선말 세도정치의 시작으로 보고 있다.

김조순 金祖淳 1765(영조 41)~1831(순조 31) 조선말기의 문신. 자는 사원士源, 호는 풍고楓皐, 본관은 안동. 1785년(정조 9) 문과에 급제한 후 여러 벼슬을 거쳐 대제학에 올랐다. 1802년(순조 2) 딸이 순조의 왕비(純元王后)가 되자 영안부원군에 봉해졌다. 이후 순조의 국구國舅(국왕의 장인)로서 정치를 행해 안동 김씨 세도정치의 토대를 마련했다. 그러나 시·벽파의 싸움에 중립을 지켰으며, 요직이 주어질 때마다 사양한 점 등으로 미루어 자신의 권세를 위해 노력한 인물은 아니며, 오히려 성격이 지나치게 너그러워 외척의 대두를 막지 못했다고 평가되기도 한다. 문장에 능해 많은 저술을 남겼으며 꽃과 대나무를 잘 그린 것으로도 알려져 있다.

철종 哲宗 1831(순조 31)~63(철종 14) 조선 제25대 왕. 재위 1849~1863. 이름은 변昪, 조명은 원범元範, 자는 도승道升, 호는 대용재大勇齋. 전계대원군 광瓘의 셋째아들. 1844년 형인 회평군懷平君 명明의 옥사로 가족과 함께 강화에 유배되어 그곳에서 생활했다. 헌종이 죽은 후 궁중에 돌아와 덕완군德完君에 봉해지고 왕위에 올랐다. 즉위 후 대왕대비가 수렴청정을 했으나, 실제 정치는 왕비의 아버지인 김문근金汶根을 중심으로 하는 안동 김씨에 의해 좌우되었다. 1852년부터 수렴청정을 끝내고 형식적으로 직접 정사를 행했으나 이후에도 안동 김씨의 세도정치는 계속되어 정치를 올바르게 펼치지 못하다가 병으로 죽었다. 이로 인해 철종의 재위기간 동안에는 정치의 기강이 극도로 어지러워지고 삼정의 문란도 더욱 악화되어 임술민란을 비롯한 민란이 계속되었으며 동학과 같은 새로운 사상이 출현해 민중들 사이에서 널리 퍼지기 시작했다.

3. 생산력의 발달과 봉건경제 체제의 붕괴

농업생산력의 발달 農業生産力-發達 (조선후기) 생산력이란 인간이 자연환경이나 물질에 작용을 가해 필요한 재화를 만들어내는 힘을 가리킨다. 따라서 생산력은 자연의 힘과 인간의 힘이 합쳐져 이루어진다. 그러나 생산력의 발전 정도는 대부분 인간의 힘에 의해 결정된다. 생산활동은 인간의 생활을 위해 이루어지는 것이므로 생산력의 발전은 인간의 생활도 아울러 변화시킨다. 따라서 생산력이 발전하면 생산관계도 이에 맞춰 변하게 된다. 전근대사회의 생산기반은 농업이므로 농업생산력은 사회전체의 생산력 수준에 절대적인 영향을 끼치게 되며, 농업생산력의 발전은 사회의 변화와 직결된다. 조선후기 사회에서도 이러한 현상을 찾아볼 수 있다. 조선후기 농업생산력을 발전시킨 가장 큰 요인은 저수지 축조 등 수리시설의 발전에 따른 농법의 개량이었다. 특히 논농사에서의 이앙법의 확대는 이 시기 농업생산력을 발전시키는데 가장 큰 역할을 했다. 이앙법의 확대는 농업생산에 필요한 노동력을 절감하고 수확량을 증가시켰으며, 벼와 보리의 2모작을 가능하게 했다. 밭농사에서는 견종법이 보급되었다. 견종법의 보급 역시 노동력 절감과 수확량의 증가를 가져왔다. 이밖에도 비료를 뿌리는 방법이나 종자의 개량, 농기구의 발전도 농업생산력을 높이는 데 중요한 역할을 했다. 농업생산력의 발전에 따라 토지를 매개로 한 농촌의 사회관계에는 커다란 변화가 일어났다. 절감된 노동력을 활용해 넓은 농지를 경작하는 광작廣作이 나타났다. 이들은 주로 상업적 작물을 재배함으로써 농업의 상업화를 촉진시켰다. 이와는 달리 많은 농민들은 토지에서 밀려나와 농업노동자로 전락했으며 광산노동자가 되는 경우도 있었다. 이러한 변화에 따라 농업은 점차 자본주의적 경향을 띠어갔다. 한편 생산력의 발전에 따라 봉건적 신분제도도 크게 흔들려갔다. 농업을 통해 부를 축적한 일부 농민들은 양반의 지위에 오르거나 지배층과 손을 잡고 새롭게 특권을 누렸으며, 부를 기반으로 봉건지배층과 대립하는 경우도 있었다. 이와는 달리 본래 양반이라도 몰락했을 경우에는 사실상 그 지위는 일반 상민이나 다를 것이 없게 되었다. 이에 따라 조선의 봉건사회체제는 극심한 동요를 가져오게 되었다.

직파법 直播法 씨를 뿌리고 작물을 재배하는 농사방법의 하나. 부종법付種法이라고도 한다. 흔히 직파법이라 할 때는 농지에 직접 씨앗을 뿌려 벼를 재배하는 논농사의 방법을 가리킨다. 조선후기 이앙법이 전국적으로 보급되기 전까지 논농사에는 대부분 직파법을 사용했다. 직파법에는 물을 댄 논에 씨를 뿌리고 벼를 재배하는 수경水耕과 마른 논에 씨를 뿌리는 건경乾耕이 있다. 올벼(早稻)는 수경을 하며, 늦벼(晚稻)의 경우는 물이 부족하면 건경을 한다. 그러나 산도山稻 또는 한도旱稻라고 불리는 건경만을 하는 종자도 있다. 직파법은 이앙법에 비해 노동력이 많이 들고 수확량이 적으나 가뭄이 들었을 때 그 피해가 이앙법보다 훨씬 적어 조선정부에서는 이앙법을 금하고 직파법을 장려했다. 그러나 조선후기에 접어들어 수리시설의 개량으로 이앙법이 전국적으로 확대되자 조선정부도 더이상 이앙법을 금할 수 없게 되었으며 이후 벼농사는

대부분 이앙법을 사용해 짓게 되었다. 그러나 조선후기 이후에도 혹심한 가뭄 때 가끔 직파법이 사용되었으며, 극히 일부 지역이기는 하지만 전라도나 함경도의 산간지대 등 모내기를 할 때 물이 부족한 지역에서는 아직도 직파법을 사용하는 것을 볼 수 있다.

이앙법 移秧法 못자리를 만들어 벼의 묘종苗種을 키운 후 논에 모를 옮겨심고 재배하는 논농사 방법. 삽앙挿秧이라고도 한다. 못자리를 만들어 볍씨를 뿌리고 싹을 트게 해 재배한다. 묘가 한 움큼 이상 자라면 논(本畓)을 깊이 갈고 묘를 옮겨 심어 재배한다. 이앙법을 하게 되면 불량한 묘를 미리 제거하고 노동력을 절약할 수 있게 해주며, 단위면적당 수확량을 높일 수 있다. 또한 경지를 사용하는 기간을 단축시켜 벼와 보리의 2모작을 가능하게 해주며 곡식의 종자도 절약할 수 있다. 중국에서는 이미 한대부터 이앙법이 사용되었으며, 우리 나라에서도 상당히 이른 시기부터 행해졌을 것으로 짐작되나 조선전기까지도 경상도와 강원도 남부 등 남부지역 일부에서만 보급되었다. 그 까닭은 모내기를 할 때 비가 오지 않으면 농사에 치명적인 피해를 입을 가능성이 많기 때문이었다. 조선정부도 전기에는 이앙법을 적극 금지했다. 그러나 조선후기에 들어 이앙법이 전국적으로 보급되자 이앙법을 인정하는 대신 수리시설을 늘리는 방향으로 정책을 전환하게 되었다. 이앙법의 확대는 조선후기 사회의 농업생산력을 급속히 증대시켜 농촌사회를 변화시키는 주요요인이 되었다. 조선후기 이후 논농사에는 대부분 이앙법이 사용되었다. 후에는 못자리를 만드는 방법도 발전해 가뭄이 들어 못자리에 물이 부족할 때는 시기를 늦춰 이앙을 하는 건앙법乾秧法이 개발되었다.

농종법 壟種法 밭을 경작하는 방법의 하나. 밭을 갈아서 이랑(두둑, 농壟)을 만들고 그 위에 파종을 하는 방법이다. 고랑은 곡식을 심는 곳이 아니라 단순히 배수처리를 하는 곳에 불과하며 곡식은 이랑에서 재배한다. 밭농사는 처음에는 고랑과 이랑의 구분이 없는 평평한 땅에 씨앗을 고루 뿌리는 만종법縵種法이 사용되었으나, 가축을 이용해 밭을 갈아 농사를 지으면서 농종법이 널리 쓰였다. 조선후기에 견종법이 본격적으로 보급되기 전까지는 대부분의 밭작물은 농종법으로 재배되었다. 현재도 콩·팥·수수·기장·옥수수 같은 여름작물은 농종법으로 재배하는 것이 보통이다. 농종법을 사용하면 배수처리가 쉽고 통풍과 채광에 유리하다. 또한 쟁기를 이용하여 고랑을 가볍게 갈아주면 노력을 덜 들이고 잡초를 제거할 수 있으며 흙을 북돋아주는 효과가 있다.

견종법 畎種法 밭을 갈아 이랑과 고랑을 내고 고랑에다 씨를 뿌리는 파종법. 조선중기 이후 급속히 보급되었다. 작물은 그 종류에 따라 생육환경이 다르므로 농종법이나 만종법과 비교해 어느 것이 좋다고 일률적으로 말하기는 어렵다. 견종법은 가뭄에도 싹이 잘 트며 수분의 보존이 쉽고 보온의 효과가 높다는 장점이 있다. 또한 통풍이 잘되며 작물이 바람에도 잘 견디고 중경제초中耕除草도 쉬워 수확량을 높일 수 있다. 그러나 배수가 잘되지 않으므로 주로 수재의 염려가 적은 보리·밀·귀리 등의 겨울작물을 파종할 때 사용된다. 다만 여름작물이라도 조생 조나 기장을 모래 성분이 많은 밭에 심을 때는 견종법을 사용한다. 조선후기에는 보리·조·콩 등 밭작물의 농사에 견종법이 사용됨으로써 생산량의 증가와 노동력의 절감을 가져와 논농사에서의 이앙법의 확대와 더불어 농업생산력을 크게 향상시켰으며, 경작지의 확대와 부농의 등장, 농민층의 분해 등 농촌사회에 일련의 변화를 촉진시켰다. 그러나 보리 농사에는 조선전기부터 이미 견종법이 사용되었다는 주장 등 여러 가지 다른 설도 제기되어 있으며, 조선후기 견종법의 보급에 대해서는 아직도 많은 연구가 요청된다고 할 수 있다.

광작 廣作 조선후기 경작지의 규모를 확대해 넓은 토지를 경작하던 농사의 방법. 이앙법과 견종법 등 조선후기 농법의 발달은 노동력을 크게 절감시켜 한 사람이 이전보다 훨씬 넓은 토지를 경작하는 것을 가능하게 했다. 이에 따라 대규모로 농지를 경작하는 광농廣農이 나타났다. 이들은 새로운 농법을 도입하고 농업노동자를 고용해 적게는 60~80마지기, 넓게는 120마지기 이상의 농지를 경작했다. 이들 중에는 자신이 소유하고 있는 토지를 경작하는 경우도 있었지만 남의 땅을 빌려서 경작하는 경우가 대부분으로서, 이들은 주로 상품판매를 목적으로 하는 상업작물을 재배하여 부를 축적했다. 광작의 출현은 농촌사회의 분화를 촉진시켰으며, 광작이 늘어남에 따라 많은 농민들은 경작하고 있던 토지에서 쫓겨나 고공이나 농업노동자로 전락하거나 광산노동자가 되는 경우도 늘어났다. 임금노동자의 증가는 광작의 규모를 더욱 확대시켰으며, 광작의 증가는 농민층의 분화를 더욱 촉진시키는 상승작용을 했다. 이러한 현상은 봉건적 모순이 제대로 해결되지 않은 채 봉건사회 말기의 새로운 사회모순으로 등장했으며, 농촌사회 내부의 갈등도 더욱 심각해져갔다. 이를 해결하기 위해 토지를 여러 사람이 나누어 경작하자는 분경론分耕論이 나타났는데, 토지의 경작을 제한하자는 한경론限耕論이나 뒷날 갑오농민전쟁 당시까지도 농민군의 폐정개혁요구 속에 포함되어 있던, 토지를 균등하게 나누어 경작하자는 균경론均耕論과 같은 주장이 그것이다. 그러나 사회개혁의 요구는 수용되지 않은 채 조선사회는 외세의 침략을 받아 자본주의체제 속에 편입됨으로써 민족모순이라는 새로운 문제까지 맞게 되었다.

경영형 부농 經營型富農 합리적인 농업경영을 통해 부를 축적한 조선말기의 농민. 벼농사에서의 이앙법과 밭농사의 견종법의 확대·진전 및 황무지의 개간 등을 통해 조선후기의 농업생산력은 급속히 높아졌다. 농업생산력의 향상은 노동력을 크게 절감시켰으며 농민층의 분화를 촉진시켜 싼 임금으로 고용할 수 있는 농업노동자를 대량으로 만들어냈다. 농민 중에서는 새로운 농법을 받아들이고 농업노동자를 활용해 상업작물을 재배하고 합리적인 농업경영을 함으로써 부를 축적하는 사람들이 생겨났는데, 이들을 가리켜 경영형 부농이라고 한다. 경영형 부농에는 자신이 농지를 소유한 지주층도 있고 소작 등 남의 땅을 경작하는 대리경작자도 있으나 후자가 주종을 이룬다. 이들은 축적된 부를 바탕으로 당시 사회의 신분제 동요를 틈타 지주 및 봉건 양반층과 대립하면서 자신들의 지위를 향상시켜나갔으며 일부는 새로운 지주층이 되기도 했다. 경영형 부농의 성장은 단순히 지대의 획득을 통해 부를 축적했던 봉건지주층의 세력을 약화시켜 봉건사회의 해체에 기여했다. 경영형 부농의 존재는 또한 봉건적 생산양식으로부터 자본주의적 생산양식으로의 전환을 보여주었다는 점에서 봉건사회 말 한국사회의 내재적 발전을 확인시켜주었다고 할 수 있다. 그러나 경영형 부농의 존재 범위, 구체적인 존재 사례, 개항 이후 존재의 변화 등에 대해서는 앞으로도 많은 실증적 연구가 필요하다고 할 수 있다.

구황작물 救荒作物 흉년이 들어 곡식이 부족할 때 기근을 해결하기 위해 주곡 대신 소비할 수 있는 작물. 비황작물 備荒作物이라고도 한다. 일반적으로 구황작물은 생산량이 기후조건에 영향을 적게 받아야 하므로 생육기간이 짧아야 하고, 척박한 땅에서도 잘 자라는 것이어야 한다. 흔히 구황작물로 취급되는 것으로는 조·피·기장·메밀·감자·고구마 등이 있으며 보리도 구황작물의 역할을 하기도 했다. 조선정부는 구황작물에 많은 관심을 쏟아, 세종 때는 〈구황벽곡방救荒辟穀方〉, 명종 때는 〈구황촬요救荒撮要〉 등 구황작물의 재배법을 소개한 농서가 만들어졌으나 일반에 널리 퍼지지는 못했다. 조선후기에는 농업생산력의 발달과 함께 구황작물의 재배에도 더욱 많은 신경을 썼다. 1639년(인조 17)에는 〈구황벽온방救荒辟瘟方〉이 나왔으며 1660년(현종 1) 〈구황촬요〉에 〈구황보유방 救荒補遺方〉을 합쳐 〈신간구황촬요〉를 펴내 보급시켰다. 특히 고구마 및 감자의 전래와 보급은 흉년에 대처하는 데 커다란 역할을 했다. 고구마는 18세기 후반 대마도에서 종자가 전해져 널리 재배되었으며, 강필리 姜必履의 〈감저보甘藷譜〉, 김장순金長淳의 〈감저신보甘藷新譜〉 등 고구마의 재배법을 소개한 책들도 편찬되었다. 감자는 1824,5년경 청에서 전래되어 고구마보다도 더욱 널리 보급됨으로써 가장 중요한 구황작물의 역할을 했다. 1832년에는 그 재배법을 소개한 〈원저보圓藷譜〉가 편찬되었다.

농민적 토지소유 農民的土地所有 중세봉건사회가 해체되고 근대사회로 넘어가면서 봉건영주의 토지소유권이 무너지고 직접 경작자인 농민이 토지를 소유하게 되는 현상. 이에 반해 비경작자인 지주에게 토지의 소유권이 옮겨가는 현상을 지주적 토지소유라고 한다. 직접경작자인 농민이 토지를 소유하게 될 경우 농지에 대한 애착이 훨씬 강해져 농업생산량이 늘어나고 토지의 보존 상태가 좋아지므로 경자유전耕者有田의 농민적 토지소유는 근대사회에서 이상적인 농지소유 형태로 여겨져왔다. 우리나라의 경우 조선후기 이후 광범위하게 나타난 도지권의 존재를 농민적 토지소유 현상으로 보기도 한다. 그러나 일제의 식민정책에 의해 농민적 토지소유는 실현되지 못하고 사실상 지주적 토지소유가 일반화되었다. 해방 후인 1950년 실시된 농지개혁도 농민적 토지소유를 목표로 하는 것으로 여겨졌으나, 정부의 정책과 실시 과정상의 많은 문제점으로 인해 농민적 토지소유가 실제로 달성되었느냐에 대해서는 여러 가지 견해가 대립되고 있다.

농민층의 분해 農民層-分解 봉건사회의 주요 생산담당 계층인 농민이 분화되어 일부는 자본주의적 대경영을 하는 부농으로 성장하는 반면 다수의 농민은 토지를 상실하고 임금노동자로 전락하는 현상. 이는 흔히 중세봉건사회 말기에 나타나는 현상이다. 봉건사회의 전형적인 농업형태는 기본적으로 대부분의 농민이 고립적인 영세소농 상태로 소규모의 토지를 경영하는 것이다. 그러나 봉건사회 말기에 접어들어 농업생산력의 발달과 그에 따른 상품화폐경제의 확대는 농촌경제에 영향을 끼쳐 농민층의 분해를 일으킨다. 이 경우 농민들이 단순히 부농과 빈농으로 나누어지는 농민층의 분화로부터 한 걸음 더 나아가 부농이 자신들이 축적한 부를 자본주의적 대경영에 투자해 영세소농적 경영보다 생산성을 향상시키고, 토지를 상실한 빈농을 임금노동자라는 근대적 형태로 지배하는 현상을, 사회과학적 용어로 농민층의 계층분해라고 한다.

그러나 농민층의 분화와 분해는 엄밀하게 구분될 수 없거나 구분없이 사용되는 경우도 많다. 한국사회에서도 17세기말부터 농민층의 분화현상이 뚜렷이 나타나 일부 농민들은 소유지를 확대해 갔으며, 소작지를 늘려 광작을 하는 농민들도 늘어났다. 반면 다수의 농민들은 농지에서 밀려나와 임금노동자로 전락하는 경우가 많았다. 광작 농민들은 상업작물이나 환금작물을 재배해 부를 축적해나갔다. 그러나 이들 광작 부농들이 소농적 경영양식에서 탈피해 근대 자본주의적 경영양식을 어느 정도 도입하고 있는가에 대해서는 아직 확실한 규명이 이루어져 있지 않은 실정이다.

상업적 농업 商業的農業 시장판매를 목적으로 농산물을 생산하는 농업의 형태. 농입을 공입과 분리시켜 원료산업이 아닌 상품 자체를 생산하는 하나의 독립된 산업으로 경영한다. 이때 재배되는 작물은 자기 소비용이 아닌 시장판매를 목적으로 하는 상업작물이 되며 경영의 형태는 전문화의 과정을 거치게 된다. 전문화는 지역에 따라 특정한 상업작물을 전문적으로 재배하는 지방별 전문화와 경작·가공과 같이 농산물이 상품화되는 과정 중의 한 부분을 전문적으로 담당하는 경영조직별 전문화로 분류될 수 있다. 조선후기 사회에서 상업적 농업이 어느 정도 발달했는지에 대해서는 확실하지 않다. 농업의 경영조직별 전문화에 대한 연구는 거의 찾아볼 수 없다. 그러나 상업작물이 꽤 널리 재배되고 있었음은 알 수 있다. 담배나 인삼 등은 대표적인 상업작물이었으며 도시 주변에서는 채소 등이 재배되었다. 또한 쌀도 점차 소비 목적이 아닌 시장판매를 위해 경작되는 대표적 작물 중의 하나가 되었다.

담배의 전래 —傳來 확실하지는 않으나 담배는 임진왜란 때나 북경을 왕래하던 상인에 의해 전래되었을 것으로 보인다. 그러나 문헌상으로는 1614년 (광해군 6) 이수광의 〈지봉유설〉에서 처음으로 소개되고 있으며, 그보다 약간 늦은 1618년 일본을 거쳐 우리나라에 전래되었다고 하는데, 남쪽에서 전해졌다고 하여 남초南草·남령초南靈草라고 불렸다. 이와는 달리 북경을 왕래하는 상인들에 의해 청을 통해 전해진 담배는 서초西草라고 한다. 담배는 상업작물로 그 재배가 급격히 늘어나 17세기에 이미 국내의 수요를 충당하고 청에까지 수출하게 되었으며, 18세기에 들어서는 전라도의 장수·진안이나 일부 섬지방 등지에서 담배를 전문적으로 재배하는 지역도 생겨났다. 1921년까지는 자유롭게 재배되어오다가 전매제로 바뀌어 오늘날에 이르고 있다.

도조법 賭租法 조선후기 이래 행해진 소작료 지급의 한 형태. 풍년과 흉년을 구분하지 않고 소작인은 지주에게 미리 약속된 액수의 소작료를 지급한다. 소작료는 지주와 소작인이 소작계약을 맺을 때 정해지는데, 농지의 매매가격이나 면적을 기준으로 정하기도 하지만, 일반적으로는 평년작을 기준으로 결정되었다. 이러한 도조법의 시행은 항조운동과 같은 지주에 대한 농민의 저항의 결과인 경우가 많다. 소작료는 병작반수의 경우보다 낮아 3분의 1 정도가 보통이었다. 그러나 짚을 누가 갖느냐, 전세田稅나 종자의 비용을 누가 부담하느냐에 따라 소작인의 부담이 달라질 수 있었으며, 실제로는 소작인의 부담이 수확량의 반이 넘는 경우도 많았다. 도조법은 역둔토驛屯土나 궁방전에서 널리 적용되었으며, 개인소유의 토지인 경우에는 지주의 거주지로부터 멀리 떨어진 비옥한 토지에서 적용되는 경우가 많았다. 또한 지역적으로도 차이가 있어 전라도 지방에서 비교적 많이 행해

졌으며 경상도가 그 다음으로 많았다. 도조법을 택하게 되면 농사의 책임은 전적으로 경작을 하는 소작인에게 돌아가게 된다. 따라서 경작자가 수확량을 늘리기 위해 새로운 농법을 도입해서 농사를 짓는 경우도 병작반수제를 채택하고 있는 소작지에 비해 늘어났다.

마름 지주의 위임을 받아 소작지와 소작인을 관리하던 사람. 이두로는 사음舍音이라고 하며, 함경도에서는 농막주인農幕主人, 평안도에서는 수작인首作人 또는 대택인大宅人이라고 불렸다. 마름과 비슷한 역할을 하는 소작지 관리인의 존재는 고려사회 이전에도 이미 존재했으나, 조선후기에 궁방전·내장전 등이 늘어나면서 전세의 징수 및 농지의 경영을 위임받은 도장導掌 또는 마름이 널리 확대되었다. 민전의 경우는 지주가 서울이나 지방도시에 거주하거나 소유토지가 자신의 거주지와 떨어져 있는 부재지주의 경우 마름을 두는 것이 보통이었다. 마름은 1명에서 수명을 두는 경우가 많으나 여러 지역에 걸쳐 많은 토지를 소유한 대지주의 경우는 100명이 넘는 마름을 두는 경우도 있었다. 이 경우 각 촌락마다 마름을 두고 그 위에 도마름都舍音을 두어 이들을 관리했다. 마름의 자격에 제한은 없으나 해당 토지의 전호 중 신망 있는 사람 중에서 뽑는 경우가 많았다. 그러나 도마름의 경우는 지주의 친척이나 부농, 또는 문필력이 있는 사람이 맡아 했다. 마름은 소작지 관리의 대가로 지주로부터 소작료의 5%를 받았으며 소작인으로부터도 취득분의 5%를 징수했다. 그러나 마름 자신이 지주의 땅을 경작하는 소작인인 경우에는 그 대가로 소작료를 적게 내거나 면제받는 경우도 흔했다. 이 경우 소작하는 땅을 다른 사람에게 다시 소작을 주는 중도지中賭地로 경영하는 경우도 생겨났다. 마름의 임무는 소작인

에 대한 감독, 소작료의 징수와 보관, 전세의 납부 등 소작지의 운영에 필요한 일체의 분야였다. 마름은 이러한 권한을 악용해 뇌물이나 부당한 소작료를 징수함으로써 소작인을 이중으로 수탈하는 경우가 많았다. 또한 자신의 마음에 들지 않는 소작인을 변경하거나 소작료를 마음대로 올려받는 등의 횡포를 부렸으며, 소작료를 징수할 때 곡물의 양이나 시세를 속여서 소작인과 지주 양쪽으로부터 이득을 취하는 경우도 흔했다. 마름의 권한은 매매할 수 있었으므로 그만큼 소작인에 대한 횡포도 커져갔다. 따라서 마름의 존재는 농업의 근대적 발전에 커다란 지장을 주었다. 궁장토의 마름은 일제하 토지조사사업으로 없어졌으나 민전의 마름은 계속되었다. 일제는 1934년 농지령 공포 이후 마름을 없애려 했으나 별효과를 거두지 못했으며, 해방 후인 1950년 농지개혁으로 비로소 마름제도는 폐지되었다.

진전 陳田 토지대장인 전안田案(量案)에는 올라 있지만 실제로는 경작을 하지 않는 토지. 진탈전陳奪田 또는 영진전永陳田이라고도 한다. 진전이란 묵은 토지라는 의미이다. 진전이 생기는 원인은 홍수·한해 등 자연재해; 노동력의 부족, 전쟁 등 다양하다. 조선정부는 본래 진전에 대해서도 과세를 했으나 이로 인해 이농현상이 늘어나게 되자 인조대에 이르러 진전의 전세를 면세하는 한편, 진전을 개간하면 3년간은 전세를 면제하고 그 다음해는 절반만을 거두는 등의 혜택을 주어 진전의 개간을 장려했다. 이러한 정책으로 진전의 개간이 촉진되어 농지가 어느 정도 임란 이전의 상태로 회복되자 17세기 후반에 이르러 진전을 개간할 때 주는 면세의 특권을 없애고 경작할 때는 전세를 징수하는 정책으로 전환하게 되었다. 원칙적으로 진전의 개간에는 신분

의 구애를 받지 않았으며 개간면적에도 제한이 없었다. 그러나 개간을 하는 데는 많은 비용과 노동력이 들었으므로 실제의 개간은 양반관료나 국가기관 등 봉건지배층에 의해 주도되었다. 결국 진전의 개간은 이들이 자주지를 넓히는 수단의 하나로 활용되었다. 농민이 진전을 개간한 경우라도 이들은 농지개간을 인정하는 정부의 공증문서(입안立案)를 발급받아 그 소유권을 빼앗는 경우가 많았으며 주인이 있는 진전(유주진전有主陳田)의 소유권까지 차지하는 경우도 생겨났다. 이럴 경우 농민들과 봉건지배층 사이에는 토지의 소유권을 놓고 분쟁이 벌어졌다. 이러한 분쟁에서 정부는 형식적으로 실제의 개간자, 즉 농민의 권리를 인정했으나 실제로는 봉건지배층에게 유리하세 셜말이 나는 경우가 일반적이었다. 여하튼 농지의 회복이 이루어져갔음에도 불구하고 진전은 계속 증가해 1807년에는 토지대장에 등록된 전체면적의 28.2%에 달했다. 이는 흉년 등으로 인한 농지의 황폐화와 더불어 지주나 중간관리들이 진전에 대한 면세정책을 악용해 경작하는 농지를 진전으로 신고함으로써 전세를 내지 않거나 중간에서 가로채는 은결이 늘어났기 때문이다. 이로 인해 정부의 재정수입이 감소하는 등 많은 문제점이 나타났다. 정부에서는 이의 대책을 마련하기 위해 여러 차례 논의를 거듭했으며, 1720년(현종 5)에는 양전을 실시해 새로운 토지대장을 만들기도 했으나 진전을 둘러싼 여러가지 문제점들은 좀처럼 해결되지 않았다.

궁방전 宮房田 조선후기에 후비·왕자군·왕자대군·공주·옹주 등의 각 궁방에 지급된 토지. 궁장토宮庄土라고도 한다. 원래 조선초기에는 각 궁방에서 소요되는 경비와 죽은 뒤의 제사비용에 충당하기 위해 각 궁방에 과전이나 직

전이 지급되었다. 이는 궁방이 직접 관리하는 것이 아니라 군자감에서 과전 또는 직전에서 나오는 세를 받아 궁방에 넘기는 형태였다. 그러나 직전제가 붕괴되면서 명종 이후 유명무실하게 되자 궁방에 새로이 토지를 지급할 필요가 생겨났다. 특히 임진왜란으로 궁방의 막대한 경비를 지급할 길이 없게 되자 왕자나 공주에게 면세전을 주어 경비에 충당하게 했는데(折受), 이것이 궁방전의 시초이다. 17세기 이후 궁방전은 급격히 증가해 18세기말 전국의 전답 145만 6천 결 중 궁방전이 3만 8천여 결에 달했다. 궁방은 매입 이외에도 국유지나 다른 관청의 토지를 이전받거나, 개간·몰수·권세를 이용한 탈취 등으로 궁방전을 확대했고, 농민경작지를 무주지無主地로 꾸며서 빼앗는 경우도 많았으며, 각종 세금에 시달리던 농민들이 토지를 궁방에 넘기고 이에 의존해서 살아가는 경우도 늘어났다. 궁방은 토지 이외에도 염전·어장 등을 가지고 부를 축적해나갔다. 궁방전의 확대는 여러가지 사회적 문제를 불러일으켰다. 궁방은 감관監官과 마름을 두어 궁방전을 관리하는 한편 여러가지 형태로 농민을 수탈하고 전호에 대한 처벌·구속 등 인신적 지배를 행했다. 또한 궁방전의 확대는 국가의 재정수입을 줄어들게 하고 전정을 문란하게 만들었다. 정부는 이러한 폐해를 완화하기 위해 균역법에서 궁방이 소유한 염전과 어장을 없앴으며 궁방이 소유한 토지 중 면세지의 면적을 제한하고 토지를 직접 나누어주는 대신 새로운 궁방에 토지대금을 주고 궁방으로 하여금 땅을 사들이게 하는(給價買土) 등 개선책을 마련했으나 궁방전 자체의 폐단은 쉽게 줄어들지 않았다. 1894년 갑오개혁으로 제도를 개편할 때 궁방이 지닌 면세의 특권과, 소유권 없이 수조권만을 가진 토지(無土免稅地)를 폐지하고 궁방이 강제로 빼앗거나 농민들이 궁방에 넘긴 토지는 원소유자를 조사해서 돌려주게 했다. 그밖에 궁방이 소유한 토지(有土免稅地)나 원소유자가 분명치 않은 것은 모두 왕실 소유로 돌려 궁내부에서 관장하게 했다. 일제가 이른바 토지조사사업을 시행할 때 대부분의 궁방전을 강탈하여 궁방전의 사실상의 소유자였던 농민들과 곳곳에서 소유권 분쟁이 발생했다.

도지권 賭地權 조선후기 이래 나타난 소작지에 대한 소작인의 권리의 일종. 이에는 영구적으로 경작을 할 수 있는 권리, 25~35%의 상대적으로 낮은 소작료만을 지급할 수 있는 권리 등이 포함되어 있다. 이러한 도지권은 매매·상속·양도할 수 있었으며 저당의 대상이 되기도 했다. 도지권의 매매가격은 토지소유권을 매매하는 가격의 2분의 1에 이르렀으며, 지주가 도지권을 회수하거나 다른 사람에게 넘기기 위해서는 소작농의 동의를 얻고 상당한 대가를 지불해야 했다는 점에서 단순한 영구소작권이 아니라 부분적인 소유권으로 보는 견해가 일반적이다. 도지권은 소작농이 황무지의 개간, 수리시설의 축조, 토지매입 등을 할 때 노동력이나 자본을 분담하거나, 궁방전에서 인신적 예속을 염려한 농민의 저항으로 이루어지는 경우가 많았다. 특히 궁방전에서는 도지권을 가진 농민이 직접 농지를 경작하지 않고 제3자에게 소작을 주어 중간이익을 취하는 경우도 흔했다. 이 경우의 농지를 중도지中賭地, 도지권 소유자를 중답주中畓主라고 한다. 도지권의 존재는 지역적인 현상이 아니라 전국적으로 나타났으며 대한제국기에는 광범위하게 퍼져 있었다. 도지권은 비록 부분적이기는 하지만 봉건적 토지소유로부터 근대적인 농민적 토지소유로 넘어가는 과정의 일단을 보여준다고 할 수 있다. 그러나 일제는 식민통치의 일환으로 시행된 이른바 토지조사사업에서 근대적 토지 소유제도를 확립한다는 명목 아래 하나의 토지에 하나의 소유권만을 인정했다. 이에 따라 농민들이 광범위하게 소유하고 있던 도지권의 권리는 모두 부정되어 많은 농민들이 결정적인 타격을 입게 되었으며, 도지권의 존재 자체도 1920년대 이후 소멸되어갔다.

고공 雇工 조선사회에서 집주인(雇主)에게 고용되어 품삯을 받고 일을 해주던 계층. 신분은 양인이었으므로 원칙적으로 국역의 의무를 졌으며 자신의 뜻대로 고용주의 집을 떠날 수도 있었다. 그러나 실제로는 고용주에게 인신적 지배를 받는 경우가 대부분이었다. 지주경영의 확대에 따라 경작할 땅을 잃거나 역을 피해 유랑하던 농민들이 고공이 되는 경우가 많았다. 조선후기에 고공이 늘어나면서는 주인집에 장기간 서주하면서 고용살이를 하는 고공만이 고공으로 인정되었다. 이 경우 고공은 고용주의 호적에 등록되었으며 국역의 의무를 면제받았다. 이들은 5년 이상, 때로는 죽을 때까지 고용주의 집에서 노동력을 제공했으며 그 대가로 낮은 품삯을 받았다. 이들의 형태는 계약조건에 따라 다양하지만 대부분 고용주로부터 경제적인 속박 이외에도 신분적으로 예속되는 경우가 많았다. 그러나 농민층의 분화가 진전됨에 따라 점차 고공 중 날품팔이(日雇)나 계절적인 농업노동자(季雇)와 같은 임금노동자가 늘어났으며, 이들은 품삯을 놓고 고용주와 대립하는 경우가 많아졌다. 하지만, 양반이나 토호들에게 예속되어 임금 없이 노동력을 제공하는 농업노동자 등도 상당수 있었으며, 이들도 고공에 포함시키는 것이 일반적이다.

선대제도 先貸制度 직접 생산자에게 자본을 미리 대여해주고 그 대가로 생산물을 독점하는 경영의 형태. 농업생산 등에서도 볼 수 있지만 흔히 중세봉건사회말기 상업자본(객주제 자본)이 수공업을 지배하는 형식으로 나타난다. 이 경우 상업자본은 수공업자에게 생산에 필요한 자금과 원료를 미리 빌려주고 여기에서 생산되는 상품을 독점해 가격을 조작함으로써 이익을 올린다. 반면 생산자는 미리 자본을 빌려쓴 까닭에 싼 값에 상품을 넘겨주어야 하므로 상당한 피해를 입게 마련이다. 이는 상업자본이 생산수단 자체를 장악하는 것이 아니라, 생산된 상품의 유통과정을 장악해 이익을 취하는 형식으로 근대적 산업경영과는 거리가 있다. 이러한 생산의 형태는 대자본가가 직접 생산의 과정을 장악하거나, 독립수공업자가 성장해 상업자본가에 대항하면서 이들의 지배에서 벗어남에 따라 차츰 약화되어간다. 우리나라에서도 조선후기 사회에서는 상인(물주)들이 수공업자에게 자본을 선대해주고 생산물을 독점해 이익을 올리는 현상이 꽤 널리 일어났다.

납포장 納布匠 국역 대신 베를 바치던 조선의 공장工匠. 본래 조선정부는 수공업자의 명부였던 공장안工匠案에 등록된 경공장京工匠의 경우, 자신의 책임량을 초과한 생산품에 대해서는 자유로운 판매를 허가하는 대신 일정한 세를 징수했다. 따라서 공장들은 공역公役에 동원되는 기간을 제외하고는 판매를 위한 물건을 만들 수 있었다. 그러나 이와는 달리 일부 경공장 및 외공장外工匠에는 역을 부담하지 않고 공장세工匠稅로 포를 징수하는 전문적 수공업을 인정했다. 이를 납포장이라고 한다. 납포장은 조선전기에는 부분적으로 인정되었으나, 조선후기에 들어 상품화폐경제가 발달하게 되자 전면적으로 인정되어 외공장은 물론 대부분의 경공장도 납포장으로 바뀌었다.

매뉴팩처 manufacture 자본주의 생산양식의 전단계인 공장제 수공업. 각각의 다른 기술을 가진 독립 수공업자가 동일한 작업장에서 일을 하는 경우와, 같은 기술을 가진 독립 수공업자가 같은 작업장에 모여 일을 하는 경우가 있으나 자본주의적 대공업으로 발전한 것은 후자가 주류를 이룬다. 매뉴팩처는 소생산이나 자본제적 가내공업(객주제 수공업)을 해체시키고 나타났다기보다는 그것을 기반으로 성립했다. 그러나 같은 종류의 노동이 결합함으로써 단순한 협업으로부터 한 걸음 나아가 조직적 분업이 이루어졌으며 그에 따라 도구가 분화되고 전문화되었다. 또한 임금노동자를 고용한 대규모 생산이 이루어짐으로써 기계의 발명에 따라 산업혁명이 일어나 자본주의 경제가 확립될 수 있는 기초를 마련했다. 매뉴팩처는 광범한 농촌 수공업 및 농촌 가내공업을 기초로 존립하고 있으므로 사회전체의 생산관계에까지 영향을 파급시키지는 못했다. 때문에 점차 농업과 공업이 분리되고 국내시장이 확대됨에 따라 매뉴팩처는 사회의 요구와 모순되었으나, 이러한 모순은 기계의 발명으로 해소될 수 있었다. 매뉴팩처는 그 자체가 완전한 자본주의적 생산양식이 아니더라도 봉건적 생산양식으로부터 자본주의적 생산양식으로 발전하는 필수적인 한 단계로 여겨지고 있다. 따라서 매뉴팩처의 생산방식이 나타난다는 것은 그 사회가 자체적으로 근대 자본주의 국가로 발전할 수 있는 가능성을 보여주는 척도로 취급되고 있다. 이런 의미에서 한국사에 있어서도 조선후기 사회에서 매뉴팩처의 성격을 지닌 생산양식을 찾으려는 연구가 나타나고 있으며, 또 실제로 그러한 생산방식이 존재했다는 것도 어느 정도 확인되고 있다.

설점수세 設店收稅 조선후기 광업정책의 하나. 민영광산을 인정해주는 대신 세금을 징수한 관허제 형태의 광산운영 정책이다. 1651년(효종 2) 은광에 행해진 이래 1706년(숙종 32) 금광에, 1741년(영조 17) 동광에 각각 적용되었다. 본래 조선사회에서 대규모 광산의 운영은 국가가 직접 하는 것이 원칙이었다. 따라서 설점이란 처음에는 국가가 개인에게 광산의 운영에 필요한 생산수단과 노동력·자금 등을 미리 대여해주는 성격을 지녔다. 그러나 상품화폐경제가 발달하면서 대상인이 광산의 운영에 적극 참가하게 되자 설점이란 점차 국가가, 개인이 광산을 운영하는 것을 허가해주는 데 지나지 않게 되었다. 이러한 광산의 민영화는 농업을 기본으로 하고 있던 조선정부의 경제정책으로 볼 때는 커다란 부작용을 가져왔다. 농민층의 분화로 생겨난 임금노동자는 물론 많은 농민들이 광산으로 몰려들어 농업노동력의 부족현상을 초래한 것이다. 정부가 이를 막기 위해 개인이 광산을 채굴하는 것을 금하자 몰래 광산을 채굴하는 잠채가 성행했다. 결국 정부는 군사상 용도에 필요한 경우를 제외하고는 개인의 광산채굴을 인정하는 대신 세금을 거두는 정책으로 전환하지 않을 수 없었다.

덕대 德大 광산의 소유자로부터 채굴권과 운영권을 얻어 광산을 경영하던 청부업자. 그 대가로 덕대는 광산주에게 임대료나 채굴한 광물의 일부를 지급했다. 덕대제는 우리나라 고유의 광산운영 방식으로 언제부터 시작되었는지는 정확하게 알 수 없으나, 상품경제가 발달하고 조선정부의 광산정책이 설점수세로 바뀐 조선후기에 나타난 것으로 보인다. 덕대제는 처음에는 물주로부터 자금을 지원받아 광산을 경영하는 형태를 띠었으나, 개항기에 접어들면서 사금광업을 중심으로 덕대가 자신의 채산으로 광산을 경영하는 경우가 많아졌다. 이 경우 덕대는 광산주에게 임대료를 지급하고, 국가에 세금을 바친 후 남는 수익으로 부를 축적해 광업자본가로 성장할 수도 있었다. 이러한 형태의 덕대제는 평안도 등 광맥이 풍부한 곳이나 농업 이외의 노동력이 많은 곳에서 특히 활발했다. 광업자본가로 성장한 물주나 덕대가 경영하는 광산에서는 점차 하청제도 발달하기 시작했다. 예를 들어 광산경영을 효율적으로 하기 위해 생산과정을 분리해 광물을 캐는 일은 하청을 주고 그것을 정선하는 작업과정은 직접 운영하는 형태를 흔히 볼 수 있다. 1905년 을사조약 이후 일본인들이 대규모로 광산소유자로 등장함에 따라 대부분의 덕대는 독립경영자로서의 지위를 상실한 채 이들의 고용인 또는 하청업자로 전락하고 말았다. 특히 1930년대 일제의 독점자본이 대부분의 광산을 소유하면서부터는 임금노동자를 고용해 광산을 직접 경영하는 방식이 보편화되어 덕대제는 점차 자취를 감추게 되었다. 그러나 해방 이후 국가에 귀속된 광산의 개발에도 덕대제가 부분적으로 활용되었다. 덕대제는 조선후기 이래 광업에 나타나는 자본주의적 발전의 모습을 보여준다고 할 수 있다. 덕대가 운영하는 많은 광산이 공장제 수공업의 단계에 이르렀으나 일본자본의 침투로 그 이상 성장하지는 못했다.

은점 銀店 조선시대 은을 캐서 제련하던 광산. 본래 조선정부는 개인이 은광을 개발하는 것을 금했다. 그러나 16세기말 이래 정부의 눈을 피해 개인이 몰래 은광을 개발하는 일이 널리 행해졌다. 이에 정부도 1651년(효종 2) 개인이 은광을 개발하는 것을 허용하는 정책으로 전환했으며, 대신 호조에서 개인이

경영하는 은점에 관리를 보내 경영을 감독하고 세금을 징수했다. 이후 은점은 급속히 증가해 1680년대에는 68개소에 달했다. 그러나 정부의 지나친 통제와 비싼 세금으로 18세기 들어 은점의 수는 줄어 1775년(영조 40) 20개소만 남게 되었다. 18세기중엽 이후 대부분의 은점은 대상인의 소유가 되었다. 이들은 물주로서 자금을 투자해 농촌경제의 변화에 따라 토지에서 떨어져나온 농민이나 계절노동자를 고용해 광산을 경영했다. 그러나 덕대제가 일반화되면서 일부 광산에서는 자본제적 경영형태가 나타나기 시작했다.

난전 亂廛 시전상인의 명부인 전안廛案에 등록되지 않거나 허가받지 않은 물품을 몰래 팔던 조선사회의 상인, 또는 그러한 상행위. 난전이란 봉건적 상업질서를 어지럽힌다고 하여 붙여진 이름이다. 난전은 조선전기에도 있었으나 그리 커다란 사회문제가 되지 않았다. 그러나 조선후기에 들어서면서 난전의 활동이 활발해지자 정부는 17세기초 6의전을 비롯한 시전상인들에게 금난전권을 주거나 국가가 직접 나서서 이를 단속하려 했으나 별효과를 거두지 못했다. 18세기 들어 난전의 활동은 더욱 활발해져 일반상인뿐만 아니라 시전들 사이에서도 난전 행위가 나타났으며, 관청이나 권세가에 속해 있는 노비, 군영의 군인, 하급관리까지도 난전에 가담했다. 특히 자본이 풍부한 일부 상인들은 서울로 들어오는 길목에서 생활필수품을 매점하거나 서울 안의 시장에서 물건들을 공공연하게 판매했으며 심지어는 생산지에서부터 물건을 독점하기도 했다. 결국 조선정부는 1791년 신해통공 이후에는 사실상 난전에 대한 단속을 포기했다. 난전의 번성은 상품화폐경제의 발달과 중세적인 특권상업의 몰락을 보여주는 것이라고 할 수 있다.

금난전권 禁亂廛權 조선후기 6의전을 비롯한 시전상인들에게 주어진 권리, 난전을 금하고 특정상품을 독점해 판매할 수 있는 권리이다. 금난전권이 적용되는 범위는 도성 안과 그 밖 10리까지이며, 출현시기는 대체로 17세기초로 추정된다. 조선후기 들어 난전의 상행위가 활발해지자 시전들은 상업질서의 문란과 난전의 피해를 호소했다. 이에 정부는 6의전을 비롯한 수십 개의 시전에, 관청에서 필요하거나 사신의 행차에 들어가는 물품을 조달하는 국역을 부담시키고 대신 난전을 단속할 수 있는 금난전권을 주었다. 금난전권에는 난전을 단속해 물건을 압수하고 난전상인을 가두거나 곤장을 치는 등 체형을 할 수 있는 권리가 포함되어 있다. 숙종 이후에는 정부가 직접 나서서 평시서平市署로 하여금 난전을 단속하게 했다. 정부가 직접 단속하는 경우는 고발을 받아 적발하고 처벌하되 벌금으로 물건을 압수했으며, 압수된 물건이 벌금에 미치지 못할 때는 장형 80에 처했다. 다만 12월 25일~1월 5일 사이에만 난전의 상행위를 공식적으로 인정했다. 그러나 상품화폐경제의 발달에 따라 난전의 활동은 더욱 늘어났다. 대상인들은 우세한 자본력을 바탕으로 금난전권에 대항했으며, 양반이나 권세가 등도 난전과 직접·간접으로 관계를 맺는 경우가 많았다. 또한 수공업자들의 난전행위도 점차 늘어갔다. 이들이 끊임없이 금난전권의 폐지를 요구하는데다 난전의 단속이 효과가 없음을 느낀 정부는, 1791년 신해통공으로 6의전 이외의 다른 시전의 금난전권을 폐지했다. 조선정부의 엄격한 난전단속과 금난전권은 이 시기 상공업의 발전을 방해하는 하나의 요인이 되었다.

신해통공 辛亥通共 1791년(정조 15) 6의전을 제외한 다른 시전들의 금난전권을 폐지하고 상인들의 자유로운 상업활동을 인정한 조치. 조선후기에 들어서면서 난전의 상업활동이 활발해지자 정부는 시전에 금난전권을 주어 난전을 강력히 단속했다. 그러나 상품화폐경제의 발전에 따라 자유상인들의 활동은 더욱 활발해졌으며 이들은 끊임없이 금난전권의 폐지와 자유로운 상행위의 보장을 요구했다. 또한 금난전권을 이용한 시전의 봉건적 독점상업은 영세상인들과 도시의 빈민층으로부터도 강한 반발을 받았다. 이에 조정에서는 금난전권의 폐지 여부를 둘러싼 논의가 계속되었다. 노론은 금난전권을 계속 시행하자고 주장한 반면 남인은 이의 폐지를 주장했다. 이는 양파의 세력기반과 밀접한 관련이 있었다. 즉 노론은 봉건적 특권상인층의 경제적 후원을 받고 있던 반면에 남인은 신흥상인 및 소생산자층과 연결되어 있었다. 결국 1791년 남인의 영수인 채제공蔡濟恭의 주장에 따라 6의전 이외의 모든 시전이 갖고 있던 금난전권이 폐지되었으며, 세워진 지 30년 미만의 시전들은 철폐되었다. 이는 이제 봉건정부의 힘으로 상품화폐경제의 발달에 따른 자유상인층의 성장을 억누를 수 없게 되었으며 이들에 의해 어용상인들이 몰락하게 되었음을 보여준다. 신해통공으로 어용 시전조직은 사실상 해체되었다. 이후 일부 시전에 다시 금난전권이 인정된 적도 있으나 전체적으로 통공정책은 계속되었다.

도고 都賈 조선후기 상품을 매점매석하여 가격을 오르게 하는 방법으로 이익을 꾀하던 상인, 또는 그러한 상행위. 도고都庫라고도 한다. 조선후기 상품화폐경제가 발달하고 화폐의 유통이 활발해짐에 따라 상업이 급속하게 발달했다. 그러나 농업 및 수공업 생산력의 발전에도 불구하고 상품생산은 사회적인 요구를 완전히 충족시킬 만한 단계에 이르지는 못했다. 이에 따라 유통과 정에서 상품의 매점이나 독점을 통해 가격을 조작, 이익을 취하는 도고상인이 출현했다. 도고상인에는 시전상인이나 공인과 같이 정부의 인정 아래 상품을 매점하는 경우도 있었지만, 보다 활발한 것은 경강상인이나 송상과 같이 풍부한 자본력을 가진 부유한 일반상인들에 의한 도고행위였다. 그밖에도 자본력이 상대적으로 떨어지는 일반상인들도 계를 조직해서 자본을 모아 도고활동을 했다. 사상私商 도고는 정부의 보호를 받는 특권상인층과 대립했다는 점에서 처음에는 소상인이나 직접생산자들과도 이해관계를 같이했다. 그러나 특권적 상업체제가 무너진 후에는 점차 이들과 대립관계를 이루게 되었다. 도고상인들은 외국과의 무역에 종사하거나 서울이나 지방도시 주변의 집산지에서 상품을 매점했다. 서울 주변에서는 송파(지금의 송파동 일대), 누원점(지금의 도봉산 근처), 송우점(지금의 경기도 포천군 송우리) 등이 그 대표적인 곳이었다. 또한 이들은 상품의 생산지와 그 주변의 집산지에서 상품을 매점하기도 했다. 대리인을 보내 생산지에서 상품을 미리 사들이는 경우도 있었으며, 객주나 여각이 매점한 물품을 다시 사들이는 경우도 있었다. 이렇게 매점한 상품을 서울의 이현(종로4가 부근), 칠패(남대문 밖 청파동) 등과 같은 시장의 난전을 통하거나, 집산지에 직접 쌓아놓고 팔았으며, 때로는 시전상인에게 파는 경우도 있었다. 이들은 자본력을 이용해 관리에게 영향을 끼쳤으며 각 궁방이나 토호들과도 직접·간접으로 연결되어 있는 경우가 많았다. 도고상업의 발달은 봉건적인 특권상업체제를 해체시키는 촉매제 역할을 했으나, 독점행위로 인해 근대적 상업의 발달을 오히려 저해했으며, 영세한 상인

이나 직접생산자들에게 커다란 타격을 입혔다. 또한 생활필수품을 부족하게 만들고 물가를 상승시켜 영세민의 생활을 더욱 어렵게 했다. 1833년(순조 33)에 일어난 서울의 쌀폭동은 이에 대한 도시영세민들의 대표적인 반발이었다. 도고의 독점행위는 유통과정의 독점이라는 점에서 생산수단을 독점하는 근대적 독점과는 차이가 있다.

장시 場市 일반인을 대상으로 상품을 매매하던 조선시대의 정기시장. 성종 때 전라도에 흉년이 들자 기근을 해결하기 위해 신숙주의 건의로 처음 열렸다는 설도 있으나 실제로는 이미 그 이전부터 존재했다. 향시鄕市와 같은 여러 형태의 시장이 그 이전부터 존재해오다가 15세기 들어 장시의 형태를 갖추게 되었을 것이라는 수장이 유력하다. 상설시장이 아닌 정기시장의 형태를 취한 것은, 아직 생산력이 충분히 발달하지 못해 상품이 부족했으며 구매력도 충분하지 못해, 상설시장으로는 상인들이 이익을 얻기 힘들었기 때문이다. 또한 정기시장은 마을에서 비교적 가까운 곳에서 열렸으므로 물건을 구매하기에 편리했다는 이점도 있다. 장시는 5일장이 대부분으로 30~40리의 거리를 두고 전국적으로 산재했으며 지역적으로 망을 이루어 상인들이 각 장시를 번갈아 돌아가며 물건을 매매하기에 편리하도록 짜여 있다. 장시에는 인근 주민들이 모여 생필품을 거래했으며, 객주·여각·감고監考(곡식의 되질을 하는 자) 등도 모여들어 활동을 했다. 대부분의 장시는 거래되는 물건에 제한이 없는 보통시장이었으나 곡물시장, 가축시장, 땔감을 공급하는 시탄시장柴炭市場 등도 있었다. 이외에도 고기잡이철에 서남해안 등지에서 열리는 파시波市, 봄·가을로 대구·전주·원주 등지에서 열렸던 약령시 등도 대표적인 특수시장이다. 조선

후기에는 장시의 숫자가 늘어나 전국적으로 확대되었다. 19세기 전반기에는 1,000개가 넘었는데 그중 5일장이 900여 개나 되었다. 상품화폐경제의 발달에 따라 일부 주요 장시를 중심으로 상업도시가 발달하기도 했다. 이러한 5일장은 근래까지도 농촌 곳곳에서 열렸으나 최근 들어 점차 자취를 감추고 있다.

객주 客主 상품의 위탁매매와 그에 부수되는 여러 가지 상업활동을 하는 중간상인. 여각旅閣·저가邸家·선주인船主人 등도 비슷한 기능을 하거나 거의 같은 의미로 사용되는 경우가 많다. 객주제의 발생시기는 문헌상으로 확실히 알 수 없으나 고려 때로 보는 견해가 가장 유력하다. 특히 조선후기에는 상품화폐경제의 발달에 따라 객주제가 크게 성행했으며 그 규모도 확대되었다. 객주의 가장 주된 기능은 상품의 위탁매매였다. 생산자나 상인으로부터 상품을 위탁받아 다른 상인들에게 유통시켰다. 그러나 객주의 담당업무는 이밖에도 거간·창고업·금융업·숙박업 등 상품의 매매와 관련된 거의 모든 분야에 걸쳐 있다. 이러한 기능 중 어느 분야를 주로 취급하느냐에 따라 객주는 위탁매매와 위탁자를 위한 숙박·금융·보관·운반 등을 해주는 물상객주, 창고와 마방을 두고 미곡·어물·소금·목재 등 부피가 큰 물건을 주로 취급하는 여각, 일반 보행자에 대한 숙박을 위주로 하는 보행객주, 금융업무를 주로 취급하는 환전객주 등 여러가지로 나뉘어지나, 일반적으로 객주라고 하면 주로 물상객주를 가리킨다. 다만 물상객주와 여각은 차츰 구분이 약해져갔다. 18세기 이후 객주의 규모가 확대되면서 이들은 점차 상업자본을 형성해갔다. 특정한 상품을 독점하거나 선대제를 통해 수공업자를 지배하는 경우도 흔했다. 또한 전국적인 조직을 이루었으며 어음을 발행해 유통시켰다. 조선정부가 형식적으로는 상업활동을 통제했으나 이들은 중앙이나 지방의 관청에 물품이나 금전을 바치거나 관리와 개인적인 연결을 통해 실제로는 정부의 비호를 받는 경우가 많았다. 개항 이후에는 부산과 인천 등 전국 각지의 개항장에 객주를 설치하고 외국무역을 독점했다. 일종의 동업조합의 성격을 지닌 객주회·박물회博物會를 조직해 배타적인 독점권을 형성하는 한편, 외국상인과 타협해 외국상품의 판매를 중개했다. 그러나 객주는 그 자신이 가지는 봉건적 성격과 외국상인의 침투로 효과적으로 근대적 상인으로 발전하지 못했다. 1930년 일제는 객주의 관허제를 철폐했으나 객주는 해방 이후에도 존속했다.

여각 旅閣 연안의 포구에서 지방에서 오는 화물에 대한 위탁판매·중개·보관·운송업을 하거나, 상인들을 대상으로 숙박업·금융업을 하던 상업기관. 저가邸家·저점邸店·선주인船主人이라고도 한다. 영업의 방법이 객주와 비슷해 구별 없이 쓰이기도 하나 취급물품 등에서 차이가 있다. 여각은 어류·소금·곡물·연초와 같은 해산물이나 부피가 큰 물품을 위주로 영업을 했다. 때문에 이들은 객주에 비해 자본의 규모가 큰 것이 보통이며, 넓은 창고와 소나 말을 관리하기 위한 마방시설을 가지고 있었다. 그러나 후기로 갈수록 점차 물상객주와 구분이 없어져갔다. 여각은 산하에 다수의 거간·군소상인·보부상 등을 거느리고 영업을 하는 경우도 많았으며, 때로는 중앙의 고관이나 지방의 관찰사 등을 매수해 포구에 들어오는 배의 화물을 거의 강제로 보관하게 하고 숙박료와 보관료·화물중개료를 받는 등 횡포를 부렸다. 개항 이후 여각은 자신들의 조직을 이용해 외국상인과의 거래를 하며 매판적 기능을 하기도 했다.

경강상인 京江商人 한강과 그 연안 일대에서 각종 상업활동을 하던 상인. 강상江商 또는 강상부민江商富民이라고도 한다. 조선전기에도 있었으나 조선후기에 들어 활동이 더욱 활발해졌으며 규모도 커졌다. 이들은 처음에는 주로 여러 척의 배를 가지고 삼남지방에서 세금으로 거둔 쌀을 서울로 운반하거나 때로는 쌀을 대납하는 일을 했다. 그러나 그 규모가 커짐에 따라 직접 쌀을 비롯한 소금·어물·목재·소금·얼음 등의 판매를 통해 이익을 얻었으며, 19세기에 들어서는 청나라 상인들과 무역을 하면서 중국 산동지방에까지 진출했다. 특히 경기·충청 연안의 상권을 독점하고 삼남지방 생산지의 쌀을 미리 사들여 공급을 독점함으로써 막대한 이익을 올렸으며, 때로는 서울에 있는 미곡상들과 결탁해 가격을 조작하는 경우도 있었다. 1833년에 발생한 서울의 쌀폭동도 이러한 경강상인의 가격조작 때문에 발생한 것이었다. 이들은 쌀을 비롯한 상품의 단순한 독점에서 한 걸음 더 나아가 자신들의 상업활동에 필요한 선박을 구입하거나 직접 만드는 등 자본을 재투자하는 데 이르러 상업자본의 형태를 띠게 되었다. 그러나 개항 이후 자본주의 열강의 경제침투에 효과적으로 대응하지 못한 채 급격히 몰락하고 말았다.

송상 松商 개성을 중심으로 상업활동을 하던 상인. 고려 때도 개성에는 시전을 설치하고 정부의 보호 아래 국내 각 지역과 송나라를 대상으로 활동을 하던 상인들이 있었으나 일반적으로 송상이라고 하면 조선의 사상私商을 가리킨다. 고려 때 개성에서 활동하던 대규모 상인들은 조선건국 후에도 상업활동을 계속했으며, 벼슬길이 막힌 고려의 일부 관료들도 상업에 종사했다. 이들은 전국적 규모의 상업을 통해 조선초부터 많은 이익을 올렸다. 그러다 조선후기에 들어 상품화폐경제가 발달하고 청과의 무역이 활발해짐에 따라 그 활동이 더욱 두드러졌다. 이들은 각지에 송방을 설치해 전국을 무대로 상업활동을 했으며, 역관을 비롯한 관상官商과 밀착하거나 의주상인·동래상인들과 연계를 맺으며 대외무역에 적극 참여했다. 18세기 이후에는 도고상인으로 성장해 상품을 매점하는 한편, 광산을 경영하거나 인삼의 재배 및 가공업에도 투자하는 등 상업 이외의 분야에까지 활동범위를 넓혀 상업자본으로 성장해갔다. 송상의 자본력과 활동규모는 경강상인에게 비길 만한 것이었다. 이들의 활동은 조선정부의 봉건적 상업체제에 타격을 가해 경제정책을 변화시키는 데 커다란 역할을 했다. 그러나 개항 이후 외래자본의 침투에 대해 효율적으로 대처하지 못해 점차 쇠퇴해갔다. 송상은 상업활동의 과정에서 장부정리를 위해 사용한, 세계에서 가장 오래된 복식부기법인, 〈사개송도치부법四介松都治簿法〉을 남기기도 했다.

만상 灣商 조선사회에서 중국과의 무역에 종사했던 의주義州 상인. 만상이라는 이름은 의주를 다른 말로 용만龍灣이라고 부르는 데서 연유한다. 만상은 조선초부터 중국과의 무역에 종사했으나 조선전기까지는 소규모의 사적 무역에 머물렀다. 그러나 조선후기 상품화폐경제의 발달과 금속화폐의 유통, 청국과의 무역확대에 따라 그 규모가 커져갔다. 이들은 사신행렬을 따라 북경에 드나들면서 활발한 무역활동을 펼쳤다. 또한 17세기 이래 청국과의 국경시장이 열림에 따라 국경에서의 무역도 활발해졌다. 국경무역은 처음에는 국가의 통제를 받는 관무역(개시무역)이었으나 점차 사무역(후시무역)이 더 발전해 18세기 이후에는 상당한 정도로 확대되었다. 이들의 상업활동을 통제하기 어렵게 되자 조선정부는 1707년(숙종 33) 만상에게 사무역을 허용하는 대신 세금을 거두어 국가재정을 보충하는 정책으로 전환했다. 이로 인해 만상의 사무역은 더욱 커져갔다. 만상들은 매년 수십만 냥의 은을 중국에 수출했으며 인삼의 수출도 활발했다. 이들은 관리·사신행렬과 결탁해 그들의 활동을 뒷받침했으며, 서울·평양·개성·동래 등 국내의 다른 상인들과도 연결해 무역을 전개했다. 예를 들어 만상이 중국에서 구입한 물품을 송상이 국내에서 판매하는 경우도 많았다. 만상의 활동은 중국과의 무역을 개척하는 데 중추적 역할을 했으며, 점차 상업자본을 형성해가는 단계에 접어든 것으로 평가된다.

연행무역 燕行貿易 조선후기 청의 연경을 왕래하던 사신행렬을 통해 이루어지던 무역. 사신일행의 공식관리는 30인 정도로 이루어졌으나, 그밖에 마부·노자奴子·공물을 운반하는 인부 등을 합하면 적을 때는 300여 명, 많으면 500명이 넘었다. 연행무역은 처음에는 사신의 일행이었던 역관譯官에 의해 이루어졌다. 역관들은 공무역을 빙자해 수백 명의 마부와 노자·말을 행렬에 가담시켜 사무역에 이용했다. 일본에서 수입한 은을 청에 가지고 가서 팔고 그 돈으로 백사白絲 등 비단을 수입해 일본에 파는 중계무역을 통해 부를 축적하는 경우를 흔히 볼 수 있다. 그러나 17세기 이후 국내상업의 발달에 따라 사상私商들이 사신행렬에 끼어들어 대청무역을 개척해갔다. 이들은 역관과 결탁해 무역활동을 하기도 했으나, 대부분 사신행렬이 청나라 입구인 책문柵門에 드나들 때 몰래 끼어들어 비합법적으로 교역을 하는 후시무역에 종사했다. 이로 인해 18세기중반 이후 역관들의 연경무역은 점차 쇠퇴하고 사상에 의한 무역

이 활발해졌다. 역관들의 반발에 의해 책문무역은 일시 금지되기도 했으나 국경이나 해안 등지에서 밀무역까지 감행하는 사상의 활동을 막지는 못한 채 재개되었으며 대청무역은 사상에 의해 주도되어갔다.

개시 開市 조선시대 국경에서 개설된 무역시장. 양국의 협의에 의해 공적으로 열리는 시장을 말한다. 이러한 형태의 무역시장은 고려 성종 때 여진과 호시互市를 연 것에서 찾아볼 수 있다. 조선에서는 임진왜란 중이던 1593년(선조 26) 전쟁에 필요한 군량과 말을 구입하기 위해 중강中江에 시장을 열어 교역을 한 것이 시초였으나 전쟁이 끝난 후 폐쇄되었다. 병자호란 후 청의 요청에 따라 경원과 회령에 개시를 열었으며 중강개시도 다시 설치되었다. 조선과 청국 정부는 매년 3월 15일과 9월 15일을 개시일로 정하여 무역을 엄격히 통제하고 사무역을 금했다. 그러나 자유상인의 활동이 활발해짐에 따라 국경에서는 점차 밀무역(후시무역)이 번성해 통제가 어렵게 되자 조선정부는 사실상 사무역을 인정하고 그 대신 세금을 받는 정책으로 전환했다. 한편 일본과는 1603년(선조 36) 왜관에 개시가 설치되었다.

후시 後市 조선후기, 국경에서 상인들에 의해 사적으로 행해지던 무역시장. 조선후기 대청무역인 연행무역은 처음에는 역관들에 의해 주도되었으나 17세기에 들어 사상이 성장하면서 변화되어갔다. 사신행렬이 국경을 출입할 때 의주나 개성상인 등이 역관이나 지방의 관리와 결탁하거나 몰래 행렬에 끼어들어 청국 상인과 교역을 하게 되면서 17세기중엽부터 만주 봉황성 책문에서 후시가 열렸으며, 압록강의 중강에서도 후시가 열렸다. 청에 왕래하는 사신의 횟수가 많아짐에 따라 후시무역

△ 상평통보

도 1년에 4·-5치례이며, 한 치례에 기래
되는 은의 양만 10만 냥에 달할 정도였
다. 후시무역은 17세기말엽 크게 확대
되었으며 조선정부도 세금을 징수하는
대신 국경의 후시무역을 사실상 묵인했
다.

상평통보 常平通寶　조선후기에 사용
되던 화폐. 동전銅錢 또는 일반적으로
엽전葉錢이라고 한다. 1633년(인조 11)
처음 만들어졌으나 제대로 유통되지 않
아 중단되었다가 78년(숙종 4) 다시 주
조되었다. 처음에는 서울과 평안도 일
대에서 유통되었으나 점차 전국적으로
확대되어 조선말까지 통용되었다. 엽전
의 재료로는 구리와 주석의 합금이 사
용되었다. 둥근 모양 가운데 정사각형
의 구멍을 뚫고 상하좌우에 상常·평平·
통通·보寶라고 한자로 한 자씩 새기고
뒷면에는 주조한 관청의 이름을 적었
다. 상평통보는 주조 초기 호조·상평청
·진휼청·어영청·훈련도감 등 여러 기관
에서 만들었으나 각 관청에서 만든 상
평통보의 품질이 서로 다르는 등 화폐
행정이 문란해지자 1785년(정조 9) 호

조에서 발행업무를 주관했다. 그러나
점차로 다시 중앙의 각 관청과 지방관
아·군영에 발행을 허가했으며 사주私鑄
도 늘어나 화폐행정은 다시 문란해졌
다. 더구나 구리가 부족할 때는 상평통
보 무게 자체를 줄여 발행하는 경우도
있었다. 조선정부는 화폐의 주조를 재
정수입을 늘리는 수단으로 생각해 19세
기후반 액면가치가 상평통보의 100배
및 5배에 해당하는 당백전當百錢과 당오
전當五錢을 마구 찍어내 화폐제도를 더
욱 혼란스럽게 만들었다. 1894년 갑오
개혁 당시 화폐제도의 개혁으로 발행이
중단되었으나, 이후에도 여러 지역에서
유통되다가 1904년 일제의 화폐정리사
업 이후 점차 폐기되었다.

전황 錢荒　조선후기에 나타난 화폐
(상평통보=동전=엽전) 유통량의 부족
현상. 특히 18~19세기초에 많이 일어
났다. 정부 당국의 화폐발행 억제정책
과 구리의 부족으로 화폐주조량이 부족
한 데다 상인이나 관리들이 동전을 교
환수단이라기보다는 고리대업을 통한
부 축적의 방편으로 비축함으로써 더욱

심각해져 18세기에는 화폐부족이 만성적인 현상이 되었다. 이로 인해 농민의 구매력이 떨어져 몰락이 촉진되었으며 고리대업의 유행으로 사회기강이 더욱 문란해졌다. 또한 화폐를 중시하는 풍조가 만연해 전통적인 가정과 사회윤리가 흔들렸으며 도둑이 늘어나 사회불안 요인의 하나가 되기도 했다. 또한 전황은 상업의 발달에도 지장을 주었다. 정부에서는 전황을 해결하기 위해 정부의

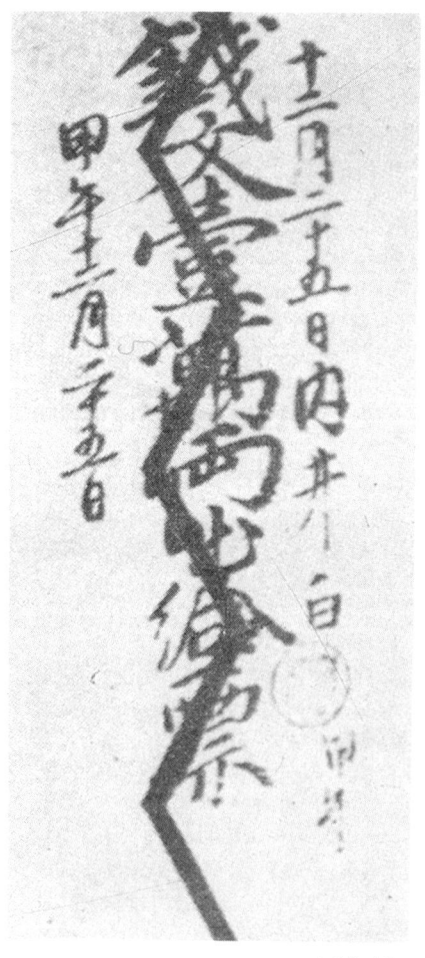

△조선시대 어음

공거래에서는 동전을 사용하지 않았으며, 지폐인 저화楮貨를 동전 대신 사용하거나 중국의 동전을 수입하기도 했으나 별효과를 거두지 못했다. 그러다가 19세기중엽에 들어 부상富商 등 민간인에게 동전의 주조를 위탁하고 동광의 개발을 장려함으로써 비로소 전황이 해소되었다.

어음 扵音 일정한 금액을 지정된 날짜에 지급하겠다고 약속하는 유가증권. 조선사회에서 사용되었던 우리나라 고유의 어음은 어험魚驗 또는 음표音票라고 한다. 시전에서 상품의 인수증을 겸해 사용되었으며 조선후기에는 개성상인들도 발행했다. 그러나 어음이 본격적으로 유통된 것은 객주들이 발행해 사용한 이후이다. 길이 6~7척, 너비 2~3치 되는 종이에 돈의 액수와 물건의 수량을 적고 발행한 상점의 도장을 찍었다. 중앙에는 「출급出給」 또는 「출차出次」라고 표시했는데, 이는 약속한 금액을 지급하겠다는 의미이다. 어음의 가운데를 지그재그로 잘라서 발행인의 도장이 찍힌 남표男票는 채권자에게 주고 다른 한편인 여표女票는 채무자가 보관했다. 지급요구가 있으면 두 조각을 맞추어보고 맞으면 약속한 금액을 지급했다. 그러나 뒤에는 어음을 절단하지 않고 그대로 발행하는 것이 일반적이었다. 개항 이후 어음의 유통은 더욱 활발해져 자국 화폐를 조선의 화폐로 교환하는 데 불편을 느낀 일본이나 청국 상인들도 어음을 발행해 사용했다. 1894년 신식화폐제도가 시행된 이후에는 액면금액을 백동화로 표시한 백동화 어음도 발행되어 유통되었다. 이러한 우리나라 고유의 어음제도는 1905년 화폐정리 이후 폐지되었다.

본원적 축적 本源的蓄積 봉건적 생산양식으로부터 자본주의적 생산양식으로 넘어가기 위해 전제가 되는 사회적

변화의 과정. 선행적 축적先行的蓄積이라고도 한다. 마르크스Karl Marx에 의하면 이는 생산자를 생산수단으로부터 분리시키는 과정이다. 본원적 축적은 생산수단이 자본으로 전화하는 과정, 직접생산자가 임금노동자로 전화하는 과정의 두 가지에 걸쳐 일어난다. 산업자본의 형성은 직접생산자가 소자본가로 성장하는 경우와 상업자본가가 생산을 장악해 산업자본가로 전환하는 경우가 있는데, 겉으로는 완만하게 보이지만 전자가 사회적 변혁의 핵심이었다고 한다. 한편 임금노동자의 출현은 중세 농노 또는 길드와 같은 동업조직의 속박에서 생산자를 해방시키는 동시에 그들로부터 봉건적 생산수단을 박탈해 자유노동자, 즉 근대적 임금노동자로 만드는 과정이다. 동시에 자유노동사는 새로이 자본가에게 속박되어 수탈당하게 된다. 이를 본원적 수탈이라고 한다. 조선후기 사회에서도 생산력의 발달에 따라 경영형 부농 등 일부 농민들이 부를 축적하고 부농층으로 성장했으며, 농민층의 분해에 따라 다수의 농민들이 임금노동자로 전락하는 등 아와 비슷한 현상이 나타나고 있다. 그러나 이들 부농층이 산업자본가로 전환했다는 명백한 징후를 찾기 어려우며, 이후에도 단순 임금노동자보다는 영세 소농층이나 소작농 등이 직접 생산자층의 주류를 이루었다는 점에서 한국사회에서 이를 그대로 적용하기에는 무리가 있는 것으로 생각된다.

자본주의 이행논쟁 資本主義移行論爭 봉건사회로부터 자본주의 사회로 넘어가는 과정을 둘러싼 논쟁. 1940년대 후반 영국의 경제학인 돕Maurice Dobb과 미국의 경제학자인 스위지Paul Sweezy 사이의 논쟁에서 본격화되었다. 논쟁은 봉건적 생산양식의 개념, 소멸시기, 그 과정에서의 상인자본의 역할, 농민층의 분해와 산업자본의 관계, 시민혁명의 성격 등 봉건사회 말기 사회관계 전반에 걸쳐 전개되었으나, 가장 핵심적인 부분은 산업자본가층의 형성주체가 누구인가를 둘러싼 논쟁이었다. 이에 대해 돕은 봉건적 생산양식의 토대였던 소농과 독립수공업자가 사회적 분해를 일으켜 상인 및 자본가로 성장해 산업자본을 생성했다는 중산적 생산자층의 양극분해를 주장했으며, 스위지는 시장경제=상품화폐경제의 발달에 따라 상인자본가층이 봉건제를 해체하고 생산을 장악해 객주제 상업자본을 형성했으며, 이들이 산업자본가의 주류를 이루었다는 상업자본의 산업자본전화설을 주장했다. 이 논쟁의 결론은 확실하게 나오지 않았지만 그 당시까지 통실직인 견해였던 후자의 설에 대해 전자가 상당한 설득력을 얻었다. 조선후기 사회의 발전을 어느 한 가지 입장에서 보는 연구는 찾아보기 힘들다. 그러나 농민층의 분화 및 일부 농민의 성장에 관한 연구라든가 상인층의 자본축적이나 선대제를 통한 생산장악 등에 관한 활발한 연구에 비추어볼 때 우리나라에서도 논쟁의 대상이 된 이러한 요소들이 나타나고 있었음은 짐작해 볼 수 있다.

4. 실학의 발달

실학 實學 조선후기 성리학의 공리공론空理空論에 대해 반발하면서 사회의 개혁을 주장했던 학문 또는 사상.
[개념 및 성격] 실학의 개념 및 성격에 대해서는 이제까지 많은 논의가 있었으나 의견의 합치를 보지 못하고 있다. 실학을 근대적 사상의 맹아로 보기도 하며, 이와는 반대로 유학자들이 흔히 사용해왔던 「수신제가 치국평천하의 원리의 학」으로 보는 견해도 있다. 또한 근

대의식 또는 근대지향의식과 민족의식을 토대로 재구성된 개신유학이라는 주장도 대두했다. 그러나 근래에는 실학이라는 용어를 언제부터 누가 사용했는가보다는 조선후기의 사회·경제적 상황에서 나타난 사상이라는 역사적 성격을 강조해 실학을 규정하려는 움직임이 활발하게 나타나고 있다. 이런 연구들에서는 대체로 초기 실학자들은 성리학에 토대를 두었기 때문에 거기에서 벗어나지 못했으나 18세기말 이후에는 근대적 성격을 가지고 있는 것으로 보고 있기도 하다.

[배경] 실학의 발달은 조선후기의 사회경제적 변화와 밀접한 관련이 있다. 농업 및 상공업의 발달, 신분제도의 변화 등 봉건적 지배체제의 근본적인 동요는 학자들의 학문태도에 많은 영향을 주었으며, 사회의 전반적인 문제를 해결하기 위한 방법에 대한 학문적인 연구가 활발해져갔다. 그러나 봉건적 질서의 유지에 토대를 둔 기존의 성리학이 명분론에 사로잡혀 공리공론만을 되풀이하면서 이에 대한 대책을 제시하지 못함에 따라 실생활이나 사회적 문제에 대해 보다 깊은 관심을 보이는 학문의 경향, 즉 실학이 나타났다. 한편 이 시기에 도입된 양명학과 고증학·서학 등 외국의 새로운 사상 또한 실학의 발생과 성장에 많은 영향을 끼쳤을 것으로 보인다. 이러한 사상들은 조선학자들의 가치관을 변화시켜 중국 중심의 사상에서 탈피하고 새로운 문물에 관심을 가지게 했으며, 과학적인 학문의 태도와 실생활에 활용할 수 있는 과학기술을 중시하게 했다.

[실학의 범위와 계보] 흔히 실학의 선구적 인물로는 이수광을 드는 경우가 많다. 그러나 실학이라고 불리는 사상의 범위는 매우 광범위하다. 보통 토지개혁을 비롯한 농업문제 전반의 개혁 주장, 상공업 및 기술의 진흥책 등 경제문제와 정치제도의 개혁 논의, 역사·지리·국어학 등 민족문화에 대한 일련의 연구 등이 모두 실학에 포함된다. 실사구시적인 학문태도를 가졌다고 해도 이들의 주장이 모두 공통적인 것은 아니다. 예를 들어 상품화폐경제의 발달을 억제할 것을 주장하는 실학자들이 있는 반면, 이를 더욱 발달시킬 것을 주장하는 실학자들도 있으며, 지주전호제의 부정 또는 옹호의 입장도 서로 다르다. 때문에 실학자를 사상이나 인맥상으로 계열화하려는 연구가 진행되었으나 아직 의견의 일치를 보고 있지 못하다. 가장 흔히 인용되는 계파분류법의 하나는, 유형원·이익 등 토지 및 행정제도를 비롯한 각종 제도를 개혁하자고 주장한 학자들을 경세치용학파, 박지원에서 비롯되는 상공업의 진흥과 기술의 혁신을 주장한 일군의 학자들을 이용후생학파로 나누는 것이다. 전자에 속하는 학자들은 지주전호제와 수취제도의 개혁, 신분제의 개선, 상공업 및 화폐유통의 억제 등을 주장한 반면, 후자에 속하는 학자들은 상공업의 진흥, 화폐유통의 장려, 기술의 진흥 및 교통·수송수단의 확대, 대외교류에 대한 관심 등을 표방하고 있다. 때문에 이들을 중농적 실학자와 중상적 실학자로 구분하기도 한다. 이들과 구별해 김정희·김정호 등 실증적 학문태도와 민족문화에 대한 관심을 보여주고 있는 학자들을 실사구시학파로 구분한다. 이러한 계파의 분류방법과는 달리 이익 이전의 학자들을 전기 실학파로 구분하고 이익 이후의 학자들을 이용후생학파와 경세치용학파로 나누기도 하며, 이익까지는 성리학자이며, 홍대용 이후의 학자들만이 근대사상가로서의 실학자로 보는 견해도 있다. 그러나 실학자들은 대체로 광범위한 학문분야에 걸쳐 관심을 표방하

고 있으며, 그들의 저서 또한 백과전서적인 성격을 지닌 것이 많아서 이들의 사상을 어느 한 유파로 구분하는 것은 매우 어려운 일이다.

〔실학사상의 계승〕 실학사상, 특히 북학파의 사상은 초기 개화사상에 많은 영향을 끼친 것으로 보인다. 사회의 모순을 해결하기 위한 실학의 개혁사상은 개화파의 개혁사상·근대화론에 영향을 주었다. 실학과 개화사상을 연결시키는 역할을 한 사람으로는 흔히 이규경·최한기 등과 초기개화파의 중심인물인 박규수가 지적되고 있다. 한편 실학사상이 갑오농민전쟁 당시 농민군 지도자들의 사상에도 영향을 주었다는 연구결과도 나오고 있다. 그러나 이와는 반대로 실학과 개화사상을 연결시키는 것은 오히려 개화사상의 근대적 성격을 약화시키는 것이라며 두 가지 사상의 단절을 강조하는 주장도 있다. 따라서 이 부분은 앞으로도 좀더 깊은 연구가 요망된다.

이수광 李晬光 1563(명종 18)~1628(인조6) 조선중기의 문신. 자는 윤경潤卿, 호는 지봉芝峰, 본관은 전주. 1585년(선조 18) 문과에 급제해 참의·참판을 거쳐 광해군 초기에는 벼슬이 대사성에 올랐으며 임진왜란 때도 참전했다. 1613년(광해군 5) 인목대비가 폐모되자 벼슬을 버리고 두문불출하다가 인조반정 후 다시 등용되어 도승지와 대사간 등을 역임했다. 이괄의 난과 정유재란 때는 왕의 피란길을 호위했으며 이후 이조판서를 지내기도 했다. 이수광의 사상은 성리학에 토대를 두고 있으나 공리공담을 반대하고 현실에 실천할 수 있는 학문을 주장했으며, 자연과학에도 관심을 쏟아 실학의 선구자로 꼽힌다. 3차례에 걸쳐 명나라에 사신으로 갔다가 당시 명나라에 와 있던 이탈리아 신부 마테오 리치의 저서 〈천주실의天主實義〉 2권과 〈교우론交友論〉 1권 및 중국인 유변劉汴 등이 지은 〈속이담續耳譚〉 6권을 가지고 돌아와 우리나라에 최초로 서학을 도입했으며, 〈지봉유설〉에서 서양의 사정과 천주교 지식을 소개했다.

지봉유설 芝峰類說 이수광이 지은 문집으로 일종의 백과사전. 20권 10책. 1614년(광해군 6) 편집해 34년 이후 출판했다. 다른 사람의 저서나 글에서 뽑은 자료와 저자 자신이 체험한 것, 책을 읽다가 느낀 것 등을 수록했다. 전체를 182항목으로 나누고 이것을 다시 3,435개의 소항목으로 나누어 고찰하고 자신의 견해를 달았다. 1권은 자연과학과 우주관, 2권은 한국의 인문·자연지리, 3~4권은 정치·군사·경제문제, 5~7권은 유교경전 및 여러가지 글에 대한 학자들의 주석, 8권은 국내외의 산문작품에 대한 평가, 9~12권은 중국의 시, 13권은 조선의 시, 14권은 부문별 국내외 시인의 시, 15~20권은 인간의 신체와 일상생활 등에 대해 서술했다. 여러 분야에 걸쳐 총 3,435항목에 달하는 광범위한 내용을 담고 있는 일종의 백과사전적인 성격을 지닌 책으로, 조선의 정치·경제·문화를 연구하는 데 자료로서의 가치가 크다.

경세치용 經世致用 「경세」란 국가나 사회를 질서있게 유지시키는 정치·경제·사회활동을 뜻하며, 「치용」이란 현실의 문제를 효과적으로 해결하기 위해 적절한 제도나 방법을 갖추고 그것을 실천적으로 활용한다는 의미이다. 경세나 치용이라는 말은 본래는 유교의 고전문헌에서 나온 것이나, 청나라 초기, 또는 조선후기 실학자들의 학문적 관심이나 방법을 설명할 때 일반적으로 사용되고 있다. 이 경우 경세치용이란 현실사회에 대한 실용적 관심에 토대를 두고 학문을 연구하며, 학문과 사회의 관계를 긴밀하게 추적하는 경향을 가리킨다. 이러한 학문경향은 유형원에서 시작되어 이익, 정약용으로 계승된다. 특히 정약용은 단순한 행정제도나 현실적 정책론에 머무르지 않고 실천원리로 도덕성과 정책론이 결합된 경세치용론을 주장했다. 즉 도道를 기반으로 하고 이상을 지향하면서 현실적·실용적인 정치·사회·경제문제에 대한 실천적인 해결방법을 탐구하고 제시해가는 입장이다. 농업을 중시하고 토지제도의 개혁과 지주제의 철폐를 주장했던 유형원·이익·정약용을 비롯한 일련의 중농적 실학자들을 경세치용학파로 분류하는 견해도 있다.

유형원 柳馨遠 1622(광해군 14)~73(현종 14) 조선후기의 실학자. 자는 덕부德夫, 호는 반계磻溪, 본관은 문화. 1654년(효종 5) 진사과에 급제했으나 벼슬을 하지 않고 농촌사회의 현실과 사회문제를 연구하는 데 몰두했다. 그가 연구한 학문분야는 정치·경제·천문·지리·군사·언어 등 광범한 범위에 걸쳐 있다. 그의 사상은 유교경전과 선현의 이론에 토대를 두고 있으나, 당시 심각해져가고 있던 여러가지 사회모순을 완화하기 위한 구체적 개혁안을 제시하고 있으며, 실사구시의 학문태도를 주장함으로써 이후의 실학자들에게 영향을 끼쳐 실학파의 시조로 꼽힌다. 그는 토지를 천하의 근본으로 여겨 토지제도의 개혁을 통해 자영농을 육성할 것을 강조했으며, 신분적 차별의 완화와 인재의 등용, 수취제도의 합리적인 운영을 주장했다. 유형원은 중앙집권을 강화함으로써 이러한 개혁을 실천에 옮기고 부국강병을 이루어야 한다고 생각했다. 그의 주장은 기존의 신분제도를 그대로 인정하는 위에 개혁을 시행하자는 것으로, 근대적 사상으로 발전하지는 못했다. 그러나 사회의 개혁에 대한 관심을

보이고 있으며, 이후 실학자들에 의해 이러한 사상이 계승·발전되었다는 점에서 실학사상에서 나타나는 근대적 성격을 형성하는 기초를 닦은 것으로 평가되고 있다.

반계수록 磻溪隨錄 조선후기 실학자 유형원의 저서. 26권 14책, 인쇄본. 정치·경제·사회·군사제도를 역사적으로 고찰하고 그 개혁안에 대해 논하고 있다. 1권부터 8권까지는 경제문제 전반에 대한 개혁안이 실려 있으며, 9권부터 24권까지는 교육·과거·관제 및 병제 등에 관한 것을 다루고 있다. 25, 26권은 속편으로 의례와 도덕·의관·언어·교량·도로·노비제도에 관한 저자의 견해를 적고 있다. 이 책에서 주장하고 있는 토지제도의 개혁, 학문이나 행실이 뛰어난 인물에 대한 추천제 등용의 주장은 유형원이 생각하고 있는 사회개혁의 방향을 보여주고 있다. 조선후기의 사회와 경제, 특히 토지제도를 연구하는 데 귀중한 자료이다.

균전론 均田論 조선후기에 나타난 토지제도의 개혁론. 중국 고대의 정전제井田制, 수·당대의 균전제에 의거하고 있으며, 토지국유와 경자유전·균등분배의 원칙을 토대로 하고 있다. 실학자 및 당시의 여러 지식인들에 의해 제기되었는데, 그중 대표적인 것은 유형원의 균전론이다. 유형원이 이상적으로 생각했던 토지제도는 주나라의 정전제였으나, 이를 실행하는 것이 현실적으로 어렵다고 생각해 수·당대의 균전제를 바탕으로 토지제도의 개혁안을 제시했다. 유형원의 균전론은 백성의 생활과 부역·과세 등의 토대를 모두 토지에 두자는 것이었다. 그 주요내용은 「모든 농민에게 균등하게 토지를 분배하고 조세·역·공납도 균등하게 징수할 것. 수확단위의 결부제結負制를 폐지하고 면적단위인 경묘법傾畝法을 시행해 관리의 농간

과 중간착취를 배제할 것. 농로와 수로를 정비해 경지를 정리할 것」 등이었다. 이를 통해 농민의 최저생활을 보장하고 국가의 재정을 확보할 수 있다는 것이 유형원의 생각이었다. 그러나 농가에는 1경, 상인 및 수공업자에게는 반 경, 관리는 벼슬에 따라 최고 12경까지 토지를 지급하며, 서민에게는 20살에 토지를 지급하지만 사족士族에게는 15살에 지급하자고 하는 등 신분상의 차별과 양반관료에 대해 기존의 권리를 인정했으며, 국가기관 및 궁방에는 토지소유에 대한 특권을 허용하는 등 봉건적인 사회체제를 탈피한 근대적인 토지제도의 개혁안은 아니었다. 그러나 봉건지주들의 토지소유를 제한하고 토지의 분배를 통해 사영농의 육성을 추구했다는 점에서 당시로서는 어느 정도 진보적이라고 할 수 있다. 유형원의 균전론은 후대의 실학자들에 의해 계승되어 여러가지 형태의 토지제도 개혁론이 나왔으며 18세기후반에는 일반 농촌지식인들 사이에서도 균전론의 주장이 나타났다. 하지만 조선정부가 이를 받아들이지 않아 채택되지 못했으며 토지소유를 둘러싼 조선후기의 사회적 모순도 해소되지 못했다.

홍만선 洪萬選 1643(인조 21)~1715(숙종 41) 조선후기의 실학자. 자는 사중士中, 호는 유암流巖. 1666년(현종 7) 진사과에 합격한 후 약 30년간 내외직을 거쳤으며 벼슬이 장악원정掌樂院正에 이르렀다. 유형원과 비슷한 시기의 인물로 성리학의 공리공론에 반발해 실용후생實用厚生의 학풍을 주장했다. 지방관을 거치는 동안 농촌의 상황을 보고 농업문제에 커다란 관심을 가졌던 것으로 보인다. 중농적 실학자의 선구적 인물로 유중림柳重臨·서유구 등 농업을 중시했던 실학자들에게 많은 영향을 끼쳤다. 농사기법·의약·구황 등에 관한 저서인 〈산림경제〉는 중요한 실학관계 저술로 꼽힌다.

산림경제 山林經濟 조선 숙종 때 홍만선이 저술한 농업서적. 4권 4책, 필사본. 〈산림경제〉를 지은 주된 목적은 산림을 개발하고 이용해 생산력을 높이고 민생을 안정시키기 위한 것이었다. 그러나 영농방법과 농촌의 일상생활에서 알아두어야 할 일을 전체적으로 다루고 있다. 〈산림경제〉는 〈농가집성〉을 기본자료로 그 체계를 따르고 있으나, 〈농가집성〉이 다루지 않고 있는 여러 문제들도 체계화해 서술했다. 집자리·위생·농사·뽕밭의 관리·구급救急·나무심기·구황救荒·꽃가꾸기·양잠養蠶·가축기르기 등 모두 16개 항목에 걸친 내용들이 실려 있다. 각 항목에는 그 항목을 실은 목적과 내용을 개괄적으로 서술하고 내용의 출전을 일일이 밝혔으며, 한자술어 및 고유명사에 대해서는 우리말로 옮겨 읽는 사람이 편리하도록 했다. 〈산림경제〉는 새로운 기술의 발굴을 통해 농업개혁에 기여하기 위한 것이었으나, 현실을 고려한 점진적 개혁책이었으며 농업기술에 대한 언급도 주곡·소채 등에 한정되어 있다. 당시까지 이룩된 농학·의학·약학 등 비교적 폭넓은 분야에 걸쳐 지식과 기술성과를 체계적으로 소개해 농업을 비롯한 당시의 과학기술 수준을 이해하는 데 많은 참고가 된다.

이익 李瀷 1681(숙종 7)~1763(영조 39) 조선후기의 실학자. 자는 자신自新, 호는 성호星湖, 본관은 여주. 1705년(숙종 31) 과거를 보았으나 낙방했으며 이듬해에는 자신에게 학문을 가르쳐주었던 형 잠潛이 집권 노론을 공격하는 상소를 올렸다가 희생되자 과거를 단념하고 학문에만 열중했다. 자신의 집에 있던 많은 책들과 유교경전 및 성리학 관계 서적을 두루 읽었으며 이황의 글을 탐독했다. 학풍은 대체로 유형원의 사상을 계승했으며, 경제·제도·군사는 물론 천문·지리·문학·풍속·역사에 이르기까지 광범한 분야의 학문을 깊게 연구했다. 또한 그는 봉건관리와 지배계층의 부패에 대해 통렬하게 공격했으며, 노비제도·과거제도·양반문벌제도·미신·중·게으름을 국가 및 농업의 발전을 해치는 좀으로 규정하고 그 해독을 없애고 균전을 통해 자영농을 육성함으로써 농업의 향상과 농민을 보호할 것을 주장했다. 그러나 화폐경제에 대해서는 부정적 측면이 많으므로 폐지해야 한다고 생각했다. 이밖에도 서학에도 관심을 쏟아 지리학·의학 등 서양의 새로운 지식을 받아들였으며, 땅이 둥글다는 것을 인정하고, 지전설에도 관심을 보이는 등 상당히 합리적인 천문학적 지식을 보유했다. 이러한 이익의 사상은 당시의 신분질서를 부정한 것은 아니며, 봉건제도의 철폐로까지 이어지지는 못한 한계를 가지고 있다. 그러나 당시로서는 상당히 진보적인 것으로, 이후의 여러 실학자들에 의해 계승되어 성호학파라고 불리는 일련의 학자군을 형성함으로써 이익은 실학파의 중조中祖로 평가되고 있다. 그의 영향을 받은 학자는 안정복·한치윤·이긍익을 비롯해 박지원·박제가 등의 북학파, 이벽李蘗·권일신權日身 등의 천주교 신자에 이르기까지 다양하다. 이익은 〈성호사설〉을 비롯해 「붕당론」이 수록되어 있는 〈곽우록藿憂錄〉, 속담을 모아놓은 〈백언해百彦解〉 등 많은 저서를 남겼다.

성호사설 星湖僿說 조선후기 실학자 이익의 저서. 사설이란 아주 자그마한 논설이라는 뜻이다. 이익이 책을 읽다가 흥미를 느낀 것이나 제자들의 물음에 답변한 내용을 기록해둔 것을 나이 80에 이르렀을 때 집안 조카들이 정리해 펴냈다. 전체의 내용을 크게 천지문 天地門·만물문萬物門·인사문人事門·경사문經史門·토문문討文門의 다섯 가지 문으로 분류해 총 3,007편에 달하는 항목을 싣고 있다. 그러나 분류가 엄정하지 못해 이익의 생존시에 제자인 안정복이 「문」을 「편」으로 고치고 각 「편」을 「문」으로 나누는 한편, 중복되는 것을 합치고 그다지 중요하지 않은 것을 빼서 총 1,332편을 수록한 〈성호사설유선星湖僿說類選〉을 편찬했다. 〈성호사설〉에서는 사물과 당시의 세태 및 학문에 대해 개방적인 태도를 취해 서양의 지식을 적극적으로 수용하려는 태도를 보여주고 있으며, 국토와 국민에 대한 애정이 잘 나타나 있다. 이는 특히 현실문제를 다룬 항목일수록 뚜렷하다.

한전론 限田論 토지의 소유나 경작면적을 제한하자는 토지개혁 주장. 16세기초 토지의 집중을 억제하기 위해 유옥柳沃 등에 의해 이미 제기되었으며 중종 때는 부분적으로 실시하기도 했으나 별효과를 거두지 못했다. 조선후기 들어 실학자들 사이에서 다시 한전론의 주장이 나타났는데 그중 이익의 한전론이 대표적이다. 이익이 주장한 한전론의 주요내용을 보면「①1호에 소요되는 일정한 면적을 정해서 영업전으로 지급하며 이 땅은 팔지 못하게 한다. ②영업전 이외의 토지를 팔고자 하는 자는 모두 허용하며, 토지가 적어서 사고자 하는 자는 영업전의 면적을 넘지 못하게 한다. ③농지를 매매할 때는 신고를 받아 토지대장에 기록하고 엄격히 관리한다」등이다. 이렇게 함으로써 궁극적으로 토지의 소유나 경작의 균등을 이룰 수 있다고 생각했다. 이러한 주장은 조정에 의해 받아들여지지 않았으나 이후에도 토지개혁의 주장은 활발히 벌어져 18세기에 들어서는 농촌에 거주하는 지식인들 사이에서도 활발한 논의가 일어났다.

붕당론 朋黨論 당쟁의 원인과 대책 등을 논한 이익의 글. 이 글에서 이익은 붕당이 생기는 이유를 다음과 같이 설명하고 있다. 「붕당은 서로 싸우는 데서 일어나는 것이고 서로 싸우는 것은 이해관계가 서로 다른 데서 나오는 것이다. 이익이 하나이고 사람이 둘이면 당이 2개 생기고, 이익이 하나이고 사람이 넷이면 당이 4개 생기게 마련이다. 이익은 고정되어 변함이 없는데 사람이 늘어나면 많은 붕당이 생긴다」 결국 이익에 의하면 양반들이 생업에 종사하지 않고 관직을 얻는 일에만 노력하고 있으므로, 고정된 정치기구 아래에서는 관리등용에 한계가 있기 때문에 관직을 얻기 위해 서로 붕당을 만들어 싸운나는 것이다. 이익의 분석에 따르면 한 사람이 관직을 가지고 있는 기간을 30년이라고 한다면 그 사이에 정기적인 과거시험에 합격하는 사람은 2,330명이고 부정기 시험의 합격자는 그보다 더 많은데 관직을 얻을 수 있는 사람은 기껏해야 500명을 넘지 못하므로 하나의 관직을 놓고 8,9명이 싸워야 한다는 것이다. 이익은 이러한 문제를 해결하기 위해 관리의 등용방법을 개선해서 문벌·당색정치를 금지하고, 관료기구를 개편하는 한편 생업에 종사하지 않고 사치스런 소비생활을 하는 양반의 생리를 고쳐야 한다고 주장하고 있다. 이익의 「붕당론」은 당쟁의 원인을 비교적 객관적으로 정확하게 설명한 것으로 평가받으며 우리나라의 민족성을 당파성으로 규정한 일제 식민사학자들의 논리를 비판할 때 자주 인용되고 있다.

정약용 丁若鏞 1762(영조 38)~1836(헌종 2) 조선후기의 실학자. 자는 미용美鏞·송보頌甫, 호는 다산茶山·여유당與猶堂, 천주교 교명은 요안, 본관은 나주. 어려서 부친에게서 경사經史를 배웠으며, 1789년(정조 13) 문과에 급제한 이래 도부승지·형조 및 병조참의 등을 역임했다. 특히 33세 때인 94년(정조 18) 암행어사로 경기도 연천 일대를 돌아보면서 목격한 관리의 부패와 비참한 농민생활상은 그의 사상을 형성하는 데 커다란 영향을 끼쳤다. 16살 때 이익의 글을 읽고 민생을 위한 학문에 뜻을 두어 〈반계수록〉을 비롯한 실학자들의 여러 저서를 깊이 연구했다. 이벽에게서 서학을 배워 천주교에 대해서도 관심을 가져 천주교에 입문했다가 반대파의 탄핵으로 중앙정계에서 밀려나 충청도 홍주, 황해도 곡산 등지에서 지방관을 지냈다. 신유박해 때 다시 연루되어 경상도 장기로 귀양을 갔으며, 황사영 백서사건으로 유배지가 전라도 강진으로 바뀌어 18년간 귀양살이를 했다. 기해박해 때는 배교背敎를 했으나 뉘우치고 고향인 경기도 광주에서 신앙과 저술생활로 여생을 마쳤다. 경서에 능통했으며 이황과 이이의 이기설을 합성했는데 특히 이이의 성리학적 실천윤리를 흡수했다. 유형원·이익으로 이어지는 실학을 계승했으며 북학파의 사상까지 받아들여 실학을 집대성한 인물로 손꼽힌다. 정약용은 수많은 저술을 남겼는데, 특히 강진에서 18년간 유배생활을 하면서 많은 저술활동을 했다. 그중 국가운영의 법규와 준칙을 논한 〈경세유표〉, 지방관의 태도와 귀감으로 삼아야 할 교훈을 논한 〈목민심서〉, 송사訟事의 원리에 대해 언급한 〈흠흠신서〉 등이 대표작으로 꼽힌다. 이러한 저서들을 통해 그는 봉건관리들의 부패를 비판하는 한편 당시 제기되었던 여러가지 사회문제에 대한 대책을 논하고 개혁을 주장했다. 문벌제도의 폐지, 인재 본위의 관리등용, 환곡제도의 폐지, 토지개혁 등이 정약용이 주장한 주요한 사회개혁안이라 할 수 있다. 또한 서학에도 밝았으며 과학기술에도 관심이 깊어 농업·방직·선박의 건조 및 교량의 건설, 성의 건축 등에 대해 연구했다. 특히 수원성의 건축 때는 서양과학기술을 이용한 거중기를 만들어 활용했으며, 박제가와 함께 종두법을 연구하기도 했다. 천문학에도 조예가 깊어 지구가 둥글고 천체가 돈다는 설을 인정했으며, 비·눈·우레·밀물 등을 신비한 현상으로 여기지 않고 과학적으로 설명했다. 이밖에도 임업에 관한 최초의 독창적 저술인 〈산림경제山林經濟〉와 어류에 관한 해설서인 〈아언각비雅言覺非〉를 남기기도 했다. 정약용의 사상 역시 봉건적 신분질서와 유교윤리에 토대를 둔 것으로, 정치가는 민중을 위한 정치를 해야 한다는 왕도정치 사상을 보여주고 있으나, 토지개혁론이나 국왕이 국민을 위한 정치를 하지 않을 때는 교체할 수 있다는 주장에서 보듯이 당시로서는 상당히 진보적으로 근대적 정신의 일면을 보여준다. 508권에 달하는 그의 방대한 저서는 〈정다산전서丁茶山全書〉 또는 〈여유당전서與猶堂全書〉에 망라되어 있다.

여전제 閭田制 정약용이 제시한 토지개혁안. 1799년(정조 23)에 집필한 〈전론〉에 나타나 있다. 토지소유, 경작의 집중과 그로 인한 농민의 몰락 및 경제적 수탈을 극복하기 위한 개혁안으로 경자유전耕者有田의 원칙을 토대로 하고 있다. 정약용은 「정전」「균전」「한전」으로는 극도로 문란해진 토지제도를 바로잡을 수 없다고 보고 「여전제」를 주장했다. 30호 정도를 단위로 「여閭」라는 말단 행정조직을 만들고 「여」안의 토지는 「여」에 속한 농민들이 공동경작한다. 각 여에는 여장閭長을 두는데, 여장은 개인의 노동을 매일매일 장부에 기록한다. 농작물을 수확한 후, 우선 국가에 10분의 1세를 내고 여장의 녹봉을 떼어준 후 나머지를 노동날짜에 따라 나누어준다. 1개 여에 속한 농민의

수는 제한이 없다. 정약용은 그 이유를 자유로운 이동을 허락하면 농민들은 더 많은 수확물을 분배받을 수 있는 곳으로 이동하기 때문에 10년 후에는 전국의 토지이용이 균등하게 될 것이라고 설명했다. 수공업자는 생산품을, 상인은 상품을 곡식과 바꾸게 하면 그들의 생계는 유지될 수 있으며 양반의 경우는 글을 가르치거나 농사기술을 개발하고 이를 노동으로 환원해 몫을 나누어주면 된다고 생각했다. 또한 해마다 10분의 1세를 거두어들이면 국가의 재정이 풍요해질 것이므로 관료들도 후한 녹봉을 받아 잘살 수 있게 된다고 했다. 또한 여를 단위로 군사조직을 하고 훈련을 시키는데, 3분의 1은 정병으로 근무하게 하고 나머지는 호포를 내어 군비로 쓰게 하면 군대모집과 군포와 관련된 폐단이 없어질 것이라고 했다. 여전제는 봉건적 토지소유관계를 철폐하려는 것은 아니었다. 그것은 봉건적 신분질서와 통치체제의 인정을 전제로 하는 토지국유제 개혁안이었다. 예를 들어 양반은 자기 종을 데리고 여에 참가해 종이 일한 몫으로 살아가는 것이 인정되었다. 그러나 여전법은 다른 토지개혁안과 비교해볼 때 토지의 겸병과 봉건관리들의 수탈을 제도적으로 막았다는 점에서 그밖의 토지개혁안보다는 훨씬 선진적인 것이었다. 그러나 토지개혁을 수행할 주체세력을 설정하지 못했으며, 토지와 관직을 독점하고 있던 집권양반층으로서는 도저히 받아들일 수 없는 것이었다. 때문에 여전제는 당시의 역사적 상황에서는 실현될 수 없었다.

정전제 井田制 본래 정전제란 중국의 하·은·주 3대에 걸쳐 시행되었다고 전하는 토지제도를 말한다. 1리를 「정井」자로 나누어 9등분해 중앙을 공전公田으로 하고 주위를 사전私田으로 한다. 공

전을 공동경작해 그 생산물을 세금으로 내고 사전의 생산물로 생활을 한다. 정전제는 토지국유와 균등한 분배로 인해 유학자들에 의해 이상적 토지제도로 여겨져 토지개혁의 논의가 있을 때마다 그 모델이 되어 왔다. 조선후기에는 정약용이 토지개혁의 방안으로 정전제를 주장했다. 정약용이 주장한 정전제 역시 중국 고대의 정전제를 모델로 하고 있으나 그 방법에서는 현실적 상황을 고려하고 있다. 정약용이 주장한 정전제의 내용을 보면 다음과 같다. 「5인 이상으로 구성되어 있으며 그 절반 이상의 노동력을 가진 가구에 토지 100묘畝씩을 지급한다. 구성원이 2인이면 4분의 1인 25묘를 지급하고, 그 중간이면 경직能力에 따라 25~100묘를 지급한다. 국유지를 우선 정전에 편입하고 국고금·광산수익금 등으로 민전지를 매입해 정전을 늘려나간다」정약용이 주장한 정전제는 그가 이전에 주장했던 토지개혁안인 여전제보다는 상당히 온건한 개혁론으로 현실적으로 민전의 내부에서 존재하는 지주전호제를 인정하는 것이었다. 그러나 모든 농민을 자영농으로 육성함으로써 궁극적으로는 지주전호제를 철폐할 수 있다는 것이 정약용의 생각이었다.

여유당전서 與猶堂全書 정약용의 글과 저서를 모아놓은 전집. 정약용 자신이 61살 때 지은 묘지명에 의하면 499권의 저작이 있었다고 한다. 이때에는 〈경세유표〉는 초고로 있었고, 〈아방강역고〉는 집필 중에 있었다. 61살 이후 그는 주로 이전의 저작들에 대한 수정가필과 원고정리에 주력하고 몇 편의 시문을 썼을 뿐 새로운 저작에는 착수하지 않은 것으로 보인다. 그가 마지막으로 정리한 전집의 목록인 〈열수전서총목록〉에 의하면 그의 전집은 182책 503권으로 되어 있다. 그리고 여기에는

수필집인 〈규암만필〉과 제자 이청이 쓴 연표인 〈사암연보〉가 달려 있다. 그가 죽은 지 103년 만에 후손들에게 전해오던 원고에 기초해 시문집 12책 25권, 경집 24책 48권, 예집 12책 24권, 악집 2책 4권, 정법집 19책 39권, 지리집 4책 8권, 의학집 3책 6권으로 모두 7집 76책 154권으로 출판되었다. 정약용의 정치사회적 입장과 역사관·어문학 이론 등을 종합적으로 연구 파악하는 데 필요한 자료이다.

목민심서 牧民心書 수령이 지켜야 할 도리를 밝힌 정약용의 저서. 48권 16책. 신유박해로 인해 강진에서 18년간 귀양살이를 하다가 유배에서 풀려나던 해인 1818년(순조 18) 완성했다. 정약용 자신이 지방관을 하면서 겪었던 경험과 경기도 암행어사를 하면서 보았던 지방행정의 문란과 관리들의 부패로 인한 민생의 도탄, 유배기간중 보고 들은 여러가지 사실에 기초해 기술하고 있다. 전체 내용을 12개 제목으로 나누고 한 제목을 다시 6개 조항으로 나누어 총 72개의 조목으로 분류했다. 이 책에서 정약용은 조선후기 사회의 상태와 정치적 현실을 민생문제에 연관시켜 논하고 수령이 취해야 할 업무에 대해 소상하게 밝히고 있다. 「심서」란 정약용 자신이 목민을 할 마음은 있었지만 몸소 실천하지 못했다는 의미로 풀이되고 있다. 특히 사회에 만연되고 있던 관리의 횡포와 부정부패를 신랄하게 폭로·고발하고, 지방관이 취해야 할 정사의 방도를 제시하고 있어서 당시 사회의 정치적 문란상과 백성의 생활, 그리고 실학사상을 파악하는 데 귀중한 자료가 된다.

경세유표 經世遺表 정약용이 정치제도의 폐해를 지적하고 개혁의 의견을 서술한 책. 44권 15책으로, 원제목은 〈방례초본邦禮草本〉이다. 1817년(순조

17) 저술했으나 미완성인 채로 남아 있다. 관제·토지제도·과거제도·조세제도 등 국가의 행정제도 전반에 대한 개혁의 원칙을 포괄적으로 제시하고 있다. 이 책에서 정약용이 제시하고 있는 정치제도 운영의 견해를 보면 대체로 다음과 같다. 「주례육관제도周禮六官制度에 의거하여 이·호·예·병·형·공의 6관을 6조로 하고, 그 위에 의정부를 두며 6조에 속한 관리의 수를 줄여 120명으로 한다. 작은 일은 6조에 속한 관리들에게 맡기고 큰일은 판서가 재량으로 맡아서 처리한다」 이러한 국정운영의 계획과 더불어 부수적으로 고금의 실례를 들어 서술했다. 과거제도의 개혁책으로는 응시자격을 능력있는 사람에게만 제한시키고 서얼 및 서북인에 대한 차별을 폐지할 것을 제시하고 있다. 그밖에도 사창제 및 상평제의 실시를 통한 빈민의 구제와 토지제도로 정전제의 시행을 주장하고 있다. 「유표」라는 이름은 이러한 개혁의견이 당장 실현되지 못하더라도 후에는 참고될 수 있을 것이라는 의미이다. 당시의 사회경제와 제도, 실학사상을 알 수 있는 귀중한 자료로, 〈목민심서〉와 함께 널리 알려져 있다.

흠흠신서 欽欽新書 형벌과 옥사獄事의 처리에 대한 견해를 밝힌 정약용의 저서. 30권 10책. 1822년(순조 22)에 간행되었다. 내용은 1~3권 경사요의經史要義 3권, 3~8권 비평전초批評雋抄 5권, 9~12권 의율차례擬律差例 4권, 13~27권 상형추의祥刑追議 15권, 28~30권 전발무사剪跋蕪詞 3권으로 되어 있다. 〈경사요의〉에는 유교경전에서 형벌에 관한 기록을 뽑아 실었으며, 〈상형추의〉는 국왕의 명령으로 편찬한 상형고에 실린 관례에 대한 저자의 견해를 수록했다. 〈전발무사〉는 정약용이 직접 취급한 관례에 대한 견해를 실었으며,〈비평전초〉와 〈의율차례〉는 명·청나라에서 제기

된 형사문제들을 처리한 실례와 형법에 관한 실제의 예를 싣고 있다. 당시 형정刑政의 실상을 알 수 있는 귀중한 자료이다.

아언각비 雅言覺非 1819년(순조 19) 정약용이 지은 속어俗語의 의의를 고증한 책. 3권 1책. 당시 일반에 널리 사용되던 말 중 잘못된 것을 골라 문헌의 고증을 통해 올바른 뜻·어원·사용례에 대해 설명한 책으로 총항목 수는 200개를 넘는다. 단지 언어를 풀이한 데 지나지 않으나 제도나 일상생활에서 잘못 사용되고 있는 것은 물론 동음·동의어·방언까지 취급하고 있어서 국어학은 물론 사학·민속학·한문학 등의 사료로서의 가치가 크다.

마과회통 麻科會通 1800년(정조 24) 정약용이 편찬한 의학서. 6권 3책. 이몽수李蒙叟의 〈마진방麻珍方〉을 비롯해 우리나라와 중국의 마진(홍역) 관계 약방을 총망라해 총론과 제론諸論 등을 발췌해 실었으며 우리나라에서 발생한 적이 있는 마진에 대해 그 증세를 관찰·기록하고 치료법을 기술하고 있다. 당시의 의학수준, 특히 마진 관계의 의료법에 대해 알 수 있는 자료이다. 1802년(순조 2) 홍석주洪奭周가 책을 개편했으나 원본의 수준을 크게 넘지 못했다.

아방강역고 我邦疆域考 1811년 정약용이 지은 우리나라의 역사지리에 관한 책. 4권. 우리나라의 영토와 국경을 문헌을 중심으로 밝히고 문헌의 내용을 고증했다. 한사군·발해·예맥·말갈 등의 경계와 영역을 밝히고, 졸본·국내성·환도성·위례성·패수 등의 위치에 대해 고증했다. 또한 〈동국여지승람〉 등 지리서에 잘못 기록된 내용을 정정했다. 사료의 비판에 토대를 두고 저자의 견해를 합리적으로 서술하는 과학적인 학문 태도를 보여주고 있다. 1903년(광무 7) 장지연張志淵이 책명을 〈대한강역고大韓

疆域考〉로 바꾸고 〈임나고〉 등을 추가해 황성신문사에서 활자본 9권으로 간행한 것이 오늘에 전해지고 있다.

서유구 徐有榘　1764(영조 40)~1845 (헌종 11) 조선후기의 학자. 자는 준평準 平, 호는 풍석楓石. 1790년(정조 14) 문 과에 급제한 후 판서와 대제학·대사헌· 좌참판 등 주요관직을 역임했다. 1834 년(순조 34) 호남지방을 순찰할 때 흉년 으로 기근이 들어 고생하는 것을 보고 일본으로부터 고구마 종자를 보급해 재 배를 장려하고 〈종저보〉를 편찬해 그 재배법을 보급했다. 또한 여러 차례 농 정農政에 대한 상소를 올려 그 개혁책을 논하기도 했으며, 오랫동안 영농방법을 연구해 〈임원경제지〉를 펴냈다. 그밖에 도 서지학 책인 〈누판고루板稿〉〈한양세 시기漢陽歲時記〉 등을 편찬해 학문연구 에 기여했다.

임원경제지 林園經濟志　서유구가 펴 낸 농업 및 농촌경제 정책서. 113권 62 책. 내용이 16부분으로 나누어져 있어 〈임원십육지林園十六志〉 또는 〈임원경제 십육지林園經濟十六志〉라고도 불린다. 〈산림경제〉와 자신의 연구결과를 기초 로 우리나라와 중국의 책 900여 종을 참 고해 엮어낸 농업 위주의 백과전서이 다. 영농방법을 비롯해서 정부의 농업 정책은 물론, 어업·수공업·건축·의학· 의례·민속·그림·음악·글씨에 이르기까 지 광범한 분야를 포괄하고 있으며, 농 촌의 생활전반을 다루고 있다. 전체적 으로 유교사상에 토대를 둔 자급자족 경제론을 펴고 있으며 상업적 농업에도 관심을 쏟고 있다. 또한 세제를 결부법 에서 경묘법으로 바꿀 것과 둔전론을 주장하는 등 토지개혁론을 제기하고 있 다. 그밖에도 품종 및 농기구·시비법 등 농업기술의 개량과 수리시설의 확대 등 농업생산력의 증대를 위한 방책을 논하고 있어 당시의 경제사정과 정책·

농업기술·민속 등을 연구하는 데 사료 로서 가치가 매우 높다.

북학파 北學派　조선후기 청나라 문명 의 우수성을 인식하고 그것을 배우자고 주장한 일련의 실학자를 지칭하는 용 어. 북학이란 〈맹자孟子〉 등문공장滕文 公章에 나오는 말로 17,8세기 청에서 일 어난 학문을 가리켜 우리나라에서 불렀 던 용어인데 박제가의 〈북학의〉에서 비 롯된다. 북학을 이용후생지학利用厚生之 學이라고도 하며, 북학파를 이용후생학 파로 분류하기도 한다. 청조의 문물은 박제가의 〈북학의〉, 박지원의 〈열하일 기〉, 홍대용의 〈담헌연기〉 등 연행사행 의 기행문을 통해 소개되었으며, 홍양 호洪良浩·유득공·이덕무 등도 청조의 문물을 토대로 책을 썼다. 북학파에 속 하는 학자들은 일반적으로 상업을 중시 했으며 대외무역을 강조했다. 또한 수 레와 벽돌의 사용 등 청나라의 기술·생 활양식·교통수단 등을 도입해 생활을 개선하자고 주장했다. 이들이 제시한 농업진흥책은 토지제도나 세제의 개혁 보다 농기구 개량, 관개시설 확충, 영 농기술의 도입, 상업적 농업의 장려 등 생산력의 증대를 보다 강조하는 것이었 다. 또한 서양의 과학기술과 자연과학 을 배울 것을 주장했다. 이들의 사상은 초기 개화파에 영향을 끼쳐 개화사상 형성의 토대가 된 것으로 평가되기도 하나, 북학파 학자들이 하나의 부류로 분류될 수 있을 만큼 전반적인 체계와 사상을 가지고 있는 것인가에 대해서는 논란의 여지가 있다. 또한 북학파와 개 화파의 연계성에 대해서도 의문을 가지 는 견해도 있어 차후 연구가 더 진행되 어야 할 문제이다.

유수원 柳壽垣　1694(숙종 20)~1755 (영조 31) 조선후기의 실학자. 자는 남 로南老, 호는 농암聾菴, 본관은 문화. 1718년(숙종 44) 문과에 급제해 낭천현감, 사헌부지평 등의 벼슬을 지냈으나, 집안이 소론 가문으로 당쟁의 과정에서 거듭 고통을 당하게 되면서 학문과 저술에 힘을 쏟았다. 그러나 결국 1755년 5월 과거시험에서 반란·혁명을 예고한 글(變書)이 나타난 사건과 연루되어 유수원 자신은 사형당하고 온가족은 노비가 되었다. 상공업 중심의 부국강병론을 주장해 이용후생학파의 선구적 인물로 평가되고 있다. 그러나 유수원에 대해서는 앞으로도 학문적·사상적 계보 등 더 많은 연구가 요망된다.

우서 迂書 유수원이 지은 사회개혁 방안을 논한 책. 20권 9책. 1729년(영조 5)~37(영조 13)년에 씌어진 것으로 추정된다. 1권은 서론, 2~9권과 10권의 6개 항목은 각론, 10권의 나머지 2개 항목은 결론으로 되어 있다. 각론에서는 문벌의 폐를 논하고 신분제 질서의 파기, 합리적인 관료기구의 운영방안, 행정과 재정상의 과제와 시책안 등을 검토 제시하고 있다. 한편 결론에서는 스스로 자신의 방안을 검토 확인하고 있다. 책의 서술은 문답형식으로 되어 있으나 대체로 논리정연하게 정리되어 있다. 신분제의 붕괴에 따른 사회의 변화를 염두에 두고 국민 각자가 자신의 능력과 취향에 맞는 일을 함으로써 이용후생의 방도를 달성하자는 것이 이 책에 나타난 유수원의 주된 논지이다.

홍대용 洪大容 1731(영조 7)~83(정조 7) 조선후기의 실학자. 자는 덕보德保, 호는 담헌湛軒·홍지洪之, 본관은 남양. 사헌부감찰, 영천군수 등의 벼슬을 지냈으나 1783년 벼슬을 그만두고 학문연구에 몰두했다. 서경덕·이이·이익의 학문에 영향을 받았으며, 북학파 학자로 박지원·박제가 등과 친교를 맺어 자연과학 및 정치·군사·경제·교육 등 여러 학문 분야에 걸친 폭넓은 관심을 보였다. 이理가 기氣를 주재한다는 주장을 부인하고 기일원론氣一元論을 계승했으며, 음양오행설·지리도참설 등에 반대했다. 또한 지구가 둥글다는 주장을 인정하고 지전설을 펼쳤으며, 일식과 월식, 밀물과 썰물·비·구름·안개·화산·온천 등 자연현상을 과학적으로 설명하는 등 당시로서는 뛰어난 천문학적 식견을 보여주고 있다. 사신의 행렬에 동행해 청의 문물을 관찰했으며, 청에 와 있던 독일 선교사들과의 접촉을 통해 천문학을 비롯한 서양의 과학기술에 대한 지식을 넓혔다. 그러나 천주교에 대한 이해는 깊지 못해 이를 배척했다. 북학파의 선구자로 정치와 경제의 여러 측면에서 혁신을 주장해 사회문제 등에 관한 실학파의 사상에 커다란 영향을 주었다. 특히 모든 사람에게 공적인 발언권을 주자고 주장했으며, 봉건관리들의 부정을 폭로하고 당파싸움의 해악을 강조하는 한편 봉건적 신분제도의 탈피를 부르짖었다. 또한 8살 이상의 아동을 공부시켜야 하며 그를 위해 각 영까지 학교를 설치할 것을 주장하는 등 교육의 확대에도 관심을 쏟았다.

담헌서 湛軒書 조선후기 실학자 홍대용의 문집. 내집 4권 2책, 외집 10권 5책 등 모두 15권 7책으로 되어 있다. 내집에는 심성이기설心性理氣說·경학관經學觀·역사관 등 유교이론이 실려 있다. 특히 내집 권4의 〈의산문답醫山問答〉은 홍대용의 유학사상을 총괄하고 있어 그의 세계관을 한눈에 알 수 있다. 그는 〈의산문답〉에서 허자虛子와 실옹實翁이란 가상적인 두 사람을 설정해놓고 이들이 대화하는 형식을 빌려 우주론과 천문의 이해를 통한 지전설을 주장하고, 오행설을 과학적으로 비판했으며, 성리공담性理空談을 배격했다. 외집에는 홍대용이 청에 갔을 때 그곳 학자들과 나눈 의견과 편지가 수록되어 있는데, 청에서 보고 들은 서양문물, 중국

인물 80인에 대한 평을 적고 있다. 아울러 외집에는 산법·천문·지리에 대한 관측과 측정, 농민생활의 개선을 위한 정책, 국방강화를 위한 방안 등 자연과학을 비롯한 광범하고 포괄적인 분야에 대해 언급하고 있는데, 18세기 최고의 자연과학 수준을 보여주는 것으로 평가된다. 조선후기의 실학사상·유교철학·자연과학의 연구에 귀중한 자료이다.

지전설 地轉說 홍대용이 주장한 지구는 돈다는 설. 다른 실학자들도 이에 대해 관심을 보였다. 박지원의 〈열하일기〉 가운데의 〈곡정필담鵠汀筆談〉에 실려 있는 내용에 의하면, 김석문金錫文은 태양·달·지구는 둥글며 공중에 떠 있다는 삼환공부설三丸空浮說, 홍대용은 지전설을 말했다고 한다. 홍대용 자신이 지은 〈의산문답〉에서도 비록 단편적이기는 하지만 지구가 지축의 둘레를 하루에 한 번씩 돈다고 하여 지전설에 대해 논하고 있다. 홍대용은 천체는 둥글며, 만약 천체가 돌지 않고 하늘에 매달려 있으면 섞여서 부서져버릴 것이라고 주장함으로써 지전설을 증명하고자 했다. 그에 따르면 지구가 한 번 도는 것을 1일, 달이 지구를 한 번 도는 것을 1삭朔, 태양이 지구를 한 번 도는 것 1세歲라고 한다. 그러나 홍대용의 지전설에서는 지구의 공전에 대해선 언급하고 있지 않다.

박지원 朴趾源 1737(영조 13)∼1805(순조 5) 조선후기의 실학자·소설가. 자는 중미仲美, 호는 연암燕巖, 본관은 반남. 젊어서 벼슬을 하지 않고 황해도 금천의 산속에서 국내외 학자들의 저작을 연구하고 정치·경제·군사·문학 등 다방면에 걸쳐 공부에 열중했으며, 50살에 비로소 관직에 올라 한성부판관과 안의현감, 양양군수 등을 역임했다. 실학자 홍대용에게서 서학 및 자연과학을 배워 지전설을 주장했으며, 박제가·이덕무·

이서구 등과도 교유했다. 또한 사신의 행렬을 따라 청에 갔다가 청나라의 문물이 조선보다 발달한 것을 보고 이를 받아들일 것을 주장해 북학파의 영수가 되었다. 흔히 그는 중상적 실학자로 분류되는데, 서얼차별의 철폐, 화폐제도의 개혁, 상업의 발전 등을 통한 사회개혁을 부르짖었다. 문학에도 뛰어난 재능을 보여 청나라를 왕래하던 중 보고 들은 것을 적은 〈열하일기〉 등에서 많은 한문소설을 남겨 위정자들의 부패와 무능을 풍자적으로 비판했다. 농정에도 깊은 관심을 보여, 정조의 요청을 받고 1799년(정조 23) 〈과농소초〉에 〈한민명전의限民名田議〉 1편을 첨가해 올렸는데, 여기에서 그는 토지소유의 제한과 농업기술의 발전을 주장했다.

열하일기 熱河日記 박지원이 기록한 중국여행 견문기. 26권 10책. 〈연암집〉에 실려 있다. 1708년(정조 4) 박지원의 8촌형인 박명원이 중국에 황제의 칠순잔치를 축하하기 위해 사절로 갈 때 함께 갔다가 그곳에서 보고 들은 사실을 기행체로 엮은 것이다. 기행문의 서술체계를 취하고 있으나, 소설·시·평론·단문·수필 등 여러가지 문학형식을 도입했고, 그 내용에서는 정치·경제 일반과 여러 분야의 학문·예술 및 과학기술에 관한 문제들을 광범위하게 취급하고 있다. 각 편에서는 각각 독립적인 주제들을 다루고 있다. 〈열하일기〉에서 박지원은 전반적으로 당시의 사회상황을 비판하고 실생활에 도움을 주는 학문을 연구할 것을 주장하고 있다. 또한 명에 대한 사대주의를 반대하고 비록 오랑캐의 것이라도 자신에게 이로운 것은 배워야 한다는 북학사상이 반영되어 있다. 그러나 그의 사상은 유학에 토대를 두고 있는만큼 사대주의를 철저히 반대했다고 볼 수는 없다. 〈열하일기〉에 실려 있는 이야기 중에서 소설들도 주목되고 있는데, 예를 들어 〈관내정사〉편에 실려 있는 〈호질〉이나 〈옥갑야화〉에 실려 있는 〈허생전〉은 양반들의 허례허식과 타락상 등 당시의 사회상황을 풍자적으로 그린 대표적 작품들이다. 〈열하일기〉는 박지원의 사회·정치·경제사상을 이해하는 데 필수적인 책일 뿐만 아니라 18세기 사회의 형편을 이해하는 데도 도움이 된다.

과농소초 課農小抄 박지원이 지은 농서. 1798년 정조가 농업생산을 장려하면서 영농기술에 관한 의견을 제출하도록 관리 및 학자들에게 요청했을 때 이에 응해 올린 것으로, 〈한민명전의〉라는 토지제도에 관한 박지원의 의견이 첨부되어 있다. 그외 나머지 부분은 거의 대부분 농업기술에 관한 것으로, 신숙의 〈농가집성〉과 유중림柳重臨의 〈증보산림경제〉를 바탕으로 했으나, 중국 농서인 서광계徐光啓의 〈농정전서農政全書〉를 참고해 우리 농서의 결함을 보충했다. 〈과농소초〉의 농업이론은 예로부터 내려오던 농업기술의 결함과 모순을 시정하고, 나아가 토지의 재분배를 통해 당시의 사회경제적 모순을 개혁하는 데 있었다. 경종법耕種法·중경제초中耕除草·농기구·비료를 뿌리는 방법 등 농업기술의 전반적인 개선을 통해 농지경영을 발전시킬 것을 주장했다. 특히 수리법水利法의 개량을 주장해 수리조항을 신설한 것은 우리나라 농서로는 처음 있는 일이다. 그밖에도 토지소유문서를 농서로는 처음 다루었으며 정전제의 이념을 이어받은 한전제를 주장했다. 〈과농소초〉는 박지원이 연구한 우리나라의 농학을 그가 관찰한 중국의 농학과 비교 연구한 것으로 당시의 농서 중 체계가 가장 완벽한 것으로 평가되고 있다.

박제가 朴齊家 1750(영조 26)~1815(순조 15) 조선후기의 실학자. 자는 차수次修, 호는 초정楚亭, 본관은 밀양. 박지원의 문하에서 학문을 배웠으며 정약용과도 친교를 맺었다. 서얼 출신으로 1777년 서얼허통이 시행된 이후 79년에는 규장각 검서관이 되어 이덕무·유득공·서이수徐理修 등과 함께 이른바 4검서로 이름을 떨쳤다. 우리나라 사회상에 대한 연구와 3차에 걸친 중국여행을 통해 얻은 자료를 토대로 국가의 경제발전을 촉진시킬 것을 주장했다. 78년(정조 2) 사신행렬의 일원으로 청에 다녀온 후 〈북학의〉를 저술해 병기의 개선, 영농법의 개량, 선진기술의 도입을 주장했으며 종두법의 연구에도 관심을 쏟았다. 학문이 실제생활과 국방 등 국가경영에 도움을 주어야 하며, 이를 위해 발달한 외국문물을 받아들여야 한다고 주장해 북학파의 사상을 집대성한 실학자로 꼽힌다. 박제가의 사상은 정약용에게 영향을 주어 그로 하여금 실학사상을 집대성할 수 있게 만든 것으로 평가된다. 그밖에도 칠언율시를 잘 지었으며 글씨와 그림에도 뛰어났던 것으로 알려져 있다.

북학의 北學議 박제가가 청의 문물을 돌아보고 와서 쓴 생산기술·제도 및 문화에 대한 개선책을 논한 책. 2권 1책으로 내·외편으로 구성되어 있다. 북학파의 사상을 가장 잘 대변해주는 책으로 북학파라는 말도 여기에서 비롯된다. 내편에서는 일상생활에 필요한 모든 도구와 시설에 대한 개혁을 주장하고 이를 통해 현실의 문화와 경제생활의 전반을 개선하려고 했다. 또한 수레·배 등 교통시설의 개선과 무역 및 국내상업의 진흥을 주장했으며, 과거제도의 부패와 문란상을 지적하고 상공업을 천시하는 양반층의 직업관을 비판했다. 외편에서는 영농기술의 개선과 농경생활에 관한 기초적인 문제를 집중적으로 다루고 있다. 이 책에서 박제가는 수요

억제와 절약이 경제의 안정에 필요하다는 일반적인 생각에서 벗어나, 생산을 확충해 공급을 충분히 하게 되면 유통질서와 경제가 안정된다고 여기고 있다. 특히 상업을 장려하면 수공업과 농업도 따라서 발전한다고 생각해 국내상업과 외국무역의 장려를 주장했다. 아울러 과학기술 교육을 위해서는 서양의 학문까지도 배울 것을 주장했으며, 인재 위주의 관리등용, 고용병 제도를 도입한 정병의 육성 등을 주장하는 등 당시 학자로서는 진보적인 사상을 보여주고 있다. 이러한 그의 견해는 당시 발전하고 있던 도시상인층의 입장을 상당부분 반영하고 있다고 볼 수 있다.

실사구시 實事求是 조선후기 실학자들이 내세운 학문의 방법 또는 태도. 원래 〈한서漢書〉에서 유래된 말로 청대 고증학자들이 이를 학문적 방법으로 제시했다. 「실사구시」란 「실질적인 일에 나아가 올바름을 구한다」 또는 「사실을 얻는 것에 힘쓰고 항상 참된 올바름을 구한다」는 뜻으로 풀이되고 있다. 우리나라에서도 조선후기 실학자들이 이러한 태도를 받아들여 학문의 방법으로 주장했다. 특히 김정희의 실사구시론이 유명하다. 김정희는 「실사구시」를 「학문의 방법으로 정밀한 훈고訓詁를 하며 학문을 하는 태도로 몸소 행하여 실천한다」는 것으로 풀이하고 있다. 이와는 달리 홍석주洪奭周는 청대의 고증학에 대해 비판적인 입장을 취하는 한편 공리공론空理空論의 성리학도 아울러 비판하고 고증과 의리의 병행을 주장해 고증학과 성리학의 조화를 꾀했다. 학문의 실증적 연구방법을 중시하고 민족문화에 관심을 보였던 김정희 등 일련의 실학자들을 실사구시학파로 분류하는 견해도 있다.

고증학 考證學 명나라에서 유행한 양명학에 반발해서 청나라초에 나타난 유학의 학풍. 고염무顧炎武에 의해 제창되었다. 성리학의 공리공론과 독단적인 해석을 비판하고 실사구시적인 학문을 주장했으며, 경사經史 등을 엄밀한 고증에 의해 연구하는 훈고학적 방법론을 채택했다. 그러나 청조의 탄압을 받으면서 실용적인 학문경향은 약해지고 점차 경서의 고증에만 치우치게 되었다. 그 대상은 경학·사학·지리학·금석학·음운학·문자학·천문역학 등에 걸쳐 있으며, 염약거閻若璩, 호위胡渭 등에 의해 대성되었다. 우리나라에서는 조선후기 실학자들에 의해 받아들여져, 유교경전에 대한 연구방법으로 채택되었으며, 역사·지리학 등의 연구에도 이러한 학문태도가 널리 활용되었다. 특히 김정희에 의해서 절정을 이루어 성리학적인 연구방법을 비판하고 실사구시와 실증적인 학문태도를 강조했다. 그러나 조선에 도입된 고증학은 학파를 이루는 데까지 이르지는 못했다.

동사회강 東史會綱 조선 숙종 때 임상덕林象德(1683~1719)이 지은 역사책. 27권 10책, 인쇄본. 3국(기원전 57)부터 고려 공민왕 23년(1374)에 이르기까지 1431년간의 주요한 역사적 사실을 편년체로 기록했다. 주자의 강목을 본받아 강綱을 세우고 목목을 붙였으나 현실에 맞게 가감 조정했다. 〈삼국사기〉 〈고려사〉 〈여사제강麗史提綱〉 〈동사찬요東史纂要〉 등은 물론 한·당·송·명의 역사서로부터 〈대명일통지大明一統志〉에 이르기까지 중국의 여러 책을 참고해 주요한 사실들을 추려 썼다. 책의 앞부분에는 목록·서례序例·범례·논변論辯·연표 등이 붙어 있다. 그중 〈논변〉은 기자를 조선땅에 봉한 것, 도선道先의 행적 등 7가지 사실을 고증해 안정복이 〈동사강목〉에서 기술한 고이考異의 시초를 이루고 있다. 본문은 〈삼국기〉 〈신라기〉 〈고려기〉로 구성되어 있는데, 〈고려기〉가 가장 자세하다. 1~2권은 3국의 역사를 신라를 중심으로 썼고, 3권은 고구려와 백제의 멸망을, 4~12권은 고려의 역사를 수록했다. 1권에 실려 있는 연표는 당시로서는 상당히 정확하게 작성되어 있다.

안정복 安鼎福 1712(숙종 38)~91(정조 15) 조선후기의 실학자. 자는 백순百順, 호는 순암順菴, 본관은 광주. 가문이 남인으로 벼슬길에 오르기 어렵자 일찍부터 학문에 전념해 경학은 물론, 역사·천문·지리·의약 등 광범한 분야에 걸쳐 폭넓은 지식을 가졌다. 이익에게서 학문을 배워 실학을 깊이 연구했다. 그러나 천주교에 대해서는 비판적 태도를 취해 전통적 가치와 유교이념을 되살리는 데 노력했다. 경사經史는 물론 천문·지리·의학·병학·소설 등 다방면에 걸쳐 박학다식했으며, 특히 역사학에 전념해 종래의 잘못된 역사지리학을 세밀하게 고증한 〈동사강목〉을 남겼다. 또한 역사서로 〈동사문답東史問答〉이 그의 문집에 수록되어 있다. 문집으로 〈순암집順菴集〉이 있으며 〈성호사설유선〉을 편찬하기도 했다.

동사강목 東史綱目 안정복이 쓴 역사책. 20권 20책으로 본편 17권, 부록 3권으로 이루어져 있으며, 단군조선으로부터 고려말까지를 편년체로 기술했다. 주자의 〈자치통감강목資治通鑑綱目〉의 형식에 따라 항목을 강綱과 목目으로 구분했다. 책의 첫머리에는 이익의 글 한 편과 저자의 머리말·목록·범례·전수도·지도·관직도가 실렸다. 본문은 상·하로 나뉘어져 있으며, 본문에 붙인 주석은 저자 자신의 연구 고증과 평가를 쓴 것이다. 부록 2책은 고이考異·괴설변·잡설·지리·강역고정·분야고로 되어 있다. 그는 고증학적인 역사방법을 도입해 광범한 사료를 수집하고, 사료를 검토해 믿을 수 없는 자료는 배제했으며, 조선의 역사책은 물론 중국이나 일본의 역사책 중 우리나라와 관련된 부분을 분석·비판함으로써 과학적·실증적인 학문의 태도를 보여주고 있다. 아울러 자국사의 중요성을 인식했으며, 당시 나타난 새로운 학풍 및 철학·역사학 연구의 성과를 반영하고 역사의 사실을 현재의 문제의식으로 승화시켜야 한다고 생각함으로써 실학자적인 태도를 보여주고 있다. 또한 역사에서 정통사상을 특히 중시해 한국사의 정통이 고조선→마한→(삼국)→고려로 이어지는 것으로 보고 삼국의 발전과정을 새롭게 인식했다. 아울러 지리적 바탕 위에서 역사를 이해함으로써 역사지리학을 받아들였으며, 역사가는 의리를 지켜야 한다는 서술원칙으로부터 애국명장을 높이 평가하고 권세를 휘두른 자와 반역자를 신랄하게 비판하고 있다.

삼한정통론 三韓正統論 한국 고대사의 정통이 고조선으로부터 삼한, 특히 마한으로 이어진다는 주장. 주로 이익을 중심으로 한 이른바 성호학파에 속하는 학자들의 역사인식에서 나타난다. 그러나 구체적인 정통의 계승에 대해서는 학자들마다 차이를 보이고 있다. 이익의 삼한정통론에서는 한국사의 정통이 단군조선·기자조선·마한으로 이어진다고 한다. 단군·기자조선에서는 우리나라의 중심지가 요하 이동, 임진강 이북이었던 것이 위만이 왕위를 찬탈하고 준準왕이 이를 피해 남쪽으로 내려온 이후 마한으로 중심지가 옮겨졌다는 것이다. 이익의 정통론을 발전적으로 계승한 안정복은 한국사의 정통을 단군조선·기자조선·통일신라·고려로 보고 있다. 다만 고구려·백제·신라 3국은 동등한 자격을 가지고 있어 어느 한 나라에 정통을 줄 수 없으므로 무통無統으로 처리하고 있다. 삼한정통론은 한국사를 체계적으로 이해하는 데 도움을 주고 있다. 특히 이전에는 중국사에서만 정통론이 논의되었던 것과는 달리 우리나라에서도 정통론을 펼침으로써 중국 중심의 세계관·역사의식에서 벗어나고자 했던 실학자들의 태도를 엿볼 수 있다. 특히 이익·안정복의 정통론은 아직 중국 중심의 화이관華夷觀에서 완전히 벗어나지 못하고 있으나 정약용에 이르면 이는 극복되고 있다. 정약용은 우리나라를 비롯한 동이민족의 우수성을 강조하고, 중국사에서 북위北魏는 비록 이적夷狄에게서 나왔으나 그 문명은 높았는데도 중국사가들은 독선적인 태도로 북위에 정통을 부여하지 않았다고 비판하고 있다.

유득공 柳得恭 1749(영조 25)~? 조선후기의 실학자. 자는 혜보惠甫·혜풍惠風, 호는 냉재冷齋, 본관은 문화. 일찍이 진사과에 합격해 책의 교정과 필사를 담당하는 규장각 검서檢書가 뇌있다. 지방수령을 하면서도 검서의 직책을 계속 수행해 이덕무·박제가·서이수徐理修와 함께 4검서로 불렸다. 규장각 검서로 있을 때 보관되어 있던 우리나라를 비롯한 중국과 일본의 책들을 읽고 해박한 지식을 길렀다. 박지원에게 학문을 배워 실사구시의 학문자세를 가질 것과 산업의 진흥에 힘쓸 것을 주장했으며, 연경에 사신으로 갔다온 후 중국의 발달된 문물에 자극받아 산업과 경제를 진흥시킬 것을 주장했다. 한학에 뛰어났으며 특히 회고시와 기행문을 잘 지었다.

발해고 渤海考 유득공이 지은 역사책. 1권 1책. 발해의 역대 국왕·인물·지리·관제·생산물 등에 관해 서술하고 있다.「고考」라고 한 것은 아직「사史」를 이루지 못했다는 뜻이다. 유득공이 규장각 검서로 있을 때 수집한 발해관계 사료를 토대로 저술했다. 서문에서「통일신라를 남조로, 발해를 북조로 하는

역사체계를 세우지 않음으로써 영원히 옛 땅을 되찾을 명분을 잃게 되었다」고 비판함으로써 민족주체의식을 뚜렷이 보여주고 있다. 또한 오랫동안 발해사에 관심을 갖지 않아 많은 문헌들이 사라져 역사를 정확하게 재구성할 수 없음을 애석하게 여기고 있다. 비록 제한된 사료를 토대로 하고 있어 고증에는 문제가 있으나 발해사만을 다루고 있는 최초의 역사책이라는 데서 커다란 의의가 있다. 발해사를 본격적으로 한국사에 넣으려는 유득공의 시도는 이후 한치윤·홍석주洪奭周·정약용·김정호 등에 영향을 주었다.

한치윤 韓致奫 1765(영조 41)~1814(순조 14) 조선후기의 학자. 자는 대연大淵, 호는 옥유당玉蕤堂, 본관은 청주. 1789년(정조 8) 진사시에 급제했으나 남인계 학자로 벼슬을 하지 않고 학문에만 열중했다. 정조말 사신의 행렬을 따라 연경에 다녀와 청의 발달된 문물을 접하고 커다란 영향을 받았으며 고증학의 실사구시적 학문방법을 배위와 소개했다. 청에서 귀국한 직후 착수해서 편찬한 〈해동역사〉는 실증적 연구방법과 자기 중심적인 사관을 유지하고 있어 이긍익의 〈연려실기술〉, 안정복의 〈동사강목〉과 함께 실학자의 대표적 역사책으로 평가된다.

해동역사 海東繹史 조선후기 실학자인 한치윤이 쓴 역사책. 총 85권, 필사본. 단군에서부터 고려까지의 역사를 서술했다. 총 85권으로 이루어져 있는데, 한치윤이 완성을 보지 못하고 죽은 후 조카인 한진서韓鎭書가 이를 끝맺은 것이다. 〈해동역사〉에는 우리나라 역사서는 물론 중국과 일본의 역사·지리·문집·경서 545종에서 한국에 관한 기사를 뽑아 편술함으로써 객관적인 역사인식에 노력했다. 1~16권은 세기世紀로 단군부터 고려까지를 편년체로 기록하고,

17권~59권은 지志, 제60~66권은 숙신
·왜·여진과의 관계, 67~70권은 인물고
로 되어 있다. 속편 15권은 지리고로 역
사지리에 관한 기사와 조카인 한진서의
주석으로 되어 있다. 잘못된 외국기록
을 옮겨놓은 경우도 많으나, 풍부한 자
료를 섭렵했으며 각 기사 끝에 원전을
밝혀놓고 있어 조선의 역사와 주변국가
와의 관계를 연구하는 데 중요한 자료
집의 역할을 하고 있으며, 실증주의적
방법으로 새로운 통사通史의 체계를 세
우려고 했다는 데 커다란 의의가 있다.
이긍익 李肯翊 1736(영조 12)~1806
(순조 6) 조선후기의 실학자. 자는 장경
長卿, 호는 연려실燃藜室, 본관은 전주.
가문이 소론인 관계로 당쟁에 휘말려
큰할아버지가 옥사하고 아버지인 이광
사李匡師도 오랫동안 귀양살이를 하는
등 집권 노론층에 의해 여러번 화를 입
어 벼슬을 단념한 채 학문에 전념했다.
정제두로부터 양명학을 배워 강화학파
의 일원을 형성했으며, 실사구시적 학
문을 제창했다. 학문의 연구에서는 실
증적인 태도를 지켰으며, 특히 〈연려실
기술〉을 지어 조선왕조의 역사를 연구
하는 데 선구적 역할을 했다.
연려실기술 燃藜室記述 이긍익이 지
은 역사책. 원집·속집·별집의 3권으로
이루어져 있다. 50여 종의 야사·문집·
금석문 등에서 뽑은 사료를 토대로 조
선의 역사, 주로 야사野史를 연대순으로
서술하면서도 중요한 정치적 사건의 경
과를 개괄하는 기사본말체의 형식을 취
하고 있다. 역사를 서술하는 데 엄격하
고 객관적인 태도를 유지해 자신이 논
평을 하지 않는다는 자세(述而不作不偏
不黨)를 원칙으로 하고 있으며, 각 조목
끝에는 인용한 책이름을 붙이고 있다.
고증학적인 연구방법을 사용해 유무명
인사의 자료를 두루 활용하고 있으나
국내의 자료에만 한정하고 있다. 〈원

집〉은 조선 태조 때부터 18대 현종 때까
지의 역사를 왕조별·사건별로 수록하고
각 왕조의 기사 끝에는 각 왕조의 재상
및 이름난 유학자의 전기를 덧붙이고
있다. 〈속집〉은 제19대 왕인 숙종의 재
위 47년 동안에 있었던 일을 〈원집〉의
형식대로 수록하고 있는데, 사료의 취
급형식으로 보아 후에 다른 사람이 덧
붙인 것으로 추정되고 있다. 〈별집〉은
관직을 비롯해 외교·문예·지리·천문 및
여러 제도와 그 연혁을 기술하고 인용
한 책이름을 덧붙이고 있다. 〈원집〉〈속
집〉은 정치편이라고 할 수 있고 〈별집〉
은 문화편이라고 할 수 있다. 실학자의
대표적 역사책으로 손꼽힌다.
동사 東史 조선후기 실학자인 이종휘
李種徽가 지은 역사책. 그의 문집인 〈수
산집修山集〉 속에 수록되어 있다. 기전
체의 형식에 따라 본기·세가·열전·연표
·지志로 구성되어 있으며 고대사에 대
한 깊은 관심을 보여주고 있다. 특히 단
군이 차지하는 혈통 및 문화적 위치를
격상시켜 부여·고구려·백제·예맥·옥저
·비류 등을 모두 단군의 후예로 간주하
고, 발해도 고구려의 후예로 인정했으
며, 이들이 만주에 세운 나라들이 본래
우리의 강토임을 분명히 해두고자 했
다. 한국사를 중국 주변의 조그만 제후
국가의 역사가 아니라, 강역·문화는 물
론 기후와 풍토에 이르기까지 중국과
대등한 천하를 포용하는 역사로 여겨
대국화의 의지를 보여주고 있다.
이중환 李重煥 1690(숙종 16)~1752(
영조 28) 조선후기의 실학자. 자는 휘조
輝祖, 호는 청담淸潭·청화산인靑華山人,
본관은 여주. 1713년(숙종 39) 문과에
급제했으며, 22년 신임사화 때 병조좌
랑이 되었으나 영조 즉위 후에는 유배
생활을 거듭했다. 이익의 문인으로 그
영향을 받아 실사구시 학문을 주장했
다. 생산활동에 지리적 환경을 이용할

것과 상업적 농업의 필요성을 강조했으
며, 원활한 생산활동을 위해서는 수송
수단의 발달이 중요함을 역설했다. 특
히 30년간 전국을 돌면서 지리와 사회·
경제를 연구해 〈택리지〉를 지음으로써
인문지리학의 발달에 크게 기여했다.
택리지 擇里地 1714년(숙종 40) 이중
환이 지은 지지地誌. 1책, 필사본. 〈팔
역지〉〈산수록〉〈진유승람〉이라고도 한
다. 저술 당초에는 책명이 정해져 있지
않았으나 뒤에 이긍익이 「팔역복거지八
域卜居地」라고 부른 데서 약해 「팔역지」
란 이름으로도 불렸다. 「택리지」란 이
름은 후에 붙인 것으로 보인다. 책의 내
용은 대체로 전반부의 〈8도총람〉과 후
반부의 〈복거총론卜居總論〉으로 나뉘어
진다. 〈8노총론〉에서는 우리나라 8도
전역을 그 지방 출신의 인물과 결부시
켜 소개하고 있다. 지형 및 위치·자연
조건에서 주민·풍속·교통, 각 지방의
역사·인물에 이르기까지 광범한 지리적
내용들을 자세히 기술했으며, 지리적
환경을 이용한 생산활동·상업적 농업·
수송의 중요성을 강조했다. 〈복거총람〉
에서는 사람이 살기 좋은 곳을 들고 있
다. 그 조건으로는 「풍수지리에 적합한
곳, 물질적 재화가 풍요한 곳, 인심이
좋은 곳, 경치가 좋은 곳」 등을 들고 있
다. 전체적으로 지리적 환경의 영향을
과대평가했으며 풍수지리설로부터 완
전히 벗어나지는 못했으나, 당시의 경
제상황과 인문지리적 특성을 비교적 소
상하고 실감있게 묘사했다는 점에서 한
국경제사 연구에 귀중한 자료로 손꼽힌
다.
신경준 申景濬 1712(숙종 38)~81(정
조 5) 조선후기의 실학자. 자는 순민舜
民, 호는 여암旅菴, 본관은 고령. 1754년
(영조 30) 문과에 급제해 각지의 수령을
역임했으며 승정원 동부승지를 지냈다.
천문·관직·법률·의학 등 다방면에 걸쳐

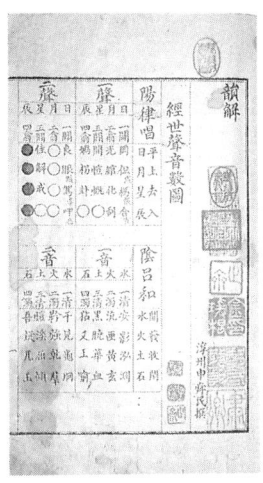

△훈민정음 운해

해박한 지식을 가졌으며 해외의 기서奇
書까지도 능통했다. 특히 8도의 산천과
지리에 정통해 〈여지고〉〈도로고〉〈강
계지〉〈산수경〉〈부앙도〉〈의표도〉 등
을 남겼으며, 왕명으로 〈동국여지도〉와
〈팔도지도〉 등을 감수했다. 또한 훈민
정음을 깊이 연구해 1750년에는 〈훈민
정음운해〉를 펴내 한글을 과학적으로
설명했다.
훈민정음운해 訓民正音韻解 1750년
(영조 26) 신경준이 훈민정음의 음운원
리를 도해·설명한 책. 1책, 필사본. 〈훈
민정음도해〉라고도 한다. 훈민정음의
음운원리를 자모의 오행 상형설五行象形
說·발음기관 상형설·순설脣舌작용 상형
설로 구분해 설명했으며, 훈민정음을
가지고 한자음을 밝히고 있다. 훈민정
음을 초·중·종성으로 나누고 이들을 한
자음을 충실하게 나타낼 수 있는 문자
로 정리, 이를 도해로 만들었다. 책의
종결부분에서는 훈민정음과 한자음의
관계를 설명했으며 부록으로는 한자음
에 대한 조선의 운과 일본의 운에 대하
여 설명했다. 신경준은 이 책에서 표음

문자로서 훈민정음의 우수성을 인식했으며, 몇 가지 새로운 문자를 만들어냄으로써 모든 소리를 완벽하게 표현할 수 있도록 만들기에 힘썼다. 이러한 그의 자세는 당시 실학자들 사이에서 활발하게 벌어지고 있던 국학 또는 국문에 대한 관심을 반영한 것으로 중세국어를 연구하는 데 중요한 자료가 되고 있다.

강계고 疆界考 신경준이 지은 역사지리서. 3권 3책. 책 표지에는 〈강계지疆界誌〉 권3~5로 표시되어 있으나 권3의 첫머리에 수록된 서문에는 책제목을 〈강계고〉라고 했다. 1권은 우리나라의 호칭·나라별 수도·영토·주요 지명을 수록했다. 2권에서는 신라와 고려의 수도 및 소경小京, 3권은 조선의 역사·지리 등을 다루었으며, 말미에는 야인·일본의 침입관계 기사를 정리했다. 역사지리학 및 국방지리학을 연구하는 데 귀중한 자료가 되고 있다.

농가집성 農家集成 1656년(효종 6) 신숙申洬(1600~1661)이 편찬한 농업서적. 1권 1책. 조선전기 농서인 〈농사직설〉〈금양잡록〉〈사시찬요초四時纂要抄〉의 3농서를 모으고 〈구황촬요救荒撮要〉를 덧붙여 상하 두 편으로 펴냈는데, 그 중 상편에 있는 〈농사직설〉과 〈금양잡록〉이 이 책의 주된 부분이다. 그러나 각 농서의 내용은 시대와 농법의 변화에 따라 고치거나 보충했으며, 인용이 우리나라의 풍토에 맞춰 적당히 교정되고 고유의 기술을 많이 언급했다. 특히 〈농사직설〉의 경우 올벼의 관리법, 잡초의 제거와 도열병의 처리법, 목화의 재배법 등을 보충하는 등 상당부분 전기에 비해 내용의 개편이 이루어졌다. 〈농사직설〉과 〈금양잡록〉이 주로 곡물농사 위주인 데 반해 〈사시찬요초〉는 원예·특용작물·양잠·나무가꾸기 등을 소개한 것으로, 농작물 사이에 균형을 맞춤으로써 당시로서는 종합적인 농서의 체제를 갖춰 농민과 권농관을 위한 전형적인 농업지침서였다. 〈농가집성〉은 이후 중간을 하면서 부분적인 보충과 개정이 이루어졌으며, 책 속에 이두와 한글로 여러가지 작물의 품종명이 소개되어 조선후기 국어연구에도 도움이 된다.

색경 穡經 조선후기의 학자인 박세당이 1676년(숙종 2)에 지은 농업서적. 2권 2책. 1787년에 2권으로 보충되어 필사본으로 전한다. 「색경」이란 농사에 관한 경서라는 뜻이다. 이 책의 서술에서는 중국의 책을 두루 인용했으며, 당시 전하던 여러 책을 참고하고 농민들의 일상경험을 종합정리해 농촌생활에 필요한 것과 영농방법을 소개하고 있다. 곡물·채소·과일·공예작물·약재·양잠·새 및 가축의 사육·양어·양봉·식수 등에 관한 내용들과 농가에서 달마다 하는 행사에 대해 수록했다. 특히 담배 재배법과 농작물의 의약적 용도를 일일이 취급하고 있다. 그 이전의 농서에 비해 다루는 범위가 광범하고 체계화된 것으로 평가받고 있다.

정약전 丁若銓 1758(영조 34)~1816(순조 16) 조선후기의 학자. 자는 천전天全, 호는 일성루一星樓·매심재每心齋·손암巽庵, 본관은 나주. 정약용의 형. 1790년(정조 14) 문과에 급제한 이후 벼슬이 병조좌랑에 이르렀으나 이벽·이승훈·권철신 등과 교유하면서 천주교 신앙을 굳건히 하게 되자 벼슬을 버리고 천주교 강학회와 전도에 힘썼다. 신유박해 때 전라도에 있는 섬인 신지도로 유배되었다가 황사영 백서사건이 일어나자 유배지가 흑산도로 바뀌어 그곳에서 16년간의 유배생활 끝에 죽었다. 일찍이 실사구시적 학문에 노력했고, 유배지인 흑산도에서는 서재를 차려놓고 경학을 연구하고 아동을 교육하는 한편 흑산도 일대의 어물을 연구하는 데도 힘을 쏟았다. 저서로 98년(정조 22) 왕명으로 지은 〈영남인물고嶺南人物考〉와 흑산도 일대의 어물에 관해서 다룬 우리나라 최초의 어류학 책인 〈자산어보〉가 전한다.

자산어보 玆山魚譜 1814년(순조 14) 정약전이 저술한 어류학 책. 3권 1책. 신유박해 및 황사영 백서사건과 관련되어 전라도 흑산도에 귀양가 있는 동안 주변의 어류 155종을 실제로 조사하고 분류해 펴낸 책이다. 「자玆」란 「흑」이라는 뜻으로 「자산」은 「흑산」이라는 말과 같으나, 「흑산」이라는 이름이 음침하고 어두워 「자산」이라고 썼다고 한다. 각종 어류의 여러가지 이름·형태·습성·맛·이용법·어구 등을 기록하고 있다. 우리나라와 중국의 책을 많이 참고해 인용하고 있으나 실제의 견문을 토대로 이를 보충하고 있다. 현대의 동물분류상으로 이해하기 힘든 부분도 많이 있으나, 방언·분포·회류 등의 습성과 이용도 등을 위주로 한 조사내용으로 볼 때 당시로서는 매우 높은 수준을 유지하고 있다고 할 수 있다.

정상기 鄭尙驥 1678(숙종 4)~1752(영조 28) 조선후기의 실학자. 자는 여일汝逸, 호는 농포자農圃子. 여러 차례 과거를 보았으나 낙방하고 또 질병으로 인해 벼슬길에 나가는 것을 단념하고 학문에 전념했다. 그러나 학문을 하는 뜻을 스스로 경세제민經世濟民에 두어야 한다고 말하고 토지개혁에서부터 병사·산업·재정·의약 등에 이르기까지 일상생활의 전반을 실용적인 목적에서 연구했다. 그중에서도 예설禮說과 지도학에 관심이 깊었으며, 특히 지도의 제작에 힘썼다. 오랫동안 전국을 답사하고 과학적인 백리척百里尺의 축적법(1치를 10리로 기준)으로 〈동국지도〉를 제작해 군현의 연혁·산천도리山川道里·관방關防

성곽·해로·북방경계·궁실에 대한 역사적 변천을 기술했다. 이익과 교유가 깊어 이른바 성호학파의 일원을 구성하고 있다.

동국지도 東國地圖 정상기가 만든 조선전도. 실제거리를 사방으로 맞추어 만든 현존하는 가장 오래된 지도이다. 조선총도와 8개의 도별 지도를 순서에 따라 접어 만든 한 권의 지도첩으로 되어 있다. 조선총도는 약 1 : 1,120,000, 도별지도는 1 : 440,000의 축적을 적용하고 네모칸 한 변의 길이를 100리로 했으며 자연·정치경제·군사·교통·역사·문화유물 등에 대하여 써넣었다. 도별로 색을 달리 칠하고, 산은 초록색, 강은 푸른색, 큰길은 붉은색, 봉화대는 빨강색으로 표시함으로써 한눈에 지도를 알아볼 수 있게 했다. 특히 육로와 해로를 자세히 기입해 교통로를 잘 알 수 있게 했나. 지도의 요곽이나 위치가 정확하지 못한 경우가 있으나, 최초로 축적이 표시되어 있으며, 전국적인 경도와 위도의 측정 등 당시로서는 수준 높은 지도로서 우리나라의 지도작성 역사에서 하나의 이정표를 이루고 있다.

김정호 金正浩 ?~1864(고종 1) 조선 말기의 지리학자. 자는 백원伯元, 호는 고산자古山子. 미천한 가문 출신이었으나 학문에 열중했으며 최한기와도 친교를 맺었다. 정확한 지도의 작성에 뜻을 품고 30년 동안 전국을 두루 돌아다녀 순조 말년 〈청구도〉 2첩을 완성했다. 이에 만족하지 않고 다시 전국 각지를 돌아다녀 1861년(철종 12) 〈대동여지도〉 2첩을 완성했다. 또한 64년에는 〈대동여지도〉와 서로 보충해 참고할 수 있도록 32권 12책의 〈대동지지大東地志〉를 집필했다. 〈대동지지〉는 〈여지승람〉의 착오를 정정하고 보충해 산과 하천, 섬과 항만, 바닷길 등 37개의 항목을 군현별로 상세하게 서술한 것이다. 김정호

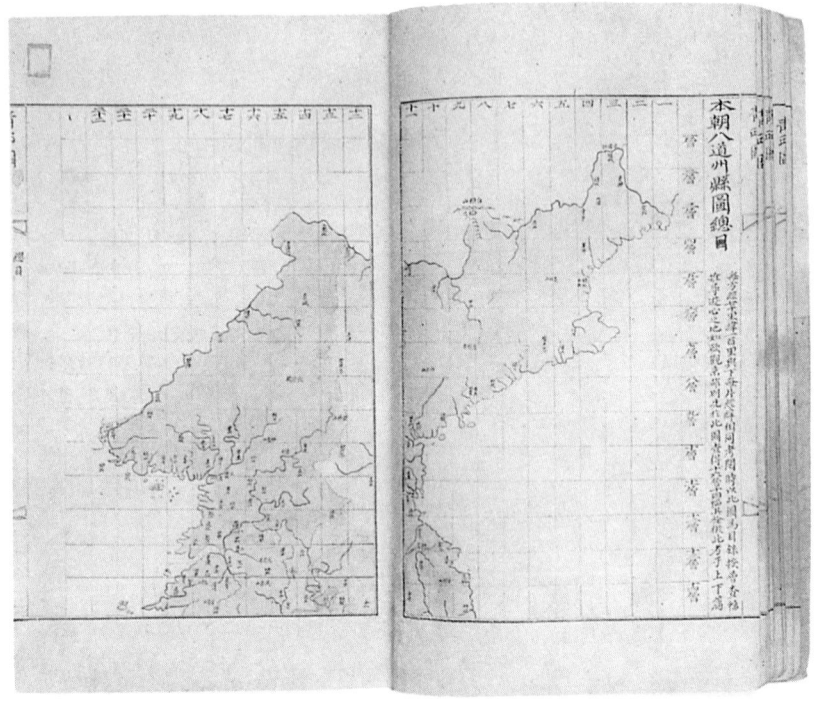

△청구도는 지도뿐만 아니라 그 지역의 특색을 나타내는 지지사항까지도 포함한 책이다.

는 그밖에 지구의도 만들었다고 한다. 김정호는 대동여지도를 대원군에게 바쳤다가 국가의 기밀을 누설했다는 죄를 쓰고 처형되었다고 알려져 있으나 천주교 박해와 관련되었다는 주장도 있는 등 확실하지 않다.

청구도 靑丘圖 1834년 김정호가 만든 조선의 지도. 전국지도와 도별 지도, 그리고 부분도를 덧붙인 첩도로 되어 있다. 정상기의 〈동국지도〉를 계승했으나 내용과 제작기술이 훨씬 정밀하다. 정상기가 시도한 100리척을 발전시켜 방안方案(경도와 위도를 나타낸 일종의 선)에 의해 지도를 좀더 정확히 표시하고자 했다. 첫머리에는 찾아보기와 함께 지도의 배열순서와 지방명을 쉽게 찾을 수 있도록 도폭 목록 배열표를 덧

붙여 놓았다. 범례에 표시된 분포도에는 경·위선으로 된 방안을 표시하고 그 눈금들을 기준으로 하여 조선전도를 그려넣었다. 도별 지도의 경우는 방안의 경위선 단위를 20리씩으로 하고 한 폭씩 그렸다. 부분도의 경우는 복잡성을 피하기 위해 도폭 본면에 방안선을 표시하지 않고 난의 밖에 줄을 그어 방안을 알 수 있도록 했다. 산천·강·항만·섬·도로를 비롯해 주현의 위치·창고·역·봉수·제언·절에 이르기까지 자연 및 인문지리 전반을 수록하고 있는데, 특히 고적지에 대해서는 간단한 설명까지 붙이고 있다. 정밀성이 떨어지고 내용이 번잡한 등 부족한 점을 가지고 있으나 당시로서는 뛰어난 지도이다. 김정호는 이후 〈청구도〉를 바탕으로 실제 답사와

지도·지리학의 연구를 통해 부족한 점을 보충하여 〈대동여지도〉를 만들어냈다.

대동여지도 大東輿地圖 1861년(철종 12) 김정호가 만든 조선의 지도. 12책. 1864년 다시 간행했다. 그때까지의 지도를 기초로 했으나 답사와 고증을 통해 그것을 보충하고 수정했다. 압록강·두만강 이남의 반도와 부속도서를 약 16만분의 1로 줄여 남북을 120리씩 22단, 동서의 폭을 80리씩 8폭으로 나누었다. 산·하천의 명칭과 행정구역의 경계, 관아의 소재지, 교통망·성城·진보鎭堡·역참·창고·봉수·능묘陵墓·제방·나루와 같은 국가시설·유적 등 중요하다고 생각되는 대상물들이 포괄적으로 나타나 있으며, 아울러 중요 대상물에 대한 해설표와 체계적인 표식들이 수록되어 있다. 지도에서 취급한 내용 자체는 〈청구도〉와 커다란 차이는 없으나 표현방식에서는 산맥을 선과 면으로 표시해 말로 설명하는 것을 없애는 대신 범례로 간단히 도식화하는 등 차이를 보이고 있다. 특히 도로망을 산간의 길까지 자세히 그리고 10리마다 표시를 해서 일목요연하게 만들었다. 비록 동해안의 구도가 현재 지도와 다르며, 경도상의 차이가 있는 등 부족한 점이 있으나 당시로서는 가장 정확한 지도로 지리 및 역사의 연구에 귀중한 자료로 취급되고 있다.

유희 柳僖 1773(영조 49)~1837(헌종 3) 조선후기의 국어학자. 자는 계중戒中, 호는 서파西陂, 본관은 진주. 어려서부터 뛰어난 글재주를 보여 신동이라는 칭찬을 받았으나 11살 때 아버지를 여의고 과거시험을 치르지 않았다. 천문·지리 의학·점복·나무 및 가축·물고기 사육 등 다방면에 걸쳐 뛰어난 지식을 가졌으며, 경서의 연구에도 열중해 아직 주해가 제대로 되지 않은 부분에 일일이 주석을 붙여 〈문통文通〉이라는 총서로 편찬했다. 특히 정동유鄭東愈로부터 문자음운학을 배워 국어학의 연구에 힘써 〈시물명고詩物名考〉〈물명유고〉〈언문지〉 등 여러 편의 저작을 남겼다. 유희의 학문은 유교적 도학道學을 기반으로 훈고학적 성과를 수용하는 태도를 보여주고 있으며, 다양한 분야에 대한 폭넓은 연구과 우리의 글에 대한 관심 등은 당시 실학자적인 모습을 보여주고 있다.

언문지 諺文志 1824년(순조 24) 유희가 지은 한글 연구서. 훈민정음을 초·중·종성으로 나누어 그 원리 및 중국음과의 관계를 논했다. 한글 및 국어에 대해서도 언급이 있으나 주로 한자음을 올바르게 표현하는 방법에 대해 관심을 보여주고 있다. 앞선 학사 또는 중국 여대 학자들의 주장을 비판하고 자기 학설을 밝히고 있다. 훈민정음의 우수성을 칭찬하고 한자음은 물론 인간의 입에서 나오는 모든 소리를 적을 수 있도록 교정할 것을 주장했다.

물명유고 物名類考 1824년(순조 24) 유희가 지은, 여러 사물들을 한글 또는 한문으로 설명한 일종의 사전辭典. 5권 1책, 필사본. 사물을 곤충·짐승·물고기·날짐승 등의 유정류有情類, 풀·나무 등의 무정류無情類, 흙·돌·금속·물·불 등의 부동류不動類로 나누어 설명하고 있다. 1·2권에서는 유정류, 3·4권은 무정류, 5권에서는 부동류를 다루고 있다. 실려 있는 사물의 수는 생물이 442종, 무생물이 739종, 기타 173종으로 총 1,300여 종에 달한다. 한자어의 아래에는 주석을 붙이고 우리말로 표기한 다음 필요한 전거를 붙이고 자신의 견해를 첨부했다. 내용이 거칠고 잘못 설명한 것도 적지 않으나 국어의 어휘를 연구하는 데 매우 귀중한 자료이다.

김정희 金正喜 1786(정조 10)~1856

△ 김정희의 서간. 제주도 귀양살이중 부인에게 보낸 한글편지.

(철종 7) 조선후기의 학자·서화가. 자는 원춘元春, 호는 완당阮堂·추사秋史, 본관은 경주. 1819년 문과에 급제해 벼슬이 대사성, 이조참판에까지 이르렀다. 그러나 헌종의 묘를 옮기는 문제를 둘러싸고 귀양을 가는 등 모두 13년간이나 유배생활을 했다. 박제가에게서 배웠으며, 24살 때 부친을 따라 연경에 가서 당대의 대유학자로 꼽히던 완원阮元·옹방강翁方綱 등과 교유하고 막역한 사이가 되었다. 이의 영향으로 경학과 고증학에 깊은 관심을 가졌으며 학문연구의 중요한 목적은 실사구시로 그것은 훈고訓詁로써 실천하는 데 있다고 주장했다. 금석학에 몰두해 16년 종래까지 무학無學의 비석으로 알려져 있던 북한산의 비석이 신라 진흥왕 순수비임을 고증해냈다. 도서·시문·지리학·음운학 등에도 조예가 깊었으며 글씨와 그림에도 뛰어난 솜씨를 보였다. 특히 글씨에서는 특정한 서체에 구애되지 않고 역대 명필의 장점을 모아 추사체라고 불려지는 독특한 서체를 개발해 예서와 행서의 새로운 경지를 창조해냈다. 그림으로는 대나무와 산수를 잘 그렸다. 그는 단순한 학자나 예술가가 아니라 다양한 학문분야를 섭렵하고 새로운 학문과 사상을 받아들여 소화함으로써 새로운 문화를 발전시키는 데 기여한 선구자이며, 실증적인 실학의 학문태도를 가장 잘 보여준 인물로 평가되고 있다. 그의 뛰어난 학문은 청의 대유학자들이 그를 가리켜 해동제일통유海東第一通儒라고 불렀을 정도였다.

금석과안록 金石過眼錄 김정희가 진흥왕 순수비에 대해 연구한 책. 1권. 〈예당금석과안록〉 또는 〈운연과안록雲烟過眼錄〉이라고도 한다. 진흥왕 순수비 중 황초령비와 북한산비의 두 비문을 판독, 고증했다. 함흥비에 대한 고증을 통해「① 진흥은 시호諡號가 아니라 생존시에 사용한 칭호며, ② 〈삼국사기〉는 진흥왕이 북방을 원정한 사실을 빠뜨렸고, 당시 신라의 영토를 안변安邊까지로 정한 것은 잘못이며, ③ 연호와 짐朕·제왕 등의 호칭을 쓴 것으로 미루어 보아 신라는 독립국의 체제를 갖추었다」는 것을 밝혔다. 한편 북한산비에 대해서는 이것이 야사에서 말하는 무학의 비가 아니라 진흥왕의 비임을 고증해냈다. 책의 끝에는 친구인 조인영趙寅永과 권돈인權敦仁에게 보낸 편지 등을 덧붙여 편찬했다. 비문을 판독하는 데 〈삼국사기〉〈동국문헌비고〉중의 〈해동집고록海東集古錄〉 등을 비롯해 우리나라와 중국의 사적을 광범위하게 인용해 합리적인 고증을 시도했다. 제목으로 미루어보아 김정희는 여러가지 금석문에 대해 고증하려 했으나 아마도 다른 금석문은 다루지 못한 것으로 보인다.

금석학 金石學 금속 및 돌, 그밖에 나무·벽돌·뼈 등 여러가지 물체에 새긴 글을 금석문이라고 하며, 이를 전문적으로 연구하는 학문을 금석학이라 한다. 고려 때 편찬된 문헌에서도 삼국시대의 금석문을 인용하고 있는 것으로 보아 금석문에 대한 연구는 일찍부터 활발했던 것으로 보인다. 조선에 들어서는 1668년 이우李俁가 신라 이후 유명한 비문 300개의 탁본을 연대순으로 모아 〈대동금석서大東金石書〉를 펴냈으며, 18세기에는 김재로金在魯가 고려와 조선시대 금석문의 딕본을 모아 〈금석록金石錄〉 226책을 펴냈다. 그러나 이러한 책들은 모두 서예의 참고자료로 이용하기 위해 금석문을 모아놓은 것이다. 고증학의 한 분야로서 금석문의 사료적 가치를 학문적으로 검토한 것은 김정희에 이르러서야 행해졌다. 김정희는 〈금석과안록〉 등의 저서에서 금석문을 과학적으로 고증했으며, 이를 고고학적 연구방법으로까지 이용해 금석학의 발전에 크게 기여했다.

이덕무 李德懋 1741(영조 17)~93(정조 17) 조선후기의 실학자. 자는 무관懋官, 호는 형암炯庵·청장관青莊館 등. 박학다식해 문장에 뛰어났으나 서얼 출신이어서 높은 벼슬에 오르지는 못했다. 1778년(정조 2) 북경에 가서 그곳 학자들과 교유하며 학문을 닦고 많은 고증학 관계 책들을 가져왔으며, 산천·초목·짐승·새·물고기·벌레·궁실·누각의 이름까지 모두 조사해왔다. 이듬해 규장각 검서관檢書官이 되어 이름을 떨쳤다. 홍대용·박제가·유득공 등 여러 북학파 학자들과 교유하면서 그들의 영향을 받아 청의 선진문물을 받아들일 것을 주장했으나, 경제개혁과 같은 현실적인 문제보다는 철학적이고 고증학적인 학문의 방법론에 대한 관심이 더 컸다. 특히 초학교육에 관심이 깊어 현실적인 교육을 주장했다. 상민들에게까지 초학교육을 열어줄 것과 문자교육 및 음운교육을 강조했다. 또한 역사교육에도 관심이 깊어 우리나라를 비롯한 중국·일본·유구 등 동아시아 여러나라의 역사를 가르칠 것을 주장했다. 글씨를 잘 썼으며, 그림에도 재능을 보였다.

청장관전서 靑莊館全書 이덕무가 지은 각종 책과 글을 모아놓은 전집. 71권 25책. 그의 아들 광규光葵가 1795년(정조 19) 수집해 출간했으며, 필사본으로 전했으나 더러는 없어졌다. 자신이 지은 시문·문학작품·역사·예절·생활 등에 관해 수록하고 저자 자신의 연구의 견해를 밝혔으며, 부록으로 연보를 달았다. 내용에 따라 각각 단행본으로 되어 있다. 유교사상을 부정한 것은 아니나, 해박한 지식을 바탕으로 교육의 문제점을 지적하고 고증학적인 학문방법과 청조문물의 도입을 주장하는 등 사회 전반의 모습과 개선방안을 다루고 있어 당시의 문학·역사·사회의 사정을 연구하는 자료로 이용되고 있다.

이규경 李圭景 1788(정조 12)~? 조선후기의 실학자. 자는 백규伯揆, 호는 오주吳州·소운嘯雲, 본관은 완산. 이덕무의 손자로 실학의 영향을 받아 유교경전은 물론 민속·지리·역사·농업·과학기술·어업 등 광범한 분야에 걸쳐 폭넓은 관심을 가지고 자료를 모으고 연구를 했다. 그는 학문을 하는 목적을 현실생활에의 활용을 통해 기술을 발전시키고 국력을 강화시키는 데 두어야 한다고 여겼다. 이를 위해 외국과의 통상이 필요하며 개시開市를 열어야 한다고 역설하는 한편 서양의 의술을 소개하기도 했다. 또한 매점매석을 통해 폭리를 취하는 도고 상인과 각종 폐단을 일으키는 화폐를 없앨 것을 주장했다. 그의 철학사상은 유교철학이었으나 이理의 존재를 경시하는 기氣 일원론적인 사상이었다. 저서로는 조선과 그밖의 여러 나라의 사물을 고증한 〈오주연문장전산고〉를 남겼다.

오주연문장전산고 五洲衍文長箋散稿 이규경이 지은, 여러가지 사물이나 현상·기술 등에 대해 설명한 백과사전식 책. 60책, 필사본. 우리나라를 비롯해 중국, 그리고 그밖의 일부 외국까지 포함해 역대의 제도·역사·지리·정치·경제·군사·철학·문학·천문·수학·자연·기술·농업·수공업 등에 관한 사항 1,400여 종을 제목을 달아 간단하게 서술하고 있다. 때와 장소를 가리지 않고 그때그때 쓴 것을 모아 정리했기 때문에 다시 고증해야 할 부분이 많고 서술체계가 매우 번잡해 체계적이지는 못하다. 또한 전체적으로 유교적인 세계관에서 벗어나지는 못하고 있으나, 과학기술의 발전을 주장하고 서양문물을 소개하고 있으며, 낡은 유습을 버릴 것을 주장하는 등 당시로서는 개방적이고 진보적인 태도를 보여주고 있다. 당시의 사회 경제상황과 경학·사학·문학은 물론 과학기술 및 문화 등을 연구하는 데 자료로서의 가치가 크다.

이제마 李濟馬 1838(헌종 4)~1900(광무 4) 조선말기의 한의학자. 자는 무평務平, 호는 동무東武, 본관은 전주. 1888년(고종 25) 추천을 받아 군관직에 등용된 이래 진해 현감·고원 군수 등의 지방관을 역임했다. 유교 및 점복·군사관계의 서적을 탐독하는 한편 국내외의 의학서적 연구와 제자의 교육에 전념했다. 의원으로 활동하면서 얻은 자신의 실제 치료경험에 토대를 두고 〈주역〉의 태극설을 인체에 적용해 〈동의수세보원東醫壽世保元〉을 저술했다. 이 책에서

이제마는 인간을 기질과 성격에 따라 넷으로 나누고 체질에 적합한 치료방법을 임상학적으로 제시한 사상四象의학을 확립했다.

사상의학 四象醫學 이제마가 창안한 체질의학. 1894년(고종 31) 편찬한 〈동의수세보원東醫壽世保元〉에서 처음 소개되었다. 「4상」이란 본래 〈주역〉에 나오는 말로 「태극은 음양을 낳고 음양은 사상을 낳는다」는 데에서 유래했다. 4상은 태양太陽·태음太陰·소양小陽·소음小陰으로, 이를 체질에 연결시켜 사람의 체질을 태양인·태음인·소양인·소음인으로 구분했다. 사람은 각기 체질에 따라 성격·심리상태·내장기의 기능이 다르며 이에 따라 병리·생리·약리 등의 방법과 음식의 성분도 달라져야 한다고 주장했다. 그러나 4상의학은 단순히 체질에만 기초하고 있는 것이 아니라 인간학적 입장을 구체화한 것으로, 심성론적 유형과 복합된 종합적인 인간 유형론이다. 또한 치료적 성격보다 예방의학적 성격이 강하며 병과 약의 개념을 병리와 약리에 두기 전에 인간의 윤리적 선의 문제에 핵심을 두고 있다. 1900년 이제마는 〈동의수세보원〉을 개편하기 시작했으나 끝내지 못하고 죽었으며, 이듬해 그의 문인들이 개편작업을 완성해 증보판을 출간했다.

시헌력 時憲曆 중국에 건너와 선교활동을 한 서양신부 탕약망湯若望이 편찬한 역법. 청과 우리나라에서 사용되었다. 우리나라에서는 1653년(효종 4) 김육의 주장에 따라 채택되어 조선 말까지 중용되었다. 체제는 중국의 전통에 따랐으나 서양역법을 도입해 보충했다. 그러나 천체의 자전을 부인하고 지구의 정지를 고집했으며, 모든 항성이 같은 거리에 있다고 생각하는 등 잘못된 부분도 많으며 중국의 미신에다가 서양의 미신까지 끼어들어간 경우도 있다. 시

헌력의 내용도 우리나라에서는 제대로 이해되지 않아 중국의 시헌력이 바뀔 때마다 그를 소화하기 위해 관상감의 관리들과 역관이 중국에 다녀오는 등 애를 먹었다. 1895년 이른바 을미개혁 때 태양력이 채택되었으나 이후에도 계속 사용되었으며, 현재도 구력舊曆 음력이라는 이름으로 사용되고 있다.

5. 사상계의 동향

서학 西學 조선후기에 전래된 천주교와 서양의 문물을 가리키는 말. 임진왜란 중 일본군을 따라 포르투갈 선교사 세스페데스가 조선에 들어왔으나 선교활동은 펴지 못했으며 이수광이 〈지봉유설〉에서 서양의 소식과 명에 와 있던 선교사 마테오 리치의 〈천주실의〉를 소개한 것이 서학을 받아들인 시초였다. 1603년(선조 36) 허균이 북경을 왕래하면서 천주교에 관심을 쏟았으며 31년(인조 9) 정두원이 명에 다녀와서 망원경·서양식 대포·시계·세계지도·천문학과 천주교에 관한 책을 가져왔다. 병자호란 후 청에 볼모로 끌려갔던 소현세자는 귀국할 때 천문·수학·천주교 책과 지구의 등을 가져왔다. 또한 풍랑에 표류하다가 우리나라에 들어온 벨테브르와 하멜 일행 등에 의해서 서양의 대포제작기술이 알려지기도 했다. 영조 말년부터 서학은 실학자들과 정권에서 밀려나 있던 남인학자들 사이에서 폭넓은 관심을 끌었다. 그러나 천주교에 대한 실학자들의 태도는 사람에 따라 각각 달랐다. 이수광이나 유몽인과 같이 단순한 호기심 또는 학문이나 과학기술에 대한 관심에서 서학을 연구한 사람들이 있었던 반면, 이벽, 이승훈, 정약종鄭若鐘 등과 같이 천주교를 신봉한 경우도 있었으며, 반대로 신후담愼後聃이나 안정복과 같이 천주교를 비판하는 입장에서 교리를 연구한 경우도 있었다. 조선 정부는 처음에는 천주교의 전파에 대해 크게 신경을 쓰지 않았으나 1788년(정조 12) 8월 이경명李景溟이 서학의 폐를 상소하고, 채제공蔡濟恭이 〈천주실의〉 등 서학에 관한 서적이 어리석은 백성들을 현혹시킨다고 주장하면서 마침내 사학邪學으로 규정되게 되었다. 특히 91년 윤지충尹持忠이 어머니의 신주를 불태우고 천주교식으로 장례를 치른 사건이 발생하면서 탄압은 본격화되었다(신해박해). 그러나 천주교의 탄압은 교리의 문제나 사회적 풍속의 차이 때문에만 일어난 것은 아니었고 시파와 벽파의 대립 등 정치적 변화와도 밀접한 관련이 있었다. 한편 천주교가 유포되자 성리학을 신봉하는 학자들 사이에서는 천주교를 배척하고 고유 전통을 지킨다는 위정척사사상(벽위사상)이 광범하게 전개되었다. 이와는 별도로 민간에서도 서학에 반대하는 동학이 나타나 널리 퍼졌다.

마테오 리치 Matteo Ricci 1552~1610. 명에 와 있던 이탈리아의 예수회 선교사. 중국명은 이마두利瑪竇. 1571년 입교해 동양에 전도할 뜻을 품고 78년 인도의 고아Goa에 도착했다. 80년 동양순찰사 발리냐니Alessandro Valignani의 지시로 중국에 들어가 전도에 힘썼다. 82년 마카오에 도착했으며 1608년부터 북경에 상주하면서 천주교 전교에 힘쓰는 한편 서양의 학술과 과학기술을 전달했다. 중도에 의심을 받아 반 년간 투옥되기도 했으나 황제의 호의로 선무문宣武門 안에 천주교당 건설을 허가받아 전도를 본격화했다. 〈천주실의天主實義〉와 같은 천주교 서적들을 제작하는 한편 서광계徐光啓·이지조李地藻 등의 협력을 얻어 과학기술 서적들을 한문으로 번역하고 중국 최초의 세계지도로 유명한 〈곤여만국전도坤與萬國全圖〉를 제작했다. 그의 저작들은 특히 중국에 왕래했던 우리나라 실학자들에게 많은 영향을 주었다.

정두원 鄭斗源 1581(선조14)~? 조선중기의 문신. 자는 정숙丁叔, 호는 호정호정壺亭·풍악산인楓嶽山人, 본관은 광주. 1616년 문과에 급제해 성천 부사가 되었으며 강원도 관찰사, 지중추부사知中樞府使 등을 역임했다. 30년 명나라에 사신으로 갔다가 이듬해 귀국할 때 홍이포紅夷砲·천리경千里鏡·자명종自鳴鐘 등 서양의 기계와 이탈리아 신부 로드리게스Joannes Rodrigues(중국명 육약한陸若漢)로부터 마테오 리치의 〈천문서〉〈직방외기職方外記〉〈서양국 풍속기〉〈천문도〉〈홍이포제본紅夷砲題本〉 등 서적을 얻어가지고 와서 우리나라에 서양 문물을 전했다.

소현세자 昭顯世子 1612(광해군 4)~45(인조 23) 조선 인조의 장남. 이름은 조징조澄, 소현은 시호. 1625년(인조 3) 세자로 책봉되어 정묘호란 때는 전주로 내려가서 민심을 수습했다. 병자호란 후 동생인 봉림대군과 함께 청에 볼모로 끌려갔다. 청나라에서는 단순한 인질이 아니라 조선과 청 사이의 여러가지 문제를 처리하는 중재자의 역할을 했으며 양국의 관계를 정상화하는 데 노력했다. 44년 9월 청군을 따라 북경에 들어가 70여 일을 머물면서 그곳에 있던 서양선교사 아담 샬J. A. Shall과 친해져 천문·과학과 천주교에 관한 여러 서적 및 지구의·천주상天主像 등을 가지고 돌아왔다. 그러나 이러한 소현세자의 행동은 인조 및 조정 중신들의 반감을 샀다. 소현세자는 9년간의 인질생활 끝에 45년 2월 귀국했으나 냉대를 받다가 2개월만에 의문의 병사를 했으며 그가 가지고 온 서적들도 불태워졌다.

벨테브르 Jan J. Weltevree 1595~? 조선에 귀화한 네덜란드 사람. 한국 이름은 박연朴淵(燕·延). 1627년(인조 5) 일본으로 항해 도중 풍랑을 만나 배가 난파되었다. 다른 동료 2인과 함께 표류하던 중 제주도에 도착해 음료수를 구하려고 하다가 관원에게 체포되었다. 서울로 압송된 후 조선 여자와 결혼해 귀화했다. 훈련도감에 예속되어 중국에서 수입된 홍이포紅夷砲의 제작과 조종법을 지도했다. 53년 하멜 일행이 표류하다 우리나라에 도착했을 때 통역을 맡았으며, 하멜이 도감군오都監軍伍에 소속되자 풍속을 가르쳤다.

하멜 Hendrik Hamel ?~1692 네덜란드의 선원. 53년 네덜란드를 출발해 대만을 거쳐 일본 나가사키로 향하던 중 폭풍우를 만나 28명은 죽고 다른 선원 36명과 함께 제주도에 표착했다. 서울로 압송되었다가 2년 후 전라도로 옮겨져 여수, 순천, 남원 등지에서 유배생활을 하다가 66년(현종 7) 9월 하멜 등 8명이 탈출해 일본을 거쳐 네덜란드로 돌아갔다. 하멜은 그후 억류 14년간의 체험기와 그때 보고 들은 우리나라의 제도와 문물을 수록한 〈하멜표류기〉를 저술했다. 이 책은 우리나라를 처음으로 서양에 소개한 책으로 그후 영어와 프랑스어, 독일어, 한국어로도 번역이 되었다.

하멜표류기 Hamel漂流記 하멜이 쓴 우리나라에 대한 견문록. 하멜이 자기 나라로 돌아간 지 2년 만인 1668년에 출간되었으며 그후 여러 나라 말로 출판되었다. 〈난선 제주도 난파기蘭船濟州道難破記〉 및 부록인 〈조선국기朝鮮國記〉의 2개 편목으로 되어 있다. 〈난선 제주도 난파기〉는 하멜 일행이 난파되었을 때부터 귀국할 때까지 사이에 있었던 일을 기억나는 대로 연대순으로 서술하고 있다. 난파되던 상황, 제주도에서의 생활, 서울에서의 억류생활, 전라도에서의 생활, 일본으로 탈출해서 네덜란드로 돌아가던 상황 등이 날짜와 함께 일기식으로 적혀 있다. 〈조선국기〉는 그가 우리나라에 있는 동안 보고 들었던 지리·풍토·물산·정치·군사·풍속 등에 관해 쓴 것이다. 〈하멜표류기〉는 유럽 등지에 우리나라를 처음으로 알리는 데 기여했으며, 여러가지 경험과 비교적 세밀한 관찰을 통해 기록을 하고 있어 당시의 풍속·정책·사회형편 등을 살펴보는 데 도움을 주고 있다. 그러나 하멜의 거주지역이 서울과 전라도의 극히 일부 지역에 한정되어 있었기 때문에 추측에 의해 기록하거나 잘못 쓴 기사가 많으며 서구인이 아시아 사회에 대해서 가지고 있는 인종적 편견도 곳곳에 보이고 있다.

전례문제 典禮問題 천주교 신자들이 유교의식을 거부해 사회적으로 논란의 대상이 되었던 문제. 명말 청초 중국에 가장 먼저 건너와 선교활동을 하던 예수회 선교사들은 중국인들의 전통적인 관습을 인정하는 한편 서양의 과학기술을 전하는 데 힘써 중국정부로부터 우호적인 태도를 얻을 수 있었다. 그러나 뒤이어 선교에 나선 도미니쿠스, 프란체스코 수도회는 제사를 우상숭배로 간주해 동양의 전통윤리와 충돌을 빚음으로써 박해를 받게 되었다. 이러한 현상은 우리나라에서도 되풀이되었다. 1790년 조상에 대한 제사를 하지 말라는 파리 외방전교회의 지시가 전달되면서 전례문제는 표면화되었다. 91년(정조 15) 전북 진산에서 모친상을 당한 윤지충이 신주를 없애고 천주교식으로 장례를 치른 사건(진산사건)이 발생하면서 천주교에 대한 탄압이 본격화되어 윤지충 등은 사형을 당했으며 천주교는 사교邪教로 금지되었다.

이벽 李蘗 1754(영조 30)~86(정조 10) 조선후기의 학자·천주교인. 자는 덕조德操, 호는 광암曠庵, 세례명은 요

안세자. 이익을 스승으로 하는 남인 학자의 일원으로 권철신權哲身·정약현丁若鉉 등과 교류하면서 천주교에 관심을 갖고 전교활동에 힘을 쏟았다. 1784년(정조 8) 이승훈이 중국에 갈 때 세례를 받아올 것을 부탁했으며, 이승훈이 영세교인이 되어 귀국하자 다시 그에게서 세례를 받고 천주교 지도자가 되었다. 이후 천주교 전교에 힘쓰는 한편 우리나라 최초의 교단조직인 이른바 가성직자계급假聖職者階級을 형성했다. 그러나 85년 신도 김범우金範禹의 체포로 전교활동이 발각되고 그의 활동을 결사적으로 말리던 아버지가 목을 매어 자살한 사건이 발생하자 충격을 받고 배교자 이기경李基慶의 권유로 천주교와 결별, 인연을 끊었다.

이승훈 李承薰 1756(영조 32)-~1801(순조 1) 우리나라 최초의 천주교 영세신자. 교명은 베드로. 1780년(정조 4) 진사시에 합격했으나 벼슬을 단념하고 학문에 전념하다가 이벽을 만나 천주교도가 되었다. 84년 사신단의 일행인 아버지를 따라 서장관으로 청에 가서 북천주당 예수회의 그라몽Louis de Grammont 신부에게서 영세를 받고 한국 최초의 천주교 영세신자가 되었다. 이해 교리서적과 십자고상十字苦像을 갖고 귀국해 명륜동에 있는 김범우金範禹 집에 조선 성당을 열고 주일 미사와 영세를 하며 전도했다. 이듬해 발각되어 체포되자 가족들의 권유로 배교를 하고 척사문斥邪文을 공표했다. 87년 복교해 자치적으로 교회활동을 시작했다. 자신이 주교가 되어 성사聖事를 집행했으며 89년에는 평택 현감이 되어 선정을 베풀기도 했다. 이듬해 북경에 밀파되었던 윤유일尹有一이 천주교의 자치운동은 위법이며 조상에 대한 제사도 철폐하라는 파리 외방전교회의 밀령을 받고 귀국하자 제사문제로 2번째로 배교했다.

그후 다시 교회로 돌아왔으나 91년 진산사건珍山事件이 일어나면서 서학서적을 발간했다는 탄핵을 받고 관직을 삭탈당한 후 옥중에서 3번째로 배교했다. 94년 중국인 신부 주문모가 밀입국했다는 소식을 듣고 다시 교인이 되었으나 이듬해 주문모를 맞아들인 윤유일 등이 체포되어 처형되자 이에 연루되어 예산에 유배되었으며, 1801년 신유박해 때 의금부의 취조를 받고 이듬해 2월 처형되었다. 68년 아들 신규身逵와 손자 재의在誼가 순교했으며, 71년 증손 연귀連龜와 균귀筠龜도 순교해 4대에 걸쳐 순교자를 냈다.

신해박해 辛亥迫害 1791년(정조 15)에 발생한 천주교 탄압사건. 최초의 천주교 박해사건으로 일명 진산사건珍山事件이라고도 한다. 천주교가 해서·관동 일대에서 처음 보급되고 있을 때는 별다른 사회문제는 일어나지 않았다. 그러나 91년 전라도 진산군에서 선비 윤지충尹持忠이 모친상을 당했으나 신주를 모시지 않고 제사를 지내지 않은 채 천주교식으로 장례를 치렀으며 또 그의 처남 권상연權尙然은 이를 옹호했다는 사실이 중앙에 알려지면서 조정에서는 논쟁이 벌어졌다. 이에 정조는 임금도 부모도 몰라보는 사상을 신봉했다는 죄명으로 두 사람을 사형에 처했다. 그러나 전주교에 대한 박해는 그 이상으로 확대되지는 않아 그 교주로 지목되었던 권일신權日身도 귀양을 가는 데 그칠 정도였다. 그러나 조정 안에서는 천주교 문제를 둘러싸고 이를 묵인하자는 입장인 신서파信西派와 금하자는 공서파攻西派의 대립이 계속되었다. 이 대립은 신유박해로 신서파가 결정적 타격을 입을 때까지 계속되었다.

채제공 蔡濟恭 1720(숙종 46)~1799(정조 23) 조선후기의 문신. 자는 백규伯規, 호는 번암樊巖·번옹樊翁, 본관은 평강. 1735년(영조 11) 향시에 급제하고, 1743년 문과에 급제한 후 승문원承文院 부정자副正字를 거쳐 후에는 벼슬이 영의정에 이르렀다. 정조의 명으로 사원노비의 폐단을 교정하는 방책을 마련하여 1801년 사원노비를 혁파할 수 있는 기반을 마련했다. 상업활동이 국가의 재정에 필요하다는 것을 인식했으나, 전통적인 농업중심의 경제관을 가지고 있었다. 학문적으로는 정통성리학의 입장을 고수했으며, 서학西學을 패륜과 기이한 요소를 지닌 불교의 별종別種으로 오랑캐인 청나라 문화의 발단적 영향으로 인식하여 사학邪學으로 배척했다. 그러나 교화 우선원칙을 내세워 천주교 처리에 온건한 입장을 취하고, 천주교도를 역적으로 다스리라는 주장을 당론으로 배척, 천주교 박해의 확대를 막았다.

신유박해 辛酉迫害 1801년(순조 1)에 있었던 천주교에 대한 탄압. 신해박해가 끝난 후 조정에서는 천주교를 묵인하자는 입장인 신서파와 천주교를 금하자는 공서파가 대립했다. 정조는 천주교에 대해 관대한 정책을 취했다. 더구나 1794년 청의 선교사 주문모가 들어와 포교활동을 하게 되자 천주교도의 수는 급격히 늘어나고 교세는 확장되었다. 그러나 남인 계통의 신자를 옹호하여 왔던 체제공과 정조가 죽고 1801년 순조가 왕위에 오르면서 상황은 달라졌다. 어린 순조를 대신해 정사를 맡은 정순대비는 노론계통의 벽파와 합세해 남인과 시파, 즉 신서파를 몰아내고 천주교도에 대한 탄압을 강화했다. 천주교를 일체 금하고 오가작통법을 엄격히 시행하라는 지시를 내리는 한편 천주교도를 색출해 처형했다. 이 사건으로 이가환李家煥, 권철신, 이승훈, 정약종 등 천주교도 수백명이 처형되거나 귀양을 갔으며 청나라 신부 주문모도 자수를 하여 참형을 당했다. 더구나 이해 10월에 있었던 황사영의 백서사건으로 천주교에 대한 탄압은 더욱 강화되어 1년 만에 희생자 수는 300명이 넘었다.

주문모 周文模 1752~1801 중국인 신부. 어려서 양친을 여의고 천주교에 귀의해 북경신학교 1회 졸업생이 되었다. 1794년(정조 18) 북경 주교 구베아의 명에 의해 우리나라에 파견되어, 당시 정부의 엄격한 금지에도 불구하고 꾸준히 전교활동을 했다. 그 결과 그가 입국할 당시 3천여 명에 불과하던 신도 수는 5년 후 1만여 명으로 늘어났다. 그러나 조선정부의 수색망이 좁혀지고 수많은 신자들이 순교를 하게 되자 1801년 3월 12일 의금부에 나가 자수해 4월 20일 처형되었다.

황사영 백서사건 黃嗣永帛書事件 1801년(순조 1) 천주교도 황사영이 북경에 있던 프랑스 선교사에게 보낸 편지로 인해 발생한 사건. 신유박해로 청나라 신부 주문모 등 많은 천주교도가 처형되거나 귀양을 가자 주문모에게 세례를 받은 황사영은 탄압의 실태와 그 대책을 적은 편지를 북경에 있던 프랑스 주교에게 보냈다. 이 편지에서 황사영은 교회를 재건하고 포교의 자유를 얻기 위해서는 프랑스 함대를 파견해 조선정부에게 압력을 가하는 것이 좋겠다는 내용을 적었다. 그러나 이 사실이 탄로되어 일당은 모두 체포되어 처형되었다. 조선정부는 천주교가 단순히 미풍양속과 인륜을 어기는 데 그치는 것이 아니라 나라까지 팔아먹는다고 생각해 천주교에 대한 탄압을 더욱 강화했다. 이 백서는 현재 로마 교황청에 보관되어 있다.

기해박해 己亥迫害 1839년(헌종 5)에 일어났던 천주교에 대한 탄압사건. 신유박해와 황사영 백서사건 당시 천주교도에 대한 탄압으로 천주교의 교세는

현격히 약화되었다. 그러나 1802년 순조가 김조순의 딸을 왕비로 삼은 이후 시파에 속하는 안동 김씨의 세도정치가 시작되면서 탄압이 약화되자 천주교의 교세는 다시 확대되고 신자 수는 늘어갔다. 36년 프랑스의 외방전교회의에서 조선교구를 독립시키고 선교사 모방, 샤스탕, 앙베르 등 3명을 비밀리에 조선에 파견해 전도에 종사하게 하자 비밀교회가 생겨나고 신자 수는 늘어났다. 그러나 순조가 죽고 헌종이 8세의 나이로 즉위하자 수렴청정을 하게 된 순원왕후純元王后는 벽파인 풍양 조씨와 손을 잡고 대대적인 천주교 탄압을 시작했다. 조선정부는 39년 3월 다시 사학邪學 금지령을 내리고 천주교도를 대량 체포했으며 7월에는 서양선교사 3명마저 처형했다. 천주교노의 색말방법으로는 5가작통법을 적용했다. 기해박해는 기간은 신유박해보다 짧았으나 그 범위는 전국적이었으며 탄압의 강도도 훨씬 강해, 10개월 동안 100명 이상이 목숨을 잃었다. 특히 경기, 서울 일대에서는 많은 순교자를 낳았다.

척사윤음 斥邪綸音 1839년(헌종 5) 11월 천주교를 금하기 위해 국민에게 내린 윤음. 1권, 인쇄본. 사도邪道를 배척하고 백성을 구제한다는 데 명분을 둔 것으로 천주교 박해의 근거가 되었다. 태조가 국시로 사람이 지켜야 할 도리를 밝히고 도학을 숭상한 일로부터 시작해 역대의 교훈·격언 등을 모아놓고 있다. 검교제학檢敎提學 조인영趙寅永에 의해 만들어진 것으로, 한글로 번역하여 대중이 알기 쉽게 했다. 81년(고종 18)에도 천주교를 배척하는 척사윤음이 발표되었다.

김대건 金大建 1822(순조 22)~46(헌종 12) 우리나라 최초의 신부. 교명은 안드레아, 아명兒名은 재복再福. 천주교 신자인 아버지 제준濟俊은 기해사옥 때

순교했다. 1836년(헌종 2) 프랑스 신부 모방Maubant에게서 영세를 받고 예비 신학생으로 뽑혀 마카오의 파리외방전 교회에 가서 신학을 비롯해 프랑스어, 중국어, 라틴어 등을 배웠다. 마카오에 민란이 일어나자 마닐라로 가서 매스트로 신부 아래에서 신학과 철학을 연구했다. 42년 수업을 끝마치고 6개월간 프랑스 해군 제독 세실Cecile의 통역을 하다가 기해박해 이후 천주교에 대한 박해가 계속되고 있는 고국에 밀입국하여 의주를 거쳐 서울로 오다가 감시가 심해 실패했다. 45년 다시 혼자 국경을 넘어 서울로 잠입해 위축된 교세를 확장하기에 노력했다. 5개월 후 프랑스 외방전교회의 지원을 받기 위해 상해로 가서 금가항신학교金家港神學校에서 한국인 최초의 신부직을 받고 만당성당萬堂聖堂에서 처음으로 미사를 집례했다. 46년 5월 선교사의 입국과 주청 선교부와의 통신연락에 필요한 비밀항로를 개척하기 위해 황해도 연안을 답사하다가 체포되어 6회에 걸친 혹독한 고문 후 선교사·교우에게 보내는 유서를 쓰고 25세로 순교했다.

이양선 異樣船 조선말기 우리나라 연해에 출몰해 통상 등을 요구했던 서양의 배를 가리키는 말. 이양선이란 모양이 이상한 배라는 뜻이다. 1787년 5월 프랑스 함대가 제주도를 측량하고 울릉도에 접근한 이후 이양선의 출몰은 빈번해졌다. 우리나라 연안에 나타났던 서양의 배들은 처음에는 측량 등 지형의 파악을 목적으로 한 경우가 많았으나 1832년 6월 영국 상선 로드 애머스트호가 몽금포 앞바다에 나타난 이래 차츰 통상을 요구해오는 경우가 늘어났다. 이러한 이양선의 출몰은 양반 유생층의 위기의식을 불러일으켜 위정척사론이 높아갔으며 민심의 동요도 생겨났다. 이양선은 천주교나 서양에 대한 지

식을 전하기도 했으나 대부분의 이양선이 대포로 무장하고 있었다는 사실은 통상요구의 목적과 본질이 무엇인지를 짐작할 수 있게 해준다.

위정척사사상 衛正斥邪思想 서구사상을 배격하고 유교성리학을 보존해야 한다는 주장. 올바른 도道를 지키고 잘못되고 나쁜 도를 몰아낸다는 말로서 유교사상에 뿌리를 두고 있다. 18세기말 천주교의 확대에 대한 경계심에서 나타났으며 정부의 천주교 탄압에 편승해 더욱 확대되었다. 이양선의 출몰과 통상의 요구는 서양에 대한 위기심을 더욱 고양시켰으며 개항을 전후해서는 서양물건 배척, 개항 반대, 정부의 개화시책 반대 등 단순한 사상의 차원을 넘어 운동으로 발전했다. 위정척사론자들은 제국주의의 침략의도를 어느 정도 간파하고 그것을 막아낼 것을 주장했으나 이는 외세의 침략으로부터 민족과 국가를 지킨다는 것보다는 봉건적 유교질서를 유지하려는 데 주된 목적이 있었다. 때문에 봉건적인 여러 모순을 해결하려는 데 별로 관심이 없었을 뿐만 아니라 외세의 침입에 대해서도 효과적인 대응방법을 제시하지 못했다. 19세기말 일제의 침략정책이 노골화되자 위정척사운동에 참여했던 일부 양반, 유생층은 항일의병을 일으키기도 했다.

산림 山林 학식과 덕망을 갖추었으나 벼슬을 하지 않고 향촌에서 은거생활을 해 유학자들로부터 존경을 받던 인물을 일컫는 말. 산림지사 山林之士 또는 산림독서지사山林讀書之士의 줄인 말이다. 은거생활을 하고 있다고 해서 중국의 죽림7현竹林七賢과 같이 정치에 무관심했던 것은 아니었다. 오히려 중앙정치에 대해 항상 깊은 관심을 가지고 상소 등을 통해 유학자층의 여론을 조성하고는 했다. 16세기말 성혼成渾, 정인홍鄭仁弘 등이 중앙관직에 나서면서부터 산

림의 정치적 활동은 두드러져 인조 때부터는 본격적으로 정계에 진출했다. 조정에서도 정치적 개혁의 필요성을 느낄 때면 산림을 주요 관직에 등용했으며 산림직을 따로 설치해 우대했다. 유교의 상징적 존재로 17세기 이후에는 정국을 안정시키는 데 명분과 실리를 제공했다. 그러나 영조 이후 외척 세도가문의 대립이 심해지면서 산림은 관직에 별로 등용되지 않았으며 설사 등용되더라도 세도정치에 이용당하는 경우가 많았다. 대표적 인물로는 김장생金長生, 김집金集, 송시열宋時烈, 송준길宋浚吉, 허목許穆, 윤휴尹鑴, 박세채朴世采, 윤증尹拯 등이 있는데 산림은 서인, 특히 노론계에서 배출되는 경우가 많았다.

송시열 宋時烈 1607(선조 40)∼89(숙종 15) 조선중기의 학자·정치가. 자는 영보英甫, 호는 우암尤庵·화양동주華陽洞主. 1633년(인조 11) 생원시에 합격했으며, 35년 봉림대군의 사부師傅가 되었다. 이듬해 병자호란 때는 왕이 남한산성으로 피난하는 것을 모셨으나 정부가 청의 요구에 굴복해 화의가 성립하자 벼슬을 버리고 낙향했다. 효종 즉위 후 다시 벼슬길에 올랐으나 김자점과의 대립으로 다시 낙향했다. 효종이 북벌계획을 추진함에 따라 등용되어 이조판서에 올랐으나 효종의 죽음으로 북벌계획은 중단되었다. 효종의 장례 때 자의대비의 복상 문제로 발생한 예송논쟁에서 기년설(1년설)을 주장해 채택됨으로써 남인을 몰아내고 서인정권을 수립했으나 74년 인선왕후의 죽음으로 발생한 자의대비의 복상 문제에서 대공설(9개월)을 주장하다가 실각하고 유배되었다. 경신대출척으로 서인이 다시 정권을 잡은 후 남인에 대한 과격한 숙청을 주장하다가 서인 중 소장파들과 대립했으며 마침 제자였던 윤증과의 감정도

악화되어 마침내 서인은 노론과 소론으로 분리되었다. 후에 정계에서 은퇴해 화양동에 은거하던 중 장희빈의 아들 균의 세자책봉을 반대하는 상소를 올렸다가 제주에 유배되었으며 사약을 받았다. 성리학에 있어서는 이황의 이원론적인 이기호발설理氣互發說을 배격하고 이이의 기발이승일도설氣發理乘一途說을 지지해 4단7정四端七情이 모두 이理라고 하여 일원론적인 사상을 발전시켰으며 예론에도 밝아 많은 학자를 길러냈다.

윤휴 尹鑴 1617(광해군 9)∼80(숙종 6) 조선중기의 학자. 호는 백호白湖. 뛰어난 학문으로 벼슬에 천거되어 여러 관직에 임명되었으나 모두 사퇴하고 학문 연구에 전념했다. 주자의 학설을 그대로 추종하는 데서 벗어나 경서의 새로운 해석을 시도함으로써 주자와 대등한 입장에서 유학의 독자적인 경지를 개척하려고 했으며 이황, 이이 등의 이기론을 비판했다. 남인의 대표적 인물로 60년 1차 예송논쟁이 발생했을 때 윤선도, 허목 등과 함께 송시열의 예론을 통박하다가 사문난적斯文亂賊으로 몰렸다. 2차 예송논쟁에서 남인이 승리해 집권한 이후 이조판서, 우의정 등의 요직을 역임하면서 호포법의 실시, 전제의 개혁 등을 꾀했으나 제대로 시행되지 못했다. 경신대출척으로 서인이 집권하고 남인이 몰려나자 갑산에 유배되어 사약을 받고 죽었다.

박세당 朴世堂 1629(인조 7)∼1703(숙종 29) 조선후기의 학자. 자는 계긍季肯, 호는 서계西溪, 본관은 반남. 1660년(현종 1) 과거에 급제한 이래 병조좌랑, 함경도 병마평사兵馬評使 등 내외관직을 역임했다. 68년 사신의 일원으로 청나라에 다녀온 후 당쟁에 회의를 느끼고 벼슬을 그만두었다. 이후 잠시 벼슬자리에 돌아온 적도 있으나 대부분의 생활을 학문연구와 후진양성에 주력했

다. 그는 요역과 병역의 균등화, 법률의 혁신, 사대부의 횡포에 대한 고발, 중국의 세력변동에 대해 주체적으로 적응하는 실리주의 외교 등 사회의 현실을 올바로 파악하여 나라를 유지하고 사회의 개혁을 통해 민생을 구제하는 데 학문의 목적을 두었다. 특히 자유롭고 독창적으로 경서를 해석해 성리학과 경서에 대한 주자의 해석을 반박하고 원시유학인 공맹사상孔孟思想으로 돌아갈 것을 주장했다. 또한 중국 중심적인 학문의 태도를 비난하고 유학의 입장에서 노장사상 등을 도입해 유학의 실리적 측면을 강화하려고 했다. 그러나 소론이었던 박세당의 반성리학적 유학사상은 노론이 집권하면서 비난을 받아 사문난적으로 몰리기도 했다.

사변록 思辨錄 박세당이 〈대학〉 〈논어〉〈맹자〉〈중용〉〈상서〉〈시경〉 등 유교 경서를 주해한 책. 그중에서도 4서, 특히 〈대학〉과 〈중용〉에 중점을 두었다. 경전에 대한 주자의 학설을 비판하고 독자적인 해석을 했다. 여기에서 그는 유학은 본질적으로 일상생활과 밀접한 관련이 있는 것을 다루는 학문이지 우주나 자연의 원리와 같은 비현실적인 이치를 다루는 학문이 아니므로 원시유학의 공맹사상으로 되돌아가야 한다고 주장했다. 또한 경험적 사실에 입각해 자연을 도구화할 것을 주장하고 성性과 도道에 대해 주자와는 달리 가변적이고 상대적인 해석을 내리고 있다. 또한 천명이 대국뿐만 아니라 소국에도 있다고 주장함으로써 민족의식에 입각한 실리주의적 사대주의론을 내세웠다. 그가 경서를 객관적으로 해석했는가에 대해서는 의문의 여지가 많으나 귀납적·고증학적인 비판과, 실사구시를 지향하는 학문의 태도, 경서에 대한 독창적인 해석의 시도 등은 실학사상에 많은 영향을 주었으므로 높은 가치를 인정받고 있다.

양명학 陽明學 명나라 학자인 왕수인 王守仁(호는 양명陽明)이 주창한 유학의 한 학풍. 주자학은 봉건질서의 합리화를 꾀했으나 명대 중기 이후 서민층의 대두와 농민반란 등을 감당할 수는 없었다. 이에 양명은 「이理」란 선천적으로 마음의 가운데 있기 때문에(심즉리心即理) 「지知(이理)」의 인식은 「행行=실천」과 일체 불가분이며, 「격물格物」이란 「지」를 다해 실천을 바로잡는 일(치양지致良知)이라고 말하고, 「이=체제이념」과 「오晧=현실의 모순」을 관념적으로 해결하려고 했다. 그는 먼저 알고난 후에 실천을 해야 한다는 주자의 주장(선지후행先知後行)을 비판하고 아는 것과 행동하는 것은 일체가 되어야 한다고(지행합일知行合一) 주장했다. 양명학은 현실의 유교윤리 그 자체에 대해 비판을 가한 것은 아니나, 「이」의 주관화·상대화를 주창해 자연적인 인간의 마음 자체를 중시하고 권위주의적인 이전의 유교를 적대시하는 양명학 좌파를 탄생시켰다. 우리나라에서도 조선 중종 이전에 이미 양명학이 들어왔으나 배척을 받았다. 그러다가 명 사신과의 접촉을 통한 문물교류, 사화 등 정치적 격동을 겪으면서 선조 때 남언경南彦經, 이요李瑤 등이 양명학을 받아들였고 허균, 이수광 등도 부분적으로 거론하기 시작했다. 그러나 배척론에 밀려 위축되었으며 본격적인 양명학의 수용은 장유張維, 최명길崔鳴吉 등에 이르러서야 이루어졌다. 이후 정제두 등에 의해 학파(강화학파)가 형성됨으로써 양명학에 대한 연구도 활발해졌다. 양명학은 실학자, 특히 북학파 학자들에게 많은 영향을 주었으며 한말·일제통치기에는 김택영金澤榮, 박은식朴殷植, 정인보鄭寅普 등에 영향을 주었다.

정제두 鄭齊斗 1649(인조 27)~1736

(영조 12) 조선후기의 학자. 자는 사앙士仰, 호는 하곡霞谷. 1668년(현종 9) 문과 초시에 급제했으나 어지러운 사회를 한탄해 벼슬을 단념하고 학문에 열중했다. 이후 학문과 덕행으로 이름을 떨쳐 수십번에 걸쳐 중신들의 천거로 요직에 임명되었으나 한성부윤, 대사헌, 우찬성 등을 잠깐 지냈을 뿐 대부분 거절했다. 처음에는 주자학을 공부했으나 양명학에 심취되어 우리나라에서는 처음으로 당시 학계에서 이단시되던 양명학의 사상적 체계를 세웠다. 그와 그의 친족을 중심으로 양명학에 대한 연구가 활발하게 전개되어 강화학파라고 불리는 양명학파가 생겨났다.

강화학파 江華學派 정제두에서 비롯된 양명학의 학파. 이들이 모여서 양명학을 연구했던 곳이 강화도이므로 강화학파라고 한다. 정제두를 비롯해 그의 자손과 이광사李匡師, 이광려李匡呂·신대우申大羽 등의 종형제, 윤순尹淳·이진병李震柄 등이 이에 속한다. 실학자 중에는 양지사관良知史觀에 입각해 역사를 파악한 이종휘, 이광사의 아들인 이긍익 등이 양명학을 연구했으며, 홍대용·박지원·박제가 등 북학파 학자들의 사상에도 양명학이 커다란 영향을 미친 것으로 보인다. 양명학파는 이후 200여 년간 계속 이어졌다.

최한기 崔漢綺 1803(순조 3)~79(고종 16). 조선말기의 학자. 자는 운로雲老, 호는 혜강惠綱·명남루明南樓, 본관은 삭녕. 1825년(순조 25) 과거에 급제해 생원에 올랐으나 벼슬을 하지 못하고 주로 학문을 연구하는 데 힘썼다. 여러 학문 분야, 특히 자연과학을 폭넓게 연구했으며 기일원론적 철학사상과 실학자의 사회개혁사상에 영향을 받아 자신의 철학체계를 세웠다. 그는 경험주의 철학을 바탕으로 무실사상務實思想을 전개했으며 성리학의 배타적·보수적 입장을 비판했다. 그에 따르면 인식은 외부사물과 감각기관이 접촉할 때만 발생하며 경험이란 곧 인식의 기초이다. 경험에 의하지 않은 선험적인 지식은 본래 존재할 수 없다. 최한기는 이러한 자신의 학문을 「기학氣學」이라고 불러 「이理」를 만물의 창조원리로 여겼던 성리학과 대립했다. 그는 역사가 인간의 주체적·능동적 노력에 의해 진보하는 것으로 보았다. 또한 제도와 풍속은 나라와 시대에 따라 당연히 달라진다고 생각해 사대적·복고적 태도를 반대했으며, 도덕적 선악의 기준은 백성들이 좋아하는가 싫어하는가에 따라 결정된다고 하여 민권사상을 보여주고 있다. 그밖에도 봉건적 왕권을 인정하되 무조건적인 예속에 반대하고 대의제를 찬성했으며 외국과도 문물교류를 통해 좋은 것을 섭취해야 한다고 주장하는 등 서구사상의 도입에도 긍정적인 태도를 나타냈다. 최한기의 사상은 비록 유교윤리 자체를 부정하는 것은 아니었으나 실학의 철학적 토대를 확립하고, 성리학에 대한 맹목적 추종에서 벗어남으로써 실학사상과 개화사상의 교량역할을 한 것으로 평가되고 있다.

명남루총서 明南樓叢書 최한기가 지은 책을 모아놓은 전집. 5책. 1971년 성균관대학교 대동문화연구원에서 국내외에 널려 있던 천여 권에 달하는 자료들을 모아 총서로 편찬한 것이다. 1책은 기 철학의 근본문제를 다룬 〈신기통神氣通〉, 도량형과 가감승제 등의 산술을 다룬 〈습산진벌習算津筏〉, 귀납적인 논리전개 방식에 대해 언급한 〈추측록推測錄〉 등으로 구성되어 있다. 2, 3책에는 〈인정人政〉〈강관론講官論〉〈소차유찬疏箚類纂〉 등이 수록되어 있는데 그 중 〈인정〉은 최한기의 가장 중요한 저작 중의 하나이다. 「인정」이란 인사행정의 준말로 정치·사회·경제·교육 등

사회전반에 걸쳐 광범한 개혁의 방안을 제시하고 있다. 4책에는 중국 및 우리 나라 지리서를 참고해서 만든 지리서인 〈지구전요地球典要〉, 농업용수의 마련 방법을 적은 기술서적인 〈육해법陸海法〉, 실증적 철학의 바탕 위에 종래 유학에서 인식하고 있던 제반문제를 재해석한 〈명남루수록明南樓隨錄〉 등이 실려 있다. 5책에는 서양의 의학과 과학을 다룬 〈신기천험身機踐驗〉〈심기도설心器圖說〉, 천체의 현상과 해·달·지구의 운행 등에 대해 설명한 〈의상이수儀象理數〉 등이 포함되어 있다. 전체적으로 봉건왕조 자체를 부정한다거나 시대적 한계를 극복한 것은 아니었으나 과학적인 사회윤리와 기 철학에 입각한 통일적인 사회의 이해, 그리고 숙명적인 사회적 신분차별 의식 등을 탈피함으로써 실학사상을 철학적으로 집대성하고 근대사상과의 교량역할을 한 것으로 평가된다.

도맥 道脈 우리나라 도인道人들의 인맥 및 계보. 〈백악총설白岳叢說〉〈청학집青鶴集〉, 한무외韓無畏가 지은 〈해동전도록海東傳道錄〉 등 조선후기에 나온 책자들에 소개되어 있다. 크게 우리나라 고유의 선도仙道와 중국에서 유입된 내단도학內丹道學으로 나눌 수 있는데, 전자의 계보는 〈백악총설〉과 〈청학집〉 등에, 후자는 〈해동전도록〉에 소개되어 있다. 우리나라 고유의 도맥은 대체로 환인을 시조로 환웅-단군-영랑永郎-보덕성녀普德聖女로 이어진다. 그러나 고려·조선에서의 승계는 애매하다. 16세기후반 명종·선조 때 도인들 사이에 사생제師弟 관계가 맺어지면서 새로운 도맥이 형성된 것으로 보인다. 한편 중국에서 유입된 도맥은 신라 때 도당 유학생인 김가기金可紀·최승우崔承佑, 승려인 자혜慈惠가 중국으로부터 도서道書와 구결口訣을 얻고 내단수련內丹修鍊을 받음으로써 시작된다. 그중 최승우와 자혜는 귀국해 내단수련과 도道를 전승했다. 조선에 들어와 김시습을 중조로 서경덕·홍유손洪裕孫·정희량鄭希良 등에 도학이 전수되었다. 조선중기 이후 양파 사이에는 빈번한 교류가 일어나 융합현상을 보이고 있다. 한편 이지함이나 곽재우와 같이 계보가 애매한 도인들도 생겨났다.

비결 秘訣 세상에 알려지지 않은 비법. 미래의 세계를 암시하고 미지에 대한 예언을 하고 있는데 대체로 신선이 되는 길을 제시하고 있는 득도비결得道秘訣과 국가나 사회의 장래를 예견하는 국사비결國事秘訣로 나눌 수 있다. 이중 보다 광범하게 영향을 끼치는 것은 국사비결로 신라의 도선道詵으로부터 발달되어 왔다고 한다. 비결을 통하여 미래를 사전에 파악해 그에 대비하고 행운을 얻고자 하는 심리는 일종의 점복사상占卜思想이라고 할 수 있다. 비결과 관계 깊은 인물로는 고구려의 고도령高道寧, 신라의 최치원崔致遠, 고려의 감우팔원監宇八元·도선道詵·정감鄭鑑, 조선의 무학無學·이지함·정북창鄭北窓·서산대사·이서계李西溪 등이 있으며, 비결서로는 〈정감록비결〉을 비롯해 〈토정비결〉〈정북창비결〉〈남사고비결南師古秘訣〉〈서산대사비결〉〈두사총비결杜師聰秘訣〉〈서계 이선생가장결西溪李先生家藏訣〉〈도선비결〉·〈동차결東車訣〉〈청구비결青丘秘訣〉〈의상결義湘訣〉〈상산결象山訣〉〈낭산결浪山訣〉〈무학연대無學筵對〉〈오백논사비기五百論史秘記〉 등이 있다.

정감록 鄭鑑錄 참서讖書의 하나. 조선중기 이후 민간에 성행한 국가운명과 생민존망生民存亡에 대한 예언서. 조선의 선조先祖인 이담李湛이라는 사람이 조선이 망한 후 이씨 대신 왕위에 오르게 될 정씨鄭氏의 조상인 정감鄭鑑이라

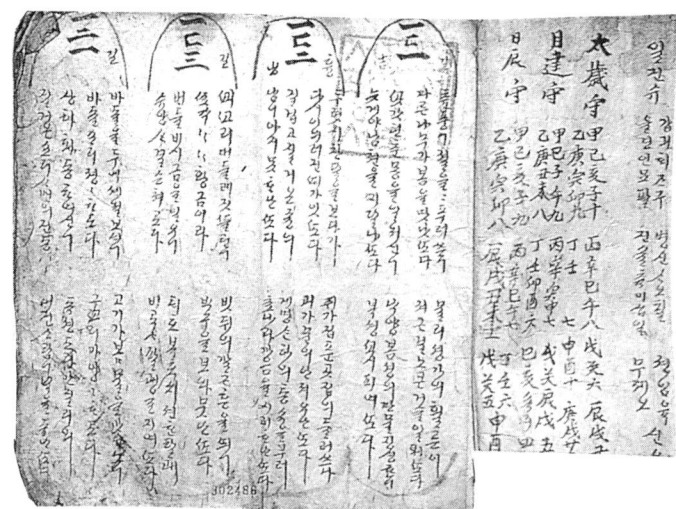

△토정비결. 중국에서 당시 유행하던 여러가지 술서를 인용해 엮었다 한다.

는 사람으로부터 들은 이야기를 기록한 책이라고 하나 이본異本과 이설異說이 많아 확실한 것은 알 수 없다. 이씨 이후 조선의 흥망대세를 예견해 이씨외 한양 몇백 년 이후에는 정씨의 계룡산 몇백 년, 그 다음에는 조씨趙氏의 가야산 몇백 년, 또 그 다음에는 범씨范氏의 완산完山 몇백 년, 또 그 다음에는 다시 왕씨의 송악 도읍 등으로 계승될 것을 논하고, 그 중간 중간에 어떠한 재난과 화禍가 있고 사회와 민심이 어떻게 될 것이라고 차례로 예언하고 있다. 오늘날 세간에서 통용되고 있는 「정감록」은 이 두 사람의 문답 이외에도 도선·무학·토정·격암格庵 등의 예언에서 발췌한 것을 포함하고 있다. 그러나 정감·이담 양인이 실존인물이라는 증거는 없다. 1589년 정여립의 역모사건도 이러한 배경에서 일어난 것이다. 임진·병자 양란과 당쟁의 격화 등으로 사회가 어지러워지고 정부에 대한 민중의 신뢰심이 극도로 약해진 상황에서 장래에 대한 희망을 주기 위해 만들어진 것으로 보이며, 조선 500년을 통해 민중에게 커다

라 영향을 준 책이다. 그러나 세상이 어지러워질 때 사람들이 〈정감록〉에 따라 줄지어 피난처를 찾아 떠나는 부작용을 낳기노 했다.

토정비결 土亭秘訣 의약·점·천문·지리·음양·술서 등에 모두 능했으면서도, 흙담집에서 생활하는 등 가난한 생활을 즐기고 기이한 행동을 하는 등 많은 일화를 남겨 기인이라고 일컬어졌던 토정土亭 이지함李之菡(1517(인종 1)~78(선조 11))이 조선 명종 때 만든 비결秘訣의 하나. 중국에서 유행하던 여러 가지 술서術書를 인용해 엮었다. 나이·출생월·일·시를 숫자로 따지고 주역의 음양설에 근거해 1년의 신수를 보며 사람들의 길흉화복을 예언하고 있다. 이러한 종류의 비결은 신라말 도선으로부터 시작된 것으로 여겨지고 있다. 〈토정비결〉이 민간에 널리 보급된 것은 대체로 조선말기인 것으로 보인다. 지금도 정초에 거리에서 〈토정비결〉로 1년의 신수를 점치는 것을 흔히 볼 수 있다.

규원사화 揆園史話 1675년(숙종 1) 북애노인北崖老人이 지었다는 고조선에 대

한 역사책. 저자가 누구인지는 밝혀져 있지 않고 다만 북애노인이라고만 소개되어 있다. 〈서문〉 및 〈조판기肇判記〉 〈태시기太始記〉〈단군기檀君記〉〈만설漫說〉로 구성되어 있다. 〈조판기〉에서는 조물주인 환인이 환웅을 시켜 천지를 창조하고, 환웅이 태백산에 내려와 군장(임금)으로 추대되는 과정을 그리고 있다. 〈태시기〉는 환웅(신시씨神市氏)이 동방을 다스리던 수천년의 역사를 기록하고 있으며, 〈단군기〉에서는 환검신인桓儉神人이 환웅으로부터 나라를 이어받은 때로부터 마지막 단군인 고열가古列加에 이르는 47대 1195년의 역사를 적은 것이다. 〈만설〉에는 저자의 우주관과 인생관·역사관 등이 나타나 있다. 〈규원사화〉는 〈환단고기桓檀古記〉와 함께 우리나라 고대사가 식민사관에 물들어 우리 민족의 역사를 축소, 왜곡시켰으므로 국사교과서 고대사의 내용을 전면 개편해야 한다는 일부 재야 사학자들의 주장의 중요한 근거가 되는 책이다. 그러나 현존하는 〈규원사화〉가 모두 근대에 필사 또는 등사된 것이며, 실려 있는 연대나 내용의 오류, 존재하지 않는 옛 책의 인용 등 사료비판에 비추어 볼 때 일제통치기에 쓰여진 대종교 계통의 책으로, 위서僞書라는 비판이 강하게 제기되고 있다.

6. 민중문화의 발달

유몽인 柳夢寅 1559(명종 11)~1623(인조 1) 조선중기의 문신·설화문학가. 자는 응문應文, 호는 어우당於于堂, 본관은 고흥. 1582년(선조 15) 진사과, 89년 문과에 급제해 벼슬이 후에 대사간에 이르렀다. 성혼成渾의 문인으로 글재주가 뛰어났으나 성품이 경박하다는 책망을 받고 절교했다. 그후 대북파 인물과 교류했으나 성혼이 죽은 다음에는 그를 비판하는 글을 썼다가 유생들에게 욕을 듣기도 했다. 중국에 3차례나 사신으로 갔으나 1609년(광해군 1) 세 번째로 갔다온 후 벼슬을 그만두고 고향에서 은거했다. 그후 다시 벼슬길에 올라 예조참판과 이조참판 등을 역임했으나 인목대비의 폐모론에 가담하지 않아 인조반정 때 화를 면했다. 그러나 이괄의 난 때 내통할 염려가 있다고 해서 체포되어 처형당했다. 문장가, 외교가로 이름이 알려졌으며 설화문학의 대가로 평가받고 있다. 글씨에서도 전서·예서·초서에 모두 탁월하기로 유명하다.

어우야담 於于野談 유몽인이 지은 야담설화집. 5권 1책. 1621년(광해군 13) 목판본으로 출간되었으며 그뒤 필사본으로 유포되어 전해져 왔다. 15~17세기초의 양반들의 생활에서 있던 이야기, 시, 국가의 제도, 당시의 민속 관계 자료 등이 실려 있으며 여러가지 야사나 사회의 풍설 등을 간결하고 명쾌한 필치로 풍자적으로 묘사했다. 이 책에 실려 있는 인물 가운데는 임진왜란 당시의 인물이 적지 않은 비중을 차지하고 있으며 임진왜란 전후의 생활상이 다방면으로 나타나 있다. 조선후기에 유행한 야담류의 효시가 되는 작품으로 평가되고 있다. 부정확한 서술을 하고 있는 것도 적지 않으나 임진왜란과 16세기말~17세기초 사회상을 이해하는 데 많은 참고가 된다.

허균 許筠 1569(선조 2)~1618(광해군 10) 조선 중기의 문신. 자는 단보端甫, 호는 교산蛟山·성소惺所, 본관은 양천. 1594년(선조 27) 문과에 급제했으며 뒤에는 형조판서, 좌참찬 등까지 지냈다. 일찍이 중국의 고전들을 두루 읽었으며, 탁월한 문장력으로 시와 소설 등을 잘 써서 이름을 날렸고, 유교와 불교에도 통달해 대북정권의 대표적 이론가로 알려져 있다. 1609년(광해군 1)에는 사신의 일원으로 명나라에 갔다가 천주교의 기도문을 얻어가지고 돌아왔다. 성품이 호탕했으며, 서자 출신인 이달李達에게서 시를 배웠으므로 서자 출신의 인물들과 교류가 깊었다. 그러나 13년 계축옥사癸丑獄事로 평소 친하게 지내던 서자 출신 박응서朴應犀 등이 처형되자 신변의 안전을 위해 당시 권세가이던 이이첨李爾瞻에게 접근하기도 했다. 인목대비의 폐모론을 주장해 왕의 신임을 얻은 것을 계기로 반란의 계획을 세우고 준비작업을 진행시키다가 발각되어 18년 8월 반역죄로 참형되었다. 많은 저서를 남겼는데 특히 〈홍길동전〉은 그의 사상을 잘 나타낸 사회소설로 우리나라 최초의 국문소설이다. 시문에 뛰어났던 여류시인 허난설헌許蘭雪軒은 허균의 누이이다.

홍길동전 洪吉童傳 허균이 지은 한글소설. 1책. 본래 한문본으로 쓰여졌던 긴 소설을 국문본으로 줄였다고 하나 한문본은 전하지 않는다. 또는 한문본과 국문본의 작자를 달리 보는 견해도 있다. 홍길동에 대한 전설과 임꺽정에 대한 이야기를 자료로 삼고 임진왜란 전후의 사회경제적 상황을 배경으로 삼고 있다. 줄거리는 재상의 아들로 태어났으나 서얼출신이었기 때문에 멸시와 천대를 받던 홍길동이 뛰어난 무술을 이용해 도둑조직인 활빈당의 두령이 되어 탐관오리를 무찌르고 빈민을 구제하다가 율도국이라는 이상사회를 건설하는 것으로 되어 있다. 중국소설인 〈수호전水滸傳〉의 영향을 받아 사회개혁, 특히 적서차별 타파의 주장을 작품화한 것이다. 그러나 홍길동이 율도국에서 왕이 되어 몇 사람의 첩을 두었으며 자기의 가족들에게 벼슬을 준다는 데서도 나타나 있듯이 봉건적 신분제 자체를 완전히 철폐하고 만민의 평등을 그리고 있는 것은 아니었다. 또한 인물의 성격

창조가 환상적인 측면이 많고 구체적 묘사가 부족한 점 등 소설기법상 완전한 것은 아니다. 그러나 당시 사회상을 잘 보여주고 있으며 장편적 구성을 가진 최초의 한글소설이라는 측면에서 중세문학사에 중요한 이정표가 되고 있다.

임진록 壬辰錄 임진왜란을 주제로 한 작자를 알 수 없는 군담소설軍談小說. 3권 3책. 창작 연대는 확실하지 않으나 대체로 17세기초로 추정된다. 우리 글과 한문으로 된 것이 있으며 여러 종류의 필사본이 전한다. 임진왜란의 과정, 여러 장수와 의병장들의 활약을 생동감 있게 묘사했다. 첫부분에서는 침략을 하기 위한 일본의 전쟁준비 과정, 다음 부분에서는 전쟁초기의 전투상황을 서술했다. 그 다음에는 이순신의 수군 및 각지의 의병장들의 활약상이 나타나 있으며 마지막 부분에서는 국내의 왜군을 몰아낸 뒤 일본에 가서 항복을 받는 상황이 묘사되어 있다. 역사적 사실과 백성들 사이에 전하는 전설에다가 작자의 상상을 덧붙여 창작한 것이다. 여러가지 설화가 내용의 중요한 부분을 차지하고 있는데 사명당이 일본에 건너가서 항복을 받고 돌아온다는 설화나 조선의 지맥을 끊으려던 이여송이 태백산신의 질책을 받고 도망하는 설화 등이 대표적이다. 단순한 허구라기보다는 일종의 역사소설로, 나라와 민족을 수호하려는 민중의 애국심을 자극하고 당쟁으로 인해 외적의 침략을 불러일으킨 데 대해 뼈아픈 참회를 하고 있다. 또한 실제적으로 패배한 전쟁을 거꾸로 승리한 것으로 묘사함으로써 정신적으로나마 일본으로부터 보상을 받으려고 하고 있으며 이여송과 관계된 설화들에서 볼 수 있듯이 명도 우리나라를 괴롭히는 외적으로 취급하는 배명의식까지도 보여주고 있다. 조선후기에 잇따라 나타나는

군담소설의 모태가 되고 있다.

임경업전 林慶業傳 조선후기에 쓰여진 작자·연대미상의 소설. 〈남장군전〉이라고 하기도 한다. 인조 때의 장수 임경업의 일생을 그린 군담 전기소설이다. 민간의 구전설화를 토대로 임경업의 유문遺文·비문·연보·제문 등을 참고해 엮었다. 왜란과 호란 이후의 외국 배척사상, 특히 반청사상이 널리 퍼져 있던 사회상황에서 나온 것으로 호란으로 인해 입었던 치욕을 소설로나마 어느 정도 풀고 싶어하는 민족적 심경이 잘 반영되어 있다고 할 수 있다. 정치를 잘못해 간신들이 날뛰고 유능한 인재들이 제대로 활약을 하지 못한다는 지배층에 대한 비판의식과 간신에 대한 분노를 민족적·민중적 차원에서 소설화했다. 조선시대 군담소설이 대부분 사실을 비현실적으로 과장하거나 지어낸 신화적 이야기인 데 반해 〈임경업전〉은 비교적 기록에 나오는 역사적 사실에 충실했다. 여러가지 이본異本이 있으며 이후 여러 책에 자주 소개되었다. 국문학 자료로서 중요하며 당시 궁정의 생활과 풍속을 알아보는 데 도움이 된다.

김만중 金萬重 1637(인조 15)~92(숙종 18) 조선후기의 문신·소설가. 자는 중숙重淑, 호는 서포西浦, 본관은 광산. 예학의 대가인 김장생金長生의 증손자로 일찍이 학문에 정진해 14세에 진사 초시에 합격했으며, 1665년(현종 6) 과거에 급제해 벼슬길에 올랐다. 벼슬이 후에는 예조참의·공조판서·대사헌에 올랐으며, 암행어사로 삼남지방에 파견되어 백성의 생활을 살피기도 했다. 그러나 기사환국으로 남인이 집권을 한 후 남해로 귀양가서 그곳에서 목숨을 거두었다. 그는 때때로 주희의 논리를 비판할 정도로 상당한 학문수준에 도달해 있었으며 불교사상을 수용했다. 특히 뛰어난 문학적 재능을 가지고 있었으며 다른 양반관료들과는 달리 우리 글을 중시해 국문가사 예찬론을 펼쳤다. 그에 따르면 우리 말을 버리고 다른 나라 말로 시문을 짓는 것은 마치 앵무새가 사람의 말을 흉내내는 것과 마찬가지라는 것이다. 김만중은 많은 작품을 지었다고 하나 현재 전해지는 소설로는 〈구운몽〉과 〈사씨남정기〉가 있을 뿐이다.

구운몽 九雲夢 조선 숙종 때 김만중이 지은 소설. 30여 종이 넘는 이본異本이 있으며 이본에 따라 책의 분량도 1책에서 4책까지 다양하다. 한문본과 국문본이 있는데 거의 비중이 비슷해 계층과 성별을 넘어 두루 읽혔으리라는 것을 짐작할 수 있다. 신선세계에서 육관대사 밑에서 불도를 닦던 성진은 8선녀를 만나 희롱을 하다가 불문에 회의를 느낀다. 성진은 지옥에 추방되었다가 인간세계에 환생해 부귀영화를 누리고 8선녀를 차례로 만나 인생을 즐기게 된다. 그러나 인간세계에 대해 허무와 무상을 느끼고 8선녀와 함께 불도를 닦아 영생을 구하자고 할 때 잠에서 깬다. 잠에서 깬 성진은 잘못을 뉘우치고 육관대사에게 가르침을 받고 있는데 8선녀도 찾아와서 가르침을 받는다. 성진과 8선녀는 본성을 깨우치고 도를 얻어 극락세계로 돌아간다는 내용이다. 〈구운몽〉의 주제에 대해서는 여러가지 견해가 제시되고 있지만 인생무상을 주제로, 불교 〈금강경〉의 공空사상이 소설로 형상화되었다고 평가되고 있다. 그밖에 유교와 불교, 그리고 도교의 3가지 사상이 화합되어 나타나고 있다는 견해도 제시되고 있다. 구운몽은 일본에 전해져 번안되었으며 중국의 소설에도 영향을 끼쳤다.

사씨남정기 謝氏南征記 김만중이 지은 고전소설. 숙종이 인현왕후를 쫓아내고 장희빈을 왕비로 맞아들인 것을 비판하고 숙종의 마음을 돌려 민비를 원상회복시키기 위해 권선징악의 수법을 고도로 이용한 소설로 알려져 있다. 명나라 때 한림 유연수가 후처인 교씨의 간계에 넘어가 학문과 덕, 미모를 겸비한 본처인 사씨를 내쫓고 교씨를 부인으로 맞아들였다가 후에 잘못을 뉘우치고 교씨를 처형하고 사씨를 다시 정실로 맞아들인다는 내용이다. 여기에서 유한림은 숙종, 사씨는 인현왕후, 교씨는 장희빈을 빗댄 것이다. 인간의 덕업을 강조함으로써 민비 폐출의 부당성을 나타내고 있다. 이러한 목적의식을 김만중은 뛰어난 문학적 재능으로 훌륭하게 전개시키고 있다. 그러나 천우신조에 의해 사건이 전개된다든지 꿈이 지나치게 많이 나온다는 것은 고전소설의 한계를 그대로 가지고 있는 것이라고 할 수 있다.

양반전 兩班傳 박지원이 지은 한문 소설. 〈연암집〉 중의 〈방경각외전放璚閣外傳〉에 실려 있다. 저작 연대는 확실하지 않으나 대체로 박지원의 초기작품으로 추측되고 있다. 줄거리는 대체로 다음과 같다. 「정선에 한 양반이 살았는데 품행이 단정하고 예의범절을 깍듯이 지키지만 몹시 가난했다. 환곡을 값지 못해 투옥당할 처지에 놓이자 이웃에 사는 지체 낮은 부자가 이를 대신 내주고 양반을 샀다. 그러나 양반의 거추장스럽고 형식적인 행동과 일반 평민들 위에서 제멋대로 횡포를 부릴 수 있음을 안 부자는 양반의 권한이 도둑과 같다고 비난하고 양반직을 포기한다」 돈 1000냥을 받고 양반의 지위를 사고 판 양반과 상인을 통해 박지원은 양반의 겉치레 형식주의와 비인간적인 수탈을 구체적이고 희극적으로 풍자·비판함으로써 당시 사회의 부패와 모순을 폭로하고 있다. 조선후기의 사회경제적 변화에 따라 경제력을 이용해 양반을 사던 당시의 사회상과 양반 관료사회의 부패상, 몰락 양반의 비참한 생활 등이 간결한 필치로 잘 나타나 있다.

장화홍련전 薔化紅蓮傳 18~19세기초의 가정윤리 소설. 국문본과 한문본이 있는데 한문본이 원본으로 보인다. 한문본은 17세기중엽 전동흘全東屹이 지은 〈가재집佳齋集〉에 의하면 박경수가 창작했다고 하나 작자를 확실히 알 수는 없으며 창작 연대는 1785년(영조 34)으로 생각된다. 장화와 홍련이 계모의 박해를 받다가 억울하게 죽는 이야기를 통해 봉건사회의 가부장적 제도의 불합리성과 모순을 나타내고 있다. 국문본은 한문본을 토대로 장화와 홍련의 환생 이후의 이야기를 추가한 것이다. 작자는 역시 알 수 없으나 언어 및 표현수법으로 보아 18세기말~19세기초에 창작된 것으로 추정된다. 〈장화홍련전〉은 악인에 대한 사람들의 증오와 정의감을 반영하고 있으며 봉건사회의 가부장적 모순을 이해하는 데도 도움이 된다.

춘향전 春香傳 봉건사회의 부패상과 사회적 불평등을 폭로한 고전소설의 하나. 민간설화나 구전소설을 토대로 여러 사람들에 의해 완성되었으며 특히 판소리로 상연되는 과정에서 광대들에 의해 윤색되었다. 18세기 이전부터 판소리로 상연되었으며 19세기초에 필사본으로 정착된 것으로 여겨진다. 봉건사회 말의 특권층의 횡포와 그에 대한 민중의 저항심, 계급을 초월한 사랑 등이 나타나 있다. 이몽룡이 변학도를 응징하는 것은 탐관오리에 대한 민중의 태도를 표현한 것으로 볼 수 있다. 여러 종류의 이본異本이 있는데 그 중 가장 오래된 완판(전주판) 〈열녀춘향수절가〉를 비롯해 〈소춘향가〉와 경판(서울판) 〈춘향전〉, 악부시 형식으로 쓴 〈광한루악부〉·〈춘향가〉 등이 대표적이다. 19세기말~20세기초 이후에 간행된 활자본에도 〈언문춘향가〉 〈옥중화〉 〈옥중룡〉

〈오작교〉〈옥중가인〉 등 여러 종류가 있다. 이밖에도 한문 번역본으로 〈수산광한루기〉〈한문춘향전〉 등이 있다. 봉건사회말의 계급 신분관계와 사회경제 형편을 생동감있게 나타냈으며, 특히 봉건사회의 부패성을 날카롭게 폭로했다. 또한 이몽룡과 성춘향 사이의 신분을 초월한 사랑은 신분제도가 무너져가는 당시의 사회상을 반영한다고 할 수 있다.

대동야승 大東野乘 조선초부터 인조 때까지 약 250여 년간에 걸쳐 50여 종의 일기·수필·견문록 등을 시대순으로 모아놓은 야사野史의 총서. 72권 72책. 한 개인이 아니라 여러 사람에 의해 편술된 것으로 대체로 17세기말(현종)~18세기초(숙종)에 편집된 것으로 보인다. 〈대동야승〉에 들어 있는 주요한 책으로는 성현의 〈용재총화〉, 서거정의 〈필원잡기〉, 남효온의 〈추강냉화〉, 어숙권의 〈패관잡기〉, 이육의 〈청파극담〉, 김안로의 〈용천담적기〉, 이이의 〈석담일기〉, 정철의 〈시정비〉, 윤두수의 〈오음잡설〉, 작자를 알 수 없는 〈역대요건〉〈광해조일기〉 등이 있다. 이 중에는 〈용재총화〉와 같이 전문이 수록된 것도 있으나 〈추강냉화〉와 같이 발췌 수록한 것도 있으며 〈패관잡기〉와 같이 뒷부분을 생략한 것도 있다. 특히 당쟁이나 사화·옥사獄事 등에 관한 기록이나 임진·병자 양란에 관한 내용들이 많아 조선의 정치사를 연구하는 데 많은 참고가 된다.

박문수설화 朴文秀說話 박문수에 관한 인물설화. 여러 문헌이나 구전으로 전한다. 박문수가 민중의 어려움을 구해주는 이야기로부터 자신이 어려움을 당해 어린아이에게 도움을 받는 이야기에 이르기까지 다양한 유형이 있다. 박문수가 암행어사를 할 때 일어났던 잘 알려진 이야기들에다가 새로이 꾸며낸 이야기가 덧붙여 있다. 문헌설화가 주로 박문수가 사건을 해결하는 내용을 중심으로 하고 있는 반면 구전설화는 내용이 더욱 다양하며 전국적으로 퍼져 있다. 민중의 어려운 현실을 구제해줄 수 있는 인물을 갈망하는 기대와 그에 대한 좌절감을 나타내고 있다. 우리나라의 대표적인 인물설화 중의 하나로, 개화기 소설인 〈박문수전〉에 영향을 주었다.

계축일기 癸丑日記 인목대비의 폐비 사건을 다룬 조선후기의 궁중소설. 〈서궁록西宮錄〉이라고도 한다. 인목대비의 폐비사건이 시작되었던 1613년(광해군 5, 계축년)부터 인조반정으로 복위되기까지의 과정을 기록했다. 〈계축일기〉의 저자에 대해서는 인목대비 주변의 궁녀가 지었다는 게 일반적 설이었으나 이 외에도 대비 자신이 스스로 지었다는 주장과 정명공주貞明公主 및 그의 나인들이 지었다는 설도 있다. 궁중생활을 속속들이 파헤쳐 사실적으로 묘사했으며 순우리말을 구사하면서도 궁중어와 우아한 문체를 사용하고 있어 문학적인 가치가 높다. 궁중생활의 내막을 일반 백성과 후세 사람에게 알려 교훈을 주고 경계를 하자는 뜻도 포함되어 있다. 한편 〈계축일기〉가 사실에 토대를 둔 기록이니만큼 소설이 아니라 수필이나 기사문학記事文學으로 보아야 한다는 견해도 있다.

인현왕후전 仁顯王后傳 조선후기에 쓰여진 작자·연대 미상의 궁중소설. 숙종의 계비였던 민비의 출생으로부터 시작해 계비로 입궐했다가 장희빈이 왕비가 됨으로써 서인이 되어 쫓겨났다가 다시 왕비의 자리에 오르는 파란만장한 과정을 전기체로 다루고 있다. 작가는 인현왕후를 모셨던 궁녀일 것이라는 주장이 일반적이었으나 기사환국 때 인현왕후의 폐비를 반대하다가 고문을 받고 죽은 박태보朴泰輔의 후손, 또는 인현왕후의 친정 일문일 것이라는 설도 제기되어 있다. 저작연대는 대체로 영·정조 연간으로 짐작된다. 궁중에서의 여러가지 사건과 음모 등이 생동감있게 다루어져 있으며 궁중어를 사용해 과장이나 생략없이 이야기를 전개시킨 우수한 옛 소설로 평가된다. 또한 사건 자체를 흥미롭게 서술했을 뿐만 아니라 일종의 교훈서 역할을 하고 있기도 하다. 그러나 내용 자체는 신빙성이 희박해 사료적 가치는 별로 없다. 〈계축일기〉〈한중록〉 등과 함께 대표적인 궁중소설로 손꼽힌다.

한중록 恨(閑)中錄 조선 정조의 어머니이자 장헌세자의 빈이었던 혜경궁 홍씨惠慶宮洪氏가 지은 자서전적 회고록. 6권 6책. 혜경궁 홍씨가 환갑을 맞이해서 60 평생의 이야기를 소설체로 엮은 것이다. 특히 부군인 장헌세자의 참변을 주로 기록했으며 그밖에도 당쟁 등 어러기지 정치적 소용돌이 속에서 살아온 자신의 파란만장한 이야기를 순한 글로 기록한 것이다. 문장이 섬세하면서도 등장인물의 성격이 선명하고 이야기가 박진감이 있어 우리나라 고전 산문문학의 정수로 평가되기도 한다. 〈인현왕후전〉과 함께 궁중문학의 쌍벽을 이루고 있다. 또한 조선 여성의 이면사와 정치풍토에 관한 관찰 등은 사료적 가치도 있다.

청구영언 靑丘永言 1727년(영조 3) 김천택이 편찬한 가곡집. 현재까지 전하는 가곡집 중 가장 오래된 것이며 그 내용도 가장 방대하다. 고려말엽부터 당시까지의 시조 약 1,000수와 가사 17편이 실려 있다. 그때까지 잘못 전해진 것을 하나하나 고쳐서 각각 곡조에 따라 분류해 배열했으며 이름이 알려진 작가 140여 명에 대해서는 일일이 약력을 실었다. 〈가곡원류〉〈해동가요〉와 함께 조선시대의 대표적인 3대 가곡집으로

알려져 있다. 시조의 발달과 당시의 문학을 연구하는 데 중요한 자료이다.

해동가요 海東歌謠 1763년(영조 39) 김수장이 편찬한 시조집. 1권. 한번 편찬된 후에도 개정작업이 김수장이 80세 되던 해인 1769년(영조 45)까지 계속되었다. 책머리에 편찬자가 쓴 서문과 함께 곡조에 대한 이론적 해석이 실려 있다. 그 다음에는 김천택을 비롯한 이름을 아는 작가들의 시조 568수와 작자를 모르는 시조 315수 등 모두 883수를 모아 연대 및 작가별로 분류·배열했는데, 작가를 먼저 밝히고 작품을 수록했다. 그러나 수록된 글에는 편찬자 자신과 〈청구영언〉의 편찬자인 김천택의 작품은 빠져 있다. 이름이 밝혀진 일부 작가들에 대해서는 간단한 약력과 노래에 대한 평가가 실려 있다. 책끝에는 1755년 장복소가 쓴 서문과 이름난 가요 명수들의 이름이 붙어 있다. 곡조별로 배열한 〈청구영언〉과는 달리 연대 및 작가별로 분류 배열했으며 〈청구영언〉에 없는 시조들도 많이 수록했다. 〈가곡원류〉〈청구영언〉과 함께 조선시대 3대 시조집으로 알려져 있으며, 당시 시가와 시조를 연구하는 데 반드시 필요한 자료이다.

가곡원류 歌曲源流 1876년 박효관朴孝寬과 그의 제자 안민영安玟英이 함께 편찬한 가곡집. 이본異本이 10여 종에 달한다. 첫머리에 곡조와 창법에 관한 이론을 뽑아서 실었으며 곡조에 따라 29～30항목으로 시조작품을 분류하고 있다. 본문에서는 가곡을 남창男唱과 여창女唱의 두 부류로 나누어 남창 665수, 여창 191수 총 856수를 싣고 있다. 고구려 을파소乙巴素로부터 편자인 안민영 자신에 이르기까지 각 시대의 문인·정치가·장군·여성 등 각 계층의 작품과 지은 사람을 알 수 없는 작품들이 망라되어 있다. 작품을 배열하는 데는 곡조

에 의한 분류를 제외하고는 신분이나 연대를 고려하고 있지 않다. 작가가 밝혀진 작품의 경우엔 끝에 작가의 간단한 약력을 함께 소개하고 있다. 시조문학을 총결산한 책으로 가곡, 특히 시조의 발달과 체계·변화과정을 고찰하는 데 귀중한 자료로 활용되고 있다.

사설시조 辭說時調 조선후기에 나타난 시조의 한 형식. 장시조, 또는 장형시조라고도 한다. 평시조에 비해 2구 이상의 자수가 10자 이상으로 늘어난 형태이다. 늘어난 구는 대개 중장의 1, 2구이지만 초장과 종장이 기본형에서 벗어나는 수도 있으며 때로는 3장이 모두 벗어나는 경우도 있다. 원래 사설시조란 창법에 따라 분류된 시조의 형식으로 길어진 중장을 연장법延長法 등을 써가며 반 음정 등을 넣어 부르는 것이다. 사설시조의 발생은 숙종 때쯤으로 추측된다. 그 주제는 평시조에 비해 인간 주변의 생활을 사실적으로 다룬 작품들이 많다. 표현방식도 고정적이고 형식적인 것이 아니라 재담이나 욕설 등을 대담하게 묘사하거나 풍자하고 민요·가사·대화 등을 통일성 없이 섞는 경우가 많다. 사설시조의 작가들은 알려지지 않은 경우가 대부분인데 중인 출신, 또는 평민이나 부녀자들이 많이 창작했을 것으로 짐작된다. 현재까지 전하는 사설시조는 430여 수 정도이다.

판소리 조선후기에 발생한 창극唱劇의 하나. 전라도와 충청도를 중심으로 발달했다. 광대 1명이 북잡이(고수鼓手)의 북 장단에 맞추어 일정한 줄거리가 있는 이야기를 창과 대사로 연출하는 것이다. 판소리 장단에는 진양조, 중모리, 중중모리, 잦은 중모리, 잦은 모리, 엇모리 등이 있는데 이것들은 여러가지 감정들을 표현하는 데 쓰였다. 판소리는 민중문화가 성장을 보이고 있던 조선 숙종 무렵에 발생한 것으로 보

인다. 초기의 판소리는 17~18세기경 유행하던 가사와 잡가의 한 가닥이었다. 그러나 민간설화를 줄거리로 하고 있다는 점에서 구별된다. 〈춘향가〉〈심청가〉〈흥보가=박타령〉〈적벽가〉〈수궁가=토끼타령〉〈장끼타령〉〈가루지기타령=변강쇠타령〉〈무숙이타령〉〈배비장타령〉〈강릉매화전〉〈숙영낭자전〉〈옹고집전〉의 12마당으로 꾸며져 있다. 최선달崔先達·하한담河漢潭 등에 의해 완성되어 영·정조대를 거쳐 순조 때에 이르러 매우 번창했다. 특히 고종 때 신재효는 판소리를 정리하고 〈춘향가〉〈심청가〉〈박타령=흥보가〉〈수궁가〉〈가루지기타령〉〈적벽가〉의 6마당으로 개작해 판소리의 발전에 크게 기여했다. 이름난 판소리 가수로는 18세기말경의 권삼득·황해천, 19세기전반기의 송흥록·모흥갑·염계달·김용운·주덕기 등이 있는데 이들은 판소리의 양식을 완성하는 데 기여했다. 19세기에는 서도지방에도 고유한 잡가·판소리들이 형성되었다. 판소리는 20세기초의 창극의 모체가 되었다.

신재효 申在孝 1812(순조 12)~84(고종 21) 조선후기의 판소리 연구가이자 작가. 자는 백원百源, 호는 동리桐里, 본관은 평산. 어려서부터 한학을 배워 4서 3경과 제자백가에 능통했다. 아버지가 경주인京主人을 하면서 모은 재산을 기반으로 벼슬길에 올라 호조참판까지 역임했다. 신재효 자신도 재산을 관리하는 데 뛰어난 솜씨를 보여 가산을 더욱 늘려나갔다. 넉넉한 가산으로 판소리를 즐기면서 판소리 명창들을 돌보아주는 한편 판소리 연구에 몰두했다. 판소리 대본을 마련해 판소리를 다양화하기에 노력했으며 〈광대가〉를 지어 판소리의 이론을 수립했다. 만년에는 〈춘향가〉〈심청가〉〈박타령〉〈수궁가〉〈적벽가〉〈변강쇠가〉 등 판소리 6마당을 골

라 사설을 실감있게 고치고 작품 전반을 합리적이고 체계적으로 구성했다. 판소리에 대한 그의 관심은 한국 문학사에서 판소리가 발전하는 데 크게 기여했으며 문하에 많은 명창들이 배출되었다.

잡가 雜歌 조선말에서 20세기초까지 유행했던 시가의 한 형태. 서민들이 부르는 속요俗謠라는 뜻에서 잡가라고 했다. 잡가란 시가를 총칭하기도 하지만 일반적으로는 시조·가사 이외의 시가를 가리킨다. 민요는 후렴에 붙는 사설이 짧은 데 반해 잡가는 긴 사설의 형식을 취하는 것이 보통이다. 또한 형식과 내용이 다양하며 직업적 가수에 의해 창작, 전승된 것이 많다. 또한 구전 전승이 대부분이어서 같은 노래라도 전승자에 따라 내용과 창법에 차이가 있다. 주된 내용은 남녀간의 사랑, 자연의 아름다움, 인생무상 등인데 때로는 인생은 유한하므로 젊어서 놀자는 향락적 내용을 포함하고 있기도 하다. 잡가의 형식에는 시조·가사·판소리·민요 등이 모두 원용되고 있는데, 4·4조가 주를 이루고 있지만 파격이 심한 것이 특징이다. 잡가는 처음에는 신흥도시의 상공인들이 즐겨 부르다가 일반서민이나 사대부에까지 확대되었으며 조선말에 유행하다가 1930년을 전후해서 서양풍의 노래(유행가)가 들어오면서 밀려났다.

김병연 金炳淵 1807(순조 7)~63(철종 14) 19세기중엽의 풍자시인. 자는 성심性深, 호는 난고蘭皐, 본관은 안동. 22살 때부터 방랑생활을 하면서 항상 삿갓을 쓰고 다녔으므로 흔히 김삿갓이라고 불린다. 양반가정에서 태어났으나 홍경래난 때 반란군에게 투항했다가 역적으로 몰린 김익순을 조롱하는 「정가산이 충절을 다하다가 죽은 사실을 논하고 김익순의 죄가 하늘에 도달한 것을 통탄한다 (논정가산충절사 탄김익순죄통

우천論鄭嘉山忠節死嘆金益淳罪通宇天)」이라는 글로 장원급제했으나, 김익순이 할아버지라는 사실을 알고 벼슬을 포기한 채 방랑생활을 했다. 하늘을 볼 수 없는 죄인이라고 자책하며 삿갓을 쓴 채 전국 곳곳을 떠돌아다니며 주로 양반 및 토호들의 위선적인 생활을 풍자하는 많은 즉흥시를 지었다. 그의 시들은 예리한 풍자와 해학을 담고 있다. 특히 격식에 구애되지 않은 기발한 착상으로 한자의 뜻과 음을 파격적으로 사용해 한자의 음이 같으나 뜻이 다른 글자를 써서 대상을 풍자적으로 전형화함으로써 조소와 멸시를 자아내는 뛰어난 재치를 보였으며, 한자로서 우리말을 표시하는 파격시도 지었다. 그밖에 농민들의 어려운 생활을 묘사하거나 아름다운 경치를 묘사하는 시들을 짓기도 했다.

二十樹下三十客　　四十村中五十食
人間豈有七十事　　不如歸家三十食
스무나무 아래 앉은 설운 나그네
망할 놈의 마을에서는 쉰밥을 주는구나
인간으로 어찌 이런 일이 있겠는가
차라리 집에 돌아가 설은 밥을 먹느니만 못하다.

정수동 鄭壽銅 1808(순조 8)~58(철종 9) 조선말기의 시인. 본명은 지윤芝潤, 자는 경안景顔, 호는 하원夏園, 본관은 동래. 태어날 때부터 손바닥에 「수壽」자의 문신이 있었으며 이름 가운데 「지芝」가 〈한서〉에서는 「지생동지芝生銅池」로 되어 있다고 해서 수동이라는 별호를 사용했다. 사회의 여러가지 모순에 불만을 느낀 나머지 평생을 광인처럼 행동했다. 그의 언동에는 날카로운 풍자가 들어 있으며 많은 일화를 남겨「기발한 익살꾼 정수동」이라고 불린다. 번잡한 문장이나 허황된 형식을 배격하고 간결한 가운데서도 높은 격조를 담은 시들을 남기고 있다.

△정선의〈인왕제색도〉

농가월령가 農家月令歌 조선 헌종 때 정학유鄭學游가 지은, 철따라 달마다 진행되던 영농행사를 묘사한 가사. 12달을 노래한 12단락과 서사序詞, 결사結詞 등 총 14단락으로 이루어져 있다. 서사에서는 해·달·별의 운행과 역대의 월령 및 당시 쓰이던 역법의 기원에 대해 설명하고 있으며 결사에서는 농사에 힘쓸 것을 권장하고 있다. 각 달의 월령에서는 절기와 농사의 절기, 세시풍속 등을 노래하고 있다. 기본적인 농사의 시기를 알려주며 농촌의 생활과 정취를 느끼게 해준다. 그러나 농민 자신의 작품이 아닌 관계로 실제의 농촌현실과는 거리가 있으며 교훈적인 부분이 많다. 정학유의 〈농가월령가〉 외에도 조선말 이기원李基遠이 지은 가사인 〈농가월령〉과 고상안高尙顔이 지은 농사교본인 〈농가월령〉이 있다. 한편 농민들 사이에서 농가월령을 주제로 한 노래가 광범하게 불려졌는데 그 내용은 양반관료들이 지은 것과는 차이가 있다. 오늘날 농민들 사이에서 불려지는 농가월령가들은 대체로 18~19세기에 그 형태가 완성된 것으로 영농행사와 농사의 기술, 농촌의 풍습뿐만 아니라 고된 노동과 기근, 자연재해를 참고 견디는 농촌의 생활이 반영되어 있다.

민화 民畵 이름이 알려지지 않은 서민들에 의해 그려진 그림. 생활공간의 장식 등 주로 실용적인 목적을 위해 제작되었다. 특히 조선후기에는 일반민중의 그림으로 널리 유행했다. 민화의 기법은 전통적인 동양화와는 달리 창의성은 별로 없으며 형식화된 유형에 따라 그려지는 것이 보통이다. 주제도 복합적으로 구성된 것이 많다. 민화의 주된 소재로는 호랑이·산신·용·까치·오리·꽃·나비 등과 10장생 등이 있다. 세련미나 격조는 떨어지나 서민의 생활과 관계가 깊으며 익살스럽고 소박한 형태와 대담하고 파격적인 구성은 민중의 정서를 반영한다고 할 수 있다.

윤두서 尹斗緖 1668(현종 9)~1715(숙종 41) 조선후기의 문인·화가. 자는 효언孝彦, 호는 공재恭齋, 본관은 해남.

정약용의 외증조이자 윤선도의 증손으로 정선·심사정 등과 함께 그림에 뛰어난 3재三齋라고 일컬어진다. 1693년(숙종 19) 진사과에 합격했으나 남인계열로 벼슬에 별로 뜻을 두지 않고 학문과 시·서·화에 전념했다. 말과 인물화를 잘 그렸는데 뛰어난 그림솜씨로 정확한 묘사를 했다. 전통성이 강한 중국적인 산수화도 즐겨 그렸으며 풍속화에도 관심을 쏟아 18세기중반 이후 유행한 남종화와 풍속화의 선구적 위치를 차지하고 있다. 그의 사실주의적인 태도와 그림관은 정약용의 회화론을 형성하는 바탕이 되었다. 대표작으로 〈자화상〉〈백마도〉〈도석인물道釋人物〉〈노승도老僧圖〉 등이 전한다.

정선 鄭敾 1676(숙종 2) ~ 1759(영조 35) 조선후기의 화가. 자는 원백元伯, 호는 겸재謙齋·난곡蘭谷, 본관은 광산. 어려서부터 그림을 잘 그려 이름을 떨쳤으며 그로 인해 추천을 받고 관직에 올라 화가로서는 파격적인 가선대부 중추부사嘉善大夫知中樞府事라는 종2품 벼슬까지 했다. 문인들과 폭넓은 교류를 했으며 성리학에 대한 공부에도 힘써 중국 고전문학과 사상을 두루 섭렵했으며 이를 그림에 반영했다. 주로 우리나라의 자연을 두루 그렸는데 이전 화가들이 산수화를 그리는 경우 중국의 경치를 그렸던 낡은 틀을 깨고 우리나라의 실제 경치(진경산수화)를 그려내기에 힘썼다. 그가 그린 금강산이나 서울 주변의 산수화는 보는 사람으로 하여금 우리나라 산천의 아름다움에 대한 긍지를 불러일으키게 한다. 그의 그림은 문인화나 화원화를 막론하고 많은 영향을 끼쳐 이후 19세기중엽까지 진경산수화의 맥을 잇게 했다. 대표적 작품으로는 〈인왕제색도仁王霽色圖〉〈금강전도金剛全圖〉 등이 전한다.

심사정 沈師正 1707(숙종 33)~69(영조 45) 조선후기의 문인·화가. 자는 이숙頤叔, 호는 현재玄齋, 본관은 청송. 명문사대부 출신이지만 과거나 벼슬에 뜻을 두지 않고 그림수업에만 전념했다. 그의 친가와 외가에도 그림을 잘 그리는 사람이 많았다. 산수화를 중점적으로 그렸는데 정선에게서 그림을 배웠으면서도 정선과는 달리 진경산수화보다는 전통적인 중국 남종화풍의 그림을 즐겨 그렸다. 대담하고 활달하게 먹을 사용하고 채색을 했으며 가는 붓을 이용한 정교한 묘사에 뛰어났다. 그러나 중기 이후에는 북종화풍의 그림을 그려 남·북종화를 두루 섭렵했다. 그밖에 인물화와 진경산수화를 그리기도 했다. 그가 즐겨 그린 인물은 도교 및 불교 계통의 인물화인데 생동감 넘치는 선을 보여주고 있다. 대표작으로 〈강상야박도江上夜泊圖〉〈모란도牧丹圖〉〈맹호도猛虎圖〉 등이 전한다.

강세황 姜世晃 1713(숙종 39)~91(정조 15) 조선후기의 문신·화가. 자는 광지光之, 호는 첨재忝齋·표암豹菴, 본관은 진주. 일찍부터 글씨와 그림에 뛰어난 재능을 보였고 오랫동안 학문과 서화에 열중했으며 이익·심사정 등 명사들과 두루 교제했다. 61세 때 비로소 벼슬길에 올라 66세 때 문과에 급제해 병조참의·한성부 판윤 등을 두루 거쳤다. 시·서·화 삼절로 일컬어졌으며 스스로 그림을 그리고 그림에 대한 평을 해 화단의 총수 역할을 담당했고, 나아가 진경산수화를 발전시키고 풍속화와 인물화를 유행시키는 데 커다란 역할을 했다. 특히 새로이 서양화법을 수용하는 데도 크게 기여했다. 그림의 소재는 주로 산수·꽃 등을 그렸는데 만년에는 대나무를 비롯한 사군자 묵화를 그려 이름을 떨쳤다. 글씨에서도 뛰어난 솜씨를 보였는데 왕희지체를 본받아 썼다. 강세황의 서화는 중국에까지 이름이 나서 1784년 그가 사신으로 북경에 갔을 때 그림이나 글씨를 얻으려는 사람이 몰려들었다고 한다. 그에게서 그림을 배운 제자 중에서 김홍도·신위 등이 유명하다.

김홍도 金弘道 1745(영조 21)~? 조선후기의 화가. 자는 사능士能, 호는 단원檀園, 본관은 김해. 20살 이전에 이미 뛰어난 그림솜씨를 보여 강세황의 천거로 도화서의 화원이 되었다. 연풍 현감

△김홍도의 〈여상청앵〉

등 잠시 지방관을 하기도 했으나 곧 사임하고 그림에 열중했다. 초기에는 낡은 형식의 종교적인 환상세계를 묘사한 신선도를 많이 그렸다. 선배인 김응환을 따라서 1788년(정조 12) 금강산을 돌아다니며 그림을 그렸고, 89년에는 쓰시마 섬에 가서 일본의 침략에 대비해 그곳의 지도를 그리기도 했다. 후기에는 현실생활에 깊은 관심을 보여 풍속을 주제로 하는 여러가지 그림을 그렸다. 그의 풍속화는 양반의 취미생활을 묘사한 것도 있으나 주로 노동을 비롯한 평민들의 일상생활의 여러 측면을 간결하고 익살스럽게 사실적으로 표현한 것이 많다. 아울러 해학과 풍자를 곁들였으며 조형미를 갖추었다. 〈야장간〉 〈씨름〉 〈풍악놀이〉 〈서당〉 〈집짓기〉 등은 그의 대표적인 풍속화이다. 풍속화뿐만 아니라 동물화에도 새로운 경지를 개척한 〈표범가죽〉 〈투견도〉 등의 작품을 남기고 있으며 〈금강산 구룡폭포〉 〈보름달〉 등 우수한 풍경화도 남기고 있다. 그의 그림은 신윤복·김득신과 같은 후대의 화가들에게 커다란 영향을 주었다.

김득신 金得臣 1754(영조 30)~1822 (순조 22) 조선후기의 화가. 자는 현보賢輔, 호는 긍재兢齋, 본관은 개성. 김득신을 비롯해 2명의 동생, 세 아들이 모두 화원이었다. 김홍도의 화풍을 계승해 풍속화가로 이름을 떨쳤으며 인물이나 산수화도 잘 그렸다. 그러나 김홍도의 그림과는 달리 산수를 배경으로 넣었고 해학적인 분위기를 더욱 가미했다. 심사정·정선과 함께 영조 때의 3재三齋로 일컬어진다. 〈파적도破寂圖〉〈풍속화첩風俗畵帖〉〈신선도神仙圖〉 등이 대표작으로 꼽힌다.

신윤복 申潤福 1758(영조 34)~? 조선후기의 화가. 자는 입부笠父, 호는 혜원蕙園, 본관은 고령. 도화서에 소속된

화원으로서 특히 풍속화를 잘 그렸으며 산수화와 동물 그림도 잘 그렸다. 그의 풍속화는 김홍도와는 달리 대체로 도시 양반들을 비롯한 각 계층의 생활을 객관적으로 묘사한 것이다. 특히 한량과 기녀들의 낭만적 생활이나 애정을 잘 나타냈다. 섬세한 선과 아름다운 채색을 즐겨 사용해 낭만적 분위기를 자아내고 있다. 그의 그림은 미술적 가치 외에도 살림이나 복식 등 조선후기의 생활상을 생생하게 보여주고 있다. 김홍도와 함께 대표적인 조선후기의 풍속화가로 손꼽히며, 나중의 화가들에게 많은 영향을 끼쳐 그의 화풍을 본뜬 작가 미상의 풍속화나 민화가 많다. 대표적 작품으로는 〈미인도〉〈단오도〉〈선유도 船遊圖〉 등이 있다.

신위 申緯 1769(영조 45)~ 1845(헌종 11) 조선후기의 문신·화가. 자는 한수漢叟, 호는 자하紫霞·경수당警修堂, 본관은 평산. 1799년(정조 23) 문과에 급제한 이후 여러 차례 지방관을 했으며 이조참판·병조참판에 오르기도 했다. 지방관을 하면서 농촌의 피폐와 농민의 몰락을 눈으로 보고 이를 개선할 것을 주장했으나 제대로 수용되지 않았다. 1812년(순조 12) 서장관으로 청나라에 가서 중국의 학문과 문화를 보고 그곳 학자들과 교류하면서 자신의 학문세계를 넓힐 수 있었다. 그는 글씨와 그림·시 등으로 이름을 떨쳤다. 그림에서는 산수화와 먹으로 대나무를 그리는 그림(묵죽)에 능했는데 강세황에게서 묵죽을 배워 조선후기 남종화를 꽃피웠다. 대표적 작품으로 〈묵죽도墨竹圖〉가 전한다.

장승업 張承業 1843~1897 조선후기의 화가. 자는 경유景猷, 호는 오원吾園, 본관은 대원. 부모를 일찍이 여의고 남의 손에 자랐으나 어릴 때부터 글과 그림을 배우는 데 열중했다. 오랫동안

방랑생활을 하면서도 창작활동에 힘을 쏟아 이름이 높아지고, 40세를 전후해서는 왕실의 초빙을 받아 그림을 제작했다. 산수·인물·4군자 등 여러 분야의 폭넓은 소재를 그림의 대상으로 삼았다. 그러나 주로 자연의 풍경이나 생물 등을 선명하고 간결하면서도 힘차게 화폭에 담았으며 자연계의 현상을 진실성 있게 반영하고 있다. 특히 꽃과 새·동물 그림에 능했으며 특색 있는 풍경화를 그렸다. 독창적인 수법으로 전통적인 채색화를 발전시켰으며 동식물의 생태를 깊이 연구해 그 특성을 잘 살렸다. 대표적 작품으로는 〈산수도〉〈귀거래도〉 등이 있으며 그밖에도 많은 풍경화들이 전한다.

추사체 秋史體 추사 김정희의 독특한 서체. 24세 때 북경에 갔을 때 중국 역대 문필가들의 글씨체를 연구하고 그들의 장점을 모아서 자신의 독특한 글씨체를 확립한 것이다. 구양순체를 토대로 안진경·왕희지 등의 글씨체를 혼합했으며 그 위에 패기를 겸했다. 김정희는 전서篆書·예서隷書·해서楷書·행서行書에 모두 능했는데, 특히 예서와 행서에서 독특한 경지를 개척해 절찬을 받았다. 조선후기의 서예가 중에는 추사체의 영향을 받은 사람이 많다.

청화백자 靑化白磁 코발트로 무늬를 그려넣은 조선시대의 백자. 흰 바탕에 푸른색으로 산수·나무와 풀·꽃·새 등을 그려넣은 것으로 조선 전全시기를 통해 제작되었으나 후기에 특히 널리 보급되었다. 코발트 안료로는 페르시아 지방에서 생산되어 중국을 통해 수입된 회회청回回靑이 쓰였는데 세조 때는 수입이 어려워 백자를 술그릇으로만 사용하게 했으며, 때로는 불순물이 많이 섞인 코발트 안료인 토청土靑을 만들어 썼는데 이 또한 수량이 적어 청화백자의 제작에 지장을 주었다. 무늬에는 주요 무

늬(주문양主文樣)와 부수적인 무늬(종문양從文樣)가 있는데 처음에는 주문양은 명과 유사했으며 종문양은 도식적인 명나라 초기의 무늬를 썼다. 그러다가 15세기중엽부터는 종문양이 사라지고 여백을 많이 살린 간결하고 소박한 회화적 무늬만 남게 되었다. 백자의 생산은 임진왜란으로 거의 중단되었다가 17세기에 다시 준수하고 무늬가 단순한 청화백자가 생산되어 보급되었다. 이때에는 꽃병·연적·술병·필통 등 실용적인 물건들이 백자로 만들어져 실제생활에 널리 쓰였다.

수원성 水原城 18세기말 경기도 수원시 둘레에 쌓은 성. 수원 주민들의 안정과 영주를 위해 1794년 2월 짓기 시작해 96년 9월에 완공했다. 전통적인 성쌓는 기술을 바탕으로 중국 성의 장점을 종합했으며 발달된 무기사용을 고려했다. 또한 성을 쌓는 데는 유형원·정약용 등의 과학기술을 활용했는데 거중기를 사용한 것은 유명한 사실이다. 뒤에는 팔달산이 있고 앞에는 넓은 벌판이 있는 지형을 이용해 산성과 평지성의 이점을 잘 종합했다. 종래 평지에 쌓은 성은 사람들의 거주 목적으로 만든 읍성이며 전쟁에 대비해서는 따로 산성을 만들었던 것에 비해 수원성은 읍성에다가 방어력을 강화함으로써 전시에까지 대비하게 했다. 또한 방어뿐만 아니라 공격도 아울러 할 수 있게 만들어졌다는 점에서 종전의 성과는 차이를 보이고 있다. 성의 둘레는 약 5km로 성밖으로 19km쯤 떨어진 거리에 깊이 4.5m의 도랑을 파고 물을 대고 성밖의 일정한 구간에는 나무를 심지 않아 적이 접근할 경우 쉽게 발견할 수 있게 했다. 성안에는 여러 누각을 배치해 도시의 권위를 높이고 겉보기에도 좋게 하려고 했다. 성벽둘레에는 여러가지 방비시설이 설치되었는데 화포를 주무기로 하는 공용

방어체를 갖추고 있는 것이 특징이다. 가장 우수한 우리나라 중세 성곽의 건축기술을 보여준다고 할 수 있다. 1975부터 4개년간 복원공사가 이루어져 오늘날에 이르고 있으며 현재는 문화재적 가치로 평가받고 있다.

거중기 擧重機 무거운 물건을 들어올리는 데 사용하던 기계. 도르래의 역학적 원리를 이용해 물건을 들어올리게끔 되어 있다. 정약용이 지은 〈기중도설機重圖說〉에는 거중기의 그림과 함께 사용법이 설명되어 있는데 명나라의 〈기기도설奇器圖說〉에 영향을 받은 것으로 보이며 수원성 건축에 실제로 사용되었다. 조선후기 실학자들의 이용후생을 중시하는 학문경향을 보여주는 좋은 예이다. (사적 제3호)

7. 사회의 변화와 민중의 항쟁

신분제의 변동(조선후기) 身分制-變動(朝鮮後期) 조선후기에 들어 봉건적 신분체제가 무너지면서 신분 사이의 이동이 활발해지고 전통적인 신분구별이 약화되어가는 현상. 농업생산력과 상품화폐경제의 발달 등 조선후기의 일련의 사회변동과 밀접한 관련이 있으며 봉건사회를 해체시키는 촉진제 역할을 했다. 호적과 양안을 자료로 연구한 결과에 따르면 조선후기 신분제 변동의 양상은 크게 양반층의 증가와 노비의 감소로 나타난다. 양반층의 증가는 납속과 군공, 족보의 매매 및 위조 등이 원인이었으며 통치구조가 느슨해짐에 따라 양반을 사칭(모칭유학冒稱幼學)하는 경우가 급격히 늘어났다. 전통적인 양반 중에서도 문벌가문으로 그 권세를 계속해서 유지하고 있던 사족士族 또는 세가勢家 외에 사회경제적으로 점차 몰락해 영향력을 잃어가는 향반鄕班, 또는 잔반殘班이 생겨나는 등 분화가 일어났

다. 몰락 양반 중에는 좁은 농토를 가지고 자신이 직접 농사를 짓는 소농이 흔했으며 다른 사람의 농토를 경작하는 소작농도 생겨났다. 한편 노비가 감소되는 원인으로는 납속, 군공, 도망 등을 들 수 있으며 자기 대신 다른 사람을 노비로 채우고 자신은 노비에서 면제되는(대구속신代口贖身) 경우도 흔했다. 양인의 수가 줄어듦에 따라 국가에서는 역을 확보하기 위해 1801년(순조 1) 공노비를 해방시켜 양인으로 역을 담당하게 했는데 이때 양인이 된 공노비의 수는 6만여 명이었다. 그러나 이상과 같은 신분제의 변동양상에 대해 의문을 제기하는 연구도 많이 나타나고 있다. 이러한 연구들은 우선 양안이나 호적에서 나타나는 신분제의 변화가 실제로 일어나고 있으며, 신분의 변화와 마찬가지로 그들의 사회적 지위도 변화했느냐에 대해 의문을 제기하고 있다. 또한 호적에 나타나는 유학幼學을 전통적으로 생각되어 왔던 양반, 곧 지배층처럼 여기는 것에 대해서도 부정적인 견해를 보이고 있다. 그밖에도 신분제의 변동양상은 지역의 환경에 따라 차이를 보이고 있으며, 산악지역과 같이 생산력의 발달과 평민의 성장이 크지 않은 지역에서는 오히려 신분의 하강이 이루어졌다는 연구나, 17세기에는 신분이 하강했다가 18세기에는 상승으로 바뀌었다는 연구 등 다양한 견해와 주장들이 나타나고 있다. 이러한 연구 결과들의 차이는 결국 신분제 변동에 관한 연구들이 특정 지역의 호적 또는 양안에 대한 분석을 토대로 한 것이기 때문이다. 따라서 이를 종합해 일반적인 신분제 변동을 규명하려는 방향에서 앞으로도 더욱 많은 연구가 필요할 것이다.

납속 納粟 곡식을 받고 벼슬을 팔거나 천인의 신분을 면제시켜주는 정책. 흉년이 들어 백성을 구휼하거나 전쟁 등으로 군역에 충당할 인원이나 물자를 확보하고자 할 때 국가의 재정을 보충하는 방편으로 사용되었다. 곡물 등을 낸 사람에게 관직을 주는 납속수직納粟受職과 역을 면제해 주는 납속면역納粟免役, 노비의 신분에서 해방시켜주는 납속면천納粟免賤이 있다. 때로는 당상관에 임명하는 납속당상納粟堂上도 있었으나 이 경우는 실제 관직이 아니라 명목상의 벼슬이었다. 납속의 사례로는 이미 1485년(성종 16년) 납속의 대가로 노비 4명을 면천시켜준 일이 있었으나 그것이 공식적으로 논의된 것은 1553년(명종 8) 전라·경상도 지역에서 대규모 재해가 발생했을 때 백성들의 기근을 해결하기 위해서였다. 이때는 쌀 50～100석으로 천인의 신분을 면제해주었다. 그러나 이후에도 공식적인 제도로 정착되지 못하다가 임진왜란이 일어나면서 제도화되었다. 이때 납속제도를 공식화한 것은 전쟁의 수행에 필요한 재정을 확보하기 위한 방편이었다. 왜란과 호란이 끝난 다음에도 납속제도는 없어지지 않고 계속해서 시행되었으며 조선후기에는 크게 확대되어 서원이나 사찰의 복구, 무기제작이나 산성보수 등의 명목으로 공명첩이 발행되어 납속이 이루어지기도 했다. 납속은 재정의 부족을 임시로 해결하기 위한 것이었으므로 납속의 기준량은 그때의 형편에 따라 달라질 수 있었다. 이러한 점을 이용해 일부 관리들은 납속제도를 부를 축적하는 수단으로 이용하기도 했다. 심지어 공명첩을 발급해 강제로 판매하는 경우도 생겨났다. 납속제도 자체는 하층민의 신분향상을 목적으로 하는 것은 아니었다. 그러나 양인들은 납속을 통해 얻은 명목상의 지위를 사회적으로 인정받기 위해 노력했다. 이로 인해 납속제도의 시행은 노비 및 천민의 수를 더욱 감소시켜 신분질서의 붕괴를 가속화시키는 역할을 했다. 납속이 하나의 사회제도가 되었다는 것은 봉건적 신분제도가 점차 붕괴되어가고 있음을 뜻한다. 조선후기 상품 화폐경제가 발달함에 따라 타고난 신분 외에도 경제적 실력이 점차 중시되어갔으며 납속제도는 이러한 사회현실을 인정하고 반영하는 것이라고 할 수 있다.

공명첩 空名帖 받을 사람의 이름을 적지 않은 채 발급하던 임명장. 벼슬에 임명하는 증명서인 고신첩告身帖, 양인의 경우 역을 면제해주는 면역첩免役帖, 천인의 경우에는 천인 신분을 벗겨주는 면천첩免賤帖, 향리에게 그 역을 면제해주는 면향첩免鄕帖 등이 있다. 군사적으로 공이 있는 사람에게 주기도 했으나 주로 곡식이나 소·말·은 등을 납부한 사람에게 벼슬을 팔아서 국가재정을 확보하기 위한 것으로 임진왜란 이후 국가의 재정이 어려워지자 특히 많이 발급되었다. 그러나 공명첩의 발급은 처음부터 여러 가지 폐단을 드러냈다. 공명첩을 발급하는 관리들은 자기들끼리 사사로이 공명첩을 주고받았으며, 함부로 발급하거나 위조하는 경우가 많았다. 이들은 공명첩의 발급을 통해 개인적 이익을 획득하기 위해 공명첩을 강제로 파는 경우도 생겨났다. 공명첩을 통해 파는 벼슬은 대체로 하급 무관직이었다. 그밖의 관직의 경우는 이름만 부여하는 것이지 실제의 직책을 주지는 않는 것이 일반적이었다. 그러나 천인의 신분이나 역을 면제받는 경우는 실제적인 신분의 상승을 가져오기도 했다. 따라서 공명첩의 판매가 늘어나는 것은 봉건적 신분제도가 붕괴되어가는 현상이라고 할 수 있다.

서얼허통법 庶孼許通法 첩이 낳은 자식(서얼)에 대한 신분적 차별을 없애고 본처의 자손과 마찬가지로 관리가 될 수 있는 동등한 자격을 부여하는 것. 서얼에 대한 신분적인 차별은 일부일처제가 엄격히 시행되었던 고려 때는 없었다. 그러나 고려말 일부다처제의 혼인 풍조가 성행하면서 유교적 윤리를 지키고 가문의 승계원칙을 정하는 과정에서 조선조에 들어서면서 법제화되었다. 〈경국대전〉의 규정에 따르면 서얼은 문과시험에 응시할 수 없었으며 무반이나 잡직에 진출하는 데도 한계가 있었다. 이러한 서얼금고庶孼禁錮의 규정에 대해 인재를 활용해야 한다는 측면에서 조선초부터 일부에서 그 부당성이 비판되고 허통의 주장이 제기되었다. 1550년대(명종초) 서얼허통이 부분적으로 이루어져 양반의 양인신분 첩의 경우에는 손자부터 과거에 응시할 수 있었으나 유학이라고 부를 수 없게 했으며 합격증에 서얼 출신이라는 것을 밝혀야 했다. 선조 때도 음직蔭職으로 지방수령이 될 수 있게 했으나 이는 어디까지나 임시적인 조치였다. 그후 최명길이 서얼허통을 주장했으나 대신들의 완강한 반대로 실현되지 못했다. 그러나 조선후기에 접어들어 신분제도의 벽이 무너지기 시작하면서 허통을 주장하는 목소리는 더욱 높아갔으며 서얼들의 집단상소도 종종 일어났다. 결국 조선정부는 1777년(정조 1) 서얼허통에 관한 〈정유절목〉을 발표했는데 이 절목은 〈대전통편〉에 실려 서얼에게 일정한 등급 아래의 벼슬만을 주던 종래의 〈한품서용〉의 제한을 약간 완화했다. 또한 정조 때는 서얼출신이 규장각 검서관으로 대폭 기용되었는데 이들은 직위는 낮았으나 외교문서의 제작, 일성록의 기록 등 중요한 역할을 담당했다. 그러나 서얼차별의 관습은 여전히 지속되었으며 갑오개혁 때 이르러서야 완전히 폐지되었다.

삼정의 문란 三政─紊亂 봉건 수취체제인 전정·군정·환곡제도의 문란 현상. 조선전기부터 나타났으나 조선후기에 접어들면서 더욱 심해졌으며, 특히 이른바 세도정치기에 들어서면서 극심한 문란상을 보였다. 전정의 문란은 양전사업이 시행되지 않음에 따라 지방수령이 임의로 세금을 징수함으로써 심각해졌다. 지방관들은 일반 백성들로부터는 진전이나 경작하지 않는 토지로부터 전세를 걷는 백지징세를 행했으며 수령이나 권세가의 토지는 실제로는 매년 경작을 하면서 진전으로 등록하거나 면세지로 인정을 받아 전세를 내지 않는 경우가 허다했다. 또한 중앙에는 보고하지 않고 지방수령들이 사사로이 징세를 행해 사욕을 채우는 은결도 흔했다. 이밖에도 도결의 양과 그에 포함된 세금의 종류를 임의로 결정하거나 각종 부가세와 무명 잡세를 징수하는 경우도 많았다. 군정은 조선후기에는 대부분 군역 대신 군포의 납부로 바뀌었다. 양반들은 갖가지 방법으로 군역에서 면제되었으며 부유한 농민들의 경우에도 여러가지 방법으로 양반의 자격을 얻어 역을 지지 않음으로써 사실상 가난한 농민들만 군포를 내게 되어 그 부담도 그만큼 커져갔다. 균역법의 실시 이후 군정은 어느 정도 정비되는 듯이 보였으나 정부가 재정수입의 증대를 위해 군역을 져야 하는 양인의 수를 늘림에 따라서 가난한 농민의 부담은 다시 늘어났으며 18세기에 들어서면서 다시 혼란이 극심해져 갔다. 더구나 탐관오리들은 갓난아기에게도 군포를 징수하는 황구첨정黃口簽丁, 60세 이상된 양인의 나이를 낮추어 군포를 징수하는 강년채降年債, 죽은 사람에게 군포를 징수하는 백골징포白骨徵布를 자행해 농민의 피해는 더욱 커져갔다. 군역의 부담에 시달린 농민들이 역을 피해 도피하는 경우가 늘어나자 도망한 사람의 군포를 이웃사람들에게 징수하는 인징隣徵, 마을 사람에게 대신 징수하는 동징洞徵, 친족에게 징수하는 족징族徵이 공공연하게 행해졌다. 한편 환곡제도의 문란상은 더욱 극심했다. 빈민을 구제한다는 본래의 취지와는 달리 환곡이 국가기관의 재정을 확보하는 수단으로 변질되어감에 따라 환곡의 이자는 높아져 갔고 각 기관에서는 앞을 다투어 환곡을 설치해 환곡의 종류는 수십종으로 늘어났다. 농민들이 환곡을 빌리려고 하지 않자 등급을 정해 강제로 곡식을 분배해주고 (늑대勒貸) 고리대를 징수하는 일이 공공연하게 행해졌다. 환곡의 이자는 심한 경우 빌려준 곡식의 2배가 되는 경우도 있었다. 지방관리나 아전들은 장부상으로만 창고에 곡식이 있는 것처럼 꾸미고 실제로는 자신들의 개인적 이익을 취하는 경우도 비일비재했으며(허류虛留), 질이 나쁜 곡식을 대여해기기나 대여 곡식에 겨나 모래를 섞어 나누어주고 알곡을 받아가고 심지어는 빌려주지도 않은 곡식을 되돌려받는 경우도 있었다. 또한 환곡의 이자를 돈으로 받아 곡물의 가격이 낮은 지역에서 곡식을 사들임으로써 막대한 이익을 취하기도 했다. 삼정의 문란은 농업의 파탄과 농민들의 몰락을 가속화시켰으며 국가의 재정을 더욱 어렵게 만들어 봉건적 통치체제 자체를 위협했다. 국가에서는 삼정의 문란을 수습하기 위해 암행어사 파견 등을 통해 관리들의 부정부패를 단속했으며 삼정이정청三政釐整廳을 설치해 삼정을 개선하려고 했으나 별효과를 거두지 못했다. 19세기에 접어들면서 서북농민항쟁·진주농민항쟁 등 관리들의 이러한 수탈에 반대하는 민란이 전국 곳곳에서 광범위하게 진행되었다.

도결 都結 조선말기 여러가지 명목의 세를 통틀어 논밭의 결수 단위로 부과하던 세금형식. 전세·대동미·삼수미 등 이른바 전삼세田三稅와 그밖의 잡세들을 한데 묶어서 경지면적 단위로 부과했다. 그러나 전국적으로 공통된 규정에 의한 것이 아니라 각 고을에서 마음대로 정한 것이기 때문에 도결이 포괄하고 있는 세금의 내용이 각각 다르며 단위면적에 부과되는 세액도 시기와 장소에 따라 각각 달라서 지방관들이 중간에서 수탈을 할 여지가 많았다. 지방관이나 고을의 아전들은 관곡이나 군포를 사사로이 착복하고 이를 보충하기 위해 도결을 규정 이상으로 거두어들이는 일이 흔했다. 때문에 농민들은 2중 3중의 가혹한 수탈에 시달려 기아와 빈곤에 허덕였다. 이와 같은 도결의 과다한 징수는 임술민란을 일어나게 한 주요한 원인의 하나가 되었다.

애절양 哀絶陽 1803년 정약용이 지은 군정의 문란을 비판한 시. 〈목민심서〉 중 〈병전 6조〉 안의 〈첨정簽丁〉조에 수록되어 있다. 정약용이 전라도 강진에서 한 부녀자의 이야기를 듣고 지었다고 한다. 내용은 다음과 같다. 「남편은 전쟁터에 나가서 돌아오지 않고 시아버지는 죽은 지 3년이 넘었는데 아직 배냇물도 마르지 않은 갓난아들이 군보軍保에 올랐다. 관아에 호소하러 갔으나 오히려 호통만 당하고 군포 대신 소마저 빼앗겼다. 사내아이를 나은 것을 원망하면서 칼을 갈아서 아들의 생식기를 잘라버렸다. 그런데도 부호들은 1년내내 풍악을 울리면서 쌀 한 톨, 베 한 치 내는 일이 없다. 다 같은 임금의 백성인데 이러한 차별이 어찌 있을 수 있는가?」 군정의 문란상을 단적으로 보여주는 글로 자주 인용되고 있다.

인징 隣徵 조선시대 도피한 군역자의 군포를 이웃집에 연대책임을 지워 대신 거두던 수취체제의 문란 현상. 국가재정의 확보에 목적이 있었다기보다는 지방관리들이 개인적으로 부를 축적하는 불법적 수단으로 사용되었다. 조선후기에서 군포는 농민에게 전세 이상의 커다란 부담이었으며 이에 시달린 농민들이 군포를 내지 않기 위해 도망하는 현상은 흔했다. 주위에서 도망하는 집이 생겨날 경우 인징으로 인해 이웃집 사람의 군포까지 부담해야 하므로 부담은 더욱 커지게 마련이었다. 때문에 이웃집 역시 도망하는 경우도 생겨났다. 이럴 경우 군포 징수의 범위를 더욱 넓혀 친족에게 군포를 징수하는 족징族徵이나 동리에서 징수하는 동징洞徵도 공공연히 행해졌다. 인징은 조선전기부터도 있었으나 조선후기에 더욱 심해져 농민의 생활을 황폐화시키는 삼정문란의 대표적 양상을 보여주고 있다.

호포법 戶布法 군역이나 요역 대신 호를 단위로 포를 징수하는 법. 고려 충렬왕 때 서민을 대상으로 시행된 적이 있으며 조선 태조 때는 충청·전라·경상·강원·황해도 등지에서 요역 대신 대호大戶는 2필, 중호中戶는 1필, 소호小戶는 반 필씩 포를 징수했으나 태종 때 폐지되었다. 조선후기에 들어 군정의 폐단이 심각해지자 이를 시정하기 위해 호포법의 시행이 자주 논의되었다. 숙종 때 윤휴가 주장한 호포법, 영조 때 박문수가 주장한 호전론 등은 양반과 상민의 구별없이 호를 기준으로 균등하게 군포 또는 화폐로 징수하자는 것이었다. 호포법의 시행은 양반의 주요한 경제적 특권 중의 하나를 박탈한다는 점에서 신분제 붕괴의 한 현상을 보여준다고 할 수 있다. 때문에 양반들이 상민과 동등하게 군포를 낼 수는 없다는 반대에 부딪혀 호포법은 제대로 시행되지 못했다. 다만 군정의 폐단이 심해지면서 엄밀한 의미에서는 호포법이라고 할 수는 없으나 이러한 호포법의 시행 효과를 어느 정도 반영한 제도가 생겨났다. 평안도에서는 도망자·사망자 등의 결원을 신분 구별 없이 마을에서 공동으로 대신 부단하는 이정법里定法이 시행되었으며 철종 때는 이를 삼남지방으로 확대해 동포洞布라고 불렀다. 그러나 동포법은 양반들의 반대로 전체적으로 시행되지 못하고 각 지역마다 원하는 대로 시행하게 했다. 결국 양반의 세력이 강한 곳에서는 동포법이 시행되지 못하고 상민의 세력이 약한 곳에서는 동포법이 시행되었다. 대원군 때는 동포법을 전국적으로 시행했는데 동민의 호수가 많은 마을에는 동포를 많이 부과했으며 적은 마을에는 적게 부과했으므로 이를 호포법이라고 불렀다. 그러나 실제로는 호수가 적은 마을에 동포가 많이 부과되거나 호수가 많은 마을에 적게 부과되는 경우도 생겨났으며 마을 안의 가구 사이에 부담하는 호포의 액수가 균등하지 못한 경우도 흔했다. 또한 양반들은 상민과 같이 군포를 내는 것을 수치스럽게 여겨 노비의 명의로 동포를 납부하는 경우도 많았다. 다만 이러한 세도가 시행된 것은 살수록 심각해지는 군정의 폐단에 대한 대책과 민중의 힘이 강해지면서 그들의 불만을 어느 정도 무마하려는 정책에서 나온 것이라고 할 수 있다.

사창제 社倉制 민간에서 곡식을 저장해두고 백성들에게 대여해주던 조선사회의 제도. 사(면)를 단위로 설치, 운영한다고 하여 사창이라고 했다. 흉년이나 그밖의 재난으로부터 민중을 구원한다는 것이 본래의 취지였다. 환곡제도는 관에서 운영하는 데 반해 사창은 민간에서 자치적으로 운영을 한다는 데 차이가 있다. 이미 세종 때 몇 차례에 걸쳐 의창의 폐단을 없애고 대여해줄 곡식(원곡)의 부족을 해결하기 위해 사창제를 시행하자는 주장이 있었으나 반대가 많아 실시되지 못했다. 1448년(세종 30)과 51년(문종 1)에 각각 사창이 설치되었으나 원곡을 의창에서 지급해주고 관가의 감독 아래 민간에서 운영

하는 반관영의 성격을 지닌 것으로 시험적으로 시행되었을 뿐이다. 그나마 세조 때 접어들어 사창의 관리가 허술해 원곡이 없어지고 이자가 실제로는 사채나 다를 바 없는 고리대라는 주장이 높아져 70년(성종 1) 사창은 폐지되었다. 이후에도 사창을 실시하자는 주장은 거듭되었으나 환곡이 이미 정부가 재정을 확보하는 수단으로 변질했으며, 지방관리들이 강제로 환곡을 대여하는 등의 방법으로 부를 축적하던 상황에서 사창제의 실시는 쉽사리 이루어질 수 없었다. 1578년(선조 11)에는 이이가 해주 석담에서 향약을 만들고 거기에 속해 있는 사람들로 하여금 사창을 설치했으나 이도 얼마 가지 못했다. 그후 1674년(숙종 즉위년)에는 정부에서 사창 운영규정인 사창절목까지 만들어 권장했으나 일부 지방에서만 시행되었을 뿐 흐지부지되고 말았으며 1797년(정조 21) 북관北關에서 사창을 설치했으나 결과는 마찬가지였다. 1867년(고종 4) 각종 폐단이 난무했던 환곡제도를 폐지하고 절목을 만들어 사창제를 전국적으로 시행했으나 이 역시 대원군의 하야와 함께 유명무실하게 되었다. 사창제의 목적은 민간의 백성들로 하여금 서로 돕게 하기 위한 것이었으나 환곡제도의 운영을 통해 이익을 취하고 있던 관리들의 반발로 제대로 시행되지 못했다. 사창의 운영 또한 실제로는 향촌사회에서 일반백성들을 통제하는 기능을 하는 일이 많았으며 이자도 환곡보다 높은 경우도 있었다.

민고 民庫 조선후기 각 지방에 잡역 및 그밖의 관청비용을 충당하기 위해 설치된 창고. 조선정부는 관찰사나 수령의 부임, 환송이나 사신접대, 각 지방의 공역公役에 들어가는 비용 등을 백성으로부터 잡역세를 징수하여 충당했다. 그러나 잡역세의 징수와 운영에는

지방관리들의 횡포가 심했다. 이를 방지하고 농민의 부담을 덜어주기 위하여 설치된 공동체적인 납세조직의 성격을 띤 것이 민고였다. 민고는 원래 법제적인 것이 아니었으므로 규정이나 운영은 지역에 따라 각양각색이었으나, 대체로 확보된 화폐나 곡식을 빌려주고 그 이자를 받거나, 토지(민고전民庫田)를 구입하여 지대수입으로 공역세를 충당하는 방식으로 운영되었다. 그러나 삼정문란과 함께 민고는 오히려 봉건관리들이 부를 축적하고 농민을 수탈하는 수단으로 이용되었다. 각종 명목으로 징수한 곡식이 민고에 보관하기 이전에 없어지거나, 비용을 과다지출하고 이를 농민에게 다시 징수하는 경우가 흔했다. 민고에서 빌려주는 화폐나 곡식의 이자는 40~50%에 달하는 고리채였다. 이러한 민고운영의 폐단은 민란의 한 요인이 되었다.

삼정이정청 三政釐整廳 삼정의 폐단을 해소하기 위해 설치한 관청. 진주농민항쟁을 조사하고 처리하기 위해 안핵사로 파견되었던 박규수朴珪壽의 건의로 1862년(철종 13) 5월 임시로 설치했다. 삼정문란에 대한 대책으로 우선 가능한 지역에서 양전을 실시하고, 동포제를 인정하며 환곡을 폐지함으로써 민심의 수습을 꾀했다. 이러한 정책은 당

△마패

시 사회의 모순을 근본적으로 해결하기 위한 정책은 되지 못했다. 결국 민란을 일시적으로 누그러뜨릴 수 있었으나 한재와 수재 등 자연재해가 잇달아 일어나면서 민심은 계속 흉흉했다. 또한 삼정이정 정책에 대한 반대의견도 많아 민심이 어느 정도 안정되자 얼마 지나지 않아 개선의 항목을 책으로 펴낸 채 삼정이정청은 철폐되고 그 업무는 비변사로 넘어갔다. 이후 새 정책은 폐지되고 옛 정책이 그대로 시행됨으로써 삼정의 문란은 전혀 개선되지 못했다.

암행어사 暗行御史 조선시대 국왕의 명령을 받고 지방행정의 잘잘못과 민심 및 백성의 생활상태를 조사하기 위해 파견되던 임시직책. 수의繡衣 또는 직지直指라고 부르기도 한다. 조선초에는 행대行臺 또는 찰무察務 등의 이름으로 지방에 조사관을 파견했으며 세종 대에는 임명과 행동이 비밀리에 이루어지는 관리를 파견했다. 중종 대에 들어 비밀리에 어사를 파견하는 경우가 늘어났으며 명칭도 암행어사라고 불렸던 것으로 짐작된다. 그러나 암행어사의 파견에 대한 반대의견도 강해 선조 대까지는 별로 시행되지 못하다가 왜란과 호란으로 정치의 기강이 흐트러짐에 따라 인조 이후 암행어사의 파견이 빈번히 이루어지면서 상설 제도화되다시피 했다. 특히 18, 19세기 삼정의 문란으로 민란이 자주 발생하자 이를 수습하고 민심을 회유할 목적으로 자주 파견되었다. 암행어사에게는 역마를 사용할 수 있는 증명서인 마패와 형구의 크기 등을 검열할 수 있는 유척鍮尺(놋쇠로 만든 자)이 지급되었다. 암행어사는 왕의 명령을 직접 집행하므로 관리의 파면 및 직무의 정지, 옥에 갇혀 있는 죄인의 재판, 백성의 고통과 청원의 처리 등 모든 문제를 현지에서 즉결 처리할 수 있는 권한이 부여되었으며 그 결과를 서면으

로 왕에게 보고했다. 그러나 당쟁이 치열해지면서 암행어사 역시 자기가 속해 있는 당파나 인연이 있는 가문의 관리를 두둔하는 등 문제점을 발생시켰으며, 하급관리들의 부분적인 비행만을 들춰내는 데 그쳐 근본적인 행정개혁이나 백성의 어려움을 해결하는 데는 별 효과를 거두지 못했다.

괘서 卦書   남을 비난하거나 민심을 유도하기 위해 여러 사람이 볼 수 있는 공개된 장소에 붙이는 글. 벽서라고도 한다. 글쓴 사람의 이름을 밝히지 않은 익명으로 된 것이 보통이다. 관리의 부정부패를 고발하거나 자신의 억울함을 호소하는 것으로부터 특정 당파나 개인 또는 나라에 대한 비판, 때로는 지방관의 선정에 대한 칭송 등 다양한 내용을 포함하고 있다. 조선정부는 괘서가 민심을 어지럽히고 남을 모함하거나 무고함으로써 사회를 어지럽히고, 정권다툼에 이용되어 정치기강을 흔들리게 한다고 해서 이를 엄격하게 금지했다. 그러나 괘서사건은 조선시대 전체를 통틀어 빈번하게 일어났다. 특히 17세기 이후 삼정의 문란과 심각한 정치적 부패로 민중의 생활이 극도로 어려워지자 벽서사건은 더욱 빈번해졌다. 이는 민중의 불만과 저항이 음성적으로 나타난 것이라고 할 수 있다. 아울러 이러한 민심을 정치적 목적에 이용하려는 괘서도 자주 있었다. 괘서에는 여러가지 형식이 있는데 그중 괘방卦榜은 괘서보다는 좀 좁은 뜻으로 잘 보이는 곳에 광고처럼 붙이는 것이었다. 별다른 대중전달수단이 없었던 시기에 괘서는 정치적 상황을 대중에게 알리는 전달매체의 역할도 했다.

항조 抗租   소작료를 낮추고 소작조건을 개선하기 위해 벌였던 지주에 대한 소작농민의 항쟁. 항조운동은 토지의 사유화가 진전되고 소작경영 방식이 보급되면서 일찍이 나타났으나 조선후기에 들어서 특히 활발히 일어났다. 항조운동은 궁방전·둔전이나 대규모의 내장전內庄田에서 주로 벌어졌으나 대규모의 민전 지주지에서도 나타났다. 항조의 양상은 집단적인 경우도 있고 개별적인 경우도 있다. 개별적인 항조는 주로 상층 소작인에 의해 이루어진 반면 집단적인 항조는 가난한 소작농민들에 의해 주도되는 경우가 많았으며 때로는 폭력적인 양상을 띠기도 했다. 그 방법으로는 비옥한 땅에 일찍 수확하는 벼를 재배해 미리 거두어들이고 척박한 땅에 늦게 수확하는 벼를 재배해 척박한 땅에서 수확한 벼를 가지고 전체의 수확량을 산정해 이익을 취하는 방법, 볏단의 크기를 크고 작게 서로 달리 묶었다가 큰 볏단을 나누어서 일부를 가지는 방법, 탈곡 때 곡식을 빼돌리는 방법 등 다양했다. 또한 재해를 입었을 때 면세를 요구하거나 감관·마름 등과 손을 잡고 실력 행사를 하는 경우도 있었다. 이러한 항조운동은 소작의 조건을 점차 개선시켜갔다. 지주들은 이에 대한 대책으로 지대를 3분의 1로 낮추거나 수취방법을 도조제로 바꾸었으며 도장導掌 등으로 하여금 소작료의 징수를 청부하거나 지대를 화폐로 납부하게 하기도 했다. 그러나 전호의 항조운동은 적극적·소극적으로 계속되었으며 지주들은 어느 정도 소작인에 대해 양보를 하지 않을 수 없었다. 이는 결국 봉건적 지주제가 무너져가는 과정이라고 할 수 있다.

장길산 張吉山   ?~?   조선 숙종 때 도둑의 우두머리. 이익의 견해에 의하면 홍길동·임꺽정과 함께 조선의 3대 도둑이라고 한다. 광대 출신으로 처음에는 황해도 일대에서 역을 피해 산속으로 들어간 농민들을 모아 도둑의 무리를 결성하고 활동했다. 그러나 관군의 압박이 심해지자 1629년(숙종 18) 무렵 평안도로 근거지를 옮겼으며 그후 다시 함경도로 피신했다. 이들은 이영창李榮昌 등 서울 안의 중인 및 서얼 그리고 금강산 등지의 승려들과 손을 잡고 봉기를 일으켜 정권을 잡으려고 했다. 이러한 계획은 사전에 고변으로 수포로 돌아갔으며 정부에서는 이 사건이 당쟁에서 비롯되었다고 해서 무고자만 처벌했다. 장길산의 활동이나 그가 이끄는 도둑 무리의 세력에 대해서는 확실하게 알려져 있지는 않다. 그러나 장길산이 끝까지 체포되지 않았으며, 권력을 쟁취하기 위한 반란의 과정에 장길산을 끌어들였다는 점에 비추어 보면 그 세력은 상당히 강대했던 것으로 짐작된다.

서북농민항쟁 西北農民抗爭 1811년 홍경래 등의 주도 아래 평안도에서 일어난 민중항쟁. 흔히 홍경래의 난이라고 한다. 조선후기의 사회경제적 변화에 따라 생겨난 광범한 유민층流民層과 평안도 지방에서 널리 행해지던 광업에 종사하던 광산노동자를 기반으로 특권상인층과 대립관계에 있던 사상私商, 농업경영을 통해 성장한 부농(경영형 부농), 정부에 대해 반감을 가지고 있던 몰락 양반층의 지지 아래 일어난 대규모의 반정부 민중항쟁이었다. 여기에는 평안도 지방에 대한 정부의 차별정책 또한 봉기의 커다란 명분이 되었으며 가뭄으로 인한 대규모 흉년도 봉기의 규모를 확대시킨 요인이었다. 홍경래 등은 가산군 다복동에 기지를 정하고 광산노동자 등으로 부대를 조직해 훈련시키는 한편 정부의 평안도 차별정책에 불만을 품고 있던 서자 출신으로 지략이 뛰어났던 우군칙禹君則, 곽산출신으로 진사인 김창시金昌始와 가산역의 관리였던 상인 이희저李禧著 등으로 하여금 지휘부를 구성하고 토호·향리·상인

등을 끌어들여 중요 지방과 도시들에 지방조직을 결성했다. 1811년 10월 다복동에 모인 봉기군은 홍경래를 평서대원수平西大元帥, 김사용金士用을 부원수로 하는 남북 양군으로 편성되었다. 홍경래를 중심으로 한 주력부대는 12월 18일 가산 고을을 기습해 군수를 죽이고 고을을 점령하고, 이어 20일 박천을 함락시키고 청천강 연안에 진출했다. 부원수 김사용이 이끄는 북진 부대는 곽산과 정주를 차례로 점령했다. 봉기군은 사방에 격문을 돌려 호응을 호소하는 한편 점령지 관아의 창고를 헤쳐 백성들에게 돈과 곡식을 나누어줌으로써 많은 농민들이 반군에 가담했다. 순식간에 반군은 가산·박천·곽산·정주·선천·용천·철산·태천 등 청천강 이북의 전 지역을 점령했다. 초기 홍경래가 이끄는 반군이 손쉽게 평안도 각 지역을 점령한 것은 농민들이 봉기군에 지지를 보냈으며, 점령지 내부에서도 호응이 있었기 때문이었다. 그러나 홍경래가 21일 박천에서 부상을 당함으로써 남진군은 가산으로 후퇴했으며 북진군도 이에 맞춰 정주에서 며칠을 머물게 됨으로써 속전속결을 목표로 했던 봉기군의 전략은 커다란 차질을 빚게 되었고, 봉기군에 내응을 약속했던 사람들은 차례로 관군에 색출되어 처형당했다. 봉기군은 안주·평양을 점령하고 서울로 진격하기 위해 12월 29일 안주의 맞은편 송림동에 진출해 관군과 싸웠으나 전열을 정비한 관군에게 패하고 정주성으로 퇴각했다. 이후 수세에 몰린 반군은 정주성에서 4개월간 관군과 치열한 전투를 전개했다. 반군을 색출한다는 명목 아래 행해진 관군의 무자비한 살육으로 인근 고을의 주민들도 봉기군에게 협력하거나 정주성에 들어가 저항을 계속함으로써 전투는 더욱 치열하게 전개되었다. 봉기군은 관군과 끈질긴 전투를 계

속했으며 때로는 전세를 역전시키기 위해 적극적인 공세를 취하기도 했으나 결국 극도의 식량난과 병력의 열세로 1812년 4월 19일 성이 함락되고 홍경래를 비롯해 성안에 있던 대부분의 남자들은 전사하거나 체포되어 처형되었으며 여자들은 노비가 되었다. 서북농민항쟁이 실패한 원인으로는 반군의 군사력 열세, 속전속결의 군사행동을 취하지 않고 시간을 끌었으며, 분산공격을 취하지 않고 정주성에 운거해 관군을 맞아 싸운 전술의 실패 등이 지적되고 있다. 그러나 이를 계기로 부패하고 무능한 당시 사회의 모습이 그대로 드러났으며 농민들의 저항의식도 높아져 이후 민란이 이어지는 계기가 되었다. 또한 일시적으로나마 서북지방의 도고와 잠세가 철폐되기도 했다.

홍경래 洪景來 1780(정조 4)~1812(순조 12) 조선후기 평안도 지방에서 발생한 민중항쟁을 주도한 인물. 본관은 남양. 1798년(정조 22) 과거시험에 낙방하자 서북지방에 대한 차별과 외척 세도정치하의 여러가지 사회적 모순에 불만을 품고 과거를 단념한 채 병서의 연구에 몰두했다. 우군칙 등을 만나 봉기를 통해 정권을 장악하고 사회개혁을 이룰 것을 약속하고 동지의 규합과 세력의 확대에 노력했다. 1811년 심한 흉년으로 민심이 더욱 어지러워지자 그해 12월 봉기를 일으켜 일거에 평안도 일대를 점령했으나 관군의 반격으로 수세에 몰려 실패하고 정주성에서 항쟁을 계속하다가 싸움 도중 전사했다. 홍경래의 난은 조선후기의 대표적 민중항쟁으로 이후 민란의 촉발제가 되었다.

홍총각 洪總角 ?~1812(순조 12) 홍경래의 난 당시 농민군의 지도자. 곽산 지역의 평민 출신으로 뛰어난 무력을 지녔다. 1811년 홍경래난 때 봉기군의 선봉장이 되어 가산을 점령하는 데 공

을 세웠다. 이어 남하해 안주를 공격하려고 했으나 홍경래의 부상에 따른 지휘부의 작전변경으로 철수했다. 관군의 반격이 시작된 이후 정주성에서 관군과 치열한 전투를 벌였으나 패하고 체포되어 대역죄로 참수당했다.

우군칙 禹君則 1776(영조 52)~1812(순조 12) 조선후기의 풍수 점술가. 신분의 차별, 세도정치 및 탐관오리의 횡포 등 전반적인 사회현실에 강한 불만을 가지고 있다가 홍경래의 모사謀士가 되어 서북농민항쟁을 주도했다. 가산의 부호인 이희저李禧著를 비롯해 정부의 상업통제정책에 불만을 품은 개성·평양·의주의 상인들을 봉기에 끌어들여 재정을 마련했으며, 운산에 광산을 열고 빈민들을 광산노동자로 끌어들여 봉기 때 병사로 활용했다. 정주성에서 힝진을 계속하다가 성이 함락되자, 가족과 함께 도주하다가 붙잡혀 서울로 압송되어 참수당했다. 난의 주동자로 그의 머리는 8도에 돌려졌다.

임술민란 壬戌民亂 1862년(철종 13) 전국 각지에서 일어난 민란을 총칭하는 말. 철종조 민란이라고 부르기도 하며, 주된 원인이 환곡제의 문란과 관리들의 탐학 등 삼정의 문란에 있었다고 하여 삼정란三政亂이라고 하기도 한다. 그러나 농민봉기의 바탕에는 생산력의 발달과 토지 및 부의 집중에 따른 농민의 분화와 몰락, 신분제의 붕괴 및 민중의식의 성장 등 조선후기의 일련의 사회경제적 변화가 깔려 있다. 1862년 2월 4일 경상도 단성에서 일어난 민란을 시작으로 그해 말까지 37차례에 걸친 민란이 기록되고 있다. 그중 성주·상주·거창·창원에서는 2차례에 걸쳐 민란이 발생했으며 제주에는 3차례나 민란이 일어났다. 어떤 연구에서는 이해 민란이 발생한 지역은 적어도 70여 개 이상이라고 한다. 몰락양반이나 전직관리가 민

란을 일으킨 경우도 있으나 대부분은 농민들에 의해 주도되었으며, 특히 초군樵軍, 즉 빈농이나 땅을 갖지 못한 농민들이 중심이 되는 경우가 많았다. 민란이 3~5월의 춘궁기에 집중적으로 일어난 사실은 민란의 발생이 농민들의 생존권을 얻기 위한 항쟁이었음을 말해 준다. 대부분의 경우 민란은 한 번 발생하면 2~7일간 계속되었다. 봉기한 농민들은 관아를 습격해 장부를 불태우고 옥에 갇힌 죄수를 풀어주었으며 창고를 열어 곡식을 빈민에게 나누어주었다. 또한 서리배나 양반 토호의 집을 불태우고 곡식과 재산을 몰수했다. 민란이 빈발하자 정부에서는 안핵사나 선무사를 급히 파견해 난을 수습하고 민심을 회유하기에 힘썼다. 그러나 중앙에서 파견된 관리들은 탐관오리들의 비행을 밝히고 그들을 처벌하는 것보다 민란의 주모자를 체포·처형하는 데 힘을 쏟아 오히려 민심을 악화시키는 경우가 많았다. 정부에서는 민란의 원인이 삼정의 문란에 있다고 생각해 토지제도 등에 보다 근본적인 개혁을 가하기보다는 삼정을 바로잡음으로써 사태를 해결하고자 했다. 이를 위해 삼정이정청을 설치하고 여러가지 개혁안을 내놓았다. 이러한 정부의 정책은 어느 정도 효과를 거두어 민란은 수그러들었다. 그러나 삼정이정청마저 얼마 가지 않아 폐지되고 옛 정책이 그대로 시행됨으로써 농민의 생활은 조금도 나아지지 않았다.

진주농민항쟁 晋州農民抗爭 1862년(철종 13) 2월 경상도 진주에서 일어난 농민들의 봉기. 봉건사회가 해체되는 과정에서 성장한 민중의식과 삼정의 문란으로 대표되는 수취체제의 붕괴 및 탐관오리의 횡포가 원인이었으며, 경상우도 병사 백낙신의 탐학과 학정이 직접적인 계기가 되어 일어났다. 백낙신은 도결제도와 환곡제도를 악용하고 횡령·공갈 등 갖가지 방법으로 농민을 비롯한 여러 백성들을 2중 3중으로 수탈해 부를 축적했다. 이에 불만을 품은 전직관리 유계춘柳繼春·이계열李啓烈·이명윤李命允 등은 2월 6일 장날을 계기로 수곡면 내 농민들과 도결 및 환곡으로 피해를 입은 일부 중소지주층이 참가한 모임에서 백낙신의 수탈에 반대하는 항의서를 만들어 군현과 감영에 보내기로 하고 요구를 관철시키기 위한 대책들을 세웠다. 한편 수곡 농민들과 연계되었던 나무꾼들은 격문을 돌리고 2월 14일 직접 봉기에 돌입했다. 백곡리, 김만이 등 농민들은 덕산에 모여 그곳 장터를 습격하고 악질관료와 지주들의 집을 불살라버렸다. 이들은 이웃고을의 면·리를 돌면서 30여 개 리의 농민들을 끌어들여 대오를 확장한 다음 2월 18일에는 진주 고을로 들어갔다. 겁을 먹은 관리들이 도망하자 농민들은 남아 있던 악질관리·지주들을 처단하고 관가로 들어가 병사와 목사로부터 도결과 부당한 환곡의 징수를 취소하겠다는 다짐을 받았다. 이에 농민들은 대오를 해산했다. 정부는 병마사와 목사를 파면시키는 한편 박규수朴珪壽를 안핵사按覈使로 파견해 사태를 수습하고 실정을 보고하게 했다. 그 결과 봉기의 원인이 병사의 탐학에 있다는 것을 인정했으나 유계춘·김수만 등 110여 명을 봉기의 주동자로 체포했다. 그 중 13명은 사형에, 19명은 유배형에 처해졌다. 그러나 진주농민항쟁은 삼정의 문란 등 봉건 수취체제의 문제점을 근본적으로 제기했으며 이후 계속된 다른 지방의 농민항쟁의 자극제가 되었다.

동학 東學 1860년 최제우가 창시한 종교. 동학이라는 이름은 당시 서방 종교인 천주교를 서학이라고 부르는 데 대해 동방의 학문, 즉 조선의 학문이라는 뜻을 붙인 데서 나온 것이다. 그러나 동학에는 단지 서학에 반대하는 사상뿐만 아니라 봉건 사회질서와 신분제도에 토대를 둔 유교 윤리를 반대하는 사상도 포함되어 있다. 동학의 발생과 확대는 조선후기 농업·상업·수공업·광업 등에서 나타난 일련의 변화와 신분제 붕괴 등 봉건사회의 해체현상, 민중의식의 성장, 그리고 천주교의 전파에 따른 위기감 등이 복합적으로 작용하고 있던 사회의 현실에서 나타난 것이었다. 이에 따라 민중의 의식에 바탕을 둔 종교의 출현이 요구되었으며, 특히 19세기 중반 계속된 민란의 과정에서 나타난 이념과 조직의 필요성은 동학을 발전시키는 원동력이 되었다. 동학의 중심사상은 「한울님을 모시고(시천주侍天主), 나라를 지키고 백성을 평안하게 한다. (보국안민輔國安民)」는 데 있다. 그러나 여기에서 한울님이란 절대적 신이 아니라 인간화된 존재로 「사람은 곧 하늘(인즉천人卽天)」이며 「하늘의 마음은 곧 사람의 마음(천심즉인심天心卽人心)」이다. 따라서 「사람을 받드는 것이 곧 하늘을 받드는 것」이요 「하늘과 사람은 하나」라는 인간중심사상을 내포하고 있다. 보국안민의 표방 아래 지상에 천국을 건설한다는 동학의 이념은 대중의 폭넓은 지지를 얻을 수 있었다. 동학이 민간에 퍼지자 정부는 「세상을 현혹시키고 백성을 기만한다(惑世誣民)」고 하여 동학을 사교邪敎로 탄압하고 1864년 3월 최제우를 체포해 처형했다. 그러나 2대 교주 최시형 때 최제우가 지은 〈동경대전〉과 〈용담유사〉를 출판하고 교리를 더욱 구체화하는 한편 곳곳에 포교조직인 포·접을 두면서 동학은 더욱 확대되었다. 포와 접에는 포주·접주를 두었으며 그 위에 도접주·대접주를 두어 여러 포를 통솔했다. 동학의 교세는 급속히 확대되어 1878년(고종 15)경에는 삼남지방을 중심으로 강원·경기지역까지 포교조직이 성립되었다. 그중 전라도지역의 교세가 가장 번성했는데 이는 이 지방이 농민의 몰락·영세화가 가장 심각하게 진행되었다는 것과 밀접한 관련이 있다. 동학조직에 농민의 참여가 크게 늘어나면서 종교적 이념 못지 않게 사회개혁을 현실적으로 실천하는 데 대한 관심도 높아져 갔으며 이러한 경향은 후에 갑오농민전쟁에서 집약적으로 나타나게 된다.

최제우 崔濟愚 1824(순조 24)~1864 (고종 1) 조선말기 동학의 창시자. 호는 수운水雲, 본관은 경주. 몰락양반인 잔반 출신으로 어려서부터 한학에 열중했으나 일찍이 부모를 여의고 전국 각지를 유람했다. 1855년 이후 수년간 수도생활 끝에 1860년 동학을 창시했다. 1862년 권학가勸學歌를 짓고 〈동학론〉을 집필해 포교에 전념했다. 교세가 확장되자 각지에 포교조직인 접을 설치하고 접주를 두어 교도를 관장하게 했다. 동학의 교세는 급격히 확장되어 1863년에는 접 14개 소와 교인 3,000여 명에 이르렀다. 그러나 같은해 12월 정부에서 파견된 선전관에 체포되어 이듬해 3월 혹세무민 등의 죄명으로 처형되었다.

동경대전 東經大典 최제우가 지은 동학의 경전. 〈포덕문布德文〉〈논학문論學文〉〈수덕문修德文〉〈불연기연不然其然〉의 4편으로 이루어져 있다. 〈포덕문〉은 동학의 도를 깨닫는 경위를 밝히고 그것이 서학과는 다름을 알리고 있다. 〈논학문〉에서는 천지조화의 운수와 천도의 이치를 설명하고 포덕을 이루기 위한 주문 21자 및 동학의 교리와 사상을 전반적으로 밝히고 있다. 〈수덕문〉에서는 교도들에게 덕을 닦기에 힘쓸 것을 당부하고 이를 위해 취해야 할 태도와 정신, 그리고 알아야 할 사항들을 밝히고 있다. 〈불연기연〉은 천도의 인식론적 근거를 고찰하고 제시한 것이다. 〈동경대전〉은 2대 교주인 최시형이 1880년 완간했다. 동학의 기본경전이기는 하지만 한문으로 이루어져 있어 일반 교도들이 읽기는 어려웠을 것으로 보이며, 동학의 교리를 확립하고 교단이나 포교의 책임자들에게 그 정신을 주지시키기 위한 것으로 생각된다.

용담유사 龍潭遺詞 최제우가 한글로 지은 포교 가사. 〈동경대전〉과 더불어 동학의 기본 경전으로 〈용담가龍潭歌〉〈안심가安心歌〉〈교훈가敎訓歌〉〈몽중노소문답가夢中老少問答歌〉〈도수사道修詞〉〈권학가勸學歌〉〈도덕가道德歌〉〈흥비가興比歌〉〈검결劍訣〉의 9편으로 이루어져 있다. 최제우 자신이 제창한 사상을 누구나 이해할 수 있도록 한글로 쓰고 가사의 형식을 빌려 표현했다. 내용은 〈동경대전〉과 유사하면서도 개인적인 고민까지도 포함하고 있다. 전체적으로 동학의 도를 닦아서 사회의 위기를 극복하고, 새로운 사회에 대한 희망을 제시하고 있다. 특히 〈검결〉은 칼을 휘두르면서 춤을 춘다는 뜻으로, 무력을 통해 변혁을 꾀하자는 것으로 이해되고 있어 최제우와 동학이 탄압을 받은 이유의 하나로 짐작되고 있다. 동학가사는 이후에도 많이 창작되었는데 1904년 동학본부라는 동학의 한 유파를 창건한 김주희金周熙가 1922년부터 1933년까지 간행한 가사는 100여 편에 이른다. 그러나 뒤에 지은 동학가사들은 교리를 관념적으로 풀이한 것으로 사회개혁과 보국안민 정신이 나타나 있는 초기의 가사들과는 성격의 변화를 보이고 있다.

접·포 接包 동학의 지방교단 조직. 최제우가 포교와 교도의 관리를 위해 만들었다. 접에는 접주接主를 두어 관리했는데 접주의 임명권은 교주가 장악하고 있었다. 최제우 당시의 동학은 경상도에만 한정되어 있었고 지방조직도 접과 접주만 있었다. 그러나 2대 교주 최시형 때 이르러 충청·전라·강원도에도 동학이 퍼지고 농민들이 대량으로 동학에 가입하자 포교조직도 확대되었다. 접의 접주 아래 면접주面接主가 설치되었으며 몇 개의 접주를 관리하는 대접주·도접주 등이 생겨났고, 큰 군현이나 부府에도 대접주를 두었다. 또한 몇 개의 접을 합해 포包라는 일종의 교구를 설치하고 여기에는 포주包主를 두었다. 이후 동학의 활동은 주로 포를 중심으로 행해졌으며 1894년 갑오농민전쟁 당시에도 동학교단의 활동은 포를 중심으로 이루어졌다. ‡

부록

한국고중세사 연표
참고문헌

● 한국고중세사 연표 읽는 법
△…앞에 적은 달을 뜻함.　　　　　　　◎…통일신라 이후 달이 분명하지 않은 것.

B.C.
약70만년 전 / 단양 금굴 유적.
50만년 / 상원 검은모루 동굴.
30만년 / 연천 전곡리 유적.
20만년 / 청원 두루봉 동굴.
10만년 / 웅기 굴포리 유적.
5만년 / 덕천 승리산 유적, 제원 점말
　동굴.
4만년 / 제주 빌레못 동굴.
3만년 / 동관진 유적, 단양 상시동굴
　유적.
2만년 / 단양 수양개 유적.
1만년 / 중석기문화 형성, 욕지도 유
　적.
6천년 / 부산 동삼동 유적 하층.
5천년 / 서울 암사동 유적.
4천년 / 서포항 유적 하층, 봉산 지탑
　리 유적.
3천년 / 서포항 유적 3층, 미사리 유
　적.
2333년 / 단군왕검 고조선 건국.
2천년 / 초도 유적.
1천년 / 청동기문화 형성.
400년 / 전기 부여, 진국 성립.
300년 / 전국 연의 고조선 침략, 철기
　의 광범한 사용.
195년 / 위만 고조선에 망명.
194년 / 위만 왕검성 장악, 새왕조 수
　립, 고조선 준왕 남쪽으로 망명.
128년 / 예군 남려가 28만 호를 데리고
　한(漢)으로 감.
108년 / 고조선 한에 멸망, 한사군 설
　치.

〈삼국시대〉
57년 / 신라 건국.
37년 / 고구려 건국.
18년 / 백제 건국.

A.D.
3 / 고구려 졸본에서 국내성으로 천
　도.
9 / 마한 백제에 멸망.
32 / 신라 6부 개칭, 17관등 설치.
42 / 금관가야 건국.
68 / 신라, 국호를 계림으로 고침.
158 / 신라, 죽령로 개통.
172 / 고구려, 명림답부가 지휘하는 고
　구려군이 후한군 격퇴.
188 / 백제, 신라의 모산성 공격.
194 / 고구려, 을파소에 의해 진대법
　실시.
231 / 신라, 감문국 복속시킴.
232 / 왜가 신라 금성에 침입.
239 / 고구려, 위의 요동군 지역 공격.
244 / 위의 관구검 고구려 침공, 밀우
　와 유유가 막음.
251 / 신라왕, 처음으로 남당에서 정사
　를 봄.
260 / 백제, 공복제도 실시.
285 / 백제, 박사 왕인이 일본에 논어
　・천자문 등을 전함.
302 / 고구려, 현도군 공격. 8천여 명
　인지로 잡음.
311 / 고구려, 서안평을 공격해서 점
　령.
313 / 고구려, 낙랑 점령.
347 / 부여, 전연의 침입을 받아 5만여
　명 인질로 잡힘.
371 / 백제, 고구려를 공격하여 고국원
　왕 전사.
372 / 고구려, 순도가 들어와 처음 불
　교를 전파. 고구려, 태학 건립.
375 / 백제, 박사 고흥이 〈서기書記〉를
　편찬.
384 / 백제, 인도승 마라난타가 불교를
　전함.

392 / 고구려, 백제를 공격하여 10여성을 빼앗음.

399 / 백제와 왜 연합하여 신라 공격, 신라 고구려에 구원 요청.

410 / 고구려, 동부여 통합.

418 / 신라, 박제상이 왕의 아우 복호를 고구려에서 구출, 미사흔을 일본에서 탈출시킴.

458 / 신라, 묵호자가 고구려로부터 와서 불교를 전파.

475 / 고구려, 백제 수도 한성을 함락하고 개로왕 죽임. 백제 웅진 천도.

484 / 고구려 신라 공격, 신라·백제 연합군이 모산성에서 격파.

494 / 부여왕 고구려에 항복.

502 / 신라, 순장 폐지 우경牛耕 장려.

507 / 백제, 고구려·말갈 연합군의 공격 격퇴.

512 / 신라, 이사부가 우산국을 정벌.

520 / 신라, 율령반포 공복 제정.

545 / 신라, 거칠부가 〈국사〉 편찬.

551 / 백제·신라 연합군 고구려를 공격하여 한강 유역 점령.

554 / 백제 성왕, 관산성에서 신라와 싸우다 전사.

562 / 신라, 대가야를 정복.

584 / 신라, 황룡사 금당을 완성.

590 / 고구려 온달, 신라의 아차산성 공격 중 전사.

592 / 백제 기술자들 일본 법흥사法興寺 불당을 완성.

598 / 고구려, 말갈병과 함께 요서 공격, 수문제 30만 대군으로 고구려 침공.

600 / 고구려, 이문진이 〈신집〉 5권 편찬.

612 / 수나라 고구려 공격. 을지문덕 살수대첩.

631 / 고구려, 천리장성 쌓음.

642 / 백제, 신라를 공격하여 40여 성 점령. 고구려, 연개소문 정변.

643 / 고구려, 당으로부터 도교를 받아들임. 백제와 고구려 연합군, 신라의 당항성 점령.

645 / 신라, 황룡사 9층탑 건립.

647 / 신라, 비담 염종의 반란. 고구려, 당의 침공 격퇴.

648 / 신라, 김춘추와 아들 김인문 당에 건너가 구원 요청.

650 / 신라, 당나라 연호를 사용.

654 / 신라, 진덕여왕 죽고 태종 무열왕 즉위.

655 / 고구려·백제·말갈군, 신라를 공격하여 30여 성 점령.

657 / 백제, 왕의 서자 41명을 좌평에 임명.

659 / 고구려, 당과 요동에서 대결.

660 / 신라, 김유신이 상대등이 됨. 당나라, 백제에 대한 공격. 백제 의자왕, 당나라에 항복.

661 / 백제, 복신·도침·흑치상지 등이 주류성에서 부흥운동.

662 / 당나라 군대, 고구려 평양성을 포위.

663 / 나당연합군, 백강에서 왜군 격파.

666 / 고구려, 연개소문 죽고 아들 남생이 막리지가 됨. 고구려 연정토 12개 성을 들고 신라에 투항.

668 / 고구려, 당나라의 공격으로 부여성이 함락됨. 나당 연합군 평양성 포위, 보장왕 항복.

〈통일신라〉

676 / ◎신라, 기벌포(금강 하구) 등에서 당군 격파(대동강 이남에서 당군을 완전히 축출하여 3국 통일을 완성)./의상, 부석사를 창건하고 화엄종을 폄.

681.7 / 문무왕 죽고 신문왕 즉위. 소판·김흠돌 등, 모반을 하다 사형됨.

682.6 / 국학을 세움.

687.5 / 문무관에게 관료전을 줌. 전국을 9주 5소경으로 편성. ◎9서당편성이 완료.

689.1 / 내·외관內外官에게 준 녹읍綠邑을 폐지하고 조租를 줌.

692 / ◎설총, 이두를 정리하고 〈화왕계〉를 지음.

698 / ◎발해 : 시조 대조영, 천문령 전투에서 당군을 격파한 뒤, 나라를 세워 진震이라 하고 연호는 천통이라 함(발해 건국).

704 / ◎김대문, 한산주 총관이 되고, 〈고승전〉〈화랑세기〉 저술.

711.11 / 왕, 백관잠을 만들어 신하들에게 보임.

713 / ◎발해 : 국호를 발해로 고치고 도읍을 동모산 동북의 상경에 둠.

718.10 / 한산주 관내에 여러 성을 쌓음.

719 / ◎발해 : 고왕(대조영)이 죽고 무왕 즉위. 연호를 인안이라 함.

720 / ◎황룡사 9층탑을 중수.

721.7 / 아슬라도의 장정을 징발하여 북경에 장성을 쌓게 함.

722.8 / 백성에게 정전을 지급(정전제).

726 / ◎발해 : 무왕의 아우 문예를 보내 흑수말갈을 공격케 했으나 문예는 당으로 도망. 대일하가 대신 지휘하여 흑수말갈과 당을 격파.

727 / ◎혜초가 서역을 거쳐 당의 안서대도호부로 돌아와 〈왕오천축국전〉을 쓴 듯함. ◎발해 : 처음으로 일본에 사신을 보냄(이후 34회 파견).

732 / ◎발해 : 장문휴를 보내 당의 등주를 공격.

733 / ◎발해 : 당, 신라와 연합하여 발해를 공격.

735.2 / 당, 신라의 패강浿江 이남 영유를 인정.

737 / ◎발해 : 무왕 죽고 3대 문왕이 즉위. 연호를 대흥으로 바꿈.

751 / ◎김대성, 불국사 창건.

756 / ◎발해 : 도읍을 상경용천부(영안)로 옮김.

757.3 / 내·외관의 월봉제月俸制를 폐지하고 다시 녹읍을 줌.

765 / ◎충담사, 〈찬기파랑가〉〈안민가〉를 지음.

770.12 / 성덕 신종(봉덕사종=에밀레종) 주조.

780.4 / 이찬 지정, 모반하여 혜공왕을 죽임. 김양상, 37대 선덕왕으로 즉위.

781.7 / 사람을 보내 패강 이남 주·군을 안무.

782.2 / 한산주에 행차하고 백성을 패강진으로 옮김.

785 / ◎선덕왕 죽고 상대등 경신, 월성왕으로 즉위. ◎총관摠管을 도독都督으로 고침.

786 / ◎발해 : 도읍을 동경용천부(훈춘)로 옮김.

788 / ◎독서출신과를 설치.

794 / ◎발해 : 문왕 죽고 성왕 즉위, 연호를 중흥中興으로 고침. 수도를 다시 상경용천부로 옮김.

799.3 / 청주 노거현老居縣 학생녹읍으로 함.

805.8 / 공식 20여 조를 발표.

806 / ◎새로운 불사佛寺의 창건을 금함.

808.2 / 12도에 사신을 보내 군읍의 경계를 정함.

809.7 / 왕의 숙부 김언승, 이찬 제옹 등 난을 일으켜 애장왕을 죽이고 헌덕왕을 즉위케 함.

810.2 / 국내의 제방을 수리.

822.3 / 웅천주(공주) 도독 김헌창, 반란을 일으켜 국호를 장안이라 하고 연호를 경원이라 함.

825.1 / 김헌창의 아들 김범문이 지휘하는 농민군, 반란을 일으킴.

826.7 / 한산 북쪽 여러 군의 백성을 징발하여 패강의 장성 300여 리를 쌓음.

828.4 / 장보고(궁복), 청해진 대사가 됨. 12 / 김대겸, 당에서 차茶종자를 가져와 지리산에 심게 함.

829 / ◎집사부를 집사성으로 고침.

830 / ◎혜초, 당에서 돌아옴.

834 / ◎백성의 복색服色제도를 정함.

836.12 / 흥덕왕 죽음. 왕의 아우 균정, 조카 제륭과 왕위 다툼. 제륭이 균정을 죽이고 즉위(희강왕).

838.1 / 상대등 김명, 시중 이홍 등 난을 일으킴. 희강왕 자살. 2 / 김양, 우징을 추대하고 청해진에서 장보고의 군사로 모반.

846 / ◎장보고, 청해진에서 반란을 일으켰으나 문성왕이 보낸 자객에게 피살.

880 / ◎사벌주(상주)에서 민란이 일어남.

888.2 / 위홍과 대구화상, 향가집 〈삼대목〉 지음.

889 / ◎원종·애노, 신라 중부 사벌주에서 농민봉기를 일으킴.

891 / ◎양길·휘하의 궁예가 지휘하는 농민군, 신라 북부와 북원 일대(강원도 남부)를 점령.

892 / ◎견훤, 완산(전주)에서 농민봉기를 일으켜 무진주(광주)를 점령.

894.2 / 최치원, 시무 10여 조를 올림.

895.8 / 궁예, 개국군 開國君 을 칭하고 후고구려를 건국. 왕건, 궁예에 투항하여 철원군 태수가 됨. .

898.1 / 송악(개성)으로 도읍을 옮김.

900 / ◎견훤, 무진주에서 반란을 일으켜 후백제를 건국. 궁예, 왕건을 보내 국원, 청주 등을 공격하여 탈취함.

903.3 / 왕건, 금성金城 등 10여 성을 탈취하고 금성을 나주라 고침.

904 / ◎궁예, 국호를 마진摩震, 연호를 무태武泰라 함.

905 / ◎궁예, 도읍을 철원으로 옮김.

911.1 / 궁예, 국호를 태봉泰封이라 고치고 연호를 수덕만세水德万歲라 함.

914 / ◎연호를 정계政開라 고침.

915 / ◎궁예, 부인 강씨와 두 아들이 자신이 비행을 말함에 모두 죽임.

〈고려시대〉

918.6 / 왕건, 궁예 휘하 장군들의 추대로 왕위에 올라 국호를 고려, 연호를 천수天授라 함(고려 건국).

919.1 / 도읍을 철원에서 송악으로 옮김.

926 / ◎발해 : 거란에게 멸망당함.

927 / ◎최치원, 〈신라수이전〉〈계원필경집〉 지음. ◎견훤, 금성에 침입하여 경애왕을 자살케 하고 경순왕을 세움.

934.7 / 발해의 세자 대광현, 수만 군중을 이끌고 고려에 투항.

935.6 / 견훤, 고려에 투항. 11 / 경순왕, 고려에 항복(신라 멸망).

936.2 / 견훤의 사위 박영규, 고려에 투항. 9 / 후백제 신검의 군대를 일리천(선산)에서 대파(후백제 멸망 후 삼국통일). △태조, 정계 1권, 계백료서 8편을 친히 만들어 반포.

940 / ◎역분전제 정함.

947 / ◎서북지방에 축성·개척하여 30만 군의 광군사를 두고 거란의 침입에 대비.

949.8 / 주현의 세공액을 정함.

956 / ◎노비를 조사해서 시비是非를 가리게 함(노비안검법).

958 / ◎과거제를 시행.

960.3 / 백관의 공복公服을 제정. 개경

을 황도皇都라 하고 서경을 서도西
都라 함. ◎승려 제관 〈천태사교의〉
를 저술.

963.7 / 귀법사 창건. 제위보를 둠.

968 / ◎승려 혜거를 국사로, 탄문但文
을 왕사로 삼음.

973.12 / 공사진전公私陳田의 개간·경
작에 관한 수조법을 정함. ◎균여대
사 〈보현 십원가〉 지음.

976 / ◎전시과 제도를 정함(시정전시
과).

977.3 / 개국공신과 향의귀순성주向義
歸順城主 등에 훈전勳田을 급여. 공
음전시功蔭田柴를 정함.

980.4 / 미米·포布 출식出息(고리대)
에 관한 이율을 정함. 6 / 최승로,
시무 28조의 봉사를 올림.

983.2 / 12목 설치, 5 / 3성 6부 정함. 6
/ 주부훈련의 관館과 역驛에 공수
전·지전·장전을 정함(공해전시).

987.7 / 노비환전법 제정. 8 / 12목에
경학박사·의학박사 1명씩을 둠.

989.3 / 동북·서북면에 병마사를 둠.

990.7 / 서경에 분사分司를 설치. 12 /
서경에 수서원을 세움.

992.12 / 국자감 설치. ◎공전의 수조
를 정함.

993.2 / 양경·12목에 상평창을 둠. 10
/ 거란, 고려에 대한 제1차침입 개
시. 서희의 담판으로 화약을 맺음.

995 / ◎전국을 10도·128주·449현·
7진으로 구획. 개경에 비서성 설치.

996.4 / 금속화폐 철전을 주조하여 통
용.

998.12 / 문무백관 및 군인의 전시과를
개정(개정전시과).

1009.2 / 서북면 병마사 강조, 반란을
일으켜 왕 목종을 폐하고 대량원군
(현종) 세움.

1010.12 / 거란의 제2차침입 시작.

1011 / ◎김숙흥 부대, 구주에서 거란
군 1만여 명을 격멸. 거란군 물러
감. ◎제1차 대장경(초조대장경)
조판 시작.

1012.3 / 12주의 절도사를 폐지하고 5
도호·75도 안무사를 둠.

1014.10 / 최질 등 무신, 반란을 일으
킴.

1018.2 / 안무사를 폐지하고, 4도호·8
목·56지주군사·38진장, 20현령을
둠. 12 / 거란의 소배압 등이 10만대
군으로 제3차침입 개시.

1919.2 / 강감찬이 지휘하는 고려군,
철수하는 거란군을 구주에서 포위
하여 격멸(구주대첩).

1032.3 / 왕가도를 감수국사, 황주량을
국사로 하여 〈7대실록〉을 편찬(~
1034).

1033.8 / 천리장성 축조 개시(1044년
완성).

1034.4 / 양반·군·한인의 전시과를
개정.

1039.5 / 천자수모법賤者隨母法을 제정.

1047.2 / 구분전 제정.

1048.12 / 각도 관館·역驛의 공수전조
를 정함.

1049.5 / 공음전시법 정함.

1054.3 / 전품田品 3등급을 정함.

1067.6 / 양주를 남경유수로 함.

1068 / ◎남경에 신궁을 창건.

1073.1 / 아들이 없는 자의 공음전은
사위·조카·양자·의자義子의 순
으로 전급케 함.

1075 / ◎혁련정, 〈균여전〉을 지음.

1076 / ◎양반전시과를 고쳐 정함(경
정전시과).

1086.6 / 흥왕사에 교장도감을 두고 4
천여 권의 불경을 구입하여 간행.

1087.2 / 흥왕사에서 1차 대장경(초조
대장경, 속장경) 완성.

1090.8 / ◎의천, 〈신편제종교장총록〉
편수. ◎속장경 조판됨.

1096 / ◎의천, 〈속장경〉을 완성하여 대구 부인사에 둠.
1097 / ◎의천, 〈대각국사문집〉을 지음.
1106 / 〈해동비록〉 완성.
1108.3 / 윤관, 9성을 쌓음.
1109.7 / 9성을 여진에 돌려줌.
1111.8 / 전주田主. 전호田戶의 수조율을 정함.
1112 / ◎혜민국 설치.
1119.7 / 국학에 양현고를 세움.
1124 / ◎송나라 사람 서긍, 〈고려도경〉 40권을 지어 바침.
1126.2 / 이자겸의 난이 일어남.
1135.1 / 묘청 등 서경에서 반란을 일으켜 국호를 대위, 연호를 천개라 함.
1145.12 / 김부식, 〈삼국사기〉 50권을 편찬.
1162.5 / 이천·동주·선주 등에서 대규모의 민란 일어남.
1170.8 / 정중부 등 무신, 정변을 일으킴.
1172 / ◎창주·성주·철주 등 서북면에서 민란 일어남.
1173.4 / 동북면 병마사 김보당, 군사를 이끌고 난을 일으킴.
1174.9 / 서경에서 조위총, 반란을 일으킴, 이에 호응해 서북방의 40여 성에서 민란이 일어남.
1176.1 / 공주 명학소에서 망이·망소이가 지휘하는 민란 일어남. 남부지방에 민란 성행.
1773.3 / 망이·망소이 등 다시 반란을 일으킴. 5 / 서경에서 민란이 다시 일어남. 서경 장악. 서북지방에 민란 자주 일어남.
1182.3 / 전주에서 기두·죽동 등이 주동이 되어 관노와 농민을 이끌고 봉기. 9 / 관성(옥천)에서 민란 일어남.

1190.1 / 경주 지방에 민란 일어남. 토벌 실패.
1193.7 / 경상도 운문(청도)의 김사미와 초전(울산)의 효심이 주동이 되어 남부지방에 대규모 민란이 일어남.
1196.4 / 최충헌, 이의민을 죽이고 정권 장악. 5 / 최충헌, 봉사 10조 올림.
1197 / ◎임춘. 〈국순전〉을 지음.
1198.5 / 개경에서 만적 등 노비, 봉기를 계획하다 발각되어 처형됨.
1199.2 / 명주(강릉) 및 동경(경주)에서 민란이 일어나 주군을 장악함.
1200.5 / 밀성에서 관노 50여 명, 운문적에 들어감. 12 / 최충헌, 도방을 세움.
1202.10 / 경주 별초군 봉기. 12 / 경주·운문·울진 등 연합하여 대규모 민란을 일으키고 주군을 장악.
1203.9 / 부석사와 부인사의 승도, 난을 꾀하다 섬으로 유배.
1216.9 / 김취려, 연주에서 거란의 침략군을 격멸.
1225.6 / 최우, 자신의 집에 정방을 설치.
1231.8 / 살리타를 원수로 하는 몽고군, 고려에 제1차침입 개시.
1232.6 / 강화도 천도. 12 / 몽고군의 제2차침입. 김윤후가 지휘하는 부곡민이 처인성에서 항쟁하여 살리타를 사살, ◎몽고의 침입으로 초조대장경 불타버림.
1233.6 / 서경인·필현보·홍복원 등 모반함.
1234 / ◎금속활자로 〈상정고금예문〉 50권을 인쇄.
1235.윤7 / 탕구唐古를 선봉으로 하는 몽고군의 제3차침입.
1236.10 / 강도江都에 대장도감을 두고 대장경 제조 시작(~1251).

1237 / ◎대구 부인사 소장의 대장경이 불에 탐. ◎이규보〈동국이상국집〉〈백운집〉지음.

1238.윤4 / 몽고군 동경(경주)에 이르러 황룡사탑을 불태움. 황룡사장육상이 불에 탐.

1247.7 / 아모간阿母侃이 지휘하는 몽고군, 고려에 제4차침입.

1251.9 / 제2차 대장경 조판(재조대장경)을 완성.

1254.7 / 몽고의 쟈랄타이車羅大 군 제5차침입 ◎최자의〈보한집〉이 완성.

1255.6 / 몽고 쟈랄타이의 군 제6차침입.

1258.3 / 유경 등, 최의를 죽이고 정권을 왕에게 돌림(최씨정권 붕괴). 몽고, 화주(영흥) 지방에 쌍성총관부를 둠.

1260 / 이인로의〈파한집〉간행.

1269 / ◎전민변정도감을 둠.

1270.6 / 배중손 등, 삼별초를 거느리고 항쟁, 8 / 삼별초, 진도로 들어감.

1271.5 / 김방경, 몽고군과 함께 진도 함락. 삼별초 잔여세력 탐라도로 들어감. ◎녹과전을 지급함.

1273.4 / 탐라의 삼별초군 무너짐.

1274.3 / 결혼도감 설치 10 / 김방경, 원의 장수 혼도忻都와 함께 일본 정벌, 실패 .

1278.12 / 녹과전을 고쳐 지급.

1280 / ◎일본 정벌 위해 서경에 정동행성 설치.

1281.5 / 몽고, 고려군을 강제 동원하여 일본 정벌에 나섬. 8 / 일본 정벌군 패해 돌아옴.

1285 / 일연의〈삼국유사〉완성.

1287 / 이승휴〈제왕운기〉지음.

1288 / 전민변정도감을 둠.

1290.3 / 동녕부를 폐함.

1296.3 / 경사교수도감 설치.

1301.5 / 관명이 원나라와 같은 것을 모두 바꿈.

1304.5 / 안향의 건의로 국학 섬학전을 둠. 6 / 국학대성전이 완성됨.

1309.2 / 각염법 제정.

1314.2 / 5도 순방계정사를 보내 양전 실시.

1314.윤3 / 충선왕, 연경에 만권당을 설치하고 이제현과 경사를 연구.

1317.4 / 민지 등〈본국편년강목〉을 편찬하여 올림.

1318.2 / 제주도 민란 일어남, 성주와 왕자를 내쫓음.

1342 / ◎이제현,〈역옹패설〉지음.

1344.9 / 이제현,〈익제난고〉지음.

1352.9 / 조일신, 난을 일으킴.

1356.5 / 정동행중서성 이문소를 폐지. △압록강 서쪽에 8참站을 치고 쌍성 등지를 수복함.

1359.12 / 홍건적, 압록강을 건너 각지에서 노략질. 서경 함락(홍건적의 제1차침입).

1361.10 / 홍건적, 10만의 군으로 삭주. 이성에 침입(홍건적 제2차침입 개시).

1363 / ◎문익점, 원에서 목화씨를 가져옴.

1366.5 / 전민변정도감 설치, 신돈을 판사로 함. 신돈, 정치개혁을 행함.

1369 / ◎과거에 향시·회시·전시제를 시행.

1372 / ◎제주에 민란 발생.

1375.11 / 제주에 민란 재발.

1377.10 / 화통도감을 설치. 최무선, 화약을 발명하고 각종 화약무기를 제조.

1380.8 / 최무선의 지휘 아래 고려 해군. 화포를 사용하여 진포에서 왜선 5백 척을 격파. 9 / 이성계, 운봉에서 왜구를 대파.

1382 / 양수척들, 영해군에서 난을 일

으킴.
1388.3 / 최영을 8도도통사, 조민수를 좌군도통사, 이성계를 우군도통사로 하여 명나라 정벌 개시. 5 / 이성계, 위화도 회군으로 실권을 장악.
1389.12 / 폐앙인 우·창왕을 죽임. 관제개혁.
1390.9 / 한양으로 천도. 9 / 공사전적 불태움.
1391.5 / 과전법 제정.
1392.4 / 정몽주 피살. 7 / 배극렴 등, 이성계를 왕으로 추대. 공양왕 왕위를 물려줌(고려 멸망).

〈조선시대〉
1392.7 / 이성계(태조), 수창궁에서 즉위. △문무백관의 세도를 정함. 8 / 공양왕을 공양군으로 봉해 강원도 간성군에 둠. △개국공신을 정함.
1393.2 / 국호를 「조선」으로 고침. 9 / 삼군총제부를 의흥삼군부로 고침.
1394.4 / 공양군 부자와 왕씨를 모두 살해. 5 / 정도전, 〈조선경국전〉을 편찬. 8 / 도읍지를 한양으로 정함. 10 / 한양으로 천도.
1395.1 / 정도전 등 〈고려국사〉 37권을 펴냄. 6 / 한양부를 한성부로 고침.
1396.1 / 도성 축조공사를 시작(9월에 완성). 12 / 김사형 등, 왜구의 근거지인 이키壹岐 쓰시마를 공격. ◎조준과 하륜, 〈경제육전〉을 편찬하여 바침.
1397.12 / 〈경국육전〉 간행.
1398.7 / 전국에 양전 실시. 8 / 제1차 왕자의 난. 9 / 태조, 세자 방과芳果(정종)에게 왕위를 물려줌.
1399.3 / 왜구가 없어지므로 선군船軍을 감함. 5 / 〈향약제생집성방〉을 편찬.
1400.1 / 제2차 왕자의 난. 2 / 방원이 세자가 됨. 4 / 사병을 없앰. 도평의

사사를 의정부로, 중추원을 삼군부로 고침. 11 / 정종, 방원(태종)에게 왕위를 물려줌.
1401.윤3 / 문과고강법을 제정. 4 / 사섬서를 설치하여 저화를 관장케 함. 7 / 문하부를 의정부로 고침. △신문고 설치.
1402.1 / 무과의 법을 처음으로 정함. △관리의 녹봉에 저화를 병용. 2 / 저화 통행법을 정함. 9 / 저화와 상 5승포를 겸용케 함.
1403.2 / 주자소를 설치하여 계미자를 만듦. 9 / 사섬서 폐지.
1404.4 / 의정부, 각도의 호구 및 전답의 수를 올림. 7 / 일본, 사신을 통해 예물을 보냄.
1405.1 / 의정부의 서무를 6조에 귀속시킴. 3 / 예조, 6조의 직무를 상정. 10 / 다시 한양으로 환도.
1406.3 / 선종·교종의 사사寺社를 정하고 토지와 노비의 수를 제한함.
1407.1 / 백관의 녹과를 정함. 3 / 은의 채굴을 금함.
1408.4 / 명나라 사신이 와서 조선의 미녀를 구함. 조선 진헌색을 설치하여 동녀童女를 징집. 11 / 명나라 사신, 진헌된 처녀들을 데리고 감.
1409.윤4 / 명나라 사신이 다시 와서 미녀를 구함. 10 / 군정을 개정. 11 도에 도절제사를 둠.
1410.7 / 저화 통행법을 다시 시행. 9 / 추포와 상 5승포의 사용을 금함.
1411.1 / 저화의 사용을 엄격히 시행. 3 / 원단圓壇의 제의를 정함. 4 / 회색·옥색의 의복을 금함. 12 / 금은을 채굴케 함.
1412.7 / 의흥부를 폐지하고 병조에서 군정을 맡음. 11 / 조운법 실시. 12 / 시전을 설치.
1413.3 / 〈태조실록〉 15권 완성. 9 / 호패법 실시. ◎해인사에서 대장경을

찍어냄.

1414.1 / 중앙관제를 고침. 4 / 노비변
정도감을 설치(10월에 폐지).

1415.3 / 보충군 설치. 7 / 조지소 설
치. 8 / 김제 벽골제 수축. 11 / 군정
봉족의 수를 정함. 12 / 길주·영홍
2성이 완성됨. ◎⟨대명분류율⟩ 간
행.

1416.1 / 조관의 관복제도를 정함. 6 /
호패를 폐지. 8 / 도첩제 실시. △각
도의 공물을 상정함. 9 / 영길도를
함길도로 고침.

1417.5 / 일본인에게 금은을 파는 것을
금함. 7 / 과전의 1/3을 경상·충
청·전라 하삼도로 옮김. 11 / 풍해
도를 황해도로 고침.

1418.6 / 세자를 폐하고 충녕대군(세
종)을 세자로 삼음. 8 / 도성 경비를
위한 취각령을 정함. △태종, 세자
에게 왕위를 물려줌. 10 / 처음으로
경연을 엶.

1419.6 / 이종무, 왜구의 근거지인 쓰
시마를 정벌. 9 / 제주에 양전을 실
시.

1420.3 / 집현전에 사司를 두고 대제학
등 녹관을 둠.

1421.1 / 처음으로 서연을 개설.

1422.7 / 재인·화척의 이동을 금하고
모두 돌려보냄. 12 / 기근으로 각도
에 진제소 설치.

1423.10 / 재인·화척을 백정으로 고쳐
부름.

1424.4 / 호적을 정비. 9 / 금속화폐인
조선통보를 주조하여 통용시킴.

1425.2 / 처음으로 동전을 사용. 4 / 저
화 사용을 금하고 동전을 전용.

1426.2 / 한성에 큰 불이 남. 방화법을
정함. 6 / 한성에서 함경도 유민과
한성부 노비의 폭동이 일어남.

1428.8 / 각도의 토지를 양전케 함. 10
/ 결부제를 정함.

1429.10 / 양전경차관을 경상·충청 등
각지에 파견. ◎정초, ⟨농사직설⟩
을 지음.

1430.7 / 공법의 타당성을 각지에 물
음.

1433.6 / 유효통 등, ⟨향약집성방⟩을
편찬하여 바침. ◎역서 ⟨칠정산내
외편⟩을 짓게 함.

1434.10 / 앙부일귀로 시간을 측정. ◎
여진족을 추방하기 위해 6진을 설치
(4군 6진의 완성).

1437.1 / 흉년으로 도둑이 횡행. 7 / 공
법 실시.

1438.7 / 공법을 경상·전라도에 시행.
△생원진사시 실시. 11 / 김시습,
⟨금오신화⟩ 간행.

1440.9 / 평안도 연강변에 행성을 쌓음
(41년에 완성).

1441.7 / 충청도에 공법을 시행. 8 / 장
영실·이천 등 세계 최고의 철제 측
우기를 설치하고 양수표를 세움.

1443.2 / 일본 쓰시마 도주와 계해조약
체결. 4 / 세자(문종)에게 섭정시
킴. 12 / 훈민정음 창제.

1444.1 / 양전산계법을 정함. 11 / 전분
6등·연분 9등제를 정함.

1445.3 / 화포 공장을 장려하도록 함.
34 / 권제 등, ⟨용비어천가⟩ 10권을
편찬하여 올림. 10 / ⟨의방유취⟩ 365
권 편찬.

1446.6 / 집현전, 공법의 폐를 논함. 9
/ 훈민정음 반포. 10 / 공문서에 훈
민정음 사용. 12 / 평안도 대성산에
서 민란이 일어남.

1447.2 / 화포를 만듦. 7 / ⟨석보상절⟩
⟨월인천강지곡⟩이 완성됨. ◎ 함
경·경기·황해·강원도 등에서 민
란이 일어남.

1449.12 / 명나라, 말 23만 필의 진헌을
통고.

1450.1 / 양성지, 비변 10책을 건의. 윤

1 / 의주에 읍성을 수축하고 행성을 쌓음.
1450.2 / 문종 즉위.
1451.8 / 김종서 등, 〈고려사〉 139권을 개찬.
1452.2 / 김종서 등, 〈고려사절요〉 편찬.
1453.5 / 단종 즉위. 10 / 수양대군, 김종서·황보인 등을 죽이고 안평대군 부자는 강화에 압송한 후 정권을 장악함(계유정난). △이징옥, 종성에서 난을 일으켰으나 사형당함.
1455.윤6 / 단종, 수양대군에게 왕위를 물려줌(세조). 단종을 상왕이라 함. 11 / 취각령 실시.
1456.2 / 강원·함길·평안·황해도의 군정·한량의 멍딘을 작성 6 / 사육신, 단종의 복위를 꾀하다 죽음을 당함. △집현전·경연을 폐지.
1457.6 / 상왕을 노산군으로 하여 녕월에 유배함. 10 / 단종 죽음.
1458.4 / 호패법을 다시 시행.
1461.1 / 공물의 대납을 금함. 4 / 경기·전라도에 양전 실시 6 / 간경도감 설치.
1465.12 / 김종직, 〈경상도 지도지〉 편찬.
1466.8 / 과전법을 폐지하고 직전법을 실시.
1467.5 / 길주인 이시애 등이 반란을 일으키고, 이에 함경도 지방의 농민이 호응하여 농민전쟁으로 발전.
1468.9 / 세조, 세자(예종)에게 왕위를 물려주고 죽음. 10 / 남이 등, 반역으로 몰려 죽음을 당함.
1469.11 / 성종 즉위. 12 / 군적을 개정, 호패법 폐지.
1470.4 / 직전세를 관수관급하게 함.
1477.7 / 부녀 재가의 금지를 논함.
1478.5 / 임사홍·유자광을 유배. ◎서거정, 〈동문선〉 편찬.

1481.4 / 서거정, 〈동국여지승람〉 50권을 편찬.
1482.2 / 유향소 금지의 절목을 정함. 8 / 폐비 윤씨에게 사약을 내림.
1483.2 / 연산군을 세자에 책봉.
1484.11 / 서거정 등, 〈동국통감〉을 편찬하여 바침.
1486.5 / 전라도에서 공부·공역의 과중으로 굶어죽은 자가 많음.
1488.5 / 유향소를 다시 설치.
1489.11 / 강원도에서 민란이 일어남.
1490.1 / 도첩이 없는 승려를 잡아 군에 보충함.
1492.2 / 도첩의 법을 중지. 3 / 왜인의 사무역을 허락.
1493.8 / 성현 등, 〈악학궤범〉 완성. 9 / 경상·전라도에 양전. 12 / 보인솔 정보人率丁 / 을 폐시.
1494.3 / 쌀값이 올라 전국에서 빈민의 봉기가 일어남. 12 / 성종이 죽고 연산군이 즉위.
1497.5 / 폐비 윤씨(연산군의 생모)를 추숭함. 6 / 대간들의 사직이 70여 회에 이름.
1498.2 / 상평창을 설치. 7 / 무오사화 일어남.
1500 / 〈농사언해〉〈잠서언해〉 간행.
1503.1 / 승려의 도성 출입을 엄금. 11 / 경복궁·창덕궁의 담을 높이 쌓고 담 밑에 주거를 금함.
1504.7 / 성균관을 유연소遊宴所 / 로 함. △언문의 교수 및 학습을 금함. 10 / 갑자사화 일어남.
1506 / 연산군의 비행을 폭로하는 패서 사건 빈번. 9 / 언문청을 폐함. 박원종 등, 왕을 폐하고 진성대군을 옹립함(중종반정). 폐왕을 연산군에 봉함. 11 / 연산군, 병으로 죽음.
1507.4 / 유자광 등을 유배.
1510.4 / 3포(부산·웅천·동래)에서 왜란이 일어남.

1511.3 / 학전 100결을 성균관에 줌. 조
광조가 천거됨.

1512.9 / 일본과 임신조약 체결, 세견
선·세견미를 줄임.

1514.3 / 각도 사찰의 재건을 금함.

1515.6 / 저화를 동전과 함께 사용하기
로 함. 8 / 박상 등, 단경왕후 신씨
의 복위를 상소, 대간에서 반대. 11
/ 조광조, 대간의 파직을 청함.

1516.5 / 성균관·4학의 유생이 아닌
자는 등용하지 않도록 함.

1517.1 / 조광조 등, 이학理學 / 의 장려
를 여러 차례 건의. 6 / 축성사를 비변
사로 개칭. 7 /「여씨향약」을 8도에
시행. 정몽주를 문묘에 모심. 11 /
최세진, 〈사성통해〉 편찬하여 바
침.

1518.3 / 조광조, 현량방정과로 인재를
특채할 것을 청함.

1519.4 / 현량과를 설치, 김식 등 28명
을 등용. 5 / 조광조, 대사헌이 됨.
10 / 현량과 폐지. 11 / 조광조 등을
유배. 성균관 유생, 조광조의 사면
을 항소. 12 / 조광조에게 사약이 내
림(기묘사화)

1523.8 / 정병대립자正兵代立者 / 를 다스
리는 법을 정함.

1524.1 / 압록강 유역의 여진족을 몰아
냄.

1527.4 / 최세진, 〈훈몽자회〉를 편찬하
여 바침.

1529.10 / 비변사, 긴급한 대사건은 의
정부와 함께 의논하고 일반적인 것
은 병조와 의논하여 조치하기로 함.

1530.8 / 이행 등, 〈신증동국여지승람〉
을 편찬.

1537.1 / 일본 사신이 와서 통신사를
요청했으나 허락하지 않음. 10 / 윤
원로·윤원형 형제를 유배. 김안로
에게 사약을 내리고 그 일당을 유배
보냄. △군포법 실시.

1538.2 / 기묘사화 관련자를 서용.

1540.7 / 서경덕·성수침·조식 등 40
여 명을 서용. 12 / 전라도에서 민란
이 일어남.

1541.12 / 여진족이 평안도에 월경할
것을 대비해 비변사를 확충하고 의
정부의 3공이 겸하게 함.

1542.6 / 단천에서 은의 채굴을 금함.
7 / 일본에서 은 1만 5천 냥을 수입.

1543.1 / 풍기군수 주세붕, 백운동서원
을 세움. 10 / 전라·경상·충청도
의 이주민을 평안도에 송치.

1544.1 / 하삼도의 죄인을 변방에 이주
시킴. ◎평안도에 양전 실시. 11 /
중종, 세자(인종)에게 왕위를 물려
주고 죽음.

1545.6 / 조광조의 작품을 복귀시킴.
현량과를 다시 설치. 7 / 인종이 위
독하여 경원대군(명종)에게 왕위를
물려주고 죽음. 왕대비(문정대비)
윤씨가 섭정. 원상院相 / 을 둠. 윤원
로를 해남에 유배. 8 / 을사사화 일어
남.

1546.2 / 윤원로, 동생 윤원형과의 권
력투쟁에서 패배해 파면됨. 10 / 일
본사신이 옴.

1547.2 / 원상을 폐지. △쓰시마와 정
미조약 체결. 12 / 윤원로에게 사약
을 내림.

1550.2 / 백운동서원,「소수서원」의 편
액이 내림. ◎명나라에서 양명학이
들어옴.

1551.6 / 보우를 판선종사 도대선사로
함. △양종 선과를 다시 설치하고
도첩을 줌.

1552.5 / 성수침·조식·백인걸·노수
신·유희춘 등을 발탁함. △제주에
왜구 출몰.

1555.5 / 전라도 달량포에서 왜변이 일
어남(을묘왜변).

1556.2 / 왜구에 대비코자 무과를 실시

하여 200명을 뽑음.

1557.4 / 황해도에서 민란이 일어남. 5 / 도첩에 있는 승려의 부역을 금함. 7 / 제주목사·전라감사·병수사 등에게 왜적방어기구와 봉화를 충분히 마련할 것을 명함.

1559.3 / 왜적방어를 위해 쓰시마에 2년의 세사미를 줌. △황해도에서 민란(임꺽정의 난)이 일어남(~ 1562). ◎이황과 기대승 사이에 4단 7정에 관한 서신왕래가 시작됨(~ 1566년).

1561 / ◎이지함, 〈토정비결〉을 지음.

1562.1 / 황해도 농민봉기의 주모자 임꺽정을 처형, 난을 평정함.

1563.9 / 명나라, 〈대명회전〉에 잘못 기록된 소선왕계를 시정(종계변무 일단락지음).

1565.5 / 8도의 유생이 서울에 모여 보우를 죽일 것을 상소. 6 / 제주목사, 유배되어온 보우를 죽임. 7 / 윤원형의 관작을 삭탈. 12 / 을사 이후에 죄인이 된 자를 사면.

1566 / ◎이황을 겸홍문관예문관 대제학으로 임명.

1567.6 / 명종이 죽음, 후사가 없어 하성군河城君/(선조)에게 왕위를 물려줌. 왕대비 수렴청정을 실시하고 원상을 둠. 10 / 을사사화와 관련된 노수신·유희춘 등을 석방해 서용함.

1568.2 / 대비, 왕에게 정치를 이양. 4 / 조광조에 영의정을 추증. △공무역을 일시 정지하고 사무역을 엄금. △처사 조식·성흔·이항 등을 특별히 불러들임. 9 / 현량과를 다시 둠. 12 / 이황, 〈성학십도〉를 지음.

1569.3 / 이황, 우찬성을 사직하고 고향으로 돌아감.

1570.4 / 전국적으로 대기근. 6 / 흉년으로 인해 관리의 녹봉을 감함. 7 / 각도에 풍수해 심함.

1572 / ◎이이와 성흔 사이에 4단 7정에 관한 서신왕래가 시작됨(~ 1578).

1573.8 / 군적을 개정. 이로 인해 민간에 소동이 일어남.

1574.1 / 향약의 시행을 정지. △이황, 고향 예안에 도산서원을 세움.

1575.3 / 신군적을 반포. 7 / 심의겸·김효원의 파당이 서로 논쟁, 배척하여 동서 당론이 일어남. 9 / 이이, 〈성학집요〉 올림. 10 / 김효원을 부령부사, 심의겸을 개성유수로 외지에 임명.

1579.5 / 이이, 동서 사류의 보합을 논함. △백인걸, 동서분당을 규탄함.

1581.2 / 각도에 구황어사를 몰래 보냄. 4 / 황해도의 기근이 극심하여 군자찬미 1만 섬을 보냄, △구황절목을 마련하고 각지에 상평창을 세움. 12 / 이이, 대제학이 됨.

1582.9 / 이이, 봉사를 올려 시폐를 논하고 공안貢案 / 의 개정을 요청.

1583.2 / 이이, 「시무 6조」를 올림. 4 / 이이, 10만 양병설을 건의.

1584.2 / 정철, 대사헌이 됨. 3 / 정여립, 수찬이 됨.

1587.9 / 일본사신, 통신사의 파견을 요청.

1588.10 / 정철, 〈사미인곡〉〈속미인곡〉 지음. 12 / 일본사신, 통신사의 파견을 요청.

1589.6 / 일본사신이 재차 옴.

1589.10 / 정여립 모반사건이 일어남. 이와 연루되어 동인 다수가 처형됨.

1590.3 / 황윤길 등을 통신사로 일본에 파견. ◎ 동인이 남인과 북인으로 나뉨[도요토미 히데요시, 일본을 통일]

1592.4 / 일본군 20만여 명 조선에 침입(임진왜란의 시작). 5 / 일본군, 한성을 점령. 6 / 선조, 의주로 피

난. 7 / 이순신 함대, 한산도에서 일본수군을 대파(한산대첩). 9 / 전국 각지에서 의병이 일어남. 10 / 김시민의 관군 및 의병, 진주성에서 일본군 대파(1차 진주성 싸움).

1593.1 / 조선 의병 및 관군, 명군과 함께 평양 탈환. △ 권율이 이끄는 조선군, 행주산성에서 일본군 대파.

1594.2 / 훈련도감 설치. 11 / 속오군 편성.

1596.7 / 이몽학이 충청도 홍산에서 난을 일으킴.

1597.1 / 20만의 일본군. 조선을 다시 침략(정유재란). 9 / 이순신 함대, 명량에서 일본수군 격파.

1598.11 / 이순신 함대, 노량에서 일본군 대파. △ 일본군 완전히 철수함(임진왜란 끝남).

1607.1 / 여우길 등을 회답겸쇄환사(통신사)로 일본에 파견. ◎ 허균, 〈홍길동전〉 지음.

1608 / ◎ 선혜청을 두고 경기도에 대동법 실시.

1609.3 / 일본과 사절왕래에 관한 조약을 체결(기유약조). 일본과의 국교가 다시 열림.

1610.8 / 허준, 〈동의보감〉 25권을 펴냄.

1613.8 / 영창대군을 강화에 유배.

1614 / ◎ 이수광, 〈지봉유설〉을 편집함.

1616.1 / [누르하치, 후금을 세우고 태조에 오름]. ◎ 일본으로부터 담배(남령초)가 들어옴.

1619.2 / 명의 요청에 따라 후금을 공격할 원군 1만여 명 파병. 3 / 도원수 강홍립, 후금에 항복.

1623.3 / 김유, 이귀 등 서인, 반정을 일으켜 광해군을 폐하고 정권을 잡음(인조반정).

1624.1 / 부원수 이괄, 반란을 일으킴.

1627.1 / 후금, 조선을 침입(정묘호란). 3 / 후금과 화약을 맺음. ◎ 화란인 벨테브레 일행 3명, 제주도에 표착.

1631.7 / 정두원, 명에서 천리경·대포·자명종을 가지고 옴.

1633.11 / 처음으로 상평통보를 사용.

1636.4 / [후금의 태종, 국호를 청이라고 고침] 12 / 청군, 조선에 침입(병자호란), 인조는 남한산성으로 피신.

1637.1 / 인조, 청 태종에게 항복.

1642 / ◎ 송시열과 윤휴, 이기설에 관해 논쟁.

1645.1 / 소현세자, 독일인 신부 아담 샬로부터 천문, 산학, 천주교에 관한 서적과 여지구(與地球) /, 천주상 등을 받고 귀국.

1651.8 / 호남에 대동법 실시.

1653.8 / 화란인 하멜 일행, 제주도에 표착.

1654.3 / 조선의 조총병, 청의 요청으로 러시아를 정벌하기 위해 영고탑(길림)으로 출병(제1차 나선정벌). △ 충청도에 대동법 시행.

1655.11 / 신숙, 〈농가집성〉 간행.

1658.5 / 조선의 조총병 러시아를 정벌하기 위해 영고탑으로 출병(제2차 나선정벌).

1659.3 / 자의대비의 복제를 둘러싸고 남인과 서인 사이에 예론이 시작됨.

1662 / ◎ [명, 완전히 멸망]

1669.1 / 양인 어머니로부터 태어난 천인은 어머니의 역役 / 을 따르도록 함.

1674.7 / 대비의 복제 문제로 예론이 다시 일어남.

1677 / ◎ 경상도에 대동법을 시행.

1678.1 / 상평통보를 주조함.

1679.6 / 남인이 허목·허적에 대한 논죄를 계기로 청남과 탁남으로 분리.

1680.4 / 남인이 물러나고 서인이 정권을 잡음(경신대출척).

1683.4 / 남인의 숙청을 둘러싸고 서인이 강경파인 노론과 온건파인 소론으로 분리.

1689.2 / 세자책봉 문제로 노론이 실각하고 남인이 집권(기사환국).

1694.3 / 서인이 남인을 몰아내고 집권(갑술옥사).

1697.2 / 쓰시마 도주 막부의 명으로 왜인의 울릉도 왕래를 금함.

1703 / ◎ 충남 천안·경기 포천·전북 시흥 등지에서 민란이 일어남.

1712.5 / 백두산정계비를 세움.

1721.12 / 노론의 4대신(김창집·이이명·이거명·조태채)이 탄핵을 받아 귀양가고 이듬해 사사됨. ◎ 진국 각지에서 민란이 일어남.

1725.1 / 엉조, 붕당의 폐해를 하교. 3 / 소론의 4대신(조태구·유봉휘·조태억·최석항) 등을 축출, 사사. 노론 진출.

1726.4 / 영조, 3조(붕당·사치·숭음)를 경계하는 글을 내려 8도에 반포.

1727.7 / 소론이 권력을 회복(정미환국). ◎ 전라도 각지에 민란이 발생.

1728.1 / 이인좌 등 소론 강경파가 밀풍군을 추대하여 반란을 일으킴(이인좌의 난).

1732.7 / 삼남 일대에 담배재배를 금함.

1741.9 / 난전을 엄금함.

1746.4 / 〈속대전〉 간행.

1750.7 / 균역청을 설치하고 균역법을 실시.

1758 / ◎ 해서·관동지방에 천주교를 보급. 제사를 폐하는 자가 있어 이를 금함.

1760.6 / 〈일성록〉을 기록하기 시작.

1762.윤5 / 장헌세자를 폐하여 서인으로 함. 장헌세자, 뒤주에 갇혀서 죽음.

1770.8 / 왕명에 따라 신간 〈동국문헌비고〉 100권 40책 완성.

1776.6 / 규장각을 설치함.

1784.1 / 이승훈, 연경의 남천주교당에서 세례를 받음. 6 / 〈대전통편〉 편찬.

1787.5 / 프랑스함대 제주도를 측량하고 울릉도에 접근. 이후 서양 함대의 출몰이 빈번해짐.

1791.2 / 6의전 이외의 시전의 특권을 폐지(신해통공). 11 / 진산군의 천주교도인 윤지충과 권상연을 처형하고 천주교 서적을 금함(신해박해).

1792 / ◎ 정약용, 기중기 발명.

1794.12 / 청나라 신부 주분보, 천주교 전파를 위해 밀입국.

1801.2 / 권철신, 이승훈, 이가환 등 천주교도를 적발하여 처형(신유박해).

1805.1 / 안동김씨의 세도정치 시작.

1808.1 / 함경도 북청·단천 등지에서 민란 발생.

1811.윤3 / 마지막 통신사 김이교, 귀국. 12 / 홍경래 등이 지휘하는 평안도민들의 항쟁이 일어남(평안도 농민전쟁).

1813.11 / 제주도에서 토호 양제해 등이 주도하는 민란이 발생.

1816.7 / 영국군함이 충청도 마량진에 옴. 이후 서양 해도에 한반도 서해안의 지형이 분명해짐. ◎ 김정희, 진흥왕의 북한산 순수비를 해독.

1818.7 / ◎ 정약용, 〈목민심서〉 완성.

1823.6 / 6진에 양전을 실시하고, 3년간 세금을 면제하여 황무지 개간을 장려.

1831.9 / 로마 교황청, 천주교 조선교구를 창설.

1832.6 / 영국상선 암허스트호 황해도 몽금포 앞바다에 나타나 최초로 통상 요구.

1833.3 / 서울에 쌀값이 폭등하여 도시 빈민의 폭동이 일어남.

1839.7 / 천주교 박해로 신자 및 프랑스 신부 등이 처형됨(기해박해).

1842.8 / [아편전쟁 끝남. 청, 영국과 남경조약을 맺고 개항]. 10 / 김대건, 상해에서 우리나라 최초의 신부가 된 후 밀입국. ◎ 미국함대가 통상을 요구.

1846.6 / 프랑스함대가 천주교 탄압을 구실로 충청도 외연도에 들어와 왕에게 국서를 전달. 7 / 김대건, 새남터에서 순교.

1848 / 이양선, 경상·전라·황해·강원·함경도에 출몰.

1853.4 / 러시아함대, 영일만까지 남하하여 동해안을 측량.

1854.3 / [일본, 미국과 통상조약 체결] 4 / 러시아 배, 함경도 덕원·영흥해안에서 백성을 살상.

1855 / ◎ 지석영, 종두법을 전함.

1857.12 / [영·불 연합군, 광동을 함락시킴(제2차 아편전쟁)]

1860.9 / 최제우, 동학을 창시.

1861.9 / 러시아함대, 원산에 와서 통상을 요구. ◎ 김정호, 〈대동여지도〉를 간행.

1862.2 / 진주민란이 일어남. 이해에 전국 각지에서 민란이 발생(임술민란). 5 / 민란의 발생원인인 삼정의 문란에 대한 대책을 세우고자 삼정이정청을 설치. ▪︎

●참고문헌

각종 〈유적지 발굴보고서〉.
강만길, 〈한국근대사〉, 창작과 비평사.
강진철, 〈고려토지제도사 연구〉, 고려대출판부.
〈경국대전〉, 아세아문화사.
〈고려사〉.
〈고려사 절요〉.
〈고법전 용어집〉, 법제처.
고병익, 〈여대 정동행성의 연구〉, 역사학보 1961년 14호 1962년 19호.
고승제 외, 〈전통시대의 민중운동〉 상·하, 풀빛.
구로역사연구소, 〈바로 보는 우리 역사〉 1, 거름.
국사편찬위원회, 〈한국사론〉 1~21.
국사편찬위원회 편, 〈중국정사 조선전〉.
국사편찬위원, 〈한국사〉 전24권, 심구당.
근대사연구회 편, 〈한국중세사회 해체기의 제문제〉 상·하, 한울 아카데미.
斫中昇, 〈조선고대의 경제사회〉, 법정대학출판국.
旗田魏, 〈조선중세사회사의 연구〉, 법성대학출판국.
김당택, 〈고려무인정권 연구〉, 새문사.
김당택, 〈고려시의 제문제〉, 삼영사.
김당택, 〈한국미술사〉, 예술원.
김당택, 〈한국사학사의 연구〉, 을유문화사.
김당택, 〈한국의 역사인식〉, 창작과 비평사.
김부식, 신호열 역해, 〈삼국사기〉, 동서문화사.
김용섭, 〈고려전기의 양전제〉, 동방학지 1975년 16호.
김용섭, 〈고려전기의 전품제〉, 한우근 정년기념 사학농총, 지식산업사.
김원룡, 〈한국고고학개설〉, 일지사.
김정배, 〈한국민족문화의 기원〉, 고려대출판부.
김정배 편, 〈북한이 보는 우리 역사〉, 을유문화사.
김철준, 〈한국고대사회 연구〉, 지식산업사.
김철준·최병헌, 〈사료로 본 한국문화사〉 고대편, 일지사.
김태영, 〈조선전기 토지제도사 연구〉, 지식산업사.
武田幸男, 〈고려시대의 백성〉, 조선학보 1963년 28호.
武田幸男, 〈고려시대의 향직〉, 동양학보 47-2호.
민현구, 〈고려공민왕의 즉위배경〉, 한우근 박사 정년기념 사학논총, 지식산업사.
민현구, 〈정치도감의 설치경위〉, 국민대논문집 1977년 11호.
민현구, 〈정치도감의 성격〉, 동방학지·1980년 23·24호.
박시형, 〈발해사〉, 김일성종합대학출판사.
박용운, 〈고려시대사〉 상·하, 일지사.
박종기, 〈고려 부곡제의 구조와 성격－수취체계의 운영을 중심으로〉, 한국사론 1984년 10호.
박종홍 외, 〈한국의 명저〉 3, 현암사.
방학봉, 〈발해문화 연구〉, 이론과 실천.

백남운, 〈조선봉건사회경제사〉, 개조사.
백남운, 〈조선사회 경제사〉, 개조사.
변태섭, 〈고려정치제도사 연구〉, 일조각.
北村秀人, 〈고려시대의 소(所)제도에 대하여〉, 조선학보 1969년 50호.
北村秀人, 〈고려에 설치된 정동행성에 대하여〉, 조선학보 1964년 32호.
사회과학원 력사연구소 편, 〈력사사전〉Ⅰ·Ⅱ, 사회과학출판사.
사회과학원 력사연구소, 〈조선통사〉 상, 평양, 서울·재인쇄 1988년 오월.
사회과학출판사, 〈력사사전〉 Ⅰ·Ⅱ, 평양·1973년, 동경 : 학우서방 번각 발행, 서울 : 지양
　　　사, 영인.
성균관대 대동문화연구원 편, 〈고려명현집〉.
〈세계대백과사전〉 1~30, 동아출판사.
세종대왕기념사업회, 〈한국고전용어사전〉.
아세아문제 연구소 한국연구실 편, 〈실학사상의 탐구〉, 현암사.
안병우·도진순 편, 〈북한의 한국사 인식〉 Ⅰ, 한길사.
오일순, 〈고려전기 부곡민에 관한 일시론-전시과제도·일품군과의 관련을 중심으로〉, 학림
　　　1985년 7호.
오희복, 〈봉건관료기구 및 벼슬이름 편람〉, 평양·김일성종합대학출판, 서울·1991년 재편집,
　　　여강출판사.
월간 신동아 편집실 편, 〈한국을 움직인 고전 백선〉, 동아일보사.
유홍렬, 〈국사대사전〉, 교육도서.
이경식, 〈조선전기 토지제도 연구〉, 일조각.
이경식 외 공동연구, 〈조선후기사 연구와 국사교육〉, 역사교육 39호.
이기남, 〈충선왕의 개혁과 사림원의 설치〉, 역사학보 1971년 52호.
이기동, 〈신라골품제사회와 화랑도〉, 일조각.
이기백, 〈고려병제사 연구〉, 일조각.
이기백, 〈신라사상사 연구〉.
이기백, 〈신라시대의 국가불교와 유교〉, 한국연구원.
이기백, 〈신라정치사회사 연구〉, 일조각.
이기백·이기동, 〈한국사강좌Ⅰ-고대편〉, 일조각.
이만열 편, 〈한국사연표〉, 역민사.
이병수, 〈한국고대사 연구〉.
이병휴, 〈조선전기 기호사림파 연구〉, 일조각.
이선복, 〈고고학개론〉, 이론과 실천사.
이성무, 〈고려·조선초기의 토지소유권에 관한 제설의 검토〉, 성곡논총 1978년 9호.
이성무, 〈공전·사전·민전의 개념〉, 한우근 박사 정년기념 사학논총, 지식산업사.
이성무, 〈조선초기 양반 연구〉, 일조각.
이수건, 〈영남 사림파의 형성〉.
이우성, 〈고려조의 리(吏)에 대하여〉, 역사학보 1964년 23호.
이우성, 〈여대백성고-고려시대 촌락구조의 일단면〉, 역사학보 1961년 14호.
이우성·강만길 편, 〈한국의 역사인식〉 상·하, 창작과 비평사.
이우성, 〈한인 백정의 신해석〉, 역사학보 1962년 19호.
이융조, 〈한국선사문화의 연구〉.
이재룡, 〈조선초기 사회구조 연구〉, 일조각.
이태진, 〈한국사회사 연구〉, 지식산업사.
이현혜, 〈삼국사회 형성과정연구〉, 일조각.

이홍직, 〈국사대사전〉, 삼영.
이홍직, 〈국사대사전〉, 지문각.
일연, 권상로 역해, 〈삼국유사〉, 동서문화사.
임상선 편역, 〈발해사의 이해〉, 신서원.
田川孝三, 〈이조 공납제의 연구〉, 동양문고, 일본 동경.
정신문화연구원, 〈한국민족문화대백과사전〉 1~27.
조좌호, 〈여대남반고〉, 동국사학 1957년 5호.
주강현 편, 〈북한의 민속학〉, 역사비평사.
周藤吉之, 〈고려조 관급제의 연구〉, 법정대학출판국.
천관우, 〈근세조선사 연구〉, 일조각.
천관우 편, 〈한국상고사의 쟁점〉, 일조각.
하현강, 〈고려식읍고〉, 역사학보 1965년 26호.
하현강, 〈고려지방제도의 연구〉, 한국연구원.
한국고대사연구회, 〈한국고대국가의 형성〉, 민음사.
〈한국민족문화대백과사전〉 전27권, 정신문화연구원.
한국민중사연구회 편, 〈한국민중사〉 Ⅰ·Ⅱ, 풀빛.
한국사연구회 편, 〈한국사연구입문〉, 지식산업사.
한국상고사학회, 〈한국상고사〉, 민음사.
한국역사연구회, 〈조선정치사 1800~1863〉 상·하, 청년사.
한국역사연구회, 〈한국역사〉, 역사비평사.
한영우, 〈조선전기 사회경제 연구〉, 을유문화사.
〈한국인명대사전〉, 신구문화사.
허흥식, 〈고려과거제도사 연구〉, 일조각.
허흥식, 〈고려불교사 연구〉, 일조각.
허흥식, 〈고려사회사 연구〉, 아세아문화사.
허흥식 편, 〈한국금석전문〉, 아세아문화사.
홍승기, 〈고려귀족사회와 노비〉, 일조각.

한 권으로 보는 세계사 101장면

김희보 지음 | 신국판 | 값 10,000원

인류의 출현에서 소련의 붕괴까지 세계의 역사 가운데 전기를 이루었다고 생각되는 101대 사건을 간명하게 정리, 세계사의 흐름을 파악할 수 있게 했다.

한 권으로 보는 한국사 101장면

정성희 지음 | 신국판 | 값 10,000원

한반도의 구석기문화 출현에서 문민정부의 등장까지 우리 역사에서 전기를 이루었다고 생각되는 101대 사건을 엄선, 정리했다.

한 권으로 보는 중국사 100장면

안정애 · 양정현 지음 | 신국판 | 값 10,000원

북경원인이 출현에서부터 최근의 한 · 중 수교에 이르기까지 장구한 중국의 역사에서 100대 사건을 엄선, 다기한 중국사의 흐름을 간명하게 제시했다.

한 권으로 보는 러시아사 100장면

이무열 지음 | 신국판 | 값 12,000원

러시아 대륙에 최초로 나타난 나라 키예프 러시아에서 '인류의 위대한 실패'로 기록된 소련의 붕괴까지, 격동의 러시아사에서 100대 사건을 간명하게 정리했다.

한 권으로 보는 미국사 100장면

유종선 지음 | 신국판 | 값 12,000원

신대륙 발견에서 LA 흑인폭동에 이르기까지, 건국 200년 아메리카 합중국의 역사에서 일대 전기를 이루었다고 생각되는 100대 사건을 엄선, 간명하게 정리했다.

한 권으로 보는 해방후 정치사 100장면 (증보판)

김삼웅 지음 | 신국판 | 값 11,000원

해방에서부터 김대중 집권까지 반세기 동안 격동했던 한국 현대정치사 중에서 역사의 전기를 이루었다고 생각되는 102대 정치사건을 엄선, 정리했다.

한 권으로 보는 서양철학사 100장면

김형석 지음 | 신국판 | 값 10,000원

철학의 탄생에서 20세기 현대사상에 이르기까지 3,000년 서양철학사를 에세이풍으로 시원스레 풀어나간 노교수의 명강의.

한 권으로 보는 불교사 100장면

임혜봉 지음 | 신국판 | 값 12,000원

석가의 탄생에서부터 성철 큰스님의 입적까지 우리 불교를 중심으로 100대 사건을 엄선, 2500년 불교사의 가닥을 간명하게 정리했다.

한 권으로 보는 북한현대사 101장면(증보판)

고태우 지음 | 신국판 | 값 9,000원

김일성의 입북에서 사망, 김정일의 후계계승, 최근의 남북정상회담까지 북한의 역사에서 101대 사건을 엄선, 북한사의 흐름을 쉽게 짚을 수 있도록 엮었다.

한 권으로 보는 세계 탐험사 100장면

이병철 편저 | 신국판 | 값 12,000원

중세의 바다를 주름잡았던 바이킹에서부터 에베레스트를 무산소로 등정한 라인홀트 메스너까지, 이제까지 있었던 인류의 탐험사를 100장면으로 정리.

한 권으로 보는 20세기 대사건 100장면 (증보판)

양동주 지음 | 신국판 | 값 12,000원

격동의 20세기, 어떤 대사건들이 일어났나? 20세기 100년 동안 세계사의 흐름을 뒤바꾼 대사건 100개를 엄선한, 살아 있는 세계현대사.

한 권으로 보는 20세기 결전 30장면

정토웅 지음 | 신국판 | 값 12,000원

20세기 100년간 일어난 수많은 전쟁 중 주요 전투, 곧 '결전' 30개를 뽑아 그 전개경과와 전술, 승패요인, 전사적인 의미 등을 쉽게 풀어쓴 20세기 전쟁사의 결정판.

한 권으로 보는 전쟁사 101장면

정토웅 지음 | 신국판 | 값 9,000원

트로이 전쟁에서 대 이라크 전쟁인 걸프 전쟁까지, 인류 역사의 물줄기를 바꾸어온 중요 전쟁 101개를 엄선한 전쟁사 입문서.

한 권으로 보는 일본사 101장면

강창일 · 하종문 지음 | 신국판 | 값 10,000원

선사문화에서 의회 부전결의까지, 일본역사의 전기를 이룬 101장면을 추려 시대순으로 정리하여 일본사의 흐름을 한눈에 파악할 수 있게 한 '새로운 일본사 읽기'.

한 권으로 보는 한국 최초 101장면

김은신 지음 | 신국판 | 값 9,000원

'파마 값이 쌀 두 섬이었던 최초의 미장원'에서부터, 남자가 애 받는 '해괴망측한 산부인과 병원'까지 우리 근대문화의 뿌리를 들춰 보는 재미있는 문화기행.

한 권으로 보는 한국미술사 101장면

임두빈 지음 | 변형 4*6배판 | 올 컬러 | 값 20,000원

선사시대 원시인들의 암각화에서 현대미술에 이르기까지 101개의 주요 작품을 위주로 일목요연하게 해설, 부담없이 읽어나가는 동안 한국미술 5000년의 역사를 파악할 수 있도록 한 역작.

〈98 한국간행물윤리위원회 제32차 청소년 권장도서〉 선정.

한 권으로 보는 중국미술사 101장면

장훈 지음 | 노승현 옮김 | 변형 4*6배판 | 올 컬러 | 값 20,000원

동상미술의 첫 샘, 중국미술을 이해하지 않고서는 우리 미술을 이해할 수 없다. 반파 채도에서 제백석까지, 7000년 중국미술사로의 재미있는 여행.

〈99 이달의 청소년도서〉 선정.

한 권으로 보는 스페인 역사 100장면

이강혁 지음 | 신국판 | 값 12,000원

알타미라 동굴 벽화에서 유로화까지, 한때는 세계 제패를 꿈꾸던 강대국에서 내전의 소용돌이와 민주화를 위한 소용돌이를 거쳐 다시 부활을 꿈꾸기까지 스페인의 길고 웅대했던 역사가 펼쳐진다.

서양음악사 100장면

박을미 · 김용환 지음 | 변형 4*6배판 | 올 컬러
값 1권 18,000원, 2권 22,000원

모차르트, 베토벤 등 고전시대 이후를 다룬 책은 많아도 바흐 이전의 고음악을 쉽게 알려주는 책은 거의 없던 터라 반갑다. 고음악 애호가들에게는 좀더 지적인 감상을 위한 나침반이고, 고음악을 잘 모르던 사람에게는 호기심을 일으키는 자극제다. — 〈한국일보〉

이 책은 오랜 세월의 소리가 묻어 있는 문화예술의 결정체 음악의 자취를 더듬는다. 또한 르네상스 시대 레오나르도 다빈치가 건축과 회화 외에 음향악에도 조예가 깊었다는 새로운 사실을 발견하는 즐거움도 준다. — 〈세계일보〉

조선사회사 총서

조선의 왕

신명호 지음 | 신국판 | 값 9,000원

'조선의 왕'을 전공한 젊은 사학자 신명호씨가 왕과 왕실문화의 비밀을 꼼꼼히 파헤친 책. 출생부터 임종까지 왕의 일생을 비롯한 왕의 모든 것이 담겨 있다.

조선의 성풍속

정성희 지음 | 신국판 | 값 9,000원

"유교적 성 모럴이 지배하던 시대, 조선시대 사람들은 어떻게 살았을까?" — 조선시대의 성풍속도를 조감하면서 성 모럴이 권력과 사회구조와 얽히게 되는 복합적인 상관관계에 접근한 책.

조선시대 소선사람들

이영화 지음 | 신국판 | 값 9,000원

조선의 신분제도는 상류층에는 피나는 생존경쟁의 장이었고, 하층민에서는 기특한 인간의 굴레였다. 신분별로 살펴본 조선시대의 사람살이.

〈99 이달의 청소년도서〉 선정.

사관 위에는 하늘이 있소이다

박홍갑 지음 | 신국판 | 값 9,000원

세계 역사상 유례가 없는 500년 〈조선왕조실록〉을 탄생시킨 조선의 사관들, 후세에 바른 역사를 전하기 위해 붓 한 자루에 목숨을 걸었던 조선의 사관, 그들은 누구인가?

〈2000 한국출판인회의 이달의 책〉 선정.

민란의 시대

고성훈 외 지음 | 신국판 | 값 9,000원

500년 조선왕조가 체제모순과 관료들의 극에 달한 부정부패로 말기 현상을 보이고 있을 때, 더 이상 물러설 곳 없이 벼랑 끝까지 몰린 조선민중들이 보여준 피맺힌 생존투쟁의 기록!

지워진 이름 정여립

신정일 지음 | 신국판 | 값 9,000원
조선조 4대 사옥의 희생자들의 합보다 더 많은 1,000여
호남인맥의 희생을 가져온 '조선조의 광주사태'—정
여립 사건. 조선조 최대의 옥사, 기축옥사의 전모를 최
초로 파헤치고 재조명한 역저.

조선역사 바로잡기

이상태 지음 | 신국판 | 값 9,000원
조선시대 역사 · 인물 · 땅에 대한 잘못된 상식 바로잡
기. 너무도 상식적인 역사 이야기가 철저한 고증을 통
해 새롭게 재조명된다.
〈2000 한국간행물윤리위원회 청소년 권장도서〉 선정.

시장을 열지 못하게 하라

김대길 지음 | 신국판 | 값 9,000원
민초들의 삶의 터전이었던 장시의 이해는 조선시대의
전반적인 시대상을 이해하는 또 다른 방법이 될 수 있
다. 조선시대 시장의 형성과 상인, 상업의 발달, 장터
문화에 대해 깊이 있고 재미있게 풀어놓았다.

'언론'이 조선왕조 500년을 일구었다

김경수 지음 | 신국판 | 값 9,000원
사헌부 · 사간원 · 홍문관, 그리고 역사를 기록했던 사
관들이 백성과 나라를 위해 보여주었던 빛나는 언론
정신이 어떻게 시대의 흐름을 선도하고 바로잡아 나
갔는가? 오늘의 관점에서 조명해보는 조선시대의 언
론 · 출판 이야기.
〈한국간행물윤리위원회 이달의 읽을 만한 책〉 선정.

임진왜란은 우리가 이긴 전쟁이었다

양재숙 지음 | 신국판 | 값 9,000원
전쟁이 아닌 난동으로 인식되고 있는 임진왜란에 대
해 저자는 이기고도 이긴 줄을 몰랐던, 단지 참담한 민
족의 수난사로만 인식되어온 기존의 시각을 바로 새
롭게 잡았다.

양반나라 조선나라

박홍갑 지음 | 신국판 | 값 9,000원
오늘날까지 그 맥이 이어지고 있는 조선시대의 양반문
화 · 관료문화의 명암을 한자리에 묶은 책. 조선시대
양반사회에서의 여러 모습들 중에서 우리의 상식을 뛰
어넘는 10개의 테마를 잡아 깊이 있게 재조명했다.

너희가 포도청을 어찌 아느냐

허남오 지음 | 신국판 | 값 9,000원
'세계에서 가장 오랜 역사를 지닌 경찰기관'으로서의
포도청과 포졸, 해괴한 범죄와 그 처벌 등을 통해 조선
시대의 사회상과 경찰상을 생생하게 들여다본다.

강정일당

이영춘 지음 | 신국판 | 값 9,000원
가난 속에서도 참답고, 선하고, 품위 있게 살았던 한
조선 여성의 자아실현—각고의 수양과 심오한 학문
그리고 도덕적 실천을 훌륭한 문장으로 남겼다.
〈2002 한국출판인회의 이달의 책〉 선정!

사치하는 자는 장 100대에 처하라

KBS〈TV조선왕조실록〉제작팀 지음 | 신국판 | 값 9,000원
500년 조선왕조의 역사를 오늘의 시각에서 살펴볼 수
있도록 한 KBS-1TV의 야심적인 역사 다큐멘터리 'TV
조선왕조실록'을 책으로 재구성했다.

전하! 뜻을 거두어주소서

KBS〈TV조선왕조실록〉제작팀 지음 | 신국판 | 값 9,000원
KBS-1TV의 야심적인 역사 다큐멘터리〈TV조선왕조
실록〉을 책으로 재구성했다. 직격 인터뷰, 리포트, 증
언, 500년 조선시대를 실감 넘치게 재구성한 흥미진진
한 이야기 조선시대사.

청계천은 살아 있다

이경재 지음 | 신국판 | 값 9,000원
청계천을 둘러싼 재미있는 일화와 함께 조선시대 서
민들의 땀과 애환이 얽힌 그 주변 이야기들이 옛날이
야기처럼 구수하게 펼쳐진다.

조선의 공신들

신명호 지음 | 신국판 | 값 12,000원
조선왕조 500년, 태조 때의 개국공신부터 영조 때의 분
무공신에 이르기까지 총 28회의 공신 책봉으로 태어난
1,000여 명의 공신을 통해 본 격동의 조선사 읽기.

조선의 암행어사

임병준 지음 | 신국판 | 값 9,000원
암행어사란 무엇이며, 그들은 누가 임명하고 어떤 행
동을 했는가? 세계의 역사에서 그 유례를 찾아보기 어
려운 탁월한 공직자 부패방지제도인 암행어사의 모든
것을 살펴본다.

한양 이야기

이경재 지음 | 신국판 | 값 12,000원

조선왕조 500년의 도읍 한양의 역사와 그 땅에 얽힌 재미있는 이야기들. 겨레와 영욕을 함께한 한양의 역사와 곳곳에 얽힌 일화들은 시대를 뛰어넘어 지금 우리에게 생생한 '서울의 숨결'을 전해준다.

조선의 청백리

이영춘 외 지음 | 신국판 | 값 10,000원

예의염치와 청렴을 몸소 실천한 조선의 대표적인 청백리 34인과 그들을 태동시킨 조선의 청백리 제도 및 정신, 그리고 그들의 청백한 삶에 대한 이야기.

조선의 왕릉

이호일 지음 | 신국판 변형 | 올 컬러 | 값 20,000원

태조 이성계의 건원릉에서 고종과 순종의 능인 홍·유릉에 이르기까지, 조선 500년 역사와 영욕을 함께한 42릉 2묘의 왕릉 기행. 1994년 출간한 《왕릉》을 전면 개정, 보완했다.

조선의 무기와 갑옷

민승기 지음 | 신국판 | 값 15,000원

환도 한 자루에서 대형 전함까지 조선시대에 사용된 무기와 갑옷의 역사와 용도, 특징 등을 폭넓게 정리한 책으로 고전문헌을 중심으로 서술하고 있으며, 300여 장의 도판을 수록하여 이해를 돕고 있다.

내시와 궁녀

박상진 지음 | 신국판 | 값 10,000원

구중궁궐 깊숙한 곳에서 왕의 수족과 그림자가 되어 한 많은 생을 살아야만 했던 내시와 궁녀에 관한 책. 여기에 내시가 되는 과정과 그들의 결혼생활, 일화와 함께 궁녀의 유래, 출궁과 죽음, 궁녀의 선발과 입궁 과정 등 내시와 궁녀의 삶을 빠짐없이 복원했다.

소설 퇴계 이황

김성한 지음 | 신국판 | 값 9,000원

이황과 이마라는 대조적인 두 인물을 내세워 조선시대 권력을 탐했던 조선들과 한 시대를 풍미했던 윤원형, 정난정 등의 삶을 소설로 엮은 책. 폭포수처럼 쏟아지는 저자의 구수한 입담과 해박한 지식은 책을 읽는 내내 눈을 즐겁게 한다.

조선시대의 음식문화

김상보 지음 | 신국판 | 값 15,000원

음식문화를 통해보는 조선시대 조선사람들. 전통조리과 교수로 재직중이며 한국궁중음식문화협회 이사장을 역임한 지은이는 임진왜란부터 한말까지 음식문화와 조선민중의 삶과는 어떤 관련이 있으며, 어떻게 음식문화가 전개되어 오늘에 이르렀는지를 폭넓게 예를 들어 설명하고 있다.

조선 최고의 공직자 — 다시 쓰는 오성과 한음

최범서 지음 | 신국판 | 값 15,000원

선조시대 임진왜란과 정유재란을 광해시대의 난정을 지혜롭게 극복하고 나라를 진충보국한 외교가요 정치가였던 오성과 한음. 그들의 미화된 이야기를 거부하고 조선 최고의 공직자로 이름을 날렸던 오성과 한음의 인간상을 고스란히 담았다.

조선의 서원

이호일 지음 | 신국판 | 올 컬러 | 값 20,000원

우리나라 최초의 서원인 소수서원에서부터 노사 기정진을 주향한 고산서원까지 서원 기행을 통해 조선역사 500년을 새롭게 더듬어 보고 있는 책. 저자는 《조선의 서원》을 쓰기 위해 전국 방방곡곡에 흩어져 있는 서원을 답사하는 데 많은 발품을 팔고, 글과 그림으로 꼼꼼하게 기록했다.

나라를 세웠으면 역사를 고쳐야지

신봉승 지음 | 신국판 | 값 11,000원

〈조선왕조 500년〉의 작가 신봉승이 쓴 《신봉승의 조선사 나들이》를 수정 보안해 새롭게 출간. 《조선왕조실록》을 비롯한 여러 역사기록들을 좀더 꼼꼼하게 살펴 추가 보완했고, 무엇보다 세계 역사상 유례가 없는 철인정치를 구현했던 조선왕조의 위대성에 초점을 맞추어 기술했다.

우리 옛시조 여행

이광식 엮음 | 신국판 변형 | 올 컬러 | 양장 | 값 20,000원

이 책에 실린 옛시조는 4000여 수에 달하는 우리 옛시조에서 200여 수를 추려낸 것으로, 대체로 작품성이 높은 시조, 중요 인물이 남긴 시조 등을 위주로 뽑았다. 이 정도면 읽을 만한 시조는 거의 망라했다고 본다. … 시조를 감상하는 데는 그 지은이의 삶과 시대상황, 역사 등을 두루 아는 것이 필요하다. 그렇지 않으면 작품

의 제 맛을 제대로 알 수가 없다. 비교적 자세한 지은이 소개와, 그에 관련된 사진 등을 많이 실은 것도 그런 까닭에서다. 이 책을 통해 조선시대와 조선 선비의 정신세계를 재미있게 여행할 수 있게 되기를 바란다.
—〈머리말〉 중에서

문학 스테디셀러

증보 세계의 명시
김희보 엮음 | 변형 4*6배판 | 값 22,000원
고대에서 현대까지 세계의 명시 800여 편과 원시 200여 편을 엄선해서 수록한 최고의 세계 명시선. 고대의 호메로스부터 현대의 스즈키 쇼까지 시대별, 언어권별로 명시를 정리했다. 또한 우리 나라 독자들에게 비교적 알려지지 않은 일본의 명시들도 소개하고 있다.

증보 한국의 옛시
김희보 엮음 | 변형 4*6배판 | 값 18,000원
고대에서 조선 후기까지 우리 옛시의 정수를 모았다. 고대가요와 향가는 물론, 제목만 전하는 노래들, 고려속요, 향가계 여요, 경기체가 등을 수록했다. 또한 우리 나라 최초의 서사시라 할 수 있는 이규보의 〈동명왕편〉과 이승휴의 〈제왕운기〉 전문을 번역·수록했다.

증보 한국의 명시
김희보 엮음 | 변형 4*6배판 | 값 15,000원
신체시에서 최근 시까지, 약 100년간에 걸쳐 발표된 시 가운데서 288명의 작품 1,005편을 엄선해 엮은 한국 근현대 대표 명시선. 이미 문학사적으로 검증을 받은 작품들과 마땅히 재평가되어야 할 작품들을 엮은 이의 탁월한 안목으로 골라냈다.

한 권으로 보는 세계명작 111선
가람기획 편집부 엮음 | 신국판 | 값 11,000원
《적과 흑》《햄릿》《파우스트》 등 세계 각국을 대표하는 걸작 및 문제작 111편을 엄선, 줄거리와 작가의 생애, 명언·명구 등을 수록한 세계 명작 가이드북. 일반인은 물론 수능을 준비하는 학생들에게 꼭 필요한 세계 명작 다이제스트 결정판.

한 권으로 보는 한국명작 111선
김희보 엮음 | 신국판 | 값 12,000원
이인직의 《혈의 누》에서 이문열의 《사람의 아들》까지, 우리 소설 명작 111편의 내용과 작품 해설, 작가의 생애, 하이라이트 등을 소개하는 우리 명작 가이드북. 일반인은 물론 수능을 준비하는 학생들에게 꼭 필요한 한국 명작 다이제스트 결정판.

증보 중국의 명시
김희보 엮음 | 변형 4*6배판 | 값 15,000원
흔히 중국의 문학을 두고 한문(漢文), 당시(唐詩), 송사(宋詞), 원곡(元曲), 명청소설(明淸小說)이라고 한다. 《시경》 이후 청나라 말에 이르는 수많은 주옥 같은 시 작품들 중에서 '명시'로 평가받는 시들을 고루 수록하여 중국시의 흐름을 파악할 수 있도록 했다.